TRAITÉ PRATIQUE

DES DOUANES

I

TRAITÉ PRATIQUE

DES

DOUANES

PAR

M. A. DELANDRE

Directeur des Douanes.

2ᵉ ÉDITION

TOME PREMIER

RENNES

IMPRIMERIE Cʜ. OBERTHUR, RUE IMPÉRIALE, 8, ET PLACE DU PALAIS, 7

Mᵒⁿ à Paris, rue des Blancs-Manteaux, 35.

—

1865

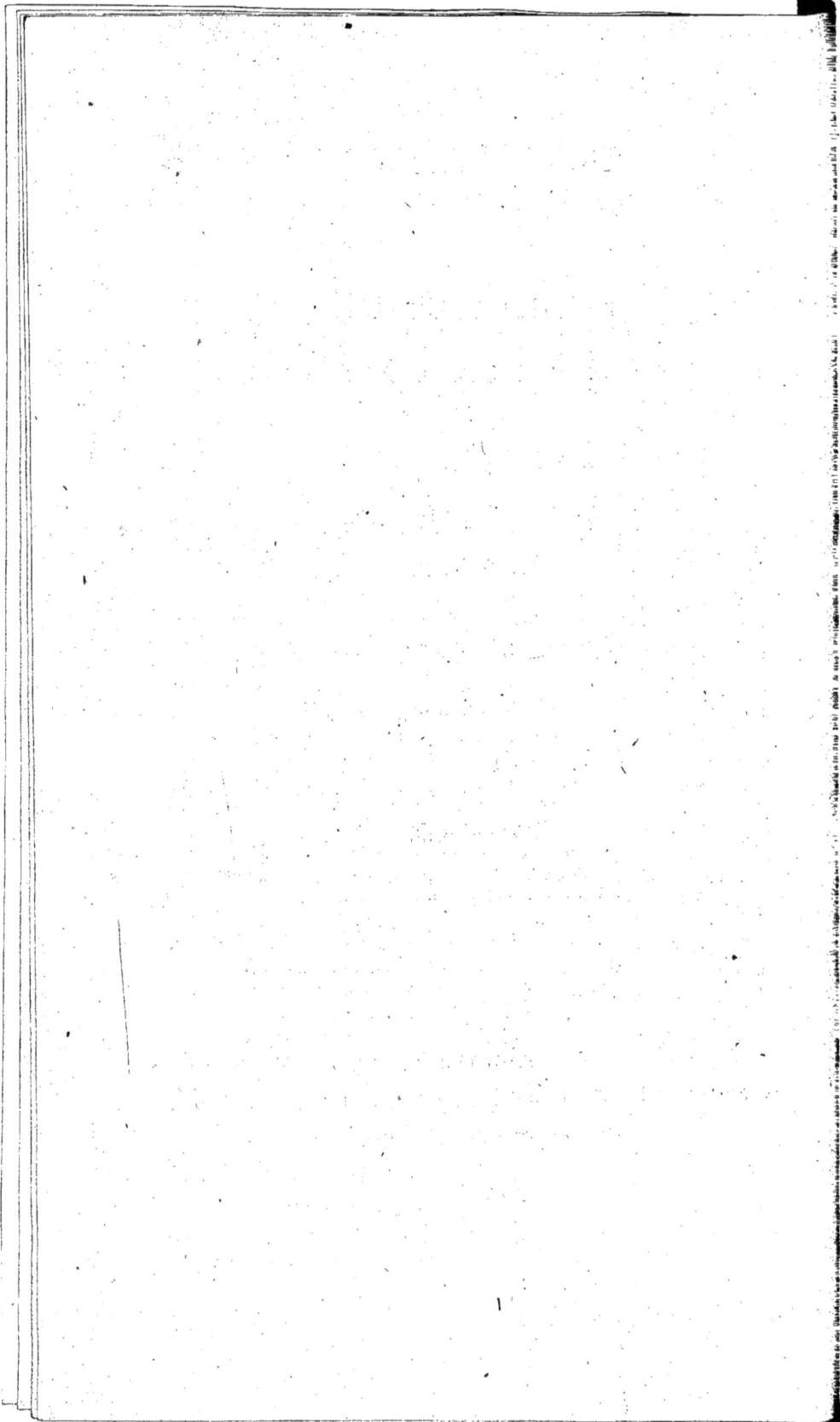

INTRODUCTION

L'impôt sur les marchandises, dit Montesquieu, est le plus propre à la liberté, parce qu'il se rapporte d'une manière indirecte à la personne. (*Esprit des Lois*, L. XIII, C. XIV.)

Elément du revenu public dans l'antiquité, cet impôt, connu sous le nom de douane (1), se subdivisa dans les Gaules en une multitude de péages ou de traites dont les principales (haut passage, trépas, rêve ou recette, imposition foraine) restèrent, jusqu'au dix-septième siècle, exigibles à la sortie des provinces soumises aux aides (pays d'élection) et de quelques-unes de celles qui constituaient les pays d'Etats.

Mais sous l'influence des progrès de la civilisation, on reconnut que, pour ne pas nuire à la prospérité générale, l'impôt, se dégageant des erreurs d'une imprévoyante fiscalité, devait surtout atteindre l'importation (*Edit de Henri III*, de 1581); et, au milieu de douloureuses épreuves, la France vit parfois ses destinées confiées à de grands hommes dont l'administration fut supérieure. C'est ainsi que Henri IV et Louis XIV, Sully, Richelieu et Colbert ont eu la gloire d'appeler notre pays à prendre le premier rang parmi les nations industrielles et commerçantes.

Les nécessités du temps déterminèrent Henri IV à frapper les navires étrangers, alors chargés de toute la navigation, même de cabotage, des droits d'ancrage et d'amirauté exigés du pavillon français dans leurs pays.

Sous Louis XIII, les assemblées des notables obtinrent « que les mêmes » impositions levées ès contrées et ports de nos voisins, sur les marchan- » dises que les François y vendent et achètent, seroient levées et reçues » en nos ports sur les marchandises que les étrangers y vendent et » achètent. » (*Ordonnance, janvier 1629.*)

---

(1) *Doana* (italien, — droit du doge); *dogana* (basse latinité), du grec δόχα, recette. (Suivant Ducange, du celtique *doen*, porter?) A Rome, ce droit était le *portorium.*

— 6 —

S'inspirant de ces essais avec une intelligente et noble ambition, Colbert créa, en 1664, un régime de douane propre à développer les forces productives de l'agriculture, de l'industrie et du commerce, et à régulariser le recouvrement de l'impôt, tout en tenant compte du sort des travailleurs et des intérêts de la consommation. « Réduire les taxes à la sortie ; dimi- » nuer à l'entrée les droits sur tout ce qui sert aux fabriques; repousser, » par l'élévation des droits, les produits des manufactures étrangères » (1), ou, du moins, en restreindre l'importation, telles étaient les conditions que les priviléges des pays d'Etats empêchèrent d'étendre à tout le royaume.

La Normandie, la Picardie, le Boulonnais, la Champagne, le Perche, l'Isle-de-France, l'Orléanais, la Bourgogne, la Bresse, le Bugey, la Dombes, le Beaujolais, le Berri, le Poitou, l'Aunis, l'Anjou, le Maine et le Bourbonnais acceptèrent le tarif de 1664, qui fondait en un seul droit les taxes des fermes particulières les plus importantes. On les nomma *provinces des cinq grosses fermes.* La surveillance y reposait sur deux lignes de bureaux placés les uns à l'extrême frontière, les autres à quelque distance dans l'intérieur. Les provinces où ce tarif fut repoussé, *provinces réputées étrangères*, continuèrent à supporter les anciennes taxes locales, péages, traites, trépas, douanes spéciales (Lyonnais, Forez, Dauphiné, Provence, à l'exception de Marseille et de son territoire, Languedoc, comté de Foix, Roussillon, Béarn, Landes, Guienne, Rouergue, Quercy, Auvergne, Limousin, Périgord, Gascogne, Saintonge, îles de Ré et d'O- léron, Flandre, Hainaut, Artois, Cambresis, Bretagne et Franche-Comté). Outre Marseille, Bayonne, Lorient et Dunkerque, déclarés ports francs, l'*étranger effectif* comprit les Trois-Evêchés (Metz, Toul et Verdun,) la Lorraine et l'Alsace, parce que, au moment de leur réunion à la couronne, il avait été stipulé que la communication avec l'étranger y demeurerait libre.

A cet égard la révolution de 1789 réalisa l'unité nationale. Les lois du 5 novembre 1790 et du 15 mars 1791 substituèrent aux traites ou taxes locales un tarif unique et uniforme applicable à la frontière ; le commerce fut délivré de toute entrave à l'intérieur et jouit de conditions égales pour ses relations avec l'étranger. Depuis, les droits furent réduits, les sur- taxes disparurent en partie par suite du mouvement qui entraine les puissances de l'Europe dans les voies d'une plus grande liberté commerciale.

Effectuée d'abord par des officiers royaux dont Philippe-le-Bel régla l'institution, en la mettant (1304) sous la direction d'un maître des ports et passages, la perception de l'impôt avait été affermée dès 1372 et fut réglée à partir de 1574. Aussi préjudiciables aux commerçants que rui- neuses pour le Trésor public, les fermes générales, déjà converties en

(1) Mémoire de Colbert à Louis XIV.

régies agissant au nom du roi (1783), furent supprimées le 20 mars 1791 (loi du 27). L'expérience ayant d'ailleurs démontré qu'il était indispensable de donner à l'Etat une part plus directe dans la gestion des intérêts généraux, la loi du 1er mai 1791 fixa l'organisation des Douanes, l'une des branches de l'administration publique, et en plaça le service sous les ordres immédiats du pouvoir exécutif. Les lois du 22 août 1791 et du 4 germinal an II posèrent les bases de la législation.

Source féconde de l'impôt, en taxant l'entrée des marchandises, les lois de douanes ont, en même temps, pour objet d'assurer aux intérêts producteurs (travail national et capital) la prédominance sur le marché intérieur; de faciliter les échanges avec l'étranger; d'accroître les éléments de la navigation (1); enfin, de maintenir un juste équilibre entre les besoins et les ressources du pays.

Considérées au point de vue fiscal, économique et international, ces lois touchent donc aux plus grands intérêts du pays et ont à pourvoir à des besoins très-variables. Or, l'application de l'économie publique doit concilier avec le progrès vers lequel Dieu guide l'humanité les nécessités résultant de l'ordre établi.

C'est de cette doctrine que relève le régime des Douanes françaises.

Bien que le *Traité pratique* présente toutes les dispositions des lois et règlements en vigueur, quelques enseignements sont nécessaires pour rattacher la théorie à l'exécution, en ramenant utilement la pensée des points élevés de la législation et de la jurisprudence judiciaire ou administrative aux détails d'application qu'elles comportent. Seulement, il ne faut pas se dissimuler qu'il restera toujours à faire la part des modifications que peuvent exiger la diversité des faits ou des circonstances, la situation topographique des localités et la constitution de chaque établissement de douane.

Le service des Douanes est investi de la mission de percevoir des droits sur les marchandises ou les denrées étrangères mises en consommation; d'en repousser quelques-unes dont l'État se réserve le monopole dans un but d'ordre public; enfin, de déjouer les spéculations illicites (fraude, contrebande) nuisibles au commerce loyal non moins qu'au Trésor. Sans compter qu'il concourt par ses brigades au maintien de l'ordre sur les frontières et qu'il peut fournir, comme il l'a déjà fait, de braves légions pour la défense du territoire.

Le Livre 1 réunit les *dispositions générales* applicables dans les diffé-

---

(1) Tel était le but et des surtaxes dites de pavillon ou de navigation applicables aux importations par navires étrangers, et des taxes différentielles (surtaxes de provenance) qui, relatives aux navires français, ont tendu à rendre directe l'importation des produits provenant d'Amérique ou des pays situés au-delà du cap de Bonne-Espérance. Mais les relations internationales que créent, dans des proportions inusitées de rapidité, des voies nouvelles de communication, en rendant indispensables certaines facilités, ont amené la suppression de la plupart de ces surtaxes.

rentes branches du service, qui, en sa qualité d'administration publique, exerce toutes les actions nécessaires pour la perception de l'impôt et pour protéger ou défendre les intérêts du Trésor et le travail national : préparation, promulgation et exécution des lois et règlements ; organisation (1) et établissements ; déclaration en détail ; visite des marchandises ; mode d'acquittement des droits ; statistique commerciale ; comptabilité.

L'action de franchir la ligne qui sépare la France des pays voisins est trop rapide et fugitive pour qu'elle puisse être constatée d'ordinaire au moment même où elle s'accomplit. Cependant elle motive souvent l'intervention du fisc et peut constituer un délit. Il a donc fallu, pour que l'introduction eût une durée telle qu'il fût possible de l'atteindre, y rattacher tous les actes antérieurs ou subséquents susceptibles de la faire présumer. De là une législation préventive et exceptionnelle, soit dans les eaux qui baignent les côtes de notre pays et dont il a la suzeraineté, soit dans une zone spéciale sur les frontières de terre : *Police des côtes et frontières* (Livre II).

C'est en vue des *importations* (Livre III) qu'ont été prises les mesures les plus essentielles, les plus fortement combinées, celles qui forment la base du système économique dont procède le tarif des Douanes.

Dans un régime qui frapperait de droits d'entrée les marchandises étrangères par cela seul qu'elles touchent le territoire, il se présenterait des difficultés de diverses sortes qu'il a fallu prévoir : 1° le commerce aurait à faire l'avance de capitaux souvent considérables et dont il ne retirerait aucun intérêt ; 2° il ne pourrait réexporter les marchandises pour les revendre à l'étranger, attendu que le prix en serait trop élevé ; 3° les navires ne trouveraient pas dans les ports français tous les produits nécessaires pour composer leur chargement ; 4° les transactions internationales étant restreintes, le pays se verrait en partie privé des avantages du commerce de transport. Esprit supérieur, Colbert posa les principes qui régissent les entrepôts et le transit. Grâce aux *entrepôts* (Livre IV), le commerce peut recevoir les marchandises étrangères de toute espèce, en disposer selon les besoins et ne payer les droits qu'autant qu'elles sont livrées à la consommation intérieure.

---

(1) Dès 1791 (loi du 1er mai) un mode hiérarchique d'admission et d'avancement a été établi. La stabilité des emplois et l'espoir d'une amélioration font accepter les charges du début. Des récompenses graduelles, dispensées avec justice et assignant à chaque agent la position pour laquelle le désignent ses habitudes honorables, sa tenue, la dignité et la droiture de son caractère, son initiative, sa persévérance, sa capacité, son aptitude spéciale et la distinction de ses services, entretiennent l'émulation parmi les employés, et font place à tous les mérites. Le zèle et le dévouement des subordonnés répondent à l'impulsion ferme et bienveillante des chefs, à leur sollicitude ; et il se maintient dans tous les rangs un respect éclairé de la tradition administrative, un sentiment de famille, une solidarité d'honneur qui font la force morale du service. V. nos 76 et 77.

Par sa position géographique, son vaste littoral et l'ensemble de ses voies de communication, la France est naturellement appelée à servir de principal intermédiaire entre quelques-uns des États du continent européen, ou entre ce continent et les pays qui en sont séparés par la mer. Or, on appelle *transit* (Livre V) le transport des marchandises, de l'étranger à l'étranger, en empruntant le territoire français.

En permettant *l'admission temporaire* (Livre VI), en franchise des droits, de certains produits destinés à être fabriqués en France ou à y recevoir une main-d'œuvre, pour être ensuite réexportés, le législateur a étendu et complété le régime de l'entrepôt et du transit, afin d'augmenter les éléments du travail national.

Les prescriptions sur les *exportations* (Livre VII) n'ont, dans la plupart des cas, d'autre but que d'obliger à déclarer et de fournir le moyen de constater les faits commerciaux.

Le *cabotage* (Livre VIII) est le transport par mer entre les divers ports de France, avec un passavant ou, selon le cas, un acquit-à-caution (1), des marchandises nationales ou nationalisées par le paiement des droits. Sous le titre : *Emprunt du territoire étranger*, sont présentées, dans ce Livre, les dispositions applicables aux marchandises qui ne peuvent être transportées directement par terre d'un lieu à un autre de France qu'en passant momentanément à l'étranger.

La France a eu recours à un règlement sur la *navigation* (Livre IX) pour ménager à ses navires la plus grande part possible dans le commerce de transport qui lui est naturellement acquis, ou, tout au moins, pour leur réserver quelques avantages de nature à faciliter le recrutement des marins nécessaires à sa défense (2).

Le régime des *sels* (Livre X) a pour objet de laisser à la production et au commerce la liberté compatible avec les moyens dont le Gouvernement doit disposer pour assurer la perception de l'impôt de consommation.

Les *régimes spéciaux* (Livre XI) se classent et se motivent ainsi :

Dispositions relatives à certains territoires : Marseille (3) ; Corse (4) ;

---

(1) Le passavant est un permis qui confère à l'expéditeur le droit de faire circuler des marchandises sans qu'il y ait lieu de suspecter leur origine.

L'acquit-à-caution est un acte qui implique une permission accordée par la Douane et un engagement de la part de l'expéditeur et d'une caution de remplir les conditions imposées, sous peine d'encourir les condamnations édictées par la loi.

(2) Les difficultés qu'éprouve la France dans sa lutte contre la concurrence de la navigation étrangère s'expliquent par l'intérêt trop élevé des capitaux nécessaires pour les armements, et par le faible volume des produits à transporter, qui, étant peu encombrants, ne fournissent pas un fret suffisant.

(3) Pour conserver à la France toutes ses relations avec le Levant, le législateur a voulu faire du port de Marseille le premier des marchés de la Méditerranée.

(4) Bien que soumise à un régime particulier, la Corse est traitée, à peu de chose près, comme la France.

îles du littoral (1) ; Algérie (2) ; propriétés limitrophes (3) ; territoires neutralisés du pays de Gex et de la Haute-Savoie (4) ; colonies et établissements français (5).

Régimes ayant pour objet de donner des garanties particulières à la Douane, en raison de la nature et de l'importance des opérations : traités de commerce et de navigation (6) ; échouements et naufrages (7) ; primes ou drawback (8) ; bestiaux ou bêtes de somme et voitures servant au transport des marchandises (9) ; avitaillement des navires (10) ; privilèges des ambassadeurs (11) ; courriers de malles ou de cabinets et conducteurs de voitures publiques (12) ; effets et voitures de voyageurs (13) ;

---

(1) Celles de ces îles qui n'ont pas été jugées pouvoir être surveillées continuellement et sur tous les points, sans dommage pour elles et sans une dépense infructueuse pour l'Etat, se trouvent placées en dehors du système sur lequel reposent les douanes.

(2) L'Algérie est étroitement rattachée au cercle d'activité de la métropole.

(3) Lorsque de nouvelles délimitations, résultant d'actes politiques, ont changé la position de certaines propriétés limitrophes, on a toujours laissé aux habitants le droit d'user, en exemption des droits de douanes, des terres qu'ils conservaient hors de la domination où ils restaient eux-mêmes.

(4) Ces pays sont placés hors de la ligne des Douanes.

(5) Le régime colonial concourt à accroître les éléments de la navigation et les débouchés pour les produits des industries nationales.

(6) Les traités de commerce et de navigation ont pour but de faciliter les échanges internationaux, de neutraliser à l'égard de certaines nations, pour compenser les avantages concédés par celles-ci à la France, les effets des dispositions générales du tarif, ou de régulariser des arrangements pour quelques points particuliers.

(7) La justice exige que, tout en garantissant, dans ces cas désastreux, les droits du Trésor, on pourvoie, dans l'intérêt des absents, à la conservation, et, en certaines circonstances, à la vente des marchandises sauvées.

(8) Afin de mettre le commerce français à même de soutenir, sur le marché extérieur, la concurrence étrangère, on accorde, au moment de l'exportation, la restitution, sous le nom de prime ou drawback, des droits que la matière première de certains produits a supportés à l'entrée.

(9) Dès que le tarif les atteint, les animaux vivants ne peuvent plus être considérés comme de simples moyens de transport ou de subsistance : ils sont assimilés aux marchandises ; mais, pour encourager les relations internationales, il est accordé certaines facilités.

(10) Il y a dérogation au tarif en faveur de la navigation et pour laisser aux capitaines, français ou étrangers, les moyens d'assurer l'avitaillement de leurs navires, sans être gênés par les taxes ni par la prohibition de sortie.

(11) Il s'agit de facilités accordées à titre de courtoisie et de réciprocité.

(12) La nécessité de concilier, quant aux courriers, l'exécution des lois de douanes avec la célérité et l'inviolabilité du service des dépêches, a fait admettre un régime qui, outre les garanties matérielles qu'il prescrit, se fonde sur les garanties morales que doivent offrir les agents choisis par les administrations intéressées.

(13) Il importe également de tenir compte de la liberté des voyageurs et des relations de bon voisinage entre les pays limitrophes.

retour des marchandises françaises invendues à l'étranger (1); marchandises laissées dans les Douanes (2).

Mesures concernant d'autres services publics, auxquelles la Douane ne concourt que comme auxiliaire : police sanitaire (3); pêches maritimes et primes y relatives (4) (pour le département du commerce); librairie (5); marques de fabrique et de commerce (6); chasse (7) (pour le département de l'intérieur); armes et munitions de guerre (8) (pour le département de la guerre); poudre à feu ou à tirer (9); ouvrages d'or et d'argent (10); boissons (11); tabacs (12); cartes à jouer (13) (pour la régie des contributions indirectes); timbres des lettres de voiture, des journaux et de certains actes (14) (pour l'administration de l'enregistrement et des domaines); transport des lettres et journaux (15) (pour l'administration des postes).

La série des actes à l'aide desquels on provoque et l'on obtient la

---

(1) Toute marchandise arrivant en France est réputée étrangère et doit être soumise aux conditions du tarif; mais l'équité exige que les Français qui, ayant envoyé au dehors des objets provenant de leur industrie, n'en ont pas trouvé le débit et doivent les garder à leur compte, puissent les faire revenir en franchise.

(2) Pour maintenir l'ordre et garantir tous les intérêts, il faut pourvoir à la conservation, et, faute de réclamation, à la vente des marchandises laissées en douane.

(3) La police sanitaire ne pouvait être étrangère à un service dont l'action s'exerce sur tous les points des côtes.

(4) Pour accorder des encouragements particuliers aux pêches maritimes, on considère qu'en formant un grand nombre de matelots robustes et habiles, elles facilitent le recrutement de la marine de l'Etat.

(5) Il faut s'assurer qu'on n'importe aucune publication contraire à la religion, à l'Etat ou aux bonnes mœurs, comme aussi aux intérêts de la propriété littéraire.

(6-7) C'est dans un intérêt d'ordre public que le concours du service des Douanes est ici réclamé.

(8) Les dispositions concernant les armes ont pour motif la sûreté de l'Etat.

(9) Comme principal agent de destruction, la poudre à tirer est fabriquée et distribuée sous la surveillance du Gouvernement.

(10) Les ouvrages d'or et d'argent, taxés par le tarif des Douanes, sont de plus assujettis, dans des bureaux dits de garantie, à un contrôle ayant pour objet de constater que le métal entré dans le commerce est au titre légal. Ces bureaux sont placés sous la surveillance : 1° de l'administration des monnaies, relativement à la partie d'art et au maintien de l'exactitude des titres; 2° de la régie des contributions indirectes, pour le recouvrement des droits de garantie.

(11) La coopération des Douanes tend à faciliter l'application des divers droits de la régie des contributions indirectes.

(12) L'Etat a le monopole de l'achat, de la fabrication et de la vente des tabacs.

(13) La Douane rend plus facile l'action de la régie.

(14) La Douane prête ici son concours à l'administration de l'enregistrement.

(15) Le transport de toute espèce de correspondance est exclusivement réservé au service des postes, sauf celle qui, par ordre des chefs, est portée, par les préposés, de brigade en brigade.

punition des infractions aux lois constitue le *Contentieux* (Livre XII).

Le service des Douanes s'exerce au moyen d'un personnel classé en service actif ou de *brigades*, et en service sédentaire ou de *bureau*, sur tous les points des côtes et des frontières de terre, et même dans quelques villes de l'intérieur.

L'organisation des *brigades* repose sur un système général de surveillance propre à empêcher la fraude et la contrebande : elle consiste, sur le littoral, en une ligne continue de postes ou brigades, et, sur les frontières, en une double ligne de brigades. A chaque brigade est confiée la garde d'un terrain déterminé, appelé penthière. L'exécution de ce service, qui a pour mission spéciale de s'opposer à tout transport irrégulier de marchandises, est essentiellement variable en ce qu'elle doit être appropriée à toutes les exigences qui peuvent se manifester selon la diversité des faits et des localités.

Hors le cas de force majeure, les opérations du commerce ne peuvent s'effectuer que dans l'enceinte affectée à un *bureau* de douane et pendant les heures déterminées par la loi. Chargés de la perception des taxes et de tous les détails qu'elle motive, notamment la vérification des marchandises, comme aussi de suivre tous les actes contentieux, les bureaux de douane devaient être et ont été organisés sous l'influence des besoins généraux du pays, de manière à répondre à la fois aux intérêts du commerce, à ceux des habitants des communes voisines et aux convenances du service. Ce n'est donc que sur les points où le mouvement commercial est susceptible de justifier les dépenses qui s'y rattachent que des bureaux ont été établis dans des conditions propres à satisfaire à toutes les éventualités, en donnant le plus de garanties pour la régularité et la célérité des opérations. De là des restrictions à l'égard : 1º des marchandises passibles de taxes relativement élevées ; 2º des marchandises dont la reconnaissance peut offrir des difficultés ; 3º des marchandises admissibles en entrepôt, au transit, etc.

Le point de départ des opérations est, outre un manifeste de navire sur les côtes, une déclaration faite en détail par celui qui présente les marchandises ; elle est suivie de la vérification de la marchandise et de la liquidation des droits ; les marchandises ne sont enlevées qu'après paiement des taxes ou garantie régulière.

Dans l'étendue du territoire où il exerce son action (1), le service des douanes constate par un procès-verbal les infractions à la loi et en poursuit la punition devant les tribunaux.

Ainsi la loi donne aux intérêts industriels et commerciaux les garanties qui leur sont dues. Elle satisfait en même temps à la morale publique et

_____

(1) Et même au-delà s'il y a poursuite à vue, en cas d'introduction frauduleuse.

à l'ordre social en s'armant de sévérité contre les individus qui, au lieu d'un travail honnête et utile au pays, font un métier de cupidité et de désordre.

Le tribunal de paix, dont la juridiction, en droit commun, est exceptionnelle, a ici, au contraire, une compétence presque générale, prenant parfois, selon la nature et la gravité des faits, un caractère répressif ou pénal. La célérité dans la répression, la proximité du juge, l'économie des frais, la nécessité de ne pas déplacer les préposés et découvrir les postes, telles sont les considérations extrêmement graves qui ont motivé cette législation spéciale.

Les tribunaux, juges des faits matériels, ne peuvent excuser l'inculpé sur ses intentions. S'ensuit-il que la législation fiscale ait perdu sa moralité ? Non, car l'autorité administrative, qui agit au nom de l'Etat, a le droit d'apprécier le caractère de l'infraction, de modérer, et même, soit avant, soit après jugement, de remettre les peines encourues.

Instituées sous l'influence de certaines conditions de l'existence sociale, les Douanes doivent, par des combinaisons appropriées aux besoins nouveaux, seconder dans une juste mesure l'essor des forces productives de l'agriculture, de l'industrie et du commerce, tout en procurant à l'Etat un revenu nécessaire.

Le service des Douanes répondra à ce qu'on doit en attendre, tant que ses moyens d'exécution, de surveillance et de contrôle seront maintenus dans des conditions propres à assurer la prompte et régulière expédition des affaires, et qu'on repoussera avec une fermeté persévérante un système qui tendrait à assimiler les effets de la paresse et de l'incapacité intrigante à ceux d'un dévouement éclairé, honnête et studieux.

A. DELANDRE.

Octobre 1865.

SOMMAIRE

Les règlements des Douanes sont résumés sous les titres suivants :

LIVRE I. — DISPOSITIONS GÉNÉRALES.

et autres eaux salées. Sect. 4. Sels immondes destinés aux usages agricoles. Sect. 5. Sels pour la conservation des navires. Sect. 6. Fabriques de soude.

Chap. VII. — *Sels neufs français, destinés à l'alimentation des bestiaux.*

Chap. VIII. — *Contraventions et leurs suites.*

Chap. IX. — *État statistique.*

LIVRE XI. — RÉGIMES SPÉCIAUX.

Chap. I, Marseille; Chap. II, île de la Corse; Chap. III, îles du littoral; Chap. IV, Algérie; Chap. V, propriétés limitrophes; Chap. VI, territoires neutralisés du pays de Gex et de la Haute-Savoie; Chap. VII, colonies et établissements français; Chap. VIII, traités de commerce et de navigation; Chap. IX, échouements et naufrages; Chap. X, primes ou drawback; Chap. XI, bestiaux ou bêtes de somme et voitures, etc., servant au transport des marchandises; Chap. XII, avitaillement des navires; Chap. XIII, privilèges des ambassadeurs; Chap. XIV, courriers de malles ou de cabinets, et conducteurs de voitures publiques; Chap. XV, effets et voitures de voyageurs; Chap. XVI, retour des marchandises françaises invendues à l'étranger; Chap. XVII, marchandises laissées dans les Douanes; Chap. XVIII, police sanitaire; Chap. XIX, pêches maritimes; Chap. XX, librairie; Chap. XXI, marques de fabrique et de commerce; Chap. XXII, chasse; Chap. XXIII, armes et munitions de guerre; Chap. XXIV, poudres à feu ou à tirer; Chap. XXV, ouvrages d'or et d'argent; Chap. XXVI, boissons; Chap. XXVII, tabacs; Chap. XXVIII, cartes à jouer; Chap. XXIX, timbre des lettres de voiture, des journaux et de certains actes; Chap. XXX, transport des lettres et journaux.

LIVRE XII. — CONTENTIEUX.

Chap. I. — *Constatation des infractions.* Sect. 1. Dispositions générales. Sect. 2. Procès-verbaux. Sect. 3. Minuties. Sect. 4. Effets de la nullité ou absence des procès-verbaux.

Chap. II. — *Procédure devant les tribunaux.* Sect. 1. Compétence : § 1, première instance, 1er ressort ou 1er degré de juridiction; § 2, appel, deuxième degré de juridiction. Sect. 2. Instruction des actions : § 1, juges de paix : 1° dispositions générales; 2° opposition; § 2, appel; § 3, pourvoi en cassation. Sect. 3. Instances correctionnelles : § 1er, première instance : 1° dispositions générales; 2° opposition; § 2, appel; § 3, pourvoi en cassation. Sect. 4. Instances criminelles. Sect. 5. Dispositions communes à toutes les instances : § 1, jugements préparatoires et interlocutoires; § 2, condamnations : caractère général; intervention des propriétaires; solidarité; mineurs; durée de l'action; montant des amendes; décime; main-levée; modération des condamnations; revendication; saisies non fondées; enregistrement; frais.

Chap. III. — *Exécution des jugements.* Sect. 1. Règles générales. Sect. 2. Vente des marchandises. Sect. 3. Contrainte par corps. Sect. 4. Absence ou insolvabilité des prévenus. Sect. 5. Vente avant confiscation.

Chap. IV. — *Transactions,* soumissions, certificat tenant lieu de procès-verbal.

Chap. V. — *Procédures spéciales.* Sect. 1. Opposition à l'exercice des fonctions des préposés; rébellion, etc. Sect. 2. Poursuite par voie de contrainte. Sect. 3. Inscription de faux. Sect. 4. Saisies-arrêts ou oppositions entre les mains des receveurs. Sect. 5. Poursuite contre les faillis débiteurs des droits. Sect. 6. Poursuite contre les communes responsables de certains délits.

Chap. VI. — *Mode d'écritures* et de correspondance dans les affaires contentieuses.

Chap. VII. — Droits d'enregistrement.

Chap. VIII. — *Répartition du produit* des infractions ou des saisies.

Chap. IX. — *Modèles et formules* des procès-verbaux et autres actes.

Notice sur les douanes anglaises.

Table alphabétique.

TRAITÉ PRATIQUE
DES DOUANES

LIVRE PREMIER

DISPOSITIONS GÉNÉRALES

PRÉPARATION, PROMULGATION ET APPLICATION DES LOIS
ET RÈGLEMENTS; GARANTIES RESPECTIVES DE L'ADMINISTRATION
ET DES REDEVABLES. — ORGANISATION; ÉTABLISSEMENTS (personnel; matériel).
— DÉCLARATION EN DÉTAIL. — VISITE DES MARCHANDISES. —
MODE D'ACQUITTEMENT DES DROITS.
— STATISTIQUE COMMERCIALE. — COMPTABILITÉ.

S'il avait été fait par le législateur même, ce premier livre poserait les principes de tous les règlements en matière de douane ; les autres livres n'en seraient que des corollaires. En le formant avec des articles épars dans différentes lois plus ou moins spéciales, on ne peut lui donner ce caractère ; mais l'utilité en sera toujours grande, en ce qu'il réunit les dispositions fondamentales qui, sans avoir de place marquée dans l'une des divisions par branches de service plutôt que dans telle autre, peuvent, dans tous les cas, être invoquées et appliquées.

CHAPITRE PREMIER.
PRÉPARATION, PROMULGATION ET APPLICATION DES LOIS ET RÈGLE-
MENTS; GARANTIES RESPECTIVES DE L'ADMINISTRATION
ET DES REDEVABLES.

SECTION PREMIÈRE.
Préparation, promulgation et application des lois et règlements.

1. — Les droits de douane constituent un impôt et sont établis par la loi : ils ne peuvent être autrement augmentés ni diminués. On ne saurait à ce sujet procéder par voie d'interprétation. *(Arrêt de la Cour de cassation du 24 mars 1847; Circulaire n° 2196.)*

Aussi les droits qui n'ont pas été liquidés et exigés régulièrement, ne produisent-ils pas d'intérêts au profit de l'État. *(A. de C. du 12 mai 1862.)* V. n° 41.

2.— La présentation des lois et tarifs de douane appartient au Ministre du commerce, qui reçoit les vœux des conseils généraux du commerce, des manufactures et de l'agriculture, ainsi que les communications nécessaires de l'administration des Douanes, et prend l'avis du conseil supérieur du commerce. *(Ordonnance du 15 avril 1857.)* Pour les instructions et autres règlements, V. n° 43.

Des ordonnances du Chef de l'État peuvent, provisoirement et en cas d'urgence :

Prohiber l'entrée des marchandises de fabrication étrangère (1) ou augmenter (2), à leur importation, les droits de douanes ; et néanmoins, en cas de prohibition, les denrées et marchandises qu'on justifie avoir été expédiées avant la promulgation desdites ordonnances sont admises moyennant l'acquit des droits antérieurs à la prohibition ;

Diminuer les droits sur les matières premières nécessaires aux manufactures ;

Permettre ou suspendre l'exportation des produits du sol et de l'industrie nationale, et déterminer les droits auxquels ils seront assujettis. *(Loi du 17 décembre 1814, art. 54.)*

Ces ordonnances doivent déterminer, suivant les provenances, l'époque à laquelle commenceront à être appliquées les augmentations ou diminutions de droits, ainsi que les prohibitions qu'elles ont prononcées. *(Loi du 7 juin 1820, art. 2.)* Ces réserves ne s'appliquent pas aux marchandises en entrepôt.

Les dispositions ordonnées ou exécutées dans les cas qui viennent d'être prévus, doivent être présentées, en forme de projet de loi, aux Chambres, avant la fin de leur session si elles sont assemblées, ou à la session la plus prochaine si elles ne le sont pas. *(Loi du 17 décembre 1814, art. 54.)*

Les ordonnances statuant sur les droits et tarifs de douanes ont la force et l'autorité de dispositions législatives provisoires, et sont essentiellement exécutoires tant qu'elles n'ont pas été rapportées. La loi qui intervient pour les confirmer et en constater ainsi la légalité, étant purement déclarative, ne se trouve pas entachée de rétroactivité lorsqu'elle leur reconnaît définitivement force législative à partir de la date à laquelle elles ont été rendues. *(A. de C. du 24 mars 1847; Circ. n° 2196.)*

Des ordonnances du Gouvernement peuvent aussi :

Déterminer les bureaux de douanes ouverts à l'importation, à l'exportation ou au transit de certaines marchandises, sans déroger, toutefois, à ce qui a été prescrit par l'art. 22 de la loi du 28 avril 1816. V. n° 372. *(Loi du 5 juillet 1836, art. 4.)*

En maintenant les facilités que les lois accordent à la circulation des denrées de consommation locale, V. n° 247, renouveler ou modifier toutes dispositions des règlements en vigueur sur les formes et l'emploi des passavants pour la circulation dans le rayon des frontières de terre, ou qui ont pour objet d'exiger, avant la délivrance de ces expéditions, la justification de l'origine des marchandises de la classe de celles

---

(1) Le législateur a statué ici pour les denrées aussi bien qu'à l'égard des marchandises proprement dites. *(A. de C. du 24 mars 1847; Circ. n° 2196.)*

(2) Le tarif applicable aux grains, farines et autres denrées alimentaires, ne peut être modifié que par une loi. *(Loi du 15 juin 1861, art. 4; Circ. du 19, n° 768.)*

Il en est de même pour les droits sur les sucres des colonies françaises *(Loi du 5 juillet 1840, art. 2)*; mais les surtaxes des sucres étrangers et le classement des qualités inférieures, dites moscouades, peuvent être modifiés par des ordonnances. *(Même loi, art. 4.)*

qui sont prohibées à l'entrée ou dont l'admission est réservée à certains bureaux ;

Déterminer, suivant la population des communes comprises dans le rayon des frontières, celles où il est permis de recevoir des marchandises en magasin. *V.* n° 284 ;

Régler le mode à suivre pour l'établissement des fabriques dans le rayon des frontières, et étendre sur les magasins où seront reçus les produits de ces fabriques la surveillance nécessaire pour qu'elles ne puissent mettre en circulation, avec des passavants, aucune marchandise importée frauduleusement. *(Loi du 28 avril 1816, art. 37.)* (1) ;

Prescrire les moyens d'ordre et de police jugés nécessaires pour empêcher la fraude des bestiaux que pourraient favoriser les établissements ruraux situés dans les deux kilomètres et demi les plus rapprochés de l'étranger. *(Loi du 27 juillet 1822, art. 10.)* V. Livre XI, ch. XI.

Autoriser, sauf révocation en cas d'abus, l'importation temporaire de produits étrangers destinés à être fabriqués ou à recevoir en France un complément de main-d'œuvre, sous les formalités déterminées. *(Loi du 5 juillet 1836, art. 5.)* V. n° 541 ;

Dispenser du plombage, sauf révocation en cas d'abus, celles des marchandises expédiées en cabotage, ou dirigées sur les entrepôts de l'intérieur, à l'égard desquelles l'exemption de cette formalité serait jugée être sans inconvénient. *(Loi du 2 juillet 1836, art. 20.)* V. n°s 491, 514 et 605 ;

Modifier les tares légales accordées aux marchandises soumises aux droits sur le poids net, lorsque les intéressés n'ont pas usé de la faculté qui leur est réservée par l'art. 7 de la loi du 27 mars 1817 d'en déclarer le poids net réel. *(Loi du 6 mai 1841, art. 19.)* V. n° 196 ;

Modifier le mode d'établir la jauge des navires du commerce, afin d'en rapprocher les résultats de ceux que produit la méthode adoptée par les autres pays de grande navigation. *(Loi du 5 juillet 1836, art. 6.)* V. n° 635.

3. — La promulgation des lois et ordonnances résulte de leur insertion au Bulletin officiel. *(Ord. du 27 novembre 1816, art. 1er.)*

La loi ou ordonnance insérée au Bulletin des Lois est, conformément à l'art. 1er du Code civil, réputée connue dans le département de la Seine un jour après que le Bulletin a été reçu de l'imprimerie impériale par le Ministre de la justice, qui constate sur un registre l'époque de la réception. *(Même Ord., art. 2.)*

Il s'agit ici d'un jour entier ou un jour franc après celui de la remise du Bulletin au Garde des sceaux; ainsi, le 3 du mois, si le Bulletin porte la date du 1er, ou le 9, s'il est daté du 7. *(Avis du Conseil d'État; Décision ministérielle du 24 février 1817, et Circ. du 11 mars suivant,* n° 255.)

La loi ou l'ordonnance est réputée connue et exécutoire dans chacun des autres départements après l'expiration du même délai, augmenté d'autant de jours qu'il y a de fois dix myriamètres entre la capitale et le chef-lieu de chaque département. *(Ord. du 27 novembre 1816, art. 3.)*

Le nombre de myriamètres excédant la dizaine ou les dizaines compte pour dix et augmente le délai d'un jour : 12 myriamètres, 15, etc., sont comptés pour 20; 21 myriamètres, 22, etc., pour 30, et ainsi de suite. *(Avis du Conseil d'État; Déc. min. du 24 février 1817, et Circ.* n° 255.)

Toutes les fois que les lois, décrets ou ordonnances rendus en matière de douane ne déterminent pas, d'une manière spéciale, l'époque à partir de laquelle les dispo-

---

(1) Tant que les ordonnances dont il est question n'auront pas été rendues, les règles précédemment établies doivent recevoir leur exécution. *(A. de C. du 14 juin 1839, Circ.* n° 1760.) *V.* n° 246.

sitions qu'ils contiennent doivent être appliquées, celles-ci sont exécutoires dans les
délais indiqués au tableau suivant. *(Tarif général des douanes de 1844, n° 8 des
Observations préliminaires.)*

Délais après lesquels les lois et décrets sont exécutoires.

DÉPARTEMENTS.	Distance de Paris au chef-lieu du département en myriamètres.	Nombre de jours qui doivent s'écouler entre celui où les lois sont insérées au Bulletin des Lois et celui où elles deviennent exécutoires.	DÉPARTEMENTS.	Distance de Paris au chef-lieu du département en myriamètres.	Nombre de jours qui doivent s'écouler entre celui où les lois sont insérées au Bulletin des Lois et celui où elles deviennent exécutoires.
Ain	43 ,2	6	Loire-Inférieure	38 ,9	5
Aisne	12 ,7	3	Loiret	12 ,3	3
Alpes (Basses-)	75 ,5	9	Manche	32 ,6	5
Alpes (Hautes-)	66 ,5	8	Meuse	25 ,1	4
Alpes-Maritimes	109 ,3	12	Morbihan	50 ,0	6
Ardennes	23 ,4	4	Moselle	30 ,8	5
Ariége	75 ,2	9	Nord	23 ,6	4
Aude	76 ,5	9	Pas-de-Calais	19 ,3	3
Bouches-du-Rhône	81 ,3	10	Pyrénées (Basses-)	78 ,1	9
Calvados	26 ,3	4	Pyrénées (Hautes-)	81 ,5	10
Charente-Inférieure	46 ,0	6	Pyrénées-Orientales	88 ,8	10
Corse	145 ,5	16	Rhin (Bas-)	46 ,4	6
Côtes-du-Nord	44 ,6	6	Rhin (Haut-)	48 ,1	6
Doubs	39 ,6	5	Rhône	46 ,6	6
Eure	10 ,4	3	Saône (Haute-)	35 ,4	5
Finistère	62 ,3	8	Savoie	59 ,6	7
Gard	70 ,2	9	Savoie (Haute-)	64 ,0	8
Garonne (Haute-)	66 ,9	8	Seine	» ,»	1
Gironde	57 ,3	7	Seine-Inférieure	13 ,7	3
Hérault	75 ,2	9	Somme	12 ,8	3
Ille-et-Vilaine	34 ,6	5	Var	89 ,0	10
Isère	56 ,8	7	Vaucluse	70 ,7	9
Jura	41 ,1	6	Vendée	43 ,3	6
Landes	70 ,2	9	Algérie	160 ,0	17

Dans ce tableau, on a laissé en dehors du calcul tant la date de la publication que
celle de la mise à exécution, et rappelé seulement le nombre de jours qui doivent
s'écouler entre ces deux dates. Voici un exemple d'application : un décret du 27 mars
a été inséré au Bulletin des Lois du 30. Le délai de promulgation pour le département du Nord est de quatre jours francs. Le mois de mars ayant 31 jours, la législation antérieure cesse d'être applicable à la fin de la journée du 3 avril, et le décret
du 27 mars devient exécutoire le 4 avril, dès l'ouverture de la journée. *(Circ. du
31 mars 1852, n° 24.)*

Dans les cas et les lieux où le Gouvernement juge convenable d'en hâter l'exécution, les lois et ordonnances sont envoyées aux préfets qui en constatent la réception
sur un registre et prennent incontinent un arrêté par lequel ils ordonnent que lesdites
lois et ordonnances seront imprimées et affichées partout où besoin sera. Elles sont
exécutoires à compter du jour de la publication faite dans cette forme. *(Ord. des 27 novembre 1816, art. 4, et 18 janvier 1817, art. 1 et 2.)*

La date de publication, au chef-lieu du département, de l'arrêté du préfet détermine,
pour toute l'étendue du département, la mise à exécution des lois et ordonnances.
(Circ. lithogr. du 23 février 1847.)

Cette exécution ne peut donner ouverture à aucune demande en indemnité contre l'administration. *(Jugement du tribunal de paix de Rochefort du 3 septembre 1840; Documents lithogr., n° 82.)*

4. — *Application.* Dans tous les ports et lieux de France, on se conforme aux mêmes lois et tarifs (1). *(Loi du 4 germinal an II, titre I, art. 3.)*

L'exécution des lois, ordonnances, décrets et règlements sur les douanes est exclusivement attribuée au Ministre des finances, ainsi que la perception des droits de tonnage, de bassins et autres établis dans les ports de mer. *(Arrêté du 28 ventôse an XII, art. 1 et 2.)*

Les agents du Gouvernement, préfets ou autres, ne peuvent, sous quelque prétexte que ce soit, prendre des arrêtés ni accorder aucune permission contraire aux lois et tarifs. *(Arrêté du 9 germinal an IV.)*

Aucune autorité locale, aucun tribunal n'a le pouvoir d'augmenter, de diminuer, ni de modifier la quotité des droits portés au tarif. *(Tarif général, n° 20.)*

Dans le cas de saisie ou de préemption exercée par les Douanes, le Ministre des finances est seul en droit d'intervenir. Il est expressément défendu aux autres ministres et aux corps administratifs de donner des décisions. *(Loi du 4 germinal an II, titre VI, art. 24.)*

Les contestations relatives à la quotité ou à la légalité des droits sont de la compétence des tribunaux. *(Loi du 22 août 1791, titre XI, art. 3, titre XIII, art. 25; Loi du 14 fructidor an III, art. 10.)* V. Livre XII, ch. 2. Mais défenses sont faites aux tribunaux de connaître des actes d'administration, de quelque espèce qu'ils soient, sauf aux réclamants à se pourvoir devant le Conseil d'État. *(Loi du 16 fructidor an III; A. de C. des 9 fructidor an VIII, 15 frimaire an X et 17 brumaire an XIV.)*

Les conflits entre l'autorité administrative et l'autorité judiciaire doivent être renvoyés au Conseil d'État. *(Avis du Conseil d'État du 22 janvier 1813.)*

Est nulle et sans effet toute signification faite au service, par acte extra-judiciaire, sur un sujet relevant directement de l'autorité administrative et dont l'autorité judiciaire n'a pas à connaître. *(Déc. du 19 juillet 1824.)*

L'autorité administrative, agissant dans la sphère qui lui est propre, a reçu de son institution même le pouvoir de faire exécuter ses arrêtés. Aussi la Douane peut-elle, selon les circonstances, employer la force armée dont elle dispose, V. n° 100, pour obtenir l'application de la loi. En cas de nécessité, elle peut aussi, comme le feraient le préfet, le maire, etc., V. n° 80, requérir l'intervention de la gendarmerie, etc.; il suffit de remettre à celle-ci un réquisitoire régulier pour qu'elle ait à assurer main-forte. *(Circ. lith. du 4 février 1847.)* V. n°ˢ 97, 103, 124, 434 et 1017.

5. — *Tarif.* Il est dressé un tarif général des droits d'entrée et de sortie et autres que les Douanes ont à percevoir d'après les lois en vigueur. Ce tarif est soumis à l'approbation du Ministre des finances. *(Décret du 1ᵉʳ février 1791 et Arrêté du 28 ventôse an XII.)*

Le tarif, ainsi approuvé, sert de règle exclusive dans l'application des droits. En cas de doute ou de contestation sur la manière d'entendre ou d'appliquer les dispositions du tarif, il en est référé à l'administration supérieure, sans préjudice du droit de recours par-devant les tribunaux, ouvert aux parties intéressées. *(Arrêté du Min. des fin. du 25 mars 1844, en tête du Tarif général.)*

Toute décision qui n'a pas été confirmée par les publications du tarif, doit être considérée comme ayant trait seulement à l'affaire au sujet de laquelle elle a été

---

(1) Les règlements généraux n'ont point en vue les prises maritimes faites en cas de guerre sur l'ennemi. Le but et les accidents particuliers de chaque guerre déterminent des mesures spéciales. V. n° 614, dernier paragraphe.

rendue. Si des affaires de même nature se présentaient, l'administration devrait être consultée de nouveau. *(Circ. du 27 décembre 1850, n° 2418.)*

Les lois et tarifs de douane doivent être imprimés; ils doivent se trouver dans chaque bureau et y demeurer déposés pour être communiqués aux redevables quand ceux-ci le requièrent. *(Loi du 22 août 1791, titre XIII, art. 3.)*

Tous les agents qui ont droit à la distribution officielle des circulaires imprimées, *V.* n° 30, reçoivent un exemplaire du tarif.

L'application du tarif est placée sous la responsabilité des receveurs. Il leur est enjoint de tenir au courant l'exemplaire qui leur a été remis et qui, sous aucun prétexte, ne peut être retiré du bureau. C'est là, pour eux, une obligation étroite et absolue. *(Tarif général, n° 19; Circ. du 4 avril 1844. n° 2015.)*

Il est du devoir des employés de tenir constamment leur tarif au courant. Des négligences à cet égard seraient d'autant moins excusables qu'on peut facilement les éviter au moyen des tableaux officiellement publiés chaque fois qu'il survient des modifications dans les taxes établies. Les inspecteurs et sous-inspecteurs divisionnaires doivent s'assurer fréquemment, dans leurs tournées, si les tarifs, et notamment ceux des receveurs, sont tenus avec exactitude et ponctualité. Ils doivent faire mention, dans leurs rapports trimestriels, du résultat de leurs investigations à ce sujet. *(Même Circ., n° 2015.)*

Indépendamment des droits applicables aux marchandises à l'entrée ou à la sortie, et qui constituent ce qu'on appelle les droits de douane proprement dits, l'administration est chargée de la perception des droits accessoires indiqués ci-après : 1° droits de navigation; 2° droits de magasinage et de garde; 3° droit de timbre sur les expéditions de douane; 4° diverses taxes exigées pour prix des plombs, cachets ou estampilles apposés par ses agents en vertu des lois et règlements. Elle perçoit aussi la taxe de consommation sur les sels dans les localités soumises à sa surveillance.

Dans certains cas, elle reçoit des droits pour le compte d'autres administrations publiques, tels, par exemple, que le droit de timbre de voiture et de connaissement; les droits sanitaires. *V.* Livre XI. *(Tarif, n° 220.)*

6. — Le régime et les droits applicables sont ceux du tarif en vigueur. *V.* n° 144. *(Tarif, n° 10.)*

Si le dernier jour valable pour appliquer certaines taxes est un dimanche ou un autre jour férié, les bureaux doivent rester ouverts, pour recevoir et enregistrer les déclarations relatives à l'application de ces taxes, pendant toute la durée des heures fixées par la loi. La même règle doit être observée la veille d'un changement de tarification. *(Déc. min. du 11 avril 1859; Circ. des 24 mai suivant, n° 1755, et 28 juin 1850, n° 2393 ; Tarif, n° 17.)*

Chaque fois qu'il s'agit d'une modification ou d'un changement quelconque dans les taxes établies, les receveurs sont d'ailleurs tenus, sous leur responsabilité, d'arrêter les registres de déclarations et de perceptions à la clôture de la séance de la *veille* du jour où le nouveau tarif doit être appliqué. Dans les bureaux où il existe un inspecteur ou un sous-inspecteur sédentaire, ce chef vise l'arrêté des registres. Quant aux autres bureaux, l'employé le plus élevé en grade après le receveur, ou le chef du service actif, lorsque le receveur est seul, signe avec lui cet arrêté. Chargés de s'assurer de la ponctuelle application de ces dispositions, les inspecteurs ou sous-inspecteurs divisionnaires doivent faire connaître, dans leurs rapports trimestriels, les résultats de leur surveillance à ce sujet. *(Circ. du 24 mai 1859, n° 1755.)*

7. — Toute marchandise arrivant de l'étranger est, aux yeux du législateur, réputée d'origine étrangère, et doit, à ce titre, être assujettie aux conditions du tarif. *V.* n° 292.

De même, toute marchandise, quand elle se trouve en deçà du rayon des douanes et qu'elle n'a pas été poursuivie à vue en cas d'introduction frauduleuse, *V.* n° 292, est réputée d'origine nationale et doit, sous le rapport du tarif, être traitée comme telle, quand bien même elle aurait été primitivement importée de l'étranger.

Par exception à ces règles, les marchandises nationales invendues à l'étranger peuvent être réadmises sous certaines conditions. *V.* Livre XI, ch. 16. *(Tarif, n° 23.)*

8.— Les produits composés de matières ou substances diversement taxées doivent, lorsqu'ils ne sont pas spécialement tarifés, être soumis, à l'entrée, aux droits qui affectent la partie du mélange la plus fortement imposée, soit que les parties constitutives de ce mélange ne puissent plus être séparées, soit que le départ puisse en être fait (1). *(Tarif, n° 24.)*

Toutefois, lorsque, par l'effet de l'égouttage durant le transport, des sucres coloniaux présentent dans le même colis des nuances différentes, on permet la formation d'un échantillon commun, qui sert à la détermination du droit applicable. Cet échantillon s'obtient ordinairement par le mélange des sucres que la sonde rapporte. Mais le service demeure autorisé à exiger le mélange effectif du contenu du colis, et même à percevoir le droit le plus élevé s'il est reconnu que les sucres étaient, au départ, de qualités différentes. *(Déc. min. du 20 septembre 1847 ; Circ. des 2 octobre suivant, n° 2197, et 27 décembre 1850, n° 2418.)*

Tout produit dénaturé par la pulvérisation cesse de suivre le régime de la matière dont il provient, à moins que le tarif n'ait réglé le contraire. Dans tous les cas, un produit réduit en poudre n'est admissible qu'autant qu'il est possible d'en reconnaître la nature, l'espèce ou la qualité, et qu'on ait ainsi la certitude qu'il ne s'agit pas de substances médicinales ou de produits chimiques prohibés à l'entrée. S'il y a doute, on doit suspendre l'admission et envoyer des échantillons à l'administration, pour qu'il soit procédé à l'expertise légale. *(Tarif, n° 25.)*

Les marchandises doivent être soumises aux droits en l'état où elles sont présentées au service. *(Déc. du 26 décembre 1846.)*

Le service peut faire briser ou dénaturer en douane, et en sa présence, tout objet qui, parmi les ferrailles importées, lui paraît pouvoir être utilisé autrement que pour la refonte. *(Loi du 9 juin 1845, art. 1er.)* A cet effet, le service s'assure avec soin qu'il s'agit exclusivement de *débris de vieux ouvrages en fer ou en fonte,* et refuse l'admission des ouvrages encore entiers, même quand ils seraient de rebut ou oxydés, et des morceaux de fer ou de fonte neufs de toute espèce, par exemple, des rognures ou coupures de tôle et des bouts de barre de fer que l'on est dans l'usage de couper dans certaines forges pour équarrir les barres ou leur donner la même longueur. *(Circ. des 22 avril 1838, n° 1682, et 13 juin 1845, n° 2069; note 352 du Tarif général.)* Mais, tout en s'attachant à prévenir l'abus, le service doit éviter de grever de frais inutiles, par des précautions exagérées, des importations qui ont un intérêt réel pour certaines branches d'industrie. *(Note 14 du Tarif de 1864.)*

9. — En cas de sophistication des marchandises, il convient d'en avertir l'autorité municipale, qui, après examen par les experts qu'elle a désignés et si ces marchandises contiennent des substances nuisibles à la santé publique, peut en ordonner la destruction. *(Déc. du 27 septembre 1847.)*

---

(1) Cette disposition est suivie pour l'application des traités de commerce. Il en est ainsi par exemple, à l'égard des poignées en porcelaine, montées sur cuivre. *(Déc. du 14 juin 1862.)*

Toutefois, les tissus de coton mélangés, quand le coton domine en poids, sont passibles du droit de 15 p. 0/0 de la valeur. *(Note 100 du tarif de 1864.)*

Des fils de poil de chèvre, mélangés de bourre de soie, le poil de chèvre dominant, sont traités comme fils de poil de chèvre, bien que ces fils mélangés ne soient pas nommément repris au traité. *(Circ. lith. du 21 janvier 1862.)*

Les droits doivent être perçus intégralement, sans égard à la qualité ou à la valeur relative des marchandises. (*Tarif général,* n° 20.)

10. — Toute faible partie d'une chose, lorsqu'elle est exclusivement destinée et propre à la faire connaître, est réputée échantillon.

Ne sont considérés comme échantillons, quand il s'agit d'objets fabriqués formant un tout complet, que des articles uniques, dépareillés, et dont la destination se prouve par l'assemblage de choses distinctes les unes des autres. (*Tarif*, n° 166.)

Les échantillons suivent, en général, le même régime que les marchandises qu'ils représentent ; ils doivent ainsi être soumis aux droits ou être repoussés comme prohibés, suivant qu'ils appartiennent à la classe des objets tarifés ou à celle des objets qui sont frappés de prohibition à l'entrée. Toutefois, et par exception à cette règle, on admet librement les échantillons, et notamment les échantillons de tissus, lorsqu'ils sont en fragments trop petits pour qu'il soit possible de les utiliser autrement que comme modèles ou types. Dans le cas contraire, c'est-à-dire quand il est question, par exemple, de coupons de tissus d'une certaine dimension ou d'objets entiers, tels que châles, mouchoirs, cravates, etc., on doit exiger, avant d'en permettre l'entrée en franchise, qu'ils soient coupés ou lacérés de manière à les mettre hors d'usage et à leur ôter toute valeur marchande. (*Circ. du 2 avril 1818, et Tarif,* n° 167.)

S'il s'agissait d'échantillons *prohibés,* que le commerce eût intérêt à ne pas détériorer, le service pourrait aussi en permettre temporairement l'entrée ; mais il garantirait la reconnaissance de chaque objet par une estampille à la rouille, lorsque le tissu est de nature à en conserver l'empreinte, et, dans le cas contraire, en y apposant un ou deux plombs. Le prix de l'estampille est fixé à 5 cent. ; celui du plomb est comme dans le cas de réexportation. V. n° 31. Il serait délivré un acquit-à-caution portant engagement, de la part de l'intéressé, d'effectuer dans un délai déterminé, par le bureau même de leur introduction, la réexportation des objets décrits dans l'expédition, à moins de réintégration en entrepôt, et sous peine d'en payer la quadruple valeur. V. n° 536. Quant aux échantillons qui ne consistent qu'en fragments sans valeur aucune, ou que l'on consent à rendre tels en les lacérant, la remise en est faite sans condition. (*Circ. man. du 5 janv. 1832; Tarif,* n° 167; *Déc. min. du 9 avril 1854, et Circ. man. du 16.)*

La réexportation ou la réintégration en entrepôt des échantillons de marchandises *non prohibées* doit être garantie, selon la convenance des importateurs, soit au moyen d'une soumission valablement cautionnée, soit par la consignation d'une somme égale au montant des droits du tarif. Suivant le cas, il est délivré aux commis-voyageurs un acquit-à-caution ou une reconnaissance de consignation contenant la description exacte des échantillons, de manière à faciliter la reconnaissance de leur identité lors de la représentation. La douane appose, en outre, une estampille ou un cachet sur les objets qui, par leur nature, peuvent comporter ce complément de garantie. Les expéditions déterminent le délai au-delà duquel elles cesseront d'être valables. Ce délai est fixé d'après les indications fournies par les commis-voyageurs ; mais dans aucun cas il ne doit excéder une année. La réexportation peut s'effectuer par tous les bureaux indistinctement des frontières de terre et de mer. Lorsqu'après reconnaissance de l'identité des échantillons elle a été régulièrement constatée par les agents des deux services, le receveur du bureau de sortie délivre l'acte de décharge sur l'acquit-à-caution, ou, s'il s'agit d'une consignation, il restitue immédiatement la somme consignée. V. n° 840. Si ce remboursement a lieu dans le ressort d'une principalité autre que celle où les droits ont été consignés, la dépense motive un virement de fonds. V. n° 228. Il serait procédé de même dans le cas où, au lieu d'être réexportés, les échantillons seraient déclarés pour l'entrepôt. Il est fait usage des formules d'acquits-à-caution et de reconnaissance de consignation, série M, n°s 51 (acquit-à-caution pour cas imprévus) et 23 A (consignation pour voitures de voyageurs), en y faisant à la main les changements nécessaires. *(Circ. du 27 avril 1854, n° 201.)* V. n° 456.

Quant aux objets de coutellerie, dont l'identité ne saurait être garantie par le plombage, l'acquit-à-caution indique la marque de fabrique, et donne d'ailleurs tous les détails propres à faciliter leur reconnaissance. On ne peut, dans aucun cas, admettre plus d'un échantillon de chaque modèle ou qualité. *(Déc. du 2 septembre 1835.)*

Les diverses facilités pour l'admission des échantillons ne peuvent être accordées que dans les bureaux ouverts à l'entrée des marchandises payant plus de 20 francs par 100 kilog. *(Tarif général, n° 167.)*

Ces dispositions sont appliquées à l'égard des échantillons importés par des commis-voyageurs des pays avec lesquels il a été passé des traités de commerce. *(Art. XV des observations générales du Tarif de 1864.)*

11. — Le régime des marchandises omises au tarif n'est pas le même à l'entrée qu'à la sortie.

À l'entrée, toute marchandise qui ne figure pas au tableau des droits, ou dont le régime ne se trouve pas réglé soit par le répertoire général, soit par les notes explicatives, doit, aux termes de l'art. 16 de la loi du 28 avril 1816, être assimilée au produit tarifé le plus analogue.

À la sortie, les seules marchandises mentionnées au tableau des droits sont passibles des taxes qui y sont indiquées. Il n'existe à la sortie aucune assimilation ; toutes celles que mentionne le tarif doivent être considérées comme se rapportant exclusivement à l'entrée. *(Tarif, n° 110.)*

La prohibition est de droit étroit ; elle est restreinte dans les limites que la loi a déterminées. *(Déc. du 18 novembre 1847.)*

Les marchandises omises au tarif ne peuvent être importées que par les bureaux indiqués au n° 388.

Toute assimilation faite d'office, c'est-à-dire toute assimilation relative à une marchandise à l'égard de laquelle l'administration n'a pas encore statué, n'est valable que pour le cas particulier auquel elle s'applique. Une assimilation ne peut faire règle que lorsqu'elle a été sanctionnée par l'administration. *(Tarif, n° 112.)*

C'est aux receveurs, et, dans les grands ports, aux inspecteurs sédentaires, qu'il appartient de déterminer provisoirement le régime à appliquer aux marchandises omises au tarif. Il leur est enjoint d'informer immédiatement les directeurs des assimilations qu'ils ont prononcées et de leurs motifs, en ayant soin d'ailleurs de joindre à leurs rapports des échantillons des objets assimilés. De leur côté, les directeurs sont tenus de porter sans retard le tout à la connaissance de l'administration, en donnant en même temps leur avis. L'administration apprécie la décision provisoire et la généralise s'il y a lieu. *(Tarif, n° 113.)*

Quand on est en doute de savoir à quel objet tarifé il convient d'assimiler un nouveau produit, il doit être sursis à l'assimilation jusqu'à ce que l'administration ait prononcé, et elle doit être mise en mesure de le faire sans retard. *(Tarif, n° 114.)*

Le droit d'assimilation, tel qu'il vient d'être défini, s'entend uniquement de la désignation de l'article du tarif auquel, en raison de l'analogie, le nouveau produit importé paraît devoir être assimilé, et sans que, dans aucun cas, la taxe qui devient alors applicable puisse être ni augmentée ni diminuée. Ce qui doit surtout déterminer l'analogie, et par conséquent l'assimilation, c'est l'état de préparation, l'emploi et la valeur du produit. *(Tarif, n° 115.)*

12. — Les droits sont parfois déterminés à raison de l'*origine* des marchandises, c'est-à-dire de l'importation directe des marchandises originaires de tel pays de production. On entend d'ailleurs par pays de *provenance*, le pays d'où la marchandise, quelle qu'en soit l'origine, est directement importée en France. Ainsi, pour les marchandises arrivant par terre, le pays de provenance est toujours le pays limitrophe ; pour les marchandises importées par mer, on considère comme pays de provenance la puissance d'où arrive le navire importateur. De même, à l'exportation, le pays de destination est toujours, sur la frontière de terre, le pays limitrophe, et, sur le littoral, la puissance où se rend le navire exportateur. *(Tarif,* n° 49.) *V.* n°s 13 et 14.

Les droits différentiels (surtaxes de provenance) établis par le tarif à l'égard de certaines marchandises importées par mer, concernent celles de ces marchandises qui arrivent sous pavillon français. Aucune distinction de l'espèce n'existe pour les marchandises importées par navires étrangers. *(Tarif,* n° 44.)

En général, les droits portent sur la provenance, et non sur l'origine des marchandises, et varient selon qu'elles arrivent de l'Inde, d'ailleurs hors d'Europe ou d'Europe. *(Tarif,* n° 45.)

Les mots *de l'Inde,* dont on se sert pour désigner la provenance de quelques marchandises, signifient des pays situés *à l'est du cap de Bonne-Espérance* et *à l'ouest du cap Horn. (Loi du 28 avril 1816, art. 5, en note.)* C'est indistinctement que l'une ou l'autre de ces expressions est employée dans le tarif. *(Tarif général,* n° 46 , *et note 90 du Tarif de 1864.)*

On entend par *côte occidentale d'Afrique* toute la partie du continent africain qui s'étend depuis le Maroc jusqu'au cap de Bonne-Espérance. Ainsi les modérations de droit stipulées en faveur des produits de la côte occidentale d'Afrique sont applicables à ceux de ces produits qui, dans les conditions voulues par les règlements, sont importés du Sénégal et des établissements qui en dépendent. *(Tarif,* n° 47.) Pour le privilége colonial, *V.* Livre XI, ch. 7.

Tous les pays d'Europe doivent, sous le rapport des provenances, être considérés comme *entrepôts. (Tarif général,* n° 48.)

Les produits du Levant, expédiés en droiture des pays d'extraction sur France, doivent être traités comme venant des *pays hors d'Europe.* (Tarif, n° 48.) Mais les graines et les fruits oléagineux, les graisses, les dégras de peaux et l'acide oléique du crû des pays européens du Levant, et qui en sont importés par navires étrangers, rentrent sous le régime des provenances d'Europe. *(Déc. min. du 16 octobre 1861; Circ. du 50,* n° 804, *et Circ. lith. du 12 août 1864.)*

Les marchandises intertropicales dont la production est commune aux pays géographiquement hors d'Europe et baignés par la Méditerranée sont admises, lorsque l'origine en est justifiée, aux droits relatifs aux provenances des pays hors d'Europe. Sont ainsi traités les ivoires importés des ports des États barbaresques et de l'Egypte, lorsqu'il est établi, au moyen de certificats de consuls français, que ces produits ont été apportés du centre de l'Afrique par les caravanes. *(Déc. min. du 11 août 1860; Circ. du 25,* n° 680.)

Les avantages de l'importation directe des lieux de production en Europe sont applicables aux produits du Schleswig-Holstein, accompagnés de certificats d'origine délivrés par le Consul de France à Hambourg. *(Déc. du 19 juin 1863.)*

Hambourg est considéré comme pays de production pour les produits originaires de la Confédération germanique. *(Circ. lith. du 15 juin 1861.)*

Quand le tarif consacre une réduction de droits à l'égard des produits du crû des pays limitrophes, les importateurs, pour jouir du bénéfice de cette disposition, sont tenus soit de justifier, par des quittances officielles, du payement des droits de sortie desdits pays, soit d'exhiber des attestations de la douane étrangère destinées à tenir lieu de ces quittances, lorsque les produits ont été exportés des États limitrophes en franchise de droits. *(Circ. du 27 décembre 1850,* n° 2418.)

Le régime de faveur pour certains produits des pays limitrophes n'est applicable qu'à des produits naturels, présentés à l'état brut, et dont l'origine peut être reconnue. *(Déc. du 20 septembre 1858.)*

Le bénéfice du régime spécial aux produits du crû d'un pays limitrophe n'est d'ailleurs acquis qu'à l'égard des produits importés, avec les justifications nécessaires, par les points où ce pays touche immédiatement et directement à la frontière française. Il n'existe d'exception, quant à cette restriction, que pour les produits du Zollverein arrivés par convois de chemin de fer de la Belgique ou de la Suisse sous les conditions du transit international. *(Déc. min. du 13 septembre 1856; Circ. n° 415, et Déc. du 8 octobre 1858.)*

A défaut des justifications prescrites, le service peut, en cas de doutes sérieux, constater, par procès-verbal ou par acte conservatoire, une fausse déclaration à l'égard des produits présentés comme étant du crû des pays limitrophes. V. n° 175. *(Déc. du 11 février 1858.)*

13. — Le bénéfice des taxes modérées ou différentielles au sujet de marchandises importées des pays de production est, *quand il s'agit de l'application des traités de commerce et de produits originaires des pays contractants,* accordé lorsque les résultats de la vérification ne permettent pas de suspecter l'origine déclarée *(Circ. du 14 juin 1865,* n° 994, *et Circ. lith. du 12 juillet 1865,)* et si le transport a été direct. V. n° 14.

Le commerce est alors dispensé de justifier de l'origine des marchandises. *(Mêmes Circ.)*

Dans le cas où, par exception, il y aurait à établir l'origine, l'intéressé le ferait au moyen soit d'une déclaration officielle devant un magistrat siégeant au lieu d'expédition, soit d'un certificat du chef de la douane d'expédition ou de l'agent consulaire français du lieu d'expédition ou du port d'embarquement (1). Le service pourrait également admettre pour justifications les déclarations d'origine faites par les expéditeurs et soumises au visa des magistrats locaux. Dans tous les cas, les signatures des expéditeurs, des agents de douanes étrangères et des magistrats locaux doivent être légalisées par les consuls français. *(Circ. des 27 décembre 1850, n° 2418, 18 décembre 1860, n° 715, et 6 janvier 1861, n° 720; Déc. min. du 4 avril 1861; Circ. du 18, n° 750; art. III des dispositions générales du Tarif de 1864.)*

A défaut de visa d'un agent consulaire français, tout certificat d'origine doit être repoussé par le service. *(Circ. lith. du 8 août 1861.)*

Les connaissements ne peuvent tenir lieu des certificats délivrés par es agents consulaires. *(Déc. du 10 mars 1862.)*

A raison de circonstances particulières, des attestations faites devant notaire, tant par des mesureurs-jurés que par des entrepreneurs de chargement et légalisées par un Consul français, ont été admises comme établissant, d'une manière authentique, l'embarquement de grains aux États-Unis avant une époque déterminée. *(Déc. du 25 avril 1862.)*

En cas de doute sur le sens des certificats d'origine rédigés en langue étrangère, s'il devait en être produit, la douane a le droit d'exiger à l'appui une traduction régulière; mais il convient de ne pas la demander quand le texte des certificats ne laisse place à aucune incertitude ou peut être facilement interprété, soit par les employés eux-mêmes, soit par voie officieuse et sûre. *(Circ. lith. du 13 septembre 1861, et art. VI des dispositions générales du Tarif de 1864.)*

Les titres d'origine, s'il devait en être produit, ne seraient qu'un élément d'information et d'appréciation. Malgré leur régularité matérielle, ils ne lieraient pas le service, s'ils lui paraissaient ne pas s'appliquer aux marchandises pour lesquelles on les fournit. *(Art. III des dispositions générales du Tarif de 1864.)* Ainsi, en cas de doute, le service pourrait avoir recours aux commissaires-experts du Gouvernement.

---

(1) Sur les points où la France n'est représentée par aucun agent consulaire, les certificats d'origine doivent émaner de la douane locale. *(Déc. du 20 mai 1857.)*

V. n° 37. La fausse déclaration d'origine constatée par le service donne d'ailleurs ouverture aux pénalités énoncées au n° 175. *(Jugem. du trib. civ. de Boulogne-sur-Mer du 6 mars 1862, Circ. lith. du 30 septembre 1864.)*

L'examen des justifications d'origine et l'appréciation des circonstances de la navigation ont lieu au bureau d'arrivée. Dans les grandes douanes, c'est à l'inspecteur sédentaire, et, dans les autres bureaux, c'est au receveur qu'il appartient de statuer sur l'application des traités, *V.* n° 11; après s'être fait présenter le manifeste et les autres justifications relatives à la cargaison, il vise ces pièces et indique si le bénéfice du traité doit ou non être accordé. *(Déc. des 27 janvier 1847, 14 janvier 1850 et 7 avril 1852.)*

Dans les cas où rien n'annonce que l'origine des marchandises puisse être régulièrement établie, le service doit percevoir les droits du tarif général, en tenant compte de l'assimilation de pavillon. Au contraire, quand l'origine pouvant être présumée, il n'y a eu qu'une simple omission et si les importateurs déclarent vouloir produire ultérieurement les justifications nécessaires, il convient de liquider provisoirement les droits d'après le tarif conventionnel, sauf à faire immédiatement consigner le montant de la différence entre les deux taxes ou à en assurer le paiement au moyen d'une soumission cautionnée. *V.* n° 116. *(Circ. lith. du 18 septembre 1861.)*

Lorsque des marchandises sont dirigées sur un second bureau, la douane indique, sur les acquits-à-caution, si l'origine a été reconnue et, en cas de doute, si le consignataire de la cargaison s'est, par une soumission valablement cautionnée, sous la responsabilité du receveur, *V.* n° 116, engagé 1° à fournir, dans un délai déterminé, les justifications nécessaires, 2° ou, à défaut, à payer personnellement la différence entre les taxes modérées et les droits généraux pour tous les produits livrés à la consommation soit au bureau de prime-abord, soit dans tout autre. Le sommier d'entrepôt est, le cas échéant, annoté en conséquence. Le bureau de destination ne perçoit alors que le droit modéré; il n'en serait autrement qu'autant que le consignataire n'aurait pas ainsi consenti à prendre à sa charge les conséquences du refus de privilége.

Dans le cas où ce refus serait prononcé, le service exigerait du consignataire responsable le complément dû. A cet effet, le directeur informerait immédiatement de la décision ses collègues dont dépendent les bureaux de seconde expédition et leur demanderait le relevé des marchandises déjà mises à la consommation, au droit réduit, afin de n'appliquer le complément qu'à ces marchandises, les propriétaires des produits encore en entrepôt pouvant, ultérieurement, à leur choix, acquitter le droit modéré ou la taxe générale, détermination qui est portée sans retard, par les directeurs, à la connaissance de la douane d'arrivée qui annote ou régularise la soumission spéciale, selon la circonstance. *(Circ. du 27 décembre 1850, n° 2418; Circ. manusc. du 30 août 1859; Circ. du 6 janvier 1861, n° 720; Déc. du 25 juillet 1864.)*

Outre les produits originaires et importés en droiture des pays contractants, sont affranchis de toute justification d'origine les produits de la librairie, les objets mobiliers ou autres apportés par les voyageurs en dehors de toute spéculation commerciale et en rapport avec leur condition et l'importance de leurs bagages, les produits que le tarif général exempte de droits ou taxe au même taux que le tarif conventionnel. Le service peut aussi user de tolérance à l'égard des produits dits de messagerie dont l'origine privilégiée n'est pas douteuse. *(Circ. des 22 juillet 1864, n° 777, et 30 août 1864, n° 787; art. V des dispositions générales du Tarif de 1864.)*

Sont aussi affranchis de la justification d'origine la laine en masse d'Australie et le coton en laine de l'Inde, *V.* n° 785; le jute peigné, les châles et les écharpes des Indes *(Circ. du 31 mai 1861, n° 764, et errata inscrit sur la Circ. n° 767)*; les huiles de ricin importées en droiture d'au-delà des caps *(Déc. du 27 mars 1863)*; les foulards de l'Inde et les cachemires fabriqués à la main dans les pays hors d'Europe, admissibles au droit de 5 p. 0/0 *(Déc. du 16 juillet 1863)*; les cotons en laine, provenant des pays hors d'Europe. *(Circ. du 26 décembre 1863, n° 940)*;

les graines de lin pour semences, en fûts enrobés. *(Déc. du 19 décembre 1861.)*

La dispense de justification d'origine est étendue à tous les produits des contrées hors d'Europe, lorsque le pays de provenance directe est notoirement un pays producteur de la marchandise (le camphre, par exemple). *(Circ. man. du 15 décembre 1864.)*

A l'égard des produits qui, admissibles en franchise lorsqu'ils proviennent du crû d'Europe, sont importés par terre, le service peut appliquer l'immunité sans réclamer de certificat d'origine. Ce n'est qu'autant qu'il s'élèverait des soupçons de manœuvres frauduleuses que les employés exigeraient des attestations émanées des douanes étrangères. En toute hypothèse, et pour lever toute incertitude s'il y avait lieu, on aurait recours à l'expertise légale. *(Circ. du 6 janvier 1861, n° 720.)*

Les déchets de laine, les déchets de coton en laine et les déchets de fils de coton importés des pays d'Europe par terre ou sous pavillon français, sont admissibles en franchise sans justification d'origine. *(Circ. du 25 juillet 1860, n° 660; Déc. du 6 août 1864; Circ. lith. du 17 mai 1865.)*

Les graines de navette et de colza importées par la frontière de l'Est, peuvent être admises en franchise, sans justification d'origine européenne. Sur les autres frontières, cette faculté n'est pas applicable. *(Déc. du 23 août 1864.)*

Sont exemptés de la formalité du certificat d'origine, les homards et les huîtres fraîches directement importés des lieux de pêche, le droit de tonnage sur le navire anglais étant d'ailleurs de 1 fr. par tonneau. C'est au moyen des papiers de bord, d'après l'état des ustensiles de pêche dont les bateaux doivent être pourvus, et au besoin par l'interrogatoire de l'équipage, que le service doit s'assurer de la véritable provenance. *(Circ. n° 764 et Déc. du 6 novembre 1862.)*

Pour les produits de pêche anglaise (poissons de mer frais, huîtres, homards, moules et autres coquillages pleins), l'application du traité doit d'ailleurs se combiner avec celle de la déclaration du 23 juin 1843 qui a réglé le régime des pêcheries dans les mers situées entre les côtes de France et d'Angleterre. V. n° 785.

14. — Les modérations de droits établies en raison des lieux de provenance ou de production ne sont applicables que lorsqu'il est justifié que les marchandises ont été *importées en droiture*, selon le cas, des pays de provenance ou de production désignés par la loi, et qu'elles ont été *prises à terre dans lesdits pays*. *(Loi du 28 avril 1816 et Loi du 16 mai 1863, art. 25; Circ. du 25, n° 901.)*

La justification du transport direct s'établit au moyen des livres et des papiers de bord pour les importations par mer ; des factures, lettres de voiture et autres pièces analogues, pour les importations par terre. *(Tarif général, n° 50 des observ. prélim., et art. II des dispositions générales du Tarif de 1864.)*

Au sujet de la laine en masse d'Australie et du coton en laine de l'Inde, V. n° 785.

L'importation en droiture des pays hors d'Europe n'est pas interrompue par des relâches dans les ports de ces mêmes pays. *(Déc. du 26 juillet 1833.)*

Toute marchandise importée par un navire qui, dans le cours de sa traversée, a fait escale dans un port étranger, *autrement que par force majeure,* doit être considérée et traitée comme ayant été chargée dans ce port. *(Tarif, n° 49, et Circ. du 28 avril 1854, n° 202.)* V, n° 15, surtaxe de navigation ou de pavillon.

Quand il est établi, d'une manière authentique, que c'est par force majeure que la traversée n'a pas été directe et que la relâche forcée n'a été suivie d'aucune opération de commerce quelconque, le service peut, sans prendre l'attache de l'administration, autoriser l'admission des marchandises au bénéfice de l'importation en droiture, *(Décr. du 5 mars 1838.)*

Lorsqu'un navire *français,* venant des colonies françaises ou de tout autre pays hors d'Europe, ne fait que relâcher dans un port étranger, cette relâche n'est pas considérée comme une interruption du transport direct, s'il est justifié par un certificat du Consul de France dans le port d'escale, ou, à défaut d'agent consulaire, par une attestation des douanes locales, que durant la relâche dans ce port, le navire n'y a opéré aucun embarquement ni débarquement de marchandises. *(Tarif, n° 49.)*

D'ailleurs, les navires *français* venant des colonies françaises ou de tout autre port situé hors d'Europe peuvent, dans les ports étrangers où il font escale, en Europe ou non, effectuer des embarquements, comme des débarquements, sans perdre le bénéfice du transport direct, mais sous la condition de n'y charger que des produits non similaires de ceux qui, restés à bord, seraient, à raison de leur origine ou de leur provenance, admissibles à des droits réduits ou à un régime de faveur.

Indépendamment des formalités prescrites par les règlements généraux en ce qui concerne l'origine des marchandises ou les circonstances de la navigation, les capitaines sont tenus de se munir : 1° au port de départ primitif, d'un manifeste ou état de chargement visé par le Consul de France et indiquant l'espèce de chaque partie de marchandises ; 2° dans chaque port d'escale, d'un semblable document, pareillement certifié par l'agent consulaire français, pour les marchandises qu'ils y auront embarquées.

À défaut de ces justifications au port d'arrivée, ou s'il était chargé dans les ports d'escale des marchandises similaires de celles qui se trouveraient déjà à bord, ces dernières seraient privées du bénéfice de la provenance privilégiée et de l'importation directe ; en d'autres termes, les unes et les autres seraient passibles des droits généraux. Il serait référé à l'administration de tous les cas douteux. *(Déc. min. du 7 avril 1840 ; Circ. du 15, n° 1807 ; Déc. min. des 23 février 1843, 20 octobre 1846, 7 avril 1848, 14 juillet 1852, 16 janvier et 20 avril 1854 ; Circ. des 6 mars 1843, n° 1962, 28 octobre 1846, n° 2131, 14 avril 1848, n° 2239, 11 août 1852, n° 49, 25 janvier 1854, n° 180, 28 avril suivant, n° 202, et 29 février 1856, n° 351.)*

Un navire néerlandais, venu en droiture de Hollande, chargé de marchandises de ce pays, et qui a reçu dans un port français des marchandises à destination de l'étranger, peut, s'il se rend directement, par escale, dans un autre port français, y débarquer les marchandises néerlandaises, avec bénéfice du transport direct. *(Déc. du 20 novembre 1862.)* Pour les droits de navigation, V. n° 643. Mais, sous aucun prétexte, un navire étranger, s'il n'est espagnol, ne saurait, dans ce cas, débarquer et laisser dans le second port français les marchandises chargées dans le premier à destination de l'étranger. V. n° 596.

L'application du bénéfice du trajet direct aux marchandises prises dans l'Inde et transportées par navires français, tant des lieux de chargement jusqu'à Suez que d'Alexandrie en France, est subordonnée à la production d'un certificat constatant le pavillon importateur, le nombre des colis, la nature et la provenance des marchandises. *(Déc. min. du 6 mai 1863 ; Circ. man. du 12.)* Ce certificat doit être délivré par le Consul de France à Suez *(même Circ. man.)* ou par les consuls français des différents ports de provenance. *(Circ. lith. du 17 juin 1863.)*

Les mots : *du crû des pays d'Europe* relatifs à certaines marchandises, indiquent que le transport doit en être direct, de sorte que, pour l'importation par mer, on doit exiger la justification du transport en droiture.

Quant à l'importation par terre, le transport de ces marchandises est considéré comme direct lorsqu'elles viennent, même en traversant divers États, du pays d'origine, sans quitter la voie de terre ; et l'on peut même alors s'abstenir de réclamer un certificat d'origine. Seraient dans ce cas, même en touchant aux entrepôts des pays intermédiaires *(Déc. du 29 avril 1863)*, par exemple, les graines oléagineuses de Russie qui arriveraient directement à travers l'Allemagne. Mais il en serait autrement si ces graines avaient été débarquées à Anvers, etc. Toutes les fois que des appréhensions de manœuvres frauduleuses peuvent se produire, et elles sont de nature à se justifier surtout dans les bureaux de douane peu éloignés des ports de mer étrangers, le service doit demander des certificats d'origine délivrés, à défaut de consuls français, par la douane étrangère du pays de production. *(Circ. du 7 mars 1861, n° 740.)* En toute hypothèse, et pour lever toute incertitude s'il y avait lieu, on aurait recours à l'expertise légale. *V. n° 37. (Circ. du 6 janvier 1861, n° 720.)*

Des marchandises arrivées en France sous pavillon étranger et réexpédiées ensuite à l'étranger, où elles ne seraient pas débarquées, ne pourraient être rapportées en France que par navires français, *V. n° 597*, et sous les conditions applicables aux importations par navires étrangers. En cas de débarquement à l'étranger, il en devrait être justifié par un certificat du consul de France, constatant *la mise à terre, V. n° 14*, et le rembarquement effectif. Dans cette dernière hypothèse, les marchandises seraient traitées à raison du pavillon définitivement importateur. *(Déc. du 2 octobre 1844.)* *V. n° 15.* Afin de prévenir des réexportations ainsi simulées, le Ministre des affaires étrangères a, le 23 novembre 1844, recommandé aux consuls, dans les ports de la Méditerranée, d'indiquer, dans leurs certificats, l'origine ou la provenance primitive des marchandises, et d'expliquer si elles ont réellement été prises à terre dans la localité même, ou si, au contraire, les navires à bord desquels elles se trouvent les ont reçues par transbordement ou les avaient chargées dans d'autres ports, et n'ont fait que se munir de nouvelles expéditions. *(Circ. du 5 février 1845, n° 2054.)*

15. — Pour les marchandises tarifées à la valeur, *V. n°ˢ 149 et 784.*

Les marchandises taxées au poids, importées autrement que par navires français, sont passibles d'un droit supplémentaire qui, se confondant avec le droit principal, ne forme avec celui-ci qu'un même droit. Cette surtaxe de pavillon ou de navigation, toutes les fois que la loi n'en a pas spécialement déterminé la quotité, est établie en ajoutant au droit d'entrée principal, savoir : un dixième sur les premiers 50 fr., et un vingtième sur le surplus du droit jusques et compris 300 fr.; au delà il n'est rien ajouté. Les centimes résultant du calcul doivent toujours être réduits à des nombres décimaux. *(Lois du 28 avril 1816, art. 7, et du 27 mars 1817, art. 2; Tarif général, n° 51.)* V. n° 14.

A moins d'une tarification spéciale, les droits à l'entrée par terre sont les mêmes qu'à l'importation par navires étrangers. *(Loi des 9 et 11 juin 1845, art. 1ᵉʳ.)*

Ces dispositions sont appliquées d'ordinaire dans le calcul des taxes énoncées au tarif. Les employés n'ont donc à s'y reporter que dans le cas de changement de taxes, et si d'ailleurs l'administration n'indique pas alors elle-même la quotité des nouveaux droits, y compris les surtaxes. *(Tarif, n° 51.)*

Les marchandises importées sous pavillon étranger ne peuvent être exemptées de la surtaxe de navigation sous le prétexte que, à défaut de bâtiments français au port de départ, on a été obligé d'employer, pour leur transport, des navires étrangers. Toutefois, lorsqu'un navire est arrêté, dans le cours de sa navigation, par un événement de force majeure, tel que naufrage, échouement, voie d'eau, etc., et qu'il est authentiquement établi que ce navire était hors d'état de reprendre la mer et d'achever son voyage, les marchandises provenant de sa cargaison sont admises, sans distinction de pavillon, à jouir du privilège réservé à la navigation nationale, s'il est dûment constaté, par un certificat du consul de France, que c'est à défaut de navire français qu'on s'est servi d'un navire étranger pour en effectuer le transport, et si, d'ailleurs, l'éloignement des lieux est tel qu'on n'ait pu y faire arriver promptement un navire français. Il faut, en pareil cas, une autorisation des directeurs, sauf à eux, quand l'affaire leur paraît présenter des circonstances particulières, à prendre préalablement l'attache de l'administration. *(Tarif, n° 52.)* V. n° 595.

Le navire étranger qui, dans ces conditions, a rapporté en France la cargaison d'un navire français arrêté forcément dans le cours de sa navigation, est exempté des droits de navigation, pourvu que le capitaine ne débarque pas, au port d'arrivée, de marchandises autres que celles qu'il justifie provenir dudit chargement. *(Déc. min. du 19 septembre 1859 ; Circ. du 4 octobre suivant, n° 611.)*

Sont exemptes de la surtaxe de navigation les marchandises qui, par l'effet de

3

conventions particulières avec des puissances étrangères, sont dans le cas d'être traitées, lorsqu'elles sont importées sous le pavillon desdites puissances, de la même manière qu'elles le seraient si elles étaient importées sous pavillon national. *(Tarif, n° 53.)*

Lorsque les importations par navires français peuvent s'effectuer en franchise absolue, le droit qui reste applicable aux importations sous pavillon étranger ne conserve que le caractère d'une taxe spéciale ; on ne peut plus le considérer comme composé du droit afférent an pavillon français et d'une certaine partie calculée d'après les prescriptions de l'art. 7 de la loi du 28 avril 1816. *(Déc. du 11 mai 1858.)*

16. — Les mélasses destinées à être transformées en alcool jouissent des immunités énoncées au tarif, selon leur provenance. *(Lois des 3 juillet 1861, 16 mai 1863 et 24 décembre 1864.)*

La distillation des mélasses admises à ces conditions ne peut être effectuée que dans des établissements soumis à la surveillance permanente du service des Douanes ou des Contributions indirectes. Elles doivent être transportées, soit du port d'arrivée, soit des entrepôts réels, dans ces établissements, sous les formalités prescrites en matière de transit, dans des voitures bâchées et plombées par la douane ; un échantillon plombé les accompagne, et ce n'est qu'après en avoir reconnu l'identité que les employés ont à revêtir les acquits-à-caution d'un certificat de décharge. *(Décret du 20 décembre 1854, art. 2 ; Circ. du 24, n° 253.)*

Les intéressés doivent souscrire une clause ainsi conçue : « M...., et sa caution
» s'engagent à faire conduire les mélasses dans la distillerie de...... à........, et à
» rapporter (1) dans le délai de six mois, sous les pénalités portées par l'art. 5 de la
» loi du 17 décembre 1814 (s'il s'agit de mélasses des colonies françaises), ou par
» l'art. 7 de la loi du 9 février 1832 (quand les mélasses, étant étrangères, sont
» soumises au régime du prohibé), un certificat des employés attachés à la surveillance
» de ces établissements, constatant que ces mélasses y sont arrivées en quantités,
» espèce et conditionnement conformes à l'énoncé du présent acquit-à-caution,
» et y ont subi la transformation selon le minimum de rendement et d'après les
» conditions déterminées par l'art. 2 du décret du 20 décembre 1854. »

En cas de substitution en cours de transport, l'acte de décharge de l'acquit-à-caution devrait être refusé, et il ne serait accordé, s'il existait un déficit, que jusqu'à concurrence des quantités représentées. Le bureau de départ poursuivrait alors les effets de l'accomplissement incomplet de la soumission. Un excédant serait-il reconnu : le service le prendrait en charge au compte de fabrication et certifierait ensuite la transformation de la totalité en alcool ; de sorte que le bureau de départ se trouverait en mesure de juger s'il y aurait lieu d'exiger, pour l'excédant, le complément de droit dû à l'entrée. Il ne devrait en être ainsi, du reste, qu'autant que l'excédant dépasserait sensiblement la limite de ce qu'on peut attribuer à la différence dans le mode de pesage. *(Circ. lith. du 12 janvier 1855.)*

17. — *Décime.* Il doit être perçu, à titre de subvention extraordinaire, dix centimes par franc en sus de tous les droits de douane, à l'importation, à l'exportation, et de navigation, ainsi que des amendes et condamnations pécuniaires. *(Lois des 6 prairial an VII, art. 1er, et 28 avril 1816, art. 17.)*

Quand le décime n'est pas compris dans le taux du droit, il en est compté par un article séparé. *(Loi du 6 prairial an VII, art. 2.)* On l'inscrit alors séparément sur les registres de recette et sur le livre-journal ; mais il est confondu avec la taxe principale au sommier et aux bordereaux mensuels. *(Circ. du 24 décembre 1816, n° 250.)*

La plupart des taxes fixées par la loi et rappelées au tarif général ne comprenant

_____

(1) Les acquits-à-caution sont renvoyés dans la forme ordinaire, V. n° 29.

pas le décime, il faut, à la liquidation de droits, ajouter le dixième de la totalité de la somme principale à percevoir, à moins que le Tarif n'indique que les décimes sont compris dans le taux du droit, ce qui existe dans le tarif conventionnel anglo-français, etc., ou qu'il n'y ait exemption de décimes. *(Tarif général, n° 54.)*

Ne sont pas soumis au décime par franc :

Les droits de magasinage et de garde ; le droit de timbre sur les expéditions ; le montant des consignations effectuées pour assurer le renvoi à l'étranger des voitures de voyageurs ; les droits d'entrée sur les provisions de tabac de santé ou d'habitude ; la taxe de consommation sur les sels; *V*. Livre X *(Tarif, n° 55) ;* les taxes sanitaires *(Circ. du 27 décembre 1850, n° 2418) ;* les sommes provenant de la vente ou de la remise, sous consignation, des moyens de transport saisis *(Circ. du 12 décembre 1846, n° 1586) ;* le droit de 15 p. °/₀ sur les marchandises prohibées provenant de naufrage et vendues pour la consommation *(Déc. du 5 février 1834) ;* les taxes de navigation applicables à certains pavillons. *V.* Livre IX.

Le principal des impôts et produits de toute nature, déjà soumis au décime par les lois en vigueur, est augmenté d'un nouveau décime jusqu'au 1ᵉʳ janvier 1866. *(Loi de finances du 8 juin 1864 ; Circ. n° 966.)*

Le décompte du double décime est dressé selon l'exemple suivant :

Droit principal.	15 fr. 17 c.
Décime.	1 fr. 52 c.
Second décime.	1 fr. 52 c.
Total.	18 fr. 21 c.

Mais les deux décimes peuvent être réunis en un seul article sur les acquits de payement. *(Circ. des 10 et 15 juillet 1855, n°ˢ 304 et 306, et Circ. lith. du 25.)*

Dans les condamnations judiciaires, lorsqu'il n'a été recouvré qu'une partie des amendes, le prélèvement des deux décimes, s'il y a lieu, s'effectue en divisant par 12ᵉ le montant de la somme reçue. *(Circ. du 15 juillet 1855, n° 306.)*

Sont exemptes du second décime les taxes des tarifs conventionnels anglo-français, etc., et celles applicables aux navires qui, en vertu de dispositions expresses insérées dans les traités, ne sont soumises qu'à un droit de tonnage *fixe* par tonneau, *sans addition du décime. (Circ. lith. du 25 juillet 1855, et Traités de commerce, livre XI, ch. 8.)*

18. — *Généralité des taxes.* Les droits de douanes et les dispositions du tarif sont immédiatement appliqués à toutes les entrées en France et les sorties, nonobstant tout passeport. Nul n'en est exempté ni ne peut prétendre à aucun privilége, et il est défendu aux employés des Douanes d'avoir égard aux ordres particuliers qui seraient donnés à titre d'exception. Seulement le Gouvernement convient avec les puissances étrangères de mesures de réciprocité relativement aux franchises des ambassadeurs respectifs. *V.* Livre XI, ch. 13. *(Lois du 22 août 1791, titre 1ᵉʳ, art. 1ᵉʳ, et titre 13, art. 30 ; et du 4 germinal an II, titre 3, art. 11.)*

Les marchandises étrangères importées pour le service de la Marine, de la Guerre ou tous autres services publics, sont et demeurent assujetties, sans exception, aux dispositions du tarif et au payement effectif et immédiat des droits réglés par les lois de douanes (1). *(Décret du 6 juin 1807, art. 1ᵉʳ.)*

---

(1) A l'égard des droits dus par la marine, il est formé, à la fin de chaque trimestre, un état des sommes que les Douanes ont à répéter pour ces droits. Ces états sont reconnus par l'administrateur commissaire ou chef du port, et, sur l'avis de ce chef, le Ministre pourvoit à l'acquittement des droits liquidés. *(Déc. minist. transmise par circulaire du 26 avril 1809, et Circ. du 23 novembre 1824, n° 889.)*

En cas de retard, il en est référé à l'administration, 1ʳᵉ division, qui en entretient le département ministériel intéressé.

Les fournisseurs ou agents du Gouvernement sont tenus de payer les mêmes droits, sauf à réclamer, près de qui de droit, la restitution, s'il y a lieu. *(Même Décret, art. 2.)*

Ces dispositions sont applicables aux marchandises exportées pour le compte de l'État. *(Déc. min. du 1er octobre 1852, et Tarif, n° 22.)*

Toutefois, les objets que le Département du commerce fait importer pour servir de modèles à l'industrie française sont remis en exemption de toute taxe aux personnes chargées par ce Département de les retirer de la douane. *(Déc. min. du 29 mai 1841.)*

Quand le Comité consultatif des Arts et Manufactures a déclaré, à vue d'un dessin sur échelle et d'une notice descriptive, qu'un appareil est inconnu en France et que l'importation en serait avantageuse pour les intérêts généraux de l'industrie, le Département du Commerce permet, par un permis spécial, que le service revêt d'un certificat d'entrée, d'en admettre un modèle en exemption des droits ; l'intéressé est tenu de déposer préalablement les plans avec notice descriptive de la machine ou mécanique au Conservatoire des Arts et Métiers, afin qu'elle puisse être librement reproduite. Ce Département autorise aussi l'importation en franchise de modèles et d'appareils destinés à des expositions publiques ou à des essais faits avec l'assentiment du Gouvernement.

L'exemption de taxe pour les modèles de machines nouvelles est d'ailleurs subordonnée à la renonciation de prendre en France un brevet d'invention. D'un autre côté, aux termes de la loi du 31 mai 1856, est déchu de ses droits le breveté qui introduit des objets fabriqués en pays étranger et semblables à ceux énoncés en son brevet. Aussi, quand un importateur présente en douane une machine qu'il déclare brevetée, les employés doivent lui expliquer qu'il s'exposerait, en en prenant possession sans une autorisation du Département du Commerce, à être déchu de son brevet ; s'il entend passer outre, l'appareil lui est remis après acquittement des droits et le service réfère immédiatement de l'incident à l'administration. *(Circ. man. du 4 mai 1865.)*

Les dessins et modèles industriels et de fabrique envoyés au greffe du tribunal de commerce de la Seine par les fabricants étrangers qui veulent s'assurer le bénéfice des conventions internationales sur la propriété industrielle, sont habituellement sous plis cachetés ou dans des boîtes scellées. Généralement sans valeur, ils ne sont pas destinés à la consommation. Il y a lieu, en conséquence, de respecter le cachet dont ils sont revêtus et de les remettre en franchise toutes les fois qu'il ne s'élève aucun doute sur leur nature et leur destination. Dans le cas contraire, ils seraient expédiés sous acquit-à-caution et sous double plomb sur la Douane de Paris qui, en leur appliquant la franchise, assurerait leur transport sans escorte au greffe.

Ces dispositions doivent être appliquées non seulement aux modèles anglais, belges et italiens, mais à ceux provenant de tous pays avec lesquels la France a conclu ou conclura des conventions dans le même objet. *(Art. XX des dispositions générales du tarif de 1864.)*

Sont exempts des droits de sortie, alors même qu'ils seraient taxés, les vivres et objets d'approvisionnement expédiés par les divers services publics, par navires du commerce ou de l'État, pour les bâtiments de l'État en station ou pour les troupes françaises opérant hors du territoire national. *(Déc. des 15 mai 1844 et 25 juillet 1851.)*

Quels que soient les règlements de police locale, les opérations de lestage ou de délestage des navires ne sont pas considérées comme devant entraîner le payement des droits d'entrée ou de sortie, lorsqu'elles concernent des matériaux d'une minime valeur, tels que sables, galets ; mais le service doit veiller avec soin à ce que cette tolérance ne s'étende pas à des opérations de commerce. *(Déc. du 6 septembre 1858.)*

19. — Cercueils. La libre introduction des cercueils contenant le corps des personnes mortes hors du territoire continental de France est permise à vue du sceau de l'autorité sanitaire, V. Livre XI, ch. 18, constatant la réception de ces cercueils à libre pratique. *(Déc. min. du 1er mars 1856 ; Circ. du 7 octobre 1857, n° 498.)*

20. — *Bureaux d'acquittement.* C'est dans les bureaux que les droits doivent être acquittés. *V.* n° 179.

Sur les côtes, les mêmes bureaux perçoivent les taxes d'entrée et de sortie.

Sur les frontières de terre, les droits d'entrée sont acquittés dans les bureaux les plus voisins de l'étranger, dits bureaux de première ligne, et les droits de sortie, dans les bureaux placés sur la ligne intérieure, dits bureaux de seconde ligne, à moins que ces derniers ne soient plus éloignés du lieu du chargement que les bureaux de première ligne, auquel cas les taxes de sortie peuvent être payées dans ceux-ci. Ces deux lignes de bureaux se contrôlent et surveillent leurs opérations respectives. *(Lois des 22 août 1791, titre 1er, art. 2, et 4 germinal an II, titre 3, art. 1er.)*

Il est fait exception, à l'entrée, aux règles ci-dessus, pour les marchandises qui, d'après les instructions spéciales de l'administration et les modifications qu'elle apporte à la marche du service pour la facilité du commerce, sont affranchies, au premier bureau, d'une vérification détaillée, et sont alors transportées, après simple reconnaissance sommaire, à un second bureau, à l'effet d'y être visitées et soumises aux droits. *V.* n°ˢ 338 et 343. *(Tarif,* n° 26.*)*

Voir d'ailleurs, n°ˢ 372 et 572, pour les restrictions d'entrée et de sortie auxquelles sont assujetties certaines marchandises.

Les marchandises importées de l'étranger peuvent, dans certains bureaux et sous les conditions déterminées par les lois, être déclarées pour l'entrepôt, le transit, l'admission temporaire. Dans ces cas, les marchandises entreposées ne supportent les droits d'entrée qu'au moment où elles sont retirées de l'entrepôt pour la consommation. Celles qu'on expédie en transit sont exemptes de tous droits lorsque le passage à l'étranger, dans le délai prescrit, en est dûment justifié. *(Tarif,* n° 27.*)*

Dans les villes de l'intérieur où il est établi des bureaux de douane spécialement chargés de procéder à la visite des marchandises destinées pour l'exportation, les droits de sortie exigibles peuvent être payés par anticipation. Les marchandises sont alors, après l'acquittement des droits, expédiées, avec acquit de payement et sous plomb, sur la douane frontière par laquelle la sortie doit s'en effectuer dans le délai déterminé. *V.* n° 592. *(Tarif,* n° 28.*)*

21. — *Main-d'œuvre.* Le transport des marchandises aux douanes, leur déballage, ouverture, remballage et pesage, sont aux frais des propriétaires. *(Lois des 22 août 1791, titre 2, art. 15, et 4 germinal an II, titre 3, art. 9.)*

A cet effet, tout propriétaire ou conducteur de marchandises peut employer en douane tels ouvriers qu'il juge devoir choisir. *(Loi du 22 août 1791, titre 2, art. 15.)*

Les hommes de peine admis dans les établissements de douanes, quoique salariés par le commerce, doivent obtenir du directeur des douanes un permis de travail et sont révocables à sa volonté. *(Déc. min. du 24 nov. 1807; Circ. du 3 déc. suivant.)*

Cette disposition ne tend pas à établir une classe privilégiée de travailleurs; elle laisse au commerce la liberté de choisir tels hommes de peine qu'il lui convient d'employer. Seulement, pour être admis en douane, ceux-ci doivent être pourvus d'un permis de travail. Le directeur le délivre, sans difficulté, sur la demande des intéressés ou sur celle des négociants qui les présentent. Ce ne serait qu'à moins de motifs graves de récusation que le permis serait refusé. Le service n'exerce sur ces hommes de peine de surveillance que pour s'assurer qu'ils ne se livrent point à quelque acte coupable dans les magasins. Dans l'intérêt du commerce, aussi bien que dans celui du service, la permission accordée aux hommes de peine leur est retirée s'il est reconnu qu'ils en abusent. *(Déc. des 14 juin 1829 et 10 novembre 1835; Circ. lith. du 13 avril 1847.)*

Lorsque l'autorité locale établit des règlements de police, les chefs du service doivent veiller à ce qu'il soit tenu compte de ces principes, et, au besoin, il en est référé au préfet, afin que ce magistrat subordonne le permis des autorités municipales à l'homologation du directeur. *(Déc. du 29 mai 1839.)*

Le directeur ne doit pas déléguer ses pouvoirs pour le choix des ouvriers en douane. Les *porteurs* de sel sont assimilés à ces ouvriers. (*Déc. du 25 mars 1839.*) Pour les mesureurs de sel, *V.* n° 683. Pour les commissionnaires d'hôtel, *V.* n° 33.

22. — *Enlèvement des marchandises.* Les marchandises passibles de droits en sont le premier gage et ne peuvent être enlevées des douanes ou bureaux qu'après que ces droits ont été acquittés (*Loi du 22 août 1791, tit. 13, art. 30*), consignés ou garantis dans les conditions déterminées par les règlements. *V.* n°ˢ 168, 177 et 179.

Et, en outre, sur les frontières de terre, qu'autant que le conducteur est muni de l'expédition nécessaire pour la circulation. *V.* n° 247. (*Loi du 28 avril 1816, art. 26.*)

23. — Ceux à qui les marchandises sont adressées ou qui les ont déclarées ne peuvent être contraints à payer les droits dont elles sont passibles, ni à les réexporter si elles sont prohibées, lorsqu'ils en font, par écrit, abandon à la Douane. (*Loi du 22 août 1791, titre 1ᵉʳ, art. 4.*) *V.* n° 885.

24. — Les marchandises doivent, après acquittement ou garantie des droits et la délivrance du permis d'enlèvement, être introduites dans l'intérieur, s'il s'agit d'entrée, ou, à la sortie, être transportées à bord des navires ou conduites par terre à l'étranger, immédiatement et sans délai, sans emmagasinage ni transport rétrograde, sauf le cas de force majeure, sous les pénalités applicables en cas de fraude ou de contrebande. *V.* n°ˢ 399 et 587, etc. (*Lois des 22 août 1791, titre 2, art. 26, et 4 germinal an II, titre 3, art. 2.*) *Nota.* Surséance d'embarquement ou de passage à l'étranger, transport rétrograde, etc., *à la sortie;* n° 64 du tableau des inf. trib. de paix.

Pour le transport dans le rayon des frontières de terre, *V.* Livre II, n° 247.

Quand les marchandises ont, à l'entrée, été déclarées pour la consommation, le service n'en doit pas permettre le transport rétrograde à l'étranger, à moins de payement des droits. (*Déc. du 6 avril 1840.*) Toutefois, on peut tolérer le renvoi immédiat à l'étranger des petites parties de marchandises apportées et déclarées par les voyageurs, s'ils se refusent à payer les droits. (*Déc. des 30 novembre 1835, 25 mars 1839 et 18 février 1842.*) *V.* n°ˢ 153, 155 et 1040.

A l'exportation, l'expéditeur pourrait garder à l'intérieur les marchandises après payement des droits de sortie, pourvu qu'elles se trouvassent encore sous la garde de la Douane; mais si elles étaient déjà en cours de transport pour l'étranger, au-delà du bureau de l'extrême frontière, l'exportation serait consommée, sauf à demander à l'administration l'autorisation de réimportation exceptionnelle. (*Déc. du 17 janvier 1839.*)

25. — *Timbre administratif.* Il n'est payé aucun droit particulier pour la délivrance des acquits et passavants; seulement le prix du timbre de chaque expédition est acquitté. (*Loi du 22 août 1791, titre 1ᵉʳ, art. 7.*)

Ce prix est réglé comme suit, sans qu'il puisse y avoir addition du décime :

Pour les acquits-à-caution (1), les actes relatifs à la navigation et les commissions d'emploi. . . . . 75 c.

Pour les acquits de payement ou les quittances de droits au-dessus de 10 fr.   25 c.

Pour toutes les autres expéditions. . . . . 5 c.

L'administration fait elle-même apposer ce timbre et compte du produit.

Ces dispositions ne concernent pas les actes judiciaires dressés par les agents des douanes; ces actes sont assujettis au timbre ordinaire. (*Loi du 28 avril 1816, art. 19.*)

Sont exempts du droit de timbre sur les expéditions :

Les acquits-à-caution et passavants délivrés pour le cabotage et la circulation des

---

(1) Pour les acquits-à-caution, le prix du timbre est perçu au moment où le service reçoit la soumission. (*Circ. du 20 octobre 1834, n° 1460, et Déc. du 25 novembre 1847.*)

grains et farines. (*Loi du 22 ventôse an XII, art. 24 ; Circ. du 21 juin 1816, n° 172, et Déc. du 23 novembre 1836*);

Les acquits-à-caution et passavants, s'il en était délivré pour la circulation des bêtes à cornes et des bêtes à laine dans les deux kilomètres et demi de l'extrême frontière (*Ord. du 28 juillet 1822, art. 7; Circ. du 5 décembre suivant, n° 768 ; Déc. min. du 28 juin 1828; Circ. du 31 juillet suivant, n° 1114*);

Les expéditions de pacage et de circulation, soit pour les porcs, soit pour les chevaux et autres bêtes de somme (*Déc. des 8 juillet 1842, 25 novembre 1844 et 26 mai 1847*);

Les quittances de droits sanitaires. (*Circ. du 27 décembre 1850, n° 2418.*)

Les permis d'embarquer et de débarquer, ainsi que les permis de sortie d'entrepôt et autres, n'étant pas, à proprement parler, des expéditions, ne sont pas soumis au droit de timbre. Toutefois, il y a exception : 1° pour les permis de réexportation substitués aux acquits-à-caution dans le cas prévu par l'art. 61 de la loi du 21 avril 1818 ; 2° pour les permis d'enlèvement des résidus de fabrication des sels ignigènes. Ces permis sont soumis au timbre de 5 c. (*Tarif, n° 229.*)

Lorsque, par suite d'une erreur dans l'application du tarif, on est dans le cas d'opérer une perception supplémentaire, il n'y a pas lieu de faire payer au redevable le timbre de la nouvelle quittance. Le montant en est porté en non-valeur, et l'on doit annoter sur la souche de la quittance le motif pour lequel le droit de timbre n'a pas été perçu. (*Tarif, n° 230.*)

A la fin de chaque journée, le receveur principal ou subordonné inscrit au livre-journal le produit des timbres. (*Circ. du 9 mai 1834, n° 1438.*)

Le prix du timbre des commissions d'emploi délivrées aux agents de tout grade est perçu par les receveurs qui payent les appointements : à cet effet, le directeur forme et arrête, à la fin de chaque mois, un état nominatif au sujet des commissions dont le timbre est à recouvrer. Ces états doivent être représentés par les receveurs à toute réquisition des inspecteurs. (*Circ. du 28 juin 1834, n° 1446 ; Circ. de la compt. du 25 août 1834, n° 28.*)

A l'égard des préposés nouvellement admis, les directeurs peuvent, lorsqu'ils le jugent nécessaire, charger les receveurs de leur résidence de faire le recouvrement des timbres au moment même de l'admission ; mais l'état nominatif n'est pas moins remis mensuellement. (*Circ. de la compt. gén. du 15 décembre 1836, n° 31.*)

Les états mensuels, accompagnés d'un bordereau récapitulatif, sont adressés à la comptabilité générale à l'appui des états annuels n° 90. (*Circ. de la compt. du 15 décembre 1836, n° 31.*)

Il ne faut pas confondre ce timbre administratif avec le timbre ordinaire, exigé, dans certains cas, par la législation générale. V. à ce sujet n° 1017.

26. — Les *registres et impressions* dont il est fait un usage journalier dans les douanes sont indiqués par la nomenclature suivante :

SÉRIE M.

DOUANES MARITIMES.

Entrée.

Sortie.

Entrepôts. *(Modèles communs à tous les entrepôts.)*

Entrepôt réel.

Entrepôts spéciaux ou fictifs.

Recette des droits d'entrée et de sortie.

Acquits-à-caution.

Admission temporaire des sucres.

SÉRIE T.

DOUANES DES FRONTIÈRES DE TERRE.

Entrée.

Déclarations. Formules de déclarations à fournir *gratis* aux redevables, n° 1

Soumissions et acquits-à-caution pour aller du bureau de l'extrême frontière à celui de recette. *(Art. 28 de la loi du 28 avril 1816.)* Timbre à 75 c. *(2 à la feuille.)* 2

Enregistrement des acquits-à-caution et déclarations en détail, dans les bureaux non situés en première ligne (Paris compris)................... 2 *bis.*

Déclarations en détail des marchandises venant de l'étranger pour les bureaux, tant de première que de seconde ligne, qui sont ouverts à l'importation des marchandises payant plus de 20 fr. par 100 kil............ 4

Registre de recette et quittances pour les bureaux, tant de première que de deuxième ligne, qui sont ouverts à l'importation des marchandises payant plus de 20 fr. par 100 kil........................ *(8 timbres à la feuille.)* 5

Registre de liquidation, recette et quittances des droits sur les provisions de tabac de santé ou d'habitude pour les bureaux, tant de première que de deuxième ligne, qui sont ouverts à l'importation des marchandises payant plus de 20 fr. par 100 kil................... *(4 timbres à la feuille.)* 5 A.

Registre de déclarations, de visite, de recette et de quittances pour les bureaux qui ne sont ouverts qu'aux marchandises payant moins de 20 fr. par 100 kil................................... *(6 timbres à la feuille.)* 6

Registre de déclarations, de liquidation et de recette des droits sur les provisions de tabac de santé ou d'habitude, pour les bureaux qui ne sont ouverts qu'aux marchandises payant moins de 20 fr. par 100 kil. *(4 timbres à la feuille)* n° .... 6 A.

Portatif du vérificateur... 7

Résultats de la visite des marchandises et de la liquidation des droits ... 8

Certificat de visite. (Pour mémoire. — *Voir* la formule n° 1.)

Dépôt des marchandises retenues à défaut de déclaration en détail ou qui sont délaissées en douane. (*Voir* série M.)

Sortie.

Formules de déclarations à fournir *gratis* aux redevables, pour les marchandises expédiées avec primes.. 9 et 9 A

— Pour les sucres raffinés expédiés avec primes.................... 10 et 10 A

— Pour tous autres cas. (*Voir* le n° 1.)

Registre de déclarations, de visite, de recette et de quittances des droits de sortie................................... *(6 timbres à la feuille.)* 12

Certificats pour l'exportation en Belgique de produits français. Modèle n° 1, 13 ; modèle n° 2... 14

Certificat pour l'exportation, à destination des Pays-Bas, de produits français... 15

Portatif du visiteur. (Pour mémoire. Le n° 7 sert pour l'entrée et la sortie.)

Visite des marchandises présentées à la sortie avec des acquits-à-caution de transit ou de réexportation, et enregistrement du certificat de décharge.. 17

Certificat de visite. (Pour mémoire. — *Voir* la formule n° 1.)

Droits accessoires et recettes accidentelles opérées par les douanes tant à l'entrée qu'à la sortie ; visite et liquidation, recette et quittance. (*Voir* série M.)

Circulation.

Les registres de déclaration, payements des droits, soumission des redevables et de leurs cautions, et décharges d'acquits-à-caution qui sont tenus dans chaque bureau, doivent être sans aucune lacune ni interligne, et les sommes y être inscrites sans chiffres ni abréviations, sauf, après qu'elles ont été inscrites en toutes lettres, à les tirer en chiffres hors lignes. En cas de perte des expéditions, lesdits registres peuvent seuls servir à la décharge des redevables, auxquels il est délivré, par les receveurs, des copies certifiées desdites expéditions, toutes les fois qu'il peut être pris des précautions suffisantes pour empêcher les doubles emplois et autres abus, et sans qu'au moyen desdites copies certifiées on puisse prolonger les délais fixés par les expéditions pour les chargements, déchargements et transport des marchandises. (*Loi du 22 août 1791, titre 13, art. 26*). *Voir* n° 27.

Les registres sont reliés, les feuillets cotés par premier et dernier, et, quant à certains registres désignés, paraphés sans frais par le juge de paix. (*Même loi, même titre, art. 27.*)

En ce qui concerne les registres qui ne doivent pas être paraphés par le juge de paix, le directeur est chargé de les coter. A cet effet il peut appeler momentanément un employé de renfort dans ses bureaux. (*Déc. du 18 mai 1832.*)

Les tribunaux ne peuvent rendre aucun jugement pour tenir lieu des acquits de payement, acquits-à-caution, congés, passavants, décharge de soumission. (*Loi du 22 août 1791, titre 11, art. 2.*)

Les registres doivent être arrêtés, à la fin de chaque année, par les inspecteurs ou autres chefs locaux. *Voir* n° 50.

Pour la tenue des écritures au point de vue de la comptabilité, *V.* n° 216.

Tout acte, acquit-à-caution, passavant, acquit de paiement, expédition, etc., que délivre le service des douanes, doit porter la signature de deux employés. Le receveur ou son délégué signe conjointement avec un autre employé (1). A moins de circonstances exceptionnelles, les commis des diverses classes ne signent qu'en second. Dans un bureau composé de deux employés, s'il en est un absent ou empêché par maladie, sa signature est suppléée par celle du préposé de brigade qui est de service près le bureau (*préposé-planton*). Ce préposé signe en second les expéditions délivrées par les receveurs des bureaux où il n'existe pas d'autres employés. (*Circ. du 28 brumaire an XI.*)

On doit remplir avec exactitude les places réservées en blanc dans les formules des impressions. (*Circ. du 25 avril 1849, n° 487.*)

27. — Comme les actes dont parle l'art. 846 du Code de procédure, les registres de douanes sont authentiques, en ce qu'ils font foi des faits y mentionnés; mais on ne peut les communiquer au public, les tiers ne devant pas prendre connaissance des opérations du commerce, dont le secret est confié au service. (*Déc. du 29 mars 1836.*)

Les registres de douane ne doivent être déplacés, pour être transférés au greffe d'un tribunal, qu'en vertu d'un jugement dûment signifié. Ils peuvent être communiqués à un juge de paix sur la réquisition écrite relatant l'ordre du chef du parquet. (*Déc. du 30 octobre 1844.*)

Quand l'administration est appelée en cause, elle ne doit délivrer aucune pièce dont on pourrait se servir contre elle; c'est à la justice à ordonner. (*Déc. du 29 mars 1841.*)

Les extraits, copies ou duplicata d'actes de douane peuvent être délivrés sur l'autorisation des directeurs, et même, en cas d'urgence, sur celle du chef supérieur de la localité (inspecteur ou receveur principal). *V.* n° 26.

Hors le cas où la délivrance en est prescrite soit par un jugement, soit par une réquisition de l'autorité judiciaire, les extraits, copies et duplicata ne doivent jamais

---

(1) Le receveur signe lui-même, notamment, ou les fait signer en son absence par l'employé qu'il a désigné spécialement, les acquits-à-caution. (*Circ. du 22 fructidor an XIII.*) *V.* n° 54.

être remis que sur la demande directe ou la production du consentement par écrit de la personne qui a souscrit l'acte original, ou au nom de laquelle cet acte a été libellé.

S'il s'agit de duplicata d'acquits-à-caution ou de passavants de cabotage, on fait souscrire à l'expéditeur l'engagement cautionné de payer, outre l'amende prononcée par la loi, la valeur des marchandises étrangères dont l'introduction frauduleuse pourrait être opérée au moyen de ces duplicata.

De même les duplicata de reconnaissances de consignation et d'acquits de paye- ment ne sont délivrés que sous les réserves et garanties prescrites par la décision ministérielle du 24 novembre 1791, transmise par circulaire du 29. *V.* n° 41.

Les duplicata d'expéditions sont donnés sur une feuille détachée des registres cou- rants. En pareil cas, la souche ne porte aucun numéro d'ordre, et le volant prend le numéro de l'expédition qui, primitivement levée, doit être remplacée par le du- plicata. C'est sur cette souche que sont signés les réserves et engagements nécessaires.

Le mot *duplicata* doit toujours être écrit en tête des pièces de cette nature, et l'on doit certifier, au bas, que l'expédition est remise à ce titre. On a soin pareillement de mentionner, tant sur la souche que sur le volant, la date de l'autorisation en vertu de laquelle le duplicata est délivré et la qualité du chef de qui émane cette autorisation. (*Circ. du 12 mai 1848,* n° 2247.)

En ce qui concerne les actes souscrits par un négociant tombé depuis en faillite, on peut en remettre des extraits, copies ou duplicata aux syndics légalement substitués à la personne du failli. (*Déc. du 28 avril 1838.)*

Lorsque les copropriétaires d'un navire demandent une copie certifiée de l'acte de francisation, le directeur peut seulement permettre que cette copie, faite sur papier ordinaire par le courtier, soit *visée pour conforme* par le service, avec réserve que, dans aucun cas, elle ne pourra remplacer le brevet de francisation. (*Déc. du 30 juin 1828.)*

Tout duplicata d'un acte soumis au timbre doit être timbré. (*Circ. du 8 brumaire an X et du 12 mai 1848,* n° 2247.) Toutefois, on n'exige pas le prix du timbre du duplicata d'un acquit-à-caution perdu par le service ou par la poste ; mais alors le motif de l'abstention est indiqué sur la souche du registre. (*Déc. du 8 juin 1855.)*

28. — Les directeurs, les inspecteurs et les contrôleurs des contributions directes ont la faculté de se transporter dans les bureaux de douanes pour y recevoir, sur ceux qui sont admis à faire les déclarations, les explications verbales qui leur permettent de s'assurer que l'exécution des règlements relatifs à la contribution des patentes n'est pas éludée. (*Circ. des 5 août 1824,* n° 872, *et 14 novembre 1836,* n° 1579.)

Afin de mettre l'administration de l'enregistrement et des domaines à même de rechercher si ses droits ne sont pas éludés à l'égard des mutations de propriété des navires, le service des douanes communique aux agents de cette administration, mais sans déplacement, les registres de francisation et de compte-ouvert, ainsi que tous les autres documents relatifs aux navires, à leurs propriétaires et aux transferts dont ils peuvent avoir été l'objet. (*Déc. min. du 10 juillet 1837 ; Circ. du 21,* n° 1639.)

29. — *Renvoi des expéditions.* Après avoir fait revêtir des certificats prescrits les acquits-à-caution (1), les passavants (2) et les permis de transbordement, les rece- veurs les adressent, sous bandes, le 1er et le 16 de chaque mois, à leur directeur,

---

(1) Mais les acquits-à-caution concernant les sels et matières salifères dirigés sur les fabriques de produits chimiques, ou autres établissements surveillés par le service des contributions indirectes, rentrent au bureau de départ par l'intermédiaire de l'administration. (*Circ. du 23 février 1849,* n° 2307.)

(2) Pour les passavants de prime, *V.* Livre XI, chap. 10.

avec un bordereau, série E, n° 36 ter (1), en double expédition, dont l'une reste déposée au bureau de direction, où les acquits-à-caution, etc., sont soumis à un contrôle approfondi. Le directeur envoie ensuite, sous bandes, et avec un des bordereaux : 1° aux bureaux d'où elles émanent, les expéditions qui ont pris naissance et ont eu leur effet dans la circonscription de sa direction ; 2° les autres expéditions, au directeur ayant dans son arrondissement les bureaux où elles ont été délivrées. Dans le premier cas, il donne, en même temps, les instructions nécessaires pour la libération, soit pure et simple, soit conditionnelle, des soumissionnaires.

Les expéditions ayant donné lieu à la reconnaissance de contraventions sont transmises, par l'intermédiaire des directeurs, à l'administration qui doit statuer. Il en est de même en ce qui concerne les acquits-à-caution relatifs aux sels et matières salifères, quand les déficits constatés dépassent le taux de la remise légale accordée à titre de déchet ou celui de la tolérance de 2 0/0 consentie à l'égard des sels exportés par les frontières de terre.

Lorsque les différences reconnues au bureau de destination ou de sortie n'excèdent point les limites de tolérance admises par l'administration, et si elles sont la conséquence inévitable soit des variations inhérentes à l'emploi d'instruments de pesage différents, soit des déchets de route que subissent certains produits en raison de leur nature même ou de la température, ou enfin des circonstances et de la durée des transports, les soumissions doivent être annulées purement et simplement. Dans le cas contraire, la libération des soumissionnaires est subordonnée à l'acquittement des droits ou au paiement de la valeur sur les déficits, selon qu'il s'agit de marchandises tarifées ou prohibées. On continue, du reste, d'appliquer les dispositions spéciales, telles que celles relatives aux déficits sur les liquides en transit. (Circ. des 25 avril 1848, n° 2242, et 23 février 1849, n° 2307.)

Avant d'annuler la soumission, on doit rapprocher très-attentivement les indications portées sur la souche de celles qui sont mentionnées tant sur le volant de l'acquit-à-caution que dans les certificats de décharge délivrés par les employés du bureau de sortie, afin d'acquérir la certitude qu'aucune altération ou falsification n'a eu lieu sur l'expédition dans le laps de temps pendant lequel elle est restée à la disposition du commerce. (Circ. du 29 août 1845, n° 2081.)

30. — Les registres et impressions nécessaires au service sont fournis par l'imprimerie du Gouvernement.

Est centralisé au Ministère des finances le service des impressions de toutes les administrations qui en dépendent. (Circ. lithogr. du 8 juin 1852.)

Les demandes de fournitures d'impressions sont faites, avant le 1er juillet, par les chefs de service dans les départements, au moyen des nomenclatures officielles en double expédition, dont l'une reste à la direction. Elles sont visées par les inspecteurs divisionnaires, qui s'assurent qu'elles ne sont pas exagérées (Circ. du 23 septembre 1851, n° 1277), et parviennent au service central du matériel, secrétariat général des finances, par l'intermédiaire des directeurs qui les adressent à l'administration. (Circ. lith. du Secr. des finances du 16 décembre 1859 et Circ. lith. du 10 juin 1860.)

Ces demandes doivent être en rapport avec les besoins réels du service, et calculées de manière à éviter la multiplicité des expéditions, de telle sorte qu'il ne soit fait, autant que possible, qu'un ou deux envois par an, pour chaque chef de service, et à des époques périodiques.

Les envois dans les départements sont faits par le service central du matériel.

---

(1) Chaque catégorie d'expédition fait l'objet d'un bordereau spécial, série E, n° 36 ter. (Circ. du 25 avril 1848, n° 2242.)

Chaque envoi est accompagné : 1° d'un bulletin détaillé d'expédition ; 2° d'un laissez-passer ou acquit-à-caution. Le destinataire détache du laissez-passer ou acquit-à-caution le coupon, qu'il remet pour décharge, revêtu d'un certificat d'arrivée, à l'agent des compagnies de transport ; et, après s'être assuré, par une vérification approfondie, que les quantités énoncées au bulletin détaillé sont réellement parvenues, il renvoie directement au secrétariat général des finances, service central du matériel, le laissez-passer portant accusé de réception et le bulletin de détail.

Lorsque des envois ne parviennent pas en bon état à leur destination, les avaries ou les pertes sont constatées par des procès-verbaux rédigés, sur papier libre, en présence du représentant des compagnies de transport, et relatant toutes les circonstances propres à faire connaître les causes de l'accident. Ces procès-verbaux sont annexés aux bulletins détaillés.

Les observations auxquelles les fournitures pourraient donner lieu sont remises, par l'intermédiaire de l'administration à laquelle appartient le réclamant, au service central du matériel.

Les frais d'emballage et de transport des impressions envoyées directement de Paris dans les départements aux chefs de service sont acquittés à Paris, sur mémoire remis au ministère à la fin de chaque trimestre et par imputation sur le budget de l'administration centrale des finances.

Les frais de transport d'imprimés envoyés des directions de département aux agents subordonnés sont à la charge des administrations qui se sont réservé, par un prélèvement sur le chiffre des crédits généraux affectés aux dépenses de cette nature, les moyens d'y satisfaire. V. n° 139. *(Déc. de M. le Min. des fin. du 15 mai 1852 ; Circ. lith. du 8 juin suivant ; Circ. du 26 juillet 1853, n° 128 ; Circ. lith. du Secrétariat général des 9 janvier et 10 février 1857 ; Circ. lith. des Douanes du 4 février 1857.)*

Le renvoi des impressions hors d'usage ne doit s'effectuer que sur l'avis du Secrétariat général des finances et d'après le mode qu'il indique. *(Circ. lith. du 25 octobre 1854.)*

Les ballots doivent porter pour suscription : A M. le Ministre des finances, dépôt du matériel, rue de Luxembourg, n° 9. *(Circ. lith. du Secrétariat des finances du 16 décembre 1859.)*

Il n'est rien alloué pour l'employé qui, dans les directions, emballe les registres. *(Déc. du 28 septembre 1855.)*

Les quittances fournies pour emballage de registres doivent donner le détail des fournitures de cordes, ficelles, paille, etc., indiquer la qualité des parties prenantes, et présenter séparément les sommes payées pour transport. *(Déc. du 21 mai 1841.)*

On peut se servir des embarcations de douane pour le transport des impressions dans la direction. *(Déc. du 24 mars 1827.)*

La réception et la distribution des impressions sont constatées tant par des bulletins, série E, n° 4 A, qu'au moyen soit d'un registre n° 4, dans les bureaux de direction et de recettes principales, soit d'un carnet n° 95, tenu par les receveurs subordonnés et par les capitaines de brigades. *(Circ. n°⁵ 205, 1182, 1277, et Circ. du 11 novembre 1843, n° 1993.)*

Les circulaires adressées officiellement aux directeurs, inspecteurs, sous-inspecteurs, premiers commis de direction, receveurs, capitaines de brigades, lieutenants, brigadiers ou patrons, et toutes les instructions imprimées destinées à former collection, sont la propriété des emplois, et non celle des titulaires, qui doivent les faire relier ou cartonner à leurs frais, pour les remettre complètes et en bon état à leurs successeurs. *(Circ. des 28 novembre 1815, n° 88 ; 12 mars 1851, n° 1252 ; 21 janvier 1852, n° 1298, et 20 février 1857, n° 448.)*

Le titulaire actuel aurait à se faire rembourser de ses avances par ceux de ses prédécesseurs qui auraient négligé cette partie de leurs obligations. *(Déc. du 15 janvier 1858.)*

La reliure de la collection du *Bulletin des Lois* et des circulaires destinées au bureau de la direction est à la charge du directeur. *(Même Déc.)* Il n'existe d'exception que pour les circulaires remises aux brigadiers ou patrons. Le prix de reliure de la collection de chaque brigade est imputé soit sur les économies réalisées sur les allocations de frais de chauffage de cette même brigade, soit, à défaut, sur le boni des masses. *(Déc. des 20 et 29 avril 1850.)*

L'employé dont la collection serait incomplète, ou en mauvais état, doit la remplacer à ses frais. Les inspecteurs sont tenus, à chaque changement de résidence, et fréquemment dans leurs tournées, de s'assurer que les collections sont complètes. *(Circ. du 21 janvier 1832, n° 1298.)*

Au commencement de l'année, le directeur fait connaître à l'administration le nombre des employés qui désirent se procurer les circulaires imprimées. Le prix d'abonnement est reçu par les receveurs qui en transmettent le montant, en une seule fois, par virement de compte, au receveur du chef-lieu de direction. La somme totale est alors transférée, par la même voie, dans la caisse du receveur principal à Paris, chargé de faire l'avance des frais d'impression. *(Circ. du 12 mars 1831, n° 1252.)*

Ce prix est de 1 fr. par année pour chaque souscription. *(Circ. du 7 juillet 1855, n° 300.)*

Dès qu'un souscripteur change de direction, le directeur de la division de départ en informe l'administration (bureau du matériel); et le nombre des exemplaires d'abonnement est réduit ou augmenté sans autre écriture que la mention qui en est faite sur le paquet d'envoi. *(Circ. du 12 mars 1831, n° 1252.)*

Un des commis des bureaux de direction doit être chargé des détails relatifs aux demandes formées par les employés, afin de se procurer, auprès du directeur de l'Imprimerie impériale, des exemplaires du tarif des Douanes. *(Circ. du 10 septembre 1853, n° 142.)*

On doit transmettre aux chambres de commerce un exemplaire des circulaires qui intéressent le commerce. Quelques exemplaires sont, à cet effet, envoyés en plus. *(Circ. du 21 novembre 1832, n° 1356.)* Les directeurs n'ont pas la franchise pour ces circulaires; mais ils peuvent les envoyer pliées en deux ou en quatre, sans cachet ni adresse, dans les paquets des receveurs, et charger ceux-ci de les faire parvenir. *(Déc. du 15 avril 1837.)*

Les instructions ont souvent un caractère particulier qui ne permet pas d'en étendre la publicité au-delà de ces limites.

L'inspecteur divisionnaire veille à ce qu'aucun modèle ne soit détourné de sa destination, à ce que partout les impressions soient conservées avec ordre, et il constate par procès-verbal, au moins une fois chaque année, et après une vérification complète, la situation du magasin. *(Circ. du 23 septembre 1831, n° 1277.)*

Pour la conservation, pendant trois ans, des registres et impressions, *V.* n° 40. On doit garder en dépôt pour les livrer aux domaines après la période de temps suivante :

    5 ans, série C, n°s 3, 17, 18, et tous documents sans numéros de série, sauf la correspondance traitant des questions de principes en matière de comptabilité ;

    6 ans, série M, n°s 53 A, 54, 54 A, 54 bis ;

    10 ans, série M, n°s 2, 46 B, 46 C, 50; série N, n°s 6, 8, 12; série S, n°s 2, 18, 20, 49; série T, registre pour la réexportation des marchandises prohibées saisies; série C, 1 et 2 ;

    15 ans, série E, 55, 56, 57, 94 bis; série M, 22 bis, 22 ter, 23, 23 A, 23 B, 23 C, 23 D, 23 bis (déclaration de sortie pour l'étranger ou pour les colonies françaises), 30, 33 A, 37 B, 37 C, 39 bis, 40, 43, 44 bis; série N, 16; série S, 6, 27, 27 bis, 28, 29, 34; série T, 5, 5 A, 6, 6 A, 9, 9 A, 10, 10 A, 12; série C, 80, 81, 82, 83, 85 ;

30 ans, série E, 69 ; jusqu'à ordre contraire, les registres affectés au service de la comptabilité.

Indéfiniment, série E, n° 77 (sommiers de signalement des employés à la nomination du Directeur général), 83 (sommiers de signalement des employés à la nomination des directeurs), 95 (registres d'ordre pour les bureaux et pour les brigades), 97 *bis* (registre des événements de service); série N, n° 1 (soumission de francisation), 2 (certificats de jauge). Garder indéfiniment dans les dossiers des navires français les certificats de jauge détachés du registre, série N, n° 2 ; ne livrer qu'après une période de quinze ans les certificats de navires étrangers. Série C, n° 84. (*Circ. lith. du 5 décembre* 1844, *et Circ. de la comptabilité du 7 novembre* 1857, n° 73, *quant à la série C.*)

Ces documents, qui figurent en caractères *italiques* sur la nomenclature annuelle des impressions, doivent être mis en ordre par espèce et par année, de manière à ce qu'on puisse y recourir sans embarras.

Tout ce qui, ne devant pas être conservé, se rapporte à des opérations consommées depuis trois ans, doit être mis à part en liasses ou ballots, ainsi que les impressions spéciales à quelques localités et celles qui peuvent être vendues après les périodes déterminées. Ces liasses ou ballots sont pesés et étiquetés, et les receveurs en adressent l'état à la direction, en indiquant le contenu de chaque colis. Les directeurs, dès qu'ils ont recueilli tous les états de l'espèce, provoquent la vente des registres et papiers hors de service. Ils s'entendent à cet effet avec les directeurs des domaines, chargés de faire procéder à l'adjudication, d'en recouvrer le produit et de le verser au Trésor, et leur remettent un tableau indicatif des liasses disponibles en chaque bureau de douane, de leur poids et de la nature des papiers qu'elles renferment. Les directeurs des domaines en font prendre livraison sur place, par leurs employés, et pourvoient, s'il y a lieu, au transport qui doit en être fait pour les réunir en un seul point. (*Circ. du 2 août* 1827, n° 1057.)

Les journaux de travail des capitaines et des lieutenants, les registres du travail exécuté par les brigades, les rapports des lieutenants et capitaines concernant les rebats et contre-rebats (série E, n°s 93, 93 *bis*, 95 *bis*, 96, 98 *bis*, 98 *ter*) ne doivent être vendus qu'à charge d'être mis au pilon en présence des préposés des douanes (1). (*Circ. man. du 5 septembre* 1827, *et Circ. lith. du 5 décembre* 1844.)

Il doit en être de même des registres et impressions dont la vente, dans l'état où ils se trouvent, pourrait avoir des inconvénients pour le service et pour le commerce. C'est aux directeurs qu'il appartient de prescrire les mesures nécessaires à cet effet. (*Même Circ. lith. de* 1844.)

Les registres neufs, supprimés, doivent être remis à l'administration des domaines. La date de cette remise est annotée sur le compte-ouvert des impressions. (*Circ. man. du 15 août* 1837.) V. n°s 48 et 79.

31. — *Plombage.* Dans les cas prévus par les règlements, l'identité des marchandises est garantie par le plombage des douanes.

Le prix des plombs apposés par les douanes, dans les cas prévus par les lois et règlements, est de 50 cent. par plomb. Ce prix comprend, outre la fourniture de la matière première, celle des cordes et ficelles, ainsi que les frais de main-d'œuvre et d'apposition des plombs. *V.* n° 592 pour la Douane de Paris.

Toutefois les plombs ne se payent que 25 cent. dans les cas ci-après :

1° A la réexportation directe, par mer, des marchandises extraites d'entrepôt, quand le plombage est exigible ;

---

(1) La mise au pilon est parfois remplacée par la lacération.

2° Pour le second plombage, dans tous les cas où il est prescrit par les règlements ;

3° Pour les marchandises de primes ou de transit qui, après avoir été vérifiées dans un port ou bureau de sortie qui ne touche pas immédiatement à l'étranger (1), doivent être remises sous le sceau des douanes pour en assurer le passage définitif à l'étranger ;

4° Pour les marchandises expédiées sur les entrepôts intérieurs ou des frontières de terre (*Circ. lith. du* 10 *octobre* 1848), ou extraites de ces entrepôts pour le transit ou à destination d'autres entrepôts ;

5° Pour les céréales expédiées en transit (2). (*Loi du 2 juillet* 1836, *art.* 21.)

6° Pour les marchandises dirigées, sous le régime du transit ordinaire, en colis plombés et en wagons plombés (3), sur les bureaux établis près des gares à l'intérieur, ou réexportées de ces gares. (*Déc. du 4 juin* 1857.)

En ce qui concerne les sels et matières salifères expédiées à l'intérieur avant l'acquittement de l'impôt, *V.* Livre X.

Défenses sont faites aux agents des douanes d'exiger ou de recevoir d'autres ni de plus fortes rétributions pour le plombage, sous peine de destitution et autres peines plus graves, si le cas échéait. (*Ord. du 30 décembre* 1829, *art.* 5.)

Le plombage ne peut être appliqué, même à réquisition, que lorsque cette formalité est prescrite par les règlements. Quand elle n'est pas légale, toute apposition de plomb est une exaction. (*Circ. du 14 juillet* 1817, n° 299, *et Déc. du 30 avril* 1852.) *V.* n°s 35 et 118.

Dans tous les cas où il est obligatoire, aux termes des lois et règlements, le plombage est apposé sans frais pour le commerce à l'égard des marchandises de toute origine transportées, par mer, d'un port à un autre de la France, et des fleuves et rivières soumis à la police des douanes, sous le régime du cabotage, des mutations d'entrepôt ou des transbordements. Il en est de même en ce qui concerne : 1° les marchandises françaises ou nationalisées par le payement des droits d'entrée, dirigées sur les colonies françaises; 2° les marchandises étrangères expédiées à destination des entrepôts des colonies françaises. (*Décret du 21 mars* 1852, *art.* 1er; *Circ. du* 23, n° 20.)

Les flans, par barils de 200, 100 ou 50 kilogr., les poinçons, pinces, masses, ficelle, c'est-à-dire les fournitures de plombage, sont demandés par les receveurs à l'administration, deuxième division, quatrième bureau. (*Circ. des 2 janvier* 1818, n° 357, *et* 15 *avril suivant,* n° 379.)

Pour les conditions du transport, *V.* n° 139.

Les instruments de plombage sont inscrits à l'inventaire du matériel. (*Déc. du* 25 *août* 1852.)

Afin d'exercer un contrôle sur l'emploi des flans, il est ouvert, dans chaque principalité, un carnet sur lequel est pris en charge, au fur et à mesure des livraisons, le nombre de flans entrés en magasin. A l'expiration du mois, on inscrit en décharge les quantités de plombs apposés, soit gratuitement, soit aux frais du commerce, d'après les registres série E, n° 64. (*Circ. de la compt. du 6 décembre* 1861, n° 81.)

---

(1) Sont assimilés aux bureaux touchant à l'étranger, c'est-à-dire situés à l'extrême frontière, ceux qui, bien que plus ou moins éloignés de la ligne de démarcation des deux pays, communiquent directement avec l'étranger, sans l'intermédiaire d'aucun autre poste de douanes. (*Déc. du* 15 *février* 1841.)

(2) Le riz est admis au bénéfice accordé aux céréales. (*Déc. du 30 décembre* 1846.)

(3) Le prix des plombs apposés sur les wagons en transit international est, dans tous les cas, de 50 centimes. (*Déc. du 9 mai* 1859.)

Les marchandises assujetties au plombage ne peuvent pas être expédiées en *vrac*, elles doivent être emballées ou mises en futailles pour être plombées. (*Circ. du 20 vendémiaire an XI.*)

Il n'est fait usage pour plomber les colis que d'instruments pouvant à la fois empreindre les deux faces et la tranche de chaque plomb. (*Ord. du 8 janvier 1817, art. 1er.*)

L'administration fait fabriquer, sur un seul et même modèle, des flans d'une forme et d'une dimension telles qu'on ne puisse fermer l'instrument sans une pression qui produise des empreintes distinctes et ne permette plus de dégager la ligature qui est nouée dans le plomb même. (*Même Ord., art. 2.*)

Défense est faite aux agents des douanes d'employer d'autres instruments ni flans que ceux fournis par l'administration, et de démonter lesdits instruments pour s'en servir d'une autre manière que celle prescrite ; le tout à peine de destitution et autres peines plus graves, le cas échéant. (*Même Ord., art. 4.*)

La principale garantie que le plombage peut offrir dépend du soin avec lequel on l'applique et du choix des cordes, qui doivent être parfaitement saines, fortement serrées et nouées de même. Chaque colis doit être solidement cordé, et les deux bouts de la corde doivent être réunis et assujettis par le plomb. (*Circ. du 30 août 1816, n° 202.*)

Pour plomber une futaille, on fait percer, à chaque bout, les douves et on y fait passer la corde du plomb ; la perforation des fonds n'est pas indispensable pour obtenir toute la solidité désirable. Quant aux caisses, on exige que, au moyen de trous pratiqués aux angles, un des côtés, le dessus, le dessous et un bout soient traversés également par la corde. (*Arrêté du 4e jour complémentaire an VIII, art. 5; Circ. man. du 14 août 1843.*)

Les expéditions doivent énoncer que tels colis, de nature à être soumis à la formalité du plombage, ont été plombés. (*Circ. du 5 prairial an X.*)

Lorsque, dans les bureaux qui ne sont pas pourvus d'instruments et de flans à plomber, on appose sur les colis, en remplacement du plomb, un ou plusieurs cachets à la cire, il ne peut être exigé, pour remboursement du prix de ces cachets, plus de 25 cent. par colis. (*Tarif général, n° 233 des Observ. prélim.*)

Dans tous les autres cas où il y a lieu à l'apposition de cachets, timbres et estampilles, le prix de chaque empreinte est fixé à 10 centimes pour le cachet en cire ou pour l'estampille (1) et à 5 centimes pour le timbre. (*Même tarif, n° 234.*) *V.* n°s 543 et 544 (2).

Les bureaux de plombage doivent être pourvus de poinçons de rechange. (*Circ. du 2 janvier 1818, n° 357.*)

Toutes les opérations du plombage doivent être exécutées avec le plus grand soin et surveillées avec l'attention la plus rigoureuse.

Les inspecteurs et sous-inspecteurs sédentaires doivent faire connaître à l'administration le résultat de leurs vérifications à ce sujet dans leurs rapports de service. Ils s'assurent que tous les instruments qui servent au plombage sont en bon état ; ils provoquent immédiatement le renouvellement de tous ceux qu'on ferait servir outre mesure ; ils veillent à ce que ces instruments ne sortent du lieu affecté aux vérifications que pour rentrer, hors les heures de service, sous leur clef et celle du

---

(1) *V.* n° 10, le prix de l'estampille à 5 cent. pour les échantillons ; n° 569, à 1 centime pour les tissus en pièces.

(2) Les receveurs ne peuvent, en dehors des cas prévus par les règlements, se faire allouer des frais pour la pose de cachets sur les marchandises confiées à leur garde, sous prétexte de mettre à l'abri leur responsabilité. (*Déc. du 12 avril 1856.*)

receveur; ils s'opposent à ce que les plombs soient frappés hors de l'enceinte du bureau et sans la surveillance d'un vérificateur; et ils tiennent la main à ce qu'on ait soin de vérifier si le nombre des flans remis chaque jour aux plombeurs est bien en rapport avec celui des plombs réellement apposés. Les inspecteurs s'assureront dans leurs tournées que ces mesures ne sont jamais négligées, et leurs rapports en feront mention. *(Arrêté du 4ᵉ jour complémentaire an VIII, art. 4, et Circ. des 13 février et 22 mars 1832, nᵒˢ 1304 et 1312.)*

Lorsque le travail ne peut être achevé avant la fermeture des bureaux, il ne doit s'accomplir après que sous la surveillance d'un vérificateur désigné *ad hoc. (Déc. du 27 juin 1845.)*

Dans tous les cas, les plombs doivent, au bureau de destination ou de sortie, être détachés des colis par les soins du service. *(Circ. des 24 brumaire an XI, 6 août 1810, et 30 octobre 1856, nᵒ 428).*

Afin qu'on n'abuse pas des plombs ainsi détachés des colis pour les faire servir à la fraude, les sous-inspecteurs sédentaires, dans les lieux où ils sont établis, et, dans les autres bureaux, les vérificateurs ou commis, doivent les remettre aux receveurs, qui en restent dépositaires jusqu'à ce qu'il s'en trouve une quantité suffisante pour les livrer à la fonte, opération qui a lieu en présence du receveur. *(Circ. du 24 brumaire an XI et Déc. du 27 février 1822.)*

Les vieux plombs sont mis en vente et adjugés d'après les règles relatives à la vente des marchandises préemptées. *(Déc. min. du 11 août 1838; Circ. de la comptabilité du 1ᵉʳ septembre suivant, nᵒ 34.)*

Les frais pour la vente des vieux plombs (timbre et enregistrement du procès-verbal) sont à la charge de l'acquéreur; on en fait l'une des conditions de l'adjudication. *(Déc. du 24 janvier 1863.)*

Les actes constatant le produit de cette vente sont annexés à un bordereau récapitulatif transmis avec l'état Sⁱᵉ C, nᵒ 90. *(Circ. de la compt. du 17 juillet 1862, nᵒ 82.)*

Le procès-verbal d'adjudication doit indiquer que les vieux plombs ont été fondus avant la vente. *(Déc. du 10 octobre 1850.)*

Le prix du plombage ne peut, sous aucun prétexte, demeurer entre les mains des agents administratifs; il doit être versé, jour par jour, dans la caisse du receveur. *(Circ. de la compt. du 31 mai 1833, nᵒ 25.)*

La section qui reçoit les déclarations désigne, sur le permis, les colis susceptibles d'être plombés et indique le prix des plombs; l'intéressé présente ce permis à l'employé chargé de délivrer les plombs et d'en exiger le prix. Dès que cet agent a constaté les faits, le permis est transmis au vérificateur, qui procède conformément aux règlements et appose un bon à plomber; puis à l'emballeur, appelé à revêtir les colis du plombage et à en certifier par sa signature sur ce document, qui passe alors au factionnaire ou au préposé d'écor, s'il en existe un.

Entre la visite et le plombage, les colis à plomber ne doivent pas être perdus de vue par l'emballeur ou un autre agent. *(Déc. du 5 février 1845.)*

Quand le prix des plombs est acquitté avant l'application de l'empreinte sur les flans, on doit le faire figurer aux consignations en garantie de droit; mais, afin de faciliter les opérations, on peut agir ainsi qu'il suit : un employé, délégué par le comptable, reçoit le montant de la somme exigible, qui n'est portée en recette qu'à la fin de la journée et lorsque les permis ont eu leur effet, de sorte que, si l'un de ceux-ci est rapporté revêtu d'annotations du vérificateur constatant qu'une partie des plombs payés n'a pas servi, le prix peut en être restitué immédiatement. Le compte de clerc à maître s'établit au moyen tant des permis que d'un relevé journalier. *(Déc. du 25 juin 1851.)* Le receveur donne reçu sur un carnet ouvert spécialement par l'employé délégué. *(Déc. du 14 septembre 1857.)*

Le produit des plombs, estampilles, marques, cachets, etc., est inscrit au registre série E, nᵒ 64. Il suffit, surtout dans les grandes douanes, de porter en bloc le produit de toutes les expéditions de même espèce, sauf à rappeler les numéros de la première et de la dernière de celles qui ont été relevées dans la journée. *(Circ. du 16 novembre 1838, n° 1719, et Instr. annexée au registre n° 64.)* Le nombre et le prix des plombs apposés gratuitement, conformément au décret du 21 mars 1852, doivent être inscrits, jour par jour, et pour chaque expédition, sur le registre série E, n° 64, à un article ouvert spécialement à cet effet. A la fin du mois, ce registre, dûment totalisé, offre ainsi les éléments d'appréciation nécessaires. *(Circ. du 29 mars 1852, n° 23.)*

La taxe de plombage est perçue dans tous les cas où le plombage ne doit pas être gratuit; et il est fait recette définitive, au compte du Trésor, soit de cette taxe, soit du produit de la vente des vieux plombs. *(Circ. man. du 24 janvier 1862.)*

32. — Sous le titre d'indemnité représentative de la taxe de plombage et d'estampillage, dont le commerce est exonéré, il est alloué une indemnité de résidence aux agents placés dans les localités où un supplément de ressources est indispensable. *(Loi du 17 mars 1852.)* Elle n'est soumise à aucune retenue pour les retraites.

Les bureaux qui jouissent de cette indemnité sont déterminés par l'administration qui fixe la part de chaque emploi. Les directeurs lui rendent compte, au moyen d'un état produit avant le 1er février et conforme au modèle annexé à la Circ. man. du 24 janvier 1862, de l'emploi annuel de la somme totale accordée. *(Circ. man. du 24 janvier 1862.)*

Les receveurs principaux établissent mensuellement l'état de répartition du montant de cette indemnité pour les employés de leur principalité. Après avoir été vérifié et visé par l'inspecteur, cet état est visé par le directeur qui, au préalable, s'assure que les énonciations en sont conformes à la décision administrative.

Quant aux dépenses variables, comprenant les frais de transport, les achats de flans, de ficelle, d'instruments et des divers objets propres à l'estampillage, elles sont acquittées par le receveur principal de Paris. *V.* n° 139.

Les entrées de flans en magasin, les sorties et le reste à la fin de chaque mois sont indiqués successivement en tête des états de répartition série E, n° 82 D. Un relevé, série G, n° 111, récapitulatif du nombre des flans reçus ou employés pendant l'année, doit parvenir à la comptabilité générale, du 15 au 20 février, avec les comptes n° 88. Pour en faciliter le contrôle, les receveurs principaux doivent toujours comprendre, dans leurs bordereaux de décembre, les dépenses du plombage qu'ils sont autorisés à acquitter dans les derniers jours de ce mois. *(Circ. de la compt. du 6 décembre 1861, n° 81.)*

L'indemnité représentative de la taxe de plombage du mois de décembre est, le cas échéant, augmentée du nombre des centimes nécessaires pour faire arriver la part annuelle de l'agent à la somme totale accordée. Ainsi la part étant, par exemple, de 200 fr., les allocations mensuelles sont de 16 fr. 66 c., sauf pour décembre où le payement est de 16 fr. 74 c. *(Déc. du 8 avril 1863.)*

Cette indemnité est répartie, en totalité et exclusivement, entre les receveurs principaux ou subordonnés, sous-inspecteurs sédentaires, contrôleurs, vérificateurs, commis principaux ou commis et emballeurs auxquels sont assimilés les garde-magasins. *(Circ. du 14 juillet 1817 ; arrêté min. du 6 juin 1848, art. 3 ; Circ. du 10, n° 2253 ; Déc. min. du 31 déc. 1853, et déc. adm. du 27 janvier 1854.)*

Le maximum de la part annuelle des receveurs principaux est fixé à 1,500 fr. *(Déc. min. du 31 décembre 1853, transmise le 27 janvier 1854.)*

Ce maximum est appliqué aux sous-inspecteurs. *(Arrêté min. du 21 juillet 1849, art. 2 ; Circ. du 30, n° 2336.)*

Pour les agents inférieurs au sous-inspecteur, la part maximum est fixée à 2,000 fr. par an. *(Circ. man. du 24 janvier 1862.)*

Sauf ces réserves, dans chaque douane, le receveur, les sous-inspecteurs et les contrôleurs ont chacun une part entière ; même part est attribuée aux vérificateurs de 1re classe ; les vérificateurs de 2e classe et les commis principaux de 1re classe ont demi-part; les commis principaux de 2e, un tiers de part, et les commis de toutes classes, un sixième de part (1). Les emballeurs ou peseurs (2) et les garde-magasins ont chacun un huitième de part. (*Circ. du 14 juillet 1817 ; Déc. min. du 3 septembre 1839 ; Circ. du 23, n° 1773 ; Arrêté min. du 21 juillet 1849, art. 1er ; Circ. du 30, n° 2336.*) (3).

L'agent en congé, avec demi-solde, conserve la totalité de l'allocation de plombage. (*Circ. man. du 24 janvier 1862.*)

S'il subit la retenue de tout son traitement, l'agent absent de son poste n'a aucun droit à cette indemnité. (*Déc. du 25 octobre 1862.*)

L'agent, dont la position hiérarchique est changée, ne doit recevoir l'indemnité attachée à ses nouvelles attributions qu'à compter du jour de son installation (*Déc. du 3 juin 1862*), à moins qu'il ne soit en congé. (*Déc. du 8 août 1862.*)

Quand il est temporairement chargé de la gestion d'un emploi, par suite de vacance, de maladie ou de l'absence du titulaire, l'agent reçoit l'indemnité de plombage attribuée à cet emploi, mais alors seulement qu'il y a eu déplacement de résidence. (*Déc. du 3 juin 1862.*)

Un employé détaché à un bureau où le produit du plombage est à peu près nul, peut être maintenu en jouissance de sa part entière à la douane où il est titulaire ; mais alors il ne participe point à la répartition du premier bureau. (*Déc. du 11 février 1859.*)

Dans les bureaux où les fonctions de planton sont remplies à tour de rôle par les préposés de la brigade locale, il n'y a pas lieu d'admettre ces agents à l'indemnité de plombage. (*Déc. du 21 mars 1862.*)

SECTION II.

Garanties respectives de l'administration et des redevables.

33. — *Responsabilité.* On est responsable non-seulement du dommage que l'on cause par son propre fait, mais encore de celui qui est causé par le fait des personnes dont on doit répondre ou des choses qu'on a sous sa garde. Le père et la mère, après le décès du mari, sont responsables du dommage causé par leurs enfants mineurs, habitant avec eux ; les maîtres et les commettants, du dommage causé par leurs domestiques et préposés dans les fonctions auxquelles ils les ont employés ; les instituteurs et les artisans, du dommage causé par leurs élèves et apprentis pendant le temps qu'ils sont sous leur surveillance. La responsabilité ci-dessus a

---

(1) Les autres agents qui, d'après les anciens règlements, étaient admis à une part quelconque de plombage cessent d'y avoir droit, s'ils changent de résidence. (*Déc. du 24 janvier 1862.*)

(2) Dans les bureaux où il n'existe pas de plombeur ou emballeur, l'agent qui en remplit les obligations reçoit un huitième de part, sauf division entre les ayant-droit dans le cas où plusieurs préposés auraient été successivement chargés de ce service. S'il y avait eu concours simultané de deux agents, l'allocation serait proportionnée à la durée de la gestion, lorsque celle-ci ne se serait pas prolongée durant toute l'année. (*Déc. du 9 février 1860.*)

(3) A raison de la défense qui en résulterait, les sous-officiers remplissant provisoirement les fonctions de vérificateurs ne peuvent participer à la répartition du produit du plombage ou du fonds commun. (*Déc. du 11 mars 1859.*)

lieu à moins que les père et mère, instituteurs et artisans, ne prouvent qu'ils n'ont pu empêcher le fait qui donne lieu à cette responsabilité. (*Code civil, art.* 1384.)

En matière de douane, la responsabilité n'est relative qu'au dédommagement dû par les délinquants, et nullement à la peine corporelle qu'ils ont encourue. *V.* Livre XII.

L'administration est responsable du fait de ses préposés dans l'exercice et pour raison de leurs fonctions seulement, sauf son recours contre eux et leurs cautions. (*Loi du 22 août 1791, titre 13, art.* 19.)

Mais l'administration, dont la surveillance ne s'exerce que dans l'intérêt de la perception des droits, n'est pas responsable, à l'égard des tiers, de la soustraction des marchandises débarquées d'un navire, lors même que ses agents auraient constaté ce débarquement. (*A. de C. du* 22 *mars* 1831; *Circ.* n° 1262.)

Les visa apposés par les préposés sur les acquits-à-caution font foi contre l'administration jusqu'à inscription de faux. (*A. de C. du* 29 *janvier* 1856.)

Nulle stipulation faite par les agents de l'administration contrairement aux prescriptions de la loi ne peut, en droit strict, s'opposer à l'application de celle-ci. (*Déc. du* 30 *décembre* 1856.) Seulement les intéressés peuvent ouvrir, contre les agents et l'administration responsable, une action en dommages.

Les propriétaires des marchandises sont civilement responsables du fait de leurs facteurs, agents, serviteurs ou domestiques, en ce qui concerne les droits, confiscations, amendes et dépens. (*Loi du* 22 *août* 1791, *titre* 13, *art.* 20.)

En matière d'infraction aux lois de douane, la loi atteint également ceux qui agissent pour leur propre compte et ceux qui agissent pour le compte d'autrui. Ainsi, le commissionnaire qui fait une déclaration en produisant à l'appui un certificat d'origine avec déclaration détaillée des fabricants, est passible de toutes les pénalités applicables en cas de contravention. (*A. de C. du* 28 *juin* 1811.)

En matière de douane, est réputé seul propriétaire des marchandises celui au nom de qui elles sont déclarées. (*Jug. du trib. civil de Marseille du* 2 *août* 1837; *Circ.* n° 1653.) *V.* n⁰ˢ 179 et 188.

Les marchandises entreposées sous le nom d'une maison de commerce, et par elle, sont réputées sa propriété, ce qui écarte toute revendication de tiers. *(Arr. de la Cour de Rouen du* 7 *juin* 1817.) *V.* n° 1087.

Aussi un tiers ne peut-il obtenir la remise de la marchandise aux conditions du tarif qu'au moyen soit d'un transfert à son profit, soit d'un pouvoir régulier déposé en douane. *(Déc. du* 2 *avril* 1851.)

Si le propriétaire agit par un fondé de pouvoir, ce mandataire peut être son commis. Dans toute hypothèse, le mandataire doit, pour se faire accréditer, déposer en douane la procuration qui lui a été donnée. Cette procuration, quand elle est sous seing privé, doit, conformément aux règlements de l'administration de l'enregistrement, être sur papier timbré; mais le service n'a pas à exiger qu'elle soit enregistrée. *(Déc. des* 17 *janvier* 1837 *et* 3 *juin* 1854.) *V.* n⁰ˢ 142 et 1017.

La douane tolère, sans production de pouvoir, en ce qui concerne la visite des bagages de voyageurs, l'introduction, dans les magasins, des agents connus sous le nom de commissionnaires d'hôtels, lorsqu'ils accompagnent les voyageurs ou sont porteurs des clefs appartenant à ceux-ci; mais, en vertu des règles sur la visite des marchandises, *V.* n° 169, elle reste libre de retirer cette facilité. *(Déc. du* 19 *août* 1852.)

Les maîtres ou commettants sont, en matière de douane surtout, civilement responsables du fait de leurs domestiques ou subordonnés, dans les fonctions auxquelles ils les ont employés. *(A. de C. du* 22 *avril* 1820; *Circ. du* 26 *mai suivant*, n° 569, *et Déc. du* 9 *juillet* 1838; *Doc. lith.*, n° 11.)

Les compagnies de chemin de fer sont civilement responsables des condamnations prononcées contre leurs préposés et agents pour faits de fraude par eux tentés ou consommés dans le cours de leur service. *(Jug. du trib. correct. d'Altkirch, du 4 mai 1858, confirmé par A. de la C. de Colmar du 29 juin suivant; Doc. lith., n° 213.)*

L'exception conditionnelle contenue dans les dispositions finales de l'art. 1384 du Code civil, en faveur des pères, mères, instituteurs ou artisans, ne peut être étendue aux maîtres et commettants; leur responsabilité civile est absolue. *(A. de C. du 25 novembre 1813.)*

Les capitaines sont civilement responsables de tout ce qui est sur leur bord. *(A. de C. du 20 prairial an XI.)* Cependant, pour les faits qui se passent à bord d'un navire, il faut distinguer : s'ils sont commis par les hommes de l'équipage, le capitaine est responsable ; quand les faits sont imputables à des ouvriers aux gages d'un négociant, celui-ci est légalement responsable. *(Déc. du 14 septembre 1846.)*

Le matelot ne peut d'ailleurs être considéré comme agent du capitaine si, étant à terre, il ne sortait pas du bord, lorsque ce dernier, resté à bord, n'a eu aucune connaissance des faits passés hors de sa présence et n'a pu les prévenir, et si, enfin, ces faits ne se sont pas produits à l'occasion d'une opération de douane. *(Déc. des 15 juillet 1845 et 14 septembre 1846.)*

Quand le capitaine est responsable, on ne le met pas directement en cause, mais seulement comme étant civilement responsable du fait punissable commis par un homme de son équipage. *(Déc. du 8 juin 1846.)*

L'art. 1384 du Code civil ne parle pas de la responsabilité du mari à raison des actions personnelles de sa femme. Il n'est cependant pas douteux que, si la femme s'était rendue coupable d'un délit ou d'un quasi-délit, dans l'exercice des fonctions auxquelles elle aurait spécialement été employée par son mari, celui-ci fût tenu de la même responsabilité que tout autre commettant. La même responsabilité est encourue quand le mari est en faute de n'avoir pas dirigé sa femme, lorsqu'il pouvait empêcher et n'a pas empêché le dommage causé. En effet, les maris sont civilement responsables des délits commis par leurs femmes. *(Jug. du trib. corr. de Lille du 24 novembre 1841; Doc. lith., n° 106.)*

Il convient d'actionner le mari dans les instances civiles *(Code civil, art. 215)*; mais l'autorisation du mari n'est pas nécessaire lorsque la femme est poursuivie en matière criminelle ou de police *(même Code, art. 216)*.

Les père et mère d'un mineur sont, dans les conditions résultant de l'art. 1384 du Code civil, responsables du payement des amendes prononcées contre celui-ci. *(A. de C. des 6 juin 1811 et 5 septembre 1828 ; Déc. du 9 juillet 1838 ; Doc. lith., n° 11, et A de C. des 18 mars et 14 mai 1842 ; Circ. n° 1923.)* Quand un prévenu mineur n'a plus son père, c'est sa mère qui doit être assignée comme civilement responsable, et non le second mari de celle-ci. *(Déc. du 24 mai 1841.)* V. n° 1081.

Pour la citation des personnes civilement responsables, V. n° 1032.

Le recours est assuré aux capitaines, voituriers et autres chargés de la conduite des marchandises, contre les marchands et propriétaires, lorsqu'ils ont été induits en erreur par l'énonciation des lettres de voitures, connaissements et chartes-parties. *(Loi du 22 août 1791, titre 5, art. 1er.)*

Les capitaines contre lesquels une contravention de douane a été constatée peuvent exercer leur recours contre les hommes de leurs équipages, lorsque ceux-ci ne prouvent pas qu'ils n'avaient aucune connaissance de la fraude découverte sur le navire. *(Jug. du trib. de comm. du Havre du 12 février 1839; Doc. lith., n° 41.)*

34. — Les soumissionnaires et cautions des acquits-à-caution ne cessent d'être garants de la fidélité des certificats de décharge, à partir du jour de la remise de ces certificats aux bureaux d'où émanent les acquits, qu'après quatre mois pour le commerce en France, six mois pour l'île de la Réunion, et dix mois pour les autres pays. *(Lois des 4 germinal an II, titre 7, art. 3, et 21 avril 1818, art. 24 et 26.)*

35. — *Concussion.* Il est défendu aux agents des douanes de percevoir d'autres ni de plus forts droits que ceux déterminés par les lois, à peine de concussion. *(Loi du 22 août 1791, titre 13, art. 29.)* V. Code pénal, art. 174. V. n° 118.

36. — *Quittances.* Ces agents sont tenus de remettre immédiatement aux redevables, en échange des sommes qu'ils reçoivent, une quittance ou acquit de payement énonçant le titre en vertu duquel ils ont perçu les droits *(mêmes lois, titre et art.)*, et, en toutes lettres, les sommes payées *(mêmes lois et tit., art. 26)*.

Quand la déclaration établit que le déclarant agit au nom de telle personne, on peut insérer cette énonciation dans la quittance. *(Déc. du 30 décembre 1846.)*

Une quittance remise au déclarant ne saurait être remplacée par plusieurs acquits, sans l'autorisation de l'administration. *(Déc. du 24 juillet 1840.)*

L'obligation d'énoncer dans les quittances ou acquits de payement le titre en vertu duquel on opère la perception se trouve suffisamment remplie par la citation de la loi de finances qui prononce, chaque année, le maintien du tarif. *(Tarif, n° 20.)*

Il faut indiquer le numéro de recette, et, à la suite de chaque article distinct, la quotité du droit perçu. *(Circ. du 24 avril 1819, n° 487, et Déc. du 28 octobre 1844.)*

Sans être tenu de payer le droit de timbre, tout redevable ou prévenu admis à transiger peut renoncer aux acquits de payement de droits ou de sommes exigibles, que ces quittances aient ou non été libellées; mais alors le service doit les laisser annexées à la souche pour justifier le non-recouvrement du timbre, et les biffer, afin qu'elles ne puissent plus servir. *(Circ. des 17 juillet 1838, n°1699, et 11 octobre suivant, n° 1713, et Déc. du 6 juin 1855.)*

En ce qui concerne les denrées soumises à une taxe d'entrée purement nominale, les déclarants, éclairés sur les inconvénients que pourraient présenter parfois, au point de vue de la police du rayon des frontières de terre, V. n° 252, l'absence d'un acquit de payement, sont libres de le réclamer ou de le laisser. *(Déc. du 23 janvier 1856.)*

Quant aux versements opérés par les receveurs des autres administrations, et à l'égard desquels les quittances sont détachées du registre série E, 71 B, comme la perception du droit de timbre serait sans objet, puisqu'il s'agit d'une opération entre deux administrations publiques, les receveurs des douanes doivent biffer le timbre sur ces acquits et indiquer sur la souche que ce droit n'a pas été recouvré. *(Circ. du 17 juillet 1838, n° 1699.)*

Il n'est délivré aucune quittance quelconque au sujet des marchandises exemptes de droit d'entrée. Seulement lorsque, sur les frontières de terre, ces marchandises sont destinées à sortir de la commune dans laquelle est situé le bureau d'importation, on les fait accompagner d'un passavant de circulation. *(Déc. du 21 octobre 1854.)* V. n° 247.

Les quittances que délivrent les agents des douanes doivent être détachées d'un registre à souche. *(Ord. du 8 décembre 1832, art. 8.)* Au point de vue de la comptabilité, V. n° 221.

Lorsqu'une déclaration comprend des marchandises soumises aux droits et des marchandises affranchies de toute taxe, le service peut inscrire celles-ci, accessoirement, sur l'acquit de payement relatif aux premières. *(Déc. du 14 juin 1858.)*

A l'égard d'une taxe accessoire, estampillage, etc., sans perception de droits d'entrée ou de sortie, si le déclarant réclame une quittance, on la détache du registre série M, n° 44 bis. *(Déc. du 6 mai 1858.)*

37. — *Expertise légale.* Il y a près du Ministre du commerce trois commissaires experts chargés de statuer sur les doutes et difficultés qui peuvent s'élever relativement à l'espèce, à l'origine ou à la qualité des produits, soit pour l'application des droits, des privilèges coloniaux ou des primes, soit pour la suite des instances qui ne sont pas dévolues au jury créé par l'art. 57 de la loi du 28 avril 1816. Le Ministre leur adjoint, pour chaque affaire et selon sa nature, au moins deux négociants ou fabricants, qui ont voix consultative. *(Loi du 27 juillet 1822, art. 19.)*

Aucune contestation entre la douane et le commerce, en matière de tarif, ne peut être vidée par voie d'expertise locale; il est interdit aux employés de déférer à aucune des demandes qui leur seraient faites dans ce but. (*Tarif*, n° 116.)

Les commissaires experts placés à cet effet près le département du commerce, sont seuls compétents pour prononcer sur les doutes et les difficultés existant relativement à l'espèce, à la qualité ou à l'origine des marchandises. (*A. de C. du 30 avril* 1838; *Circ.* n° 1693.)

Les tribunaux eux-mêmes ne peuvent substituer leur appréciation à celle des commissaires experts. (*A. de C. du 30 janvier* 1839 ; *Circ.* n° 1747.)

Les décisions des commissaires experts ont force de chose jugée pour les affaires spéciales à l'occasion desquelles elles sont intervenues; obligatoires pour l'administration comme pour le commerce, elles ne sont susceptibles d'aucun pourvoi. (*Tarif*, n° 117.)

Toutes les fois que les employés ont des doutes sur la nature, l'espèce, la qualité ou l'origine d'une marchandise soumise à la visite, il est de leur devoir d'en suspendre l'admission et de provoquer l'expertise légale, en invoquant, à cet effet, l'art. 19 de la loi du 27 juillet 1822, sauf, lorsqu'il s'agit d'objets tarifés, destinés pour la consommation, à en faire la remise sous le payement des droits, conformément à la déclaration, mais sous l'engagement cautionné d'acquitter tel supplément de taxe qui serait ultérieurement reconnu applicable.

Lorsque, au contraire, la vérification donne lieu de reconnaître que la marchandise a été faussement déclarée, on doit procéder par voie de saisie et constater immédiatement le fait par un procès-verbal, sans requérir l'expertise légale, qu'il appartient, dans ce cas, aux tribunaux d'ordonner, s'il y a lieu. (*Circ. du 5 février* 1827, n° 1032 ; *Déc. du 31 janvier* 1839; *Doc. lith.*, n° 34 ; *Tarif*, n° 118.)

Toutefois, si les employés ne sont pas pleinement convaincus de l'inexactitude de la déclaration, on peut, pour éviter des frais, au lieu de saisir la marchandise, se borner à en constater la retenue par un acte conservatoire, avec réserve d'opérer ultérieurement cette saisie, s'il y a lieu, et en provoquant, sans retard, l'expertise légale. Dans l'un ou dans l'autre de ces derniers cas, c'est-à-dire s'il y a saisie ou retenue, il est enjoint aux receveurs d'offrir sur-le-champ main-levée de la marchandise, sous caution, à moins qu'il ne s'agisse d'objets prohibés. (*Tarif*, n° 118.)

La rédaction d'un acte conservatoire n'est pas même d'obligation rigoureuse, et il est convenable, par exemple, de s'en abstenir lorsque des circonstances particulières ne permettent pas de mettre en doute la bonne foi des déclarants, et que ceux-ci souscrivent l'engagement de s'en rapporter, à tous égards, à ce qui sera décidé par l'administration. (*Déc. du 31 janvier* 1839 ; *Doc. lith.*, n° 34.)

Quand le prévenu refuse de concourir à la rédaction de l'acte conservatoire ou de consentir aux réserves faites par la douane, il faut nécessairement dresser un procès-verbal régulier. (*Déc. du 22 octobre* 1841 ; *Doc. lith.*, n° 105.)

L'acte conservatoire doit être rédigé sur papier timbré et enregistré dans le délai déterminé pour les procès-verbaux. (*Déc. du 18 mai* 1855.)

Lorsqu'elle est réclamée par le commerce, l'expertise légale doit être provoquée. (*Déc. du 4 juin* 1839.)

Toutes les fois qu'il peut s'élever ultérieurement, même judiciairement, des difficultés sur l'origine, l'espèce ou la qualité des marchandises laissées, sous n'importe quelles conditions, à la disposition des intéressés, il doit être prélevé des échantillons scellés du cachet de la douane et de celui de l'intéressé. (*Déc. du 26 février* 1846.)

À moins qu'une décision judiciaire n'autorise la douane à procéder autrement, le prélèvement d'échantillons doit être effectué par le service, en présence de l'intéressé, et constaté contradictoirement par un procès-verbal sur papier libre, sauf le cas où ce procès-verbal devrait être produit en justice. (*Déc. du 8 février* 1839.)

Si, dans un procès pendant, et main-levée provisoire des marchandises étant faite, l'intéressé se refuse à concourir au prélèvement d'échantillons nécessaires, il convient de demander l'autorisation du tribunal au moyen d'une requête tendant à ce qu'il soit désigné un juge ou un courtier pour procéder avec la douane. (*Déc. du 10 septembre* 1838.)

Pour toute expertise relative à une question de tarif, les receveurs sont tenus d'envoyer à l'administration, en même temps qu'une copie de l'acte conservatoire, *deux échantillons pareils* de la marchandise sur laquelle porte la contestation : l'un sous le double cachet de la douane et du déclarant, pour être soumis aux commissaires experts ; l'autre, non cacheté, pour être examiné par l'administration, qui se trouve ainsi en mesure de pouvoir, au besoin, lever d'office les difficultés. (*Tarif,* n° 119.)

En marge de l'adresse apposée sur les ballots ou paquets d'échantillons confiés aux messageries ou au roulage, on doit indiquer la division et le bureau de l'administration auxquels ils sont destinés, le nom de la direction et du bureau d'expédition, et la date de la lettre annonçant l'envoi. Lorsqu'il y a double emballage, l'emballage intérieur doit être revêtu d'une note offrant les mêmes renseignements. La lettre d'envoi est toujours adressée séparément par la poste, sans que jamais il y ait lieu de la renfermer dans les paquets contenant les objets annoncés.

Il en est de même pour les envois d'échantillons par la poste, lorsque ceux-ci forment un paquet distinct et que leur volume ne permet pas de les renfermer dans la lettre d'avis. (*Circ. du 29 avril* 1842, n° 1910.)

Quand les échantillons sont renfermés dans une boîte fournie par les intéressés, celle-ci est toujours revêtue du plomb de la douane.

L'envoi, *V.* n° 139, est toujours *franc de port.* Le prix du transport, avancé par les comptables, est porté aux avances à régulariser. Selon le cas, les intéressés sont tenus d'en rembourser le montant, après décision des experts, ou les directeurs autorisent la dépense définitivement sur les crédits du matériel et la comprennent dans les états mensuels. (*Circ. du 30 novembre* 1857, *et Circ. du 29 avril* 1862, n° 837.)

L'administration soumet les échantillons aux commissaires experts, et, dès que la décision, transmise aux directeurs, a été portée à la connaissance du service, celui-ci, selon le cas, annule l'acte conservatoire ou rédige un procès-verbal définitif, et portant citation, à moins cependant que les intérêts du Trésor ne soient garantis, soit par une soumission cautionnée de s'en rapporter à la décision de l'administration, soit par une transaction. (*Déc. du 27 février* 1846.)

Lorsqu'il s'agit de produits qu'on ne peut apprécier qu'en les dénaturant, de substances pour la vérification desquelles, par exemple, l'emploi des réactifs chimiques est nécessaire, il est à désirer que l'échantillon à soumettre à l'examen des commissaires experts soit au moins d'un demi-kilogramme ou d'un demi-litre. Le second échantillon peut être moins fort.

Si la valeur de la marchandise s'opposait à ce qu'on prélevât des échantillons aussi considérables, le service devrait faire mention de cette circonstance en transmettant les échantillons. (*Circ. lith. du 24 janvier* 1846.)

Dans les cas où le mode d'emballage et la forme extérieure des colis semblent de nature à faire déterminer, par les experts, la provenance de la marchandise, le service doit adresser à l'administration, à titre d'échantillon, un colis entier, caisse ou balle.

Les colis de poids ou de dimensions considérables doivent être envoyés à M. le Directeur des douanes à Paris et accompagnés d'une expédition indiquant qu'il s'agit de produits destinés à l'expertise légale. (*Circ. lith. du 18 août* 1864.)

On doit, dans tous les cas où l'expertise légale est provoquée pour des fils de lin, de chanvre ou d'autres végétaux filamenteux, envoyer, comme échantillon officiel, et, par conséquent, sous le double cachet de la douane et du déclarant, l'écheveau *même,* qu'aux termes des instructions le service est tenu de dévider *en totalité,* toutes les fois qu'il y a lieu de rédiger soit un acte conservatoire, soit un procès-verbal.

On indique, sur une étiquette, le nombre de mètres et le poids reconnu. Le fil doit être disposé en échevettes, qui seront réunies au moyen d'une ligature commune, ainsi que cela se pratique dans les filatures. On peut, du reste, si le commerce le demande, ou si l'on a lieu de croire que les fils ont été endommagés par la vérification, joindre à l'écheveau déjà vérifié un second écheveau prélevé, par le service, sur le même paquet. C'est également de ce même paquet que doivent être extraits les fils destinés à former le double échantillon. *(Circ. man. des 11 janvier et 11 mai 1844.)*

Quand les intérêts du Trésor ont été garantis au moyen d'un acte conservatoire, c'est sous le timbre du tarif ou des primes, selon le cas, qu'il faut en référer à l'administration, en adressant copie de cet acte. *(Déc. du 3 janvier 1846.)*

Les échantillons, prélevés avec beaucoup de soin, de concert avec les intéressés, doivent représenter, aussi exactement que possible, les diverses qualités de laine que les balles peuvent contenir. *(Circ. du 24 janvier 1856, n° 341.)* Les commissaires experts statuent alors, à l'égard des laines, conformément à l'art. 19 de la loi du 27 juillet 1822. *(Loi du 26 juillet 1856, art. 1er.)*

Les avis des commissaires experts du Gouvernement ne sont point assujettis à la formalité de l'enregistrement. *(Déc. du Min. du commerce du 31 mars 1828.)*

Si la décision des commissaires experts ne confirme pas la contravention présumée, les frais de transport des échantillons sont supportés par l'administration. *(Déc. du 25 août 1836.)* V. n° 1095.

Les frais d'expertise d'un produit taxé à la valeur, V. n°⁵ 190 et 784, et reconnu bien estimé par le déclarant, sont imputés sur les frais de saisie irrécouvrables. V. n° 1095. *(Déc. du 13 avril 1863.)*

Quand l'expertise a été demandée par les déclarants, les frais de transport des échantillons et ceux des fournitures de boîtes, etc., sont, dans tous les cas, à la charge des intéressés. *(Déc. du 9 février 1835.)*

L'expertise est valable lorsqu'elle est faite sur la marchandise entière, dûment scellée. *(A. de C. du 12 novembre 1839; Doc. lith., n° 57.)*

Mais si les déclarants obtiennent du tribunal que, par exception, les marchandises soient envoyées *entières* à Paris, pour être soumises aux commissaires experts, les frais de transport doivent être à leur charge, quelle que soit la décision des experts. *(Déc. des 13 octobre 1855 et 17 novembre 1857.)*

Les échantillons que le service prélève afin de faciliter l'examen des marchandises, et qui ne sont pas réclamés par le commerce, doivent être vendus comme marchandise abandonnée en douane *(Déc. du 25 juin 1830)*, à moins qu'ils ne soient conservés pour faciliter les vérifications de la douane. Dans cette dernière hypothèse, ils sont décrits sur un registre spécial. *(Déc. du 20 janvier 1846.)*

38. — *Privilége de l'État envers les redevables.* Le Gouvernement est préféré à tous créanciers pour droits, confiscations, amendes et restitutions, et avec la contrainte par corps, dans les conditions déterminées par les lois spéciales. V. n° 1101. (Loi du 4 germinal an II. titre 6, art. 4; Avis du Conseil d'État du 7 fructidor an XII, et A. de C. du 11 février 1843.)

L'administration a privilége et préférence à tous créanciers sur les meubles et effets mobiliers des redevables pour les droits, à l'exception des frais de justice et autres privilégiés (1), de ce qui sera dû pour six mois de loyer seulement, et sauf aussi la revendication dûment formée par les propriétaires de marchandises en nature qui seront encore sous balle et sous corde. *(Loi du 22 août 1791, titre 13, art. 22.)*

A l'égard des marchandises constituées en dépôt dans des magasins généraux, sous récépissés et warrants transmissibles, V. n° 444.

---

(1) Il s'agit notamment de ceux énoncés aux articles 2101 et 2102 du Code civil.

La revendication ainsi réservée est la revendication en matière commerciale. Le vendeur commerçant non payé ne peut être déclaré non recevable à l'exercer après le délai de huitaine fixé par l'art. 2102, n° 4, du Code civil, lorsque les marchandises sont dans l'état déterminé par l'art. 576 du Code de commerce. (*A. de C. du 12 février 1845 ;* n° 160 *des Doc. lith.*)

La disposition de l'art. 581 du Code de commerce sur la revendication effectuée par les particuliers entre eux, n'est pas applicable au fisc. Ainsi, en matière de douane, celui qui déclare des marchandises en étant légalement réputé seul propriétaire, *V.* n° 33, l'administration peut poursuivre, sur ces marchandises, le payement de tout ce qui lui est dû, non-seulement pour les droits dont elles seraient passibles, mais encore pour toutes les créances qu'elle a à répéter contre le déclarant ou soumissionnaire. A l'égard de ces marchandises, la saisie-arrêt exercée par la douane doit recevoir sa pleine et définitive exécution, nonobstant toute revendication des tiers. (*A. de la Cour de Rouen du 7 juin* 1817; *Jugement du trib. civil de Marseille du 2 août* 1837 ; *Circ.* n° 1635 *et* 1653.) *V.* n° 1087.

Au cas prévu par l'art. 22, titre 13, de la présente loi, l'administration des Douanes a hypothèque sur les immeubles des redevables. (*Loi du 22 août* 1791, *titre* 13, *art.* 23.)

L'article 2098 du Code civil a conservé les droits attribués par les lois antérieures à la régie des Douanes, comme il a maintenu tous les autres droits du Trésor ; mais cette administration ne peut être dispensée de la publicité que la loi du 11 brumaire an VII prescrit de donner aux hypothèques par la voie de l'inscription, et dont le Trésor public lui-même n'est point exempt. On ne saurait non plus valider les inscriptions prises par l'administration dans les dix jours qui précèdent une faillite ; ce serait encore là une dérogation au droit commun, dont la nécessité ne serait pas assez sentie et dont les inconvénients pourraient être très-graves. (*Lettre du Min. de la justice du 4 mai* 1810.) Il suit de là que l'administration n'a point cessé d'avoir un privilége sur les immeubles des débiteurs de droits, mais qu'il ne peut s'exercer que par la voie de l'inscription et au rang que sa date lui assigne, et qu'il n'est plus possible de prendre cette inscription lorsqu'une faillite est déclarée ouverte. (*Circ. du 12 juillet* 1810.) *V.* n° 1126.

Le privilége de l'administration des Douanes pour le recouvrement des condamnations pécuniaires prononcées à son profit est affranchi des formalités du droit commun en matière de distribution. (*Jug. du trib. civil de Marseille du 30 juin* 1840; *Doc. lith.,* n° 78.) *V.* Code de procédure, art. 656.

Sur un navire saisi appartenant à des redevables de droits, il ne peut être primé par celui d'un prêteur à la grosse qui a fourni des fonds pour l'armement de ce bâtiment. (*A. de la Cour d'Aix du 13 janvier* 1823 ; *Circ.* n° 791.)

Le privilége de l'administration sur toutes les valeurs mobilières de la faillite prime celui du vendeur et du commissionnaire (art. 2073 du Code civil et 93 du Code de commerce), lorsque le négociant qui en réclame l'application, d'une part, ne s'est pas immédiatement remboursé de ses prêts sur le produit de la vente des marchandises remises en nantissement, et, de l'autre, quand l'objet sur lequel l'avance aurait été faite a été dénaturé ou remis par le commettant lui-même, résidant sur la même place que le commissionnaire, et pour être vendu pour son compte. (*Jug. du trib. civil de Marseille du 21 mai* 1838 ; *Doc. lith.,* n° 4.)

La douane au préjudice de qui une hypothèque a été consentie peut, pour faire tomber cette hypothèque, provoquer la déclaration de faillite d'un redevable. En pareil cas elle n'est pas obligée de subir les conséquences de la faillite qu'elle a elle-même fait déclarer, c'est-à-dire de procéder devant le tribunal de commerce, de faire vérifier sa créance, de ne pouvoir plus, en son nom personnel, exercer la contrainte par corps, etc. (*A. de C. d'appel d'Aix du 27 novembre* 1835.)

Le privilége accordé au propriétaire pour six mois de loyer et pour frais de justice en vue de la conservation de sa créance (art. 662 du Code de procédure civile), n'est préféré au privilége de la régie des contributions indirectes que pour ceux de ces frais avancés pour mettre sous la main de la justice le gage commun des créanciers et en procurer la distribution (commandement de payer, procès-verbal de saisie-exécution, ordonnance de référé ordonnant la vente et acte de notification). *(A. de la Cour de Paris du 12 décembre 1856 ; Doc. lith. de 1858, n° 206.)*

La caution d'un redevable failli, qui acquitte le montant des droits soumissionnés, est substituée, envers les créanciers de la faillite, aux droits et priviléges de la douane. *(C. c., art. 2029, et Jug. du trib. de paix du Havre du 6 mai 1839 ; Doc. lith., n° 44.)* Il n'y a à se préoccuper ni de l'art. 2037 du Code civil, ni de l'art. 448 du Code de commerce, qui n'est pas applicable à des faits particuliers résultant de la force des choses. *(Déc. du 14 mai 1859.) V. n° 1087.*

39. — *Déchéance.* Tous négociants et commissionnaires qui sont convaincus d'avoir importé ou exporté en fraude des denrées et marchandises, ou d'avoir, à la faveur de l'entrepôt et du transit, effectué des soustractions, substitutions ou versements dans l'intérieur, peuvent, indépendamment des peines portées par les lois, être privés, par un arrêté spécial du Gouvernement, de la faculté de l'entrepôt et du transit, ainsi que de tout crédit de droits. Les négociants et commissionnaires qui prêtent leur nom pour soustraire aux effets de cette disposition ceux qui en ont été atteints encourent les mêmes peines. *(Loi du 8 floréal an XI, art. 83.)* N° 250 du tableau des infractions ; Circ. n° 2046.

Ces interdictions sont également applicables à ceux qui ont été condamnés pour soustractions ou délits commis dans les entrepôts de l'intérieur, ou dans les expéditions qui s'y rapportent. *(Loi du 27 février 1832, art. 8.)*

Les dispositions de l'art. 83 de la loi du 8 floréal an XI, ou de l'art. 8 de la loi du 27 février 1832, ne sont appliquées, même pour le crédit des droits, qu'en vertu d'une décision ministérielle que l'administration ne provoque pas pour un fait particulier et isolé, à moins qu'il ne soit d'une importance extrême. *(Déc. du 30 novembre 1853.)*

Pour d'autres déchéances et incapacités résultant de certains faits de contrebande, *V.* n° 422.

40. — *Prescriptions.* Aucune personne n'est recevable à former contre l'administration des Douanes des demandes en restitution de droits et de marchandises, payement de loyers de maisons tenues à bail par l'administration et appointements des préposés (1), deux ans après l'époque du payement des droits, dépôts des marchandises, échéance de loyers et appointements (2). *V.* n° 41.

L'administration est déchargée envers les redevables, trois ans après chaque année expirée (3), de la garde des registres de recette et autres de ladite année, sans pouvoir être tenue de les représenter s'il y avait des instances encore subsistantes, pour les instructions et jugements desquels lesdits registres et pièces fussent nécessaires. *V.* n° 30.

L'administration est non recevable à former en justice aucune demande en payement de droits un an après que lesdits droits auraient dû être payés (4).

---

(1) Ceci ne concerne pas les appointements qui ont figuré sur les rôles. *V.* n° 224.

(2) Lorsque le Gouvernement, par un motif quelconque, met le séquestre sur des marchandises, la prescription de deux ans ne commence que du jour où la main-levée du séquestre a été donnée. *(A. de C. du 29 janvier 1828.)*

(3) Le délai de trois ans court à partir de l'expiration de l'année où la perception a été faite.

(4) La Douane a un an pour diriger des poursuites afin d'assurer le recouvrement

Lesdites prescriptions n'ont pas lieu quand il y a eu, avant lesdits termes, soit pour l'administration, soit pour les parties, contrainte décernée et signifiée, demande formée en justice, condamnation, promesse, convention ou obligation particulières et spéciales relativement à l'objet qui serait répété. *(Loi du 22 août* 1791*, titre* 13, *art.* 25.) *V.* n° 215.

41. — *Remboursements.* Les droits régulièrement exigés et acquittés ne peuvent, sous aucun prétexte, être restitués. Il est d'ailleurs de règle absolue que toute recette définitivement inscrite aux registres ne peut être réformée qu'en vertu, soit d'une liquidation de remboursement délivrée par l'administration au profit du redevable, soit d'une autorisation de dépense à la décharge du receveur, si la somme n'a pas été recouvrée. *(Règlement du 26 janvier 1846 sur la compt.,* p. 380, § 967 ; *et Circ. du 18 février 1824,* n° 855.)

Si la somme portée à tort en recette n'a pas été recouvrée, le comptable peut en faire immédiatement dépense à l'article des remboursements. Seulement, lorsque la fin d'année est assez rapprochée pour qu'il y ait à craindre que la dépense ne puisse être liquidée sur l'exercice courant, il attend que l'autorisation lui soit parvenue, et, à moins qu'il ne préfère combler le déficit de ses propres deniers, le procès-verbal de clôture indique la cause de cette différence. *(Lettre de la compt. du* 15 *avril* 1834.)

Lorsqu'une erreur commise au préjudice du déclarant est reconnue après l'application en recette, il convient d'établir une contre-liquidation, d'en déduire le montant de celui de la liquidation primitive, et de provoquer le remboursement de la somme formant la différence. *(Déc. du* 11 *avril* 1845.)

Quand une fausse perception est reconnue le jour même de la liquidation, avant que le total des recouvrements ait été porté au livre-journal, *V.* n° 216, la somme indûment exigée, déduite de l'inscription au registre de recette, est immédiatement restituée, sans autorisation spéciale, sauf à annexer à la souche de ce registre l'acquit de payement revêtu de la quittance du déclarant. *(Déc. du* 21 *mai* 1858.)

L'administration n'autorise le remboursement de droits que sur la production de l'acquit de payement, revêtu d'un certificat délivré par deux employés du bureau d'où émane cette quittance, et contenant, outre l'exposé sommaire des causes qui motivent la restitution, une liquidation régulière. Ce certificat de contre-liquidation doit être visé tant par le receveur principal, s'il n'est pas l'un des deux employés, que par l'inspecteur divisionnaire, qui doit certifier de la perception de la somme énoncée, et par le directeur. *(Déc. des* 20 *janvier* 1835, 27 *octobre* 1837 *et* 23 *juin* 1846.)

Le certificat de contre-liquidation doit énoncer, savoir : avec augmentation du décime, le montant des droits *(Déc. du* 30 *septembre* 1854) ; en toutes lettres, la somme à restituer. *(Déc. du* 25 *août* 1854.)

Si la fausse perception a eu lieu par le fait du service, il faut, au besoin, comprendre dans la somme à restituer la différence du prix du timbre exigible *(Déc. du* 9 *septembre* 1844) ; et, quand on restitue la totalité de la perception, on y ajoute le prix du timbre. *(Déc. du* 30 *août* 1854.) *V.* n° 25.

S'il y a impossibilité de produire les quittances originales, l'administration en fait délivrer des duplicata, à charge par les réclamateurs de fournir caution solidaire

---

de droits non payés ou dont la liquidation, bien qu'établie sur des bases exactes quant à la quotité de la taxe, offre des erreurs dans les calculs. Mais ce n'est qu'en s'arrangeant avec les intéressés qu'on peut obtenir le payement d'un supplément de droits dû à raison d'une erreur de principe ou d'application du taux de la taxe exigible, lorsqu'il a été délivré un acquit définitif reposant sur des calculs exacts. Dans ce dernier cas, un procès serait complétement à la charge du receveur. *(Déc. du* 3 *décembre* 1821.)

pour la somme remboursée, afin de garantir les droits du Trésor dans le cas où le porteur de la pièce originale viendrait, dans l'espace de deux années, réclamer le même remboursement. *(Déc. min. du 24 novembre 1791; Circ. du 29.)*

En cas de double acquittement de droits, le certificat propre à justifier le remboursement doit être accompagné : 1° de la première quittance, ou, si elle a été perdue, d'un duplicata visé par les chefs du service; 2° de la seconde quittance dont le montant doit être restitué. *(Déc. du 7 mai 1846.)*

Pour un remboursement de droits par suite de fausse perception sur un excédant ou un déficit d'entrepôt, il faut produire, outre les acquits de payement, un extrait certifié du compte-ouvert relatif aux marchandises. *(Déc. du 3 décembre 1842.)*

Les remboursements des droits de navigation peuvent être liquidés, soit au nom du capitaine qui les a acquittés, soit au profit de l'armateur du navire pour lequel ils ont été payés, lorsque celui-ci en fait la demande, et qu'il rapporte à l'appui, outre la quittance délivrée au capitaine, la preuve de sa qualité d'armateur. *(Déc. min. du 11 juin 1840.)*

Le remboursement des droits de navigation ne peut être ordonnancé au profit d'un courtier qu'autant que l'acquit de payement a été délivré en son nom, au lieu de l'avoir été au nom du capitaine du navire. *(Déc. du 23 janvier 1851.)*

Celui qui, d'après la déclaration primitive, a effectué, pour le compte d'un autre, un payement de droits ou une consignation, ne peut donner quittance de la somme restituée qu'en produisant un pouvoir régulier, délivré *ad hoc* par ce dernier. *(Lettre de la compt. du 28 juillet 1853.)*

Lorsque les droits ont été réglés en obligations de crédit, le remboursement ne doit être effectué qu'après l'acquittement de ces obligations.

Si les droits ont été payés en numéraire et sous bénéfice de l'escompte, le remboursement ne peut avoir lieu que sous reprise de l'escompte afférent à la somme à restituer, d'après le temps qui restera à courir depuis le jour du remboursement jusqu'à l'expiration du crédit accordé.

Dans ce dernier cas, l'inspecteur doit certifier, sur la liquidation, que l'escompte à restituer pour tel nombre de jours, et s'élevant à la somme de..., a été porté en recette, au chapitre des recettes accidentelles, le..., jour du remboursement, sous le n°.. *(Note de la formule de liquidation de remboursement de droits.)*

Les remboursements opérés après l'expiration du délai légal (4 mois pour les droits de douanes et 4 mois 1/2 pour les sels), ne donnent lieu à aucune restitution d'escompte. *(Déc. du 2 novembre 1837.)*

Dans aucun cas il n'y a lieu d'ajouter les intérêts au remboursement des droits qui auraient été indûment perçus par le Trésor. *(Arrêts de C. des 6 novembre 1827 et 26 août 1844.)*

Pour le mode de quittance de la somme remboursée, *V.* n°s 221 et 223.

Lorsque le remboursement autorisé concerne un exercice clos, le montant en est porté aux avances, et la régularisation s'opère dès que le crédit nécessaire a été accordé sur cet exercice. *(Déc. du 27 février 1856.) V.* n° 215.

Au point de vue de la quotité ou de la légalité des droits, les décisions ministérielles ne sont pas de nature à être déférées en appel au Conseil d'Etat; toute contestation à ce sujet doit être portée devant les tribunaux. *(Déc. du 10 décembre 1857; Doc. lith. de 1861, n° 214.)*

Pour obtenir l'autorisation de restituer le quart revenant au Trésor sur le montant d'une consignation, *V.* n° 874, il faut adresser à l'administration, avec un certificat motivé, un extrait du livre-journal constatant que la somme a été inscrite en recette, certifié par l'inspecteur divisionnaire et visé par le directeur. *(Déc. du 19 janvier 1863.)*

CHAPITRE II.

ORGANISATION; ÉTABLISSEMENTS (PERSONNEL, MATÉRIEL).

SECTION PREMIÈRE.

Organisation ; Personnel.

L'organisation générale comprend la hiérarchie des grades, les attributions de tous les agents et les obligations imposées à chacun sous sa responsabilité particulière ; les devoirs et les droits à l'égard des tiers.

Quelles que soient l'organisation et les attributions, les obligations de chaque agent résultent d'ailleurs des instructions qu'il reçoit et qui varient nécessairement suivant la force relative du service de la localité.

En théorie, le service d'exécution devait être séparé du service de surveillance et de contrôle, et il en est ainsi dans les grands établissements de douane où l'importance des produits motive les frais nécessaires ; mais, dans un grand nombre.de localités, les attributions sont plus ou moins réunies.

Tenue de pourvoir à des nécessités toujours urgentes, à des accidents qui varient à l'infini, l'administration doit se réserver d'user des hommes selon leur capacité réelle, tout en respectant les positions acquises, sans en faire un obstacle à l'action rapide et continue du régime des douanes.

§ Ier.

42. — *Administration supérieure.* L'administration des Douanes est dirigée et surveillée, sous l'autorité du Ministre des finances, par un directeur général.

Des administrateurs, placés chacun à la tête d'une division, forment, avec le directeur général, et sous sa présidence, le conseil d'administration. (*Ord. du 17 décembre 1844, art. 26.*) (1).

Le service dans les départements est placé sous les ordres de directeurs. (*Loi du 1er mai 1791, art. 7.*)

Le directeur général, les administrateurs et les directeurs sont nommés par le Chef de l'État. (*Ord. du 17 décembre 1844, art. 44.*)

43. — *Administration centrale.* Le directeur général travaille seul avec le Ministre des finances. Il correspond seul avec les autorités militaires, administratives et judiciaires, et avec le commerce. Il a seul le droit de recevoir et d'ouvrir la correspondance; il signe seul les ordres généraux de service. (*Ord. du 30 janvier 1822, art. 2.*)

Il soumet à l'approbation du Ministre les délibérations du conseil d'administration, dans tous les cas où elle est nécessaire pour leur exécution ; il lui soumet les questions douteuses en fait d'application des lois, ordonnances et règlements, et prend ses décisions sur tous les cas non prévus ou suffisamment définis par lesdites lois, ordon-

(1) L'administration des Douanes et celle des Contributions indirectes sont réunies en une seule administration, sous le titre de *Direction générale des Douanes et des Contributions indirectes.*

Le conseil d'administration est composé des administrateurs appartenant aux deux services. (*Décret du 27 décembre 1851, art. 1er; Circ. du 29.*)

nances ou règlements. Il lui rend compte de tous les résultats de son administration. (*Même Ord., art.* 7.)

Le Ministre des finances nomme, sur la proposition du directeur général, aux emplois de chefs de bureau de toutes classes de l'administration centrale, d'inspecteurs et de receveurs principaux de 1re, 2e, 3e et 4e classe. (*Ord. du* 17 *décembre* 1844, *art.* 45.)

Sont nommés par le directeur général, et en vertu de la délégation du Ministre, les titulaires de tous les emplois inférieurs à ceux qui viennent d'être désignés (*même Ord., art.* 46), sauf la délégation donnée aux directeurs de nommer aux emplois de brigades jusqu'au grade de brigadier ou de patron inclusivement. *V.* n° 48. (*Ord. du* 30 *janvier* 1822, *art.* 8; *Circ. du* 28 *décembre* 1844, n° 2048.)

Le directeur général, après avoir pris l'avis du conseil d'administration, révoque ou met à la retraite les employés dont la nomination lui est attribuée. Il peut aussi suspendre les autres employés, sauf à rendre compte immédiatement au Ministre, qui statue. (*Ord. du* 30 *janvier* 1822, *art.* 9.)

Ce n'est qu'à vue d'un rapport motivé de la part du directeur, sous le timbre du service général, que l'administration prend une décision d'où résulte une punition quelconque pour tous agents autres que ceux à la nomination des directeurs. (*Déc. du* 16 *avril* 1845.)

En cas d'absence du directeur général, le Ministre règle le mode selon lequel il est suppléé dans ses fonctions. (*Ord. du* 30 *janvier* 1822, *art.* 4.)

Le traitement de chaque classe, pour les directeurs, inspecteurs, sous-inspecteurs et receveurs principaux, est attaché aux personnes, et non aux résidences.

Le nombre de ces agents, dans chaque classe, est déterminé par le Ministre des finances. (*Décret du* 27 *juin* 1849, *art.* 5; *Circ.* n° 2334.) *V.* n° 48.

44. — Le conseil d'administration délibère, d'après le rapport qui lui est fait par l'un des administrateurs:

1° Sur la formation du budget général des dépenses de l'administration ; 2° sur toutes les affaires résultant de procès-verbaux de saisies et de contraventions, *V.* Livre XII ; 3° sur le contentieux de la comptabilité, débets des receveurs, contraintes à exercer contre les redevables ; 4° sur les demandes en remboursement de droits de toute nature ; 5° sur les demandes en réduction de droits pour cause d'avaries ; 6° sur les demandes et allocations de primes pour l'exportation ; 7° sur la liquidation des pensions de retraite des employés de tous grades ; 8° sur les dégradations, révocations et mises à la retraite des employés ; 9° sur les questions relatives à la création, au déplacement ou à la suppression des bureaux de douanes, sur l'extension ou la restriction des attributions de ces bureaux, et sur les créations, translations ou suppressions d'emplois, à partir des recettes principales ou des sous-inspections ; le directeur général défère au Ministre les délibérations du conseil sur ces questions ; 10° sur les autres affaires qui lui sont renvoyées par le directeur général (1), ou sur lesquelles le Ministre des finances juge convenable qu'il donne son avis. (*Ord. des* 30 *janvier* 1822, *art.* 5, *et* 30 *décembre* 1829, *art.* 18.)

Il appartient à l'administration d'apprécier l'opportunité des mesures se rattachant à l'intérêt général ; et il est interdit aux employés de former des demandes ou pétitions collectives. (*Déc. du* 26 *mars* 1857.)

Les délibérations du conseil d'administration sont prises à la majorité des voix ; en cas de partage d'opinions, la voix du directeur est prépondérante. Le directeur général peut, lorsqu'il le juge nécessaire, suspendre l'effet d'une délibération pour en référer au Ministre des finances, qui statue. (*Ord. du* 30 *janvier* 1822, *art.* 6.)

---

(1) Le conseil d'administration est notamment appelé à donner son avis sur l'avancement des employés de tous grades.

En cas d'empêchement, le directeur délègue la présidence à l'un des administrateurs. Le Ministre des finances appelle près de lui, dans les occasions où il le juge convenable, le conseil d'administration. (Même Ord., art. 4.)

Le Ministre détermine les parties du service dont la suite est attribuée à chaque administrateur, et les objets y relatifs sur lesquels chacun d'eux peut correspondre avec les directeurs, après avoir pris, dans les cas qui en sont jugés susceptibles, les décisions du directeur général. (Même Ord., art. 3.)

45. — Le travail de la direction générale est partagé entre un bureau central et du personnel et six divisions.

Le bureau central et du personnel reste sous les ordres immédiats du directeur général.

Un administrateur est placé à la tête de chaque division. (Ord. du 17 décembre 1844, art. 39; Circ. du 1er mai 1848, n° 2244, et du 5 janvier 1852, n° 1.)

Attributions des divisions et des bureaux de la direction générale.

Bureau central et du personnel.

Présentation pour les emplois à la nomination du Chef de l'Etat et à celle du Ministre. — Nomination aux emplois de bureau et d'officiers dans l'administration des Douanes. — Nomination à tous les emplois et aux débits de tabacs dans l'administration des Contributions indirectes. — Admission au surnumérariat; signalements moraux et tableaux d'avancement, décorations; réception et expédition des dépêches.

1re DIVISION. — 1er BUREAU. — Tarif.

Tarif des douanes, ses applications et ses résultats. — Exceptions au régime général. — Traités de commerce et de navigation. — Conventions relatives à la propriété littéraire. — Remboursement de droits indûment perçus et réduction de droits pour cause d'avaries de mer. — Retour des marchandises françaises invendues à l'étranger. — Régime particulier aux importations d'armes, de librairie, de machines et mécaniques, aux propriétés limitrophes, aux pays de Gex, à la Corse et autres îles voisines du littoral. — Régime des sucres indigènes; perception des droits et les diverses questions qui s'y rattachent.

2e BUREAU. — Colonies et Entrepôts.

Régime des colonies et établissements français d'outre-mer. — Navigation maritime. — Naufrages et sauvetages. — Police des manifestes. — Courtage. — Prises maritimes. — Avitaillement des navires. — Entrepôts de douanes. — Transit. — Cabotage. — Plombage. — Emprunt du territoire étranger. — Suite des acquits-à-caution relatifs aux divers régimes de douanes. — Régime des importations temporaires. — Drilles. — Police des pacages.

3e BUREAU. — Archives commerciales.

Statistique commerciale et de la marine marchande. — Formation du tableau général du commerce de la France. — Bulletin de commerce. — Statistique des diverses matières ressortissant au service des contributions indirectes.

2ᵉ DIVISION. — 1ᵉʳ BUREAU. — *Service gén. des Douanes. (Front. de terre.)*

Formation du budget de la direction générale dans son ensemble.

Les attributions suivantes appartiennent au premier bureau, lorsque les affaires concernent les directions de terre, la direction de Paris et l'inspection de Lyon, et au deuxième, lorsqu'elles se rapportent aux directions maritimes, aux colonies et à l'Algérie. Ces mêmes attributions appartiennent au troisième bureau pour ce qui concerne le service des contributions indirectes dans les circonscriptions où ce service et celui des douanes seront placés sous l'autorité d'un chef unique (1).

Création, suppression et organisation des bureaux et brigades; frais de régie fixes pour appointements; frais de loyers et de bureaux. — Exécution du service par les chefs et employés de la partie sédentaire et de la partie active; attributions respectives. — Conduite des employés et traits de dévoûment; médailles d'honneur; récompenses et indemnités pécuniaires, répartition des émoluments autorisés. — Congés. — Révocation et dégradation des employés à la nomination de l'administration. — Répression de la contrebande. — Examen des rapports généraux de service, des rapports de tournée des directeurs; suites à donner aux rapports de l'inspection générale des finances. — Concours des douanes aux autres services publics. — Conflits administratifs. — Affaires politiques; police générale. — Organisation militaire des douanes. — Régime de circulation dans le rayon, à l'exception de la police des pacages. — Etablissement des fabriques dans le rayon des douanes. — Régime du transit international.

2ᵉ BUREAU. — *Service général des Douanes. (Ports et Côtes.)*

Mêmes attributions qu'au premier bureau, dans les conditions indiquées ci-dessus. — Régime de la circulation sur le littoral de la Corse. — Questions relatives à la perception des droits sanitaires. — Contrôle général des brigades.

3ᵉ BUREAU. — *Service général des contributions indirectes dans les directions mixtes. (Circ. de 1852, nᵒ 51.)*

4ᵉ BUREAU. — *Ordonnancement et Matériel.*

Liquidation et ordonnancement des dépenses de la direction générale dans leur ensemble. — Comptes spéciaux. — Demandes d'allocations de crédits et de fonds de subvention. — Virements de comptes. — Crédits et escomptes des droits de douanes et de la taxe de consommation des sels. — Révision annuelle des états de frais de régie, et généralement tout ce qui se rattache à la comptabilité. — Casernement; équipement; service de la masse et service de santé. — Matériel : construction et réparation d'immeubles et d'embarcations; achat et entretien d'ustensiles; transport de fonds, paquets, etc.; dépenses imprévues; inventaires d'immeubles et de mobilier.

Topographie des lieux soumis à la surveillance du service. — Documents géographiques à son usage. — Distribution des circulaires; rédaction des tables qui s'y rapportent. — Confection et envoi des instruments de vérification, de plombage et de jaugeage.

(1) Lorsque les deux services dans les départements ne se trouvent pas sous l'autorité d'un chef unique, les directeurs des contributions indirectes correspondent avec la 4ᵉ division. (Circ. du 22 janvier 1852, nᵒ 3.)

3ᵉ DIVISION. — 1ᵉʳ BUREAU. — *Contentieux. (Douanes.)*

Suite des saisies et contraventions ressortissant à la législation des douanes ; répartition de leur produit. — Affaires concernant les crédits de droits de douanes ou de sels en souffrance. — Autorisation de mise en jugement des employés des douanes. — Toutes questions relatives à l'application des lois de douanes en matière judiciaire. — Application des règlements sur les préemptions.

2ᵉ BUREAU. — *Sels et Pêches ; primes.*

Production du sel dans son ensemble ; découverte et exploitation des sources d'eau salée ; établissement des marais salants ; fabrication de sel ignigène ; fabriques de soude et de sulfate de soude ; raffineries de sel ; nitreries. — Application du droit de consommation sur les sels. — Importations ; exportations ; extraction ; cabotage ; police du rayon et des établissements salifères de l'intérieur. — Grande pêche et primes ou immunités qui s'y rattachent ; petite pêche et salaisons ; immunités et règles relatives à la préparation du poisson, soit en mer, soit à terre ; troque ; avaries. — Distribution annuelle du fonds spécial de 350,000 fr., et, en général, tout ce qui se rapporte au service des sels. — Primes et drawbacks.

4ᵉ DIVISION. — *Contributions indirectes.*

Préparation et interprétation des lois et règlements relatifs au régime des boissons et des voitures publiques ; service général des contributions indirectes ; contentieux.

5ᵉ DIVISION.

Régime et service de la navigation sur les fleuves, rivières et canaux ; service des octrois.

. . . .

3ᵉ BUREAU.

Service des retraites et cautionnements pour tous les agents des douanes et des contributions indirectes, et correspondance y relative.

6ᵉ DIVISION.

Service des tabacs et des poudres à feu. (*Arrêté min. du 19 janvier* 1852 ; *Circ. du 22, n° 3.*)

C'est sous le timbre des différentes divisions que la correspondance doit être adressée soit au directeur général, soit aux administrateurs, dans la sphère de leurs attributions, mais toujours sous le couvert du directeur général. (*Circ. du 5 janvier* 1852, n° 1.)

Toute dépêche doit mentionner exactement en marge la division et le bureau auxquels elle ressortit, ainsi que le sujet qu'elle concerne. Il importe de ne pas cumuler dans une même lettre les affaires de nature à être suivies dans plusieurs bureaux, ou même classées dans des dossiers différents. Les objets qui ne se trouvent pas énoncés dans le tableau qui précède sont traités sous le timbre du bureau avec les attributions duquel ils présentent le plus d'analogie. (*Circ. du 30 avril 1841, n° 1848.*)

Les états et documents périodiques sont fournis sous simple bande, quand l'envoi ne comporte pas d'explications ; ils doivent être toujours exactement datés, et la suscription de chaque bande doit indiquer la division et le bureau auxquels ils sont destinés. (*Circ. du 18 avril 1849, n° 2320.*)

46. — Classification et traitements du directeur général, des administrateurs, des chefs, sous-chefs et employés de toutes classes de l'administration centrale :

Directeur général................................... 30,000 fr.
Administrateurs.................................... 15,000
Chefs de bureaux, 4 classes : 9,000 fr. ; 8,000 fr. ; 7,000 fr. ; 6,000
Sous-chefs, 4 classes : 5,500 fr. ; 5,000 fr. ; 4,500 fr...... 4,000
Commis principaux et d'ordre : 3,500 fr. ; 3,000 fr........ 2,700
Expéditionnaires, de 1,500 à............................. 2,400

(*Ord. du 17 décembre 1844, art. 40* ; *Décr. du 30 décembre 1851.*)

Les employés de l'administration centrale forment un même corps avec ceux des départements. Les assimilations ont lieu ainsi qu'il suit :

Les chefs de bureau de première classe prennent rang avec les directeurs de dernière classe ; les chefs de bureau de deuxième, troisième et quatrième classe, avec les inspecteurs de première classe ; les sous-chefs, avec les inspecteurs de deuxième et troisième classe ; les commis principaux de première classe, avec les sous-inspecteurs ; les commis principaux de deuxième classe et les commis d'ordre avec les contrôleurs ; les commis expéditionnaires, avec les commis principaux, commis de première et de deuxième classe des départements. (*Ord. du 17 décembre 1844, art. 41.*)

Nul n'est admis dans les bureaux de l'administration centrale s'il n'a déjà servi dans les départements, ou s'il n'a fait un surnumérariat d'au moins un an. (*Même Ord., art. 42.*)

SERVICE DANS LES DÉPARTEMENTS.

SERVICE ADMINISTRATIF ET DE PERCEPTION.

Directeurs................................... 32
Inspecteurs................................. 97
Sous-inspecteurs............................ 91
Commis de direction........................ 162
Receveurs principaux et receveurs subordonnés.. 697   2,605
Contrôleurs................................. 93
Vérificateurs............................... 534
Commis de toutes classes................... 899

SERVICE ACTIF OU DE BRIGADES.

Capitaines.................................. 268
Lieutenants................................ 553
Brigadiers et sous-brigadiers.............. 4,572
Préposés de toutes classes................. 16,078   23,442
Cavaliers de tous grades................... 12
Patrons et sous-patrons.................... 453
Matelots................................... 1,506

47. — *Inspection des finances.* Le contrôle supérieur du service des douanes dans les départements est attribué à l'inspection des finances, placée sous la direction immédiate du Ministre. (*Ord. du* 10 *mars* 1831.)

Le droit de vérification de l'inspection des finances s'étend à toutes les parties du service ; il ne souffre aucune exception ; il est illimité. (*Circ. du* 29 *mai* 1831, n° 1265.)

Les inspecteurs des finances sont tenus de communiquer aux agents qu'ils vérifient les remarques critiques faites sur leur gestion, afin que ceux-ci puissent produire leurs observations, et, le cas échéant, donner des ordres pour faire cesser les irrégularités. Les rapports, remis ensuite par chaque inspecteur vérificateur à l'inspecteur général, sont communiqués par ce dernier au chef du service qu'ils concernent, et ce chef y consigne lui-même ses propres observations. Cette seconde communication est le complément obligé du mode de travail établi. En effet, ou les faits constatés dans la gestion des subordonnés étaient déjà connus des chefs, et tolérés ou même autorisés par eux, et alors ils doivent être admis à leur tour à fournir des explications, ou bien ils en ignoraient l'existence, et, dans ce cas, il importe de les mettre à portée de donner immédiatement, s'il y a lieu, des ordres pour le redressement des irrégularités signalées. (*Circ. min. du* 28 *mars* 1841.)

Tous les renseignements et observations convenables pour apprécier chaque objet étant donnés par les directeurs, sur les rapports mêmes de vérification, l'administration n'aura à recevoir d'eux des communications directes que dans quelques cas extraordinaires, ou lorsque des vérifications supplémentaires faites par les chefs locaux, après le départ de l'inspection générale, mettraient les directeurs dans le cas d'ajouter quelque chose d'essentiel à ce qui aurait été exposé d'abord. (*Circ. du* 27 *mai* 1834, n° 1441.)

L'inspection des finances peut prendre connaissance des états des employés désignés pour l'avancement, série E, n° 82, revêtus des notes. (*Déc. du* 19 *août* 1851.)

Afin de maintenir un bon accord, il convient de donner à l'inspection des finances les relevés et copies qu'elle réclame, lorsque ces documents n'exigent pas un temps trop considérable. (*Déc. du* 10 *juillet* 1837.)

Les inspecteurs ou sous-inspecteurs ne peuvent être tenus de donner communication de leur carnet de travail et des notes par eux prises, en ce qui concerne le service, qu'autant qu'ils n'auraient pas encore signalé officiellement les résultats de leur travail personnel. (*Déc. du* 22 *novembre* 1847.]

Dès que l'inspection des finances se présente dans une direction, le directeur doit en avertir l'administration. (*Circ. du* 27 *mai* 1834, n° 1441.)

Aussitôt qu'un inspecteur général des finances fait acte de présence dans un chef-lieu de direction, le directeur se met en rapport avec lui ; et il en est de même envers tout membre de l'inspection des finances, de la part, soit de l'inspecteur, à sa résidence, hors du chef-lieu de direction, soit de tout chef divisionnaire se trouvant dans la localité où le service est l'objet d'une vérification.

Lorsque l'inspection générale des finances est en cours de vérification dans une direction, l'effet de tout congé accordé aux employés est momentanément suspendu, ou du moins il n'est fait usage des permissions obtenues qu'avec l'assentiment des inspecteurs vérificateurs. Pour profiter d'un congé, le directeur doit se concerter avec l'inspecteur général. (*Circ. du* 11 *avril* 1850, n° 2381.)

Les inspecteurs des finances peuvent, en justifiant de leur qualité au moyen de leur commission, s'adresser, pour leurs vérifications, à tout agent, sans s'être fait accréditer par les chefs locaux. (*Déc. du* 7 *août* 1837.)

Attributions respectives.

48. — *Directeurs* : Les chefs-lieux des directions sont, savoir :

Directions des douanes : Boulogne, Paris, Bastia, Alger, Nice, Chambéry, Metz, Marseille, Nantes, La Rochelle, Bordeaux, Montpellier.

Directions mixtes (douanes et contributions indirectes) : Dunkerque, Lille, Valenciennes, Charleville, Strasbourg, Colmar, Besançon, Bourg, Digne, Toulon, Perpignan, Tarbes, Bayonne, Napoléon-Vendée, Vannes, Brest, Saint-Brieuc, Saint-Lô, Caen, Rouen, Le Havre.

Des directions des contributions indirectes relève le service des entrepôts de douanes constitués à Lyon et à Orléans. *(Déc. min. du 16 août 1852; Circ. du 23; n° 51.)*

Les directeurs sont divisés en quatre classes : 12,000 fr.; 10,000 fr.; 9,000 fr.; 8,000 fr. *(Ord. des 30 décembre 1829, art. 4, et 4 février 1831.) V. n° 43.*

L'indemnité allouée aux directeurs, à titre de frais de loyer et de bureau, est fixée, non à raison de la quotité des traitements, mais d'après l'importance des directions. *(Circ. du 15 septembre 1848, n° 2278.)*

Le directeur régit tout le service de sa direction, et rend compte à l'administration des dispositions prises et des résultats obtenus. *(Loi du 1er mai 1791, art. 7.)*

Le directeur répond de tout le service de sa direction en ce sens qu'il doit être informé très-exactement de tous les ordres donnés par les différents chefs et de leur exécution, examiner leurs résultats, les apprécier et en rendre compte à l'administration. A cet effet, tout employé sous ses ordres est admis à correspondre avec lui, et, comme il lui importe beaucoup d'être éclairé, il ne doit repousser aucun avis; mais ses rapports obligés se bornent aux inspecteurs, sous-inspecteurs et receveurs principaux. La hiérarchie des attributions, qui détermine le genre et la mesure de la responsabilité attachée à chaque grade, indique même que l'influence du directeur sur le service s'exerce particulièrement par ses communications avec les inspecteurs. Ces chefs, essentiellement actifs, doivent tout voir et tout vérifier dans leur division. Le directeur doit exiger absolument qu'ils lui rendent rigoureusement compte de tout ce qu'ils ont vu et qui intéresse le service, sous le double rapport des opérations commerciales et du travail comme de la conduite des agents de tous grades. Il doit ensuite, d'après ses propres lumières et par les moyens qu'elles lui suggèrent, s'assurer de la vérité de ces rapports, approuver, prescrire ou provoquer les mesures nécessaires. *(Circ. du 30 janvier 1817, n° 247.)*

Le directeur concourt à assurer les effets de l'organisation générale en appréciant l'exécution dans sa marche comme dans ses conséquences, et en y apportant directement ou en provoquant de la part de l'administration les redressements et les améliorations dont cette étude élevée et permanente lui révèle successivement l'opportunité. *(Circ. du 23 août 1852, n° 51.)* Sans compter que le recours direct au chef supérieur peut, au besoin, faire réformer ce que l'exercice de l'autorité laisserait à désirer à certains degrés de la hiérarchie.

Dans les grands ports, le directeur ne peut se livrer personnellement à des investigations suffisamment répétées et approfondies pour garantir l'exacte exécution du service; mais il doit appeler l'attention de l'inspecteur principal sur les points qu'un défaut de méthode ou toute autre cause ferait négliger, et se faire rendre compte spécialement du résultat des vérifications ainsi indiquées ou ordonnées, afin d'acquérir la certitude que tout fonctionne régulièrement. *(Déc. du 5 octobre 1855.)*

Les règlements généraux peuvent comporter, dans l'application, selon la diversité des faits et des lieux, des exceptions qu'il est juste et convenable d'accorder; mais il ne faut pas que ces exceptions s'introduisent inaperçues à la faveur de la tolérance de certains chefs. Chaque concession doit faire l'objet d'une décision spéciale, et l'on doit s'attacher à n'en faire jamais qu'après mûr examen, sauf à appeler avant tout l'administration à statuer chaque fois qu'il s'agit de quelque dérogation à l'une des règles fondamentales du service. *(Déc. du 28 mars 1839.)*

A l'égard de facilités tout-à-fait locales et trop anciennes pour qu'il soit possible de les supprimer immédiatement sur des points importants, sans jeter le trouble dans les opérations commerciales, l'administration n'a pas à les consacrer de son approbation. Il importe, tout en prévenant les abus, de ne pas renoncer à la pensée d'amener, avec le temps, la cessation de tolérances irrégulières ; et il est d'obligation, pour les chefs de service, d'en rechercher les moyens. *(Déc. du 28 avril 1857.)*

Il est des détails dans l'exécution du service qu'il appartient aux directeurs de régler, sous leur responsabilité, avec le concours des chefs locaux, et au sujet desquels l'administration n'a pas à se prononcer d'une manière absolue. *(Déc. du 25 juillet 1843.)*

En certaines matières (concours du service aux mesures d'ordre général, de police, etc.), l'administration, à la distance où elle se trouve des événements, ne saurait toujours tracer à tous une ligne de conduite tellement nette que sa responsabilité seule vienne couvrir celle de ses agents aux divers degrés de la hiérarchie. Chacun, dans la sphère des emplois supérieurs, est appelé, sous sa responsabilité, à apprécier dans quelle mesure l'action du service peut et doit s'étendre ou se restreindre à raison des faits imprévus qui se manifestent, et c'est précisément par ce motif qu'elle a pour principe de déléguer à ses directeurs une grande part de son autorité. *(Déc. du 7 février 1856.)*

Dans l'appréciation de la part de responsabilité qui incombe à chacun, il ne faut pas oublier que le chef le plus élevé dans la hiérarchie doit être obéi. *(Déc. du 2 février 1857.)*

Mais, en cas de faute dans l'exécution, la responsabilité générale du chef n'interdit pas de mettre en jeu la personnalité de l'agent subordonné. Il existe, en effet, une certaine solidarité entre la direction, qui est le devoir du chef, et l'exécution, qui, bien qu'étant le devoir du subordonné, lui laisse la latitude de présenter, à l'occasion, des observations convenables. *(Déc. du 28 mai 1857.)*

Dans les rapports ou les propositions que les chefs de tous grades ont à faire, ils sont tenus de prendre des conclusions motivées et positives. C'est une responsabilité qu'ils ne doivent jamais décliner. *(Circ. du 30 janvier 1817, n° 247, et Déc. du 5 février 1839.)*

Les chefs de service ne doivent pas toujours aux parties intéressées une copie textuelle des lettres ou instructions qu'ils reçoivent de l'autorité supérieure, certains ménagements pouvant demander que les communications aient li par extraiteu. *(Déc. du 14 octobre 1843.)*

Le directeur nomme, par délégation, *V.* n° 43, aux emplois de préposé, sous-brigadier et brigadier, de matelot, sous-patron et patron, de concierge, peseur ou emballeur. *(Ord. du 30 janvier 1822, art. 8, et Circ. du 26 août 1834, n° 1454.)* Il dégrade ou révoque ces agents. *(Circ. du 15 février 1817, n° 250.) V.* n° 60.

L'administration tient le contrôle général de ces employés. Les directeurs lui adressent, au commencement de chaque mois, l'état des mutations qu'ils ont ordonnées pendant le mois précédent, en tant qu'il s'agit d'admissions ou de changements d'emplois, de grades ou d'appointements. *(Circ. du 29 décembre 1826, n° 1027.)*

Pour tout sujet sorti de l'armée et admis dans les brigades, on produit, sur la feuille de signalement adressée à l'administration, les indications suivantes : militaire ou marin, dernier grade, l'arme, le numéro du corps dans lequel il a servi, la date du congé militaire, et si ce congé est définitif ou illimité. À l'égard des préposés réadmis, ces renseignements sont inscrits sur l'état mensuel. *(Circ. man. du 23 décembre 1841, et Circ. lith. du 29 avril 1845.)* Les agents sortis des cadres figurent dans l'une de ces catégories : révoqués, licenciés, démissionnaires, appelés à l'armée, passés à la nomination de l'administration, retraités, décédés. *(Déc. du 28 octobre 1836.)*

Le préposé appelé à l'armée par la loi sur le recrutement peut être réadmis par le directeur sous les ordres duquel il se trouvait ; mais, dans tout autre cas, les réadmissions n'ont lieu que sur l'autorisation de l'administration. *(Règlement du 25 février 1815, art. 44, et Circ. du 31 janvier 1825, n° 902.)*

Le directeur seul est habile à recevoir définitivement la démission d'un agent à sa nomination (*Circ. des 14 octobre* 1822, n° 759, *et 8 février* 1833, n° 1372), comme à délivrer des certificats de service ou autres attestations. (*Circ. lith. du 17 juin* 1828.

Toute demande de dégradation ou de révocation doit faire l'objet d'un rapport dressé par le chef immédiat de l'employé inculpé; ce rapport, appuyé de l'avis des chefs intermédiaires, est transmis au directeur par l'inspecteur divisionnaire, qui ne prend des conclusions qu'après avoir procédé à une information complète et entendu la défense de l'agent. Si la dégradation ou la révocation de celui-ci est prononcée, la lettre transmissive de cette décision en rappelle les motifs, afin que, au moyen d'une ampliation à lui remise à titre de notification, il soit bien fixé sur la cause de la mesure qui l'atteint. Tous les documents relatifs à l'instruction de l'affaire, notamment les interrogatoires, que l'on doit toujours rédiger par écrit, sont classés au dossier individuel. *(Circ. du 7 août* 1848, n° 2270.)

Le directeur doit être informé du genre de travail confié à chacun des agents sous ses ordres. Son autorisation préalable est nécessaire pour les mutations entre employés de bureau de même grade, lorsqu'elles ont pour effet de faire gagner ou perdre quelque avantage; et il peut toujours rectifier les mesures prises par les chefs, même dans la limite de leurs attributions. *(Circ. du 23 septembre* 1839, n° 1773, *et Déc. du 24 décembre* 1846.)

Quand il juge convenable de renforcer le service d'une localité en y détachant provisoirement un employé de bureau, le directeur doit toujours en informer l'administration par lettre spéciale. Tout détachement dans l'intérêt privé d'un employé est formellement interdit. *(Déc. du 24 décembre* 1847.)

En cas d'urgence, l'inspecteur peut, au moyen d'un détachement, pourvoir aux besoins du service et en rendre compte immédiatement. *(Déc. du 24 décembre* 1845.)

Les détachements effectués, dans les brigades, par le capitaine ou par l'inspecteur, pour renforcer un poste momentanément affaibli, doivent être portés à la connaissance de l'autorité supérieure.

Les communications des capitaines, des lieutenants et surtout des brigadiers, au directeur, ne doivent concerner que des faits dont les suites peuvent exiger de la part de celui-ci des prescriptions immédiates. A moins de circonstances exceptionnelles, les saisies et les actes d'opposition sans importance, les arrestations de malfaiteurs, les actes de dévoûment, les naufrages, sont de nature à être signalés au directeur par l'entremise des chefs divisionnaires. *(Déc. du 19 avril* 1854.)

Lorsqu'un employé des bureaux ou des brigades passe d'une direction dans une autre, le directeur adresse à son collègue le dossier comprenant, outre les divers documents qui y ont été classés, la feuille de signalement où se trouvent énoncés les services de cet agent, son acte de naissance, à moins que cette pièce n'ait déjà été transmise à l'administration, et, à titre de communication confidentielle, un extrait des notes fournies sur sa conduite par le directeur. S'il y a lieu, on ajoute l'indication des circonstances qui ont motivé le dernier changement. *(Circ. man. du 25 juillet* 1833, *et Circ. lith. du 25 août* 1855.)

Le directeur fait remplir et adresse aux inspecteurs les feuilles de signalement des employés de bureau et de brigades placés nouvellement dans leurs divisions respectives. Ces feuilles sont tenues au courant, et, lorsqu'un agent passe dans une autre division de la même direction, la feuille de signalement est transmise par l'inspecteur divisionnaire à son collègue. *(Circ. du 25 juillet* 1834, n° 1453.) Dans la plupart des directions, cette disposition est étendue aux receveurs principaux.

En matière d'organisation, le directeur doit, en provoquant les mesures nécessaires, adresser à l'administration les rapports des inspecteurs divisionnaires. *(Déc. du 5 février* 1857.)

Lorsque des faits nouveaux, tels que l'agrandissement des ports, l'ouverture de voies de communication, la constitution d'entrepôts, etc., doivent donner lieu à des modifications dans l'organisation du service, et, par suite, à un accroissement de dépenses, c'est-à-dire à des augmentations de crédits, il est indispensable d'en informer l'administration dès l'origine, en temps utile, et toujours avant le mois de juillet, époque de la préparation des éléments du budget, en ne perdant pas de vue que les prévisions introduites au projet de budget soumis aux Chambres dans une session ne sont d'ordinaire réalisées que dans la deuxième année ultérieure. (*Déc. du 19 février* 1848.)

Le directeur a près de lui, pour l'expédition des affaires et la suite de tous les détails, des employés nommés par le directeur général. Le premier, le deuxième et le troisième commis, dans les bureaux composés de cinq agents ou plus; le premier et le deuxième commis, lorsque le personnel est inférieur à ce nombre, ont seuls le titre de *commis de direction*; les autres employés leur sont adjoints comme *commis attachés.* Il y a deux classes de premiers commis (3,000 et 2,500 fr.); deux classes de deuxième commis (2,400 et 2,100 fr.); deux classes de troisièmes commis (2,100 et 1,800 fr.); trois classes de commis attachés (1,800, 1,500 et 1,200 fr.). (*Circ. du 24 mars* 1849, n° 2316) (1). Les premiers commis ont le rang de sous-inspecteurs et concourent, pour l'avancement, avec les sous-inspecteurs de deuxième et de troisième classe. (*Circ. du 13 octobre* 1848, n° 2280.) Les autres commis concourent pour l'avancement selon leur position respective.

Sauf les cas où, se trouvant passagèrement indisposé ou en tournée, il a délégué la signature au premier commis de ses bureaux, *V.* n° 1020, le directeur doit suivre lui-même les affaires de la direction et signer la correspondance qui s'y rapporte. (*Déc. du 23 février* 1841.)

Dans les directions mixtes, lorsque la signature de la correspondance est déléguée aux premiers commis, la faculté d'ouvrir le courrier doit être réservée à celui des deux premiers commis le plus avancé en grade, ou, s'ils ont le même traitement, au plus ancien dans ce traitement. (*Déc. du* 17 *mai* 1853.)

Si le directeur se propose de sortir de la circonscription de sa direction, il ne le peut qu'en vertu d'un congé, et l'intérim est régulièrement constitué, c'est-à-dire qu'un inspecteur en est chargé. (*Déc. des* 23 *février* 1841 *et* 11 *avril* 1857.)

Chaque trimestre, le directeur rend compte à l'administration de la situation du service dans sa direction. Il lui adresse, à cet effet, au plus tard le 30 du mois qui suit la période, un rapport général accompagné d'une expédition des rapports des inspecteurs et des sous-inspecteurs.

En transmettant, pour chaque mois, dans les quinze jours suivants, et après l'avoir visé, l'exposé sommaire produit par les inspecteurs divisionnaires et par les sous-inspecteurs divisionnaires, le directeur s'abstient de toute observation, à moins qu'il n'ait à signaler, dans les conditions sous lesquelles le travail s'est accompli, quelque fait comportant un redressement immédiat. (*Circ. des* 30 *janvier* 1817, n° 247, 29 *janvier* 1839, n° 1732, *et* 10 *avril* 1848, n° 2237.)

Les rapports généraux de service sont formés pour une période de trois mois; mais, à raison de la distribution du travail au bureau central de l'administration, ils doivent comprendre des mois différents, selon que la direction est classée d'après les catégories suivantes:

1re, par trimestre (Dunkerque, Lille, Valenciennes, Metz, Strasbourg, Colmar, Marseille, Bordeaux, Nantes, Saint-Brieuc, Rouen, Le Havre, Alger);

2e, de février à avril inclusivement, de mai à juillet, d'août à octobre, de novembre à janvier;

3e, de mars à mai, de juin à août, de septembre à novembre, de décembre à février. (*Déc. du* 12 *février* 1852.)

(1) Une indemnité de résidence est accordée aux agents des bureaux de direction, d'après les principes rappelés au n° 32. (*Déc. du* 23 *avril* 1864.)

Le rapport général se divise en quatre sections : 1° observations, en partant de la gauche de la direction, sur le travail personnel des inspecteurs et des sous-inspecteurs, des capitaines et des lieutenants; 2° service des bureaux; 3° service des brigades ; 4° résultat et situation du service.

La *première section* est uniquement destinée à présenter l'exposé sommaire, mais raisonné, du travail des chefs de service. Cet exposé consiste à indiquer le nombre des tournées faites par les inspecteurs ou sous-inspecteurs divisionnaires, la nature des actes par lesquels s'est manifestée l'action des inspecteurs ou sous-inspecteurs sédentaires, et l'opinion motivée des directeurs sur le concours de ces chefs dans toutes les conditions où il s'est produit ; la récapitulation, mois par mois, de la surveillance des capitaines et l'appréciation de leur service ainsi que de celui des lieutenants; le relevé par mois et l'appréciation du service maritime. La surveillance du service de nuit des brigades étant l'une des obligations essentielles des capitaines, il est nécessaire de bien faire connaître le soin qu'ils y ont apporté et le temps qu'ils y ont employé. Il faut donc désigner particulièrement les tournées de jour, celles de nuit, et les tournées de jour et de nuit ; le nombre et la durée de chacune d'elles doivent être indiqués séparément. Quelques indications doivent aussi être données sur le compte des lieutenants. (*Circ. des 13 janvier 1826, n° 966, et 22 novembre 1852, n° 76.*)

La *deuxième section* doit contenir les notions propres à faire apprécier la situation du travail des bureaux de recette et l'influence générale du service sur les produits. Un tableau des recettes opérées dans chaque principalité pendant le trimestre : 1° en droits de douane, 2° sur les sels, donne la comparaison de ces produits avec ceux du trimestre correspondant de l'exercice précédent et le total général du trimestre et de l'antérieur avec comparaison pour l'ensemble de la direction. A la suite du tableau des recettes se placent naturellement des observations sommaires sur les causes réelles ou probables des variations qu'elles ont éprouvées (1). (*Même Circ., n° 966, et Circ. du 17 janvier 1840, n° 1790.*)

Le détail des recettes par bureau avec le total par principalité est fourni par les inspecteurs; les directeurs les donnent par principalité seulement. (*Déc. adm. du 7 mars 1839.*)

Les différentes branches du service des bureaux sont passées en revue, non par bureau, mais cumulativement par principalité ou par inspection, selon l'importance relative des localités. On y fait aussi mention des fautes commises par les employés et des témoignages de satisfaction qu'ils ont mérités.

La *troisième section* des rapports est destinée à présenter la situation du service des brigades. On doit donc y réunir l'exposé des faits propres à faire apprécier : 1° comment le travail des brigades a été ordonné, exécuté, surveillé et vérifié ; 2° le plus ou le moins de succès avec lequel la fraude a été combattue ; 3° le concours des agents qui se sont fait particulièrement remarquer, en bien ou en mal. (*Circ. n°s 966 et 76.*)

La *quatrième et dernière section* a pour but de faire connaître les résultats et la situation du service dans son ensemble. Elle doit, à cet effet, offrir pour toute la direction : 1° une récapitulation générale des faits de contrebande, des passages de fraude reconnus et du nombre de fraudeurs arrêtés, et un tableau des marchandises saisies, classées par espèces et quantités ; 2° un tableau des contraventions constatées et des marchandises saisies en conséquence.

---

(1) Le montant des recouvrements doit comprendre les perceptions effectuées, dans les recettes subordonnées, pendant le dernier mois du trimestre. (*Déc. du 27 février 1839.*)

Les chefs de service doivent toujours se mettre au courant du taux de la prime d'assurance, de ses variations, et en rechercher les causes. Les renseignements qu'on doit fournir à ce sujet, et ceux qu'on peut avoir à produire sur les projets présumés des fraudeurs et sur les mesures à prendre pour les déjouer, appartiennent à cette quatrième section. Enfin les directeurs doivent y résumer leur opinion sur l'état du service dans toutes ses parties. (*Circ.* n° 966, *et Circ. du* 3 *fév.* 1815, p. 9.)

Il est recommandé aux directeurs comme aux inspecteurs de consigner, dans la partie de leur rapport consacrée à' la contrebande, les renseignements qu'ils sont à portée de se procurer auprès des agents des contributions indirectes sur les variations que peut avoir éprouvées la vente des tabacs de la régie, comme sur les causes de ces variations. (*Déc. du* 7 *mars* 1839.)

Ces chefs doivent aussi énoncer les événements extraordinaires, tels que naufrages, etc., et les actes de surveillance qui s'y rapportent. (*Circ. du* 18 *avril* 1849, n° 2320.)

Les rapports de service doivent avoir toute la concision que comporte la clarté ; ils ne sont nullement destinés à tenir lieu de la correspondance habituelle qui embrasse naturellement tous les faits importants, de quelque espèce qu'ils soient. Ainsi les saisies notables, les entreprises de contrebande, les incidents remarquables dans le travail ou la conduite des employés de tous grades ; les faits compliqués, litigieux et qui exigent discussion ; les mesures spéciales à prendre pour l'organisation du service et son exécution ; en un mot, tout ce qui, par sa nature et sa gravité, doit être porté de suite à la connaissance de l'administration, tout cela appartient nécessairement à la correspondance de tous les jours. Les directeurs se bornent à le rappeler sommairement dans leurs rapports. (*Circ.* n° 966.)

L'administration examine ces rapports avec un grand soin et y répond en s'arrêtant à tous les faits de quelque importance.

Aucun blâme ne devant être exprimé sur la conduite, le travail, les actes quelconques d'un employé sans qu'il en soit averti et mis ainsi en demeure de ne plus encourir d'observations critiques , un extrait des réponses de l'administration doit être adressé par le directeur à chaque inspecteur, divisionnaire ou sédentaire, sous-inspecteur divisionnaire, sous-inspecteur sédentaire (s'il n'existe pas d'inspecteur sédentaire), pour leur faire connaître le jugement de l'administration sur leur travail personnel et celui de leurs subordonnés, comme aussi sur les mesures de service ordonnées ou proposées par eux, sauf à donner aux inspecteurs ou sous-inspecteurs divisionnaires et aux capitaines copie de ce qui a été écrit aux agents placés sous leurs ordres. Toutefois, si cette opinion n'était pas d'accord avec celle du directeur, et s'il était conduit à penser qu'il y eût erreur ou appréciation trop sévère sur le compte de l'un des employés cités nominativement, cet agent supérieur pourrait suspendre sa communication, à charge d'en référer immédiatement à l'administration.

S'il n'y a eu rien d'extraordinaire dans le service du mois, les directeurs peuvent attendre que l'administration ait répondu à leur rapport trimestriel pour faire connaître particulièrement à chaque chef divisionnaire l'opinion prise sur sa gestion personnelle et sur l'état du service. (*Circ. des* 26 *juillet* 1818, n° 414, 21 *sept.* 1849, n° 2249, *et* 22 *novembre* 1853, n° 76.)

Il serait peu convenable de transmettre à un chef dans une position hiérarchique inférieure à celle d'un autre chef copie des reproches adressés à celui-ci. (*Déc. du* 28 *mai* 1857.)

Le directeur adresse à l'administration (2ᵉ division), au commencement de chaque année, un rapport présentant le résumé des résultats constatés pendant l'année précédente et la situation du service (1). (*Circ. man. du* 12 *février* 1852.)

---

(1) Le rapport général de fin d'année doit présenter un relevé comparatif avec l'année précédente, indiquant les principales marchandises saisies, retenues ou ayant

Le directeur doit faire, au moins une fois par an, une tournée générale dans les bureaux et les brigades de sa direction. *(Arrêté du 3 floréal an III.)*

Il pourrait, dans certaines directions, y avoir de l'inconvénient à ce que le directeur s'absentât de sa résidence et quittât la suite des affaires et de la correspondance pendant tout le temps qu'exigerait de lui une tournée de détail sur toutes les lignes; mais il importe que, dans une même année, il contrôle avec soin les services des bureaux et des brigades d'une inspection, et en constate la situation. *(Circ. des 17 mars 1830, n° 1204, et 29 mai 1831, n° 1265.)*

Il doit rendre compte, dans un bref délai, du résultat de ses tournées sur les lignes de sa direction. C'est seulement ainsi que sa propre intervention, se produisant en temps utile, vient compléter, par l'expression immédiate de sa satisfaction ou de son mécontentement, et, le cas échéant, par les redressements reconnus nécessaires, l'effet si salutaire de ses vérifications.

En vue de l'indemnité de tournée de 20 fr. par jour, spéciale aux contributions indirectes, lorsque, dans les divisions mixtes, il étend son contrôle sur les deux services, le directeur des douanes doit, autant que possible, établir d'une manière distincte le temps consacré par lui aux vérifications de douane, qui ne donnent ouverture à aucune allocation, et à celles des contributions indirectes. *(Déc. du 21 août 1856.)*

Dans toute hypothèse, le directeur fait d'abord connaître, par son rapport de tournée, l'époque précise, la durée et la destination de chacune des sorties par lui effectuées, et il divise ses observations, en partant de la gauche de la direction, en deux autres sections : bureaux, brigades, sauf à présenter, dans une quatrième partie, les considérations générales applicables à l'ensemble du service. *(Déc. du 11 juillet 1846.)*

Le directeur adresse à l'administration, en double expédition, dans la première quinzaine de décembre, les états de frais de régie (personnel des bureaux et des brigades, frais de loyer, de chauffage et d'éclairage), présentant la dépense réelle au 1ᵉʳ janvier de l'année qui va s'ouvrir. *(Circ. man. des 15 janvier 1830 et 13 novembre 1832.)*

Il doit faire indiquer, par renvoi en regard de chaque article, sur l'une des deux expéditions (celle destinée à rester dans les bureaux de l'administration), les dates des autorisations en vertu desquelles ont été effectuées les dernières modifications. *(Circ. lith. des 5 octobre 1843 et 1ᵉʳ décembre 1853.)*

Les bureaux et les brigades y figurent suivant leur situation géographique, en partant de la gauche de la direction. *(Déc. du 14 décembre 1853.)*

Ces états sont accompagnés d'un tableau récapitulatif par grade et par classe des emplois de bureaux et de brigades. *(Circ. man. du 18 novembre 1841.)*

Dès que les états de frais de régie ont été approuvés, le directeur en adresse des extraits aux chefs de services compétents, inspecteurs, receveurs principaux et capitaines.

Il est tenu, dans les bureaux des directeurs, outre des états de frais de régie au courant, un état général des baux *(Circ. lith. du 23 janvier 1847)*; un registre des cautionnements *(Circ. du 9 septembre 1825, n° 938)*; des sommiers de signalements, série E, nᵒˢ 77 et 83; des dossiers individuels, série E, nᵒˢ 78 et 84, pour tous les employés; un registre d'envoi des dossiers de prime d'exportation; un livre-journal des crédits délégués par le Ministre; un journal général des mandats délivrés; un livre de comptes, par nature de dépenses, établi de manière à présenter, d'une part, les sommes auxquelles s'élèvent les droits des créanciers, et, de l'autre, celles

donné lieu à contravention pendant les deux périodes : tabacs, fils et tissus; denrées coloniales; vitrifications, coutellerie, mercerie; horlogerie; poudres à feu; couleurs; sels. Il faut énoncer d'une manière spéciale (à l'encre rouge) les saisies dues à l'initiative des brigades. *(Circ. manusc. du 25 mars 1865.)*

mandatées (*Règlement du 26 janvier 1846, sur la comptabilité générale, art.* 206 à 213) ; en outre, un compte spécial des droits constatés mensuellement pour traitements d'activité, énonçant le nombre d'agents, le montant des traitements par chaque classe d'emploi et les divers prélèvements. Ces trois registres et ce compte spécial, pour lesquels il n'est pas fourni d'imprimés, sont arrêtés mois par mois, et les totaux sont reportés sur un registre au compte, par chapitres, articles et §§ du budget, de manière à offrir le résumé récapitulatif des dépenses reprises aux bordereaux n° 4 des receveurs principaux, et à mettre à même de les contrôler. Il est d'ailleurs ouvert un registre des recettes et des dépenses par virement de fonds, et un registre des ordres de subvention délivrés par le directeur.

L'enregistrement des crédits délégués devant s'effectuer à la date de l'émission des ordonnances, les directeurs sont autorisés à attendre jusqu'au 5 du mois suivant, inclusivement, avant d'arrêter, à la date du dernier jour du mois, les situations mensuelles. (*Note imprimée du secrétariat des finances du 29 août* 1859.)

Les registres tenus par le directeur, ordonnateur secondaire, sont arrêtés au 31 août de l'année qui suit celle dont l'exercice porte la dénomination, et la situation de ces livres est adressée au Ministre. (*Règl. du 26 janvier 1846, sur la comptabilité, art.* 218.) *V.* n° 215.

Les rectifications d'erreurs en plus ou en moins sur ces registres se font par un article explicatif modifiant le total au moment où l'on opère.

Les registres de l'ordonnateur secondaire servent à son successeur ; l'un et l'autre les paraphent. (*Circ. min. du* 10 *décembre* 1827.) *V.* n°s 30, 79 et 119.

Le directeur adresse mensuellement à l'administration, relativement aux opérations effectuées pendant la période précédente, un état, série E, n° 99, des dépenses extraordinaires ou de 50 fr. et au-dessous ordonnancées par lui, *V.* n° 136 ; un tableau, série E, n° 100, des dépenses de toute nature, indiquant le montant des crédits présumés nécessaires, et à la suite duquel un cadre présente le produit des vacances d'emploi. — Nota. Ces deux documents doivent être adressés au plus tard le 15, à la 2ᵉ division, 4ᵉ bureau (*Circ. du* 18 *avril* 1849, n° 2320). Il en est fourni un pour chacun des deux exercices, jusqu'au mois d'août inclusivement. *V.* n°s 214 et 215.

A l'époque de la clôture d'un exercice, le directeur doit veiller à ce que les droits ouverts à la charge de cet exercice soient régulièrement enregistrés, et faire mettre autant que possible les créanciers en demeure de réclamer les sommes qui peuvent leur revenir. Le 15 septembre au plus tard, le directeur adresse au secrétariat général, avec un relevé individuel des créances restées à acquitter, la situation finale de l'exercice expiré, résultant de tous les droits constatés et des paiements effectués. (*Circ. du secrétariat général des finances du 2 juin* 1860, n° 519.)

Dans le courant du mois de janvier, un état du produit annuel des emplois, sans fractions de franc, dressé d'après le modèle annexé à la Circ. du 17 décembre 1841, n° 1890, 2ᵉ division, 1ᵉʳ bureau. (Traitement au brut, frais de tournées, gratifications et parts de saisie de l'année précédente, indemnité de logement ou évaluation du logement en nature.)

La circulaire lithographiée du 30 juin 1854 rappelle les mesures adoptées pour l'abonnement des directeurs au *Moniteur universel*, dont le prix doit être versé à la caisse des receveurs généraux des finances.

49. — *Agents supérieurs de surveillance et de contrôle.* Le service des bureaux et celui des brigades et embarcations sont surveillés, dans toutes leurs parties, sous l'autorité des directeurs, par des inspecteurs et des sous-inspecteurs. (*Loi du* 1ᵉʳ *mai* 1791.)

Les inspecteurs sont rangés en trois classes, dont les traitements sont fixés ainsi : première classe, 6,000 fr. ; deuxième, 5,000 fr. ; troisième, 4,500 fr.

Les sous-inspecteurs forment trois classes : première, à 3,500 fr. ; deuxième, à

3,000 fr. ; troisième, à 2,500 fr. (*Ord. du 30 décembre* 1829, *art.* 6 ; *Déc. des* 14 *novembre* 1839 *et* 14 *janvier* 1840.)

Ceux auxquels l'âge et les infirmités ne permettent pas de continuer leurs fonctions actives ont droit aux recettes principales vacantes, dans la proportion des traitements et des classes relatives. (*Ord. du 30 décembre* 1829, *art.* 15.)

50. — *Inspecteurs.* Premier chef de l'arrondissement à la tête duquel il est placé, l'inspecteur divisionnaire étend son action à l'ensemble du service, qu'il surveille dans tous ses détails d'exécution. Il arrête la comptabilité des receveurs principaux et subordonnés, dont il est tenu de vérifier les caisses, et force ces comptables en recette pour les sommes dont la perception aurait été omise par suite d'erreurs matérielles.

Il examine avec grande attention si le service est monté dans ses divers détails d'organisation de manière à offrir toutes les garanties dans l'exécution. Il vérifie l'ensemble du service des brigades. Il le renforce et l'éclaire en même temps, tantôt sur un point, tantôt sur un autre, au moyen des embarcations ou des brigades ambulantes, et, dans ce cas, il peut en diriger seul les opérations ; mais il doit s'abstenir, plus encore que les capitaines, de diriger et de commander le travail des brigades de ligne, à l'exclusion, outre les capitaines, des lieutenants et des brigadiers. Les grandes pataches sont placées sous la direction immédiate de l'inspecteur. Afin d'être à même de combiner et de diriger, au besoin, la surveillance générale en vue de la répression de la fraude, il doit s'attacher à connaître la production et les besoins de l'arrondissement qui lui est confié, ses débouchés et ses moyens d'approvisionnements, les habitudes du commerce et sa moralité. C'est par ces données générales, et en se livrant à des rapprochements intelligents, qu'il parvient à une appréciation raisonnée de l'intensité de la fraude et à un emploi efficace des moyens de la prévenir et de la combattre.

Il peut examiner les registres de correspondance ainsi que les lettres classées dans les dossiers. Il doit, dans ses tournées, comme dans sa correspondance avec les différents employés, rappeler à toute occasion, prescrire et assurer l'exécution des ordres de l'administration ; mais il ne peut en donner lui-même de généraux. Au directeur seul appartient le droit d'écrire circulairement à tous ses subordonnés sur les objets de service, lorsqu'il le juge utile ou nécessaire. L'inspecteur ne pourrait adresser une instruction circulaire dans son arrondissement qu'autant que le directeur, à qui elle doit avant tout être soumise, l'aurait approuvée.

À l'égard des receveurs principaux, l'inspecteur divisionnaire n'a que le droit de contrôle et de redressement, à moins d'être consulté, cas où il peut donner des ordres, sauf à en informer le directeur. Il ne peut leur donner d'ordres directs qu'en ce qui concerne l'exécution des prescriptions législatives et réglementaires.

Les attributions de l'inspecteur divisionnaire sont, de tous points, étendues au sous-inspecteur divisionnaire exceptionnellement placé dans certaines localités où l'organisation générale ne comporte pas un inspecteur. (*Circ. des 30 janvier* 1817, n° 247 ; 17 *mars* 1830, n° 1204, *et* 23 *août* 1852, n° 51.)

Les divers agents sont installés par les soins de l'inspecteur divisionnaire.

C'est l'inspecteur qui, en cas d'urgence, suspend de fonctions les employés dont il importe d'arrêter la gestion. C'est lui qui désigne les intérimaires pour les emplois au-dessous de receveur principal ou de sous-inspecteur, sauf approbation du directeur, et qui instruit sur tous les incidents que vient offrir l'exécution du service, comme sur les accidents qui peuvent atteindre les employés. (*Circ. du* 22 *novembre* 1852, n° 76.)

Aplanir les difficultés de la surveillance et de la perception, par leur intervention, au moyen des relations qu'ils savent se créer, et surtout en veillant à ce que les rapports entre les employés et les redevables soient toujours convenables ; suivre les premiers dans leur conduite administrative et privée, ainsi que dans les habitudes

6

de leurs familles ; apprécier leur mérite relatif et leurs droits ; appeler sur eux, à juste titre, la récompense ou la punition, tels sont encore les principaux devoirs des inspecteurs, devoirs dont l'accomplissement, s'il est à la fois empreint d'initiative, de discernement, de réflexion, de fermeté, de mesure et d'une sévère impartialité, a sur les résultats du service l'influence la plus salutaire.

En résumé, l'action des inspecteurs doit s'exercer en vue de l'intérêt de tous, sous l'impulsion du directeur, à qui ils sont tenus de rendre un compte exact de la situation de leur service, dont ils ont d'ailleurs toute la responsabilité. *(Circ. des 30 janvier 1817, n° 247, et 23 août 1852, n° 51.)*

Il est des circonstances fortuites et de force majeure où la centralisation trop absolue de l'autorité, habile à statuer d'ordinaire, pourrait offrir des inconvénients. L'inspecteur, qui occupe dans la hiérarchie un rang élevé et qui, à tous les titres, doit jouir de la confiance de l'administration, doit alors user d'une certaine latitude d'action qui lui permette de pourvoir immédiatement aux nécessités dont l'urgence est démontrée, sauf à rendre compte, sans retard, des mesures exceptionnelles qu'il a cru devoir prescrire, sous sa responsabilité. *(Déc. du 26 mai 1843.)*

La faculté d'accorder les facilités de détail que les localités peuvent exceptionnellement réclamer dans l'exécution du service appartient à l'inspecteur, et, en son absence, au sous-inspecteur, ou, à défaut, au receveur, à charge d'en rendre compte, soit par les rapports périodiques, soit par lettres spéciales. *(Déc. du 29 décembre 1820, et Circ. du 12 septembre 1848, n° 2275.)*

Dans les grands ports, l'inspecteur principal ou divisionnaire doit se livrer, chaque mois, à un examen approfondi de toutes les opérations et écritures de l'une des sections au moins de la Douane, de sorte qu'à la fin de l'année il puisse donner l'assurance qu'il s'est rendu un compte exact de l'organisation, de la distribution et de l'exécution des diverses parties du service, et attester que tout fonctionne régulièrement. Il doit mentionner, dans ses rapports périodiques, d'une manière précise quoique succincte, ses différents actes de contrôle, et mettre l'administration à même d'en juger.

Partout l'inspecteur est responsable, s'il ne l'a signalé, de tout vice qui peut exister dans la constitution ou la marche ordinaire du service. *(Déc. du 26 décembre 1855.)*

L'inspecteur divisionnaire est tenu de voir chaque mois tous les bureaux et toutes les brigades de sa division. *(Circ. du 29 janvier 1839, n° 1732.)*

Il contrôle le service sur le terrain, en variant le plus possible l'époque et la distribution de ses sorties ; il vérifie et vise les registres de travail des brigades, les registres et journaux de travail des lieutenants et des capitaines, ainsi que les registres tenus dans les bureaux. *(Déc. du 29 mars 1851.)*

A aucune époque il n'a été prescrit à l'inspecteur de procéder à des vérifications de nuit sur le terrain, sauf lorsque des circonstances exceptionnelles, dont l'appréciation lui est laissée, peuvent les rendre utiles.

La raison principale en est dans l'étendue de son arrondissement, qui ne permet pas à ce chef, soit d'assurer personnellement l'exécution matérielle de tous les détails du service, soit de connaître assez les penthières pour être en mesure d'y trouver, à lui seul, de nuit, une position d'embuscade. Quant à s'y faire conduire par l'un des préposés de repos, il s'élèverait, eu égard au nombre très-restreint des agents, des difficultés matérielles d'exécution qui ont toujours empêché de s'arrêter à cette combinaison, outre qu'elle pourrait n'être pas sans danger au point de vue du secret du service. En effet, la surveillance de nuit s'exécute, le plus souvent, à une grande distance des postes, sur des points isolés que l'inspecteur ne pourrait atteindre facilement, tout en laissant derrière lui les moyens de transport nécessaires pour gagner les établissements de douane.

C'est aux brigadiers, aux lieutenants et aux capitaines qu'il appartient de suivre, de contrôler dans tous les détails de son exécution le service des brigades, et de veiller à ce que les préposés se conforment strictement aux ordres qu'ils ont reçus. L'inspecteur juge du mérite des dispositions adoptées et de l'impulsion donnée par les chefs inférieurs au travail de leurs subordonnés, en examinant les registres, en se rendant compte des résultats obtenus, et en vérifiant sur le terrain les événements qui offrent assez d'importance pour exiger de sa part une enquête ou des investigations. (*Déc. du 20 août* 1856.)

Sous leur responsabilité, les inspecteurs ont la faculté de régler la surveillance des brigades selon les localités, les combinaisons de la contrebande et les incidents qui se produisent; mais ils ne sauraient ni donner des ordres contraires à ceux du directeur, ni modifier les dispositions générales, par exemple, celles qui veulent que les penthières soient toujours gardées, ou que le service de nuit soit exécuté par des escouades, jamais par des préposés isolés. (*Déc. des 10 janvier* 1842 *et 2 mai* 1843.)

Sans réglementer le mode suivant lequel les inspecteurs ont à distribuer leurs tournées, l'administration tient essentiellement à ce que celles-ci s'accomplissent d'une manière approfondie et fructueuse, de sorte que les vérifications ne portent que sur le nombre de postes qu'elles peuvent comprendre sans cesser d'être efficaces. (*Décis. du 15 mars* 1844.)

On doit attendre du zèle des inspecteurs qu'ils vérifient aussitôt qu'il leur est possible les passages de contrebande importants; mais on ne saurait à cet égard fixer des délais de rigueur, l'utilité d'une vérification plus immédiate dépendant de la nature de l'incident et des résultats obtenus. On ne peut que s'en tenir à l'appréciation du directeur, qui, à vue de la feuille de rebat, juge si l'examen de l'inspecteur s'est trop fait attendre et lui adresse alors les observations nécessaires. (*Déc. du* 19 *janvier* 1857.)

En vérifiant au moins une fois par mois, inopinément, la situation des receveurs principaux ou subordonnés, l'inspecteur divisionnaire se fait représenter et compter toutes les valeurs en caisse; il constate le résultat de cette vérification par un arrêté sur le livre-journal, indiquant que le montant du solde a été représenté. Il doit reproduire, dans son rapport de service, les indications relatives à cette vérification. (*Circ. des 14 juillet* 1820, n° 586, *et 13 juin* 1824, n° 869.)

S'il se trouve, dans le cours d'un mois, dans l'impossibilité de vérifier la caisse d'un des receveurs principaux placés hors de sa résidence, l'inspecteur est autorisé à donner, par écrit, au sous-inspecteur près du bureau, une délégation en vertu de laquelle ce dernier agent effectue pour lui la vérification de la caisse. *(Circ. du* 13 *juin* 1824, n° 869.)

L'inspecteur doit vérifier avec beaucoup de soin les opérations de comptabilité de toute nature : les recettes inscrites, les fonds de subvention, les avances à régulariser, les fonds à divers, les soumissions en garantie de droits, les dépenses, et le solde en caisse. Après avoir examiné l'accusé de crédit ou l'inventaire qui représente le solde du précédent bordereau, série C, n° 4, il faut collationner et pointer les articles du livre-journal n° 2 avec le sommier n° 3, puis avec le bordereau n° 4; faire un relevé sommaire des chapitres de recette et de dépense du sommier, et comparer le résultat de la balance avec le solde en caisse porté au livre-journal et au bordereau; enfin arrêter le solde et reconnaître la situation matérielle de la caisse. *V.* n° 216.

La somme figurant au livre-journal, à l'article soumissions, doit être justifiée par les quittances, qui ne sont remises au commerce qu'au moment de la régularisation par suite de payement en numéraire ou en traites. *V.* n° 186. *(Circ. du 24 décembre* 1816, n° 230.)

Il est particulièrement recommandé aux inspecteurs de porter toute leur attention sur les fonds de subvention, *V.* n° 226, sur le compte des avances à régulariser, *V.* n° 225, et sur les fonds à divers, *V.* n° 230. En ce qui concerne les avances, ces chefs doivent en comparer le chiffre à celui des sommes inscrites définitivement en dépense, comme aussi les sommes dont la remise aux receveurs subordonnés est indiquée dans les écritures de la recette principale à celle que ces employés énoncent dans leurs comptes mensuels, et se faire représenter pour les contrôler les quittances que le receveur conserve jusqu'au moment où il est possible de passer des écritures définitives, et les pièces qui ont autorisé ou motivé les avances. Quant aux fonds à divers, le receveur est tenu de conserver et de produire, à la réquisition des inspecteurs, les quittances justificatives des dépenses. S'il le juge convenable, le directeur demande à ce sujet des explications, et, au besoin, des états de situation. *(Circ. man. du 11 mai 1855, et Circ. de la comptabilité du 26 novembre suivant. n° 67.)*

Pour empêcher les abus en ce qui concerne la durée des crédits, l'inspecteur doit souvent rapprocher les carnets des vérificateurs des certificats de visite et des registres de recette, de consignation et de crédits. Il doit comparer les divers registres des déclarations en détail avec celui des consignations, afin de s'assurer de l'exactitude des renseignements présentés, et aussi avec les registres de recette, en vue de prévenir tout retard abusif dans la régularisation des consignations faites en traites ou effets divers.

Le 31 décembre de chaque année, l'inspecteur divisionnaire établit la situation de la caisse du receveur principal de sa résidence et en dresse procès-verbal, à moins qu'il n'existe d'autres bureaux principaux, cas auquel le directeur se charge de ce soin pour la résidence ou le confie à un autre agent. Si l'inspecteur ne pouvait se rendre le 31 dans les autres bureaux principaux, il serait suppléé par les sous-inspecteurs ou, à défaut, par l'agent le plus élevé en grade après le comptable. Tous les registres doivent être arrêtés. *(Circ. des 11 décembre 1821, n° 698, 17 mars 1830, n° 1204, et 24 mai 1839, n° 1755.)*

Les registres sont d'ailleurs arrêtés dans tous les bureaux subordonnés, du 1er au 10 janvier, par l'inspecteur divisionnaire. *(Circ. du 8 décembre 1817, n° 349.)*

Outre les résultats obtenus par le service, les inspecteurs doivent, par leurs rapports périodiques, rappeler les faits et les renseignements propres à mettre l'administration à même d'apprécier quelle est l'activité de la fraude ou de la contrebande, et dans quelle mesure s'est exercée la répression. *(Déc. du 7 septembre 1855.)*

L'inspecteur principal ou divisionnaire n'a point, à la Douane, un local spécialement destiné à lui servir de bureau. *(Déc. du 30 juillet 1822.)*

Sauf pour les affaires qui ont un véritable caractère de gravité, il convient que les rapports de service entre l'inspecteur et le receveur principal à la même résidence aient lieu verbalement. *(Déc. du 21 août 1851.)*

Il doit suffire à un inspecteur de prendre, en se rendant dans les bureaux, connaissance des affaires contentieuses, afin d'avoir tous les éléments d'appréciation, sans exiger des rapports spéciaux, à moins de circonstances particulières; mais, si l'inspecteur demande des explications par écrit, le receveur doit les fournir. *(Déc. du 30 mars 1836.)*

L'exercice du contrôle supérieur, en amenant les inspecteurs dans les bureaux, ne constitue pas une démarche personnelle et privée. *(Déc. du 21 août 1851.)*

Lorsqu'un receveur est appelé à d'autres fonctions ou qu'il est admis à la retraite, l'inspecteur arrête les registres de cet agent, constate sa situation par un bordereau qu'il signe conjointement avec lui, et s'assure que les deniers en caisse, les pièces de dépenses reconnues admissibles, le mobilier, etc., sont remis, après inventaire régulier, au successeur de ce comptable. *(Circ. des 24 fructidor an XII, et 22 février 1821, n° 639.)*

L'inspecteur doit tenir et conserver un carnet de travail énonçant le résultat quotidien de sa surveillance et ses tournées, ainsi que ses observations sur le service de sa division. *(Circ. du 30 janvier 1817, n° 247, et Déc. du 8 décembre 1864.)*

Un fonds spécial est affecté aux frais de tournées des inspecteurs. *(Ord. du 30 décembre* 1829; *Circ.* n° 1204.)

Pour se rendre sur les lignes de leur division, les inspecteurs sont libres de choisir tels moyens de transport qu'ils jugent offrir le plus d'avantages, sauf, dans leurs tournées, à défrayer le préposé d'ordonnance, *V.* n° 59, qui doit les accompagner.

Les indemnités de tournées sont acquises aux chefs divisionnaires du jour de leur nomination jusqu'au jour où ils cessent leur gestion pour se rendre à une nouvelle résidence, sans aucune déduction pour les interruptions qui peuvent se produire par suite d'indispositions ou de congés.

Le montant des indemnités annuelles de tournées est arrêté par l'administration sur l'état série E, n° 82 A (bureaux). Le directeur fait payer ces indemnités aux titulaires au commencement du semestre, pour la période expirée, sur un état certifié par lui et revêtu de l'émargement des parties prenantes.

Quant aux intérimaires, l'administration règle leurs allocations par semestre, à vue d'un état spécial que le directeur lui adresse (2ᵉ division, 1ᵉʳ bureau) le 15 janvier et le 15 juillet. Cet état est, le cas échéant, remplacé par un certificat négatif.

Pour restreindre autant que possible ces dépenses, on s'abstient de constituer un intérimaire de chef divisionnaire lorsqu'il s'agit d'un service de faible importance et d'une absence de peu de durée.

Les déplacements de résidence donnant ouverture à une rémunération spéciale, il convient d'ailleurs de ne les prescrire qu'en cas de nécessité réelle. *(Circ. man. du 26 août* 1864.)

La rémunération accordée aux intérimaires est fixe par jour, à raison du nombre de jours de tournées effectuées; et, de plus, en cas de déplacement de résidence, il leur est alloué une indemnité fixe par mois, sans que le total puisse dépasser l'allocation dont le titulaire aurait joui.

L'intérimaire qui ne s'est pas éloigné de sa résidence ne reçoit aucune rétribution. *(Déc. des* 16 *avril* 1838 *et* 18 *avril* 1857.)

Il est formellement interdit aux chefs divisionnaires, ainsi qu'aux officiers en tournée, de prendre leurs repas chez leurs subordonnés. *(Déc. du* 23 *avril* 1857.)

51. — Dans quelques grands ports, où il existe un inspecteur sédentaire en même temps qu'un inspecteur principal ou divisionnaire, le premier, agent de direction et d'exécution, préside à la répartition journalière du service de la résidence, bureaux et brigades; dirige ce service, d'après sa seule initiative et sous sa responsabilité, dans toutes les parties, dans tous les détails, en ce qui concerne l'embarquement, le débarquement et la vérification des marchandises; statue immédiatement sur les incidents journaliers qui se produisent, afin de prévenir les retards, et vérifie toutes les opérations, à l'exception de la caisse du receveur principal.

L'inspecteur sédentaire est sous la surveillance de l'inspecteur principal; mais il lui doit plutôt déférence que soumission, parce que, ces deux chefs étant l'un et l'autre placés près du directeur, c'est à celui-ci que l'inspecteur sédentaire rend compte des résultats du service et s'adresse immédiatement pour la solution des cas douteux. *(Circ. des* 30 *janvier* 1817, n° 247, *et* 23 *août* 1852, n° 51.)

Les dispositions générales et permanentes sur les points importants dans toutes les parties du service du port, ou autrement le règlement ou l'ordre de régie qui y est le mieux approprié, est déterminé par le directeur, après avoir pris l'avis de l'inspecteur sédentaire et de l'inspecteur principal.

Les mesures qui, bien que générales, n'ont qu'un intérêt secondaire, peuvent être prescrites provisoirement par l'un ou par l'autre inspecteur, après s'être mutuellement concertés et à charge de prendre ultérieurement l'attache du directeur; mais l'initiative appartient à l'inspecteur principal pour ce qui tient aux brigades, et à l'inspecteur sédentaire pour ce qui concerne les bureaux, ceux de la recette exceptés.

L'inspecteur sédentaire règle et suit l'application journalière de l'ordre de régie dans tous les détails, selon les besoins. (*Déc. des 20 avril et 3 mai* 1819, *et du 18 juin* 1823.)

L'inspecteur sédentaire doit, par des vérifications aussi fréquentes que possible, s'assurer de la régularité des diverses opérations, accomplies ou non. (*Déc. du 30 septembre* 1845.)

Les sous-inspecteurs adjoints à l'inspecteur sédentaire surveillent et contrôlent comme lui-même, non seulement les opérations du port, mais les écritures des sections intérieures, et lui rendent journellement compte du résultat de leur action. (*Déc. du 28 décembre* 1844.) Il est à remarquer que, dans les grandes douanes, les vérifications dans les sections ne peuvent avoir lieu que les jours fériés.

L'intervention de l'inspecteur sédentaire, en ce qui concerne les agents de la brigade, ne saurait s'exercer au delà des actes qui constituent les rapports du service des brigades avec celui des bureaux. Tout ce qui se rattache à l'organisation générale du service actif, à la surveillance générale des quais, à la garde des marchandises consignées, au maintien de l'ordre et de la discipline dans les brigades, aux mutations du personnel, rentre dans les attributions spéciales de l'inspecteur principal ou divisionnaire. (*Déc. du 24 février* 1847.)

L'inspecteur principal divisionnaire, agent de contrôle et de surveillance, a la mission de vérifier, de la manière la plus absolue, tous les faits accomplis, sans en excepter les actes personnels de la gestion de l'inspecteur sédentaire, à qui il est en droit de demander telles explications qu'il juge convenable, afin d'être en mesure, en cas de dissentiment, de provoquer une décision supérieure. (*Déc. du 30 septembre* 1845.)

L'inspecteur principal apprécie les remarques produites par l'inspecteur sédentaire sur leurs subordonnés ; mais il ne lui appartient pas d'adresser à son collègue des observations à ce sujet. Les convenances et le bon ordre veulent que, pour régler des mesures en vue de faits qui sortent du cours ordinaire des choses, l'inspecteur sédentaire se concerte avec l'inspecteur principal, ou, à défaut de temps, qu'il porte à la connaissance de celui-ci les dispositions prises d'urgence. Mais, dès qu'elles ont été mises à exécution, s'il croit qu'elles laissent à désirer en quelque point, l'inspecteur principal doit en prévenir l'inspecteur sédentaire et lui laisser ainsi le soin de les compléter, à moins qu'il ne soit indispensable que l'inspecteur principal pourvoie immédiatement à une absence de garantie, ce dont il avertirait l'inspecteur sédentaire. (*Déc. du 9 août* 1845, *et Circ. du 22 novembre* 1852, n° 76.)

C'est à l'inspecteur principal que doit être généralement renvoyé l'examen des questions relatives à des actes consommés. (*Déc. du 26 novembre* 1842.)

L'inspecteur sédentaire est chargé de la correspondance relative à l'admission des marchandises à un régime quelconque, aux dépôts, aux entrepôts, à la navigation, aux congés des employés autres que ceux de la recette, à moins qu'il ne s'agisse du décompte des appointements, aux mutations dans le personnel des emballeurs. (*Déc. du 13 septembre* 1839.)

S'il ne partage pas l'avis de l'inspecteur sédentaire sur un point quelconque, l'inspecteur principal en réfère au directeur. (*Déc. du 23 octobre* 1839.)

Indépendamment du contrôle supérieur de l'inspecteur principal, c'est à l'inspecteur sédentaire qu'il appartient de prendre toutes les dispositions nécessaires afin d'assurer la régularité de l'action de toutes les sections, celle de la recette exceptée. (*Déc. du 28 mars* 1856.)

L'inspecteur sédentaire est appelé, avant l'inspecteur principal, à formuler son opinion au sujet des affaires contentieuses qui prennent naissance dans leur ressort. (*Circ. du 22 novembre* 1852, n° 76.)

À raison de l'importance de leur travail de cabinet, les inspecteurs sédentaires seuls peuvent disposer d'un employé de bureau ou d'un surnuméraire pour l'expédition de leurs écritures. *(Déc. du 10 décembre 1856.)*

Pour les rapports généraux, *V.* n° 53.

52. — *Sous-inspecteurs.* Des sous-inspecteurs sédentaires sont attachés aux douanes qui ont le plus d'importance.

Quel que soit son traitement, le sous-inspecteur sédentaire est indépendant du receveur principal ou subordonné, mais il n'est pas son supérieur.

Chargé spécialement de la direction et du contrôle des opérations de visite, le sous-inspecteur n'a, sur le surplus, que le droit de surveillance et de contrôle, sans pouvoir l'étendre à la manutention de la caisse du receveur. Il distribue et partage à son gré le travail des agents chargés de la visite des marchandises, et dont il est le chef direct et immédiat; il exerce sa surveillance sur tous les autres employés, et vérifie et contrôle (sauf les écritures de comptabilité, livre-journal, etc., et la situation de la caisse) toutes les branches de service, les registres élémentaires de recettes qu'il vise, etc. A défaut de l'inspecteur divisionnaire, le sous-inspecteur vérifie et vise les bordereaux et pièces de dépense, les dépouillements de la statistique, etc. En résumé, tandis que le receveur, principal ou subordonné, dirige, surveille et contrôle toute la douane, sauf la section de la visite, le sous-inspecteur est tenu de diriger la visite et de surveiller et contrôler toute la douane, les écritures des sections, etc., à l'exception de la situation matérielle de la caisse. Cette surveillance et ce contrôle simultanés, que complète l'intervention de l'inspecteur, ne peuvent que profiter au service. *(Circ. du 30 janvier* 1817, n° 247.)

Sur les points où l'importance des opérations n'exige pas la création d'un service spécial pour le contrôle des écritures de la visite, *V.* n° 56, ce soin est dévolu au sous-inspecteur, qui doit revoir toutes les liquidations avant la transmission à la recette et de manière à n'apporter aucun retard dans l'expédition des affaires. *(Déc. du 25 janvier* 1858.)

Dans toute douane dirigée par un receveur principal ou subordonné, quelque soit son traitement, et par un sous-inspecteur, si celui-ci reconnaît des irrégularités dans les écritures du receveur, il doit se borner à en rendre compte. *(Déc. du 8 novembre* 1853.)

Un service de la nature de celui qui est exercé, même la nuit, en ce qui concerne les voyageurs, *V.* n° 863, sur les points de passage où aboutissent les chemins de fer, relève d'une situation exceptionnelle. Là les relations internationales que créent, dans des proportions inusitées de rapidité, ces voies nouvelles de communication, rendent indispensables des facilités exceptionnelles aussi. Sauf les rares circonstances où il peut y avoir intérêt à opposer à la fraude, dans toute leur plénitude, les moyens coërcitifs résultant de la loi, on ne peut méconnaître que la condition imposée à des voyageurs d'attendre, pour remplir certaines formalités, que le bureau du receveur fût ouvert, constituât une gêne et une entrave que l'administration ne pourrait tolérer.

Pour concilier tous les intérêts, il faudrait donc que le receveur principal ou subordonné fût, aussi bien que le chef de la visite, les vérificateurs et les agents de brigades, astreint à se rendre dans le local affecté à la vérification des bagages de voyageurs, afin d'apprécier, séance tenante, si le contrevenant peut être admis à transaction. *V.* n°s 867 et 1111. Or, on ne saurait sérieusement penser à assujettir un receveur principal à une pareille obligation pendant la nuit, alors surtout que le bureau établi à la gare du chemin de fer, ou sur les quais de stationnement des paquebots, est éloigné du bureau central. D'un autre côté, il est à remarquer que, du moment où le receveur n'interviendrait pas personnellement pour donner aux faits constatés les suites contentieuses nécessaires, l'agent qui le représenterait, *V.* n° 54, étant placé dans une position hiérarchique inférieure à celle des sous-inspecteurs, ne pourrait que subir entièrement l'influence de leur autorité, à moins de dissentiments et de conflits qu'il importe de prévenir. Enfin l'organisation générale du service ne saurait rester impuissante à répondre à tous les besoins.

La solution pratique de la difficulté doit dès lors se trouver, d'une part, dans l'action, au bureau des bagages, du délégué du receveur principal, chargé d'opérer pour celui-ci les perceptions dites de minuties, et qui le suppléerait pour la constatation et la suite des contraventions ; d'une autre part, dans la latitude accordée au chef de la visite, au sujet d'infractions sans importance ni intention marquée de fraude, reconnues dans la nuit ou en dehors des heures légales de travail, de juger immédiatement, sous le contrôle de l'inspecteur divisionnaire, comme il est déjà autorisé à décider s'il sera rédigé un procès-verbal de saisie en fait de minuties, V. n° 1040, dans quelle mesure la répression doit être exercée, si le contrevenant peut être admis à transiger et à quelles conditions. V. n° 1111. Le délégué du receveur principal reste chargé d'assurer l'exécution de cette décision.

Mais il est entendu que cette attribution exceptionnelle faite au chef de la visite ne s'étendrait jamais aux circonstances où, ne devant pas user d'indulgence, le service aurait rédigé un procès-verbal régulier de saisie en vue de sauvegarder les intérêts du Trésor et de l'industrie nationale ; les contrevenants ne pourraient alors que s'en prendre à eux-mêmes des conséquences des infractions qu'ils auraient commises. La même réserve existe à l'égard des objets inscrits au registre des minuties. V. n° 1040.

Appliquées avec discernement et dans un bon esprit, ces dispositions ne sauraient faire naître ni froissement ni embarras. *(Déc. du 15 novembre 1858.)*

Les attributions ainsi exceptionnellement données aux sous-inspecteurs, en matière de transaction au sujet d'infraction reconnue lors de la visite des bagages de voyageurs, sont limitées à raison des circonstances qui se sont produites, de la situation sociale des intéressés et de la valeur des marchandises non déclarées. A ce dernier point de vue, si la valeur des marchandises dépassait 100 fr., le receveur principal serait appelé à intervenir dans les conditions régulières. *(Déc. du 1er septembre 1859.)*

Le sous-inspecteur désigne l'agent qui doit être chargé de la vérification ; il s'assure que, dans l'espace d'un ou deux mois, chaque employé vérifie un nombre à peu près égal de bâtiments ou de voitures, et il prend les précautions nécessaires pour empêcher qu'on ne puisse connaître à l'avance quel sera l'employé vérificateur. Il assiste, autant que possible, aux visites. Aussitôt l'arrivée d'un bâtiment, il se fait représenter le manifeste et les autres papiers de mer, pour les comparer ; il s'assure que le manifeste est signé du capitaine. Il veille à ce que les navires soient mis en décharge suivant l'ordre des numéros indiqués par la déclaration.

Le capitaine de brigade lui remet la liste des préposés qui réunissent les qualités nécessaires pour être cotés aux chargements et aux déchargements, ainsi qu'aux autres opérations du commerce. C'est à vue de cette liste que le sous-inspecteur cote les préposés qu'il juge à propos d'appeler à suivre les opérations. *(Règlement du 4e jour complémentaire an VIII.)* V. n° 64. Mais, dans les grands ports, le capitaine de brigade cote les préposés de débarquement ou d'écor, et, au besoin, un lieutenant est appelé à le suppléer. *(Déc. du 28 décembre 1844.)* V. n° 303.

Le sous-inspecteur tient un registre où il indique la cote des vérificateurs à telle et telle opération. *(Déc. du 17 janvier 1834.)*

Il doit régler le concours des vérificateurs de manière que chacun d'eux soit appelé à prendre part aux diverses opérations, en évitant les affectations spéciales.

Le sous-inspecteur sédentaire n'a pas le droit de faire seul une opération de visite. Il ne peut y procéder que concurremment avec un vérificateur, dont il partage alors la responsabilité. *(Déc. du 13 octobre 1835.)*

D'ordinaire il contrôle, au moyen de contre-visites, les opérations des vérificateurs, quant au poids, à la nature ou à la qualité des marchandises, et constate sur le portatif de ces agents les résultats qu'il a obtenus. Il en présente le détail dans ses rapports périodiques, sans être tenu d'avoir un registre de contre-visites. *(Déc. du 8 janv. 1835.)*

Ce contrôle doit être réglé surtout d'après les habitudes des déclarants, le plus où moins d'expérience des vérificateurs, avec mesure et ménagement, et, autant que possible, de manière à n'occasionner au commerce ni frais extraordinaires ni retards préjudiciables. *(Déc. du 28 août 1844.)*

Quand il existe dans une douane plusieurs sous-inspecteurs, il est établi un roulement entre eux à des époques déterminées. *(Déc. du 25 novembre 1842.)*

Dans les ports, le sous-inspecteur surveille et contrôle le service de la brigade de sa résidence dans les limites du port, ce qui n'exclut pas le contrôle du capitaine, du lieutenant et des sous-officiers sur le travail des préposés appelés à surveiller ou à suivre les diverses opérations; il se concerte spécialement avec le capitaine pour coordonner les rapports qui doivent exister entre les deux services, et régler le concours des agents du service actif avec ceux de la visite *(Circ. du 30 janvier 1817, n° 247; et Déc. des 31 janvier 1843 et 8 septembre 1847)*; mais sur les frontières de terre il ne surveille que le service des factionnaires placés devant le bureau. *(Déc. du 24 janvier 1856.)* V. n° 54.

Le sous-inspecteur sédentaire peut examiner les registres des brigades du port *(Déc. du 28 décembre 1844)*, sans avoir à connaître de l'organisation générale du service, ni du maintien de l'ordre et de la discipline dans les brigades, ce qui regarde l'inspecteur divisionnaire. V. n° 51.

En cas d'absence de l'inspecteur, le sous-inspecteur doit être consulté par le capitaine ou autres officiers pour les services que ceux-ci croiraient devoir faire exécuter dans les limites du port. *(Déc. du 29 juillet 1816.)*

Pour la punition d'un agent de brigade, le sous-inspecteur sédentaire doit se concerter avec le capitaine ou mettre l'inspecteur à même de statuer. *(Déc. du 2 février 1842.)*

L'action et le contrôle du sous-inspecteur cessent pour tout service exécuté hors du port de sa résidence, même par la brigade locale. *(Déc. du 29 juillet 1816.)*

Tout sous-inspecteur doit tenir et conserver un carnet de travail énonçant les résultats de sa surveillance et des actes de contrôle qu'il a effectués, ainsi que les remarques qu'il a été à même de faire dans le cours de l'exécution du service. *(Circ. du 30 janvier 1817, n° 247, et Déc. du 29 mars 1851.)*

53. — Des *rapports généraux* de service sont formés chaque trimestre et adressés, en double expédition, au directeur par les inspecteurs divisionnaires ou sédentaires et par les sous-inspecteurs divisionnaires ou sédentaires.

Les inspecteurs divisionnaires et les sous-inspecteurs divisionnaires produisent, pour chaque mois, dans les huit premiers jours suivants, un exposé sommaire, en simple expédition, présentant : 1° par ordre de dates, l'énumération des tournées avec la désignation des bureaux et des postes visités chaque jour, et, en outre, l'indication des parties du service de la résidence qui ont été vérifiées; 2° le tableau récapitulatif des tournées des capitaines, des lieutenants et des embarcations, et l'appréciation de leur service. *(Circ. du 10 avril 1848, n° 2237.)*

Au plus tard le 18 du mois qui suit la période trimestrielle, chaque inspecteur divisionnaire ou sous-inspecteur divisionnaire adresse son rapport au directeur et joint à l'appui ceux des sous-inspecteurs sédentaires, capitaines et lieutenants, après les avoir visés et annotés selon ses observations personnelles. *(Circ. du 29 janvier 1839, n° 1732.)*

Les rapports des sous-inspecteurs sédentaires sont transmis à l'inspecteur divisionnaire, soit directement, soit par l'intermédiaire de l'inspecteur sédentaire dans les douanes où il existe un chef de ce grade. L'inspecteur sédentaire adresse son rapport au directeur par l'intermédiaire de l'inspecteur principal ou divisionnaire. *(Déc. des 23 octobre 1839 et 30 septembre 1845; Circ. du 23 août 1852, n° 51.)*

Les journaux de travail des capitaines sont adressés, en double expédition, le 2, ou, au plus tard, le 3 de chaque mois à l'inspecteur ou sous-inspecteur divisionnaire, qui en conserve une et transmet l'autre, avec son rapport sommaire, à la direction. Les journaux de travail des lieutenants, en simple expédition, visés par le capitaine, qui les envoie en même temps que le sien, sont conservés par le chef divisionnaire pour les faire parvenir à la direction avec les rapports trimestriels. (*Circ. des 30 janvier* 1817, n° 247, *et 21 septembre* 1849, n° 2349.)

Dans les grands ports, une des expéditions des journaux de travail des capitaines et l'expédition des journaux des lieutenants, *V.* n° 62, sont remises à l'inspecteur sédentaire, qui les fait parvenir à l'inspecteur principal. (*Déc. du 13 septembre* 1839.)

Le rapport général des inspecteurs et des sous-inspecteurs a pour titre : Rapport de l'inspecteur ou du sous-inspecteur sur le service dans sa division, pendant le trimestre de. . . . . . (*Circ. du 30 janvier* 1817, n° 247.)

Ce rapport se divise en deux sections. Dans la première, les inspecteurs divisionnaires ou sous-inspecteurs divisionnaires inscrivent le tableau des recettes opérées dans chaque bureau pendant le trimestre, ainsi qu'il est expliqué à l'article relatif aux rapports généraux des directeurs. Les inspecteurs ou sous-inspecteurs sédentaires donnent, par ordre de dates, l'énumération des parties de service qu'ils ont surveillées et vérifiées ; ils mentionnent les redressements qu'ils ont opérés personnellement ou reconnus à vue des rectifications faites par les contrôleurs ou autres collaborateurs, et présentent, en outre, le tableau des contre-visites par eux effectuées, avec indication de la date et de la nature des opérations, du nom des vérificateurs, de la nature, et, selon le cas, du poids ou de la qualité des marchandises déclarées, des résultats reconnus par le vérificateur et par le chef.

La seconde section s'applique à la situation de chacune des branches du service et se subdivise en deux parties: bureaux où figure le mouvement des marchandises, et brigades. On indique, dans chaque subdivision, quelle a été la conduite des employés.

Tenus de voir successivement chaque mois, et d'une manière complète, toutes les parties du service, tous les bureaux et tous les postes de leur division, les inspecteurs doivent déclarer s'ils en ont laissé quelques-uns en dehors de leur examen, et, le cas échéant, pour quels motifs. Il faut que les rapports mettent l'administration à même de juger quelle a été la mesure de l'action personnelle des chefs sur le service.

Au précis des passages ou versements constatés par le service, il importe d'ajouter l'énumération de ceux qui lui ont échappé. Les chefs divisionnaires doivent être bien informés à ce sujet, et tout passage ou versement de quelque importance doit être de leur part l'objet d'une vérification sur le terrain. (*Circ. du 29 janvier* 1839, n° 1732.)

Ce qui se produit d'essentiel dans le cours de la période, les redressements et les observations ayant de l'intérêt, tout ce qui peut faire ressortir la physionomie d'un service et l'action personnelle de celui qui le dirige doit trouver place dans les rapports généraux. (*Déc. du 8 décembre* 1864.)

Suivant les localités, les chefs doivent indiquer, dans leurs rapports de service, le prix du sel, droit payé, et le prix à l'extraction. (*Circ. du 16 mars* 1816, n° 131.)

Quand ils profitent de congés dans le cours d'un trimestre, les chefs doivent, en temps utile, produire au moins un compte sommaire de leur surveillance pendant le temps qu'ils ont exercé. (*Déc. du 2 juin* 1846.)

54. — *Service des bureaux.* Les bureaux sont, suivant leur importance, composés de receveurs principaux ou subordonnés, de contrôleurs, de commis principaux, de vérificateurs et de commis. (*Loi du 1er mai* 1791, art. 8 ; *Déc. min. du 3 septembre* 1839 ; *Circ. du 23*, n° 1773.)

Quel que soit le taux des traitements, le *receveur* est, à un point de vue théorique, d'un grade supérieur au sous-inspecteur, bien que parfois, quant aux attributions, le sous-inspecteur, lorsqu'il est divisionnaire, ou qu'il agit en vertu d'une délégation spéciale de l'inspecteur, soit appelé à vérifier la gestion et la caisse du comptable.

Ces deux agents sont d'ailleurs complétement indépendants l'un de l'autre. (*Circ. du 13 juin 1824, n° 869; Déc. des 14 juillet 1824 et 8 janvier 1827; Circ. du 23 août 1852, n° 51.*)

Les recettes principales sont divisées en sept classes, et les traitements établis :

Pour la 1re classe, à.. 6,000 fr.
Pour la 2e — à.. 5,000
Pour la 3e — à.. 4,500
Pour la 4e — à.. 4,000
Pour la 5e — à.. 3,500
Pour la 6e — à.. 3,000
Pour la 7e — à.. 2,500

(*Ord. du 30 décembre 1829, art. 9, et Déc. min. du 7 décembre 1842; Cirt. du 10 avril 1844, n° 2017.*)

Les attributions des *receveurs principaux* varient suivant les localités. Dans les douanes de première classe, où il se trouve un inspecteur sédentaire, le receveur principal, entièrement livré au travail de la recette, ne prend aucune part aux autres opérations du bureau, que l'inspecteur dirige et surveille à sa place. V. n° 51. Dans les autres douanes, tout le travail (à l'exception de celui de la visite, quand il y a un sous-inspecteur) est sous sa direction, sa surveillance et son contrôle, et il peut le distribuer à toutes les classes d'employés, sans égard à la nature spéciale de leurs fonctions. Les attributions du receveur principal sont essentiellement de centraliser les recettes et les états de tous les bureaux de la principalité ; d'en payer toutes les dépenses ; de faire les versements de fonds ; de suivre les affaires contentieuses devant les tribunaux, tout en ne les y portant, cependant, qu'avec l'autorisation supérieure, et sauf, au besoin, recours au ministère d'avoués et d'avocats. Il a la direction et la suite du service relatif aux crédits, aux soumissions d'entrepôt, d'acquits-à-caution et autres, et il correspond avec le directeur sur tous les faits qui s'y rattachent. Son premier chef est l'inspecteur divisionnaire, qui le vérifie, mais ne peut lui donner des ordres que pour l'exécution des prescriptions législatives ou réglementaires, à moins qu'il ne s'élève exceptionnellement des questions urgentes pour la solution desquelles le receveur principal fait appel à l'intervention du chef divisionnaire. C'est au receveur principal qu'est dévolu le soin de dresser le rôle d'appointements des employés de bureau. (*Circ. des 30 janvier 1817, n° 247, 23 août 1852, n° 51, et 22 novembre 1852, n° 76.*)

Dans le cas où des objets saisis ou retenus doivent être restitués, soit purement et simplement, soit sous certaines conditions, V. n°s 1040 et 1111, c'est par les soins du receveur, principal ou subordonné, que la remise est effectuée. (*Déc. du 15 novembre 1858.*)

Lorsque l'arrivée des trains du chemin de fer qui correspondent avec les paquebots à destination de l'étranger ne laisse pas la latitude de remplir au bureau principal les formalités nécessaires pour le remboursement du montant des reconnaissances de consignation, V. n°s 840, 874 et 1001, il convient, afin d'éviter les conditions onéreuses des intermédiaires, que cette restitution soit effectuée au bureau établi à la gare, lorsqu'un service spécial y est organisé. A cet effet, le délégué du receveur, compris ou non dans le roulement journalier ou de la semaine, dispose d'une certaine somme provisoirement portée aux avances à régulariser, et l'embarquement des objets auxquels s'applique le remboursement opéré à l'issue de la visite est assuré au moyen de l'escorte et d'une surveillance spéciale. (*Déc. du 16 déc. 1858.*) V. n° 52.

Les receveurs doivent s'assurer si les liquidations qui leur sont remises sont bien établies, c'est-à-dire si elles ne renferment pas d'erreurs de calcul, si le vérificateur a fait l'exacte application du tarif, s'il a tenu compte des bénéficiements de tares, des priviléges de provenances, etc. (*Circ. du 12 mars 1797.*)

Le receveur fait l'application des règlements sous sa responsabilité. (*Déc. du 10 juillet* 1834.) Mais il doit rendre compte à l'inspecteur principal ou divisionnaire, comme au directeur, des déterminations exceptionnelles qu'il a prises sous sa responsabilité. (*Déc. du 10 fév.* 1829.)

Il est, pour la suite des affaires contentieuses, le mandataire naturel de l'administration, qui fait toujours élection de domicile chez lui. (*Circ. du 22 novembre* 1852, n° 76.)

Indépendamment de la recette, de la comptabilité et du contentieux, le receveur principal est chargé de la suite de la correspondance pour toutes les affaires qui, bien que préparées, dans les grandes douanes, sous la direction et la surveillance de l'inspecteur sédentaire, peuvent se résoudre en une obligation matérielle à l'égard du Trésor, par exemple, le recouvrement des droits, la suite des acquits-à-caution, les soumissions, la liquidation des primes. (*Déc. du 11 mai* 1840.)

Le receveur principal signe et transmet tous les états de commerce demandés par l'administration. Pour satisfaire à cette obligation, le receveur, dans une grande douane, doit tenir la main à ce que les documents statistiques lui soient remis dans les délais fixés, et, toutes les fois qu'il peut y avoir lieu de craindre quelque retard à cet égard, en prévenir en temps utile l'inspecteur sédentaire. (*Déc. du 28 mars* 1856.)

Dans les douanes où il n'existe pas d'inspecteur sédentaire, le receveur dirige, surveille et contrôle toutes les parties du service du bureau. (*Circ. du 30 janvier* 1817, n° 247, *et Déc. du 12 janvier* 1827.) La seule exception qui existe concerne la section de la visite, lorsqu'il y a un sous-inspecteur, qui est seul appelé à diriger, surveiller et contrôler les opérations de la visite, comme à régler, d'accord avec le capitaine, et à contrôler le concours des agents du service actif avec ceux de la visite. (*Déc. du 31 janvier* 1843.) *V.* n° 52.

L'appréciation des suites à donner aux divers faits appartient au receveur ou au chef de la visite, selon qu'ils se produisent dans l'accomplissement des fonctions de l'un ou de l'autre de ces chefs. Ainsi, par exemple, une omission au manifeste peut être reconnue, soit au bureau central, au moment de la production de la déclaration en détail, alors que le débarquement de la partie de marchandises n'est pas encore commencé, soit à l'issue de cette opération, dont les résultats sont constatés par la brigade. Dans le premier cas, c'est le receveur, principal ou subordonné, qui statue; dans le second, c'est l'inspecteur sédentaire ou le sous-inspecteur sédentaire. (*Déc. du 28 décembre* 1857.) *V.* n° 592.

Dans les bureaux où il n'existe pas de sous-inspecteur, le receveur constate par des visa sur les portatifs et les carnets son contrôle sur les opérations de la visite. (*Déc. du 17 octobre* 1845.)

A moins qu'il n'y ait un inspecteur sédentaire, c'est au receveur qu'il appartient de donner des ordres pour la réception des déclarations, la délivrance des permis ou des acquits-à-caution. (*Déc. du 18 janvier* 1821.) Et dans toute hypothèse, on ne doit enregistrer les déclarations pour l'entrepôt fictif ou pour les admissions temporaires qu'après visa à la caisse du receveur principal.

Les receveurs sont dépositaires des clefs de tout magasin de dépôt, et, s'ils s'en dessaisissent pour les confier à un agent, ce n'est que sous leur responsabilité. Il est d'ailleurs convenable qu'il soit établi un dépôt pour les marchandises et un local séparé pour recevoir les objets du matériel de la douane. (*Déc. du 29 mars* 1851.)

Ils sont spécialement responsables de la délivrance des acquits-à-caution, et, à défaut d'inspecteur sédentaire, ils s'assurent si les soumissions ont été fournies régulièrement, et si les permis d'embarquer ou de débarquer sont revêtus du visa des préposés du service actif. (*Circ. du 22 fructidor an XIII.*)

La recommandation d'un accord entre l'inspecteur et le receveur, faite par la circulaire n° 1874 au sujet des transactions, *V.* n° 1111, ne doit pas être entendue en ce sens qu'il soit de devoir rigoureux pour un receveur de prendre l'attache de l'inspecteur à l'égard de toutes les transactions, même de celles portant sur les affaires les plus insignifiantes. Ce que l'administration a voulu, c'est que, lorsqu'une affaire de quelque intérêt prend naissance, et que le receveur éprouve des doutes, des scrupules sur la conclusion qu'elle comporte, il se concerte avec l'inspecteur, quand il en existe un à sa résidence. La question de savoir s'il y a lieu ou non de rédiger un procès-verbal est pareillement de celles que le receveur principal, comme le receveur subordonné, peut et doit personnellement trancher dans le plus grand nombre de cas. (*Déc. du 21 août* 1851.)

Dans les bureaux où il n'existe ni inspecteur, ni sous-inspecteur, le receveur principal n'a pas, comme ces chefs, le droit de disposer, pour le service de la visite, des employés de la brigade. Lorsque leur concours lui paraît nécessaire, il est tenu de le réclamer au capitaine, ou, à défaut, au lieutenant de sa résidence. (*Déc. du 3 avril* 1840.)

A moins de circonstances tout-à-fait exceptionnelles, le receveur principal ne doit pas se déplacer pour aller faire une vérification dans un bureau subordonné ; c'est un soin qui appartient à l'inspecteur divisionnaire. (*Déc. du 23 juin* 1835.)

Dans les grandes douanes, le receveur principal peut déléguer à un employé la signature des acquits de payement, qui d'ailleurs doivent être revêtus de la signature de deux agents, V. n° 26 ; mais il doit signer lui-même tous les états adressés à l'administration ou à la comptabilité générale, et en attester ainsi la régularité. (*Déc. du 18 septembre* 1829.)

Dans le cas où, à raison de nécessités de service, comme le passage de voyageurs après les heures légales sur des points où les moyens de transport ne subissent aucune interruption, V. n° 863, un receveur principal remet à un agent de bureau les fonds nécessaires afin de pourvoir au remboursement immédiat de consignations, cette avance est formée des deniers particuliers du comptable. On ne fait point alors application des dispositions énoncées aux n°s 225 et 226. (*Déc. de la compt. gén. du 8 juin* 1861.)

Si, à raison de circonstances exceptionnelles, le receveur doit charger un employé de liquider et de percevoir les droits, en dehors du bureau principal, cet agent doit, à la fin de chaque journée, remettre au comptable le montant des sommes ainsi reçues. (*Déc. du 9 septembre* 1842.)

Directement justiciables de la Cour des comptes, les receveurs principaux présentent le compte de leur gestion en leur nom et sous leur responsabilité personnelle. (*Ord. du 8 novembre* 1820, *art.* 2.) V. n°s 116 et 209.

Tout receveur principal verrait sa responsabilité engagée si, acceptant sans examen les écritures de son prédécesseur, notamment le compte des avances à régulariser, il négligeait de faire procéder immédiatement à la constatation des irrégularités qui pourraient exister dans les diverses parties de la comptabilité. (*Déc. du 11 mai* 1855.) V. n° 50.

55. — Les *receveurs subordonnés* forment cinq classes : 1,200, 1,500, 1,800, 2,100 et 2,400 fr.

Ces comptables ne sont pas justiciables de la Cour des comptes ; ils gèrent sous la responsabilité des receveurs principaux, avec lesquels ils règlent tous les mois de clerc à maître.

Le receveur subordonné, surveillé par l'inspecteur, est placé directement sous les ordres du receveur duquel il relève, dans la caisse duquel il doit verser chaque mois la totalité de ses recettes. (*Circ. du 30 janvier* 1817, n° 247.) V. n°s 209 et 227.

Dans les bureaux subordonnés où il existe un sous-inspecteur sédentaire, le receveur est indépendant de ce chef pour les actes de sa gestion personnelle qui entraînent à sa charge une responsabilité positive. (*Déc. du 4 juillet* 1827.) V. n°s 52 et 116.

56. — Les *contrôleurs* forment deux classes, 2,700 et 3,000 fr. ; les vérificateurs, deux classes, la 1re à 2,100 et 2,400 fr., la 2e à 1,800 fr.; les commis principaux, deux classes, la 1re à 2,100 ou 2,400 fr., la 2e à 1,800 fr.; les commis, deux classes, 1,500 et 1,200 fr. (*Circ. des* 23 *septembre* 1839, n° 1773, *et* 15 *septembre* 1848, n° 2278, *et Circ. man. du* 16 *novembre* 1859.)

Les contrôleurs sont placés, autant que possible, à la tête d'une section du travail des bureaux. Tout en demeurant chargés de la principale branche des opérations suivies dans leur section, ils en dirigent l'ensemble sous leur responsabilité, et exercent leur contrôle sur le travail de tous les employés de la section. Les contrôleurs peuvent lever les difficultés qui se présentent dans le courant des opérations. Ils partagent le travail de leur section entre les commis principaux ou autres, de sorte que les employés ne restent pas inoccupés, tandis que d'autres, dans le même bureau, débordés par le travail, ne pourraient satisfaire aux exigences des opérations. (*Circ. du* 23 *septembre* 1839, n° 1773.)

En l'absence du sous-inspecteur, dont il est le subordonné, ou concurremment avec lui, le contrôleur aux entrepôts surveille le travail des vérificateurs dans les magasins de l'entrepôt. (*Déc. du* 28 *février* 1834, *et Circ. lith. du* 8 *septembre* 1847.) *V.* n° 178.

Le contrôleur aux entrepôts étend son action sur les ateliers de salaison. (*Déc. du* 10 *avril* 1835.)

Si l'on veut juger des résultats de la vérification du contrôleur de la visite, il suffit de regarder les carnets et les certificats de visite. Les rectifications qu'il est tenu d'y mentionner à l'encre rouge, après les avoir comparés avec les manifestes et les permis, donnent témoignage de son intervention quand les actes sont entachés d'erreur ou d'irrégularités. (*Déc. du* 19 *janvier* 1858.) *V.* n° 170.

Partout où la force du personnel le permet, l'inspecteur sédentaire, et, s'il n'y a pas de chef de ce grade, le receveur principal, au moyen d'un roulement et à des époques imprévues, fait passer alternativement les commis d'une section dans une autre pour l'expédition des affaires ou pour l'exécution générale du service. (*Circ. du* 23 *septembre* 1839, n° 1773.)

Les commis doivent d'ailleurs concourir aux opérations de la visite en cas d'insuffisance du personnel de la section de la visite, et les vérificateurs peuvent, lorsque les chefs le jugent convenable, coopérer au travail des commis. (*Arrêté du Gouvernement du* 3 *floréal an III, art.* 9); mais cette dernière disposition ne doit être prise que rarement. (*Déc. du* 24 *avril* 1857.)

Cette absence de toute spécialité d'attributions pour les employés au-dessous des contrôleurs permet, en les faisant alterner, d'obtenir une application plus complète des moyens d'action disponibles; de mettre indistinctement tous les agents à même de s'initier à toutes les opérations et de se former plus tôt aux différentes parties du travail, ou du moins de leur en offrir l'occasion et les moyens; de rendre plus faciles les choix à faire pour l'avancement et de prévenir les habitudes défectueuses ou les abus. (*Circ. du* 23 *septembre* 1839, n° 1773.)

Le vérificateur est chargé de la vérification des marchandises, à vue du permis de la douane, et de la délivrance, sans interruption de la vacation, d'un certificat de visite portant liquidation des droits exigibles. (*Circ. du* 30 *janvier* 1817, n° 247.)

Partout, et notamment dans les bureaux où il est seul adjoint au receveur, le vérificateur doit son concours à ce dernier lorsque les opérations ne le retiennent pas sur les quais ou sur la penthière. Il contribue alors à la tenue des écritures, etc. *V.* n°s 52 et 170.

Les principes du roulement alternatif sont appliqués dans la section de la visite en vue des diverses sortes d'opérations, et de manière à laisser à chaque agent la responsabilité de ses actes. (*Déc. du* 10 *avril* 1835.)

D'ordinaire, quelques-uns des vérificateurs sont cotés, sauf un roulement de quinzaine ou de mois, à des services permanents; les autres restent disponibles près de l'agent supérieur, qui, chargé de la cote, les envoie successivement sur les points où les besoins se manifestent. S'il en était autrement, c'est-à-dire si, dans la prévision des éventualités, plusieurs vérificateurs étaient laissés à la disposition de chacun des chefs, pour être utilisés le cas échéant, cette combinaison aurait pour conséquence d'amener dans quelques-unes des subdivisions de la superfétation, tandis qu'il y aurait insuffisance dans les autres. (Déc. du 18 février 1852.)

Des causes autres qu'une absence sans autorisation ne sauraient motiver une retenue sur les appointements d'un agent, V. n° 115; et on ne peut non plus, dans aucun cas, le priver de la somme à laquelle il a droit sur l'indemnité de plombage, bien que la gratification annuelle, V. n° 108, puisse être réduite ou supprimée. Mais si, pour un fait répréhensible, un blâme sévère est insuffisant alors qu'un changement désavantageux de résidence et une descente de classe ou de grade prendraient un caractère trop rigoureux, il reste la latitude d'infliger un changement d'attributions, provisoirement ou définitivement. Ainsi un vérificateur peut, par mesure disciplinaire, être pendant un certain laps de temps détaché dans les sections intérieures du bureau. (Déc. du 17 juillet 1858.)

C'est au bureau central de la visite que doivent se réunir les vérificateurs qui ont des écritures à régulariser en dehors des lieux de vérification. Ces agents ne doivent pas emporter chez eux les portatifs qui ont déjà servi. (Déc. du 25 septembre 1844.)

Sans être compris dans le roulement, un vérificateur peut, à défaut de contrôleur, être chargé de la tenue du registre de liquidation ainsi que de la révision, sous la surveillance des chefs, des écritures de la section de la visite. (Déc. du 14 août 1857.) V. n° 52.

Les commis de recette ne sont justiciables que du receveur principal qui les emploie sous sa responsabilité. Ni l'inspecteur sédentaire, ni même l'inspecteur principal, qui a autorité sur le receveur, n'ont à s'occuper de la distribution du travail entre ces agents, ni à les reprendre personnellement pour défaut d'assiduité, sauf à l'inspecteur principal à adresser au receveur les observations nécessaires, et, au besoin, à en référer au directeur. (Déc. du 10 février 1829.)

C'est un commis qu'il convient de charger du classement des archives, lorsque cette mesure est indispensable dans les grandes douanes. (Déc. du 10 juillet 1843.)

Concourent pour les sous-inspections et les recettes principales de cinquième, sixième et septième classe les contrôleurs, les commis principaux, les vérificateurs des grandes douanes, les agents spéciaux qui leur sont assimilés et les receveurs subordonnés dont le traitement est au moins de 2,100 fr.

C'est au bureau que doivent être réunis les employés en vue d'aller assister en corps à certaines cérémonies publiques. (Déc. du 28 novembre 1824.) V. n° 114.

57. — *Surnumérariat.* Tout sujet qui se destine à la carrière des bureaux doit débuter par un surnumérariat. (Circ. du 9 septembre 1824, n° 875.)

Les candidats au surnumérariat sont soumis à un examen préalable.

Des arrêtés du Ministre des finances, rendus sur la proposition du directeur général, règlent le programme des connaissances exigées des candidats, les conditions d'âge et d'aptitude à remplir pour être admis à cet examen, et désignent les personnes devant lesquelles il doit être subi.

Le résultat des examens est transmis à l'administration centrale, qui, chaque année, dresse la liste des candidats reconnus admissibles. Cette liste est soumise au Ministre des finances, qui l'arrête et fixe le nombre des candidats appelés à remplir les vacances qui peuvent survenir pendant le cours de l'année. (Ord. du 17 décembre 1844, art. 30.)

L'admission au surnumérariat dans l'administration des Douanes a lieu conformément aux règles ci-après. (Arrêté min. du 24 décembre 1845, art. 1er.)

Tout postulant est tenu de justifier :

1° Qu'il est âgé de dix-huit ans au moins et qu'il n'en a pas plus de vingt-cinq (1) ; et, à cet effet, il doit produire une expédition en due forme de son acte de naissance (*Déc. du 17 mai 1834*) ; 2° qu'il jouit de la qualité de Français ; 3° qu'il est exempt de toute infirmité et de toute difformité physique ; 4° qu'il est de bonnes vie et mœurs ; 5° qu'il possède, personnellement ou par sa famille, les ressources nécessaires pour assurer son existence pendant la durée du surnumérariat ; 6° qu'il a l'instruction et l'aptitude requises.

Cette dernière justification s'établit au moyen d'un examen devant un comité spécial. (*Même Arrêté, art.* 2.)

Le comité d'examen des postulants se compose :

A l'administration centrale, d'un administrateur, de trois chefs de bureau et d'un sous-chef ;

Au chef-lieu de chaque direction, du directeur, d'un inspecteur, d'un receveur principal, d'un sous-inspecteur et du premier commis des bureaux de la direction.

La présence de trois membres suffit pour que le comité puisse procéder à ses opérations. La présidence appartient à l'employé le plus élevé en grade parmi ceux qui sont présents. (*Même Arrêté, art.* 3.) Cette disposition a été introduite en vue d'une éventualité qui peut se produire, celle de l'absence, pour cause fortuite, d'un ou de deux des membres de la commission ; mais, en général, dans les directions, les trois premiers membres doivent prendre part à l'examen. Les deux derniers sont considérés comme suppléants. Il est très-expressément recommandé aux agents supérieurs qui seront appelés à faire partie des commissions de mettre au nombre de leurs obligations les plus sérieuses celle d'assister exactement, sauf le cas d'empêchement absolu, et de prendre une part active à l'examen des aspirants au surnumérariat. A ce devoir consciencieusement accompli s'attache, en effet, un intérêt de la plus haute importance, celui d'un bon recrutement administratif. (*Circ. du 12 janvier* 1846, n° 2096.)

Le directeur général détermine, chaque année, les époques de réunion de ces comités. (*Arrêté min. du 24 décembre* 1845, art. 3.)

Dans les directions mixtes, la commission d'examen est formée du directeur, de l'inspecteur des douanes, de l'inspecteur des contributions indirectes, des receveurs principaux des deux services à la résidence. (*Circ. lith. du 3 août* 1853.)

La première condition de l'admission à l'examen est, pour tout candidat au surnumérariat, celle de se rendre, s'il est reçu, dans n'importe quelle direction où l'administration jugera devoir lui faire faire son stage. Il ne peut y avoir d'exception qu'en faveur des fils d'employés et pour des motifs dont il doit être préalablement référé au directeur général. (*Circ. lith. du* 11 *février* 1852.)

Au moment de procéder à l'examen, le directeur doit faire connaître aux postulants que, s'il en était parmi eux à qui il convînt de faire leur stage dans les contributions indirectes, la latitude qu'ils donneraient à cet égard aurait pour double effet de rendre plus facile leur admission à la candidature, et plus prompte leur nomination au surnumérariat. (*Même Circ.*)

Le programme d'examen est restreint, sans complications ; les questions posées sont courtes et de facile solution. Les épreuves peuvent dès lors se faire séance tenante et sans interruption.

A cet effet, la séance est ouverte à huit heures du matin et close à quatre heures

_____

(1) Si l'aspirant au surnumérariat a dépassé l'âge fixé pour concourir au recrutement de l'armée, il est tenu de joindre aux autres justifications un certificat constatant qu'il a satisfait à la loi sous ce rapport. (*Circ. du* 12 *janvier* 1846, n° 2096.)

du soir. Seulement, le lendemain, les postulants peuvent être examinés, en dehors des indications du programme, sur les autres matières à l'étude desquelles ils ont déclaré s'être livrés.

Il est dressé, par la commission d'examen, un procès-verbal distinct et séparé pour chacune des branches du service : Douanes, contributions indirectes.

Les postulants qui, convoqués en temps utile, n'ont pas répondu à l'appel, sont censés avoir renoncé au concours. (*Circ. lith. du 3 août 1853.*)

Le programme d'examen d'admission est réglé ainsi qu'il suit :

1° Une page d'écriture faite sous la dictée, sur papier non réglé, et sans que le postulant puisse en corriger l'orthographe au moyen d'aucun livre ou secours étrangers ; 2° la même page recopiée à main posée ; 3° analyse grammaticale d'une partie de cette page ; 4° calcul des quatre premières règles, théorie des proportions, solution de plusieurs problèmes d'arithmétique élémentaire ; 5° connaissance du système métrique ; 6° établissement d'états et tableaux conformes à un modèle indiqué ; 7° solutions de diverses questions sur la géographie physique et politique ; 8° rédaction d'une lettre ou d'une note sur un sujet donné.

Le postulant peut être examiné, en outre, sur les autres matières désignées par lui comme ayant fait l'objet de ses études, notamment les langues mortes ou vivantes, le droit, la chimie, l'histoire naturelle, le dessin linéaire, etc. (*Arrêté min. du 24 décembre 1845, art. 4.*)

Les résultats de l'examen de chaque postulant sont consignés dans un procès-verbal auquel sont annexées les épreuves écrites fournies séance tenante.

Si le postulant est bachelier ès-lettres, une copie de son diplôme, certifiée par le président du comité d'examen, est annexée au procès-verbal.

Ce procès-verbal doit contenir un avis motivé sur le point de savoir si le postulant est ou non admissible au surnumérariat (1).

Chaque comité dresse, en outre, la liste des postulants qu'il a examinés, en les classant par ordre de mérite.

Ces listes et procès-verbaux, adressés au directeur général, servent à la formation de la liste générale des candidats qui est soumise annuellement au Ministre.

Cette liste générale est accompagnée de tous les renseignements et documents propres à éclairer le Ministre sur la situation de chacun des candidats. (*Même arrêté, art. 5.*)

Par exception aux dispositions des articles précédents, la condition de l'examen et du surnumérariat n'est pas exigée à l'égard des officiers et brigadiers de la partie active qui, atteints de blessures ou d'infirmités provenant de l'exercice de leurs fonctions, sont aptes à être employés utilement dans le service administratif et de perception, et ont été désignés à cet effet dans les tableaux d'avancement. (*Même Arrêté, art. 6.*)

Le nombre des surnuméraires de l'administration des Douanes est fixé au vingtième des emplois de bureaux.

La durée du surnumérariat est d'une année au moins. (*Même Arrêté, art. 7.*)

Les surnuméraires sont attachés au bureau de l'administration centrale, aux bureaux de direction ou aux recettes principales. C'est pour les chefs de service un devoir d'honneur de les guider avec sollicitude, soit dans leur travail, soit dans leur conduite. (*Circ. du 4 juin 1830, n° 1214.*)

L'admission a lieu par arrêté du directeur général. (*Circ. du 9 septembre 1824, n° 875.*)

_____

(1) A mérite égal, la préférence d'admission au surnumérariat est donnée aux fils d'employés bien notés. (*Circ. du 14 juin 1830, n° 1214.*)

7

Le directeur dans la division duquel tout sujet est nommé, surnuméraire doit adresser à l'administration (division du personnel) une feuille de signalement relative à celui-ci. (*Circ. man. du 25 juillet* 1833.)

58. — Nul ne peut être admis à travailler dans les bureaux à quelque titre que ce soit, s'il n'est employé ni surnuméraire. (*Circ. du 9 septembre* 1824, n° 875.)

Il est défendu de laisser libeller tout ou partie des expéditions par des personnes étrangères à l'administration. Les employés doivent donc transcrire les marques et le poids détaillé des colis sur les acquits-à-caution de transit ou de mutation d'entrepôt, ainsi que sur les feuilles supplémentaires qui sont annexées à ces expéditions. (*Déc. du 10 mai* 1841.)

59. — *Service des brigades.* La liaison du service des brigades et du service des bureaux ne commence qu'au grade de sous-inspecteur. (*Déc. du 20 avril* 1821.)

Les brigades sont composées de capitaines, lieutenants, brigadiers, sous-brigadiers et préposés, patrons, sous-patrons, matelots et mousses, gardes-magasins, préposés-peseurs ou emballeurs et préposés-concierges. (*Loi du 1er mai* 1791, *art.* 9; *et Tableau annexé à l'art.* 5 *de la loi du 9 juin* 1853 *sur les retraites.*) V. n° 82.

Les capitaines de brigades qui se distinguent par leurs bons services et leur instruction continuent d'être admis à concourir pour les sous-inspections.

Les capitaines et les lieutenants qui sont reconnus hors d'état de supporter les fatigues du service actif sont admis de préférence à remplir les emplois vacants dans les recettes subordonnées, lorsqu'ils ont l'aptitude nécessaire. (*Ord. du 30 décembre* 1829, *art.* 16.) Mais il est extrêmement rare que l'administration puisse faire passer dans le service des bureaux des agents du grade de capitaine ou de lieutenant.

Un certain nombre d'emplois de commis ou de receveur subordonné est aussi accordé à des brigadiers qui, usés par les fatigues du service, ont d'ailleurs mérité d'être traités avec intérêt.

Les capitaineries sont divisées en trois classes: 2,600 et 2,400, 2,200, 2,000 fr.; les lieutenances pareillement en trois classes: 1,800, 1,600, 1,400 fr.; les autres agents sont, dans chaque position, rangés en deux classes: 1,000 et 950 fr., brigadiers ou patrons; 900 et 850 fr., sous-brigadiers ou sous-patrons; 800 et 750 fr., préposés ou matelots, de telle sorte que, dans chaque direction, outre les grands ports et les ambulances où le concours des employés est de nature à motiver la haute-paye, il existe un certain nombre de brigades de campagne de 1re classe, afin d'y placer les agents qui ne peuvent plus rendre d'utiles services dans les ports ou dans les brigades ambulantes. (*Déc. min. du 25 août* 1848; *Circ.* n° 2278, *et Circ. man. du 3 novembre* 1857.)

Sur la plupart des points, les brigades à cheval ont été supprimées à raison de la cessation de la contrebande à cheval, que les brigades à pied seraient d'ailleurs en état de combattre avec efficacité.

Sous le nom de *préposés d'ordonnance*, des préposés sont placés près des inspecteurs divisionnaires ou sous-inspecteurs divisionnaires pour les accompagner dans leurs tournées. Cette obligation est imposée au double point de vue des convenances du service et de la sûreté personnelle des inspecteurs, qui, chefs d'une force armée, ont à rechercher et à poursuivre la contrebande. Dans leurs tournées, ils prendraient un préposé de poste en poste et dérangeraient ainsi continuellement le service, si cet agent n'était placé près d'eux et toujours à leur disposition; et cette considération est d'autant plus forte que les tournées n'ont rien de régulier et sont fréquemment déterminées par des événements imprévus. Les inspecteurs qui, d'habitude, à raison des localités, ne font pas leurs tournées à cheval, n'ont qu'un préposé à pied pour les accompagner. (*Circ. du 17 mars* 1830, n° 1204; *Déc. min. du 18 octobre* 1839; *Circ. du 3 août* 1840, n° 1825; *et Déc. du 7 janvier* 1857.) V. n° 50.

Les gardes-magasins sont à la nomination du directeur général (*Déc. du 8 octobre* 1839), au traitement de 1,000 ou de 1,200 francs.

Le directeur dans la division duquel tout brigadier passe à un emploi à la nomination du directeur général doit adresser à l'administration (bureau du personnel) une feuille de signalement nouvellement remplie et une expédition, en due forme, de l'acte de naissance de l'agent. (*Circ. man. des 25 juillet 1833 et 17 mai 1834.*)

60. — Pour être admis dans les brigades, il faut être Français, âgé de vingt ans au moins et n'en avoir pas plus de vingt-cinq, s'il s'agit de sujets qui n'ont pas été militaires (1), ou plus de vingt-neuf pour ceux qui, ayant servi sous les drapeaux, sortent de l'armée et se présentent dans l'année de leur congé. (*Loi du 22 août 1791, titre 13, art. 12, et Circ. du 22 février 1839, n° 1740.*) *V.* n° 48.

Toutefois, dès l'âge de dix-huit ans tout sujet peut être placé matelot (*Déc. du 27 septembre 1828*) ; et les fils des agents à la nomination des directeurs peuvent être ou préposés à demi-solde à partir du même âge, ou matelots à demi-solde à compter de seize ans. (*Circ. du 25 mai 1817, n° 279, et Circ. man. du 4 juillet 1840.*) Mais les services avant l'âge de vingt ans ne comptent pas pour la retraite. *V.* n° 93.

Les militaires en congé illimité ou renouvelable, et les sujets faisant partie de la réserve de l'armée peuvent être admis dans les brigades. Seulement, ils restent disponibles pour l'armée et doivent obéir aux ordres de l'autorité militaire. (*Circ. des 6 décembre 1836, n° 1583, et 29 novembre 1856, n° 431.*)

A raison des dispositions adoptées, au sujet de la réserve de l'armée, pour la formation de dépôts d'instruction, les directeurs ne doivent ouvrir les cadres des brigades aux postulants faisant partie de la réserve, sauf les fils d'employés, qu'après appels temporaires pendant les trois premières années. Ceux des préposés qui, déjà admis, devraient se rendre aux dépôts, seraient considérés comme étant en interruption de service et on maintiendrait leurs emplois en vacance, à moins d'inconvénients exceptionnels. Pour les revues semestrielles, l'absence des préposés serait autorisée avec conservation entière du traitement. (*Déc. du 5 février* 1861.)

Les jeunes soldats faisant partie de la réserve et appartenant aux services publics, doivent se rendre dans les dépôts d'instruction au jour qui leur est indiqué. (*Circ. man. du 15 octobre 1862.*)

L'homme qui a été incorporé sous les drapeaux, et qui, avant l'expiration du temps de service exigé, a obtenu, soit un congé illimité, soit un congé de six mois renouvelable, conserve le bénéfice de l'activité comptée jusqu'au jour de la libération définitive. Les certificats de l'autorité militaire indiquent s'il a été ou non incorporé dans un régiment. Le jeune soldat désigné par le sort, qui n'a été appelé qu'aux dépôts d'instruction et qui a été constamment maintenu dans la réserve, ne peut être considéré comme ancien militaire. (*Circ. man. du 5 mars 1857, et Déc. du 18 septembre 1865.*)

En nommant préposés ou matelots à demi-solde les fils de préposés, les directeurs ont soin de ne pas excéder la proportion de 2 pour 100 de l'effectif total des brigades de leurs directions, officiers non compris. Mention doit être faite, à la fin des états de frais de régie, de la situation exacte du cadre des préposés et matelots à demi-solde. (*Circ. des 24 février 1831, n° 1250, et 18 avril 1849, n° 2320.*)

Les directeurs doivent combiner les mouvements de manière à placer les deux préposés à demi-solde qui partagent le traitement d'une même place dans la même capitainerie, ou, du moins, dans la même inspection. Les préposés à demi-solde et

---

(1) Ou qui, compris dans la réserve, ont été temporairement appelés aux dépôts d'instruction. (*Déc. du 18 septembre 1865.*)

les femmes visiteuses doivent émarger les rôles quant à la portion de traitement qui leur est attribuée. (*Circ. du 3 janvier* 1835, n° 1473.)

V. le Code civil, art. 9 et 10, pour la naturalisation. En cas de difficultés, les intéressés doivent s'adresser au Ministre de la justice. (*Circ. des* 4 *août* 1820, n° 590, *et* 12 *décembre* 1828, n° 1135.)

Tout individu qui prouve être né à l'étranger d'un père français et resté tel n'a aucune autre formalité à remplir pour être traité comme Français. (*Circ. du* 31 *octobre* 1826, n° 1017.)

L'enfant naturel non reconnu par le père porte le nom de famille de sa mère. Pour les enfants trouvés, le premier prénom devient le nom propre. (*Déc. du* 14 *janvier* 1842.)

Les postulants sont tenus de produire des certificats de bonnes mœurs, délivrés, soit par le maire de leur résidence ordinaire, soit par le conseil d'administration du régiment où ils ont servi (*Loi du* 22 *août* 1791, *titre* 13, *art.* 12) ; et, en outre, une expédition en due forme de leur acte de naissance. (*Déc. du* 17 *mai* 1834.)

Les noms des agents doivent être inscrits suivant l'orthographe résultant du corps des actes de naissance, sans tenir compte de la signature des parents. (*Déc. du* 28 *février* 1862.) Quant aux prénoms, il faut suivre l'orthographe régulière.

L'acte de naissance ne peut être rectifié qu'en vertu d'un jugement. (*Code civil*, art. 99 à 101.)

Si le préposé veut faire rectifier son acte de naissance, il doit constituer un avoué, *V.* n° 1053, pour suivre l'affaire et obtenir un jugement du tribunal civil. Un certificat de notoriété n'est pas admissible. (*Déc. du* 10 *mars* 1864.)

En l'absence de certificats de bonne conduite, les militaires pourvus de congés renouvelables peuvent être admis lorsque les renseignements pris auprès des chefs de corps sont favorables. (*Déc. du* 9 *décembre* 1856.)

Pour être admis exceptionnellement dans les Douanes, en qualité de préposés de brigades, les sous-officiers de l'armée de terre ou des équipages de ligne, de l'artillerie ou de l'infanterie de la marine, ayant contracté et terminé au moins un réengagement, et qui, au jugement de MM. les inspecteurs généraux d'armes, auraient mérité d'être désignés à cet effet, doivent être âgés de trente-trois ans au plus et célibataires. Les états de présentation sont transmis par M. le Ministre de la guerre à l'administration, qui se réserve la faculté de faire subir aux sujets, lors de leur arrivée aux chefs-lieux des directions, la visite ordinaire, afin d'obtenir l'assurance la plus complète qu'ils sont valides et en état de supporter longtemps les fatigues du service des douanes. Elle désigne aux directeurs les sous-officiers qui doivent entrer dans leurs cadres. Les premières vacances doivent leur être réservées de préférence à tous autres candidats (*Circ. du* 8 *avril* 1842, n° 1907), et dans une brigade de ville ou ambulante, suivant les localités. Lorsqu'un sous-officier a été ainsi commissionné, une somme de *cent francs* est prélevée en sa faveur sur le fonds de 2,000 fr. spécialement alloué par le budget ; sur ces 100 fr., 60 fr. sont versés comme première mise à sa masse d'habillement et d'équipement, ce qui ne le dispense pas d'y verser aussi sa masse militaire, et 40 fr. lui sont comptés à son arrivée à son poste, afin qu'il puisse vivre en attendant la solde du second mois d'exercice. Le receveur principal se fait délivrer une quittance motivée de la somme de 100 fr., et impute la dépense sur le fonds dont il s'agit. (*Déc. min. du* 31 *mars* 1847 ; *Circ.* n° 2167.)

Avant la fin de chaque trimestre, le directeur adresse au commandant du dépôt de recrutement un état indiquant, avec les résidences, les agents faisant partie de la réserve de l'armée ou porteurs de congés renouvelables. (*Circ. des* 15 *avril* 1845, n° 2060, *et* 12 *juin* 1857, n° 472, *et Circ. man. du* 10 *septembre* 1864.)

Pour être admis à un emploi rétribué, les gens de mer doivent produire un certificat délivré par le commissaire de marine de leur quartier et constatant qu'ils ont réclamé leur déclassement et que, par leur classe, ils se trouvent libérés du service militaire de terre (1). Les directeurs ont à informer l'administration locale de la marine des nominations qu'ils ont faites et à transmettre à la 2ᵐᵉ division, avec l'état mensuel de mutations, ces certificats qu'ils n'acceptent d'ailleurs qu'autant que les renseignements nécessaires y sont énoncés. (*Circ. manusc. du 31 janvier 1861*.) Au sujet des embarcations de douane, *V.* nᵒˢ 67 et 130.

L'aspirant est soumis à la visite d'un médecin, en présence d'un capitaine des Douanes, et il est justifié de cette visite par la production d'une feuille individuelle série E, nᵒ 83 *bis*, sur laquelle le capitaine et l'inspecteur de la division (2) donnent leur avis personnel sur la complexion apparente du postulant, sur son instruction, sur le degré d'intelligence qu'il annonce, et, autant que possible, sur les garanties de moralité qu'on peut trouver dans ses relations, ses habitudes et sa position antérieures. Ces informations peuvent êtres faciles à recueillir à l'égard des individus domiciliés dans le rayon des douanes. Pour les autres, il faut s'en rapporter aux certificats dont ils doivent être porteurs. Il est recommandé aux directeurs dont les moyens de recrutement sont insuffisants de s'adresser, pour obtenir les hommes dont ils ont besoin, à ceux de leurs collègues qui trouvent dans leurs divisions des ressources surabondantes. Pour faciliter ce mode de recrutement, il convient de ménager aux candidats, appelés ainsi loin de leur pays, la faculté d'y rentrer lorsqu'il compteront au moins cinq ans d'exercice. (*Circ. du 22 février* 1839, nᵒ 1740.)

Le coût de la visite faite par le médecin lui est payé immédiatement par le postulant. (*Déc. du 30 mai 1844*.)

La feuille d'examen est produite lorsqu'il s'agit de sujets à envoyer dans d'autres directions.

La visite à laquelle est soumis tout aspirant à un emploi de brigades doit être faite avec beaucoup de soin, en présence du capitaine, par le médecin des douanes de la subdivision.

Une contre-visite, dont le coût resterait aussi à la charge du candidat, ne serait nécessaire que dans quelques cas douteux et si un dissentiment d'opinion, sur les qualités physiques du sujet, venait à se manifester entre ce médecin et les chefs de brigades.

Dans les circonstances ordinaires, la contre-visite au chef-lieu mettrait en quelque sorte en suspicion la capacité des médecins des arrondissements éloignés, et réduirait, d'une manière fâcheuse, l'initiative des chefs divisionnaires. (*Déc. du 20 juillet* 1858.)

A mérite égal, les anciens militaires doivent être préférés. Tout homme susceptible d'être exempté ou réformé du service militaire est réputé inhabile à servir dans les brigades. Si l'administration se réserve d'autoriser quelques rares exceptions lorsqu'il s'agit d'infirmités plus particulièrement incommodes dans le service militaire, jamais il n'y a lieu de provoquer de telles exceptions quand il est question, par exemple, des organes de la vue ou de la marche.

Minimum de taille, 1 mètre 624 millimètres, sauf les exceptions suivantes : les anciens militaires et marins de l'État ne peuvent être exclus pour défaut de taille ;

(1) Les équipages des embarcations qui naviguent à l'aviron ou à la voile, sans manœuvres hautes, *V.* nᵒ 130, sont composés d'hommes non compris dans l'inscription maritime. (*Décret du 2 messidor an XII, art.* 1ᵉʳ.)

(2) En cas d'absence de l'inspecteur divisionnaire, il est suppléé par l'inspecteur sédentaire, ou, au besoin, par un sous-inspecteur. (*Déc. du 24 mai* 1845.) L'inspecteur peut examiner le postulant à sa résidence ou dans ses tournées. (*Déc. du 30 mai* 1844.)

le *minimum* est réduit à 1 mètre 560 à l'égard des aspirants aux places de matelots, et il est de 1 mètre 600 pour les préposés à demi-solde.

Tout sujet admis doit : 1° savoir lire et écrire, sauf à user de quelque tolérance quant aux sujets destinés à servir comme simples marins ; 2° être célibataire ; 3° avant de recevoir sa commission, effectuer à la caisse du receveur principal, comme première mise à la masse d'habillement et d'équipement, un versement de 60 fr. *V.* plus haut pour les sous-officiers présentés par le Département de la guerre. (*Circ. du 14 décembre* 1849, n° 2360.)

On doit le prévenir qu'il n'est placé qu'à l'essai pendant la première année. Les chefs appelés à fournir les états semestriels de signalement série E, n° 84 *bis*, y prennent des conclusions motivées pour le maintien ou le licenciement des agents dont la première année de service s'accomplit. Quelque soin qu'on apporte dans le choix des nouveaux sujets, ce n'est qu'après plusieurs mois de service qu'on peut juger de leurs dispositions, de leur aptitude et de leur conduite. Il faut que les préposés nouveaux soient de la part de tout chef l'objet d'une surveillance spéciale (1). (*Circ. des 7 août* 1848, n° 2270, *et 14 décembre* 1849, n° 2360.)

Il convient de prononcer le licenciement des préposés qui, pendant la première année de service, ne se sont pas montrés dignes d'être conservés dans les brigades ou qui sont trop faibles pour résister aux fatigues du service ; mais la mesure de la révocation doit être appliquée toutes les fois qu'il s'agit de faits graves d'inconduite ou d'insubordination. (*Déc. du 9 août* 1854.)

Un agent ne saurait, pour se soustraire à la discipline, se prévaloir de ses droits à la retraite. S'il a encouru la révocation, elle doit être prononcée sans réserves, sauf à juger ultérieurement si le replacement doit être autorisé. (*Déc. du 23 juillet* 1834.)

La moitié au moins des vacances survenues dans les emplois de préposés et de matelots doit être accordée aux postulants ayant servi sous les drapeaux. (*Arrêté min. du 2 décembre* 1854, *transmis le* 27 ; *et Circ. du 29 novembre* 1856, n° 431.)

Les admissions et mutations dans les brigades ne doivent être effectuées qu'à compter du 1er de chaque mois (*Déc. du 28 février* 1849), à moins de circonstances exceptionnelles et spéciales. (*Déc. du 28 novembre* 1850.)

Les préposés ou matelots souscrivent l'engagement de quitter, pendant cinq années, le rayon frontière, dans le cas où ils viendraient à être révoqués, à moins qu'ils ne retournent au domicile qu'ils auraient eu dans le même rayon avant d'entrer au service. (*Loi du 21 avril* 1818, *art.* 40 ; *et Circ.* n° 392.) *V.* n° 118.

61. — *Capitaines.* Les attributions du capitaine de brigades impliquent un travail de cabinet et une surveillance matérielle sur le terrain. (*Déc. du 27 février* 1856.)

Le capitaine s'assure par des tournées (2) que le service ordonné par les brigadiers, sous la direction des lieutenants, est bien conçu et exécuté. Il en règle l'ensemble d'après la connaissance qu'il doit avoir des manœuvres des fraudeurs ou contrebandiers, et il en vérifie fréquemment l'exécution sur le terrain même, soit de

---

(1) Ces dispositions sont suivies à l'égard des jeunes préposés non reconnus aptes au service militaire et dont le licenciement peut alors être prononcé. (*Circ. du 30 novembre* 1829, n° 1193.)

(2) De jour, les tournées d'ordre peuvent être faites à pied ou à cheval ; de nuit, le capitaine doit être à pied.

Les tournées des officiers doivent être faites *à fond* dans chaque poste, de manière à voir toute la penthière ainsi que les agents, pour conférer avec eux des besoins et intérêts du service, de l'accomplissement efficace de leurs obligations et de leurs propres intérêts.

jour, soit de nuit. Il ne doit jamais affaiblir partiellement le service de ligne, ni en ordonner les détails à l'exclusion des lieutenants et brigadiers, à moins de motifs particuliers dont il a soin d'informer immédiatement, et autant que possible d'avance, le sous-inspecteur ou l'inspecteur divisionnaire. (*Circ. du 30 janvier* 1817, n° 247.)

Le capitaine doit rendre compte immédiatement des vacances à l'inspecteur, et celui-ci au directeur. (*Circ. du 30 juillet* 1816, n° 188.)

Il est chargé de préparer les rôles d'appointements, de les faire émarger dans les derniers jours de chaque mois, *V.* n° 224, d'en toucher le montant à la recette principale, et, dans sa première tournée, qu'il commence le 1er du mois, de compter à chaque préposé présent au poste la somme qui lui est due, déduction faite des diverses retenues, sauf à laisser et à compter entre les mains du brigadier le traitement des agents en surveillance sur la penthière, au moment de son passage.

Les receveurs principaux remettent aux capitaines de brigades, pour les faire émarger, tout état de répartition ou de gratification, et leur en soldent ensuite le montant pour être distribué entre les divers préposés qui y figurent. (*Circ. du* 8 *juin* 1827, n° 1049.)

Pour ces payements, le capitaine n'est que l'intermédiaire entre le receveur et les préposés. (*Déc. du 2 janvier* 1824.) *V.* n° 221.

Il est ouvert, dans chaque brigade, un registre spécial (Série E, n° 94 *bis*), où les capitaines établissent le décompte des préposés, et où ceux-ci reconnaissent, par leur émargement, le payement de toutes les sommes qu'ils ont réellement reçues.

Aucune somme ne pouvant régulièrement rester entre les mains des capitaines, ceux-ci doivent, chaque mois, rédiger, outre les états de masse, *V.* n° 70, un bordereau des retenues effectuées pour dettes, *V.* n° 107, et en verser immédiatement le montant entre les mains des receveurs principaux, qui s'en chargent en recettes, à l'article : *Fonds reçus de divers.* Ce bordereau doit indiquer le nom des personnes au profit desquelles les retenues ont été exercées. Les capitaines n'y font pas figurer les sommes qu'ils doivent compter, au moment même du payement des appointements, aux créanciers des préposés, cas auquel les quittances des créanciers sont remises de suite aux préposés débiteurs, qui certifient cette remise par une annotation signée d'eux et inscrite dans la colonne d'observations du registre série E, n° 94 *bis*. (*Circ. du 8 juin* 1827, n° 1049.)

Le bordereau de retenues est formé avant la fin du mois et déposé à la recette avec le rôle d'appointements et les états de masse; le capitaine remet au receveur principal un décompte dit pied de rôle, indiquant la somme nette qu'il doit recevoir pour la payer aux préposés. *V.* n° 224.

Le préposé détaché d'une capitainerie dans une autre est payé par l'intermédiaire du capitaine sous les ordres duquel il exerce provisoirement. La quittance de cet agent est transmise par la voie hiérarchique. (*Déc. du 3 décembre* 1835.)

Les capitaines fournissent tous les mois des journaux de travail. *V.* n° 53.

Ces journaux sont divisés en sept parties :

1re *partie. Payement des brigades.* Le capitaine de brigades certifie qu'il a lui-même compté à chaque brigade, à chaque préposé, ses appointements, et il désigne les jours. Dans ce chapitre il parle des réclamations qu'il a reçues pour dettes, et des moyens d'acquittement qui seront employés.

2e *partie. Tournées.* Le capitaine de brigades entre dans tous les détails propres à faire juger de l'exactitude et du soin de ses vérifications; il désigne les jours et heures de chaque tournée ou *rebat;* il signale les mouvements de la fraude et rappelle les ordres de service qu'il a donnés; il émet son opinion sur les lieutenants, et fait connaître tout ce qui a rapport à l'armement et à l'habillement des brigades, au casernement, à la police, etc.

3e *partie*. Le capitaine de brigades justifie de l'emploi du temps passé à sa résidence.

4e *partie*. *Investigations dans les bureaux subordonnés.* Il peut être utile que les capitaines prennent parfois connaissance de quelques-uns des registres (notamment de recette, d'acquits-à-caution ou de passavants) tenus dans les bureaux subordonnés, afin d'y puiser des renseignements sur la nature et l'importance des expéditions du commerce et d'être ainsi sur la voie des manœuvres de la fraude. Mais il n'entre pas dans les intentions de l'administration que les capitaines s'immiscent dans la vérification proprement dite du travail des receveurs subordonnés. *(Circ. du 3 février 1815, et Déc. du 25 avril 1846.)*

La 5e *partie* présente les admissions; la 6e, les vacances, congés et interdictions; et la 7e est consacrée aux saisies, rébellions, etc. *(Circ. du 3 février 1815.)*

Les capitaines inscrivent, jour par jour, leur travail sur un registre spécial dont ils font tous les cinq jours l'extrait sur leur journal. *(Circ. du 30 janvier 1817, n° 247.)*

Il est de règle qu'un capitaine effectue deux tournées de nuit et deux de jour par mois, sur chacun de ses postes. *(Déc. du 8 mai 1857.)*

Mais il n'a jamais été entendu qu'il pût suffire à un capitaine de remplir cette condition pour être réputé avoir satisfait à ses obligations. Il doit fournir une durée de service *extérieur* dont le minimum est fixé à 200 heures par mois, et en justifier la bonne répartition et l'emploi. L'inspecteur doit veiller à ce que le capitaine multiplie ses actes de contrôle eu égard à l'étendue des lignes et au plus ou moins de facilité pour le parcours.

Ce *minimum* ne concerne pas les capitaines d'un grand port, où les rondes sont beaucoup moins pénibles que des tournées.

Il appartient à l'inspecteur et au directeur de veiller à ce que le capitaine placé dans une localité où les opérations de la brigade réclame des actes de contrôle plus ou moins multipliés, fasse une distribution bien entendue des rondes à sa résidence et des tournées extérieures, de sorte que, dans l'ensemble, sa surveillance soit en rapport avec l'importance et les besoins du service. *(Déc. du 15 septembre 1855.)*

On entend par service d'embuscade, de station ou de circulation, celui qu'un chef exécute à l'effet de concourir personnellement à la garde des penthières ou à un contrôle spécial, tandis que toute surveillance exercée à l'extérieur pour s'assurer de la bonne exécution du travail des brigades, en allant trouver les embuscades ou en se rendant d'une embuscade à une autre, ce qui comprend le temps nécessaire pour aller et revenir, constitue un service de vérification sur le terrain. Les reconnaissances à la résidence, même sur le terrain, sont considérées comme vérifications aux postes, ainsi que l'examen, d'ordinaire assez court, que le chef fait chez le brigadier pour prendre connaissance de l'ordre inscrit sur le registre de travail. *(Déc. du 15 juillet 1843.)*

Dans leurs tournées de jour, excursions dont il est facile de retrouver la trace sur les registres de travail des brigades, les capitaines ni les lieutenants ne sont accompagnés d'un préposé. L'administration laisse d'ailleurs aux directeurs le soin de faire à ce sujet les exceptions nécessaires, surtout sur les frontières de terre.

Ces officiers doivent toujours être en tenue et armés, et il convient de les inviter à prendre un préposé d'escorte lorsqu'ils se livrent à un service de surveillance personnelle qu'ils ne sauraient exécuter utilement seuls. *(Déc. du 4 mai 1857.)*

Sur toutes les lignes, dans leurs tournées de nuit, les capitaines et lieutenants sont accompagnés d'un préposé. Lorsqu'ils ont à prendre le chemin de fer, ces officiers doivent se faire accompagner jusqu'au moment de monter en wagon, et prendre un autre préposé d'escorte là où ils quittent la voie ferrée. *(Déc. du 9 août 1856.)*

Les capitaines et les lieutenants qui se font accompagner par un préposé le prennent à tour de rôle, sauf les circonstances exceptionnelles, dans la brigade de leur résidence, ou, s'ils l'ont quittée pendant le jour, dans l'un des postes le plus fortement composés où ils se trouvent vers le soir. (*Déc. du 11 avril* 1854.)

Quand une brigade, à la résidence du capitaine ou du lieutenant, doit lui fournir d'ordinaire un préposé d'accompagnement, il convient de porter à un nombre impair les préposés dont elle se compose. (*Déc. du 23 mars* 1857.)

Dans leurs tournées de nuit, les capitaines et les lieutenants doivent s'attacher à arriver à l'improviste sur les embuscades. Il leur est défendu de se faire indiquer d'avance les points qui seront occupés par les veilleurs, ou d'annoncer à ceux-ci leur présence par un signal ou appel quelconque.

Mais le but principal des tournées nocturnes étant de s'assurer que les veilleurs sont en bonne surveillance, il est admis que, *sur le littoral,* du moment où le capitaine ou le lieutenant est en mesure de rencontrer les veilleurs sans les chercher, au hasard, cet officier peut se dispenser de consulter d'abord le registre de travail, sauf à examiner plus tard, dans ses tournées de jour, à vue de ce registre, si l'exécution du service, telle qu'il l'a reconnue sur le terrain, était conforme à l'ordre écrit, et à l'indiquer par un visa spécial. C'est, du reste, en partie, afin d'obvier aux inconvénients qui pourraient résulter de faire lever les femmes des brigadiers qu'il a été prescrit aux officiers d'être toujours accompagnés d'un préposé dans leurs tournées de nuit. (*Déc. du 23 juin* 1856.)

62. — *Lieutenant.* Il surveille le service des brigades de son arrondissement, surtout la nuit, et le dirige de concert avec les brigadiers. Son devoir est aussi de partager souvent le travail de nuit des préposés. Il doit fournir une durée de service *extérieur* dont le *minimum* est fixé à 250 heures par mois en ce qui concerne les lignes. Dans les grands ports, il fait, à l'heure de l'ordre, l'appel de la garde montante.

Comme les capitaines, les lieutenants inscrivent chaque jour leur travail sur un registre particulier, et chaque jour aussi ils en font l'extrait sur leur journal qu'ils adressent, en simple expédition, à leur capitaine, le 1er du mois. (*Circ.* n° 247, *et Circ. du 21 septembre* 1849, n° 2349.) *V.* n° 53.

Toutefois, dans les grands ports, tels que le Hâvre, Marseille, etc., les lieutenants produisent, chaque matin, une feuille de service série E, n° 94, qui, remise au directeur, après avoir été soumise à l'inspecteur principal, permet d'apprécier et de contrôler immédiatement l'action de chacun de ces officiers. Pour ces lieutenants, le journal mensuel est remplacé par une feuille récapitulative des heures consacrées à chaque nature de surveillance. (*Déc. du 27 novembre* 1857.)

63. — *Brigadier.* Il est chef de poste; il ordonne et dirige tout le service de la brigade, sous l'impulsion et la surveillance du lieutenant; il participe au travail des préposés et répond de son exécution. (*Circ.* n° 247.)

Le brigadier conserve la direction du service et inscrit l'ordre, alors même qu'il est de surveillance. Mais, s'il s'affranchit de la responsabilité du service, le sous-brigadier qui le supplée jouit des attributions de chef de poste. (*Déc. du 28 décembre* 1857.)

Bien que les circonstances n'y exigent pas la création d'un bureau, l'administration peut appeler un brigadier, sous le titre de brigadier-buraliste, à suivre sur un point du littoral certaines opérations qui ne donnent pas ouverture au payement de droits d'entrée, de sortie ou de consommation. En général, les brigadiers-buralistes ne sont autorisés à suivre des opérations qu'autant qu'il s'agit, soit des produits naturels du pays expédiés en cabotage dans une zone très-limitée, comme par exemple dans l'inspection ou la direction, soit de produits de peu de valeur tirés de ces points et nécessaires à la consommation ordinaire des habitants. Si le directeur autorise exceptionnellement d'autres opérations, le service du bureau voisin doit délivrer les permis, se rendre sur les lieux pour procéder à la visite des marchandises, ou, s'il ne peut exister aucune crainte d'abus, se faire suppléer par le brigadier, et délivrer ou régulariser l'expédition. (*Déc. du 6 décembre* 1844.)

Le brigadier-buraliste relève du receveur le plus voisin et lui rend ses comptes, qui sont compris dans ceux de ce dernier. (*Déc. du 9 septembre* 1848.) *V.* n° 322.

Sous-brigadier. Il surveille les préposés, en faisant avec eux le service qui a été prescrit par le brigadier, auquel il est en tout subordonné. Il est responsable de l'exécution du service de la division ou de l'escouade qu'il commande. (*Circ.* n° 247.) Il est généralement comptable de l'ordinaire dans les casernes.

Préposé, matelot, cavalier. Ils sont tous trois de simples agents d'exécution, et dès lors irréprochables quand ils ont exécuté ponctuellement le service qui leur a été ordonné par le brigadier, ou, à défaut, par le sous-brigadier. (*Même Circ.*)

Le *préposé-emballeur* ou peseur, placé dans les bureaux importants, est l'auxiliaire du vérificateur pour le travail manuel de la visite. C'est à lui, sous la direction et sous les ordres du vérificateur, à sonder, à prélever des échantillons, à rechercher les doubles fonds, à soulever le dessus des colis pour reconnaître l'intérieur, les marques des colis, à assurer l'exactitude du poids que le vérificateur est seul appelé à constater, etc. (*Déc. du 20 mars* 1838.) *V.* n° 163.

Les préposés-emballeurs ne peuvent, sous aucun prétexte, être employés pour le compte du commerce. On ne saurait, par exemple, tolérer qu'ils soient chargés de remuer et déplacer les colis qui doivent être pesés ou plombés, ni de les préparer à recevoir le plombage. (*Déc. des 7 avril* 1840, *19 octobre* 1843 *et 3 février* 1847.)

A raison de leur concours matériel, les emballeurs qui assistent le vérificateur figurent dans les saisies dites de bureau. (*Déc. du 22 janvier* 1857.)

En mettant le pesage, etc., à la charge du commerce, la loi a entendu lui imposer l'obligation, non seulement de faire apporter les colis sur les balances, mais aussi d'y placer les poids et de les ôter. L'agent des douanes ne doit avoir que le soin de fixer le résultat de la pesée par l'addition ou le retrait des poids de petites séries. (*Déc. du 4 mai* 1838.)

C'est aux emballeurs à procéder, dans les douanes, à l'emballage ou au déballage de tous les ballots et paquets expédiés ou reçus pour le service. Il ne leur est rien dû pour ce travail. (*Déc. du 31 mars* 1829.)

64. — *Mode de service.* Le service des brigades a pour mission d'empêcher ou de réprimer, à l'entrée, à la sortie, et dans les rayons spéciaux, à la circulation, tout transport irrégulier de marchandises. Sur le littoral et dans les bureaux, il doit surtout prévenir les infractions. Partout, l'application des principes varie suivant les localités. (*Circ. du 30 janvier* 1817, n° 247.)

Sur quelques points du littoral et sur les frontières de terre, en arrière et au centre de la ligne où sont placées les brigades, à une distance telle qu'il soit possible de combiner facilement les mouvements d'après les dispositions arrêtées pour cette ligne, sont constituées des brigades mobiles, dites ambulantes, chargées d'exécuter un service secret et très-varié, afin de poursuivre et d'arrêter la contrebande, comme aussi de lier, appuyer, éclairer et contrôler le travail des brigades de ligne. (*Déc. du 15 avril* 1854.)

Un service de frontière de terre suppose, s'il est complet, c'est-à-dire s'il a deux lignes : 1° une première ligne établie au moyen de postes communiquant entre eux, en arrière de laquelle sont placées des brigades mobiles ou ambulantes, appelées à exercer un contrôle sur ces postes, à les renforcer s'ils sont menacés, à poursuivre les pistes et les bandes, afin que la ligne ne soit pas dégarnie : il faut que chacune de ces brigades mobiles ne soit pas trop éloignée de la ligne, afin que leurs mouvements puissent être calculés d'après les dispositions prises pour cette ligne ; 2° une seconde ligne fermant le rayon légal, ou placée en dedans si on le juge préférable, éclairée par des brigades ambulantes établies en avant, et ayant mission de relier la première ligne avec la seconde, de contrôler, par un service secret et très-varié, les brigades de ligne, de les renforcer au besoin, de faire des reconnaissances sur les penthières suspectes, de poursuivre et arrêter la contrebande, de concourir à la poursuite des bandes signalées, de rechercher les dépôts de fraude, de visiter en cours de transport les chargements qui excitent des soupçons, et de couvrir les communes d'une population considérable pour en surveiller l'approvisionnement.

Quelques chefs ayant eu la pensée de reporter les brigades ambulantes de la seconde ligne en arrière de cette ligne, n'ont pas vu se réaliser les avantages qu'on attendait de cette disposition : on a dû y renoncer complétement. En effet, exercée dans l'espace compris entre les deux lignes de brigades fixes, là où la contrebande est préoccupée des dispositions à prendre pour franchir la seconde ligne, l'action des brigades ambulantes a bien plus d'efficacité que si elles étaient reportées en arrière, sur un terrain où presque tous les obstacles sont déjà surmontés. (*Déc. du 13 décembre* 1854.)

La surveillance générale qui, sur le littoral, sauf les ports, comme sur les frontières de terre, est la plus efficace, tout en exigeant un personnel moins nombreux, repose sur les combinaisons d'un service secret, imprévu et très-varié, exécuté par des escouades dont les mouvements sont à l'abri des prévisions ou de l'espionnage de la contrebande, et la laissent incertaine et hésitante : c'est ce qu'ont reconnu tous les chefs qui se sont plus spécialement occupés de cette branche fondamentale du service. Ce service de ligne est appelé intermittent. (*Déc. du* 27 *octobre* 1857.) Sauf dans les ports et sur les points où stationnent d'ordinaire les navires, il convient donc, à moins de circonstances exceptionnelles, de substituer à la surveillance permanente dite d'observation individuelle, celle qui consiste à garder et explorer le terrain au moyen d'escouades ambulantes opérant d'une manière intermittente, imprévue et variée, à raison de la topographie des côtes, des endroits accessibles, de l'état de la mer, etc. (*Circ. man. du* 5 *février* 1863.) On trouve ainsi pour les besoins nouveaux des ressources qu'il importe de rechercher partout où des modifications dans l'organisation générale sont réalisables. (*Déc. du* 12 *janvier* 1859.)

Pour avoir une action régulière et fructueuse, la seconde ligne, quand il en existe une, ne doit jamais être intercalée dans les penthières des postes de la première ligne ou se confondre avec elle.

Des postes intermédiaires, autres que les brigades ambulantes distinctes du service de ligne dit intermittent, ne répondraient à aucune idée pratique.

On doit déterminer les jonctions ou limites des penthières, les points de repaire, les relations obligées de service d'un poste à un autre.

Il est de règle que chaque capitaine dispose au moins d'une brigade ambulante : c'est le moyen de le mettre à même de contrôler les brigades de ligne, en cas de soupçon, et de fortifier les points menacés, si quelque tentative de fraude est signalée. (*Déc. du* 13 *décembre* 1854.)

Les agents de garde sur le littoral ne doivent quitter la penthière qu'autant qu'ils y ont été relevés. (*Déc. du* 10 *janvier* 1842.)

Sur le littoral, les penthières d'une certaine étendue (12 kilomètres) sont généralement surveillées par une brigade de huit hommes. Tout poste n'a qu'un brigadier, sauf dans les grands centres ; le poste au-dessous de douze hommes n'a qu'un sous-brigadier ; de seize à dix-huit hommes, il doit avoir trois sous-brigadiers. Dans le jour, quatre préposés sur huit forment deux escouades (observateurs) qui effectuent des ambulances intermittentes et se relèvent dans le cours de la journée, afin de prendre du repos. S'il est favorisé par le clair de lune, le service de nuit est exécuté par quatre agents (veilleurs) en deux escouades, de sorte que la garde de chaque moitié de la penthière se trouve alors confiée à deux hommes. De temps en temps de jour, et fréquemment la nuit, une 3ᵉ escouade, comprenant le brigadier ou le sous-brigadier et un préposé de redoublement, c'est-à-dire ayant été de service la veille, se porte sur le terrain et s'assure de la bonne surveillance des escouades en renforçant leur action. (*Déc. des 20 juillet 1826 et 5 avril 1865.*)

Quand les nuits sont obscures, il faut, autant que possible, que la brigade ait six hommes sur le terrain, alors divisé par tiers. S'il ne peut y en avoir que cinq, le sous-officier, cinquième agent, explore successivement les deux parties de la ligne.

Les brigades de six hommes fournissent, en service ordinaire, trois agents, dont l'un se joint à l'un des préposés de la brigade qui fait jonction à cet effet; la penthière des deux brigades forme alors trois subdivisions. Dans les nuits obscures, ces brigades mettant quatre agents en surveillance, chaque penthière est partagée par moitié.

Lorsque le service peut être menacé, il est pris des mesures spéciales. (*Déc. du 20 juillet 1826.*)

Sur les frontières de terre, un poste de huit hommes en place six sur le terrain pendant la nuit. (*Déc. du 28 janvier 1857.*)

Les combinaisons de service sont d'ordinaire arrêtées par le brigadier, chef de poste, sous la surveillance du lieutenant. En appréciant la direction donnée au service par les brigadiers, qui en ont particulièrement l'initiative et la responsabilité, les officiers doivent y apporter les améliorations qu'elle leur paraît comporter.

L'ordre doit être inscrit avec précision et signé par le brigadier au registre de travail, afin de mettre les officiers à même d'exercer leur contrôle. Ainsi on indique pour chaque escouade l'heure de départ, la durée et les points de patrouilles, de station, d'embuscade, etc., l'heure de retour, la ligne à suivre pour aller et revenir. L'inscription des services suit l'ordre dans lequel ils doivent être exécutés, et il est d'usage que, l'après-midi, le brigadier inscrive en même temps le service de nuit, les rebats, les contre-rebats et l'observation du matin, prise d'ordinaire par les préposés qui ont effectué le rebat. (*Déc. du 12 décembre 1855.*)

Le brigadier, ou en son absence le sous-brigadier, donne l'ordre, hors du poste, sur un point de la ligne indiqué d'avance et au moment où il doit être appliqué. (*Déc. du 1ᵉʳ septembre 1841.*)

Les agents se rendent directement sur la partie de la penthière qui vient de leur être assignée, sans passer au corps-de-garde, s'il en existe un. Ils doivent se trouver sur le terrain avant que les hommes qu'ils relèvent en soient partis et suivre un autre chemin, pour ne pas faire double emploi. Il est défendu de fumer, de siffler, etc. Lorsque, dans le cours de l'exécution, il se produit des motifs sérieux de s'écarter de l'ordre, le chef d'escouade peut le faire, mais seulement dans des cas tout-à-fait exceptionnels, et sauf à en rendre compte par son rapport. (*Déc. du 12 décembre 1855.*)

Le brigadier reçoit le rapport des observateurs, des veilleurs ou des rebatteurs, qui se rendent à cet effet auprès de lui, à la relève, et indiquent tous les incidents remarqués, y compris les tournées ou rondes des chefs autres que les sous-officiers de quart dans les ports; il inscrit le compte-rendu au registre de travail, et le leur fait signer après leur en avoir donné lecture. Il fait pareillement son propre rapport. (*Circ. du 30 janvier 1817, n° 247, et Déc. du 3 juin 1854.*)

S'il commande le service de nuit, les observateurs de l'après-midi ne signent le rapport que le lendemain matin.

Le registre de travail tenu par le brigadier, qui le place sous clef, au corps-de-garde, ou, à défaut, à son domicile (1), reçoit une mention fidèle et précise de tous les incidents du service. (*Déc. du 12 décembre 1855.*)

_____

(1) Les chefs en tournée ont leur clef.

Sans établir de principe absolu, l'administration admet qu'un service d'ambulances ou de patrouilles continues et liées, exécuté par des escouades de deux agents qui marchent ensemble ou à portée de se prêter mutuellement secours, et stationnent de temps en temps aux points où une observation ou une surveillance plus spéciale est convenable, tels que les points culminants d'où se découvre une grande partie de côtes, ou ceux de rechute, etc., puisse, en beaucoup de circonstances, être préférable, sur le littoral, à des embuscades indispensables sur les lignes de terre. Mais il appartient aux directeurs de régler à cet égard la distribution du service selon les localités, les circonstances, les conditions atmosphériques et les manœuvres de la contrebande. (*Circ. du 30 janvier 1817, n° 247, et Déc. du 22 juillet 1854.*)

Dans les ports, le service est exécuté par des préposés dits de quart ou factionnaires, compris dans diverses séries d'observateurs ou de veilleurs qui se relèvent successivement, par trois ou six heures.

Tout service qui ne repose pas sur une ligne non interrompue de factionnaires, c'est-à-dire le service de ligne dit intermittent, ou le service ambulant, au lieu du service permanent, ne peut être efficace que par la variété des combinaisons et un extrême secret, déjouant les prévisions ou l'espionnage de la contrebande.

Parfois, le service est ordonné pour vingt-quatre heures et exécuté par la moitié de la brigade, dont deux sections alternent ainsi tous les deux jours (1); mais, sur le littoral, à moins que les accidents du terrain ne s'y opposent, ou que l'habitation des préposés ne soit trop éloignée, on répartit généralement le service de vingt-quatre heures en trois parties : matin, soir, nuit (service dit *tiercé*), en variant les heures de sortie et de rentrée. Le service tiercé a l'avantage d'occuper à la fois le plus d'agents, tout en leur accordant le repos dont ils ont besoin, de les faire alterner fréquemment et de s'opposer à des travaux continus en dehors du service. (*Circ. du 30 janvier 1817, n° 247, et Déc. des 26 février 1834 et 2 mai 1843.*)

Dans certaines directions, les brigades font des *campagnes*, c'est-à-dire que quatre ou six hommes partent en détachement avec armes, bagages et vivres pour aller au loin s'embusquer dans des rochers, fourrés, taillis, etc., et y attendre le passage des fraudeurs.

Sur les côtes, le service de jour est établi aux points culminants. Pendant la nuit, sauf empêchement absolu, la surveillance doit s'exercer au bord de l'eau, seule position qui permette de découvrir et de déjouer facilement les manœuvres de la contrebande. (*Déc. du 12 décembre 1855.*)

Le brigadier et le sous-brigadier concourent, à tour de rôle, au service de nuit; dans le jour, ils surveillent l'ensemble du service au moyen d'apparitions, de rondes ou d'escouades spéciales, l'expérience ayant démontré qu'il est d'ordinaire avantageux de diminuer le nombre des agents de garde (observateurs) pour laisser plus libre le sous-officier destiné à effectuer ce contrôle; et, en cas seulement de nécessité, le sous-brigadier peut, par exception, être chargé du service d'observation. Le sous-officier qui a passé la nuit fait des rondes l'après-midi. (*Déc. du 1er septembre 1841.*)

Il doit être pris des mesures propres à établir une liaison de service entre les brigades limitrophes des diverses divisions, de telle sorte que, pour les points de jonction, la responsabilité d'un des chefs de poste soit toujours engagée. (*Circ. des 13 juillet 1804 et 21 avril 1807.*)

---

(1) L'organisation générale comprend les besoins pendant 48 heures (exécution de la surveillance et relève), les redoublements ne pouvant être qu'exceptionnels. Pour 12 observateurs ou factionnaires par jour, il faut, par exemple, 24 agents, quel que soit le mode de service.

Il est de principe que les deux rives d'un cours d'eau doivent être sous la surveillance d'une même brigade. (*Déc. du 27 janvier* 1834.)

L'exécution du service est contrôlée et assurée par l'action régulière des lieutenants et des capitaines, et, en outre, dans le jour, par les sous-officiers de ronde. La vérification du service de nuit par les sous-officiers aurait des résultats plus fâcheux qu'utiles, en ce que : 1° l'un des agents dont le concours offre le plus de garantie ne guiderait pas les escouades, ou du moins l'une d'elles; 2° de simples apparitions nocturnes de la part des sous-officiers seraient dépourvues d'efficacité; 3° un préposé de plus se verrait privé de repos. (*Déc. des* 30 *mai* 1842 *et* 15 *avril* 1854.)

Il est interdit de confier un service quelconque de nuit à un seul préposé isolé. (*Déc. des* 10 *janvier* 1842 *et* 19 *janvier* 1857.)

A moins de circonstances particulières et exceptionnelles, dont le chef d'escouade aurait à rendre compte, les embuscades définitives de nuit, qu'il ne faut pas confondre avec des stations utiles, dites fausses embuscades, et destinées à déjouer l'espionnage, ne doivent pas changer de position. Outre le danger de divulguer le secret du service, tout changement dans la position ordonnée a l'inconvénient grave de dégager la responsabilité des agents. (*Déc. du* 19 *janvier* 1857.)

Au lever du soleil, deux des préposés qui n'ont pas concouru au service de nuit partent, du centre de chaque poste, dans des directions opposées, jusqu'à la limite des brigades voisines, afin de reconnaître, sur la côte, s'il s'est passé quelques faits particuliers, tels que naufrages, etc., et, partout, si la penthière a été traversée dans la nuit par des fraudeurs : c'est le rebat dit de jonction. Le contre-rebat se fait par un sous-officier qui va chercher les pistes de fraudeurs sur la penthière un peu plus vers l'intérieur, et s'assurer ainsi de l'exactitude des rebats. Le contre-rebat est alors pareillement brisé ou par jonction.

Quand il est effectué par un seul préposé de chaque brigade se rendant du centre du poste au centre du poste voisin, le rebat est appelé croisé. Le contre-rebat est alors exécuté par un sous-brigadier qui, pris dans chaque brigade et parti d'un poste opposé à celui du rebatteur, parcourt le terrain en sens inverse. (*Circ. du* 10 *mars* 1819, n° 474.)

S'il n'a pas pour effet d'accroître d'une manière sensible les fatigues des préposés, le rebat ou le contre-rebat de centre de poste à centre de poste, dit croisé, laisse à chacun d'eux moins de temps pour le repos que le rebat ou le contre-rebat par jonction aux limites des penthières. En effet, un poste de huit hommes, sur les frontières de terre, place d'ordinaire, pendant la nuit, six hommes sur le terrain. Les deux hommes de repos, qui n'ont pas gardé la penthière et qui n'ont ainsi rien à dissimuler, exécutent le rebat dès le point du jour jusqu'aux jonctions, puis ils se réunissent au centre sur un point donné et prennent l'observation. Il n'y a d'exception à cette règle que lorsque l'un des hommes de repos est un chef. Alors celui-ci est chargé du contre-rebat, et l'un des préposés de service pendant la nuit fait le rebat, tandis qu'un autre redouble pour prendre l'observation. Dans ce cas, ce sont les deux hommes de l'embuscade placée au centre qui se dédoublent pour exécuter ces deux services: comme ils n'ont pas été loin, ils ne sont pas fatigués.

Dans la première hypothèse, celle où les deux hommes de repos font le rebat et prennent ensuite l'observation, on a d'ailleurs le soin de retenir plus tard, le matin, une escouade qui est sortie plus tard la veille, afin que la penthière soit gardée jusqu'au moment où les hommes qui sont chargés du rebat peuvent commencer le service d'observation. Le retard est peu considérable, attendu que, si la penthière a quatre kilomètres d'étendue, chaque rebatteur, n'ayant à en parcourir que deux, peut en une heure avoir terminé cette exploration.

Pour les rebats croisés, il faut prendre d'une manière habituelle parmi les hommes en service pendant la nuit, au moins l'un des deux observateurs, et de plus le contre-rebatteur, qui a ainsi une course double à faire à l'issue de l'embuscade.

Quant à l'avantage d'un contrôle exercé de brigade à brigade, l'expérience a prouvé qu'il n'existe pas, à moins qu'il ne se soit produit entre les deux postes quelque motif d'animosité, ce qui est l'exception. Le plus souvent le rebatteur, arrivé sur la penthière voisine, se hâte d'en finir, parce que la piste qu'il pourrait reconnaître n'intéresse pas la brigade à laquelle il est attaché.

Tout en estimant que le rebat par jonction offre plus d'avantage que le rebat croisé, comme la différence est peu sensible, l'administration n'attache pas un grand prix à ce que l'on suive un de ces systèmes de préférence à l'autre. Elle laisse aux directeurs la latitude d'adopter celui qu'ils jugent le plus utile, et même de prescrire un mode mixte, à raison de la distribution topographique des localités et des principes déjà appliqués dans la plupart des divisions. (*Déc. du 28 janvier* 1857.)

Il est justifié de l'accomplissement des rebats et contre-rebats, savoir: pour le service par jonction, tant par l'échange de billets ou carnets de rebats ou de contre-rebats, signés par les brigadiers, que par les rapports inscrits au registre de travail; pour le service croisé, au moyen de la signature apposée au poste voisin par le rebatteur ou contre-rebatteur et des rapports. Les billets de rebat échangés sont conservés jusqu'à la première vérification d'un officier.

Les brigades ambulantes ne doivent pas s'abstenir complétement du service d'exploration et de rebat; il convient que, selon les circonstances et les besoins, elles exécutent des reconnaissances, soit sur le terrain où s'est portée momentanément leur surveillance nocturne, soit sur quelques-uns des postes de la ligne à laquelle elles appartiennent.

L'exécution du rebat ne doit être confiée à des préposés qui ont passé la nuit en embuscade que lorsqu'il n'est pas possible de faire autrement; et on doit toujours éviter que ces agents explorent la partie de la penthière sur laquelle ils ont passé la nuit. (*Déc. du 7 janvier* 1857.)

Il en est de même pour le contre-rebat, dont il convient en principe de charger un sous-officier de repos, sur la frontière de terre aussi bien que sur le littoral. Mais on comprend que, dans la pratique, on soit fréquemment obligé de s'écarter de cette règle, attendu qu'il faut, avant tout, assurer la défense de la penthière par un nombre d'embuscades suffisant.

Le rebat, comme le contre-rebat, doit se prolonger sur toute l'étendue de la penthière, c'est-à-dire jusqu'aux points de jonction de gauche et de droite. Sur les frontières de terre, on ne saurait permettre que ce service ne comprît qu'une partie de la penthière.

Dans l'état actuel de la composition des brigades, le rebat ne peut être confié qu'à un simple préposé. Mais ce n'est pas ici un subordonné qui contrôle son chef; c'est une opération de service distincte qui en éclaire une autre et qui est à son tour contrôlée incidemment par le contre-rebat. Les sous-officiers sont réservés pour le contre-rebat. (*Déc. du 19 janvier* 1857.)

Le contre-rebat est un contrôle, non une répétition du rebat.

Aussi s'accomplit-il habituellement et de préférence sur une autre ligne, afin d'y rechercher les pistes qui n'auraient pas marqué sur la voie suivie par le rebatteur. Il n'existe pas de règle pour l'indication des lignes de rebat et de contre-rebat.

Le contre-rebat ne doit, autant que possible, être confié qu'au sous-officier qui n'a pas été de veillée. Il y aurait pour l'exécution des autres services un grave inconvénient à ce que le sous-officier qui a passé la nuit fût astreint au contre-rebat, au lieu de prendre immédiatement le repos dont il a besoin. (*Déc. du 12 décembre* 1855.)

Il n'existe pas de registre spécial pour les rebats et contre-rebats; le registre de travail suffit. (*Déc. du 1er décembre* 1835.)

Les rebatteurs, lorsqu'ils n'ont pas leur brigadier avec eux et qu'il se trouve à proximité, l'informent en toute hâte des traces de passage qu'ils découvrent. Celui-ci suit immédiatement la piste avec le nombre de préposés nécessaire, et la fait remonter jusqu'au point de départ des fraudeurs sur la ligne. Si la piste conduit les rebatteurs à la portée d'un poste ambulant, ils en informent le brigadier de ce poste, qui la suit jusqu'en seconde ligne, où il la signale également au chef de poste sur la penthière duquel la bande a passé. Enfin ce dernier la reprend et la suit à son tour jusqu'au lieu de dépôt, si cela est possible.

Quand une piste se perd sur une penthière, il faut également la signaler à la brigade correspondante, pour qu'elle continue les recherches.

Le brigadier de première ligne, de retour sur sa penthière, prend connaissance du résultat des recherches que les préposés ont faites après son départ, et remonte la piste jusqu'à l'extrême frontière.

Si les rebatteurs qui découvrent une piste, à la pointe du jour, n'ont pas de brigadier avec eux, et que, trop éloignés de leur poste, ils se trouvent plus à proximité d'une brigade ambulante, ils doivent suivre la piste, aller prévenir le chef de cette brigade, et rentrer immédiatement après à leur poste pour faire leur rapport à leur brigadier.

Chaque brigadier sur la penthière duquel une bande a passé doit adresser, dans le jour, un rapport à son capitaine, par l'intermédiaire de son lieutenant, à moins qu'il ne soit plus près du capitaine. Dans ce cas, il doit le lui remettre directement, et prévenir en même temps le lieutenant de la découverte de la piste.

Le devoir des lieutenants est de se transporter de suite sur les lieux, aussitôt que ces avis leur parviennent, et de vérifier de quelle manière le service a été exécuté; mais c'est aussi l'une des principales obligations des capitaines de brigades. Ceux-ci, après avoir pris sur le terrain tous les renseignements nécessaires, adressent leur rapport à l'inspecteur de la division.

Suivant qu'il s'agit, sur la frontière de terre, d'une introduction ou d'une exportation, le capitaine de première ou de seconde ligne, après avoir inscrit sur le rapport les détails qui concernent sa division, le fait passer à son collègue, pour que celui-ci puisse le compléter à son tour et l'adresser ensuite à l'inspecteur divisionnaire, qui, après y avoir consigné ses observations, le transmet au directeur. (*Circ. du 10 mars 1819, n° 474.*)

Dans tous les cas, la brigade de seconde ligne doit être prévenue du passage des bandes. (*Déc. du 8 janvier 1835.*)

Quand les pistes sont de moins de trois pas, le lieutenant est dispensé de fournir le rapport *ad hoc* dont il s'agit; mais le chef de poste doit toujours les mentionner sur le registre de travail, et le lieutenant les reporte sur le registre spécial série E, n° 97 *bis*, si elles se rattachent à quelques passages de bande. Cet officier les mentionne d'ailleurs dans son journal périodique. (*Déc. du 23 octobre 1834.*)

Toutes les pistes signalées par la seconde ligne ne se rattachent pas à des bandes échappées à la première. Parfois les fraudeurs, dont la trace est reconnue à la sortie du rayon, ont eu leur point de départ en intermédiaire où ils sont venus charger.

Aussi l'appréciation du service, d'après les résultats constatés, n'est pas toujours exacte. Parfois l'infériorité relative de la répression s'explique, pour la première ligne, par l'espionnage incessant dont ses mouvements sont l'objet, et, pour la seconde ligne, par la faiblesse numérique de son personnel.

Si le service placé en intermédiaire est assez fréquemment fructueux, c'est qu'il s'exécute sur un terrain où les fraudeurs forment habituellement des dépôts et qu'il est confié à des brigades ambulantes qui, n'ayant pas l'obligation de garder une penthière déterminée, peuvent recourir à des combinaisons plus variées et plus imprévues.

De même, pour les pistes, le nombre de celles non reconnues n'indique pas nécessairement une exécution vicieuse des rebats, car il peut arriver qu'une trace relevée en première ligne n'existe pas ou ne soit pas visible en seconde, et *vice versâ*. On est en droit d'accuser le service seulement lorsqu'une piste, visible sur la ligne parcourue, lui a échappé. (*Déc. du 7 janvier* 1857.)

Pour connaître la véritable situation des choses et arriver à une répression sérieuse, il importe d'interroger la voix publique et de recourir à des indications habilement recueillies. Celles-ci sont d'ailleurs indépendantes de rapprochements qui doivent être opérés dans tout service où l'on tient à être exactement informé. Ainsi, il n'est pas de brigadier doué d'une intelligence ordinaire qui ne puisse, en quelques semaines, savoir quelles sont les bandes qui fréquentent sa penthière, quelle est leur force numérique, quels produits elles transportent, combien de fois elles franchissent par semaine et par mois, quels sont les points de rechute, etc. Une fois ces renseignements établis soigneusement par chaque chef de poste, contrôlés par les lieutenants et par les capitaines, il est facile de préciser le chiffre des introductions qui ont dû s'accomplir pendant le mois. Or ce chiffre, comparé à celui des passages reconnus, sert à déterminer le nombre de bandes dont les mouvements sont restés ignorés. Élément d'instruction et de contrôle, ce système, appliqué avec discernement, a une influence puissante sur les combinaisons de la surveillance, comme sur la sincérité de leur exécution, et devient, pour l'inspecteur, le moyen le plus propre à se faire une idée exacte des événements dont sa division a pu être le théâtre. (*Déc. du 3 juin* 1854.)

Sur les marais salants, la brigade garde particulièrement les chemins qui conduisent aux salins; le registre de travail fait mention du nombre de mulons de sel à surveiller sur chaque ligne; la visite où le rebat s'effectue, chaque matin, pour reconnaître l'état des mulons et s'il n'y a pas eu enlèvement frauduleux de la denrée. Tous les ans, après la récolte, il est pris note, d'une manière approximative, des sels existant sur la penthière. Les brigadiers sont exceptionnellement autorisés à faire peser sur les salins toute quantité de sel de 100 kil. et au-dessous, et à en constater l'extraction. (*Déc. du 5 avril* 1865.)

Anciennement, sur le littoral, les escouades étaient tenues d'opérer, de nuit, une jonction avec les escouades des brigades voisines, aux limites extrêmes de la penthière. Ce mode, qui, sans procurer aucun avantage, découvrait les penthières d'une manière régulière à un moment déterminé, et exigeait la formation de feuilles de jonctions dont la contrebande pouvait calculer les combinaisons, a été définitivement abandonné. (*Déc. du 14 septembre* 1857.)

Les reconnaissances aux extrémités de la penthière de côtes se font par les escouades descendant du service ou le prenant : une des escouades, en rentrant, rebat le terrain qu'elle a gardé la nuit (par exemple, à gauche), et l'escouade qui prend la surveillance rebat la droite. Ces rebats, quand pendant 24 heures la mer a été très-mauvaise, peuvent ne porter que sur certaines parties de la penthière. Il faut agir d'une manière imprévue et très-variée, selon les conditions topographiques et atmosphériques, en tenant compte des mouvements plus ou moins actifs de la contrebande.

L'expérience a d'ailleurs démontré l'utilité de *conférences* entre les chefs des divisions voisines; ils peuvent ainsi s'éclairer sur la situation générale et recueillir des indications de nature à profiter au service. Ces conférences ont lieu de temps en temps entre les inspecteurs, une fois par mois pour les capitaines, une fois chaque quinzaine pour les lieutenants, et une fois par huitaine pour les brigadiers. Il appartient aux inspecteurs de déterminer, avec l'assentiment des directeurs, les exceptions que peuvent justifier l'intempérie des saisons, les difficultés du parcours des penthières, l'inaction de la contrebande, etc. (*Déc. des 13 novembre* 1833 *et 31 décembre* 1849.)

La participation des brigades ambulantes à la surveillance ordinaire des brigades de ligne ne peut être qu'une exception et ne doit être autorisée que très-rarement. (*Déc. du 15 avril* 1854.)

Le secret du service résulte d'une extrême variété dans les combinaisons ou les mouvements et des précautions prises pour les départs et les rentrées. Ces garanties peuvent être obtenues alors même que, à raison de quelque nécessité, une brigade ambulante et une brigade de ligne existent à une même résidence, sauf à rendre le service de l'une entièrement distinct de celui de l'autre. (*Déc. du 12 décembre* 1855.)

Les brigades ambulantes n'ont pas le droit de se faire représenter les registres des brigades de ligne. (*Déc. du 4 juillet* 1834.)

Toute brigade ambulante est placée soit sous l'impulsion directe du capitaine et dans l'arrondissement qu'il est appelé à contrôler particulièrement, soit, s'il existe plusieurs de ces brigades dans la capitainerie, sous la direction immédiate d'un lieutenant, à sa résidence ou à proximité dans sa subdivision.

Non-seulement les inspecteurs, connaissant le terrain moins bien que les capitaines et les lieutenants, sont moins aptes qu'eux à régler les détails du service ambulant, mais encore l'une des conséquences de la mesure qui appellerait les chefs divisionnaires à le guider d'ordinaire serait de restreindre beaucoup trop le contrôle dont les brigades ambulantes, comme les autres, doivent être l'objet. (*Déc. du 12 décembre* 1855.)

Le traitement de 1re classe est plus spécialement réservé aux brigades ambulantes, dont le service entraîne un surcroît de dépenses, et qui se composent d'agents délite, que recommandent l'intelligence, le dévouement, la tenue, une bonne conduite et le respect de soi-même.

Les détachements prolongés des services ambulants, et dont toutefois il convient de ne pas abuser, n'offrent d'utilité qu'autant qu'ils restent secrets ; et l'expérience a démontré que nulle part cette condition essentielle du secret ne peut être maintenue au delà d'un certain temps de stationnement.

A raison et de leur composition, comprenant des agents éprouvés, et du traitement dont elles jouissent, les brigades ambulantes seules ont, d'ordinaire, à pourvoir aux détachements.

Les détachements trop prolongés, c'est-à-dire au delà de 60 à 70 heures, et à de trop grandes distances, sont défendus : ils peuvent être facilement découverts par la fraude, échappent au contrôle des chefs et imposent aux agents des fatigues nuisibles à la bonne exécution du service. (*Déc. du 23 août* 1858.)

Les brigades ambulantes ne doivent pas moins se mouvoir dans un rayon plus étendu que les brigades de ligne, et apporter dans leurs modes d'action plus de variété et d'imprévu. (*Déc. du 7 janvier* 1857.)

L'application de ces principes reste subordonnée à une foule de considérations que les chefs ont, avant tout, à apprécier. (*Déc. du 19 janvier* 1857.)

Le service des ambulants doit occuper chacun d'eux aux moins 10 heures sur 24, de manière à passer sur les penthières vingt nuits dans un mois.

L'administration ne peut régler d'une manière absolue toutes les combinaisons de service, essentiellement variables en ce qu'elles doivent être appropriées aux besoins qui se manifestent, et arrêtées dans des conditions suffisantes d'initiative et de fermeté, de telle sorte qu'elles ne dégénèrent pas en routine. Aussi en est-il sur lesquelles il appartient aux chefs divisionnaires de statuer, avec l'assentiment des directeurs, selon que les saisons, l'obscurité ou le clair de lune, la température, l'état des penthières, l'activité de la contrebande exigent de la part des brigades plus ou moins d'efforts pour la garde du littoral ou des frontières. (*Déc. du 7 juin* 1844.)

Il est défendu de réunir diverses brigades sur un même point, dans le seul but de les passer en revue. Cette sorte d'inspection s'effectue aux postes; les préposés ne devant être déplacés que dans un intérêt de service. (*Déc. du 17 janvier* 1856.)

Les préposés placés à bord des navires ou chargés de suivre, soit les débarquements (préposés dits d'écor), ou les embarquements, soit le mouvement des marchandises dans les entrepôts, peuvent rester affectés à ces opérations, sans alterner, jusqu'à entier accomplissement, sauf en cas de négligence ou de prévarication. (*Règlement du 4e jour complémentaire an VIII.*)

Toutefois, surtout dans les grands ports, il importe, au moyen d'un roulement et à des époques imprévues, d'appeler alternativement les employés d'une section dans une autre, pour l'exécution du service. Ce roulement doit s'étendre aux préposés appelés à suivre les diverses opérations concernant un même navire ou un même entrepôt, mais de manière à ce que la responsabilité personnelle de chaque agent soit engagée. (*Déc. du 10 avril 1835; Circ. du 23 septembre 1839, n° 1773; et Déc. du 8 juillet 1846.*)

On peut admettre qu'il y ait à utiliser dans un service intérieur les agents auxquels leur santé ne permet pas de prendre part aux opérations du dehors; toutefois, il convient d'éviter, autant que possible, un expédient contraire au principe d'un roulement périodique. (*Déc. du 5 avril 1833.*)

Ce mode est propre à prévenir les habitudes de familiarité susceptibles de nuire à l'indépendance des préposés; mais ce danger est bien moins à craindre dans les ports secondaires où les chefs, n'ayant sous leurs ordres qu'un personnel peu nombreux, sont plus à portée de surveiller de près le travail et la conduite privée de leurs subordonnés. Or, en supposant cette appréhension écartée et lorsqu'aucun fait particulier ne vient d'ailleurs lui révéler l'opportunité d'une prescription absolue, l'administration ne peut que laisser aux chefs de service le soin d'adopter le mode qu'ils jugent préférable, selon les localités et la nature des opérations. (*Déc. du 20 août 1856.*)

Les chefs de la brigade contrôlent l'action du préposé de débarquement ou d'embarquement comme s'il s'agissait d'un préposé de quart ou factionnaire, et s'assurent de la régularité de son travail relativement aux opérations, et de l'exactitude de ses écritures. (*Déc. du 25 juillet 1822.*)

65. — Tous les actes de contrôle des chefs doivent être constatés par un *visa* sur les registres où sont consignés les faits qui en sont l'objet, et après les dernières annotations, non en marge. (*Circ. du 31 mars 1829, n° 1153; Déc. des 8 janvier 1835 et 16 septembre 1850.*)

Le visa fait acte d'autorité. (*Déc. du 20 avril 1821.*)

Le registre de travail, série E, n° 95 bis, reçoit l'inscription de l'ordre (service commandé) et du rapport, et l'indication soit de tout événement de service ou des accidents survenus aux agents, soit de l'absence de ceux-ci, soit des mouvements de la navigation (arrivée, départ des navires chargés ou sur lest), s'il ne doit pas être ouvert de registre série N. n° 8, *V.* n° 240, soit des épaves trouvées ou des minutes saisies. *V.* n° 1040.

Les observations faites par les différents chefs, tant sur les dispositions du service que sur le travail exécuté et la conduite des agents, doivent être inscrites au registre spécial, série E, n° 97 bis, où tout accident arrivé aux agents dans l'exercice de leurs fonctions est d'ailleurs rappelé sommairement, avec précision. (*Circ. des 31 mars 1829, n° 1153, et 11 décembre 1843, n° 1997.*)

Dès que l'accident arrivé aux préposés dans l'exercice de leurs fonctions paraît susceptible de conséquences sérieuses, il en est dressé un procès-verbal circonstancié qui doit être classé, à la direction, au dossier de l'agent. (*Circ. des 15 mars 1833, n° 1377, et 11 décembre 1843, n° 1997.*)

Le brigadier tient un registre d'ordre, série E, n° 95, pour la transcription textuelle, soit des circulaires imprimées donnant avis des moyens de fraude, soit des circulaires manuscrites et des lettres portant instructions qu'il reçoit de ses chefs. (*Circ. des 4 septembre 1821, n° 674, et 3 octobre 1840, n° 1836.*) *V.* n° 79. Il en est ainsi toutes les fois qu'il ne s'agit pas de détail sans importance, auquel cas des recommandations verbales peuvent suffire. (*Déc. du 7 janvier 1857.*)

Le brigadier tient, en outre, un registre (série E, n° 97 bis modifié) pour l'inscription des punitions infligées aux agents du poste, conformément au règlement disciplinaire, *V.* n° 69 ; un carnet, série **E**, n° 96 modifié, pour l'inscription des visites du médecin et, le cas échéant, de ses observations au point de vue de l'hygiène générale des agents et de leurs familles ; et sur le littoral, un carnet relatif aux épaves, indiquant la destination qu'elles ont reçue. *V.* Livre XI, chap. 9.

Il doit être établi, dans chaque poste, un état indiquant la topographie et les limites de la penthière, ainsi que les positions à garder particulièrement. Cet état est conservé sous clef par le brigadier, ainsi que le registre de travail, le registre n° 97 *bis* et le registre d'ordre. *V.* n° 79. (*Déc. du 23 octobre* 1834.)

Dans les postes où des allocations sont accordées, un carnet spécial indique les recettes, et, en regard, les dépenses de chauffage et d'éclairage. S'il existe des approvisionnements pour l'entretien des embarcations du poste, un carnet énonce l'emploi qui en est successivement fait. *V.* n° 140.

Les chefs doivent s'assurer que le travail a été distribué convenablement par le brigadier entre tous les agents de chaque poste. (*Déc. du* 13 *octobre* 1857.)

En annexant au registre de travail le relevé du service, par décade, de chaque préposé, le brigadier faciliterait la vérification des chefs ; mais en ce qui concerne les points autres que les grands ports, où il existe un nombreux personnel, l'administration ne peut que désapprouver ce mode, qui imposerait aux brigadiers, déjà surchargés d'écritures, un accroissement de travail de bureau, sans utilité réelle. (*Déc. du* 7 *février* 1856.)

Un moyen peut être laissé aux préposés de se mettre à l'abri, dans le jour, pendant un orage ; mais la bonne exécution du service ne permet pas que les points appropriés à cet effet soient trop multipliés, et il ne doit en résulter aucun frais pour l'administration. Il appartient aux chefs divisionnaires de s'assurer qu'il n'en est pas usé en dehors de ces conditions et de veiller à ce qu'il n'en résulte aucun abus. (*Déc. du* 15 *septembre* 1855.)

Deux préposés sont détachés à la direction à titre de plantons, l'un pour assurer la police de l'antichambre du directeur, comme il convient pour le chef d'un corps armé, comprenant un personnel considérable, et qui, d'ailleurs, est tenu de recevoir toute personne ayant des réclamations à produire ; l'autre, pour les exigences du service des bureaux et les courses extérieures. (*Circ. du* 19 *octobre* 1802, *et Déc. du* 3 *juin* 1854.)

Le capitaine, le sous-inspecteur divisionnaire et l'inspecteur principal ou divisionnaire peuvent, pour l'expédition de leurs écritures, se faire assister d'un simple préposé, qui ne participe pas moins au service de la brigade, dans une certaine mesure, surtout à celui de nuit, dans la proportion de dix nuits sur trente, sauf les exceptions que l'importance du travail du bureau des capitaines rend nécessaires, et que le directeur est chargé d'apprécier, afin que l'action de ces officiers n'ait pas à souffrir de l'obligation de suivre personnellement le travail des écritures. (*Déc. des* 11 *février* 1839, 31 *octobre* 1850 *et* 3 *juin* 1854.)

Un préposé est, à raison de l'importance des opérations, détaché au bureau des receveurs principaux dont le traitement excède 3,500 fr., pour y remplir les fonctions de garçon de caisse ; et, dans les grandes douanes, un autre planton est indispensable pour les soins à donner à de vastes et nombreux bureaux, ainsi qu'à des transports multipliés. (*Circ. du* 19 *octobre* 1802, *et Déc. du* 3 *juin* 1854.)

Un préposé est d'ailleurs, à titre de planton, de service près de chaque bureau de douane (*Circ. du* 28 *brumaire an XI*), sans qu'il y ait jamais lieu de fournir une guérite. (*Déc. du* 13 *mai* 1857.)

Dans les grands ports, un préposé est, à tour de rôle, placé de planton au cabinet de l'inspecteur sédentaire.

Il n'existe de préposé concierge à la solde de l'administration que dans de grands établissements appartenant à l'État, en vue de la conservation des immeubles. Une exception pour des immeubles tenus à bail ne serait motivée que dans les localités où le mouvement commercial est considérable. (*Déc. du 3 juin* 1854.)

Sous aucun prétexte les brigadiers et les sous-brigadiers ne doivent être employés à un travail de bureau. La participation de ces sous-officiers au service sédentaire ne concerne que le mouvement des marchandises et la visite. (*Déc. des 3 mars* 1819 *et* 31 *octobre* 1850.)

Il est interdit d'employer aux écritures, dans les bureaux de direction, des agents du service actif. (*Déc. du* 17 *août* 1853.)

On ne doit employer les préposés au transport de la correspondance que dans les cas rappelés au n° 1022.

Il est convenable que le drapeau de la division soit déposé à la direction; mais cette disposition ne doit motiver aucune garde spéciale. (*Déc. du* 18 *février* 1852.)

Les agents de brigades ne peuvent, sous aucun prétexte, être employés par leurs chefs à des travaux privés, même avec rémunération. Cette défense est absolue; autrement il ne serait pas possible de déterminer, pour les exceptions, des limites convenables, l'action des chefs immédiats ou intermédiaires deviendrait inefficace, et les préposés, fatigués par un travail exceptionnel, ne sauraient concourir à l'exécution du service dans la même proportion que leurs camarades. (*Déc. du* 9 *juin* 1858.)

Organisées militairement et se recrutant généralement dans les rangs de l'armée, les brigades peuvent, dans les grands ports, avoir un corps de musiciens; mais il faut alors que ceux-ci participent au service dans une proportion suffisante. S'ils sont moins occupés dans le jour, ils doivent concourir plus que les autres à la garde de nuit. (*Déc. du* 9 *décembre* 1858.)

Les préposés licenciés, etc., ne peuvent être autorisés à faire des quêtes dans les brigades; non seulement les préposés ont besoin de toute leur solde, mais il importe de ne pas montrer dans des conditions regrettables des hommes ayant figuré dans les cadres. (*Circ. lith. du* 17 *juin* 1828.)

66. — Le service des douanes, dans les places fortes, reçoit de l'autorité militaire communication du mot de ralliement, afin que les préposés puissent, dans l'intérêt de leur surveillance, circuler librement, de jour et de nuit, sur les remparts et aux abords de ces places. (*Déc. du Min. de la guerre du* 27 *juin* 1846; *Circ. du* 10 *juillet suivant*, n° 2120.)

Les chefs de service doivent veiller à ce que la communication du mot de ralliement à leurs subordonnés donne lieu aux mêmes mesures de précaution qui sont en usage dans l'armée pour prévenir tout abus, toute indiscrétion. Il leur est recommandé notamment de s'assurer que les préposés ne pénètrent jamais dans les fortifications que revêtus de leur uniforme et porteurs de leur commission. (*Même Circ.*, n° 2120.)

67. — Le service maritime des douanes, V. n°ˢ 60 et 130, surveille la navigation et concourt avec les brigades à la garde du littoral. Il est reconnu que, pour donner au service maritime toute l'efficacité qu'on doit en attendre, les combinaisons doivent, dans la plupart des cas, être basées sur l'action de péniches exerçant des croisières pour surveiller les mouvements de la navigation, explorer et protéger les côtes de l'inspection, tout en éclairant le service de terre. (*Déc. du* 11 *septembre* 1855.)

Le service des embarcations est réglé selon qu'il est momentané ou permanent. Dans le premier cas, les marins coopèrent aux observations, aux veillées et aux rebats; dans le second, leur action est indépendante des brigades de ligne et elle est alors dirigée par le capitaine ou par l'inspecteur.

En profitant habilement des indications des rapports des postes de côte, qui notent les mouvements des navires en mer, et en les rapprochant du registre de travail à bord, l'officier peut s'assurer que les équipages ne sont pas restés tranquillement à l'abri, au lieu de croiser à la voile ou à l'aviron.

Les marins doivent avoir la prudence prévoyante, le sang-froid, la présence d'esprit, la décision et le courage. En canot, un matelot doit toujours tenir l'*écoute* afin de la laisser filer à propos en cas de surprise. Le quart est ordinairement de six heures. -

La police intérieure d'une patache doit être sévère ; il convient que tout patron sache commander avec résolution et se faire obéir.

Pour l'emploi des armes, *V.* n°s 100 et 233.

68. — *Police générale.* L'homme appelé à exercer un commandement doit s'inspirer d'une fermeté bienveillante et d'une justice impartiale ; il doit sans cesse porter sa surveillance sur la conduite privée et administrative des agents placés sous ses ordres, sur les habitudes et les relations de leurs familles, s'occuper de leur situation, de leurs besoins, de leurs tendances et de leurs intérêts, prévenir leurs écarts et redresser leurs torts. Tout chef s'assure que ses subordonnés s'acquittent de leurs devoirs avec zèle, exactitude, décence et fermeté, employant tous ses soins à maintenir parmi eux l'harmonie, l'ordre, la bonne tenue et la discipline. (*Commission,* série E, n° 85 *A*.)

La discipline faisant la force principale du service, il importe que tout supérieur obtienne de ses subordonnés une obéissance et une soumission de tous les instants. La réclamation n'est permise à l'inférieur que lorsqu'il a obéi.

Mais si l'intérêt du service exige que la discipline soit ferme, il veut en même temps qu'elle soit paternelle.

La subordination doit avoir lieu rigoureusement de grade à grade, et, à grade égal, à l'ancienneté en tout ce qui concerne le service général et l'ordre public.

Les douaniers doivent, en toutes circonstances, même hors du service, de la déférence et du respect aux titulaires des grades supérieurs, quels que soient le corps ou l'arme auxquels ceux-ci appartiennent.

L'inférieur prévient le supérieur en le saluant le premier ; le supérieur rend le salut.

Les douaniers saluent en portant la main droite au côté droit de la visière du schako ou du phécy, la paume de la main en dehors, le coude à la hauteur de l'épaule.

Le salut des officiers en uniforme consiste à porter la main droite au schako, ou à se découvrir s'ils sont en phécy.

Tout douanier qui est assis se lève pour saluer un supérieur, et se tourne de son côté.

Le salut ne se renouvelle pas dans une promenade ou dans tout autre lieu public.

Les douaniers ne se découvrent chez leur supérieur que lorsqu'il les y autorise. Ils disent : mon lieutenant, mon capitaine, etc. Ils doivent être en uniforme pour se présenter devant leurs supérieurs ou devant les autorités.

Tout douanier parlant à un supérieur prend une attitude militaire ; s'il est en phécy, il le tient à la main jusqu'à ce qu'il soit autorisé à se couvrir.

Les douaniers doivent le salut aux magistrats et aux autorités civiles et militaires revêtues de leurs costumes ou insignes.

En passant près d'un supérieur en uniforme, les douaniers de planton ou d'ordonnance, ayant leur mousqueton, portent l'arme sans s'arrêter.

Quand ils sont chargés d'une dépêche, ils la remettent de la main gauche, et vont attendre, à quelques pas de distance et reposés sur l'arme, la réponse ou le reçu.

Si la dépêche est remise à un chef supérieur, l'ordonnance présente l'arme, la contient de la main gauche, et remet la dépêche de la main droite.

(*Ordonnance militaire du 2 novembre 1833.*)

L'entrée des corps-de-garde, *V.* n° 122, est interdite à toute personne étrangère à l'administration des douanes, ainsi qu'aux familles des douaniers.

Sont exceptées, les autorités locales et les personnes appelées pour affaires de service.

Aucune personne étrangère au service ne peut être admise à passer la nuit au corps-de-garde.

L'intérieur du corps-de-garde et ses dépendances sont balayés deux fois par jour, aérés et arrosés pendant les chaleurs.

Ce balayage est fait par les préposés, à tour de rôle.

La lecture de feuilles ou brochures politiques et les jeux de toute sorte sont interdits dans le corps-de-garde.

Défense est faite d'y avoir des animaux.

Les mousquetons sont placés au râtelier avec les précautions nécessaires.

Il est défendu à tout factionnaire de chanter, siffler, fumer, manger, boire, s'asseoir, ni parler sans nécessité à qui que ce soit, et il ne doit quitter son poste sous aucun prétexte.

Si un factionnaire doit être relevé pour cause de maladie, blessure ou autre besoin, il préviendra le sous-officier de garde.

Les factionnaires empêcheront que l'on fasse des ordures ou des dégradations aux environs de leur poste.

La relève du poste se fait toujours avec ordre. Si le nombre d'hommes de garde et l'importance du service local le comportent, on se conformera à l'ordonnance militaire du 1er mars 1768, dont les dispositions sont souvent applicables aux brigades des douanes.

Le chef de poste est personnellement responsable de toutes les parties du service, ainsi que de l'ordre et de la propreté du corps-de-garde et de tous les objets inventoriés ou consignés.

Le chef commande paternellement, mais froidement, sans familiarité; il ne doit pas donner d'ordre à un préposé ivre : il attend que celui-ci ait recouvré sa raison.

Il passe l'inspection des armes ainsi que de la tenue des hommes de garde, qui ne pourront, sous aucun prétexte, s'éloigner du poste sans une autorisation qui doit être rappelée au registre de travail.

Lors de la relève, il fait répéter, à chaque factionnaire, la consigne en entier, afin de s'assurer qu'elle n'est pas oubliée.

Il s'assure que, dans la guérite, s'il en existe une, ou à côté, il n'a pas été mis des pierres pour s'asseoir, et que les fenêtres de la guérite ne sont pas bouchées.

Tout douanier allant prendre l'ordre au corps-de-garde doit avoir la tenue militaire et réglementaire; il la conserve pendant la durée de sa garde.

Les officiers surveillent personnellement la tenue des hommes de service.

Quand un officier en uniforme entre dans le corps-de-garde, le sous-officier commande : *Fixe;* les préposés se lèvent, se découvrent, s'ils sont en phécy, gardent le silence et l'immobilité jusqu'à ce que l'officier soit sorti ou qu'il ait commandé : *Repos.* Si c'est un chef supérieur en uniforme, le sous-officier commande : *A vos rangs;* les préposés se placent au pied du lit de camp; lorsqu'ils y sont, le sous-officier commande : *Fixe.*

(*Ordonnance militaire du 2 novembre 1833.*)

Les factionnaires, armés du mousqueton, s'arrêtent, font face en tête et portent les armes, lorsqu'il passe près d'eux, soit une troupe, soit des officiers de tous grades; ils les portent également aux officiers de santé, aux préfets, aux officiers et chevaliers de la Légion-d'Honneur ayant leur costume et leur décoration.

Ils présentent les armes aux officiers supérieurs et généraux, aux grands-croix, grands-officiers et commandeurs de la Légion-d'Honneur.

Les gardes ou détachements quelconques en armes, qui se rencontrent en route, se cèdent mutuellement la droite, portent les armes au commandement de leurs chefs, et les tambours battent aux champs.

Les veilleuses seront placées dans le corps-de-garde, sur un appui écarté des registres, archives et objets inflammables.

Le bois et le charbon servant au chauffage doivent toujours être mis dans une caisse, placée avec les ustensiles au lieu le plus convenable.

On se servira, autant que possible, pour le transport du bois et du charbon, d'un brancard ou d'un panier; mais, dans tous les cas, il est défendu de porter le bois sur les épaules.

Le brigadier est chargé, sous la surveillance du lieutenant et la responsabilité du capitaine, de la conservation et de l'entretien du corps-de-garde, du mobilier et de tout le matériel dont la situation est vérifiée, chaque trimestre, par l'inspecteur, à vue de l'inventaire.

Le sous-officier de garde visite, avec celui de la garde descendante, tous les objets mobiliers du corps-de-garde, pour reconnaître leur état. S'il y avait des dégradations, le chef de la garde montante en ferait mention au registre de travail.

Afin d'éviter les dégradations, défense est faite de placer des clous dans les murs ou d'y placarder des affiches.

Le corps-de-garde doit être blanchi au lait de chaux une fois par an, vers le mois de mai, soit aux frais du propriétaire, soit sur les économies des frais de bois et lumières, soit sur les fonds du matériel.

Les cheminées et les tuyaux de poêle doivent être ramonés au moins deux fois par an.

Au cas d'évènement extraordinaire, le corps-de-garde est le point de réunion des douaniers.

Dès qu'un factionnaire aperçoit un incendie, il en avertit le chef de garde, en transmettant l'avis d'un factionnaire à l'autre.

Le chef de poste envoie sur-le-champ un homme à la caserne pour faire battre ou sonner le rappel; il fait prévenir en même temps les officiers et l'autorité locale.

Le chef de poste signale au lieutenant et au capitaine toute infraction aux prescriptions réglementaires, et ces officiers infligent ou provoquent les punitions encourues, par application du réglement disciplinaire.

69. — *Discipline.* Il est des circonstances où une action disciplinaire ferme et bienveillante doit se faire sentir. Dans ce cas, les punitions qui s'adressent aux sentiments moraux de l'homme sont préférables à celles qui le fatiguent et ne lui laissent pas les forces nécessaires pour exécuter un bon service.

De là le système des avertissements et des annotations, prescrit dès 1802 (*Circ. du 8 octobre*), qui a produit les plus heureux effets, et que, par ce motif, il importe d'exposer ici dans celles de ses dispositions généralement adoptées quant aux agents du service actif à la nomination des directeurs.

Toute négligence de quelque gravité dans le service; tout manquement à la subordination, au respect envers les chefs et aux égards dus au public; toute infraction à la défense soit de fumer la pipe dans les rues, en uniforme, soit de passer la frontière pour se rendre à l'étranger, soit d'entrer dans les cabarets, sauf le cas où un service lointain y amène le préposé pour prendre quelques aliments; l'ivresse enfin (1) sont l'objet d'une annotation sur un registre tenu spécialement pour l'inscription des punitions. *V.* n° 65. Il en est de même des faits scandaleux d'inconduite en dehors soit des délits de nature à entraîner la révocation immédiate ou la dégradation, soit des actes de prévarication susceptibles d'être déférés aux tribunaux.

Toute faute de nature à motiver l'annotation doit être signalée hiérarchiquement

---

(1) Tout préposé qui s'adonne à la boisson ne peut inspirer confiance; souvent hors d'état de faire aucun service, s'endettant chaque jour, il est à la merci du premier venu et se trouve compromis dans des rixes, etc. Les brigades doivent se faire remarquer par une parfaite sobriété.

au capitaine par un rapport du chef qui l'a constatée. Le capitaine transmet ce rapport, après vérification des faits et en y ajoutant son avis, à l'inspecteur, qui le lui renvoie avec l'autorisation d'inscrire l'annotation, si la nécessité lui en est démontrée. Dans le cas contraire, il se réserve d'examiner lors de sa première tournée.

L'agent annoté est privé de la faculté de concourir pour l'avancement et exclu de la répartition des gratifications (1), à moins que les annotations dont il a été frappé n'aient été annulées.

Une première annotation ne peut être effacée que par six mois d'une conduite irréprochable; la seconde, par une année; la troisième, par quinze mois. C'est à partir de la dernière punition de l'espèce que doit s'exercer l'appréciation des chefs sur la conduite des agents pour annuler ou maintenir les annotations.

Celles-ci peuvent aussi être effacées par des mentions favorables à raison de preuves de dévouement, etc.

Le préposé qui, sous le coup de trois annotations, commet encore une faute de la nature de celles qui motivent une annotation, encourt et subit la révocation.

La faute qui suit la deuxième annotation d'un brigadier ou d'un sous-brigadier donne lieu à la dégradation.

Est punie par un changement pour un poste à solde inférieure la faute d'un préposé à haute paye, déjà atteint d'une seconde annotation. Il convient de ne recourir qu'avec réserve, et s'il y a nécessité, aux changements de postes.

Les négligences de service, écarts de conduite ou fautes quelconques, qui ne paraissent pas assez graves pour motiver l'annotation, donnent lieu, de la part des officiers de tout grade, à des punitions simples, telles que l'avertissement ou admonition et la réprimande.

Mais comme des torts, rémissibles quand ils ne sont pas habituels, s'aggravent par la récidive, l'avertissement ne s'applique qu'à une première faute; une seconde faute entraîne la réprimande, et l'agent qui, après deux réprimandes, vient à se donner, dans la même année (360 jours), de nouveaux torts, est puni d'une annotation.

Les avertissements et réprimandes peuvent être accompagnés, soit de corvées peu fatigantes, comme la correspondance hors tour, de consignes au corps-de-garde, à la caserne ou à bord des embarcations, soit de changements désavantageux que les chefs provoquent, s'ils les jugent utiles ou nécessaires dans l'intérêt du service.

Les deux premières annotations pour un préposé, et la première pour un sous-officier, peuvent être infligées par l'inspecteur seul, après vérification et enquête, s'il y a lieu.

La dernière annotation, celle qui devrait précéder la révocation ou la dégradation, ne doit être autorisée que par le directeur, sur le rapport de l'inspecteur. Ce chef peut d'ailleurs infliger de doubles annotations, lorsqu'elles sont reconnues nécessaires.

Le pouvoir d'effacer les réprimandes au bout de trois mois pour chacune, et les annotations à l'expiration des délais fixés, appartient à chacun des chefs qui sont appelés à les infliger. Les radiations sont inscrites, datées et signées au registre des punitions, dans la colonne des observations.

Indépendamment de ce registre, il est ouvert, par les soins du directeur, de l'inspecteur et du capitaine, pour tout agent réprimandé ou annoté, une feuille de punition destinée à être tenue au courant et classée, dans le dossier individuel de celui-ci, aux archives de la direction, de l'inspection et de la capitainerie.

A cet effet, les inspecteurs, les capitaines et les lieutenants, chacun en ce qui le

(1) On ne peut, à titre de punition disciplinaire, priver **un** agent d'une partie quelconque de ses appointements. (*Circ. du 8 octobre* 1802.)

concerne, rappellent exactement, dans leurs journaux de travail ou rapports trimestriels de service, à l'article de la conduite des agents de brigades, les noms de ceux qui, dans le courant de la période, ont été l'objet de réprimandes ou d'annotations, ainsi que ceux qui ont été relevés d'une ou de plusieurs de ces punitions.

Lorsqu'un employé annoté ou réprimandé passe d'une capitainerie dans une autre, ou d'une inspection dans une autre, le capitaine ou l'inspecteur de la division que quitte l'employé transmet à son collègue le dossier individuel et la feuille de punition. Le capitaine qui reçoit ainsi un agent sous le coup de réprimandes ou d'annotations non encore annulées doit les faire inscrire au registre de punition de la brigade.

Le 5 de chaque mois, les capitaines adressent au directeur, par l'intermédiaire de l'inspecteur, un état : 1° des annotations infligées pendant le cours de la période précédente ; 2° des agents dont la bonne conduite, durant le laps de temps déterminé, leur a mérité la radiation des annotations. L'inspecteur s'explique sur la conduite de ces agents et fait connaître si la proposition est susceptible d'être accueillie. Le directeur statue. A. D.

70. — Règlement ministériel du 25 février 1815, sur l'équipement et la masse des préposés.

Art. 3. Il est pourvu, dans chaque direction, à l'habillement et à l'équipement des employés de brigades, jusque et y compris les brigadiers ou patrons, au moyen d'une masse à laquelle ils concourent d'abord par le versement d'une première mise lors de leur admission. *V.* n° 60, et, ensuite, par des retenues mensuelles sur leur paye.

Les gardes-magasins sont assimilés aux brigadiers. (*Circ. du 19 février 1850*, n° 2368.)

4. Les capitaines et lieutenants ne sont pas sujets à la retenue.

5. La retenue à faire aux agents, à partir du mois qui suit celui dont le traitement est versé en totalité à la caisse des retraites, est, jusqu'à parfait équipement :

6. De 12 fr. pour les brigadiers, sous-brigadiers, patrons et sous-patrons, et les gardes-magasins ; — de 10 fr. pour les préposés à pied ou à cheval (1) et matelots, ainsi que pour les peseurs et emballeurs, les préposés-concierges et les préposés d'ordonnance des inspecteurs. (*Circ. des 3 août 1840*, n° 1825, 9 *novembre* 1847, n° 2203, *et* 19 *février* 1850, n° 2368.)

Ces retenues ont lieu intégralement lors même que l'agent quitterait, soit à la fin ou dans le cours du second mois de service, soit dans le courant d'un des mois suivants. (*Déc. du 12 mars 1851.*)

7. Lorsque les agents sont complètement habillés, armés et équipés, la retenue est réduite *à la moitié* de celle déterminée par l'article précédent, jusqu'à ce que

_____

(1) Les cavaliers subissent en outre une retenue distincte sur l'indemnité de 500 fr. qui leur est allouée annuellement pour l'entretien de leurs chevaux. Ce prélèvement forme à chacun de ces agents une *masse de remonte et d'approvisionnement.* Le montant total doit s'élever à 400 fr. La retenue mensuelle, sans distinction de grade, est de 12 fr. quand le cavalier sans approvisionnement pourvoit par lui-même à la nourriture de son cheval ; de 20 fr. quand il y a approvisionnement d'avoine ou de fourrage ; de 28 fr. si l'approvisionnement comprend de l'avoine et du fourrage. La vente, l'achat ou l'échange d'un cheval ne peut se faire sans l'intervention du capitaine. Le prix de vente est versé à la masse en même temps que l'indemnité, jusqu'à ce que l'agent soit remonté. Les approvisionnements se font collectivement ou isolément. Un état nominatif adressé à l'administration, avec le compte général de masse, fait connaître la situation de la masse de remonte. (*Circ. lith. du 15 juin 1846.*)

l'actif de masse ait atteint, pour les brigadiers, sous-brigadiers, patrons, sous-patrons et gardes-magasins, 100 fr.; pour les préposés à pied ou à cheval et les matelots, 80 fr.

8. La retenue ne cesse pas d'avoir lieu lorsque les préposés ont atteint le *maximum* ci-dessus déterminé; mais elle est réduite alors *au quart*, c'est-à-dire à 3 fr. pour les brigadiers, sous-brigadiers, patrons, sous-patrons et gardes-magasins; à 2 fr. 50 pour les préposés à pied ou à cheval et les matelots.

9. Lorsque, par de nouvelles fournitures, l'actif de masse d'un préposé est tombé au-dessous du *maximum*, la retenue recommence à avoir lieu, ainsi qu'elle est fixée par l'art. 7, jusqu'à ce que le *maximum* soit atteint de nouveau; après quoi elle n'est plus que du quart, conformément à l'art. 8.

11. La retenue porte également sur les gratifications ou parts de saisies des préposés qui ne sont pas complètement habillés et armés, ou dont l'actif de masse n'est pas encore porté au *maximum;* dans l'un et l'autre cas, elle ne peut excéder le sixième des gratifications et parts de saisies. Le *maximum* étant atteint, la retenue n'a plus lieu que sur les appointements, et dans les proportions déterminées par l'art. 8.

12. Il n'est pas nécessaire que la masse des agents soit portée au *maximum* de 100 fr., ou 80 fr., pour que les capitaines commencent à leur distribuer des effets d'habillement ou d'armement; ils peuvent leur en fournir à mesure et dans la proportion des retenues effectuées; les retenues continuent, dans ce cas, d'avoir lieu, jusqu'à parfait équipement, au taux fixé par l'art. 6.

14. Les préposés nouvellement admis ne peuvent prétendre à être équipés de suite, à moins qu'ils ne demandent à faire les fonds de leur uniforme; et de même on ne peut exiger d'eux, sous prétexte de les habiller et armer plus promptement, de plus fortes retenues que celles ci-dessus fixées (1).

Si, par suite de la confiance particulière dont quelques préposés peuvent se rendre dignes, les capitaines jugent convenable de leur faire, par avance, la fourniture de quelques parties d'armement ou d'habillement, cette avance, qui ne peut excéder le montant d'un demi-mois de traitement, est, dans tous les cas, sous la responsabilité des capitaines.

En cas de débet, la retenue a lieu de droit dans les proportions fixées pour ceux qui ne sont pas encore complétement équipés (2).

Les débets dont il s'agit ne peuvent provenir que de fournitures d'effets d'armement ou d'habillement; le capitaine ne peut imputer sur les fonds de masse aucune avance faite en argent ou dette contractée pour autre objet.

16. Les capitaines de brigades rédigent, le 28 de chaque mois, l'état des retenues de ce même mois, et ils en laissent le montant entre les mains du receveur principal chargé de subvenir aux appointements de leur capitainerie; le montant des retenues pour l'armement et l'équipement figure, sans mouvement de valeurs, dans les écritures du receveur principal.

---

(1) Le versement que le postulant est tenu d'opérer à la caisse du receveur principal des douanes, *V.* n° 60, permet de lui fournir immédiatement les objets les plus indispensables, c'est-à-dire un mousqueton, une capote et une casquette-phécy. (*Circ. du 14 décembre* 1849, n° 2360.)

(2) En cas de débet d'un préposé qui, sortant des cadres, ne peut se libérer, si le conseil d'équipement décide que le montant en sera imputé sur le boni des masses, le directeur, sur l'autorisation de l'administration, délivre un mandat explicatif destiné à être repris par l'état série E·A des retenues, au compte de l'agent. (*Déc. du* 19 *mai* 1835.)

17. Les marchés pour fournitures sont passés, *en conseil d'équipement, avec publicité et concurrence*, par le directeur, qui dispose seul des fonds d'équipement. Les fournitures sont payées à terme ou au comptant, selon l'état de la caisse; si elles sont payées comptant, les fournisseurs font une remise.

Il doit être pris des mesures pour que les effets d'habillement ne soient confectionnés qu'au fur et à mesure des besoins, de sorte qu'il n'en reste pas en magasin, et que des ventes d'objets défectueux ne deviennent pas nécessaires. (*Déc. du 4 juil.* 1836.)

Certains objets, tels que sacs à pieds, etc., nécessaires sur quelques points seulement, ne peuvent être fournis par imputation soit sur l'actif individuel de masse ou sur le boni, soit sur les fonds du matériel. Il faut laisser aux préposés le soin de se les procurer. (*Déc. du 8 décembre* 1854.)

Un modèle du cahier des charges pour l'habillement a été transmis par Circ. lith. du 19 juillet 1843, et complété par Circ. lith. du 4 février 1850. Ce modèle sert pour l'adjudication des objets d'équipement au moyen des modifications convenables, et en abaissant le cautionnement à exiger.

Il doit y avoir un intervalle de trois mois, au moins, entre l'annonce et la date des adjudications d'effets d'habillement. (*Circ. lith. du 4 février* 1850.)

Les directeurs doivent adresser à l'administration, à l'époque de l'annonce, deux copies du cahier des charges. L'un des exemplaires est déposé à la Douane de Paris pour être communiqué aux fabricants. (*Circ. du 23 mai* 1836, n° 1545.)

Est passible d'un droit fixe d'enregistrement de 2 fr., en vertu des lois des 15 mai 1818, art. 73, et 15 mai 1850, titre 3, art. 8, le procès-verbal d'adjudication de fournitures d'effets d'habillement et d'équipement.

La copie du cahier des charges, annexée à ce procès-verbal, et les soumissions souscrites pour l'adjudication doivent être sur papier timbré; mais il n'est pas nécessaire qu'elles soient enregistrées. (*Déc. de l'administration de l'enregistrement et des domaines des 26 sept. et 14 déc.* 1850, *transmises par la Circ. lith. du 18 février* 1851.)

Lorsqu'un fournisseur remplit ses engagements à la satisfaction du conseil d'équipement, et si un renouvellement de marché est demandé, l'administration se réserve de statuer, sur les conclusions du directeur: mais, afin d'assurer aux préposés tous les avantages de la concurrence, la prolongation, quand elle est accordée, n'est que sous les mêmes conditions, et pour un, deux ou trois ans au plus, de sorte que tous les huit ans au moins il y ait une adjudication publique. (*Circ. lith. des 19 juillet* 1843 *et 4 février* 1850.)

18. Les fonds de masse ne peuvent, sous aucun prétexte, même sous celui de les faire bénéficier par des prêts à intérêts, être détournés de leur destination.

19. Il ne peut être souscrit à l'ordre des fournisseurs aucuns billets, traites ou bons exigibles à terme ou échéance; ils sont payés en espèces, ou, s'ils ne sont pas sur les lieux, en mandats sur un receveur principal des douanes.

21. Le directeur désigne, pour suivre la comptabilité de la masse et le détail de l'équipement, un des employés de son bureau, en qui il a confiance; cet employé rend tous les ans le compte détaillé de sa gestion au conseil d'équipement établi à cet effet dans chaque direction.

22. Le conseil d'équipement se compose du directeur, qui en est le président, des inspecteurs divisionnaires et sous-inspecteurs divisionnaires, et du plus ancien capitaine de brigades de chaque inspection. Le directeur le convoque une fois au moins chaque année.

Ce conseil vérifie et arrête tous les ans le compte de masse, qui est signé par chacun des membres. Ils signent aussi une seconde expédition de ce compte.

Il est, en outre, rédigé procès-verbal de la séance, d'une manière distincte et séparée, pour chacune des parties: masses d'habillement, casernement, service de santé. Chaque membre du conseil y peut consigner ses observations.

Le directeur adresse: 1° à la direction générale de la comptabilité publique des finances, le 15 mars au plus tard, pour être soumis à l'examen de la Cour des comptes, le compte de gestion de masse (modèle H), avec les pièces justificatives (1) renfermées, par espèce de dépenses, dans des chemises spéciales qui en présentent la récapitulation ; 2° à l'administration (2° division, bureau du matériel) une copie du compte de masse et du procès-verbal des délibérations du conseil, tant sur l'habillement et le service de santé qu'en ce qui concerne le casernement. (*Circ. des* 17 *octobre* 1837, n° 1655, *et* 28 *septembre* 1850, n° 2406, *et Circ. man. du* 14 *mai* 1861.)

Même en cas de mutation de directeur, il n'est produit qu'un compte annuel.

23. *Généralement* les directeurs traitent avec un entrepreneur qui se charge de faire toutes les avances de fournitures et de confection, d'après des prix arrêtés. Le directeur fait déposer, afin d'assurer la bonne qualité des étoffes et de la confection, des échantillons de chaque pièce d'habillement, auxquels les fournitures sont comparées avec le plus grand soin lors des livraisons.

24. *Au lieu d'être faits sur trois tailles différentes, les uniformes doivent, autant que possible, être confectionnés, d'après la mesure prise* à chaque homme, par un tailleur qui parcourt les brigades une fois l'année. Les frais de voyage sont à la charge de l'entrepreneur des fournitures ; il en est fait une clause expresse dans les marchés à passer avec lui.

26. Une plus-value destinée à couvrir les frais de gestion peut être ajoutée au prix d'achat de chaque objet d'équipement ; elle ne doit pas excéder 1 fr. pour les objets dont le prix est au-dessous de 18 fr., et 2 fr. pour ceux d'un prix plus élevé.

27. Dans le cas où, par augmentation ou diminution, les objets nouvellement achetés seraient d'une valeur plus ou moins élevée que celle des objets semblables antérieurement achetés et existant en magasin, le conseil d'équipement décide si les prix doivent rester différents pour les objets anciens et nouveaux, ou s'il doit être établi un prix moyen d'après celui des divers achats et le nombre des objets restant en magasin.

28. Tous les marchés pour fournitures doivent contenir, autant qu'il est possible, l'obligation de rendre les objets sans frais au bureau de la direction.

29. Les capitaines de brigade reçoivent du chef-lieu de la direction les objets d'armement et d'habillement nécessaires pour les préposés de leur division. Ils doivent en faire la demande au directeur, par des états indiquant le nombre et l'espèce des objets, les noms et grades des préposés à qui ils sont destinés, et l'avoir en masse de chacun d'eux.

Ils doivent tenir un carnet ou registre indiquant la situation exacte du magasin d'objets d'équipement.

29 *bis.* Le montant du prix des armes ou des munitions à livrer aux douanes est versé, d'avance, à la caisse du receveur des finances, qui en délivre un récépissé destiné à être transmis au directeur d'artillerie. (*Circ. du* 20 *mai* 1850, n° 2386.)

Prix des munitions provenant des arsenaux militaires : Poudre à canon (le kil.), 1 fr. 45 c.; cartouches à balle pour fusil d'infanterie, à silex ou à percussion, 0 fr. 05 c.; pour mousqueton ou pour pistolet de cavalier, 0 fr. 035. (*Circ. du* 19 *avril* 1848, n° 2240.)

Les cartouches représentent des valeurs en magasin, et leur distribution, au prix de revient, sans plus-value, est reprise sur le livret de chaque préposé. (*Circ. du* 23 *septembre* 1842, n° 1932.)

30. Chaque préposé a un livret (série E) sur lequel est inscrit son signalement, avec l'époque de son admission dans les brigades ; les capitaines y portent, au poste même, par forme de compte ouvert, le montant de chaque retenue, ainsi que le prix de chaque fourniture. Ce livret est arrêté le premier jour de chaque année. Les art. 3, 5, 6, 7, 8, 9, 10, 11, 30, 31, 33, 34, 35, 36, 37, 38, 39, 41, 43, 56 et 57 du présent règlement y sont portés en tête.

_____

(1) Les états série E A *bis* et B *bis* ne sont pas exigés. (*Déc. du* 28 *juillet* 1846.)

31. Par le fait seul de l'acceptation du livret, le préposé est censé se soumettre à toutes les conditions du présent règlement qui lui sont applicables.

32. Les livrets sont portés au compte des préposés et figurent aux achats d'étoffes, etc. (*Déc. du* 13 *mai* 1836.)

33. Les préposés démissionnaires, quelles que soient les causes de leur démission, et les préposés révoqués, ont droit au remboursement de leur actif de masse, sauf les prélèvements suivants, réglés d'après leur temps de service sans interruption dans l'administration :

34.

	Brigadiers, Sous-Brigadiers, Patrons, Sous-Patrons.	Préposés à pied ou à cheval, et Matelots.
S'ils quittent dans la 1re année......................	60 fr.	50 fr.
— — 2e année.....................	48 fr.	40 fr.
— — 3e année.....................	36 fr.	30 fr.
— — 4e année.....................	24 fr.	20 fr.
— — 5e année et les suivantes.........	12 fr.	10 fr.

Les prélèvements à exercer sur l'actif de masse des préposés à demi-solde sont de moitié. (*Circ. du* 14 *septembre* 1836, n° 1564.)

Le temps passé à demi-solde doit être admis intégralement dans le calcul des prélèvements. (*Circ. du* 9 *août* 1847, n° 2186.)

Les préposés renvoyés des cadres pour défaut de conduite, dans la première année de leur admission, V. n° 75, supportent le prélèvement déterminé en cas de révocation. (*Déc. du* 6 *octobre* 1852.)

Mais les préposés licenciés pour cause d'incapacité physique ont droit au remboursement intégral de leur masse d'habillement. (*Circ. du* 30 *novembre* 1829, n° 1193.) V. art. 38.

Il est fait mention des prélèvements sur les livrets des préposés démissionnaires ou révoqués.

35. Si l'actif du préposé quittant le service se trouve au-dessous de la somme à prélever en exécution de l'article précédent, il ne lui est pas fait sur le dernier mois de son traitement une retenue plus forte que celle dont il peut être susceptible, aux termes des art. 6 ou 7. On ne verse, dans ce cas, au profit du bon de masse, que l'avoir tel qu'il existe, sauf à compléter le montant du prélèvement par une retenue sur les parts de saisies ou gratifications dont la répartition aurait ultérieurement lieu.

36. Si le préposé démissionnaire ou révoqué est débiteur à la masse, on retient sur son traitement le montant du déhet, outre la retenue prescrite par l'art. 6.

37. La valeur des mousquetons, pistolets et briquets ou sabres faisant partie de l'armement uniforme du préposé qui quitte le service, lui est remboursé par le capitaine de brigades d'après l'estimation, lors même que l'actif de masse de l'agent se trouverait au-dessous de la somme à prélever aux termes de l'art. 34. Si le préposé est en débet, le prix des armes est retenu ou imputé en déduction. Le directeur détermine les bases à suivre pour l'estimation.

Le mode de comptabilité relatif à la reprise de ces armes et à leur revente aux préposés est également fixé par le directeur. Le prix de vente ne peut excéder le prix de rachat que de 1 franc, sauf le cas où ces armes seraient réparées et remises à neuf. Pour le mousqueton, V. n° 100.

La retenue effectuée par le capitaine pour la réparation des armes reprises aux préposés quittant le service est portée immédiatement en recette au compte de la masse (formule H, tableau n° 1er, autres recettes), pour figurer, en dépense, aux achats d'effets d'habillement, etc. (*Déc. du* 18 *février* 1853.)

Les pièces provenant de la réparation des armes sont conservées dans le magasin des masses pour être versées dans les arsenaux, alors même qu'elles n'auroient aucune valeur. (*Circ. lith. du 18 juillet* 1849.)

Pour le versement, dans les magasins de l'Etat, d'armes appartenant au service des douanes, les directeurs doivent en référer à l'administration, en indiquant la provenance et le modèle des armes, afin que le Département de la guerre puisse donner aux directeurs d'artillerie les ordres nécessaires. (*Circ. lith. du 12 mai* 1854.) V. nº 138.

38. L'actif de masse est remboursé en entier aux préposés et marins appelés pour le service militaire ou par suite d'inscription maritime, aux héritiers de ceux qui meurent et aux retraités. *V. art.* 34.

Est traité comme étant requis pour le service militaire le préposé qui, atteint par la loi de recrutement, devance l'appel de son numéro, et remet sa commission, afin de pouvoir choisir le corps dont il désire faire partie. (*Déc. du 30 avril* 1852.) *V. art.* 39.

Les dispositions des circulaires de la comptabilité des 30 décembre 1826, nº 9, et 12 novembre 1832, nº 22, en ce qui concerne le traitement des préposés décédés, V. nº 224, sont applicables au payement à la veuve ou aux enfants, tant de l'actif de masse que de la valeur des armes reprises. (*Circ. lith. du 31 octobre* 1850.)

Quand les chefs du service ont inutilement fait des démarches pour découvrir les héritiers d'un préposé décédé et qui a laissé des effets d'habillement, etc., et sur le refus de l'administration de l'Enregistrement et des Domaines d'accepter une telle succession vacante, dont la valeur ne couvrirait pas les frais de prise de possession, il convient de faire procéder à la vente de ces effets et d'en verser le montant à la Caisse des dépôts et consignations, au profit de qui de droit. (*Déc. du 5 octobre* 1855.)

Les sommes délaissées aux fonds de masse par les employés décédés sans héritiers connus, ou abandonnées par des préposés révoqués ou démissionnaires, doivent être versées à la Caisse des dépôts et consignations, par l'entremise des receveurs généraux des finances, dont les récépissés sont produits à l'appui de la dépense portée au compte de masse. (*Circ. du 27 mai* 1840, nº 1812.)

Ces versements s'effectuent dans les quinze derniers jours de décembre, pour les sommes dont la recette remonte au moins au 30 novembre de l'année précédente, de manière que le délai le plus court ne soit jamais moindre d'une année révolue. (*Circ. du 31 décembre* 1842, nº 1952.)

Pour les payements à effectuer aux créanciers, *V.* nºs 61 et 107.

39. Les préposés qui s'enrôlent volontairement subissent les prélèvements déterminés pour les démissionnaires ou révoqués.

40. Si un préposé, ayant à sa masse au-delà de la somme à prélever en cas de démission, se trouve, lui, sa femme ou ses enfants, atteint d'une maladie grave exigeant une dépense extraordinaire, et de même s'il éprouve quelque perte ou accident notable, le directeur peut venir à son secours en lui faisant remettre, en une ou plusieurs fois, partie ou le tout de la portion excédant le montant du prélèvement, et même, s'il y a lieu, suspendre la retenue pendant le temps que durent les besoins constatés. *V.* nºs 61 et 107.

41. Si le préposé démissionnaire ou révoqué a un actif de masse plus élevé que celui qu'il doit abandonner, aux termes de l'art. 34, et qu'il ait contracté des dettes pour logement ou nourriture, le capitaine de brigades peut les acquitter jusqu'à concurrence de la somme excédant le montant du prélèvement.

42. Les créanciers des préposés démissionnaires ou destitués ne peuvent réclamer leur actif de masse que déduction faite des sommes à prélever au profit du bon de masse.

43. Les préposés ne peuvent changer de direction sans y être autorisés par le directeur sous lequel ils sont actuellement placés, à peine d'être réputés démissionnaires, et, comme tels, sujets aux prélèvements déterminés par l'art. 34 ci-dessus.

Il est fait mention de cette autorisation sur les livrets. Les directeurs, en adressant à leurs collègues les signalements des préposés qui doivent passer sous leurs ordres, leur transmettent également, s'il y a lieu, des notes ou observations sur la conduite de ces préposés. *V.* n° 48.

44. Le préposé appelé d'une direction dans une autre conserve les objets de masse qui lui appartiennent, à l'exception de ses armes, dont la valeur est ajoutée à son actif de masse. *(Circ. du 1er septembre 1845, n° 2082.)*

45. Lorsqu'un préposé change de direction, son actif de masse lui appartient en entier, mais il ne lui est pas remboursé ; le capitaine arrête le livret de ce préposé, et le directeur fait remettre l'actif qui y est repris au directeur sous lequel passe l'employé changé, lorsqu'il a avis de son arrivée à sa nouvelle résidence. Ce transfert a lieu par la voie des virements de fonds et par les soins des receveurs principaux. *(Circ. du 15 mars 1831, n° 1253.)*

46. Si cependant le préposé a à la masse au delà de la somme à prélever en cas de démission, le directeur peut autoriser le capitaine à lui remettre, pour l'aider à subvenir aux frais du voyage, partie ou le tout de la portion excédant le montant du prélèvement.

48. Le *bon de masse* est l'excédant de l'actif sur le passif, constaté par le compte-rendu à l'expiration de chaque exercice ; sa comptabilité n'est pas distincte de celle de la masse.

49. Il se compose des prélèvements faits sur l'actif de masse des préposés destitués ou démissionnaires, et des remises et plus-value, déduction faite des frais indiqués en l'article suivant (1).

50. Le bon de masse est destiné à couvrir les frais de transport, papiers, registres et impressions, et dépenses extraordinaires.

53. Il n'est alloué, pour le travail des masses, aucune indemnité ou rétribution. *(Circ. du 2 septembre 1848, n° 2274.)*

55. Les dépenses extraordinaires et imprévues, telles que les fournitures d'impressions pour le service des masses, les réparations de mousqueton, le remplacement d'effets d'habillement et d'équipement, etc., doivent être autorisés par l'administration ; et, chaque fois qu'un directeur provoque une dépense, il doit indiquer quel est le montant disponible du boni des masses de sa direction.

Mais les directeurs peuvent autoriser les dépenses qui n'excèdent pas 50 fr. Toutefois, l'assentiment préalable de l'administration est toujours indispensable quand il s'agit de secours, gratifications ou indemnités pour actes de dévoûment, lors même que les sommes à allouer ne s'élèveraient pas à plus de 50 fr. *(Circ. du 31 décembre 1851, n° 2477.)*

Lorsque les agents à la nomination des directeurs sont traités dans un hôpital, si la solde accordée avec retenue pour congé ne suffit pas pour payer le prix des journées, le montant de la différence peut, en vertu d'une autorisation spéciale de l'administration, être prélevé sur le boni des masses. Il en est de même dans le cas où la solde, bien qu'intégralement allouée, ne couvre pas les frais de l'espèce. *(Circ. lith. du 24 août 1854.)* V. n° 115.

Dans toute hypothèse, le payement des dépenses autorisées sur les fonds de masse est ordonnancé par les directeurs. *(Circ. du 2 septembre 1839, n° 1766.)*

Pour toute dépense autorisée par l'administration, il faut produire, à titre de justification, une copie certifiée de cette autorisation. *(Déc. du 26 mars 1840.)*

(1) Le boni comprend aussi le produit de la vente des objets réformés. *V.* n° 138. Le procès-verbal est fourni à l'appui du compte de masse, modèle H, avec un extrait du livre-journal du receveur principal pour constater la prise en charge. *(Déc. du 5 avril 1853.)*

Les dépenses de 50 fr. et au-dessous, autorisées par les directeurs, doivent être portées à la connaissance de l'administration au moyen d'un état spécial, à l'expiration du trimestre dans lequel elles ont été faites. (*Circ. des* 18 *septembre* 1838, n° 1709, 3 *novembre suivant*, n° 1719, *et* 2 *septembre* 1839, n° 1766.)

Quant aux dépenses susceptibles d'être annotées aux inventaires, *V.* n°ˢ 132 et 137.

56. Dans le cas où le bon de masse se trouverait, à la fin de l'année, assez considérable pour qu'il pût en être employé une partie au profit des préposés, le conseil d'équipement peut en proposer l'emploi pour l'achat de capotes de factionnaires ou autres objets mobiliers utiles à tous les préposés, lesquels objets demeurent communs et sont attachés aux corps-de-garde ou embarcations.

La délibération du conseil est préalablement soumise à l'approbation du directeur général.

Le montant de ces achats est porté, comme dépense extraordinaire, au compte de l'année suivante.

Sont imputés sur le boni des masses les secours accordés par l'administration, sur la proposition des directeurs, aux veuves et enfants de préposés non admissibles à une reversibilité de pension. (*Circ. man. du* 15 *décembre* 1821.)

Quant aux préposés en activité, on ne doit leur accorder un secours que dans des cas extrêmement rares et tout-à-fait exceptionnels, tels qu'un incendie, une inondation, une maladie épidémique ou une position si misérable que personne n'y puisse comparer la sienne. Il faut, en effet, écarter une prodigalité qui tendrait à épuiser un fonds que tous les agents ont contribué à former. (*Déc. du* 20 *septembre* 1837.)

Les secours aux veuves, etc., doivent être distribués selon les besoins. Ils ne peuvent, dans l'ensemble, pour une même famille, dépasser 300 fr. (*Déc. du* 10 *avril* 1847.)

57. Il ne doit être fait aux dépens de la masse aucune distribution gratuite d'effets d'habillement ou d'armement, pour raison d'ancienneté de service ou autre motif; les objets fournis sont à la charge de chaque préposé.

58. *Comptabilité.* L'état série E A des retenues à fournir chaque mois par les capitaines de brigades, aux termes de l'art. 16, doit comprendre tous les préposés inscrits sur le rôle d'appointement et sujets à la retenue.

Les capitaines justifient de la quotité de la retenue faite à chaque préposé, en insérant dans la colonne d'OBSERVATIONS l'une ou l'autre de ces mentions, *équipement non complet; au-dessous du maximum,* ou *au-dessus du maximum.*

Si le préposé a été dispensé de la retenue par le directeur, suivant l'autorisation accordée par l'article 40, il en est fait mention en la colonne d'*observations.*

59. Les remboursements à faire aux préposés qui quittent le service, et tous autres prévus par les art. 33 et suivants, sont faits par les capitaines de brigades, d'après l'autorisation spéciale des directeurs; il en est fait mensuellement un état particulier, série E B, lequel indique en même temps le montant des prélèvements faits au profit du bon de masse.

Cet état comprend tous les préposés qui ont quitté le service dans le mois, même ceux pour lesquels il n'y a aucun prélèvement ou remboursement à faire.

Les capitaines de brigades retiennent chaque mois le montant des remboursements qu'ils ont faits sur celui des retenues effectuées, et versent l'excédant, aux termes de l'art. 16 ci-dessus, en la caisse du receveur principal, qui en donne quittance au pied de l'état des retenues.

60. Les capitaines de brigades justifient de la distribution des objets d'habillement ou d'armement qu'ils ont reçus de la direction, par un état série E C, dûment émargé, qu'ils dressent à la fin du mois.

Ils font connaître par des états, série E, A *bis*, B *bis*, le montant des retenues apportées à l'actif de masse, ou distraites de cet actif, ainsi qu'il est établi en l'art. 45.

9

61. Chaque préposé a un compte ouvert dont son livret doit toujours offrir la copie textuelle ; ce compte ouvert se tient par feuilles volantes, série E D, rangées par ordre alphabétique ; le capitaine de brigades y inscrit les retenues et les fournitures à mesure qu'elles s'effectuent. Lorsqu'un préposé quitte le service ou la direction, le capitaine arrête son compte et son livret, retire sa feuille de la chemise des *préposés en activité* dans sa division, et la classe dans une chemise particulière, sous le titre *préposés ne faisant plus partie de la capitainerie.*

Si le préposé, sans passer dans une autre direction, change seulement de capitainerie, son compte et son livret sont également arrêtés, et le capitaine de la division où il passe ouvre un nouveau compte d'après son livret, qu'il se fait représenter.

62. Le capitaine rédige chaque année un état général présentant la situation individuelle de masse, c'est-à-dire l'actif ou le passif de chacun des préposés sujets à la retenue et en activité au 31 décembre.

Cet état ne contient que le résultat des comptes ouverts qui, ainsi que les livrets, doivent être arrêtés dans les premiers jours de janvier.

63. Les états que les capitaines de brigades ont à fournir, aux termes des articles précédents, doivent être rédigés par ordre alphabétique, et parvenir à la direction, au plus tard, ceux de chaque mois, le 5 du mois suivant, et l'état de situation individuelle de masse, le 15 janvier de chaque année.

64. L'employé désigné pour le travail des masses, aux termes de l'art. 21, doit surveiller le détail de l'habillement et équipement avec la plus sévère attention, et rendre compte de toutes les opérations au directeur.

Il l'informe également des infractions qui pourraient être faites aux dispositions du règlement.

65. Il tient pour chaque préposé, sur feuilles volantes, modèle D, un compte ouvert où il inscrit, à mesure de la réception des états mensuels, les *retenues*, les *remboursements* et les *fournitures* effectuées pour chacun des préposés pendant le mois précédent.

Ces comptes sont classés, par ordre alphabétique, dans autant de chemises que la direction a de capitaineries. Les feuilles des préposés qui ont quitté le service, la direction ou la capitainerie, sont soigneusement retirées des capitaineries respectives, en sorte que chaque chemise présente toujours l'état exact de la composition de la capitainerie qu'elle concerne.

Il vérifie et arrête, d'après les états mensuels des capitaines, les comptes des préposés qui ont cessé de faire partie des brigades, et les classe dans des chemises intitulées *préposés qui ont quitté.*

Les comptes ouverts tenus par l'employé comptable, ceux des capitaines, et les livrets, doivent offrir les mêmes résultats et se contrôler respectivement.

66. Le commis chargé de la masse doit tenir, pour chaque capitainerie, un état sur lequel il inscrit chaque mois le relevé des états fournis par le capitaine de brigades, toutefois après en avoir fait la vérification. Cet état, rédigé et totalisé de manière à présenter à la fin de chaque mois, par capitainerie, le montant des retenues, des remboursements et des prélèvements, ainsi que les objets distribués depuis le commencement de l'exercice, sert à dresser l'état du compte annuel.

66 *bis.* Du 1er au 15 de chaque mois, les receveurs principaux adressent au directeur un bordereau, modèle K, en double expédition, des recettes et des dépenses effectuées sur les fonds de masse. Les pièces justificatives, produites à l'appui, restent jusqu'à la formation du compte annuel dans les bureaux du directeur, qui, après vérification, renvoie l'une des expéditions du bordereau revêtue d'un accusé de réception. (*Circ. du 3 novembre* 1838, n° 1718.)

En cas de mutation de receveur principal, le nouveau titulaire ne fait aucune reprise à l'antérieur.

67. Le commis de direction doit tenir un registre de recette et de dépense en deniers; il y indique, chaque mois, non le montant des retenues effectives, mais seulement le net versé par les capitaines, déduction faite des remboursements, et ce, d'après les reconnaissances des receveurs principaux données au pied de l'état des retenues contrôlées par les indications des bordereaux, modèle K.

Il inscrit sur ce registre, jour par jour, par ordre de dates et de numéros, les ordres de payement délivrés par le directeur pour les achats, façons, faux frais et dépenses imprévues.

Les ordres ou mandats de payement du directeur portent les numéros qui sont indiqués sur le registre.

Les dépenses faites pour payement de fournitures sont tirées au net et déduction faite des escomptes ou remises, lesquels sont seulement indiqués dans la colonne *motifs des payements,* en telle sorte qu'il ne figure en dépenses que les sommes effectivement payées par la caisse; à ce moyen, il n'est pas fait une recette réelle de ces remises ou escomptes.

Le commis tient aussi un compte des sommes qui sont acquises au *boni* et qui se composent des prélèvements effectués en vertu de l'art. 34, et de la plus-value sur les effets distribués. En regard, il inscrit toutes les dépenses imputées sur ce fonds. Ce compte est tenu de telle manière qu'à toute époque on puisse connaître le chiffre exact du boni. (*Circ. du* 3 *novembre* 1838, n° 1718.)

68. Il doit tenir également un registre d'entrée et de sortie du magasin. Il y fait figurer tous les effets achetés, confectionnés et distribués aux préposés; ce registre est arrêté à la fin de chaque année, et la situation du magasin constatée par un inventaire, lequel est fait par mesurage et compte effectif de tous les objets existant en magasin, et certifié par le chargé de la masse et tels autres employés que le directeur désigne pour l'assister.

Les étoffes et objets confectionnés y sont portés au prix d'achat ou de confection, suivant les factures ou mémoires, sans déduction des remises ou escomptes, mais sans addition de plus-value, ce bénéfice ne pouvant tomber en bon de masse qu'à mesure de la distribution ou vente aux préposés. (*Règlement min. du* 25 *février* 1815.)

Les mémoires, factures et quittances de toutes sommes au-dessus de 10 fr., payées sur les fonds de masse, seront assujettis au droit de timbre, ainsi que les mandats ou lettres de change au moyen desquels les fournisseurs touchent le montant de ces mémoires ou factures. Cependant, si le payement était effectué par un autre comptable que celui qui est appelé à le porter en compte avec son imputation définitive, il n'y aurait pas à exiger d'autre timbre que celui des mémoires et factures, et celui des quittances, lorsqu'elles ne sont pas délivrées au pied de ces mémoires ou factures.

Les reconnaissances de remboursement de la valeur des armes reprises aux préposés continueront d'être exemptées du timbre. (*Circ. du* 31 *décembre* 1842, n° 1942.)

Les médecins de douanes sont autorisés à donner, sur l'ordre de payement même, quittance du montant de leurs honoraires. Ainsi formée et se rattachant à un objet de régie intérieure, cette quittance est affranchie de la formalité du timbre. (*Déc. du* 27 *mai* 1853.)

Les quittances délivrées par les receveurs des hospices, pour le montant des journées dues par les préposés traités dans ces établissements, sont considérées comme émanant d'agents administratifs et par conséquent exemptées du timbre. (*Déc. du* 14 *février* 1833.)

Les mémoires des pharmaciens, relatant, jour par jour, les ordonnances des médecins, peuvent être établis sur papier libre; mais alors il en est dressé, sur papier timbré, un résumé récapitulatif, destiné à être produit à titre de justification de la dépense. (*Déc. du* 11 *novembre* 1854.)

Le prix du timbre est à la charge des fournisseurs. (*Déc. du 20 août* 1847.)

71. — Le *Casernement* est utile et même nécessaire soit sur des points isolés où il n'existe que très-peu d'habitations, soit dans les localités populeuses où il devient parfois indispensable au point de vue de la police et de la discipline. Mais dans d'autres conditions, notamment à la campagne, il impose souvent aux préposés une dépense plus forte que le système des logements particuliers. C'est en tenant compte de ces considérations qu'il faut apprécier les questions qui s'élèvent à ce sujet. (*Déc. du 7 janvier* 1857.)

Les brigadiers sont chargés de la police des casernes, sous le contrôle du lieutenant, du capitaine et de l'inspecteur ; leur autorité s'exerce dans les logements des hommes mariés comme dans les chambrées des garçons. Les logements sont distribués suivant l'ancienneté d'arrivée au poste. Il existe dans chaque caserne un règlement général.

Le taux des retenues du casernement doit être porté à peu près à la moyenne des dépenses que les préposés non casernés ont à faire pour leur loyer. (*Circ. lith. du 31 décembre* 1841.)

Les préposés qui occupent un logement à titre gratuit dans des bâtiments appartenant à l'État ou loués sur les fonds du Trésor, sont soumis à la même retenue que ceux qui habitent des casernes louées sur les fonds de masse. (*Déc. du 22 février* 1840.)

Des objets mobiliers sont fournis gratuitement aux préposés garçons logés en chambrées. (*Circ. du 3 novembre* 1838, n° 1718.)

On a dû, en général, repousser les propositions de fournir aux préposés garçons non casernés des lits complets et autres objets mobiliers, dont le prix serait prélevé sur le boni des masses, car les ressources du casernement n'y eussent pas suffi ; mais, du moment que le matériel existe, il convient de l'utiliser. (*Déc. du 7 janvier* 1857.)

Aucune fourniture gratuite n'est faite aux lieutenants ou capitaines. (*Déc. du 11 février* 1845.)

Le grattage et le lessivage des peintures des casernes font partie des corvées auxquelles sont soumis les préposés casernés. (*Déc. du 26 juillet* 1844.)

72. — *Ordinaire*. Quand la nourriture des préposés est assurée en commun, les comptes de la dépense journalière doivent être tenus par un sous-brigadier, surveillés et contrôlés chaque mois par les officiers et les chefs divisionnaires. V. n° 127. A défaut d'une table particulière, les sous-officiers doivent prendre leur repas à l'extrémité supérieure de la table des préposés.

Les frais d'étamage d'ustensiles de cuisine d'une caserne sont à la charge de l'ordinaire, alors même que les objets auraient été achetés par imputation sur le boni des masses. (*Déc. du 26 mai* 1863.)

73. — *Service médical*. Les employés de brigade, jusqu'au grade de capitaine inclusivement, sont soumis à l'abonnement déterminé pour subvenir aux frais qu'entraîne ce service. (*Circ. du 6 novembre* 1854, n° 240.)

Après s'être éclairé sur la situation, la moralité, l'aptitude et la valeur médicale des candidats présentés par les inspecteurs divisionnaires pour un emploi vacant de médecin des brigades, le directeur désigne à l'administration le médecin qui lui paraît le plus en mesure de donner satisfaction aux conditions et aux exigences du service. (*Déc. du 22 mars* 1862.)

Le boni de la masse de santé peut, avec l'approbation de l'administration, être employé à payer tout ou partie de la dépense faite par les agents de brigades pour achat de médicaments, de sangsues, etc., dont l'usage leur a été prescrit, ainsi qu'à leurs familles (la femme et les enfants), par ordonnances des médecins de la Douane. (*Déc. du 24 mars* 1856.)

Nul ne pouvant, aux termes des art. 25 et 27 de la loi du 21 germinal an XI, débiter de médicaments s'il n'est pourvu du diplôme de pharmacien, les médecins des

Douanes ne peuvent être dépositaires des médicaments nécessaires aux brigades.

Il n'y a d'exception que pour ceux dont les malades habitent hors de la commune où il existe un pharmacien. Le dépôt des médicaments chez les capitaines de brigades est aussi dépourvu des bases légales. (*Déc. du 29 mai* 1855.)

Dans beaucoup de localités insalubres, exposées aux fièvres, on a fait avec succès usage d'un vin amer. On en fait prendre une cuillerée chaque matin aux préposés; dans la journée, aux agents qui rentreraient du service sous l'impression d'une chaleur ou d'un froid exceptionnel; enfin, à tout préposé partant pour les embuscades de nuit. Le prix de ce médicament, dont voici la formule, est acquitté sur le boni. Dans une barrique, soit de bon vin du pays analogue à ceux du Midi, soit de vin d'Espagne, de la contenance de 220 à 225 litres, introduire 1 litre d'esprit de vin et 1 kilogr. 5 hectogr. de racine de gentiane *bien concassé;* laisser infuser pendant dix jours au moins et mettre le vin en bouteilles bien bouchées.(*Circ. lith. du*21 *août* 1846.)

74. — *Douanes coloniales.* Le service des douanes, dans les colonies de la Martinique, de la Guadeloupe et de la Réunion, est dirigé par un directeur, qui reçoit de l'administration générale des Douanes, par l'intermédiaire du Département de la marine, les instructions relatives aux détails du service. (*Ord. du 25 octobre* 1829, *titres* 1 *et* 2.)

Les chefs et employés de tous grades, dans ces colonies, font partie du personnel des Douanes de France; mais ils sont sous les ordres du Ministre de la marine. (*Même Ord., titre* 3, *art.* 13.)

Leur nomination est faite, selon leur grade, soit par le Ministre des finances, soit par le directeur de l'administration des Douanes. Le Ministre de la marine vise les commissions. (*Même Ord., titre* 3, *art.* 17.)

Les dispositions relatives au personnel sont prises par le directeur général sur les conclusions du Département de la marine.

Toutefois, les agents du service actif, jusques et y compris le grade de brigadier ou de patron, sont nommés par le directeur des Douanes de la colonie. (*Même Ord., tit.* 3, *art.* 18.)

Les postulants pour les emplois de préposés ne sont pas envoyés de France. (*Dépêche de M. le Ministre de la marine du* 3 *septembre* 1853.)

Les agents nouvellement nommés aux colonies doivent se mettre en mesure de partir dès qu'ils ont reçu, par l'intermédiaire de l'administration, une lettre d'avis émanée du département de la marine.

Les deux tiers au moins des places qui deviennent vacantes, dans les douanes coloniales, sont données par avancement aux employés qui y sont en activité, jusqu'aux grades de directeur et d'inspecteur exclusivement. (*Ord. du 25 octobre* 1829, *titre* 3, *art.* 23.)

Les fonctionnaires des douanes coloniales n'ont droit à prendre rang dans les Douanes de France, avec le grade dont ils ont été pourvus, soit à leur départ de France, soit dans les colonies, qu'autant qu'ils ont été employés cinq ans au moins dans ce grade. (*Même Ord., tit.* 3, *art.* 19.)

Un supplément de traitement est accordé aux agents des colonies : il est de la moitié du traitement d'Europe pour les inspecteurs de 1re classe; des trois quarts pour les inspecteurs de 2e et de 3e classe (*Déc. min. du* 5 *juin* 1862); du double pour les autres employés. (*Ord. des* 8 *juin* 1834 *et* 16 *avril* 1837.)

Les emplois qui deviendront vacants en France ou en Algérie seront réservés aux agents des douanes coloniales dans la proportion de 5 0/0 pour la partie sédentaire et de 2 0/0 pour le service actif. (*Déc. du* 8 *février* 1862, art. 3.)

75. — *Intérimaires.* Le directeur est provisoirement remplacé par l'inspecteur divisionnaire de la résidence, ou, à défaut, par l'inspecteur de la direction ayant le traitement le plus élevé, ou, s'il n'en existe pas, par le plus ancien dans le grade. (*Circ. du* 11 *mai* 1854, n° 205.)

En cas de nécessité de remplacement provisoire d'un chef de service du grade d'inspecteur, de receveur principal ou de sous-inspecteur, le choix de l'intérimaire doit être soumis à l'approbation de l'administration. Si, par un motif d'urgence, le directeur n'avait pu prendre l'attache préalable de l'administration pour la désignation de l'intérimaire, il devrait lui faire connaître l'employé sur qui aurait porté son choix. (*Circ. du 9 juillet* 1846, n° 2119.)

Pour les autres emplois, les intérimaires sont choisis par le directeur. En cas d'urgence, les inspecteurs qui, d'ordinaire, désignent les intérimaires au directeur, chargent les employés de remplir provisoirement les fonctions dont les titulaires sont absents, mais sauf approbation du directeur, à qui ils en réfèrent immédiatement. (*Déc. du 27 janvier* 1830, *et Circ. du 22 novembre* 1852, n° 76.)

L'inspecteur divisionnaire ou le sous-inspecteur divisionnaire doit être remplacé provisoirement par le sous-inspecteur sédentaire de la résidence, suppléé lui-même, au besoin, par un contrôleur ou un vérificateur de la localité. A défaut d'un sous-inspecteur disponible, l'intérim de l'inspection doit être confié, non à un contrôleur ou à un vérificateur, mais à l'un des capitaines de la division, ou à chacun des capitaines pour les capitaineries respectives, avec autorisation de correspondre directement avec le directeur. (*Circ. du 11 mai* 1854, n° 205, *et Déc. du 26 mai* 1857.)

Le sous-inspecteur sédentaire est remplacé par l'un des contrôleurs de la résidence, ou, à défaut, par un des vérificateurs, lequel n'est pas lui-même remplacé, à moins de circonstances exceptionnelles et d'une autorisation spéciale de l'administration. (*Circ. du 11 mai* 1854, n° 205.)

Un inspecteur ne peut conserver une partie de son travail de manière à ne faire intervenir un intérimaire que selon les circonstances. (*Déc. du 18 mars* 1843.)

En cas d'absence du titulaire d'une recette principale ou subordonnée, un agent du bureau qu'il désigne, et qui est agréé par l'inspecteur divisionnaire et par le directeur, est, après approbation de l'administration, chargé de remplacer le receveur comme comptable, c'est-à-dire quant à la manutention de la caisse, sous la responsabilité du titulaire. Le sous-inspecteur sédentaire, qui ne peut être chargé de l'intérim, dirige alors et surveille tout le service, et remplace ainsi le receveur dans ses fonctions purement administratives. A défaut de sous-inspecteur, la direction du bureau est conférée à un contrôleur ou à l'employé qui arrive immédiatement après dans l'ordre hiérarchique. (*Déc. du 6 juillet* 1840, *et Circ. du 11 mai* 1854, n° 205.)

Les inspecteurs et les directeurs doivent tenir la main à ce que le choix du receveur, pour son intérim, tombe sur un sujet qui, par ses qualités, offre une garantie à l'administration. (*Circ. du 8 janvier* 1826, n° 963.)

Mais si l'emploi de receveur est vacant, la recette est gérée par un intérimaire, en son propre nom, sous la même surveillance. (*Circ. du 8 janvier* 1826, n° 963.)

L'intérimaire d'une recette rend compte de la gestion au nom et sous la responsabilité du titulaire; et en son nom personnel et sous sa propre responsabilité, pour la période pendant laquelle l'emploi a été vacant. (*Circ. du 8 janvier* 1826, n° 963, *et Déc. du 21 avril* 1849.)

Dès qu'un agent est nommé comptable, il devient responsable, qu'il joigne immédiatement ou non son poste.

Les intérim sont une des conditions du surnumérariat, et il convient d'en charger les surnuméraires quand les besoins du service l'exigent. (*Déc. du 16 juillet* 1838.)

On ne saurait exiger d'un brigadier, chargé par intérim des fonctions de receveur, qu'il contribue au service de la brigade, même de jour, notamment lorsque le sous-brigadier est en mesure de le suppléer. Dans toute hypothèse, il ne peut être tenu de faire le service de nuit. (*Déc. des 5 février* 1839 *et 17 octobre* 1845.)

Lorsqu'il est de retour d'un congé, le capitaine doit faire connaître officiellement à l'inspecteur qu'il reprend son service. Dès ce moment, les mesures prises temporairement pour l'intérim cessent d'avoir leur effet. (*Déc. du 27 février* 1856.)

L'agent chargé d'un intérim, lorsqu'il existe un titulaire, ne peut toucher le traitement ni l'indemnité de résidence de l'agent qu'il remplace provisoirement. (*Déc. du 23 novembre* 1837.) Dans ce cas, si, pendant l'absence de l'employé titulaire, il y a lieu de pourvoir à des frais d'intérim, le montant en est à la charge de cet employé. (*Décret du 9 novembre* 1853, *art.* 16.)

Mais l'agent qui, chargé provisoirement des fonctions de receveur, par suite de vacance, est appelé à rendre compte de sa gestion sous sa propre responsabilité, a droit tant aux émoluments attachés à cet emploi qu'à l'indemnité pour frais de bureau pendant la durée de l'intérim. (*Circ. du 8 janvier* 1826, n° 963.)

Un receveur principal qui, nommé à une nouvelle résidence, par exemple à compter du 1er novembre, est chargé de continuer la gestion vacante de son ancien bureau jusqu'à la fin de l'année, de manière à ce qu'il présente les comptes définitifs pour l'année entière, en son nom personnel et sous sa propre responsabilité, jouit des émoluments attachés à l'emploi qu'il occupait à ce bureau. Les émoluments (frais de bureau, gratifications, plombage) de la recette de la résidence que cet agent doit joindre, sont alors attribués à l'employé qui en remplit l'intérim en l'absence du premier. (*Déc. du 3 janvier* 1856.)

Dans le cas où elle accorde, à titre d'abonnement, une somme représentative du loyer d'un agent qui occupe une maison à lui appartenant, l'administration ne saurait être conduite ni autorisée, cet agent étant mis à la retraite, à le couvrir au sujet d'engagements passés suivant ses convenances personnelles, dans lesquelles elle n'intervient pas. Quant à l'affectation qui peut avoir lieu d'une partie de l'habitation au maintien des bureaux, c'est au successeur ou à l'intérimaire, chargé d'assurer le service, de s'entendre avec le premier et de pourvoir à la dépense. (*Déc. du* 11 *février* 1853.)

Quand un directeur est décédé, la part de frais de bureau allouée à l'intérimaire est calculée à raison de la durée de la vacance de l'emploi. (*Déc. du* 1er *juillet* 1852.)

Mais, en cas de mutation de directeurs, sans vacance d'emplois, les allocations sont réparties selon la durée d'exercice ; et, s'il y a eu un intérimaire, les dépenses qu'il a pu faire lui sont remboursées par le titulaire qui doit recevoir les frais de bureau. (*Déc. du* 20 *mars* 1850.)

Le produit des vacances d'emplois tombe au profit du Trésor. (*Circ. du* 21 *mai* 1828, n° 1102.) Toutefois, lorsqu'un emploi est sans titulaire, la jouissance du traitement et des émoluments attachés à cet emploi peut être accordée, en totalité ou en partie, à toute personne appelée à remplir l'intérim. (*Règlement du* 26 *janvier* 1846 *sur la compt. gén., art.* 94.) Le seul cas où l'intention de l'administration soit d'user de la latitude ainsi accordée est celui où il s'agit d'intérim entraînant un déplacement temporaire de résidence, ou obligeant à des tournées extérieures un employé qui n'y est pas habituellement assujetti ; en un mot, lorsque l'intérim occasionne à l'intérimaire des dépenses exceptionnelles, qu'il n'est pas en état de les supporter, et qu'il n'y a pas d'autre moyen de l'en indemniser. (*Circ. du* 23 *mai* 1846, n° 2114.)

Si un agent touche le traitement affecté à l'emploi vacant qu'il remplit par intérim, le traitement de son propre emploi est porté en vacance au profit du Trésor, et il est établi un certificat de modification au rôle, appuyé d'une copie certifiée de l'autorisation administrative. (*Déc. du* 10 *décembre* 1853.)

76. — *Avancement.* Pour les nominations, on se conforme à l'ordre hiérarchique des grades et aux règles d'avancement. (*Ord. du* 30 *janvier* 1822, *art.* 8.)

Nul n'est promu à un grade supérieur avant d'avoir servi au moins deux ans dans le grade immédiatement inférieur.

Nul ne peut, dans un même grade, passer à une classe supérieure avant d'avoir servi au moins un an dans la classe inférieure. (*Ord. du* 17 *décembre* 1844, *art.* 43.)

Le directeur général présente, à chaque vacance d'emploi réservé à la nomination du Chef de l'Etat ou à celle du Ministre des finances, une liste de trois candidats pris dans le tableau d'avancement ainsi dressé, et parmi lesquels le Ministre désigne ou nomme directement le nouveau titulaire. Si dans quelque circonstance extraordinaire, il y avait lieu de faire une exception en faveur d'un candidat qui n'aurait pas été porté sur les listes d'avancement, et dont cependant les services mériteraient une récompense immédiate, cette exception devrait être l'objet d'une décision spéciale et motivée du Ministre des finances. (*Même Ord.. art.* 29.)

État série E, n° 82, *des employés désignés pour l'avancement.* Chaque année, au commencement du mois de décembre, les inspecteurs ou sous-inspecteurs sédentaires et les receveurs principaux adressent à l'inspecteur de la division un état des employés sous leurs ordres, à la nomination du directeur général, qu'ils jugent réunir les titres nécessaires pour passer dans une classe plus élevée ou être promus au grade immédiatement supérieur à celui que les agents occupent. Ces chefs indiquent, d'une manière précise, mais sommaire, si, dans leur opinion, l'employé mérite d'avancer au choix, à raison de services plus distingués, ou à l'ancienneté. L'inspecteur divisionnaire forme un tableau semblable pour son arrondissement, et l'adresse au directeur, appuyé des états des receveurs principaux et sous-inspecteurs, en produisant ses observations et propositions personnelles à l'égard des agents sous ses ordres. (*Circ. du* 28 *mai* 1860, n° 642.)

Dans les grandes douanes, les états sont remis par les sous-inspecteurs à l'inspecteur sédentaire, et par celui-ci à l'inspecteur principal. Enfin le directeur transmet à l'administration les états de propositions des receveurs principaux, sous-inspecteurs et inspecteurs, en présentant, sur un état général, ses observations à l'égard des agents sur le compte desquels il différerait d'opinion avec ces chefs, soit sous le rapport du rang à leur assigner sur le tableau d'avancement, soit pour signaler, après avoir provoqué les explications de l'inspecteur, ceux qui lui paraîtraient avoir été mal à propos omis dans les désignations des chefs locaux, aucune nomination n'étant faite en dehors des indications des états n° 82.

Les directeurs comprennent, en une subdivision distincte, sur leurs tableaux, ceux des commis de leurs bureaux particuliers qu'ils croient devoir désigner pour l'avancement.

Ces états doivent contenir un nombre de subdivisions égal à celui des grades et des classes auxquels appartiennent les agents qui y sont dénommés; et ceux-ci sont rangés dans chaque subdivision par ordre de mérite. Ces états ne concernent que les employés du service administratif et de perception. (*Circ. des* 12 *janvier* 1846, n° 2096, *et* 22 *novembre* 1852, n° 76.)

A la même époque, et relativement aux brigades, les inspecteurs divisionnaires rédigent et envoient au directeur, qui le transmet à l'administration après l'avoir revêtu de ses observations, un état divisé en trois sections et comprenant : 1° les capitaines et lieutenants jugés dignes d'avancement, et les brigadiers susceptibles d'être promus à la lieutenance; 2° les capitaines, lieutenants et brigadiers dont l'admission dans les bureaux serait désirable ; 3° les capitaines et lieutenants qu'il conviendrait de changer.

On peut désigner, sur l'état série E, n° 82, par rang de mérite et sans distinction de classe, savoir : pour la sous-inspection, les capitaines à 2,400 et à 2,200 fr.; pour la capitainerie, les lieutenants à 1,800 et à 1,600 fr.; pour la lieutenance, les brigadiers à 1,000 et à 950 fr. (*Circ. man. du* 4 *septembre* 1863.)

Avancement. Il s'agit de présenter les agents qui sont aux premiers rangs pour prétendre aux emplois qui peuvent devenir le plus prochainement vacants dans un grade ou dans une classe immédiatement supérieurs.

Le nombre des sujets à désigner ne pouvant être indiqué, même approximativement, il importe d'en porter plusieurs pour chaque sorte d'avancement, afin de laisser au directeur et au directeur général une latitude suffisante pour les choix à faire.

En ce qui concerne plus spécialement les brigadiers, s'il convient de prendre en considération les droits de l'ancienneté, il est dans l'intérêt bien entendu du service d'appeler aussi à la lieutenance les jeunes sujets que distinguent leur instruction, leurs formes, leur conduite, leur fermeté dans le commandement et leur intelligence du métier.

Pour les agents des différents grades, il peut arriver qu'un sujet, après avoir été présenté pour l'avancement dans un premier tableau, ne soit plus jugé digne de figurer sur un second. Dans ce cas, il faut que l'exclusion définitive ou l'interruption momentanée de candidature soit motivée; et, à cet effet, le nom de l'agent ainsi retranché doit être reproduit, pour mémoire seulement, avec indication des causes qui ont déterminé son exclusion.

Si les directeurs remarquent l'omission de quelque agent qui leur paraisse avoir droit d'être compris dans le tableau, ils doivent demander des explications à l'inspecteur, et les transmettre à l'administration, qui fera, s'il y a lieu, réparer l'omission, les droits à l'avancement devant être fixés dès le commencement pour toute la durée de la période.

Admission dans les bureaux. Sauf des cas tout-à-fait exceptionnels, les brigadiers ne peuvent prétendre à leur admission dans le service sédentaire qu'après dix années consécutives de grade. Un brigadier qui, après avoir perdu son grade, l'a ensuite recouvré, ne peut compter dix ans de grade que de l'époque de sa réintégration.

Changements. La ressource du déplacement ne doit être employée que pour assigner à un chef peu capable ou fatigué une division plus en rapport avec ses moyens ou avec ses forces, ou pour retirer un employé d'une localité où quelque circonstance particulière, certaines relations de parenté, par exemple, le placent dans une fausse position. (*Circ. du* 7 *janvier* 1842, n° 1894.)

Les emplois de gardes-magasins doivent être réservés, à titre de récompense, à d'anciens brigadiers qui, fatigués par le service des brigades, comptent dix années consécutives de grade et sont dignes d'avancement; ils ne peuvent servir de transition, pour le service des bureaux, à des agents d'un rang inférieur. (*Déc. du* 17 *avril* 1843.)

Il convient de présenter, sans avoir égard à la durée de leur gestion dans la position actuelle, tous les agents qui, sous le rapport du mérite et des services, ont déjà des titres à l'avancement, et ceux en qui on reconnaît l'aptitude nécessaire pour passer à un emploi plus élevé.

La récompense acquise par le travail ne doit pas être réglée uniquement d'après les conditions de l'ancienneté; l'intérêt de l'administration exige que l'on entretienne l'émulation parmi les sujets les plus capables, et qu'une part convenable soit faite à la distinction des services. Aussi est-il recommandé aux agents supérieurs de signaler particulièrement à l'attention du directeur général les employés dignes d'être promus au choix : c'est là une obligation essentielle.

Ces états doivent être adressés, au plus tard le 1er janvier, à l'administration en double expédition : l'une sous le timbre du personnel; l'autre, au service général de la deuxième ou de la quatrième division. (*Circ. des* 3 *juin* 1853, n° 116, *et* 28 *mai* 1860, n° 642.) Une troisième expédition doit rester entre les mains du directeur.

Si, pour ajouter, dans une juste mesure, à l'autorité et à l'influence des directeurs, l'administration admet qu'il soit convenable de leur laisser habituellement l'initiative des propositions en cas de vacances dans les emplois inférieurs, il n'en peut être ainsi lorsqu'il s'agit des emplois supérieurs, pour lesquels l'intervention des chefs locaux doit se borner à désigner, par les états série E, n° 82, les agents qui leur paraissent susceptibles d'y parvenir, le directeur général devant demeurer seul juge du moment où il convient de les y élever, pour que toutes les directions prennent une part aussi égale que possible à l'avancement. (*Déc. du* 10 *octobre* 1842.)

Au commencement de chaque semestre, le capitaine de brigades adresse : 1° au directeur, par l'intermédiaire de l'inspecteur divisionnaire, un état de signalements, série E, n° 84 *bis*, relatifs aux agents de brigades à la nomination du directeur ; 2° à l'inspecteur divisionnaire, un état semblable.

Les candidatures pour les grades de brigadier, sous-brigadier, patron ou sous-patron sont établies dans cet état par le capitaine, et c'est parmi ces candidats que les inspecteurs choisissent ceux qu'ils présentent au directeur. Celui-ci ne nomme aux places vacantes que les sujets qui lui ont été ainsi présentés ; mais, s'il remarque dans les propositions l'omission de quelque employé méritant, il provoque des explications et statue définitivement. (*Circ. du* 22 *février* 1839, n° 1740.)

Afin que l'avancement soit réparti d'une manière équitable entre les employés d'une direction, il est de règle que le directeur puisse faire tomber ses choix, indistinctement, sur tous les bons sujets, sans s'astreindre à les prendre toujours dans la division où existe la vacance. Seulement il est de son devoir de ne nommer que des agents signalés par leurs chefs immédiats et par l'inspecteur, comme étant propres à l'emploi auquel ils sont appelés. (*Déc. du* 15 *novembre* 1843.)

Sous aucun prétexte il ne peut être toléré que, à l'occasion de permutations entre eux, les agents contractent des obligations particulières qui blesseraient les règles de la dispensation des emplois. (*Déc. du* 30 *janvier* 1847.)

Nota. Dans l'armée, un tiers des emplois de lieutenant, capitaine, chef de bataillon ou d'escadron et de lieutenant-colonel est donné au choix ; le surplus, à l'ancienneté.

77. — *Signalements moraux.* Chaque année, dans le courant du mois de juin, à l'égard des agents nommés par le directeur général ou par le Ministre, il est formé une feuille individuelle de signalement, série E, n° 84 A, savoir :

Par le capitaine, pour les lieutenants de sa circonscription ;

Par le receveur principal, pour les employés attachés au service intérieur de son bureau et pour les agents de la visite dans les localités où, à défaut de sous-inspecteur, il est appelé à diriger et à contrôler les opérations suivies par ces agents ;

Par le sous-inspecteur sédentaire, pour les employés de la visite, dans le cercle où s'exerce son action ;

Par l'inspecteur ou le sous-inspecteur divisionnaire pour les capitaines, les receveurs principaux, les sous-inspecteurs sédentaires et pour les différents agents de bureau à l'égard desquels ce soin ne pourrait être pris ni par les receveurs principaux, ni par les sous-inspecteurs ;

Enfin, par le directeur, pour les inspecteurs divisionnaires ou sédentaires, les sous-inspecteurs divisionnaires, ainsi que pour les commis de ses bureaux particuliers.

Ces signalements sont transmis, en simple expédition, par le directeur, avec ses observations particulières, au directeur général (bureau du personnel), au plus tard le 1er juillet. (*Circ. du* 28 *mai* 1860, n° 642.)

Lorsque, par suite d'un changement dans la position de famille ou par tout autre motif survenu dans l'intervalle entre la production des états série E, n° 82, et des feuilles individuelles n° 84 A, l'employé désigné comme étant disposé ou non à accepter partout de l'avancement sur le continent, juge devoir revenir sur les intentions par lui exprimées à ce sujet à ses chefs immédiats ou y apporter des réserves, il doit le faire immédiatement connaître au directeur qui en informe l'administration afin que note en soit prise. Tout agent qui, signalé comme s'étant mis sans réserve à la disposition de l'administration, a reçu de l'avancement, est tenu de joindre son nouveau poste, sous peine d'être considéré comme démissionnaire. (*Circ. man. du* 8 *février* 1862.)

Ces documents, exclusivement destinés au directeur général, servent à asseoir son jugement sur les agents qui en sont l'objet et sur les chefs qui les fournissent, comme aussi à éclairer ses choix dans l'intérêt de la justice et du service. On indique, après une étude consciencieuse du personnel et avec exactitude et impartialité, si l'agent a reçu une éducation libérale ; son caractère ; sa tenue et ses manières ; sa conduite administrative et privée ; son instruction, classique et administrative ; s'il est zélé, assidu, appliqué, et s'il a de l'ordre et de la méthode dans le travail ; sa position de famille, garçon, marié ou veuf; s'il a des enfants (le nombre), ou d'autres charges (1) ; quelles sont ses ressources personnelles ; son aptitude et s'il mérite de l'avancement ; s'il l'acceptera indifféremment partout, même en Algérie ou aux colonies, et à quel grade il peut arriver. Pour parvenir aux emplois supérieurs, outre ces qualités, il faut avoir l'esprit de conduite, l'initiative, la fermeté bienveillante, la mesure, le sentiment de la justice, de la politesse et des convenances. (*Circ.* des 24 *avril* 1812, 17 *mars* 1830, n° 1204; 9 *décembre* 1831, n° 1290; 13 *décembre* 1841, n° 1888; *et* 28 *mai* 1860, n° 642.)

À l'égard des agents sur le compte desquels l'opinion des chefs n'a pas changé, il importe de reproduire en entier, au lieu de s'y référer, les notes précédemment fournies.

Les feuilles de signalement individuel doivent être fournies pour tous les agents que les chefs ont eus sous leurs ordres pendant la plus longue période du temps écoulé entre le 1er juillet précédent et le 1er juillet de l'année courante. (*Circ. man. du 8 juin* 1863.)

Le sous-inspecteur fournit des notes ou des signalements moraux sur tous les employés dont il surveille et contrôle le travail, jamais sur le receveur principal ou subordonné. (*Déc. du* 20 *mai* 1834.)

Tout chef doit, d'ailleurs, à ses supérieurs, lorsque ceux-ci en font la demande et dans la forme qui lui est tracée, les notes et signalements indiquant son opinion personnelle sur la conduite administrative et privée, le travail et l'aptitude de ses subordonnés. (*Déc. des* 30 *janvier* 1841 *et* 22 *janvier* 1842.) Le directeur conserve une expédition de la feuille de signalement.

Les inspecteurs n'ont pas à demander des feuilles de signalement moral concernant chaque agent de brigades; il leur suffit d'avoir un double de l'état semestriel série E, n° 84 *bis*. (*Déc. du* 4 *avril* 1832.)

78. — *Mariage des employés.* Au besoin, l'administration doit être mise en mesure d'intervenir en mettant l'employé de bureau en demeure d'opter entre sa position administrative et une alliance qui pourrait compromettre la dignité du service. (*Déc. du* 13 *mai* 1857.)

Les agents du service actif, jusques et compris les brigadiers ou patrons, ne peuvent se marier qu'avec l'autorisation du directeur et après avoir accompli la première année de service. (*Circ. des* 30 *novembre* 1842, n° 1943, *et* 14 *décembre* 1849, n° 2360.)

Cette autorisation est demandée par l'intermédiaire des chefs locaux; elle est refusée s'il s'agit d'une alliance nuisible ou déshonorante pour l'employé lui-même, ou s'il veut s'unir à une famille dont la position ou les habitudes pourraient être ou devenir pour le service une cause soit de dommage, soit d'inquiétudes fondées. Dans ce cas, le directeur qui a refusé son consentement au mariage d'un employé de brigades doit rendre immédiatement compte des motifs de sa décision à M. l'administrateur de la 2e division. (*Même Circ.,* n° 1943.)

Lorsque les chefs locaux se montrent justement sévères sur les mœurs et que les préposés se conduisent bien, ceux-ci obtiennent facilement en mariage de jeunes personnes appartenant à des familles honnêtes et dans l'aisance.

On ne peut mettre empêchement au mariage d'un préposé si, d'ailleurs, la femme

_____

(1) Si l'employé a des dettes, on doit en indiquer le chiffre et l'origine. (*Déc. du* 28 *mars* 1865.)

que celui-ci veut épouser est de mœurs irréprochables, si elle appartient à une famille honnête et si elle apporte un avoir convenable, ou, à défaut, des habitudes d'ordre et de travail qui puissent en tenir lieu. (*Déc. du* 26 *mars* 1836.)

Si l'existence d'un enfant naturel est une cause de refus d'autorisation de mariage, cette règle ne doit pas être appliquée dans toute sa rigueur quand il s'agit d'une jeune fille dont la conduite antérieure était pure et qui a été séduite par des promesses de mariage faites par un préposé. Il convient alors de mettre celui-ci à même de réparer une faute dont la responsabilité morale pèse en grande partie sur lui. C'est au directeur à apprécier. (*Déc. du* 6 *août* 1857.)

Tout employé de bureaux ou de brigades, quel que soit son grade, doit, dans les quinze jours de la célébration de son mariage, produire un extrait en due forme du registre de l'état civil. Ces extraits, qui doivent être assez complets pour servir ultérieurement, au besoin, à établir les droits des veuves à la pension, sont remis au receveur principal par les employés de bureau, au capitaine par les employés de la partie active, à l'inspecteur par les receveurs principaux, les sous-inspecteurs et les capitaines pour ce qui les concerne personnellement, et parviennent, par l'intermédiaire des inspecteurs, à la direction. Les extraits relatifs aux agents subalternes des brigades sont conservés à la direction et classés dans leurs dossiers. Ceux produits par les agents à la nomination du Ministre ou à celle du directeur général, y compris les inspecteurs, sont transmis à l'administration par les directeurs à l'expiration du premier mois qui suit chaque trimestre, sous le timbre du personnel, à l'appui d'un état dont la circulaire n° 1943 a transmis le modèle. S'il y a lieu, il est formé un certificat négatif. Les feuilles de signalement des employés indiquent les noms, prénoms et lieux de naissance de leurs femmes. (*Circ. du* 30 *novembre* 1842, n° 1943.)

Les directeurs doivent, par une annotation sur cet état, s'expliquer sur le plus ou moins de convenance qu'il peut y avoir, au point de vue du service, à maintenir à leurs postes actuels les agents nouvellement mariés. (*Déc. du* 7 *août* 1843.)

79. — *Obligations diverses.* Les employés de bureaux ou de brigades qui ont concouru au tirage pour le recrutement de l'armée sont tenus d'en justifier dans les deux mois qui suivent les sessions des conseils de révision. Le directeur les signale alors à l'administration au moyen de deux états : le premier relatif aux employés à la nomination du directeur général; le deuxième, concernant les autres agents. (*Circ. du* 3 *décembre* 1818, n° 446.)

Le directeur doit faire connaître à l'administration que tel employé admis, arrivant dans la direction par suite de changement, révoqué, retraité ou décédé, est ou était membre de la Légion-d'Honneur. (*Circ. du* 26 *février* 1836, n° 1530.)

Tout individu qui, ayant obtenu des décorations étrangères, n'a pas reçu du Chef de l'Etat l'autorisation de les accepter et de les porter, doit se pourvoir auprès du Grand-Chancelier de la Légion-d'Honneur pour obtenir cette autorisation, même lorsqu'il s'agit d'un nouveau grade dans un même ordre. (*Décret du* 10 *juin* 1853 ; *Circ. man. des* 10 *août* 1853 *et* 25 *janvier* 1854.)

Les agents du service actif, jusques et compris les capitaines, décorés d'ordres étrangers, sont exonérés des droits de chancellerie. (*Déc. min. du* 15 *novembre* 1855.)

C'est au Département de la marine qu'il appartient d'apprécier et de récompenser les actes de sauvetage et de dévoûment accomplis en mer, sur le littoral ou dans les ports; ceux effectués en rivières ou en cas d'incendie sont signalés au département de l'intérieur.

La remise à un agent du service actif d'une médaille honorifique décernée par le Gouvernement est faite par les chefs divisionnaires, en présence de la brigade locale réunie sous les armes. Mais cette solennité n'a pas lieu pour une médaille accordée par des compagnies particulières; les chefs la remettent purement et simplement à l'ayant-droit. (*Déc. du* 2 *décembre* 1851.)

Les agents ne doivent pas consacrer à des occupations étrangères un temps qu'ils doivent entièrement à l'Etat, *V.* n° 113 ; et les convenances, aussi bien que l'intérêt du service, exigent que nul agent ne reçoive aucune rémunération ni rétribution illicite. C'est aux chefs à veiller à la ponctuelle application de ce principe. *(Circ. du 17 mars 1830, n° 1204, et Déc. du 1er octobre 1839.)*

Toute rémunération allouée, après autorisation de l'administration, sur la proposition du directeur, pour des faits en dehors des obligations des employés, doit être versée à la caisse du receveur, pour être distribuée aux agents ayant-droit par l'intermédiaire des chefs. *(Circ. du 25 mars 1844, n° 2011.)*

Les divers agents ne constatent que les opérations qui se sont effectuées sous leurs yeux ; les certificats délivrés à cet effet doivent rappeler les faits avec une extrême exactitude. (*Déc. du 26 novembre 1845.*) *V.* n° 164. Chaque agent doit certifier par sa signature le travail fait par lui-même et dont il est responsable. C'est ainsi que le vérificateur signe et date les certificats de visite, et que l'employé chargé de la liquidation les revêt de son visa, daté et signé.

Archives. Registres de correspondance. Des registres d'ordre pour la transcription textuelle des circulaires manuscrites et des lettres portant instructions, doivent être tenus avec exactitude par tous les chefs de service, sans distinction, jusques et y compris les chefs de poste. Les brigadiers et chefs de poste copient aussi sur le registre d'ordre les circulaires imprimées donnant avis des moyens de fraude. *(Circ. des 4 septembre 1821, n° 674, et 3 octobre 1840, n° 1836.) V.* n°s 45 et 65.

Indépendamment de ce registre, chaque chef de service, jusques et y compris les receveurs subordonnés, dans la partie sédentaire, et les capitaines, dans la partie active, tiendra deux registres distincts pour l'enregistrement par extrait, l'un des lettres reçues, dit d'*arrivée*, l'autre des lettres expédiées, dit de *départ*.

Chaque chef de service doit garder *minute* de sa correspondance et conserver soigneusement ces minutes, ainsi que toutes les lettres reçues, pour être remises comme archives, à son successeur, avec les registres de correspondance, sans exception des minutes des rapports mensuels de service, des rapports de tournée des directeurs et des bulletins de commerce, qui sont, comme toute autre partie de la correspondance, la propriété des places et non celle des titulaires. A chaque mutation, l'état et la consistance des archives sont constatés par un procès-verbal de récollement, dressé contradictoirement par le titulaire sortant et son successeur ou l'intérimaire. (*Circ. du 3 octobre 1840, n° 1836.*)

80. — *Concours des Douanes à d'autres services publics.* Les préposés des douanes ne peuvent être détournés, par les autorités civiles ou militaires, du service constamment actif pour lequel ils sont commissionnés et salariés par le Gouvernement. (*Arrêté du 12 floréal an II.*)

Cependant ils concourent à la répression des délits dont la poursuite appartient spécialement à d'autres services. Voir au Livre XI les chapitres relatifs aux échouements et naufrages, à la police sanitaire, aux boissons, tabacs, cartes à jouer, ouvrages d'or et d'argent, librairie, armes, poudres, transport des lettres et journaux, à la vérification des connaissements, chartes-parties, police d'assurance et lettres de voiture relativement au droit de timbre.

Les préfets, les procureurs du Gouvernement et tous autres officiers de police judiciaire (commissaires de police, maires et adjoints, juges de paix, juges d'instruction) ont dans l'exercice de leurs fonctions le droit de requérir directement la force publique. (*Code d'inst. crim., art. 25.*)

Cet article n'a entendu parler que de la gendarmerie, de l'armée et de la garde nationale, instituées pour assurer l'exécution des lois générales, et non d'un corps spécial, comme les Douanes, créé dans le but particulier de réprimer la contrebande. Toutefois il faut reconnaître que, dans le cas de perturbation générale, le devoir des préposés, comme celui de tout citoyen, est de prêter main-forte à l'autorité, et que même, dans les circonstances ordinaires, ils doivent concourir aux mesures d'ordre public pour lesquelles ils sont régulièrement requis par l'intermédiaire de leurs chefs. Mais ce concours ne peut qu'être secondaire. Appelés à assurer avant tout les intérêts les plus pressants de leur service, les chefs locaux doivent, le cas échéant, faire connaître aux autorités départementales ou judiciaires dans quelle limite la coopération des employés peut se produire. (*Déc. du* 24 *août* 1836.) *V.* n° 97.

Sans attendre aucune réquisition, l'action de surveillance du service doit d'ailleurs s'exercer spontanément dans les circonstances où son attention est plus spécialement appelée par les indications de l'autorité départementale ou judiciaire. Mais il est une limite que l'administration ne saurait indiquer en des termes tellement précis qu'ils aient, en quelque sorte, le caractère d'une consigne. C'est aux inspecteurs qu'il appartient, sous l'inspiration des directeurs, de régler, de modérer ou d'étendre cette participation selon les exigences et les difficultés de la situation. (*Déc. du* 7 *février* 1856.)

Si le service peut coopérer à la police générale en arrêtant certains individus pour les remettre entre les mains de l'autorité compétente, ce concours doit être maintenu dans des limites convenables. Ainsi, à ce point de vue, l'action des préposés doit, sur le littoral, par exemple, se restreindre aux faits d'embarquement et de débarquement, aux circonstances qui s'y rattachent directement ou à quelques autres cas spéciaux. Il suit de là que ces agents ont le droit, s'il n'est pas exhibé de papiers réguliers, de s'opposer à l'embarquement des personnes non comprises au rôle d'équipage de l'embarcation destinée à les recevoir, au débarquement de celles qui chercheraient à aborder clandestinement, ou à la circulation des individus suspects trouvés sur les points où la douane exerce sa surveillance. Le service peut alors procéder immédiatement à l'arrestation des personnes. *V.* n° 1028.

Dans toute autre circonstance, une instruction préalable de l'autorité judiciaire est indispensable afin de réunir, tant par l'interrogatoire des prévenus que par les explications des préposés, les preuves nécessaires pour motiver l'arrestation sur mandat d'amener, édifier le tribunal et arriver à la répression. Cette information ne peut être provoquée que par le ministère public; et elle a lieu sur une plainte explicative de la part du service des douanes. *V.* n° 1068.

Si le service des douanes doit son concours aux autres services publics, ce n'est qu'autant qu'il s'agit d'une intervention accessoire, d'une main-forte à prêter à un service organisé. Les employés des douanes ne peuvent se substituer aux agents d'un autre service; ils doivent s'abstenir de constater, par procès-verbal, les infractions aux règlements de police locale ou de police de bord, sauf à les signaler aux agents commis spécialement pour assurer l'exécution de ces règlements. (*Déc. du* 8 *mars* 1843.)

Les préposés de douanes peuvent se faire représenter les papiers réguliers des voyageurs ou des individus qui s'approchent des frontières ou se trouvent sur les lieux où s'exerce le service, à moins que ces derniers ne soient connus pour appartenir au département dans l'étendue duquel ils circulent. (*Loi du* 29 *juillet* 1792, art. 4.)

Ils conduisent devant les autorités locales les plus voisines (commissaire de police, maire, juge de paix, gendarmerie, selon les cas) les individus suspects ou débarqués furtivement sur les côtes, sans y être contraints par des circonstances de force majeure; ceux qui, soumis à la formalité du passeport, n'en sont pas munis ou qui n'ont que des passeports non visés par le consul de leur nation; les personnes frappées de mandats d'arrêt, les échappés des prisons, les réfractaires ou déserteurs. (*Circ. des* 7 *messidor an VII,* 27 *février* 1808, 26 *août* 1817 *et* 23 *décembre* 1844, n° 2046, *art.* 274.)

Les préposés de douanes reçoivent, à titre de gratification, 25 fr. pour chaque arrestation de réfractaire ou de déserteur. (*Décret du* 12 *janvier* 1811.) Le droit des capteurs à la gratification ne leur est acquis que lorsque la capture a eu lieu quarante-huit heures après l'absence illégale d'un militaire. (*Déc. du Ministre de la guerre du* 16 *mars* 1827, *et Déc. du* 16 *novembre* 1831.) Les individus arrêtés sont conduits à la brigade de gendarmerie la plus voisine par les préposés, qui demandent une copie du procès-verbal que le commandant doit rédiger en leur présence. Le directeur adresse ensuite cette copie au préfet du département, qui, après l'avoir fait viser par le capitaine de gendarmerie, ordonne le payement de la gratification. (*Circ. du* 20 *février* 1811.)

Cette prime est étendue aux arrestations de marins; elle est alors réclamée auprès de l'administration de la marine. (*Circ. du* 14 *mai* 1813.)

Les préposés surveillent tout ce qui dépend des établissements maritimes de l'Etat et donnent connaissance aux autorités locales des délits qui s'y rapportent. (*Circ. du* 10 *octobre* 1818.)

Dans certains cas, ils peuvent suppléer la marine relativement aux infractions sur la pêche. (*Déc. du* 11 *juin* 1841.)

Ils doivent prêter leur concours à la surveillance et à l'entretien des lignes télégraphiques sur le littoral. (*Circ. man. du* 30 *janvier* 1860.)

Les agents des douanes peuvent, dans les petites localités, être chargés, par l'administration des ponts-et-chaussées, des fonctions de maîtres de ports; mais qu'il s'agisse d'agents de bureaux ou de brigades, l'autorisation de l'administration est nécessaire. (*Déc. du* 27 *mai* 1839.)

Mais il est entendu que, dans toute hypothèse, le concours des préposés demeure subordonné aux besoins du service des douanes, et qu'il n'a seulement lieu que lorsqu'il n'en peut résulter aucun préjudice pour ce service. Pour l'obtenir, les autorités doivent s'adresser aux chefs des douanes, et ceux-ci jugent s'ils peuvent l'ordonner sans dommage pour le service. (*Circ. des* 7 *messidor an VII et* 27 *février* 1808; *Déc. du* 12 *août* 1839.)

Un receveur ne peut être chargé de la perception d'une taxe qui n'est établie ni par la loi, ni par une ordonnance, ni par un arrêté ministériel, par exemple, d'une rétribution volontaire sollicitée des capitaines de navires d'après les instructions d'une chambre de commerce. (*Déc. du* 4 *février* 1843.)

Tout agent de l'administration requis par l'autorité militaire pour être employé à l'intérieur comme auxiliaire de la force publique, pour le maintien de l'ordre, a droit au bénéfice des dispositions stipulées au 3e § de l'art. 8 de l'ordonnance du 31 mai 1831. Il s'agit de l'allocation, par le Département de la guerre, des prestations en nature, du logement, des indemnités pour perte de chevaux et d'effets, de la solde pour les journées d'hôpital. (*Déc. du* 4 *juin* 1852; *Circ. du* 8 *juillet suivant*, n° 46.)

Les préposés appelés en témoignage devant les tribunaux ne peuvent se dispenser d'obtempérer à la citation régulière qui leur est donnée à cet effet, sauf, s'il s'agissait de faits relatifs à leurs fonctions, à suivre les dispositions rappelées au n° 99. (*Déc. du* 1er *avril* 1842; *Doc. lith.* n° 116.)

En matière d'interrogatoires judiciaires, il y a une distinction à établir entre les faits dont un employé aurait eu connaissance comme homme et ceux dont il n'est instruit qu'à raison de l'accomplissement de ses fonctions. Il est de son devoir de déposer sans restriction à l'égard des premiers; mais, dans le cas où il s'agirait, par exemple, de faits se rattachant à la surveillance politique ou à l'intervention d'un indicateur, il devrait s'excuser de ne pouvoir répondre sans l'autorisation de l'administration. Telle est l'application des grands principes qui ont déterminé la séparation des pouvoirs publics. (*Déc. du* 21 *mars* 1844.)

Le ministère public est tenu d'informer les directeurs des citations données aux préposés, afin que ceux-ci puissent toujours être convenablement remplacés pendant la durée de leur absence. (*Déc. du Département de la justice, et Circ. du* 9 *mars* 1836, n° 1532.)

Les employés appelés en témoignage devant un tribunal étranger n'ont pas à obtempérer à cette citation. Il y aurait d'ailleurs un grave inconvénient à ce qu'ils fussent astreints à révéler des faits se rattachant à des opérations commerciales accomplies en douane. Mais la justice étrangère reste libre de demander, par la voie de commissions rogatoires transmises au magistrat français, avec intervention diplomatique, les explications nécessaires ; après avoir pris les instructions de ses chefs, l'agent répond alors dans la mesure que détermine le mandat public dont il est investi. (*Déc. du* 14 *octobre* 1859.)

Appelés en témoignage devant un tribunal étranger, les préposés peuvent envoyer officieusement, par l'intermédiaire de leurs chefs, des renseignements utiles à la vindicte publique ; mais leur déposition judiciaire, sous serment, ne serait valablement requise que par la voie diplomatique. (*Déc. du* 26 *septembre* 1861.)

Dans le cas où la désignation faite par les préfets pour les commissions de statistique créées dans les cantons, porterait sur un agent à qui la nature de ses fonctions ne permettrait pas d'y déférer, le directeur devrait exposer les motifs fondés. du refus d'acceptation, et, s'il était possible, appeler le choix sur un autre employé. Les employés membres de ces commissions ne doivent livrer les renseignements qui, au point de vue du service, leur paraissent prendre un caractère confidentiel, qu'après y avoir été autorisés par leurs chefs. (*Circ. lith. du* 7 *octobre* 1852.)

Les préposés peuvent, sur la demande des autorités compétentes, constater les enlèvements irréguliers de sablon de mer (*Déc. du* 23 *avril* 1850) ou de plantes marines. (*Déc. du* 6 *juillet* 1854.)

Dans les localités où il n'existe pas de garnison, les chefs locaux peuvent, lorsque le service ne doit pas être dérangé, acquiescer aux demandes de détachements de préposés pour les obsèques d'officiers en retraite ou de légionnaires. Les préposés peuvent alors être autorisés à recevoir l'indemnité que les familles auraient offerte à la troupe. (*Déc. du* 4 *juillet* 1842.)

Enfin les brigades armées de l'administration des douanes peuvent être affectées au service militaire, pour concourir à la défense du territoire en cas d'invasion.

Les lignes des douanes ne peuvent être levées que sur la partie du territoire où se porte le théâtre de la guerre.

Les sous-brigadiers sont assimilés aux caporaux, les brigadiers aux sous-officiers, les lieutenants et les capitaines aux grades correspondants, les sous-inspecteurs et inspecteurs aux chefs de bataillon, les directeurs aux colonels. (*Ord. des* 31 *mai* 1831, 11 *mai et* 9 *septembre* 1832.)

81. — *Pensions de retraite.* Les employés et leurs veuves ont droit à une pension de retraite.

Les pensions sont inscrites au grand livre de la dette publique. Il en est de même des secours annuels accordés aux orphelins mineurs. (*Loi du* 9 *juin* 1853, *art.* 1, 2 et 17.)

Les titulaires des pensions de retraite reçoivent un certificat d'inscription au Trésor, délivré par le Ministère des finances. (*Décret du* 9 *novembre* 1853, *art.* 3.)

Ce brevet est remis, par l'intermédiaire des directeurs et des receveurs principaux, aux parties intéressées, dont le récépissé ou reçu est envoyé à l'administration. Les numéros sous lesquels les pensions sont inscrites au sommier tenu à l'administration, sont indiqués sur les certificats. Le directeur a soin de rappeler ces numéros, ainsi que ceux de la 2ᵉ série, lorsqu'il entretient l'administration des pensionnaires. (*Déc. du* 5 *août* 1859.)

Les fonctionnaires et employés directement rétribués par l'État, supportent indistinctement, sans pouvoir les répéter dans aucun cas, les retenues ci-après indiquées :

1° Une retenue de cinq pour cent sur les sommes payées à titre de traitement fixe ou éventuel, de précéput, de supplément de traitement, de remises proportionnelles, de salaires, ou constituant, à tout autre titre, un émolument personnel ;

2° Une retenue du douzième des mêmes rétributions lors de la première nomination ou dans le cas de réintégration, et du douzième de toute augmentation ultérieure ;

3° Les retenues pour cause de congés ou d'absences, ou par mesure disciplinaire. (*Loi du 9 juin* 1853, *art.* 3.)

Le fonctionnaire démissionnaire, révoqué ou destitué, s'il est réadmis dans un emploi assujetti à la retenue, subit de nouveau la retenue du premier mois de son traitement et celle du premier douzième des augmentations ultérieures.

Celui qui, par mesure disciplinaire ou par mutation volontaire d'emploi, est descendu à un traitement inférieur, subit la retenue du premier douzième des augmentations ultérieures. (*Décret du 9 novembre* 1853, *art.* 25.) *V.* n° 224.

Les traitements ou allocations passibles de retenues sont portés au brut dans les ordonnances et mandats, et il est fait une mention spéciale des retenues à exercer pour pension. (*Même Décret, art.* 5.)

Sont affranchies des retenues prescrites par l'art. 3 de la loi du 9 juin 1853 les sommes payées à titre de gratifications éventuelles, de salaires de travail extraordinaire, d'indemnités pour missions extraordinaires, d'indemnités de perte, de frais de voyage, d'abonnement et d'allocation pour frais de bureau, de régie, de table et de loyer, de supplément de traitement colonial et de remboursement de dépenses. (*Même Décret, art.* 21.)

En vertu de cet article, on doit continuer à suivre les prescriptions des anciens règlements pour les retenues à effectuer sur les retraites. Ainsi sont affranchis de toutes retenues : 1° les suppléments de solde accordés, dans certaines localités, aux préposés de brigades, à raison de la cherté des résidences (*Circ. du 23 décembre* 1841, n° 1892) ; 2° les indemnités représentant le produit de la taxe de plombage; 3° les indemnités aux cavaliers pour frais d'entretien de cheval et de fourrage (*Circ. du 3 août* 1840, n° 1825) ; 4° les gratifications se rattachant au régime des sels. *V.* n° 108. (*Déc. du 20 décembre* 1854.)

82. — Le droit à la pension de retraite est acquis par ancienneté à soixante ans d'âge et après trente ans accomplis de services.

Il suffit de cinquante-cinq ans d'âge et de vingt-cinq ans de services pour les fonctionnaires qui ont passé quinze ans dans la partie active (1). *V.* des exceptions, n° 86. La partie active des douanes comprend les emplois et grades suivants : capitaines de brigades, lieutenants, brigadiers et sous-brigadiers à cheval ou à pied, cavaliers et préposés d'ordonnance, préposés, patrons, sous-patrons, matelots, mousses, préposés-gardes-magasins, préposés-concierges, préposés-emballeurs, préposés-peseurs et plombeurs. *V.* n° 59.

Aucun autre emploi ne peut être compris au service actif ni assimilé à un emploi de ce service qu'en vertu d'une loi.

Est dispensé de la condition d'âge établie aux deux premiers § du présent article le titulaire qui est reconnu par le Ministre hors d'état de continuer ses fonctions. (*Loi du 9 juin* 1853, *art.* 5.)

Ce dernier § réserve au Ministre le droit exceptionnel et discrétionnaire de prononcer l'admission à la retraite d'un agent qui, ayant accompli la durée légale de services, mais sans avoir atteint l'âge prescrit, se trouve, par suite soit d'invalidité physique, soit d'incapacité morale, dans l'impossibilité de continuer ses fonctions. (*Circ. du 23 octobre* 1849, n° 2354.) Dans ce cas : Si l'impossibilité d'être maintenu en activité résulte pour le fonctionnaire d'un état d'invalidité morale inappréciable pour les hommes de l'art, sa situation est constatée par un rapport de ses supérieurs

_____

(1) Que les années de services aient été consécutives ou en plusieurs périodes. (*Circ.* n° 173.) *V. l'art.* 27, n° 94.

dans l'ordre hiérarchique. A ce rapport sont annexées des attestations motivées de l'inspecteur divisionnaire et du directeur.

Si l'incapacité de servir est le résultat de l'invalidité physique du fonctionnaire, l'acte prononçant son admission à la retraite doit être appuyé de certificats d'invalidité physique délivrés par l'inspecteur divisionnaire et par le directeur *(Déc. du 18 mars 1863; V. n° 108, note 2)*, indépendamment des justifications ci-dessus spécifiées, d'un certificat des médecins qui lui ont donné leurs soins, et d'une attestation d'un médecin désigné par l'administration et assermenté, *V.* n° 88, qui déclare que le fonctionnaire est hors d'état de continuer utilement l'exercice de son emploi (1). *(Décret du 9 novembre 1853, art. 30.)*

Lorsque le médecin délégué a donné ses soins aux employés dont l'admission à la retraite est provoquée pour cause d'infirmité, le certificat qu'il délivre en rappelant ce double caractère, suffit pour constater l'invalidité physique de ces agents. Pour le service actif, tel est le cas où se trouve le médecin des brigades. *(Déc. du 4 mars 1854.)*

83. — La pension est basée sur la moyenne des traitements et émoluments de toute nature soumis à retenues dont l'ayant-droit a joui pendant les six dernières années d'exercice. *(Loi du 9 juin 1853, art. 6.)*

La pension est réglée, pour chaque année de services civils, à un 60e du traitement moyen.

Néanmoins, pour vingt-cinq ans de services entièrement rendus dans la partie active, elle est de la moitié du traitement moyen, avec accroissement, pour chaque année de service en sus, d'un 50e du traitement. En aucun cas elle ne peut excéder ni les trois quarts du traitement moyen, ni les maximum ci-après déterminés :

Traitements de 1,000 fr. et au-dessous............................ 750 fr.
—   de 1,001 à 2,400, 2/3 du traitement moyen, sans pouvoir descendre au-dessous de 750 fr.
—   de 2,401 à 3,200............................... 1,600
—   de 3,201 à 8,000, 1/2 du traitement moyen.
—   de 8,001 à 9,000..:........................... 4,000
—   de 9,001 à 10,500............................. 4,500
—   de 10,501 à 12,000............................ 5,000
—   au-dessus de 12,000.......................... 6,000

(Même Loi, art. 7.)

A l'égard de l'agent *des brigades* qui, comptant vingt-cinq années entièrement accomplies dans la partie active, tant antérieures que postérieures au 1er janvier 1854, est soumis au mode de double liquidation, conformément à l'art. 18 de la loi du 9 juin 1853 *(V.* n° 90), la pension est, pour les services rendus avant le 1er janvier 1854, de la moitié du traitement moyen de quatre ans, et, pour le surplus, de la moitié du traitement moyen de six ans. *(Déc. min. du 15 juillet 1854.)*

84. — Les services dans les armées de terre et de mer concourent avec les services civils pour établir le droit à pension, et sont comptés pour leur durée effective, pourvu toutefois que la durée des services civils soit au moins de douze ans dans la partie sédentaire, ou de dix ans dans la partie active.

Si les services militaires de terre ou de mer ont été déjà rémunérés par une pen-

---

(1) Un agent qui a servi dans les brigades et dans les bureaux peut, s'il a 55 ans d'âge et 25 de services, dont 15 dans la partie active, obtenir sa retraite sans justification d'invalidité ; s'il comptait moins de 25 ans dans les brigades, sa pension ne serait d'ailleurs liquidée qu'à raison de 1/60me de son traitement moyen, pour chaque année d'exercice. *(Déc. du 30 juin 1862.)*

sion, ils n'entrent pas dans le calcul de la liquidation. S'ils n'ont pas été rémunérés par une pension, la liquidation est opérée d'après le minimum attribué au grade par les tarifs annexés aux lois des 11 et 18 avril 1831. (*Loi du 9 juin 1853, art.* 8.)

La loi du 18 avril 1831 concerne les marins ayant servi sur les bâtiments de l'État. Quant aux marins ou ouvriers ayant servi dans une position non désignée dans la nomenclature annexée à la loi de 1831, ils sont rémunérés d'après les tarifs de la loi du 13 mai 1791.

Les services rendus dans les administrations militaires ressortissant au Département de la guerre sont admissibles dans les liquidations de pensions. (*Arrêt du Conseil d'État du 6 mars* 1835.)

Nonobstant la similitude des désignations de certains emplois de ces administrations avec les grades de la hiérarchie militaire, ces services sont comptés comme services civils pour tout le temps antérieur au 1er avril 1807, époque de la militarisation des services administratifs de la guerre. (*Avis du comité des finances du 13 avril* 1838.)

Pour les marins, il ne peut être tenu compte que des services rendus dans la marine de l'État ; la navigation du commerce ou sur des navires armés en course n'est pas admissible. (*Déc. min. du 17 janvier* 1846; *Circ. du 31 mars suivant,* n° 2105.)

Le supplément ajouté, par l'art. 19 de la loi du 25 avril 1855, sur la dotation de l'armée, au minimum et au maximum des pensions militaires, ne peut profiter aux sous-officiers et soldats qui sont retraités dans les emplois civils. (*Note du Départ. des finances du 7 août* 1855.)

85. — Les services civils rendus hors d'Europe par les fonctionnaires et employés envoyés d'Europe par le Gouvernement français sont comptés pour moitié en sus de leur durée effective, sans toutefois que cette bonification puisse réduire de plus d'un cinquième le temps de service effectif exigé pour constituer le droit à pension (1).

Le supplément accordé à titre de traitement colonial n'entre pas dans le calcul du traitement moyen.

Après quinze années de services rendus hors d'Europe, la pension peut être liquidée à cinquante-cinq ans d'âge. (*Loi du 9 juin 1853, art.* 10.)

Ces dispositions sont applicables aux agents placés dans les colonies françaises et en Algérie. (*Circ.* n° 173.)

Pour les fonctionnaires et employés envoyés d'Europe dans l'Algérie ou dans les colonies, le traitement normal assujetti à la retenue est fixé, dans chaque grade, d'après le traitement de l'emploi correspondant ou qui lui est assimilé en France. Dans les emplois qui se divisent en plusieurs classes en France et qui ne sont pas soumis à cette classification dans les colonies, le traitement normal est réglé d'après celui de la première classe du grade en France. Le surplus constitue le supplément de traitement colonial, qui est exempt de la retenue. (*Décret du 9 novembre* 1853, *art.* 22.)

86. — Peuvent exceptionnellement obtenir pension, quels que soient leur âge et la durée de leur activité :

---

(1) Le bénéfice de moitié en sus du temps d'activité des employés de l'Algérie n'est accordé qu'à l'égard des agents n'ayant pas accompli, au 1er janvier 1854, 25 ans de services dans les brigades ou 30 ans dans les bureaux, et pour des services postérieurs à la même époque, c'est-à-dire régis par la loi du 9 juin 1853. Les services antérieurs dans l'Algérie restent sous les conditions déterminées par les anciens réglements, notamment par l'Ordonnance du 12 janvier 1825, sauf le maximum nouveau. *V.* n° 90. Cette dernière disposition s'étend aux employés des colonies autres que l'Algérie, le service de ces agents comptant déjà, en vertu de l'Ordonnance du 8 juin 1834, pour moitié en sus de sa durée effective. (*Déc. du 9 juillet* 1858.)

1° Les fonctionnaires et employés qui auront été mis hors d'état de continuer leur service, soit par suite d'un acte de dévouement dans un intérêt public, ou en exposant leurs jours pour sauver la vie d'un de leurs concitoyens, soit par suite de lutte ou combat soutenu dans l'exercice de leurs fonctions ;

2° Ceux qu'un accident grave, résultant notoirement de l'exercice de leurs fonctions, met dans l'impossibilité de les continuer (1).

Peuvent également obtenir pension, s'ils comptent cinquante ans d'âge et vingt ans de service dans la partie sédentaire, ou quarante-cinq ans d'âge et quinze ans de service dans la partie active, ceux que des infirmités graves, résultant de l'exercice de leurs fonctions, mettent dans l'impossibilité de les continuer, ou dont l'emploi aura été supprimé (2). (*Loi du 9 juin* 1853, *art.* 11.) *V.* n°⁵ 87 et 91.

Dans les cas prévus par le § 1° de l'article précédent, la pension est de la moitié du dernier traitement, sans pouvoir excéder les maximum déterminés (3).

Dans le cas prévu par le § 2°, la pension est liquidée, suivant que l'ayant-droit appartient à la partie sédentaire ou à la partie active, à raison d'un 60ᵉ ou d'un 50ᵉ du dernier traitement pour chaque année de service civil ; elle ne peut être inférieure au 6ᵉ dudit traitement.

Dans les cas prévus par le dernier § de l'article précédent, la pension est également liquidée à raison d'un 60ᵉ ou d'un 50ᵉ du traitement moyen pour chaque année de service civil. (*Même Loi, art.* 12.)

87. — Le fonctionnaire admis à la retraite doit, dans tous les cas, produire, indépendamment de son acte de naissance et d'une déclaration de domicile :

1° Pour la justification des services civils :

Un extrait dûment certifié des registres et sommiers de l'administration ou du ministère auquel il a appartenu, énonçant ses nom et prénoms, sa qualité, la date et le lieu de sa naissance, la date de son entrée dans l'emploi avec traitement, la série de ses grades et services, l'époque et les motifs de leur cessation, et le montant du traitement dont il a joui pendant chacune des six dernières années de son activité.

Lorsqu'il n'aura pas existé de registres, ou que tous les services administratifs ne se trouveront pas inscrits sur les registres existants, il y sera suppléé, soit par un certificat du chef ou des chefs compétents des administrations où l'employé aura servi, relatant les indications ci-dessus énoncées, soit par un extrait des comptes et états d'émargement, certifié par le greffier de la Cour des comptes.

Les services civils rendus hors d'Europe sont constatés par un certificat distinct, délivré par le ministre compétent. Ce certificat énonce, pour chaque mutation d'emploi, le traitement normal du grade et le supplément accordé à titre de traitement colonial.

A défaut de ces justifications, et lorsque, pour cause de destruction des archives

---

(1) Il n'est pas nécessaire que la proposition de l'administration soit favorable à la demande de pension faite à titre exceptionnel ; il suffit que les droits de l'employé aient été préalablement soumis à l'examen du conseil d'administration, et que le comité des finances soit, après cet examen, régulièrement saisi de la question que soulève l'appréciation des infirmités. (*Avis du comité des finances du* 28 *février* 1843, *approuvé par le Ministre le* 8 *mars suivant.*)

(2) La suppression d'emploi ne peut motiver l'admission exceptionnelle à la retraite que dans le seul cas où elle résulte d'une modification générale dans l'organisation du service. (*Déc. du* 4 *juillet* 1857.)

(3) Ou du traitement moyen, si celui-ci est plus favorable, indépendamment des services militaires dont il est tenu compte. (*Décret du* 9 *novembre* 1853, *art.* 36.)

dont on aurait pu les extraire ou du décès des fonctionnaires supérieurs, l'impossibilité de les produire aura été prouvée, les services pourront être constatés par acte de notoriété du juge de paix, sur l'attestation de deux témoins.

2° Pour la justification des services militaires de terre et de mer :

Un certificat directement émané du Ministère de la guerre ou de celui de la marine.

Les actes de notoriété, les congés de réforme et les actes de licenciement ne sont pas admis pour la justification des services militaires. Lorsque des actes de cette nature sont produits, ils sont renvoyés au Ministère de la guerre ou à celui de la marine, qui les remplace, s'il y a lieu, par un certificat authentique.

Les services des employés de préfectures et de sous-préfectures sont susceptibles d'être admis lorsqu'ils ont été rendus antérieurement au 1er janvier 1806, époque à laquelle ils ont cessé d'être rétribués directement par le Trésor public. On doit en justifier par un certificat du préfet ou du sous-préfet, constatant que le titulaire a été rétribué sur des fonds d'abonnement; ce certificat doit être visé par le Ministre de l'intérieur. (*Décret du 9 novembre* 1853, *art.* 31, *et Circ. du 31 mars* 1846, n° 2105.)

Si le fonctionnaire a été justiciable direct de la Cour des comptes, soit en deniers, soit en matières, il doit en outre produire un certificat de la comptabilité générale des finances ou du ministère compétent, constatant, sauf justification ultérieure du quitus de la Cour des comptes, que la vérification provisoire de sa gestion ne révèle aucun débet à sa charge.

Si le prétendant à pension n'est pas justiciable direct de la Cour des comptes, sa situation en fin de gestion comme comptable est constatée par un certificat du comptable supérieur duquel il relève. (*Même Décret, art.* 33.) (1)

Dans les cas spécifiés aux §§ 1° et 2° de l'article 11, 1° et 2° de l'article 14 de la loi du 9 juin 1853 (*V.* n°s 86 et 89), l'événement donnant ouverture au droit à pension doit être constaté par un procès-verbal en due forme, dressé sur les lieux et au moment où il est survenu. A défaut de procès-verbal, cette constatation peut s'établir par un acte de notoriété rédigé sur la déclaration des témoins de l'événement ou des personnes qui ont été à même d'en connaître et d'en apprécier les conséquences. Cet acte doit être corroboré par les attestations conformes de l'autorité municipale et des supérieurs immédiats du fonctionnaire.

Dans le cas d'infirmités prévu par le 3e § de l'article 11 de la loi du 9 juin, ces infirmités et leurs causes sont constatées par les médecins qui ont donné leurs soins au fonctionnaire et par un médecin désigné par l'administration et assermenté. *V.* n° 88. Ces certificats doivent être corroborés par l'attestation de l'autorité municipale et celle des supérieurs immédiats du fonctionnaire. (*Même Décret, art.* 35.) *V.* n° 91.

88. — Le médecin délégué dans les diverses circonstances ainsi indiquées doit être assermenté par devant le juge de paix, pour tout le temps de sa délégation. Dans chaque certificat, sa qualité de médecin *délégué et assermenté* doit être rappelée. (*Circ. du 31 décembre* 1853, n° 173.)

Les médecins appelés à visiter les employés invalides des brigades, jusqu'au grade de capitaine inclusivement, sont délégués par les directeurs. Ces médecins sont naturellement ceux qui se trouvent chargés du service sanitaire des brigades; mais, lorsqu'ils le jugent convenable, les directeurs peuvent en désigner d'autres.

---

(1) Le certificat de quitus produit pour obtenir le remboursement du cautionnement ne peut servir pour l'admission à la retraite, le dossier, dans ce dernier cas, devant conserver cette justification. Il faut donc un double certificat de quitus. (*Déc. du* 16 *février* 1848.)

(*Circ. des* 23 *octobre* 1849, n° 2354 ; 17 *février* 1854, n° 188, *et* 6 *novembre suivant,* n° 240.)

Les médecins délégués ou institués par le préfet du département ont seuls qualité pour délivrer les certificats dont les agents supérieurs et les employés du service sédentaire peuvent avoir besoin en cas d'invalidité ou de maladie. (*Circ. du* 6 *novembre* 1854, n° 240.)

Le serment prêté par les médecins délégués est valable pour tout le temps de leur gestion. (*Déc. du* 4 *mars* 1854.)

L'acte de prestation de serment de chaque médecin délégué est exempt de la formalité de l'enregistrement, par application de l'art. 70, § 3, de la loi du 20 frimaire an VII. (*Circ. du* 17 *février* 1854, n° 188.)

Au moyen des communications qu'ils reçoivent de MM. les préfets ou qu'ils provoquent au besoin, les directeurs connaissent et sont à même d'indiquer aux employés les médecins ainsi délégués.

En ce qui concerne la constatation de la situation des employés en instance pour obtenir une pension de retraite, l'administration prend à sa charge les honoraires des médecins délégués et assermentés. (*Circ. du* 6 *novembre* 1854, n° 240.) V. n° 82.

89. — Toutes les pensions sont reversibles, à quelque titre qu'elles aient été concédées, en vertu des règlements nouveaux, soit en faveur des veuves, soit sous la dénomination de secours annuel aux orphelins. (*Circ. du* 31 *décembre* 1853, n° 173.)

A droit à pension la veuve du fonctionnaire qui a obtenu une pension de retraite en vertu de la présente loi, ou qui a accompli la durée de service exigée par l'art. 5, pourvu que le mariage ait été contracté six ans avant la cessation des fonctions du mari.

La pension de la veuve est du tiers de celle que le mari avait obtenue ou à laquelle il aurait eu droit. Elle ne peut être inférieure à 100 francs, sans toutefois excéder celle que le mari aurait obtenue ou pu obtenir.

Le droit à pension n'existe pas pour la veuve dans le cas de séparation de corps prononcée sur la demande du mari. (*Même Loi, art.* 13.) (1)

Ont droit à pension :

1° La veuve du fonctionnaire ou employé qui, dans l'exercice ou à l'occasion de ses fonctions, a perdu la vie dans un naufrage ou dans un des cas spécifiés au § 1° de l'art. 11, V. n° 86, soit immédiatement, soit par suite de l'événement ;

2° La veuve dont le mari aura perdu la vie par un des accidents prévus au § 2° de l'art. 11 (V. n° 86), ou par suite de cet accident.

Dans le premier cas, la pension est des deux tiers de celle que le mari aurait obtenue ou pu obtenir par l'application de l'art. 12 (1er §). V. n° 86.

Dans le second cas, la pension est du tiers de celle que le mari aurait obtenue ou pu obtenir en vertu dudit article (2e §) (2).

Dans les cas spécifiés au présent article, il suffit que le mariage ait été contracté antérieurement à l'événement qui a amené la mort ou la mise à la retraite du mari. (*Même Loi, art.* 14.)

Dans le cas où un employé, ayant servi alternativement dans la partie active et dans la partie sédentaire, décède avant d'avoir accompli les trente années de service exigées pour constituer le droit à pension de sa veuve, un cinquième de son temps de service dans la partie active est ajouté fictivement en sus du service effectif pour

---

(1) Une veuve judiciairement séparée de corps, mais qui, depuis sa séparation, s'est réunie à son mari, peut obtenir pension. (*Avis du comité des finances du* 3 *février* 1841, *approuvé par le Ministre le* 20 *du même mois.*)

(2) Dans les circonstances spécifiées à ce 2e §, la pension peut être portée au minimum de 100 fr. (*Circ.* n° 173.)

compléter les trente années nécessaires (1). La liquidation ne s'opère néanmoins que sur la durée effective des services. (*Même Loi, art.* 15.)

L'orphelin ou les orphelins mineurs d'un fonctionnaire ou employé ayant obtenu sa pension, ou ayant accompli la durée de service exigée par l'art. 5 de la présente loi, ou ayant perdu la vie dans un des cas prévus par les §§ 1 et 2 de l'art. 14, ont droit à un secours annuel lorsque la mère est ou décédée, ou inhabile à recueillir la pension, ou déchue de ses droits. (*Même Loi, art.* 16.)

Il suffit que le mariage dont les orphelins sont issus ait précédé la mise à la retraite de leur père, alors même qu'il y aurait eu séparation de corps. (*Décret du 9 novembre 1853, art.* 34.)

Ce secours est, quel que soit le nombre des enfants, égal à la pension que la mère aurait obtenue ou pu obtenir conformément aux art. 13, 14 et 15. Il est partagé entre eux par égales portions et payé jusqu'à ce que le plus jeune des enfants ait atteint l'âge de vingt-un ans accomplis, la part de ceux qui décéderaient ou celle des majeurs faisant retour aux mineurs.

S'il existe une veuve et un ou plusieurs orphelins mineurs provenant d'un mariage antérieur du fonctionnaire, il est prélevé sur la pension de la veuve, et sauf reversibilité en sa faveur, un quart au profit de l'orphelin du premier lit, s'il n'en existe qu'un en âge de minorité, et la moitié s'il en existe plusieurs. (*Loi du 9 juin 1853, art.* 16.)

Le *minimum* de 100 fr. fixé pour les veuves est applicable aussi bien quand les pensions sont concédées en exécution de l'art. 14 de la loi du 9 juin 1853 que lorsqu'elles le sont en vertu de l'art. 13. (*Avis du Conseil d'Etat du 28 novembre 1854.*)

Il est de principe que la loi du 9 juin 1853 laisse chacun dans sa situation ainsi que dans la possession du droit acquis. Les pensions des veuves et les secours annuels aux orphelins mineurs sont liquidés conformément aux dispositions générales de la loi précitée, si le fonctionnaire qui avait accompli, au 1er janvier 1854, la durée de service exigée par les anciens règlements, c'est-à-dire par l'ordonnance du 12 janvier 1825, a prolongé son activité après cette époque et quelle que soit d'ailleurs sa position d'activité et de retraite. (*Arrêts du Conseil d'Etat des 21 juin 1855 et 24 février 1856; Déc. min. du 20 août 1856; Circ. du 24 septembre suivant,* n° 411.)

Quant aux pensions accordées pour services terminés antérieurement au 1er janvier 1854, le droit de reversion auquel elles peuvent donner ouverture reste soumis aux stipulations des anciens règlements.

Ainsi les pensions concédées sous le régime de la loi du 9 juin 1853 ne sont reversibles qu'autant que les conditions imposées par cette loi aux veuves et aux enfants sont remplies.

Cette disposition s'étend aux veuves et aux enfants des agents morts en activité depuis le 1er janvier 1854, alors même que ceux-ci auraient accompli, à cette dernière époque, la durée d'exercice nécessaire pour être retraités personnellement en vertu des règlements anciens, selon les prescriptions de l'art. 18 de ladite loi.

Il suit de là que, pour les veuves, la condition de six années de mariage antérieures à la cessation des services est absolue. Quant aux orphelins, il suffit qu'ils aient ou aient eu moins de vingt-un ans au jour du décès de leur père et que le mariage dont ils sont issus ait précédé la mise à la retraite de leur père. (*Circ. du 24 septembre 1856,* n° 411.)

En ce qui a trait au mariage en secondes noces des veuves pensionnaires, si elle

---

(1) Il importe de vérifier immédiatement après le décès quelle était, sous ce rapport, la position de l'employé. (*Circ.* n° 173.)

a été accordée pour des services terminés avant la mise en vigueur de la loi du 9 juin 1853, c'est-à-dire avant le 1er janvier 1854, la pension de la veuve est radiée, sans éventualité de réinscription.

Quand, au contraire, la concession a eu lieu pour des services prolongés au-delà du 1er janvier 1854, la veuve peut se remarier et conserver sa pension, lors même que son premier mari aurait été ou aurait pu lui-même être retraité, à raison de la durée de son activité, en vertu des anciens règlements. (*Circ. du 9 avril* 1857, n° 460.)

Si la veuve d'un agent retraité avant 1854 ne comptait pas alors 5 années de mariage, elle n'aurait pas droit à reversion; mais par cela seul que le mariage était antérieur à la réforme de l'agent, la reversion temporaire serait acquise aux enfants au-dessous de l'âge de 16 ans. Dans le cas où, satisfaisant à toutes les conditions déterminées par l'ordonnance du 12 janvier 1825, la veuve ne serait pas âgée de 50 ans au moment du décès de son mari retraité avant 1854, il faudrait, si elle avait un ou plusieurs enfants au-dessous de 16 ans, produire l'acte de naissance du plus jeune. (*Déc. des 1er septembre* 1827 *et* 27 *août* 1859.) *V.* n° 91.

Quand un agent est resté en activité après le 1er janvier 1854, alors même qu'à cette époque il aurait pu être retraité en vertu de l'ordonnance de 1825, la pension de la veuve est toujours du tiers de celle acquise au mari, conformément à la loi de 1853; il n'y a pas de condition d'âge pour cette veuve, et on ne doit produire, dès lors, ni acte de naissance, ni certificat de vie du plus jeune orphelin. Mais ces justifications sont nécessaires pour faire obtenir le tiers, au lieu du quart, dans le cas où la reversion devrait, au contraire, s'opérer suivant le règlement de 1825, et si, d'ailleurs, la veuve n'avait pas 50 ans. (*Déc. du* 18 *mars* 1861.)

90. — Les droits des employés actuellement en exercice sont liquidés d'après les dispositions de la présente loi pour les services postérieurs au 1er janvier 1854, et, pour les services antérieurs, conformément aux règlements spéciaux qui les régissaient (c'est-à-dire l'ordonnance du 12 janvier 1825), sans que les *maximum* nouveaux puissent être dépassés. *V.* n° 83.

Toutefois, les droits acquis à la liquidation, en vertu des règlements existants, sont maintenus pour tous les agents qui, au 1er janvier 1854, avaient accompli, sans condition d'âge, trente ans ou vingt-cinq ans de services sédentaires ou actifs. (*Loi du 9 juin* 1853, *art.* 18.)

L'addition du nombre de 60es ou de 50es (suivant la position de l'agent) afférents à chacune des deux moyennes de quatre ans et de six ans de services doit former le montant de la pension, sauf réduction, lorsqu'il y a lieu, au *maximum* nouveau. (*Circ.* n° 173.)

La liquidation d'après les anciens règlements et *maximum* est d'obligation absolue à l'égard des agents qui avaient des droits acquis à la retraite au 1er janvier 1854. (*Arrêt du Conseil d'État du* 26 *avril* 1855.) *V.* n° 93.

91. — A la fin du mois de février de chaque année, les directeurs désignent, par une liste relative aux agents à la nomination de l'administration, et par une autre liste concernant les agents à leur nomination, les employés qui, usés par l'âge et les infirmités, doivent être retirés des cadres dans le courant de la même année. (*Circ. man. du* 5 *septembre* 1863.) On énonce, pour chacun d'eux, les nom et prénoms, le grade, la résidence, la date de la naissance, la durée des services de toute nature et le traitement. Les employés y sont inscrits, non point dans l'ordre des grades ou des classes, mais dans l'ordre d'urgence de leur admission à la retraite; et on indique, dans une colonne, la position de chaque agent. S'il est marié, on rappelle la date du mariage, et s'il est veuf, on fait connaître s'il a un ou plusieurs enfants mineurs.

Pour les employés de bureau, l'avis de l'inspecteur est joint à la proposition du directeur.

Les propositions d'admission à la retraite, pour les employés supérieurs à la nomination du Ministre, sont faites par lettres spéciales.

Si, dans le cours de l'année, il y avait lieu d'apporter quelques modifications aux propositions déjà faites ou de soumettre d'urgence quelques autres propositions nouvelles, les directeurs en référeraient aussi par lettres spéciales. (*Circ. du 13 janvier* 1843, n° 1954.)

À l'appui de la liste des employés à la nomination du directeur et susceptibles d'être admis à la retraite, on doit produire, pour chacun d'eux, à moins qu'il ne s'agisse de l'application des deux premiers paragraphes de l'art. 5 de la loi du 9 juin 1853 (1), des certificats énonçant la nature et la cause des infirmités de l'agent, et constatant qu'elles le mettent dans l'impossibilité de continuer l'exercice de fonctions quelconques. *V.* n° 86 (2).

Ces certificats, délivrés distinctement tant par le capitaine de brigades que par le médecin des douanes et par l'inspecteur, sont revêtus du visa du directeur et mis sous une chemise portant le numéro d'inscription sur la liste, ainsi que le nom et les prénoms de l'agent. On y joint, quant aux employés qui ont à faire valoir des services étrangers aux douanes, les titres originaux justificatifs de ces services, ou, à défaut de titres, une note détaillée indiquant, pour les services militaires de terre, les noms des corps où ils ont été rendus, et les dates d'entrée et de sortie; pour les services de marine, le nom de chaque bâtiment, le port où il a été armé et désarmé, et les dates des embarquements et des débarquements, détails propres à mettre l'administration à même de réclamer, auprès des ministres compétents, les certificats énoncés en l'art. 31 du décret du 9 novembre 1853 (3); enfin, les actes de naissance dûment certifiés. (*Circ. des 30 janvier* 1839, n° 1733, *et 23 septembre* 1854, n° 228.)

Les erreurs ou dissemblances majeures que les actes de naissance, de mariage ou de décès présenteraient entre eux dans l'indication des noms et prénoms, dates et lieux de naissance, et qui seraient de nature à faire douter de l'identité des personnes désignées pour obtenir une pension, ne peuvent être redressées que par acte de notoriété, dans la forme déterminée par l'art. 71 du Code civil, à moins que l'officier qui a opéré ces actes n'opère lui-même, par renvoi approuvé et par lui contre-signé, la rectification des erreurs qu'il aurait pu commettre dans la transcription. Mais la simple omission d'un prénom, ni la suppression ou le changement d'une lettre dans les noms patronymiques, lorsque d'ailleurs il ne peut y avoir doute sur l'identité, ne donnent pas lieu à un acte de notoriété.

(1) *V.* n° 82. Lorsque l'employé est âgé de plus de 60 ans (bureaux) ou de plus de 55 ans (brigades), et s'il compte trente années de services dans les bureaux ou vingt-cinq ans dans les brigades, tout certificat est inutile. (*Déc. du 26 mai* 1851.)

(2) *V.* n° 82 pour les pièces à produire à l'égard des agents ayant la durée légale de services, sans avoir l'âge de 60 ou de 55 ans, et dans l'impossibilité absolue de continuer l'exercice de leurs fonctions, pour cause d'incapacité physique ou morale.

S'il s'agit d'agents de brigades ayant moins de vingt-cinq ans de services de toute nature et qui, pour invalidité physique provenant de l'exercice des fonctions, *V.* n° 86, ne peuvent prétendre qu'à une pension exceptionnelle, il faut que les certificats attribuent aux infirmités une cause déterminée, résultant de faits de service, tels qu'accidents, courses forcées, etc., ou provenant de l'insalubrité des localités où les fonctions ont été exercées. On doit produire des procès-verbaux constatant les accidents arrivés en cours de service, des extraits de rapports, etc., *V.* n° 87, et les chefs locaux, afin de former leur conviction, doivent procéder à des enquêtes administratives. (*Circ.* n° 1733, *et Circ. du 11 décembre* 1843, n° 1997.)

(3) Quand l'agent jouit d'une pension militaire, on envoie à l'administration une copie du brevet. (*Déc. du 22 mai* 1837.)

En cas d'impossibilité de le produire, l'acte de naissance ne peut être suppléé que par un acte de notoriété énonçant les causes d'empêchement. (*Circ. du 11 juin 1822, n° 729.*)

Dans les dix jours qui suivent la notification des décisions portant admission à la retraite, les directeurs doivent adresser à l'administration le complément des pièces exigées pour la liquidation de la pension : état des services civils; déclaration d'élection de résidence; inventaire en triple expédition (1); justification de la qualité de Français, lorsque l'agent est né à l'étranger. (*Circ. du 23 septembre 1854, n° 228.*)

Quant aux veuves et aux orphelins susceptibles d'obtenir pension par reversion, l'administration compte sur la sollicitude des chefs du service pour leur épargner, autant que possible, l'obligation de produire directement les justifications nécessaires. Réunies par les receveurs principaux, les pièces indiquées ci-après doivent être envoyées à l'administration par l'entremise des directeurs.

Pour les veuves : 1° Acte de naissance de la veuve (2); 2° acte de mariage; 3° acte du décès du mari; 4° certificat de non-séparation de corps, attestant, en cas de mariage antérieur à la loi du 8 mai 1816, qu'il n'y a pas eu de divorce (3); 5° déclaration d'élection de résidence; 6° une copie du brevet de la pension du mari (4), ou, si le mari est mort en activité, son acte de naissance, accompagné d'un état de services civils et des titres justificatifs des services étrangers à l'administration; 7° quand la veuve n'a pas cinquante ans d'âge, alors que la pension doit être concédée en vertu de l'ordonnance du 12 janvier 1825, l'acte de naissance du plus jeune des enfants, s'il en existe de moins de seize ans, et le certificat de vie de l'enfant; 8° en cas de second mariage, l'acte de célébration. *V.* n° 89.

Pour les orphelins : 1° Acte de naissance de chaque orphelin; 2° acte de mariage des parents; 3° actes de décès du père et de la mère; 4° acte de tutelle; 5° déclaration d'élection de résidence souscrite par le tuteur. (*Décret du 9 novembre 1853, art. 32 ; Circ. du 23 septembre 1854, n° 228, et Déc. des 27 août et 19 novembre 1859.*)

A l'exception des rapports et certificats émanant du service des Douanes, toutes les pièces justificatives des droits à pension doivent être revêtues du timbre : tels sont les actes de l'état civil, les certificats de non-divorce et de non-séparation de corps, les certificats des médecins. Quant aux déclarations d'élection de domicile, elles peuvent être sur papier libre. (*Circ. du 2 mars 1850, n° 2373.*)

Tous les actes délivrés par les maires doivent être revêtus du cachet officiel de la commune et être dûment légalisés. (*Déc. du 26 juin 1863.*) Ceux de l'état civil et des notaires sont légalisés par le président du Tribunal civil (*Déc. du 19 décembre 1859*); les autres, par le sous-préfet.

92. — Les receveurs principaux doivent informer l'administration, par l'intermé-

---

(1) Pour les anciens militaires, rappeler leur dernier grade. (*Déc. du 22 février 1864.*)

(2) Lorsque l'acte de naissance de la veuve ne se trouve pas sur le registre de l'état civil de la commune où elle est née, il suffit que l'acte de mariage contienne les indications nécessaires pour l'immatriculation au livre des pensions. (*Déc. du 24 avril 1855.*)

(3) Ce certificat doit être libellé en termes explicites, et délivré par le maire sur la déclaration de deux témoins. (*Circ. n° 228.*)

(4) Cette copie doit être certifiée conforme, soit par le directeur qui la transmet, soit par le payeur. (*Déc. du 24 janvier 1857.*) Le brevet est conservé par l'ayant-droit pour obtenir le payement du reliquat de la pension.

diaire des directeurs, au moyen d'un avis, série E, n° 102 *bis,* des extinctions de pensions. On indique, le cas échéant, qu'il n'y a ni veuve ni enfants mineurs. S'il en existe, les titres à la reversion ou les motifs d'exclusion sont successivement énoncés. (*Circ. lith. du 23 janvier 1844 et Déc. du 4 mars 1854.*)

93. — Aucune pension n'est liquidée qu'autant que le fonctionnaire aura été préalablement admis à faire valoir ses droits à la retraite par le ministre au département duquel il ressortit. (*Loi du 9 juin 1853, art. 19.*)

Toute demande de pension doit, à peine de déchéance, être présentée, avec les pièces à l'appui, dans le délai de cinq ans à partir de la promulgation de la présente loi, pour les droits ouverts antérieurement, et, à l'avenir, à dater du jour de l'ouverture des droits. (*Même Loi, art. 22.*)

Les pensions sont liquidées d'après la durée des services, en négligeant, sur le résultat final du décompte, les fractions de mois et de franc.

Les services civils ne sont comptés que de la date du premier traitement d'activité et à partir de l'âge de vingt ans accomplis (1). Le temps du surnumérariat n'est compté dans aucun cas. (*Même Loi, art. 23.*)

La liquidation est faite par le ministre compétent, qui la soumet à l'examen du Conseil d'Etat, avec l'avis du Ministre des finances.

Le décret de concession est rendu sur la proposition du ministre compétent; il est contre-signé par lui et par le Ministre des finances.

Il est inséré au *Bulletin des Lois.* (*Même Loi, art. 24.*)

94. — La jouissance de la pension commence du jour de la cessation du traitement, ou du lendemain du décès du fonctionnaire; celle du secours annuel, du lendemain du décès du fonctionnaire ou du décès de la veuve.

Il ne peut, en aucun cas, y avoir lieu au rappel de plus de trois années d'arrérages antérieurs à la date de l'insertion au *Bulletin des Lois* du décret de concession. (*Même Loi, art. 25.*)

Les pensions sont incessibles. Aucune saisie ou retenue ne peut être opérée, du vivant du pensionnaire, que jusqu'à concurrence d'un cinquième pour débet envers l'Etat, ou pour des créances privilégiées, aux termes de l'art. 2101 du Code civil, et d'un tiers dans les circonstances prévues par les art. 203, 205, 206, 207 et 214 du même Code. (*Même Loi, art. 26.*)

Tout fonctionnaire ou employé démissionnaire, destitué, révoqué d'emploi, perd ses droits à la pension. S'il est remis en activité dans le même service (2), son premier service lui est compté.

Celui qui est constitué en déficit pour détournement de deniers ou de matières, ou convaincu de malversations, perd ses droits à la pension, lors même qu'elle aurait été liquidée ou inscrite.

La même disposition est applicable au fonctionnaire convaincu de s'être démis de son emploi à prix d'argent, et à celui qui aura été condamné à une peine afflictive ou infamante (3). Dans ce dernier cas, s'il y a réhabilitation, les droits à la pension seront rétablis. (*Même Loi, art. 27.*)

---

(1) L'exception faite en faveur des matelots, dont les services étaient admissibles à partir de l'âge de dix-huit ans, n'est applicable qu'à ceux qui étaient en activité avant le 1er janvier 1854. (*Circ. du 31 décembre 1853, n° 173.*)

(2) Par *même service,* on a entendu ici les diverses branches de services qui ressortissent à un même département ministériel. (*Déc. du Min. des fin. du 19 juin 1826.*)

(3) La condamnation de l'agent entraîne la perte pour la femme, même devenue veuve, de ses titres à la reversion, le mari ne pouvant transmettre des droits qu'il a perdus. (*Déc. min. du 29 janvier 1863, transmise le 5 février suivant.*)

Lorsqu'un pensionnaire est remis en activité dans le *même service*, le payement de sa pension est suspendu.

Lorsqu'il est remis en activité dans un *service différent*, il ne peut cumuler sa pension et son traitement que jusqu'à concurrence de 1,500 francs. (1)

Après la cessation de ses fonctions, il peut rentrer en jouissance de son ancienne pension, ou obtenir, s'il y a lieu, une nouvelle liquidation basée sur la généralité de ses services (1). (*Même Loi, art. 28.*)

Le droit à l'obtention ou à la jouissance d'une pension est suspendu par les circonstances qui font perdre la qualité de Français, durant la privation de cette qualité.

La liquidation ou le rétablissement de la pension ne peut donner lieu à aucun rappel pour les arrérages antérieurs. (*Même Loi, art. 29.*)

Quand un fonctionnaire a disparu de son domicile, et que plus de trois ans se sont écoulés sans qu'il ait réclamé les arrérages de sa pension, sa femme ou les enfants qu'il a laissés peuvent obtenir, à titre provisoire, la liquidation des droits de réversion qui leur seraient ouverts par les art. 13 et 16 de la loi du 9 juin 1853 en cas de décès dudit pensionnaire. (*Décret du 9 novembre 1853, art. 45.*)

Si l'intérêt du service l'exige, le fonctionnaire admis à faire valoir ses droits à la retraite peut être maintenu momentanément en activité, sans que la prorogation de ses services puisse donner lieu à un supplément de liquidation. Dans ce cas, la jouissance de sa pension part du jour de la cessation effective du traitement. (*Même Décret, art. 47.*)

Il doit être délivré à l'agent un certificat de cessation de payement pour être produit au payeur, avec le brevet d'inscription de pension, afin que les arrérages soient comptés à dater du jour de la cessation effective du traitement d'activité (*Déc. du 16 novembre 1858.*)

95. — Le cumul de deux pensions est autorisé dans la limite de six mille francs, pourvu qu'il n'y ait pas double emploi dans les années de service présentées pour la liquidation.

La disposition qui précède n'est pas applicable aux pensions que des lois spéciales ont affranchies des prohibitions du cumul. (*Loi du 9 juin 1853, art. 31.*)

96. — Les pensions et secours annuels sont payés par trimestre.

Ils sont rayés des Livres du Trésor après trois ans de non-réclamation, sans que leur rétablissement donne lieu à aucun rappel d'arrérages antérieurs à la réclamation.

La même déchéance est applicable aux héritiers ou ayants cause des pensionnaires qui n'auront pas produit la justification de leurs droits dans les trois ans qui suivront la date du décès de leur auteur. (*Même Loi, art. 30.*)

Aux échéances des 1er janvier, 1er avril, 1er juillet, 1er octobre, les sommes dues sont payées par le payeur du Trésor public. Dans les départements, ce payement peut être effectué soit directement à la caisse du payeur, soit, sur son autorisation, par l'entremise du receveur particulier des finances ou du percepteur. (*Déc. du 9 novembre 1853, art. 1er et 4 ; Circ. n° 173.*)

---

(1) Lorsqu'un pensionnaire est remis en activité, il en est immédiatement donné avis, par le ministre compétent, au Ministre des finances, pour que le payement de la pension soit suspendu ou pour qu'il soit fait application des dispositions sur le cumul. (*Décret du 9 novembre 1853, art. 44.*)

(2) L'employé titulaire d'une pension et qui a été replacé ne peut, après la cessation définitive de son activité, prétendre à une nouvelle liquidation basée sur la généralité des services que lorsqu'il a acquis, dans sa dernière position, des droits à pension, d'après les dispositions de l'ordonnance du 12 janvier 1825. (*Arrêt du Conseil d'État du 23 mars 1845.*)

S'il désire recevoir à sa nouvelle résidence le montant des arrérages ordonnancés dans un autre département, le pensionnaire doit en faire la demande, sur papier timbré, au Ministre des finances, direction de la dette inscrite. (*Déc. du 2 juin* 1862.)

Tout payement fait à un pensionnaire doit être mentionné par le comptable au verso du brevet. (*Circ. lith. du 31 décembre* 1846.)

La demande de changement d'imputation doit être faite par le pensionnaire au payeur du Trésor *un mois avant* les époques précitées. (*Circ. du 3 mars* 1850, n° 2374.)

En cas de perte de brevet de pension, pour en obtenir un duplicata, il faut adresser à l'administration, 5me division, 3me bureau, une déclaration de l'intéressé revêtue d'un visa du payeur des finances rappelant la date du dernier payement des arrérages. (*Déc. du 21 octobre* 1863.)

Lorsqu'un pensionnaire, après avoir obtenu un duplicata de son titre, déclare l'avoir de nouveau perdu, il ne lui est pas délivré de triplicata. Seulement, sur la déclaration nouvelle qu'il produit, la direction de la dette inscrite autorise le payeur à acquitter les arrérages de la pension sur la seule reproduction du certificat de vie. (*Arrêté minist. du 8 octobre* 1823 *et Règlement min. du 26 janvier* 1846, page 208).

La liquidation des traitements de non-activité s'opère par trimestre comme les retraites, c'est-à-dire par quart net de l'allocation annuelle. (*Lettre de la compt. gén. du 31 juillet* 1861.)

Tous les pensionnaires, sans distinction de service, auront à produire, à l'expiration de chaque trimestre, pour le payement des arrérages échus, un certificat de vie délivré par un notaire, conformément à l'ordonnance du 6 juin 1839, et contenant, en exécution des art. 14 et 15 de la loi du 15 mai 1818, la déclaration relative au cumul.

La rétribution fixée par le décret du 21 août 1806 et l'ordonnance du 20 juin 1817, pour la délivrance des certificats de vie, est modifiée ainsi qu'il suit :

Pour chaque trimestre à percevoir, de 600 fr. et au-dessus, 50 cent. ; de 600 à 301 fr., 35 c.; de 300 à 101 fr., 25 c.; de 100 à 50 fr., 20 c. ; au-dessous de 50 fr., 00 c. (*Décret du 9 novembre* 1853, *art.* 46.)

Les certificats de vie continuent à être exemptés du timbre de 50 cent. pour les pensionnaires appartenant au service des douanes seulement, aux termes de la décision ministérielle du 27 janvier 1827, transmise par la circulaire du 31 mars suivant, n° 1049. (*Circ. du 31 décembre* 1853, n° 173.)

Il n'est pas ordonnancé de provisions au profit des pensionnaires en instance de liquidation. Aussi les directeurs doivent-ils hâter la transmission des pièces pour tout agent dont l'admission à la retraite a été prononcée, afin que le travail relatif à la liquidation, comme l'expédition du brevet, puisse avoir lieu dans les trois mois qui suivent la radiation des cadres. (*Même Circ.*)

Les arrérages dus sont payés aux héritiers par le receveur des finances, à qui doivent être soumises les pièces justificatives, savoir : outre l'acte de décès et le brevet d'inscription de pension, un certificat de propriété, dressé soit, sur l'attestation de deux témoins, par le juge de paix du domicile du titulaire décédé, soit, s'il y a eu inventaire, par le notaire dépositaire de la minute de ce dernier acte. (*Circ. des 7 mars* 1849, n° 2311, *et 3 mars* 1850, n° 2374.)

Sont exempts du timbre les titres d'hérédité produits pour obtenir l'ordonnancement des arrérages de 50 fr. et au-dessous. (*Déc. min. des 30 novembre* 1825, 27 *novembre* 1849 *et 8 janvier* 1855 ; *Circ. du 22 janvier* 1855, n° 263.)

Les certificats de propriété sont exempts de l'enregistrement. (*Déc. min. du 30 mars* 1858 ; *Circ. de la compt. du 29 juillet suivant,* n° 74.)

Les pensionnaires des administrations civiles doivent toucher leur pension quoique résidant à l'étranger. (*Avis du Conseil d'Etat du 14 janvier* 1820, *approuvé par le Min. des fin. le 12 février suivant.*)

Pour recevoir le montant de sa pension, le titulaire qui se trouve à l'étranger doit constituer, en France, un fondé de pouvoirs, lui remettre le brevet de retraite, et adresser, aux époques fixées, un certificat de vie, libellé suivant la forme adoptée dans le pays où il réside, et visé par l'agent qui y représente le Gouvernement français. (*Déc. du 16 septembre* 1853.)

Les secours accordés sont personnels. En cas de non-payement lors du décès d'un titulaire, ses héritiers ou représentants ne peuvent y avoir droit qu'en vertu d'une nouvelle décision. (*Règlement du 26 janvier* 1846 *sur la compt. gén.*, p. 306.)

§ 2. — GARANTIES, ATTRIBUTIONS GÉNÉRALES ET IMMUNITÉS DES EMPLOYÉS DES DOUANES.

97. — *Sauvegarde.* Les préposés des douanes sont sous la sauvegarde spéciale de la loi ; il est défendu à toute personne de les injurier ou maltraiter, et même de les troubler dans l'exercice de leurs fonctions, à peine d'une amende individuelle de 500 fr., et sous telle autre peine qu'il appartiendra, suivant la nature du délit. Les commandants militaires dans les départements, les préfets, sous-préfets et les maires sont tenus de leur prêter main-forte, et les gardes nationales, troupes de ligne ou gendarmerie, de la leur donner à la première réquisition, sous peine de désobéissance. (*Loi du 22 août* 1791, *titre* 13, *art.* 14.) V. nos 4, 103, 124 et 434.

Les receveurs doivent requérir la force armée pour assurer la perception et garantir leur domicile de toute attaque armée. (*Circ. man. du 2 juillet* 1832.)

Les réquisitions doivent énoncer la loi qui les autorise, le motif, l'ordre, le jugement ou l'acte administratif en vertu duquel la gendarmerie est requise. (*Ord. du 29 octobre* 1820, *art.* 56.)

Les réquisitions sont faites par écrit, signées et datées. (*Même Ord., art.* 58.)

98. — Lorsque, par suite de rassemblement ou d'attroupement, un préposé des douanes, domicilié ou non sur une commune, y a été pillé, maltraité ou homicidé, tous les habitants sont tenus de lui payer, ou, en cas de mort, à sa veuve et à ses enfants, des dommages-intérêts. (*Loi du 10 vendémiaire an IV, titre* 4, *art.* 6, *et Arrêté du Gouvernement du* 4e *jour complémentaire an XI, art.* 14.) V. n° 124.

99. — *Mise en jugement.* Les agents du Gouvernement ne peuvent, hors le cas de flagrant délit (1), être poursuivis, pour des faits relatifs à leurs fonctions, qu'en vertu d'une décision du Conseil d'État. (*Acte du Gouvernement du 22 frimaire an VIII, art.* 75.)

Le directeur général peut autoriser la mise en jugement des préposés qui lui sont subordonnés. (*Arrêté du 29 thermidor an XI, art.* 1er.)

Cette autorisation est nécessaire lorsque l'employé inculpé a été révoqué postérieurement au fait de ses fonctions pour lequel il est poursuivi (*Déc. du Min. de la justice du 13 juin* 1839), même à l'égard d'un préposé prévenu d'un délit étranger au service des douanes, mais commis dans l'exercice de ses fonctions comme agent de la force publique. (*Lettre du Min. de la justice du 14 juin* 1813.)

Cette autorisation est indispensable même pour intenter une action purement civile à un préposé, à l'occasion d'un fait commis dans l'exercice de ses fonctions. (*A. de C. du 28 août* 1844; *Circ.* n° 2050.)

La chambre du conseil des tribunaux de première instance ne peut être saisie qu'après l'autorisation administrative. (*Déc. du 10 décembre* 1840.)

---

(1) Le délit qui se commet ou qui vient de se commettre est un flagrant délit. Sont aussi réputés flagrant délit le cas où le prévenu est poursuivi par la clameur publique, et celui où le prévenu est trouvé saisi d'effets, armes, instruments ou papiers faisant présumer qu'il est auteur ou complice, pourvu que ce soit dans un temps voisin du délit. (*Art. 41 du Code d'instr. crimin.*)

Mais les tribunaux sont compétents pour examiner, préalablement à toute autorisation de mise en jugement, si le fait imputé à un préposé rentre ou non dans la catégorie de ceux qui peuvent rendre nécessaire cette autorisation. (*A. de C. du 16 décembre* 1856.)

Dans le cas où le directeur général n'est point de l'avis de la mise en jugement, l'affaire est déférée au comité du contentieux du Conseil d'État, qui, sous l'approbation du Chef du Gouvernement, statue dans les formes voulues. (*Ord. du 21 septembre* 1815.)

En matière civile, l'administration peut être saisie directement par les parties de la demande d'autorisation de mise en jugement d'un préposé; mais, en matière correctionnelle ou criminelle, les demandes doivent toujours être faites par l'entremise des chefs de parquet et du garde des sceaux, qui les communique à l'administration. (*Déc. du 3 septembre* 1841, *et Lettre du Min. de la justice du 30 avril* 1857.)

Quand un employé est cité en justice pour un fait de ses fonctions, sans qu'il y ait eu à son égard autorisation administrative de poursuivre, il doit comparaître pour décliner la compétence du tribunal en l'état de l'affaire, sauf à se retirer et à faire défaut s'il était passé outre au jugement du fond. (*Déc. du* 11 *août* 1841.)

L'exception d'ordre public et d'intérêt administratif résultant de l'acte du 22 frimaire an VIII peut être invoquée en appel, alors même que l'agent n'en aurait pas réclamé le bénéfice pour le jugement contradictoire. (*Déc. du* 21 *août* 1856.)

Il importe que le directeur de l'administration, soit pour décider la mise en jugement, soit pour motiver son avis de refus, ait une connaissance entière, non-seulement des faits principaux, mais encore des moindres circonstances qui se rattachent à chaque affaire.

Ainsi, toutes les fois qu'à raison d'un événement quelconque il y a plainte en justice, les directeurs doivent s'empresser de recueillir soigneusement tout ce qui est relatif à cet événement, et en transmettre à l'administration l'historique le plus détaillé, en y joignant les rapports qui ont pu être faits par les différents chefs de service et une copie du procès-verbal, s'il en existe un. Le préposé inculpé est entendu et ses réponses sont jointes aux documents rassemblés. (*Circ. des* 31 *août* 1814 *et* 28 *février* 1826, n° 972.)

L'autorisation de mise en jugement n'est jamais refusée s'il s'agit d'un délit matériel qu'il aurait pu dépendre des agents inculpés de ne pas commettre. Mais l'administration soumet au garde des sceaux les considérations qui peuvent motiver l'indulgence des magistrats, et le procureur général du ressort reste juge de l'opportunité des poursuites. Au besoin, le directeur veille à ce que la défense soit convenablement assurée. (*Déc. du* 16 *novembre* 1859.)

Quand le délit est flagrant, le prévenu peut être mis provisoirement sous la main de la justice, sauf à faire régulariser cette arrestation par un mandat légal décerné par le juge d'instruction et à ne continuer la poursuite que quand elle a été dûment autorisée.

Lorsque le délit n'est plus flagrant, si les faits sont peu graves ou s'il arrive que, par d'autres motifs, on ait lieu de supposer que le prévenu ne cherchera pas à fuir, on doit, selon la forme ordinaire, procéder à une information avant de provoquer l'autorisation nécessaire pour terminer le procès. Mais, quand il s'agit d'une prévention aux suites pénales de laquelle le prévenu doit avoir intérêt à se soustraire, les chefs, avant de porter plainte et de donner ainsi l'éveil au prévenu, devraient s'adresser au directeur général pour obtenir immédiatement l'autorisation de mise en jugement. Si cette autorisation est accordée, la justice, dès le commencement des poursuites, se trouve en mesure de s'assurer de la personne des prévenus. (*Lettre de M. le Ministre de la justice du* 6 *septembre* 1843 *et Circ. lith. du* 12 *octobre suivant.*)

Au début d'une instruction judiciaire, celui qui en est l'objet n'est qu'inculpé. Il est qualifié de prévenu après que la chambre du conseil du tribunal de première instance a déclaré qu'il y a lieu à suivre. Il devient accusé quand la Cour (chambre des mises en accusation) a rendu un arrêt qui le renvoie devant la Cour d'assises. Jusque-là la présomption d'innocence existait légalement en sa faveur; elle se change alors en présomption de culpabilité.

Aussi, dans la plupart des cas, convient-il d'attendre que la chambre des mises en accusation ait statué avant de révoquer un préposé qui se trouve sous le coup de poursuites exercées en matière criminelle. De même, lorsque le fait est de compétence correctionnelle, la décision administrative peut être différée jusqu'à ce qu'il soit intervenu un jugement. Mais, du moment qu'un préposé est mis en état de détention préventive, il y a lieu, presque toujours, de le suspendre de ses fonctions, interrompues de fait, et de tenir ses appointements en réserve (sommes non payées à défaut d'émargement), pour qu'il en soit ultérieurement disposé selon qu'il appartiendra.

S'il est à propos de suivre les phases de l'instruction judiciaire et d'user des ménagements que peut comporter la position d'employés dont la culpabilité est encore douteuse, il doit en être autrement quand cette culpabilité est, tout d'abord, matériellement établie, soit par la notoriété du fait incriminé ou par les aveux de l'inculpé, soit par les résultats de l'enquête administrative. En pareil cas, et lorsqu'il s'agit d'un acte qui, abstraction faite de l'intervention de la justice, serait de nature à entraîner la révocation, elle peut et doit même être immédiatement prononcée, sans qu'il y ait à se préoccuper de la juridiction appelée à statuer. On comprend, en effet, que s'il y a obligation de rayer des cadres, le plus promptement possible, tout employé convaincu, aux yeux de ses chefs, d'un fait de la compétence de la Cour d'assises, il convient aussi qu'un agent des douanes, quand le délit qui le conduit sur les bancs de la police correctionnelle nécessite toute la sévérité de son administration, ne puisse aller s'y asseoir revêtu d'un uniforme qu'il ne doit plus porter.

Il s'agit là tout à la fois de poursuites judiciaires ayant pour objet des faits qui ne se rattachent pas à l'exercice des fonctions des préposés et de celles qui ont lieu pour des faits relatifs à ces mêmes fonctions. Dans ce dernier cas, toutefois, une distinction essentielle est à établir : ou l'agent inculpé s'est compromis de telle sorte qu'il a encouru la révocation, et ici encore il y a moins de motifs que jamais pour s'abstenir de la prononcer; ou bien, quoique justiciable des tribunaux, il peut être excusable au point de vue du service, ce qui est vrai surtout quand il s'agit, par exemple, de blessures faites soit par imprudence, soit volontairement, mais dans une lutte soutenue contre des fraudeurs, et alors le préposé ne doit être ni révoqué, ni même suspendu de ses fonctions. Il faut, au contraire, qu'il se présente devant ses juges avec les avantages de sa position administrative, entouré de l'appui de ses chefs et de l'administration.

Ces instructions ne peuvent avoir rien d'absolu; mais elles doivent prévenir des hésitations toujours fâcheuses dans des circonstances délicates, qui, par cela même, exigent, quant aux décisions à prendre, autant de mesure que de discernement. (*Circ. lith. du* 30 octobre 1847.)

La condamnation du préposé ne peut être prononcée qu'autant qu'il est formellement et expressément déclaré par le jury qu'il s'est porté, *sans motifs légitimes*, aux violences dont on l'accuse. On doit donc veiller avec la plus rigoureuse attention à ce que le pourvoi soit émis en temps utile toutes les fois qu'un préposé qui aurait commis des violences serait condamné à une peine quelconque sans que cette question, qu'on peut dire ici sacramentelle : « Y a-t-il eu motif légitime ? » ait été soumise au jury. Il convient aussi de provoquer, lorsqu'il y a lieu, la position subsidiaire de cette autre question : « Y a-t-il eu provocation ? » afin qu'en cas de criminalité, résultant de l'absence reconnue par le jury de motif légitime, cette criminalité s'atténue toujours de manière à ne plus rendre applicables à l'accusé que les dispositions de l'art. 326 du Code pénal, si le jury donne une déclaration affirmative, à cette deuxième question. (*A. de C. des* 15 *mars* 1821 *et* 5 *décembre* 1822 ; *Circ. du* 20 *janvier* 1823, n° 783.)

Pour les délits, etc., commis par les préposés hors de leurs fonctions, les règles du droit commun sont suivies.

Tant qu'un préposé est en état d'arrestation, le paiement de toute somme qui peut lui revenir est ajourné. (*Déc. du* 20 *octobre* 1836.)

Si l'agent provisoirement suspendu est définitivement maintenu dans les cadres, ses appointements, qui ont été mis en réserve, lui sont payés, alors même qu'une dégradation est infligée ; en cas de révocation, le montant de ces appointements tombe au profit du Trésor par suite de vacance. (*Déc. du* 22 *février* 1842 *et du* 17 *octobre* 1859.)

Quand le préposé est condamné, il importe, avant de lui payer les sommes auxquelles il a droit, soit pour traitement afférent à ses services avant sa suspension ou révocation, soit pour prix de ses armes, etc., de demander au procureur général et au directeur des domaines s'ils ne mettent à cet égard aucune opposition. (*Déc. du* 20 *avril* 1838.)

S'il est évident que les torts reprochés à un agent qui a été révoqué n'étaient pas de nature à entraîner sa révocation, cette mesure est rapportée, et le traitement tombé en vacance est payé à l'ayant droit. (*Déc. du* 2 *mars* 1842.) *V.* n° 224.

L'autorisation préalable pour exercer des poursuites contre un fonctionnaire public au sujet de faits relatifs à ses fonctions, et notamment contre un agent des douanes, est nécessaire aussi bien devant les tribunaux civils que devant les tribunaux de répression.

A un point de vue spécial, les préposés des douanes doivent être réputés dans l'exercice de leurs fonctions, non-seulement quand ils se livrent à la poursuite ou à l'arrestation d'un fraudeur ou à la suite de la fraude, mais encore lorsqu'ils se dirigent vers leurs postes d'observation, porteurs de leurs armes.

Alors qu'un agent du Gouvernement, dans l'exercice de ses fonctions, se serait écarté des règles de prudence qui lui sont prescrites, il n'en résulterait pas que les faits ou fautes qui lui seraient imputés à cet égard fussent étrangers à ces fonctions. Il appartient à l'autorité administrative d'apprécier si ces faits ont constitué l'abus ou le simple usage des fonctions. (*A. de C. du* 16 *juin* 1858 ; *Circ.* n° 548.)

L'autorisation préalable n'est pas nécessaire quand, pour un fait réputé de chasse sans permis, en temps prohibé, il n'est produit par l'employé aucun procès-verbal ou acte de douane, probant et contemporain, qui implique la relation du fait poursuivi avec les fonctions dudit agent. (*A. de C. du* 16 *avril* 1858 ; *Doc. lith.,* n° 212.)

100. — *Port d'armes.* Les préposés des douanes ont, pour l'exercice de leurs fonctions, le port d'armes à feu et autres. (*Loi du* 22 *août* 1791, *titre* 13, *art.* 15.)

Dans le système de l'organisation du service des douanes, l'appellation de préposé s'applique ici aux agents de tous grades. Ainsi, l'inspecteur, le capitaine et le lieutenant peuvent, comme les brigadiers, patrons, etc., se munir d'armes dans le lieu et le temps de leur service.

Le mode d'armement, n'étant pas d'ailleurs fixé par la loi, relève de l'autorité administrative, qui détermine les armes à porter, sauf l'exclusion générale à l'égard des armes prohibées par mesure de haute police, tels que fusils à vent, pistolets de poche, etc. Les tribunaux n'ont à connaître que de l'abus du droit de port d'armes. (*Déc. du* 16 *avril* 1857.)

Quand les chefs de tout grade veulent, dans l'intérêt de leur sûreté personnelle, se munir d'armes à feu dans leurs tournées, ils doivent porter exclusivement le mousqueton d'ordonnance ou les pistolets du modèle de gendarmerie en usage dans les brigades. (*Déc. du* 13 *mai* 1857.)

Les agents ne peuvent, sans motif légitime, user ou faire user de violence envers

11

les personnes, dans l'exercice ou à l'occasion de leurs fonctions, à peine d'être punis selon la nature et la gravité des violences. (*Code pénal, art.* 186.)

Les articles 327 et 328 du Code pénal portent qu'il n'y a ni crime ni délit lorsque les voies de fait sont commandées, soit par l'autorité légitime, soit par la nécessité actuelle de légitime défense de soi-même ou d'autrui. *V.* rébellion, n° 427.

Les préposés ne doivent jamais prendre le service sans armes. (*Déc. du* 7 *janvier* 1857.) Sur les penthières du littoral et des frontières de terre, ils sont armés d'un mousqueton, si ce n'est, parfois, de pistolets pour des embuscades particulières; mais dans les ports, comme dans les établissements de douane, ils ne sont porteurs que d'un sabre qu'ils conservent pour toute espèce de service ostensible; ils ne se munissent alors de leur mousqueton que dans les cas exceptionnels où ils doivent, par la force, assurer le respect à la loi.

Les préposés ne doivent, sous aucun prétexte, prêter leurs armes.

Il convient d'interdire de recharger les armes à titre de signal des attaques, appel habituellement nul ou tardif. En conservant leurs mousquetons chargés, pour s'en servir en cas de défense, les préposés formant une escouade s'assurent le moyen d'intimider les fraudeurs et de prévenir les rébellions. (*Déc. du* 25 *mai* 1857.)

L'usage des armes, à terre, est interdit, hors le cas de légitime défense; mais la même interdiction ne pourrait être prononcée à l'égard des poursuites en mer, sans laisser le service impuissant contre les entreprises de la contrebande. *V.* n°ˢ 67 et 233. Dans tous les cas, l'usage des armes doit être mentionné au registre de travail ou de bord. (*Déc. du* 17 *octobre* 1846.)

Les mousquetons doivent être chargés à balles franches; tous les chefs ont à s'assurer, par de fréquentes investigations, qu'il n'est point dérogé à cette règle, sauf sur les frontières, où la répression de la contrebande à l'aide de chiens fait, en quelque sorte, une nécessité de charger les armes à plomb; mais alors les inspecteurs doivent déterminer les postes où cette exception doit être appliquée. (*Circ. du* 16 *avril* 1844, n° 2019.)

L'armement des préposés, fourni par les manufactures du Gouvernement, est conforme aux modèles adoptés pour l'armée. (*Circ. du* 14 *décembre* 1832, n° 1360.)

Il se compose d'un fusil et d'un sabre dit *briquet*. (*Ord. du* 30 *juin* 1835, *art.* 1ᵉʳ, et *Circ. du* 6 *février* 1845, n° 2055.) Le fusil des préposés est conforme au modèle du fusil à *percussion* établi pour la gendarmerie. Ce mousqueton est le seul que les préposés doivent porter en service; l'usage de tout autre fusil, et particulièrement du fusil dit de *nuit*, est formellement interdit. (*Circ. du* 17 *février* 1844, n° 2008.)

Les préposés, surtout ceux des brigades ambulantes, peuvent aussi être armés de pistolets à percussion, du modèle en usage pour la gendarmerie. (*Circ. du* 28 *mars* 1844, n° 2013.)

Le Ministre de la guerre, sur demande faite par l'administration, livre les sabres gratuitement (1).

Les brigades à cheval et les préposés d'ordonnance sont armés du mousqueton et des pistolets de la gendarmerie, ainsi que du sabre de la cavalerie légère. (*Circ. du* 4 *septembre* 1845; n° 2085.)

---

(1) Le compte annuel de masse indique, à la fin de l'inventaire n° 13, le nombre de sabres existant dans la direction, savoir: 1° ceux distribués gratuitement par le Département de la guerre (*Déc. du Min. de la guerre du* 21 *août* 1833); 2° ceux provenant d'achats antérieurs.

Les sabres réformés de la première catégorie, mais livrés depuis l'établissement du compte-matière du Département de la guerre en 1845, sont versés dans les magasins de l'Etat. Les autres peuvent seuls être vendus au profit du boni des masses. *Circ. lith. du* 14 *août* 1858.)

Les mousquetons et les pistolets sont demandés directement par les directeurs aux entrepreneurs des manufactures établies à Saint-Etienne, Mutzig, Tulle ou Châtellerault, où ces armes sont dûment contrôlées. (*Circ. du 4 septembre* 1846, n° 2126.)

Les mousquetons doivent être estampillés de l'initiale de la direction et numérotés.

Chaque direction étant responsable des mousquetons qui lui ont été fournis, ces armes ne peuvent être emportées d'une direction dans une autre ; mais chaque préposé demeure possesseur du mousqueton qui lui a été délivré, tant qu'il ne quitte pas la direction.

Tout préposé changeant de direction laisse son mousqueton dans la division d'où il sort, sans être soumis à autre chose qu'à payer les réparations dont cette arme aurait besoin pour la mettre en bon état. La valeur effective de l'arme est portée à son compte, d'après le tableau de dépréciation, tel qu'il sera arrêté ;

Et à son arrivée à sa destination il reçoit un nouveau mousqueton, également en bon état, sans supporter aucune plus-value. (*Circ. du* 1er *septembre* 1845, n° 2082.)

Les armes retirées des mains des préposés rayés des cadres doivent subir une dépréciation de 4 fr. pour la première année, de 3 fr. pour la seconde, et de 2 fr. pour chacune des deux années suivantes, de manière à ce que la valeur, dans le cours de la quatrième année, soit diminuée de 11 fr. La dépréciation est de 1 fr. pour chacune des années subséquentes, jusqu'à ce qu'elle ait réduit la valeur du mousqueton à 10 fr. L'année courra du jour de la distribution de l'arme à l'état neuf, et, une fois commencée, elle sera considérée comme achevée.

Les armes ne doivent être reprises qu'en bon état d'entretien ou de réparation. Si quelques pièces étaient perdues, cassées ou détériorées, le remplacement en serait fait aux frais des préposés détenteurs, et le prix, calculé d'après le tarif du Département de la guerre, que les directeurs peuvent se procurer, sera déduit de la somme à leur payer.

Tout mousqueton qui, après avoir subi la dépréciation annuelle, vaudra moins de 10 fr., ne sera repris qu'au prix des vieilles matières, pour être versé dans les arsenaux, après avoir été brisé.

La plus-value est fixée à 1 fr. pour chaque mousqueton qui sera distribué neuf, et à 3 fr. pour ceux de reprise.

Il est entendu, en ce qui concerne les employés changeant de direction, que les mousquetons qu'ils laissent en partant, et dont la valeur doit être portée à leur compte de masse, sont repris conformément à ces règles, et que ceux qui leur sont délivrés dans les nouvelles directions n'ont, comme l'a indiqué la circulaire n° 2082, à supporter aucune plus-value.

Les inspecteurs doivent tenir la main à ce que les capitaines vérifient avec soin les mousquetons restitués par les préposés, et s'assurent notamment de la parfaite conservation des pas de vis indispensables pour la solidité des armes. L'administration laisserait à la charge des capitaines qui manqueraient à ce devoir les réparations qui devraient être faites par suite de leur négligence. (*Circ. du* 21 *janvier* 1846, n° 2101.)

Les mousquetons et pistolets doivent toujours être en bon état. Pour les soins à donner à leurs armes, les préposés se conforment à l'instruction transmise par la Circ. du 4 septembre 1846, n° 2126. Pour les réparations, les pièces cassées ou usées sont remplacées par des pièces neuves tirées à l'état de lime des manufactures du Gouvernement. Ces réparations seront, autant que possible, confiées de préférence à des armuriers militaires, d'après un marché passé selon le modèle annexé à la Circ. n° 2126. Afin d'exercer les préposés au maniement du mousqueton, les directeurs peuvent faire acheter, par imputation sur le fonds commun des masses, la théorie destinée à la gendarmerie. (*Circ. du 4 septembre* 1846, n° 2126.)

L'arme ordinaire des officiers de brigades est le sabre d'officier d'infanterie; ils le portent suspendu à un porte-glaive en cuir verni fixé à une bretelle qui passe sous la tunique (*Circ.* n° 2098); la plaque fond or et ornements rapportés en argent. (*Circ. du* 1er *mai* 1852.)

Le ceinturon avec bélières, à bandes alternatives en argent et en soie vert foncé, et la dragonne à gland d'or, sont autorisés pour les officiers. (*Déc. du* 8 *mars* 1856.)

Des mesures doivent être prises pour exercer les brigades au maniement des armes, sans les détourner de la surveillance spéciale qui leur est confiée. L'instruction militaire a pour base la théorie des chasseurs à pied, dans ce qu'elle a d'applicable aux bataillons de douanes. (*Circ. du* 1er *mai* 1859, n° 585.)

101. — *Uniforme.* Les employés supérieurs des douanes et les agents des brigades portent un uniforme suivant le modèle déterminé par les règlements. (*Arrêté du* 7 *frimaire an* X.)

L'uniforme des directeurs, inspecteurs et sous-inspecteurs est réglé ainsi qu'il suit : habit de drap vert foncé, coupé droit sur le devant en forme de frac, et garni de neuf boutons en argent, bombés, portant un aigle en relief sur un fond mat, et au-dessus l'indication spéciale du service (*Douanes*) ; broderies en argent, en branches de chêne et de laurier, conformément au modèle n° 6 ; gilet blanc, coupé droit, garni de six boutons en argent; pantalon en casimir blanc pour la grande tenue, et en drap vert pour la petite tenue, avec galon de 4 centimètres en argent, broché sur les côtés ; chapeau français en feutre noir, avec ganse brodée en argent sur velours noir ; épée à poignée de nacre, avec garde et ornements dorés. (*Décret du* 17 *novembre* 1852, *art.* 2 ; *Circ. du* 28 *décembre suivant*, n° 80.)

Marques distinctives des grades. Directeurs : broderies au collet et aux parements, écusson à la taille, bouquet de poches, baguette tout autour; chapeau à plumes noires; épée conforme au modèle A. Inspecteurs : broderies au collet et aux parements, écusson à la taille, chapeau uni; épée, modèle B. Sous-inspecteurs : broderies au collet et aux parements; chapeau uni; épée, modèle B. (*Même décret, art.* 4.)

Pour les capitaines, lieutenants, brigadiers, sous-brigadiers et préposés des douanes, la tunique est substituée à l'habit; elle est en drap vert, lisérée d'un passe-poil en drap garance, à jupe plate (*Décret du* 16 *février* 1852, *art.* 1er), et descend de 12 à 14 centimètres de terre, l'homme étant debout (*Circ. man. du* 1er *mai* 1852). Une torsade à quatre brins, en laine rouge, tient lieu de contre-épaulettes (*Circ. du* 6 *mars* 1852, n° 12). Les boutons demi-bombés (*Circ.* n° 2055).

Les insignes des capitaines et des lieutenants consistent, pour les premiers, en trois soutaches plates, et pour les seconds, en deux soutaches en argent, disposées sur la manche en forme de nœud.

Ces officiers portent, en outre, sur l'épaule, une torsade à quatre brins en argent cousus ensemble, et, à chaque angle du collet, un petit écusson rappelant la broderie spéciale attribuée au service des douanes. (*Décret du* 16 *février* 1852, *art.* 5.) Le modèle de cet écusson est donné par la Circ. man. du 17 août 1852.

Pour vêtement de dessus, les officiers en service ont le burnous à capuchon mobile, en drap vert, doublé d'étoffe de laine bleue; les nœuds distinctifs du grade y sont reproduits sur les manches par des soutaches noires en poil de chèvre, dans la même forme que sur la tunique.

En conservant leur grande tenue, les chefs supérieurs trouvent dans la tunique une petite tenue très-convenable, qui leur permet de satisfaire facilement à l'obligation de porter l'uniforme dans leurs tournées. (*Circ. du* 6 *mars* 1852, n° 12.)

Les inspecteurs ou sous-inspecteurs divisionnaires et les directeurs effectuent leurs tournées en petite tenue : casquette-képy, tunique, pantalon bleu clair à bande garance. Ils ne prendraient le shako des douanes et le sabre des officiers supérieurs de l'armée que le jour où toutes les brigades seraient réunies pour concourir au service militaire. (*Déc. du* 18 *mai* 1859.)

Ainsi que les inspecteurs, les capitaines et les lieutenants doivent toujours être en uniforme dans leurs tournées de jour.

Pour les brigadiers ou patrons, les insignes consistent dans un double galon, en argent plein, de vingt-deux millimètres de largeur, placé en chevron au-dessus des parements. Pour les sous-brigadiers ou sous-patrons, un galon simple, placé de même. (*Ord. du 30 juin 1835, art.* 2, *et Circ.* n° 1822.)

Le pantalon des capitaines, lieutenants, brigadiers, sous-brigadiers et préposés est en drap bleu céleste, piqué de six pour cent de blanc, à brayette par-devant, sans plis, avec poche de chaque côté (*Ord. du 30 juin 1835, art* 1er) ; il reçoit une bande de drap garance (*Circ. du 6 mars 1852,* n° 12), de quatre centimètres de largeur. (*Circ. man. du* 1er *mai* 1852.)

Ces agents peuvent avoir un pantalon d'été en toile de lin écrue ; mais ce pantalon n'est pas obligatoire, et on peut se dispenser de l'admettre là où l'on juge que dans l'intérêt de la santé des préposés il convient de leur faire porter en tout temps le pantalon de drap. (*Circ.* n° 1822.)

Les patrons, sous-patrons et marins portent la veste ronde en drap vert (*Ord. du 30 juin 1835, art.* 1er) ; le hulot ; le pantalon de drap de la couleur bleue adoptée dans la marine de l'État (*Décret du 16 février 1852, art.* 2), sans bande sur la couture. (*Déc. du 7 août 1852.*)

Les brigadiers, sous-brigadiers et préposés ont d'ailleurs une capote de drap gris bleuté, à taille, assez ample pour être portée sur un fort tricot ou sur un gilet à manches (*Circ.* n° 2055) ; elle est garnie d'une double rangée de six boutons sur le devant ; les manches se terminent par un parement ajusté, fermé au moyen de deux petits boutons (*Circ. du 6 mars 1852,* n° 12) ; un collet-manteau ou grand collet, avec capuchon, de même drap, doublé aux épaules, de manière à le rendre imperméable dans cette partie du corps (*Circ.* n° 2055) ; le col noir ; des souliers et des guêtres en cuir en usage dans l'armée, ou, pour l'été, des guêtres en toile de lin écrue. (*Circ.* n° 1822.)

Les marins reçoivent, pour petite tenue, des vareuses en molleton de laine pour l'hiver et en toile pour l'été, des ceintures garances, des cotillons de toile et des bérets. (*Circ.* n° 2055.)

Les capitaines, lieutenants, brigadiers, sous-brigadiers et préposés portent le shako-képy, qui est garni, pour les officiers, d'un galon semblable à celui en usage dans l'infanterie légère. Il est garni dans sa partie supérieure d'un galon de trente-et-un millimètres pour les capitaines et de vingt-sept millimètres pour les lieutenants. (*Circ.* nos 1822 et 2055.)

Mais, en petite tenue, les capitaines, les lieutenants et autres agents portent la casquette-képy, avec trois tresses en argent pour les capitaines et deux tresses pour les lieutenants. (*Circ.* n° 2055, *et Circ. du 6 mars 1852,* n° 12.)

Les patrons, sous-patrons et marins portent le chapeau vernissé. (*Ord. du 30 juin 1835, art.* 1er.) Le mot *Douanes* n'est placé que sur le ruban. (*Circ.* n° 2055.)

Les brigadiers, patrons, etc., portent le ceinturon en cuir noir à cartouchière, fixé au corps de l'homme au moyen d'un écrou. (*Décret du 16 février 1852, art.* 1er.)

Le sac, du modèle en usage dans le corps des chasseurs à pied. (*Même décret, art.* 4.) Toutefois, cette fourniture n'est pas imposée d'une manière absolue : les conseils de masse en décident dans les directions où l'utilité en est reconnue. (*Circ.* n° 12.) Le sac est en toile préparée au caoutchouc. (*Circ. man. du* 1er *mai* 1852.)

Les gardes-magasins ont la capote d'officier, c'est-à-dire en drap vert, croisée sur la poitrine, avec passe-poil garance, mais sans insignes ; une casquette-phécy avec une simple tresse plate en argent de trois millimètres ; le reste comme les préposés. (*Circ.* n° 2368, *et Déc. du 17 juillet 1852.*)

L'uniforme des pescurs et emballeurs consiste en un pantalon de drap gris bleuté, sans bandes ni passe-poils ; caban en drap bleu foncé, sans passe-poils, du modèle en usage dans la marine des douanes ; chapeau ciré, et, pour le travail, casquette-phécy en drap de même couleur que le caban, sans galon ni liséré ; col et demiguêtres noirs. (*Circ. du 9 novembre* 1847, n° 2203, *et Circ. lith. du 30 avril* 1854.)

Les préposés-concierges ont la capote à taille en drap vert, sans passe-poils et sans insignes, mais avec une patte en drap garance au collet; la casquette-phécy avec le simple cordonnet en laine garance sur les coutures; le reste comme les préposés. (*Circ.* n° 2368.)

Afin que les effets d'habillement et d'équipement des brigadiers et autres agents soient exactement partout les mêmes, l'administration fait confectionner des modèles de chacun des effets pour être déposés dans les bureaux de direction et y servir de types pour la nuance des draps et la forme des vêtements. (*Circ. du* 19 *oct.* 1835, n° 1508.)

D'ordinaire, les agents de brigades qui, dans les ports, doivent porter le shako-képy sont revêtus de leur uniforme selon les saisons; mais, dans les campagnes, sur les frontières de terre, ils ont parfois une blouse et le pantalon règlementaire.

Tenue d'hiver à partir du 15 octobre. Grande tenue pour les dimanches et fêtes, soit en service, soit en promenade : tunique, pantalon gris bleuté, col noir, shako-képy découvert, à moins qu'il ne pleuve, gants blancs, sabre, guêtres en cuir (le sac n'est pris qu'aux revues ou aux cérémonies). Petite tenue : capote, pantalon gris bleuté, casquette-phécy, gants blancs, sabre.

Tenue d'été à partir du 15 mai. Grande tenue : comme en hiver, sauf les guêtres blanches. Petite tenue : comme en hiver, sauf le pantalon en toile écrue.

Les cheveux, les favoris et la barbe sont coupés.

Pour les marins, la *grande tenue,* d'hiver ou d'été, se compose ainsi : chapeau noir ciré; veste, ayant le collet rabattu; chemise de toile blanche, devants non façonnés, col bleu disposé de manière à pouvoir être rabattu un peu moins que celui de la marine de l'État, et orné de trois lisérés blancs, poignets bleus; cravate longue, d'étoffe de laine noire en hiver, de lasting en été, posée sur le cou, fixée devant au moyen d'un demi-nœud, descendant sur la poitrine et retenue au milieu par deux cordons qui l'entourent; ceinture de laine rouge placée de manière à paraître au-dessous de la veste, environ de 3 centimètres; pantalon bleu; bottes, brodequins ou souliers-brodequins.

Si l'homme est sous les armes, la veste est fermée par les trois derniers boutons d'en bas, le haut restant ouvert. Le ceinturon est posé de façon à laisser paraître au-dessous une petite partie de la ceinture rouge. Le ruban des chapeaux porte le nom de l'embarcation lorsque les matelots forment un équipage spécial; quand les matelots appartiennent à un port, le ruban reçoit simplement le mot douanes.

Petite tenue. En hiver : chapeau ciré ou béret de laine bleue, à bord rouge; vareuse bleue, en dedans du pantalon; cravate; ceinture; pantalon bleu..

En été : chapeau de paille blanche; chemise de cotonnade rayée, dite mille raies, bleu et blanc; col bleu avec lisérés blancs; cravates; ceinture; pantalon bleu.

Il doit, de plus, être fourni aux matelots : 1° une sorte de grande veste, en gros drap bleu, doublée de molleton de laine, c'est-à-dire le hulot, semblable à celui des marins de l'État et descendant à 20 centimètres au-dessus des genoux; poches à pattes sur les côtés, boutons blancs d'uniforme, une ancre en drap rouge au coin du collet. Ce vêtement, porté le plus souvent par-dessus la vareuse, est ôté à bord quand les hommes manient l'aviron, et remis lorsqu'ils s'arrêtent, afin d'éviter les refroidissements. Il sert aussi pour la faction; alors il est boutonné de haut en bas et le ceinturon est placé par-dessus. 2° Un cotillon en grosse toile grise, large et plissé sur la ceinture où il est fermé par deux gros boutons en os : lorsque les hommes sont embarqués, il préserve le pantalon. Afin de conserver l'uniformité de la tenue, les matelots ne doivent prendre le cotillon que sur l'ordre du patron.

Il est d'ailleurs à remarquer qu'une bonne tenue suppose que, en service, les marins n'ont pas de bretelles. Le pantalon doit être retenu par la patte seulement et fixé par la ceinture rouge qui doit toujours être posée de manière à ne laisser apercevoir, dans le haut, aucune partie du pantalon.

Lorsqu'un chef supérieur embarque et que les matelots le reçoivent portant la veste, on tolère qu'ils aient la chemise de couleur, afin qu'ils soient moins exposés à se salir s'ils nagent ou manœuvrent, cas auquel on ôte toujours la veste.

102. — *Droit en matière de procédure.* Les préposés de douanes peuvent faire, pour raison des droits de douanes, tous exploits et autres actes de justice qui dépendent du ministère des huissiers. Ils restent libres toutefois de se servir de tel huissier (dans le canton) que bon leur semble.(*Loi du 22 août 1791, titre 13, art.* 18.) Dans ce dernier cas, sous les règles du droit commun. (*A. de C. du* 1er *décembre* 1830; *Circ.* n° 1237.)

Les agents des douanes ne peuvent réclamer pour les actes aucuns honoraires. (*Déc. du* 10 *juin* 1809.)

En usant de la faculté de faire tous actes d'huissiers, les préposés ne peuvent, sous ce rapport, être astreints qu'aux règles spéciales établies en faveur de ceux-ci par l'art. 1er du décret du 29 août 1813, par dérogation à l'art. 20 de la loi du 13 brumaire an VII, sur le nombre de lignes que doit contenir tout acte judiciaire ou copie sur papier timbré. Aussi les actes ou copies que les receveurs font délivrer peuvent-ils avoir trente-cinq ou quarante lignes à la page. (*Circ. man. du* 6 *déc.* 1837.)

Mais quand la matière ne rentre pas dans la classe des affaires de douanes proprement dites, par exemple dans le cas de poursuites à fin de réparations d'avaries causées aux embarcations de la marine des douanes, les significations nécessaires à l'accomplissement des formalités prescrites doivent être faites par un huissier, et non par des préposés. (*Déc. du* 29 *mai* 1843.)

Les agents des douanes n'ont pas besoin de pouvoir spécial de l'administration pour suivre, en son nom, devant les tribunaux, les affaires contentieuses. (*A. de C. du* 25 *brumaire an VII.*)

La rapidité de la procédure en matière de douanes, la nécessité de sauvegarder les droits de l'administration que les employés n'ont pas toujours le moyen de consulter à temps, devaient faire admettre ce principe. Ainsi, chaque préposé tient de son grade et de ses fonctions un pouvoir suffisant pour agir devant les tribunaux, sans qu'il ait besoin d'un pouvoir spécial et préalable. C'est d'ailleurs ce qui a été de nouveau jugé, quant au droit d'appel, à l'égard du receveur principal (*A. de C. des* 26 *nivôse et* 17 *frimaire an VII, et* 25 *juillet* 1806); du premier vérificateur d'un bureau en l'absence du receveur ou même du mandataire, par procuration, de ce vérificateur, bien que le receveur ait seul jusque-là paru au procès (*A. de C. du* 9 *prairial an VII*); du lieutenant (*A. de C. du* 26 *messidor an VIII*); du premier commis de recette qui exerce par intérim les fonctions de receveur, la déclaration d'appel ne pouvant alors être déclarée nulle que dans les cas où elle serait désavouée par la régie. (*A. de C. du* 6 *juin* 1811.)

Et relativement au pourvoi en cassation, à l'égard de tout agent de l'administration. (*A. de C. des* 6 *juin* 1811 *et* 12 *août* 1833; *Circ.* n° 1399.)

Les agents des douanes procèdent, sous les conditions de la loi, à la vente publique des marchandises saisies (*Loi du* 14 *fructidor an III, art.* 5, 7 *et* 8), retenues (*Loi du* 4 *germinal an II, titre* 2, *art.* 9) ou abandonnées en douanes. (*Loi du* 22 *août* 1791, *titre* 9.)

103. — *Escorte.* Les receveurs, lorsqu'ils ont à effectuer des transports de fonds qui exigent l'escorte de la force armée et que le service ordinaire des brigades ne peut suppléer, sont autorisés à réclamer cette escorte auprès des préfets, sous-préfets ou maires, qui font les réquisitions aux commandants de la gendarmerie ou visent celles que les receveurs auraient eux-mêmes rédigées et signées. (*Déc. min. du* 26 *mai* 1825; *Circ. du* 11 *juin* 1825, n° 918.)

S'il s'agit d'une escorte militaire, les receveurs se concertent avec les chefs compétents, commandants de place ou officiers de détachement. (*Circ. man. des* 13 *avril et* 2 *juillet* 1832.) *V.* n°s 4 et 97.

104. — *Immunités diverses.* Ne sont pas appelés au service de la garde nationale les préposés du service actif des douanes. (*Loi du 22 mars 1831, art. 12.*)

Les préposés, jusques et compris les brigadiers, peuvent être dispensés des frais de logement et casernement des troupes, et ne peuvent alors être tenus à aucune fourniture pour cet objet (*Arrêté du Gouvernement du 30 vendémiaire an IV*); mais ce n'est que par tolérance que les préposés sont généralement affranchis de cette charge. (*Déc. du 26 février 1830.*)

Les dépositaires de caisses pour le service public, les veuves et les filles ne sauraient être tenus qu'au logement militaire en nature chez d'autres habitants. (*Loi du 10 juillet 1791, et Décret du 6 juin 1792.*)

Les mêmes agents, à moins qu'ils n'aient quelque propriété ou une habitation fixe à eux appartenant, peuvent, à titre de concession administrative, ne pas être inscrits sur les rôles des contributions personnelles et mobilières, et des prestations en nature. (*Déc. min. du 22 février 1833, transmise le 5 août suivant.*) Cette disposition reçoit une application générale; mais l'administration n'a pas à intervenir à ce sujet. C'est aux chefs locaux à prier MM. les préfets et les directeurs des contributions directes d'en faire obtenir le bénéfice aux préposés, lors des opérations des comités de répartition. (*Déc. du 4 novembre 1854.*)

Il est d'usage que, soit gratuitement, soit moyennant un prix fixé par l'administration des forêts au profit de la caisse municipale, les agents du service actif des douanes soient admis au partage des bois de chauffage dans les coupes affouagères des forêts communales. Cet approvisionnement est, sur certains points, indispensable, et les autorités ne doivent pas perdre de vue que l'établissement d'un poste de douane est une mesure d'intérêt général. (*Lettre du Min. des fin. du 2 décembre 1858.*)

On est de droit habitant d'une commune lorsqu'on y est établi depuis plus d'un an. C'est aux conseils de préfecture à prononcer sur les réclamations.

Les capitaines et les lieutenants sont assujettis aux contributions personnelles et mobilières, ainsi qu'aux prestations en nature pour les chemins vicinaux, conformément aux lois des 21 avril 1832, art. 14, et 31 mai 1836, art. 3. (*Déc. du 31 mars 1846.*)

Par application de l'art. 3 de la loi du 4 juin 1853, les directeurs et les inspecteurs divisionnaires des douanes peuvent être rangés dans la classe des fonctionnaires dont le mandat est incompatible avec celui de juré; le cas échéant, ils réclament le bénéfice de cette disposition. Ils ont, à cet effet, en cas de citation, à se rendre à la première audience de la cour (*Déc. des 20 sept. 1856 et 3 oct. 1859*); mais l'administration n'a pas à intervenir.

Pour donner aux agents placés dans les communes éloignées du chef-lieu de canton la facilité d'user de leurs droits électoraux, les chefs divisionnaires, et plus particulièrement les inspecteurs, doivent faire des démarches auprès des présidents des assemblées cantonales, afin d'obtenir que les préposés soient admis à voter, hors tour, quand ils se présentent. (*Circ. du 11 mars 1848, n° 2226.*)

L'exemption du droit de péage pour les employés doit être mentionnée dans les cahiers de charges dressés pour l'adjudication des ponts, bacs et passages d'eau; il est nécessaire d'y insérer, au besoin, une clause spéciale quant à l'immunité pendant la nuit. Les directeurs ont à s'entendre à cet égard avec leurs collègues de l'administration des contributions indirectes (*Circ. du 30 octobre 1848, n° 2282*). Tout cahier de charges relatif aux obligations des fermiers de passages d'eau contient les clauses suivantes: Le fermier ne peut exiger aucun droit de passage des employés des douanes et des contributions indirectes, lorsqu'ils sont obligés de passer d'une rive à l'autre pour cause de service, et qu'ils sont revêtus des marques distinctives de leurs fonctions ou porteurs de leurs commissions (*Art. 5 du Modèle annexé à la Circ. du 13 octobre 1852, n° 68*); il doit passer ces employés sans aucun délai, soit dans la journée, soit avant le lever ou après le coucher du soleil. (*Art.* 35 *du même Modèle.*)

Circulation gratuite sur les chemins de fer. V. Livre III, nº 343. A raison de la nature des escortes dont le soin est confié aux préposés des douanes, le directeur reçoit une carte de libre parcours sur toute l'étendue de la ligne.

Les inspecteurs, sous-inspecteurs, capitaines et lieutenants sont pourvus d'une carte valable pour le libre parcours de la partie de la voie ferrée qui traverse la circonscription de leur division.

Dans les cas spéciaux, nécessairement rares, où l'intérêt du service exige l'envoi d'autres agents sur un point quelconque de la ligne, le directeur délivre à ceux-ci des laissez-passer, ou leur remet des cartes en blanc envoyées d'avance par la compagnie du chemin de fer.

Toute demande de carte de libre parcours permanent, ou de carte valable éventuellement pour un voyage, doit être adressée à l'administration, qui se charge de la produire, s'il y a lieu, auprès de la compagnie. (*Déc. du* 11 *décembre* 1854.)

Il n'est pas demandé de cartes de circulation au nom des agents intérimaires, les mesures temporaires étant fort nombreuses et n'ayant, en général, qu'une très-courte durée. Dans presque tous les cas, les chefs d'exploitation permettent d'ailleurs aux intérimaires de se servir des cartes des titulaires. (*Déc. du* 18 *août* 1856.)

Une carte de libre parcours, dans la circonscription des divisions des agents, sur les chemins de fer ouverts au transit international, n'est demandée pour les capitaines ou les lieutenants qu'autant que l'intérêt de la surveillance l'exige impérieusement. Il n'en est pas ainsi de certaines obligations du grade, par exemple, pour recevoir à la recette principale le montant des appointements ou pour les conférences.

Des laissez-passer ne doivent être délivrés aux employés de brigades que dans le seul cas où leur action immédiate est indispensable sur un point éloigné.

Afin d'obtenir le bénéfice de la réduction de demi-place, que les compagnies concèdent parfois à titre gracieux, les employés doivent, au bureau de distribution des billets, présenter un congé régulier ou un avis de nomination à un nouvel emploi. Pas plus que les chefs, l'administration n'intervient à ce sujet. (*Déc. des* 26 *août* 1855 *et* 22 *mars* 1858.)

Les directeurs doivent envoyer à l'administration les anciens permis, en blanc ou nominatifs, restés sans emploi dans l'année précédente, avec les cartes individuelles qui ont été renouvelées, et un état indiquant les employés qui ont fait usage des permis spéciaux pour missions de service. (*Déc. des* 14 *novembre* 1859 *et* 14 *janvier* 1862.)

105. — Les sommes nécessaires au traitement et à la guérison des *agents des douanes blessés dans l'exercice de leurs fonctions* sont imputées sur un fonds spécial porté au budget pour indemnité aux agents blessés et secours. (*Loi du* 21 *avril* 1797, *art.* 7, *et Lois annuelles de finances.*)

Pour en obtenir l'allocation, les directeurs ont à adresser à l'administration : 1º une copie du procès-verbal qui, dressé pour constater l'accident, doit rester classé au dossier de l'agent; 2º les mémoires réguliers des dépenses, revêtus des attestations du capitaine de brigades et de l'inspecteur, ou, selon le cas, du médecin, avec un état récapitulatif; 3º des copies certifiées des mémoires et de cet état. (*Circ. du* 15 *mars* 1833, nº 1377.)

Il en est de même des frais d'inhumation d'un préposé mort par suite de l'exercice de ses fonctions. (*Déc. du* 3 *novembre* 1853.)

On ne doit donner de garde-malade qu'à l'employé garçon ou veuf sans enfants en état de le soigner. (*Circ.* nº 1377.)

106. — Comme les militaires, les agents de brigades peuvent être admis dans les *hôpitaux militaires*, etc.

Le prix de la journée du traitement des préposés de douanes dans tout hôpital militaire est basé sur le prix payé dans le trimestre qui a précédé celui pendant lequel ils y ont été reçus. (*Règlement sur les hôpitaux militaires du 1er avril 1831, art.* 641 ; *Déc. du 31 mars 1838.*)

Les frais de traitement des employés de douanes admis dans les hôpitaux militaires sont fixés , par jour, à 2 fr. 50 c. pour les officiers ou agents traités comme tels , à 1 fr. 50 c. pour les sous-officiers et soldats. (*Déc. du Min. de la guerre ; Circ. lith. du 20 septembre 1858.*)

Le montant des retenues figure aux rôles d'appointements, dans une colonne spéciale, comme revenant au ministère de la guerre pour..... jours de traitement à l'hôpital de...... A l'expiration du trimestre, le receveur transmet à l'administration, par l'intermédiaire du directeur, un état, en double expédition, indiquant le montant des retenues ainsi faites à chaque agent. Les frais sont remboursés au Département de la guerre, par les soins de l'administration, au moyen d'une opération de trésorerie entre les deux services, transfert d'un budget spécial à l'autre. (*Déc. des 1er juin 1829 et 27 février 1837 ; Circ. lith. du 20 septembre 1858.*)

Outre le récépissé, les receveurs des douanes se font remettre, par les receveurs des finances, une déclaration de versement qui leur sert de justification et de décharge. (*Déc. de la comp. du 23 novembre 1839.*)

Si le receveur d'un hospice civil ne veut pas donner, sur papier libre, quittance des frais dus par un préposé, le comptable des douanes peut, en refusant une quittance timbrée, se borner à indiquer le n° de l'article du registre où est inscrit le paiement. (*Déc. du 17 mars 1860.*)

Quand la solde des agents à la nomination des directeurs, qu'il soit exercé ou non une retenue pour congé, ne suffit pas pour payer le prix des journées passées dans un hôpital où ils sont traités, le montant de la différence peut, en vertu d'une autorisation spéciale de l'administration, être prélevé sur le boni des masses de la direction. (*Circ. lith. du 24 août 1854.*)

En ce qui concerne les hôpitaux militaires établis près des sources thermales, un agent de brigades ne peut pas y être admis plus de deux années de suite. (*Règlement sur les hôpitaux militaires cité par le Département de la guerre le 23 avril 1855.*)

C'est l'administration seule qui demande au Département de la guerre l'autorisation nécessaire pour que les agents de brigades soient reçus dans un hôpital thermal militaire. (*Déc. du 4 avril 1855.*)

A Bourbonne, la 1re saison s'ouvre le 15 mai, la 2e le 15 juillet ; à Bourbon-l'Archambaut, mêmes saisons ; à Vichy, 1re 15 mai, 2e 25 juin, 3e 5 août ; à Barèges, 1er juin, 1er août ; à Guagno, mêmes époques ; à Amélie-les-Bains, 15 avril, 15 juin, 15 août ; à Amélie-les-Bains, il y a trois saisons d'hiver (15 octobre, 15 décembre, 15 février) pour les maladies des voies respiratoires ; une station existe à Plombières pour les malades qui ne pourraient pas être traités sur les autres points.

La répartition des places étant arrêtée d'avance, il est indispensable que les demandes des agents des brigades, comme des bureaux, parviennent, par l'intermédiaire des directeurs et de l'administration, au Département de la guerre, au plus tard le 1er avril pour la 1re saison d'été de tous les hôpitaux, et pour la 2e d'Amélie-les-Bains, de Plombières et de Vichy ; le 1er juin, pour toutes les autres saisons d'été. Pour les saisons d'hiver d'Amélie-les-Bains, un mois avant l'ouverture. A l'appui de chaque demande, doit être produit un certificat de visite établi sur une formule (modèle A) donnée par l'intendance militaire de la localité. (*Circ. man. du 7 juillet 1862.*)

Les agents dont l'admission est autorisée en sont informés par l'administration et les directeurs ; ils doivent être munis, avant de quitter leurs postes, d'un certificat de visite et de contre-visite, d'après la formule donnée par l'intendance militaire. (*Déc. du 17 juin 1857.*)

Dans les hôpitaux militaires, autres que ceux placés près des sources thermales, les agents de brigades sont admis au même titre que les militaires du grade correspondant. Il suffit à cet effet que le préposé soit muni d'un bulletin d'entrée délivré par le médecin de la brigade et visé par l'inspecteur. (*Déc. du 18 mars 1859.*)

107. — *Saisies–arrêts.* Les *traitements* des employés des douanes ne sont saisissables que dans les proportions suivantes : jusqu'à concurrence du cinquième sur les premiers 1,000 francs et toutes les sommes au-dessous ; du quart sur les 5,000 fr. suivants, et du tiers sur la portion excédant 6,000 francs, à quelque somme qu'elle s'élève, et ce jusqu'à l'entier acquittement des créances. (*Loi du 21 ventôse an IX.*)

Mais les gratifications et émoluments des préposés de la régie, c'est-à-dire les sommes leur revenant à un autre titre que celui de traitements fixes, ne peuvent être saisis, à la requête d'un créancier, sinon pour leurs aliments ou logement pendant la dernière année, sauf au créancier à se pourvoir pour toute autre cause sur les biens desdits préposés. (*Loi du 22 août 1791, titre 13, art. 17.*)

Cet article est applicable nonobstant les dispositions ultérieures de l'art. 2101 du Code civil (*Déc. du 21 février 1833*) ; toutefois, les saisies-arrêts et oppositions sur ce qui est dû par l'État *au moment du décès d'un employé* s'étendent à la totalité des sommes appartenant à la succession, à quelque titre que ce soit. (*Déc. du 21 décembre 1849.*)

Le mot *saisissable* inséré dans la loi, quant aux traitements fixes, signifie qu'un traitement ne peut être arrêté que par voie de saisie-arrêt ou opposition, et que cette voie exige que le créancier ait un titre soit authentique et exécutoire, soit sous signature privée, revêtu d'une ordonnance du juge. (*Circ. du 17 germinal an IX.*) *V.* Livre XII, ch. 5, sect. 4.

Le calcul du prélèvement sur les sommes allouées pour traitement fixe se fait sur la quotité des appointements, après déduction des retenues pour la caisse des retraites et de celles qui pourraient être exercées au profit du Trésor. (*Déc. du 2 août 1831.*)

On peut satisfaire aux dettes contractées par les employés au moyen d'un prélèvement mensuel volontairement consenti au profit des créanciers, *pourvu qu'il n'existe aucune saisie-arrêt juridique à la charge de l'agent*, et que le comptable, tout en effectuant le prélèvement, retire du titulaire du traitement une quittance entière, comme s'il n'était fait aucune retenue. Le montant des sommes ainsi prélevées doit figurer dans les écritures, à l'article fonds reçus de divers à titre de dépôt, et être payé, sans autorisation préalable, sur la simple quittance des créanciers ayant droit, quittance que conserve le receveur pour sa justification. (*Circ. des 3 novembre 1827, n° 1070, et 4 août 1838, n° 1703*). *V.* n° 61, et n° 70, *art. 40.*

Les retenues effectuées d'après le consentement des agents peuvent être progressives, selon le montant des dettes et des traitements ; mais l'administration n'a pas à statuer à ce sujet. L'intervention officieuse des chefs suffit, sauf aux créanciers à se pourvoir d'un jugement en cas de refus des débiteurs. (*Déc. du 31 mars 1858.*)

Lorsqu'il existe plusieurs intéressés dont les créances n'offrent rien de privilégié et n'ont pas motivé de saisies-arrêts, la somme retenue est répartie entre eux proportionnellement aux sommes qui leur sont dues. (*Déc. du 8 mai 1847.*)

Une créance pour nourriture (ordinaire de la caserne, restaurant, etc.), pour logement ou pour frais de dernière maladie et d'inhumation, est considérée comme privilégiée par rapport à celles qui n'ont donné lieu à aucune saisie-arrêt. (*Déc. du 8 octobre 1844.*) *V.* n° 224.

Les écritures du comptable doivent faire connaître individuellement les agents qui supportent les retenues. Lorsque les opérations sont multiples, il peut tenir, comme développement du compte ouvert au sommier, un registre auxiliaire présentant les comptes individuels. (*Déc. de la compt. du 29 août 1836.*)

Le payement des créanciers d'un employé peut se faire au moyen des virements de compte. Le montant des retenues est transféré dans la caisse du receveur principal, qui doit remettre les fonds aux ayants droit. (*Déc. des 28 avril 1835 et 18 janvier 1847.*)

Quand le payement ne peut être fait par un virement de compte sur un receveur des douanes ou des contributions indirectes, les receveurs principaux prennent chez les receveurs généraux ou particuliers des finances des mandats sur le Trésor pour une somme égale, dont ils font dépense. Après avoir passé ces mandats à l'ordre du chef du personnel (*Déc. du 21 août 1832*), ils les transmettent au directeur pour les faire parvenir à l'administration. Elle en fait l'envoi aux créanciers en échange de leur titre, qui sera adressé au directeur et remis au débiteur. Ces opérations se régularisent par mois, si les retenues sont de quelque importance ; dans le cas contraire, c'est par trimestre, mais, toutefois, de manière à se balancer au 31 décembre, afin qu'il n'en ressorte aucun solde. (*Circ. du 24 avril 1821*, n° 650.)

Pour les sommes qui, provenant de ces retenues, ne seraient pas payées aux créanciers, même dans l'année qui suit celle où elles ont atteint le chiffre des dettes, *V.* n° 230.

108. — Une somme de 350,000 francs est accordée au service des douanes à titre de *gratifications* pour le recouvrement de l'impôt du sel. Elle est partagée par moitié entre les employés de bureau des départements et les agents de brigades. (*Ord. du 30 décembre 1829, art. 12.*)

Ont seuls droit à la répartition : 1° les employés de bureau dont le traitement n'excède pas 3,000 francs et les receveurs de l'impôt du sel ; 2° les employés de brigades qui, placés sur les marais salants et sur les autres points insalubres des côtes, concourent à assurer la perception de cet impôt. (*Même Ord., art.* 13.) C'est là une rémunération qui ne doit être accordée qu'aux agents dont le travail et la conduite privée et administrative ont été à l'abri de tout reproche pendant la période annuelle. Sans s'astreindre d'ailleurs à ne présenter que des employés dont les fonctions se lient au régime des sels, les directeurs doivent peser avec équité les droits respectifs des agents sous leurs ordres, motiver leurs propositions et exposer à l'administration les considérations qui les ont amenés à exclure tels ou tels sujets. La gratification individuelle ne peut, dans aucun cas, excéder le chiffre représentatif de deux mois de traitement (1) ; et encore ne doit-on proposer le *maximum* que par exception, en faveur des agents qui se sont fait remarquer, dans le cours de l'année, par une exactitude, un zèle et une conduite soutenus. (*Circ. man. des 7 décembre 1840 et 24 décembre 1842; Circ. du 19 décembre 1843*, n° 2900.)

Les états de gratification sont soumis, avant payement, à l'appréciation et à la liquidation de l'administration. (*Lettre de la compt. du 1ᵉʳ mars 1850.*) *V.* n° 81.

§ III. — CONDITIONS DE GESTION.

109. — Les agents des douanes assujettis au *cautionnement* ne peuvent être admis à prêter serment, ni être installés dans les fonctions auxquelles ils sont nommés s'ils ne justifient préalablement de la quittance du cautionnement. (*Loi du 28 avril 1816, art. 96.*)

Agents des douanes soumis à un cautionnement et montant de celui-ci : directeurs, 10,000 fr. ; inspecteurs, 5,000 fr. ; sous-inspecteurs, 2,500 fr. : comptables, receveurs principaux de 1ʳᵉ classe, de 25,000 à 110,000 fr. ; 2ᵉ et 3ᵉ classe, 10,000 fr. ; 4ᵉ classe, 8,000 fr. ; 5ᵉ classe, 6,000 fr. ; 6ᵉ classe, 4,000 fr. ; 7ᵉ classe, 3,000 fr. ; receveurs subordonnés, de 1,800 à 2,400 fr. d'appointements, 1,500 fr. ; à 1,500 fr.

---

(1) Une seule exception est maintenue à l'égard des receveurs principaux près les entrepôts généraux de sel à l'intérieur. La part du comptable est, au moment de sa nomination, arrêtée en conseil d'administration.

d'appointements, 600 fr. ; à 1,200 fr. d'appointements, 300 fr. (*Décret du 31 octobre* 1850.)

Les directeurs et inspecteurs doivent en conséquence exiger la preuve du versement avant l'installation. C'est seulement dans des circonstances spéciales, et lorsque d'ailleurs l'intérêt du service l'admet, que les directeurs peuvent, à charge d'en rendre compte de suite à l'administration, accorder un délai convenablement restreint pour la justification du payement effectif. (*Circ. du 9 septembre* 1825, n° 938.)

Le payement peut être fait soit à la caisse du Trésor à Paris, soit à une recette générale ou particulière des finances; il est constaté par un récépissé qui forme la quittance du versement.

Les cautionnements sont faits en numéraire. Il a été admis que le dernier tiers du cautionnement en numéraire d'un receveur principal peut être restitué et remplacé immédiatement par un cautionnement d'égale importance en rentes sur l'État; il est donné récépissé de l'inscription de rente par l'agent judiciaire du Trésor public, avec indication de la date, du n° et de la série (1). (*Déc. min. du 6 février* 1863.)

A vue du récépissé, l'inscription du cautionnement est faite sur les livres du Trésor public, sans indication de la résidence du titulaire (*Circ. du 13 août* 1835, n° 1502), ni de privilèges de second ordre. (*Circ. du 9 novembre* 1857, n° 510.)

Les cautionnements servent de garantie pour tous les faits résultant des diverses gestions dont les agents peuvent être chargés par la même administration, quel que soit le lieu où ils exercent ou ont exercé leurs fonctions. (*Ord. du 25 juin* 1835, art. 1er.) V. n° 116.

Quand les fonds sont versés à la caisse du Trésor à Paris, l'employé pourrait être tenu de conserver le récépissé pour le produire par l'intermédiaire de ses chefs; mais, afin d'éviter des embarras ou des frais, il peut le remettre, avec une lettre, dans les bureaux de l'administration, qui se charge alors de le faire échanger au Ministère des finances, direction de la dette inscrite, contre un certificat d'inscription qu'elle transmet au directeur pour le faire parvenir à l'employé.

Le récépissé délivré par un receveur général ou particulier des finances est, après exhibition au receveur principal ou à l'inspecteur, remis par l'employé au directeur avec une lettre de demande de certificat d'inscription ; et celui-ci transmet ces pièces immédiatement à l'administration. (*Circ. des 9 septembre* 1825, n° 938, *et 9 novembre* 1857, n° 510.)

Le titulaire du cautionnement ne doit pas se dessaisir de son certificat d'inscription ; mais la possession de ce titre par un tiers ne donne aucun droit sur le capital ou sur les intérêts.

S'il existe un bailleur de fonds, l'acte notarié constatant le prêt doit établir que la somme doit être employée à la garantie de la gestion du sieur.... partout où l'administration jugera convenable de l'employer, n'importe le grade où il viendrait à être appelé, et pour toute la durée de la gestion, sous la condition du privilége de second ordre acquis au bailleur de fonds, et que celui-ci déclare reconnaître que le Trésor a le droit d'exercer son premier privilége pour toutes les gestions qui pourraient être confiées au sieur.....

Fait et passé.... Vu pour la légalisation, etc..... Enregistré le..... (*Ord. des 25 septembre* 1816, art. 3, et 25 juin 1835.)

---

(1) Dans ce cas, lorsque la Cour des comptes a déclaré quitte et déchargé l'ancien comptable, la remise de l'inscription de rente ne peut être faite qu'à lui-même ou à une personne fondée de pouvoirs en vertu d'une procuration sous seing-privé, dûment légalisée et enregistrée. (*Déc. du 8 juin* 1865.)

L'employé fait à ce sujet une déclaration devant notaire et légalisée par le président du Tribunal de l'arrondissement, conformément au modèle ci-après (*Décret
du 22 décembre* 1812) :

Par-devant..... le sieur N. .... (nom, qualité et demeure), par ces présentes,
déclare que la somme de.... que le comparant a versée à la caisse pour la.....
(totalité ou partie) du cautionnement auquel il est assujetti en sadite qualité, appartient en capital et intérêts à N..... (nom, qualité et demeure) ou à NN...... savoir :
à N.... jusqu'à concurrence de la somme de..... et à N..... jusqu'à concurrence
de celle de.....; pourquoi il requiert et consent que la présente déclaration soit
inscrite sur les registres du bureau des cautionnements, afin que ledit N. ait et
acquière (ou lesdits NN. aient et acquièrent) le privilége du deuxième ordre sur ledit
cautionnement, conformément aux dispositions de la loi du 25 nivôse an XIII et du
décret du 28 août 1808.

La déclaration ne peut être souscrite qu'au profit de celui qui remplit les conditions
de bailleur de fonds réel, c'est-à-dire au profit de celui qui a fourni les fonds mêmes
du cautionnement et pour toute la durée de la gestion. Dans tout autre cas, le titulaire
ne peut disposer de la propriété de son cautionnement que par acte de transport notarié et signifié au bureau des oppositions, au Trésor. (*Règlement du 26 janvier* 1846
sur la compt., p. 192.)

La déclaration ne doit pas être antérieure au versement (*Déc. du 31 août* 1831).
Dans le cas où le versement serait antérieur de plus de huit jours à la date de cette
déclaration, elle devra, pour être valable, être accompagnée du certificat de non-opposition délivré par le greffier du tribunal du domicile des parties dont il sera fait mention dans ladite déclaration, laquelle, au surplus, ne sera admissible, s'il y a des oppositions, que sous la réserve de ces oppositions (*Décret du 22 décembre* 1812, *art.* 2).
Ce certificat est produit au notaire, qui en fait mention dans l'acte de déclaration.
(*Déc. du 6 octobre* 1831.)

L'acte de prêt, l'acte de déclaration, et, le cas échéant, le certificat de non-opposition sont remis par l'employé soit au directeur qui les adresse à l'administration, soit
à l'administration pour être transmis au Ministère des finances, direction de la dette
inscrite, et de là à la division du contentieux, bureau des oppositions. Les employés
manqueraient à l'un de leurs premiers devoirs s'ils laissaient ignorer au directeur que
leurs cautionnements fussent grevés de priviléges de deuxième ordre, ces priviléges
ayant pour résultat de subroger les bailleurs de fonds au lieu et place des titulaires
et de leur donner le droit exclusif de toucher les intérêts du cautionnement. (*Circ.
man. du 31 juillet* 1838.)

Il est délivré au bailleur de fonds, par le bureau des oppositions, un certificat de
privilége de second ordre, qui lui assure l'exercice de ces droits, tant pour la jouissance des intérêts que pour le remboursement des capitaux. (*Circ. du 9 novembre*
1857, n° 510.) En effet, les cautionnements des employés sont affectés par deuxième
privilége au remboursement des fonds qui leur auraient été prêtés pour tout ou partie
de leur cautionnement, et subsidiairement au payement dans l'ordre ordinaire des
créances particulières qui seraient exigibles sur eux. (*Loi du 25 niv. an XIII, art.* 1er.)

Bailleurs de fonds ou créanciers peuvent faire, sur ces cautionnements, des oppositions motivées, soit directement à la caisse d'amortissement, soit au greffe des tribunaux civils dans le ressort desquels les titulaires exercent leurs fonctions. (*Même Loi,
art.* 2.)

Les prêteurs de fonds qui n'auraient pas fait remplir, à l'époque de la prestation,
les formalités exigées pour s'assurer de la jouissance du privilége de deuxième ordre,
peuvent l'acquérir, à quelque époque que ce soit, en rapportant au bureau des oppositions, division du contentieux du Ministère des finances, la preuve de leur qualité, et
main-levée des oppositions existantes sur le cautionnement ou le certificat de non-opposition du tribunal de première instance. (*Décret du 28 août* 1808, *art.* 1er.)

En cas de perte d'un certificat d'inscription ou de privilége de second ordre, le titulaire ou le bailleur de fonds adresse au Ministère des finances, direction de la dette inscrite, une déclaration sur papier timbré : « Je soussigné, déclare que le certificat « de.... n°.... f°.... registre..... qui m'a été délivré en ma qualité de..... se « trouve adhéré. Je renonce à m'en prévaloir et m'engage à le renvoyer au Ministère « des finances dans le cas où il viendrait à être retrouvé.

« Fait à..... le..... » NOTA. La signature doit être légalisée par le maire et celle du maire par le sous-préfet.

Dans le cas où le bailleur de fonds vient à décéder, ses héritiers ne sont immatriculés en son lieu et place qu'en rapportant le certificat de privilége et après avoir justifié de leurs droits par un certificat de propriété délivré par un notaire, un juge de paix ou un greffier du tribunal, selon les prescriptions du décret du 18 septembre 1806.

Lorsqu'un titulaire d'emploi a remboursé à son bailleur de fonds la somme par lui avancée pour former le cautionnement, le certificat de privilége est annulé. A cet effet il faut produire, outre ce certificat, une main-levée notariée, enregistrée et légalisée. (*Déc. du 26 mars 1831.*)

Les directeurs reçoivent les pièces que les titulaires ou les bailleurs de fonds ont à produire, et les adressent à l'administration au moyen de lettres spéciales et individuelles pour toute opération distincte de versement, remboursement, application, recouvrement d'intérêts, opposition, établissement ou extinction de privilége. Les directeurs s'assurent si toutes les pièces offrent une concordance parfaite de noms, prénoms, d'actes de naissance, emploi et résidence ; et, dans le cas où quelque dissemblance existerait, si légère qu'elle fût, ils la feraient expliquer par un acte de notoriété, et non autrement. (*Circ. des 9 septembre 1825, n° 938, et 9 novembre 1857, n° 510.*)

Le certificat d'inscription, destiné à servir pour toutes les gestions dont le cautionnement est fixé au même taux, ne reste valable, lorsque l'employé qui y est désigné change d'arrondissement communal, et celui-ci ne peut d'ailleurs entrer en exercice qu'après avoir présenté au chef de service chargé de l'installer : 1° le certificat d'inscription de son cautionnement ; 2° un certificat de non-opposition délivré, en exécution des lois des 25 nivôse et 6 ventôse an XIII, par le greffier du tribunal dans le ressort duquel il a exercé ses fonctions précédentes (*Ord. du 25 juin 1835, art. 3*), et dont la date doit être postérieure à la cessation de ces fonctions. Ce certificat de non-opposition reste déposé dans les archives de la direction à laquelle l'employé appartient.

S'il arrivait que le cautionnement eût été frappé d'opposition à la dernière résidence, le titulaire serait tenu de fournir, avant son installation dans son nouvel emploi, une main-levée régulière de cette opposition ou un récépissé constatant le versement d'un nouveau cautionnement. (*Circ. du 13 août 1835, n° 1502.*)

Quand le taux du nouveau cautionnement est inférieur à celui qui est déjà fourni, le remboursement de l'excédant est accordé moyennant les justifications requises pour le remboursement total. (*Même Circ.*)

Dans le cas où le cautionnement est augmenté, l'employé doit produire : 1° le certificat d'inscription ; 2° le récépissé à talon constatant le versement du supplément (*Même Circ., n° 1502*); 3° le consentement du bailleur de fonds, s'il en existe.

La cession d'un cautionnement doit se faire par acte notarié ; mais, cette formalité entraînant des frais assez considérables, il faut, dans l'intérêt même des parties intéressées, demander le remboursement de ce cautionnement, et, quand il sera effectué, en appliquer le montant au cautionnement nouveau qui doit être fourni. (*Déc. du 6 août 1830.*)

L'intérêt des cautionnements est fixé par la loi ; il est de **3 0/0**. (*Loi du 4 août 1844, art. 7.*)

Les intérêts courent à partir des dates de versement; et l'ordonnancement n'a lieu qu'autant que les cautionnements ont été réalisés dans leur intégralité et qu'après la délivrance des certificats d'inscription ; ils sont dus jusques et compris la date de l'ordre de remboursement du capital et sont alors payés en même temps.

Les intérêts sont ordonnancés, par année, au mois de janvier, sur la caisse du payeur du département où le titulaire exerce ses fonctions. (*Ord. du 24 août* 1841, *art.* 12; *Circ.* n° 1502.)

Les comptables d'Algérie peuvent, sur leur demande, être payés à la caisse du payeur central, à Paris. Ceux des colonies ne peuvent être payés que par ce même payeur.

Les intérêts de cautionnements échoient au 1er janvier, et sont payés aux titulaires sur la représentation de leur certificat d'inscription, ou aux bailleurs de fonds à vue du certificat de privilége. (*Arrêtés des* 24 *germinal et* 27 *floréal an* VII.)

Chaque année, le 1er juillet, les directeurs adressent au Ministère des finances (direction de la dette inscrite), pour chacun des départements compris dans leur direction, un état conforme au modèle annexé à la Circ. du 9 novembre 1857, n° 510, et indiquant, par département et par ordre alphabétique, les employés cautionnés en numéraire et inscrits au Trésor. (*Circ. des* 13 *août* 1835, n° 1502, *et* 9 *novembre* 1857, n° 510.) Pour les versements effectués postérieurement à cette époque, il est produit, dans la même forme, le 1er janvier suivant, un état supplémentaire. (*Circ. man. du* 15 *avril* 1840.)

Les employés qui, au moment où ces états sont dressés, ne remplissent plus de fonctions sujettes à garantie, ne doivent pas y être compris, les intérêts, dans ce cas, n'étant exigibles que lors du remboursement du capital.

Un ordonnancement ne peut être transféré d'un département dans un autre ; mais s'il arrive que, dans l'intervalle de temps qui s'écoule entre la formation ou l'envoi des états précités et la mise en payement des intérêts, quelque titulaire vienne à changer de résidence, il peut se prémunir contre le retard qui résulterait pour lui de cette circonstance, en laissant à un tiers le pouvoir de toucher en son lieu et place les intérêts qui lui reviendront, ou encore en demandant au payeur une quittance qu'il signerait à l'avance pour être remise à la personne qu'il aurait désignée à cet effet. La somme touchée est alors versée à la caisse du receveur principal de la résidence la plus voisine, qui s'en charge en recette à l'article des fonds reçus de divers à titre de dépôt ; le payement en est fait ensuite à l'ayant droit par les mains du receveur principal dans l'arrondissement duquel se trouve placée sa nouvelle résidence, et ce payement est enfin régularisé par un bordereau de virement de fonds entre les deux comptables. (*Circ. des* 13 *août* 1835, n° 1502, *et* 4 *février* 1842, n° 1902.)

Si, pour un motif quelconque, les intérêts ordonnancés ne sont pas retirés des mains du payeur à l'expiration de l'exercice, c'est-à-dire au 31 août de l'année qui suit celle pendant laquelle ces intérêts ont couru, l'ordonnance est annulée de plein droit, et il ne peut en être délivré une nouvelle que sur une réclamation spéciale et individuelle adressée au Ministre des finances, direction de la dette inscrite. (*Circ. du* 4 *février* 1842, n° 1902; *Décret du* 11 *août* 1850.)

Les intérêts dus sur les cautionnements se prescrivent par cinq ans, à partir de l'échéance du dernier terme payé aux titulaires. (*Avis du Conseil d'État du* 24 *mars* 1809, *Ord. du* 31 *mai* 1838, *art.* 117.)

Une demande timbrée doit être produite dans tous les cas de transfert ou de remboursement de cautionnement. (*Circ. du* 17 *juin* 1850, n° 2391.)

Les remboursements des cautionnements ne peuvent être autorisés que dans le département où les titulaires ont exercé en dernier lieu. (*Ord. du* 24 *août* 1841, *art.* 12.)

Pour obtenir le remboursement, l'intéressé doit adresser au Ministère des finances direction de la dette inscrite), par l'entremise des directeurs et de l'administration : 1° une lettre, sur papier timbré, énonçant l'objet de la demande, les pièces qui y sont jointes, et indiquant le nom et l'adresse de la personne à laquelle doit être envoyé l'avis de remboursement (1); 2° le certificat d'inscription au nom du titulaire, ou à défaut, une déclaration de perte ou d'impossibilité de produire le titre, faite sur papier timbré et dûment légalisé par le maire et le préfet ou sous-préfet; s'il n'y a pas eu de certificat d'inscription, les récépissés de versement ou certificats de comptables du Trésor public. (*Arrêté du Gouvernement du* 24 *germinal an VIII*.) 3° S'il existe des bailleurs de fonds, il y a, en outre, à produire, en même temps, les certificats de privilège de second ordre qui leur ont été délivrés, ou une déclaration de perte; 4° et *dans tous les cas*, un certificat de non-opposition délivré par le greffier et visé par le président du tribunal de première instance du ressort dans lequel se trouve la dernière résidence. (*Ord. du* 25 *juin* 1835, *art.* 3.) Ce certificat, délivré sans frais et sans affiche de cessation, mais qui doit être timbré et enregistré, doit être d'une date postérieure à celle de la cessation de fonctions. (*Circ. des* 9 *septembre* 1825, n° 938, *et* 13 *août* 1835, n° 1502.)

Pour tous les employés, et afin d'obtenir le remboursement complet en une fois (sauf en ce qui concerne les receveurs principaux), le consentement de l'administration est donné conformément aux art. 1 et 2 de l'ordonnance du 22 mai 1825, et énonce que le titulaire n'a jamais exercé de fonctions comptables, soit en deniers, soit en matières.

A l'égard des receveurs subordonnés, il est produit un certificat de *quitus* (Série C, n° 75) du receveur principal, visé par l'inspecteur et par le directeur (*Circ.* n° 938). Après l'avoir visé, l'administration le transmet au directeur de la comptabilité générale, appelé à certifier que la comptabilité du receveur n'a fait ressortir aucun débet à sa charge. Ce certificat doit être délivré dans les quatre mois qui suivent la cessation des services.

Pour obtenir, immédiatement après la reddition des comptes, le remboursement des deux tiers de son cautionnement, le receveur principal ou l'ayant-droit doit adresser à l'administration (5ᵐᵉ division, 3ᵐᵉ bureau), par l'intermédiaire du directeur, une demande sur papier timbré et le certificat d'inscription. S'il y a des bailleurs de fonds, il faut produire les certificats de privilège de second ordre. (*Déc. du* 18 *octobre* 1862.)

Quant aux receveurs principaux, il faut un certificat de bonne gestion, ou de *quitus* provisoire, délivré par l'inspecteur au point de vue de ses vérifications personnelles, et visé par le directeur, énonçant ou que le comptable n'a pas accordé de crédits, ou que les crédits concédés sont complétement apurés. En cas de crédits non encore liquidés, la délivrance de ce certificat ne doit s'effectuer qu'après leur entière extinction. (*Déc. du* 7 *octobre* 1848.) Ce certificat, visé par l'administration, est suivi d'un certificat de libération définitive, délivré, au nom du receveur principal, par le directeur de la comptabilité générale, ce qui donne lieu au remboursement des deux tiers du cautionnement.

Le dernier tiers reste déposé au Trésor jusqu'à ce que la Cour des comptes ait

---

(1) Si le titulaire qui a quitté le département où il exerçait ses fonctions n'y doit pas toucher lui-même ses fonds et désigne un mandataire, il suffit, pour constituer ce mandataire, d'une procuration sous signature privée (art. 1985 du Code civil), pourvu que cette procuration soit faite sur papier timbré et qu'elle ait été enregistrée et légalisée.

Il peut être fait usage, au besoin, de la voie des virements de fonds pour faire toucher au titulaire, à sa nouvelle résidence, le montant du remboursement recouvré en son nom dans le département qu'il habitait précédemment. (*Circ. du* 4 *février* 1842, n° 1902.)

rendu un arrêt de quitus sur la gestion de l'ex-receveur principal, et le remboursement de ce tiers est alors opéré.

Dans le cas où les titulaires sont décédés ou interdits, les héritiers ou ayants droit ont à produire, outre les pièces déjà indiquées, l'acte de décès ou un extrait du jugement prononçant l'interdiction, un certificat ou acte de notoriété contenant les noms, prénoms et domiciles des ayants droit et quelle qualité ils possèdent, l'énonciation de leurs portions dans le cautionnement à rembourser et l'époque de leur jouissance. Ce certificat, assujetti au simple droit d'enregistrement de 1 franc, légalisé par le président du tribunal de première instance, est délivré par le notaire détenteur de la minute, lorsqu'il y a eu inventaire ou partage par acte public ou transmission gratuite à titre entre-vifs ou par testament ; ou par le greffier du tribunal si la propriété est constatée par jugement; ou par le juge de paix du domicile du décédé, sur l'attestation de deux témoins, quand il n'existe aucun desdits actes. (*Circ. des 9 septembre* 1825, n° 938, *et* 13 *août* 1835, n° 1502.)

110. — *Serment.* Les agents de l'administration des douanes, de tous grades, prêtent serment de remplir leurs fonctions avec fidélité. (*Loi du* 1er *juin* 1791, *art.* 6, *et Circ. du* 3 *mai* 1848, n° 2245.)

Le serment est prêté devant le tribunal de première instance de l'arrondissement dans lequel se trouve le chef-lieu de la direction où ils entrent.

L'acte de serment doit être enregistré dans les cinq jours.

Il est valable pour tout le temps où l'employé reste en exercice. (*Loi du* 21 *avril* 1818, *art.* 65.)

Pour être admis à prêter serment, il suffit que les employés représentent au tribunal leur commission ; ils se conforment, d'ailleurs, aux usages locaux. (*Circ. du* 29 *septembre* 1856, n° 413.)

La prestation de serment est inscrite à la suite de leur commission et enregistrée au greffe du tribunal, le tout sans frais. (*Loi du* 22 *août* 1791, *titre* 13, *art.* 12.)

Toutefois, dans le cas de renouvellement de commission, si l'ancien acte de serment n'était pas représenté, il serait dû au greffier un droit de recherche de 50 cent. pour l'année indiquée, et qu'il est facile de déterminer, le serment ayant été prêté au moment de l'admission. (*Circ. lith. du* 7 *octobre* 1844, *et Déc. de M. le Ministre de la justice du* 16 *juin* 1855.)

On doit toujours indiquer sur la feuille individuelle de chaque préposé la date de la prestation de serment. (*Circ. lith. du* 7 *octobre* 1844.)

Le délai de cinq jours accordé pour l'enregistrement de l'acte de serment se rapporte à l'enregistrement qui doit être fait au greffe du tribunal. Quant au payement du droit d'enregistrement au bureau de l'administration des domaines, le délai ordinaire de vingt jours demeure accordé. (*Circ. du* 13 *février* 1827, n° 1034.) Ce droit est de 3 fr. pour les employés de brigades à la nomination des directeurs dans les départements, et de 15 francs pour les agents des autres grades. (*Circ. du* 3 *novembre* 1817.)

Outre le droit perçu par la régie de l'enregistrement, les employés n'ont à payer que le papier timbré de la minute de l'acte de prestation de serment. (*Déc. du Min. de la justice des* 16 sept. 1822 *et* 16 *juin* 1855 ; *Circ. du* 29 sept. 1856, n° 413.)

Lorsque l'employé passe dans une autre direction des douanes, il fait transcrire et viser ledit acte au greffe du tribunal de première instance auquel ressortit le chef-lieu de sa nouvelle direction. (*Loi du* 21 *avril* 1818, *art.* 65.)

La promotion d'un employé d'une classe à une autre, avec ou sans changement de direction, ne donne lieu ni au renouvellement de la prestation de serment, ni à un nouveau payement du droit d'enregistrement (*Déc. min. du* 18 *janvier* 1833, *et Circ. du* 8 *février suivant*, n° 1372); mais un employé qui aurait quitté l'administration pour un motif quelconque devrait, lors de sa réadmission, prêter un nouveau serment et payer un nouveau droit. (*Circ.* n° 1372.)

L'agent qui, après avoir servi dans les brigades, a été admis au surnumérariat, n'est pas tenu, lors de sa nomination à un emploi de bureau, de renouveler le serment qu'il a prêté précédemment, ni, par conséquent, de payer le droit de 15 fr. (*Déc. du 1er septembre* 1838.)

Les employés assujettis à un cautionnement ne peuvent être admis au serment que s'ils justifient avoir versé ce cautionnement. (*Circ. du 29 septembre* 1856, n° 413.)

Les chefs de service ne doivent installer aucun employé avant de s'être assurés qu'il a prêté le serment imposé par la loi. (*Loi du 28 avril* 1816, art. 96.)

111. — *Accréditation.* Les directeurs, inspecteurs, sous-inspecteurs et receveurs principaux doivent se présenter au préfet dans le ressort duquel ils sont placés, pour faire à ce magistrat la déclaration de leurs titres et être officiellement accrédités avant d'entrer en fonctions. (*Déc. min. du 14 août* 1828 ; *Circ. du 30*, n° 1121.)

112. — *Commission.* Les préposés des douanes doivent, dans l'exercice de leurs fonctions, être munis de leur commission. Ils sont tenus de l'exhiber à la première réquisition. (*Loi du 22 août* 1791, *titre* 13, *art.* 16.)

Il est délivré une commission à tout agent qui a accompli sa vingtième année, qu'il soit ou non à solde entière. (*Circ. man. du 6 avril* 1829.)

Dès qu'un employé de brigade arrive dans sa division, l'inspecteur vise la commission de cet agent. On doit indiquer sur toute commission d'employés de brigades la date de l'admission, les changements de traitement ou de grade, ainsi que la dernière nomination.

Pour les agents à la nomination de l'administration, une nouvelle commission n'est délivrée que dans les cas de changement de grade ou de résidence. (*Déc. du 25 janvier* 1862.)

113. — *Interdictions.* Il est interdit à tout agent des douanes de se livrer, soit par lui-même, soit par sa femme, à quelque genre de commerce que ce soit. Cette défense a pour but d'écarter les employés des distractions nuisibles au service, la tentative d'une fraude facile à commettre et les relations nécessairement dangereuses qu'ils seraient dans le cas d'entretenir. (*Circ. des* 21 *nivôse et* 16 *prairial an VIII.*)

Ainsi, dans l'intérêt du service, les agents de bureau ou de brigades ne peuvent, pas plus que leurs femmes et leurs enfants, tenir des boutiques de denrées coloniales, d'étoffes, de mercerie, d'objets confectionnés, des débits de boissons et généralement toutes autres boutiques publiques ou des maisons garnies. Toutefois, afin d'accroître leurs ressources et d'améliorer leur position, les préposés peuvent utiliser le temps que le service leur laisse libre en exerçant une industrie à l'intérieur, et à laquelle la femme et les enfants prennent souvent une grande part, même certains états auxquels les agents doivent seuls suffire, pourvu que ces occupations ne les astreignent pas à une fatigue susceptible de nuire à leur service spécial, qu'elles ne les mettent ni en rapport avec le public, ni dans la nécessité d'avoir une patente, et qu'elles ne les puissent déconsidérer. On tolère qu'ils soient, chez eux, tailleurs ou cordonniers pour leurs camarades, mais ils ne peuvent travailler à la journée, à l'extérieur, ni concourir à des travaux à l'entreprise. C'est aux chefs à veiller à ce qu'il n'y ait pas abus (*Déc. des* 28 *juin* 1843 *et* 6 *août* 1857). Ils ne doivent pas avoir à cultiver plus de trois hectares de terres.

Les rétributions illicites sont interdites d'une manière absolue. Toute infraction est une exaction et peut, outre la révocation de l'agent, entraîner l'application, selon le cas, des dispositions rappelées soit au n° 35 au sujet des actes de concussion, soit au n° 118 quant aux faits de corruption. C'est aux chefs à veiller à la ponctuelle exécution de cette défense. Il n'est fait d'exception, avec l'approbation spéciale de l'administration, qu'à l'égard des indemnités qui sont, pour les préposés, le prix de déplacements non compris dans les devoirs habituels du service et la compensation de frais effectués dans l'intérêt du commerce. (*Circ. des* 18 *novembre* 1791, 30 *janvier* 1817, n° 247, *et* 17 *mars* 1830, n° 1204.)

Pour le payement des allocations régulièrement autorisées par l'administration, *V.* n° 79.

Sauf le cas où un service lointain les amène à pourvoir à leurs besoins, il est défendu aux agents du service actif, jusques et compris le grade de brigadier ou patron, d'entrer dans les cabarets, cafés, brasseries et autres lieux où se débitent des boissons. (*Circ. du 6 décembre* 1804.)

Les agents de brigades ne peuvent prendre part aux travaux de la récolte. (*Déc. du* 19 *juillet* 1859.) Sauf dans les cas de nécessité absolue, où leur intervention doit d'ailleurs être gratuite, il est interdit aux marins des douanes de se livrer au pilotage ou au lamanage. (*Déc. du* 3 *août* 1859.) *V.* n° 130.

Il est interdit d'une manière absolue, aux agents des douanes, de se livrer à la pêche en mer ou dans la partie maritime des fleuves et rivières. (*Circ. du* 20 *oct.* 1851, n° 2466.)

La chasse est interdite. Cette défense est absolue à l'égard des sous-officiers et préposés de brigades. Sous aucun prétexte on ne doit tolérer qu'ils se livrent à la chasse, quel qu'en soit le mode, et même avec des permis qu'ils ne peuvent se procurer sans se mettre en contravention aux règlements. L'administration appelle, à ce sujet, toute la surveillance et toute la sévérité des chefs de service, et leur recommande notamment de s'assurer, par de fréquentes inspections, que les fusils du calibre de guerre, du modèle d'ordonnance, les seuls dont l'usage est permis aux préposés, ne sont chargés autrement qu'à balles franches. Il ne peut être admis d'exception à cette règle que sur les parties des frontières où la répression de la contrebande à l'aide de chiens fait, en quelque sorte, une nécessité de charger les armes à plomb. Mais là encore toutes les penthières ne sont point également exposées à ce genre de contrebande. C'est aux inspecteurs à déterminer les postes où les fusils peuvent être chargés à plomb, et les chefs doivent veiller de plus près à ce que, dans ces postes, cette nécessité ne devienne point une cause d'abus. *V.* n° 100.

En ce qui concerne les capitaines et lieutenants, l'administration, sans leur interdire absolument la chasse dans leurs moments de loisir, doit leur recommander de ne s'y livrer qu'avec la plus grande modération, et surtout de s'en abstenir dans le cours de leurs tournées. L'administration ne pourra voir qu'avec plaisir que, donnant ainsi l'exemple à leurs subordonnés, ils se tiennent, par cela même, en mesure de conserver plus de fermeté dans leur action. (*Circ. du* 16 *avril* 1844, n° 2019.)

114. — Lorsqu'il y a *signal d'alarme,* c'est dans leurs bureaux que les employés doivent se rendre sur-le-champ (*Loi du* 2 *septembre* 1792), à moins qu'ils ne soient appelés pour le service de la garde nationale.

Avis de crimes ou délits. Les fonctionnaires publics doivent donner avis au procureur du Gouvernement de tout crime ou délit parvenu à leur connaissance dans l'exercice de leurs fonctions. (*Code d'instr. crim., art.* 29, *et Code pénal, art.* 103 *et* 105.)

L'assistance aux *cérémonies publiques* ordonnées par le Gouvernement est un devoir pour les agents des douanes. A moins d'usage contraire, ils doivent se rendre en corps chez l'autorité dont ils ont reçu l'invitation. (*Circ. man. du* 25 *août* 1841.)

Le décret du 13 juillet 1804 sur les préséances n'assignant point de place aux agents du département des finances dans les cérémonies publiques, il convient que les employés des douanes se conforment aux usages locaux. (*Déc. du* 11 *août* 1837.)

Lorsqu'ils sont convoqués à une cérémonie publique, les agents de brigades prennent rang après les différentes troupes de l'armée de terre et de mer, outre la garde nationale. Il est à remarquer que comme corps d'élite, la gendarmerie marche avant la troupe de ligne. (*Déc. des* 26 *septembre et* 8 *octobre* 1861.)

115. — *Congés.* Aucun employé ne peut s'absenter de sa résidence pour une cause étrangère au service dont il est chargé, ni interrompre l'exercice de ses fonctions, s'il n'a préalablement obtenu un congé. (*Arrêté min. du* 25 *avril* 1854, *art.* 1er; *Circ. du* 11 *mai suivant,* n° 205.)

Les employés chargés de remplir une mission donnée par l'administration, ou appelés auprès de celle-ci, ne sont pas considérés comme étant en congé. (*Circ. du 11 mai 1854, n° 205.*)

Les congés sont accordés par le Ministre aux agents de tous grades de l'administration des finances. Toutefois ces congés sont délivrés par les directeurs généraux ou leurs délégués aux fonctionnaires et employés de leurs administrations respectives, tant à Paris que dans les départements. (*Arrêté min. du 25 avril 1854, art. 3 et 4.*)

Pour tous les employés à la nomination du Chef de l'État, du Ministre ou du directeur général, les demandes de congé ou de prolongation de congé sont adressées à l'administration par l'intermédiaire des directeurs sous les ordres desquels se trouvent les agents. Ces directeurs doivent prendre des conclusions.

Les directeurs accordent aux employés à leur nomination les congés dont ceux-ci peuvent avoir besoin, sans toutefois qu'un agent puisse, dans la même année, obtenir d'eux plus de trois mois de congé.

Les directeurs ont la faculté d'autoriser l'absence des employés de bureaux et de brigades, *pour un jour seulement,* sans aucune retenue, et sans en référer à l'administration. Ils peuvent, en cas d'urgence, accorder un congé provisoire à un employé à la nomination du directeur général, sauf à en rendre immédiatement compte à l'administration, en lui adressant : 1° la demande de l'employé; 2° une copie certifiée de la pièce produite pour obtenir l'exception. (*Circ. des 23 septembre 1805, 26 juin 1829, n° 1171, et 31 décembre 1831, n° 1297; Déc. des 3 juin 1854 et 20 juin 1856.*)

Quand ils ont accordé à un agent à leur nomination un congé pour se rendre à Paris, les directeurs doivent en informer immédiatement l'administration. (*Circ. du 26 août 1817, n° 312.*)

Il faudrait qu'il y eût une urgence extrême et manifeste pour que l'inspecteur pût prendre sur lui de consentir au départ immédiat d'un employé. Ce chef devrait d'ailleurs en rendre compte sans retard et transmettre les justifications nécessaires. (*Circ. du 11 mai 1854, n° 205.*)

Toute demande de congé ou de prolongation doit être faite par écrit (*Circ. du 11 mai 1854, n° 205*); elle énonce les motifs de l'absence et le lieu où l'agent a l'intention de se rendre. (*Arrêté min. du 25 avril 1854, art. 7.*)

Les demandes de congé sont transmises à l'inspecteur principal ou divisionnaire, savoir : par le receveur principal, ou subordonné, dans les douanes où il n'y a pas d'inspecteur sédentaire, après, toutefois, s'il s'agit de vérificateurs, que le sous-inspecteur a émis son avis ; dans les grandes douanes, par le receveur principal pour les agents attachés à la recette, et par l'inspecteur sédentaire pour les autres employés. (*Déc. des 10 août 1823 et 6 octobre 1841.*)

Pour obtenir un congé, le receveur s'adresse directement à l'autorité supérieure, c'est-à-dire si le receveur est subordonné au receveur principal, et le sous-inspecteur directement à l'inspecteur. (*Déc. du 8 novembre 1853.*)

Les demandes des agents sous les capitaine de brigades sont transmises par lui à l'inspecteur divisionnaire. (*Circ. du 30 juillet 1816, n° 188.*)

Le chef chargé de transmettre la demande y inscrit en marge et signe une note indiquant, outre la durée de chacune des absences, les congés dont l'employé a fait usage dans l'année courante et dans les trois années immédiatement antérieures (*Circ. n° 205*), et, s'il s'agit d'un congé sans retenue, à titre de marque de satisfaction, ajoute les explications nécessaires pour faire apprécier la position de fortune de l'agent (*Déc. du 11 août 1854*). En exprimant son avis, pareillement par une annotation, le chef divisionnaire, à qui toute demande doit être remise, expose comment, le cas échéant, sera rempli l'intérim. Enfin, pour les demandes à soumettre à l'administration, le directeur en réfère par lettre spéciale et formule sa proposition de telle sorte que les conditions du congé puissent être facilement déterminées.

Pour accorder ou refuser les autorisations d'absence, pour fixer les conditions de celles qu'elle accorde, l'administration tient compte de la position personnelle des employés et des titres que l'assiduité au travail, une bonne gestion, etc., leur donnent à sa bienveillance ; mais tout d'abord elle consulte les exigences du service, qui doivent nécessairement prévaloir sur les convenances des employés.

Les décisions de l'administration sont notifiées aux directeurs. (*Circ.* n° 205.)

Le directeur les transmet soit aux receveurs principaux, soit aux inspecteurs sédentaires, et, dans ce dernier cas, avis en est donné aux receveurs principaux, soit, pour les brigades, au capitaine, avec duplicata à l'inspecteur divisionnaire. (*Circ. du 22 novembre* 1852, n° 76.)

Pour la formation des rôles d'appointements, etc., l'inspecteur sédentaire remet en temps utile, au receveur principal, une note indiquant le jour du départ, en vertu de congés, des employés autres que ceux de la recette. (*Déc. du 26 novembre* 1842.)

Dans les douanes dirigées par un receveur principal ou subordonné et par un sous-inspecteur, le receveur ne peut notifier un congé à un agent de la visite sans s'en être entendu préalablement avec le sous-inspecteur, seul juge de l'opportunité de laisser partir un employé placé spécialement sous son contrôle. (*Déc. du 6 octobre* 1841.)

Les congés ne sont notifiés qu'autant que les intérêts du service ne s'opposent pas à ce que l'employé s'absente. Une formule de congé est remise à celui-ci à titre de notification. Sont considérés comme périmés les congés dont il n'a pas été fait usage dans un délai de trois mois, alors même que les intérêts du service n'auraient pas permis aux chefs locaux d'en faire la notification. (*Circ. des 23 septembre* 1805, *8 septembre* 1820, n° 599, *et 11 mai* 1854, n° 205.)

Ils cessent d'être valables s'il n'en a pas été fait usage dans les quinze jours de leur notification. (*Arrêté min. du 25 avril* 1854, art. 2.)

Les congés sont visés par les chefs le jour du départ et le jour du retour de l'agent, et annexés aux états mensuels. (*Circ. du 30 juillet* 1816, n° 188.)

Le jour du départ compte dans la durée du congé, mais non celui du retour. (*Circ. du 25 juillet* 1832, n° 1336.) V. n° 224.

Si un employé, en obtenant un congé, reçoit un changement de résidence, c'est à partir de l'expiration du délai qui lui est accordé, en exemption de toute retenue, pour prendre son nouveau poste, que le congé commence à avoir son effet. (*Déc. du 25 novembre* 1834.)

Lorsqu'un employé en congé reçoit son changement, on doit laisser en dehors des conditions du congé le délai accordé, à partir de la date de la lettre de l'administration portant avis de nomination, en exemption de toute retenue, pour joindre le nouveau poste ; c'est-à-dire que, à moins d'ordres contraires, l'employé, après avoir usé de son congé, peut profiter du délai spécial. Autrement, le délai pour joindre serait déduit de la durée de l'absence. (*Déc. des 21 juin* 1847 *et 31 août* 1855.)

Quand l'agent en congé obtient une augmentation de traitement, la retenue pour absence est exercée sur le nouveau traitement, mais il ne doit pas toucher moins qu'il ne lui serait revenu s'il n'avait pas eu d'augmentation, sauf la différence insignifiante résultant du décompte (*Lettre de la compt. du 17 mars* 1840), de sorte que la retenue du premier douzième n'a lieu qu'en proportion du traitement dont il conserve la jouissance et qu'on la complète sur le mois suivant si l'employé demeure en activité. (*Circ. de la compt. du 15 février* 1840, n° 36, *et du 16 octobre* 1860, n° 78.)

Le surnuméraire qui est appelé à un emploi rétribué, alors qu'il profite d'une permission d'absence, ne subit la retenue pour congé, si elle doit avoir lieu, qu'à raison du nombre de jours pendant lesquels il est resté éloigné de son poste à partir du premier du mois qui suit le premier mois de nomination. (*Déc. du 1er septembre* 1853.)

Avant de profiter d'un congé, tout directeur doit informer du jour de son départ et de la durée de son absence le préfet de chacun des départements compris dans la circonscription de sa direction, et s'assurer que son absence ne peut avoir d'inconvénient. (*Déc. min. du 20 août 1860, transmise le 31.*) Une notification analogue est faite, par l'intermédiaire du directeur, en ce qui concerne les congés dont jouissent les inspecteurs. (*Circ. lith. du 14 juillet 1851.*)

Les employés des départements, quel que soit leur grade, autres que ceux à la nomination des directeurs, en congé pour venir à Paris, doivent, en y arrivant, indiquer par écrit, à la division de leur administration chargée du personnel, le lieu de leur domicile provisoire. (*Arrêté min. du 25 avril 1854, art. 8; Circ. n° 205.*)

Tout agent à la nomination des directeurs, en congé à Paris, est tenu, et une annotation doit être inscrite à cet effet sur l'autorisation qui lui a été remise, de se présenter le jour même, ou, au plus tard, le lendemain de son arrivée, dans les bureaux du directeur de la douane de Paris, pour y faire viser cette permission et indiquer son domicile provisoire (*Circ. des 8 mai 1817, n° 277, et 26 août suivant, n° 312*). Cette obligation est applicable aux préposés qui, par changement, passent à Paris ou qui s'y trouvent par quelque motif que ce soit. (*Circ. du 22 décembre 1820, n° 626.*)

Lorsqu'un congé est accordé à un employé pour en profiter hors de France, il doit en être donné avis au préfet du département. (*Déc. min. du 20 août 1860, transmise par circ. man. du 31.*)

Les fonctionnaires et employés ne peuvent obtenir chaque année un congé ou une autorisation d'absence de plus de quinze jours sans subir une retenue. Toutefois, un congé d'un mois sans retenue peut être accordé à ceux qui n'ont joui d'aucun congé et d'aucune autorisation d'absence pendant trois années consécutives.

Pour les congés de moins de trois mois, la retenue est de la moitié au moins et des deux tiers au plus du traitement.

Après trois mois de congé, consécutifs ou non, dans la même année, l'intégralité du traitement est retenue, et le temps excédant les trois mois n'est pas compté comme service effectif pour la pension de retraite.

La durée du congé, avec retenue de la moitié au moins et des deux tiers au plus du traitement, peut être portée à quatre mois pour les fonctionnaires et employés exerçant hors de France, mais en Europe ou en Algérie, et à six mois pour ceux qui sont attachés au service colonial hors d'Europe.

Sont affranchies de toute retenue les absences ayant pour cause l'accomplissement d'un des devoirs imposés par la loi.

En cas d'absence pour cause de maladie dûment constatée, le fonctionnaire ou l'employé peut être autorisé à conserver l'intégralité de son traitement pendant un temps qui dans l'année (12 mois) (*Déc. du 7 avril 1864*) ne peut excéder trois mois. Il peut, pendant les trois mois suivants, obtenir un congé avec la retenue de la moitié au moins et des deux tiers au plus du traitement.

Si la maladie est déterminée par l'une des causes exceptionnelles prévues aux §§ 1° et 2° de l'article 11 de la loi du 9 juin 1853, *V.* n° 86, le fonctionnaire peut conserver l'intégralité de son traitement jusqu'à son rétablissement ou jusqu'à sa mise à la retraite. (*Décret du 9 novembre 1853, art. 16, et Circ. du 31 décembre suivant, n° 173.*) Pour les justifications, *V.* n°s 87 et 91.

Le fonctionnaire ou l'employé qui s'est absenté ou qui a dépassé la durée de son congé, sans autorisation, peut être privé de son traitement pendant un temps double de celui de son absence irrégulière. (*Même décret, art. 17.*)

Ces diverses retenues doivent profiter au service des pensions. (*Loi du 9 juin 1853, art. 3, et Circ. du 11 mai 1854, n° 205.*)

Sous aucun prétexte il ne peut être dérogé à la défense faite par la Circ. du 8 octobre 1802 (*V.* n° 69) d'exercer, à titre de peine disciplinaire, une retenue quelconque d'appointements, que dans le seul cas où l'employé des douanes s'est absenté sans permission. Le directeur peut, en se conformant strictement à ce principe, statuer en ce qui concerne les agents à sa nomination. (*Déc. du 11 juillet* 1857.)

L'application ainsi déterminée de l'art. 17 du décret du 9 novembre 1853 est une peine que l'administration a seule le droit d'infliger aux employés à sa nomination. L'administration peut, selon le cas, en faire la remise ou la modifier, en ne prononçant que la privation du traitement ; elle ne statue que sur la proposition des directeurs, qui doivent la consulter. (*Circ. du 11 mai* 1854, n° 205.)

Les congés entraînent, au profit du Trésor, une retenue sur les traitements fixes des agents qui les ont obtenus, sauf dans les cas prévus et sous les conditions spécifiées en l'art. 16 du décret du 9 novembre 1853, savoir : 1° congés auxquels le caractère d'un témoignage de satisfaction est attribué ; 2° congés pour l'accomplissement d'un des devoirs publics imposés par la loi ; 3° congés pour cause de maladie.

Les actes de concession énoncent si les congés, dont ils fixent la durée, sont accordés avec ou sans retenue.

Dans le premier cas, le taux de la retenue est déterminé. (*Arrêté min. du 25 avril* 1854, *art.* 2 ; *Circ. du 11 mai suivant*, n° 205.)

Dans le cours de chaque année (12 mois), les employés peuvent obtenir des congés pour quinze jours, sans subir de retenue.

Un congé d'un mois sans retenue peut être accordé aux employés qui n'ont joui d'aucun congé pendant trois années consécutives. (*Décret du 9 novembre* 1853, *art.* 16, § 1er.)

Pour que ces dispositions puissent être appliquées, il faut qu'une année ou que trois années consécutives, entièrement accomplies depuis le jour de rentrée de la dernière absence jusqu'au jour de la demande (*Déc. du 14 mai* 1856), se soient écoulées sans que les employés se soient absentés de leur poste. C'est dire que le congé d'un mois sans retenue n'est accordé que dans la quatrième année. Ainsi les employés de bureaux ou de brigades ne peuvent obtenir un congé de quinze ou de trente jours, à titre de témoignage de satisfaction, qu'autant qu'ils n'ont profité, soit dans l'année courante (1), soit pendant les trois années précédentes, d'aucune autorisation d'absence, avec ou sans retenue, sauf les deux exceptions suivantes : 1° les interruptions et les absences ayant pour cause des maladies dûment constatées ; 2° les absences pour l'accomplissement d'un devoir public imposé par la loi ou une mission donnée par l'administration. (*Circ.* n° 205.)

Le principe posé par le 1er § de l'art. 16 du décret du 9 novembre 1853 ne constitue pas un droit à l'obtention de congés *gratuits* ; aussi ces congés, dont la concession est facultative, sont-ils accordés ou refusés d'après l'appréciation des titres et de la position des employés. (*Arr. min. des 25 avril* 1854, *art.* 5, *et 28 sept.* 1858.)

Il y a lieu de les circonscrire avec soin dans la mesure où la concession ne saurait avoir d'inconvénients pour les intérêts du service. On a voulu créer ainsi un nouveau moyen de récompense susceptible d'exciter l'émulation parmi les employés, qui ne sauraient en profiter par cela seul qu'ils n'auraient donné lieu à aucune observation critique ; il faut non-seulement que leur conduite soit à l'abri de tout reproche, mais que leur travail soit particulièrement méritoire. Ce serait s'écarter doublement du but de cette disposition que de l'appliquer trop fréquemment ; car on affaiblirait son effet moral, en même temps qu'on s'exposerait à produire dans le personnel chargé de l'exécution du service des vides trop nombreux. (*Circ.* n° 205, *et Déc. du 3 juin* 1854.)

---

(1) Un congé de 15 jours peut donc être accordé, comme témoignage de satisfaction, bien que la dernière absence ne remonte qu'à l'année précédente. (*Circ. man. du 17 août* 1861.)

Les *agents à la nomination des directeurs* ne se rendant que rarement à de grandes distances, et pouvant avoir quelquefois intérêt à faire plusieurs absences dans l'année, rien n'empêche de diviser en deux ou plusieurs permissions successives, et fixées à cinq, huit ou dix jours, par exemple, la durée du *maximum* annuel ou triennal.

Sans poser de règles absolues pour l'exemption de retenue comme marque de satisfaction à l'égard de ces agents, l'administration s'en rapporte aux directeurs du soin d'appliquer cette disposition dans la mesure la plus conforme à la justice et au bien du service. Sauf les circonstances particulières, il ne suffit pas d'une faute plus ou moins grave pour les priver du bénéfice de l'exemption de retenue.

Les congés ainsi accordés par les directeurs doivent figurer sur l'état série E, n° 90 *ter*. (*Déc. du 3 juin* 1854.)

Le *maximum* de la durée des congés accordés sans retenue d'appointements aux agents du service sédentaire et aux officiers de brigades peut, comme s'il s'agissait de préposés, être divisé en plusieurs absences dans le cours de la même année. (*Circ. man. du 28 octobre* 1856.)

Le bénéfice de la division du maximum de durée des congés sans retenue ne peut être successivement accordé qu'autant que l'employé ne fait aucune absence dans l'intervalle des congés partiels concédés, sauf les cas d'absence pour cause de maladie dûment constatée ou pour remplir un devoir imposé par la loi. Quand cette condition n'est pas remplie, tout congé entraîne la retenue réglementaire. (*Déc. du 14 janvier* 1856.)

Un congé peut être obtenu sans retenue pour la première période de 30 ou de 15 jours, à titre de témoignage de satisfaction, et avec prélèvement de moitié du traitement pour la période complémentaire. (*Déc. du 27 juillet* 1859.)

Le temps du surnumérariat contribue à former les trois années nécessaires pour motiver la concession d'un congé de trente jours sans retenue; mais il faut que l'agent compte, dans la période triennale, un an au moins de services rétribués. Quand il n'y a pas un an, on ne peut accorder que quinze jours sans retenue. (*Déc. du 18 octobre* 1861.)

Un congé sans retenue d'appointements peut être accordé aux agents de brigades à la nomination du directeur et ayant moins d'une année de service, lorsqu'ils se recommandent par une bonne conduite, de l'exactitude et du zèle. (*Déc. du 12 mai* 1860.)

L'absence pour l'accomplissement d'un devoir public imposé par la loi ne peut avoir lieu qu'en vertu d'un congé régulier; néanmoins, en cas d'urgence, les directeurs remettent à l'employé une autorisation écrite et ils rendent compte à l'administration.

En indiquant quel est le délai nécessaire, les directeurs font connaître si l'employé demande à prolonger son absence au-delà de ce délai, dans les conditions générales.

Le temps de séjour effectivement consacré à l'accomplissement du devoir doit être constaté. Il l'est, à la diligence de l'employé, par l'autorité administrative ou par l'autorité judiciaire, selon qu'il s'agit d'élections, de jury ou de témoignage en justice. Le délai à accorder comprend le temps nécessaire pour l'aller, l'accomplissement du devoir et le retour. Le certificat est transmis à l'administration à l'appui de l'état des congés. (*Circ. du 11 mai* 1854, n° 205.)

Toute *demande* de congé *sans retenue*, pour *cause de maladie* (§§ 7 et 8 de l'art. 16 du décret du 9 novembre 1853), doit être appuyée d'un certificat de médecin et accompagnée de l'avis motivé du chef de service.

Dans le cas où la maladie est de nature à entraîner un déplacement, la nécessité doit en être constatée par un médecin *désigné par l'administration et assermenté*, comme lorsqu'il s'agit d'une admission à la retraite pour cause d'invalidité physique (art. 30 du décret du 9 novembre 1853.) (*Arrêté min. du 25 avril* 1854, art. 6.)

Pour les employés de brigades, jusqu'au grade de capitaine inclusivement, ce médecin est celui des brigades. Quant aux autres employés, il s'agit des médecins institués ou délégués par les préfets. (*Circ. du 6 novembre* 1854, n° 240.) *V.* n° 88.

La production d'un certificat de médecin est prescrite dans le but d'assurer à l'employé le bénéfice de l'exemption de retenue, comme aussi afin de constater régulièrement la réalité de la maladie et la nécessité d'une autorisation. Ce certificat est donc nécessaire pour obtenir cette autorisation, quelles que soient les conditions auxquelles elle doive être subordonnée. (*Déc. du 23 juillet* 1856.)

Quand l'employé malade ne quitte pas sa résidence, même quand il se fait traiter à l'hospice, il n'est pas délivré de congé; seulement, le directeur prend les mesures convenables pour faire suppléer l'agent. (*Déc. des 25 octobre* 1843 *et 20 juin* 1856.)

Le maximum de trois mois déterminé par le 7ᵉ § de l'art. 7 du décret du 9 novembre 1853, pour l'absence, sans retenue, à raison de maladie dûment constatée, peut faire l'objet, dans la même année, de plusieurs congés. Si, dans l'ensemble, la durée de l'absence pour la même cause excède ce maximum, la retenue de moitié du traitement est opérée pendant les trois mois suivants ; au-delà, aucune prolongation ne peut être concédée, et le licenciement de l'employé doit être prononcé. (*Déc. des* 12 *juin* 1855 *et* 12 *janvier* 1856.)

Quand le retour au poste, par suite d'une absence de trois mois ou plus pour cause de maladie, remonte à l'année précédente, un nouveau congé de trois mois, pour maladie, peut être accordé sans retenue d'appointements; mais si, dans ce cas, l'agent n'était rentré que pour exercer ses fonctions pendant quelques jours, le bénéfice de cette mesure ne saurait être appliqué qu'autant que les chefs locaux reconnaîtraient qu'il était complétement rétabli au moment de son retour. (*Déc. des* 3 *et* 9 *décembre* 1859 *et* 19 *août* 1861.)

L'immunité n'est accordée sans restriction qu'autant que la maladie de l'agent a été déterminée par une des causes exceptionnelles prévues aux §§ 1° et 2° de l'art. 11 de la loi du 9 juin 1853 sur les retraites, et par application du 8ᵉ § de l'art. 16 du décret du 9 novembre 1853. (*Déc. du* 24 *septembre* 1855.) *V.* n° 86.

Quand un employé de bureau ou de brigade peut conserver la totalité de son traitement par application de cette dernière disposition, le directeur doit mettre l'administration à même de prononcer l'exemption de retenue en lui adressant des pièces établissant que la maladie de l'agent a été contractée à raison de l'exécution du service. (*Circ. lith. du* 24 *août* 1854.)

Le bénéfice des dispositions d'après lesquelles, en cas de maladie, un congé sans retenue peut être concédé, n'est pas acquis aux employés d'une manière absolue; l'administrateur ou le directeur, s'il s'agit d'agents à sa nomination, apprécie les faits, accorde ou refuse.

S'il arrivait que le certificat du médecin délégué constatât l'urgence du départ de l'employé, ce départ pourrait être autorisé par le directeur.

Dans tous les cas, les chefs ont à transmettre le certificat du médecin à l'appui de leurs propositions. En vue de prévenir les abus, l'administration se réserve, d'ailleurs, de faire vérifier, au besoin, par un chef de service, l'état réel des employés interrompant leurs fonctions, qu'ils restent ou non à leur résidence, et excipant de maladies. (*Circ.* n° 205.)

A moins d'une maladie grave, régulièrement constatée, tout employé ne peut, conformément aux instructions ministérielles, obtenir plus de quarante-cinq jours pour se rendre aux eaux, thermales ou autres.

L'employé qui a obtenu un congé sans retenue pour se rendre soit dans un hospice, soit aux eaux thermales ou de mer, doit, au retour et au moyen d'un certificat authentique, justifier de la durée du séjour qu'il y a fait. Le certificat, qui doit énoncer la date de l'arrivée, la durée du séjour et la date du départ, est transmis à l'administration à l'appui de l'état mensuel série E, n° 90 *ter.* (*Circ. des* 26 *juin* 1829, n° 1171, *et* 28 *août* 1839, n° 1764.)

Le séjour dans un hospice ou l'usage des eaux n'est pas, en effet, toujours prescrit en présence d'une maladie se révélant par des symptômes qui permettent aux chefs de service de la reconnaître, de sorte que le congé est principalement accordé en considération de la localité de destination. (*Déc. du 6 septembre* 1855.)

Les certificats doivent alors être délivrés soit par le médecin attaché à l'établissement, si l'agent s'est rendu à l'hospice ou aux eaux thermales, soit, dans les autres cas, par un médecin ou le maire de la localité. La signature des médecins doit être légalisée par l'autorité locale. (*Circ. du 26 juin* 1829, n° 1171.)

Si les employés prennent les eaux ou les bains de mer dans une résidence de douane, les chefs locaux peuvent délivrer eux-mêmes les certificats. (*Déc. des* 26 *octobre* 1842 *et* 25 *octobre* 1843.)

L'exemption de la retenue s'applique non-seulement à la durée du séjour dans le lieu désigné, mais encore au temps nécessaire pour s'y rendre et en revenir. (*Circ. des* 30 *août* 1833, n° 1395, *et* 28 *août* 1839, n° 1764.)

L'employé qui, par suite de circonstances exceptionnelles et constituant une cause légitime d'empêchement, a dépassé de quelques jours son congé, ne subit provisoirement, pour cet excédant, que le prélèvement de moitié de son traitement, à moins qu'une retenue plus forte n'ait tout d'abord été fixée. Le directeur, par une correspondance spéciale, met l'administration à même de statuer. (*Déc. des* 17 *novembre* 1831 *et* 3 *novembre* 1854.) *V.* n° 224.

Les directeurs tiennent un registre de tous les congés accordés aux employés de leur direction (*Circ. du* 23 *septembre* 1805). Ce registre est divisé en deux parties : 1° employés à la nomination du directeur général ; 2° employés à la nomination du directeur, et les congés y sont inscrits par ordre de numéros, du 1er janvier au 31 décembre. (*Circ. du* 8 *septembre* 1820, n° 599.)

Ils adressent à l'administration, le 10 de chaque mois au plus tard, un état des congés accordés (*Circ du* 23 *septembre* 1805) ou demandés à l'administration (*Circ.* n° 599), divisé en deux parties, l'une pour les employés à la nomination du directeur général ; l'autre pour ceux à la nomination du directeur. Dans la colonne d'observations on met, suivant le cas : prolongation de... jours, accordée le...; ou : Il n'a pas encore été fait usage de ce congé; ou : Congé annulé (*Circ. du* 8 *septembre* 1820, n° 599). On inscrit avec exactitude les dates de départ et de retour, ainsi que le montant net des retenues. On y joint les certificats de présence aux hospices, aux eaux, au jury, aux élections, etc. (*Circ. du* 26 *juin* 1829, n° 1171.)

§ 4. — RESPONSABILITÉ DES COMPTABLES ET PRIVILÉGE DE L'ÉTAT ENVERS EUX.

116. Tous les comptables relevant du ministère des finances sont responsables du recouvrement des droits liquidés sur les redevables et dont la perception leur est confiée ; ils demeurent chargés, dans leurs écritures et leurs comptes annuels, de la totalité des rôles ou des états de produits qui constatent le montant de ces droits, et ils doivent justifier de leur entière réalisation avant l'expiration de l'époque fixée pour la clôture de l'exercice auquel les droits se rapportent. (*Ord. du* 8 *décembre* 1832, art. 1er.)

Les comptables peuvent obtenir la décharge de leur responsabilité en justifiant qu'ils ont pris toutes les mesures et fait en temps utile toutes les poursuites et diligences nécessaires contre les redevables et débiteurs. (*Même Ord.,* art. 2.)

Chaque comptable n'est responsable que des actes de sa gestion personnelle. Le Ministre des finances statue sur les questions de responsabilité, sauf appel au Conseil d'État. (*Même Ord.,* art. 4.)

Tout comptable en exercice doit, sous peine de mesure disciplinaire, verser immédiatement dans sa caisse le montant des sommes dont il a été déclaré responsable. (*Même Ord.,* art. 5.)

Lorsque des comptables ont soldé de leurs deniers personnels les droits dus par les redevables ou débiteurs, ils demeurent subrogés dans tous les droits du Trésor public, conformément à l'art. 2029 du Code civil. (*Mêm Ord., art.* 6.) *V.* n° 118.

Les receveurs doivent s'assurer de la solvabilité des individus qui contractent des engagements en douane. Ils sont responsables du montant des soumissions quand il est notoire que les personnes qui ont passé les actes étaient ou sans facultés pécuniaires, ou sans domicile fixe, ou sans crédit à l'époque où elles les ont souscrits. (*Circ. des* 9 *floréal an VII,* 14 *frimaire an IX et* 26 *décembre* 1816, n° 234.)

Les cautionnements, *V.* n° 109, des agents répondent non-seulement des crédits non recouvrés et des différences relevées entre l'état de la caisse et les écritures de la comptabilité, mais encore de fausses applications du tarif, des dépôts de marchandises, des admissions de soumissionnaires et de cautions non solvables, et généralement de tout préjudice provenant d'une infraction aux ordres de la régie. (*Circ. du* 25 *juin* 1835, n° 1502.)

A moins qu'elles ne fassent l'objet d'actes spéciaux, *V.* n° 186, etc., les soumissions, reçues soit pour garantir la production, dans un délai déterminé, de titres justificatifs d'origine, *V.* n° 13, soit dans d'autres circonstances particulières, sont consignées sur un registre série M, n° 23 D. (*Circ. du* 27 *février* 1839, n° 1742.) Dans ce dernier cas, elles ne sont ni timbrées, ni enregistrées.

En cas de non-rapport, dans le délai fixé, des acquits-à-caution ou permis donnant lieu à soumission, *V.* n° 1120.

Les receveurs sont personnellement responsables de la gestion des employés de leurs bureaux. (*Circ. des* 19 *août* 1816, n° 197, *et* 9 *septembre* 1825, n° 938.)

Garant envers le Trésor du montant des droits dont le recouvrement lui est confié, le receveur doit s'assurer de la régularité des perceptions opérées par les employés sous ses ordres. Aussi est-ce contre lui seul que l'administration exerce son action en cas d'erreurs au préjudice du Trésor (*Circ. du* 24 *mai* 1839, n° 1755), sauf à lui, s'il le juge convenable, à poursuivre son recours contre qui de droit; mais il ne saurait être autorisé à le faire, au nom de l'administration, que contre le redevable même, par application de l'art. 25, titre 13, de la loi du 22 août 1791, et elle n'aurait à intervenir au sujet des contestations entre le receveur et les employés qu'autant qu'il userait de la supériorité de son grade pour les contraindre à supporter les conséquences de l'erreur. (*Déc. du* 13 *octobre* 1842.)

En matière de perception, la responsabilité du receveur est absolue, qu'il ait ou n'ait pas été consulté par les agents sous ses ordres et alors même que l'inspecteur sédentaire aurait irrégulièrement statué. (*Déc. des* 23 *août* 1842 *et* 24 *juillet* 1860.)

Quand un inspecteur ou sous-inspecteur n'a pas fait en temps utile les vérifications qui peuvent amener la découverte d'un débet ou a omis d'employer les moyens propres à en assurer la rentrée, après que ce débet est connu, il peut en devenir responsable. Cette responsabilité pèserait également sur le directeur s'il était établi que, de son côté, il eût négligé les précautions qu'il aurait dû prendre et s'il n'avait pas informé l'administration de la véritable situation du comptable. (*Circ. du* 31 *décembre* 1806.) *V.* n°s 192 et 635.

Toutefois, à moins de circonstances exceptionnelles, on ne saurait, sans troubler toutes les positions et déranger l'harmonie de l'organisation du service et des attributions, appliquer le principe de la responsabilité matérielle aux agents non comptables. (*Déc. du* 8 *avril* 1843.)

En cas de *vol de fonds ou de tentative de vol,* le comptable doit, à l'instant même, ou au moins dans les vingt-quatre heures, faire sa déposition à l'autorité locale. (*Déc. min., novembre* 1838.) Les directeurs ont à en informer l'administration.

S'il y a eu vol, le receveur doit faire constater immédiatement le délit par les juges, les officiers de police ou les autorités locales les plus voisines. Le procès-verbal qui en est dressé doit contenir le détail de toutes les fractures faites aux portes, fenêtres, coffres, armoires, etc. Le comptable y consigne sa déclaration, appuyée d'un bordereau signé par lui, présentant ses recettes et dépenses depuis l'arrêté de son dernier compte, les fonds qu'il avait en caisse et ceux manquants. Un employé supérieur assiste, autant que possible, à la rédaction de cet acte et le signe. *V.* n° 212.

Tout receveur ou préposé chargé de deniers publics ne peut obtenir décharge d'aucun vol s'il n'est justifié qu'il est l'effet d'une force majeure, et que le dépositaire, outre les précautions ordinaires, avait eu celle de coucher ou de faire coucher un homme sûr dans les lieux où il tenait ses fonds, et, en outre, si c'est au rez-de-chaussée, de le tenir solidement grillé. (*Arrêté du* 1er *floréal an X; Circ. du* 1er *prairial suivant.*)

Les receveurs sont obligés de tenir réunies dans une même caisse, ou du moins dans une même pièce de la maison qu'ils habitent, leurs valeurs de caisse et de portefeuille. (*Circ. du* 12 *octobre* 1821, n° 678.)

Ils doivent n'avoir qu'un seul portefeuille pour renfermer les valeurs en papier, les obligations cautionnées, les traites en souffrance, etc. (*Instruction min. du* 26 *septembre* 1821.)

Tout receveur qui cesse ses fonctions, pour quelque cause que ce soit, doit remettre de suite sa caisse et son portefeuille à son successeur ou à l'employé chargé de l'intérim de la recette, après que sa comptabilité a été vérifiée dans tous les détails par l'inspecteur. (*Circ. du* 30 *mars* 1822, n° 717.) *V.* n°s 118 et 212.

Lorsqu'il est reconnu un *déficit* résultant de soustractions ayant quelque importance et dont le montant n'est pas immédiatement réintégré en caisse, *V.* n° 118, ou si le comptable est en *fuite* ou *décédé*, le scellé est apposé immédiatement par le juge de paix sur tous ses papiers et effets, à la requête du directeur, en présence de l'inspecteur. A la levée des scellés, les parents du fugitif ou les héritiers du décédé sont appelés; s'il y a refus de leur part d'y assister ou s'ils sont absents, un procès-verbal le constate. (*Circ. du* 22 *février* 1821, n° 639.)

Les procès-verbaux en originaux et les autres pièces concernant les vols, les enlèvements et pertes de fonds, les déficits de caisse, etc., sont adressés par les directeurs à l'administration avec les explications nécessaires pour apprécier jusqu'à quel point la responsabilité du comptable est engagée. (*Déc. du* 6 *juin* 1835.) *V.* n° 116.

Les directeurs ont d'ailleurs à transmettre, sans aucun retard, à la comptabilité générale, deux copies de ces procès-verbaux, avec les explications nécessaires. (*Circ. de la compt. gén. du* 26 *décembre* 1833, n° 27.)

Sauf le cas de soustraction de fonds, *V.* n° 118, on ne doit point exercer de poursuites envers les agents des administrations publiques avant que l'administration ait été mise à même de statuer. (*Circ. du* 29 *fructidor an IX.*)

D'ailleurs, les poursuites à diriger, ainsi qu'il est expliqué ci-après, contre les receveurs directement débiteurs du Trésor, soit par suite d'un déficit de caisse, soit par l'effet d'une responsabilité par eux encourue, sont exercées par les soins de la direction du contentieux des finances et à la requête de l'agent judiciaire du Trésor. (*Circ. du* 15 *septembre* 1832, n° 1344; *Ord. du* 8 *décembre* 1832, *art.* 5.)

Quand il s'agit d'un déficit résultant de soustraction et dont le montant n'a pas été immédiatement réintégré dans la caisse (*V.* n° 118), ou si l'administration décide que le receveur est responsable de *débet* pour toute autre cause, il est délivré contre ce comptable une contrainte (*V.* n° 1120) en tête de laquelle on transcrit le procès-verbal de déficit, et qui est mise à exécution même par corps. (*Circ. du* 22 *février* 1821, n° 639.)

En effet, tout receveur est soumis à la contrainte par corps pour raison du reliquat de ses comptes, déficit ou débets constatés à sa charge. (*Loi du* 17 *avril* 1832, *art.* 8.)

Lorsqu'un receveur est en débet, ses héritiers, qui auront pris qualité et qui, à ce titre, auront signé le procès-verbal de levée de scellés, sont sommés d'acquitter ce débet ; et, s'ils ne le font pas sur-le-champ, une contrainte est décernée et des poursuites sont dirigées contre eux en vertu de cet acte.

Dans le cas où les héritiers déclarent ne vouloir agir que comme bénéficiaires, on exige qu'ils donnent caution bonne et solvable de la valeur du mobilier compris dans l'inventaire et la portion du prix des immeubles non délégués à des créanciers hypothécaires conformément à l'art. 807 du Code civil.

Quand le comptable en débet est fugitif, on doit faire toutes les recherches nécessaires pour s'assurer de sa personne, en employant les voies de droit. S'il possède des immeubles, il est pris une inscription hypothécaire au nom de l'agent judiciaire du Trésor, et l'on procède de suite à l'expropriation. Quant aux effets mobiliers, il en est dressé un inventaire lors de la levée des scellés. La saisie en est déclarée et la vente en est faite juridiquement. (*Circ. du 22 février 1821, n° 639.*)

Dans le cas d'apposition des scellés sur les effets et papiers des comptables, les registres de recettes et autres de l'année courante ne sont pas renfermés sous les scellés. Ces registres sont seulement arrêtés par l'inspecteur et paraphés par le juge de paix, qui les remet au préposé chargé de la recette par intérim, lequel en demeure garant comme dépositaire de justice ; et il en est fait mention dans le procès-verbal d'apposition des scellés. (*Loi du 22 août 1791, titre 13, art. 21.*)

117. —*Privilége de l'État.* L'administration, au nom du Trésor public, a privilége et préférence à tous créanciers sur tous les biens meubles des comptables, pour les débets, à l'exception des frais de justice et autres privilégiés énoncés aux art. 2101 et 2102 du Code civil. (*Même Loi, même titre, art. 22, et Loi du 5 septembre 1807, art. 1 et 2.*)

Ce privilége s'exerce, même à l'égard des femmes séparées de biens, pour les meubles trouvés dans la maison d'habitation du mari, à moins qu'elles ne justifient légalement que lesdits meubles leur sont échus de leur chef ou que les deniers employés à l'acquisition leur appartenaient. Ce privilége ne s'exerce néanmoins qu'après les priviléges généraux et particuliers énoncés aux art. 2101 et 2102 du Code civil. (*Loi du 5 septembre 1807, art. 2.*)

Le privilége du Trésor public sur les fonds de cautionnement des comptables n'est soumis à aucune réserve. (*Même Loi, art. 3.*)

Le privilége du Trésor a lieu : 1° sur les immeubles acquis à titre onéreux par les comptables postérieurement à leur nomination ; 2° sur ceux acquis au même titre, et depuis cette nomination, par leurs femmes même séparées de biens. Sont exceptées néanmoins les acquisitions, à titre onéreux, faites par les femmes, lorsqu'il sera légalement justifié que les deniers employés à l'acquisition leur appartenaient. (*Même Loi, art. 4.*)

Le privilége du Trésor public, mentionné ci-dessus, a lieu conformément aux art. 2106 et 2113 du Code civil, à la charge d'une inscription qui doit être faite dans les deux mois de l'enregistrement de l'acte translatif de propriété. En aucun cas il ne peut préjudicier :

1° Aux créanciers privilégiés désignés dans l'art. 2103 du Code civil, lorsqu'ils ont rempli les conditions prescrites pour obtenir privilége ; 2° aux créanciers désignés aux art. 2101, 2104 et 2105 du Code civil, dans les cas prévus par le dernier de ces articles ; 3° aux créanciers du précédent propriétaire, qui auraient sur le bien acquis des hypothèques légales existantes indépendamment de l'inscription, ou toute autre hypothèque valablement inscrite. (*Même Loi, art. 5.*)

A l'égard des immeubles des comptables qui leur appartenaient avant leur nomination, le Trésor public a une hypothèque légale, à la charge de l'inscription, conformément aux art. 2121 et 2134 du Code civil.

Le Trésor public a une hypothèque semblable, et à la même charge, sur les biens acquis par le comptable autrement qu'à titre onéreux postérieurement à sa nomination. (*Même Loi, art. 6.*)

En cas d'aliénation, par tout comptable, de biens affectés aux droits du Trésor public, par privilége ou par hypothèque, les agents du Gouvernement poursuivent, par voie de droit, le recouvrement des sommes dont le comptable aura été constitué redevable. (*Même Loi, art.* 8.)

Si le comptable n'est pas actuellement constitué redevable, le Trésor public est tenu, dans trois mois à compter de la notification qui lui est faite aux termes de l'art. 2183 du Code civil, de fournir et déposer au greffe du tribunal de l'arrondissement des biens vendus un certificat constatant la situation du comptable ; à défaut de quoi, ledit délai expiré, la main–levée de l'inscription a lieu de droit et sans qu'il soit besoin de jugement.

La main–levée a lieu également de droit si le certificat constate que le comptable n'est pas débiteur envers le Trésor public. (*Même Loi, art.* 9.)

La prescription des droits du Trésor public établie par l'art. 2227 du Code civil court au profit des comptables du jour où leur gestion a cessé. (*Même Loi, art.* 10.)

Lorsqu'il s'agit de faire servir les cautionnements des agents au payement des débets constatés, les décisions du Ministre sont rendues, à l'égard des receveurs principaux, sur la demande du directeur de la comptabilité générale des finances, et, relativement aux receveurs subordonnés, sur la demande des comptables supérieurs, revêtue du visa du directeur de la comptabilité générale. Dans ce dernier cas, les demandes doivent être remises par les receveurs principaux aux inspecteurs, qui les font parvenir au directeur pour être transmises à l'administration.

Les rapports contenant les demandes en allocation de non-valeur des sommes non recouvrables sur les débets des comptables des administrations des finances doivent indiquer l'origine et les causes de ces débets, les mesures qui ont été prises au moment où le débet a été reconnu, tant pour la conservation des droits du Trésor que pour s'assurer de la personne et des biens du comptable. Ils relatent la date de ces divers actes et désignent les agents supérieurs chargés de la surveillance des comptables lorsque le débet a éclaté, ainsi que la nature de la responsabilité qui peut les atteindre. (*Arrêté min. du 29 janvier* 1821, *art.* 1er ; *Circ.* n° 639.)

A ces rapports sont joints la copie des procès–verbaux ou de tout autre document constatant les débets, les divers degrés de poursuites et l'insolvabilité des comptables, ainsi que de toutes pièces propres à éclairer le Ministre sur la marche et la conduite de chaque affaire en particulier. (*Même Arrêté, art.* 2.)

Les administrations financières remettent chaque mois au Ministre un état des contraintes qui ont été décernées contre les comptables en débet pendant le cours du mois précédent. (*Même Arrêté, art.* 7.)

Si une créance du Trésor contre un redevable de droit de douanes est admise en non-valeur par l'administration, cette disposition n'équivaut pas à la remise de la dette, et n'a pour objet que de dégager les écritures d'un titre jugé actuellement irrecouvrable. (*Déc. du 2 avril* 1830.)

Les sommes qui reviennent aux comptables en débet sont versées, par les agents chargés du payement, aux receveurs des finances, dont les récépissés tiennent lieu d'émargement ou de quittance. (*Circ. de la compt. du* 31 *mai* 1833, n° 25.)

En cas de déficit résultant de soustraction, les comptables doivent payer les intérêts à raison de 5 0/0 par an, à partir du moment où devaient se faire les recouvrements au profit du Trésor. (*Code civil, art.* 1996, *et Circ. du* 29 *août* 1808.)

§ 5. — CESSATION DE FONCTIONS DE TOUT AGENT ET FORFAITURE.

118. — Tout préposé destitué de son emploi, ou qui le quitte, est tenu de remettre

à l'instant à l'administration, ou à l'agent qui la représente, sa commission, les registres et autres effets dont il est chargé pour elle, et de rendre ses comptes, sinon, et
faute de ce faire, il est décerné contre lui une contrainte qui, après avoir été visée
par l'un des juges du tribunal de première instance, est exécutée par toutes voies,
même par corps (*Loi du 22 août* 1791, *titre* 13, *art.* 24). *V.*, pour les comptables, le
n° 116.

Les employés des douanes qui quittent le service par démission ou destitution ne
peuvent conserver aucun signe distinctif de l'uniforme. Il est formellement prescrit
aux chefs de service, notamment aux capitaines, de leur retirer leurs armes (mousquetons, pistolets, sabres), boutons, shakos, etc., au moment où ils cessent leurs
fonctions. (*Loi du 22 août* 1791, *titre* 13, *art.* 24; *Code pénal, art.* 259; *Règlement
du 25 février* 1815, *art.* 37, *et Circ. du 8 mai* 1817, n° 277.)

L'art. 259 du Code pénal, qui interdit à tout individu de porter un costume ou un
uniforme qui ne lui appartient pas, ne saurait être invoqué, à un point de vue pré-
ventif, pour retirer aux préposés démissionnaires ou révoqués les insignes distinctifs
de l'uniforme des douanes ; mais il est facile d'amener les intéressés à ne pas conserver les plaques de shakos, boutons, etc., ou, au moins, à consentir à ce que ces
objets soient mis hors d'état de servir. Dans le cas où ils s'élèverait à cet
égard quelques difficultés de la part d'un agent révoqué, il suffirait, pour les aplanir, de le prévenir qu'il s'exposerait aux effets de l'engagement par lui souscrit, conformément à l'art. 40 de la loi du 21 avril 1818. *V.* le n° 60. (*Déc. du 19 mars* 1856.)

Les préposés de brigades qui, étant révoqués, n'obtempèrent pas, dans le mois, à
la sommation d'accomplir leur engagement de quitter le rayon frontière ou le littoral, *V.* le n° 60, sont poursuivis par le procureur du Gouvernement près le tribunal correctionnel, arrêtés et condamnés aux mêmes peines que celles déterminées par les
art. 271 et 272 du Code pénal, relatifs aux vagabonds ou gens sans aveu. (*Loi du
21 avril* 1818, *art.* 40.)

La sommation de quitter la frontière peut être faite non seulement aux préposés
révoqués pour soupçon d'infidélité, mais encore à ceux destitués pour quelque cause
que ce soit.

Cette disposition est applicable aux préposés qui, révoqués et mis en jugement
comme prévenus de forfaiture, ont été acquittés par une cour d'assises. Il en est de
même du préposé qui, ayant encouru sa révocation, donne sa démission.

Mais cette mesure n'est appliquée qu'autant que les préposés, mettant à profit
leur séjour sur les lignes pour se livrer à la contrebande, abusent ainsi, au préjudice
du service, de la connaissance qu'ils en ont acquise. Les directeurs peuvent donc
s'abstenir de faire notifier une sommation lorsqu'il s'agit d'un préposé dont le séjour dans le rayon frontière ne doit pas être dangereux pour les intérêts confiés aux
douanes. (*Circ. des 10 mai* 1818, n° 392, *et 14 octobre* 1822, n° 759.)

C'est à partir de la date de la sommation que court le délai d'un mois. Cette sommation n'est pas un simple acte administratif; c'est un exploit devant servir de base
à une poursuite judiciaire et qui, à ce titre, doit être sur papier timbré et enregistré,
conformément à l'art. 34 de la loi du 22 frimaire an VII. (*Déc. de M. le Ministre de
la justice du* 13 *septembre* 1820.)

L'administration supporte les frais des poursuites intentées par le ministère public
contre les préposés révoqués qui doivent être éloignés des frontières, sauf à prendre
des mesures pour que cette avance soit recouvrée sur les ex-agents, en les faisant au
besoin recommander sur écrou à l'expiration de la peine prononcée par les tribunaux.

En cas d'insolvabilité absolue, le directeur aurait à réclamer un ordre d'allocation
en dépense dans la forme accoutumée. (*Déc. du* 15 *avril* 1825.) *V.* n° 1095.

Si les préposés révoqués n'obtempèrent pas dans le délai d'un mois à la sommation
qui leur a été faite, le directeur les signale au procureur du Gouvernement, chargé
d'exercer les poursuites nécessaires. (*Circ. du* 10 *mai* 1818, n° 392.)

Les préposés révoqués qui se refusent à quitter le rayon doivent être renvoyés par les tribunaux sous la surveillance de la haute police, lors même qu'il existe en leur faveur des circonstances atténuantes. (*A. de C. du 25 juin 1835; Circ.* n° 1499.)

Soustraction ou détournement de fonds. Tout comptable convaincu d'avoir omis ou retardé de se charger en recette, sur ses registres, des sommes qui lui ont été versées pour le service dont il est chargé, encourt la destitution, et il est poursuivi comme coupable de détournement des deniers publics. (*Arrêté du 27 prairial an X, art. 4.*) V. n° 116.

Le comptable qui a disposé à son profit des fonds du Trésor est, si le déficit a quelque importance, et, dans ce cas, alors même que le montant en serait sur-le-champ réintégré dans la caisse, immédiatement suspendu de ses fonctions, et l'intérim de sa place est provisoirement confié par l'inspecteur à l'employé de sa division qu'il juge le plus capable. Sur le compte qui lui est rendu sans retard, le directeur en informe le ministère public, qui, au besoin, fait procéder à l'arrestation immédiate de l'agent et provoque l'autorisation d'exercer les poursuites. (*Circ. du 14 juillet 1820*, n°s 586.)

Exaction, Concussion. Pour les employés qui reçoivent d'autres ou de plus forts droits que ceux déterminés par la loi, V. n°s 35 et 113.

Faux. Tout agent des douanes qui aurait commis un faux, soit dans la tenue des registres, soit dans les actes publics, soit dans les procès-verbaux de saisies, encourrait les peines portées aux art. 145 et 146 du Code pénal.

Corruption. Les préposés des douanes qui reçoivent directement ou indirectement quelque récompense, gratification ou présent, sont condamnés aux peines portées dans le Code pénal (art. 177 et 178) contre les fonctionnaires publics qui se laissent corrompre. (*Loi du 4 germinal an II, titre 4, art. 3.*)

Les peines prononcées contre l'agent corrompu sont applicables à quiconque corrompt ou tente de corrompre un fonctionnaire ou préposé pour obtenir soit une opinion favorable, soit tout autre acte de son ministère. (*Code pénal, art. 179.*)

La tentative de corruption d'un préposé des douanes, à l'effet d'obtenir de lui *l'abstention* d'un acte de ses fonctions, est punissable des mêmes peines encourues pour les démarches qui auraient pour but d'obtenir la *consommation* d'un acte de cette nature. (*Arr. de la C. de Colmar du 13 février 1839; Doc. lith.*, n° 36.)

La personne civilement responsable du corrupteur est passible, à ce titre, de l'intégralité des dommages et intérêts de droit envers la douane, sans qu'il soit admissible à exciper qu'à raison de la participation de l'agent corrompu aux actes incriminés cette administration devrait au moins répondre de la moitié desdits dommages. (*A. de C. du 23 août 1845; Doc. lith.*, n° 164.)

Si un des coupables dénonce la corruption des employés, il est absous des amendes et confiscations. (*Loi du 4 germinal an II, titre 4, art. 4.*)

Mais cette exemption ne peut être accordée qu'après la constatation judiciaire du fait de corruption. (*A. de C. du 3 frimaire an XII.*)

Prévarication, Collusion. Tous préposés des douanes et toutes personnes chargées de leur prêter main-forte, qui seraient convaincus d'avoir favorisé les importations ou exportations d'objets de contrebande, même sans attroupement et port d'armes, seront punis de la peine des fers, qui ne peut être prononcée pour moins de cinq années, ni pour plus de quinze. Ils seront punis de mort si la contrebande qu'ils ont favorisée a été faite avec attroupement et port d'armes. (*Loi du 13 floréal an XI, art. 6.*)

Le contrebandier qui se rend complice de la prévarication d'un préposé devient, comme celui-ci, justiciable de la Cour d'assises et passible des peines édictées par la loi du 13 floréal an XI. (*Arr. de la C. de Douai du 18 décembre 1845; Doc. lith.*, n° 168.)

Les peines prononcées par l'art. 6 de la loi du 13 floréal an XI contre les préposés des douanes qui favorisent la contrebande sont communes à ceux qui, avant d'avoir été rayés des contrôles, seraient surpris portant eux-mêmes de la contrebande. (*Loi du 21 avril 1818, art. 39.*)

S'il s'agit d'une entreprise se rattachant à une opération frauduleuse de quelque importance, les chefs du service ne doivent pas hésiter à appeler sur l'agent prévaricateur l'action de la justice, sans se préoccuper du résultat des poursuites.

En cas de recours en grâce de la part d'un ex-agent condamné pour prévarication, tout ce qu'il est possible de faire de plus favorable, c'est de s'abstenir de toute conclusion, ces fautes étant de celles pour lesquelles l'administration ne saurait accorder, encore moins provoquer de l'indulgence. (*Déc. du 27 avril 1839.*)

SECTION II.

Établissements; Matériel.

119. — Tous les meubles ou immeubles possédés par les administrations financières et autres appartiennent à l'État, représenté par l'administration des domaines; elles ne sont qu'usufruitières, même quant aux douanes, à l'égard des acquisitions faites, pour le casernement des préposés, avec les fonds généraux de masse. (*Circ. du 18 septembre 1838, n° 1709, et Déc. du 20 mai 1846.*) V. n° 126.

Le matériel des douanes peut être classé ainsi qu'il suit :

1° Immeubles appartenant à l'État, et dont l'administration a la jouissance, à charge d'entretien : ils sont désignés par une série particulière de numéros écrits à l'encre noire;

2° Immeubles appartenant à des particuliers et tenus à bail, à charge de faire toutes les réparations locatives : on les signale par une série spéciale de numéros écrits à l'encre rouge, qu'ils servent à l'usage de bureaux, de corps-de-garde ou de casernes;

3° Embarcations, *V.* n° 130;

4° Meubles et ustensiles affectés au service des bureaux et de la visite des marchandises, à celui des corps-de-garde et aux casernes des brigades.

Sont réputés objets mobiliers les embarcations, les bureaux et corps-de-garde roulants, les guérites, et en général tous les objets qui peuvent se transporter d'un lieu à un autre. (*Circ. des 12 novembre 1824, n° 888, et 18 septembre 1838, n° 1709.*)

L'administration a besoin de connaître, relativement à toutes ces propriétés immobilières et mobilières, leur nature; en vertu de quel titre on en jouit, et sa date; le prix de construction, d'achat ou de loyer; l'étendue et la distribution des immeubles, compris chaque étage (au moyen d'un plan au simple trait); l'état où se trouvent les objets, leur valeur approximative, l'usage auquel ils sont employés, etc.

A cet effet, six feuilles d'inventaire, qui se rapportent à chacune des espèces d'immeubles ou meubles, ont été imprimées.

Les immeubles sont suffisamment désignés par le nom de la localité où ils sont situés et l'indication de la destination qu'ils ont reçue.

Lorsque l'administration est mise en possession d'une nouvelle propriété immobilière appartenant à l'État ou obtenue par voie d'acquisition ou de construction, comme aussi quand elle fait construire une embarcation nouvelle en sus du nombre de celles qui existent ou en remplacement d'un bâtiment réformé, les directeurs lui transmettent, pour chacun de ces immeubles ou embarcations, une feuille du modèle convenable, avec toutes les indications et les pièces nécessaires.

Toutes les embarcations doivent porter un numéro dont la série est égale au nombre des embarcations de chaque direction, et ce numéro est tracé sur la partie la plus apparente de l'intérieur, avec de la peinture blanche, à l'huile et à trois couches. On leur donne des noms, même à celles de petite dimension.

Dans le cas de construction d'une embarcation en remplacement d'une autre réformée, il faut, pour prévenir toute confusion, lui donner un autre nom, tout en l'inscrivant sous le même numéro.

Les feuilles relatives aux meubles et ustensiles des bureaux, des corps-de-garde et des casernes, présentent l'inventaire complet et exact de tous les objets, ainsi que le prix d'achat de chacun, et, dans un cadre spécial, le détail des dépenses auxquelles donnent successivement lieu l'entretien des bâtiments appartenant à l'État et les réparations locatives de ceux tenus à bail, les radoubs et constructions d'embarcations, l'entretien et le renouvellement des objets mobiliers, etc.

Chacun des six modèles est rempli en triple expédition, l'une pour les employés chargés de la conservation des immeubles, meubles et embarcations, la seconde pour le bureau de la direction, et la troisième pour l'administration. Ces feuilles doivent être tenues au courant par l'inscription des changements, augmentations, réductions, dépenses, etc., qui ont successivement lieu, de manière à ce qu'elles puissent servir à se contrôler réciproquement. (*Circ. du 18 septembre* 1838, n° 1709.)

Les immeubles, embarcations ou autres objets eu remplacement conservent les numéros déjà inscrits aux inventaires. (*Déc. du 22 janvier* 1845.) Les numéros vacants par suite de réforme sans remplacement ne sont pas affectés à d'autres objets (*Déc. du 15 janvier* 1847). Tout objet nouveau fourni eu augmentation du nombre des objets de même nature est ajouté sur l'inventaire, au n° où ceux-ci figurent. (*Circ. man. du 4 avril* 1858.)

Bien que la plupart des brigades n'aient pas de corps-de-garde, elles sont néanmoins pourvues d'une boîte fermant à clé, déposée chez le brigadier, pour renfermer les registres, et parfois de sondes, etc. Il est alors formé, pour chacune d'elles, un inventaire spécial, formule série E, n° 92 *bis*, en y inscrivant les mots : Brigade de..... (*Circ. man. du 26 mars* 1839.)

Les archives, les circulaires et autres impressions, les objets d'armement, etc., sont repris sur un état spécial (*Déc. du 10 octobre* 1844). *V.* n° 79.

Plus ou moins réunies dans beaucoup de localités, les attributions se divisent, pour l'exécution et pour le contrôle, dans les grands établissements de douanes où l'importance des opérations peut justifier les frais nécessaires. Aussi le classement définitif des permis et autres documents est-il très-variable. Le mode le plus rationnel consiste à classer les diverses pièces dans les sections d'où elles émanent.

À chaque mutation, soit des receveurs, responsables du mobilier des bureaux, soit des capitaines, qui ont la garde de celui des embarcations, corps-de-garde ou casernes, il doit être fait par les intéressés, ou, dans le cas du départ de l'un avant l'arrivée de l'autre, en présence de l'inspecteur ou du sous-inspecteur, un récolement général, sur papier libre, des meubles et ustensiles énoncés aux inventaires série E. En transmettant à l'administration une copie du procès-verbal constatant les résultats de cette opération, le directeur donne son avis sur la responsabilité encourue par les agents à qui les objets manquants avaient été confiés.

Quand les emplois n'ont pas changé de titulaires pendant l'année, un récolement est effectué, dans le courant d'octobre, par les chefs locaux ; le directeur fait connaître à l'administration les différences reconnues, en indique les causes, et prend, au besoin, des conclusions. (*Circ. des 18 septembre* 1838, n° 1709, *et 16 mai* 1846, n° 2113, *et Circ. lith. du 8 juin* 1852.)

Les objets mobiliers figurent au récolement sous les numéros de l'inventaire. (*Déc. du 20 août* 1849.)

Les directeurs adressent à l'administration, dans le mois de janvier, un état présentant l'évaluation approximative et détaillée de toutes les dépenses présumées à imputer sur les crédits du matériel de l'année qui vient de s'ouvrir et classées dans leur ordre d'urgence (immeubles, réparations, constructions; acquisitions; embarcations, radoubs, constructions; meubles et ustensiles de bureaux, brigades ou corps-de-garde, fournitures premières, remplacements, réparations; frais de transport de fonds, paquets, ballots ou échantillons, d'escortes, d'abonnement, ports de lettres acquittés pour le service par le directeur, etc. (*Circ. man. des 24 septembre 1838 et 13 février 1843; Déc. du 14 décembre 1853.*) Les frais de transport au sujet d'une construction, etc., sont réunis à la dépense principale.

120. — *Institution des bureaux.* Les questions relatives à la création, au déplacement ou à la suppression d'un bureau de douane sont délibérées en conseil d'administration et déférées au Ministre des finances. (*Ord. du 30 décembre 1829, art. 18.*)

Lorsqu'un bureau doit être établi ou supprimé à la frontière, l'arrêté qui est pris à cet effet est publié dans les quatre communes les plus prochaines, et qui sont sur la route du bureau nouvellement créé ou supprimé, et des affiches sont apposées à l'entrée du lieu où le bureau est établi. (*Loi du 22 août 1791, titre XIII, art. 1er.*) (1)

Les agents des douanes, après s'être entendus à cet effet avec les maires, peuvent apposer eux-mêmes ces affiches. (*Déc. du 3 avril 1841.*)

Dans le cas de nouvel établissement d'un bureau, les marchandises ne sont sujettes à confiscation, pour n'y avoir pas été conduites, que deux mois après la publication ordonnée par l'article ci-dessus. (*Loi du 22 août 1791, titre XIII, art. 2.*)

Cette défense de saisir ne s'applique qu'aux bureaux déplacés ou établis par supplément à ceux qui existent déjà, et non au cas de l'établissement d'une nouvelle ligne de douanes. (*Circ. du 27 juin 1814.*)

Elle ne s'étend pas aux marchandises prohibées. (*A. de C. du 18 décembre 1811.*)

Elle suppose d'ailleurs un transport effectué de bonne foi; elle ne serait pas applicable à des marchandises qu'on chercherait à introduire par des chemins détournés.

L'administration est tenue de faire mettre au-dessus de la porte de chaque bureau, ou en un lieu apparent près ladite porte, un tableau portant ces mots: *Bureau d'entrée et de sortie des Douanes impériales.* (*Loi du 22 août 1791, titre XIII, art. 3; Circ. du 13 septembre 1830, n° 1226; Circ. lith. du 12 janvier 1853.*)

Toute saisie de marchandises qui auraient dépassé un bureau où l'apposition d'un tableau n'aurait pas eu lieu serait nulle. (*Loi du 22 août 1791, titre XIII, art. 3.*)

Une saisie de marchandises introduites sans déclaration préalable au bureau est nulle, si ce bureau est dépourvu du tableau qui doit en révéler l'existence. (*A. de C. du 16 février 1818.*)

Mais le vœu de la loi de 1791 est suffisamment rempli lorsque la présence d'un bureau de douane est clairement indiquée par l'inscription portée au tableau, bien que cette inscription ne soit pas textuellement conforme à la formule insérée dans ladite loi. (*A. de C. du 6 décembre 1839.*)

121. — *Heures de bureau.* Les bureaux de douanes sont ouverts, du 1er avril au 30 septembre, depuis sept heures du matin jusqu'à midi et depuis deux heures après midi jusqu'à sept heures; et, du 1er octobre au 31 mars, depuis huit heures

---

(1) L'article cité commence par ces mots: « *Il ne pourra être établi ou supprimé aucun bureau sans un décret du Corps législatif.* » Par là on avait en vue d'empêcher toute dérogation à la loi du 5 novembre 1790, qui venait d'abolir les anciens droits de traite à l'intérieur.

Cette cause ayant cessé, la disposition qui s'y rapportait était déjà tombée en désuétude lorsque l'art. 36 de la loi du 28 avril 1816 la rapporta implicitement.

Ici, en effet, les besoins du commerce ne pouvaient, non plus que ceux du service, supporter le délai de l'intervention législative. L'ordonnance du 30 décembre 1829 concilie et garantit tous les intérêts.

du matin jusqu'à midi et depuis deux heures jusqu'à six heures du soir. Les employés sont tenus de s'y trouver auxdites heures, à peine de répondre des dommages-intérêts des redevables qu'ils auraient retardés. (*Loi du 22 août 1791, titre XIII, art. 5.*) (1)

À l'égard des heures de bureau, ces dispositions peuvent, sur la demande des chambres de commerce et la proposition du Département du commerce, être modifiées par décret du Gouvernement; mais la durée du temps fixé pour le travail ne peut être réduite que dans le cas d'une seule séance continue, jamais moindre de huit heures en été et de sept heures en hiver. (*Loi du 14 juin 1850; Circ. du 28, n° 2393.*)

Le repos des fonctionnaires publics est fixé au dimanche (*Loi du 18 germinal an X, art. 57*) et autres jours fériés. (*Loi du 22 août 1791, titre 2, art. 4.*)

On doit ranger parmi les fêtes légales celles que la nation célèbre par ordre du Gouvernement, à l'occasion d'un grand événement. (*Exposé des motifs du Code de proc.*)

L'administration a toujours entendu que le droit de tenir les bureaux fermés les dimanches et autres jours fériés ne devait être rigoureusement invoqué qu'à l'égard des opérations de commerce proprement dites, et qu'il devait céder, à titre de bon office, devant des exigences légitimes, telles que le passage des voyageurs et les besoins agricoles et urgents. (*Déc. du 3 septembre 1838.*) Elle compte sur le zèle et le bon esprit des receveurs pour se prêter, les jours fériés ou les autres jours après la fermeture des bureaux, à l'acquittement des droits sanitaires à l'égard des navires qui, entrés en relâche, doivent continuer immédiatement leur navigation. (*Circ. man. du 13 septembre 1847.*)

Il est organisé un service spécial en vue des intérêts exceptionnels et importants, tels que ceux qui se rattachent au passage des voyageurs, *V.* n° 863, ou à la navigation de certaines entreprises de paquebots et lorsque la nécessité est bien démontrée. (*Déc. du 25 février 1839.*) En dehors de ces conditions, et à moins de circonstances particulières, il convient de maintenir l'application des règles sur la fermeture des bureaux ; mais il peut être accordé, quand les besoins l'exigent, certaines facilités relatives aux opérations qui s'effectuent sous la surveillance des brigades, sans rendre nécessaire l'intervention des agents du service sédentaire. Par exemple, s'il s'agissait de bateaux à vapeur français, affectés à une navigation régulière et périodique, exempts des droits de tonnage, et qui, relâchant dans un port, sans y effectuer aucun embarquement, devraient relever immédiatement, le directeur pourrait permettre que le manifeste et le congé fussent visés par le lieutenant, sauf à mettre, le lundi matin, la section de navigation à même de tenir le registre série N, n° 8. (*Déc. du 24 juillet 1857.*)

122. — *Corps-de-garde.* Au double point de vue de la bonne exécution du service et de l'économie à apporter dans la répartition des frais de régie, il n'est établi de corps-de-garde que dans les localités de grand passage où un service permanent est constitué ; dans les ports où, les hommes de garde étant assez nombreux pour se diviser par sections, il est nécessaire de procurer un abri à ceux qui ne sont pas de quart, et de les mettre à même de recevoir les ordres des chefs ; enfin, et par exception, sur quelques points des côtes où les mouvements de la navigation exigent une surveillance permanente, ou bien lorsque l'habitation des préposés est assez éloignée pour qu'il soit utile, afin d'éviter une perte de temps et des fatigues pour ces agents, de leur offrir le moyen de prendre le repos dont ils ont besoin. (*Déc. du 9 octobre 1841.*) Pour la police des corps-de-garde, *V.* n° 68.

---

(1) Pour les opérations de chargement et de déchargement, sous la surveillance des brigades, *V.* n° 323.

123. — *Bâtiments et terrains nécessaires au service.* Les barrières, bureaux, postes ou clôtures destinés à la garde et surveillance des frontières peuvent être établis sur le terrain qui est jugé nécessaire (1), à charge par l'État de payer aux propriétaires la valeur dudit terrain de gré à gré (2).

Les bureaux de recette peuvent être placés dans les maisons qui sont les plus convenables au service public et à celui de l'administration. (*Loi du 22 août 1791, titre 13, art. 4.*)

Les administrations municipales, et, à leur défaut, celles de département sont tenues, lors des réquisitions qui leur sont faites par les chefs du service des douanes, de désigner les maisons et emplacements propres à l'établissement des bureaux et au logement des préposés tant desdits bureaux que des brigades, et de prendre sans délai les mesures nécessaires pour que les maisons et emplacements soient mis à la disposition des préposés. (*Loi du 5 novembre 1790. art. 4, et Arrêté du Gouvernement du 29 frimaire an VI. art. 1 et 3.*)

Il est entendu qu'on ne recourt à la voie de réquisition que dans le cas où le logement des préposés ne peut être obtenu de gré à gré ou de convention avec les propriétaires. (*Circ. du 18 nivôse an VI.*)

C'est à l'autorité municipale (le maire), et sur son refus à l'autorité départementale (le préfet), qu'il appartient de statuer sur les réquisitions ayant pour objet la désignation de maisons ou de parties de maisons à affecter au service des douanes.

Ces réquisitions, faites par écrit, doivent toujours être précédées d'une démarche personnelle du receveur ou du capitaine (selon qu'il s'agit de bureaux ou de brigades), ou mieux encore, s'il est possible, de l'inspecteur, auprès du maire, afin d'entrer préalablement avec lui dans les explications convenables. S'il y a, de sa part, refus d'obtempérer à la réquisition, lequel refus doit être donné par écrit, l'intervention du préfet devient nécessaire, et elle doit être réclamée par l'intermédiaire du directeur. Dans le cas peu probable où le préfet élèverait quelques objections, il devrait en être rendu compte à l'administration.

Dès que l'arrêté portant désignation des logements frappés de réquisition a été rendu, il doit être notifié (3) aux propriétaires ou locataires.

En cas de refus d'obtempérer à l'arrêté, il suffirait de remettre cet arrêté en bonne forme, avec un réquisitoire, à la gendarmerie, pour qu'elle eût à installer les employés dans les logements désignés.

Bien loin de faire intervenir l'autorité judiciaire, comme on en a eu quelquefois la pensée, il conviendrait, si le propriétaire ou le locataire, auquel aurait été notifié un arrêté sur réquisition, introduisait un référé devant cette autorité, de décliner sa compétence, avec demande de renvoi à la juridiction administrative, sauf à la partie intéressée à se pourvoir près du Ministre de l'intérieur et ensuite près du Conseil d'État, sans que ce recours puisse toutefois entraîner un ajournement dans l'exécution provisoire. Dans le cas où l'autorité judiciaire ferait difficulté de reconnaître son incompétence, le directeur aurait à se concerter avec le préfet, afin que le conflit fût élevé. (*Circ. lith. du 4 février 1847.*)

---

(1) Les intérêts du commerce, comme ceux du service, veulent que les établissements de douane soient placés sur les terrains les plus convenables. Il y a ainsi cause d'utilité publique dans la désignation de ces terrains.

(2) En cas de difficulté, il est procédé dans les formes prescrites par la loi du 7 juillet 1833.

(3) En matière administrative, les notifications sont faites par un agent de l'autorité ou de la force publique. Ainsi il est inutile d'employer le ministère d'un huissier; la notification peut être faite par un gendarme, un sergent-de-ville, le garde-champêtre de la commune. (*Circ. lith. du 4 février 1847.*)

Là désignation ne porte que sur les maisons qui ne sont point occupées par les propriétaires, à moins qu'il n'y ait impossibilité absolue de s'en procurer qui soient vacantes ou louées ; et, dans ce cas, une partie du local tenu par les propriétaires est provisoirement affectée au service des bureaux et au logement des préposés. (*Arrêté du 29 frimaire an VI, art. 2.*)

Le loyer des maisons et emplacements est réglé sur le prix des derniers baux, et l'administration des douanes fait payer les dédommagements d'usage aux locataires qui sont déplacés avant la fin de leur jouissance. S'il n'y a point de baux et si le prix du loyer ne peut être fixé à l'amiable, il est fixé par le préfet, soit d'après les baux existants et l'usage, soit à dire d'experts convenus ou nommés d'office par la même autorité. (*Même Arrêté du 29 frimaire an VI, art. 4.*) V. nº 125.

Les maisons et emplacements loués par baux pour les établissements des douanes sont, lorsque les circonstances et l'intérêt du service exigent le déplacement des bureaux ou postes, remis aux propriétaires. Il leur est payé une indemnité qui est fixée conformément à l'usage des lieux. (*Loi du 28 pluviôse an XI.*)

On peut, à l'époque où un déplacement est arrêté, et si le bâtiment est loué par bail sans clause résolutoire, chercher de terminer de gré à gré avec le propriétaire, en lui payant le terme courant et une indemnité équivalente à ..... mois de loyer (suivant l'usage des lieux). Si l'arrangement ne se conclut pas, il est signifié au bailleur un acte portant que l'administration lui fait la remise du local, qu'il pourra reprendre au temps indiqué, et qu'elle consent à lui payer, indépendamment du terme courant..... mois de loyer à titre d'indemnité. (*Circ. du 3 floréal an XI.*)

Les préposés des douanes que le déplacement des lignes force à changer de résidence ne sont tenus, à moins de stipulations spéciales et positives, de payer le loyer des maisons qu'ils occupent que jusqu'au moment où ils les quittent, sauf à accorder aux propriétaires, s'il y a lieu, une indemnité que l'administration des douanes est autorisée à régler. (*Arrêté du 9 prairial an VI, art. 2.*)

En cas de contestation, la connaissance en appartient d'abord au Conseil de préfecture, et ensuite, s'il y a pourvoi, au Conseil d'Etat. (*Circ. lith. du 4 fév. 1847.*)

L'employé qui en remplace un autre peut prendre son logement. (*Circ. du 23 janvier 1796.*)

124. — *Protection due.* Les maires et adjoints doivent employer tous les moyens à leur disposition pour la protection efficace des propriétés publiques. (*Loi du 26 février 1790, art. 3.*) V. nº 97.

Les communes sur le territoire desquelles des attroupements ou rassemblements armés ou non armés se sont portés au pillage des bureaux des douanes et ont exercé quelques violences contre les propriétés publiques ou privées, sont responsables de ces délits et des dommages-intérêts auxquels ils donnent lieu. (*Loi du 10 vendémiaire an IV, titre 4, art. 1er, et Arrêté du Gouvernement du 4e jour complémentaire an XI, art. 13.*) V. nº 98.

Quand les habitants de la commune ont pris part aux délits commis sur son territoire par des attroupements et rassemblements, cette commune est tenue de payer à l'Etat une amende égale au montant de la réparation principale. (*Loi du 10 vendémiaire an IV, titre 4, art. 2.*)

Si les attroupements ou rassemblements ont été formés d'habitants de plusieurs communes, toutes sont responsables des délits commis, et contribuent tant à la réparation et aux dommages-intérêts qu'au payement de l'amende. (*Même Loi et même titre, art. 3.*)

Les habitants de la commune ou des communes contribuables qui prétendent n'avoir pris aucune part aux délits, et contre lesquels il ne s'élève aucune preuve de complicité ou de participation aux attroupements, peuvent exercer leur recours contre les auteurs et complices des délits. (*Même Loi et même titre, art. 4.*)

Lorsqu'un délit de la nature de ceux exprimés aux articles précédents a été commis sur une commune, le maire ou les officiers municipaux sont tenus de le faire constater dans les vingt-quatre heures, et d'en adresser procès-verbal au préfet du département, chargé de poursuivre (1). (*Même Loi, titre 5. art. 2, et Arrêté du Gouvernement du 4ᵉ jour complémentaire an XI, art.* 11.) *V.* n° 1127.

Dans les cas où les rassemblements ont été formés d'individus étrangers à la commune sur le territoire de laquelle les délits ont été commis, et si la commune a pris toutes les mesures qui étaient en son pouvoir à l'effet de les prévenir et d'en faire connaître les auteurs, elle demeure déchargée de toute responsabilité. (*Même Loi, titre 4, art. 5, et Arrêté du Gouvernement du 4ᵉ jour complémentaire an XI, art.* 15.)

La responsabilité des communes ne cesse que lorsque les deux conditions mentionnées dans l'art. 5 du titre 4 de la loi du 10 vendémiaire an IV se trouvent réunies : quand les rassemblements se composent exclusivement d'individus étrangers à la commune, et qu'en outre celle-ci a fait tout son possible pour empêcher les désordres. (*A. de C. du* 24 *juillet* 1837.)

125. — *Baux.* Quand il s'agit de loyer, un projet de bail, sur papier libre et réservant l'approbation de l'administration, doit être passé et signé par le propriétaire et le receveur principal. Ce projet est, s'il y a lieu, communiqué en copie à l'administration pour obtenir l'autorisation nécessaire. (*Déc. du* 11 *février* 1843.)

Il est exigé pour tout loyer au nom de l'administration un bail écrit; une copie en est déposée dans les archives des bureaux de la direction. (*Circ. du* 14 *février* 1833, n° 1373.)

Les notaires seuls ont qualité pour donner un caractère authentique aux actes passés avec des personnes illettrées. Toutefois, en ce qui concerne les baux ayant pour objet des locations de peu d'importance, l'administration laisse aux chefs locaux le soin d'apprécier les circonstances qui peuvent permettre de se borner à exiger la présence et la signature de deux témoins. La location est alors considérée comme étant faite verbalement. (*Déc. du* 29 *août* 1856.)

A l'égard des baux passés au nom de l'administration par imputation soit sur les fonds du Trésor, soit sur les masses :

1° S'il s'agit de bâtiments destinés à servir de bureaux ou de corps-de-garde, on doit insérer cette clause : « Il est entendu que le propriétaire n'aura rien à payer pour contribution des portes et fenêtres. » (*Circ. du* 22 *octobre* 1835, n° 1511.)

Quant aux casernes, il faut, autant que possible, obtenir des propriétaires qu'ils prennent à leur charge, au moyen d'une clause spéciale, les contributions des portes et fenêtres. (*Circ. du* 5 *octobre* 1843, n° 1988.)

2° Pour tout bâtiment offrant quelque importance, on doit s'attacher à mettre l'administration à l'abri de toute réclamation en cas d'incendie. Sa responsabilité serait parfaitement à couvert par une clause ainsi conçue : « Le bailleur, par dérogation aux art. 1733 et 1734 du Code civil, renonce, pour lui et ses ayants droit, » à exercer, en cas d'incendie, aucune espèce de recours ou action, soit contre » l'administration, soit contre ses agents. » (*Circ. du* 5 *septembre* 1843, n° 1986.)

3° Une clause de résiliation doit, autant que possible, surtout s'il s'agit d'une longue durée, être introduite dans tous les baux : « En cas de suppression ou de » déplacement du bureau (ou de la brigade), le bail pourra être résilié sans autre

---

(1) Pour suivre contre une commune l'exécution de la loi du 10 vendémiaire an IV, titre V, il n'est pas nécessaire que le délit ait été constaté par le maire; le procès-verbal des préposés et l'instruction faite par le ministère public suffisent. C'est ce qui a été décidé par un avis du Conseil d'État du 5 floréal an XIII et par les arrêts de cassation des 28 prairial an XIII et 9 décembre 1806.

» indemnité que le payement du trimestre commencé, nonobstant tout usage local. »
(*Déc. du 12 septembre* 1851.)

Quand ils ont été approuvés, ce qu'ils relatent, les baux passés dans l'intérêt de l'administration sont enregistrés, mais gratuitement (*Loi du 22 frimaire an VII. art.* 70, § 2, n° 1er; *Déc. min. du 17 septembre* 1823 ; *Circ. du 27*, n° 820), après avoir été visés pour timbre gratis. (*Circ. man. du 14 septembre 1833.*) (1)

Les baux concernant les bureaux et les casernes doivent être soumis à l'approbation de l'administration. (*Déc. du 13 juillet* 1844.)

Mais les baux relatifs aux corps-de-garde sont valables par la seule approbation du directeur, sans qu'il soit tenu d'en référer à l'administration, toutes les fois que le prix est conforme à l'allocation portée en l'état de frais de régie, à moins cependant qu'il n'y ait quelque clause d'une nature exceptionnelle. (*Circ. du 14 février* 1833, n° 1373.)

Lorsqu'un local est remis au service, l'état de lieux doit être dressé contradictoirement entre le bailleur et le preneur. (*Déc. du 11 janvier* 1847.)

L'état de lieux dressé par les employés, seuls, alors qu'une assignation n'a pas été donnée par huissier au propriétaire pour qu'il ait à y concourir, ne saurait être d'aucune valeur.

La douane n'a pas le droit de retenir le montant des loyers échus; à défaut de clauses spéciales à cet égard, elle ne peut y être autorisée que par justice, à titre de compensation.

Si le tribunal civil est saisi des contestations, le receveur doit faire déposer, par avoué, les conclusions de la douane. (*Déc. du 18 novembre* 1858.)

La résiliation des baux, lorsqu'il existe à cet égard une clause éventuelle, peut s'effectuer par un avis donné au propriétaire et revêtu de son visa pour servir de titre au service. En cas de refus de la part du propriétaire, il faudrait requérir le ministère d'un huissier. (*Déc. du 24 décembre* 1840.)

On doit s'occuper du renouvellement des baux passés au nom de l'administration un an ou dix-huit mois avant leur expiration. Les directeurs doivent veiller à ce qu'il en soit ainsi. Pour faciliter leur surveillance à cet égard, ils font établir, dans leurs bureaux, un tableau de toutes les locations. (*Circ. lith. du 23 janvier* 1847.)

Les bâtiments de la guerre affectés provisoirement au service des douanes ne donnent ouverture à aucun loyer. (*Déc. min. du 22 octobre* 1834, *transmise le 12 novembre suivant.*)

126. — *Acquisitions*. Lorsque, sur la proposition d'une des administrations dépendantes du ministère des finances, le Ministre a autorisé l'acquisition d'un immeuble nécessaire au service, toutes les opérations relatives à l'achat, à la passation du contrat et à la prise de possession, sont faites par les soins et à la diligence de la régie des domaines, de concert avec l'administration intéressée, qui en acquitte le prix. L'immeuble est acquis au nom de l'Etat. (*Arrêté minist. du 11 octobre* 1824, *art.* 1er, *et Circ. du 12 novembre suivant*, n° 888.)

Lorsque l'acquisition d'un immeuble nécessaire au service ne saurait s'effectuer à l'amiable, soit que le propriétaire s'y refuse, soit que les intérêts du Trésor ne se trouvent pas ainsi convenablement garantis, le directeur des douanes s'entend avec le préfet du département, pour qu'il soit procédé, à la mairie, à l'enquête prescrite par l'art. 3 de la loi du 3 mai 1841. Les pièces sont ensuite transmises à l'administration, afin que le Département des finances puisse provoquer un décret autorisant l'expropriation pour cause d'utilité publique. (*Déc. du 7 avril* 1854.)

_____

(1) Les copies des baux doivent rappeler l'approbation supérieure et l'enregistrement.

Sur la demande de l'administration des domaines, le tribunal autorise alors l'expropriation forcée; il est fait des offres aux propriétaires expropriés, et, s'il existe des locataires avec bail, des indemnités leur sont accordées.

Dans tous les cas d'acquisition, le prix est payé par l'administration des Douanes, et il en est justifié au moyen d'une copie certifiée de l'autorisation administrative et de l'acte d'acquisition ou de la quittance du vendeur. (*Déc. du 14 avril* 1845.)

Le dépôt de tous les titres de propriété des immeubles affectés au service des douanes doit être fait entre les mains de l'administration des domaines, qui reste chargée de la suite de toutes les contestations auxquelles la propriété de ces immeubles pourrait donner lieu. (*Arrêté minist. du* 11 *octobre* 1824, *art.* 4.)

Les instances relatives à ces contestations sont instruites par les agents des domaines, au nom du préfet du département. (*Ord. du* 6 *mai* 1838.)

127. — *Contributions.* La contribution foncière est due par les propriétaires ou les usufruitiers (*Loi du* 3 *frimaire an VII, art.* 147); mais les bâtiments appartenant à l'État et employés à un service public ne sont portés sur les matrices de rôles que pour mémoire, et ne sont point cotisés. (*Même Loi, art.* 105.)

Les bâtiments employés à un service public ne sont pas soumis non plus à la contribution des portes et fenêtres. (*Loi du* 4 *frimaire an VII, art.* 5.)

Mais cette dernière exception ne s'applique qu'aux bâtiments qui, servant de bureaux, de corps-de-garde, de magasins, etc., sont affectés au service public des douanes. Les receveurs, ou tous autres employés des douanes, sont imposés nominativement pour les portes et fenêtres des bâtiments servant à leur habitation personnelle, soit que ces bâtiments appartiennent à l'État, soit qu'ils aient été loués par l'administration. (*Loi du* 21 *avril* 1832, *art.* 27, *et Circ. du* 22 *octobre* 1835, n° 1511.)

Quand les locaux affectés à un grade sont libres, la jouissance en est accordée à l'agent le plus anciennement nommé à la résidence. (*Déc. du* 15 *février* 1858.)

La contribution des portes et fenêtres, payable par le propriétaire, doit lui être remboursée par le locataire, quoique le bail ne le dise pas, à moins de stipulations contraires. (*A. de C. du* 26 *octobre* 1814.)

Pour les préposés, jusques et compris le brigadier, casernés dans les bâtiments appartenant à l'État, et à l'exception des officiers, les percepteurs sont tenus de comprendre, dans un état de cotes irrecouvrables, l'impôt assis sur les ouvertures des locaux affectés à leur logement, et le montant en est imputé, par les préfets, sur les fonds de non-valeurs. (*Déc. min. du* 11 *août* 1843 ; *Circ. du* 5 *octobre suivant*, n° 1988.)

L'*ordinaire* des préposés des douanes, réunis en caserne, doit être affranchi de l'obtention d'une licence et de l'exercice des employés des contributions indirectes, mais avec la restriction formelle qu'il sera interdit aux employés, et à tous autres individus chargés de l'*ordinaire* dans les casernes, de vendre des boissons à quelques personnes que ce soit à l'extérieur. (*Déc. min. du* 19 *novembre* 1827 ; *Circ. du* 11 *décembre suiv.*, n° 1076.)

128. — *Entretien.* Les frais d'entretien, d'amélioration ou de réparation, ainsi que les contributions de toute nature qui pourraient être frappées, malgré les dispositions précédentes, sont à la charge de l'administration qui a la jouissance de l'immeuble acquis. (*Déc. min. du* 7 *pluviôse an V, et Arrêté min. du* 11 *octobre* 1824, *art.* 2.)

Mais les réparations locatives et l'entretien du local sont à la charge des personnes logées dans les bâtiments affectés à des services publics. (*Ord. du* 7 *juillet* 1844, *art.* 4.)

Quant aux immeubles loués, à moins d'une clause expresse dans le bail ou d'une obligation résultant d'une habitude locale, le renouvellement des objets susceptibles d'usure par le seul fait de l'usage auquel ils sont affectés (tels que poêles, etc.) doit rester à la charge du propriétaire. Si le remplacement doit incomber au locataire, les dépenses de l'espèce rentrent dans la classe de celles auxquelles les allocations pour frais de bureau doivent pourvoir. (*Déc. du 3 octobre* 1857.) La régie n'entend jamais être mise en cause, et, par ce motif, elle s'est affranchie de toute répétition en accordant aux employés logés dans les maisons louées en son nom une indemnité annuelle comprise dans l'abonnement général des frais de bureau. (*Circ. du 6 décembre* 1849, n° 433, *Contr. indirectes.*)

129. — *Immeubles inutiles.* Aussitôt qu'un immeuble est devenu inutile au service des douanes, la remise en est faite à l'administration des domaines. (*Arrêté min. du 11 octobre* 1824, *art.* 3, *et Circulaire* n° 888.)

Dans ce cas, les directeurs, après avoir obtenu l'autorisation de l'administration, se concertent avec les directeurs des domaines. Les agents des douanes délégués pour faire cette remise envoient à leur directeur, qui le transmet à l'administration, le procès-verbal de décharge, dressé par les agents des domaines. (*Circ. du 12 novembre* 1824, n° 888.)

130. — *Embarcations.* L'administration peut tenir en mer ou sur les rivières des bâtiments armés, à charge de remplir envers la marine les formalités d'usage. (*Loi du 22 août* 1791, *titre* 13, *art.* 6.) *V.* n° 67.

Les embarcations sont à manœuvres hautes ou à manœuvres basses. On entend par manœuvres hautes celles que l'on fait agir de dessus les hunes et dont le gréement ne tombe pas jusqu'en bas; par manœuvres basses, celles que l'on fait agir de dessus le pont et le gaillard, et tout ce qui est au-dessous des hunes. (*Circ. du 19 janvier* 1825, n° 898.)

Les embarcations des douanes ont, comme les bâtiments de l'État, le droit de battre la flamme au grand mât; elles ont également la faculté, comme tous les navires à manœuvres hautes, de porter le pavillon déployé à la poupe; mais les canots ne peuvent, dans aucun cas, déferler le pavillon à l'arrière : ce signe est une distinction essentiellement militaire réservée à MM. les officiers généraux de la marine ou capitaines de vaisseau commandants. (*Circ. du 31 août* 1817, n° 314.)

La flamme que doivent porter les embarcations des douanes est la même que celle des petits bâtiments de l'État. (*Circ. du 18 octobre* 1806.)

Toutes les fois que, soit par suite d'un abordage, soit par toute autre cause provenant du fait d'un tiers et rentrant dans les conditions exigées par l'art. 408 du Code de commerce, une embarcation affectée au service des douanes a été endommagée, le receveur, agissant au nom de l'administration, doit, dans les vingt-quatre heures de l'événement, faire signifier à l'auteur du dommage une demande en indemnité. Si le bâtiment qui a causé l'avarie est encore dans le port, l'exploit est laissé *à bord* à la personne même du capitaine, ou, en cas d'absence, à l'officier ou à celui des hommes de l'équipage qui est alors censé avoir momentanément la garde ou la responsabilité du navire. Si le navire a déjà repris la mer, la signification est faite au domicile du capitaine, si ce domicile est connu, ou, dans le cas contraire, comme aussi dans celui où le capitaine habiterait une autre ville, à la mairie du lieu où s'est passé l'événement. Si le lieu où l'équipage de l'embarcation abordée a été mis en demeure de faire signifier sa demande se trouve trop éloigné de la résidence d'un receveur de douanes pour qu'on en puisse requérir l'intervention dans le délai fixé, il convient que le commandant de l'embarcation fasse lui-même la protestation, dans les vingt-quatre heures, au nom de l'administration.

Les armateurs étant responsables du payement des indemnités, on doit faire des réserves contre eux dans la notification qui est faite au capitaine. L'action judiciaire est ensuite dirigée simultanément contre les armateurs et contre le capitaine, *dans le mois* au plus tard. Si ces armateurs ne sont pas connus, ou si la douane n'a pu agir contre eux, elle a soin de renouveler ses réserves dans l'assignation qu'elle fait donner au capitaine, d'en demander acte au tribunal, et, dans le cas enfin où ces mêmes réserves ont été omises, d'exercer son action en responsabilité civile, aussi *dans le mois* à partir du jour où elle est légalement réputée connaître le propriétaire. Dans tous les cas, les assignations et les citations en justice doivent réserver ou requérir la condamnation *solidaire* de l'armateur et du capitaine.

Les directeurs ne doivent jamais négliger de rendre compte immédiatement à l'administration des avaries survenues aux embarcations de douanes. (*Circ. du 26 décembre* 1835, n° 1520.)

Les significations à faire pour l'accomplissement des formalités prescrites par la circulaire n° 1520, dans le cas de poursuites à fin de réparations d'avaries causées aux bâtiments de la marine des douanes, doivent être faites par un *huissier*, et non par des *préposés*, attendu que la matière ne rentre pas dans la classe des affaires de *douanes* proprement dites. (*Déc. du* 29 *mai* 1843.)

Si l'avarie avait été causée par un bâtiment de la marine de l'État, il conviendrait de rédiger un rapport signé par chacun des deux agents de la douane et de la marine; sur le refus de celui-ci, il y aurait lieu à une signification légale. (*Déc. du* 18 *mars* 1836.)

En cas d'avaries causées à un navire ou embarcation de l'État (douanes, etc.) par un bâtiment de commerce, et s'il y a refus de payement des indemnités réclamées, l'action judiciaire doit être portée devant le tribunal de commerce.

Quant aux contestations relatives au dommage provenant d'un navire ou embarcations de l'État (douanes, etc.), et subi par un bâtiment de commerce, elles sont de la compétence du tribunal civil. (*Circ. du* 12 *août* 1847, n° 2188, *et Déc. du* 5 *juin* 1854.)

L'individu responsable des avaries éprouvées par une embarcation de douane ne saurait éviter l'action judiciaire qui devrait en être la conséquence, qu'en souscrivant, avec l'approbation des chefs du service, l'engagement de faire réparer à ses frais l'intégralité du dommage. (*Déc. du* 7 *mars* 1856.)

Quand la signification de la protestation du capitaine du navire abordé a été faite tardivement, c'est-à-dire après les délais fixés par l'art. 435 du Code de commerce, l'action ouverte ne doit pas moins avoir son effet si le retard n'a pas été volontaire et a été amené par des préliminaires d'arrangement impliquant la reconnaissance de l'obligation de réparer les avaries causées. La constatation de ces préliminaires est dans le domaine exclusif des juges de la cause. (*A. de C. des* 17 *mars* 1846 *et* 19 *novembre* 1856.)

Les embarcations des douanes sont affranchies des formalités auxquelles l'acte de navigation assujettit les navires. (*Déc. min. du* 1er *floréal an* II.)

Elles sont aussi exemptes de l'octroi de navigation dans les rivières. (*Déc. min. du* 22 *frimaire an* XIV.)

Comme les bâtiments de l'État, ces embarcations sont soumises à l'application des règlements de pilotage; mais le commandant peut, lorsqu'il juge pouvoir se passer d'un pilote, user de la latitude que lui laisse à cet égard le premier § de l'art. 34 du décret du 12 décembre 1806, sous la réserve du payement du droit dû pour l'assistance efficace. (*Déc. du* 2 *mai* 1854.)

Les embarcations de douane rentrent dans la catégorie des petits bâtiments à voile dispensés de l'obligation d'avoir des feux fixes en permanence. En effet, non seulement elles peuvent avoir à exécuter de nuit des services secrets, mais, dans les temps de brume, elles s'abstiennent généralement de circuler en mer, et, en pareil cas, il leur est facile de mouiller sur des points rapprochés des rives, de manière à se préserver de toute rencontre dangereuse. Il convient seulement, par application de l'art. 7 du décret du 28 mai 1858, de pourvoir ces embarcations, sur le crédit du matériel, de fanaux destinés, au besoin, à être montrés la nuit à tout navire dont elles auraient à redouter l'abordage. (*Déc. du* 20 *juin* 1859.)

Les embarcations doivent être l'objet de beaucoup de soin, soit pendant l'exécution du service, soit lorsqu'elles stationnent au mouillage, et les radoubs doivent être suivis avec l'attention nécessaire pour restreindre la dépense autant que possible, eu égard à la situation du budget. (*Déc. du 11 juin 1857.*) Les embarcations reçoivent, par chaque capitainerie, un liston particulier.

Dans la première quinzaine du mois de mai, les directeurs adressent à l'administration, avec un état récapitulatif, des projets de devis concernant les radoubs généraux et les constructions d'embarcations, pendant l'année courante. (*Circ. man. du 21 avril 1834.*)

Lorsque les réparations pour un vieux canot s'élèveraient à peu près à la moitié du prix d'une embarcation neuve, on doit examiner s'il ne conviendrait pas de le réformer immédiatement, surtout lorsque la construction remonte à plus de dix ans. (*Déc. du 3 juin 1862.*)

En principe, on doit maintenir, pour les embarcations nouvelles, le tonnage de celles qu'elles remplacent, et s'il paraissait convenable d'apporter des changements à cet égard, le directeur devrait, au préalable, en référer, sous le timbre du service général appelé à apprécier, au point de vue des convenances ou des exigences du service, le mérite des propositions faites à cet effet. (*Déc. du 11 juin 1857.*)

Les embarcations de douanes ne pourraient être employées autrement que pour l'exécution du service qu'autant qu'il y aurait une circonstance exceptionnelle d'absolue nécessité ou de secours à porter en cas de danger. (*Déc. du 18 juillet 1839.*)

Sous aucun prétexte, on ne peut s'en servir pour l'agrément des agents ou pour des passagers ou voyageurs. On ne doit jamais y admettre des personnes étrangères au service, sans une autorisation de l'inspecteur ou du directeur. (*Déc. du 27 novembre 1837.*)

A moins de nécessité absolue, elles ne peuvent être affectées aux tournées des capitaines et des lieutenants dont le contrôle doit se produire sur tous les points des penthières. Elles ne peuvent transporter les agents de brigades et leurs familles d'une résidence à une autre, en cas de changement de poste, que sur l'autorisation du chef divisionnaire.

Dans les diverses circonstances, toute rétribution est interdite. (*Déc. du 3 août 1859.*) V. n° 113.

Il est d'usage que les embarcations peuvent concourir aux régates et autres fêtes nautiques, sauf à prendre toutes les précautions nécessaires au point de vue de la surveillance générale et de la conservation des embarcations. (*Déc. du 13 août 1857.*)

Une indemnité est due à tout individu étranger au service, s'il opère le sauvetage d'une embarcation de la douane, même lorsque livraison est faite aux domaines. (*Déc. du 13 janvier 1838.*)

131. — *Poids et mesures.* Les poids et mesures doivent être conformes à la loi du 4 juillet 1837. (*Circ. lith. du 25 février 1859.*) L'ajustage doit être fait exactement par les soins du service, afin que les vérificateurs des poids et mesures n'aient qu'à en constater la justesse. (*Circ. du 7 novembre 1821, n° 682.*)

La vérification et le poinçonnage des poids et mesures doivent être gratis dans les administrations où la dépense resterait à la charge du Gouvernement. (*Loi du 29 prairial an IX; Ord. du 18 décembre 1825, et Déc. du 7 février 1833.*) V. n° 160.

132. — *Devis.* Lorsqu'il s'agit d'acquérir ou de réparer des objets mobiliers pour le compte de l'administration ou pour le compte des masses, et après que la nécessité des fournitures ou des travaux a été constatée, les prix sont débattus entre les chefs de service et les entrepreneurs et fournisseurs. Il est formé, en double expédition, un devis estimatif qui spécifie distinctement la nature et le prix de chaque objet; les entrepreneurs et fournisseurs y souscrivent leurs engagements, et le receveur principal ou le capitaine de brigades, selon qu'il est question des bureaux ou des brigades, atteste que les objets sont indispensables et que les prix demandés ont été discutés avec soin, sont modérés et n'excèdent pas ceux du cours. Ce devis est remis à l'inspecteur divisionnaire, qui, après l'avoir visé et approuvé, le défère au directeur. (*Circ. des 20 octobre 1823, n° 823, et 17 janvier 1825, n° 897.*)

Dans les douanes dirigées par un receveur et par un sous-inspecteur, celui-ci est appelé à certifier sur les devis, concurremment avec le receveur, la nécessité des réparations et fournitures d'ustensiles de visite. (*Déc. du 30 août* 1853.)

Les travaux ou fournitures qui doivent donner lieu à une main-d'œuvre prolongée doivent être prévus et proposés à l'administration dès les premiers mois de chaque année, afin qu'ils puissent être terminés et ordonnancés dans l'année. (*Circ. lith. du 24 juillet* 1845.)

On indique le diamètre et le poids des tuyaux de poêle (*Déc. du 9 mars* 1838), le poids des objets en fer et le prix de valeur au kilogramme. (*Déc. du 8 novembre* 1845.) Les travaux de maçonnerie sont évalués au mètre, et non à la journée. (*Déc. du 8 novembre* 1838.)

Les devis des radoubs doivent être produits simultanément pour toute la direction, et de manière que l'administration puisse donner son autorisation dans les premiers jours de juin. (*Circ. man. du 21 avril* 1834.) Ils doivent présenter, par capitainerie et par inspection, le détail des dépenses relatives à la coque, aux voiles, aux cordages, à la mâture et aux poulies, au goudron et à la peinture, aux objets d'armement de chaque embarcation, le total, le montant comparatif de la dépense par embarcation, pendant chacune des cinq années précédentes (*Déc. du 7 juin* 1856), la différence en plus ou en moins et les causes de cette différence. (*Déc. du 18 juillet* 1845.) Pour les voiles, on énonce les dimensions, le nombre de mètres de toile et le prix du mètre. (*Déc. du 14 mars* 1833.)

Les constructions doivent faire l'objet de devis spéciaux, énonçant le tonnage. (*Déc. du 14 juillet* 1835.) On y joint les procès-verbaux de condamnation dressés par le service quant aux embarcations hors d'usage. (*Déc. du 31 décembre* 1824.)

Une commission, composée de l'inspecteur, du capitaine de brigades, des commandants et des sous-officiers de pataches, est appelé à constater, après examen, la réception des embarcations nouvellement construites, comme l'innavigabilité des embarcations à réformer.

Les patrons et les chefs de poste sont chargés de suivre avec soin les travaux et fournitures, de manière à assurer toute l'économie possible en même temps qu'une bonne confection.

Les travaux de construction, de radoubs, ne doivent pas être faits par les préposés. (*Déc. du 26 novembre* 1835.)

Afin d'obtenir toute la célérité désirable dans l'exécution des travaux ou la livraison des fournitures et de régulariser la dépense, il convient de faire prendre aux entrepreneurs l'engagement de terminer les travaux dans un délai déterminé, et, autant que possible, dans l'année où ils sont commencés (*Circ. du 4 avril* 1836, n° 1436), à peine de supporter, en cas de retard, une indemnité généralement fixée d'une manière absolue à 5 p. 0/0 ou à 1 p. 0/0 pour chaque période de dix jours. (*Déc. des 20 juillet* 1848 *et 5 juin* 1850.)

Le devis et la soumission du fournisseur doivent être confondus en un seul contexte sur une même feuille de papier; la soumission ne doit jamais être formulée séparément à la suite du devis. (*Déc. min. du 25 août* 1854, *et Circ. lith. du 23 septembre suivant.*)

MODÈLE DE DEVIS :

DOUANES.   Direction de..... inspection de..... principalité de..... (au besoin,
Matériel.   capitainerie de.....).

Exercice 18. Devis de la dépense relative à la fourniture (au remplacement ou à la

réparation) d'objets mobiliers nécessaires au bureau, à la brigade ou au corps-de-garde de.... S'il s'agit d'un immeuble ou d'une embarcation, il faut en rappeler le numéro.
(*Circ. du 18 septembre 1838, n° 1709.*)

NOMS des entrepreneurs et fournisseurs.	NUMÉRO d'inscription à l'inventaire.	NOMBRE.	NATURE DES DÉPENSES.	DÉPENSES pour		DÉPENSES par	
				chaque objet.	les objets de même espèce.	catégorie, (fournitures, etc.).	établissement.

Bureau de......
1° Fournitures premières; 2° remplacements; 3° réparations.
Poste de.....
Dépense totale.....
Récapitulation par fournisseur..... (*Circ. du 16 mai 1846, n° 2113.*)

Les dépenses doivent être présentées d'une manière claire et méthodique. Il n'y a nécessité de fournir des devis séparés que pour celles qui se rapportent à des paragraphes différents du budget. Il convient de ne pas comprendre sur un même devis des immeubles et des embarcations ou autres objets mobiliers. (*Déc. du 25 mai 1839.*)

On n'admet aucun devis ni mémoire gratté ou surchargé. (*Lettre de la compt. gén. du 26 décembre 1833.*) Les ratures doivent être approuvées. (*Déc. du 12 juillet 1852.*)

Les devis des dépenses de masses sont soumis aux mêmes formalités que les devis des dépenses publiques. (*Circ. lith. du 23 septembre 1854.*)

Tout devis pour une dépense au-dessus de 50 fr. doit être établi sur papier timbré. (*Règlement du 26 janvier 1846 sur la compt. gén.*)

Les devis portant soumission ou engagement de la part des entrepreneurs ou fournisseurs de livrer à telle époque ou sous telle pénalité, et ayant ainsi le caractère d'un marché, doivent être soumis à la formalité de l'enregistrement. (*Circ. de la compt. du 29 juillet 1858, n° 74.*)

Les *marchés* dont le prix est payé directement ou indirectement par le Trésor public étant passibles du droit fixe de 2 francs (*Loi de finances des 15 mai 1838, titre 7, art. 73, et 15 mai 1850, titre 3, art. 8*), l'enregistrement des devis est au droit fixe de 2 fr. 20; il reste à la charge des entrepreneurs. (*Circ. lith. du 14 septembre 1852.*)

Pour éviter plusieurs droits d'enregistrement, on doit s'attacher, autant que possible, à ne faire souscrire les devis que par un seul entrepreneur, qui prend alors la responsabilité des travaux dans leur ensemble.

Mais, toutes les fois qu'il s'agit d'achats et de réparations sans importance ou d'objets qui peuvent être demandés indistinctement à tel ou tel fournisseur, il convient de se dispenser de donner aux devis le caractère d'un marché; on doit alors établir ces actes dans la forme d'*états de proposition arrêtés à la somme de.....* et signés par l'entrepreneur. (*Note relative à la Circ. lith. du 14 septembre 1852.*) Ces états ne sont pas soumis à l'enregistrement. (*Circ. de la compt. du 29 juillet 1858, n° 74.*)

133. — Si la dépense, soit sur les crédits du matériel, soit sur les fonds de masse, n'excède pas 50 fr., le directeur l'autorise sous sa responsabilité. (*Circ. des 14 mai 1833, n° 1318, et 31 décembre 1851, n° 2477.*) Chaque payement doit être justifié par un mandat spécial. (*Circ. man. du 30 mai 1840.*)

A raison de nécessités de service dont l'urgence est démontrée, les directeurs peuvent autoriser, à titre provisoire, des dépenses au-dessus de 50 fr.; par exemple, lorsqu'une embarcation a reçu quelque avarie extraordinaire ou qu'un corps-de-garde, ou tout autre immeuble, a éprouvé subitement des dégradations qui compromettent sa conservation. Il en est alors référé à l'administration, sans retard, et le devis est produit le plus tôt possible. (*Circ. man. du 31 décembre* 1828.)

Dans tout autre cas, le directeur soumet le devis à l'administration et attend qu'elle ait autorisé les travaux ou les fournitures. (*Circ. du 17 janvier* 1825, n° 897.)

L'administration ne se charge d'effectuer les achats nécessaires au service des départements que dans des circonstances tout-à-fait exceptionnelles; le payement est alors opéré par le receveur principal à Paris, pour le compte de son collègue. (*Déc. du 30 juillet* 1846.)

Le devis estimatif, étant approuvé, ne doit subir aucune modification. Les changements qui peuvent survenir dans la nature des travaux ou la quantité des matériaux sont relatés et expliqués à chaque article sur le mémoire. Les engagements des fournisseurs doivent prévenir toute augmentation de dépense. Dans les cas exceptionnels où il s'en produirait une, et à moins qu'elle n'eût aucune importance, il y aurait à provoquer l'autorisation de l'administration au moyen d'un devis supplémentaire. (*Déc. des 16 avril* 1834, 22 *octobre et* 26 *décembre* 1840.)

134. — Les travaux qui s'exécutent pour le compte et par les ordres directs de l'administration doivent être interrompus les dimanches et autres jours de fêtes conservées. (*Circ. lith. du 26 juillet* 1845.)

135. — *Adjudications.* C'est moins la quotité de la dépense que sa nature qui doit déterminer le cas où il est convenable de la mettre en adjudication. A cet égard l'administration s'en rapporte généralement aux chefs du service, qui sont plus à même de choisir les moyens avantageux. (*Déc. du 25 mai* 1839.)

En cas de mise en adjudication de travaux de construction, les entrepreneurs soumissionnaires doivent, avant les adjudications et pour répondre de l'exécution de leurs engagements, verser en numéraire, à Paris, à la caisse des dépôts et consignations, et dans les départements, aux caisses des receveurs de finances, le montant des cautionnements prescrits. (*Ord. du 31 mai* 1838, *art.* 49, *et Arrêté min. du* 1er *juin* 1839.)

A cet égard, on doit insérer dans le cahier des charges la clause suivante: « Les » soumissionnaires seront tenus, lorsqu'ils seront devenus adjudicataires, de faire » immédiatement à la recette générale ou particulière de...... une déclaration de » conversion de leurs dépôts provisoires en cautionnements définitifs, et les intérêts » de ces cautionnements ne commenceront à courir qu'à partir du soixante-et-unième » jour après la date de cette déclaration. » (*Circ. lith. du 18 octobre* 1844.)

Le service des douanes opère la retenue d'un dixième du prix des travaux exécutés, lequel dixième n'est payé qu'un an après la réception définitive. A cet effet, l'administration établit la liquidation du prix total, les directeurs en mandatent le montant et les receveurs le portent en dépense, sauf à reprendre en recette la retenue stipulée à titre de garantie. Un extrait du livre-journal est annexé à la liquidation pour justifier de cette dernière opération et les receveurs remettent aux intéressés une déclaration constatant le chiffre et les motifs de la retenue. S'il n'y a pas lieu de l'attribuer au Trésor à l'expiration du délai fixé, V. n° 230 pour le dépôt à la Caisse des consignations au moins un an après que les intéressés ont été invités à la toucher. (*Circ. de la compt. du* 1er *octobre* 1861, n° 80.)

Les honoraires des architectes, pour leur concours dans les travaux, sont fixés ainsi qu'il suit par un arrêté du conseil des bâtiments civils près le ministère de l'intérieur, en date du 12 pluviôse an VII: pour la composition des plans et devis, 1 1/2 p. 0/0; pour la formation des devis estimatifs devant servir de base aux marchés, 1 p. 0/0; pour la conduite, direction et surveillance des travaux, 2 1/2; total, 5 0/0.

Il n'est dû que 1 1/2 p. 0/0 pour le simple règlement des mémoires, et 2 p. 0/0 pour le règlement avec vérification des travaux. (*Lettre de l'administration du 20 février 1841.*)

136. — *Mémoires.* Le mémoire de l'entrepreneur ou du fournisseur, après livraison ou réparation, doit être dressé dans la même forme que le devis estimatif, et porter l'attestation que les ouvrages et fournitures qui y sont détaillés ont eu lieu, et qu'ils ont été reconnus bien confectionnés. Cette attestation est délivrée par les mêmes chefs qui ont été appelés à certifier le devis. (*Circ. du 17 janvier 1825, n° 897.*)

Exemple : Total de la dépense...

Objets mobiliers cédés au fournisseur et dont la valeur est à déduire.............

(Ici, certificat de livraison des fournisseurs.)

A................le....

Je soussigné (receveur principal ou subordonné, ou capitaine) atteste que les objets et travaux détaillés au présent mémoire ont été réellement fournis ou exécutés, et qu'ils ne laissent rien à désirer.

A................le....

L'inspecteur divisionnaire soussigné atteste que les fournitures et ouvrages détaillés au présent sont bien confectionnés.

A................le....

NOTA. Quand les fournitures ou les travaux ont été faits pour un bureau subordonné, le receveur principal appose, avant l'inspecteur, un certificat analogue.

Vu : le directeur.

(*Circ. du 16 mai 1846, n° 2113.*)

Quittance des fournisseurs. On ne doit pas apposer deux quittances sur un même mémoire ; mais les acquits peuvent être donnés d'une manière collective, soit sous forme d'émargement, soit au moyen de signatures à la suite de la quittance unique. (*Déc. du 11 décembre 1847.*) Rien ne s'oppose à ce que plusieurs fournisseurs se réunissent pour ne présenter qu'un mémoire collectif de leurs diverses fournitures. Les acquits dont ils l'émargent ultérieurement ne sauraient constituer autant d'actes distincts. Il n'existe alors qu'un seul mémoire acquitté par plusieurs parties prenantes et passible d'un seul droit de timbre, suivant la dimension du papier. (*Circ. de la compt. du 29 juillet 1858, n° 74.*)

Pour le timbre, *V.* n° 223.

La date du commencement et de l'achèvement des travaux, ou de la livraison des fournitures, doit être indiquée tant sur le mémoire ou sur la quittance que sur le mandat de payement, dans la colonne : Objet de la dépense. (*Circ. de la compt. du 18 juin 1852, n° 59.*)

La liquidation des dépenses au-dessus de 50 fr., sur les crédits du matériel, est provoquée par le directeur en adressant à l'administration les mémoires, une copie de ces pièces sur papier libre et les devis. (*Circ. du 16 mai 1846, n° 2113.*)

L'inspecteur doit, par une note datée et signée en marge et en tête de chaque devis, indiquer que la dépense a été autorisée à telle époque par l'administration. (*Circ. man. du 28 mai 1838.*)

Il n'est fourni de devis, à titre de pièce justificative, que pour les dépenses au-dessus de 50 fr. (*Déc. du 25 décembre 1847.*)

Toutes les fois qu'il a été inséré dans un devis une clause pénale pour le cas de retard dans l'exécution des travaux, du service fait, ou dans la livraison des fournitures, le receveur est tenu de produire, avec les autres pièces justificatives, l'ordre de commencer les travaux, le service ou les fournitures, afin que la Cour des comptes puisse exercer son contrôle sur l'application de ladite clause. (*Circ. de la compt, du 18 juin 1852, n° 59.*)

Les dépenses de 50 fr. et au-dessous, autorisées par le directeur sur les crédits du matériel, avant la liquidation définitive, sont signalées chaque mois à l'administration au moyen d'un état série E, n° 99, auquel on joint, relativement aux travaux.

14

fournitures, transports de fonds, etc., une copie de chaque mémoire. (*Circ. du* 16 *mai* 1846, n° 2113.)

Afin de justifier les dépenses imprévues et exceptionnelles autorisées par l'administration, il faut produire une copie certifiée des décisions administratives. (*Déc. du* 22 *juillet* 1840.)

Quant aux dépenses imputées sur le boni des masses, pour l'achat, le renouvellement ou la réparation d'objets mobiliers, soit d'après l'autorisation du directeur, si elles sont de 50 fr. et au-dessous, soit sur l'autorisation de l'administration, lorsqu'elles excèdent 50 fr., le directeur en adresse l'état à l'administration, à l'expiration du trimestre dans lequel le payement a été ordonnancé. A cet état est jointe une copie, sur papier libre, de chaque mémoire. (*Circ. des* 18 *septembre* 1838, n° 1709, 3 *novembre suiv.*, n° 1718, *et* 2 *sept.* 1839, n° 1766, *et Déc. du* 28 *avril* 1852.)

Les mémoires concernant les dépenses d'abonnement, par imputation sur les fonds du matériel, doivent être adressés à l'administration dans les premiers jours du mois qui suit la période qu'ils concernent. (*Déc. du* 6 *février* 1847.)

137. — *Objets à la charge des employés.* Les dépenses qui se rapportent à certains objets sont supportées par les agents auxquels il est alloué des frais de bureau pour pourvoir aux divers besoins (1).

138. — *Objets mobiliers inutiles.* Lorsqu'il y a lieu de vendre des objets mobiliers devenus inutiles au service et qui ne sont pas susceptibles d'être échangés contre des objets nécessaires, l'administration des douanes autorise les directeurs à les remettre au domaine, pour être vendus au profit du Trésor. (*Ord. du* 14 *septembre* 1822, *art.* 3.)

Il est dressé procès-verbal des opérations de vente, relatant la nature et l'état des objets vendus, le prix auquel ils ont été adjugés, et les noms, qualités et demeures des adjudicataires. (*Arrêté min. du* 25 *décembre* 1822, *art.* 4 *et* 5; *Circ. du* 20 *octobre* 1823, n° 823.)

Les dispositions concernant les ventes ne sont point applicables aux échanges ni aux cessions d'objets dont la valeur serait imputable sur le montant d'un service fait ou à faire. (*Arrêté du Min. des fin. du* 25 *décembre* 1822, *art.* 7.)

Lorsque des objets faisant partie du matériel des douanes, et *acquis avec les fonds du Trésor*, ont été reconnus hors d'usage et non susceptibles d'être employés de nouveau, le directeur des douanes en adresse un état descriptif et estimatif au directeur des domaines du département, pour le mettre à même de statuer sur la prise de possession de ces objets (2).

---

(1) Sont dans ce cas le démontage et le remontage des poêles des bureaux, nettoyage de tuyaux, ramonage des cheminées, fourniture et remplacement des pelles, pincettes, chenets, soufflets, etc. (*Déc. des* 3 *décembre* 1831, 10 *novembre* 1832 *et* 6 *janvier* 1844); cartons destinés au classement de la correspondance (*Déc. du* 6 *juillet* 1865); coffre-fort ou caisse pour les fonds (*Déc. du* 14 *février* 1844); frais d'illumination (*Déc. du* 13 *novembre* 1832); pavillon pour arborer dans les fêtes publiques (*Déc. du* 31 *mai* 1845); placement des sonnettes (*Déc. du* 7 *décembre* 1840); arrosage des bureaux et des corridors (*Déc. du* 24 *septembre* 1832); frais de translation dans un nouveau local, par suite de dispositions particulières, des archives, du matériel et des tabacs, d'une recette-entrepôt des contributions indirectes. (*Déc. du* 24 *janvier* 1863.)

Les frais de remplacement des carreaux de vitre sont supportés soit par les préposés, si l'accident peut être imputé à leur maladresse ou à leur négligence, ou, à défaut, par les frais de chauffage, etc., soit par les propriétaires, dans les cas prévus aux art. 1754 et 1755 du Code civil. (*Déc. du* 4 *novembre* 1845.)

(2) On doit provoquer la décision du directeur des domaines immédiatement après la réforme, toutes les fois que les objets ont de la valeur, qu'ils sont sujets à dépéris-

Dans les quinze jours qui suivent la réception de cet état, le directeur des domaines donne des instructions pour la vente aux enchères par un préposé des domaines (1), ou si, à raison de la faible valeur et de la position des objets, il reconnaît qu'une vente par adjudication est impraticable, il en informe officiellement, dans le même délai, son collègue des douanes, en lui renvoyant l'état estimatif des objets.

Dans ce dernier cas, les objets peuvent être vendus au profit du Trésor, directement et sans concurrence ni publicité, par les agents des douanes (2).

Le produit des ventes ou cessions ainsi faites, centralisé entre les mains du receveur principal des douanes de la circonscription dans laquelle elles ont été effectuées, est versé, à la fin de chaque année, dans les vingt premiers jours de décembre au plus tard, à la caisse du bureau des domaines dans le ressort duquel est placé le bureau de recette principale des douanes.

A l'appui de chaque versement, le receveur principal des douanes remet au receveur des domaines des déclarations délivrées par le préposé des douanes qui a procédé à la cession, certifiées par l'inspecteur de la division, en indiquant, pour chaque vente, le lieu et la date auxquels elle a été effectuée, la désignation et l'origine des objets cédés; le nom de l'acheteur et le prix. Ces déclarations restent déposées au bureau des domaines, comme pièces justificatives de la recette.

Dans le courant du mois de janvier, chaque année, le directeur des douanes adresse à son collègue des domaines un état des sommes ainsi versées dans les caisses du domaine pendant l'année précédente. (*Déc. min. du 5 juin* 1851; *Circ. du* 19, n° 2439.)

Dans les vingt premiers jours du mois de janvier, il est fourni à l'administration

---

sement, que leur garde doit être une cause d'embarras pour le service, ou quand on peut les céder avec avantage pour le Trésor aux fournisseurs; mais, lorsqu'ils n'ont qu'une faible valeur et que la conservation peut en être facilement assurée, il convient d'attendre, pour en offrir la remise au domaine, l'expiration du trimestre ou même du semestre, sans que ce dernier délai soit jamais dépassé. (*Circ.* n° 2439.)

(1) La régie des domaines est alors chargée de prendre toutes les dispositions relatives à l'adjudication, d'en recouvrer le produit et de le verser au Trésor. Les directeurs des douanes n'ont donc qu'à se concerter avec leurs collègues des domaines pour la remise des objets aux agents de cette dernière administration. (*Circ. du* 20 *octobre* 1823, n° 823.)

(2) La valeur des objets cédés aux fournisseurs ou entrepreneurs est indiquée distinctement sur le devis après le montant total des fournitures ou des travaux, et déduite de ce total. Les chefs s'assurent, par un examen attentif, que la valeur énoncée est la plus élevée qu'on ait pu obtenir, et que les objets réformés n'ont pas une valeur supérieure, et ils en certifient sur le devis, comme ultérieurement sur le mémoire. (*Circ. des* 20 *octobre* 1823, n° 823, *et* 16 *mai* 1846, n° 2113.)

Le montant brut du mémoire est porté en dépense, mais il est immédiatement fait recette provisoire du prix des objets cédés, aux opérations de trésorerie, recouvrements pour des tiers, droits perçus pour l'administration de l'enregistrement et des domaines. (*Circ. de la compt. du* 15 *juillet* 1837, n° 32, *et* 18 *juillet* 1851, n° 57.)

S'il arrivait qu'aucun fournisseur ou entrepreneur ne voulût prendre, à titre d'échange, les articles réformés, on devrait les vendre dans les formes suivies pour les marchandises provenant de saisies, et adresser à l'administration une expédition du procès-verbal qui aurait été rédigé en conséquence. (*Circ. du* 16 *mai* 1846, n° 2113.)

Le prix obtenu serait pareillement porté en recette provisoire pour le compte de l'administration de l'enregistrement et des domaines.

un état récapitulatif des immeubles et des objets mobiliers livrés, pendant l'année précédente, à l'administration des domaines pour être vendus au profit du Trésor. On y joint, en ce qui concerne les objets cédés aux fournisseurs ou entrepreneurs, une copie de l'état descriptif qui a été adressé au directeur des domaines. (*Circ. du* 19 *juin* 1851, n° 2439.)

Les objets *achetés avec les fonds de la masse* et reconnus hors d'usage doivent d'ordinaire être cédés au fournisseur en déduction du prix des objets neufs, moyennant une somme fixée de gré à gré. Quand le fournisseur refuse de les reprendre, ou lorsqu'ils ont une certaine importance, et s'il peut y avoir avantage à les mettre aux enchères, on doit les vendre dans les formes prescrites pour les marchandises provenant de saisies. (*Déc. du* 10 *octobre* 1851.)

139. — *Transport.* Les objets de matériel nécessaires au service et demandés à l'administration sont adressés par une voie spéciale de transport. La circ. du 29 avril 1862, n° 837, fait connaître les conditions du traité passé pour le transport, et les délais et les prix du transport.

Ils sont accompagnés d'un laissez-passer ou acquit-à-caution (1) et d'un bulletin détaillé. Le destinataire remet un reçu à l'agent des compagnies de transport; après s'être assuré que les quantités énoncées au bulletin détaillé sont réellement parvenues, il détache du laissez-passer ou acquit-à-caution qu'il conserve, le certificat d'arrivée, y indique exactement, dans un récépissé, le jour de l'arrivée des ballots et le renvoie directement et dans tous les cas à l'administration (2° division, 4° bureau), avec le bulletin détaillé. (*Circ. lith. du* 4 *février* 1857; *Circ. man. du* 3 *juin* 1862.)

Lorsque les objets ne sont point parvenus dans le délai fixé, il y a lieu, sauf justification légale des retards pour cause de force majeure, d'exercer, sur le prix du transport, les retenues prescrites par l'art. 72 du traité de 1862. Ces retenues sont effectuées à Paris sur les mémoires établis par trimestre par les compagnies, à vue des certificats d'arrivée, le prix des objets et du transport étant acquitté et porté définitivement en dépense par le receveur principal de Paris. (*Circ. du* 29 *avril* 1862, n° 837; *Circ. man. du* 3 *juin* 1862.)

L'adjudicataire du transport est responsable de toute perte ou avarie; mais il faut le mettre à même d'exercer son recours contre les voituriers. (*Circ. lith. du* 4 *février* 1857.)

Il est entendu que, pour les échantillons et autres objets adressés à l'administration, V. n° 37, on doit se servir de l'entremise des agents des compagnies avec lesquelles il est passé un traité, là où ceux-ci ont été accrédités.

Au delà des points où le transport est ainsi assuré, les envois sont effectués par les soins du service et aux frais du matériel des douanes. (*Circ. lith. du* 4 *février* 1857.)

140. — *Payement des frais de loyer, etc.* Les frais de loyer (immeubles, puits, passage d'eau, etc.), de chauffage et d'éclairage pour les bureaux, corps-de-garde (2) et embarcations où les préposés sont installés à bord, sont déterminés annuellement par l'administration au moyen des états de frais de régie.

Les payements pour frais de loyer sont effectués par trimestre ou par semestre, selon les conditions portées dans les baux, lorsqu'il en a été passé au nom de

---

(1) L'acquit-à-caution est exempt de la formalité du timbre; il en est de même pour la quittance apposée sur cette expédition. (*Lettre de la compt. du* 3 *mars* 1860.)

(2) La situation du budget ne permet pas d'accorder des frais de chauffage à tous les postes indistinctement. On doit donc réserver ces allocations pour les brigades les plus importantes ou qui, à raison de leur position, exigent l'établissement d'un corps-de-garde sur la côte. (*Déc. du* 14 *septembre* 1857.)

l'administration; mais, pour un grand nombre de bureaux, les frais de loyer ne résultent point de semblables actes, et ils sont alors payés, à titre d'abonnement, par trimestre.

Aux époques de payement, des états des droits acquis, soit aux propriétaires, soit aux agents des douanes responsables, par suite d'abonnement, du payement des loyers, sont formés et arrêtés par les receveurs principaux, tant pour les bureaux de la direction et les bureaux de perception que pour les corps-de-garde. Ces états sont certifiés par les inspecteurs et visés par les directeurs. (*Circ. du 18 février 1824, n° 855.*)

Les états de frais de loyer comprennent les propriétaires bailleurs, qui donnent quittance soit par émargement sur ces états s'il s'agit de sommes n'excédant pas 10 fr., soit séparément et sur papier timbré dans tout autre cas. (*Circ. de la compt. du 20 décembre 1841, n° 38.*) Une copie du bail, visée par l'inspecteur, est annexée à la quittance relative au premier payement, et une annotation, sur les autres quittances, rappelle celle à l'appui de laquelle est la copie du bail. (*Circ. de la compt. du 31 mai 1833, n° 25.*)

Quand certains immeubles comprennent des bureaux et des corps-de-garde, l'évaluation est faite pour chaque espèce de dépense. Le bailleur ne fournit qu'une quittance, dont le libellé doit présenter la même division. (*Circ. lith. du 5 octobre 1843.*)

Les frais de chauffage et d'éclairage alloués à titre d'abonnement sont payés, d'avance, sur émargements donnés soit par les receveurs principaux ou subordonnés, par les brigadiers buralistes et par les inspecteurs sédentaires, soit par les capitaines, sur l'état préparé par les receveurs principaux au commencement de chaque trimestre. (*Règlement du 26 janvier 1846 sur la compt.*, p. 304.)

Après avoir ainsi touché les sommes allouées pour les corps-de-garde, le capitaine les remet à chacun des chefs de poste.

Le brigadier ou le chef de l'embarcation tient un carnet spécial sur lequel il inscrit ces recettes, et, en regard, les dépenses de bois, d'huile, etc., qu'il a faites et dont il doit justifier. *V.* n° 65.

Les inspecteurs, les capitaines et les lieutenants vérifient, dans leurs tournées, les dépenses effectuées et l'existence des fonds disponibles. En cas de changement du chef de poste, le carnet est arrêté et vérifié devant lui, en présence de son successeur et de l'intérimaire, par le capitaine ou le lieutenant.

Les capitaines forment, à la fin de l'année, le relevé, par brigade, des recettes et des dépenses, et le soumettent à l'inspecteur. Si de l'apurement des comptes pour une brigade il ressort une économie, elle doit être affectée, avec l'assentiment de l'inspecteur, soit à des approvisionnements pour le chauffage et l'éclairage, soit à des dépenses d'objets mobiliers pour le corps-de-garde de cette même brigade. Les résultats des comptes annuels sont soumis au directeur. (*Circ. du 14 février 1833, n° 1373.*)

L'agent qui, dans les dépenses, dépasserait le montant des allocations accordées, serait rendu responsable de l'excédant. (*Déc. du 28 septembre 1855.*)

141. — *Régularisation des dépenses.* Il importe d'éviter qu'une dépense soit scindée et imputée sur deux exercices. (*Circ. lith. du 24 juillet 1845, et Déc. du 26 janvier 1846.*)

À partir du 15 novembre, à moins de circonstances d'une urgence démontrée, les directeurs doivent suspendre toute autorisation de dépense jusqu'au 1er janvier, de sorte qu'il n'est alors pourvu qu'au payement des faibles dépenses qui ne peuvent se différer. (*Circ. lith. du 24 juillet 1845, et Circ. man. du 8 novembre 1847.*)

Du 15 au 20 novembre au plus tard, les directeurs adressent à l'administration un état récapitulatif des dépenses imputées sur les crédits du matériel et effectuées pendant l'année. On indique, par une annotation spéciale, les dépenses qui, exceptionnellement, seront à autoriser avant le 31 décembre, et les motifs qui se sont opposés à l'achèvement de tels ou tels travaux, comme aussi l'époque présumée de la livraison. (*Circ. lith. du 24 juillet* 1845.)

Les directeurs adressent à l'administration, pour le 1er février, un état rappelant les dépenses de toute nature qui, autorisées avec imputation sur l'exercice de l'année précédente, n'ont pas été acquittées. On doit expliquer par suite de quelles circonstances le réglement n'en a pas été effectué. (*Circ. man. des* 16 *janvier* 1847 *et* 4 *mars* 1854.)

Les liquidations de dépense ne pouvant être scindées, il y a lieu de porter provisoirement aux sommes non payées, à défaut d'émargement ou de quittance, le montant de la garantie à laquelle les entrepreneurs de travaux ont été assujettis pendant un laps de temps qui n'est pas encore expiré au moment du payement du prix fixé par le devis. (*Lettre de la compt. du* 22 *août* 1858.)

CHAPITRE III.

DÉCLARATION EN DÉTAIL.

Tout propriétaire, consignataire ou conducteur de marchandises qui entrent en France ou qui en sortent, doit faire à la douane une déclaration en détail énonçant non seulement la *nature*, mais encore l'*espèce*, la *qualité*, le *poids*, le *nombre*, la *mesure* ou la *valeur* de ces marchandises, selon qu'elles sont imposées.

La loi a placé la garantie des perceptions de douane, d'une part, dans la déclaration du redevable, de l'autre, dans la responsabilité des employés appelés à la vérifier.

Ainsi, les agents des douanes ne sont pas moins obligés d'exiger la déclaration en détail que les redevables de la fournir. En d'autres termes, les agents des douanes ne peuvent procéder à la visite sans cette déclaration, qu'il s'agit pour eux de juger et non de faire.

Pour assurer d'ailleurs l'exactitude de la déclaration, la loi donne à ces mêmes agents le droit :

Ou d'appliquer immédiatement le tarif aux choses déclarées, en sorte que le déclarant soit exposé à payer plus s'il exagère à dessein le poids ou la quantité de la marchandise ;

Ou de vérifier les objets présentés, en sorte que le déclarant encoure une peine s'il atténue l'espèce, la valeur ou le poids de ces objets.

Un redevable ne pourrait donc pas dire : « Je ne sais pas exactement le contenu » de tel colis ; mais je vous l'apporte. Voyez, pesez, et je me soumets à payer d'après » le résultat de votre vérification. »

142. — Les voituriers ou préposés à la conduite des marchandises qui entrent en France ou qui en sortent doivent les présenter à la douane, et en faire la déclaration, ou en produire une signée des marchands ou propriétaires des marchandises ou de leurs facteurs. (*Lois des* 22 *août* 1791, *titre* 2, *art.* 5, 6 *et* 8 ; 4 *germinal an* II, *titre* 2, *art.* 4 ; *et* 17 *décembre* 1814, *art.* 5.)

Le service n'a point à s'immiscer dans la question de propriété des marchandises présentées. (*Déc. du* 18 *septembre* 1857.) V. nos 33 et 188.

Les déclarations peuvent être faites pour et au nom d'un tiers, sans qu'il soit besoin de pouvoirs, la marchandise étant réputée appartenir à celui au nom de qui elle est présentée, V. n° 33 ; et, dans ce cas, les actes subséquents doivent rappeler cette circonstance. V. n° 36.

Mais il en est autrement pour le représentant de la compagnie concessionnaire de l'exploitation d'un entrepôt ou d'un dock. Celui-ci ne peut être considéré et agir en douane que comme mandataire des propriétaires de marchandises ou entrepositaires ; la procuration doit être remise au receveur des douanes (*Déc. du 14 nov.* 1850). *V.* n°ˢ 33 et 188. En cas de changement du gérant de la compagnie concessionnaire d'un entrepôt ou d'un dock, le nouveau représentant ne peut intervenir en douane qu'après avoir produit le pouvoir émané de chaque entrepositaire. (*Déc. du 7 juillet* 1857.)

Il est interdit aux exploitants de magasins généraux ou de salles de ventes publiques, en gros, *V.* n° 444, de se livrer directement, pour leur propre compte ou pour le compte d'autrui, à aucun commerce ou spéculation ayant pour objet les marchandises. Ils peuvent, cependant, se charger des opérations et formalités de douane et d'octroi, déclarations de débarquement et d'embarquement, soumissions et déclarations d'entrée et sortie d'entrepôt, transferts et mutations (*Décret du 12 mars* 1859, *art.* 4) ; mais ils ne peuvent exercer ces diverses attributions qu'en vertu de pouvoirs réguliers délivrés par les négociants intéressés. (*Circ. du 31 mars* 1859, n° 581.)

Tout négociant peut, d'ailleurs, être représenté par un fondé de pouvoirs réguliers et authentiques, afin que la déclaration ne soit faite et admise qu'au nom du premier, sauf, quand des soumissions doivent êtres souscrites (comme pour l'entrepôt fictif), à procurer des cautions solvables, domiciliées dans la localité où la marchandise est constituée en entrepôt. (*Déc. du 31 décembre* 1856.) *V.* n° 33.

143. — Les déclarations, à l'entrée ou à la sortie, ne peuvent être produites ni reçues par anticipation, c'est-à-dire avant que toutes les marchandises qui en sont l'objet soient *arrivées* dans le port ou au bureau frontière où la déclaration est faite. Ainsi, il faut que les marchandises déclarées existent dans la localité et puissent être immédiatement présentées ou soumises à la visite. La raison en est évidente : toute déclaration forme un titre pour le déclarant comme pour la douane, et doit avoir son effet sans retard ; elle équivaut de la part du premier à l'engagement irrévocable de satisfaire immédiatement aux conditions déterminées par la loi.

Dans aucun cas, lorsqu'il s'agit de marchandises arrivant par mer, la douane du port ne peut recevoir les déclarations avant que le manifeste d'entrée du navire à bord duquel se trouvent ces marchandises ait été déposé au bureau.

Il est interdit de recevoir des déclarations de sortie pour des marchandises destinées à être embarquées sur des navires qui ne sont pas encore arrivés. (*Circ. des 3 août* 1822, n° 743, *et 24 mai* 1839, n° 1755 ; *Tarif général,* n°ˢ 10, 57, 66 *et* 69 *des observ. prélim., et Circ. du 27 décembre* 1850, n° 2418.)

Au moment de la transition d'un régime à l'autre, les marchandises qui, bien que déclarées, ne seraient pas représentées au service, deviendraient passibles du régime nouveau. (*Circ. man. du 24 mars* 1829.)

Une déclaration d'enlèvement de sels n'est régulière qu'autant que les moyens de transport peuvent être présentés au service au moment même où elle est faite. (*Circ. du 20 avril* 1846, n° 2108.)

L'immunité des droits, à l'entrée ou à la sortie, ne dispense pas le commerce de l'obligation de faire les déclarations prescrites par la loi, selon les spécifications et unités énoncées au tarif général, sous la peine rappelée au n° 176. (*Loi du 15 mai* 1863, art. 19 ; *Circ. du 25,* n° 901.) *V.* n° 320.

Quand un navire n'a pas été admis à la libre pratique par rapport au service sanitaire, *V.* Livre XI, chap. 18, on ne peut le considérer comme étant entré dans le port, et, par conséquent, les déclarations ne peuvent être reçues en douane. (*Déc. des 25 septembre* 1832 *et 19 août* 1836.)

A la sortie, tout chargement de grains, déclaré avant l'époque fixée pour la prohibition, peut être exporté en totalité, si l'expéditeur, dans le moment qui précède le rétablissement de la prohibition, fait à la douane, dans le lieu affecté aux visites, la représentation de la totalité des grains. A défaut de cette représentation, la déclaration est sans valeur et ne confère aucun droit. La douane doit donc, à l'instant du rétablissement de la prohibition, s'assurer de l'existence dans le port des grains déclarés pour l'exportation. (*Circ. man. du 24 mars* 1829.)

144. — La date de l'inscription régulière, faite en douane, de la déclaration en détail, détermine le régime à appliquer. (*Circ. des 3 août* 1822, n° 743, *et 24 mai* 1839, n° 1755.) *V.* n° 6.

Ainsi les marchandises au sujet desquelles la déclaration de mise en consommation a été déposée et enregistrée en douane avant le moment où une nouvelle disposition de tarif est devenue applicable, sont passibles des dispositions de l'ancien tarif, lors même qu'elles ne seraient déchargées et vérifiées que postérieurement à l'époque où ce dernier tarif aurait cessé d'être en vigueur.

De même, une marchandise dont la déclaration n'a été faite qu'après l'époque légale de la mise à exécution d'un nouveau tarif ne peut être admise au bénéfice du tarif antérieur, quelle que soit d'ailleurs l'époque de l'arrivée de la marchandise dans la localité. (*Tarif* n° 10.)

Les marchandises retirées d'entrepôt pour la consommation étant placées, pour l'application du tarif, dans la même condition que celles qui arrivent immédiatement de l'étranger, la taxe qui les frappe est toujours celle qui est en vigueur au moment où elles sont déclarées pour l'acquittement des droits, quel que soit le tarif qui existait à l'époque de leur entrée en entrepôt. (*A. de C. du 3 octobre* 1810; *Circ. du 19 juillet* 1825, n° 929; *Tarif* n° 11; *A. de C. du 10 avril* 1861; *Circ.* n° 782.)

À l'égard des marchandises soustraites d'entrepôt, le droit exigible est, dans tous les cas, celui qui est en vigueur le jour où la soustraction est constatée. (*Déc. du 16 septembre* 1846.)

Quand, par suite de l'expiration des délais d'entrepôt, et à défaut de prorogation régulièrement obtenue, les droits sur les marchandises entreposées sont perçus d'office, la taxe doit être liquidée d'après le tarif applicable au moment où le délai légal d'entrepôt s'est trouvé périmé. (*Tarif* n° 12.)

Les marchandises déposées en douane dans le cas prévu par l'art. 9 du titre 2 de la loi du 4 germinal an II sont soumises, comme les autres, à la règle qui veut que la date de l'enregistrement de la déclaration en détail détermine l'application du tarif. (*Tarif* n° 13.)

Lorsque, pour des marchandises en cours de transit, on obtient l'autorisation de les laisser dans l'intérieur de la France en acquittant les droits, le tarif applicable est pareillement celui qui est en vigueur au moment où la déclaration est reçue et enregistrée. (*Tarif* n° 14.)

Les marchandises provenant de saisies, et vendues pour la consommation, doivent être soumises aux droits qui sont applicables le jour de la vente, et non aux droits qui étaient en vigueur à la date de la saisie ou à celle du jugement qui a prononcé la confiscation.

C'est également le jour de la vente qui, pour les marchandises abandonnées, vendues au profit de l'État, détermine le tarif applicable. (*Tarif* n° 16.)

Les suppléments de droits exigibles sur les machines et mécaniques, les instruments de calculs, les planches gravées, etc., ne sont dus qu'à partir de la date de la notification aux redevables des décisions du comité consultatif des arts et manufactures. (*Circ. du 27 décembre* 1850, n° 2418, *note.*)

145. — La déclaration doit énoncer la nature, l'espèce, la qualité, le poids, la mesure ou le nombre des marchandises qui sont taxées au poids, au nombre ou à la mesure, et la valeur, lorsque les marchandises supportent les droits suivant la valeur. Elle indique aussi le lieu du chargement ou la provenance, celui de la destination, et, dans les ports, le nom du navire et celui du capitaine. En marge sont mis les marques et les numéros des ballots, caisses, tonneaux, futailles ou colis. (*Loi du 22 août* 1791, *titre* 2, *art.* 9.)

Les marchandises prohibées doivent, en outre, être déclarées sous leur véritable dénomination, et, à la fois, par nature, espèce, qualité, nombre, mesure, poids brut, poids net et valeur. (*Loi des 4 germinal an II, titre 2, art. 4, et 9 février 1832, art. 4.*) *V.* n° 532.

Toutefois, la déclaration du poids et de la mesure n'est pas exigée pour les *marchandises sujettes à coulage*. On doit seulement énoncer dans les déclarations le nombre des futailles, leurs marques et numéros, les représenter en même quantité que celles portées aux déclarations, lettres de voitures, connaissements et autres expéditions relatives au chargement. La perception des droits n'est faite que sur le poids constaté ou sur la contenance effective. (*Loi du 22 août 1791, titre 2, art. 19.*)

Sont considérés comme sujets à coulage les liquides et fluides en futailles, les sucres bruts de l'étranger, et, par analogie, les sucres des colonies françaises, du premier type et nuances inférieures, même lorsque les uns ou les autres sont en balles ou sacs. (*Circ. du 30 juin 1825, n° 924; Circ. man. du 28 novembre 1843; Tarif n° 63.*)

À l'égard des marchandises sujettes à coulage, il ne peut y avoir ni excédant ni déficit à constater, alors même que le poids en a été déclaré. (*Déc. du 16 novembre 1855.*)

Quand des marchandises, même similaires, figurent, sur une déclaration, en *plusieurs articles distincts*, dont le poids doit être énoncé séparément, chacun d'eux est considéré comme constituant une déclaration particulière. (*Déc. du 5 oct. 1847.*) *V.* n° 174.

Les déclarations doivent être *exactes et complètes*, c'est-à-dire contenir toutes les indications nécessaires pour l'application du tarif. On ne doit jamais affranchir le commerce de cette règle essentielle, alors même qu'il renoncerait à contester le résultat de la vérification. Aucune distinction n'est à faire à cet égard entre les déclarations pour l'acquittement des droits et les déclarations pour l'entrepôt ou le transit. (*Circ. man. du 17 septembre 1841, et Tarif n°ˢ 58, 63 et 71.*)

146. — Pour faciliter au commerce les moyens de faire ses déclarations en pleine connaissance de cause, les chefs du service peuvent, lorsque la demande leur en est faite, permettre aux propriétaires ou consignataires des marchandises importées de l'étranger de les examiner avant la déclaration en détail, de les faire décharger même et d'en prélever des échantillons, afin d'en reconnaître *l'espèce, la qualité* ou *la valeur;* mais cette facilité ne doit être accordée que sous les mesures de précaution nécessaires pour prévenir les abus. Les agents des douanes restent étrangers à ces investigations et se bornent à les surveiller, de manière à ce que, dans toute circonstance, la déclaration demeure soumise au libre contrôle de la visite. (*Circ. du 17 décembre 1817, n° 353, et Tarif n° 59.*)

Cette facilité n'est accordée que pour *l'espèce, la qualité* ou *la valeur* des marchandises tarifées, et non pour la nature ou le poids. (*Déc. du 8 août 1833.*) *V.* une exception pour le transit international par chemins de fer. *V.* n° 354.

Elle peut être étendue aux fers en barre, lorsque le déclarant a des doutes sur leur dimension. (*Déc. du 22 avril 1835.*)

Pour l'application des traités de commerce, les déclarants ont la faculté de procéder à l'examen préalable de la *quantité*. Si l'intéressé se trouve dans l'impossibilité de la déclarer, la douane doit lui permettre de vérifier à ses frais, dans un local désigné ou agréé par elle, le poids, la mesure ou le nombre; l'importateur reste tenu, d'ailleurs, de faire sa déclaration détaillée dans les délais règlementaires. (*Art. 8 des dispositions générales du Tarif de 1864.*)

Quant aux marchandises prohibées, on peut permettre exceptionnellement au commerce d'en reconnaître le poids; mais c'est la seule facilité qui puisse être accordée, attendu que le consignataire de ces marchandises ne peut en ignorer la nature, l'espèce ou la qualité, la loi ayant subordonné l'admission au transit, etc., à la condition que ces indications seront portées au manifeste ou à la déclaration sommaire. *V.* n° 532. (*Déc. du 23 août 1833.*)

L'examen préalable a lieu au moyen d'un permis de débarquement délivré en vertu d'une déclaration provisoire, indiquant, d'après les termes du manifeste, les marques, les numéros et l'espèce des colis, ainsi que la *nature* de leur contenu, et inscrite sur un registre *ad hoc*. Mais la déclaration n'est *provisoire* qu'en ce qui concerne la *qualité* des marchandises ; quant à leur *nature*, elle est définitive, elle oblige réellement celui qui l'a faite, et, si l'on découvre des objets *différents* de ceux qui ont été déclarés, il y a lieu de poursuivre l'application des peines encourues pour fausse déclaration. (*Déc. des 18 juillet* 1833, 27 *mai* 1837 *et* 12 *sept.* 1839.)

Les déclarants ont, dans tous les cas, la faculté de séparer ou trier, dans une partie de marchandises, celles qu'ils veulent réunir, réexporter ou détruire en présence des employés. (*Circ. des* 10 *novembre* 1829, n° 1190, 27 *décembre* 1850, n° 2418, *et* 25 *mai* 1863, n° 901.)

147. — Les marchandises doivent être énoncées, dans les déclarations, sous les seules dénominations admises au tarif. Celles qu'il ne mentionne pas doivent être déclarées sous la dénomination la plus usitée dans le commerce.

Il est dans l'intérêt des redevables d'observer ces règles pour éviter tout retard et prévenir toute erreur dans la perception ; de leur côté, et afin de se procurer des appréciations exactes pour la formation des états de commerce, les employés doivent s'attacher à obtenir des déclarations qui soient explicites sur l'espèce et la qualité des marchandises, alors même que ces indications d'espèce et de qualité ne sont pas indispensables pour la perception des droits. (*Circ. des* 26 *mars* 1817 *et* 16 *décembre* 1820, n° 624 ; *Tarif* n° 60.)

Une marchandise assimilée à telle ou telle autre, quant à la tarification, ne doit pas moins être déclarée sous sa propre dénomination. (*Déc. du* 22 *février* 1846.)

148. — *Réunion de colis.* Il est défendu de présenter comme unité dans les manifestes et les déclarations plusieurs ballots ou autres colis, fermés, réunis, de quelque manière que ce soit, à peine de confiscation et d'une amende de 100 fr., conformément à l'art. 20, titre 2, de la loi du 22 août 1791. (*Loi du* 27 *juillet* 1822, art. 16.) N° 8 du tableau des infractions ; Circ. n° 2046. Trib. de paix.

Les objets non enliassés, et qui sont de même forme ou espèce, tels que les grosses barres de fer qui ne se mettent point en bottes, les saumons de plomb, d'étain ou de cuivre, les planches, les pièces ou billes de bois et autres articles analogues, ne sauraient être assimilés à autant de colis (1) et peuvent n'être déclarés que par nature, sans détermination du nombre. (*Déc. du* 20 *octobre* 1817.)

Il en serait autrement à l'égard des barres de fer si, réunies en plus ou moins grande quantité sous une ligature, le *nombre* de ces fardeaux avait été porté sur la déclaration. (*Déc. du* 15 *juin* 1841.)

Il y a infraction lorsque, au lieu du nombre des boîtes de vanille, la déclaration n'indique que celui des caisses qui les contiennent. (*Déc. du* 8 *octobre* 1833.)

Mais, en ce qui concerne les simples paquets enveloppés de papier, les poches ou petits sacs dont l'emploi ne constitue qu'une disposition d'arrangement intérieur, et qui font, en quelque sorte, partie intégrante de la marchandise, on peut, sans inconvénient, ne pas tenir à ce qu'ils soient mentionnés dans les manifestes et les déclarations. Sont dans ce cas les petites boîtes contenant des plumes métalliques. (*Déc. du* 13 *janvier* 1849.)

L'art. 16 de la loi du 27 juillet 1822 concerne les marchandises prohibées aussi bien que celles qui ne le sont pas.

---

(1) Ce qui se trouve renfermé dans une enveloppe ou récipient, sans exclusion du nombre d'emballages dont se compose cette enveloppe, est ce qu'on nomme en douane un *colis*. Ainsi est réputé colis un sac de café, une barrique d'huile, une balle de coton, etc. Si plusieurs colis sont réunis ou placés sous une enveloppe com-

La confiscation ne porte pas seulement sur les colis qui excèdent l'unité, mais sur la totalité des marchandises contenues dans le colis multiple. L'amende est d'ailleurs indépendante de celle que pourrait entraîner une fausse déclaration, quant à la nature ou à l'espèce des marchandises. (*Déc. du 23 juillet 1839.*)

On doit, jusqu'à nouvel ordre, considérer les dispositions de l'art. 16 de la loi du 27 juillet 1822 comme s'appliquant exclusivement aux importations *par mer*. (*Tarif n° 39, et Circ. du 23 décembre 1844, n° 2046.*)

149. — La *valeur* à déclarer en douane est la valeur *actuelle* en France, celle qu'ont les marchandises dans le lieu et au moment où elles sont présentées pour être soumises à la visite, c'est-à-dire avant l'acquittement des droits. Les droits sont calculés sur la valeur au lieu d'origine ou de fabrication de l'objet importé, augmentée des frais ordinaires de transport ou de fret, d'assurance, alors même que la marchandise n'aurait pas été assurée, et de commission jusqu'à son arrivée ou son débarquement. (*Tarif général, n° 71, et Traité avec l'Angleterre du 23 janvier 1860, art. 4.*)

Les employés doivent chercher, par tous les moyens en leur pouvoir, à s'assurer de l'exactitude des valeurs déclarées. (*Circ. du 14 juin 1865, n° 994.*)

Ils peuvent se faire représenter à cet effet les lettres de voitures ou connaissements, etc. (*Loi du 4 germinal an II, titre 6, art. 5. et Traité avec l'Angleterre du 23 janvier 1860, art. 4.*)

Toutefois, comme ils ne peuvent réclamer ces pièces qu'à titre de renseignements, ils doivent les accepter, lorsqu'elles sont produites, telles qu'elles sont, sans exiger que le déclarant les fasse traduire ou qu'il en convertisse les énonciations en mesures, poids ou monnaies de France. (*Tarif n° 72.*)

La valeur déclarée et admise à l'entrée peut être ultérieurement modifiée, si la marchandise, au lieu d'être livrée immédiatement à la consommation, a été mise en entrepôt ou expédiée en transit ou en mutation d'entrepôt sur un autre point du territoire. C'est toujours la valeur actuelle au moment de la déclaration d'acquittement qui sert de base à l'application du droit ; néanmoins, la valeur constatée à l'arrivée doit être mentionnée sur les sommiers d'entrepôt, et, s'il y a lieu, sur les acquits-à-caution de transit ou de mutation d'entrepôt, à titre de renseignements. (*Art. 9 des dispositions générales du Tarif de 1864.*)

L'assurance est toujours comprise dans la valeur des marchandises ; mais on déduit l'escompte toutes les fois que la valeur reste régulière et normale. Les indications fournies sur le taux de l'escompte et sur les frais de transport et de commission, ne sont que des éléments d'estimation qui ne peuvent lier le service : il évalue la marchandise d'après sa conviction, sauf au déclarant à réclamer, s'il le juge à propos, l'expertise légale. (*Déc. du 12 juin 1863.*)

En matière d'escompte, les usages varient beaucoup. Dans la Grande-Bretagne, comme en France, quelques classes d'industriels maintiennent sur leurs prix courants des valeurs anciennes devenues purement nominales à la suite de baisses successives, et ramènent les choses au vrai au moyen de réductions plus ou moins considérables accordées sous forme d'escompte.

Quand aucun doute ne s'élève sur la réalité des remises inscrites à ce titre aux factures, la douane doit en tenir compte dans l'estimation des valeurs. Mais il s'agit uniquement ici des usages notoirement habituels à telle ou telle branche d'industrie, et non des concessions accidentelles que certains importateurs prétendraient avoir obtenues. La valeur sur laquelle doit porter la taxe est en effet la valeur normale et régulière du produit. Dans tous les cas, pour les escomptes, de même que pour le

mune, ils forment un fardeau ; et c'est ce que la loi défend de présenter comme unité. *V.* n° 167.

prix principal, les factures n'ont que le caractère d'un simple renseignement destiné à éclairer ou corroborer l'estimation de la douane. (*Art.* 10 *des dispositions générales du Tarif de* 1864.)

La valeur doit être énoncée distinctement par nature d'objets. Ainsi si l'envoi comprenait des châles, des mouchoirs et des dentelles, la valeur de celles-ci devrait être présentée à part de celle des châles et des mouchoirs. Sous cette réserve, on peut tolérer que la valeur soit énoncée en bloc, c'est-à-dire, par exemple, sans distinction entre des dentelles de modèles différents. Seulement, il faut pour cela que le service n'ait aucun doute sur l'exactitude de la déclaration. Dans le cas contraire, il devrait exiger une déclaration détaillée. (*Déc. des 6 août et 2 septembre* 1864.)

Les factures, etc., ne doivent être consultées qu'avec une certaine réserve quant à l'exactitude de leurs indications. (*Circ. du* 28 *juillet* 1822, n° 740.)

Si quelques objets frappés de prohibition étaient, par exception, en vertu d'autorisations de l'administration, admis d'après la valeur, ce serait sur la valeur en France des objets similaires, et non sur le prix d'achat à l'étranger, que la taxe serait établie. (*Tarif,* note 722.)

Pour les marchandises taxées *ad valorem* d'après les traités de commerce, *V.* Livre XI, ch. 8, n° 784.

150. — Sauf pour les machines et mécaniques anglaises ou belges, *V.* n° 785. S'il y a contestation au sujet des machines et mécaniques (d'une autre origine), on a recours à l'expertise légale, et, dans ce cas, les intéressés sont tenus de produire des notices et des plans complets et détaillés des appareils. Les objets ne sont pas envoyés aux commissaires-experts, qui statuent à vue de ces plans. (*Circ. du* 29 *juillet* 1861, n° 779.)

151. — Les déclarations qui doivent être fournies aux douanes sont affranchies du timbre. (*Loi du* 2 *juillet* 1836, art. 7.)

152. — *Enregistrement.* On doit exiger que les déclarations, qui sont conservées au bureau, soient faites par écrit, ou du moins, si elles sont faites verbalement, qu'elles soient signées par les déclarants. Lorsque ceux-ci ne savent pas signer, il doit en être fait mention au registre (1). Elles doivent être enregistrées par les préposés. (*Lois des* 22 *août* 1791, *titre* 2, *art.* 8, *et* 4 *germinal an II, titre* 3, *art.* 6.)

Cet enregistrement a lieu immédiatement et à tour de rôle. (*Tarif* n° 62.)

En cas d'immunité des droits, les déclarations ne doivent pas moins être enregistrées. *V.* n° 143.

A la sortie, les déclarations font alors l'objet d'une simple inscription sommaire sur un registre où elles prennent un numéro d'ordre.

Sur les frontières de terre, afin d'éviter l'inconvénient d'avoir un grand nombre de formules restées en blanc, il convient d'ouvrir, pour les déclarations relatives aux marchandises exemptes de droits de sortie, un registre série T, n° 4, modifié à cet effet à la main.

On ne saurait d'ailleurs recourir à l'usage des doubles déclarations qu'autant que le commerce lui-même y trouve un avantage réel. Or il n'en est pas ainsi pour la sortie des marchandises dont il s'agit. (*Déc. du* 25 *octobre* 1858.)

En vue de réduire les formalités et de donner aux rapports de la douane avec le commerce la célérité qu'ils requièrent, on ne transcrit *in extenso* la déclaration qu'autant qu'elle est le point de départ d'une soumission à long terme ou doit servir à la décharge d'un acquit-à-caution. Quand l'effet en est accompli dans un court délai, il n'y a lieu qu'à une inscription sommaire, et il en est ainsi, dans le commerce par mer

---

(1) Le receveur ou un autre employé du bureau signe, en pareil cas, la mention inscrite sur le registre.

avec l'étranger ou les colonies françaises, en ce qui concerne les *débarquements pour la consommation ou l'entrée en entrepôt réel sans soumission, les exportations à destination de l'étranger et les sorties d'entrepôt pour la consommation.* Dans ces cas, la déclaration est remise à la douane en double expédition (1); un de ces doubles est visé pour servir de permis; l'autre reste au bureau comme annexe des registres d'inscription, et reçoit ultérieurement l'indication du folio du portatif de visite et des numéros de liquidation et de recette, ou du numéro du sommier d'entrepôt.

Les déclarations sont classées et enliassées suivant l'ordre des numéros d'inscription et conservées avec soin. Dans les grandes douanes surtout, il convient de les réunir sous cachet, à la fin de chaque séance, au moyen d'une ficelle croisée sur l'un des angles. On peut même les faire ultérieurement brocher ou cartonner. (*Circ. du 11 août 1849, n° 2341.*)

153. — *Changements dans les déclarations.* Ceux qui ont fait les déclarations n'y peuvent plus augmenter, ni diminuer, ni rien changer, sous quelque prétexte que ce puisse être, et la vérité ou la fausseté des déclarations est *jugée* sur ce qui a été primitivement déclaré. Néanmoins, si, dans le *jour* de la déclaration et avant la visite, les déclarants reconnaissaient quelque erreur quant au *poids,* au *nombre,* à la *mesure* ou à la *valeur,* ils pourraient demander l'autorisation de la rectifier en représentant les balles, caisses ou tonneaux en même nombre, marques ou numéros que ceux énoncés aux déclarations, ainsi que les mêmes marchandises. Après ce délai, toute demande en rectification ne peut être reçue. (*Loi du 22 août 1791, titre 2, art. 12.*)

Un arrêt de la Cour de cassation, du 12 vendémiaire an IX, a consacré de nouveau cette règle que les déclarations en douane une fois faites, on ne peut plus rien y ajouter ni en retrancher.

Le commerce doit donc s'attacher à réunir toutes les données indispensables avant de présenter des déclarations en douane.

Par le mot *jour,* on doit entendre ici la journée même, et non pas un délai de vingt-quatre heures. (*Déc. du 28 novembre 1837, et Tarif, n° 64 des observ. prélim.*)

L'autorisation du receveur, ou, dans les grandes douanes, de l'inspecteur sédentaire, est nécessaire pour que l'intéressé puisse rectifier sa déclaration dans le délai fixé. (*Déc. du 27 août 1845.*)

Lorsqu'une demande de changement de *destination* est formée *avant la liquidation et l'inscription en recette des droits,* qu'elle est motivée d'une manière satisfaisante, et *que les marchandises sont encore sous la garde du service,* le receveur, ou, dans les grandes douanes, l'inspecteur sédentaire peut l'accueillir, sauf à rendre compte de cette exception soit d'une manière spéciale, soit par les rapports périodiques. (*Déc. des 19 juin 1827 et 21 février 1851.*)

Mais quand les marchandises déclarées pour la consommation ont cessé d'être sous la garde du service, on ne saurait, sous aucun prétexte, alors même que la prise en recette définitive n'est pas encore effectuée, autoriser un changement de destination. (*Déc. du 26 juillet 1832.*)

Les employés ne doivent jamais modifier les déclarations. (*Déc. du 23 janvier 1844.*)

Même s'il n'y a été donné aucune suite, une déclaration ne peut être annulée que lorsqu'il est démontré, par pièces authentiques, qu'elle est le résultat d'une erreur patente, et avec l'autorisation préalable de l'administration. (*Déc. du 7 mai 1832.*)

---

(1) Si, contre toute vraisemblance, il arrivait dans certains ports que le commerce, se méprenant sur ses véritables intérêts, entendît continuer à ne remettre ses déclarations qu'en simple expédition, les agents du service devraient pourvoir eux-mêmes à la formation de la seconde. (*Circ. n° 2341.*)

Pour les changements relatifs aux déclarations de mise en entrepôt, V. nº 152.

154. — Dans les ports , un *permis* est remis par la douane en échange de la déclaration en détail. Le numéro de cette déclaration y est rappelé, avec la désignation des marques et numéros des colis. (*Lois des 22 août* 1791, *titre* 2, *art.* 13 ; 8 *floréal an XI, art.* 74, *et 27 juillet* 1822, *art.* 13.) *V.* nº 171.

155. — Toute marchandise pour laquelle il n'a pas été fourni, à l'entrée, de déclaration en détail, dans le délai légal, *V.* nºˢ 319 et 332, est, dans certains cas, retenue et mise en dépôt au bureau. (*Loi du 4 germinal an II, titre* 2, *art.* 9.) *V.* nºˢ 886 et 887.)

Si des marchandises présentées à la sortie ne peuvent, à défaut de pièces, ou pour toute autre cause, être immédiatement déclarées , la douane n'a aucun motif de les retenir en dépôt; elles sont renvoyées dans l'intérieur. *V.* nº 24. (*Circ. du* 15 *août* 1819, nº 513.) A l'égard de celles qu'on laisserait en douane sans venir les déclarer, elles devraient être traitées comme marchandises restant dans les douanes. *V.* nº 886.

CHAPITRE IV

VISITE DES MARCHANDISES

156. — La déclaration étant faite, à l'entrée ou à la sortie, et le permis délivré dans les ports, les marchandises sont conduites au bureau ou à tel autre endroit convenu entre la régie et le commerce, pour y être vérifiées (*Lois des 22 août* 1791, *titre* 2, *art.* 1, 6, 14 *et* 15, *et 4 germinal an II, titre* 6, *art.* 3), de manière que les employés opèrent toujours sous la surveillance et le contrôle de leurs chefs. (*Déc. du* 27 *novembre* 1810.)

Cette disposition concilie tous les intérêts en ce qu'elle permet les opérations sur les divers points déterminés à raison des convenances du commerce et du service.

La douane se concerte avec les capitaines de port et avec l'autorité départementale, après s'être entendue avec le commerce, pour obtenir le classement distinct des navires selon leurs opérations.

L'immunité des droits , à l'entrée ou à la sortie , ne dispense pas le commerce de l'accomplissement des obligations imposées par les règlements pour la présentation des marchandises. (*Circ. des* 10 *mai* 1851, nº 2436, *et* 12 *décembre* 1857, nº 522.) *V.* nº 143.

157. — C'est sur le quai même où ils ont été réunis pour l'embarquement que les colis de marchandises d'exportation sans drawback doivent être vérifiés. On évite ainsi pour le commerce des retards et des frais, et pour l'administration un service d'escorte ou de surveillance. Mais les marchandises destinées à être exportées sous le régime du drawback sont vérifiées au bureau principal affecté à cette opération, et où sont réunis les chefs de la visite. (*Déc. du* 6 *mars* 1843.)

La vérification des laines s'effectue sur le quai de débarquement. (*Déc. du* 1ᵉʳ *août* 1860.)

S'il s'agit de marchandises d'encombrement, de bois de construction, de planches, de moëllons et autres matériaux propres à bâtir, qui ne peuvent se conduire dans un local fermé, on les vérifie au lieu du débarquement ou de l'embarquement.

En aucun cas les visites ne peuvent être faites dans les magasins des particuliers. (*Déc. du* 27 *novembre* 1810.)

158. — La visite ou vérification faite en douane , à vue du permis, consiste :

1° dans la reconnaissance du contenu des colis, c'est-à-dire de la nature, et, au besoin, de l'espèce ou de la qualité des marchandises ; 2° dans la pesée des colis, ou pesée, dénombrement ou mesurage des marchandises, selon le mode de tarification. (*Circ. du 28 septembre 1839, n° 1776 ; Circ. man. du 28 novembre 1840, et Circ. du 20 mai 1848, n° 2248.*)

Le système de la vérification repose sur la déclaration du commerce et a pour objet, non d'établir à priori la nature, l'espèce ou le poids des marchandises, mais de contrôler les énonciations du commerce. (*Déc. du 29 septembre 1835.*)

159. — Les droits peuvent être perçus suivant le poids, le nombre et la mesure déclarés. (*Loi du 22 août 1791, titre 2, art. 17.*) En d'autres termes, le service est autorisé à tenir les déclarations pour bonnes, exactes et valables.

Mais si, à cet égard, les préposés ne s'en rapportent pas à la déclaration, les marchandises sont visitées, pesées, mesurées ou nombrées. (*Même Loi, même titre, art. 14.*)

Dans ce dernier cas, les droits ne sont acquittés que sur les quantités constatées par la vérification. (*Même Loi, même titre, art. 17, et Loi du 4 germinal an II, titre 3, art. 10.*)

Et ce, indépendamment des peines encourues en cas de fausse déclaration. (*Tarif n° 67.*)

Sont réputées fausses déclarations, *en matière de tarif,* toutes celles qui, si elles étaient admises de confiance, feraient percevoir un droit inférieur à celui qui est dû au Trésor ou auraient pu résultat de faire éluder une prohibition. (*Circ. du 4 fructidor an XI, et Tarif n° 68.*)

Ainsi, ou le service s'en rapporte à la déclaration, sauf, dans tous les cas, examen, par épreuves, de la nature, et, au besoin, de l'espèce ou de la qualité des marchandises (*Circ. du 28 septembre 1839, n° 1776; Circ. man. du 28 novembre 1840, et Circ. du 20 mai 1848, n° 2248*), ou il procède à la pesée, au dénombrement ou au mesurage.

Cette dernière partie de la visite s'effectue soit complétement, soit partiellement ou par épreuves.

Si l'opération de pesée, de dénombrement ou de mesurage ne porte que sur quelques-uns des colis faisant l'objet d'un même article d'une déclaration, elle constitue une visite par épreuves. Sous la direction du sous-inspecteur, le vérificateur peut, malgré de très-légères différences en plus ou en moins, et si, au moyen d'une évaluation proportionnelle, il reconnaît approximativement l'exactitude de la déclaration, admettre celle-ci comme valable. Dans ce cas, les énonciations de la déclaration ainsi contrôlées déterminent l'application du tarif. (*Déc. du 31 janvier 1833 ; Circ. du 28 septembre 1839, n° 1776 ; Circ. man. du 28 novembre 1840 ; Déc. des 29 octobre 1850 et 14 septembre 1857.*) Mais dès que la visite, même partielle, est commencée, le commerce, qui aurait pu refuser de produire les indications détaillées indispensables pour les épreuves, peut exiger que cette visite soit complète. En effet, du moment qu'il use du droit de visite, le service n'est plus en mesure de se prévaloir de l'art. 17, titre 2, de la loi du 22 août 1791, et doit, s'il y a réclamation, se conformer à l'art. 14. (*Déc. des 8 février 1839 et 14 septembre 1857.*)

La reconnaissance de la nature, de l'espèce ou de la qualité de toutes les marchandises faisant l'objet d'un même article de la déclaration, ou l'opération intégrale de pesée, de dénombrement ou de mesurage, en ce qui concerne tous les colis dont le poids est énoncé dans cet article, est le seul moyen légal qui permette de constater soit une fausse déclaration, soit un excédant ou un déficit, à moins que le redevable, à vue des premiers résultats, ne reconnaisse la contravention, formellement et par écrit. (*Circ. du 3 mai 1793.*)

Dans les vérifications partielles ou par épreuves, l'essentiel, c'est que le déclarant ne puisse pas présumer qu'elles porteront sur tel ou tel colis plutôt que sur tel ou tel autre : l'incertitude à cet égard, l'imprévu est la première garantie du service. (*Circ. man. du* 28 *novembre* 1840.)

A l'exclusion des emballeurs ou préposés auxiliaires, le vérificateur coté à l'opération désigne seul les colis sur lesquels doivent porter les épreuves. (*Circ. lith. du* 15 *avril* 1847.)

La faculté de s'en rapporter purement et simplement à la déclaration, sauf en ce qui concerne la nature, l'espèce ou la qualité des marchandises, est confiée au discernement et à la sollicitude des chefs locaux pour les cas où, relativement aux mises en consommation, le commerce présenterait des déclarations exagérées à dessein, ou lorsque les obligations nombreuses du service ne lui permettraient pas de procéder à des vérifications. Toutefois, il importe d'agir à cet égard avec tous les ménagements compatibles avec de très-anciens usages. (*Déc. des* 29 *octobre et* 9 *décembre* 1850.)

Si le vérificateur s'abstient de toute reconnaissance de pesée, dénombrement ou mesurage, il l'indique sur la déclaration par ces mots : admise comme conforme. (*Déc. du* 24 *mars* 1836.)

L'admission pour conforme, sans pesée, dénombrement ou mesurage, ne peut avoir lieu qu'en vertu d'une autorisation du chef de la visite, donnée par écrit sur le permis ou sur le carnet du vérificateur. (*Circ. du* 20 *mai* 1848, n° 2248.)

La visite par épreuves est d'ailleurs soumise à certaines conditions.

Lorsque le nombre des colis d'une même espèce de marchandise, faisant l'objet d'une ou de plusieurs déclarations, ou, selon le cas, d'un ou plusieurs acquits-à-caution, mais présentés *simultanément* par un même expéditeur ou consignataire, est de cinq et au-dessous, la vérification de la nature ou de l'espèce ou qualité, comme aussi du poids, du nombre ou de la mesure, peut ne porter que sur un seul colis. Au-dessus de ce nombre, on ne vérifie qu'un cinquième des colis, et même moins quand le chef de la visite le juge sans inconvénient. (*Déc. min. du* 24 *septembre* 1839 ; *Circ. du* 28, n° 1776 ; *Circ. man. du* 28 *novembre* 1840, *et Circ. du* 1ᵉʳ *décembre* 1846, n° 2136.)

Ce mode de vérification est applicable aux marchandises déclarées, à l'importation, pour la consommation immédiate, les entrepôts ou le transit, et aux marchandises en mutation d'entrepôt, ainsi qu'à celles réexportées des entrepôts ou par suite de transit. (*Circ. des* 28 *septembre* 1839, n° 1776, 6 *mai* 1841, n° 1849, *et* 20 *mai* 1848, n° 2248.)

Le bénéfice de cette disposition est du reste subordonné à la condition expresse que la déclaration contiendra l'indication du poids de chacun des colis qu'elle concerne.

Les colis doivent rester sous la surveillance du service jusqu'à ce que la vérification soit terminée, et, en cas de difficulté entre le commerce et la douane au sujet des résultats constatés, on a recours à la pesée intégrale.

Ce mode ne peut être appliqué qu'en vertu d'une autorisation du chef de la visite, donnée par écrit sur le permis ou sur le carnet du vérificateur.

La faculté de peser par épreuves ne dispense pas les agents du service de s'assurer toujours de la nature et de la qualité des marchandises, tant par l'ouverture d'un certain nombre de colis que par le sondage de tous.

En ce qui touche particulièrement les opérations à l'importation, la pesée intégrale est effectuée lorsque, soit à raison de la nature des marchandises, de la diversité ou de l'inégalité des colis, soit à cause de l'élévation du droit ou de l'inexécution des conditions rappelées précédemment, la pesée par épreuves peut faire naître ou favoriser des abus. (*Circ. du* 20 *mai* 1848, n° 2248.)

Il importe de ne procéder par épreuves qu'à l'égard de colis de mêmes formes et de poids à peu près égaux. Autrement la pesée par épreuve de colis d'un faible poids pourrait conduire à une trop forte atténuation du poids total, et on restreindrait le droit qu'a le service de s'en rapporter aux déclarations. Il y a d'ailleurs, suivant l'origine et la nature des marchandises, les habitudes ou les impossibilités existant dans les pays de chargement, des distinctions essentielles à faire.

Il est entendu que cette disposition ne détruit ni n'altère en rien le droit qu'ont les employés de procéder à des visites complètes. C'est même un devoir pour eux d'agir ainsi toutes les fois qu'à l'*entrée* la visite des premiers colis fait ressortir des inexactitudes notables dans l'énoncé de la déclaration, ou fait craindre des tentatives d'abus, ou que les déficits sur le cinquième des colis sont hors de proportion avec la nature des marchandises; et qu'à la *sortie* les déficits reconnus sur le cinquième des caisses, balles ou ballots vérifiés, excèdent ce que l'on peut raisonnablement attribuer à la dessiccation des marchandises en cours de transport de transit, ou aux variations légères et en quelque sorte inévitables entre des résultats obtenus avec des instruments différents. (*Circ. du 28 septembre* 1839, n° 1776.)

Tout en faisant remarquer qu'il est convenable d'admettre comme étant exact le poids énoncé dans les déclarations relatives aux marchandises exemptes de droits d'entrée, lorsque l'examen des connaissements ou des factures permet d'agir ainsi, l'administration laisse aux chefs locaux la faculté de juger des circonstances où il peut être nécessaire de procéder à la pesée. Quant à la reconnaissance de la nature de ces marchandises, elle doit s'effectuer conformément aux règlements généraux. (*Déc. du 7 septembre* 1855.)

160. — C'est avec les instruments de pesée du service que les marchandises doivent être pesées. L'administration n'autoriserait l'usage de balances appartenant au commerce que dans des cas exceptionnels, et s'il s'agissait de produits passibles d'un faible droit. (*Déc. du 21 juin* 1844.) *V.* n° 131.

161. — Dès que la marchandise a été laissée à la libre disposition des intéressés, la visite à laquelle elle a été soumise ne peut, sous aucun prétexte, être recommencée. (*Déc. du 19 octobre* 1857.) *V.* n° 169.

162. — La vérification d'un colis contenant divers objets doit, autant que possible, être terminée dans une même vacation. Si, l'opération étant suspendue, le service reste provisoirement dépositaire du colis, il convient d'entourer celui-ci d'une ligature arrêtée au moyen d'un cachet dont l'intégrité est reconnue, en présence du déclarant, au moment de la reprise de la visite. Il importe surtout de recourir à cette précaution lorsqu'il s'agit d'objets de très-petites dimensions, susceptibles d'être facilement enlevés d'un récipient sans y laisser de vide apparent. (*Déc. du 19 janvier* 1853.)

Comme les embarquements et les débarquements, *V.* n° 323, l'ouverture des colis, la visite et la fermeture des colis ne peuvent s'effectuer qu'en plein jour, *V.* n° 121, à moins qu'il n'ait été organisé un service spécial en vue d'intérêts importants, tels que ceux qui se rattachent au passage des voyageurs. Les chefs locaux ne sauraient autoriser une exception à cet égard que dans un cas d'urgence, pour des marchandises dont la visite leur paraîtrait pouvoir être faite à la lumière sans difficultés ni inconvénients. (*Déc. du 29 janvier* 1847.)

Lorsque la reconnaissance de la qualité de certaines marchandises donne lieu exceptionnellement à quelques frais sans importance, le montant peut en être, par exception, imputé sur les dépenses variables du matériel. (*Déc. du 13 août* 1840.) *V.* n° 136.

163. — Le service actif n'a nullement à intervenir dans la vérification des marchandises, c'est-à-dire la reconnaissance du poids ou de la quantité comme de la nature ou de l'espèce des marchandises; il n'a aucun droit à faire valoir dans le produit des contraventions autres que déficit ou excédant à bord des navires par rapport aux indications des manifestes. *V.* n° 303.

Les emballeurs, à raison de leur concours matériel, figurent dans les saisies dites de bureau. *V.* Livre XII, chap. 8.

Les écoreurs, dès qu'il ont suivi le déchargement des marchandises reprises au

15

manifeste, n'ont plus à s'occuper de celles qui ont été remises au service du bureau et à la surveillance des factionnaires. (*Déc. du 22 janvier* 1857.)

Les peseurs n'assistent et ne concourent aux opérations de la visite que pour établir l'équilibre des balances, appeler les poids à haute voix. *V.* n° 63. Les vérificateurs doivent, sous leur propre responsabilité, s'assurer du poids de chaque colis.

Dans des circonstances exceptionnelles, et afin d'accélérer l'accomplissement d'opérations commerciales concernant certaines catégories de marchandises, les chefs du service peuvent, sauf à en rendre compte par les rapports périodiques, utiliser, pour la vérification, le concours des agents des brigades, qui constatent, sur un carnet, les opérations ; mais c'est toujours sous la surveillance et la responsabilité d'un vérificateur, qui, dans les conditions déterminées par les règlements généraux, ne doit jamais s'affranchir du soin de reconnaître lui-même la nature, et, au besoin, l'espèce ou la qualité des marchandises. (*Déc. du 20 octobre* 1855.)

Quand le personnel de la visite ne peut, à un moment donné, satisfaire aux exigences des opérations commerciales, il faut charger un brigadier ou sous-brigadier, sous la direction d'un vérificateur, de la suite de certaines opérations de cabotage ; ou, si celles-ci ne s'y prêtent pas, détacher exceptionnellement ce sous-officier à l'expédition des écritures, afin de pouvoir disposer, pour la visite, d'un agent sédentaire. (*Déc. du 5 septembre* 1857.)

Le vérificateur arrête et récapitule les détails portés sur un carnet par le préposé délégué. Il indique sur son portatif comment s'est faite l'opération, et renvoie, pour les résultats qu'il n'a pas constatés lui-même, au carnet du préposé, dont il indique le nom. (*Déc. des* 17 *avril* 1834, 11 *mai* 1842 *et* 27 *avril* 1847.)

Les préposés sont dispensés de transcrire *in extenso* les permis sur leur carnet, lorsque le contrôle du vérificateur s'exerce sur le quai même du débarquement ; mais cette transcription est indispensable quand, à raison de la distribution des localités, les marchandises énoncées en une déclaration sont débarquées parties par parties et ainsi successivement transportées sur un autre point pour y être vérifiées. (*Déc. du 20 août* 1856.)

Quand ils ne font qu'assister un vérificateur, pour compléter au besoin là surveillance matérielle, les préposés ne tiennent pas de carnet (*Déc. du* 1er *décembre* 1835), sauf pour la vérification des sels. *V.* Livre X.

164. — En ce qui concerne les grains, etc., on doit s'assurer, au moyen de la sonde ou autrement, qu'ils ne recouvrent aucune marchandise de contrebande. Il est de principe qu'un préposé soit, autant que possible, chargé de suivre les opérations à bord de chaque navire importateur de houille ou de grains. (*Déc. du 5 septembre* 1843.)

Le peu d'importance des droits à l'entrée sur les grains (céréales de premier ordre : froment, épeautre et méteil) et la franchise à la sortie, permettent, dans la plupart des cas, d'admettre les déclarations pour conformes, sur la production à l'entrée des connaissements, factures et lettres de voitures. (*Circ. du* 19 *juin* 1861, n° 768.)

Sauf en cas de soupçon d'abus, le service doit s'abstenir de faire ouvrir les caisses de vin de champagne. (*Circ. lith. du* 12 *mai* 1865.)

Pour le mouvement des matières d'or et d'argent, notamment à la sortie, le service doit, dans le rapport du poids au volume des colis, trouver le moyen de rectifier les atténuations de valeur réelle. (*Circ. lith. du* 15 *février* 1865.)

Si la marchandise est de mauvais aloi, lorsqu'elle est dans un état spécial prenant un nom particulier, le service doit le constater, parce que, sans avoir à surveiller les fraudes commerciales, les employés doivent, dans toute hypothèse, constater exactement les faits reconnus. (*Déc. du* 1er *novembre* 1845.) *V.* n° 79.

Sous aucun prétexte on ne saurait avoir égard à l'état d'humidité des marchandises et accorder une bonification de poids. S'il s'agit de marchandises admises en entrepôt ou au transit, etc., il est pris note, au portatif, des circonstances reconnües à l'arrivée, afin de servir, au besoin, d'élément d'appréciation ultérieure. (*Déc. du 27 février* 1852.)

Les colis peuvent être pesés un à un. Alors il peut se produire, à l'avantage du commerce, un trait ou tombée de balance par chaque colis ; mais afin d'accélérer les opérations, il est loisible aux intéressés, de réunir, pour une pesée, deux sacs ou ballots de marchandises. (*Décision du 14 septembre* 1858.) *V.* nos 465 *et* 518.

Les chefs du service ont à apprécier s'il convient de donner des ordres pour que les colis contenant des objets de collection ne soient ouverts qu'en présence d'un sous-inspecteur. (*Déc. du 24 mai* 1842.) *V.* n° 508.

Le besoin de la célérité exige que, sans rechercher une précision minutieuse pour obtenir l'équilibre parfait des balances, le service s'arrête au poids qui laisse tomber le plateau où sont placées les marchandises. La différence entre le poids ainsi déter- ‹ miné et le poids réel profite au commerce : c'est ce que l'on appelle *trait* ou *tombée*. On se sert de l'hectogramme pour les marchandises précieuses taxées au kil., dans les pesées de 10 kil. ou plus, et du décagramme pour les poids moindres. A l'égard des denrées coloniales et autres marchandises taxées au quintal, il est fait usage du demi-kil. quand il s'agit de colis de moins de 100 kil. présentés isolément, ou du kil. pour les pesées plus fortes, qu'il s'agisse de grands colis ou de petits colis réunis. (*Déc. des* 15 *septembre* 1818 *et* 15 *février* 1840.) *V.* n° 518.

Pour le classement des fils de lin, il suffit de choisir, pour le dévidage, les écheveaux qui apparaissent, à l'œil, les plus fins ; et ce n'est qu'autant que le service a lieu de croire à un mélange frauduleux qu'il peut recourir exceptionnellement au pesage préalable. (*Déc. du 22 octobre* 1845.) Lorsque des différences très-peu importantes sont reconnues au dévidage, comme 3 ou 400 mètres au kil., on peut se borner à classer les fils dans la catégorie supérieure à celle déclarée. *(Déc. du 25 mars* 1844.)

165. — Quand les droits sont exigibles à raison du poids brut ou du poids net, la vérification s'effectue en conséquence. *V.* n° 194.

Le poids *brut* est celui qui résulte de la pesée cumulée du contenu et du contenant. Il comprend dès lors, outre le poids des marchandises elles-mêmes, le poids des futailles, caisses, vases, etc., dans lesquels elles sont renfermées, ainsi que celui des toiles cirées, serpillières, nattes ou paillassons, cordes ou cercles, dont le tout est recouvert.

Cependant, les doubles futailles ou les doubles emballages, qu'exige le transport de certaines marchandises, se déduisent du poids total, et ne font pas partie du poids brut, tel qu'il faut l'entendre pour l'application du tarif. *V.* nos 167 *et* 201. (*Tarif* n° 79.)

Le poids se constate et ne s'arbitre pas. (*Déc. du 27 février* 1852.)

Le poids *net* est *effectif* ou *légal.*

Le poids net *effectif,* autrement dit le poids net *réel,* est celui qui résulte du pesage de la marchandise séparée de ses emballages, dont le poids est représenté par la tare réelle.

Le poids net *légal* est celui qui se calcule en déduisant du poids brut des colis la *tare légale,* c'est-à-dire la tare que la loi a déterminée, selon le mode d'emballage ou l'espèce des marchandises. (*Tarif* n° 80.)

Le poids net effectif ou réel s'établit par la vérification des agents des douanes, mais alors seulement qu'il a été *énoncé* dans la déclaration primitive. Autrement, le net est calculé d'après la tare légale. *(Loi du 27 mars* 1817, *art.* 7.) *V.* nos 166 *et* 197.

Il y a exception pour les marchandises sujettes à coulage importées en futailles, ainsi que pour les sucres bruts en balles ou en sacs. *V.* n° 145. Il suffit, à leur égard, qu'il ait été fait réserve de la *tare réelle* dans la déclaration primitive. (*Circ. du* 23 *juin* 1818, *et Tarif* n° 82.)

La tare légale ne s'applique à ces marchandises que dans le cas où il convient au commerce de s'en contenter, afin d'obvier aux retards et aux frais qu'entraîne la séparation matérielle de l'emballage d'avec la marchandise. (*Circ. du 23 juin 1818.*)

A l'égard de ces marchandises, le commerce n'étant pas tenu d'énoncer les quantités contenues dans les fûts, le service, qui ne peut s'en rapporter alors aux déclarations, est libre d'employer tel mode de vérification qu'il juge le plus convenable, par exemple, le jaugeage des récipients, à moins cependant que le déclarant n'exige le dépotement. Comme, dans ce dernier cas, le commerce réclame la constatation la plus exacte des éléments de la liquidation des droits du Trésor, en se soumettant aux frais et aux retards qui peuvent en résulter, le service ne peut s'y refuser sous prétexte de l'augmentation de travail. Toutefois, le dépotement peut avoir lieu par épreuves, de manière à donner satisfaction à tous les intérêts dans une mesure suffisante. (*Déc. du 18 mars 1857.*)

Pour le jaugeage des fûts de liquides, le vérificateur doit se servir de la jauge dite diagonale et s'en tenir aux résultats obtenus. (*Déc. du 9 mars 1835.*) V. n° 508.

En ce qui concerne particulièrement les huiles, on peut, lorsque les récipients sont de la même forme et de la même contenance, procéder par *épreuves* et se borner à faire vider une futaille sur dix, deux sur vingt, et même moins si le chef de la visite le juge sans inconvénient. Le poids *net* total est alors déterminé proportionnellement au résultat de ces épreuves.

A la réexportation, on agit de la même manière, c'est-à-dire qu'après avoir constaté le poids du contenu d'un petit nombre de bouteilles, par exemple, du vingtième, du trentième, du quarantième, suivant l'importance de l'opération, on établit la quantité d'huile en multipliant le nombre des bouteilles par le poids net moyen de celles qui ont été soumises à la vérification. (*Circ. du 28 juillet 1846, n° 2121.*)

On ne doit, dans aucun cas, pour l'application de la taxe sur les bouteilles pleines, exiger le transvasement des liquides; il est toujours facile, au moyen de vases semblables, d'établir le poids des récipients par approximation ou d'en vérifier la contenance. (*Tarif*, note 525.)

Afin de prévenir les discussions au bureau de sortie, les préposés du bureau d'entrée ont, relativement au transit, la faculté de faire constater le poids net effectif en même temps que le poids brut de chaque colis. (*Loi du 17 décembre 1814, art. 7.*)

Cette précaution doit être employée aussi fréquemment qu'on le peut sans exposer le commerce à de trop grands inconvénients, et particulièrement lorsque l'on juge qu'il y a une grande disproportion entre la tare légale et la tare effective; dans ce cas, le poids net effectif reconnu est mentionné dans l'acquit-à-caution. (*Circ. du 16 mai 1818, n° 396.*)

Toutefois, à moins de motifs fondés de fraude, on doit s'abstenir de constater le poids net des machines expédiées en transit. (*Déc. du 24 avril 1846.*)

Mais le commerce est libre de ne déclarer que le poids brut; rien ne l'oblige à la déclaration du poids net, soit réel, soit légal, des marchandises non prohibées. (*Déc. du 31 janvier 1834.*)

Par déclaration primitive, on entend la déclaration en détail faite au bureau de prime-abord pour la mise en consommation, l'entrepôt, le transit, etc.

Quand cette déclaration ne contient pas la désignation expresse du net, le poids est censé déclaré au brut.

Si elle énonce le poids *net effectif*, on peut différer de le reconnaître jusqu'au moment de la mise en consommation dans les cas ci-après :

Si les marchandises sont destinées pour un entrepôt *réel* légalement constitué; si à la sortie de cet entrepôt elles sont dirigées par *mer* sur un autre entrepôt réel; si, étant expédiées par *terre* sous les formalités du transit, elles sont de la nature de celles soumises par les règlements au double emballage et au double plombage.

Dans ces deux derniers cas, les acquits-à-caution qui accompagnent les marchandises rappellent le poids net énoncé dans la déclaration primitive et la réserve de le faire ultérieurement constater. (*Circ. du 30 octobre* 1838, n° 1717, *et Tarif* n° 85.)

166. — En ce qui concerne la tare, *V.* n° 165, les déclarations sont soumises aux règles posées relativement au poids. Elles ne peuvent être modifiées que dans le jour même où elles ont été remises en douane et avant la visite. *V.* n°s 153 et 196.

Toutefois, par dérogation à ces règles, les chefs de la visite peuvent autoriser, sur la demande des intéressés, la substitution de la tare réelle à la tare légale, c'est-à-dire la constatation du poids *net réel* des marchandises déclarées primitivement *au brut*. Mais cette tolérance ne peut, sous aucun prétexte, s'étendre aux marchandises extraites d'entrepôt fictif, et, s'il s'agit de colis arrivant en transit ou par mutation d'entrepôt, on doit, avant tout, s'assurer que les plombs et les enveloppes sont intacts. (*Tarif* n° 83 *et Circ. du* 10 *mars* 1848, n° 2225.)

La tare réelle doit être constatée lorsqu'elle a été déclarée, à moins qu'on y renonce dans les vingt-quatre heures de la déclaration et avant la visite, cas auquel on accorde la tare légale. (*Déc. du* 13 *décembre* 1842.)

La tare est toujours, quant à la nature ou à la quotité de cette allocation, celle qui résulte de la déclaration primitive, *V.* n° 165, et de la vérification qui en a été la conséquence.

Quand les intéressés ont, au port de prime-abord, demandé ou consenti qu'il ne fût procédé qu'à des vérifications d'épreuve, c'est la tare proportionnelle, alors fixée, qui est appliquée, et on ne saurait en principe permettre d'établir subséquemment ni une autre tare, ni le net effectif. (*Déc. du* 23 *février* 1844.)

En cas d'expédition en mutation d'entrepôt ou en transit, le service constate, s'il y a lieu, à destination, le poids brut, et en déduit la tare indiquée en l'acquit-à-caution. (*Déc. du* 22 *avril* 1844.)

Lorsqu'il est démontré qu'aucun abus n'a pu être commis en cours de transport et que l'augmentation du poids des emballages est due à des causes naturelles, le service peut, par exception, ne pas s'en tenir à la tare primitivement déterminée, sauf à constater le poids net de tous les colis. L'autorisation de l'administration n'est demandée à ce sujet qu'autant que l'importance de l'opération ou des circonstances particulières paraissent au directeur la rendre nécessaire.

Il en est ainsi à l'égard des sels expédiés en sacs par terre ou par mer. (*Déc. du* 13 *septembre* 1856.)

Si les colis importés sont de même forme et que le poids en paraît à peu près pareil, le service peut se borner à en faire vider un certain nombre, qu'il désigne spécialement à cet effet; mais il faut pour cela que le poids déclaré ait été trouvé en rapport avec celui qui a été constaté par la vérification, c'est-à-dire qu'il ne dépasse pas celui-ci de plus d'un dixième (1); autrement, il y a lieu d'exiger que la totalité des colis soit vidée.

Quand, dans le cas ainsi prévu, on procède par épreuves, le nombre des colis dont le poids net effectif doit être vérifié peut être limité à un sur cinq, deux sur dix, trois sur vingt, quatre sur trente, etc. Ce nombre peut même, sur l'autorisation du chef de la visite, être réduit dans une plus forte proportion s'il s'agit d'une partie de plus de cinquante colis; seulement, la désignation des colis dans ce dernier cas est réservée à ce chef. (*Circ. du* 10 *octobre* 1822, n° 758, *et Tarif* n° 84.)

167. — L'*emballage* est l'enveloppe extérieure de la marchandise. (*V.* n° 148, note.) On ne peut considérer comme tels les cartons, papiers, épingles ou autres objets

---

(1) Cette latitude se fonde sur ce qui est réglé par l'art. 18, titre 2, de la loi du 22 août 1791, dans l'hypothèse inverse.

qui, appliqués en fabrique même, sont indispensables pour le pliage, la séparation et l'arrangement des marchandises dans l'*intérieur* des colis, et font, pour ainsi dire, partie intégrante de celles-ci; on doit donc comprendre ces objets dans le poids net. *V.* n° 200. Toutefois, on permet la défalcation des cartons intérieurs, papiers, ficelles, bobines et autres objets non destinés à être vendus (1), pour les tissus de soie et de fleuret (2), les soies dévidées sur bobines, les soies teintes, les fournitures d'horlogerie, les aiguilles d'or pour montres, les plumes de parure, l'opium, les cotons filés (3), les fils de laine, les fils de lin à coudre, les fils de poil de chèvre, les articles de bimbeloterie renfermés dans des boîtes en carton ou des caissettes en bois, le jus de réglisse, les tissus élastiques en caoutchouc, les velours de coton, façon soie, dits velvets, le camphre raffiné. Il y a d'ailleurs, dans tous les cas, à déduire du poids brut des marchandises les objets qui ne constituent qu'un accessoire de l'emballage intérieur, notamment les papiers et ficelles qui enveloppent les petites boîtes de plumes métalliques et les paquets d'aiguilles ou de fils de poil de chèvre, de lin à coudre ou de laine, les sucres raffinés en pains, ainsi que la mousse et le foin dont on entoure la porcelaine et les verreries. (*Circ. du 15 juin 1829,* n° 1169; *Tarif* n° 86; *Circ. des 9 mai 1845,* n° 2065, *et 27 décembre 1850,* n° 2418; *Circ. lith. des 22 janvier et 20 février 1862 et du 18 novembre 1863.*)

Les boîtes de plomb formant le premier emballage du thé doivent être défalquées pour la constatation du poids net effectif (*Déc. du 30 avril 1840*); mais le poids net doit comprendre les compartiments intérieurs, en bois commun, des boîtes en laque (*Déc. du 1er juillet 1864*) et les boîtes en bois blanc renfermant des veilleuses. (*Déc. du 10 avril 1864.*)

On peut déduire du poids brut des ananas la tige, les feuilles, les racines, etc., qui ne servent qu'à la conservation du fruit. (*Déc. du 19 juillet 1851.*)

En ce qui concerne les objets à l'usage des fumeurs, tels que pipes, tuyaux, etc., on permet la défalcation du foin, de la mousse, du gros papier employés dans les colis comme emballage par surcroît de précaution, mais non des cartons, papiers, etc., indispensables pour assurer la séparation, l'arrangement et la conservation de ces objets. (*Déc. du 19 mai 1856.*)

Ces dispositions doivent être suivies pour l'application des traités de commerce. (*Art. XVIII des observations générales du Tarif de 1864.*)

V., pour le régime applicable aux emballages, le n° 200.

168. — *Déplacement des marchandises.* Les objets qui doivent être reconnus par le service ne peuvent être déplacés des lieux de décharge qu'après vérification et libération, si ce n'est pour être conduits au bureau avec le permis de la douane (4). (*Loi du 4 germinal an II, titre 6, art. 3.*) *V.* n° 22.

169. — *Présence des déclarants.* La visite ne peut être faite qu'en présence des

---

(1) Le poids de ces objets peut être constaté par épreuves. On peut même, pour les rubans de velours roulés sur planchettes, ne pas exiger la soustraction matérielle de celles-ci, et accorder les tares ci-après : 30 0/0 sur les rubans du n° 20 et au-dessous; 20 0/0 sur les rubans du n° 20 exclusivement au n° 120 inclusivement; 10 0/0 sur les rubans au-dessus du n° 120. (*Tarif* n° 86.)

(2) La déduction doit être faite pour la passementerie de soie mélangée de laine comprise dans le tableau des droits au chapitre des tissus de soie. (*Déc. du 30 octobre 1837.*)

(3) Les cordes servant à l'emballage des cotons en laine sont comprises dans le poids des balles. (*Déc. du 8 mars 1848.*)

(4) A peine, dans les ports, d'être traités comme étant débarqués sans permis. *V.* n° 320.

déclarants ou de leurs facteurs. En cas de refus de leur part d'y assister, les marchandises sont mises en dépôt au bureau. (*Loi du 22 août 1791, titre 2, art.* 16.) *V.* n° 893.

Par le mot facteur, il faut entendre l'individu qui représente le déclarant en vertu d'une procuration. (*Déc. du 19 août 1852.*) *V.* n° 33.

Tout déclarant qui, après avoir commencé une opération, l'interrompt et laisse passer une vacation sans travailler , peut perdre son tour de vérification. Le vérificateur désigné pour suivre l'opération est alors coté à une autre. (*Déc. du 2 septembre 1842.*)

En principe, alors surtout qu'aucune réclamation ne s'est élevée de la part de l'intéressé, dans le cours de la visite, le service ne doit pas consentir à recommencer une opération régulièrement effectuée. (*Déc. des 6 juillet 1839 et 23 janvier 1844.*) *V.* n° 161.

170. — *Portatif.* Les détails de la visite sont inscrits sur un portatif au moment même où elle a lieu; un certificat de visite est ensuite remis au receveur. *V.* n° 171. (*Circ. du 25 avril 1806.*)

Il est défendu d'inscrire d'abord sur des notes ou sur des registres spéciaux le détail des résultats de la visite. (*Déc. du 23 septembre 1839.*)

Les portatifs doivent être cotés et parafés par le chef qui les délivre. (*Circ. man. du 14 mars 1837.*)

Les résultats de la visite sont seuls mentionnés avec détail sur les portatifs. Quant aux déclarations ou manifestes, on ne rappelle que la date et le numéro de chaque déclaration donnant lieu à vérification; ainsi que le nom du déclarant et la destination donnée à la marchandise. (*Circ. des 20 octobre 1834*, n° 1460, 29 août 1845, n° 2081, *et 11 août 1849*, n° 2341.)

L'usage du portatif est restreint aux bureaux ouverts à l'importation des marchandises taxées à plus de 20 fr. par 100 kil. *V.* n° 380. (*Circ. du 7 septembre 1818 et Déc. du 10 février 1835.*)

Chaque vérificateur doit avoir un portatif distinct. Quand la vérification de la cargaison d'un même navire est confiée à plusieurs agents, c'est par le rapprochement et l'examen des manifestes et des registres de déclarations qu'on s'assure que tout le chargement a donné lieu à des opérations régulières; mais, dans quelques grandes douanes, chaque cargaison fait l'objet d'un portatif. (*Déc. du 16 janvier 1832.*)

La vérification des portatifs et carnets est faite au bureau central de visite, à vue du manifeste, des permis et des certificats de visite; toutefois, elle ne saurait tenir lieu et dispenser du contrôle supérieur exercé, au moyen d'épreuves, tant par les sous-inspecteurs que par les inspecteurs. (*Déc. du 3 juin 1854.*) *V.* n° 56.

171. — *Certificat.* Le vérificateur indique, sur le certificat de visite, *V.* n° 170, la quotité des droits et établit la liquidation, en y inscrivant les calculs nécessaires. (*Circ. du 30 janvier 1817*, n° 247, *et Déc. du 18 octobre 1838.*) Cette liquidation est contrôlée par l'agent chargé de tenir le registre de liquidation.

Si deux employés concourent à la visite, ils doivent signer tous deux le certificat qui en constate les résultats (*Circ. du 25 avril 1806*); mais, quand un seul employé a procédé à la visite, il signe seul le certificat : la signature de cet agent, apposée au bas du certificat, suffit pour le rendre régulier. (*Circ. du 7 septembre 1818; Déc. des 8 décembre 1835, 7 avril 1836 et 12 septembre 1842.*)

Aussitôt que les certificats de visite ont été délivrés, ou ils sont inscrits au registre de visite et de liquidation, et passent au bureau de la recette pour la délivrance des acquits de payement, ou ils servent à la tenue des registres d'entrepôt, de transit ou d'admission temporaire; de là, ils vont, sans aucun retard, à la section de la statistique commerciale. (*Lettre de la compt. du 29 août 1836 et Déc. du 27 janvier 1844.*) *V.* n° 203.

172. — *Contraventions relatives aux marchandises déclarées et présentées à la visite.*

Excédants. Tout excédant, quant au nombre déclaré des *colis* de marchandises tarifées (balles, ballots, caisses, tonneaux, futailles, etc.), est saisi, pour la confiscation en être prononcée avec amende de 100 fr. (*Loi du 22 août 1791, titre 2, art.* 20.)

Sur les lignes de terre, on se réfère à cet article, conformément à l'art. 15 de la loi du 27 mars 1817. (A l'entrée, n° 41 du tableau des infractions, Circ. n° 2046, trib. de paix ; à la sortie, n° 58 du même tableau.)

A l'égard des marchandises prohibées, *V.* pour l'importation le n° 400, pour l'exportation le n° 588, pour les entrepôts ou le transit le n° 534.

Pour la réunion de colis, sur le littoral, *V.* n° 148.

173. — Si les marchandises présentées excédent le poids, le nombre ou la mesure déclarés, l'excédant est assujetti au payement du double droit (1), ce qui cependant n'a pas lieu si l'excédant n'est que du vingtième pour les métaux et du dixième pour les autres marchandises et denrées. L'excédant, dans ce dernier cas, ainsi que les quantités déclarées, n'acquittent ensemble que le simple droit. (*Loi du 22 août 1791, titre 2, art.* 18.) A l'entrée, n° 3 du tableau des infr., trib. de paix ; à la sortie, n° 60 du même tableau.

Les excédants reconnus, à la suite d'une déclaration en douane, sur des marchandises dont la prohibition a été remplacée par des droits, *V.* n° 411, demeurent soumis aux dispositions de l'art. 18 du titre 2 de la loi du 22 août 1791 ; il y a lieu, par conséquent, à l'application du double droit, mais seulement lorsque l'excédant dépasse les limites du dixième ou du vingtième. (*Déc. du 9 mai* 1842 ; *Doc. lith.*, n° 123.)

Lorsque l'excédant au-dessus du dixième a peu d'importance, le premier chef de la localité peut, selon les circonstances, sous sa responsabilité et sauf à en rendre compte par ses rapports périodiques, donner l'ordre de passer outre et de traiter cet excédant comme s'il n'était que du dixième ou du vingtième. (*Déc. du 16 mars* 1840.)

Mais il serait contraire à l'esprit de la législation d'autoriser, d'une manière absolue et générale, une tolérance applicable dans certaines limites. Il est de principe rigoureux qu'avant de statuer sur un fait donné, ce chef examine si le déclarant a été de bonne foi ou s'il a voulu léser les intérêts du Trésor. (*Déc. du 23 juillet* 1854.)

174. — *Déficit.* Dans le cas où, lors de la visite, on trouve moins de *colis* de marchandises tarifées qu'il n'en a été déclaré, ceux qui ont fait la déclaration sont condamnés solidairement en 300 fr. d'amende pour chaque colis manquant, et les moyens de transport sont préventivement retenus pour sûreté de l'amende, sauf le recours, s'il y a lieu, des conducteurs contre qui de droit. (A l'entrée, n° 2 du tableau des infractions, trib. de paix ; à la sortie, n° 59 du même tableau.)

Dans le cas de naufrage après la déclaration donnée, ou de vol de marchandises, il n'est fait aucune poursuite sur le défaut de représentation de balles, ballots, caisses, tonneaux ou futailles, en rapportant, à l'égard du naufrage, le procès-verbal des tribunaux de commerce (2), et, quant au vol, la preuve du vol. (*Loi du 22 août 1791, titre 2, art.* 22.)

---

(1) Si les marchandises étaient déclarées pour l'entrepôt ou le transit, il ne serait dû, à titre d'amende, qu'une fois le droit qui aurait été exigible si les marchandises fussent entrées dans la consommation intérieure. (*Déc. du 18 février* 1839 ; *Doc. lith.*, n° 38, *et Circ. du 23 décembre* 1844, n° 2046, *art.* 137.)

(2) Au cas spécial dont il s'agit, le capitaine étranger ou français remet au tribunal de commerce son rapport avec les pièces à l'appui. Les juges le vérifient ; ils entendent la douane et le consignataire ou propriétaire intéressé, et ils prononcent. Que s'ils admettent la déclaration de naufrage pour bonne et valable, le capitaine est déchargé ; que si, au contraire, ils la rejettent, la douane et le consignataire ou propriétaire poursuivent devant qui de droit les condamnations encourues.

Des déficits ne peuvent jamais compenser des excédants. En effet, lorsqu'il existe sur une même déclaration plusieurs articles distincts relatifs à des marchandises même similaires, le commerce ne serait pas plus fondé à se prévaloir d'un déficit afférent à l'un de ces articles, pour empêcher, au moyen d'une compensation, la constatation d'un excédant de plus du dixième ou du vingtième reconnu sur une marchandise faisant l'objet d'un autre article, que la douane n'aurait le droit de réunir des articles distincts, dont l'un serait inexactement déclaré quant à l'espèce, afin de se créer ainsi la faculté de saisir le tout pour fausse déclaration. (*Déc. du 5 octobre 1847.*) *V.* n° 145.

Lorsqu'une déclaration comprend cumulativement des marchandises soumises à des droits différents et renfermées d'ailleurs sous la même enveloppe, si le service reconnaît un excédant sur la partie la plus fortement imposée et un déficit sur l'autre, il y a lieu, savoir : si les deux sortes de marchandises se trouvent séparées, à l'intérieur, par des enveloppes distinctes, d'appliquer le double droit sur l'excédant et de passer outre quant au déficit; ou, les marchandises étant mêlées et confondues, de saisir l'excédant pour fausse déclaration. (*Déc. du 23 mars 1857.*)

Pour les objets non réputés colis et sur lesquels on ne peut dès lors constater ni déficit ni excédant, *V.* n° 148.

175. — *Autres différences.* Quand la déclaration est reconnue fausse dans l'*espèce* ou la *qualité*, il y a lieu aux pénalités ci-après :

Confiscation des marchandises faussement déclarées et amende de 100 fr. s'il s'agit d'objets tarifés et si le droit auquel on se soustrairait par la fausse déclaration s'élève à 12 fr. et au-dessus. (A l'entrée, n° 4 du tableau des infr., trib. de paix ; à la sortie, n° 62 du même tableau.)

Amende de 100 fr. seulement si le montant des droits que la fausse déclaration ferait perdre au Trésor est au-dessous de 12 fr. : les marchandises sont retenues pour sûreté de l'amende. (A l'entrée, n° 5 du tableau des infr.; à la sortie, n° 61 du même tableau.)

Lesdites peines n'ont pas lieu en cas de vols ou de substitutions juridiquement prouvés. (*Loi du 22 août 1791, titre 2, art.* 21.) *V.* n° 145.

Si la différence portait sur la *nature* des marchandises, celles-ci seraient considérées comme n'ayant pas été déclarées. *V.* n°s 399 et 405.

L'art. 21, titre 2, de la loi du 22 août 1791 n'énonce explicitement que la *qualité* et l'*espèce* des marchandises; mais, d'après les termes du deuxième §, il est évident qu'aux yeux du législateur il y a infraction, dans le sens de cet article, lorsque les marchandises sont faussement déclarées comme étant de la *provenance* voulue pour qu'elles soient admises à un droit réduit ou à une immunité quelconque. (*Jug. du trib. civ. du Havre des 23 décembre 1842* [*Rec. lith. n° 129*] *et 1er mars 1844.*)

Quand les marchandises sont prohibées, *V.* le n° 400 pour l'importation et le n° 534 pour l'entrepôt ou le transit.

176. — A défaut de déclaration, dans les bureaux, des marchandises exemptes de droits, ou au cas de fausse déclaration de ces marchandises, *V.* n° 143, le commerce encourt, soit à l'entrée, soit à la sortie, une amende de 100 fr. (*Loi du 16 mai 1863, art.* 19; *Circ. du 25, n° 901.*)

Pour les manifestes, *V.* n° 304; les débarquements ou les embarquements irréguliers, *V.* n° 320; la fraude, *V.* n° 399, 587, etc., etc.

Si l'inexactitude de la déclaration ne doit entraîner aucune perte quelconque pour le Trésor, on s'abstient de requérir l'application de l'art. 21, titre 2, de la loi du 22 août 1791 (*Circ. du 4 fructidor an XI*), à moins qu'il ne soit nécessaire d'agir autrement, en vue de la régularité des opérations du service. (*Déc. du 6 septembre 1823.*) *V.* n° 509.

177. — *Marchandises exactement déclarées, mais soumises à des restrictions.* Les marchandises dont l'entrée ou la sortie est restreinte par certains ports ou bureaux,

V. n° 372, etc., et qui ont été déclarées sous leur véritable dénomination dans un port ou bureau où elles ne peuvent être admises, sont, à l'entrée, sur les frontières, renvoyées à l'étranger, ou, sur le littoral, laissées à bord du navire pour être dirigées sur un port ouvert à l'entrée; à la sortie, renvoyées à l'intérieur, sauf à être ensuite expédiées par les ports ou bureaux ouverts à la sortie. (*Loi du 22 août* 1791, *titre 4, art.* 8.)

Les marchandises prohibées à l'entrée ou à la sortie, qui ont été déclarées sous leur propre dénomination, ne sont pas saisies : celles destinées à l'importation sont renvoyées à l'étranger; celles présentées pour la sortie restent à l'intérieur. (*Même Loi, titre* 5, *art.* 4.)

Pour l'enlèvement régulier des marchandises, *V.* n° 22.

178. — *Préemption.* Lorsque, à l'entrée ou à la sortie, le service juge que la valeur des marchandises *passibles des droits à la valeur, V.* n° 149, n'a pas été exactement déclarée (1), il peut, afin de déjouer la fraude, user du droit de préemption au compte de l'Etat, c'est-à-dire retenir les marchandises en payant au déclarant, dans les quinze jours qui suivent la notification du procès-verbal de retenue, une somme égale à la valeur déclarée et le dixième en sus, sans qu'il puisse être rien exigé de plus par les propriétaires pour frais de transport et autres. (*Loi du 4 floréal an IV, art.* 1er; *Déc. min. du 10 juin* 1848; *Circ. du* 23, n° 2260.) A l'entrée, n° 7 du tableau des infractions; à la sortie, n° 63 du même tableau.

Ne sont pas passibles de la préemption : 1° les objets dont la déclaration de valeur devrait être contrôlée par le comité consultatif des arts et manufactures; 2° les marchandises qui, pouvant donner lieu à une expertise légale au point de vue de la valeur, sont taxées au poids (*Circ. du 24 janvier* 1856, n° 341); 3° les marchandises dirigées d'un premier bureau sur un second. *V.* n° 339.

Il est d'ailleurs convenable de s'abstenir d'en faire usage à l'égard de toutes les marchandises qui ne sont pas taxées à plus d'un quart pour cent de la valeur; mais on doit, en ce qui touche ces marchandises, en élever d'office, au besoin, la valeur, sauf, en cas de refus, de la part du redevable, d'adhérer à cette rectification, à user rigoureusement du droit de préemption. (*Arrêté min. du 25 juin* 1827, *art.* 3, et *Tarif* n° 74.)

Le droit de préemption ne doit être appliqué qu'avec modération et réserve; il convient de n'en faire usage qu'à l'égard des marchandises proprement dites, c'est-à-dire de celles qui sont importées à titre d'opération de commerce. Quand il s'agit d'objets d'une très-faible valeur mésestimée par le déclarant, on doit l'inviter à élever ses évaluations à un taux convenable, en l'avertissant qu'à défaut on exercera le droit de préemption. A l'égard des effets supportés ou des objets mobiliers, si les propriétaires ne consentaient pas à en élever eux-mêmes la valeur ou à payer le droit d'après celle qui aurait été fixée d'office, l'entrée en serait refusée. (*Déc. des 5 août et 2 septembre* 1839.)

La valeur à déclarer est celle qu'ont les marchandises au moment et à l'endroit où on les présente en douane, puisque c'est alors que les chefs ont à juger s'il convient de les prendre à un dixième en sus du prix déclaré. (*Arrêté du Min. des fin. du 25 juin* 1827, *art.* 1er, *en note.*)

Les préemptions ne peuvent être déclarées que sur l'autorisation des chefs locaux. (*Circ. lith. du 3 octobre* 1848.)

L'intervention du sous-inspecteur doit être mentionnée dans le procès-verbal. (*Déc. du 14 février* 1849.)

---

(1) Que les marchandises aient été déclarées pour la consommation ou pour l'entrepôt ou le transit. (*A. de C. du 30 août* 1836; *Circ.* n° 1574.)

La préemption des marchandises doit être effectuée dans les vingt-quatre heures à partir de la remise de la déclaration. (*Loi du 21 avril 1818, art.* 53; *Circ. du 23 mai 1826, n° 987, et Déc. du 1er août 1851.*)

Tant que la préemption n'est pas opérée, la marchandise ne doit pas être déplacée sans l'assentiment et hors de la présence des déclarants. (*Même Déc.*)

La retenue n'est soumise à aucune autre formalité que celle de l'offre de payement, souscrite par le receveur du bureau et signifiée au propriétaire ou à son fondé de pouvoirs (*Loi du 4 floréal an IV, art.* 2), à la personne, ou, en cas d'absence, à domicile. (*Déc. du 16 mai 1849.*)

A cet effet, il est rédigé un procès-verbal par deux employés au moins et au moment où ils reconnaissent que la valeur déclarée est insuffisante. Ce procès-verbal, revêtu de la signature du receveur (1) et signifié au déclarant, doit être affirmé devant le juge de paix, comme ceux de saisie, dans les vingt-quatre heures de sa rédaction, et il est enregistré dans les quatre jours. (*Arrêté du Min. des fin. du 25 juin 1827, art.* 5.)

L'offre de payement est valable lorsqu'elle est souscrite par un employé assermenté, suppléant le receveur et ayant, dès lors, qualité suffisante pour engager l'administration. (*Jug. du trib. civ. de Paris du 2 avril 1851 ; Doc. lith., n° 179.*)

Les préposés des douanes sont autorisés, par l'art. 18 du titre 13 de la loi du 22 août 1791, à faire la signification du procès-verbal. Elle doit être faite à celui qui expédie les marchandises et qui signe la déclaration ; on ne peut en reconnaître d'autre. (*Arrêté min. du 25 juin 1827, art.* 6.)

L'avance des fonds nécessaires pour payer la somme due au déclarant est faite par le receveur. (*Même Arrêté, art.* 7.)

Le receveur fait dépense aux avances à régulariser : 1° de la valeur déclarée et de la somme payée au déclarant en sus de cette valeur ; 2° du montant des droits d'entrée ; 3° des frais du procès-verbal ; 4° des menus frais que peuvent occasionner ultérieurement le conditionnement et la vente des marchandises. Les droits d'entrée sont repris en recette immédiatement. (*Circ. de la compt. du 1er octobre 1861, n° 80.*)

Est valable, sous le rapport du timbre, la quittance du prix des marchandises préemptées donnée au bas de l'acte qui en contient l'offre. (*Déc. du 7 novembre 1856.*)

Le droit d'enregistrement est le même que celui des procès-verbaux de saisie. (*Déc. min. des 4 septembre 1810 et 5 mars 1811 ; errata concernant le troisième § de l'art.* 5 du règlement du 25 juin 1827.)

Les préemptions doivent être constatées par autant d'actes séparés qu'il y a de déclarations. (*Déc. du 9 septembre 1842.*)

Les marchandises préemptées doivent être vendues sans retard, sous les conditions réglementaires, à la diligence du receveur des douanes, qui est tenu d'obtenir l'agrément du directeur, ou, en cas d'urgence, de l'inspecteur local, sur le choix à faire entre la vente par criées, par courtage ou sur offres écrites. (*Arrêté du Min. du 25 juin 1827, art.* 17.)

L'acquéreur, à quelque titre que ce soit, doit prendre immédiatement livraison des marchandises et en compter le prix au receveur des douanes. (*Même Arrêté, art.* 18.)

L'acquéreur est tenu de payer le prix du timbre de la quittance qui lui est délivrée. (*Circ. lith. du 7 mars 1850.*)

En cas de vente publique, un droit d'enregistrement de 2 0/0 de la valeur est dû, conformément à l'art. 69, § 5, n° 1er, de la loi du 22 frimaire an VII. (*Arrêté min. du 25 juin 1827, art.* 9.)

---

(1) L'offre ne dispense pas de la signature du receveur. (*A. de C. du 19 mars 1835.*)

Si l'acquéreur ne satisfait pas à ses engagements, il y a lieu, par acte extra-judiciaire, de le faire sommer de les remplir; l'assigner, à défaut, devant le tribunal de paix, pour être condamné à tels dommages et intérêts que de droit, et faire autoriser l'administration, par le juge, à procéder à la vente des marchandises. Mais, si la valeur de celle-ci s'était accrue, il serait préférable d'amener l'intéressé à consentir une résiliation pure et simple de la vente. (*Déc. du 7 juillet* 1855.)

La marchandise préemptée peut être rétrocédée à son ancien propriétaire s'il en offre un prix raisonnable, soit directement par écrit, soit par l'entremise d'un courtier, et si le chef du service de la localité juge cette offre de nature à être accueillie. (*Déc. du 11 juillet* 1837.)

L'acte de rétrocession doit être établi sur papier timbré, dont le coût est à la charge du préempté. (*Déc. du 15 mai* 1850.)

Les actes de rétrocession ou d'adjudication sur offres écrites sont affranchis de la formalité de l'enregistrement. (*Déc. du 18 janvier* 1838.)

La rétrocession à l'ancien propriétaire constitue une vente à l'amiable. (*Déc. du 9 décembre* 1850.)

Lorsque, à défaut d'autre moyen praticable avec succès, les objets préemptés ont été vendus à un acheteur qui demande que son nom ne soit pas rendu public, les conditions du marché sont certifiées par l'agent qui a été chargé de le conclure, sous la surveillance et la responsabilité des chefs locaux (sous-inspecteur, receveur principal, inspecteur). De leur côté, ceux-ci attestent l'exactitude du certificat, ainsi que l'impossibilité où l'on s'est trouvé d'employer utilement tout autre mode de vente. (*Déc. min. du 29 septembre* 1848; *Circ. lith. du 3 octobre suivant.*)

Les marchandises préemptées devront acquitter immédiatement les droits d'entrée, qu'elles aient été déclarées pour la consommation, le transit ou l'entrepôt. (*Déc. des 29 octobre* 1834 *et 28 mai* 1839.)

Il n'est accordé ni escompte ni crédit, lorsque les marchandises préemptées sont vendues au *droit acquitté*, au lieu de l'être sous la condition que l'acquéreur payera, outre la valeur indiquée, le montant de la taxe d'entrée. (*Déc. du 8 juin* 1852.)

Si la vente des marchandises préemptées offre, après le recouvrement des sommes avancées, des droits calculés sur le montant de la déclaration, augmenté d'un dixième et des frais, un net produit quelconque, les employés de la douane qui ont effectué la retenue en recevront la moitié, pour être répartie entre eux par égales portions et sans distinction de grade. (*Arrêté du Min. du 25 juin* 1827, art. 19, *et Circ. lith. du 3 octobre* 1848.)

Les bénéfices réalisés doivent être versés à la caisse du receveur. (*Déc. du 4 janvier* 1841.)

Le partage du produit net des préemptions est fait d'après les règles relatives aux saisies. (*Arrêté min. du 10 juin* 1848; *Circ. n°* 2260.)

Après avoir appliqué au Trésor la moitié du produit net, on soumet l'autre moitié à la retenue de 25 p. 100 au profit de la caisse des retraites; la somme disponible ne supportant aucun autre prélèvement, est divisée en quatre-vingt-trois parties, dont quinze au fonds commun et le restant à partager, par égales portions, entre les préempteurs autres que les chefs exclus par leur grade. (*Arrêté min. du 10 juin* 1848; *Circ. n°* 2260, *et Déc. du 10 juillet* 1849.)

Les peseurs ou emballeurs qui concourent matériellement aux opérations doivent être compris dans la répartition pour une demi-part de saisissant. (*Circ. man. du 16 juillet* 1849.)

Le contrôleur aux entrepôts a le droit de prendre part aux préemptions qui s'exercent dans l'intérieur de l'entrepôt, à la sortie par exemple; mais il n'est admis à participer aux préemptions effectuées hors de l'enceinte où se concentrent ses attributions qu'autant que son concours est réclamé par la majorité des vérificateurs. (*Circ. lith. du 8 sept.* 1847.)

Les avis directs donnent à l'indicateur droit au tiers du produit net. Les avis indirects et les démarches faites pour assurer la vente des objets préemptés donnent lieu, sur la proposition des chefs locaux et des directeurs, à une allocation fixée par l'administration à raison du degré d'utilité du concours prêté au service ; les payements effectués à ce titre sont justifiés par un certificat motivé des chefs locaux. (*Déc. min. du 29 septembre 1848 ; Circ. lith. du 3 octobre suivant.*)

Le produit des préemptions n'est réparti que sur l'autorisation de l'administration, à laquelle un projet de répartition doit être adressé, en double expédition, avec une copie du procès-verbal, l'acte de vente et un décompte faisant ressortir le produit net à partager. (*Circ. lith. du 3 octobre 1848 ; Déc. des 14 février 1849 et 28 septembre 1852 ; Doc. lith., n° 186.*)

On doit se borner à rappeler, en toutes lettres, en tête des états de répartition, la somme à partager, déduction faite du prix d'achat, des droits d'entrée et des frais. (*Déc. du 30 juillet 1851.*)

En cas de rétrocession, on ne fait mention dans le décompte et sous ce titre : *Montant du produit net par suite de rétrocession au préempté*, que de la somme à répartir. (*Déc. du 14 janvier 1852.*)

Exemple : Montant de la vente des marchandises..........

      A déduire, la somme payée au préempté....⎫
      —   le montant des droits.........⎬ ....
                                    ⎭

        Reste à mettre en répartition.........   (soit 600 fr.)

Au Trésor, moitié, 300 fr. ; aux retraites, 25/100, 75 fr. ; reste 225 fr. à diviser en quatre-vingt-trois parties, dont soixante-huit aux préempteurs et quinze au fonds commun.

S'il y avait un avis direct donnant droit au tiers du produit pour l'indicateur, on allouerait au Trésor 300 fr. et à l'indicateur 200 fr. ; les 100 fr. disponibles supporteraient la retenue de 25/100, soit 25 fr., de sorte que 75 fr. seraient divisés en quatre-vingt-trois parties.

Le mode de compter du produit des saisies est étendu aux préemptions. (*Circ. de la compt. gén. du 25 août 1834, n° 28*). Le montant de la somme payée au déclarant pour la valeur des marchandises préemptées est compris en dépense dans les frais de saisie, et il en est justié par la production, sur papier timbré, de la quittance de la partie prenante. (*Circ. de la compt. gén. du 15 octobre 1852, n° 60.*)

CHAPITRE V

MODE D'ACQUITTEMENT DES DROITS

SECTION PREMIÈRE

179. — Lorsque toutes les opérations de la visite sont consommées, les droits doivent être payés au comptant (*V.* n° 181) et sans délai (*Lois des 22 août 1791, titre XIII, art. 30, et 4 germinal an II, titre III, art. 11*), au bureau où la liquidation est effectuée (*Déc. du 9 juillet 1838*), à moins que le recouvrement n'en soit garanti conformément aux règlements.

Les droits de sortie sont dus et doivent être perçus avant l'embarquement ou le départ des bureaux des frontières de terre. (*Lois des 22 août 1791, titre 2, art. 26,*

titre 13, *art.* 30, *et* 4 *germinal an II, titre* 3, *art.* 11.) Pour prévenir toute compli-
cation, les permis doivent être divisés en raison de l'importance des embarquements
de chaque jour.

Dans les ports, quand le payement du droit de sortie est garanti soit par une consignation, soit par une soumission cautionnée, le montant n'en est liquidé et porté en
recette qu'après l'embarquement régulièrement constaté. (*Déc. du* 9 *juillet* 1858.)

A moins de payement définitif immédiat, c'est dans la colonne des garanties cautionnées que, en cas de consignation ou de soumission, doit figurer, au livre-journal,
le montant des liquidations du droit de sortie. Chaque jour le solde de cette colonne,
sauf les réalisations de la journée, doit pouvoir être représenté par le receveur, en
acquits de payement provisoirement conservés et appuyés d'une consignation ou
d'une soumission cautionnée. (*Déc. des* 16 *janvier* 1850 *et* 24 *janvier* 1859.)

180. — Toute fraction de centime terminant une liquidation doit être élevée à l'entier
au profit du Trésor : c'est le fort denier. (*Circ. du* 26 *février* 1818.)

181. — En ce qui touche les droits d'entrée et la taxe de consommation des sels,
l'obligation d'en effectuer le payement au comptant n'est pas absolue; ils peuvent,
sous les conditions déterminées, être réalisés aussi en effets de crédit. (*Lois des* 17
juillet 1791, *art.* 24; 22 *août* 1791, *titre* 13, *art.* 31, *et* 24 *avril* 1806, *art.* 53.)

182. — Les payements au comptant doivent être faits en monnaies ayant cours légal.
(*Circ. du* 3 *avril* 1834, n° 1435.)

Les pièces sensiblement altérées, rognées ou défectueuses, doivent être refusées.
(*Circ. des* 19 *avril* 1801 *et* 3 *avril* 1834, n° 1435.)

Les pièces d'argent qui n'ont aucune empreinte légale ou qui n'ont conservé aucune
trace de celles qu'elles ont pu avoir, et dont, par cette raison, le titre est inconnu, ne
peuvent être admises dans les caisses publiques.

Il n'y est reçu aucune division d'écus en paquets. Toutes les pièces données en
paquets doivent être comptées. Les receveurs sont tenus de s'assurer qu'elles ont l'empreinte ou au moins des traces de l'empreinte des monnaies ayant cours en France.
(*Déc. min. du* 26 *messidor an II; Circ. du* 4 *thermidor suivant.*)

La monnaie de cuivre et de billon de fabrication française ne peut être employée
dans les payements, si ce n'est de gré à gré, que pour l'appoint de la pièce de 5 francs.
Quant aux fractions de la pièce de 5 francs, on se sert des pièces de 2 fr., 1 fr.,
50 ou 20 cent. Ce n'est donc que pour ce qui ne peut être payé avec ces monnaies
que l'on a la faculté d'employer et de recevoir celle de cuivre ou de billon. (*Décret
du* 18 *août* 1812, *art.* 2, *et Circ. du* 31.)

Toutefois, par tolérance, on admet les monnaies de cuivre pour un quarantième
dans chaque payement. Il est alors fourni aux receveurs un sac par 25 fr. et les
paquets doivent être cachetés. (*Circ. du* 12 *août* 1809.)

Les monnaies de cuivre et de billon de fabrique étrangère ne peuvent être admises
dans les caisses publiques en payement de droits quelconques. (*Décret du* 11 *mai*
1807, *art.* 2, *et Circ. du* 4 *juin suivant.*)

Il en est ainsi notamment des monnaies de cuivre de la principauté de Monaco et
des monnaies de billon de la Suisse (les batz). (*Circ.* n°s 1689 *et* 1975.)

Les monnaies étrangères de cuivre et de billon n'ont pas cours en France et sont
prohibées à l'entrée; elles ne peuvent être admises à l'importation, sous le payement
des droits afférents à la matière brute dont elles sont formées, qu'après avoir été
brisées, coupées ou martelées en douane, de manière à ne pouvoir servir que
pour la refonte. (*Loi du* 22 *juin* 1846.) (1)

_____

(1) Ont cessé d'avoir cours légal et forcé et ne peuvent être reçues les pièces de 6
liards et de 10 centimes à la lettre N (*Loi du* 10 *juillet* 1845; *Circ.* n° 2078); les

Se conformant à l'art. 29 du Code d'instruction criminelle, le comptable doit, lorsque l'importance des faits l'exige, effectuer entre les mains de l'officier de police judiciaire le dépôt des pièces falsifiées ou altérées. (*Circ. lith. du 7 avril 1852.*)

Dans le cas contraire, les receveurs sont tenus de cisailler et de déformer les pièces reconnues fausses qui leur seraient offertes en payement; ils les remettent en cet état au porteur. (*Arrêté min. du 1er juin 1818, conforme aux anciennes lois et notamment à un édit du 15 février 1726.*)

Les émissionnaires peuvent, selon les circonstances, être conduits devant l'autorité judiciaire. (*Déc. du 28 juin 1852.*)

S'il arrivait que des pièces d'abord réputées fausses, d'après leur apparence extérieure, fussent, après avoir été cisaillées, reconnues de bon aloi par le comptable qui les aurait déformées, celui-ci ne devrait pas les rendre au porteur, mais les admettre pour leur valeur nominale. Les receveurs des finances les accepteraient à leur tour pour la même valeur, si également elles leur paraissaient bonnes, nonobstant le cisaillement. (*Déc. min. du 2 août 1845; Circ. du 14, n° 2079.*)

Les monnaies versées dans les caisses publiques ne peuvent être échangées, même sans prime, dans un but de spéculation. (*Circ. lith. des 20 décembre 1853 et 4 décembre 1857.*)

A raison de circonstances particulières, l'administration ne se refuse pas à autoriser des redevables à verser à la caisse d'une recette principale le montant des droits dus dans une autre principalité où le transfert a lieu par virement de fonds. (*Lettre de la compt. du 22 octobre 1859.*) V. n° 227.

183. — Dans les payements en espèces d'argent, de sommes de 500 fr. et au-dessus, le débiteur est tenu de fournir le sac et la ficelle. Chaque sac doit contenir de 500 à 1,000 fr., être en bon état et fait avec la toile propre à cet usage. (*Déc. du 1er juillet 1809, art. 2; Circ. du 29.*)

La valeur des sacs est payée (passe de sacs), par celui qui reçoit, à raison de 10 centimes par sac. (*Décret du 17 novembre 1852.*)

Les receveurs des finances ne peuvent refuser la passe de sacs aux receveurs des douanes qui versent des fonds. (*Lettre du directeur du mouvement gén. des fonds du 5 août 1831.*)

L'allocation des frais de bureau a pour objet de pourvoir aux dépenses comme celles de passe de sacs, quand les receveurs principaux reçoivent chez le receveur des finances des fonds de subvention pour le payement des appointements, etc. (*Déc. du 23 juin 1838*) (1).

---

pièces de 1 liard et de 2 liards, de 1 sou et de 2 sous, de 1 centime, de 5 et de 10 centimes à la tête de Liberté (*Décret du 13 mars 1856; Circ. n° 357*); les écus de 6 livres, 3 livres; les pièces de 24 sous, 12 sous et 6 sous tournois; les pièces d'or de 48 livres, 24 livres et 12 livres (*Circ. du 19 novembre 1834, n° 1463*); les pièces de 15 et de 30 sous (*Circ. du 22 juillet 1845, n° 2078*); les pièces de 20 francs à l'effigie de Louis XVIII, sans nom de graveur, portant au revers le millésime de 1815, la fleur de lis et la lettre R (*Arrêté min. du 7 décembre 1815, art. 1er; Circ. n° 98*); les pièces de 25 centimes (*Décret du 30 avril 1852; Circ. n° 61*); les pièces d'or de 10 francs, du diamètre de 17 millimètres (*Circ. du 22 mai 1855, n° 292*); les pièces d'or de 5 francs, du diamètre de 14 millimètres. (*Circ. du 8 mars 1859, n° 579.*)

(1) Quand les appointements d'un employé de bureau dépassent 500 fr., ou si, sur la demande des agents de bureau, le montant de leurs appointements leur est remis en masse, le receveur peut exiger la passe de sacs; mais dans aucun cas les agents de brigades ne la supportent: c'est aux capitaines à se pourvoir, comme ils l'entendent, des sacs nécessaires pour le transport des sommes destinées aux préposés. Les

184. — Les billets de la Banque de France et de ses comptoirs peuvent être reçus comme monnaie légale; mais les comptables ont, comme les particuliers, la faculté de les accepter ou de les refuser. Ainsi l'admission des billets de banque doit toujours être subordonnée à l'emploi que les receveurs peuvent en faire dans leurs versements. (*Circ. du 2 septembre* 1850, n° 2404.)

Il est recommandé à ces comptables de s'entendre à ce sujet avec les receveurs des finances. (*Déc. du 16 septembre* 1850.)

Les Circ. n⁰ˢ 2252 et 2265 font connaître les signes auxquels on peut distinguer les billets de banque contrefaits.

185. — En vue de concilier les exigences de la loi et les convenances du commerce, d'éviter les avaries qui pourraient résulter du séjour des marchandises sur les quais, à découvert, en attendant la production de la quittance des droits, de dégager les lieux consacrés aux visites, de ne pas suspendre les opérations pendant que le vérificateur régulariserait les écritures nécessaires, et de prévenir ainsi tout retard, on a été amené à adopter les dispositions suivantes :

Consignations. Dans tous les bureaux, le déclarant peut, pour garantir le payement des droits exigibles, en consigner le montant en numéraire ou en traites. (*Circ. de la compt. du 20 mai* 1826, n° 5, et *Déc. du 7 mars* 1836.)

Toute consignation doit être immédiatement constatée au registre spécial et donner lieu à quittance. (*Lettre de la compt. du 29 août* 1836.)

Les traites remises à titre de consignation sont susceptibles d'être échangées soit contre d'autres traites, soit contre du numéraire. (*Lettre de la compt. du 8 mars* 1825.)

On ne peut recevoir le montant d'une consignation qu'autant que le permis de mise en consommation a été délivré. (*Déc. du 28 avril* 1842.) A cet effet, le permis est présenté à la caisse où l'on assure la consignation d'une somme répondant à l'objet de ce permis, qui reçoit l'indication de la somme ainsi versée.

Le vérificateur qui, muni du permis, a été appelé à en suivre l'effet, doit refuser la remise des marchandises à l'égard desquelles les droits ne seraient pas consignés ou garantis. Pour les excédants qui ne donnent pas lieu à procès-verbal, cet agent doit exiger que l'intéressé justifie d'abord d'une consignation supplémentaire.

L'application aux droits des sommes dont les consignations garantissent le recouvrement doit être opérée chaque jour et constatée au registre série **M**, n° 22 *bis,* au moment où les droits sont inscrits en recette définitive. Les restitutions sont effectuées en même temps. (*Lettre de la compt. du 29 août* 1836.)

La consignation doit être régularisée dans un délai qui ne saurait dépasser une année. (*Déc. du 14 janvier* 1858.)

Si l'ayant droit refuse de recevoir le montant de la restitution d'une somme consignée, celle-ci est, dans les conditions rappelées au n° 230, versée à la caisse des dépôts et consignations. (*Déc. du 14 mars* 1859.)

186. — *Soumissions.* Dans les ports, il peut être permis de faire enlever les marchandises aussitôt après la visite et avant la liquidation des droits d'entrée, sous la responsabilité absolue des receveurs, moyennant une soumission cautionnée, de la part des déclarants dont la solvabilité est connue, d'acquitter le montant de ces droits dans un délai fixé, dans chaque localité, d'après les habitudes du commerce, mais qui, dans aucun cas, ne peut dépasser un mois. Le délai écoulé entre le jour

---

capitaines ne supporteraient, dans ce cas, la passe de sacs qu'autant qu'ils demanderaient des sacs au receveur. (*Déc. du 2 janvier* 1824.)

Le mode de payement en sacs et au poids ne prive pas celui qui reçoit de la faculté d'ouvrir les sacs, de vérifier et de compter les pièces en présence du payeur. (*Décret du 1ᵉʳ juillet* 1809, art. 4.)

de l'enlèvement des marchandises et celui où l'acquit est délivré, est retranché du délai du crédit. (*Déc. min. du 8 ventôse an IX, et Circ. du 15; Déc. du 22 juillet 1834.*)

La soumission dont il s'agit doit être faite sur papier timbré (timbre de dimension). (*Circ. lith. du 13 octobre 1845, rappelant les dispositions combinées des art. 1, 2, 12 et 29 de la loi du 13 brumaire an VII.*)

Mais le receveur doit refuser au commerçant qui n'a pas été reconnu admissible au crédit le bénéfice de cette exception. Pour obtenir alors la latitude de faire enlever avant liquidation et payement des droits les marchandises vérifiées, l'intéressé doit consigner en numéraire le montant des taxes.

Les commerçants admis à fournir des soumissions cautionnées ont la faculté d'acquitter, dans le délai fixé au 5e ou au 7e paragraphe de ce numéro, et qui sous aucun prétexte ne peut être dépassé, soit en numéraire avec escompte, soit en effets avec crédit calculé à partir de la date de la liquidation, le montant des droits ainsi garanti. (*Déc. du 8 décembre 1853.*)

Dans les grands ports, on doit considérer comme ayant eu lieu au comptant le versement effectué en numéraire dans les trois jours de la liquidation, quelles que soient les dispositions adoptées pour la régularisation des soumissions et sans jamais recourir, sauf le cas spécial qu'elle concerne, à l'exception rappelée au n° 671, § 20, note. (*Déc. du 22 juin 1859.*)

Tout redevable qui, dans ce délai, n'a pas acquitté le montant des droits liquidés, ne peut jouir de l'escompte. (*Déc. min. du 7 août 1840.*)

L'acquittement peut être retardé d'une journée lorsqu'un jour férié se rencontre dans ce délai de tolérance. Ainsi, par exemple, le montant des liquidations arrêtées le samedi doit être encaissé, au plus tard, le mardi suivant. (*Déc. du 2 août 1850.*)

Dans les localités *autres que les grands ports*, le versement en numéraire du montant des droits d'entrée, faisant l'objet d'une soumission cautionnée pour l'enlèvement immédiat des marchandises vérifiées, doit, pour donner lieu à escompte, être effectué aussitôt après la liquidation, quelles que soient les dispositions adoptées pour la régularisation des soumissions et sans jamais recourir, sauf le cas spécial qu'elle concerne, à l'exception rappelée au n° 671, § 20, note. (*Déc. des 23 octobre 1855 et 22 juin 1859.*)

Dans toutes les localités, le délai pour le payement en traites des sommes dont le recouvrement est garanti par des soumissions doit être fixé d'une manière générale. Il conviendrait qu'il ne fût jamais de plus de dix jours; mais les tolérances passées en usage à ce sujet sur certains points ne doivent pas être modifiées. Seulement, il ne faut pas perdre de vue que, dans toute hypothèse, les traites doivent avoir leur effet à dater de la liquidation des droits. (*Déc. du 9 septembre 1840.*)

Ces soumissions ne sont considérées que comme de simples garanties, et il ne doit en être fait recette à aucun titre. Provisoirement inscrites à un registre *ad hoc* et classées, elles ne figurent en recettes dans la colonne spéciale qu'au fur et à mesure et jusqu'à concurrence des quittances de droits dont le montant n'est pas encore réalisé, bien que le receveur ait dû s'en charger en recette immédiatement. (*Circ. de la compt. du 20 mai 1826, n° 5, et Lettre de la compt. du 20 juin 1833.*)

Les quittances ainsi formées ne sont remises au commerce qu'au moment de la régularisation par suite de payement en numéraire ou en traites, et justifient jusqu'alors des inscriptions au registre de recette et au livre-journal, à l'article *Soumissions*. (*Circ. du 24 décembre 1816, n° 230.*)

Quand les droits sont ensuite acquittés en numéraire ou en traites, la colonne des recettes en soumissions est immédiatement déchargée par la dépense, au moyen d'une conversion de valeurs, opération d'ordre sur le livre-journal, d'une somme égale aux valeurs prises en charge en dernier lieu. (*Déc. du 9 septembre 1840.*) Toutefois, si les droits sont acquittés le jour même de la liquidation, la recette figure, au livre-journal, en numéraire ou en traites; il n'y est pas fait mention alors de la soumission.

1

Ces soumissions doivent figurer sur l'état mensuel des crédits série E n° 62. (*Circ. man. du 23 décembre 1825.*)

187. — Dans les grands ports, les receveurs principaux sont autorisés à recevoir du commerce, à raison des sommes dont le recouvrement est garanti par une soumission cautionnée, *V.* n° 186, mais alors seulement que le payement s'effectue en numéraire, une indemnité de un dixième de centime par franc, comme compensation de la responsabilité engagée pendant le temps qui s'écoule entre le moment de la délivrance de la marchandise et le recouvrement effectif. Sous aucun prétexte, cette indemnité ne peut être accordée dans toute autre localité. (*Déc. min. du 2 mars 1831, transmise le 14.*) Pour les effets de crédit ou pour les sucres admis temporairement, *V.* n° 192.

188. — *Escompte.* Les redevables qui acquittent au comptant, c'est-à-dire en numéraire, les droits de douanes *à l'entrée*, lorsqu'il s'agit de déclarations donnant ouverture à une perception au-dessus de 600 fr., sont admis à jouir d'un escompte calculé sur quatre mois à partir du jour de la liquidation des droits. (*Arrêté du Min. des fin. du 11 janvier 1831, art. 1ᵉʳ; Circ.* n° 1242.) Pour les sels, *V.* Livre X.

Il en est de même à l'égard des payements en billets de banque, lorsque les receveurs reçoivent ces billets. (*Circ. du 2 septembre 1850,* n° 2404.) *V.* n° 184.

Ce qui détermine la date de la liquidation, ce n'est pas celle du certificat de visite, mais celle de l'inscription du droit sur les registres de liquidation et de recette. (*Déc. du 11 octobre 1851.*)

Le service doit être réglé de telle sorte que, une fois les certificats de visite délivrés, ceux de même date, concernant le même redevable, soient inscrits, dans la même journée, aux registres de liquidation. (*Déc. du 13 février 1834.*)

Cet escompte est réglé à raison de 3 %. (*Arrêté min. du 22 septembre 1860; Circ. du 24,* n° 690.)

Le fractionnement de l'escompte afférent à l'acquittement des droits de douane est formellement interdit. (*Déc. min. du 2 mars 1831, Déc. du 21 mai 1853, et Circ. de la compt. du 16 oct. 1860,* n° 78.) Il n'existe d'exception que pour les sels. *V.* n° 676.

En cas de modification dans le taux de l'escompte, l'escompte à payer est celui qui est dû au moment de la liquidation, sans tenir compte du délai ordinaire pour la réalisation. (*Déc. du 27 août 1850.*)

En matière d'escompte ou de crédit, il est permis de cumuler, pour former la somme de plus de 600 fr., toutes les liquidations du même jour relatives à des déclarations faites, à des dates différentes ou non, par le même redevable. (*Circ. des 12 octobre 1839,* n° 1778, *et 26 janvier 1840,* n° 1792; *Tarif* n° 240.)

L'escompte devant être présenté séparément pour chaque payement, il pourra arriver, particulièrement sur les frontières de terre, qu'après avoir levé une quittance de moins de 600 fr. la même personne soit dans le cas d'en lever le même jour une ou plusieurs autres qui, réunies à la première, excèdent cette somme, et qu'usant de la faculté accordée par les règlements elle réclame le bénéfice de l'escompte sur l'ensemble des droits énoncés dans ces diverses quittances. Dans ce cas, on prélève la totalité de l'escompte sur la dernière perception, et une note mise à la souche du registre de recette rappelle les numéros des autres quittances auxquelles s'applique aussi cet escompte. (*Circ. du 8 mars 1838,* n° 1675.)

Si les suppléments de droits exigibles sur les machines et mécaniques, *V.* n° 150, d'après les décisions du comité consultatif des arts et manufactures, s'élèvent à plus de 600 fr., ils donnent lieu à l'allocation du crédit ou de l'escompte (*Circ.* n° 2418), mais sans qu'ils puissent, dans aucun cas, être réunis aux perceptions primitives. (*Déc. du 11 juillet 1844.*)

Les sommes exigibles à titre de complément de droits sont dues à la date de la liquidation primitive. (*Déc. du 21 mai 1853.*)

L'escompte ou le crédit peut, sous les conditions réglementaires et lorsque l'acquittement s'effectue sans retard, être accordé pour le payement, soit du simple droit d'entrée sur les marchandises faisant l'objet de déficits en entrepôt réel ou de déficits et même de soustractions en entrepôt fictif, soit de la simple taxe de consommation afférente aux déficits de sels dans les entrepôts ou dans les ateliers de salaisons, attendu que, si l'on n'exige qu'une certaine somme à titre d'amende, c'est qu'elle constitue une répression suffisante. (*Déc. des 21 février 1843, 11 juin 1844 et 16 février 1846.*)

Pour l'allocation de l'escompte ou la dispensation du crédit, le service n'a pas à s'immiscer dans la question de propriété. *V.* n°s 33 et 142. Le cumul des acquits de payement est de droit lorsque les personnes qui présentent des marchandises pour la consommation font des déclarations en leur propre et privé nom ; mais, lorsqu'elles forment des déclarations pour le compte de tiers, propriétaires ou destinataires des marchandises, on opère alors comme si chacun de ces derniers avait produit isolément sa déclaration. Ainsi, à la frontière ou dans les ports, le facteur, commissionnaire ou agent de chemin de fer qui juge convenable de déclarer en son propre nom les marchandises qu'il reçoit, obtient la faculté de cumuler les liquidations. Il en est autrement à l'égard des marchandises arrivant sous le régime du transit international, avec des acquits-à-caution et des déclarations signées par les expéditeurs ; dans ce cas, en effet, l'agent ou facteur ne peut être considéré et agir que comme mandataire des propriétaires. (*Déc. du 18 septembre 1857.*)

Dans aucune circonstance, la compagnie concessionnaire d'un entrepôt ou d'un dock ne peut, afin d'obtenir l'escompte ou le crédit, réunir sous son nom un certain nombre de déclarations, dont chacune n'aurait pas donné ouverture à cette bonification. (*Déc. du 23 mai 1850.*)

Les règles concernant le crédit et l'escompte s'étendent à la taxe sur les tabacs de santé et d'habitude, classée parmi les droits de douanes. Toutefois, chaque importation devant être renfermée dans les limites d'une provision *personnelle,* un commerçant ne peut être admis à cumuler, pour le crédit ou l'escompte, les sommes qu'il acquitte ainsi pour des tiers avec celles qu'il paye pour son propre compte. (*Déc. du 11 mars 1853.*)

Il n'est pas dans l'esprit des règlements d'accorder l'escompte ou le crédit pour des acquits de minuties. Le montant des acquits au-dessous de 10 fr. doit rester en dehors. (*Déc. du 15 décembre 1837.*) Cette disposition n'est applicable qu'autant que le service est fondé à penser que le minimum donnant ouverture à l'escompte n'a été atteint que par la connivence d'intérêts divers. (*Déc. du 21 mars 1859.*)

Dans le cas de faillite, le payement, par anticipation, des traites non échues ne donne aucun droit à l'escompte pour le temps qui reste à courir (*Déc. du 6 juin 1833*), à moins d'une autorisation spéciale de l'administration, et dont une copie doit être produite à l'appui de la quittance d'escompte. (*Déc. du 21 juin 1844.*)

Une dérogation à la décision ministérielle du 2 mars 1831 (*V.* 6me § de ce n°) ne saurait être autorisée que dans des circonstances tout-à-fait exceptionnelles, et surtout lorsqu'il y a lieu de craindre de nouveaux retards de payement à l'échéance des traites. (*Déc. du 9 octobre 1858.*)

Pour l'escompte sur droit de consommation des sels, *V.* n° 676.

L'escompte est bonifié par le receveur du bureau où s'opère la perception. Si elle a eu lieu dans un bureau surbordonné, il doit y être passé écriture de l'escompte, dont le receveur principal fait dépense, à son tour, comme de payements effectués pour son compte, et non comme de payements directs, alors même que, sur la demande de l'intéressé, l'escompte lui aurait été payé au bureau principal. (*Lettre de la compt. gén. du 21 décembre 1831.*)

Le montant des droits liquidés est porté en recette, savoir : en numéraire, pour la somme ainsi acquittée, et, sans mouvement de valeur, pour la somme représentant l'escompte, qui figure de même en dépense. (*Déc. du 17 novembre 1857.*)

Les receveurs doivent toujours établir la réfaction de l'escompte au moment même où le droit est acquitté, sans attendre que les redevables le demandent. (*Circ. du 18 février* 1824, n° 855.)

Lorsque la bonification de l'escompte n'a pas lieu immédiatement, soit par suite d'une omission, soit parce que le payement, assuré par une soumission cautionnée, n'est réglé que quelques jours après la liquidation et l'inscription en recette, la dépense ne doit être constatée qu'au moment où le règlement est effectué. (*Lettre de la compt. gén. du* 21 *mai* 1834.)

En payant les escomptes, les comptables font signer au redevable la quittance d'escompte. Cette quittance peut être signée par la personne qui effectue, au nom du redevable, le payement des droits. (*Circ. de la compt. du* 30 *décembre* 1826, n° 9.)

Ces écritures précèdent toujours le mandat délivré par le directeur après vérification des pièces justificatives de comptabilité. (*Circ. man. du* 26 *mai* 1828.)

189. — *Crédit.* Dans les cas et moyennant les garanties déterminées ci-après, les receveurs des douanes peuvent, sous leur responsabilité, recevoir des effets à terme pour l'acquittement des droits. (*Lois des* 17 *juillet* 1791, *art.* 24, *et* 22 *août* 1791, *titre* 13, *art.* 31.)

Le crédit n'est accordé que pour les droits de douane à l'entrée et pour la taxe de consommation du sel.

Il n'est applicable que lorsque la déclaration donne ouverture à une perception de plus de 600 fr. (*Loi du* 24 *avril* 1806, *art.* 53.)

La durée du crédit pour le payement des droits de douane est limitée à quatre mois. (*Déc. min. du* 18 *juin* 1816; *Circ.* n° 174.)

Elle part de la date de la liquidation des droits. (*Circ. des* 8 *mars* 1838, n° 1675; *et* 12 *octobre* 1839, n° 1778.)

Pour le cumul des déclarations ou des liquidations, *V. Escompte,* n° 188.

Lorsqu'on admet la réunion en une seule traite de liquidations de dates différentes, s'élevant chacune à plus de 600 fr., la durée du crédit accordé remonte à la date de la plus ancienne, le commerce restant libre, d'ailleurs, dans la limite des conditions du crédit, de remettre des traites distinctes en rapport avec la date respective de chaque liquidation. (*Circ. des* 8 *mars* 1838, n° 1675; 12 *octobre* 1839, n° 1778, *et* 26 *janvier* 1840, n° 1792.)

Quel que soit le délai toléré par l'administration, dans les différentes localités, au sujet du règlement des soumissions cautionnées reçues pour l'enlèvement immédiat des marchandises vérifiées, *V.* n° 185, le crédit est toujours calculé à partir de la date de la liquidation des droits. (*Déc. des* 22 *avril* 1826 *et* 23 *octobre* 1855.)

Le crédit est accordé par les receveurs principaux dans les conditions réglementaires. Les receveurs subordonnés ne peuvent faire crédit des droits qu'avec l'autorisation du receveur principal et en lui soumettant à l'avance les effets qui leur sont présentés en garantie de payement par les redevables. (*Circ. des* 27 *mai* 1820, n° 570, *et* 16 *décembre* 1822, n° 771; *Tarif* n° 246.)

Les traites admises dans un bureau subordonné, avec l'autorisation du receveur principal, doivent être passées à l'ordre de celui-ci (*Circ. du* 3 *juillet* 1806); mais le crédit est censé accordé à la résidence du receveur subordonné, qui doit en faire écriture. (*Déc. des* 8 *février* 1822 *et* 15 *mars* 1827.) Toutefois, le receveur principal seul tient les registres de crédit, série E, n°ˢ 55, 56 et 57.

Le crédit a lieu sous la garantie d'effets à termes et négociables, fournis par les redevables.

Les effets ou papiers de crédit admissibles en payement des droits de douane, à l'entrée, ou du droit de consommation du sel, sont de deux sortes : les uns consistent en obligations directes créées spécialement par les redevables eux-mêmes; les autres en effets de commerce ou de portefeuille, dits *papier fait.*

Les obligations sont souscrites par le redevable du droit crédité, c'est le principal obligé, et dûment garanties par une ou plusieurs cautions, s'engageant au même titre que le principal obligé.

Les autres effets (papier fait) sont des traites ou lettres de change ou des billets à ordre.

Si ce sont des traites ou lettres de change, elles doivent offrir les signatures du tireur, d'un ou de plusieurs endosseurs, et être de plus acceptées. (*Circ. du 27 mai 1820*, n° 570.)

Les billets à ordre ne peuvent être admis qu'autant qu'ils sont libellés suivant les prescriptions des art. 187 et 188 du Code de commerce, afin qu'aucun des signataires n'échappe à la solidarité (*Déc. du 1er juillet 1820; Tarif* n° 242.) (1).

Quelle que soit la nature des effets de crédit, ils doivent être sur papier timbré;

A terme fixe, et renfermés, pour les échéances, dans les limites déterminées pour le crédit;

Passés à l'ordre du comptable par le redevable, avec cette mention expresse : *valeur en droits de douane* ou *valeur en droit de consommation du sel*;

Transmissibles par la voie de l'endossement ;

Sans fraction de franc et divisés par sommes qui ne peuvent excéder 10,000 fr. (afin d'en faciliter l'emploi);

Payables au domicile du receveur général du département ou du receveur de l'arrondissement (2), à moins qu'il ne s'agisse de traites payables à Paris. (*Circ. des 27 mai 1820*, n° 570, *et 29 décembre suivant*, n° 627; *Arrêté du Min. des fin. du 9 décembre 1822, art.* 8, *et Tarif* n° 242.) (3).

Les effets de commerce et billets négociables ou non négociables, envoyés au Trésor sans être timbrés, conformément à l'art. 18 de la loi du 24 mai 1834 (*Bulletin des Lois*, n° 127), seront immédiatement présentés au bureau de l'enregistrement pour l'application des pénalités de l'art. 19 de la même loi, et les receveurs auront

---

(1) Les bons du Trésor ne peuvent être reçus comme obligations de crédit. (*Déc. du* 17 *décembre* 1857.)

(2) L'obligation peut aussi être payable à tout autre domicile, pourvu qu'il soit dans le lieu de la résidence du receveur général ou du receveur de l'arrondissement. Dans le cas où les débiteurs préfèrent, pour le payement, le domicile de l'un ou l'autre de ces receveurs, ce choix ne les oblige à acquitter aucun frais ni commission. (*Déc. min. transmise par la Circ. du* 7 *décembre* 1820, n° 621.)

(3) *Modèle d'obligation pour les droits de douanes et de consommation du sel :*
A   le   Bon pour   Le   186 , nous soussignés, (*les prénoms et le nom du principal obligé*), négociant, demeurant à
, principal obligé, et   (*les prénoms et le nom de la caution*) caution dudit (*rappeler les prénoms et le nom du principal obligé*), demeurant à
paierons solidairement à M.   , receveur à   ou à son ordre, dans le lieu de la résidence du   (*les obligations ne pouvant être payables que dans le lieu où réside soit un receveur général, soit un receveur particulier des finances, indiquer le lieu de cette résidence*) au domicile de
(*les débiteurs des obligations ayant la faculté de les acquitter, soit à leur domicile, s'ils résident dans le même lieu que le receveur général ou particulier, soit à celui de ces receveurs, soit à tout autre, pourvu qu'il soit également dans ce lieu, on expliquera quel est, parmi ces domiciles, celui qu'ils auront choisi*) la somme de
valeur en droits de (*douanes ou consommation de sel*), suivant la déclaration de l'un de nous, faite en ce bureau, le   n°   . (*Circ. du* 7 *décembre* 1820, n° 621.)

La *solidarité* doit toujours être stipulée dans l'engagement des cautions pour crédits de droits de douanes et de la taxe de consommation des sels. (*Déc. min. du* 15 oct. 1840.)

personnellement à subir toutes les conséquences des infractions par eux commises aux lois sur le timbre proportionnel. (*Circ. du 14 juillet 1843, n° 1977.*)

La suppression des centimes n'est de rigueur que pour les obligations spéciales créées pour le payement des droits. Les effets de portefeuille, dits *papier fait*, peuvent être reçus quoiqu'ils comprennent des centimes et des fractions de centimes, sauf à ne pas faire mention dans les écritures des *fractions de centimes*, dont il n'est pas d'ailleurs tenu compte à celui qui fournit les traites. (*Circ. du 17 octobre 1826, n° 1011*).

Le receveur des douanes ne peut admettre comme principal obligé, endosseur ou caution des effets de crédit, que des personnes d'une solvabilité notoire au moment où il accepte leurs signatures.

Les cautions doivent être entièrement séparées d'intérêts, c'est-à-dire ne se trouver ni en associations commerciales, s'il s'agit de négociants, ni en communauté de biens, soit entre elles, soit avec le principal obligé ou avec une première caution.

Il appartient aux receveurs principaux de prendre les informations et de faire toutes les recherches nécessaires pour établir la qualité des personnes, et pour l'appréciation de leur solvabilité. Sous le contrôle de l'inspecteur et du directeur, et avec l'approbation de celui-ci, c'est aux receveurs principaux d'apprécier la solvabilité des principaux engagés et des cautions. L'administration ne saurait substituer sa responsabilité à celle du directeur dans la fixation des crédits. (*Déc. du 13 janvier 1858.*)

L'examen de la solvabilité notoire des redevables doit se faire avec circonspection, sans porter des investigations indiscrètes jusque sur la constitution des familles. Ainsi on ne doit pas réclamer de certificats des bureaux des hypothèques, etc. (*Déc. du 8 mai 1858.*)

S'il est jugé admissible au crédit, le déclarant, qu'il soit propriétaire ou non des marchandises, signe les traites produites et les fait cautionner dans les conditions réglementaires.

Mais, dès qu'il souscrit des traites au nom d'une société commerciale, tout individu doit y être autorisé par les statuts; et c'est alors la solvabilité de la société qui est appréciée. (*Déc. du 8 janvier 1858.*)

Les crédits qu'ils accordent ne doivent pas atteindre les limites de la solvabilité connue des redevables, ou autres, mais rester constamment au-dessous de la fortune présumée de chacun d'eux.

Si la fortune de ceux qui ont à s'engager envers la douane consiste en biens fonds, le receveur doit s'assurer d'abord que ces biens sont libres d'hypothèque pour une somme notablement supérieure au montant des droits dont ils garantissent le crédit.

Le rapport entre la fortune d'un redevable ou d'une caution et ses engagements envers la douane ne s'établit pas pour le seul crédit qu'il s'agit d'accorder, mais pour l'ensemble des crédits ou obligations antérieurs qu'il a déjà contractés, soit comme redevable direct, soit comme caution, et l'on doit être d'autant plus attentif sur ce point que les négociants sont dans l'usage de se cautionner mutuellement. (*Circ. du 27 mai 1820, n° 570.*)

En matière de concession de crédits, ce qui domine c'est l'obligation pour le comptable de s'éclairer sur la situation de fortune des redevables et de rechercher quelle peut être l'étendue de leurs opérations. Lorsqu'un négociant se trouve engagé dans diverses entreprises, sur plusieurs points à la fois, et s'il peut réclamer dans les différentes localités la faculté du crédit, il appartient aux receveurs intéressés de se concerter entre eux, afin de déterminer dans quelle proportion chaque receveur peut concourir à la distribution des crédits pour une même personne, à titre de principal obligé ou de caution. Là où se trouve son principal établissement (art. 102 du Code Civil), et c'est un point à l'égard duquel les receveurs doivent également s'entendre, le redevable peut présenter des effets de crédit revêtus de deux signatures, la sienne et celle d'une caution habitant le même lieu ; tandis que dans les autres localités, il a besoin, comme principal obligé, de deux cautions à la résidence du receveur, ou bien s'il intervient comme caution, le principal obligé doit avoir une caution supplétive. (*Circ. lith. du 4 mai 1857; Déc. du 30 août 1862.*)

Le commis d'un négociant, alors même qu'il serait autorisé par un pouvoir régulier à représenter celui-ci en douane, V. n° 33, ne peut être admis à cautionner une autre maison de commerce, si d'ailleurs le mandat ne lui en confère pas absolument le droit. (*Déc. du 15 avril 1848.*)

L'engagement de la caution peut être signé par un tiers agissant en vertu d'une procuration spéciale, dont une expédition authentique reste alors déposée à la recette principale. (*Déc. du 30 novembre 1859.*)

Le receveur est tenu, sous sa responsabilité, de s'assurer de l'authenticité des signatures dont sont revêtus les effets de crédit. (*Tarif* n° 243.)

Aucun effet de crédit, de quelque espèce qu'il soit, ne peut être accepté par le receveur des douanes s'il ne porte la signature au moins de deux personnes habitant le lieu de sa résidence, et réunissant les conditions prescrites de solvabilité et de non communauté d'intérêt. (*Circ. du 27 mai 1820.*)

Toutefois, les receveurs sont autorisés à se contenter d'une seule signature offrant les conditions requises, et à accepter, en remplacement de la seconde signature, le transfert en leur nom, à titre de nantissement, de marchandises existant dans les entrepôts réels ou dans les magasins généraux de dépôt, en quantité suffisante pour répondre de l'acquittement des droits à l'échéance. (*Circ. du 8 avril 1848, n° 2236.*)

Dans le cas où le principal obligé habite la même résidence que le receveur, il suffit que la caution, ou l'une des cautions, ou l'un des tiers-porteur, accepteur ou endosseur, y réside aussi. S'il n'habite pas ce lieu, il est indispensable qu'au moins deux des autres engagés y soient domiciliés de fait.

On considère comme habitant le lieu où réside le receveur principal qui dispense un crédit les personnes dont le domicile réel est à la résidence du receveur subor-- donné qui a liquidé les droits, et qui peut encaisser les traites avec autorisation de son chef. (*Déc. des 10 août 1822 et 21 mai 1823.*)

Pour la validité des effets de crédit, il suffit que deux des signataires aient leur domicile dans la circonscription de la recette principale. (*Déc. du 6 juin 1860.*)

Une garantie hypothécaire ne peut, à raison des difficultés dans les recouvrements, être admise pour suppléer une caution. (*Déc. du 3 mai 1848.*)

Dans les conditions matrimoniales qui lui ont laissé la propriété distincte de ses biens, une femme peut valablement cautionner son mari; mais on ne doit point admettre cette garantie, la loi du 13 décembre 1848 disposant qu'en aucune matière, la contrainte par corps ne pourra être exercée simultanément contre le mari et la femme. (*Déc. du 3 décembre 1852.*)

Dans les douanes de premier ordre, c'est-à-dire à Marseille, Bayonne, Bordeaux, Nantes, Rouen, Le Havre, Dunkerque, Lille et Strasbourg, les crédits ne sont pas limités. (*Arrêté min. du 9 décembre 1822, art. 5.*)

Pour les autres bureaux, dont le directeur général arrête le tableau, les crédits sont, à raison de la nature des opérations commerciales ou de la moindre importance des taxes qui s'y perçoivent, prévus et limités à l'avance. A cet effet, il est formé en chacun de ces bureaux, un tableau des personnes dont la signature est acceptable et pour quelle somme individuellement.

Cet état est renouvelé tous les trois mois. Les receveurs le soumettent avant la fin du trimestre à l'examen des inspecteurs, en expliquant que la somme proposée pour chaque négociant est au-dessous de ses ressources et de sa solvabilité bien connues.

Les directeurs, d'après les observations des inspecteurs et les renseignements recueillis par eux-mêmes, approuvent ou restreignent les fixations proposées,

Les receveurs restent libres de refuser les crédits ainsi autorisés, mais ne peuvent jamais les dépasser. (*Arrêté min. du 9 décembre 1822, art.* 5.)

Si, dans le courant d'un trimestre et après les fixations de crédit approuvées, il est fait des demandes pour obtenir des accroissements de crédit, les receveurs doivent en référer à l'inspecteur et au directeur et dire s'ils les jugent admissibles sans attendre la formation d'une nouvelle liste; mais ils ne peuvent y avoir égard tant qu'ils n'ont pas reçu l'approbation du directeur. (*Circ. du 16 décembre 1822,* n° 771.)

Même sous sa responsabilité absolue, le receveur ne peut excéder les limites de crédit fixées par le directeur. (*Déc. du 4 juillet* 1857.)

La dispensation du crédit est facultative de la part des receveurs principaux ; mais ils ne peuvent arbitrairement, pour des motifs étrangers à la solvabilité des négociants, les priver de cette faculté. (*Déc. du 14 février* 1825.)

Les sommes pour lesquelles les receveurs peuvent admettre les signatures des redevables directs et de leurs cautions doivent être inscrites, par trimestre, au livret série E, n° 57, renouvelé chaque année.

Les crédits y sont exprimés par une seule somme, sans distinction entre les engagements à contracter à titre soit de principal obligé, soit de caution.

Dans les bureaux où les limites des crédits sont éventuellement déterminées par les directeurs, les fixations faites en dehors des listes trimestrielles sont aussitôt relatées au livret n° 57.

Les listes, ainsi que les approbations partielles, doivent être conservées avec soin, afin d'être produites, au besoin, comme preuve de l'exactitude des enregistrements.

Dans les grandes douanes, où les crédits ne sont pas ainsi limités, les receveurs fixent eux-mêmes, vers la fin de chaque trimestre, au moyen d'inscriptions au livret n° 57, les crédits qu'ils reconnaissent pouvoir accorder, sauf à ajouter les nouvelles fixations.

Au moment même de l'encaissement et suivant l'ordre de réception, les receveurs principaux inscrivent les effets de crédit au sommier général série E, n° 55, puis au compte ouvert à chaque redevable (1) sur le registre série E, n° 56. (*Arrêté min. du 9 décembre 1822, art.* 1er.)

En déduisant des valeurs reçues le montant des extinctions par suite de payement des effets à échéances, et en tenant compte des écritures relatives aux soumissions cautionnées, on obtient, à toute époque, la balance et la situation de chaque engagé. (*Même Arrêté, art.* 2.) C'est ainsi que les receveurs reconnaissent si les nouvelles facilités demandées n'excèdent pas les limites des crédits éventuellement fixés, et si l'on peut, dès lors, accorder ces facilités.

A la fin de chaque journée, les valeurs inscrites au registre série E, n° 55, sont additionnées ; on reporte au-dessous du total le résultat des journées précédentes, et, à l'expiration du mois, l'ensemble des recettes est arrêté.

Pour connaître, à vue du registre 56, la situation de chaque engagé, il suffit d'opérer, lorsque cela est nécessaire, sur une feuille volante. Ce n'est que le premier jour de chaque mois que le receveur établit, sur le registre, la balance des extinctions, en faisant précéder le résultat des mots : *Situation au* 1er...... C'est ce registre qui sert à former les tableaux généraux de crédits série E, n° 62, à l'exception des

---

(1) Par redevables on entend ceux dont la signature a dû être nécessairement exigée, c'est-à-dire les principaux obligés et leurs cautions. Ainsi on ouvre un compte à chacun des signataires d'une obligation créée pour le paiement des droits, et à ceux en raison de la signature desquels on a reçu les traites ou billets à ordre, négligeant par conséquent les signatures auxiliaires dont ces derniers effets peuvent être revêtus.

colonnes de ces états intitulées : *Engagements sur soumissions cautionnées.* (*Circ. du 16 décembre 1822, n° 771.*)

A la fin de chaque mois, les receveurs forment, d'après le livre des comptes ouverts, un tableau général série E, n° 62, présentant, par ordre alphabétique, toutes les personnes admises par eux au crédit, soit comme redevables directs, soit comme cautions, et indiquant les sommes dont chacune d'elles répond sous l'un et l'autre titre; ils certifient l'exactitude de ces tableaux et les remettent aux inspecteurs dans les trois premiers jours du mois suivant. Ceux-ci consignent, au pied, leurs observations sur la régularité des crédits, et les font passer aux directeurs, qui doivent les transmettre sans retard à l'administration après les avoir revêtus également de leurs observations. (*Circ. du 27 mai 1820, n° 570 ; Arrêté min. du 9 décembre 1822, art. 8, et Circ. du 16 du même mois, n° 771.*)

Ces apostilles se réduisent naturellement, pour les douanes où la quotité des crédits est appréciée et fixée à l'avance par les directeurs, à attester que les crédits sont conformes en tous points aux instructions données aux receveurs.

Si au contraire ces instructions n'ont pas été exactement suivies, les certificats doivent faire connaître avec précision pour quel crédit et sous quel rapport elles ont été éludées.

Quant aux principales douanes, où n'a pas lieu la limitation préalable des crédits, si les inspecteurs et les directeurs élèvent des doutes sur la régularité d'un crédit, sur la solvabilité du redevable direct ou des cautions, ils les font connaître au receveur, attendent ses explications, et, s'ils ne les trouvent pas satisfaisantes, ils s'en expliquent catégoriquement sur les tableaux généraux. Pour tous les autres crédits, l'inspecteur et après lui le directeur doivent se borner à dire qu'ils leur paraissent accordés avec discernement. (*Circ. du 16 décembre 1822, n° 771.*)

Les effets de crédit reçus par les receveurs principaux sont passés par eux à l'ordre du caissier central du Trésor à Paris, et lui sont adressés directement par ces comptables tous les dix jours, c'est-à-dire les 1er, 11 et 21 de chaque mois. (*Arrêté du Min. des fin. du 15 avril 1822; Circ. du 19, n° 719.*)

Ces effets sont accompagnés, pour chaque envoi, d'un bordereau descriptif, en simple expédition. (*Arrêté min. du 9 décembre 1822, art. 3 ; et Circ. du 30 décembre 1844, n° 1049.*)

En effectuant cet envoi, les receveurs en donnent avis au directeur du mouvement général des fonds. (*Circ. du 2 février 1825, n° 903.*)

La minute du bordereau descriptif restant entre les mains du comptable justifie provisoirement de la dépense, en cas de vérification. (*Circ. du 16 déc. 1822, n° 771.*)

Les récépissés du caissier du Trésor, à Paris, après avoir été contrôlés, sont adressés directement aux receveurs principaux des douanes, qui les comprennent dans un inventaire spécial, à l'appui du bordereau mensuel. On énonce sur cet inventaire les récépissés du troisième envoi, alors même qu'ils ne seraient pas encore parvenus, sauf à les envoyer séparément à la comptabilité générale. (*Circ. de la compt. du 10 septembre 1833, n° 26.*)

190.—Si les effets reçus en payement des droits ne sont pas acquittés à l'échéance, le renvoi en est fait par le caissier du Trésor, dans les délais de rigueur, au receveur général du département d'où elles sont provenues, lequel en fournit récépissé au caissier général, et est chargé d'en réclamer le remboursement immédiat auprès du receveur du bureau principal des douanes où elles ont été admises ; ce remboursement est fait sur la représentation du protêt. Le comptable fait ensuite les poursuites nécessaires contre les souscripteurs, accepteurs et endosseurs, pour assurer les droits du Trésor et en recouvrer le montant. (*Déc. du Min. des finances, transmise par la Circ. du 19 avril 1822, n° 719.*) V. n° 1126.

Le receveur prélève le montant de ce remboursement sur ses recettes courantes et s'en constitue provisoirement en débet. Il en informe, le même jour, le directeur, et celui-ci est tenu, de son côté, d'en rendre compte à l'administration par le même courrier, en attendant qu'il ait fait ou ordonné les vérifications nécessaires, pour juger si la responsabilité du receveur est engagée au point qu'il doive couvrir immédiatement de ses deniers le débet provenant de ses effets protestés.

Le rapport circonstancié que le directeur est tenu de faire doit être transmis à l'administration dans les quinze jours qui suivent l'événement; il fait connaître le résultat des informations prises par les inspecteurs et par les directeurs eux-mêmes sur toutes les circonstances des affaires; il exprime l'opinion de ces derniers sur la question de responsabilité. (*Circ. du 27 mai 1820, n° 570.*)

En cas de faillite d'un redevable, principal obligé ou caution (*V.* n° 1126), son compte de crédit sur le registre série E, n° 56, est arrêté, avec indication de la cause, à l'époque de la suspension des payements. On cesse de porter les effets en extinction; mais, au commencement de chaque mois, on indique, par une seule somme, le montant des recouvrements obtenus à quelque titre que ce soit. (*Circ. du 16 décembre 1822, n° 771.*) (1)

Les intérêts du montant des droits crédités courent, en cas de faillite, du jour de la délivrance de la contrainte jusqu'à parfait payement. (*Jug. du trib. civil de Marseille du 1er juillet 1853; Doc. lith. de 1858, n° 198.*)

L'administration doit être exactement et immédiatement informée par les directeurs, sous le timbre du contentieux, non seulement des faillites ou suspensions de payement (protêt à échéance de traites) des redevables, principaux engagés ou cautions, mais encore de tous les incidents qui peuvent affecter les intérêts du Trésor ou modifier les conditions primitives des crédits. (*Circ. du 28 juin 1839, n° 1758.*) Il en est ainsi quand le receveur se fait donner des cautions supplétives autorisées par l'art. 444 du Code de commerce. (*Circ. lith. du 1er décembre 1841.*)

Les directeurs doivent, sans retard, informer la compt. gén. de toute faillite de

---

(1) Si les cautions offraient de réaliser le montant des traites à échoir, le directeur, sur la proposition du receveur principal, en demanderait, par l'intermédiaire du receveur général des finances, le renvoi immédiat. En attendant, les versements seraient inscrits aux consignations, opérations de trésorerie.

Les traites négociées ne pouvant être présentées à l'encaissement qu'au fur et à mesure des échéances, il convient de les inscrire séparément au registre de recette à souche, série M, n° 23 C *bis*, afin qu'il soit possible de rapporter, à l'appui de chaque application partielle, une des quittances détachées de ce registre. (*Circ. de la compt. du 10 décembre 1856, n° 72.*)

Aux termes de l'art. 1254 du Code civil, les recouvrements sur des obligations non acquittées à échéance doivent être appliqués aux intérêts avant de l'être au capital. Les décomptes établis en double expédition et revêtus du certificat de l'inspecteur doivent présenter les indications suivantes:

Obligations échues le... (capital et frais) (retard dans le payement) (intérêts)

— le...

Total... fr. Total... fr.

Recouvrement du....... fr.
A déd., les intérêts dus

Reste, à retrancher du
capital.......... fr. fr.

Reste dû... fr.
Recouvrement du... (*Lettre de la compt. du 27 septembre 1837.*)

redevables et indiquer les sommes dont ceux-ci sont débiteurs envers le Trésor comme principaux engagés et comme cautions. (*Circ. de la compt. gén. du 26 décembre 1833, n° 27.*) V. n° 38.

Pour les autres faits, la correspondance est timbrée 2ᵉ division, 4ᵉ bureau. (*Circ. lith. du 8 avril 1848.*)

Dans tous les cas de faillite, de suspension de payement ou de protêt à l'échéance (*V.* n° 1126), la question de responsabilité du receveur doit être examinée et résolue aussitôt que la faillite est déclarée ou seulement connue. En conséquence, les directeurs transmettent à l'administration, dans les huit jours qui suivent celui où ils ont rendu compte d'une faillite, tous les renseignements propres à l'éclairer sur la marche suivie par le receveur dans la dispensation du crédit. (*Déc. min. du 12 février 1831; Circ.* n° 1248.)

Ils examinent et discutent principalement :

1° En quoi consistent les obligations remises en nantissement des droits crédités; 2° si les effets établissent explicitement la solidarité des redevables, et si le dernier endossement est libellé de manière à conserver le privilége du Trésor; 3° si les *immeubles* appartenant aux principaux obligés et à leurs cautions étaient libres d'hypothèques lors de l'acceptation des traites. 4° Les signataires étaient-ils associés, communs en biens ou unis d'intérêts? 5° Dans le cas où le failli aurait été admis à cautionner d'autres négociants, présentait-il une garantie suffisante pour le double engagement accepté dans sa personne? 6° Il est indispensable d'indiquer la date de la souscription des effets et celle de leur échéance. 7° On indique également la date de la suspension de payement du premier effet protesté et la date du jugement déclaratif de la faillite. 8° Enfin l'on produit, autant que possible, des états détaillés indiquant la date, l'échéance et le montant des obligations que, soit comme principaux obligés, soit comme cautions, les redevables auraient été admis à souscrire au lieu de leur résidence habituelle ou ailleurs. (*Circ. du 7 juillet 1837,* n° 1638.)

191. — Il est formellement interdit d'accorder le crédit ou l'escompte en dehors des cas prévus par les règlements et sous d'autres conditions que celles qu'ils déterminent.

Les receveurs qui, en quelque point que ce soit, s'écarteraient à cet égard des règles établies, ou qui auraient dispensé des crédits à des personnes dont la solvabilité n'aurait pas été préalablement reconnue, seraient responsables envers le Trésor, à titre absolu, des sommes dont il pourrait être privé par leur faute, et tenus d'en restituer le montant. (*Circ. du 27 mai 1820,* n° 570; *Arrêté du Min. des fin. du 9 décembre 1822, art. 8, et Tarif* n° 245.)

La responsabilité pèse exclusivement sur les receveurs principaux, jamais sur les receveurs subordonnés. (*Circ. des 27 mai 1820,* n° 570, *et 16 décembre 1822,* n° 771, *et Tarif* n° 246.)

La responsabilité des receveurs conserve son effet tant qu'ils n'en ont pas été dégagés par un avis du conseil d'administration, approuvé par le Ministre des finances. (*Circ. des 27 mai 1820,* n° 570, *et 16 décembre 1822,* n° 771.)

Les receveurs ne pourraient pas se justifier d'ailleurs de l'omission ou de l'infraction des règles établies en disant qu'ils ont entendu courir les chances de la responsabilité absolue qui leur est imposée, car l'Etat ne veut permettre le crédit des droits que sous toutes les conditions rappelées en ce chapitre. Le receveur qui paye le crédit irrégulièrement fait n'en a pas moins méconnu ses devoirs, le dommage qu'il subit est la peine et non l'excuse de sa faute, et il ne lui appartient pas de substituer arbitrairement sa garantie aux garanties plus réelles qui doivent résulter de l'accomplissement de toutes les mesures prescrites.

192. — La responsabilité des inspecteurs et des directeurs est moralement engagée lorsqu'ils n'ont pas découvert et signalé les erreurs, les infractions ou négligences de leurs subordonnés. Ils en deviennent passibles toutes les fois qu'ils négligent de vérifier avec soin (les inspecteurs une fois au moins par mois) la gestion des receveurs relativement à cette partie du service ; de s'assurer si les principaux obligés et leurs cautions offrent les garanties prescrites, si toutes les règles d'ordre ont été exactement observées, ou lorsqu'ils omettent de signaler sans délai les irrégularités qu'ils reconnaissent, ou la perception par un receveur d'une remise plus forte que celle qui est autorisée. (*Circ. du 27 mai 1820, nº 570.*) *V.* nº 116.

Il en est de même à l'égard des obligations cautionnées relatives aux sucres admis temporairement en franchise en vertu de l'article 5 de la loi du 7 mai 1864. Les inspecteurs doivent vérifier, à époques rapprochées, la situation des obligations et rendre compte, dans leurs rapports trimestriels, du résultat de leurs investigations à ce sujet. (*Circ. du 31 mai 1864, nº 954.*)

193. — Les receveurs principaux sont autorisés à recevoir du commerce, à titre de compensation de la responsabilité qu'ils encourent, une remise fixe d'un tiers de centime pour cent (33 centimes pour 100 fr.) sur le montant des crédits de quatre mois (1). (*Déc. min. du 5 avril 1816 ; Circ. du 15, nº 141 ; Ord. du 30 décembre 1829, art. 1er; Circ. nº 1204.*) *V.* nº 187.

Cette remise ne profite aux receveurs que dans la proportion suivante : sur les cinq premiers millions, 1/3 p. 100 (remise intégrale); de 5 à 10 millions, 1/4 ; de 10 à 15 millions, 1/5e; au-dessus de 15 millions, 1/6e. (*Arrêté min. du 16 janvier 1861 ; Circ. lith. du 7 février suivant.*)

L'excédant de produit est attribué au Trésor, à titre de recette accidentelle. (*Même Arrêté.*)

Lorsqu'ils concourent à la réception des traites, les receveurs subordonnés participent aux remises dans la proportion d'un tiers. Le receveur principal tient compte, de la main à la main, aux receveurs subordonnés, de la somme attribuée à chacun d'eux. (*Déc. min. du 25 septembre 1852, transmise par la Circ. du 30, nº 65.*)

Défense expresse leur est faite d'exiger ou de recevoir une plus forte remise, sous quelque prétexte que ce soit, à peine d'encourir : 1º la destitution ; 2º la responsabilité absolue des crédits lors même qu'ils auraient rempli les autres conditions voulues ; 3º toutes autres peines prononcées par les lois générales. (*Circ. du 25 juin 1816, nº 174, et 27 mai 1820, nº 570.*) (2)

SECTION II.

Tares.

C'est à raison de la valeur moyenne des marchandises que les droits sont établis. S'ils portent, dans la plupart des cas, sur le poids, la mesure ou le nombre, c'est dans le but unique de rendre la perception plus prompte et plus sûre. Il s'ensuit qu'aucune réduction n'est accordée pour des marchandises de basse qualité. La règle générale est donc que les droits s'appliquent au poids *brut*, c'est-à-dire au poids réuni de la marchandise, du colis qui la renferme et des emballages qui recouvrent le tout.

---

(1) Pour l'admission temporaire des sucres destinés à être raffinés, *V.* nº 571, le délai étant de deux mois, la remise au sujet du crédit est du 6e de centime pour cent. (*Circ. lith. du 27 juillet 1865.*)

(2) Aussitôt que les crédits accordés dans le courant de l'année par un comptable ont dépassé 5 millions, il doit constater au tableau nº 6 du sommier l'excédant de produit attribué au Trésor. (*Circ. de la compt. du 17 avril 1849, nº 53.*)

Lorsque les receveurs ont à verser au Trésor une partie du 1/3 0/0, ils fournissent à l'appui des états 90 et 94 ter un relevé en double expédition conforme au modèle nº 1er, annexé à la Circulaire de la comptabilité du 20 juin 1864, nº 85.

Mais il a été reconnu nécessaire d'excepter de cette règle les marchandises dont les droits sont élevés ou qui exigent un genre d'emballage disproportionné avec leur volume ou leur pesanteur spécifique. De là tarification d'après le poids *net*.

Le poids net s'établit selon l'un des deux modes suivants : ou par la séparation matérielle de la marchandise et de ses enveloppes, d'où ressort le poids net réel ou effectif ; ou par une simple opération de compte qui consiste à défalquer du poids brut une certaine quotité de ce poids fixé d'avance à tant pour cent pour chaque espèce de colis et d'emballage, et c'est ce qu'on appelle la *tare légale*. V. n° 165.

194. — Toute marchandise taxée au poids supporte les droits sur le poids brut, sauf les exceptions ci-après. (*Loi du 22 août* 1791, *titre* 1er, *art.* 3.)

Tout produit taxé, soit à l'entrée, soit à la sortie, à plus de 10 francs en principal par 100 kilogrammes, ne paye qu'au poids net. V. n° 165, etc. (*Loi du 27 mars 1817, art.* 7 ; *Décret du 16 janvier* 1861, *Circ. du 26, n° 727, et Loi du 16 mai 1863, art.* 24 ; *Circ. du 25, n° 901.*)

Les ouvrages en soie, en or et en argent, les soies écrues, grèges ou moulinées, les soies teintes, l'or et l'argent bruts, les dentelles, les plumes apprêtées, le coton en laine, le sucre, le café, le cacao, le poivre, l'indigo, la potasse et les marchandises qui suivent le régime de celle-ci, les machines et mécaniques acquittent, *à l'entrée*, les droits au net, quelle que soit la quotité des droits qui les affectent. (*Tarif n° 76.*) V. n° 196.

On doit de même, mais à la sortie, percevoir dans tous les cas les droits au net sur les ouvrages en soie, en or et en argent, les soies écrues, grèges ou moulinées, les soies teintes, l'or et l'argent bruts. (*Tarif n° 77 et Circ. du 26 janv.* 1861, n° 727.)

195. — Quand une marchandise est taxée à des droits différents en raison de sa provenance ou du mode de transport, c'est la taxe afférente aux importations *par navires français* qui détermine si le droit doit être perçu sur le poids net ou sur le poids brut.

Et si, dans cette hypothèse, la marchandise est frappée de taxes variées, on doit se régler, à ce sujet, sur la taxe la plus élevée. (*Tarif n° 78 et Circ. du 26 janvier* 1861, n° 727.)

Les lettres B. et N., placées, au *tableau des droits,* dans la colonne intitulée : *Unités sur lesquelles portent les droits*, ont pour objet d'indiquer si la taxe doit être perçue sur le poids *brut* ou sur le poids *net*. Celle de ces lettres qui est mise la première est relative à l'entrée ; la seconde se rapporte à la sortie. Ainsi le double signe B. B. veut dire que l'objet auquel il s'applique paye *au brut* à l'entrée et à la sortie ; le signe N. B., que cet objet paye *au net* à l'entrée et *au brut* à la sortie, et ainsi de suite.

196. — Les droits doivent toujours être liquidés au net *réel* pour les marchandises ci-après, et, en ce qui les concerne, le poids net effectif doit être, par suite, toujours énoncé dans les déclarations : à l'entrée seulement, dentelles taxées au poids, plumes apprêtées, nankin des Indes ; à l'entrée et à la sortie, ouvrages et tissus de soie, d'or et d'argent, liquides ou fluides taxés au net, présentés en bouteilles, cruchons ou estagnons. (*Tarif n° 81.*)

Pour toutes les autres marchandises, lorsque le poids net effectif n'a pas été énoncé ou s'il l'a été tardivement, les droits doivent être perçus sur le poids *net légal.* (*Loi du 27 mars 1817, art. 7.*) V. n°s 166 et 194.

Mais si le service, pour quelque cause que ce soit, constate le poids net réel d'une marchandise taxée au net, les droits doivent être liquidés sur ce poids net effectif. (*Déc. du 9 mars 1840.*)

Pour l'application du poids net, il faut tendre à se rapprocher autant que possible de la réalité, lorsque la taxe a été fixée en vue du supplément de poids résultant des moyens habituels de séparation ou de pliage, et si d'ailleurs l'arrangement intérieur n'est pas de nature à empêcher la constatation par épreuves du poids effectif. (*Circ. lith. du 6 juin 1863.*)

Cependant, lorsque le déclarant a préféré la tare légale, et bien qu'il y ait occasion de reconnaître le poids net réel, comme cela a lieu en cas de changement d'emballage ou de division de colis en entrepôt, le service doit, si l'intéressé le demande, le laisser jouir du bénéfice de sa déclaration primitive. La tare légale porte alors sur le poids brut reconnu tout d'abord, et on indique au sommier les circonstances qui se sont produites. (*Déc. du* 3 *mars* 1840.)

Il n'est pas au pouvoir de l'administration d'arbitrer le taux des tares selon les circonstances particulières des opérations. (*Déc. du* 31 *août* 1846.)

197. — *Tableau des tares légales admises pour la perception des droits.*

DÉSIGNATION des MARCHANDISES.	ESPÈCES DE COLIS.	TAUX de la tare à déduire du poids brut.	TITRES.
Sucres bruts (1), de canne ou de betterave (2).	Emballages en bois (futailles, caisses, etc.)	18 0/0	Déc. des 29 août 1863, et 8 av. 1865;
	Canastres.............................	8 0/0	Circ. nos 926, 948
	Autres emballages { doubles (3)............	4 0/0	et 991.
	{ simples..............	2 0/0	
raffinés.	Caisses	12 0/0	1er sept. 1851.
	Futailles... { des colonies françaises......	13 0/0	30 novembre 1852;
	{ de l'étranger..............	12 0/0	Circ. no 81.
	Balles, ballots, sacs, paniers ou colis à claire-voie.........................	2 0/0	Loi du 22 août 1791; et Circ. du 25 juillet 1865, no 1002.
Café...............	Caisses ou futailles................	12 0/0	8 floréal an XI, 17 déc. 1814, et Déc.
Cacao..........	Balles, ballots ou sacs............	8 0/0	du 10 mai 1843.
Poivre et piment....			17 juill. 1791, art. 28; 27 mars 1817, art. 7.
Indigo	Caisses ou futailles renfermant { un sac { de peau......	21 0/0	Lois combinées des 17 juillet 1791, 22 août 1791, 27 mars 1817.
	{ de toile......	14 0/0	
	{ la marchandise à nu......	12 0/0	
	Surons (4).........................	9 0/0	
	Sacs de toile.......................	2 0/0	

(1) Les tares des sucres bruts s'appliquent aux poudres blanches, bien que celles-ci soient, pour les droits, assimilées aux sucres raffinés. (*Circ. lith. du* 17 *septembre* 1864.)

(2) Dans le cas où des sucres de toute espèce sont importés dans des emballages différents de ceux en usage pour les sucres de cannes, exotiques, les droits sont perçus sur le poids net. (*Déc. du* 8 *avril* 1865, *art.* 2 ; *Circ. du* 15, no 991.)

Ce serait aller au-delà de la portée du décret que d'exiger la pesée effective des récipients quand leur aspect ne révèle qu'une différence insignifiante entre le net légal et le net réel (*Circ.* no 991); mais quand il s'agit, par exemple, de sacs d'un poids sensiblement inférieur à celui des sacs servant d'ordinaire pour l'importation, on ne saurait d'autant moins user de tolérance qu'il n'est accordé qu'une tare de 1 0/0 aux sucres indigènes en sacs. (*Circ. lith. du* 3 *mai* 1865.)

(3) Les importateurs ne jouissent de cette tare qu'à charge de ne rien soustraire des emballages. D'ailleurs ils conservent le droit, soit de faire reconnaître le poids net effectif s'ils en ont exprimé l'intention dans leur déclaration primitive, soit d'enlever la seconde enveloppe avant la pesée, en se contentant alors de la tare de 2 0/0. (*Circ. du* 13 *février* 1835, no 1480.)

Quand il s'agit d'autres emballages que les canastres, les futailles et les caisses, si pour des sucres renfermés en plus de deux enveloppes l'on demandait l'allocation de la tare légale, celle de 4 0/0 serait appliquée. (*Circ.* no 926.)

(4) Le *suron* est un sac de peau solidement cousu, de forme analogue à celle des sacs de toile, et pouvant, comme ceux-ci, suffire seul au transport des marchandises. Tout emballage en peau qui ne remplit pas ces conditions rentre dans la catégorie

DÉSIGNATION des MARCHANDISES.	ESPÈCES DE COLIS.		TAUX	TITRES.
Cotons en laine (1) de Turquie...	Balles ou ballotins formés de deux emballages en nattes de jonc ou d'un tissu grossier en poil de chèvre.............		10 0/0	Déc. min. des 30 mai et 23 juillet 1812.
de toute autre origine.	Balles ou ballotins de toute autre espèce, et notamment en tissu léger de crin.....		Comme les cotons d'autre origine.	
	Ballotins au-dessous de 50 kil...........		8 0/0	Déc. min. du 9 avril 1806.
	Balles de 50 kil. et au-dessus...........		6 0/0	
Anchois.............	Petits barils, pesant environ 3 kil. l'un....		16 2/3 0/0 ou le 6e de leur poids.	Circ. du 5 décembre 1817, no 348.
Soies écrues, fleuret et bourre de soie, filée ou cardée.... Balles	revêtues de deux enveloppes		5 0/0	Déc. des 2 sep. 1816 et 11 janvier 1826.
	revêtues de deux enveloppes avec doubles cordes ou cercles en fer.		6 0/0	Déc. des 6 fév. 1828 et 28 sept. 1839.
	renfermant la marchandise à nu..		2 0/0	
Toutes autres marchandises tarifées au poids net. (V. no 167, note 1.)	Caisses..............		12 0/0	
	Caisses ou futailles			
	Balles, ballots, sacs, paniers ou colis à claire-voie		2 0/0	Lois des 22 août 1791 et 27 mars 1817.
	Surons.............................		même tare que l'indigo.	

198. — Lorsqu'un même colis renferme des marchandises d'espèces différentes, mais toutes taxées *au brut*, le poids de l'emballage se répartit proportionnellement sur chacune des marchandises que contient le colis. (*Loi du 1er août 1792, art. 9.*) Si des marchandises tarifées au brut sont réunies à des marchandises taxées sur une autre unité, les droits ne sont perçus au brut que sur les premières de ces marchandises, et en proportion seulement de leur poids partiel. (*Loi du 22 août 1791, titre 1er, art. 3; Circ. des 6 décembre 1847, no 2208, et 27 décembre 1850, no 2418.*)

Enfin, quand il s'agit de marchandises taxées *au net*, mais à des droits différents, le poids net effectif de chaque espèce doit être déclaré et vérifié, de sorte que le droit porte sur le résultat de la visite. Il en est de même pour les marchandises taxées au net qui sont réunies à des produits imposés sur une autre unité (2). (*Mêmes Circ.*)

En cas de changement de colis ou d'emballages postérieurement à la visite faite au bureau de prime-abord, c'est-à-dire s'il est employé, pour le transport des marchandises, des colis dits d'augmentation, autres que ceux arrivés de l'étranger, les marchandises imposées *au brut* ou vérifiées au *net légal* supportent les droits sur le poids primitivement constaté, et, lorsque lesdites marchandises sont expédiées en transit ou par continuation d'entrepôt, le poids brut et le poids net légal primitifs, ainsi que le poids brut reconnu ultérieurement, sont indiqués sur les acquits-à-caution, afin

générale des colis autres que les caisses, futailles et surons. Il ne donne lieu qu'à l'allocation de la tare de 2 0/0. (*Circ. du 27 décembre 1850, no 2418.*)

(1) Les diverses tares allouées pour le coton comprennent le poids des cordes de pression, lequel ne doit pas dès lors être déduit séparément. (*Déc. min. du 30 mai 1812.*)

(2) Cette règle résulte de l'art. 17 du titre 2 de la loi du 22 août 1791 et de l'art. 10 du titre 3 de la loi du 4 germinal an II, qui veulent également que les droits soient liquidés sur les résultats de la vérification, lorsqu'elle a eu lieu. Or elle a nécessairement lieu dans le cas prévu ci-dessus, puisqu'il est impossible d'éviter de peser séparément chaque espèce de marchandise qui a sa taxe particulière, et parce que, une fois que les marchandises diverses sont retirées de la caisse, il n'y a plus moyen d'établir le poids brut de chacune pour en défalquer ensuite la tare légale.

que le service puisse traiter les marchandises comme si elles n'avaient pas changé d'emballages. (*Déc. des* 2 *mars* 1840 *et* 20 *septembre* 1842; *Tarif* n° 88.)

Quand il est formé des colis dits d'augmentation, les colis principaux peuvent, en totalité ou partiellement, alors même que quelques-uns d'entre eux seraient réexportés, être soumis aux droits d'entrée avec bénéfice de la tare légale déterminée tout d'abord; mais les colis d'augmentation ne sauraient donner lieu à la même tare qu'autant que toute la partie principale a été livrée à la consommation. A cet effet, le service du bureau où s'opère le transvasement doit, après avoir calculé le montant de la tare légale afférente aux colis primitifs, indiquer, sur les registres, le poids brut de ces colis, le poids brut nouveau des colis principaux et le poids brut des colis d'augmentation, ainsi que le poids de l'emballage de ces derniers colis, afin d'être ultérieurement en mesure, au besoin, de calculer séparément, pour chaque colis, la quotité de la tare légale qui lui est applicable proportionnellement au poids de tous les colis primitifs, sans tenir compte des emballages nouveaux. (*Déc. du* 27 *décembre* 1858.)

En ce qui concerne les huiles expédiées de Marseille après séjour dans des cuves spéciales et transvasement dans de nouvelles futailles, le service doit indiquer, sur les acquits-à-caution, le poids brut réel de ces fûts, le poids net du liquide et le poids brut d'entrée représenté par ce poids net augmenté de 17 p. %. C'est sur ce dernier poids que doit porter la taxe. (*Déc. du* 4 *mai* 1835.) *V.* n° 165.

199. — Quand les marchandises taxées *au brut* sont importées *en vrac*, elles ne supportent aucun droit pour les emballages ou récipients quelconques dont on fait usage pour en faciliter le transport ou la pesée en douane, si, toutefois, ces emballages ou récipients sont tirés de l'intérieur. (*Déc. min. transmise par la Circ. du* 26 *octobre* 1836, n° 1575.)

Bien qu'arrivées en vrac de l'étranger, les marchandises taxées au brut sont, en cas de mise en consommation après expédition en transit, et afin d'assurer la régularité des écritures, soumises aux droits sur le poids brut, quelle que soit l'origine des emballages dont elles ont été revêtues. (*Déc. du* 9 *août* 1858.)

A l'égard des chiffons autres que de laine exportés, il n'est pas alloué de tare quand les emballages sont eux-mêmes propres à la fabrication du papier. (*Déc. du* 29 *juin* 1863.)

La tare légale ne peut, dans aucun cas, être accordée pour les marchandises taxées *au net* qu'on importe en vrac (*Tarif* n° 89), alors même que l'emballage serait représenté en même temps, séparément. (*Déc. du* 5 *décembre* 1838.) Dans ce dernier cas, s'il s'agit de sacs ayant déjà servi et non de sacs en toile neufs, on peut les admettre en franchise. (*Déc. du* 23 *décembre* 1842.) *V.* n° 200.

Lorsque des marchandises taxées *au net* ne sont qu'incomplètement emballées, et que le poids net effectif peut être ainsi aisément reconnu, elles n'ont pas droit non plus à l'allocation de la tare légale. Il faut, pour que celle-ci puisse être accordée, que la marchandise soit présentée en colis ayant la forme et l'emballage d'usage. (*Tarif* n° 90.)

200. — *Régime des emballages.* Les caisses, futailles, vases, et généralement tous les objets servant à l'emballage des marchandises ou à les contenir, *V.* n° 167, ne sont pas soumis à des droits indépendants de ceux qui affectent les marchandises elles-mêmes, que celles-ci soient taxées au brut, au net, à la valeur, au nombre ou à la mesure. (*Circ. du* 12 *juin* 1818, n° 399.) C'est ainsi que les futailles importées pleines sont admises sans aucun droit spécial dès que le contenu a supporté la taxe au brut. (*Déc. du* 13 *avril* 1857.)

Les outres remplies d'huile d'olive, se trouvant impropres à tout autre usage, sont admissibles sans aucun droit spécial. (*Déc. du* 9 *mars* 1861.)

Il en est de même des pots en terre grossière renfermant des confitures. Quant aux pots de faïence commune, contenant des confitures, ils seraient passibles de la tare du tarif général; mais on peut les traiter comme la porcelaine en cours de service et les assujettir au droit de 15 % de la valeur. (*Déc. du 26 juin 1861.*)

Toutefois, lorsque ces emballages ont évidemment une valeur marchande, c'est-à-dire quand il est notoire qu'il peut y avoir profit à les employer à tout autre usage que celui auquel ils ont été momentanément affectés, et lorsque d'ailleurs ils renferment des objets tarifés autrement qu'*au brut*, ou des objets qui, imposés *au brut*, sont soumis à des droits notablement inférieurs à ceux qu'acquitteraient lesdits emballages s'ils étaient importés séparément, *on doit faire suivre à ceux-ci le régime qui leur est propre et en déduire le poids du poids des colis.*

Cette dernière règle s'applique notamment :

1° Aux cruchons de poterie (1), outres en cuir (2), et vases ou bouteilles de verre contenant des liquides ou fluides taxés au poids net ou à la mesure (3);

2° Aux estagnons en cuivre ou en autres métaux communs (4) dans lesquels on importe des huiles ou des essences, et qui, dans ce cas, peuvent être admis exceptionnellement au droit de 10 p. % de la valeur;

3° Aux boîtes dans lesquelles sont renfermés les carillons à musique;

4° Aux caisses de fer blanc, qu'on doit assujettir au droit du fer blanc si elles renferment des feuilles de ce métal, et au droit de 10 fr. p. % de la valeur, par assimilation aux estagnons en cuivre, lorsqu'elles contiennent tout autre produit que des feuilles de fer blanc (5);

5° Aux cercles de fer qu'on emploie quelquefois pour la ligature des colis (6) et aux

---

(1) Les vases en grès commun, contenant du copahu, ne sont point passibles de taxes particulières et doivent être considérés comme *emballages* proprement dits. (*Déc. du 17 février 1845.*)

(2) Les surons en cuir contenant de l'indigo, de la cochenille, de la cannelle, etc., sont affranchis de tous droits lorsqu'ils sont détériorés, soit par les déchirures occasionnées par les crochets dont on se sert pour les chargements et déchargements, soit par suite des frottements que ces surons subissent en route, soit pour toute autre cause. Mais quand ils sont en bon état et qu'ils conservent, sinon entièrement, du moins, à peu de chose près, la valeur des peaux brutes, ils doivent être assujettis aux droits d'entrée. Si le poids net effectif de la marchandise a été vérifié, celui de l'emballage, étant connu, sert de base pour cette perception; si au contraire la marchandise n'est pas *dépotée,* c'est le chiffre de la tare légale qui doit être admis comme représentant le poids de l'emballage. (*Déc. du 9 février 1842.*)

(3) Le droit sur la matière des bouteilles renfermant un liquide, n'est exigible qu'autant que ce liquide est exempt de droits ou taxé au net ou à la mesure.

Les petits flacons en cristal, servant au transport de certaines substances telles que les essences, et dont le tarif général permet l'admission comme bouteilles par dérogation à la prohibition qui frappe les cristaux, suivent, pour l'application du tarif conventionnel, le régime qui leur est propre. (*Note 192 du Tarif de 1864.*)

Les bouteilles pleines importées des colonies françaises sont admises en franchise : le contenu seul acquitte la taxe du tarif. (*Circ. n° 2418.*)

(4) Mais les estagnons en fer blanc contenant de l'huile de ricin ne supportent pas une autre taxe que celle de la marchandise. (*Déc. du 2 mars 1857.*)

(5) Lorsqu'elles sont en très-mauvais état ou oxydées de manière à ne pouvoir être employées à aucun usage, les caisses de fer blanc dans lesquelles on importe certaines marchandises, particulièrement la vanille, peuvent être admises en franchise. (*Déc. du 5 mai 1837.*) V. note 6.

(6) Les cercles en fer, en bon état, servant de ligature des colis (balles de laine, de garance, de foin, etc.), sont soumis au droit spécial d'entrée, à moins que l'inté-

peaux dont on se sert comme enveloppe ; mais la taxe spéciale n'est exigible qu'autant que les cercles de fer et les peaux sont en bon état. Lorsque le nombre de cercles n'excède pas ce qui est nécessaire pour serrer les colis, et que ces cercles, brisés ou oxydés, sont d'ailleurs reconnus impropres à tout autre emploi qu'à la refonte, on doit, si la marchandise est taxée aux brut, les considérer comme partie intégrante de l'emballage, de sorte qu'ils supportent le droit afférent à la marchandise, et, quand celle-ci est tarifée au net, on les remet en franchise. (*Déc. du* 18 *mai* 1836.) Il en est de même à l'égard des peaux qui ne sont propres qu'à être vendues comme oreillons (1);

6° Aux boîtes et étuis en maroquin ou en papier maroquiné renfermant des montres; ils sont soumis aux droits de la mercerie, selon l'espèce (2) (*Tarif* n° 91, *et Circ. du* 27 *décembre* 1850, n° 2418);

7° Aux bouteilles et aux cruches de grès qui contiennent des eaux minérales. Ces récipients sont toujours taxés séparément. (*Loi du* 28 *avril* 1816.) Les caisses qui renferment ces cruchons ne doivent pas être comprises dans le poids servant à la liquidation. (*Déc. du* 19 *mai* 1849.)

Mais les futailles contenant des huiles d'olive, qui, entreposées, sont mises pour la réexportation en bouteilles d'origine française, sont admissibles en franchise. On détermine la tare des bouteilles vides en en pesant quelques-unes de chaque espèce, le poids des bouteilles remplies, le poids net de l'huile, que l'on augmente de la tare réelle des fûts, ce qui, au coulage près, doit reproduire le poids constaté à l'entrée. (*Déc. du* 18 *septembre* 1835.) Mais le bénéfice de cette disposition n'est accordé qu'autant qu'il s'agit de futailles neuves, dont la valeur est inférieure à celle des récipients pris dans le pays. (*Déc. du* 6 *mai* 1844.)

On agit de même à l'égard des futailles qui, pour la réexportation de toute marchandise, sont remplacées par des bouteilles ou des sacs neufs, ou par des futailles d'origine française. (*Déc. des* 2 *mars* 1833 *et* 27 *juin* 1862.)

On permet au commerce de faire le plein des colis contenant des marchandises sujettes à coulage. Les futailles qui restent vides en pareil cas sont soumises aux droits des futailles montées lorsqu'elles sont en bon état. Celles qui sont détériorées peuvent être admises exceptionnellement au droit de 15 p. 0/0 de la valeur. (*Circ. du* 27 *décembre* 1850, n° 2418.)

Les futailles restées vides après coulage, transvasement, etc., peuvent être admises au droit du bois à brûler après avoir été brisées, en présence du service, de manière à ne pouvoir servir autrement que pour le chauffage. Les cercles en fer de ces fûts peuvent aussi être traités exceptionnellement comme ferraille, après avoir été brisés. (*Déc. du* 31 *décembre* 1842.)

8° Les traités de commerce entre la France et l'Angleterre, etc., autorisent l'admission en franchise, sans certificat d'origine, des emballages usagés, importés sans

---

ressé ne préfère les faire briser, en présence du service, de manière à ne pouvoir être utilisés que pour la refonte. Le poids de ces liens est, dans ce dernier cas, ajouté à celui de la marchandise si elle est taxée au brut. (*Déc. du* 22 *février* 1859).

(1) Cette règle est applicable à tous les emballages.

(2) Les boîtes en bois exotique importées avec des armes de luxe ou de chasse, qu'elles sont destinées à renfermer, suivent le régime des armes, dont elles ne sont qu'un accessoire, et payent le même droit. (*Déc. du* 27 *août* 1841.)

Les caisses contenant du thé, quoique ornées de dessins grossiers et munies de charnières, doivent être considérées comme *emballage*, et par conséquent affranchies de tout droit particulier, lorsqu'elles sont impropres à tout autre usage qu'au transport du thé. *V.* note 1. (*Déc. du* 5 *août* 1845.)

marchandise; mais cette immunité ne s'applique ni aux sacs et autres articles d'emballages vides, dont les traces de service ne se révèlent pas nettement, ni aux récipients en cuivre, en verre, en grès, etc., qui conservent leur valeur marchande. (*Déc. du 20 juillet 1863, et note 234 du Tarif de 1864.*)

Si les sacs sont neufs, ils suivent, au gré des importateurs, soit d'après le Tarif général, le régime de la toile dont ils sont formés, soit le régime conventionnel des articles de lin ou de chanvre confectionnés. (*Note 85 du même Tarif.*)

A l'égard des sacs en toile servant d'emballage, le service doit tenir compte non seulement de la qualité du tissu, mais aussi de la nature du produit importé, du mode de transport et des usages du commerce. Lorsque les sacs ne diffèrent pas de ceux communément employés pour le transport de la marchandise et si la douane n'a pas de motifs de supposer qu'ils ne doivent pas continuer à être utilisés comme emballage, il y a lieu de les remettre en franchise.

Ce n'est qu'autant qu'il s'agit d'un emballage inusité ou quand certains indices portent le service à craindre que l'on ait eu en vue de dissimuler, sous la forme de sacs, une importation de toile destinée à tout autre usage, que le droit de la toile doit être exigé. (*Circ. man. du 2 juillet 1864.*)

Lorsque des grains ou autres marchandises sont importés dans des sacs neufs, ne portant aucune trace d'usage, on est fondé à supposer que c'est pour éluder le droit de la toile, et alors on peut exiger ou le payement de ce droit ou la réexportation de l'emballage (*Déc. du 12 mars 1840*); mais, dans tous les cas où les sacs qui renferment des grains, etc., ne sont pas absolument neufs, ils ne doivent pas être soumis à des taxes indépendantes de celles afférentes aux marchandises. (*Circ. lith. du 2 avril 1847.*)

Les sacs soumis aux droits supportent, s'ils sont neufs, le régime de la toile, et, s'ils offrent des traces évidentes de service, la taxe de 15 0/0 de la valeur. (*Circ. lith. du 23 juillet 1845, et Circ. n° 2418.*)

Les règlements généraux sont appliqués, à l'entrée, en ce qui concerne la tare des marchandises admises temporairement. Ainsi, pour l'admission temporaire, comme pour l'importation ordinaire, les sacs qui se trouvent dans les conditions qui viennent d'être rappelées suivent le régime qui leur est propre. En dehors de ces conditions, le service exige, d'après le poids brut, la taxe afférente à la marchandise importée pour la consommation, ou bien laisse les sacs à la libre disposition des intéressés si la marchandise est soit exempte de droits à l'entrée, soit admise temporairement. (*Déc. du 25 novembre 1858.*)

Pour les doubles emballages, *V.* n° 201.

Le mode de visite à suivre en ce qui concerne les emballages est indiqué au n° 167.

201. — Les doubles futailles et les doubles emballages de toute sorte ne sont pas compris dans le poids des marchandises tarifées *au brut.* Ils doivent être déduits pareillement pour les marchandises taxées *au net,* admises à la tare légale, à moins que ces marchandises ne soient du nombre de celles qui jouissent de tares particulières en raison du nombre des emballages. (*Loi du 1er août 1792, art. 9, et Déc. min. du 8 septembre 1813.*)

Mais il n'y a lieu à ces déductions que lorsque chacun des emballages est complet et que l'emballage intérieur peut suffire pour le transport de la marchandise. S'il en était autrement, la marchandise serait réputée en simple emballage. Cette règle s'applique notamment aux huiles importées dans des outres recouvertes d'un sac en toile. (*Tarif n° 92.*) (1)

_____

(1) A moins qu'elles ne soient neuves et d'une qualité exceptionnelle, les toiles

Les récipients en verre, par exemple, ne peuvent pas seuls suffire à assurer, pendant le transport, la conservation des marchandises qu'ils renferment. Aussi les produits contenus dans des bouteilles en verre, placées dans des caisses, doivent-ils, quand ils sont taxés au brut, comme les huiles, mais à l'exception des eaux minérales, supporter la taxe à raison du poids total des colis. (*Déc. du 20 mars 1855.*)

On considère comme premier emballage les autres vases contenant des liquides taxés au brut, et comme double emballage les caisses et futailles qui renferment ces vases pour les préserver de la casse, à moins d'une disposition spéciale, comme celle qui concerne les eaux minérales. (*Déc. du 9 octobre 1822.*)

Par application de l'art. 9 de la loi du 1er août 1792 et de la décision ministérielle du 8 septembre 1813, les huiles d'olive ne payent le droit que déduction faite du poids du plâtre dont les fûts ont été enduits à l'étranger dans un intérêt de conservation et afin de prévenir le coulage. Cette facilité peut être accordée même lorsque les fûts d'huile ont été admis avec plâtre en entrepôt, sauf à annoter le sommier. (*Déc. du 7 février 1843, et Circ. lith. du 7 février 1848.*) V. n° 459.

L'enlèvement des contre-fonds ou barres servant à consolider les futailles de sucre peut être effectué *avant* la visite. (*Circ. lith. du 7 février 1848.*)

En cas d'expédition en transit, etc., si les futailles sont pourvues de barres, l'acquit-à-caution en fait mention. Lorsque, en présence du service, le commerce a fait apposer des barres sur des fûts, on indique séparément le poids primitif des colis, à raison duquel serait appliqué le tarif, et le poids des barres ajoutées. Dans le cas où les intéressés feraient revêtir de barres, dans leurs propres magasins, des barriques de sucre placées en entrepôt fictif, le service énoncerait dans l'acquit-à-caution le poids constaté à l'arrivée, contrôlerait ce poids en défalquant du poids brut total le poids moyen des barres, et rappellerait ce dernier poids. (*Déc. du 14 novembre 1834.*) Quand il est ajouté des cercles, après vérification, on en indique le nombre à l'égard de chacune des futailles.

CHAPITRE VI

SATISTIQUE COMMERCIALE

202.—L'administration des douanes fait insérer au *Moniteur universel* un résumé comparatif des principales importations et exportations, ainsi que du mouvement de la navigation de la France avec ses colonies et l'étranger, et du montant des perceptions. Elle établit chaque mois, avec l'antérieur, sous le titre: *Commerce de la France*, une publication offrant le résumé, pour la période comparée avec les quatre dernières années, des importations, exportations, admissions temporaires, situation des entrepôts, mouvement de la navigation et montant des droits; ce qui forme tous les ans un état ou tableau général du commerce de la France avec ses colonies et les puissances étrangères pendant l'année qui vient d'expirer.

---

enveloppant les barils de graine de lin sont considérées comme faisant partie indispensable de l'emballage. (*Déc. du 17 décembre 1847.*)

Les caisses en bois servant d'emballage pour des estagnons en ferblanc contenant des huiles ne sont pas comprises dans l'évaluation du poids brut. (*Déc. du 20 septembre 1862.*)

Ce travail présente la statistique : 1° du mouvement commercial tant par pays de provenance ou de destination que par nature de marchandises, en ce qui concerne l'importation, l'exportation, les sorties sous le régime du drawback, les entrepôts, le transit et les admissions temporaires; 2° de la navigation de la France avec ses colonies et l'étranger. (*Circ. du 10 avril* 1823, n° 793; *Déc. min. du 30 juin* 1825 ; *Circ. du 8 juillet suivant*, n° 925.)

A l'importation et à l'exportation, la classification se divise en *commerce général* et en *commerce spécial*.

A l'*importation*, le COMMERCE GÉNÉRAL (1) embrasse tout ce qui est arrivé de l'étranger ou des colonies françaises, par terre ou par mer, sans égard à l'origine première des marchandises ni à leur destination ultérieure, soit pour la consommation ou l'entrepôt, soit pour la réexportation ou le transit. Le COMMERCE SPÉCIAL ne comprend que ce qui est entré dans la consommation intérieure du pays.

A l'*exportation*, le COMMERCE GÉNÉRAL se compose de toutes les marchandises qui passent à l'étranger, sans distinction de leur origine française ou étrangère. Le COMMERCE SPÉCIAL ne s'applique qu'aux marchandises nationales et à celles qui, nationalisées par le payement des droits d'entrée, sont ensuite exportées.

Les marchandises sont classées dans les états de commerce d'après leur nature ou leur analogie, et selon la méthode adoptée pour le Tarif général des douanes. Elles sont présentées en vingt-sept chapitres, répartis dans quatre grandes divisions, savoir :

MAT. ANIMALES.	MATIÈRES VÉGÉTALES	MAT. MINÉRALES.	FABRICATION.
Animaux vivants. Produits et dépouilles d'animaux. Pêches. Substances propres à la médecine et à la parfumerie. Matières dures à tailler.	Farineux alimentaires. Fruits et graines. Denrées coloniales de consommation. Sucs végétaux. Espèces médicinales. Bois communs. Bois exotiques. Fruits, tiges et filaments à ouvrer. Teintures et tannins. Produits et déchets divers.	Pierres, terres et combustibles minéraux. Métaux.	Produits chimiques. Teintures préparées. Couleurs. Compositions diverses Poissons. Vitrifications. Fils. Tissus. Papier et ses applications. Ouvrages en matières diverses.

Le mouvement commercial est encore considéré, dans les états de commerce, sous un autre point de vue : les marchandises sont groupées, dans les résumés généraux, en raison de leur espèce et de leur emploi. C'est ainsi qu'on distingue : à l'IMPORTATION : 1° *les matières nécessaires à l'industrie*; 2° *les objets de consommation naturels*; 3° *les objets de consommation fabriqués*; à l'EXPORTATION : 1° *les produits naturels*; 2° *les objets manufacturés*.

---

(1) Les chiffres de certains articles du commerce spécial à l'importation sont quelquefois supérieurs à ceux du commerce général. En effet, les marchandises qui, entrant dans la consommation, ont été extraites des entrepôts, ne se trouvent reprises au commerce spécial qu'après avoir figuré dans les comptes antérieurs du commerce général.

Mais à l'exportation, les chiffres du commerce spécial ne doivent jamais être plus élevés que ceux du commerce général. (*Circ. lith. du 20 janvier* 1859.)

Chaque année, l'administration dresse un tableau général des mouvements par ports : 1° des marchandises françaises ou étrangères transportées en cabotage ; 2° de la navigation. (*Circ. des 30 décembre* 1836, n° 1595, *et 5 janvier* 1837, n° 1597.)

On doit attacher d'autant plus d'importance à dégager la statistique de toute cause d'erreur qu'elle est devenue l'un des principaux éléments d'information pour la conclusion des traités de commerce. Les directeurs doivent, au besoin, se concerter avec les chambres de commerce pour amener les commissionnaires ou expéditeurs à déclarer exactement les marchandises, même exemptes de taxes à l'entrée ou à la sortie. Les chefs locaux font procéder à un nombre suffisant de vérifications pour arriver à un contrôle sérieux, mais ils veillent à ce qu'on ne dépasse pas le but par des investigations trop minutieuses ou trop multipliées. En cas de fausse déclaration ou d'absence de déclaration, il serait rédigé procès-verbal pour l'application de l'amende énoncée au n° 176. (*Circ. du 25 mai* 1863, n° 901.)

Afin de mettre l'administration en mesure d'assurer l'application de ces dispositions, les receveurs principaux sont tenus de lui adresser, au commencement de chaque mois, au plus tard le 12 :

· 1° Une situation des entrepôts, série E, n° 38 C ;

2° Des relevés mensuels, série E, n° 38 A, des principales marchandises importées ;

3° Des relevés mensuels, série E, n° 38 B, des principales marchandises exportées. *V.* -n° 204.

Ces formules, remplies au commencement de chaque mois, au moyen des états de dépouillement, série E, n°s 40 et 41, tenus au courant jour par jour, sont transmises directement par les receveurs principaux à l'administration (1re division, 3e bureau), avec un bulletin, série E, n° 38 D, où l'on biffe les n°s des feuilles qui n'y sont pas renfermés. (*Circ. lith. du 14 décembre* 1862.)

Le nom de la principalité doit être inscrit à la fin de chaque feuille, à l'endroit où elle est datée et signée. (*Circ. lith. du 23 novembre* 1863.)

Les bureaux principaux où les opérations d'entrées ou de sorties n'ont pas d'importance, doivent mettre toutes les formules à la poste le 4 ; les bureaux d'une classe plus élevée, le 4 et le 9 ; les douanes de premier ordre, les 4, 7 et 11 (*Circ. lith. du 14 décembre* 1862), en proportionnant les envois de manière que les premiers bulletins 38 D comprennent le plus grand nombre possible de feuilles. (*Circ. lith. du 25 janvier* 1863.)

Quand les formules 38 A et 38 B n'offriraient que des antérieurs, sans quantité pour le mois, on n'envoie qu'un bulletin 38 D où sont biffés les n°s des feuilles, avec l'inscription, en regard, de la lettre A. (*Circ. lith. des 14 décembre* 1862 *et 25 janvier* 1863.)

Mais les formules relatives au onzième et au douzième mois de l'exercice doivent toutes être fournies, sans exception de celles où il n'y aurait à reprendre que des antérieurs. (*Circ. lith. des 23 novembre* 1863 *et 15 novembre* 1864.)

Lorsqu'il y a impossibilité matérielle à ce que le mouvement commercial d'un ou de plusieurs bureaux subordonnés soit présenté cumulativement avec celui de la principalité relatif à une même période, on doit le reprendre le mois suivant, dans les comptes du bureau principal, sauf à inscrire une annotation explicative à ce sujet sur les feuilles n°s 38 A et 38 B. Mais les relevés de décembre, qui comprennent l'ensemble des opérations de l'année, doivent être aussi complets que possible.

Si les marchandises expédiées dans le cours d'une année, sous le régime international, n'ont pu figurer aux feuilles mensuelles n° 38 A, on doit néanmoins les reprendre aux états annuels n° 44, avec une annotation expliquant le motif pour lequel les premières formules n'en font pas mention. (*Circ. lith. du 24 décembre* 1862.)

Les directeurs doivent se faire rendre compte de l'organisation du personnel de la section de la statistique, et remplacer les agents qui, par leur défaut d'aptitude ou par d'autres motifs, ne donneraient pas, pour ce travail spécial, de suffisantes garanties d'exactitude ou de célérité. Si, dans certaines douanes, il devenait nécessaire de fortifier temporairement cette section, les inspecteurs ou les directeurs y pourvoiraient par des détachements momentanés. L'administration délègue ainsi aux chefs locaux la faculté de prendre toutes les mesures propres à assurer l'exécution ponctuelle de ses ordres. (*Circ. lith. du 14 décembre* 1862.)

4° Un état du mouvement mensuel de la navigation (*Circ. du 27 janvier* 1849, n° 2304), produit au commencement de chaque année, au plus tard le 20 janvier, V. n° 206 ;

5° Un état des marchandises importées pendant l'année écoulée, série E, n°s 44 (1), 46 (commerce général et spécial) ;

7° Un état des marchandises exportées, série E, n°s 45 (1), 47 (commerce général et spécial), V. n° 204. Les receveurs principaux continuent à fournir les états annuels n°s 44 et 45, au plus tard, selon l'importance des bureaux, le 1er février, le 15, ou le 1er mars. (*Circ. lith. du 14 décembre* 1862.)

8° Un état sommaire des droits perçus à l'entrée et à la sortie, série E, n° 49 ;

9° Un état de situation d'entrepôts ; .

10° — des transbordements à destination de ports d'entrepôt ;

11° — des mutations d'entrepôt par mer (2) ;

12° — des sorties des marchandises de transit, série E, n° 53 *bis*, divisé en deux sections : marchandises réexportées sans changement de forme ; marchandises provenant d'admissions temporaires (*Circ. lith. du 22 décembre* 1854) (3) ;

13° Un état du mouvement général du cabotage, V. n° 205, et de la navigation, V. n° 206. (*Circ. des 24 mars* 1831, n° 1254, *et 27 janvier* 1849, n° 2304.)

14° Etat des marchandises admises temporairement et des produits réexportés (série E, n° 48) ;

L'état série E, n° 48, doit présenter en un seul total toutes les matières premières de même nature importées temporairement dans la principauté pendant l'année expirée. Il faut y faire ressortir, par note et pour chaque espèce de produits, les quantités imputées, à la sortie, sur des soumissions souscrites dans la principauté avant ladite année. (*Circ. lith. du 22 décembre* 1854 ; *et Déc. du 1er avril* 1863.)

15° Etat des marchandises expédiées ou arrivées en transit, mutation d'entrepôt ou en transbordement, et à l'égard desquelles les acquits-à-caution ou permis n'ont pas été régularisés dans l'année (53 A) ;

16° Etat des mutations d'entrepôt par terre (54 *bis*) ;

17° Etat des transbordements pour la réexportation directe (54 *ter*) ;

---

(1) On indique sur les états série E, n°s 44 et 45, le poids total de chaque espèce de marchandises, alors même qu'elles doivent y figurer sous une autre unité, c'est-à-dire au nombre, à la mesure ou à la valeur. A cet effet, chefs et employés doivent se mettre à même, soit par des remarques personnelles, soit en se procurant les renseignements nécessaires, de connaître aussi exactement que possible le poids des marchandises que le commerce déclare sous une autre unité.

Quand des erreurs sont signalées à l'administration, les receveurs doivent rappeler les changements à apporter aux états dans le total de chaque page et dans le total général. (*Circ. du 21 novembre* 1857, n° 515.)

(2) Enoncer le poids net et le poids brut. (*Circ.* n° 2403.) .

(3) On ne comprend sur l'état 53 *bis* que les marchandises dont la réexportation définitive a été effectuée jusqu'au 31 décembre ; il en est tenu compte au net, à moins qu'elles ne soient taxées au brut à l'entrée. (*Circ. lith. du 21 novembre* 1849)

18° État manuscrit des marchandises qui, arrivées en transit, ont été soumises aux droits d'entrée (*Circ. du 23 août* 1850, n° 2403);

19° Un état, par espèce et par pays de provenance, des marchandises françaises rapportées des colonies françaises ou de l'étranger, et admises au bénéfice du retour (*Circ. du 19 décembre* 1853, n° 168.)

203. — La section de la statistique, dans chaque douane, est appelée à signaler les faits commerciaux. Toutes les écritures de la balance du commerce doivent être constamment tenues au courant, au fur et à mesure de l'apurement des permis et de la délivrance des certificats de visite. (*Circ. du 8 juillet* 1825, n° 925, *et du 27 janvier* 1849, n° 2304.)

A l'importation, pour les marchandises déclarées pour la consommation, les certificats de visite sont envoyés (*V.* n° 171) du bureau de la recette à la statistique, où ils sont l'objet de dépouillements immédiats sur les feuilles, de sorte que les deux sections se contrôlent chaque soir au moyen du rapprochement indiquant : ceux-ci, les marchandises du *commerce spécial* et les droits y afférents; ceux-là, le montant des acquittements. On ajoute les antérieurs par espèces de marchandises. S'il ressort une différence au préjudice du Trésor, le comptable se force immédiatement en recette; en cas de trop perçu, le remboursement est provoqué.

Quant au *commerce général*, à raison des difficultés que ferait naître le dépouillement de nombreux certificats de visite disséminés dans diverses sections, et dans ceux des grands ports où un même vérificateur est chargé de suivre le déchargement de toute une cargaison, les relevés peuvent s'effectuer sur les carnets de visite, à la fin des opérations. (*Déc. du 25 juillet* 1843.)

Pour le cabotage, les permis revêtus des certificats de visite servant à constater le débarquement ou l'embarquement, les dépouillements ne peuvent, en général, avoir lieu que plusieurs jours après l'opération. On ne peut, d'ordinaire, faire les dépouillements sur les registres qui sont occupés durant les vacations.

Appelés à s'assurer, de temps en temps, de l'exactitude des dépouillements de la statistique commerciale, en vérifiant plusieurs articles à leur choix, les sous-inspecteurs et les inspecteurs doivent, quant à ces vérifications, en présenter l'énumération et les résultats dans un rapport très-sommaire que les directeurs transmettent à l'administration, avec les bulletins de commerce, en le revêtant de leur visa, et, s'il y a lieu, de leurs observations. (*Circ. des 17 décembre* 1826, n° 1022, *et 19 décembre* 1853, n° 168.)

204. — Les états mensuels, série E, n° 38 A (importations) et 38 B (exportations), comprennent les principales marchandises dont la nomenclature est annexée aux circ. lith. des 21 octobre 1861 et 8 février 1865.

Ils doivent comprendre les opérations effectuées dans toute la principalité. (*Circ. lith. du 15 mars* 1858.)

Les états série E, n° 38 A, indiquent, pour chacune des marchandises dont le mouvement est signalé, le montant total des droits perçus, principal et décimes. (*Circ. lith. du 15 février* 1861.)

On énonce distinctement les sommes perçues à titre de décimes. (*Circ. lith. du 31 août* 1861.)

A l'égard des surtaxes exigées à raison du tonneau d'affrètement, *V.* n° 760, on indique, par des renvois au bas de chaque page, soit des états mensuels série E, n° 38 A et 38 B, soit des états annuels, n° 44 et 45, le nombre de tonneaux passible de surtaxe et le montant de la perception, le double décime étant porté séparément. (*Circ. lith. du 12 octobre* 1861.)

Malgré la suppression ou la réduction des droits, il importe de veiller à ce que les déclarations à l'exportation ne présentent pas d'exagération de valeur. Les chefs du service doivent s'attacher à faire, au besoin, ramener au vrai les indications produites. (*Circ. lith. du 18 janvier* 1862.)

Les états annuels sont formés d'après la nomenclature transmise par la circ. lith. du 20 novembre 1862, modifiée par la circ. lith. du 3 novembre 1863. Les marchandises sont classées dans l'ordre alphabétique, en comprenant sous une accolade celles appartenant à la même désignation générique.

À l'égard des droits inscrits au tarif avec la mention : décimes compris, il n'y a pas à extraire les décimes pour les indiquer séparément.

Quand les décimes sont établis d'une manière distincte, on les présente en regard de chaque pays de provenance ou de destination.

Les marchandises des mêmes pays, taxées au poids et à la valeur, sont reprises sous cette double indication au commerce général et au commerce spécial. (*Circ. lith. du 20 novembre 1862.*)

Il ne faut négliger aucune quantité, sans tenir compte sur les formules S^{te} E, n°s 38 A et 38 B, ni pour les marchandises, ni pour les droits perçus, de la fraction inférieure à 50 centièmes. On ne doit pas changer la nature de l'unité indiquée sur ces feuilles. (*Circ. lith. du 25 janvier 1863.*)

On doit énoncer le poids net des marchandises, à moins qu'elles ne soient taxées au brut à l'entrée. (*Circ. du 23 août 1850, n° 2403.*)

L'état n° 38 B indique, d'après la nomenclature donnée par la circ. lith. du 20 janvier 1859, les pays de destination des vins ordinaires, des alcools, des machines et mécaniques, des objets de modes, du sel et du sucre raffiné.

Les laines en masse figurent au poids et à la valeur.

Il faut inscrire sur les états 44 et 45, tant au commerce général qu'au commerce spécial, les sels destinés à la pêche de la morue, sous payement du droit de 50 c., et rappeler sur l'état 45 (commerce spécial) que ces sels ont été expédiés sous le régime créé par la loi du 23 novembre 1848. (*Circ. lith. du 21 novembre 1849.*)

Les fils et les toiles de lin admis au transit en *colis pressés* doivent être réunis à la classe dont ils se rapprochent le plus par la valeur déclarée, comparée aux taux d'évaluation *actuelle* des tableaux de commerce de l'année précédente. (*Circ. lith. du 23 août 1850.*)

Les marchandises importées temporairement pour recevoir une main-d'œuvre sont présentées au commerce général, tant à l'entrée qu'à la sortie, sous la dénomination qui leur appartient au moment soit de l'introduction, soit de la réexportation. On en fait mention au commerce spécial (entrée), quand elles sont soumises aux droits. (*Déc. du 1er mars 1850 et Circ. n° 2403.*)

Tous les produits livrés au marché intérieur doivent être compris dans les deux commerces (*Circ. n° 1738, et Circ. lith. du 21 décembre 1850*); mais les marchandises françaises rapportées des colonies ou de l'étranger, et admises au bénéfice du retour, ne sont pas reprises sur les états d'importation.

Les marchandises dirigées des frontières sur la douane de Paris, après simple vérification *sommaire,* ne figurent que sur les états de cette douane, commerce général et commerce spécial.

Lorsque les états comprennent, au chapitre des compositions diverses, des tabacs de santé ou d'habitude, on y indique, par une annotation, que, si le décime ne répond pas au total des droits, c'est que des tabacs de l'espèce ont donné ouverture à la perception de telle somme non passible du décime. (*Circ. du 19 décembre 1853, n° 168.*)

Les sels de retour de pêche doivent figurer sur les états d'importation, commerce général. (*Déc. du 16 mars 1841, et Circ. lith. du 22 décembre 1854.*)

Les produits de pêche nationale sont énoncés au commerce général et au commerce spécial. (*Circ. man. du 26 juin 1837.*)

Les marchandises étrangères transbordées pour la réexportation immédiate figurent au commerce général, entrée et sortie. Quand elles sont dirigées sur un autre port français, le premier les inscrit au commerce général, entrée ; le second, au commerce général, sortie, ou au commerce spécial, entrée, selon le cas. (*Circ. du* 20 *avril* 1841, n° 1846, *et Déc. du* 17 *juillet* 1847.)

Les marchandises mises au dépôt ou retirées du dépôt sont reprises aux états de commerce. (*Circ. du* 8 *juillet* 1825, n° 925.)

Le mouvement commercial, sous le régime du transit international par chemins de fer, *V.* n° 343, est signalé conformément aux règlements généraux (*Déc. du* 28 *septembre* 1854) en ce qui concerne le transport direct de l'étranger à l'étranger, ou d'une frontière à l'autre : il doit être signalé (commerce général) par les bureaux d'entrée et de sortie (1).

Quant aux marchandises qui, arrivées par convois internationaux, sont dirigées sur une douane autre que celle d'entrée, le bureau de destination doit seul les faire figurer sur ses états (commerce général, et, selon le cas, commerce spécial). (2)

L'exportation, sous le régime international, des marchandises françaises de toute nature, est constatée (commerce général, commerce spécial) par le bureau qui a délivré les expéditions (3).

Il en est de même (commerce général) relativement à la réexportation des marchandises étrangères provenant d'entrepôt ou d'admission temporaire. (*Circ. lith. du* 17 *mars* 1858.)

Pour les importations et les exportations effectuées sous le régime des transports internationaux par chemins de fer, on indique, à vue des déclarations-soumissions et des pièces à l'appui, le véritable pays de provenance ou de destination. Dans les autres cas, on considère comme pays de provenance ou de destination le pays limitrophe de la France par lequel les marchandises entrent ou sortent. (*Circ. du* 13 *juin* 1857, n° 473.)

Les houilles destinées aux bâtiments à vapeur n'entrent que dans le commerce général. (*Circ. lith. du* 20 *janvier* 1859.)

Pour l'importation des marchandises exemptes de droits d'entrée, les relevés de la

(1) Si les marchandises sont expédiées en transit direct, c'est-à-dire avec destination immédiate pour l'étranger, la constatation de l'importation doit être opérée immédiatement, sauf à modifier ensuite les écritures en cas de changement inattendu de destination. Quand, au contraire, on ne sait pas s'il s'agit d'un transit direct, en d'autres termes, lorsque les marchandises sont dirigées sur un autre bureau, soit de l'intérieur, soit de la frontière de terre ou de mer, on doit attendre le retour de l'acquit-à-caution pour faire état, s'il y a lieu, des marchandises. (*Circ. lith. du* 5 *décembre* 1859.)

(2) Les bureaux de destination de la frontière ont à constater, au commerce général, *la sortie* des marchandises expédiées en transit direct; comme les douanes de l'intérieur, ils doivent prendre en charge, *à l'importation,* les marchandises qui, venues directement de l'étranger, de quelque point que ce soit, par convois internationaux, restent dans la localité pour y être l'objet d'opérations ultérieures d'admission temporaire, d'entrepôt ou d'autre nature; enfin, ils doivent agir de même, mais au *commerce spécial* seulement, à l'égard des marchandises qui, extraites d'entrepôt, y arrivent pour être livrées à la consommation après le paiement des droits. (*Circ. lith. du* 5 *décembre* 1859.)

(3) Les bureaux d'expédition, de l'intérieur ou des frontières, ne doivent constater les exportations avec prime ou les réexportations, soit à la sortie d'entrepôt, soit par suite d'admissions temporaires, que dans le cas où le passage à l'étranger s'effectue par terre. Lorsqu'il s'accomplit par la voie maritime, c'est le bureau de destination qui est chargé de les prendre en compte. (*Circ. lith. du* 5 *décembre* 1859.)

statistique sont dressés au moyen de dépouillements faits à vue des déclarations. (*Déc. du* 21 *octobre* 1854.)

Les marchandises exemptes de droits à l'entrée et à la sortie figurent, à l'importation, au commerce spécial, en même temps qu'au commerce général. (*Circ. lith. du* 26 *juin* 1860.)

Afin de rendre suffisamment compte des mouvements de la consommation, l'administration fait comprendre aux tableaux mensuels des exportations certaines des marchandises exemptes de droits. (*Circ. lith. du* 8 *août* 1860.)

Les marchandises admises en transit sous simple passavant sont inscrites au commerce général, sauf à les reprendre au commerce spécial si l'expédition n'était pas renvoyée à l'expiration du délai déterminé. Pour prévenir tout malentendu, les receveurs principaux ont à joindre aux états série E, n° 44, une note indiquant les dates et n⁰ˢ des passavants non rentrés, les marchandises et les bureaux de sortie désignés. (*Circ. lith. du* 26 *juin* 1860.)

Certains produits étant, à raison de leur provenance, taxés à la valeur, tandis que les droits applicables aux produits similaires d'autres provenances restent établis d'après le poids, le nombre ou la mesure, on doit, en ce qui les concerne, indiquer la valeur, et, sur une 2ᵉ ligne, la quantité que doit comprendre le total par nature de marchandises. (*Circ. lith. du* 18 *février* 1861.)

Les marchandises exemptes de droits d'entrée figurent aux états de commerce avec les mêmes divisions que si elles étaient taxées. (*Circ. lith. du* 24 *décembre* 1855.)

Le mouvement commercial entre la France et l'Algérie est signalé comme si cette colonie était une possession étrangère. (*Déc. du* 6 *juin* 1851.)

Les marchandises étrangères provenant des entrepôts qui ont été constitués dans les colonies des Antilles et de la Réunion doivent figurer séparément sur les états d'importation, tant au commerce général qu'au commerce spécial, et l'on doit avoir soin d'indiquer, dans la colonne des pays de provenance, non seulement la colonie d'où elles arrivent, mais encore le pays d'où elles ont été tirées primitivement. (*Circ. lith. du* 23 *juillet* 1845.)

Les marchandises signalées au net au commerce spécial doivent l'être également au commerce général.

A l'égard des produits taxés à la sortie sur une autre base qu'à l'entrée, la tarification à la sortie sert de règle pour l'inscription de ceux qui ont été tirés de l'intérieur. (*Déc. du* 16 *septembre* 1850.)

Les provisions de bord sont, dans tous les cas, portées soit aux deux commerces, soit au commerce général, selon qu'elles proviennent ou non du marché intérieur.

Si des marchandises, tout en jouissant d'une prime, étaient assujetties aux droits de sortie, on mentionnerait les quantités dans la colonne des primes, et les droits dans la colonne spéciale. (*Circ. lith. du* 21 *décembre* 1850.)

Les marchandises exportées sous réserve de prime ne sont reprises, aux états de commerce, que sous la seule dénomination qui leur est propre, en indiquant, dans la colonne des primes, les quantités donnant droit à l'allocation, et, le cas échéant, dans celle des exportations simples, avec le mot *exemptes*, le poids des autres matières. (*Déc. du* 25 *novembre* 1858.)

Les marchandises expédiées par l'administration de la marine, sur les bâtiments de l'État, sont comprises avec les autres march. d'exportation. (*Déc. du* 18 *mars* 1850.)

La douane qui constate la sortie définitive soit des marchandises nationales avec ou sans prime, soit la réexportation des marchandises étrangères et régularise les expéditions, V. Livre VIII, les fait figurer sur ses états de statistique. (*Circ. du* 16 *décembre* 1853, n° 168, *et Circ. lith. du* 29 *mai* 1857.)

Quant aux marchandises de simple exportation expédiées des bureaux de douanes de l'intérieur, elles sont reprises (commerce général et commerce spécial) sur les états dressés dans ces bureaux. (*Circ. lith. du* 26 *août* 1863.)

A cet effet, la sortie définitive en est signalée par des bulletins série E, n° 50, que les receveurs principaux s'adressent directement et journellement, sous bandes (*Circ.* n°ˢ 1022 *et* 1375, *et Circ. du 16 décembre* 1853, n° 168). Il en est de même dans tous les cas où une douane maritime constate l'exportation de marchandises énoncées en un acquit de payement des droits de sortie délivré dans un autre bureau. (*Déc. du 7 mars* 1851.)

Relativement aux existences en entrepôt, c'est au quintal métrique qu'il faut présenter le *stock* cumulé des *autres marchandises*. (*Circ. lith. du 20 janvier* 1859.)

En ce qui concerne les marchandises exemptes de toute taxe, les relevés sont dressés par les bureaux de première ligne, soit à vue des déclarations de sortie directe, soit à l'aide des passavants qui accompagnent les marchandises visitées dans un autre bureau et qui sont retenus. (*Circ. du 10 juin* 1851, n° 2438.)

On ne mentionne sur l'état série E, n° 45, comme exportées en franchise, que les marchandises affranchies de droits à raison de leur destination (colonies françaises, provision de bord, etc.). Quant aux produits exempts de taxe d'une manière générale, c'est avec les quantités sorties sous payement de droit qu'il faut les porter, en ayant soin d'inscrire le mot *exempts* dans la colonne : *Quotité des droits*.

Les machines à vapeur faisant l'objet de prime ne figurent pas aux états série E, n° 45.

En ce qui a trait aux sels et aux produits de la grande pêche, il doit y avoir concordance entre les états série E et série S. Il n'y a d'exception que dans les cas d'exportation de morues sèches provenant de pêche française, et dirigées, par mer ou par terre, sur un port d'expédition définitive. (*Circ. lith. du 22 décembre* 1854.)

Les marchandises extraites des entrepôts de France, à destination des entrepôts des colonies françaises, doivent être inscrites au commerce général sur les états d'exportation de la métropole. Ces mouvements figurent à part, et pour mémoire seulement, sur les états de situation et de mutation d'entrepôt. (*Circ. du 19 déc.* 1853, n° 168.)

205. — Pour le cabotage, ce sont les douanes de *départ* qui forment un état série E, 45 *bis*, 45 *ter*, divisé en deux chapitres : le premier indiquant les marchandises expédiées à destination des ports situés dans la mer ; le second, celles allant d'une mer dans l'autre. Les ports de destination y sont inscrits dans leur ordre géographique, en prenant par la gauche de chaque direction. (*Circ. du 30 décembre* 1836, n° 1595.)

L'administration tient essentiellement à ce que ces relevés comprennent les marchandises expédiées sous passavant de rivière, série M, n° 53. A cet effet, le service est autorisé à mettre lui-même, par écrit, les déclarations verbales des parties illettrées, soit sur formules imprimées de déclarations, qui seront conservées avec soin, soit sur un registre à colonnes préparé *ad hoc*. (*Déc. adm. du 9 février* 1850.)

Lorsqu'un navire charge des marchandises à destination de plusieurs ports du royaume, les états de cabotage ne désignent qu'un seul port, celui où il se rend directement en sortant du port d'expédition. Le port de première escale désigne à son tour le port de seconde escale, devenu le premier par rapport à lui, et ainsi de suite jusqu'à ce que le navire ait terminé son déchargement. (*Circ. du 22 mars* 1837, n° 1611.)

Les receveurs principaux réunissent en un seul envoi les états de cabotage relatifs à leur principalité et les adressent à l'administration le 20 janvier au plus tard. Toutefois, dans les grandes douanes de Marseille, Bordeaux, Nantes, Le Havre et Rouen, il est accordé aux receveurs jusqu'au 30 pour l'envoi des états de leur propre bureau ; mais ils adressent les états des receveurs subordonnés de leur principalité à l'époque ainsi fixée pour les autres receveurs. (*Circ. du 30 décembre* 1836, n° 1595.)

Le quintal métrique est substitué au kil. dans les états série E, n° 45 *bis*, bien que les comptes élémentaires soient au kil. (*Circ. lith. du 31 décembre* 1849, *et Circ. du 16 décembre* 1853, n° 168.)

206. — Relativement à la navigation, soit entre la France et ses colonies ou l'étranger, soit d'un port à l'autre de la France, deux états, l'un pour l'entrée, l'autre pour la sortie, comprennent la totalité des bâtiments, sans exception de ceux qui sont mus par la vapeur. Les bâtiments à vapeur sont repris sur un état spécial.

Le bulletin de navigation, fourni chaque mois, reprend successivement les mouvements des mois précédents, de sorte que le bulletin du mois de décembre présente l'ensemble des opérations de l'année. (*Circ. des 31 décembre* 1830, n° 1240, *17 juin* 1840, n° 1814, *et 5 janvier* 1837, n° 1597.) *V.* n° 202.

On doit considérer comme employés à la pêche côtière, et reprendre dans le cadre spécial réservé à cette navigation, les bateaux qui reçoivent les produits sur les lieux de pêche pour en effectuer le transport. (*Déc. du* 19 *juillet* 1850.)

Les receveurs du littoral doivent signaler avec soin, par les états annuels, ceux des ports étrangers avec lesquels la France entretiendrait des relations commerciales plus ou moins suivies et qui ne figureraient pas sur la nomenclature générale, modifiée par la Circ. lith. du 8 février 1865. (*Circ. lith. du 5 novembre* 1858.)

207. — Les directeurs adressent, chaque trimestre, à l'administration, dans la deuxième décade qui suit la période écoulée, un *Bulletin de commerce*. (*Circ. du* 27 *juillet* 1848, n° 2267, et *Circ. man. du* 24 *mars* 1862.)

Les bulletins de commerce présentent les subdivisions suivantes : 1° recettes ; 2° principales importations (commerce spécial) ; 3° principales exportations (commerce spécial) ; 4° navigation de concurrence ; 5° prix du fret ; 6° constructions navales ; 7° stock des entrepôts ; 8° admissions temporaires. (*Circ. man. du* 24 *mars* 1862.)

Les directeurs qui ont dans leur ressort quelque centre important d'industrie, quelque branche particulière de commerce, en font l'objet d'articles spéciaux. C'est par la comparaison des résultats du mois courant, et cumulativement des mois écoulés avec les périodes correspondantes de l'année ou des années précédentes, que doivent être mises en lumière les variations survenues d'une période à l'autre, tant dans la quotité des recouvrements effectués que dans la quantité ou la valeur des produits importés ou exportés. A côté des chiffres se place nécessairement l'appréciation raisonnée des causes réelles ou probables qui ont amené ces variations.

Les directeurs chargés de la rédaction des bulletins puisent, en dehors de l'administration comme au-dedans, à toutes les sources qu'ils jugent propres à faire jaillir quelque lumière, et mettent sous les yeux de l'administration, à l'appui de leurs bulletins, ceux des documents fournis par leurs principaux collaborateurs qui leur paraissent avoir de l'importance. (*Circ. du* 29 *janvier* 1839, n° 1732, *et Circ. man. du* 24 *mars* 1862.)

208. — Le bulletin hebdomadaire du prix courant légal des marchandises, dans les grands ports, s'envoie chaque mois à l'administration, 1re division. Le prix d'abonnement annuel est payé par imputation sur les crédits du matériel. (*Déc. du* 20 *novembre* 1852.)

CHAPITRE VII

COMPTABILITÉ

209. — La comptabilité assure l'exactitude et la régularité des recettes et des dépenses.

Les recettes sont constatées et centralisées. Les dépenses sont liquidées par l'administration, mandatées par les directeurs, en qualité d'ordonnateurs secondaires, ordonnancées par le Ministre des finances et effectuées par un comptable. (receveur principal), en vertu d'un mandat ou ordre de payement.

Chargée du contrôle de la comptabilité publique, la Cour des comptes prononce sur les comptes de tous les receveurs principaux, qui, dans le service des douanes, sont ses seuls justiciables, ceux-ci recevant les comptes des receveurs subordonnés et leur en donnant, au moyen d'un récépissé, une décharge provisoire jusqu'au jugement définitif de la Cour.

210. — Les comptes sont produits à la Cour avec les pièces à l'appui, par l'entremise de la direction générale de la comptabilité publique, savoir : pour les opérations de l'exercice clos, le 30 novembre de l'année qui suit l'exercice ; pour les recettes et dépenses de l'exercice courant et les opérations de trésorerie, avant le 1er mai de l'année suivante. (*Décret du 12 août 1854, art. 2.*)

A cet effet, les comptables produisent, chaque mois, les éléments de leur comptabilité.

Ces éléments sont adressés aux directeurs le 3 de chaque mois (*Circ. man. du 31 juillet 1822*), et transmis à la direction de la comptabilité publique, qui les fait parvenir à la Cour des comptes, accompagnés des résumés généraux prescrits par les règlements. (*Ord. du 4 novembre 1824, art. 2, et Décret du 12 août 1854, art. 1er.*)

Le 1er de chaque mois, les receveurs principaux adresseront directement : 1o au Ministre des finances, un relevé, série C, no 74, des perceptions (*Circ. de la compt. du 9 novembre 1854, no 65*) ; 2o à l'administration, deuxième division, quatrième bureau, un état des produits, série E, no 101 bis. (*Circ. man. du 16 décembre 1843.*)

Un bordereau de situation, série C, no 4, en double expédition, présente le résumé des recettes et des dépenses de chaque recette principale. Sauf quelques exceptions, les pièces justificatives des recettes ne sont produites qu'en fin d'année. Celles des des dépenses publiques sont fournies mensuellement. Les dépenses faites pour le compte des correspondants du Trésor se justifient les unes à la fin du mois, les autres en fin d'année seulement. Toutes les pièces justificatives sont renfermées dans des formules spéciales à chaque nature de dépense, récapitulatives, et indiquant les numéros des chapitres et des articles du compte annuel (*Circ. lith. du 25 octobre 1839*); elles font l'objet d'un inventaire, série C, no 73, en quatre expéditions. Le bordereau (1) et les pièces sont vérifiés d'une manière approfondie au bureau de direction; le directeur conserve dans ses archives une expédition du bordereau et de l'inventaire, et renvoie au comptable un des inventaires revêtu d'un accusé de réception. (*Circ. du 23 juin 1848, no 2261 ; Circ. de la compt. des 15 novembre 1862, no 84, et 23 novembre 1864, no 86.*)

Sous peine de mesures disciplinaires, le directeur doit transmettre, savoir : après les avoir visés, les bordereaux de situation le 5 de chaque mois, avec un état récapitulatif série C, no 4 bis, formé avec soin ; les pièces justificatives dans les huit premiers jours du mois, ou, dans tous les cas, assez à temps pour qu'elles parviennent à la comptabilité publique le 10 au plus tard, avec 1o un relevé no 4 ter de tous les virements de fonds émis ou régularisés dans le mois; 2o l'inventaire no 73, en deux expéditions. L'une de celles-ci est renvoyée par la comptabilité au directeur, revêtue de l'accusé de crédit servant de décharge provisoire aux comptables. (*Circ. de la compt. des 18 décembre 1848, no 51, 17 août 1854, no 64, 5 janvier 1859, no 75, 15 novembre 1862, no 84, et 23 novembre 1864, no 86.*)

En cas d'absence des chefs divisionnaires chargés de viser les comptes, bordereaux,

_____

(1) Il est recommandé aux receveurs de s'assurer que les expéditions du bordereau sont parfaitement conformes à la minute qu'ils conservent. (*Circ. lith. du 1er janvier 1839.*)

etc., ce visa est suppléé par celui du directeur, qui indique alors le motif de l'absence. (*Circ. de la compt. du 24 juillet* 1860, n° 77.)

Les lettres doivent être timbrées : Direction générale de la comptabilité publique ; comptabilité des receveurs des douanes. — Les paquets contenant des pièces justificatives doivent être ficelés à l'intérieur, enveloppés de papier fort, ficelés à l'extérieur, adressés sous le couvert du Ministre des finances et porter pour suscription : *Direction des douanes de... Comptabilité des receveurs des Douanes. Pièces dont l'envoi est annoncé par lettre du... 18.., n°...* Ils doivent être *chargés* à la poste (1). Le directeur donne avis, par lettre spéciale et séparée, des paquets ainsi envoyés. (*Circ. de la compt. des* 15 *décembre* 1824, n° 1, 20 *novembre* 1850, n° 56, *et* 20 *juin* 1864, n° 85.)

On ne doit placer avec les bordereaux, ni parmi les pièces de dépense, aucune lettre contenant des explications ou exigeant une réponse. (*Circ. de la compt. du* 17 *juillet* 1862, n° 82.)

L'envoi ne peut être différé par le directeur, parce que les pièces seraient susceptibles de rectifications. Dans ce cas, il suffit de signaler à la comptabilité les irrégularités, erreurs ou omissions qui auraient été reconnues. (*Circ. lith. du* 1er *janvier* 1839.)

Le directeur doit signaler à la comptabilité, en lui transmettant les pièces, soit les omissions ou lacunes, soit les irrégularités reconnues, et indiquer, au cadre n° 9 du bordereau des receveurs principaux, les rectifications effectuées. (*Circ. de la compt. du* 15 *novembre* 1862, n° 84.)

Quand on reconnaît la nécessité d'opérer des augmentations ou des diminutions sur les recettes ou sur les dépenses des mois antérieurs, le receveur en explique le motif dans la partie du bordereau à ce destinée.

Une mesure spéciale concerne les pièces relatives aux dépenses acquittées, sur mandats des directeurs, avant liquidation définitive (dépenses de 50 fr. et au-dessous, *V.* n° 136) ; les receveurs principaux les réunissent et en relèvent le montant sur deux bordereaux série E, n°s 100 *bis* et 100 *ter;* les directeurs transmettent ces pièces à l'administration avec une formule récapitulative n° 100 *quater,* dans les huit premiers jours de chaque mois. L'administration les fait passer, après vérification et en y ajoutant les liquidations nécessaires, à la comptabilité publique. (*Circ. de la compt. du* 29 *août* 1848, n° 48; *Circ. de l'Administration du* 14 *novembre* 1848, n° 2284, *et Circ. lith. du* 23 *janvier* 1849.) Il en est de même des états de gratifications. *V.* n° 108.

En vue d'assurer la régularité des écritures des recettes subordonnées, il est établi : 1° un compte mensuel des recettes et des dépenses effectuées par les receveurs subordonnés, destiné à rester à la recette principale; 2° un extrait de ce compte établi par chaque receveur subordonné; 3° un extrait récapitulatif des comptes mensuels des divers receveurs subordonnés, formé par le receveur, et qui doit être adressé à la comptabilité publique, ainsi que l'extrait énoncé précédemment, avec les bordereaux de situation n° 4 ; 4° un registre à talon, conservé à la recette principale, pour les récépissés des fonds de subvention fournis aux receveurs subordonnés. (*Circ. de la compt. du* 26 *novembre* 1855, n° 67.)

Le bordereau de situation relatif au mois de décembre présente le règlement de toutes les recettes et dépenses de l'année écoulée, effectuées tant par les receveurs particuliers que par les receveurs principaux.

---

(1) Les lettres ou paquets à charger à la poste doivent être présentés sous enveloppes et fermés au moins de trois cachets en cire, avec empreinte. (*Arrêté min. du* 30 *mars* 1832.)

Les receveurs principaux fournissent : 1° de manière à les faire parvenir au ministère le 15 janvier au plus tard, et ce bordereau et un procès-verbal de clôture d'année, série C, n° 86, en double expédition, arrêté le 31 décembre au soir, et complété par l'indication, dans la 2e partie, des modifications ou redressements résultant des opérations supplémentaires inscrites au bordereau ; 2° du 15 au 20, un bordereau supplémentaire, mais seulement en cas de rectifications nécessitées par des erreurs, des omissions, etc. (*Circ. de la compt. des 22 novembre 1831, n° 20 ; 26 novembre 1855, n° 67, et 7 novembre 1857, n° 73.*)

L'état de situation des fonds de masse, série C, n° 78, est adressé à la comptabilité publique à l'expiration de l'année, avec le bordereau n° 4 de décembre. (*Déc. de la compt. du 18 avril 1863.*)

211. — Quand les bureaux subordonnés sont transférés d'une principalité dans une autre, le montant de leur réserve figure au chap. IV, art. 4 du bordereau des comptables. (*Déc. de la compt. du 16 mai 1861.*)

Si le siège d'une principalité change de département, le comptable arrête ses écritures dans l'ancienne résidence, comme au cas de fin de gestion, et fait dépense de l'excédant en caisse (valeurs remises, etc.). (*Déc. de la compt. du 25 novembre 1862.*)

212. — Des comptes de gestion annuelle offrent le résumé de toutes les opérations (recettes et dépenses) effectuées pendant l'année par les receveurs principaux. (*Ord. du 8 novembre 1820, art. 1, 2 et 3.*) Ils sont divisés en deux parties, tout en conservant le principe d'unité : recettes et dépenses faites pendant l'année sur l'exercice précédent ; la totalité des recettes et des dépenses de l'année, et la situation à la fin de la gestion annuelle. (*Circ. de la compt. du 29 novembre 1849, n° 54.*)

Les receveurs principaux rédigent leur compte de gestion dès qu'ils ont adressé à la direction le dernier bordereau mensuel de situation, soit de l'exercice, soit de l'année. Ce compte en double expédition, le bordereau par département, série C, nos 87 bis et 88 bis, et les divers documents justificatifs sont transmis à la comptabilité publique, savoir : la première partie, du 20 au 25 septembre ; la deuxième, du 15 au 20 février, au plus tard. (*Circ. de la compt. des 24 juillet 1860, n° 77 ; 15 novembre 1862, n° 84, et 23 novembre 1864, n° 86.*)

Ces receveurs adressent à la comptabilité, en double expédition, avec les documents relatifs au règlement des comptes annuels de gestion, l'état nominatif des dépenses qu'ils ont acquittées pendant l'année, avec imputation sur les exercices soit clos, soit périmés. (*Circ. de la compt. des 1er septembre 1838, n° 34, et 7 novembre 1857, n° 73.*)

En cas de mutation de receveurs principaux dans le cours de l'année, le compte de gestion est divisé suivant la durée des fonctions des différents titulaires, et chacun d'eux rend compte des opérations qui le concernent. (*Ord. du 8 novembre 1820, art. 4.*) En conséquence, lorsqu'un receveur principal cesse ses fonctions, étant appelé à un autre emploi, retraité ou révoqué, il doit remettre de suite sa caisse et son portefeuille à son successeur ou à l'agent chargé de l'intérim, après que sa comptabilité a été arrêtée et vérifiée, dans toutes les parties, par l'inspecteur divisionnaire, qui rejette toute dépense non valablement justifiée, n'admet comme avances à régulariser que celles légalement autorisées, et arrête les registres. L'inspecteur fait aussi rédiger un bordereau, série C, n° 4, des recettes et des dépenses effectuées par le comptable, et dresse, contradictoirement avec lui et le successeur ou intérimaire, à vue du sommier, du journal, des registres de recette et des différentes pièces de dépense, un procès-verbal de clôture, série C, n° 86, en quintuple expédition (deux à l'appui du bordereau, n° 4, une au directeur, une au receveur sortant, une au nouveau titulaire). Les fonds restant en caisse à ce moment sont remis au successeur ou intérimaire, avec toutes les valeurs formant l'excédant des recettes ; il en est fait dépense aux opérations de trésorerie. (*Circ. des 22 février 1821, n° 639 ; 28 mars et 23 décembre 1822, nos 717 et 773 ; Circ. de la compt. du 15 décembre 1836, n° 31.*) En cas de déficit de caisse, V. n° 116.

Les différents états qui, pour la gestion finissant le 31 décembre, doivent être transmis à la comptabilité du 15 au 20 janvier, sont produits, par analogie, quinze ou vingt jours après la cessation des fonctions. (*Lettre de la compt. du 27 mai 1850.*) Le bordereau n° 4, appuyé du procès-verbal de clôture de caisse, est transmis avec les justifications mensuelles.

Le receveur principal dont la gestion se termine le 31 décembre comprend dans son compte les opérations effectuées en décembre par les bureaux particuliers et celles dont il est prescrit de passer écriture par supplément audit mois. Il s'abstient de faire dépense des valeurs laissées à son successeur qui les fait figurer au résultat général du bordereau et du compte, sous le titre d'excédant de recette. Mais pour maintenir la liaison qui doit toujours exister entre deux gestions, le nouveau receveur revêt d'une déclaration spéciale le compte n° 88 établi par son prédécesseur. En y apposant son visa, l'inspecteur atteste que le nouveau receveur (titulaire ou intérimaire) a fait réellement reprise des reliquats de compte de son prédécesseur. (*Circ. de la compt. des 7 novembre 1857, n° 73, et 17 juillet 1862, n° 82.*)

Si la mutation a lieu dans le courant de l'année, le nouveau titulaire reprend, dans sa comptabilité, les recettes et les dépenses des bureaux particuliers pendant le dernier mois d'activité de son prédécesseur ; et c'est lui qui régularise le paiement des traitements et émoluments, etc., se rattachant au même mois. (*Circ. de la compt. des 7 novembre 1857, n° 73, et 17 avril 1849, n° 53.*)

Lorsque des opérations de redressements ou autres ont lieu par supplément à la gestion d'un comptable dont les fonctions ont cessé dans le cours de l'année, les rectifications doivent être présentées sur un nouveau bordereau de situation qui est transmis à la comptabilité générale, avec celui que fournit le successeur, pour le mois pendant lequel les opérations supplémentaires ont été constatées, aucune lacune ne devant exister entre les deux gestions. (*Circ. de la compt. du 7 novembre 1857, n° 73.*)

Outre les pièces justificatives du compte annuel, tout comptable sortant de fonctions doit produire une déclaration portant :

Soit qu'il n'a pas concédé de crédit pendant la période pour laquelle le compte est rendu ; soit qu'il ne restait à réaliser, à l'époque où il a cessé ses fonctions, aucun crédit de droit concédé par lui ; soit enfin, que les traites ou obligations de crédit qu'il a admises en payement de droits non encore échues à cette même époque s'élevaient, pour droits de douane, à..., pour taxe de consommation des sels à..., avec indication de la dernière échéance de chacune des deux sortes de crédit.

Cette déclaration doit être certifiée véritable par l'inspecteur divisionnaire et visée par le directeur. (*Lettre de la compt. du 24 décembre 1841, et Circ. de la compt. du 7 novembre 1857, n° 73.*)

213. — Les accusés de crédit délivrés par le directeur de la comptabilité sont transmis sans retard, par les directeurs, aux receveurs principaux ; ceux-ci les représentent aux agents qui vérifient leur gestion. (*Arrêté min. du 9 novembre 1820, et Circ. de la compt. du 15 novembre 1824, n° 1er.*)

Le directeur de la comptabilité fait part de ses observations aux directeurs des douanes, qui sont tenus de s'y conformer. (*Arrêté min. du 6 novembre 1824, et Circ. de la compt. du 30.*)

Les extraits des arrêts de la Cour des comptes sont distribués, aux comptables intéressés, par les soins de la comptabilité publique. Dès qu'un comptable a reçu l'extrait qui le concerne, il doit immédiatement produire un récépissé dont le modèle est annexé à la circulaire de la comptabilité du 30 juillet 1825. Le directeur réunit les récépissés des comptables et les transmet le plus tôt possible à la comptabilité publique avec un état de notification. Il est accordé un délai de deux mois pour satisfaire aux charges et aux injonctions résultant des arrêts. (*Circ. de la compt. du 30 juillet 1825.*)

214. — *Délégation de crédits.* Aucune dépense ne peut être effectuée sans un crédit préalablement ouvert au budget ou résultant d'un supplément de crédit, d'un crédit extraordinaire ou d'un virement de chapitre, et sans être ordonnancée par le Ministre. (*Décret du 10 novembre 1856, art.* 1er.)

Les virements de crédit d'un chapitre à un autre sont réservés pour couvrir, après la première année de l'exercice, par des excédants disponibles, les insuffisances qui se sont produites dans certaines allocations. (*Même Décret, art.* 3.)

Les crédits rentrant dans les prévisions du budget s'appellent ordinaires ; si ces crédits ne suffisent pas, des lois ou décrets ouvrent des crédits supplémentaires ; quand il se manifeste, après le vote du budget, quelques besoins imprévus, des décrets accordent des crédits extraordinaires.

Les dépenses du service des douanes se divisent en deux catégories : les dépenses fixes, telles que les appointements, les indemnités de tournées, les frais de loyer, d'éclairage et de chauffage (frais de bureau) ; les dépenses variables, c'est-à-dire les frais de construction ou de réparation de bâtiments, les remboursements de droits, les primes, les frais de saisies non recouvrables, les répartitions de produits d'amendes et confiscations et de taxes de plombage.

En ce qui concerne les dépenses fixes, les droits acquis aux divers agents du service sont établis, soit par des rôles mensuels pour les appointements, soit par des états trimestriels ou semestriels pour les frais de loyer ou de bureau et les indemnités de tournées. Des délégations de crédit, représentant le douzième, le tiers ou la moitié des allocations totales inscrites au budget, sont demandées par l'administration, du 15 au 20 du mois, au Ministre des finances, par mois, par trimestre ou par semestre, pour chacun des directeurs des départements, qui, au moyen de l'état mensuel série E, n° 100, font connaître le montant des crédits (*V.* n° 48) présumés nécessaires ; et, en vertu des extraits d'ordonnances de délégation à eux directement adressés par le Ministère dans les cinq derniers jours du mois, ces directeurs (ordonnateurs secondaires) mandatent le montant des rôles ou des états. Les états de gratifications ou de remises, arrêtés par le conseil d'administration, sont d'ailleurs préalablement soumis à la sanction du Ministre. De même, toute passation de bail pour un loyer dépassant 3,000 fr., ou contracté pour une durée de plus de 9 ans, doit être approuvée par le Ministre. (*Régl. du 26 janvier 1846 sur la compt., art.* 75, *et Déc. adm. du 23 avril* 1863.)

Quant aux dépenses variables, une distinction est établie entre celles qui ont un caractère effectif, comme les constructions et les réparations, et les dépenses d'ordre, telles que remboursements de droits, primes d'exportations, etc., qui ne sont que la restitution de sommes reçues par l'État. Pour ces dernières dépenses, l'administration demande mensuellement au Ministre des ordonnances de délégation de crédit qui ne dépassent pas, à moins de faits accidentels, le douzième de l'allocation totale prévue au budget ; et, à vue de ces ordonnances, les directeurs de département mandatent et font payer le montant des liquidations de dépenses arrêtées par l'administration. Relativement aux dépenses effectives, toute dépense devant excéder 3,000 fr. fait l'objet d'une décision préalable de l'administration, qui la soumet à l'approbation du Ministre, et ce n'est qu'après que l'ordonnance de délégation de crédit est demandée.

Les crédits mensuels se cumulent successivement de manière à ne former, par exercice et par service, qu'un crédit unique destiné à recevoir l'imputation des ordonnances ministérielles.

On ne peut en changer l'affectation, ni en outrepasser le montant par la délivrance des mandats. (*Règlement du 26 janvier 1846 sur la compt. publique, art.* 21, 27, 28, 30, 109 à 124.)

Ainsi, en leur qualité d'ordonnateurs secondaires, les directeurs mandatent toutes les dépenses relatives à leur direction. Chaque mandat doit relater la date, le numéro et le montant de la délégation ministérielle èn vertu de laquelle il est délivré ; l'exercice et les chapitres du budget auxquels se rapportent les dépenses ; les pièces justificatives dont il doit être accompagné. (*Circ. de la compt. des 30 décembre 1826, n° 9, et 9 novembre 1854, n° 65.*)

Les mandats de payement doivent toujours être signés, soit par le directeur, soit par l'intérimaire, ou, selon le cas, par le premier commis pour le directeur en tournée ou malade. (*Circ. lith. du 24 février 1859.*)

En général, les receveurs principaux ne peuvent acquitter ou faire acquitter par les receveurs subordonnés aucune dépense ni en faire écriture à titre définitif, si elle n'a été préalablement mandatée. Il n'existe d'exception qu'à l'égard de certaines dépenses acquittées sur liquidations définitives de l'administration, telles que remboursements de droits, primes, etc. ; mais alors le directeur y joint les mandats avant de transmettre les pièces à la comptabilité.

Les directeurs adressent au Ministère des finances, sous le timbre du secrétariat général (sous-direction de l'ordonnancement des dépenses), le 10 de chaque mois, un état de situation, au dernier jour du mois précédent, des crédits délégués ; une déclaration des mouvements du personnel, avec développement des droits constatés par classes d'emplois, et un bulletin des absences par congés. (*Règlement du 26 janvier 1856 sur la compt., art. 211 à 214.*)

215. — *Exercice.* C'est le nom donné à l'année, en ce qui concerne la comptabilité, en appliquant les dispositions suivantes :

Le fait matériel de la constatation du droit au profit du Trésor détermine l'exercice auquel les produits doivent être appliqués. (*Circ. du 14 décembre 1823, n° 838.*)

Quant aux dépenses, sont seuls considérés comme appartenant à un exercice, les services faits pour le compte de l'État et les droits acquis et reconnus à ses créanciers du 1er janvier au 31 décembre de l'année qui donne sa dénomination audit exercice. (*Décret du 31 mai 1862, art. 6.*)

Mais la durée de la période pendant laquelle doivent se consommer tous les faits de dépense de chaque exercice se prolonge : 1° jusqu'au 1er février de l'année suivante pour achever, dans la limite des crédits ouverts, les services du matériel dont l'exécution commencée n'a pu, d'après une déclaration de l'ordonnateur énonçant les motifs de ces cas spéciaux, être terminée avant le 31 décembre ; 2° jusqu'au 31 juillet de cette même année suivante, époque de la clôture des exercices, pour la liquidation et l'ordonnancement des dépenses (1) ; 3° jusqu'au 31 août de cette seconde année pour le payement des ordonnances de dépense. (*Même Décret, art. 7 et 33.*)

Les crédits ouverts pour les dépenses d'un exercice ne peuvent être employés aux dépenses d'un autre exercice, et sont annulés. (*Même Décret, art. 8.*)

Les directeurs doivent adresser : 1° au ministère, secrétariat général (2), sous-direction de l'ordonnancement des dépenses ; 2° à l'administration, un relevé nominatif

---

(1) L'ordonnateur secondaire doit, en temps utile, provoquer, s'il y a lieu, auprès de son administration, la délégation des crédits dont il a besoin, avant le 31 juillet, en ce qui concerne l'exercice de l'année expirée, et il ne néglige rien pour que les mandats qu'il a délivrés par imputation sur cet exercice soit acquittés au plus tard le 31 août, de manière à éviter un ordonnancement ultérieur à titre d'exercice clos. (*Circ. de M. le secrétaire général des finances du 24 juin 1858.*)

(2) Le secrétariat général des finances fait parvenir aux directeurs les formules destinées à la formation, minute et expédition de ce relevé, qui doit être adressé au Ministère avant le 15 septembre. (*Circ. de M. le secrétaire général des finances du 24 juin 1858.*)

des créanciers et de la somme due à chacun d'eux sur l'exercice définitivement clos le 31 août. (*Circ. min. du 18 octobre 1836, et Circ. man. du 16 novembre 1836.*)

Aucune dépense concernant un exercice clos ne peut être acquittée qu'autant qu'elle a été ordonnancée de nouveau ou ordonnancée spécialement. *V.* n° 41.

Les directeurs doivent adresser, chaque mois, à la Direction générale de la comptabilité, en même temps que les pièces de dépenses, un état indiquant individuellement, par principalité et par nature, toutes les sommes comprises dans les états collectifs, qui n'ont pas été payées pour quelque motif que ce soit. Ils ont soin de faire connaître celles qui ne l'ont point été pour cause d'opposition. A la fin de chaque année, un état semblable donne le développement des sommes non payées au 31 décembre. (*Circ. de la compt. des 25 août 1834, n° 28, et 21 décembre 1835, n° 30.*)

Toute demande en restitution de droits ou de marchandises, payement de loyers et d'appointements de préposés, ne peut être reçue deux ans après l'époque d'exigibilité. *V.* n° 40. (*Loi du 22 août 1791, tit. 13, art. 25.*)

Sont prescrites au profit de l'État, à moins qu'il n'y ait faute de l'administration ou pourvoi devant le Conseil d'État, toutes autres créances non liquidées et non payées dans les cinq ans à partir de l'ouverture de l'exercice pour les intéressés domiciliés en Europe, et six ans pour les autres. (*Règlement du 26 janvier 1846 sur la compt., art. 197 ; Circ. de la compt. du 23 novembre 1864, n° 86.*)

Les sommes dues aux employés sur un exercice périmé, c'est-à-dire dont le payement n'a pas été réclamé dans le délai de cinq ans à partir du 1er janvier de l'année, sont portées en recette accidentelle, sur un ordre délivré par le directeur et produit comme justification. (*Circ. de la compt. du 30 novembre 1845, n° 43.*)

216. — *Tenue des écritures.* Les recettes et les dépenses, à quelque titre que ce soit, sont inscrites sur les registres, jour par jour, distinctement à mesure qu'elles s'effectuent, de manière que la vérification en soit facile. (*Circ. du 12 octobre 1821, n° 678.*)

Les recettes sont distinguées par nature de valeur, numéraire ou effets. (*Circ. du 30 janvier 1817, n° 247.*)

Pour assurer l'exécution de ces dispositions et mettre le comptable à même de délivrer quittance de toute somme reçue, on pourvoit les bureaux des registres suivants (*Circ. lith. du 25 septembre 1833*) :

Registres de visite et de liquidation, dont les colonnes sont additionnées, totalisées et arrêtées par journée (1) ;

Registres de recette, à souche (consignations, recettes), d'où l'on détache des acquits de payement et où les perceptions sont inscrites immédiatement par nature de valeurs et dans les colonnes additionnées, totalisées et arrêtées par journée (2) ;

Livre-journal de caisse ou de portefeuille, où les receveurs principaux ou subor-

---

(1) Le registre de liquidation, tenu ainsi que l'indique le n° 56, doit, à la fin de chaque journée, présenter un total égal à celui de tous les registres de recette, total reporté au livre-journal. *V.* n° 217. Il faut, à cet effet, dans les bureaux où est ouvert ce registre, y reprendre, à l'expiration de la journée, en bloc par partie de service, le montant des droits exceptionnellement portés sur un registre spécial, série T, n° 6, soit relativement aux bagages des voyageurs sur tous les points de passage, soit, moyennant certaines réserves, sur les frontières de terre, quant aux objets dits de minutie. *V.* n° 216.

(2) Au besoin, il est ouvert deux registres de recette, dont l'un comprend la série des numéros pairs, et l'autre celle des numéros impairs. (*Lettre de la compt. du 29 août 1836.*)

donnés reportent les totaux des perceptions, timbres, etc., jour par jour, au courant, et inscrivent toutes les dépenses au fur et à mesure qu'elles se produisent, sans transposition, surcharge, ni rature, par nature d'opération, alors même, relativement aux consignations, etc., qu'elles seraient régularisées dans le cours d'une même journée. À la fin de chaque jour, le receveur arrête le livre-journal (1), en toutes lettres à la fin du mois (*Loi du 22 août 1791, titre XIII, art. 28, et Circ. du 24 décembre 1816, n° 230*), établit la balance (*Circ. du 15 décembre 1817, n° 352*), et compare le solde des comptes de valeurs accusé par ce livre avec le montant des fonds existant matériellement dans sa caisse (2). (*Circ. du 12 octobre 1821, n° 678.*) Les journées pendant lesquelles il n'y a pas eu d'opérations doivent être indiquées par le mot *néant*, et, quand les opérations de recette et de dépense ne remplissent pas un espace égal, la partie qui reste en blanc est barrée. (*Circ. du 9 octobre 1824, n° 883.*) Le livre-journal est continué sans distinction d'exercice ou de comptable. (*Lettre de la compt. du 29 septembre 1832.*)

Sommier, livre de dépouillement ou grand livre, où sont relevées et classées journellement, suivant les divisions adoptées pour le bordereau mensuel et le compte annuel, toutes les opérations inscrites au livre-journal. (*Arrêtés min. des 9 novembre 1820 et 8 juin 1833.*)

Les écritures des receveurs principaux ou subordonnés sont arrêtées d'une manière générale le dernier jour du mois. (*Circ. du 9 octobre 1824, n° 883.*)

Le reliquat de recette existant, le dernier jour du mois, dans les bureaux subordonnés, et qui, étant réservé pour subvenir au payement des appointements, des frais de bureaux, etc., ou au remboursement des consignations, n'est pas versé à la caisse du receveur principal, doit, le premier jour du mois suivant, être reporté sur le livre-journal, à la partie des recettes, sous le titre : *Report des valeurs réservées en caisse à la fin du mois de.....* (*Circ. de la compt. du 5 novembre 1857, n° 73.*)

Le receveur subordonné inscrit sur le livre-journal, aux dépenses acquittées pour le compte du receveur principal, le montant des appointements et émoluments acquis aux agents de son bureau, et que le solde en réserve permet de prélever ; cette dépense est ensuite l'objet d'un récépissé de versement à-compte du mois courant, les payements pour le mois de décembre étant d'ailleurs compris dans le versement supplémentaire du même mois. Si le solde en caisse était inférieur au montant des traitements dont il s'agit, le receveur principal aviserait au moyen de faire payer la somme complémentaire, par exemple, par des fonds de subvention. (*Circ. de la compt. du 5 janvier 1859, n° 75.*)

Les receveurs principaux inscrivent au livre-journal, sous la date du jour où ils en ont connaissance, la *totalité* des recettes et des dépenses des bureaux subordonnés ; ils s'abstiennent de faire *dépense* au chapitre des avances, fonds remis, etc., des *sommes conservées en fin de mois* par les receveurs desdits bureaux. Ils ont soin seulement de faire ressortir le total des sommes dont il s'agit dans la colonne du journal intitulée : *Recettes sans mouvement de valeurs*. Cette colonne présente donc *en recette* un chiffre supérieur à celui inscrit à *la dépense*, toutes les fois que les perceptions des bureaux particuliers n'ont pas été versées *en totalité* au bureau principal. Or, il suffit d'additionner, à la fin de la journée, les recettes et les dépenses portées au livre-journal pour connaître exactement le montant de la réserve des receveurs particuliers. (*Circ. de la compt. du 7 novembre 1857, n° 73.*)

---

(1) Si, le livre-journal étant arrêté, le commerce demande des expéditions de sortie, les droits exigibles sont inscrits immédiatement à la date du lendemain.

(2) Les receveurs ne doivent pas réunir dans une même caisse les fonds du Trésor et leurs fonds personnels.

Le montant des versements effectués dans le courant d'un mois, par les receveurs subordonnés, à-compte de leurs perceptions, doit être immédiatement repris, par le receveur principal, aux fonds particuliers de divers, recettes à classer. Les versements à-compte, ainsi que les versements complémentaires ou pour solde opérés immédiatement après l'arrêté du dernier jour de la période, et portés directement en recette au bureau principal, figurent d'une manière distincte sur les états série C, n°s 6, 7 et 8.

Lorsqu'il a, le cas échéant, balancé, par une recette aux régularisations sans mouvement de valeur, dès que lui parvient la formule n° 6, le compte des avances faites le mois précédent aux bureaux subordonnés (fonds de subvention), le receveur principal inscrit au livre-journal la totalité des recettes de ces bureaux, en ayant soin de porter, dans la colonne sans mouvement de valeur, le chiffre de la réserve qu'ils ont faite pour subvenir au payement des appointements, etc. (*Lettre de la compt. du 30 juin 1858, et Circ. de la compt. du 5 janvier 1859, n° 75.*)

Il suit de là que le receveur principal doit opérer ainsi (journal de caisse et bordereau série C, n° 4, du mois de mai, par exemple) :

Recette. Avril. Report du solde en caisse tant au bureau principal que dans les bureaux subordonnés (réserve à la fin de mars, Numéraire. Sans mouvem. de valeur. pour le payement des appointements, etc., *V.* n° 224. 400 f. »   151 f. 54 c.

Avril. Recettes à classer. Versements à-compte (en acquits de payement) des receveurs subordonnés.   »   159   61

Mai. Régularisation des fonds de subvention fournis en avril, aux receveurs subordonnés..........   »   100   »

Mai. Montant des recettes des bureaux subordonnés pendant le mois d'avril (26 fr. 45)............   18   38   8   07

                                                         418 f. 38   419 f. 22 c.

Dépenses. Avril. Dépenses faites par les receveurs subordonnés pour le compte du receveur principal (à classer selon leur nature)....................   » f. »   159 f. 61 c.

Avril. Avances à régulariser. Fonds de subvention fournis au receveur subordonné de..............   100   »   »

Mai. Recettes à classer. Application des versements à-compte effectués en avril par les receveurs subordonnés....................................   »   159   61

                                                         100 f. »   319 f. 22 c.

Le receveur principal doit, dans cette hypothèse, avoir en caisse 318 fr. 38, tandis que la réserve des receveurs subordonnés n'est que de la somme de 100 fr., montant des fonds de subvention fournis en avril. (*Lettre de la compt. des 30 juin et 6 juillet 1858.*)

Afin de contrôler l'exactitude des indications relatives aux versements à-compte, aux réserves et aux fonds de subvention, les inspecteurs divisionnaires doivent, avant d'apposer leur visa sur le bordereau série C, n° 4, et sur les états n°s 7 et 8, s'assurer qu'il existe la plus parfaite concordance à ce sujet entre ces documents. (*Circ. de la compt. du 5 janvier 1859, n° 75.*)

Les registres de visite et liquidation, et de recette et quittance, ne sont tenus que dans les bureaux du littoral (entrée, sortie), et (entrée) dans les bureaux des frontières de terre ouverts aux marchandises payant plus de 20 fr. par 100 kilog. (série T, n° 5.)

Dans les autres bureaux, gérés pour la plupart par un receveur seulement, toutes les opérations relatives à la perception figurent sur un seul registre (série T, n° 6), qui comprend ainsi la déclaration, le résultat de la visite, la liquidation, la recette et la quittance. Un même registre, commun à tous les bureaux, sert pour les exportations qui s'effectuent par terre. (*Circ. lith. du 25 septembre* 1833.)

Une seule difficulté pourrait se présenter dans l'emploi de ces derniers registres : c'est que, après avoir transcrit la déclaration, la quittance ne fût pas levée le même jour, ce qui empêcherait d'en comprendre le montant dans l'addition de la journée. Cependant, à la sortie par terre, comme dans les petits bureaux à l'entrée, les marchandises ne sont présentées à la douane qu'au moment même de leur départ, de sorte que la déclaration, la visite et la recette s'effectuent dans l'intervalle de quelques instants. Toutefois, comme il ne serait pas impossible qu'il en fût autrement, on pourrait, dans ce cas, annuler la déclaration primitive, la reporter à la journée où la perception s'effectuerait, et indiquer par une note le motif de cette transposition.

Des difficultés de cette nature pouvant être fréquentes dans nos ports, on a jugé convenable de maintenir, pour les exportations par mer, la séparation du registre de déclarations d'avec celui de recette à quittance. Mais ce dernier registre (n° 43, série M) mentionne également le résultat de la visite et la liquidation des droits. (*Circ. lith. du 25 septembre* 1833.)

Dans les bureaux ouverts aux marchandises imposées à plus de 20 fr., l'accomplissement des formalités prescrites par les règlements généraux entraîne des retards qu'il a paru désirable de prévenir pour les petites quantités de marchandises introduites en dehors des opérations commerciales. A leur égard, la perception immédiate des droits a lieu sous la seule formalité d'une déclaration verbale, suivie de la délivrance, après visite, d'une quittance détachée du registre de déclaration et de recette à quittance (série T, n° 6). Cette mesure exceptionnelle s'applique à toutes les perceptions qui n'excèdent pas 3 francs, décime non compris, sans égard à la quotité du droit dont les marchandises sont passibles. (*Déc. des 24 janvier et 8 mars 1834, 9 février et 13 juillet 1841, et 31 juillet 1857.*)

217. — Il ne doit point y avoir de perception sans liquidation, et toute liquidation est faite à vue d'un certificat de visite. (*Déc. du 2 août 1832.*)

Toutefois, afin de réduire les formalités et d'éviter autant que possible les écritures auxquelles donnent ouverture les consignations, on peut procéder à la liquidation immédiate et à l'inscription en recette définitive des droits d'entrée avant la visite, et d'après les énonciations des déclarations pour la mise en consommation : 1° des marchandises en entrepôt fictif; 2° des marchandises extraites de l'entrepôt réel, lorsqu'elles ne doivent pas être soumises à une vérification effective, par exemple les marchandises non sujettes à déchet, telles que les chaînes, les ancres, etc.; 3° des sels entreposés, sauf le cas où il s'agit d'un solde de compte. Dans la prévision d'un déficit, la douane doit toujours assurer le recouvrement des droits au moyen d'une consignation ou d'une soumission cautionnée. D'ailleurs les permis doivent passer à la section de la visite avant l'enlèvement des marchandises. (*Déc. du 14 décembre* 1848.)

Une concordance journalière doit, dans toute hypothèse, exister entre les registres de liquidation et ceux de recette. (*Circ. man. de la comp. du 29 août* 1836.)

Les receveurs constatent immédiatement dans leurs écritures les redressements auxquels peut donner lieu la vérification, faite par les inspecteurs, des registres de perception.

218. — Les receveurs principaux de douane doivent faire, sur les fonds de leurs recettes, tous les paiements pour lesquels leur concours est régulièrement réclamé par le payeur des dépenses publiques dans chaque département, et sur mandats qu'ils comprennent dans leurs versements à la caisse des receveurs des finances. (*Ord. des 8 décembre 1832, art. 4, et 31 mai 1838, art. 308 et 311; Instr. min. du 17 juin 1840, et Circ. du 30 mars 1843, n° 1965.*)

Les mandats ou autres titres sont revêtus par le payeur d'un visa indiquant que le montant en est à payer par le percepteur de… ou, à son défaut, par l'un des receveurs des revenus indirects de la même localité (*Circ. lith. du 29 août 1857*); les receveurs qui ne résideraient pas dans la *même commune* que le percepteur devraient néanmoins suppléer celui-ci lorsque cela deviendrait nécessaire. (*Instruct. génér. min. du 20 juin 1859, art.* 661; *Circ. de la compt. du 16 octobre* 1860, n° 78.)

Le visa du payeur n'est pas exigé pour l'acquittement des indemnités de route dues à des militaires. Il suffit, alors, de la présentation des mandats délivrés soit par les intendants ou les sous-intendants militaires, soit par les sous-préfets, quand ils les remplacent. (*Mêmes inst. et circ.*)

Dans le cas où le receveur des douanes est appelé à acquitter, il s'assure de l'identité de la partie prenante et énonce, par une mention sur le titre, que le payement a été fait par lui, receveur des douanes. (*Circ. lith. du 29 août 1857.*)

219. — Il ne peut être donné d'à-compte que pour un service fait. Les payements ne doivent, en aucun cas, excéder les cinq sixièmes des travaux effectués. (*Règlement du 26 janvier* 1846 *sur la compt., art.* 141 *et* 173.)

Les marchés et conventions sont produits à l'appui du premier mandat. A l'égard des à-comptes subséquents ou du payement pour solde, il suffit d'annexer aux mandats le décompte du service fait, de rappeler les justifications déjà fournies, et de faire mention des dates et numéros des mandats antérieurs, ainsi que du montant détaillé des à-comptes précédemment ordonnancés. (*Même Règlement, art.* 142.)

220. — *Régularité des pièces.* Les pièces justificatives de recette ou de dépense ne doivent présenter aucune altération qui ne soit approuvée. Cette approbation est donnée au moyen de renvois mis en marge dans la forme suivante : *ratures :* Approuvé la rature de (le nombre en toutes lettres) mots ; *altérations de sommes en toutes lettres :* Bon pour la somme de (la répéter et la souligner); *mots altérés ou surchargés :* Approuvé les mots (les écrire) altérés ou surchargés. Ces renvois doivent être signés par ceux qui ont arrêté les mémoires ou états, par les souscripteurs de quittances et par l'agent administratif qui a visé les pièces pour contrôle. Il en est de même de tout renvoi ayant pour objet d'ajouter des énonciations omises. (*Circ. de la compt. du 26 décembre* 1833, n° 27.)

Les signatures au moyen de griffes sont interdites sur les ordonnances, lettres d'avis ou mandats, et sur toutes pièces justificatives de payement. (*Règlement du 26 janvier* 1846.)

Les comptables ne pouvant se créer à eux-mêmes leurs propres justifications, les titres qu'ils produisent comme copies d'autorisations de dépenses ne sont valables que par le certificat de l'inspecteur ou du directeur. sauf les extraits ou copies dont les originaux ont été antérieurement fournis et auxquels il est renvoyé, ainsi qu'il est indiqué au n° 222. (*Circ. de la compt. du 31 décembre* 1838, n° 35.)

221. — *Quittances ou acquits.* Tout acquit doit être donné par l'ayant-droit ou son fondé de pouvoir (1), *relater la somme en toutes lettres, et être daté.*

Les payements faits à des parties illettrées (qui ne peuvent signer) doivent être certifiés par actes notariés, pour les sommes au-dessus de 150 fr. (2). (*Circ. de la compt. du* 30 *décembre* 1826, n° 9.)

----

(1) Cependant, s'il s'agit d'une quittance d'escompte sur les droits de douane ou de consommation des sels, il n'est pas exigé de procuration lorsque la quittance est donnée pour les redevables, par les personnes qui effectuent en leur nom le paiement des droits. (*Règlement du 26 janvier* 1846, page 393.)

(2) Les quittances notariées fournies par des créanciers illettrés doivent être enregistrées gratis. (*Déc. min. du 27 avril* 1858; *Circ. de la compt. du 29 juillet suivant,* n° 74.)

Pour toute somme de 150 fr. et au-dessous, lorsque la partie prenante est hors d'état de signer, le receveur principal ou subordonné, ou le capitaine de brigades, lorsqu'il effectue matériellement le payement au nom du receveur principal, peut effectuer le payement en présence de deux témoins ; il constate sur la quittance ou la pièce en tenant lieu la déclaration à ce sujet de l'ayant-droit, la fait signer par ces deux témoins, dont il indique les noms, qualités et demeures, et contre-signe lui-même cette assertion. (*Décret du 18 messidor an II, art. 3; Circ. de la compt. des 30 décembre 1826, n° 9, 18 juin 1852, n° 59, et 29 juillet 1858, n° 74.*)

Ces témoins ne peuvent être les employés de la douane. (*Lettre de la compt. du 20 avril 1833.*)

Les quittances et tous autres acquits sont toujours délivrés à la décharge du receveur qui en fait emploi dans son compte, sauf à indiquer le préposé qui a effectué le payement. (*Circ. de la compt. du 30 décembre 1826, n° 9.*)

Pour les dépenses du matériel, les quittances doivent être données à la suite des factures ou des mémoires, et non sur les liquidations. (*Lettre de la compt. du 6 décembre 1860.*)

Lorsque le montant d'une quittance est imputable partie sur une dépense du Trésor, partie sur les fonds de masse, le comptable doit, à la suite de la signature, établir le décompte de chaque nature de paiement. (*Lettre de la compt. du 17 décembre 1860.*)

Les acquits doivent, en indiquant au besoin le payeur intermédiaire, être donnés au nom du receveur principal chargé de pourvoir à la dépense définitive. (*Lettre de la compt. du 15 mai 1860.*) *V.* n° 36.

Il n'y a pas à exiger que les quittances soient écrites ni même approuvées par celui qui les signe et reçoit. (*Lettre de la compt. du 17 janvier 1834, rappelant l'article 1326 du Code civil.*)

Pour le timbre, *V.* n° 223.

222. — *Pouvoirs ou procurations.* Les émargements, acquits ou quittances donnés par des tiers au nom des ayants droit, sont appuyés d'une procuration spéciale qui est jointe au premier émargement, quittance ou acquit pour lequel il en est fait usage ; il suffit d'y renvoyer pour les payements ultérieurs, en indiquant la pièce à laquelle a été annexé le pouvoir et dans la comptabilité de quel mois figure l'article de dépense à l'appui duquel il a été produit. Les procurations ou pouvoirs doivent être timbrés (1). Toutefois, les pouvoirs que donnent les employés pour émarger en leur absence les rôles d'appointements peuvent, conformément à l'art. 1985 du Code civil, être en forme de lettre, et sont dispensés du timbre et de l'enregistrement. (*Arrêté min. du 8 novembre 1826, et Circ. de la compt. du 30 décembre 1826, n° 9.*)

223. — *Timbres.* Sont assujettis au droit de timbre, établi à raison de la dimension, les papiers à employer pour tous actes ou écritures devant ou pouvant faire titre ou être produits pour obligation, décharge, justification, demande ou défense (*Loi du 13 brumaire an VII, art. 12*); toutefois, les quittances pour créances non excédant 10 fr. sont affranchies du timbre, quand il ne s'agit pas d'un à-compte ou d'une quittance finale sur plus forte somme. (*Même Loi, art. 16.*)

Il suit de là que les *factures ou mémoires* produits, comme justification du droit du créancier, à l'appui des dépenses, doivent être établis sur papier timbré, lors

---

(1) On n'exige pas l'enregistrement de la procuration. En effet, la remise de cette pièce au payeur n'est pas considérée comme une production devant une autorité administrative dans le sens de l'art. 23 de la loi du 22 frimaire an VII. *V.* n° 1017. (*Déc. min. du 21 juillet 1862.*) La signature du mandant doit être dûment légalisée par le maire.

même que les travaux ou fournitures ne dépassent pas 10 fr. (*Déc. minist. du 6 décembre* 1850.)

Néanmoins, pour concilier tous les intérêts, en faisant disparaître ce que l'application de ce principe pourrait avoir de trop rigoureux, les comptables sont autorisés à n'exiger, à l'appui des dépenses de 10 fr. ou au-dessous, qu'une *quittance* non timbrée, contenant le détail des objets fournis ou des travaux exécutés. (*Déc. min. et Circ. de la compt. gén. du 18 juillet* 1851, n° 57.)

L'émargement donné par toute partie étrangère à l'administration, sur un état collectif, pour une somme au-dessus de 10 fr., n'opérerait pas la libération du comptable.

Sont exemptées du droit et de la formalité du timbre : 1° les quittances des traitements et émoluments des fonctionnaires et employés salariés par l'Etat (*Loi du 13 brumaire an VII, tit.* 3, *art.* 16); 2° les quittances données par les ayants droit, soit sur les lettres d'avis ou sur les liquidations des primes d'exportation ou de remboursement de droits, soit sur les reconnaissances de consignation relatives aux chevaux et voitures de voyageurs; mais, si elles étaient séparées, elles devraient être sur papier timbré pour toute somme dépassant 10 fr. (*Circ. de la compt. du 30 décembre* 1826, n° 9.)

Les lettres d'avis dont il s'agit peuvent être revêtues d'une autorisation, donnée par les ayants droit à un tiers, de toucher en leur nom et pour leur compte. Dans ce cas, ces lettres sont passibles du timbre de dimension, appliqué à l'extraordinaire dans tous les bureaux de l'enregistrement. (*Arrêté minist. du 20 septembre* 1851, *art.* 3; *Circ. du 6 octobre suivant,* n° 2462.)

Est interdit le transfert sous forme d'endossement. (*Même Arrêté, art.* 4.)

Le timbre des quittances fournies à l'Etat, ou délivrées en son nom, est à la charge des particuliers qui les donnent ou les reçoivent; il en est de même à l'égard du timbre pour tous autres actes entre l'Etat et les citoyens. (*Loi du 13 brumaire an VII, art.* 29.) V. n°° 25 et 1017.

224. — *Dépenses publiques. Frais de régie. Traitements d'activité.* Avant la fin de chaque mois, les rôles et états d'appointements, dressés pour les bureaux par les receveurs principaux, pour les brigades par les capitaines, sont revêtus de l'émargement des employés et adressés par ces chefs à l'inspecteur divisionnaire, qui les leur remet après les avoir exactement vérifiés et revêtus de son visa daté. Les rôles doivent être mis en circulation dans les brigades dès le 20 du mois, pour être émargés, sauf à laisser les sommes en blanc et à les énoncer le 29 ou le 30, époque à laquelle les traitements sont acquis ou les vacances connues.

En cas d'absence de l'inspecteur divisionnaire, et s'il n'a pu viser les rôles lors de son passage au chef-lieu de la principalité ou de la capitainerie, il ne les revêt de son visa qu'au retour de sa tournée, en y indiquant les motifs du retard. Ce retard ne doit jamais être tel que le payement des appointements puisse en être différé au-delà du 10 de chaque mois.

Le visa de l'inspecteur le rend responsable de la présence de chaque agent à son poste, de la durée du service pour lequel celui-ci est compris aux rôles et de l'authenticité des signatures. Les receveurs ne doivent, sous aucun prétexte, effectuer le payement des appointements, lorsque les rôles n'ont pas été visés par l'inspecteur. (*Circ. des 9 juin* 1803 *et* 1er *janvier* 1815, n° 38.)

C'est à la direction qu'est établi le rôle d'appointements du directeur et de ses bureaux particuliers.

Le 1er de chaque mois (1), les receveurs principaux ouvrent le payement des trai-

_____

(1) Cependant, le montant des traitements du mois de décembre, des indemnités de résidence, de plombage, etc., est exceptionnellement payé le dernier jour de ce

tements dus, pour le mois précédent, aux employés de bureaux et de brigades. Les agents de bureau touchent individuellement (*Déc. du 2 janvier* 1824); les capitaines reçoivent le montant de la solde de leur capitainerie. (*Circ. de la compt. du 26 novembre* 1855), n° 67. *V.* n° 61.

Lorsqu'ils le jugent convenable, dans l'intérêt du service, les inspecteurs divisionnaires peuvent autoriser les receveurs principaux à remettre, le 30 du mois, aux capitaines, les sommes nécessaires au payement des appointements des brigades; ces comptables en passent alors écriture aux avances. Mais la dépense ne pouvant être régularisée que le mois suivant, au moyen de l'inscription définitive aux frais de régie, le bordereau n° 4 doit, à l'expiration des onze premiers mois de l'année, présenter au tableau n° 8 un reste à régulariser, justifié par la production d'un état spécial indiquant les ayant-droit et les sommes dues. Les avances de l'espèce et les régularisations doivent d'ailleurs se balancer en fin d'année, à moins de circonstances exceptionnelles dont il serait rendu compte. (*Circ. de la compt. du 5 janvier* 1859, n° 75.)

Pour les bureaux, aussitôt qu'il est payé, le montant des rôles émargés est porté en dépense et les retenues sont constatées en recette.

Quant au service actif, en remettant le 1er au receveur principal, les rôles régulièremennt émargés et les états de retenues de masse, etc., les capitaines reçoivent en échange, soit du numéraire, soit des mandats, série C, n° 81, tirés sur les receveurs subordonnés pour le montant net de ces rôles. *V.* n° 61. Ces mandats sont détachés d'un registre à souche, conservé à la recette principale; les receveurs subordonnés les renvoient, après l'acquittement, avec les pièces justificatives des dépenses relatives aux capitaineries de brigades, *autres que les appointements,* que ces mandats peuvent comprendre. Il leur est délivré alors un récépissé série C, n° 83 (1). (*Circ. de la compt. du 5 janvier* 1859, n° 75.)

Le receveur principal qui, lors de la délivrance du mandat, n'a fait dépense dans ses écritures (colonne *numéraire* du journal) que du montant des payements effectués par lui-même en espèces, fait, dès la rentrée du mandat, dépense (colonne *sans mouvements de valeurs*) tant des appointements que des divers autres articles énoncés audit mandat, et il s'en charge en recette au crédit du receveur subordonné (article: *Fonds reçus des receveurs subordonnés, à-compte de leurs perceptions.*)

Les préposés, en recevant leurs appointements, émargent les registres de brigades, *V.* n° 61. Ceux qui sont momentanément éloignés et se trouvent dans le ressort de la capitainerie ou d'une capitainerie limitrophe, et ont touché leurs appointements, font parvenir leurs quittances, pour être annexées aux registres de leurs brigades respectives. Enfin, les émoluments des préposés détachés à de grandes distances sont déduits des rôles pour être mandatés séparément. (*Circ. de la compt. du 26 novembre* 1855, n° 67.)

Les receveurs sont autorisés à payer avant le 1er les appointements et les autres

---

mois. On fait, en même temps, recette des diverses retenues opérées, de sorte que toutes les recettes et dépenses afférentes à l'année se trouvent toujours comprises dans les comptes de gestion annuelle. (*Circ. de la compt. des 26 novembre* 1855, n° 67, *et 7 novembre* 1857, n° 73.) *V.* n° 210.

(1) Les volants extraits du registre série C, n° 83, ne doivent mentionner que les sommes versées à la caisse du receveur principal, en numéraire ou en acquits de dépenses, de sorte qu'en totalisant les récépissés représentés par un receveur subordonné, on trouve toujours une somme égale aux dépenses inscrites à son livre-journal, et qu'il suffit de retrancher des recouvrements le montant de ces récépissés pour contrôler, à la fin de chaque mois, le solde en caisse réservé. (*Circ. de la compt. du 5 janvier* 1859, n° 75.)

sommes acquises aux employés révoqués, démissionnaires ou qui changent de résidence dans le courant du mois. Ces payements figurent aux avances sur une ligne spéciale et doivent toujours être régularisés le mois suivant. (*Circ. de la compt. du 2 juillet 1856, n° 71.*)

On ne doit pas scinder, dans les écritures, l'inscription des dépenses portées sur des états collectifs, afin que celles-ci puissent toujours figurer en totalité dans la comptabilité du mois à l'appui de laquelle ces états sont produits. Ainsi, pour les appointements, les receveurs principaux peuvent, dès le 1er du mois, passer écriture aux avances, sauf régularisation dans le courant du mois, des sommes remises en espèces aux capitaines à titre d'à-compte, et compléter leurs écritures quelques jours après, lorsque le mandat tiré sur un receveur subordonné pour le payement du surplus du rôle est revenu. (*Lettre de la compt. du 24 mars 1856; et Circ. de la compt. du 5 janvier 1859, n° 75.*)

Si les convenances ou les nécessités du service ne leur permettent pas de se rendre le 1er du mois à la recette principale, les capitaines peuvent, après s'être assurés de l'existence chez les receveurs subordonnés des fonds nécessaires au payement des appointements, sans recourir au système des subventions, adresser au receveur principal, soit par la poste, soit par toute autre voie, les rôles d'appointements, et réclamer des mandats pour la totalité ou une partie des sommes nettes qui y sont portées. Ils présentent ces mandats aux receveurs subordonnés et y apposent leur acquit pour en toucher le montant. Cet acquit tient lieu de la signature qui, dans les cas ordinaires, doit être mise sur les talons mêmes des mandats. (*Lettre de la compt. du 24 mars 1856.*)

On inscrit à la suite du nom et du grade des employés, les indications convenables pour mettre à même de contrôler les opérations; par exemple, la position de présence ou d'absence, c'est-à-dire, en cas de congé, la date du départ, celle du retour et le taux de la retenue, la date et le montant des augmentations de traitement, le poste d'où le nouvel employé est venu, la principalité ou la capitainerie et la direction dont ce poste dépend, le traitement dont jouissait l'agent, le décompte des retenues pour les pensions de retraite, la cause et l'époque du commencement de la vacance, le nom de l'ancien titulaire, le montant des prélèvements exercés sur les appointements des employés traités dans les hôpitaux militaires. *V.* n° 106. (*Circ. lith. de la compt. du 26 décembre 1825; Circ. du 30 décembre 1826, n° 9, et Circ. de la compt. du 16 octobre 1860, n° 78.*)

Pour les augmentations de traitement en cas de congé, *V.* n° 115.

Il doit être produit à l'appui des rôles d'appointement une copie des autorisations en vertu desquelles il a été accordé des congés de plus de 15 jours sans retenue de traitement. On peut faire usage à cet effet des formules série E, n°s 82 bis et 88.

Les retenues prescrites par mesures disciplinaires figurent distinctement aussi sur les rôles, sur les bordereaux n° 4 et dans le compte de gestion.

Quand des retenues pour dettes sont exercées sur les traitements d'activité, par suite de saisies-arrêts, il faut inscrire, sur une ligne, les sommes revenant aux employés, et sur une seconde, le montant des versements opérés à la caisse des dépôts et consignations. Les ayants droit n'émargent alors que pour ce qu'ils touchent réellement, et les récépissés de versement servent de justification pour le complément de la dépense. (*Circ. de la compt. du 16 octobre 1860, n° 78.*)

Les rôles d'appointements ne doivent pas présenter de fractions de centimes. (*Circ. de la compt. du 26 avril 1832, n° 21.*)

Pour le traitement brut et pour la portion tombée en vacance, on néglige les fractions de centime; pour les prélèvements au profit des retraites, la fraction est forcée afin de compléter un centime. En effet, le Trésor ne peut payer plus qu'il ne doit, et la caisse des retraites recevoir moins qu'il ne lui est dû. (*Circ. du 15 février 1840, n° 36, et Règlement de 1846, art. 91.*)

En cas d'augmentation de traitement, le chiffre du 1er douzième est de 3f96 pour 50 francs, de 7f92 pour 100 francs, de 11f88 pour 150 francs. (*Circ. de la compt. du 16 octobre* 1860, n° 78.)

Le mois compte pour trente jours ; chaque trentième est indivisible. (*Règlement du 26 janvier* 1846 *sur la comptabilité, art.* 90.)

Les jours excédants ou manquants ne comptent ni pour le Trésor, ni pour l'employé, ni pour les fonds de retraite. (*Déc. min. du* 14 *juillet* 1832; *Circ.* n° 1336.) Ainsi, le jour du retour n'entrant pas dans la durée d'un congé, l'employé qui part le 1er d'un mois de trente-et-un jours et rentre le 16 a quinze jours d'absence et quinze jours de présence. Il en est de même s'il part le 16 et rentre le 1er du mois suivant. Celui qui part le 10 d'un mois de février ayant une durée de vingt-huit jours et rentre le 1er du mois suivant compte neuf jours de présence, et est réputé avoir été absent pendant vingt-et-un jours, bien que son absence réelle n'ait duré que dix-neuf jours. Par contre, s'il part le 16 janvier et rentre le 16 février, il ne subit de retenue que pour un mois, quoique absent pendant trente-et-un jours. (*Circ. du* 25 *juillet* 1832, n° 1336.) *V.* n° 115.

Le délai accordé par l'administration (bureau du personnel) à l'employé pour joindre son nouveau poste est exempt de toute retenue. (*Déc. du* 25 *novembre* 1834.) Il en est de même des quelques jours (on ne saurait en accorder plus de quinze) laissés par les directeurs pour joindre le nouveau poste assigné aux employés dans une même direction. (*Déc. des* 14 *janvier* 1837 *et* 5 *mars* 1855.)

Le traitement d'un employé décédé est dû à ses héritiers ou représentants jusques et compris le jour de son décès.

Le traitement d'un démissionnaire lui est payé jusques et compris le jour de la date de sa démission (1).

Tout employé qui abandonne son poste sans qu'au préalable il ait obtenu un congé ou donné sa démission, perd le droit à son traitement à compter du jour même de son absence. (*Règlement du* 26 *janvier* 1846 *sur la compt., art.* 95.)

Les appointements dus à un employé absent pour cause d'altération de ses facultés mentales, et traité dans un établissement public, peuvent être payés sur l'acquit du chef de cet établissement, appuyé d'un certificat de vie du malade, délivré par cet agent, conjointement avec le maire de la commune, dont la signature doit être légalisée par le sous-préfet. (*Règlement du* 26 *janvier* 1846 *sur la compt., art.* 31.)

Pour le traitement d'un agent mis en jugement, *V.* n° 99.

Les modifications apportées aux rôles, par suite d'erreur ou autrement, s'opèrent par voie d'addition ou de soustraction, au moyen d'un certificat n° 12, produit à l'appui. (*Circ. de la compt. du* 26 *décembre* 1833, n° 27, *et Règlement du* 26 *janvier* 1846 *sur la compt., art.* 92.)

Pour faire payer à un employé le traitement porté en vacance par suite d'une décision rapportée, il est établi un nouveau décompte, que cet agent émarge, et un certificat de modification. Ces pièces sont adressées à la comptabilité. (*Déc. du* 2 *mars* 1842.)

Les quittances pour supplément de traitement, etc., doivent relater la décision administrative en vertu de laquelle le payement a lieu, et être visées par le directeur, ainsi que celles d'employés sortis de la principalité. (*Lettre de la compt. du* 3 *juillet* 1826.)

En cas de décès de tout agent, pour justifier du payement des sommes dues, il faut, outre un mandat délivré au nom des héritiers, et revêtu d'un acquit relatant les

---

(1) Lorsque l'agent n'a participé à aucun service le jour où il donne sa démission, celle-ci doit être considérée comme étant de la veille, et c'est cette date qui figure dans les écritures.

pièces justificatives, produire l'acte de décès légalisé et un certificat de propriété délivré sur timbre par le juge de paix et légalisé. (*Circ. de la compt. du 30 décembre 1826, n° 9 ; Règlement du 26 janvier 1846 sur la compt., et Lettre de la compt. du 8 novembre 1858.*)

Toutefois, le dernier mois d'appointement d'un agent décédé, à la nomination des directeurs, peut être payé à sa veuve ou à ses enfants sur leur simple quittance. (*Circ. de la compt. du 30 décembre 1826, n° 9.*) Cette quittance doit énoncer la qualité des ayants droit, c'est-à-dire celle de veuve, de fils ou de fille du défunt, ainsi que la date du décès. Le capitaine de brigade certifie sur la quittance l'exactitude de ces indications, et elle est visée par le directeur. (*Même Circ. et Circ. de la compt. du 12 novembre 1832, n° 22, et Lettre de la compt. du 8 novembre 1858.*) (1)

Les certificats de propriété relatifs à des sommes dues par l'Etat, à titre de pension, de rémunération ou de secours, sont exempts de l'enregistrement. (*Déc. min. du 30 mars 1858.*) Cette disposition doit profiter aux veuves et héritiers des employés de tous grades, lorsqu'il s'agit de traitements d'activité, d'indemnités de résidence, de secours et même de parts attribuées à ces agents dans les répartitions des amendes et confiscations ou dans le produit du plombage. (*Circ. de la compt. du 29 juillet 1858, n° 74.*)

La délivrance des actes nécessaires est d'ailleurs obtenue sans frais lorsque l'état d'indigence des intéressés est notoire. (*Lettre de la compt. du 8 novembre 1858.*)

La retenue du premier mois de traitement ou du premier douzième d'augmentation est exercée conformément à la loi sur les retraites. *V.* n° 81. Pour justifier la dépense, le comptable indique qu'il s'est d'office chargé en recette du montant de la retenue. (*Règl. du 26 janvier 1846 sur la compt., n° 34.*)

Mais est affranchi de la retenue du premier mois de ses appointements l'*agent de brigade* qui est réadmis dans les cadres après avoir été : 1° soit éloigné pour obéir à la loi du recrutement (*Circ. du 31 janvier 1825, n° 902; Déc. min. du 26 septembre 1838; Circ. des 11 octobre 1843, n° 1990, et 11 mai 1854, n° 205, et Déc. du 14 janvier 1857*), alors même que cet agent a, en remettant sa commission, devancé l'appel de son numéro pour choisir le corps dont il désirait faire partie (*Déc. du 30 avril 1852*); 2° soit réformé pour infirmité ou suppression d'emploi, *V.* n° 86 (*Circ. du 11 mai 1854, n° 205*); 3° soit licencié pour cause d'aliénation mentale (*Déc. du 15 janvier 1864*). Si le traitement actuel est supérieur à l'ancien, un douzième de l'augmentation doit être retenue. (*Circ. du 11 mai 1854, n° 205.*)

La retenue doit être exercée dans tous les autres cas de réintégration, sans aucune exception. (*Déc. min. du 19 mars 1855.*)

L'agent de la partie active qui, après un surnumérariat, est placé dans la partie

---

(1) Cette tolérance ne saurait s'étendre à des collatéraux revendiquant la succession d'un employé (*Lettre de la compt. du 26 octobre 1858*), ni à tous les héritiers autres que la veuve et les enfants. (*Déc. du 20 février 1860 et Lettre de la compt. du 19 décembre 1861.*)

Les héritiers présents ou représentés devant être mis en possession de la part qui leur revient, la part de ceux qui sont absents est reprise selon le cas aux fonds non payés faute de quittance ou aux fonds à divers. (*Déc. du 5 mars 1853.*)

Les appointements, gratifications, parts de saisie, masse, etc., dus à un employé décédé, peuvent, en cas d'absence des héritiers, être appliqués au payement des créances pour nourriture (ordinaire de caserne, restaurant, etc.), logement et frais de dernière maladie et d'inhumation. Ces créances sont privilégiées par rapport à celles qui n'ont été l'objet d'aucune saisie-arrêt ou opposition. (*Déc. du 8 octobre 1844.*) *V.* n° 107.

sédentaire, ne doit pas être assujetti une seconde fois à la retenue du premier mois de son traitement; il ne subit la retenue que pour la différence en plus qui existe entre ce même traitement et celui dont il jouissait en dernier lieu dans le service des brigades. (*Déc. min. du 19 novembre 1842, et Déc. du 20 février 1857.*)

Le produit brut des vacances appartient en totalité au Trésor. Il n'en est fait ni dépense ni recette. (*Circ. de la compt. du 12 décembre 1834, n° 29.*) Il ne figure sur les rôles que pour mémoire.

Mais les prélèvements opérés pour les retraites sont portés en dépense et repris en recette aux opérations de trésorerie. *V.* n° 81. Ainsi l'ordonnancement fait par le directeur, à vue des rôles qui lui sont envoyés après payement, a lieu au brut. (*Circ. de la compt. des 21 décembre 1837, n° 33, et 17 octobre 1853, n° 62.*)

Si l'ordonnance de délégation de crédits n'était pas arrivée le 1er, le directeur donnerait l'autorisation de payer, en inscrivant exceptionnellement la dépense aux avances à régulariser. (*Circ. man. du 19 mars 1825.*)

On ne porte en dépense que les sommes pour lesquelles il y a émargement ou quittance. Les traitements qui n'ont pas été payés réellement sont repris sur l'état mensuel et annuel, série C, n° 80. (*Circ. de la compt. du 25 août 1834, n° 28.*)

Les arrérages dus pour traitement de non-activité sont repris sur le relevé des créances restant à payer à la clôture de l'exercice, et ne figurent pas aux états série C, n° 80. (*Déc. de la compt. du 25 juillet 1862.*)

Les parts dont le payement n'a pas eu lieu ne sont défalquées du total net qu'au moment où le receveur passe l'écriture des dépenses de l'espèce, c'est-à-dire après l'expiration du mois dans la comptabilité duquel il est fait emploi des états collectifs. (*Circ. de la compt. du 1er septembre 1838, n° 34.*)

Quand la nécessité de transmettre les pièces à la direction pour faire mandater la dépense, oblige les comptables d'arrêter leurs écritures trop tôt pour pouvoir y comprendre les appointements d'agents qui n'auraient ni émargé, ni fourni quittance, ces appointements ne sont payés et compris parmi les dépenses publiques que le mois suivant, à moins qu'on ne les porte provisoirement aux avances à régulariser. (*Circ. de la compt. du 16 octobre 1860, n° 78.*)

Les sommes défalquées peuvent être ultérieurement payées jusqu'au terme de la prescription sur le mandat des directeurs (*Circ. de la compt. du 25 août 1834, n° 28*); seulement, si les arrérages se rapportent à un exercice clos, il faut une ordonnance spéciale de délégation. (*Déc. du 14 mai 1838.*)

Lorsqu'il n'y a pas de parties prenantes, les états indiquent si c'est par vacance d'emploi, à défaut de titulaire, ou pour absence par congé. Les traitements affectés aux emplois vacants tombent au profit du Trésor et ne supportent pas la retenue pour les retraites. (*Circ. de la compt. du 3 juin 1828, n° 13.*)

225. — *Avances à recouvrer et à régulariser.* A l'exception des fonds de subvention remis aux receveurs subordonnés pour le remboursement des consignations et du payement, avant délivrance du mandat de sommes dues aux employés révoqués, démissionnaires ou changés de résidence dans le courant d'un mois, de frais ou ports de saisies, des traitements et émoluments acquis aux employés de service sédentaire des bureaux subordonnés, de dépense relative au plombage et des parts de saisies à payer dans deux principalités, aucun payement pour dépenses publiques ne doit, à moins d'une autorisation spéciale du directeur, figurer aux avances. (*Circ. de la compt. des 28 décembre 1842, n° 39, 26 novembre 1855, n° 67, 5 janvier 1859, n° 75, et 20 juin 1864, n° 85.*)

Quand, à défaut de délégation de crédit, il ne peut délivrer les mandats, le directeur autorise le receveur à inscrire aux avances les dépenses du matériel régulièrement liquidées (*Circ. man. du 3 mars 1847*), ce qui est indiqué sur le bordereau mensuel. (*Circ. man. du 24 janvier 1848.*)

Les avances sont constatées aussitôt qu'elles sont faites. (*Circ. du 24 décembre*

1816, n° 230.) Pour régler , on porte le montant en recette aux régularisations, puis en dépense définitive au chapitre spécial.

Les quittances du montant des avances sont conservées par le receveur jusqu'au moment où il lui est possible de passer des écritures définitives. C'est à l'inspecteur à vérifier la situation des avances et à se faire représenter et à contrôler les quittances et les pièces qui ont autorisé ou motivé ces avances. (*Circ. man. du 11 mai 1855 ; Circ. de la compt. du 26 novembre suivant, n° 67.*)

Il est recommandé aux receveurs de comprendre, toutes les fois qu'ils le peuvent, dans les opérations du mois de décembre, les recouvrements et régularisations. (*Circ. de la compt. du 17 octobre 1853, n° 62.*)

226. — *Fonds de subvention.* Les directeurs sont autorisés à délivrer des ordres de subvention, sur les recettes de leur direction dont les produits excèdent les dépenses, au profit de celles dont les ressources sont insuffisantes. (*Circ. du 11 floréal an IV.*)

Les receveurs des douanes et des contributions indirectes résidant dans la même ville ou dans des localités assez rapprochées pour que le transport des fonds puisse s'effectuer sans frais ou sans augmentation de frais, doivent, à défaut de recouvrements suffisants et avant de recourir à la recette des finances, réclamer à leurs collègues, par l'intermédiaire du directeur, les fonds nécessaires à l'acquittement des dépenses du service. (*Circ. du 18 octobre 1853, n° 154 ; Circ. de la compt. du 23 novembre 1864, n° 86.*)

Ce n'est qu'autant que les perceptions effectuées par les comptables des douanes et des contributions indirectes ne peuvent satisfaire aux besoins du service que l'administration fait mettre à la disposition des directeurs des crédits subventionnels sur les caisses des receveurs généraux des finances (*Circ. du 18 octobre 1853, n° 154*), et qu'il en est fait usage. (*Déc. du 25 juillet 1856.*)

Les fonds tirés des caisses des receveurs des finances doivent être sans fraction de francs. (*Circ. du 10 décembre 1823, n° 836.*)

Pour les fonds de subvention qui leur sont demandés, les receveurs des finances peuvent user des moyens les plus faciles et les plus convenables, et les faire remettre par des maisons de commerce. (*Déc. du 24 novembre 1829.*)

Le directeur doit donner avis à l'inspecteur divisionnaire de l'expédition des mandats de subvention adressés aux comptables. De leur côté, ceux-ci sont tenus de faire connaître la date et le numéro de l'encaissement, au moyen d'une lettre que l'inspecteur transmet au directeur, après l'avoir revêtue de son visa. (*Circ. du 14 juillet 1820, n° 586, et Circ. lith. du 10 août 1852.*)

Les receveurs principaux ou subordonnés doivent délivrer des fonds de subvention au directeur des postes de leur résidence, lorsqu'ils en sont requis. Si les receveurs sont dans l'impossibilité de satisfaire aux demandes formées par les directeurs des postes, ils doivent l'attester par une déclaration écrite, qui est remise à ces derniers. (*Circ. du 10 juillet 1852, n° 47.*)

Le bordereau justificatif et le talon du récépissé sont adressés par le receveur à l'inspecteur des postes du département. (*Circ. de la compt. du 17 septembre 1862, n° 83.*)

Le talon des formules d'ordre de subvention doit être détaché et joint à la comptabilité du receveur qui touche les fonds ; l'ordre de subvention, revêtu du récépissé, est adressé à la comptabilité générale avec les pièces produites mensuellement par le receveur qui doit justifier de la dépense. (*Circ. de la compt. des 2 juillet 1856, n° 71, et 23 novembre 1864, n° 86.*)

227. — *Versements aux comptables des finances.* Il importe de faire entrer promptement et avec le moins de frais possible, le montant des recouvrements dans les caisses du Trésor, représenté par les receveurs des finances, qui ont un compte courant d'intérêts dans lequel ils sont débités par dizaine de toutes les recettes.

A cet effet, les receveurs principaux des douanes sont tenus de verser leurs recettes tous les dix jours, autant que possible les 9, 19 et 29 de chaque mois, et dans tous les cas lorsqu'elles excèdent 5,000 fr., sauf à retenir les fonds qui peuvent être nécessaires pour le paiement des dépenses. (*Circ. des 17 frimaire et 27 floréal an VII, 16 avril 1813, et 30 mars 1843, n° 1965.*)

Les directeurs ont, à raison de l'éloignement de certaines localités et des dérangements qui peuvent en résulter, la faculté d'autoriser le receveur principal à n'effectuer de versement que tous les dix jours, alors même que les recettes dépassent 5,000 fr., sauf à augmenter le nombre des versements dans le cas où l'accroissement des excédants leur paraîtrait rendre cette mesure nécessaire. (*Déc. du 13 nov. 1858.*)

Les règlements sur les réserves de fonds ne sont pas absolus; il appartient au directeur de prendre l'initiative des exceptions que peuvent commander les intérêts du service ou les circonstances exceptionnelles. (*Déc. du 4 mai 1854.*)

Les versements doivent avoir lieu en sommes rondes, sans fractions de francs. (*Circ. du 10 décembre 1823, n° 836, et Circ. de la compt. du 21 juin 1854, n° 63.*)

Le receveur principal des douanes peut, lorsqu'il y a avantage, faire ses versements au receveur général du département, au lieu de les effectuer à la caisse du receveur particulier de son arrondissement (*Déc. du 14 avril 1846*), et même verser l'excédant de ses recettes dans la caisse de tel ou tel autre comptable de sa résidence, désigné par le receveur général, pourvu que celui-ci garantisse expressément l'échange du reçu provisoire contre le récépissé libératoire. (*Déc. du 24 novembre 1829.*)

Les receveurs généraux ou particuliers des finances délivrent, en échange, aux receveurs des douanes, un récépissé à talon que ceux-ci font viser, dans les vingt-quatre heures, par le préfet ou par le sous-préfet ou le délégué accrédité. (*Circ. de la compt. des 30 décembre 1826, n° 9, et 31 mai 1838, n° 25.*)

Dès que leurs perceptions dépassent 5,000 fr., les receveurs subordonnés en font le versement à la recette principale, qui leur délivre un récépissé à talon. Le receveur principal veille à ce que l'excédant des recettes du receveur subordonné soit versé à la fin du mois, en l'autorisant d'ailleurs à réserver les fonds nécessaires au payement des dépenses immédiates. (*Circ. du 8 octobre 1824, n° 883, et Déc. du 14 avril 1846.*) On ne doit pas confondre les recettes de deux mois dans un même récépissé.

Les fonds qui ne sont pas nécessaires à la caisse du receveur principal peuvent, sur l'autorisation de celui-ci, être directement versés par le receveur subordonné entre les mains du receveur des finances, qui délivre un récépissé au nom du receveur principal. Ce récépissé est échangé par le receveur subordonné contre un récépissé du receveur principal. (*Déc. du 14 janvier 1848.*)

Lorsque le versement ne s'effectue pas à la résidence du receveur des douanes, celui-ci peut recourir à l'entremise d'une entreprise de transport offrant des garanties et une complète sécurité, avec laquelle il serait passé un marché dûment cautionné; à défaut, il devient nécessaire de charger un ou deux employés d'opérer les versements, en se servant de voitures publiques ou particulières. Dans tous les cas, les frais sont imputés sur les crédits du matériel. (*Déc. des 14 avril et 31 décembre 1846.*)

Mais, pour prévenir des déplacements de cette nature, toujours onéreux au point de vue du service et des dépenses, on pourrait, si le receveur général du département le permettait, à raison de certaines opérations particulières, verser le montant des recettes entre les mains du préposé-payeur du Trésor dans la localité. Seulement cet expédient ne serait pas de tout point régulier, en ce que cet agent n'ayant pas qualité pour délivrer des récépissés libératoires, les comptables, pourvus de reçus, se trouveraient à découvert jusqu'au moment où leur parviendrait le récépissé du receveur des finances.

Le versement à une recette des finances d'un autre arrondissement que celui où est située celle des douanes ne peut être autorisé, eu égard aux attributions des émoluments. Une exception ne saurait être accordée à ce sujet par le Ministre qu'au-

19

tant qu'il s'agirait d'un intérêt exceptionnel de service, qui, d'ordinaire, n'existe pas en matière de versements des perceptions de douane. (*Lettre du directeur du mouvement général des fonds du 31 mars 1857.*)

Au besoin, il pourrait être usé de l'intermédiaire d'un banquier, qui, moyennant une légère commission, ferait opérer le versement à la recette des finances, en retirerait un récépissé au nom du receveur principal, à qui il le remettrait en échange des fonds. (*Déc. du 13 avril 1857.*)

Les envois ou les versements des billets de banque encaissés par les receveurs ne doivent pas être faits par la voie de la poste, par lettres chargées ou autres. En cas de perte à la poste d'un paquet chargé renfermant une somme quelconque ou des billets, le comptable qui a fait l'envoi ne saurait être déchargé de sa responsabilité; il serait tenu de réintégrer immédiatement dans sa caisse la somme soustraite, et il n'aurait droit qu'à une indemnité de 50 fr. due par la poste. Il n'est accordé aucune indemnité pour la perte d'un envoi sous contre-seing en franchise. (*Circ. du 4 août 1851, n° 2449.*)

Dans l'étendue d'un même département, des négociants peuvent remettre à la recette générale du numéraire en échange de mandats admissibles en payement de droits qu'ils ont à acquitter dans des localités éloignées. Ces mandats, déjà acquittés, sont versés comme numéraire par le receveur des douanes, qui peut alors employer sans danger la voie de la poste, au moyen de lettres chargées, en franchise, et recevoir de même les récépissés du receveur des finances. Les receveurs particuliers peuvent être autorisés par les receveurs généraux à délivrer, dans les mêmes circonstances, des mandats sur les receveurs des douanes. (*Déc. du 14 avril 1846.*) L'inscription en dépense des pièces représentatives de versements doit être immédiate. Ainsi, dès que les mandats sont reçus par le receveur des douanes, il en fait recette et dépense, et les adresse par la poste, à moins que, ayant, en outre, plus de 5,000 fr. en espèces ou billets de banque, il n'effectue personnellement le versement. (*Circ. de la compt. générale du 31 mai 1833, n° 25, et Lettre de la compt. du 25 février 1847.*) Il importe que les mandats soient expédiés de manière à figurer dans le même mois aux écritures des receveurs des douanes et des finances.

Les frais de transport, hors de la résidence, de fonds de versements ou de subvention sont acquittés pour le compte de l'administration (*Déc. du 24 novembre 1829*), attendu qu'on ne peut exiger qu'un agent se charge d'une somme d'argent qui doit être transportée à une certaine distance. (*Déc. du 6 février 1827.*) Les mémoires ou quittances doivent indiquer la qualité de ceux qui ont reçu (*Déc. du 10 septembre 1832*); ces pièces doivent être visées par l'inspecteur et par le directeur (*Déc. du 30 septembre 1834*), et appuyées des quittances relatives aux frais faits à l'auberge, etc. (*Déc. du 21 juin 1831.*)

228. — *Virements de fonds.* Les receveurs doivent porter immédiatement à cet article les recouvrements et les paiements qu'ils effectuent pour le compte de leurs collègues, en ayant soin de classer séparément les opérations qu'ils font avec les receveurs de l'intérieur de la France et celles qu'ils peuvent être dans le cas d'effectuer avec les receveurs des douanes en Algérie.

Le rapprochement des virements de fonds entre les comptables d'une même direction est fait dans les bureaux de cette direction, et la plus parfaite concordance doit exister entre les recettes et les dépenses de l'année.

Lorsque l'opération a été commencée par une recette, le comptable produit dans ses justifications le talon du bordereau. S'il s'agit, au contraire, d'une dépense effectuée par un receveur pour le compte d'un autre, le talon est détaché par ce dernier et fourni à l'appui de l'inscription en recette du montant du virement, et la partie supérieure du bordereau constatant la dépense effective est renvoyée au directeur, qui la fait classer ou la transmet à la comptabilité, suivant que le premier comptable appartient ou est étranger à la direction.

Il n'est pas nécessaire d'adresser chaque bordereau par une lettre spéciale. Les envois peuvent être collectifs, pourvu que les lettres ne renferment que des pièces à classer dans la comptabilité du même service (douanes ou contributions indirectes). (*Circ. de la compt. des 2 juillet 1856, n° 71, et 20 juin 1864, n° 85.*)

Pour éviter toute différence, les receveurs doivent, de concert avec leurs collègues, faire écriture en temps utile de toutes les opérations de l'espèce, et même, par supplément au mois de décembre, de celles dont ils n'auraient pu avoir connaissance qu'après l'expiration de ce mois.

En adressant à la comptabilité publique un bordereau de virement, le directeur énonce, dans sa lettre d'envoi, les diverses indications de ce bordereau. (*Circ. de la compt. du 25 mars 1831, n° 18.*)

Les bordereaux de virement ne doivent pas présenter de fractions de centime. (*Circ. de la compt. du 25 novembre 1826.*)

Les appointements, parts de saisie, etc., d'un employé qui se trouve dans une principalité autre que celle où la dépense doit avoir lieu, peuvent être payés par la voie des virements. A cet effet, le directeur fait directement connaître à son collègue que telle somme (en toutes lettres) est due à tel agent, et le receveur principal est autorisé à payer, sauf à se couvrir de son avance au moyen d'un bordereau. (*Circ. du 28 février 1849, n° 2310.*)

Mais le montant des retenues opérées pour dettes sur le traitement des employés est transféré, au moyen d'un bordereau de recouvrement, dans la caisse du receveur principal qui doit remettre les fonds aux ayants droit. (*Déc. du 18 janvier 1847.*)

Si un bureau restitue une partie ou le montant d'une somme reçue par un autre bureau, cette opération fait l'objet d'un virement. (*Circ. de la compt. du 25 novembre 1826, n° 7.*)

Les virements ont lieu entre les comptables des douanes et ceux des contributions indirectes. (*Déc. min. du 29 octobre 1852, transmise par la Circ. du 2 novembre suivant, n° 72.*)

Les virements de comptes devant se balancer annuellement dans les écritures de la comptabilité générale, il y a lieu de ne point commencer d'opérations de l'espèce pendant la durée du mois de décembre. (*Circ. de la compt. des 16 mars 1853, n° 61, et 6 décembre 1854, n° 66.*) Toutefois, les directeurs peuvent autoriser l'émission en décembre de bordereaux de virement, pourvu qu'ils aient la certitude que l'opération sera complétée pendant le même mois par le receveur chargé de la régulariser. (*Circ. de la compt. du 23 novembre 1864, n° 86.*)

Les comptables doivent inscrire provisoirement aux opérations de trésorerie, recettes à classer, ou aux avances à régulariser, les recettes et les dépenses en virements que l'on ne pourrait ajourner pendant le mois de décembre. (*Même Circ., n° 66.*)

229. — *Opérations de trésorerie. Consignations, soumissions en garantie des droits,* V. n°s 185 et 186.

230. — *Fonds particuliers de divers.* Tels sont les appointements, les parts de saisie, etc., pour lesquels il y a émargement ou quittance, et qui sont laissés provisoirement entre les mains des comptables. Ces sommes, dont il a été fait dépense comme payées, doivent être reprises en recette au nom des ayants droit. C'est à cette section que sont aussi inscrites soit les retenues pour dettes sous le nom des employés qui les ont supportées, soit les recettes qui ne pourraient immédiatement être portées au chapitre auquel elles appartiendraient.

Ce n'est qu'à la fin de l'année que le receveur principal produit un état de situation de l'article relatif à ce fonds. Cet état, vérifié et certifié par l'inspecteur, est visé par le directeur, qui le transmet à la comptabilité.

Si, dans le cours de l'année, il est effectué des dépenses sur ce fonds, le comptable est tenu de conserver et de produire, à la réquisition des inspecteurs, les quittances justificatives. S'il le juge convenable, le directeur demande à ce sujet des explications, et, au besoin, des états de situation. (*Circ. man. du 11 mai 1855, Circ. de la compt. des 26 novembre suivant, n° 67, et 5 janvier 1859, n° 75.*) *V.* n° 50.

Afin d'assurer l'apurement de ce fonds, chaque année, dans les 15 derniers jours de décembre, le receveur principal verse à la caisse des dépôts et consignations, par l'entremise des receveurs des finances, le montant des sommes dont la recette remonte au moins au 30 novembre de l'année précédente et qui n'ont pas été retirées par les ayants droit.

Toutefois, le versement, à la caisse des dépôts, de toute somme provenant de retenues officieusement exercées, chaque mois, par un receveur au profit de créanciers qui n'en donneraient pas quittance (*V.* n° 107), n'a lieu qu'à la fin de l'année qui suit celle dans laquelle elles ont atteint le chiffre des dettes qui les ont motivées. Dans ce cas, le versement s'opère au nom de ceux qui ont subi ces retenues, avec indication des créanciers au profit desquels elles ont été faites. Mais, s'il existe des saisies-arrêts ou oppositions, *V.* liv. XII, ch. 5, sect. 4.

Les récépissés du receveur des finances sont, dans toute hypothèse, conservés par les receveurs des douanes pour justifier de leur libération envers les ayants droit. (*Circ. de la compt. du 28 décembre 1842, n° 39.*)

231. — *Justifications à produire.*

Contributions et revenus publics.

Exercice précédent. Amendes et confiscations. États n°ˢ 89 et 95. (*Circ. des 31 décembre 1838, n° 35, et 15 février 1840, n° 56.*)

Exercice courant. Douanes. Entrée et sortie. États n°ˢ 90 et 91, ou 92, affirmés par le receveur, certifiés par l'inspecteur et visés par le directeur (n° 9, 30 décembre 1826). État n° 93, produit en même temps que le compte n° 88, avec lequel il doit concorder (n° 16, 25 *juillet* 1830, *et* n° 20, 22 *novembre* 1831), et présentant les fractions de l'unité des quantités de marchandises sur laquelle portent les taxes. (*Lettre de la compt. du 12 mars 1864.*)

Navigation. Mêmes états, n°ˢ 90 et 92, offrant distinctement chaque taxe différentielle (n° 20, 22 *novembre* 1831). Le détail des taxes locales doit faire l'objet de tableaux séparés annexés aux états n° 90 (n° 39, 28 *décembre* 1842).

Recettes accessoires. Mêmes états, n°ˢ 90 et 92; et, de plus :

I. Pour les timbres, états mensuels, à la main, des timbres de commissions d'emploi, avec un bordereau récapitulatif de ces états, joints au n° 90 (n° 28, 25 *août* 1834; n° 31, 15 *décembre* 1836, *et* 1ᵉʳ *janvier* 1839).

II. Pour les recettes *accidentelles* à expliquer, savoir :

1° Portion attribuée au Trésor dans la remise sur les crédits : décompte à joindre à l'état n° 90 (n° 54, 29 *novembre* 1849);

2° Marchandises abandonnées, vendues en douane : production mensuelle des procès-verbaux de vente et des pièces justificatives des frais et du décompte du produit net (n° 37, 22 *janvier* 1841);

3° Intérêts payés par les débiteurs de traites en souffrance : avec le premier bordereau présentant l'extinction de la créance, décompte de ces intérêts; copie de la décision qui en fait remise ou des actes de créance (n° 27, 26 *décembre* 1833);

4° Valeurs de marchandises prohibées introduites en fraude par transit : lorsque la recette égale la valeur intégrale des marchandises, on produit copie de la décision administrative et un extrait de l'acquit-à-caution, et, en outre, s'il y a eu transaction, copie de cet acte. Quant à l'amende, qui est seule mise en répartition, elle doit être inscrite sur le bordereau n° 4, à l'article des amendes et confiscations (n° 56, 20 *novembre* 1850);

5° Primes restituées pour marchandises nationales réimportées : à l'appui de l'état n° 90, état détaillé et dûment certifié, indiquant la nature de la prime, le numéro, la date et le montant de la liquidation, le mois pendant lequel la dépense a été faite, les noms des négociants qui ont restitué les primes, et les motifs pour lesquels ces restitutions ont eu lieu (n° 59, 18 *juin* 1852);

6° Parts attribuées pour mémoire aux chefs et saisissants, dans le produit des contraventions constatées d'office par les experts du Gouvernement, en matière de primes à l'exportation : la justification résulte de la contre-partie, qui figure en dépense au 5° tableau du bordereau n° 4 ; état de répartition aux ayants droit (*Lettre de la compt. du 22 octobre 1857*) ;

7° Remboursement par suite d'erreurs dans les liquidations de primes à l'expédition : état annuel analogue à celui concernant les primes restituées (n° 59 *du 18 juin* 1852, et *Lettre de la compt. du 22 octobre 1857*);

8° Intérêts sur les droits tardivement payés par les redevables quant aux matières premières admises, en vertu du décret du 17 novembre 1855, comme devant servir aux constructions navales et détournées de leur destination : pour chaque affaire copie de la décision administrative et un certificat justificatif de la recette donnant les indications nécessaires pour vérifier le calcul des droits, l'époque depuis laquelle ils sont dus et le montant des intérêts. (*Lettre de la compt. du 22 octobre 1857.*)

Amendes et confiscations. Mêmes états, n°s 90, 91 ou 92; plus, état n° 95, annexé à l'état n° 90 (n° 34, 1er *septembre* 1838). En matière de transit prohibé, lorsque la somme reçue égale la valeur des marchandises, copie de la décision administrative et un extrait de l'acquit-à-caution; dans le cas contraire, mêmes pièces et une copie de l'acte de transaction (n° 56, 20 *novembre* 1850).

Plombage et estampillage. Produit des taxes : états 90, 91 ou 92, et états mensuels de répartition.

Produit de la vente des vieux plombs : actes de vente annexés aux états mensuels de répartition (n° 34, 1er *septembre* 1838).

Taxe des sels. États 90, 91 ou 92.

Droits sanitaires. États 90 et 97 (n° 40, 27 *décembre* 1843).

Retenues et autres produits affectés au service des pensions civiles. Décompte établi sur les mandats de payement, sur les rôles d'appointements, et sur les états de répartition ou de sous-répartition (n° 33, 21 *décembre* 1837).

Reversement par suite de rejet de dépenses. V. n° 271. C'est à ce chapitre qu'il est fait recette du montant de la dépense de l'année précédente, si l'exercice n'est pas clos encore (1).

Quand l'exercice est clos, la somme figure aux recettes accessoires; mais, si la dépense rejetée avait été présentée en compte dans la gestion courante et avant la production des pièces à la Cour des comptes, on devrait opérer par voie de réduction. (*Sommier série C*, n° 3.)

Dépenses publiques.

Toute dépense doit être appuyée d'un mandat de payement. *V.* n° 278.

Traitement d'activité (chemise n° 37), *V.* n° 293. Mandat individuel revêtu de l'ac-

---

(1) Dans le cas où l'erreur donnant lieu à reversement aurait été signalée par la comptabilité publique après la clôture définitive de ses écritures, mais avant l'arrêt de la Cour, le comptable aurait à justifier immédiatement de la date de la reprise en recette par un extrait certifié de son livre-journal, et cet extrait, adressé à la comptabilité, serait transmis à la Cour, afin de prévenir une injonction.

quit de la partie prenante, ou mandat collectif auquel est annexé un état d'émargement dûment arrêté et présentant les indications prescrites pour établir la liquidation (n° 9, *du 30 décembre 1826).*

Indemnités et gratifications (chemise n° 38); mêmes justifications.

Traitements de non-activité (chemise n° 37 *ter*); mêmes justifications (n° 79, *du 22 janvier* 1861).

Dépenses variables du matériel (constructions, entretien et réparation de bureaux, corps-de-garde ou embarcations; achat et entretien de poids, balances et ustensiles de bureaux; frais de transport de fonds, de paquets, ballots et échantillons; dépenses diverses et imprévues) (chemise n° 39). Liquidation, devis, procès-verbaux d'adjudication ou marchés, si les constructions ou fournitures ont été faites par suite de semblables actes, mémoires, factures, quittances ou états de menus frais, le tout revêtu, selon la nature de la dépense, soit de l'attestation de l'exécution du service, soit du certificat de réception des matières livrées ou des travaux confectionnés, soit enfin de certificats portant que les dépenses concernent un service public (n° 9, 30 *décembre* 1826).

Loyer, chauffage et éclairage des bureaux et corps-de-garde (chemise n° 40). États collectifs arrêtés et visés par les chefs compétents, conformément aux états de frais de régie, avec émargement des parties prenantes, ou, pour les frais de loyer, quittances des bailleurs et copie des baux, ou, à défaut de ces titres, un certificat du directeur énonçant la quotité du loyer (n° 25, 31 *mai* 1833). Au sujet des dépenses de loyer, il faut indiquer la date des baux, la durée, le prix annuel; et le cas échéant, les comptes à l'appui desquels les copies de ces actes ont été produites. (*A. de la Cour des comptes du 7 juillet* 1864.)

Dépenses administratives (chemise n° 41), savoir: *Indemnités de tournées et de déplacement des inspecteurs et sous-inspecteurs divisionnaires.* État nominatif, série C, n° 16, dûment arrêté et émargé. Les quittances données par les inspecteurs ou sous-inspecteurs divisionnaires doivent être visées par le directeur.

Frais de fourrage des brigades de cavalerie. État nominatif, arrêté et certifié; quittances ou émargements.

Indemnités de résidences aux agents inférieurs des brigades placés dans les grandes villes. Mêmes justifications. (*Règlement de* 1846.)

Indemnité représentative de la taxe de plombage et d'estampillage dont le commerce est exonéré en matière de cabotage ou de mutation d'entrepôt. État de répartition; émargements ou quittances.

Les frais sont liquidés par l'administration, à qui les pièces justificatives doivent être transmises accompagnées de l'état E 82 D *bis,* d'un relevé n° 100 *ter,* formé par le comptable, et de la formule 100 *quater* remplie à la direction. L'arrêté de liquidation est remis ensuite directement à la comptabilité avec les quittances à l'appui; le montant en est indiqué avec détail et pour mémoire en tête des états 82 D. (*Circ. de la compt. du 6 décembre* 1861, n° 81.)

Indemnité de premier établissement aux sous-officiers admis dans le service des douanes. Copie de la décision qui accorde l'indemnité; quittance des ayants droit; liquidation.

Indemnités aux femmes chargées de concourir au service des visites à la frontière. État nominatif dûment arrêté et certifié; quittances des ayants droit; extrait de l'approbation administrative lorsque l'allocation dépasse 400 fr.

Indemnité aux employés blessés. Liquidation; copie certifiée de la décision administrative qui alloue l'indemnité; mémoire des honoraires des médecins et des fournitures de médicaments; quittance de l'ayant droit.

Secours aux veuves et orphelins. Copie de la décision administrative; quittance de l'ayant droit; liquidation.

Condamnations judiciaires à la charge de l'État. Expédition, ou extrait, ou signification du jugement de condamnation; copie de la décision administrative qui a prescrit d'y acquiescer; exécutoire des dépens ou état dûment taxé; quittance des ayants droit; liquidation.

Primes pour arrestations de fraudeurs. Copie du procès-verbal de saisie, appuyé d'un extrait (1) du jugement définitif de condamnation des délinquants; quittances des ayants droit; liquidation.

Frais de saisie non recouvrables. Original ou copie du procès-verbal de saisie; état des frais dûment taxé par le juge ou approuvé par l'administration et appuyé des quittances des frais, ou, à défaut de quittances, du certificat qui doit en tenir lieu; procès-verbal de vente des objets saisis ou acte constatant soit la remise autorisée, soit la destruction également autorisée des objets saisis; certificat d'insolvabilité ou d'absence des prévenus, s'il y a lieu; copie de la décision administrative portant, suivant le cas, approbation de transaction ou ordre soit d'abandonner, soit de suspendre indéfiniment les poursuites; liquidation. (*Règlement de 1846.*)

La comptabilité publique exige, en outre, le certificat de reprise en recette des produits appliqués aux frais. (*Circ.* n° 34.)

Honoraires des avocats chargés de la défense des intérêts de l'État. Copie de la décision administrative qui autorise l'allocation; quittance de l'ayant droit; liquidation. (*Règlement de 1846.*)

Secours aux agents inférieurs des douanes, en raison de la cherté des subsistances. Copie certifiée de la décision administrative; état émargé ou quittances; liquidation.

Remboursement des droits indûment perçus et de recettes accidentelles (chemises n°s 42 et 43). Ordre de remboursement délivré par l'administration et quittance de l'ayant droit (n° 9, 30 *décembre* 1826).

Admission en non-valeur de droits réglés en traites ou obligations de crédit dont le montant n'a pu être réalisé (chemise n° 44). Extrait de la déclaration de recette des droits en payement desquels les traites ont été admises. État de situation de la créance, présentant distinctement le principal et les frais, ainsi que la date, la provenance et le montant des recouvrements; ce décompte, auquel sont annexées les pièces justificatives des frais, doit être certifié par le comptable, et visé, après vérification, par l'inspecteur et par le directeur. Ampliation de la décision ministérielle qui autorise la surséance indéfinie et l'admission en non-valeur. Déclaration, dûment certifiée, de l'inscription des traites et frais restant à recouvrer sur le registre des créances admises en surséances indéfinies (n° 9, 30 *décembre* 1826; n° 27, 26 *décembre* 1833).

Produits de plombage et d'estampillage. Répartition aux ayants droit. État de répartition dûment arrêté et émargé. V. n° 32.

Distribution du fonds commun du plombage. État de répartition, arrêté par le receveur principal, vérifié par l'inspecteur et visé par le directeur; copie certifiée de la lettre administrative qui prévient le directeur de l'allocation accordée.

Remboursements, prélèvements et répartitions sur les amendes et confiscations. Répartition aux ayants droit (chemise n° 47). État de répartition émargé par les parties prenantes ou appuyé de leurs quittances; pièces constatant la contravention, renfermées dans une chemise n° 77, savoir : 1° le procès-verbal constatant l'infraction ; s'il s'agit de non-rapport d'acquit-à-caution, la contrainte, lorsqu'il en a été décerné ; dans le cas contraire, une copie de l'acquit-à-caution ; 2° le jugement ou extrait de jugement, significations et autres actes de procédure; 3° l'acte de soumission de s'en rapporter à la décision administrative, l'acte d'acquiescement au jugement, l'acte de

_____

(1) Cet extrait est dispensé du timbre. (*Déc. min. du* 27 *avril* 1854; *Circ. de la compt. du* 21 *juin suivant,* n° 63.)

transaction ou l'acte d'abandon des objets saisis ; 4° copie, visée par l'inspecteur, de la décision par suite de laquelle le droit résultant de la contravention a été pris en charge, et celle qui termine l'affaire ; 5° l'ordonnance sur requête portant autorisation de vendre par provision ; 6° l'acte constatant la vente, la remise aux prévenus ou la destruction des objets saisis (1) ; le procès-verbal d'adjudication doit relater le titre en vertu duquel on procède à la vente ; l'acte qui constitue ce titre, dûment enregistré, doit être produit au dossier ; 7° l'acte constatant l'absence ou l'insolvabilité des prévenus, en cas de non-recouvrement de l'amende ; 8° l'état des frais, visé par le directeur et appuyé des pièces justificatives, lorsque ces frais ne se composent pas uniquement du timbre et de l'enregistrement tant du procès-verbal que de la transaction ; 9° l'autorisation donnée par l'administration de répartir le produit de l'affaire, et celle de comprendre, quand il y a lieu, dans la répartition, l'indicateur sur l'avis duquel l'infraction a été constatée.

Nota. Lorsque le prix d'adjudication comprend les droits d'entrée, le décompte doit en être fait dans l'acte de vente, de manière à faire ressortir la valeur des objets vendus, défalcation faite de ces droits.

Les procès-verbaux de vente, dûment enregistrés, doivent être signés par chacun des adjudicataires. Dans le cas où le procès-verbal de vente se rapporterait à plusieurs saisies, l'original, accompagné d'un état de distribution par saisie du montant des adjudications, doit être produit avec la première répartition qui aura lieu, sauf à y suppléer, pour chacune des autres répartitions, par des extraits sur lesquels on indiquera dans quel dossier et dans la comptabilité de quel mois l'original a été produit.

Il en sera de même des états de frais généraux de vente, ainsi que des jugements ou arrêts collectifs (n° 9, 30 *décembre* 1826 ; n° 31, 15 *décembre* 1836 ; n° 34, 1er *septembre* 1838.)

Payements effectués sur les fonds réservés provenant des saisies faites en vertu du titre 6 de la loi du 28 avril 1816 (chemise n° 48). Etat collectif dûment arrêté et émargé ; arrêté de liquidation. (*Même Circ.*) La dépense est présentée en compte par le receveur principal à Paris. Les payements que d'autres receveurs effectueraient seraient l'objet de virements de fonds (n° 10, 18 *avril* 1827.)

Distribution du fonds commun du produit des amendes (chemise n° 49). État de répartition arrêté par le directeur et relatant la date de l'approbation donnée par le directeur sur l'état général de distribution.

Application de produits au remboursement des frais (chemise n° 50). *Si le produit est égal aux frais :* la chemise n° 77, renfermant l'état du produit arrêté par le comptable et revêtu d'un certificat de l'inspecteur, indiquant la date et le numéro du journal sous lesquels il en a été fait recette selon la formule inscrite sur les états de répartition, et énonçant, en outre, qu'il a été fait reprise en recette au chapitre des avances à titre de remboursement de frais ; l'état détaillé des frais, appuyé des quittances, et enfin toutes les autres pièces indiquées sur la chemise n° 77, dont la production n'a pas été faite à l'appui de la recette.

Lorsque les frais excèdent le produit : le certificat de renvoi à fin de liquidation de l'excédant de frais tombé à la charge du Trésor (n° 31, 15 *décembre* 1836).

Restitutions (chemise n° 51). Copies des décisions administratives qui autorisent les restitutions, les quittances des parties prenantes, ou, selon le cas, les récépissés

_____

(1) S'il arrivait que des objets faisant partie d'une saisie fussent perdus, le comptable devrait solliciter une décision administrative pour être déchargé de la représentation de ces objets et dispensé d'en payer la valeur. Une copie de cette décision serait jointe au dossier n° 77. (*Déc. du* 12 *août* 1845.)

de versements à la Caisse des dépôts et consignations (n° 31, 15 *décembre* 1836.) (1).

Primes à l'exportation (chemise n° 53). Décompte individuel de liquidation, arrêté par l'administration et énonçant la date des lois qui règlent les primes ; pièces déterminées pour chaque espèce de prime; lettre d'avis de liquidation adressée au titulaire des primes et extrait du passavant; quittance de l'ayant droit (n° 9, 30 *décembre* 1826).

Escompte sur la taxe de consommation des sels (chemise n° 54) ou *sur les droits de douane à l'importation* (chemise n° 55). Décompte de liquidation, dûment arrêté, visé par l'inspecteur, et portant quittance des débiteurs de droits (n° 17, 4 *mars* 1831).

Dépenses des exercices clos et des exercices périmés (chemise n° 56.) Liquidation, et, de plus, les mêmes justifications qui auraient été exigées pour chaque dépense si elle avait eu lieu avant la clôture de l'exercice auquel elle appartenait.

Opérations de trésorerie. — Recettes.

Remboursements faits par la caisse des dépôts et consignations des sommes versées à titre de consignations. Relevé des recettes, état n° 98, établi d'après les écritures courantes du comptable, affirmé par lui, dûment certifié par l'inspecteur et visé par le directeur (n° 9, 30 *décembre* 1826).

Habillement, santé et casernement des préposés. États 78 et 98; comptes spéciaux de ces services, appuyés des pièces justificatives (n° 21, 26 *avril* 1832).

Primes de capture. Relevé des recettes, n° 98 (n° 9, 30 *décembre* 1826).

Sommes afférentes aux préposés des douanes dans le produit des contraventions constatées à la requête des autres administrations. Même relevé ; plus état n° 99 (n° 34, 1er *septembre* 1838).

Consignations (2) en garantie de droits; des trois quarts du tiers de la valeur des voitures des voyageurs, susceptibles de restitution dans le cas de réexportation; pour chevaux et bêtes de somme montés et attelés, passant la frontière, et pour l'argenterie que les étrangers importent en France pour leur usage; faites par des voyageurs, ou à titre de cautionnement, pour assurer la destination de marchandises expédiées sous acquits-à-caution ; afin d'assurer l'exécution des transactions dans les affaires résultant d'infractions; du droit de 50 centimes établi par l'art. 1er de la loi du 23 novembre 1848 sur les sels étrangers ayant servi à la préparation des morues, États n°s 98 et 100.

Recouvrements pour des tiers. Même état, n° 98 (n° 12, 31 *janvier* 1828 ; n° 39, 28 *décembre* 1842).

---

(1) C'est à la section des restitutions qu'il est fait dépense des sommes retirées des produits d'amendes pour compléter le payement des primes de capture; dans ce cas, un certificat motivé de l'inspecteur doit appuyer la dépense. Le comptable inscrit simultanément en recette les mêmes sommes, aux opérations de trésorerie, primes de capture, et, lorsqu'il y a lieu, porte la dépense à la section correspondante. (*Lettre de la compt. du* 11 *mars* 1857.)

Le montant des restitutions qui, ordonnées par l'administration sur les produits d'amendes et confiscations, ne peuvent être effectuées à cause de l'absence des ayants droit, n'est pas versé à la caisse des dépôts et consignations; il figure sur le relevé mensuel, série C, n° 80, des sommes restant à payer. (*Circ. de la compt. du* 20 *novembre* 1850, n° 56.)

(2) On inscrirait à cet article, en une section spéciale ouverte à la main, les sommes qui seraient déposées en payement de traites non échues (n° 72, 10 *décembre* 1856).

Fonds particuliers de divers et recettes à classer. Même état, n° 98.

Fonds particuliers des comptables. Même état, n° 98.

Recouvrements et régularisations d'avances. États n°ˢ 104 et 105.

Fonds de subvention reçus des receveurs des finances (chemise n° 69). Talon des récépissés produits à l'appui de la dépense comprise dans les comptes des receveurs des finances, sous le titre de : *Fonds de subvention fournis aux receveurs des douanes* (n° 9, 30 *décembre* 1826).

Fonds reçus des receveurs des finances; traites et obligations de douanes protestées (chemise n° 69). Talon du récépissé, n° 30.

Fonds de subvention reçus des receveurs des contributions indirectes (chemise n° 69). Talon du récépissé, n° 32 (n° 71, 2 *juillet* 1856).

Fonds de subvention reçus des receveurs des douanes (chemise n° 69). Talon du récépissé, n° 31.

Reprise des valeurs provenant de la gestion du prédécesseur du comptable. Procès-verbal de situation de caisse, n° 86, joint au compte de la gestion précédente.

Recettes faites par le comptable pour le compte de ses collègues. Virements de fonds (chemise n° 71). Bordereaux des sommes recouvrées et certificat de l'inspecteur constatant la reprise en recette desdites sommes par le comptable pour le compte duquel a été effectué le recouvrement) rapportés à l'appui de la dépense qui en est faite à l'article des virements de fonds (n° 9, 30 *décembre* 1826).

Recettes en acquits de payements faits pour le comptable par ses collègues (chemise n° 71). Bordereaux de payements et récépissés du montant des acquits rapportés à l'appui des mêmes sommes portées en dépense par les comptables qui ont effectué les payements. (*Même Circ.*)

Opérations de trésorerie. — Dépenses.

Caisse des dépôts et consignations; sommes versées à titre de consignations. Certificat de l'inspecteur délivré d'après les écritures du comptable, à vue des récépissés des dépôts, et visé par le directeur (n° 9, 30 *décembre* 1826).

Habillement. santé, casernement des préposés. Sont sujets aux mêmes justifications que les recettes publiques. *V.* le même article en recette.

Primes de capture. Répartition (chemise n° 57). État collectif arrêté et ordonnancé, dûment émargé ou appuyé de quittances. *Restitution* (chemise n° 58). Ordre de remboursement, décision administrative et quittance (n° 9, 30 *décembre* 1836).

Sous-répartition de sommes afférentes aux douanes dans les saisies faites à la requête des autres administrations (chemise n° 59). Répartition primitive, sous-répartition et ordre d'emploi en dépense (n° 33, 21 *décembre* 1837 ; n° 34, 1ᵉʳ *septembre* 1838).

Transfert dans la comptabilité du receveur de la douane de Paris de la réserve pour le fonds commun (même chemise n° 59). Extrait du livre-journal du receveur de Paris. Les comptables effectuent ce transfert aussitôt qu'ils ont reçu l'avis que les résultats de leur comptabilité de l'année précédente ont été arrêtés (n° 57, 18 *juillet* 1851).

Distribution du fonds commun (même chemise n° 99). État de répartition série 0, n° 4, accompagné d'une copie de la lettre administrative relatant la date de la décision ministérielle approbative de l'allocation.

Consignations. (États annuels, n°ˢ 100 et 101). *Voitures de voyageurs* (chemise n° 60). *Application aux droits et produits.* Cette application est justifiée par la reprise en recette aux contributions et revenus publics. *Restitutions.* Ordre de restitution; expéditions de douanes revêtues du certificat de réexportation ; quittances.

Chevaux et bêtes de somme et pour l'argenterie des étrangers (chemise n° 61 ou 62).

Application aux droits et produits, etc. Etat n° 101 bis. *Restitutions.* Ordre de restitution; expéditions de douanes revêtues du certificat de réexportation ou de réimportation, suivant le cas; quittances.

Versements aux préposés des contributions indirectes du droit de garantie. Quittances des contributions indirectes détachées d'un registre à souche.

En garantie de droits (chemise n° 63). *Applications aux droits et produits. Restitutions.* Reconnaissances revêtues d'une décharge (n° 22, 12 novembre 1832).

Consignations faites par des voyageurs ou à titre de cautionnement, pour assurer la destination des marchandises expédiées sous acquits-à-caution (chemise n° 64). *Application aux droits et produits, etc.* Etat n° 101 bis. *Restitutions.* Ordre de restitution; acquits-à-caution revêtus des certifications exigées et de la quittance.

Pour assurer l'exécution des transactions dans les affaires résultant d'infractions (chemise n° 65). *Application aux droits et produits, et au remboursement des frais.* Etat n° 101 bis. *Restitutions.* Ordre de remboursement; décision administrative; quittance.

Droit de 50 cent. établi par l'art. 1er de la loi du 23 novembre 1848 sur les sels étrangers (chemise n° 66). *Application aux droits et produits. Restitutions.* Ordre de restitution ou d'application; reconnaissances de consignations ou certificats constatant que les consignations se rapportent à des sels français ou à des sels étrangers ayant déjà supporté le droit spécial. *V. Livre X.*

Versements sur recouvrements pour des tiers (chemise n° 67). Récépissés (n° 39, 28 décembre 1842). *V.* l'article en recette.

Fonds particuliers de divers et recettes à classer. Etats n°s 102 et 103. Les récépissés que délivre la caisse des dépôts et consignations doivent être conservés par les comptables pour justifier de leur libération envers les ayants droit.

Fonds particuliers des comptables. Mêmes états, n°s 102 et 103.

Avances à recouvrer et à régulariser. Etats n°s 104 et 105.

Débets à la charge des receveurs (chemise n° 68). *V.* l'instruction en tête du sommier, série C, n° 3.

Traites et obligations de crédit en souffrance mises à la charge d'anciens comptables. Autorisation de dépense appuyée de la décision ministérielle qui a rendu l'ex-receveur responsable du non-payement des traites en obligations de crédit admises par lui en payement de droits.

Déficit de caisse constaté à la charge d'ex-receveurs subordonnés (même chemise). Autorisation de dépense appuyée du procès-verbal constatant le déficit.

Versements aux comptables des finances : dans les caisses des receveurs des finances (chemise n° 68). Récépissé du receveur des finances, visé par le préfet ou le sous-préfet ou par leurs délégués accrédités.

Au caissier central du Trésor public (même chemise). Récépissé du caissier central dûment visé (n° 9, 30 décembre 1826).

Fonds de subventions fournis aux directeurs des postes, aux receveurs des contributions indirectes ou aux receveurs des douanes (chemise n° 70). Ordre de subvention revêtu du récépissé du receveur à qui les fonds ont été remis. (*Circ. de la compt.* n°s 15, 45 et 66.)

Valeurs remises par le comptable à son successeur. Procès-verbal de situation de caisse (n° 86).

Virements de fonds : payements faits par le comptable pour le compte de ses collègues (chemise n° 72). Récépissé du receveur pour le compte duquel le payement a été effectué. NOTA. Lorsque la partie prenante est dans une autre principalité que celle où le payement a été assigné, les acquits doivent être revêtus du visa du directeur.

Dépense de fonds reçus pour le compte du comptable par ses collègues (même chemise). Déclaration du comptable sur le bordereau de virement. (*Circ. de la compt.* n°s 7, 9, 18, 61, 66 et 68.)

LIVRE II

POLICE DES CÔTES ET FRONTIÈRES

Le service des douanes ne pourrait lutter avec succès contre la fraude si, pour la combattre, il était restreint au *point frontière*, à la ligne qui sépare la France de l'étranger. Si le rayon n'avait pas une certaine profondeur, la fraude, aidée de ses éclaireurs, maîtresse de prendre, et son temps, et ses localités, et ses moyens, serait à trop peu de risques, à trop peu de frais pour un si court passage, et le service n'aurait aucune latitude dans ses combinaisons et serait trop facile à épier.

Il fallait, pour mettre un suffisant obstacle aux entreprises de la fraude, la gêner dans ses mouvements et l'exposer à la saisie sur un certain espace. De là les mesures d'ordre et de police auxquelles les marchandises sont assujetties dans les deux myriamètres en mer, dans un myriamètre en-deçà des côtes, et dans un rayon de deux myriamètres à deux myriamètres et demi sur les frontières de terre.

Ces mesures sont en raison du degré de danger, qui se peut déduire soit de la nature des marchandises, soit de la zone où elles se trouvent. Ainsi, les obligations des navires sont moindres dans les deux myriamètres en mer que dans les rades, ports et rivières, où le rapprochement et le facile accès du littoral sont favorables à la fraude. Ainsi, sur les frontières de terre, la fraude se présume dans le rayon des douanes ; les attributions du service sont plus étendues dans les deux kilomètres contigus à l'étranger que dans le reste du rayon ; les marchandises prohibées ou frappées de fortes taxes à l'entrée sont, en-deçà même des deux kilomètres, sujettes à des justifications et à des recherches dont les autres sont exemptes.

Par ces distinctions, la loi a voulu concilier, autant que possible, les besoins du service et ceux du commerce.

Pour que la douane puisse suivre tous les mouvements du commerce dans le rayon frontière, V. n° 246, et ne pas perdre de vue l'objet transporté, même quand il arrive en magasin ou en fabrique, il faut que les transports qu'on veut effectuer dans ce rayon lui soient signalés, ce qu'elle reconnaît par un permis ou passavant. La délivrance de ce permis est, pour le service, l'occasion de se rendre compte de la direction donnée aux marchandises, d'en faire justifier l'origine et de prendre les mesures nécessaires pour en suivre la trace jusqu'à ce qu'elles cessent de pouvoir devenir l'objet d'une fraude. Ce système repose sur la présomption, établie par la loi, que toute marchandise mise en circulation ou en dépôt à une certaine proximité de la frontière vient d'être importée de l'étranger ou est en exportation flagrante.

Le commerce doit se prêter à des conditions qui tendent à assurer les intérêts de l'agriculture et de l'industrie non moins que ceux du trésor.

De leur côté, les agents des douanes doivent apporter à l'application de la loi la sollicitude nécessaire pour déjouer les combinaisons de la fraude, mais aussi le discernement convenable pour épargner d'inutiles entraves aux expéditeurs de bonne foi.

CHAPITRE PREMIER

POLICE DES CÔTES

SECTION PREMIÈRE. — POLICE EN MER

Manifeste.

Le manifeste est l'état général ou l'inventaire des marchandises formant le chargement d'un navire. C'est le premier gage de soumission aux lois, une garantie contre des versements frauduleux sur les côtes ou dans l'enceinte des ports, et le point de départ de toutes les opérations ultérieures.

Pour répondre aux interpellations qui peuvent lui être faites, tout capitaine de navire français ou étranger doit, dans les deux myriamètres des côtes, être muni d'un manifeste par lui signé, et le déposer au bureau des douanes dans les vingt-quatre heures de l'arrivée au port. *V.* Livre III, chap. 1er.

Dans le but d'empêcher les navires de s'approcher des côtes pour y débarquer illicitement des marchandises, la loi a : 1° fixé un minimum de tonnage pour le transport des marchandises et des pénalités applicables dans certaines circonstances; 2° autorisé le service à exercer un droit de haute police dans un rayon déterminé.

232. — Le capitaine de navire, arrivé dans les deux myriamètres des côtes, est tenu de remettre, lorsqu'il en est requis, une copie de son manifeste aux préposés des douanes qui viennent à son bord et visent l'original. (*Loi du 4 germinal an II, titre 2, art. 3.*)

En pleine mer, à l'entrée dans les rivières ou à l'arrivée dans le port, il suffit, en général, de viser le manifeste original de manière à rendre impossible toute substitution, suppression ou addition frauduleuse. A cet effet, en apposant leur visa, les préposés doivent croiser de barres les blancs existant sur le manifeste et parapher les renvois et ratures. (*Déc. des* 11 *décembre* 1829 *et* 30 *décembre* 1840.)

S'ils en réclament l'exhibition en pleine mer, les préposés n'ont pas à en comparer les indications avec la cargaison. (*Déc. du* 3 *septembre* 1840.)

Le capitaine étranger peut écrire dans sa langue la copie du manifeste qu'on lui réclame (*Déc. du* 23 *mai* 1838.)

La signature du capitaine sur le manifeste ne peut être remplacée par aucune autre. (*Déc. des* 23 *avril* 1842 *et* 22 *mars* 1845.)

Pour les indications du manifeste, *V.* Livre III, n° 299, et pour les exceptions, le n° 295.

Tout capitaine sans manifeste dans les deux myriamètres des côtes, ou qui refuse d'en remettre une copie, est passible d'une amende de 1,000 fr. et du payement d'une somme égale à la valeur de la cargaison. (*Loi du 4 germinal an II, titre 2, art. 2 et 3.*) *Refus*, etc., n° 78 du tableau des Infractions ; Circ. n° 2046. Trib. de paix.

233. — *Visites à bord.* Les capitaines et autres officiers et préposés sur les bâtiments du service des douanes, ceux du commerce ou de la marine militaire, peuvent visiter tous bâtiments *au-dessous de cent tonneaux étant à l'ancre ou louvoyant* dans les deux myriamètres des côtes, hors le cas de force majeure, et rechercher à bord les marchandises dont l'entrée ou la sortie est prohibée (1). (*Loi du 4 germinal an II, titre 2, art. 7.*) *V.* n° 234.

L'exercice du droit de visite doit être combiné avec l'observation des règlements sanitaires. *V.* Livre XI, chap. 18.

Dans le cas ainsi prévu, les marchandises prohibées à l'entrée sont confisquées, ainsi que les bâtiments servant au transport, et les propriétaires, maîtres de bâtiments et autres préposés à la conduite sont solidairement passibles d'une amende égale à la valeur de ces marchandises, sans pouvoir être au-dessous de 500 fr. (*Loi du 17 décembre 1814, art. 15, et Loi du 27 mars 1817, art. 13.*) Existence de marchandises prohibées, n° 79 du tableau des Infractions. Trib. de paix.

Les pénalités sont encourues par le seul fait de l'existence à bord des marchandises prohibées, qu'elles soient ou non inscrites au manifeste; mais, en pareil cas, il est essentiel d'établir par les procès-verbaux la présomption légale d'intention frauduleuse, qui résulte de ce que les navires ont été trouvés, dans les deux myriamètres, à l'ancre, sans qu'il y eût nécessité, ou faisant une navigation que ne justifiait ni leur destination, ni aucune force majeure; car c'est dans ce sens que le mot *louvoyant* doit être entendu, et non sous l'acception qui exprimerait la manœuvre d'un navire courant des bordées pour n'être pas écarté par un vent contraire de la route qu'il doit tenir; manœuvre dont on fait usage, comme de tout autre mode de navigation, pour parvenir au terme du voyage, qui est licite de sa nature. (*Circ. du 13 février 1832, n° 1304.*)

L'exception de relâche forcée ne doit pas être appliquée à des bâtiments qui, quoique se trouvant par ce motif soit à l'ancre, soit louvoyant dans les deux myriamètres des côtes, profiteraient de leur position pour opérer ou tenter un versement frauduleux. (*A. de C. du 2 décembre 1824; Circ. n° 900.*)

Les préposés qui donnent la chasse à une embarcation aperçue à l'ancre ou louvoyant dans les deux myriamètres des côtes peuvent la saisir valablement au-delà de ces deux myriamètres. (*Circ. du 29 germinal an XI.*)

Lorsqu'elle donne la chasse à un bâtiment, s'il refuse de se laisser aborder, l'embarcation des douanes hisse son pavillon et sa flamme et les assure par une décharge à poudre, de canon ou mousqueton. Dans le cas où cette première semonce n'arrêterait pas la marche du bâtiment poursuivi, une seconde décharge, à boulet ou à balle, serait dirigée dans sa voilure; et ce ne serait qu'après ce double avertissement qu'il serait fait un usage sérieux des armes, tout en évitant, autant que possible, d'atteindre les hommes. Tout usage des armes est un incident assez important pour être exactement mentionné au registre de bord, *V.* n° 100. Toutes les fois qu'il a été tiré sur une embarcation autrement qu'à poudre, le patron doit, immédiatement après sa rentrée au port, en rendre compte, et son rapport circonstancié est transmis au directeur par l'inspecteur, avec les observations dont celui-ci l'a jugé susceptible. (*Déc. du 17 octobre 1846.*)

---

(1) Il s'agit ici de marchandises prohibées d'une manière absolue. Les tabacs en font partie. *V.* Livre XI, ch. 27.

La visite des navires n'est soumise à aucune formalité ; mais elle ne doit pas dégénérer en une *occupation* de nature à constituer une saisie irrégulière. (*A. de C.* du 11 *novembre* 1845; *Doc. lith.* n° 167.)

SECTION II

Police dans les ports (1), rades et rivières.

234. — Les préposés des douanes peuvent, soit avant, soit après la déclaration, aller à bord de tout bâtiment, même de ceux de guerre, entrant dans les ports (2) ou rades (3) ou en sortant, montant ou descendant les rivières (4) ; y demeurer jusqu'à leur déchargement ou sortie; ouvrir leurs écoutilles, chambres, armoires, caisses, balles, ballots, tonneaux et autres enveloppes (5). (*Loi du 4 germinal an II. titre 2, art.* 8.) *V.* n° 237.

Il ne doit être procédé, à bord des navires, à l'ouverture des colis dont le débarquement immédiat n'est pas réclamé, que dans les cas où cette formalité serait nécessitée par des soupçons de fraude ou par d'autres circonstances extraordinaires. En dehors de ces cas exceptionnels, l'action et la surveillance du service actif à bord des navires peuvent, sans inconvénient, se borner à la reconnaissance sommaire et extérieure des colis et de leur identité, tant pour la forme que pour les marques et numéros, avec les indications portées au manifeste. (*Circ. du 4 mai* 1845, n° 2057.)

Quand les bâtiments marchands sont dans les ports ou rades, et si la visite à

---

(1) Voir le Livre *Importations* et le Livre *Exportations*, pour les versements de bord à bord, les débarquements ou embarquements.

Une embarcation montée d'un sous-patron et de deux matelots stationne à la passe des grands ports. Dès qu'un navire arrive, le sous-officier se rend à bord avec un matelot, se fait représenter le manifeste, le vise après avoir reconnu qu'il est rédigé conformément à la loi, et indique le nom et l'espèce du bâtiment sur un carnet à vue duquel est annoté le registre série n° 8, ouvert au poste pour le mouvement de la navigation. *V.* n° 240. Le service vise en même temps le livre de bord. *V.* n° 312.

(2) N'est considéré comme port que l'espace gardé par un bureau de douanes. (*Circ. du 9 juillet* 1832, n° 1333.) *V.* n° 322.

(3) On appelle rade un lieu d'ancrage, à quelque distance de la côte, où les vaisseaux trouvent fond et peuvent demeurer à l'ancre, en attendant le vent ou la marée propre pour entrer dans le port ou faire voile.

(4) La zone soumise à la police des douanes est plus ou moins étendue, selon qu'il y a ou non établissement de bureau en-deçà de l'embouchure des rivières et canaux qui affluent à la mer. *V.* n° 245.

S'il y a établissement, c'est qu'on a accordé à tel lieu situé sur une rivière ou un canal l'avantage d'entretenir, à l'instar d'un port maritime, des relations directes avec l'étranger. Alors le droit de visite s'exerce, de jour comme de nuit, jusqu'au port où se trouve le dernier bureau.

Si, au contraire, il n'y a pas établissement, le droit de visite s'arrête à la distance d'un myriamètre de la côte et s'applique seulement à la circulation de nuit. *V.* n° 242.

(5) Les préposés peuvent se présenter *même de nuit* pour monter à bord des bâtiments marchands et procéder à leur visite. D'accord avec les besoins du service, la loi l'a ainsi entendu. Ce n'est qu'à l'égard des *bâtiments de guerre* qu'elle a, par une disposition spéciale, défendu la visite de nuit. *V.* n° 239.

bord présente trop de difficulté, les préposés peuvent faire transporter, de jour, au bureau, pour y être vérifiés, les colis présumés contenir des marchandises prohibées ou non déclarées. (*Loi du 22 août 1791, titre 13, art. 8.*)

Il est recommandé aux préposés de n'user de ce droit qu'avec beaucoup de réserve, et après assentiment du chef de service.

235. — Les préposés peuvent, au coucher du soleil, fermer les écoutilles, pour n'être ouvertes qu'en leur présence. (*Loi du 4 germinal an II, titre 2, art. 5.*)

Cette disposition n'est applicable qu'aux navires qui sont dans les ports.

Lorsqu'elle s'effectue en vertu de cette disposition, l'apposition des plombs et cachets ne donne lieu à aucun frais pour les capitaines et armateurs. (*Circ. man. du 8 juin 1847.*)

236. — A l'égard des navires français entrant dans les ports, le service des douanes et le service de l'octroi ont à assurer l'application des lois ; mais la priorité d'action à bord appartient aux agents des douanes. (*Déc. du 22 juin 1844.*)

237. — Il est enjoint aux capitaines et officiers des bâtiments de commerce, à peine de déchéance de leur grade, s'ils appartiennent à la marine française, et de 500 fr. d'amende envers les étrangers comme envers les nationaux, de recevoir les préposés, de leur ouvrir les chambres et armoires, et de les laisser procéder aux visites nécessaires pour prévenir la fraude (1). V. n° 234. (*Loi du 22 août 1791, titre 13, art. 8.*) Refus, etc., n° 80 du tableau des Infractions ; Circ. n° 2046. Trib. de paix.

S'il y a refus, les préposés des douanes peuvent demander l'assistance d'un juge, pour faire, en sa présence, ouverture des chambres et armoires, et en dresser procès-verbal aux frais des capitaines ou maîtres des navires.

A défaut de juge sur les lieux, ou en cas de refus de sa part de se transporter sur le navire, les préposés, après avoir constaté le refus par procès-verbal, requerraient la présence d'un officier municipal, qui serait tenu de les y accompagner. (*Mêmes Loi, titre et art.*)

Si l'officier municipal refusait d'accompagner les préposés, sur la réquisition par eux faite, il suffirait, pour la régularité de leurs opérations, que le procès-verbal contînt mention de la réquisition et du refus. (*Décret du 20 septembre 1809, art. 2.*)

238. — Hors le cas d'échouement par suite de naufrage (V. Livre XI, chap. 9), aucun débarquement, embarquement ou transbordement, c'est-à-dire versement de bord à bord, ne peut s'effectuer que dans l'enceinte d'un port où il existe un bureau de douane. V. Livre III, n° 322. (*Loi du 22 août 1791, titre 13, art. 9.*)

Les circonstances relatives à la découverte d'une embarcation échouée sur le littoral, hors de l'enceinte des ports, et suspecte d'avoir contribué à la consommation de versements frauduleux, doivent faire l'objet d'un procès-verbal dressé sur papier non timbré, et rappelant les circonstances susceptibles de faire découvrir, par une information judiciaire, les faits de fraude ; on le remet, s'il y a lieu, au ministère public. (*Déc. des 4 avril et 9 juin 1851.*)

Des individus débarqueraient-ils hors de l'enceinte d'un port : si des marchandises ou des bagages avaient été mis à terre, le service constaterait régulièrement l'infraction aux prescriptions de la loi du 22 août 1791, titre 2, art. 13, et titre 13, art. 9, et de celle du 4 germinal an II, titre 3, art. 12 (V. n°s 320, 322, et Livre IX, Tarif de navigation, note 2) ; et, alors qu'elle ne serait pas confiscable, l'embarcation pourrait être retenue pour assurer la perception des droits de navigation. Dans le cas où il n'aurait été débarqué ni marchandises ni bagages, on retiendrait l'embarcation jusqu'à payement de ces droits exigibles à raison de l'opération de commerce

---

(1) Quant aux peines relatives aux contraventions qui seraient constatées, voir, selon les cas, les Livres *Importations. Entrepôts ou Transit, Exportations, Cabotage.*

résultant de la mise à terre de passagers. Il y aurait, en outre, à prendre toutes les mesures nécessaires pour l'exécution des règlements sanitaires et de police générale. V. n° 82 et Livre XI, chap. 18. (*Déc. du 16 juillet* 1851.)

239. — Les préposés des douanes peuvent faire toutes visites dans les vaisseaux et autres bâtiments *de guerre* (1), V. n° 234, en requérant les commandants de la marine dans les ports, les capitaines desdits vaisseaux ou les officiers des états-majors de les accompagner, ce que ceux-ci ne pourraient refuser à peine de 500 fr. d'amende ; et, en cas de contravention constatée sur lesdits bâtiments, les capitaines et officiers sont soumis aux peines portées par les lois. Lesdites visites ne peuvent toutefois être faites après le coucher du soleil. (*Loi du 22 août* 1791, *titre* 13, *art.* 10.) Refus, etc., n° 81 du tableau des Infractions ; Circ. n° 2046. Trib. de paix.

Il importe que le droit de visite à bord des navires de l'État demeure plein et entier à raison de la tendance qu'ont toujours les équipages à se laisser entraîner à la fraude lorsque, dans les croisières, ils touchent à l'étranger ; mais une extrême réserve est recommandée, et il est de haute convenance de n'user de ce droit qu'autant que des présomptions graves signalent un bâtiment comme se livrant à des opérations illicites. A cet égard, le chef local du service des douanes doit préalablement se concerter avec l'autorité de la marine quand une visite à bord des navires de l'État est jugée nécessaire, et n'exercer celle-ci qu'après s'en être entendu avec les commandants. Ainsi, dans les ports militaires, c'est le directeur lui-même qui, à l'occasion, se met en communication avec M. le préfet maritime, et provoque, de la part de ce dernier, une initiative qui enlève à l'intervention du service des douanes tout caractère fâcheux. Les agents des douanes doivent inviter les commandants ou capitaines à les accompagner à bord. (*Déc. adm. du 3 février* 1857, *approuvée le 9 par le Ministre des finances.*)

Le service des douanes, après avoir dressé procès-verbal des infractions reconnues sur les bâtiments de l'État, et requis jugement dans le délai légal, surseoit à toutes poursuites jusqu'à ce que l'autorité maritime ait fait connaître le résultat de ses investigations. Le département de la marine fait supporter les amendes par qui de droit. A l'égard des paquebots appartenant à l'État, le comité de direction est appelé à ordonner les investigations nécessaires pour découvrir les auteurs de la fraude, et à faire exercer sur la solde de l'équipage les retenues nécessaires pour acquitter les condamnations. (*Déc. min. du 14 janvier* 1840 ; Circ. n° 1793.)

Les capitaines de paquebots-postes, responsables, aux termes de la loi, des fraudes découvertes sur leur bord, doivent payer immédiatement et de leurs propres deniers les amendes fixées ; c'est ensuite à l'administration des postes à aviser aux moyens à prendre pour faire effectuer par qui de droit le remboursement de cette avance. (*Déc. min. du 5 mars* 1844 : *Doc. lith.*, n° 146.)

Dans tous les cas de saisie opérée à bord d'un bâtiment de l'État, on met en cause le commandant du navire comme civilement responsable, aux termes de la loi. (*Déc. du 4 mai* 1839 ; *Doc. lith.*, n° 43.)

V. n°s 310 et 311, Opérations pour la marine de l'État.

240. — Dans les ports, le service de brigades, ainsi que le service de bureaux, V. n° 309, constate chaque jour par jour, sur un registre série N, n° 8, l'entrée et la sortie des navires. (*Inst. annexée à la Circ. du 30 janvier* 1817, n° 247.)

Lorsque dans un port il n'existe qu'un brigadier-buraliste, il n'est tenu qu'un registre série N, n° 8. (*Déc. du 17 novembre* 1849.)

_____

(1) Mais les bâtiments de guerre *étrangers* sont exempts de visite par principe de réciprocité ; on doit se borner, à leur égard, à une surveillance tout extérieure. Si quelque exception devait être faite à ce principe, elle serait l'objet d'ordres spéciaux. (*Circ. du 27 mars* 1840.)

Par un bulletin série N, n° 9, indiquant le mouvement de la navigation pendant la journée précédente, la brigade met, chaque matin, le bureau en mesure de contrôler et de compléter les inscriptions du registre tenu à vue des papiers de bord ou des déclarations de gros. V. n° 300. (Circ. man. du 3 juin 1822.)

A cet effet, dans les grands ports, une embarcation montée d'un sous-patron et de deux matelots stationne à la passe. Ce sous-officier indique, sur un carnet spécial, le nom et l'espèce des navires qui entrent ou sortent. A la sortie, il se rend à bord, avec un matelot, et exige la représentation des papiers de bord des navires français ou du passeport des bâtiments étrangers. V. n° 582.

Afin de concourir à la répression des abus, une embarcation est d'ailleurs appelée à exercer une surveillance permanente sur tout transport de marchandises dans les eaux des grands ports. (Déc. du 21 août 1856.)

Les agents qui stationnent à la passe du port, ou, à défaut, ceux qui se rendent ultérieurement à bord pour la visite sommaire, V. n° 303, sont chargés de viser les manifestes à l'entrée. V. n° 232.

Comme moyen de contrôle des mouvements de la navigation, il est effectué un recensement chaque matin dans les bassins, et les indications du carnet tenu en conséquence sont comparées à celles du registre et des bulletins, série N.

Dans les ports où il n'existe qu'une brigade sans bureau, le mouvement de la navigation est signalé au registre de travail, V. n° 65.

Le service ne doit procéder à des investigations à bord des navires qu'autant qu'il s'y trouve un homme de l'équipage, majeur, c'est-à-dire âgé de vingt-et-un ans accomplis. (Déc. du 5 janvier 1850.)

Les chefs locaux doivent prescrire, sous leur responsabilité, les mesures les plus propres à arriver à la découverte de la fraude, en évitant d'occasionner, sans nécessité réelle, un préjudice aux propriétaires des navires. A ce point de vue, il convient de n'user qu'avec circonspection du droit d'enlever des planches recouvrant des cavités, à moins de présomptions graves de fraude. (Déc. du 11 septembre 1855.)

Il convient d'effectuer des investigations sous-marines pour s'assurer qu'aucun objet n'est suspendu dans l'eau. (Déc. du 29 avril 1844.)

SECTION III

Police en deçà des côtes (à terre).

241. — Les propriétaires riverains ne peuvent élever aucun obstacle au libre parcours des bords de la mer pour la surveillance du service des douanes. (Arrêtés des préfets du Var et de la Somme, des 11 juin 1842 et 29 mai 1843; Doc. lith., n°⁵ 132 et 134.)

Le droit de libre parcours sur le rivage ou sur le bord des falaises à mer haute ressort, comme une nécessité sociale et une servitude inhérente à l'action de l'autorité publique, non seulement de l'esprit général de la législation, mais des lois du 22 août 1791, titre 1er, art. 1er et 2; titre 2, art. 13; titre 5, art. 1er; titre 13, art, 9, 35 et 36; du 4 germinal an II, titre 3, art. 10; titre 6, art. 1er; et du 21 avril 1818, art. 34 (1). En effet, appelés à exercer une surveillance incessante sur tout le littoral, aussi bien au point de vue politique et social que dans l'intérêt du Trésor et de l'industrie nationale, les agents des douanes doivent, pour l'exécution de ces lois, pou-

---

(1) Tout décret qui autorise la concession d'un terrain dépendant du rivage de la mer, doit porter la restriction qu'il ne sera, à titre de servitude, apporté aucun obstacle à la circulation, de jour et de nuit, des agents des services publics.

voir circuler librement sur le rivage ou sur les falaises à marée haute, et en explorer les divers points, afin d'être constamment à même de suivre tous les mouvements qui s'y effectuent. Les obstacles élevés par les riverains constituent une opposition à l'exercice des fonctions des employés, contravention prévue par les lois du 22 août 1791, titre 13, art. 14, et du 4 germinal an II, titre 4, art. 2. V. n° 1119. (*Déc. du 11 novembre 1856.*)

Lorsque les conditions de leur service l'exigent et s'il n'existe pas de passage public, les préposés des douanes ont le droit de traverser les propriétés particulières situées sur le bord de la mer; et il y a, à ce sujet, nécessité actuelle et urgence par cela seul qu'ils accomplissent leur mission. Le refus positif, sur le terrain, de les laisser passer constitue un acte d'opposition et ne peut être excusé par ce motif que l'intéressé n'aurait agi que dans l'unique but d'empêcher l'établissement, sur sa propriété, au profit des douanes, d'un droit de passage permanent. (*Arrêt de C. du 20 juin 1860; Circ. n° 687.*)

Dans toute hypothèse, notamment si l'on demande l'autorisation de poursuivre un préposé pour avoir traversé une propriété particulière, il importe de faire connaître à l'administration si la ligne suivie par l'agent était celle de l'extrême limite des terres baignées par les eaux de la mer, sans emprunt de l'intérieur des terres. (*Déc. du 28 janvier 1856.*)

En dehors des voies de communication classées comme routes nationales et départementales, ou qui existent comme chemins vicinaux ou de halage, et dont la conservation repose sur des moyens légalement déterminés, il n'y a plus que des chemins privés. Or l'entretien de ces chemins est nécessairement à la charge de ceux qui en usent, et, s'ils sont dégradés par le fait d'une personne, celle-ci doit être mise en demeure de les remettre en bon état. S'il importe au service de réparer quelques dégradations arrivées naturellement, il y est pourvu au moyen de quelques corvées imposées aux préposés inoccupés, l'administration n'ayant aucune allocation à ce sujet. (*Déc. des 29 juillet 1856 et 11 mai 1857.*)

242. — Les tissus de toute espèce (étoffes, toiles, mousselines, bonneterie, rubannerie, etc.), les fils de coton, les poissons salés, les sucres bruts, terrés ou raffinés, les cafés et autres denrées coloniales, les tabacs en feuilles ou fabriqués ne peuvent, à peine de confiscation et de 500 fr. d'amende, être transportés et circuler de nuit dans la distance d'un myriamètre des côtes ou des rives des fleuves, rivières et canaux affluant à la mer, depuis leur embouchure jusqu'au point où se trouve le dernier bureau de douane vers l'intérieur. (*Loi du 8 floréal an XI, art. 85.*) Circulation de nuit, etc., n° 82 du tableau des Infractions; Circ. n° 2046. Trib. de paix.

243. — On ne doit réputer côtes maritimes que les endroits baignés par les eaux de la mer à marée basse. (*A. de C. du 9 messidor an. VII.*)

Là limite posée par la loi n'est pas la perpendiculaire au cours de la rivière à la hauteur du dernier bureau, mais bien, vers l'intérieur, la demi-circonférence décrite avec un rayon d'un myriamètre, en prenant le dernier bureau comme centre. (*Circ. du 17 novembre 1815.*)

L'autorité administrative (préfets, etc.) est seule compétente pour la fixation des limites du domaine public, notamment des rivages de la mer. (*A. de C. du 10 novembre 1856.*)

244. — Les préposés peuvent, en cas de poursuite de la fraude, la saisir même en deçà d'un myriamètre des côtes (1), pourvu qu'ils l'aient vue pénétrer et qu'ils l'aient suivie sans interruption. V. n° 292. (*Loi du 22 août 1791, titre 13, art. 35.*)

---

(1) V., pour les peines encourues, le Livre III, n° 399.

Ici le droit de poursuites s'étend à toutes les marchandises prohibées ou taxées à

Le transport de marchandises vues pénétrer en France par le littoral et suivies sans interruption donne lieu, selon le cas, aux pénalités rappelées, savoir :

Au n° 399 pour les marchandises tarifées, les droits étant au moins de 3 fr. (n° 50 du tableau des Infractions; Circ. n° 2046); pour les marchandises tarifées, les droits ne s'élevant pas à 3 fr. (n° 49 du même tableau);

Au n° 400 pour les marchandises prohibées, ayant été introduites par l'intérieur d'un port de commerce (n° 51 du même tableau);

Au n° 409 pour le transport ou le dépôt de marchandises prohibées à l'entrée, de marchandises dont la prohibition a été levée postérieurement à la loi du 24 mai 1834, ou, enfin, de marchandises taxées à plus de 20 fr. par 100 kilog., suivies sans interruption depuis leur versement sur les côtes hors de l'enceinte des ports. (n° 53 du même tableau.)

Les préposés peuvent, dans le même cas, faire leurs recherches dans les maisons situées dans l'étendue d'un myriamètre des côtes (1), pour y saisir les marchandises de contrebande et autres, mais seulement si, n'ayant pas perdu de vue lesdites marchandises, ils arrivent au moment où on les introduit dans ces maisons. (Loi du 22 août 1791, titre 13, art. 36.) V. n° 293.

245. — Les *rivières* que ne garde pas le service sont considérées comme tous autres points, si ce n'est la servitude relative au marchepied le long des bords, conformément à l'art. 650 du Code civil.

Les mouvements de marchandises entre l'embouchure des fleuves affluents à la mer, gardés par le service, et le dernier bureau vers l'intérieur sont assujettis à la police des douanes. Ainsi, sauf les exceptions qui peuvent être faites pour la facilité des rapports de voisinage entre les communes qui bordent les rives de ces fleuves (V. Livres VIII et IX), tout embarquement ou débarquement doit être précédé de la délivrance d'un permis, et aucune embarcation ne peut naviguer sans être pourvue d'une expédition, soit passavant (2), acquit-à-caution, acquit de payement, ou du manifeste qui en tient lieu dans les cas prévus par la loi. V. n°ˢ 581 à 585. (*Circ. du 10 juin 1829, n° 1168.*)

Il y a lieu de requérir l'application des art. 8, titre 13, de la loi du 22 août 1791, et 8, titre 2, de la loi du 4 germinal an II (V. n° 234), si, dans les rivières surveillées par le service, une embarcation passe, sans se soumettre à la visite, de la partie maritime dans les eaux intérieures. (*Déc. du 27 mai 1848.*)

Les bateaux à vapeur sont, comme tous autres bâtiments, astreints aux formalités de douane, qu'ils transportent ou non des passagers et fassent un service à jour fixe. (*Jugement du tribunal de première instance de Rouen du 9 décembre 1835.*)

---

l'entrée; mais le droit de saisie en deçà d'un myriamètre des côtes ne peut être virtuellement exercé par les préposés qu'autant qu'ils arrêtent les marchandises en cours de transport.

(1) Observer que la loi limite à deux lieues en deçà des côtes la zône dans laquelle les agents des douanes peuvent, en cas de suite à vue d'un versement frauduleux, entrer dans la maison de dépôt, mais qu'alors ils peuvent y entrer de nuit comme de jour, quelle que soit la population de la commune, et sans avoir besoin de se faire assister d'un officier public, s'ils arrivent au moment du flagrant délit, et s'ils n'éprouvent pas d'opposition de la part du maître de la maison. V. n° 293.

(2) Les habitants de certaines îles du littoral, soumises au régime des douanes, peuvent, sous les formalités du passavant de rivière, série M, n° 53, expédier des marchandises ou produits sur les ports voisins du continent français. (*Déc. du 10 janvier 1863.*)

CHAPITRE II

POLICE DES FRONTIÈRES DE TERRE

SECTION PREMIÈRE

Territoire soumis à la police des Douanes.

Nota. D'après l'usage, ce territoire est appelé le rayon des douanes, le rayon frontière, les lignes des douanes.

246. — Les lois et règlements sur le transport et la circulation des denrées et marchandises sont exécutés dans les deux myriamètres (1) des frontières de terre (*Loi du 8 floréal an XI, art. 84.*) (2).

Pour faciliter la répression de la fraude sur toutes les parties des frontières de terre où la mesure fixe de deux myriamètres de rayon n'offre pas les positions les plus convenables au service des douanes, ce rayon peut être étendu sur une mesure variable, jusqu'à la distance de deux myriamètres et demi de l'extrême frontière.

Dans toutes les localités où le Gouvernement juge à propos de faire ces changements à la démarcation actuelle du rayon des frontières, ils sont déterminés par un tableau indicatif des villes, bourgs, villages et bâtiments isolés les plus voisins de la nouvelle ligne de démarcation, et que cette ligne met dans le rayon, en suivant les limites de leur territoire.

L'exécution des lois et règlements de douanes devient obligatoire sur toutes les parties de territoire ainsi ajoutées au rayon des frontières, à l'expiration d'un délai de quinze jours, après que le tableau de fixation, adressé officiellement aux préfets, a été publié par leurs soins et affiché dans les chefs-lieux des arrondissements et cantons que traverse la nouvelle ligne de démarcation. (*Loi du 28 avril 1816, art. 36.*)

Ce tableau est approuvé par le Ministre des finances, sur la proposition de l'administration des douanes. (*Circ. du 1er mai 1816, n° 149.*)

La fixation des distances entre le territoire étranger et la ligne intérieure est faite sans égard aux sinuosités des routes, en prenant la mesure la plus droite à vol d'oiseau. (*Loi du 22 août 1791, titre 13, art. 42.*)

La distance du lieu de la saisie au territoire étranger se mesure par la ligne droite sur un plan parfaitement horizontal. (*A. de C. du 28 juillet 1806.*)

La ville dans laquelle est établi un bureau de seconde ligne fait, dans toute son étendue, quelle que soit la distance de l'extrême frontière, partie de la ligne qui circonscrit le territoire des douanes. (*A. de C. du 29 mai 1807.*)

La partie qui prétendrait qu'une saisie a été faite hors du rayon des douanes peut demander le toisé aux frais de qui il appartiendra. (*Loi du 28 pluviôse an III.*)

---

(1) Ce rayon n'était d'abord que d'un myriamètre, conformément à la loi du 22 août 1791.

(2) Les agents de douane ne doivent faire usage que dans des cas exceptionnels et sur des instructions spéciales du droit que leur confère l'art. 62 de l'ordonnance du 15 novembre 1846, de passer sur les voies ferrées pour l'exécution de leur service. (*Circ. man. du 6 avril 1865.*)

Lorsque la seconde ligne du rayon est restée en-deçà de la limite légale, le surplus de cette zône demeure affranchi de l'action du service, sauf le cas de poursuite à vue. *V.* n° 292. (*Déc. du 5 janvier* 1850.)

SECTION II

Régime de circulation.

§ 1er. — *Dispositions générales.*

247. — La circulation des marchandises ou denrées dans le rayon frontière est, sauf les exceptions suivantes ou à moins qu'il ne s'agisse d'objets qui, venant de l'étranger, ne sortent pas de la commune dans laquelle est situé le bureau d'importation (*V.* n° 252), soumise à une expédition de douane nommée *passavant.* (*Loi du 22 août* 1791, *titre* 3, *art.* 15 *et* 16; *Loi du 19 vendémiaire an VI; Arrêté du 22 thermidor an X.*)

Est dispensé du passavant le transport :

1° Des bestiaux (Livre XI, chap. XI), poissons, pain, vin, cidre ou poirée, bière, viande fraîche ou salée, volaille, gibier, fruits, légumes, laitage, beurre, fromage et tous les objets de jardinage, lorsque lesdits objets ne font pas route vers la frontière ou lorsqu'ils se rendent, les jours de foire ou de marché, dans les villes sur la frontière (*Arrêté du 22 thermidor an X, art.* 9);

2° Des marchandises taxées, à l'entrée ou à la sortie, à moins de 10 fr. par 100 kil. ou de 5 p. % de la valeur par les tarifs conventionnels. (*Déc. du 17 novembre* 1863.)

Dans les grandes villes de la frontière, et particulièrement à Strasbourg, Valenciennes et Lille, où la consommation locale laisse disponible un grand nombre de preuves d'extraction suffisantes pour couvrir et au delà toutes les introductions frauduleuses qui pourraient être effectuées, la douane peut se dispenser d'exiger les justifications d'origine, sauf en ce qui concerne les armes, pour lesquelles il y a toujours lieu de les réclamer. *V.* Livre XI, chap. 23. (*Déc. du 13 mai* 1840.)

248. — Les bureaux où doit être levé le passavant sont :

Le bureau le plus voisin du lieu de l'enlèvement, pour les marchandises ou denrées qui existent dans le rayon frontière (*Loi du 22 août* 1791, *titre* 3, *art.* 15, *et Arrêté du 22 thermidor an X, art.* 2, 3 *et* 6);

Le premier bureau de la route dans le rayon frontière pour les marchandises amenées de l'intérieur. (*Loi du 22 août* 1791, *titre* 3, *art.* 15.)

Un bureau purement maritime ne peut donner un passavant pour un lieu situé dans le rayon des frontières de terre.

Un bureau de terre ne peut étendre l'effet d'un passavant au-delà du point où la marchandise expédiée entre dans l'intérieur pour être dirigée sur une autre frontière de terre. Ainsi le bureau de Valenciennes ne pourrait délivrer un passavant valable pour aller jusqu'au Pont-de-Beauvoisin, en traversant l'intérieur. (*Circ. du 17 novembre* 1815.)

Il n'y a d'exception que pour les marchandises de prime. *V.* le Livre XI, chap. 10.

249. — Le passavant ne peut être délivré que dans les bureaux de douanes. Les expéditions émanées des administrations municipales ne peuvent être regardées comme valables. (*A. de Cass. du 21 messidor an VII.*)

Il doit être écrit avec soin, sans rature ni surcharge. Tout renvoi doit être paraphé, tout espace blanc croisé par des barres.

Le passavant n'est délivré qu'après la déclaration faite dans la même forme que pour l'acquittement des droits. *V.* Livre Ier, chap. 3. (*Loi du 22 août* 1791, *titre* 3, *art.* 15.)

Le passavant indique le lieu de départ, celui de la destination, les qualités, quantités, poids, nombre ou mesure des marchandises ou denrées, ainsi que le nombre des colis (1).

Il fixe en toutes lettres la route à parcourir (2), le temps nécessaire pour le transport (3), la date et l'heure du jour où il est délivré. (*Arrêté du 22 thermidor an X, art. 6.*)

Il indique le nom du destinataire. (*Loi du 28 avril 1816, art. 25, et Déc. du 12 juin 1834.*)

Il porte obligation de le représenter, ainsi que les marchandises, aux bureaux qui se trouvent sur la route, pour y être visé. (*Arrêté du 22 thermidor an X. art. 6.*)

Il porte aussi obligation de le représenter, ainsi que les marchandises, à toute réquisition, aux employés des différents postes, qui peuvent conduire les objets au plus prochain bureau, pour y être vérifiés, sauf les dommages et intérêts envers le conducteur ou le propriétaire, s'il n'y a ni fraude ni contravention, et si le bureau n'est pas sur la route. (*Arrêté du 22 thermidor an X, art. 6, et Loi du 22 août 1791, titre 3, art. 16.*)

L'obligation ainsi imposée aux conducteurs de faire viser le passavant et de représenter les marchandises forme pour le service une garantie importante; mais il faut discerner ce qui est précaution nécessaire d'avec ce qui serait rigueur inutile. Il y aurait rigueur, par exemple, si des visites détaillées étaient répétées coup sur coup dans les bureaux de passage, sans cause de suspicion (4).

---

(1) Les marques et numéros des colis doivent aussi être indiqués; ils sont présentés en marge du passavant.

(2) Le receveur doit déterminer la route clairement et avec les détails nécessaires pour prévenir toute déviation dangereuse.

(3) Le délai est calculé sur la distance à parcourir; il doit être restreint au nombre de jours et même d'heures strictement nécessaire, quand surtout la direction des marchandises est de nature à faire naître la crainte d'une combinaison de fraude.

(4) Chaque receveur doit avoir l'état des établissements de douanes existant sur les diverses routes du rayon frontière qui aboutissent au lieu de sa résidence. Si les bureaux ou postes de passage sont peu nombreux, tous doivent être désignés nominativement sur le passavant à délivrer. S'il y en a beaucoup, la formule ci-après sera suivie. « Le passavant sera présenté généralement aux bureaux situés sur la » route, et notamment à ceux de............ » (en désigner deux, trois ou quatre, de distance en distance, selon l'étendue de la route à parcourir). Ceux-ci seront alors les seuls où le visa sera obligatoire, sous peine de nullité du passavant. Les employés seront eux-mêmes fixés par là sur leurs devoirs dans les bureaux de passage, et, toutefois, le droit de contrôler l'expédition, en cas de soupçon, sera réservé pour chacun de ces bureaux sans exception. Dans toute hypothèse, le passavant contiendra l'obligation de le faire viser et de représenter les marchandises au lieu de destination, lorsqu'il y existera un bureau.

Si le lieu de destination déclaré est tel que le conducteur puisse se rendre à proximité de la frontière sans avoir à faire viser le passavant en cours de transport, attendu l'absence de tout poste de douane sur la route, et si l'on craint qu'il n'y ait intention de faire servir le passavant demandé à préserver de la saisie des marchandises de fraude déposées sur la route ou à proximité, le receveur du bureau de départ fait escorter par le service actif, jusqu'à une certaine distance, les marchandises qui lui sont présentées, et avertit le chef des brigades de l'arrondissement où est placé le lieu de destination.

Le bureau où peuvent être conduites les marchandises pour y être vérifiées doit

Rien n'oblige le conducteur des marchandises expédiées par simple passavant à leur faire suivre la destination primitivement indiquée. Il peut toujours, en restant sur la route déterminée par le passavant, les laisser en-deçà de cette destination ; seulement le receveur du lieu où une partie de ces marchandises serait déposée doit être mis à même de l'indiquer au verso de l'expédition. (*Déc. du 23 octobre 1835.*)

250. — La circulation des marchandises, sauf les exceptions du n° 247, ne peut, sous les pénalités indiquées au n° 279, avoir lieu entre le coucher et le lever du soleil, même avec passavant, s'il n'en porte la permission expresse. (*Arrêté du 22 thermidor an X, art. 8.*) Transport, etc., n° 85 du tableau des Infr.

Cette permission doit être refusée, à moins que, par l'effet d'une circonstance imprévue, il n'y ait notoirement urgence extrême au transport, ou que, dans les contrées du Midi, la chaleur de l'atmosphère ne soit assez forte pout faire suspendre les expéditions pendant le jour, et, dans ces cas très-rares d'exception, il est du devoir du receveur d'en donner avis sur-le-champ, et par écrit, au chef de la brigade de sa résidence, afin que celui-ci prenne les précautions de service convenables et avertisse les postes situés sur la route.

251. — Les prescriptions relatives au passavant sont applicables aux marchands colporteurs. Les passavants qui leur sont délivrés font mention d'une destination unique et du délai nécessaire pour s'y rendre, à raison des distances. (*Circ. du 14 octobre 1816.*)

Elles doivent recevoir pleinement leur effet sur les points rapprochés de l'étranger. Dans le reste du rayon, il est donné aux inspecteurs d'accorder les modifications qui seraient justement réclamées, et qu'on pourrait admettre sans danger d'abus.

Un marchand ambulant qui, par la nature de son commerce, s'arrête en tous les villages situés sur la route ou à proximité de la route qu'il parcourt, ne peut accomplir le transport de ses marchandises avec la même célérité qu'un voiturier. On doit donc, pour la fixation des délais, avoir égard aux distances à parcourir et aux difficultés que peuvent présenter les localités. Des règles absolues ne sauraient être déterminées à ce sujet ; c'est aux directeurs à examiner quelle est la latitude qu'on peut, sans danger, accorder aux colporteurs pour le transport et la vente de leurs marchandises dans le rayon. (*Déc. des 30 décembre 1814, 4 février 1819 et 30 octobre 1821.*)

On peut se borner à indiquer dans les passavants le poids ou la mesure des tissus destinés à être colportés dans le rayon. (*Déc. du 7 juillet 1834.*)

252. — Tiennent lieu de passavant de circulation :

1° Les acquits de payement d'entrée donnés pour les marchandises venant de l'étranger, qui sont immédiatement transportées à une destination autre que celle où

_____

être le plus prochain, non pas en mesurant les distances à partir du lieu où elles sont rencontrées, mais en suivant le chemin tracé dans le passavant pour arriver à la destination déclarée, de sorte que les conducteurs n'éprouvent aucun détour quand ils sont seulement soupçonnés ou qu'il se trouve encore un bureau sur la route à parcourir. Ce ne serait qu'à défaut de bureau sur cette route, et en cas de presque certitude de fraude, qu'on pourrait exiger un transport rétrograde. En un mot, l'usage de la faculté ci-dessus doit être réglé et au besoin restreint de manière que le service de la ligne n'ait pas à souffrir, le commerce à se plaindre, ni l'administration à supporter des dommages-intérêts. Consulter encore dans cet objet le n° 253.

Aux portes ou issues des villes où des corps-de-garde de douanes sont établis, la reconnaissance sommaire des marchandises, soit au départ, soit à l'arrivée à destination, est recommandée aux préposés.

elles ont payé les droits (1). *(Loi du 28 avril 1816, art.* 35.) *V.* n°ˢ 36 et 337 ;

2° Les acquits de payement de sortie délivrés par les bureaux du rayon (*Loi du 22 août* 1791, *titre* 1ᵉʳ, *art.* 2), ou par les douanes de l'intérieur autorisées, en vertu de l'arrêté du 25 ventôse an VIII, à visiter et à plomber des marchandises destinées pour l'étranger. *V.* Livre VII ;

3° Les passavants de prime. *V.* Livre XI, chap. 10 ;

4° Les acquits-à-caution de transit ou autres ;

5° Les acquits-à-caution concernant les sucres indigènes (2).

---

(1) C'est-à-dire dirigées sur une commune autre que celle où est situé le bureau d'importation. *(Déc. du 21 octobre* 1854.)

Dans ce cas, l'acquit de payement désigne la route à suivre et indique les bureaux où les conducteurs sont tenus de le faire contrôler, en représentant les marchandises. Le délai dans lequel le chargement doit être représenté au bureau de contrôle et celui qui est nécessaire pour le faire arriver à destination sont également fixés. (*Loi du 28 avril* 1816, *art.* 35.)

(2) Les sucres et autres matières sucrées de toute nature (jus, sirops et mélasses), indigènes ou exotiques, libérés ou non libérés d'impôt, doivent être accompagnés, à la circulation, d'un acquit-à-caution dans l'étendue de tout arrondissement où il existe une fabrique de sucre et dans les cantons limitrophes.

Les cantons composés de fractions d'une même ville, ainsi que les parties rurales qui en dépendent, sont considérés comme ne formant qu'un seul canton. (*Loi du 31 mai* 1846, *art.* 15.)

Dans tous les cas, l'enlèvement et la circulation dans le rayon frontière ne peuvent avoir lieu que sous l'accomplissement des formalités voulues par les lois et règlements de douane. (*Arrêté min. du 4 octobre* 1842 ; *Circ. du* 22, n° 1937.)

Tout conducteur d'un chargement de sucre accompagné d'un acquit-à-caution délivré par la régie des contributions indirectes est affranchi de l'obligation de lever un passavant pour circuler dans les lignes soumises à la surveillance des douanes. (*Décret du* 1ᵉʳ *septembre* 1852, *art.* 41.)

L'expédition de la régie doit, en pareil cas, être présentée au visa des employés des douanes, aux bureaux de passage. (*Inst. annexée à la Circ.* n° 172.)

Le service est autorisé à exiger que les acquits-à-caution ou les laissez-passer délivrés pour les sucres, sirops ou mélasses, soient visés, sur la route, à un bureau des douanes, des contributions indirectes ou de l'octroi. (*Déc. du* 1ᵉʳ *septembre* 1852, *art.* 39.)

L'application de cette disposition doit avoir lieu partout où elle est possible sans embarras très-grave pour le commerce.

Les directeurs déterminent, d'après les localités et pour chaque point d'expédition, les bureaux dont le visa est obligatoire. Ce visa doit, notamment, être toujours exigé à la sortie des villes fermées ainsi qu'à l'entrée dans les gares des chemins de fer où le service est en permanence.

Lorsque l'acquit-à-caution ou le laissez-passer porte obligation de visa, et que le chargement a dépassé le bureau désigné sans que cette condition ait été remplie, l'expédition de la régie devient nulle. (*Inst. annexée à la Circ.* n° 172.)

Les voituriers et autres qui conduisent des chargements de sucre, sirops ou mélasses, sont tenus d'exhiber, à la première réquisition des employés des contributions indirectes, des douanes ou de l'octroi, les expéditions dont ils doivent être porteurs. (*Loi du 31 mai* 1846, *art.* 18.)

En cas de grave soupçon d'abus, les employés accompagnent le chargement jusqu'au plus prochain bureau ou pont à bascule, et ils y procèdent au pesage et à la

253. — C'est dans chaque bureau d'entrée ou de sortie que, dans le rayon, les marchandises de toute sorte peuvent être visitées. (*Lois des 22 août 1791, titre 2, art. 1er, et 4 germinal an II, titre 3, art. 3.*) V. n° 331.

Mais les produits ruraux, exempts des droits de sortie, libres de suivre les routes sur lesquelles il n'existe pas de bureau (*V.* n° 335), peuvent être visités sur lesdites routes par les préposés de douanes. (*Loi du 22 août 1791, titre 2, art. 1er.*)

La même faculté est donnée aux préposés relativement aux objets dispensés d'expédition de circulation.

Tout passavant, acquit-à-caution ou acquit de payement présenté aux bureaux de contrôle ou de passage y est visé, et il en est fait mention sur un registre à ce destiné. (*Circ. du 20 juillet 1818.*)

Toutefois, une marchandise arrivée à sa destination, et qui y a séjourné, ne peut être saisie sous prétexte que le passavant dont elle était accompagnée n'a pas été visé aux bureaux de la route indiquée par cette expédition. (*A. de C. du 29 brumaire an XIV.*)

§ 2. — *Dispositions relatives à la zóne des 2 kilom. 1/2 de la frontière.*

1° Marchandises sujettes à l'inscription ou au compte-ouvert en douane.

254. — Il est ouvert dans tous les bureaux des douanes des communes au-dessous de deux mille habitants (1), situées dans les deux kilomètres et demi (2) des frontières de terre (3), des registres où chaque marchand est tenu de faire inscrire les étoffes de laine, velours, piqué, basin, mousseline, bonneterie, rubannerie, quincaillerie, mercerie et autres objets de la nature de ceux prohibés, ou qui sont assu-

---

vérification des sucres, sirops ou mélasses ; mais, en général, on doit s'abstenir d'entraver les transports sans nécessité bien démontrée. Toutes les fois que les expéditions paraissent régulières, il suffit de dénombrer les colis sur la route, sans déchargement, et de vérifier le numéro de la pince de plombage. (*Instr. annexée à la Circ.* n° 172.)

Toute infraction aux dispositions de la loi et du décret rappelés ci-dessus est punie d'une amende de 100 fr. à 1,000 fr. et de la confiscation des sucres, glucoses, sirops et mélasses fabriqués, récélés, enlevés ou transportés en fraude.

En cas de récidive, l'amende peut être portée au double. (*Loi du 31 mai 1846, art.* 26 ; *Décret du 1er septembre* 1852, *art.* 43.) Contravention, etc.; n° 265 du tabl. des Infr.

Lorsque, par l'enlèvement des produits, la confiscation ne peut être matériellement appliquée, le contrevenant est tenu de payer, à titre de confiscation, une somme égale à la valeur desdits produits. (*Même Décret, art.* 43.)

(1) *V.* 280. Une commune de moins de deux mille âmes, située dans les deux kilomètres frontières, doit être soumise à la formalité des comptes-ouverts, alors même que quelques quartiers se trouveraient en deçà. Il n'y aurait à en affranchir ces derniers que s'ils étaient séparés du reste de la commune par un obstacle naturel, comme une rivière, ou par un intervalle de terrain déterminant une solution de continuité. (*Déc. du 23 décembre* 1845.)

(2) La fixation de cette zóne est faite en prenant la mesure la plus droite à vol d'oiseau. (*Loi du 22 août* 1791, *art.* 42, *titre* 13.)

(3) Cette disposition, à l'époque où elle a été créée, n'était exécutoire que depuis Anvers jusqu'à Versoix. Elle a été étendue à toutes les frontières de terre par les décrets des 28 août 1806 et 15 octobre 1808, et par l'ordonnance royale du 27 juin 1816.

jettis à un droit de 20 fr. ou plus par 100 kilogrammes ou de 10 p. 0/0 de la valeur (1). (*Arrêté du 22 thermidor an X, art. 1er.*)

L'inscription n'est faite qu'autant que le déclarant dépose les acquits de payement des droits d'entrée ou les expéditions d'un bureau de douane justificatives de leur extraction de France, pour servir de preuve et de contrôle à sa déclaration. S'il n'y a pas de bureau de douane dans la commune où les marchandises sont déposées, l'inscription est faite au plus prochain bureau. (*Arrêté du 22 thermidor an X, art. 2.*)

La désignation des marchandises au compte-ouvert a lieu le jour même de leur arrivée au lieu de destination. Pour celles qui arriveraient après la fermeture du bureau, c'est le lendemain qu'elles doivent être présentées à la douane et transcrites au registre. (*Déc. du 10 février* 1840.)

A l'égard des boutiques qui ne débitent qu'au menu détail, et dont les ventes, faites pour la commune même, échappent forcément au contrôle de la douane, il y a lieu de s'abstenir du compte-ouvert, sauf à exercer la surveillance nécessaire pour empêcher les approvisionnements frauduleux. (*Déc. du 30 juillet* 1840.)

255. — Les inspecteurs, contrôleurs et autres préposés désignés par les directeurs procèdent à la vérification. (*Arrêté du 22 thermidor an X, art. 2.*)

Ces vérifications ont pour but de s'assurer que les marchandises inscrites au compte-ouvert existent dans le dépôt. S'il y a déficit, les passavants ne sont délivrés que pour les quantités existantes ; en cas d'excédant ou de défaut d'identité, on applique le n° 257, que les marchandises soient ou non emballées. (*Circ. du 3 fructidor an X, et A. de C. du 14 juin* 1839 ; *Circ.* n° 1760.)

Les employés ne sont pas tenus de se faire assister d'un officier municipal pour opérer des recensements dans les magasins et boutiques assujettis au compte-ouvert, en vertu de l'arrêté du 22 thermidor an X. (*Déc. du 4 octobre* 1843.)

256. — La douane tient le compte-ouvert par *prise en charge* et par *décharge* : par *prise en charge* pour les marchandises dont les titres ont été déposés ; par *décharge* pour les marchandises qui ont reçu une nouvelle destination sous passavant, ou que le marchand n'a pu représenter aux préposés lors des vérifications faites par eux.

Ces recensements, autorisés pendant le jour, et non sujets à l'assistance d'un officier public, ne doivent pas être négligés ; mais il ne peut y être procédé que dans les lieux d'emmagasinement déclarés lors du dépôt des expéditions requises pour l'inscription. Il faut d'ailleurs en renfermer l'usage dans de sages limites ; à cet effet, il est posé en règle générale que les vérifications dont il s'agit ne doivent être opérées que d'après une nécessité appréciée par le receveur, de concert avec un chef de la partie active ayant au moins le grade de lieutenant, ou sur l'ordre d'un employé supérieur. S'il y a refus d'ouverture des portes, procéder comme il est dit n° 293 du présent Livre.

257. — Tout excédant ou tous autres objets sont censés introduits en fraude (2). (*Arrêté du 22 thermidor an X, art. 3.*)

En cas d'entrepôt frauduleux, *V.* 280.

258. — Il n'est accordé de passavant et expédition pour l'enlèvement des marchandises que pour les espèces et quantités à l'égard desquelles les dispositions relatives au compte-ouvert ont été remplies. (*Même arrêté, même article.*)

259. — Les objets récoltés dans le rayon ou provenant de l'industrie locale, s'ils

---

(1) Cette disposition comprend toutes les marchandises prohibées ou sujettes aux droits, soit à l'*entrée*, soit à la *sortie*. (*Déc. min. du 28 avril 1849 ; Circ. du 25 mai suiv.*, n° 2328.)

(2) Il y a exception pour les objets qui proviennent de l'industrie ou de l'agriculture locale. *V.* le n° 259.

sont de la classe de ceux prohibés ou taxés à plus de 20 fr. par 100 kilogrammes à l'entrée, ne peuvent être chargés sur le rayon des frontières et amenés au bureau, ou représentés aux préposés pour être mis en circulation avec passavant, qu'autant qu'ils se trouvent pourvus de pièces justificatives de leur fabrication dans le rayon frontière. (*Loi du 28 avril 1816, art. 38.*)

À l'égard de quelques productions dont la récolte, dans le rayon frontière, est indéterminée, et qui peuvent être converties en produits manufacturés, l'autorité administrative a, notamment pour les localités les plus exposées à la fraude, réglé par des arrêtés spéciaux le mode d'exécution de la loi. Le maire reçoit chaque année, à l'époque convenable, les déclarations de récolte, et, après les avoir vérifiées, de concert avec le receveur des douanes, remet à celui-ci l'état des crédits à ouvrir aux divers cultivateurs pour la délivrance des passavants.

260. — Indépendamment des formalités ci-dessus rappelées pour obtenir des passavants, les marchandises énoncées au n° 254 doivent être préalablement représentées au plus prochain bureau et en même temps qu'on y souscrit la déclaration d'enlèvement (1). (*Arrêté du 22 thermidor an X. art. 6.*)

Le passavant doit, outre les indications énoncées au n° 249, rappeler d'une manière précise la nature et la date du titre qui a donné lieu à l'inscription au compte-ouvert.

261. — Sont exempts du compte-ouvert les consommateurs qui, pour leur usage, ont acheté dans le rayon frontière et transportent à leur domicile, les jours de foire ou de marché, les coupons d'étoffes et autres objets de consommation qui n'excèdent pas cinq mètres en étoffe de laine, huit mètres en étoffe de soie et en toile de coton et autres, et trois kilogrammes de sucre ou de café. (*Arrêté du 22 thermidor an X, art. 5.*)

2° Marchandises non sujettes au compte-ouvert.

262. — Sont affranchies du compte-ouvert les marchandises, autres que celles dénommées au n° 254, qui existent dans les communes au-dessous de deux mille âmes, et les marchandises de toute nature qui existent dans les communes de deux mille âmes et au-dessus. (*Arrêté du 22 thermidor an X, art. 1er.*)

263. — Les propriétaires ou conducteurs de marchandises et denrées énoncées au n° 262, qui doivent être mises en circulation, sont tenus de se rendre au bureau le plus prochain du lieu de l'enlèvement, et avant cet enlèvement, pour y faire leur déclaration. (*Loi du 22 août 1791, titre 3, art. 15.*) (2).

Outre les indications générales, la déclaration doit désigner, d'une manière précise, la maison où les marchandises et denrées sont déposées, ainsi que le jour et l'heure où elles doivent être enlevées. (*Loi du 19 vendémiaire an VI, art. 2.*)

Ces énonciations additionnelles doivent aussi être portées au passavant. (*Même Loi, art. 3.*)

264. — Les préposés de douanes peuvent, en cas de suspicion de fraude, se transporter, lors de l'enlèvement, au lieu où lesdites marchandises et denrées sont

---

(1) Le transport préalable au bureau doit s'effectuer par la route directe, et le conducteur doit être muni de la déclaration qu'il est tenu de produire à toute réquisition des employés.

(2) Cependant, lorsque le bureau se trouve situé entre le point de départ et celui de destination, on peut, afin d'éviter des retards, présenter la marchandise à ce bureau en même temps qu'on y souscrit la déclaration. On agit alors comme dans le cas prévu par l'art. 6 de l'arrêté de l'an X, et le transport préalable des objets est justifié par des titres d'origine réguliers. V. n° 268 et suiv.

déposées, et en exiger la représentation au fur et à mesure de leur sortie du lieu de dépôt et avant leur départ dudit lieu. (*Même Loi, art.* 2.)

3° Lieux situés en avant de la première ligne des bureaux et brigades.

265. — Les particuliers dont les habitations sont situées entre les bureaux des douanes et l'étranger (1), qui veulent y faire arriver, soit de l'intérieur de la France, soit de l'étendue du rayon des douanes, des objets dont la sortie est défendue ou soumise à des droits (2), n'obtiennent de passavant pour ce transport qu'autant qu'ils sont porteurs de certificats de la mairie du lieu de destination (3), constatant que ces marchandises sont pour leur usage et leur consommation (4). (*Arrêté du 25 messidor an VI, art.* 1er.)

§ 3. — *Disposition relatives à la zône en deçà des 2 kilomètres 1/2 de la frontière, dans le rayon.*

1° Marchandises sujettes à justification d'origine.

266. — La justification d'origine est requise pour les marchandises dénommées au n° 254 qui existent dans les communes au-dessous de deux mille âmes (*Arrêté du 22 thermidor an X, art.* 4);

Et pour les objets provenant de l'industrie locale qu'on veut mettre en circulation, s'ils sont de la classe de ceux prohibés ou taxés à plus de 20 fr. par 100 kil. à l'entrée. (*Loi du 28 avril* 1816, *art.* 38.)

Les pièces à produire sont :

Un acquit de payement d'entrée pour les objets importés à l'étranger;

Un passavant ou un acquit-à-caution pour les objets amenés de l'intérieur (5) ou d'autres communes du rayon frontière dans le lieu où ils existent actuellement. (*Arrêté du 22 thermidor an X, art.* 4.)

---

(1) Cette zône extérieure doit être fixée, non pas en tirant une ligne directe d'un bureau à un autre et sans tenir compte des brigades ordinairement placées dans l'intervalle, mais en suivant parallèlement, de poste en poste, la première ligne des douanes que forment à la fois les bureaux et les brigades. (*Circ. du 3 décembre* 1822, n° 768.)

(2) Il y a exception pour les marchandises qui ne sont sujettes qu'au droit de 50 c. par 100 kil. ou de 15 c. pour 100 fr. de la valeur.

(3) Les certificats doivent être revêtus du cachet de la mairie; ils sont conservés par le receveur du bureau de départ; et, à leur égard, le passavant doit présenter les indications nécessaires pour que le receveur dans l'arrondissement duquel se trouve le lieu de destination puisse s'assurer de leur authenticité.

(4) De ce que les marchandises doivent être pour l'usage et la consommation du lieu, il suit que les passavants obtenus à leur égard ne peuvent ultérieurement servir de titres d'extraction. Au sujet des bestiaux, voir le Livre XI, ch. XI.

Il est du reste entendu que la disposition spéciale ci-dessus énoncée pour les marchandises prohibées ou taxées à la sortie n'exclut point l'application des autres règles établies quant au régime de circulation.

(5) Les objets venant de l'intérieur sont seulement assujettis à la déclaration lorsqu'ils entrent dans le rayon frontière (*Loi du 22 août* 1791, *titre* 3, *art.* 15); mais ensuite, pour les remettre en mouvement, on doit produire le passavant obtenu, d'après cette déclaration, au premier bureau de la ligne vers l'intérieur.

Un certificat de fabrication délivré par le maire, pour les objets récoltés dans le rayon ou provenant de l'industrie locale. (*Déc. des* 20 *mars* 1830 *et* 17 *juin* 1836.) *V.* n° 259.

En l'absence du maire et de l'adjoint, ces certificats peuvent être délivrés par un conseiller municipal; mais, dans tous les cas, ils doivent être revêtus du cachet de la mairie. (*Déc. du* 20 *avril* 1837.)

Si l'on avait lieu de soupçonner que ces titres sont délivrés d'une manière abusive, les chefs locaux devraient en référer à l'autorité supérieure. (*Déc. du* 5 *mars* 1834.)

Quand le mode de justification d'origine des produits récoltés dans le rayon a été établi par un arrêté préfectoral, ce mode est obligatoire pour les habitants, et les saisies opérées à défaut de la justification prescrite sont régulières. (*A. de C. du* 20 *décembre* 1839; *Circ.* n° 1794.)

Les expéditions de douanes présentées comme justification d'origine ne sont valables que pendant une année entière, ä partir de leur date. (*Loi du* 17 *mai* 1826, *art.* 22.)

Quoique spécial à la Corse, cet art. 22 peut être considéré comme stipulant d'une manière générale, en ce qu'il consacre l'usage de refuser pour titre d'origine des expéditions (acquits ou passavants) ayant plus d'une année de date. Il convient donc d'appliquer cette disposition, sauf d'ailleurs à ne pas tenir rigueur pour la date des expéditions, lorsqu'il ne s'élève aucun soupçon de fraude. (*Circ. du* 9 *fructidor an XII; Déc. des* 21 *octobre* 1835 *et* 15 *septembre* 1836.)

Les titres produits doivent être retenus par les receveurs, quand le passavant demandé comprend la totalité des marchandises qu'ils énoncent. Dans le cas contraire, ils sont rendus après qu'on y a mentionné les quantités de marchandises pour lesquelles de nouvelles expéditions ont été délivrées, de manière à prévenir tout double emploi. (*Déc. du* 3 *septembre* 1834.) Mais ils peuvent, sur la demande de l'intéressé, rester déposés en douane, où ils sont annotés successivement au fur et à mesure des ventes en détail faites par les détenteurs dont les factures sont produites pour obtenir de nouvelles expéditions. (*Déc. du* 30 *avril* 1846.)

267. — En cas de présentation à un bureau de marchandises dépourvues de passavant régulier ou de justifications d'origine, *V.* n° 277. (*Déc. du* 2 *novembre* 1842, *et Circ. du* 23 *décembre* 1844, n° 2046, *art.* 87.)

268. — Si les marchandises énoncées au n° 266 existent dans le rayon, elles doivent être préalablement présentées au plus prochain bureau, et en même temps qu'on y souscrit la déclaration d'enlèvement. (*Arrêté du* 22 *thermidor an X, art.* 6.)

269. — A l'égard des marchandises qui, bien que soumises à la justification d'origine, ne sont pas assujetties au compte-ouvert, les inspecteurs peuvent accorder la dispense de la présentation dans certaines localités où le transport préalable au bureau entraînerait des retards et des frais trop considérables. Dans ce cas d'exception, comme pour les marchandises non désignées au n° 254, on reçoit la déclaration et on délivre le passavant sans voir en même temps la marchandise; mais alors la loi du 19 vendémiaire an VI (*V.* n° 263) devient applicable, et il faut que la déclaration désigne le lieu où la marchandise est déposée, afin que les préposés puissent, en cas de suspicion de fraude, vérifier si elle s'y trouve réellement, et poursuivre, au besoin, le recouvrement de l'amende édictée par cette loi. (*Circ. du* 3 *fructidor an X, et Déc. des* 7 *octobre* 1834 *et* 17 *juin* 1836.)

270. — Lorsque s'effectue le transport préalable au bureau, les marchandises sont accompagnées des justifications d'origine (acquits des droits d'entrée ou passavants, certificats délivrés par les autorités municipales) (1); à défaut de ces justifications,

_____

(1) *V.* le cas prévu au n° 260, à l'égard des marchandises sujettes au compte-ouvert.

les marchandises en circulation seraient saisissables, conformément au n° 279. (*Arrété du 22 thermidor an X; Circ. du 3 fructidor suivant, et Déc. des 20 mars 1830 et 17 juin 1836.*)

271. — Si les marchandises sont amenées de l'intérieur du royaume dans le rayon, elles doivent être conduites au premier bureau de la route. (*Loi du 22 août 1791, titre 3, art. 15.*)

272. — Le passavant doit, outre les indications énoncées aux n°s 394, etc., rappeler d'une manière précise la nature et la date du titre d'origine.

273. — Sont exempts de la justification d'origine les consommateurs qui, pour leur usage, ont acheté dans le rayon frontière et transportent à leur domicile, les jours de foire ou de marché, les coupons d'étoffes et autres objets de consommation qui n'excèdent pas cinq mètres en étoffe de laine, huit mètres en étoffe de soie et en toile de coton et autres, et trois. kil. de sucre ou de café. (*Arrêté du 22 thermidor an X, art. 5.*)

En dispensant les *consommateurs* de la justification d'origine, la loi a voulu que l'objet de *consommation* destiné à l'usage personnel de celui qui obtient le passavant fût transporté directement à son domicile, et non ailleurs. Aussi les expéditions délivrées en vertu de l'art. 5 ci-dessus, ne peuvent-elles pas servir de titre pour la réexpédition des marchandises. (*Déc. du 20 décembre 1839.*)

2° Marchandises non sujettes à justification.

274. — Sont affranchies de la justification les marchandises, autres que celles dénommées au n° 254, qui existent dans les communes au-dessous de deux mille âmes, et les marchandises de toute nature qui existent dans les communes de deux mille âmes et au-dessus. (*Arrêté du 22 thermidor an X, art. 1er.*)

Les dispositions des n°s 263 et 264 sont applicables à ces marchandises.

Toutefois, il faut remarquer que les objets venant de l'intérieur, dans le rayon, sont seulement assujettis à la déclaration, d'après la loi du 22 août 1791, titre 3, art. 15.

§ 4. — *Infractions au régime de circulation.*

1° Compte-ouvert.

275. — Tout excédant au compte-ouvert ou autres objets, sont censés introduits en fraude (1). (*Arrêté du 22 thermidor an X, art. 3, et Ord. du 27 juin 1814, art. 7.*)

Si les marchandises sont de la classe de celles prohibées, ou de celles dont la prohibition a été remplacée par des droits postérieurement à la loi du 24 mai 1834, *V.* n° 411, ou taxées à 20 fr. ou plus par 100 kil. à l'entrée, le cas est assimilé à un fait de contrebande, et il y a lieu aux pénalités déterminées aux n°s 279 ou 286, suivant qu'il s'agit de *circulation* ou d'*entrepôt* (n° 94 du tableau des Infr. *Circ.* n° 2046).

Les autres marchandises, c'est-à-dire celles qui, n'étant pas prohibées ou taxées à

---

(1) Il n'y a d'exception que pour les objets qui proviennent de l'industrie ou de l'agriculture locale. *V.* n° 259.

Lorsqu'il y a excédant aux marchandises inscrites ou que d'autres objets non inscrits se trouvent en dépôt, le détenteur est évidemment intéressé à un fait de contrebande.

20 fr. ou plus par 100 kil. à l'entrée, se trouvent cependant comprises dans l'art. 1er de l'arrêté du 22 thermidor an X, *V.* n° 254, et sont assujetties au compte-ouvert, donnent ouverture aux pénalités rappelées aux n°s 279 ou 286, selon qu'il s'agit de *circulation* ou d'*entrepôt* (n° 94 du tableau des Infr.).

2° Déclaration d'enlèvement.

276. — S'il y a refus ou impossibilité de représenter, au lieu de l'enlèvement, les marchandises déclarées pour l'obtention d'un passavant, les prévenus sont poursuivis et condamnés à une amende de 500 fr. (*Loi du 19 vendémiaire an VI, art.* 2., Non-représentation, etc., n° 86 du tableau des Infr. Trib. de paix.

3° Présentation des marchandises et vérification dans les bureaux de départ, de passage ou de destination.

277. — Sont réputées avoir été introduites en fraude les marchandises de la classe de celles prohibées à l'entrée (1), ou taxées à plus de 20 fr. par 100 kil. à l'entrée, *V.* n° 380, si, ayant été chargées dans le rayon frontière pour l'obtention d'un passavant, dans les circonstances où les règlements permettent ce transport préalable, elles se trouvent dépourvues des pièces requises pour justifier de leur extraction légale, ou de leur production ou fabrication dans ce rayon, lorsqu'elles ont été amenées au bureau ou représentées aux préposés pour l'obtention du passavant et être mises en circulation. *V.* n° 425. (*Loi du 28 avril 1816, art.* 38, § 3°.)

Il y a confiscation de ces marchandises et des moyens de transport, avec amende de 500 fr. (*Lois des 22 août* 1791, *titre* 5, *art.* 1er; 4 *germinal an II, titre* 2, *art.* 10, *et* 27 *mars* 1817, *art.* 15.) Défaut de justification d'origine, etc., n° 87 du tableau des Infr. Trib. de paix.

S'il s'agit de marchandises tarifées à 20 fr. ou moins par 100 kil., *V.* n° 279.

L'excédant de colis ou de marchandises constaté à la douane où est demandé le passavant donne lieu aux mêmes condamnations que celles encourues pour les fausses déclarations faites dans les bureaux relativement à des marchandises présentées pour l'acquit des droits. (*Lois du 22 août* 1791, *titre* 3, *art.* 15, *et du 27 mars* 1817, *art.* 15.) *V.* n°s 172 et 173.

Lorsqu'à la vérification des objets de toutes sortes présentés en douane pour obtenir un passavant de circulation on découvre un manque d'identité, en nature ou en espèce, les objets sont préventivement retenus en garantie d'une amende de 500 fr., qui, en cas d'insuffisance de valeur, est recouvrée par voie de contrainte et après jugement.

Si l'objet présenté n'est qu'un simple simulacre, sans valeur aucune, le déclarant, s'il n'a pas de domicile connu, ou s'il ne peut fournir caution, est traduit, à l'instant même, devant le procureur du Gouvernement ou autre magistrat chargé de la police judiciaire, qui le fait conduire devant le juge d'instruction. Ce juge décide si, pour garantie de l'amende de 500 fr. encourue, il y a lieu de s'assurer de la personne du déclarant et de décerner contre lui un mandat de dépôt. Dans le cas où le mandat a été décerné, le prévenu est traduit au tribunal correctionnel et condamné en ladite amende de 500 fr., pour le payement de laquelle il peut, comme en toute autre matière de délit, être préventivement retenu pendant le temps déterminé

_____

(1) Ou de la classe de celles dont la prohibition a été remplacée par des droits postérieurement à la loi du 24 mai 1834. *V.* n° 411.

par la loi. (*Loi du 7 juin 1820, art.* 15.) Défaut d'identité, etc., n° 88 du tableau Infr. Trib. correct.

Cet article est applicable en cas d'absence des marchandises pour lesquelles on demande un passavant, comme en cas de déficit (*Déc. des 22 octobre 1841 et 19 avril 1842; Doc. lith.*, n°s 104 et 119; *Déc. des 28 mars 1849 et 14 août 1855*); mais on ne saurait l'invoquer à l'égard de marchandises sur lesquelles est reconnu un excédant de nombre, de mesure ou de poids. (*Déc. du 28 novembre 1855.*)

L'excédant constaté sur une partie de marchandises présentée à un bureau de première ligne, *avec un passavant,* constitue un fait d'importation, et non de circulation. (*Déc. du 24 mars 1856.*) *V.* n° 407.

278. — Dans les bureaux *de passage ou de destination,* tout défaut d'identité constaté entre les énonciations du passavant et les objets que l'on présente entraîne la nullité du passavant, et dès lors la saisie avec amende de 500 fr. ou de 100 fr., selon que les marchandises sont prohibées ou tarifées (1). (*Arrêté du 22 thermidor an X, art.* 7.)

Mais l'art. 15 de la loi du 7 juin 1829 (n° 277) est applicable dans le cas où un passavant étant présenté à un bureau de passage pour y être visé, la marchandise n'est pas à la disposition du conducteur. (*Déc. du 19 avril 1842; Doc. lith.*, n° 119.)

4° Circulation sans expédition valable.

279. — Sont réputées avoir été introduites en contrebande, *V.* n° 409, les marchandises prohibées à l'importation (2), ou dont le droit d'entrée est fixé à 20 fr. ou plus par 100 kil. :

Lorsqu'elles sont trouvées dans le rayon frontière sans être munies d'un acquit de payement, passavant ou autre expédition nécessaire et valable pour la route qu'elles tiennent, et pour le temps dans lequel se fait ce transport, à moins qu'elles ne viennent de l'intérieur par la route qui conduit directement au 1er bureau de 2° ligne ;

Et lorsque, même étant accompagnées d'une expédition portant l'obligation expresse de la faire viser à un bureau de passage, elles ont dépassé ce bureau sans que ladite obligation ait été remplie. (*Loi du 28 avril 1816, art.* 38.) *V.* n° 275 et 425 (n°s 84 et 19 du tableau des Infr. Trib. correct.)

Dans les mêmes circonstances que celles prévues par l'article précédent, et à l'exception des cas énoncés au n° 247, les marchandises tarifées à moins de 20 fr. par 100 kilog. sont saisies et confisquées, avec amende de 100 fr. (*Loi du 22 août 1791, titre* 3, *art.* 15, *et Arrêté du 22 thermidor an X, art.* 7.) *Circulation,* etc.; n° 84 du tableau des Inf. Trib. de paix.

Pour le cas d'*importation, V.* n°s 406 et 407.

Le défaut d'identité entre l'espèce, la qualité, le poids, le nombre ou la mesure

---

(1) L'application de cette règle réclame le discernement nécessaire pour atteindre les opérations de fraude et ménager les expéditeurs de bonne foi. Il importe alors d'examiner avec soin toutes les circonstances qui peuvent concourir à exciter le soupçon ou à l'écarter. S'il se produit, on doit constater immédiatement par procès-verbal la contravention reconnue. Dans le cas contraire, on se borne à rédiger un acte provisoire, qui expose les faits et réserve expressément les droits des parties, jusqu'à ce que le résultat d'une prompte information et la décision des chefs de service aient amené une détermination définitive. *V.* Livre XII, ch. 4.

(2) Ou dont la prohibition a été remplacée par des droits, postérieurement à la loi du 24 mai 1834. *V.* n° 411.

des marchandises énoncées dans une expédition, et l'espèce, la qualité, le poids, le nombre ou la mesure de celles transportées, rend nulle cette expédition et motive la saisie des objets circulants. (*A. de C. des 5 messidor an VIII et 24 août 1808, et A. de la Cour de Douai du 15 février 1839; Doc. lith., n° 37.*) *V. n°s* 275 et 278.

Toutefois le *passavant* ou le *congé* couvrant valablement les objets décrits, jusqu'à concurrence des quantités qu'il relate, ce qui forme excédant de nombre, de mesure ou de poids, peut seul être saisi d'après les dispositions combinées des art. 15 et 16, titre 3, de la loi du 22 août 1791, et art. 3 et 7 de l'arrêté du 22 thermidor an X. (*Déc. des 16 août 1856 et 2 juin 1857; Doc. lith. de 1858, n° 208.*)

Mais s'il était reconnu un excédant sur des marchandises accompagnées d'un *acquit-à-caution*, toute la partie serait saisissable. *V.* n° 527.

L'acquit de payement ou le congé délivré pour des sels, sans autre désignation, n'est valable que pour des sels neufs, propres à la consommation de l'homme. (*Jug. du trib. corr. de Dunkerque du 4 février 1837; Circ. du 23 mars suivant, n° 1613.*)

Les juges ne peuvent supposer que la non-identité des marchandises provient d'une erreur commise dans le passavant de la douane, lorsque surtout cette expédition est conforme à la déclaration primitive du propriétaire ou commissionnaire. (*A. de C. du 14 juin 1809.*)

Le passavant doit accompagner la marchandise; son exhibition tardive ne peut couvrir la contravention. (*A. de C. des 5 messidor et 8 thermidor an VIII.*)

Les passavants sont nuls après l'expiration des délais qu'ils déterminent. (*Loi du 22 août 1791, titre 3, art. 16, et A. de C. du 19 ventôse an XII.*)

Les marchands ou conducteurs ne sont admis à justifier de retardement en route qu'en rapportant au bureau des douanes des procès-verbaux en bonne forme, faits par les juges des lieux où ils ont été retenus, et, à défaut d'établissement d'aucune juridiction, par les officiers municipaux desdits lieux; lesquels procès-verbaux doivent faire mention des circonstances de force majeure et des causes du retard. Il ne peut être suppléé par la preuve testimoniale au défaut desdits procès-verbaux, qui ne sont d'ailleurs valables qu'autant qu'on les dépose au bureau de destination ou de passage en même temps qu'on y représente les marchandises. (*Loi du 22 août 1791, titre 3, art. 8.*)

Sont saisissables, comme si elles étaient dépourvues d'expédition, les marchandises qui s'écartent de la route indiquée au passavant. (*A. de C. du 19 ventôse an XII.*)

SECTION III

Dépôt ou entrepôt frauduleux.

280. — Tout magasin ou entrepôt de marchandises prohibées à l'importation (1), ou dont le droit d'entrée est fixé à 20 fr. ou plus par 100 kilogr., ou de celles dont la sortie est prohibée ou assujettie à des droits, est défendu dans le rayon des douanes (2), à l'exception des lieux dont la population est au moins de deux mille âmes. (*Lois du 22 août 1791, titre 13, art. 37, et du 28 avril 1816, art. 38.*) *V.*, pour les pénalités encourues, le n° 286.

---

(1) Ou dont la prohibition a été remplacée par des droits, postérieurement à la loi du 24 mai 1834; par exemple, les ferrailles. (*Déc. du 7 août 1855.*)

(2) Un arrêt de cassation du 8 thermidor an XIII avait déjà reconnu que les dispositions relatives à l'entrepôt frauduleux étaient nécessairement applicables à tout le rayon soumis à la police des douanes; le 4e § de l'art. 38 de la loi du 28 avril 1816 a confirmé cette règle.

La population des hameaux et écarts ne concourt pas à former le nombre de deux mille âmes. Ce nombre doit se trouver dans l'enceinte même du lieu où l'on prétend établir des magasins ou entrepôts. (*Loi du 1er vendémiaire an IV.*)

La circulation des marchandises est libre dans l'enceinte des communes frontières dont la population est d'au moins deux mille habitants. C'est une conséquence de la faculté d'y former des dépôts. (*Déc. du 10 février 1841.*)

Les faubourgs des villes de deux mille âmes jouissent de la même immunité, qui ne cesse que là où les maisons sont écartées, et où commencent à s'établir au milieu des champs les fermes, métairies, hameaux, etc. (*Déc. du 4 juin 1817.*)

Les lois générales sur la circulation ne doivent dès lors être appliquées qu'à l'égard des marchandises destinées à être transportées à l'extérieur des communes de plus de deux mille habitants. (*Déc. du 6 avril 1837.*)

Les hameaux et écarts dépendant des communes dont la population réunie excède deux mille âmes ne sont pas, comme la partie agglomérée de ces communes, affranchis des formalités établies par la loi de douanes pour la police des entrepôts de denrées et marchandises. (*Arrêt de la Cour de Douai du 10 février 1842; Doc. lith., n° 111.*)

La question de savoir si un écart est ou non compris dans la population agglomérée d'une ville de plus de deux mille âmes est du ressort de l'autorité administrative. (*Déc. du 4 mars 1853.*)

281. — Sont réputées en entrepôt les marchandises désignées au n° 280 précédent, autres cependant que du crû du pays (*V.* n° 283), qui sont en balles ou ballots et pour lesquelles on ne peut pas représenter d'expéditions d'un bureau de douane délivrées dans le jour (1) pour le transport desdites marchandises. (*Loi du 22 août 1791, titre 13, art. 38.*)

282. — Les expéditions sont considérées comme valables pendant une année entière, à partir de leur date, les règles rappelées au n° 365 étant applicables aux expéditions produites pour justifier les dépôts.

283. — Par crû du pays (*V.* n° 281), on entend le produit de terres qui dépendent de la commune dans le ressort de laquelle est le bourg, village, hameau où se trouve l'entrepôt. (*Déc. du 7 juillet 1834.*)

Un tribunal ne peut détruire le caractère d'entrepôt frauduleux en désignant, par l'expression de quelques livres de marchandises enveloppées dans du papier et attachées avec des ficelles, ce que le procès-verbal de saisie constate être des ballotins sous cordes et emballage de carton. (*A. de C. du 13 messidor an VIII.*)

Une saisie de quelques barriques de genièvre, faite pour cause d'entrepôt frauduleux, avait été annulée sur le motif suivant : « L'article 38 du titre 13 de la loi du » 22 août 1791 ne répute en entrepôt que les marchandises qui seraient en balles ou » ballots, ce qui repousse évidemment toute idée des liquides, qui ne peuvent être » mis en cet état. » Mais un arrêt de cassation du 18 novembre 1817 a rétabli le principe en ces termes : « La disposition de l'article 37 du titre 13 de la loi du » 22 août 1791 est générale et embrasse toutes les marchandises désignées ; l'article 38

_____

(1) Il suffit que ces expéditions soient visées, dans les vingt-quatre heures de l'arrivée des marchandises à leur destination, au bureau des douanes le plus prochain du lieu du dépôt. (*Déc. du 10 février 1840.*)

Il serait difficile d'admettre, en effet, que les expéditions ne pourraient justifier le dépôt que le *jour même de leur délivrance.* Une telle obligation interdirait de fait tout commerce, tout établissement de boutiques ou magasins dans les communes des deux myriamètres frontières ayant moins de deux mille âmes de population, puisque l'objet déposé serait toujours saisissable le lendemain du jour où les expéditions auraient été délivrées.

» n'y apporte aucune limitation, quand il déclare un des caractères auxquels on
» reconnaîtra l'entrepôt. Ce n'est même qu'en dénaturant le texte de cet article, et en
» supposant qu'il y est dit que la loi ne suppose en entrepôt que les marchan-
» dises, etc., qu'on est parvenu à y voir une limitation et une restriction à l'ar-
» ticle 37. »

En effet, les termes de l'article 38 ne doivent pas être pris dans un sens tellement
limitatif qu'on ne puisse considérer comme étant en entrepôt que les *seules* marchandises qui se trouvent en état d'emballage. (*A, de C. du 14 juin* 1839; *Circ.*
n° 1760.)

284. — Des ordonnances du Gouvernement peuvent déterminer, *V.* n° 2, suivant la
population des communes comprises dans le rayon frontière, celles où il sera permis
de recevoir en magasin et de réexpédier, pour le commerce en gros ou en détail, les
marchandises prohibées à l'importation ou dont le droit d'entrée est de plus de 20 fr.
par 100 kilogrammes, en soumettant à la vérification des préposés des douanes et
les magasins où sont reçues lesdites marchandises, et les pièces justificatives de leur
extraction légale, soit de l'étranger, soit de l'intérieur. (*Loi du 28 avril* 1816, *art.* 37.)

285. — Les préposés de la régie peuvent faire leurs recherches dans les maisons
où les entrepôts sont formés en se faisant assister d'un officier municipal du lieu(1).
Ces visites, dans aucun cas, ne peuvent être faites pendant la nuit. (*Loi du
22 août* 1791, *titre* 13, *art.* 39.)

Pour les ateliers de salaisons, *V.* n° 705.

S'il y a refus d'accompagner les préposés, sur la réquisition faite par ceux-ci, il
suffit, pour la régularité de leurs opérations, que le procès-verbal contienne mention
de la réquisition et du refus. (*Décret du* 20 *septembre* 1809.)

L'assistance d'un officier municipal est uniquement requise pour garantir la liberté
individuelle des citoyens et assurer l'inviolabilité de leur habitation, nullement pour
faire concourir ce fonctionnaire public à la constatation d'un délit de fraude. (*A. de
la C. de Douai du 9 février* 1858; *Doc. lith.*, n° 210.)

L'autorisation de recherche est absolue; la loi n'exige nullement que les marchandises, pour être saisissables, n'aient pas été perdues de vue depuis leur introduction.
(*A. de C. du 18 novembre* 1817.)

Mais le droit de recherche, quand il n'y a pas eu suite à vue, est subordonné à
l'assistance d'un officier public; il est limité aux heures de jour, restreint à certaines
marchandises et applicable seulement aux communes au-dessous de deux mille
âmes. Sauf le cas de suite à vue (n° 292), les préposés ne peuvent jamais s'introduire
dans un domicile, pour y rechercher la fraude, sans être accompagnés d'un officier
public, dans tous les cas où son assistance est ordonnée par les lois de douanes.
Les perquisitions faites et la fraude découverte, les préposés peuvent rédiger leur
procès-verbal de saisie en l'absence du fonctionnaire dont la présence aurait autorisé leur entrée dans la maison, si ce fonctionnaire refuse de satisfaire à la réquisition qui lui aurait été faite de rester présent, réquisition et refus que le procès-
verbal doit expressément constater. Les préposés ont également la faculté de se
retirer au bureau pour y verbaliser, s'ils ne peuvent le faire dans la maison même
où ils auraient saisi sans compromettre leur sûreté, et leur procès-verbal doit contenir alors les motifs qui les auraient forcés à se retirer. Enfin, s'ils requéraient
vainement l'assistance d'un officier public pour entrer dans une maison, ils doivent
la tenir cernée et recourir à l'autorité supérieure pour lui dénoncer l'officier qui

(1) L'officier municipal ou le commissaire de police qui assiste les préposés, n'in-
tervenant que pour protéger le domicile des citoyens, n'a droit à aucune indemnité.
(*Déc. du* 24 *mars* 1856.)

aurait méconnu ses devoirs et obtenir d'elle qu'elle en délègue immédiatement un autre. (*Circ. du 27 avril* 1822, n° 721.)

Cependant, dans les cas urgents et alors qu'un intérêt pressant de service réclamerait l'emploi d'une mesure prompte et efficace, les préposés devraient passer outre à leurs perquisitions, alors même que, par un motif non admissible, l'officier public aurait refusé son concours. (*Déc. du 22 juillet* 1841.)

L'absence d'un officier public dans une visite à domicile est couverte par l'adhésion qu'a donnée le détenteur à l'entrée des préposés. (*Déc. du 19 mai* 1840.)

L'absence d'un officier municipal désigné par la loi, dans une visite à domicile, n'est pas une cause de nullité du procès-verbal de la saisie qui aurait été opérée. (*A. de C. du 22 juillet* 1807 *et A. de la C. de Colmar du 10 février* 1842 ; *Doc. lith.*, n° 112.)

L'adjoint du maire a qualité pour remplacer le maire dans une visite domiciliaire. (*A. de C. du 9 brumaire an XIII.*)

En cas d'absence ou d'empêchement du maire et des adjoints, le maire est remplacé par le conseiller municipal, le premier dans l'ordre du tableau. (*Loi du* 21 *mars* 1831, *art.* 5.)

A défaut, on requiert le commissaire de police. (*Déc. du 14 mai* 1834.)

Lorsque des préposés sont dans le cas de réclamer l'assistance d'un officier municipal, ils doivent formuler par écrit une réquisition en tête de laquelle ils énoncent que, le maire et les adjoints étant absents, ils se sont adressés à celui des magistrats appelés par la loi à les suppléer. Cette réquisition, visée à l'original par ce dernier magistrat, et dont copie doit être laissée entre ses mains, lui sert de titre légal pour justifier son intervention. Si le citoyen au domicile duquel on se présenterait ainsi refusait l'ouverture de ses portes, les préposés, toujours assistés de l'officier municipal requis par eux, devraient, en vertu de la faculté qui leur est attribuée à cet égard par l'art. 36 du titre 13 de la loi du 22 août 1791, recourir au besoin à l'emploi de la force pour faire exécuter la loi. *V.* n° 293. (*Déc. du 22 juillet* 1841).

Les officiers municipaux et les commissaires de police sont tenus de se rendre à toute réquisition des employés de douane, sans distinction de grades ni exception de jours fériés. (*Déc. du 14 mai* 1834.)

Un commissaire de police peut, hors de son ressort, coopérer à une saisie à domicile, lorsqu'il n'agit que d'après l'ordre exprès du préfet de son département. (*A. de C. du 17 brumaire an XIV.*)

L'assistance d'un officier public autre que celui qui habite le lieu où se fait la saisie n'est pas une cause de nullité. (*A. de C. des 22 juillet et 29 mars* 1811.)

En cas de refus de tous les officiers publics indiqués par la loi d'assister les préposés dans les visites domiciliaires, l'administration centrale du département doit pourvoir au remplacement et peut désigner un agent militaire, qui se trouve, par le fait, revêtu du caractère d'officier civil. (*A. de C. du 15 frimaire an X.*)

En cas de refus des officiers civils, les préposés peuvent être assistés par un officier de gendarmerie. (*A. de C. du 15 frimaire an X.*)

Quand le propriétaire d'une habitation que les préposés veulent explorer se refuse à ouvrir ses portes, on doit, avec l'assistance d'un officier public, requérir un serrurier pour en faire l'ouverture. (*Déc. du 20 janvier* 1843.)

Les détenteurs de marchandises de *contrebande* dans le rayon sont passibles de la peine d'emprisonnement, conformément aux art. 38 et 42 de la loi du 28 avril 1816 (n°s 409 à 415), et la limite de cet emprisonnement doit être déterminée comme si l'introduction avait été consommée par le détenteur seul, quand le procès-verbal ne constate pas que ce fait doive être attribué à d'autres agents. (*A. de la C. de Douai du 1er décembre* 1843 ; *Doc. lith.*, n° 142.)

Dans le rayon, les détenteurs de marchandises de contrebande sont passibles de l'emprisonnement réglé (suivant la preuve, qui est faite par le ministère public, du nombre des fraudeurs) d'après les art. 41 et suivants de la loi du 28 avril 1816. A défaut de preuve qu'il y a eu concert de trois individus ou plus, la peine est celle indiquée au n° 415, 1er §. (A. de la C. de Douai du 19 janvier 1858; Doc. lith., n° 209.)

Pour les pénalités applicables à ceux qui auraient violé le domicile d'un citoyen, c'est-à-dire qui s'y seraient introduits, contre le gré de celui-ci, hors des circonstances prévues par la loi et sans remplir les formalités prescrites, V. Code pénal, art. 184. Mais tel n'est pas le cas d'investigations de la part des chefs chez l'un de leurs subordonnés.

286. — Les marchandises de la classe de celles qui sont prohibées à l'entrée, ou dont la prohibition a été remplacée par des droits postérieurement à la loi du 24 mai 1834, ou qui sont taxées à 20 fr. ou plus par 100 kilogrammes, seront réputées avoir été introduites en contrebande, V. n° 409, lorsqu'elles auront été reçues en magasin ou en dépôt dans le rayon frontière, en contravention aux ordonnances qui désigneront les communes où les magasins et dépôts pourront être établis, et caractériseront ceux qui seront interdits comme frauduleux (1), V. n° 425. (Lois des 28 avril 1816, art. 38, § 4, 41 et 42 ; et 5 juillet 1836, art. 3.) Entrepôt, etc., n° 90 du tableau des Infr. Trib. correctionnel.

Les autres marchandises et denrées, sauf les produits du crû du pays, V. n° 281, frauduleusement entreposées, sont saisies et confisquées avec amende de 100 francs contre ceux qui les ont reçues en entrepôt. (Loi du 22 août 1791, titre 13, art. 37, 38 et 39.) Entrepôt, etc., n° 89 du tableau des Infr. Trib. de paix.

287. — Les marchandises dont l'entrepôt est réputé frauduleux sont saisissables, sans égard à la qualité du détenteur, soit propriétaire, commis ou gardien provisoire. (A. de C. du 5 fructidor an XI.)

Les détenteurs à domicile de marchandises de l'espèce de celles énoncées au n° 286 sont passibles de l'emprisonnement, en même temps que des confiscations et amendes. (A. de la C. de Douai du 18 mai 1846; Doc. lith., n° 172.)

Mais l'arrestation immédiate des prévenus pour saisies à domicile n'est point autorisée par la loi ; ils ne peuvent donc être constitués prisonniers qu'en vertu d'un jugement définitif. (Déc. du 15 mars 1825.)

288. — Le propriétaire de tout local, attenant ou non à sa demeure, fermé ou non, est, par le seul fait de la détention matérielle d'objets de contrebande, passible de toutes les condamnations encourues pour cause d'entrepôt frauduleux. (A. de C. des 6 août 1812 et 15 novembre 1833; Circ. n° 1413 ; A. de la C. de Douai du 14 décembre 1839 ; A. de la Cour de Grenoble du 10 août 1843 ; A. de la Cour de Douai du 18 mai 1846; Doc. lith., n°ˢ 58, 138 et 172; A. de C. du 7 février 1863 ; Circ. n° 909.)

En cas de saisie dans sa demeure ou dans les dépendances de celle-ci, de marchandises prohibées, tout individu ne peut se soustraire à la responsabilité qui pèse sur lui qu'en rapportant la preuve d'une force majeure à laquelle il n'a pu résister ou qu'il n'a pu prévoir. (A. de C. du 21 mars 1851 ; Jugem. de la Cour de Besançon du 21 mars 1853; Doc. lith., n°ˢ 184 et 196; Arrêt de la Cour de Douai du 22 novembre 1853, et A. de C. du 10 novembre 1854; Circ. du 10 mars 1855, n° 275 ; A. de C. du 7 février 1863 ; Circ. n° 909.)

---

(1) En attendant que les ordonnances dont il est parlé soient rendues, les règles établies doivent continuer de recevoir leur exécution. (A. de C. du 14 juin 1839; Circ. n° 1760.) Ainsi l'interdiction des magasins et dépôts n'existe, aux termes de l'art. 37 du titre 13 de la loi du 22 août 1791, qu'à l'égard des communes dont la population n'est pas de 2,000 âmes. V. n° 280.

Le propriétaire d'une forge dont les bâtiments sont ordinairement fermés est responsable des condamnations auxquelles donne lieu la saisie de marchandises opérée dans cette même forge, pour cause d'entrepôt prohibé. (*A. de C. du 20 août* 1818.)

Lorsqu'un procès-verbal dressé à la charge et au domicile d'un individu, et signé de lui sans protestation ni réserves, établit positivement que le prévenu a accompagné les verbalisants dans la partie de son habitation où la fraude a été découverte, celui-ci ne peut se soustraire à la responsabilité qui pèse sur lui comme détenteur s'il ne prouve ultérieurement, par titre et renseignements authentiques, qu'il avait réellement cédé à d'autres, dans l'une des formes autorisées par la loi civile, la jouissance des lieux explorés. (*Arrêt de la Cour de Besançon du* 22 *février* 1842; *Doc. lith.*, n° 113.)

L'individu chez qui on a saisi de la fraude dans un bûcher et un jardin dépendant de son habitation est *détenteur* dans le sens de la loi, et ne peut échapper aux peines qu'elle prononce qu'en prouvant que les objets de contrebande ont été déposés à son insu et sans sa participation dans les dépendances de son habitation. (*Arrêt de la Cour de Metz du* 31 *mars* 1843.)

Il y a toujours présomption légale de culpabilité contre l'individu au domicile duquel un procès-verbal régulier constate la découverte et la saisie d'une marchandise de contrebande, et cette présomption ne peut être détruite que par une preuve de non-contravention. (*Arrêt de la Cour de Douai du* 16 *juillet* 1844; *Doc. lith.*, n° 151.)

289. — S'il n'est point constaté qu'il y ait entrepôt ni motif de saisie, il sera payé la somme de 24 fr. à celui au domicile duquel les recherches auront été faites, sauf plus grands dommages et intérêts auxquels les circonstances de la visite pourraient donner lieu. (*Loi du* 22 *août* 1791, *titre* 13, *art.* 40.)

SECTION IV

Fabriques et moulins.

290. — Il ne peut être formé, dans l'étendue du rayon des douanes, mais à la hauteur ou en avant de la première ligne (*Déc. du* 27 *octobre* 1863), et à l'exception des villes (1), aucune nouvelle clouterie, papeterie ou autre manufacture ou fabrique (2), que sur le rapport des préfets et l'avis des directeurs des douanes, constatant que la position de ces établissements ne peut favoriser la fraude. (*Loi du* 22 *août* 1791, *titre* 13, *art.* 41, *et loi du* 30 *avril* 1806, *art.* 75.)

Avant de donner, dans ce cas, leur avis aux préfets, les directeurs doivent le présenter à l'approbation de l'administration, avec les documents recueillis par eux sur l'objet de chaque demande.

---

(1) En présence de l'art. 37, titre 13, de la loi du 22 août 1791 (*V.* n° 280), on ne doit considérer comme villes que les communes dont la population est au moins de 2,000 âmes. (*A. de C. du* 14 *décembre* 1832.)

Ainsi aucune fabrique ne peut s'établir de plein droit dans une commune dont la population agglomérée n'est pas au moins de 2,000 âmes. (*Déc. du* 12 *août* 1833.)

(2) Les simples ateliers de fabrication sont, tout aussi bien que les grandes manufactures ou fabriques, compris dans les termes des lois des 22 août 1791 et 30 avril 1806. (*A. de C. du* 14 *décembre* 1832; *Circ.* n° 1369.)

L'administration a le droit d'intervenir dans l'établissement des ateliers, même quand il ne s'agit que d'une industrie de famille. (*Déc. du* 16 *octobre* 1835.)

L'établissement des boutiques ou magasins dans le rayon des douanes peut avoir lieu sans autorisation préalable. (*Déc. des* 8 *février et* 7 *août* 1834.)

L'autorité supérieure, à qui il appartient de donner l'autorisation d'établir des fabriques, délègue son pouvoir aux préfets dans certains cas.

Mais il est des fabriques dont l'établissement a besoin d'être autorisé par ordonnance du Gouvernement. (*Décret du 15 octoore 1810 et Ord. du 14 janvier 1815.*)

L'autorisation peut n'être donnée que conditionnellement, puisqu'elle pourrait être explicitement refusée. Ainsi, et pour concilier l'intérêt de l'industrie avec la sûreté du service des douanes, telles fabriques dont l'établissement aurait dû être refusé, si elles n'eussent pu être soumises qu'aux moyens généraux d'ordre et de police, ont été admises sous des conditions spéciales, telles que le compte-ouvert en deçà des deux kilomètres et demi de la frontière, la fixation du nombre d'ouvriers, la détermination des objets à confectionner, la désignation des points d'extraction des matières premières, la limitation des jours et des routes d'expédition, etc., etc.

L'administration, pour donner son consentement, doit être rassurée contre la fraude que l'établissement pourrait favoriser, soit par sa position près de la frontière, soit par la contrebande qui pourrait s'exercer sur les matières premières ou les produits de la fabrique. (*Déc. du 20 septembre 1833.*)

Elle exige généralement :

1° La justification de l'origine des matières premières que l'on doit employer;

2° L'établissement d'un compte-ouvert au bureau le plus voisin, à moins que la fabrique ne produise des objets dispensés de la formalité du passavant. V. n° 247;

3° La faculté, pour les préposés des douanes, de procéder dans l'établissement, à toute heure de jour et de nuit, à des recensements ou à des visites, sans être tenus de se faire assister d'un officier municipal (Décision de 1851, prise par le Gouvernement à la suite d'une délibération en conseil des ministres);

4° L'engagement de ne pas déplacer, sans autorisation préalable, l'usine du local qui lui a été primitivement affecté.

Une fabrique fondée avant l'établissement du rayon des douanes existe par son propre droit ; mais si elle est située dans les conditions énoncées au n° 290, 1er §, elle est soumise au compte-ouvert prescrit par l'arrêté du 22 thermidor an X. V. n° 254. (*Déc. des 12 février 1836 et 27 octobre 1863.*)

Les termes des lois des 22 août 1791 et 30 avril 1806 n'impliquent pas que les autorisations doivent être accordées par l'autorité supérieure ; nulle part non plus il n'est écrit que ce soit aux préfets que soit dévolu ce pouvoir ; mais un usage de plus de trente ans leur donne pour cela un titre suffisant, et ce n'est que lorsqu'ils sont en désaccord avec l'administration des douanes qu'on en réfère à l'autorité supérieure. (*Déc. du 28 mars 1827.*)

Il est de principe que les autorisations accordées pour établir des fabriques sont spéciales aux établissements et non aux personnes. (*Déc. du 21 août 1839.*)

En ce qui concerne les fabriques de sel, V. Livre X, ch. 1er.

291. — Le déplacement des fabriques et manufactures qui se trouvent dans la ligne des douanes peut être ordonné lorsqu'elles ont favorisé la contrebande et que le fait est constaté par un jugement rendu par les tribunaux compétents. (*Loi du 21 ventôse an XI, art. 1er.*)

Il est accordé, pour effectuer le déplacement, un délai qui ne peut être moindre d'un an. (*Même Loi, art. 2.*)

On peut poursuivre le déplacement des fabriques dont l'origine remonte plus haut que l'établissement des lignes de douanes, s'il est constaté qu'elles ont favorisé la fraude. (*Déc. du 4 février 1835.*)

À l'égard des moulins situés à l'extrême frontière (1), ils peuvent être frappés d'in-

_____

(1) D'après la loi du 26 ventôse an V, ces expressions : *à l'extrême frontière*, sont appliquées seulement à une zône de 5 kilomètres.

terdiction par mesure administrative et par décision des préfets, lorsqu'il est justifié qu'ils servent à la contrebande des grains et farines; le tout sauf le pourvoi par-devant Sa Majesté, en son Conseil d'État. (*Loi du 30 avril 1806, art.* 76.)

Les faits doivent être légalement constatés par procès-verbaux de saisie ou autres, dressés par les autorités locales ou par les préposés des douanes. (*Même Loi, art.* 77.)

SECTION V

Poursuite de la fraude.

292. — Les préposés des douanes peuvent, en cas de poursuite de la fraude, la saisir même en deçà du rayon frontière, pourvu qu'ils l'aient vue pénétrer et qu'ils l'aient suivie sans interruption. (*Loi du 22 août 1791, titre* 13, *art.* 35.) *V.* n° 7.

Les pénalités encourues sont celles relatives à une importation frauduleuse en campagne. Ainsi, le transport ou le dépôt de marchandises prohibées à l'entrée, de marchandises dont la prohibition a été levée postérieurement à la loi du 24 mai 1834, ou, enfin, de marchandises taxées à 20 fr. ou plus par 100 kilogr., suivies sans interruption, donne lieu aux peines indiquées au n° 409 (n° 53 *du tableau des Infractions; Circ.* n° 2046). *V.* n° 425.

A l'égard des marchandises tarifées à moins de 20 fr. par 100 kil. (1), on applique le n° 406 (n° 52 *du même tableau*).

Les préposés qui voient sortir de la deuxième ligne des individus se dirigeant vers l'intérieur, et qu'ils soupçonnent porteurs de fraude, peuvent les saisir en deçà de cette même ligne. (*A. de C. du 29 mai* 1807.)

Si les préposés, en s'occupant de l'objet de leurs recherches pour s'en emparer et sans se livrer à aucune autre opération, l'ont momentanément perdu de vue par une circonstance indépendante de leur volonté, la saisie qu'ils en font ensuite n'en est pas moins conforme à la loi. (*A. de C. du 23 octobre* 1807; *Circ. du* 27 *avril* 1822, n° 721.)

Le fait légal de la poursuite *à vue* résulte suffisamment de la mention, consignée dans un procès-verbal non argué de faux, que les préposés, bien que placés en embuscade sur un point situé hors du rayon, ont vu au loin les marchandises franchir la limite du même rayon, venant du côté de l'étranger vers l'intérieur. (*A. de C. du* 11 *février* 1837 ; *Circ.* n° 1609.)

Lorsque deux préposés ont rencontré un contrebandier dans le rayon des douanes, qu'ils l'ont poursuivi sans interruption jusqu'en dehors de ce même rayon, et que là l'un d'eux seulement l'a atteint et arrêté, la saisie est valable si le second préposé, qui n'a perdu le fraudeur de vue que momentanément et par des circonstances indépendantes de sa volonté, vient, sans avoir diverti à d'autres actes, attester, par sa signature au procès-verbal, que l'individu arrêté est bien celui qu'il a vu et poursuivi dans le rayon. (*A. de C. du* 12 *août* 1833 ; *Circ.* n° 1401.)

La *poursuite à vue* peut être certifiée par un seul préposé; le concours de deux employés n'est exigé que pour constater la saisie. (*A. de C. du* 23 *août* 1836;

---

(1) En ce qui concerne ces marchandises, observer que le droit de les saisir, à quelque distance que ce soit du lieu de l'importation, est subordonné à la condition que les préposés, après les avoir poursuivies depuis ce lieu, les arrêtent en cours de transport; mais que, dans ce cas de flagrant délit, toutes marchandises à l'égard desquelles on veut éluder une taxe quelconque sont saisissables.

Voir le n° 293 pour le cas où elles auraient été introduites dans une maison.

Circ., n° 1573, *et Jugement du tribunal correctionnel de Lille du* 11 *août* 1843; *Doc. lith.*, n° 139.)

293. — Ils peuvent, dans le cas prévu au n° 292, faire leurs recherches dans les maisons situées dans le rayon frontière pour y saisir les marchandises de contrebande et autres (1), mais seulement si, n'ayant pas perdu de vue les marchandises, ils sont arrivés au moment où on les a introduites dans ces maisons. (*Loi du* 22 *août* 1791, *titre* 13, *art.* 36.)

La loi limite au rayon frontière la zone dans laquelle les agents des douanes peuvent, au cas de suite à vue d'une importation frauduleuse, entrer dans la maison de dépôt ; mais alors : 1° ils peuvent y entrer de nuit comme de jour, quelle que soit la population de la commune et sans avoir besoin de se faire assister d'un officier public, s'ils arrivent au moment du flagrant délit et s'ils n'éprouvent pas d'opposition de la part du maître de cette maison ; 2° toutes marchandises à l'égard desquelles on veut éluder une taxe quelconque sont saisissables, tandis qu'à défaut de suite à vue et dans le simple cas de suspicion les recherches à domicile ne sont autorisées que pendant le jour, et les saisies ne sont admises par la loi que relativement à quelques marchandises réputées former dépôt frauduleux dans certaines communes.

Un droit plus étendu est donné aux préposés s'il s'agit de marchandises prohibées ou taxées à plus de 20 fr. par 100 kilogr. à l'entrée.

Lorsque les préposés ont vu débarquer d'un bateau et introduire dans une maison des marchandises que plusieurs d'entre eux ont poursuivies et saisies, pendant que d'autres ont suivi le bateau sans aucune interruption, la saisie qu'ils font ensuite de cette embarcation est valable. (*A. de C. du* 23 *octobre* 1807.)

Il y a toujours présomption d'identité entre les marchandises qu'on trouve dans une maison et celles qu'on y a vu introduire, et cette présomption légale ne peut être détruite que par la représentation *immédiate* d'une expédition des douanes qui justifie l'existence des marchandises dans le rayon. (*A. de C. du* 12 *août* 1833 ; *Circ.* n° 1400.)

Les marchandises prohibées ou taxées à plus de 20 fr. par 100 kilog. à l'entrée, lorsqu'elles ont été suivies à vue sans interruption depuis leur sortie du rayon, peuvent être valablement saisies sur tel point de l'intérieur que ce soit, quand les préposés, après avoir cerné le lieu où les porteurs les auraient momentanément entreposées, s'en seraient emparés au moment de leur sortie de ce dépôt. (*A. de C. du* 11 *février* 1837 ; *Circ.* n° 1609.)

En cas de poursuite à vue, le détenteur qui a recueilli la fraude est passible des peines légales, alors même qu'il aurait détruit le corps du délit dont les préposés n'auraient plus trouvé que les vestiges. (*A. de la C. de Douai du* 9 *février* 1858 ; *Doc. lith.*, n° 210.) V. n° 1037, *note A.*

S'il y a refus d'ouverture des portes, les préposés peuvent les faire ouvrir en présence d'un juge ou d'un officier municipal du lieu.

Dans tous les cas, le juge ou l'officier municipal doit être appelé pour assister au procès-verbal. (*Loi du* 22 *août* 1791, *titre* 13, *art.* 36.)

Si le juge et l'officier municipal refusent d'accompagner les préposés sur la réquisition faite par ceux-ci, il suffit pour la régularité de leurs opérations que le procès-verbal contienne mention de la réquisition et du refus. (*Décret du* 20 *septembre* 1809, *art.* 2.) V. n° 285.

S'il s'agit de marchandises prohibées ou taxées à plus de 20 fr. par 100 kilogr. à

(1) Les condamnations encourues, V. n° 292, sont celles relatives à une importation frauduleuse en campagne. V. n°ˢ 406 et 409.

l'entrée, elles sont saisissables (1), à quelque distance qu'elles puissent être arrêtées dans l'intérieur, s'il est constaté par le procès-verbal en bonne forme, rédigé par les préposés saisissants : 1° qu'elles ont franchi la limite du rayon et qu'ils les ont poursuivies sans que leur transport ni leur poursuite aient été interrompus jusqu'au moment où ils ont atteint et arrêté ce transport sur les routes ou en pleine campagne, ou jusqu'à celui de l'introduction des marchandises dans une maison ou autre bâtiment (2) ; 2° que lesdites marchandises sont dépourvues, au moment de la saisie, de l'expédition qui était nécessaire pour les transporter ou faire circuler dans le rayon des frontières. (*Loi du* 28 *avril* 1816, *art.* 39.)

Hors le cas de poursuite à vue, il n'y a jamais lieu de saisir à l'intérieur, en deçà de la ligne du rayon frontière, en vertu des art. 38 et 39 de la loi du 28 avril 1816. (*A. de C. du* 9 *mars* 1843.)

294. — Les préposés ne peuvent dépasser la ligne des frontières pour saisir la fraude. En cas de violation du *territoire étranger*, ils encourraient, suivant la gravité des circonstances, soit la révocation, soit la dégradation ou un changement désavantageux. (*Circ. du* 23 *novembre* 1814.)

Quand on met en question si le territoire sur lequel a été opérée une saisie est étranger, le Gouvernement seul peut statuer. (*A. de C. du* 9 *fructidor an VIII.*)

---

(1) Les pénalités encourues, *V.* n° 292, sont celles indiquées aux n°s 406 et 409.

(2) Voir les n°s 292 et suiv. pour les visites à domicile ; mais observer qu'à l'égard des marchandises prohibées, ou taxées à plus de 20 fr. par quintal à l'entrée, les visites peuvent être faites de nuit comme de jour, à quelque distance que ce soit dans l'intérieur et dans toutes les communes sans exception.

LIVRE III

IMPORTATIONS

___

Un chapitre spécial est consacré aux importations par *mer* et un autre aux importations par *terre*, parce que chacun de ces modes d'importation a des circonstances particulières, et que l'action des douanes est fort différente à l'égard de l'un et de l'autre. Un troisième chapitre résume les divers genres d'infractions qui peuvent être commises et les peines qu'elles entraînent.

CHAPITRE PREMIER

IMPORTATIONS PAR MER

Le manifeste (*V.* Livre II, chap. 1er, section 1re) qui doit être déposé au bureau des douanes, dans les vingt-quatre heures de l'arrivée au port, est une déclaration première. Pour en assurer l'exactitude, la loi met à la charge du capitaine toute différence qui serait reconnue à la visite du chargement.

Ainsi, outre qu'il sert de garantie contre des versements frauduleux, le manifeste forme gage et moyen de contrôle à l'égard des déclarations en détail, pour lesquelles un délai de trois jours est accordé.

La loi du 22 août 1791 ne demandait qu'une déclaration pour le navire arrivé à sa destination ; mais elle voulait que cette déclaration unique fût complète, et elle l'exigeait telle dans les vingt-quatre heures. Ce système, emprunté de l'ordonnance de février 1687, n'était satisfaisant ni pour la douane ni pour le commerce. La douane ne pouvait jamais avoir assez tôt le titre qui devait éclairer son service et lier envers elle le capitaine ; le commerce se récriait contre l'obligation de fournir, dans un délai insuffisant, toutes les indications de qualité, espèce, poids, mesure, valeur des marchandises.

En remplaçant par deux actes, distincts pour leur contenu et pour l'époque de présentation, la déclaration unique précédemment demandée, et en séparant les obligations du capitaine, tenu de pourvoir aux manœuvres qu'exige la conservation du navire, de celles du consignataire, seul en mesure de produire les indications nécessaires pour l'application du tarif, la loi du 4 germinal an II concilia tous les intérêts.

Cette loi a déterminé les règles propres au manifeste et à la déclaration en détail, et laissé subsister de la loi du 22 août 1791 des mesures d'ordre et des dispositions pénales qui doivent être appliquées à l'un ou à l'autre de ces actes.

295. — *Manifeste.* Aucune marchandise ne peut être importée par mer (1), soit d'un port étranger, soit d'un port français, sans un manifeste signé par le capitaine. (*Loi du 4 germinal an II, titre 2, art. 1er.*)

Le manifeste est l'état général et complet du chargement du navire; il doit être unique à bord. (*Loi du 22 août 1791, titre 2, art. 4.*)

Tout capitaine de navire sur lest est affranchi de l'obligation du manifeste; mais il doit produire la déclaration prescrite par l'art. 5, titre 2, de la loi du 22 août 1791. (*Circ. du 16 janvier 1846, n° 2100.*) *V.* n° 300.

Pour les patrons d'embarcations françaises de pêche, la représentation du livret de bord peut, dans les circonstances ordinaires, tenir lieu de manifeste. (*Déc. du 21 août 1862.*)

Les patrons des embarcations françaises employées à la pêche sur les côtes de France ne sont pas tenus d'ailleurs d'avoir un manifeste; il suffit qu'ils fassent la déclaration exigée par l'art. 5, titre 2, de la loi du 22 août 1791, sauf en ce qui concerne la pêche du poisson conservé frais, les patrons étant admis, dans ce cas, à ne faire qu'une déclaration verbale; mais c'est là une tolérance administrative relative aux opérations licites de la pêche. Ces patrons doivent être replacés sous l'empire du droit commun dès qu'ils se livrent à une spéculation en dehors de ces opérations. (*Déc. des 30 décembre 1845 et 15 mars 1850.*)

Il y a dispense de manifeste en faveur des petites barques qui transportent entre les lieux les plus rapprochés de la côte, ou entre le continent et les îles littorales appartenant à la France, des denrées indigènes de consommation journalière. (*Circ. du 6 juin 1817, n° 282.*)

A l'égard des navires qui apportent des marchandises ayant plusieurs destinations, la douane du port de prime-abord peut conserver le manifeste original, sauf au capitaine à rédiger, pour la partie de la cargaison restant à bord, un nouveau manifeste qui deviendrait en même temps manifeste de sortie. Mais il convient de laisser au capitaine la faculté de remettre à ce premier port un extrait certifié de son manifeste général. Dans ce cas, le manifeste lui est rendu après avoir été annoté par la douane pour les objets débarqués. (*Déc. du 7 juin 1847.*) *V.* marchandises restant à bord, n° 326.

On ne peut tolérer que, pour éluder les lois d'un pays ami, certaines marchandises ne soient pas comprises sur le manifeste. (*Déc. du 12 janvier 1837.*)

En temps de guerre, les navires neutres restent soumis aux lois générales sur les manifestes. (*Arrêté du 25 thermidor an V.*)

296. — Pour tout navire faisant le cabotage, même au lest, le manifeste série M, n° 1 *bis*, visé au départ (*V.* n° 585), est représenté au port d'arrivée comme manifeste d'entrée, indépendamment des expéditions relatives au chargement, s'il en existe. (*Circ. du 30 novembre 1858, n° 561.*)

297. — Le manifeste de sortie d'un port peut tenir lieu de manifeste d'entrée au

---

(1) En d'autres termes, tout navire venant de France ou de l'étranger doit avoir son manifeste, à son entrée dans un port de France, soit par relâche, soit à destination.

D'une part, en effet, le manifeste exigé de tout navire arrivé dans les deux myriamètres des côtes (*V.* n° 232) l'est nécessairement de tout navire qui, après avoir traversé cette zône, aborde dans un port.

De l'autre, il est évident que l'importation doit être entendue ici pour l'entrée dans le port, car les marchandises venant de France ne sont pas exceptées. C'est ainsi que l'art. 1er du titre 7 de la loi du 4 germinal an II porte, dans un sens général : « Les » marchandises françaises ou étrangères ayant payé les droits pourront être exportées, » franches de tous droits, d'un port français à un autre port français, etc. »

port de destination, pourvu qu'il soit parfaitement d'accord avec le chargement et que, hors le cas énoncé au n° 296, il soit revêtu de la mention suivante : « Le pré- » sent remis par moi, capitaine soussigné, comme manifeste complet de mon char- » gement. » (*Circ. du 14 novembre 1846, n° 2133.*)

Mais les employés de la douane d'arrivée, pour les navires autres que les cabo- teurs, ne sont pas fondés à réclamer ce manifeste, uniquement destiné à assurer la police à la *sortie;* ils ne peuvent exiger que le manifeste d'entrée. (*Déc. du 11 juillet 1837; Circ. du 30 novembre 1858, n° 561.*)

298. — Les manifestes des navires qui doivent être fournis aux douanes sont affranchis du timbre. (*Loi du 2 juillet 1836, art. 7.*)

299. — Le manifeste doit énoncer la nature de la cargaison, avec les marques et numéros, en toutes lettres, des caisses, balles, ballots, barriques, boucauts, etc. (*Loi du 4 germinal an II, titre 2, art. 1er.*)

Il y a lieu de verbaliser contre un capitaine dont le manifeste n'indique ni les marques ni les numéros des colis. (*Déc. du 21 mai 1839.*)

Les petites embarcations étrangères, autres que celles pour l'usage du bord, doivent être signalées au manifeste. (*Déc. du 12 novembre 1845.*)

Une chaîne-câble en fer non comprise sur le manifeste ne peut être exempte des conditions du tarif sous prétexte qu'elle faisait partie du gréement du navire, au fond et sur l'arrière de la cale duquel elle a été saisie, cachée sous des marchan- dises. Dans ce cas, on applique les peines portées par les lois relativement aux importations frauduleuses. (*A. de C. du 2 décembre 1844; Circ. n° 2059.*)

Pour le manifeste des navires espagnols, *V.* n° 813.

Le manifeste doit comprendre les provisions de bord. (*Loi du 22 août 1791, titre 8, art. 1, 5 et 6.*) *V.* n° 845.

Au sujet de la réunion des colis, *V.* n° 148.

300. — *Déclaration de gros.* Dans les vingt-quatre heures de l'arrivée, et avant le départ des navires, les capitaines doivent déposer au bureau de la douane leur manifeste, à titre de déclaration du chargement. (*Lois des 22 août 1791, titre 2, art. 5, et 27 vendémiaire an II, art. 38.*) *V.* n° 305 (1).

Le manifeste, ainsi déposé par le capitaine ou par le courtier qui l'assiste, est inscrit sommairement sur un registre et constitue alors la déclaration dite de gros. (*Déc. du 26 mars 1822*) (2). *V.* n° 305.

Le délai de vingt-quatre heures ne court pas les jours fériés. (*Loi du 22 août 1791, titre 2, art. 4.*) *V.* n° 314.

Ce délai est accordé pour le dépôt du manifeste à la douane; mais les préposés doivent en requérir l'exhibition dès l'entrée du navire dans le port, et peuvent, au besoin, en demander copie. *V.* Livre II, n° 232. Le capitaine a d'ailleurs le même délai pour faire son rapport de mer, *V.* n° 318, s'il doit invoquer un bénéfice subor- donné aux circonstances de la navigation.

Cette déclaration des bâtiments doit être faite quand même ils seraient sur lest. (*Loi du 22 août 1791, titre 2, art. 5.*) *V.* n° 305.

301. — La transcription, sur le registre de la douane, doit être signée par les

---

(1) Les papiers de bord des navires français, arrivés à destination, sont déposés à la douane en même temps que le manifeste. *V.* n° 309.

(2) Sur quelques points, notamment dans les grands ports, il est d'usage que, pour les cargaisons venant de l'étranger ou des colonies françaises, le courtier remette, en outre, deux copies du manifeste, faites sur la formule série M, n° 1, et destinées à faciliter le prompt accomplissement des opérations. *V.* n° 303.

capitaines (1); dans le cas où ils ne sauraient signer, il en est fait mention sur ce registre. *V.* n° 152. (*Mêmes Loi, titre et art.*)

Le numéro d'inscription au registre est reporté sur le manifeste.

A la transcription *in extenso* du manifeste est substituée une inscription sommaire (au registre série M, n° 2), consistant dans le numéro d'ordre et la date de l'annotation, l'indication du nom du navire et de celui du capitaine, du pavillon, de la provenance et du fait de l'arrivée ou sur lest ou avec chargement.

A mesure de la délivrance des permis, l'agent qui reçoit les déclarations est tenu de relever journellement les numéros des registres de déclaration en détail ou de dépôt, pour les annoter dans les colonnes ouvertes sur la copie, série M, n° 1, du manifeste, en regard de chacun des articles dont ils sont la suite ; et, pour que la destination de chaque partie de marchandises soit certaine, pour qu'il y ait facilité dans les vérifications des inspecteurs, cet agent inscrit, en même temps que ces numéros, l'un de ces mots : Consommation, entrepôt réel, entrepôt fictif, transit, admission temporaire, dépôt, etc. Le service s'assure ainsi que toutes les marchandises énoncées au manifeste ont reçu une destination régulière : c'est ce que l'on appelle l'apurement du manifeste.

Les copies de manifestes sont classées suivant l'ordre des numéros d'inscription, puis enliassées et conservées avec beaucoup de soin. Dans les grandes douanes surtout, il convient de les réunir, sous cachet, à la fin de chaque séance, au moyen d'une ficelle croisée sur l'un des angles. On peut même les faire ultérieurement brocher ou cartonner. (*Circ. du* 11 *août* 1849, n° 2341.)

C'est le manifeste original, celui que le capitaine devait avoir en mer, et que les préposés ont visé ou pu viser en mer ou à l'entrée dans le port (*V.* n° 232), qui doit être remis au bureau de la douane à titre de déclaration de gros. Il appartient aux capitaines de mettre le manifeste d'accord avec la cargaison, à leur départ du dernier port qu'ils ont fréquenté ou pendant la traversée, mais toujours avant d'entrer dans les deux myriamètres des côtes. (*Déc. des* 29 *janvier et* 15 *mars* 1838.)

Pour les navires mis en quarantaine sanitaire, le dépôt du manifeste à la douane n'est exigible que dans les vingt-quatre heures qui suivent leur admission à la libre pratique. Quand la quarantaine a lieu dans l'enceinte du port, il convient de réclamer l'exhibition du manifeste par l'intermédiaire des agents de la santé. (*Déc. du* 16 *décembre* 1828.) *V.* n°ˢ 143 et 309.

Les capitaines français venant de l'étranger peuvent remettre à la douane un manifeste écrit en langue étrangère, pourvu qu'il soit accompagné d'une traduction authentique. (*Déc. du* 3 *septembre* 1840.)

Le capitaine étranger qui, parlant et écrivant en français, peut agir par lui-même, sans l'intervention d'un courtier, est autorisé à remettre un manifeste original écrit en français, ou un manifeste étranger appuyé d'une traduction qu'il signe et dont il affirme l'exactitude. (*Déc. du* 15 *mars* 1838.) *V.* n° 317.

302. — Il ne peut être rien changé ni retranché aux manifestes que les capitaines de navires ont présentés, remis ou déposés. (*Loi du* 22 *août* 1791, *titre* 2, *art.* 12.) *V.* n° 153.

303. — *Visites à bord.* Le manifeste déposé en douane donne lieu à une visite sommaire à bord du navire afin de reconnaître, autant que possible, si les colis ont été régulièrement énoncés. Les agents de brigades procèdent à cette visite; ils sont chargés de la surveillance du navire dès son arrivée, et sont même placés à bord toutes les fois qu'il y a nécessité. *V.* n° 234.

Lorsqu'il s'agit d'une cargaison provenant de l'étranger ou des colonies françaises,

_____

(1) Ou par leur représentant.

ou de marchandises de cette origine apportées en mutation d'entrepôt, et après la délivrance de la majeure partie des permis, les permis et une copie, série M, n° 1, du manifeste, revêtue du numéro de la subdivision où est attaché le navire, sont communiqués au chef de la visite ; celui-ci désigne un employé de bureau pour procéder à la vérification et lui remet le dossier. Il cote aussi un préposé dit d'écor pour suivre le débarquement des marchandises (1).

Une autre copie du manifeste parvient, dans les grands ports, au capitaine de brigades, qui en fait mention sur un registre spécial, s'assure qu'un préposé a été coté au débarquement des marchandises venues de l'étranger, des colonies françaises ou par mutation d'entrepôt par mer, et désigne lui-même un préposé à l'égard des marchandises de cabotage non emballées ; il transmet cette copie au poste central, où, après inscription, par navire, sur un registre ad hoc, elle est remise au préposé.

Appelé à suivre, sous la dénomination de préposé d'écor ou d'écoreur, le débarquement des marchandises, cet agent inscrit sur un carnet le détail des opérations au fur et à mesure qu'elles s'accomplissent, et constate les excédants ou les déficits de colis par rapport aux indications du manifeste. V. n° 306.

Pendant les vacations, les brigadiers et sous-brigadiers de penthières s'assurent, par des rondes incessantes et en se faisant représenter le manifeste, que tout s'exécute régulièrement. En vue de l'application des conditions du tarif, ils consignent les marchandises à la garde des préposés de faction pour la surveillance générale ; ceux-ci ne laissent enlever les marchandises qu'autant qu'il leur est parvenu, par l'intermédiaire du service, ou un permis ou l'acquit des droits.

A la fin de l'opération, le sous-brigadier de penthières retient la copie du manifeste et le carnet pour les déposer au poste ; les résultats y sont contrôlés et rappelés à l'article déjà ouvert sur le registre ad hoc. L'écoreur n'a plus à s'occuper de ces marchandises, qui dépendent alors du service de bureau.

Le registre ad hoc indique les consignes faites aux factionnaires ; l'extrait qui en est formé constitue un carnet de consignes que se repassent, à chaque relève, les sous-brigadiers de penthières.

Les agents de la brigade ont aussi à effectuer à bord, à l'issue du déchargement de la cargaison de tout navire, une contre-visite pour s'assurer qu'il n'y existe aucun objet de fraude et certifier que le débarquement a été complet. On constate, en même temps, l'espèce et la quantité du reste des provisions des navires français venus de l'étranger ou des colonies françaises. V. n° 846.

La vérification du poids, comme de la nature ou de l'espèce des marchandises, est une opération de bureau. Le service des brigades n'a nullement à y intervenir, et s'il concourt, par exception, dans certains cas, à la pesée ou au dénombrement des marchandises, ce n'est que sous le contrôle et la responsabilité d'un employé de bureau. V. n°s 162 et 163.

Dans toute hypothèse, les brigadiers ou sous-brigadiers de service et les officiers surveillent les préposés d'écor et visent leur carnet à la suite du nombre ou du poids pris en leur présence. (Circ. du 7 novembre 1822, n° 763 ; Déc. des 20 octobre 1855 et 22 janvier 1857.)

Les vérificateurs ou autres agents de bureau n'auraient à prendre part aux visites à bord des navires, avant, pendant ou après le déchargement, que par exception et s'ils avaient reçu quelque avis de fraude ; mais, dans ce cas, le droit de visiter le navire concurremment avec eux existerait toujours pour les chefs et préposés de brigades commis à sa garde. (Déc. du 4 juin 1829.)

_____

(1) Le préposé d'écor ou écoreur est désigné par le chef de la visite à vue d'une liste formée par le capitaine ou par un lieutenant délégué à cet effet. V. n° 52.

Dans les petits ports, où la brigade n'est sous les yeux d'aucun chef, l'inspecteur, ou le sous-inspecteur divisionnaire, peut adjoindre le receveur aux préposés, afin de prévenir les erreurs que ceux-ci pourraient commettre dans la visite des bâtiments. (*Circ. du 7 novembre 1822, n° 763.*)

A moins de circonstances particulières qui feraient présumer l'existence de la fraude, la visite ou reconnaissance sommaire du chargement n'a lieu qu'après la remise du manifeste à la douane. (*Déc. du 4 février 1828.*)

304. — *Pénalités.* Si le manifeste n'est pas exhibé, le capitaine est personnellement condamné à une somme égale à la valeur des marchandises tarifées qui existent à bord et à une amende de 1,000 fr. (1). (*Loi du 4 germinal an II, titre 2, art. 2.*)

Les marchandises peuvent être préventivement retenues, ainsi que le bâtiment, pour sûreté des condamnations encourues. (*Loi du 22 août 1791, titre 2, art. 4, et titre 13, art. 20*) (2). Défaut ou absence de manifeste, n° 24 du tableau des Infractions. Trib. de paix.

305. — Si le dépôt du manifeste n'est point fait à la douane dans les vingt-quatre heures de l'arrivée et avant le départ du navire, en d'autres termes, en cas d'absence de déclaration de gros, *V.* n° 300, il y a lieu à une amende de 500 fr. pour sûreté de laquelle les bâtiments et marchandises ou denrées sont retenus. Toutefois, s'il s'agit de marchandises ou denrées exemptes de droits ou passibles de droits ne s'élevant pas à 3 fr. en totalité, le capitaine est seulement condamné à l'amende de 50 fr., pour sûreté de laquelle partie des marchandises peut être retenue jusqu'à ce que ladite amende ait été consignée ou qu'il ait été fourni caution solvable de la payer (3). (*Loi du 22 août 1791, titre 2, art. 4, 5 et 30.*) Défaut de déclaration de gros, n° 153 du tableau des Infract. Trib. de paix.

A l'égard des fausses énonciations de la déclaration de gros, on requiert l'application des pénalités concernant les infractions aux règles sur le manifeste. (*Déc. du 30 décembre 1845.*) *V.* n° 306.

306. — Si quelques marchandises tarifées ne sont pas comprises au manifeste (4)

---

(1) S'il s'agit de marchandises prohibées, *V.* n° 308.

(2) L'application de ces articles a été mise hors de doute par arrêt de la Cour de cassation, du 11 floréal an IX, portant que « les art. 4 et 21 du titre 2, l'art. 20 du » titre 13 de la loi du 22 août 1791, ne contiennent rien de contraire à l'art. 2, » titre 2, de la loi du 4 germinal an II ; que, par conséquent, les dispositions de la » loi du 22 août 1791, qui autorisent les préposés des douanes à retenir les mar- » chandises et les bâtiments pour sûreté des condamnations portées contre les » maîtres des navires, ne sont nullement abrogées par la loi du 4 germinal an II. » (*Circ. du 14 floréal an X.*)

(3) Ce moyen de coaction, donné pour le dépôt du manifeste, est essentiel ; mais on a égard aux excuses de retard reconnues valables, quand surtout le capitaine, avant l'expiration du délai de vingt-quatre heures, a fait exhibition et remis copie de son manifeste aux préposés des douanes.

(4) Sont dans ce cas les colis au delà du nombre énoncé au manifeste, ce qui constitue un excédant de colis (*Déc. du 26 mars 1822*), et les marchandises dont la nature n'est pas indiquée, bien qu'elles soient déclarées d'une manière générale, comme, par exemple, marchandises de retour. (*Déc. du 29 juin 1840.*) La dénomination de *quincaillerie*, reprise seulement au répertoire général du tarif, et qui n'est pas reproduite au tableau des droits, est formellement exclue des manifestes, en raison de la multiplicité des articles de toute nature auxquels il peut s'appliquer. Il y a lieu, dès lors, de traiter comme étant omises au manifeste les marchandises présentées d'une manière insuffisante sous cette désignation. (*Déc. du 11 août 1849.*)

ou s'il y a différence eutre les marchandises et le manifeste (1), le capitaine est personnellement condamné à une somme égale à la valeur des marchandises omises ou différentes, et à une amende de 1,000 fr. (*Loi du 4 germinal an II. titre 2, art. 2.*)

Les marchandises omises ou différentes peuvent être retenues, ainsi que le bâtiment, pour sûreté des condamnations encourues. (*Loi du 22 août 1791, titre 2, art. 4, et titre 13, art 20.*) V. la 2ᵉ note du nᵒ 304. Omission au manifeste, nᵒ 25 du tableau des Infractions; différence entre les marchandises et le manifeste, nᵒ 26 du tableau. Trib. de paix.

Dans les ports, en matière de saisie de tabacs (marchandise prohibée, V. Livre XI, chap. 27), les réparations civiles ne sont calculées à raison de la valeur du navire qu'autant que les objets de fraude étaient placés dans des caches à bord ou lorsqu'il s'agit d'une tentative matériellement très-importante. (*Déc. du 11 novembre 1847.*)

Pour les déficits de colis, on applique l'art. 22, titre 2, de la loi du 22 août 1791, V. nᵒ 174. C'est le mot *déclaration* qu'on lit dans cet article; mais, la loi du 4 germinal an II ayant substitué le manifeste à la déclaration précédemment exigée du capitaine, il est évident que l'article 22 reste applicable à l'acte qui tient lieu de cette déclaration.

307. — Tant que les colis sont, soit à bord du navire importateur, soit sous les tentes ou dans les magasins où, sur certains points, il est permis de les déposer avant déclaration en détail et qui sont considérés comme le navire même, V. nᵒ 321, le capitaine du navire demeure responsable des déficits ou excédants de colis, ou de l'identité de *nature* entre les marchandises présentées et celles énoncées au manifeste. Il en est de même lorsque le capitaine déclare vouloir débarquer, pour les mettre en dépôt (V. nᵒ 887), des colis existant à son bord. Dans ces circonstances, en cas d'infraction aux règles relatives au manifeste, on procède contre le capitaine.

Si, au contraire, la mise à terre des colis a eu lieu sur la demande ou la déclaration du destinataire, en vertu d'un permis provisoire ou définitif, les différences constatées donnent lieu à l'application des pénalités concernant les contraventions aux règles sur les déclarations en détail; et, dans cette hypothèse, le capitaine ne peut plus être recherché, parce que son manifeste est légalement réputé avoir été apuré par l'effet de l'intervention du destinataire.

Il arrive quelquefois, à la vérité, qu'un capitaine de navire, indépendamment des obligations qui lui sont imposées à ce titre, remplit aussi celles de destinataire. Cette circonstance, lorsqu'elle existe, ne fait aucunement obstacle à l'application de ces règles, puisque, dans ce cas, la poursuite des contraventions résultant de l'inexactitude de la déclaration a lieu contre le capitaine en sa qualité de déclarant en détail. (*Circ. du 4 mars 1845, nᵒ 2057.*)

Il en est de même à l'égard des colis de bagages des voyageurs. (*Déc. du 13 décembre 1845.*)

Afin d'assurer l'application de ces dispositions, le premier soin du service, quand une déclaration en détail est produite, est de la comparer au manifeste. Si elle comprend des colis *multiples*, figurant au manifeste comme *unités,* on doit la refuser et prendre immédiatement des mesures pour qu'il soit procédé contre le capitaine. (*Déc. du 10 février 1846.*)

Du moment que la déclaration du destinataire a été reçue, il faut passer outre en cas d'infraction aux règles concernant les manifestes. (*Déc. du 19 mars 1846.*) Cependant, s'il s'agit de marchandises prohibées, V. nᵒ 308, et lors même qu'elles ont été

---

(1) S'il s'agit de marchandises prohibées, V. nᵒ 308.

débarquées par suite d'une déclaration régulière, la douane doit, sans se préoccuper des divers intérêts engagés, se conformer à la loi en déclarant la saisie du navire qui a servi à transporter ces marchandises. *V.* n⁰ˢ 400 et 534. (*Déc. du 24 mai 1845.*)

308. — Les marchandises prohibées arrivant par mer doivent être portées au manifeste sous leur véritable dénomination, par nature, espèce et qualité. (*Loi du 9 février 1832, art. 4.*) *V.* n° 532.

Toutefois, on peut considérer comme réguliers les manifestes qui désignent la *nature* des marchandises, lorsque cette désignation suffit pour indiquer qu'il s'agit d'objets prohibés, comme, par exemple, *draperies, draps, étoffes* ou *tissus de laine; percales, calicots, cotonnades; étoffes, toiles, piqués* ou *tissus de coton; ouvrages en fer,* etc. (*Circ. du 28 septembre 1839,* n° 1776.)

En cas d'infraction soit pour différence dans l'espèce ou la qualité des marchandises prohibées, soit pour déficit ou excédant de colis relativement au nombre déclaré, *V.* n° 534.

Se reporter au n° 400 pour défaut ou absence du manifeste ou omission de marchandises (1), et au n° 148 pour réunion de colis.

Pour les tabacs, *V.* n° 306.

Quand l'omission au manifeste porte à la fois sur des marchandises prohibées et sur des marchandises tarifées, il faut requérir simultanément l'application des pénalités édictées à l'égard de chaque catégorie de marchandises. (*Déc. du 20 fév. 1841.*)

309. — *Papiers de bord et mouvement de la navigation.* Les actes de francisation et congés de navires sont, dans les vingt-quatre heures de l'arrivée, déposés au bureau, et y restent jusqu'au départ. (*Loi du 27 vendémiaire an II, art. 28.*)

Cette disposition ne s'applique qu'aux navires français; on ne doit pas exiger le dépôt des passeports des navires étrangers. (*Circ. du 11 thermidor an XII.*)

À l'égard des navires pour lesquels on réclame le bénéfice d'une convention internationale, les titres de nationalité produits par les capitaines doivent leur être rendus dès qu'ils ont été examinés et reconnus authentiques par la douane. (*Déc. du 5 avril 1847.*)

Il est ouvert dans chaque bureau un registre (série N, n° 8) d'entrée et de sortie des navires, indiquant la date de l'arrivée ou du départ, l'espèce et le nom du bâtiment, le nom du capitaine, le nombre des officiers et matelots, la nation dont ils sont, le lieu d'arrivée ou de destination, la date et le numéro du manifeste général des cargaisons. (*Loi du 27 vendémiaire an II, art. 38.*) *V.* n° 240.

Toute communication étant interdite aux navires qui sont en quarantaine sanitaire, la douane ne doit les considérer comme définitivement entrés dans le port, et les inscrire sur ses registres, que lorsque, admis à la libre pratique, elle peut communiquer avec eux, et s'assurer, si elle le juge nécessaire, de l'exactitude des déclarations prescrites par la loi. (*Déc. du 31 mars 1840.*) *V.* n° 301.

310. — *Opérations pour la marine de l'Etat.* Les capitaines et commandants des vaisseaux de guerre et de tous autres bâtiments employés au service de l'Etat sont tenus de remplir, soit à l'entrée, soit à la sortie, toutes les formalités auxquelles sont assujettis, pour les déclarations, les capitaines ou maîtres des navires marchands, et ce sous les mêmes peines, sans néanmoins que les bâtiments appartenant à l'Etat puissent être retenus sous aucun prétexte. (*Loi du 22 août 1791, titre 2, art. 7.*) *V.* n° 239, visites à bord des navires de l'Etat.

---

(1) Un colis déclaré tulle au manifeste, et reconnu contenir des cotons filés d'espèce prohibée, doit être saisi par application de l'art. 1ᵉʳ, titre 5, de la loi du 22 août 1791. *V.* n° 400. (*Déc. du 17 octobre 1853.*)

Cette disposition générale ne doit être appliquée aux navires de l'Etat qu'autant qu'ils servent à un transport de marchandises. (*Déc. du 3 octobre* 1838.)

Les paquebots à vapeur appartenant à l'Etat et régis pour son compte seront construits de manière à porter au besoin de l'artillerie et à recevoir des marchandises. Dans ce dernier cas, le Gouvernement pourra les faire commander, soit par des officiers de la marine de l'Etat, soit par des capitaines au long cours. (*Loi du 14 juin* 1841, *art.* 3.)

Lorsque le commandement sera exercé par des officiers de la marine de l'Etat, il sera placé à bord de chacun de ces bâtiments un agent commissionné par l'administration, et qui sera spécialement chargé de tous les détails du service en ce qui concerne le transport des passagers, des marchandises, des matières d'or et d'argent, et des correspondances. (*Lois des* 16 *juillet* 1840, *art.* 4, *et* 14 *juin* 1841, *art.* 5 *et* 7.)

Ces paquebots seront assimilés aux bâtiments de la marine de l'Etat. (*Loi du* 14 *juin* 1841, *art.* 8.)

Le subrécargue placé à bord des paquebots de l'Etat demeure chargé, sous les peines de droit, de remplir envers la douane toutes les formalités et les obligations prescrites par les lois et règlements. (*Ord. du* 19 *août* 1845, *art.* 14.)

311. — Les marchandises destinées aux approvisionnements de la marine de l'Etat, alors même que les opérations s'effectuent dans l'enceinte des arsenaux (Toulon, Rochefort, Lorient, Brest, Cherbourg), doivent être déclarées débarquées, et vérifiées dans les conditions déterminées par les règlements généraux. Ainsi le service entre dans les arsenaux dès l'ouverture des portes et jusqu'à leur fermeture, en occupe les issues et y surveille les débarquements ou les embarquements, qui ne s'opèrent qu'en vertu de permis réguliers.

La vérification doit avoir lieu au moment du débarquement. Une seule exception peut être faite à cet égard en ce qui concerne les houilles : à raison du triage qu'elles doivent subir, il est permis de n'en constater le poids qu'après la réception définitive par les commissions instituées à cet effet, mais sous la réserve expresse que l'autorité maritime ne laissera pas s'écouler un délai de plus de quinze jours entre le débarquement et la reconnaissance effective. (*Déc. du* 28 *avril* 1856.)

Les marchandises destinées au service de campagne, c'est-à-dire à la réexportation, sont déclarées pour l'entrepôt et placées dans les magasins de la marine sous la double clef des services de la marine et des douanes. (*Lettre de M. le Min. de la marine du* 7 *juillet* 1857, *et Déc. du* 14.)

Si des circonstances exceptionnelles amenaient le service de la marine à demander l'admission des marchandises en entrepôt fictif dans ses magasins, cette facilité ne serait accordée que sur l'intervention du Ministre de la marine et après autorisation de l'administration des douanes, et les déficits reconnus à la sortie seraient soumis aux droits d'entrée. (*Déc. du* 23 *juillet* 1856, *et Lettre de M. le Min. de la marine du* 7 *juillet* 1857.)

Lorsque les marchandises destinées aux approvisionnements de la marine, reçues par l'intermédiaire du commerce, sont déclarées pour l'entrepôt avant examen par un comité de réception, les soumissions peuvent être passées par les négociants de la localité, sauf à substituer en leur place, au moyen d'un transfert, l'administration de la marine dès qu'elle a définitivement accepté la livraison. (*Déc. du* 16 *oct.* 1856.)

Dans toute hypothèse, le service des douanes doit s'attacher à prévenir toute cause de réclamation ou de retard en ce qui concerne le concours qu'il est appelé à donner à la marine dans les opérations d'entrepôt effectuées par cette administration. (*Déc. du* 14 *juillet* 1857.)

Les expéditions en mutation d'entrepôt (non prohibé ou prohibé) peuvent être effectuées pour le compte de l'administration de la marine, à destination des arsenaux de l'Etat. (*Déc. du* 28 *avril* 1858.)

312. — *Journal de bord.* Les capitaines de navires sont tenus, à leur entrée dans les ports, de présenter aux employés des douanes, dès que ceux-ci abordent le navire, le journal de bord, lequel sera visé au bas de la dernière ligne d'écriture par le chef ou l'un des préposés des douanes. (*Loi du 2 juillet 1836, art.* 7) (1).

Les livres de bord sont affranchis du timbre. (*Loi du 20 juillet 1837, art.* 4.)

Le livre de bord doit être rendu au capitaine aussitôt après qu'il en a été fait usage.

Les agents des douanes doivent requérir la représentation du livre de bord des navires, *français ou étrangers,* pour y apposer leur visa, en même temps qu'ils visent le manifeste. S'il y a refus de la part des capitaines, n'importe sous quel prétexte, ou s'ils déclarent être dépourvus de livre de bord, la douane, à laquelle il n'appartient pas d'assurer l'application de la loi du 2 juillet 1836, se borne, à défaut de moyens coërcitifs, à signaler à la chambre de commerce (ou au tribunal de commerce) de l'arrondissement les capitaines qui ne se conforment pas à cette loi. C'est aux chambres ou aux tribunaux de commerce qu'est réservé le soin de juger et de rechercher quels sont les moyens les plus efficaces à employer pour l'exécution de la loi. (*Déc. du 22 avril* 1857.)

313. — *Escales ou relâches.* On nomme *relâche* l'entrée d'un navire dans un port qui n'est pas celui de sa destination. La relâche est volontaire ou forcée.

Elle est *forcée,* et donne lieu à certaines facilités, si le navire entre par fortune de mer, poursuite d'ennemis ou autre cause de *force majeure,* que la loi du 4 germinal an II qualifie de *détresse.* Sinon, elle est volontaire.

Le naufrage et l'échouement diffèrent en ce que le naufrage suppose la perte du navire et l'échouement son jet à la côte.

314. — *Relâche volontaire.* Le capitaine de tout navire qui aborde dans un port de France par relâche volontaire (2) est tenu d'avoir son manifeste. (*Loi du 22 août* 1791, *titre* 2, *art.* 4, *et loi du 4 germinal an II, titre* 2, *art.* 1er.)

Il doit encore, avant de reprendre la mer, et au plus tard dans les vingt-quatre heures de son arrivée (3), faire au bureau de la douane une déclaration sommaire énonçant le nombre des caisses, ballots et tonneaux du chargement ; indiquer le port de sa destination ultérieure et prendre certificat du tout, à peine d'une amende de 500 fr., pour sûreté de laquelle le bâtiment et les marchandises sont retenus. Toute-

---

(1) Cet article a pour but d'empêcher les capitaines, français ou étrangers, après leur arrivée, de simuler sur leur journal de bord des avaries à la charge de la cargaison ou des assureurs.

Le Code de commerce, art. 224, impose aux capitaines français l'obligation d'avoir à bord un registre coté et paraphé.

(2) La loi du 22 août 1791 n'admettait à la relâche volontaire que les navires dont la destination ultérieure était pour un autre port de France. Cette restriction, contraire à nos rapports de bonne intelligence avec l'étranger, ne se retrouve plus dans la loi du 4 germinal an II. Ainsi tout navire, quelle que soit sa destination ultérieure, peut aborder en relâche. (*Déc. du* 1er *juillet* 1834.)

(3) Si la relâche dure moins de vingt-quatre heures, les capitaines sont tenus, d'après l'art. 38 de la loi du 27 vendémiaire an II, V. n° 300, d'effectuer la remise de la déclaration sommaire avant leur départ. Cet article 38 n'a fait, au surplus, que consacrer une interprétation déjà suivie pour l'exécution de l'ordonnance de la marine de 1681. Le commentaire de Valin sur l'art. 6, titre 10, du Livre 1er de cette ordonnance, relatif aux bâtiments en relâche, porte en effet que *la déclaration est due par le seul fait de l'entrée et de l'ancre jetée dans le port, quelque peu de temps que le navire y reste.* (*Déc. du* 1er *juillet* 1834.)

fois, s'il s'agit de marchandises ou denrées exemptes de droits ou passibles de droits ne s'élevant pas à 3 fr. en totalité, les contrevenants sont seulement condamnés à l'amende de 50 fr., pour sûreté de laquelle partie des marchandises peut être retenue jusqu'à ce que ladite amende ait été consignée ou qu'il ait été fourni caution solvable de la payer. Le délai de vingt-quatre heures ne court pas les jours de dimanche et de fête. (*Loi du 22 août 1791, titre 2, art. 4 et 30.*) Défaut de déclaration sommaire, etc.; n° 151 du tableau des Infr. Trib. de paix.

La déclaration sommaire ainsi exigée par l'art. 4, titre 2, de la loi du 22 août 1791, n'est autre chose qu'une copie du manifeste prescrit par la loi du 4 germinal an II. Cette copie doit être signée par le capitaine; mais rien ne l'oblige à attendre qu'elle soit enregistrée. Dès qu'il l'a remise et qu'il en a reçu certificat, il peut reprendre la mer. (*Déc. du 1er juillet 1834.*)

Quand il s'agit de navires faisant le cabotage, les expéditions dont ils sont munis doivent être revêtues du visa de la douane ou du poste qui y est établi, tant à l'abord qu'au départ, afin de constater la relâche, ses motifs et sa durée. (*Circ. du 4 juin 1811.*)

Si le navire est chargé de *sel*, le visa doit relater toutes les différences reconnues entre les indications de l'acquit-à-caution et l'état actuel du chargement. (*Circ. du 19 août 1816, n° 197.*) S'il est chargé de *boissons*, les employés s'assurent qu'elles sont accompagnées des acquits-à-caution de la régie. (*Circ. du 30 janvier 1815.*)

Dans le cas où il existerait à bord soit des marchandises prohibées, soit des marchandises désignées en l'art. 22 de la loi du 28 avril 1816, *V.* n° 372, il serait procédé conformément au n° 316.

Mise, par la copie du manifeste, à même de juger dans quelle mesure sa surveillance doit être exercée, la douane inscrit le navire au registre des mouvements du port, en y rappelant la relâche, et conserve cette copie dans un dossier spécial, revêtu du numéro d'ordre de ce registre ou du numéro du rapport de mer, si cette formalité a été remplie. (*Déc. du 14 novembre 1850.*)

Un bâtiment peut prendre sa destination pour le port où il est entré en relâche, si toutefois ce port est ouvert à l'admission des marchandises dont se compose le chargement. Alors le capitaine doit, en annonçant son entrée définitive, remplir toutes les obligations établies pour le navire arrivé au port de sa destination.

Un navire ne peut demeurer plus de trois jours dans le port où il se trouve en relâche volontaire (1). Ce délai expiré, il faut que le navire reparte ou qu'il soit fourni des déclarations en détail. Dans toute hypothèse, le règlement sur la navigation a son effet.

315. — *Relâche forcée.* Le capitaine de tout navire qui est forcé de relâcher dans un port par fortune de mer, poursuite d'ennemis et autres cas fortuits, est tenu, dans les vingt-quatre heures de son arrivée, de justifier par un rapport des causes de sa relâche et de se conformer à ce qui est prescrit par l'art. 4, titre 2, de la loi du 22 août 1791, *V.* n° 314, à peine de la confiscation des marchandises et d'une amende de 500 fr. pour sûreté de laquelle le navire peut être préventivement retenu. (*Loi du 22 août 1791, titre 6, art. 1er et 3.*) Défaut de déclaration sommaire, etc.; n° 152 du tableau des Infr. Tribunal de paix.

À défaut de la déclaration sommaire ainsi prescrite par ces art. 1 et 3, le capitaine en relâche forcée est passible des pénalités qu'ils édictent. (*A. de C. du 14 ger-*

---

(1) La loi du 22 août 1791 n'assignait pas de terme à la relâche. C'était pour le service un grave inconvénient; il a été levé par la loi du 4 germinal an II, qui, en exigeant des déclarations en détail dans les trois jours de l'arrivée de tout navire, *V.* n° 319, limite évidemment à ce délai la relâche volontaire.

minal an XI.) Mais on aurait égard à la position fâcheuse du capitaine s'il justifiait des causes qui l'auraient empêché d'avoir son manifeste. Les préposés attendraient, pour exiger cet acte, qu'il fût pourvu à la sûreté du bâtiment et exerceraient la surveillance nécessaire afin de prévenir toute fraude.

S'il n'existe point de bureau de douane sur le lieu de la relâche forcée, le rapport fait par le capitaine devant le tribunal de commerce, ou, à défaut, devant le juge de paix (*Code de commerce, art.* 243), doit être visé par les préposés des douanes du poste le plus voisin.

L'état de relâche forcée doit être constaté par les préposés des douanes. (*Loi du* 4 *germinal an II, titre* 2, *art.* 11.) (1).

Si la relâche par détresse est valablement justifiée, et si le navire a besoin d'être radoubé ou de recevoir quelques fortes réparations qui exigent le débarquement des marchandises, la douane permet ce déchargement. (*Lois des* 4 *germinal an II, titre* 2, *art.* 6. *et* 22 *août* 1791, *titre* 6, *art.* 2.)

Ces marchandises sont mises en dépôt, à vue du manifeste original, aux frais du capitaine, sous sa clef et sous celle des préposés de l'administration, jusqu'au départ du navire. (*Loi du* 22 *août* 1791, *titre* 6, *art.* 2.)

On peut mettre les marchandises en entrepôt réel s'il y existe un emplacement convenable ou dans un magasin loué aux frais du capitaine et offrant les sûretés désirables.

---

(1) Ces agents peuvent, au besoin, les faire confirmer par l'interrogatoire des gens de l'équipage ; mais ils n'usent de cette faculté qu'en cas d'absolue nécessité, attendu qu'il est peu probable que les capitaines s'imposent des frais plus ou moins considérables pour se rendre volontairement dans un port où ils ne peuvent faire aucune opération de commerce sans rentrer aussitôt sous l'empire de la loi commune. (*Circ. du* 4 *juillet* 1838, n° 1694.)

Le caractère de l'escale ne dépend pas de la position géographique du port où elle a lieu ; en matière de douanes, il n'y a pas de ports de relâche proprement dits. Tous les ports peuvent devenir accidentellement des ports de relâche forcée. La relâche est *forcée* ou *volontaire*, suivant les circonstances qui y donnent lieu ; elle est *forcée* toutes les fois que le capitaine est contraint, par un motif quelconque de force majeure, de suspendre sa navigation et d'entrer dans un port qui n'est pas celui de sa destination : des avaries, la révolte de l'équipage, ou seulement des vents violents ou contraires, le défaut d'eau ou de provisions, sont des motifs de relâche *forcée*. La relâche est *volontaire*, au contraire, comme l'indiquent suffisamment les mots dont on se sert pour la qualifier, lorsque le capitaine aborde spontanément, de son propre mouvement, dans un port, soit pour y prendre langue, soit pour tout autre motif qui n'a aucun caractère d'urgence ou de nécessité absolue.

Quels que soient le caractère ou les causes de relâche, le service est fondé à exiger, dans tous les cas, le dépôt, au bureau, de la déclaration sommaire prescrite par l'art. 4 du titre 2 de la loi du 22 août 1791, *V.* n° 314, c'est-à-dire d'une copie du *manifeste*, et ce dépôt doit avoir lieu dans les vingt-quatre heures de l'arrivée du navire, ou *avant son départ,* si la relâche dure moins de vingt-quatre heures.

Toutefois, comme il existe soit des localités, soit des circonstances où la stricte application de ces règles pourrait n'être pas sans inconvénients pour la navigation, les directeurs sont autorisés à les modifier dans ce cas de manière à concilier les intérêts du service avec ceux des armateurs, surtout en ce qui concerne les navires caboteurs dont le séjour dans un port est de moins de vingt-quatre heures. (*Déc. des* 1er *juillet* 1834 *et* 3 *décembre* 1845.)

Les capitaines sont affranchis de toute déclaration ou dépôt de manifeste si la relâche forcée a lieu hors de l'enceinte d'un port. (*Déc. du* 1er *juillet* 1834.)

Le dépôt des marchandises dans l'entrepôt réel, avec l'assentiment des propriétaires de cet établissement, ne peut engager la responsabilité de la douane. (*Déc. du 20 octobre 1851.*)

Les marchandises prohibées exactement déclarées au manifeste ne sont sujettes à aucune condamnation, dans le cas de relâche forcée, quand bien même le navire n'aurait pas le tonnage voulu. Elles doivent être gardées à vue très-exactement et soumises à la réexportation. (*Loi du 9 février 1832, art. 23.*) V. n° 316.

Le capitaine peut aussi faire charger, de bord à bord, tout ou partie de son chargement sur d'autres navires, en prenant l'autorisation du service. (*Loi du 22 août 1791, titre 6, art. 2.*)

Le transbordement peut être autorisé alors même que le port de relâche n'est pas un port d'entrepôt, et, s'il s'agissait de marchandises pour la réexportation desquelles il existe un tonnage de rigueur, les chefs locaux pourraient permettre l'emploi de navires de 25 tonneaux, en indiquant les motifs de l'exception. Le transbordement est suivi par le service à vue du manifeste original, qu'il annote en conséquence; les résultats de l'opération, ainsi établis, servent à la rédaction des manifestes nouveaux, à moins que le transbordement ne s'accomplisse sur un seul et même navire; car alors le manifeste du bâtiment en relâche forcée est rendu, revêtu des annotations du service, pour être représenté par l'autre navire au port de destination. Dans ce dernier cas, la copie du manifeste, classée à la douane, reçoit une annotation rappelant les faits. (*Circ. du 27 février 1829, n° 1145.*)

Les marchandises déchargées à terre ou versées de bord à bord ne sont sujettes à aucun droit, à moins qu'elles ne soient vendues pour la consommation, soit à cause de leur nature périssable, soit pour le payement des frais de radoub. (*Lois des 22 août 1791, titre 6, art. 2, et 4 germinal an II, titre 2, art. 6.*)

S'il s'agit de débarquer des marchandises pour la consommation, à fin de payement des frais de radoub, la déclaration en détail est nécessaire. (*Circ. du 27 février 1829, n° 1145.*) Le capitaine a la faculté de prendre, au besoin, connaissance du contenu des colis pour se mettre en état de faire cette déclaration. (*Circ. du 17 décembre 1817, n° 353.*)

Les objets vendus dans le cas prévu par l'article précédent sont passibles des droits du tarif général. (*Loi du 4 germinal an II, titre 2, art. 6.*) Il y a ainsi, mais dans ce seul cas, exception aux restrictions d'entrée (1).

Le surplus des marchandises déchargées peut être rechargé soit à bord du même navire, soit sur tout autre bâtiment, à vue du manifeste, que le service annote en conséquence, sans déclaration en détail ni aucune formalité. (*Lois des 22 août 1791, titre 6, art. 2, et 4 germinal an II, titre 2, art. 6; Circ. du 7 février 1829, n° 1145, et Déc. des 24 mars 1842 et 12 novembre 1851.*)

Si les marchandises ont été déposées dans des magasins de la douane, le service exige, avant qu'elles en soient retirées, le payement d'un droit de magasinage de 1/2 0/0 de la valeur des objets non vendus. (*Loi du 4 germinal an II, titre 2, art. 6.*)

Ce droit de magasinage est dû, dans ce cas, quelle que soit la durée du dépôt. Si

(1) Lorsqu'ils proviennent de l'étranger, les matériaux employés à la réparation des navires de tout pavillon doivent être soumis aux taxes d'entrée. (*Déc. du 8 octobre 1853.*)

Les vieux cuivres provenant du doublage des navires étrangers qui en reçoivent un nouveau en France sont traités comme métal brut, à charge par les intéressés, avant d'en prendre livraison, de les rendre impropres à tout autre usage que la refonte. (*Note 356 du Tarif général et Déc. du 7 mai 1853.*)

ces marchandises sont placées, avec l'autorisation de la douane, dans des magasins loués par les intéressés, le droit de magasinage de 1/2 0/0 cesse d'être exigible. Les marchandises dont la douane permet la vente comme étant de nature périssable, ou celles qu'il est nécessaire de vendre pour payer les frais de radoub, sont pareillement affranchies de ce droit. (*Circ. du 6 brumaire an XI et Tarif n° 225.*)

Un bâtiment peut consommer sa destination dans un port où il est entré en relâche forcée. Dans ce cas, le capitaine en fait la déclaration à la douane, en se référant au manifeste qu'il a déposé. Observer, toutefois, qu'il n'est fait exception aux restrictions d'entrée qu'à l'égard des marchandises jugées de nature périssable ou destinées au payement des frais de radoub.

Si de l'examen du rapport fait par le capitaine il ne résulte pas qu'il y ait relâche forcée, la relâche est considérée et traitée comme volontaire.

V., pour les échouements et naufrages, Livre XI, chap. 9.

316. — *Importations accidentelles du prohibé.* Lorsque des marchandises prohibées (1), inscrites au manifeste, sont accidentellement importées, hors le cas de relâche forcée (*V.* n° 315), dans les ports autres que ceux ouverts à leur importation (*V.* n° 473), on observe à leur égard les règles ci-après :

Dans les ports d'entrepôt réel (du non prohibé).

N° 1. Si le bâtiment est de cent tonneaux et au-dessus (2); si les marchandises prohibées chargées à bord sont portées au manifeste sous leur véritable dénomination, par *nature, espèce* et *qualité*, et si elles n'excèdent pas le dixième de la valeur du chargement, elles sont mises en dépôt sous la seule clef de la douane, à charge par le capitaine ou consignataire de les réexporter dans le délai de quatre mois.

N° 2. Si, n'excédant pas le dixième, elles ne sont indiquées au manifeste que par *nature*, elles doivent être déposées en douane pour être réexportées par le même navire, s'il retourne à l'étranger, ou, s'il n'y retourne pas, par le premier bâtiment du tonnage requis, sortant du port, et ce, dans un délai qui ne peut excéder un mois.

N° 3. La disposition n° 2 est appliquée aux bâtiments au-dessous de cent tonneaux qui ont moins du dixième de leur chargement en marchandises prohibées, même lorsque ces marchandises ont été portées au manifeste par *nature, espèce* et *qualité* (3).

N° 4. Quel que soit le tonnage du navire, et de quelque manière que les marchandises prohibées aient été déclarées, si elles excèdent le dixième, le bâtiment doit être contraint à reprendre la mer immédiatement et sans avoir fait aucune opération.

---

(1) Ou dont la prohibition a été remplacée par des droits, postérieurement à la loi du 24 mai 1834.

(2) Cette disposition n'a pas été modifiée par l'art. 7 de la loi du 5 juillet 1836 (*V.* n° 392), qui, en réduisant à 40 tonneaux le tonnage de rigueur, n'a statué qu'à l'égard des *ports ouverts aux marchandises prohibées.* (*Déc. du 9 décembre* 1840.)

(3) Cet article n'est pas *littéralement* applicable dans les ports ouverts aux marchandises prohibées ; mais, comme le renvoi immédiat à l'étranger des marchandises incomplètement décrites au manifeste ou importées par des navires de moins de *quarante* tonneaux pourrait, dans certains cas, occasionner de graves dommages au commerce, rien ne s'oppose à ce que les dispositions plus favorables des *nombres* 2 et 3 soient étendues aux ports d'entrepôt du prohibé. (*Déc. du 18 février* 1837.)

Dans les ports où il n'y a pas d'entrepôt.

N° 5. La disposition qui précède (n° 4) est appliquée, sauf le cas de relâche forcée valablement établie, aux bâtiments de tout tonnage, et quelle que soit la proportion des marchandises prohibées qu'ils ont à bord. (*Loi du 9 février 1832, art. 22.*)

Ces dispositions ne concernent pas les menus objets qui se trouvent parmi les bagages ou provisions des voyageurs, en dehors de toute opération de commerce. (*Déc. du 4 juin 1856.*)

Dans tous les cas prévus par l'art. 22 précédent, le capitaine ou conducteur d'un navire au-dessous de cent tonneaux, entré dans un port *quelconque* (non ouvert au prohibé), avec des marchandises prohibées, sauf le cas de relâche forcée valablement établi, est passible d'une amende de 1,000 fr., pour sûreté de laquelle ledit navire et toute sa cargaison pourront être préventivement retenus. (*Même loi, art. 23.*) Importation, etc., n° 33 du tableau des Infr. Tribunal de paix.

Cet article n'est applicable qu'autant que les marchandises prohibées existant à bord figurent régulièrement au manifeste. Autrement il y aurait infraction aux règles sur les manifestes. (*Déc. du 4 mai 1854.*)

Quand l'amende édictée par l'art. 23 est exigible, on rédige un procès-verbal régulier, constatant la contravention et portant déclaration de retenue du chargement. (*Déc. du 29 mars 1833.*)

On peut se borner à garder des marchandises jusqu'à concurrence du montant de l'amende, si elle n'est pas payée immédiatement, ou s'il n'est pas fourni bonne et suffisante caution. (*Déc. du 19 septembre 1839.*)

Pour les restrictions de tonnage, *V.* n° 392.

Dans le cas où l'art. 22 de la loi du 9 février 1832 autorise le dépôt, il y a lieu à la perception d'un droit de magasinage de 1 0/0 de la valeur des marchandises, et, si lesdites marchandises ne sont pas réexportées ainsi qu'il est prescrit, il en sera disposé conformément à l'art. 14 de la loi du 17 mai 1826. (*Loi du 9 février 1832, art. 24.*)

Pour la suite des dépôts, *V.* Livre XI, ch. 17.

317. — *Courtiers.* Les capitaines peuvent agir en personne, quand ils parlent et écrivent le français. (*Circ. du 12 novembre 1817, n° 340.*)

L'armateur, l'affréteur unique ou le consignataire unique peut agir pour le capitaine ou l'assister en douane sans l'intervention d'un courtier, pour ce qui se lie au service du navire (notamment l'armement, le mobilier, l'approvisionnement de bord, la remise du manifeste, le dépôt ou la levée des papiers de navigation).

Quant aux formalités relatives aux marchandises (déclarations en détail, levée des permis ou des expéditions), elles peuvent être remplies par toute personne intéressée dans l'opération. (*Même Circ. et Déc. de M. le Min. du com. du 11 janvier 1853, transmise le 19.*)

Pour tout ce qui se lie au service du navire, l'armateur, l'affréteur ou le consignataire unique peut se faire représenter en douane par une autre personne qu'un courtier, pourvu qu'il soit question d'un mandataire général et spécial, n'ayant pas d'autre mission que d'agir pour toutes les opérations de la maison de commerce qui l'emploie. Ce mandataire ne saurait être admis s'il joignait à cette qualité un autre caractère, tel que celui de commissionnaire faisant des opérations ou agissant pour d'autres maisons, ou s'il n'avait qu'un mandat spécial pour les seules opérations en douane. (*A. de C. du 31 janvier 1852.*)

En cas de difficultés à ce sujet, le service déclarerait s'en rapporter à l'autorité judiciaire.

Si, à défaut de l'armateur, de l'affréteur ou du consignataire unique, agissant en personne ou comme il est indiqué au paragraphe précédent, le capitaine, qui n'est qu'un mandataire ou délégué de l'armateur ou de l'affréteur, voulait être représenté en douane, il ne pourrait l'être que par un courtier. (*Déc. du 7 juin 1855.*)

La déclaration d'un capitaine parlant français, écrite d'une autre main que la sienne, mais signée de lui, est recevable sans l'assistance d'un courtier, lorsqu'il l'apporte lui-même et vient l'affirmer en douane. (*Circ. du 6 octobre 1819, n° 522.*)

La conduite des navires comprend la traduction des documents écrits en langue étrangère et l'interprétation orale des explications données par les capitaines qui ne parlent pas le français. (*Ord. du 14 novembre 1835.*) Aussi un capitaine étranger ne peut-il être admis à remettre directement ses déclarations en douane qu'autant qu'il parle et écrit le français. (*Déc. du 26 novembre 1863.*)

Les courtiers-interprètes et conducteurs de navires ont seuls le droit de traduire, en cas de contestation portée devant les tribunaux, les déclarations, chartes-parties, connaissements, etc. Pour le service des douanes, ils servent seuls de truchements à tous étrangers, maîtres de navires, marchands, équipages de vaisseaux et autres personnes de mer. (*Code de commerce, art. 80.*)

Tout courtier qui sait l'une des langues familières au capitaine peut devenir son interprète pour les déclarations en douane; mais s'il s'agissait de faire traduire légalement les papiers de bord, on ne pourrait employer que les courtiers institués pour traduire la langue dans laquelle ces papiers seraient écrits. (*Déc. min. du 6 juin 1818, transmise par Circ. du 13, n° 400.*)

Les courtiers agissant pour les capitaines, négociants ou commissionnaires, et en leur absence, n'ont pas besoin d'un pouvoir spécial. Il leur suffit, pour se légitimer, d'être porteurs des pièces, telles que connaissements, factures, etc., relatives au chargement. (*Déc. min. du 13 mars 1812 et Déc. du 2 août 1836.*)

Le courtier n'est admis à faire une déclaration pour un tiers qu'après représentation de connaissements, etc.; en cas d'infraction, c'est alors son commettant qui est directement actionné par le service, sauf recours légal. A défaut de justification, il ne peut stipuler qu'en son propre nom. (*Déc. du 22 février 1862.*)

Quoique le titre commun des courtiers maritimes soit celui de *courtiers-interprètes, conducteurs* de navires, chacun des titulaires n'est autorisé à interpréter et à traduire que dans les langues mentionnées sur *sa commission.* Si donc aucun des courtiers d'un port n'est commissionné pour l'interprétation de l'idiome de la nation à laquelle appartient le capitaine, celui-ci reste libre de se faire assister et de faire traduire les pièces de bord par qui bon lui semble, pourvu que, dans ses déclarations orales ou écrites, il ne se serve pas d'une langue pour laquelle il y aurait des courtiers commissionnés, et que, dans le cas où il ferait usage de la langue française, il n'emprunte d'autre assistance que celle du propriétaire ou consignataire unique de la cargaison. (*Circ. n° 340 et Déc. du Min. du comm. du 8 mars 1837.*)

Dans le cas où il existe sur une place un ou plusieurs courtiers commissionnés pour l'interprétation d'une langue, *eux seuls* peuvent servir d'intermédiaires aux capitaines de navires qui, dans leurs relations avec la douane, font usage de cette langue. Ces courtiers ne sauraient se faire suppléer par leurs commis. (*Déc. du Min. du comm. du 14 décembre 1840.*)

Lorsqu'il existe sur une place des courtiers commissionnés pour l'interprétation d'une langue, la douane doit refuser toute traduction de pièces écrites dans cette langue qui n'est pas certifiée par un courtier compétent, et poursuivre le capitaine qui ne remet pas son manifeste dans le délai prescrit, sauf à celui-ci à exercer son recours contre le courtier, s'il refuse de traduire cet acte ou s'il ne le traduit pas en temps utile. (*Déc. du Minist. du comm. du 14 décembre 1840.*)

L'ensemble des formalités qui constituent la conduite des navires ne saurait être scindé, et l'on ne peut charger un courtier des traductions et un autre courtier des formalités qui s'accomplissent verbalement. En conséquence, les douanes ne doivent admettre comme truchement d'un capitaine que le courtier auquel il a confié la traduction de ses papiers de bord. (*Même Déc.*)

Les courtiers maritimes sont tenus de remplir eux-mêmes toutes les formalités qui constituent la conduite des navires, et ils ne peuvent se faire remplacer ni suppléer par des commis sans enfreindre les lois qui régissent leur profession. Ainsi, lorsque les capitaines n'agissent pas par eux-mêmes, la douane ne peut admettre des déclarations écrites non signées par un courtier, et, si le capitaine se fait assister pour ses dépositions orales à la douane, il doit être accompagné du courtier en personne. (*Déc. du Min. du comm. du 31 mars 1842; Circ. manuscr. du 12 avril suivant.*)

Mais les déclarations et autres pièces revêtues de la signature d'un courtier peuvent être déposées en douane par une autre personne. (*Déc. du 13 janvier 1857.*)

Dans les ports où il n'existe pas de courtiers institués par le Gouvernement, l'exercice du courtage est entièrement libre, et les commis des courtiers établis dans un port voisin peuvent, comme tout autre individu, y servir d'intermédiaires aux capitaines. (*Circ. man. du 12 avril 1842.*)

Dans ces mêmes ports, l'on n'a aucune justification à demander aux individus qui veulent prendre une patente de courtier. Le courtage est un acte de commerce permis à l'étranger regnicole comme au Français, là où un caractère public n'y est pas attaché. (*Déc. du Min. du comm. du 27 juillet 1837.*) (1).

318. — *Rapport de mer.* Les capitaines sont tenus, dans les vingt-quatre heures de leur arrivée, de faire leur rapport à la douane, dans les cas indiqués ci-après (*Loi du 22 août 1791, titre 6, art. 1ᵉʳ*):

Pour établir les causes de relâches forcées (*Mêmes Loi, titre et art.*), *V.* nº 315 ;

Pour justifier des retards ou fortunes de mer qui ont empêché de faire décharger les acquits-à-caution dans les délais prescrits. (*Loi du 4 germinal an II, titre 7, art. 2.*) *V.* nº 609 ;

Pour justifier des avaries éprouvées en mer et jouir des immunités qui peuvent en résulter (*Loi du 21 avril 1818, art. 51, relativement aux marchandises en général, et Règlement du 11 juin 1806, art. 13, en ce qui concerne les sels*);

Pour profiter des franchises attachées à la pêche nationale (*Ordonnance du 26 avril 1833*);

Et, généralement, pour obtenir l'effet d'une disposition favorable subordonnée par la loi aux circonstances de la navigation.

Pour la provenance en droiture, *V.* nº 14.

Ce rapport est distinct de celui qui doit être fait au tribunal de commerce, ou, s'il n'y a pas de tribunal, devant le juge de paix, par les capitaines de navires

---

(1) Toutefois, la patente ne confère pas à celui qui en est pourvu le droit exclusif de conduire les capitaines étrangers qui ne *parlent pas français*, ni de traduire les pièces, manifestes ou autres, qu'ils ont à déposer à la douane. Dans les ports où il n'existe point de courtiers, personne ne peut avoir le privilége d'intervenir pour interpréter ou traduire les langues étrangères. A cet égard, les capitaines restent libres dans leur choix. Seulement, le traducteur étant privé de tout caractère public, la traduction n'a rien d'obligatoire pour la douane, qui serait fondée à en contester l'exactitude. (*Déc. du 2 septembre 1841.*)

L'ordonnance du 14 novembre 1835, relative aux droits de courtage, porte, art. 8, que, dans aucun cas, ces droits ne pourront être perçus contrairement à l'exécution des traités.

Les consuls espagnols ont le droit d'exercer les fonctions de courtiers, en ce qui concerne les capitaines de leur nation. (*Circ. du 27 février 1840, nº 1798.*) *V.* Livre XI, ch. 8.

français, conformément aux articles 242 et 243 du Code de commerce (1). Loin de s'exclure mutuellement, tous deux se concilient et se prêtent appui. (*Décision du Ministre de l'intérieur du 4 mars 1808 et du Ministre de la justice du 30 avril suivant* (2).

Tous deux doivent offrir les mêmes garanties d'exactitude : celui-ci, dans l'intérêt des parties envers lesquelles le capitaine est responsable, et réciproquement; celui-là, dans l'intérêt général du commerce et de l'État : du commerce, qui peut profiter de certaines immunités au moyen des preuves résultant du rapport de mer; de l'État, qui ne doit les accorder qu'en raison de faits constants, en ce qu'il importe que les privilèges établis soient appliqués avec équité, et seulement après justification des conditions requises.

Le capitaine qui a fait naufrage, et qui s'est sauvé seul ou avec partie de son équipage, est tenu de se présenter devant le juge du lieu, ou, à défaut du juge, devant toute autre autorité civile, d'y faire son rapport, de le faire vérifier par ceux de son équipage qui se seraient sauvés et se trouveraient avec lui, et d'en lever expédition. (*Code de commerce, art.* 246.)

L'art. 248 du même Code défend au capitaine, hors le cas de péril imminent, de décharger aucune marchandise avant d'avoir fait son rapport, et l'art. 14 de la loi du 10 avril 1825 le condamne, en cas d'infraction avec intention frauduleuse, à la peine de la réclusion. Mais la douane, quand on s'est mis en règle à son égard, n'est pas autorisée à refuser le permis de débarquement au capitaine qui n'a pas rempli les formalités prescrites par les art. 242 et 243 du Code de commerce. (*Déc. min. du 13 mai 1834*.)

Le rapport fait à la douane indique le nom du bâtiment et son tonnage, le port auquel il appartient, le nom du capitaine, la nature du chargement, le lieu du départ, la route suivie, les avaries dans le navire. Les faits y sont exposés suivant la déposition verbale du capitaine ou du principal déclarant; on distingue ceux qu'il n'établit que par son témoignage de ceux qu'il justifie par des pièces. Il affirme ensuite et signe sa déclaration. Quand les matelots de l'équipage sont appelés et interrogés sur les faits, on leur donne lecture du rapport, et l'on dresse l'acte de leur déposition, qu'ils affirment et signent également. Les receveurs et commis à la navigation qui dressent les rapports de mer doivent s'abstenir d'y exprimer leur opinion particulière. (*Circ. min. du 5 décembre 1812.*)

Le rapport de mer est fait sur une feuille volante et signée par le capitaine; il prend un numéro d'ordre au registre des mouvements du port (série N, n° 8). La date et l'heure de la remise qui en est effectuée à la douane sont mentionnées, en toutes lettres, à la suite du rapport, et constatées contradictoirement par la signature du déposant et par celle de l'agent chargé du service de la navigation.

Dans le cas où l'on a recours à l'interrogatoire de l'équipage, le résultat en est

---

(1) Les capitaines de navires étrangers ne sont pas soumis aux dispositions générales du Code de commerce; ils peuvent faire valablement leurs rapports à leurs consuls. (*Lettre du Ministre de la justice du 14 octobre 1833 et Arrêté de C. du 23 novembre 1847*); mais il y a pour eux obligation de faire rapport de mer à la douane.

(2) Ces décisions, fondées sur la spécialité des lois de douanes, et rendues par les deux Ministres alors compétents, ont été généralement accueillies par le commerce; ceux-là même, en très-petit nombre, qui avaient cru d'abord pouvoir en contester la valeur, ont fini par reconnaître que le rapport de mer simultanément fait à la douane procure une économie de temps et de frais; que si, en effet, un capitaine français voulait se borner à un rapport de mer devant le tribunal, la douane aurait à user de son droit d'intervention, en vertu de l'article 247 du Code de commerce; et de là des retards et des dépens.

inscrit et signé sur cette feuille, que le service classe et conserve avec soin. (*Circ. du 23 mars 1849, n° 2315.*)

On peut se dispenser d'exiger l'affirmation des équipages si le rapport de mer, comparé au livre de bord, ne peut motiver aucune crainte de manœuvres illicites, et lorsqu'il ne s'agit que de justifier de circonstances ordinaires de navigation, telles que le retour en droiture du navire ou le transport direct des marchandises.

Les chefs locaux sont juges des circonstances particulières où il convient de tenir à la comparution des équipages; toutefois il est entendu que cette formalité reste obligatoire dans les cas rappelés au commencement de cet article.

L'interrogatoire doit avoir lieu aussitôt après le dépôt des rapports de mer, et, afin que les capitaines ne puissent décliner la responsabilité du retard qu'ils apporteraient à l'accomplissement de cette formalité, les employés qui reçoivent les rapports ne doivent jamais négliger d'y faire mention de l'invitation adressée au capitaine de faire comparaître immédiatement les hommes du bord. (*Circ. lith. du 14 juillet 1849.*)

Lorsque des pièces originales doivent être annexées au rapport, c'est au greffe du tribunal de commerce que l'on doit toujours les déposer. Si elles étaient jugées nécessaires par la douane, le greffier en délivrerait des expéditions. (*Déc. du Ministre de l'intérieur du 4 mars 1808; Circ. du 5.*)

Le livre de bord, dont l'exhibition peut être exigée par la douane, ne saurait être retenu; il doit être rendu au capitaine immédiatement après qu'il en a été fait usage. *V.* n° 312.

C'est sur papier libre que doivent être faites les expéditions des rapports de mer faits en douane, lorsqu'elles sont destinées à être adressées à l'administration par les directeurs, à l'appui et comme justification des demandes formées par le commerce, dans le but d'obtenir certaines modérations de droits ou autres avantages subordonnés à la provenance des chargements ou aux circonstances de la navigation. Dans ce cas, en effet, lesdites expéditions ont exclusivement le caractère d'un document administratif, et, comme telles, ne sont point passibles du timbre.

Mais lorsque les capitaines ou armateurs jugent à propos de lever en douane des expéditions de ces rapports, soit à titre de renseignement, soit pour s'en prévaloir vis-à-vis des tiers, ou enfin pour en faire tout autre usage que celui indiqué au paragraphe précédent, il y a lieu d'exiger la formalité du timbre, et le papier dont il doit être fait emploi dans ce cas, conformément à l'art. 63 du titre 7 de la loi sur les finances du 28 avril 1816, est celui au timbre de 1 fr. 25 cent. Ces expéditions, délivrées sur papier timbré, donnent lieu à la perception d'une rétribution de 1 fr. 50 cent. par rôle de vingt-cinq lignes à la page et de quinze syllabes à la ligne. (*Circ. des 27 juillet 1837, n° 1641, et 3 mai 1845, n° 2062.*)

La délivrance des expéditions des déclarations de retour de la pêche ne donne ouverture pour les employés à aucune rétribution. Toutefois l'immunité existe seulement pour la première expédition, toujours obligatoire, remise à l'armateur. Dans le cas où, par suite de perte, par exemple, de secondes expéditions deviendraient nécessaires, celles-ci seraient payées comme les expéditions des rapports de mer. (*Circ. du 17 mai 1842, n° 1914.*) (1)

---

(1) On doit toujours donner quittance de la somme reçue, au bas de chaque expédition.

La répartition du produit de cette rétribution a été réglée ainsi qu'il suit :

Dans les bureaux subordonnés, où il ne se trouve qu'un receveur, cet employé conserve nécessairement l'émolument intégral ;

Dans les bureaux subordonnés composés de plusieurs employés, demi-part au re-

319. — *Déclaration en détail.* Dans les trois jours (1) qui suivent l'arrivée du bâtiment, l'armateur ou le consignataire doit donner, par écrit signé, l'état des marchandises qui lui appartiennent ou qui lui sont consignées. (*Loi du 4 germinal an II, titre 2, art. 4.*) (2)

Est réputé consignataire, indépendamment de la qualité qu'il peut avoir d'armateur, de capitaine ou de propriétaire, celui ou de qui la marchandise est présentée. S'il agit par un fondé de pouvoir, *V.* n° 33. Pour le courtier, *V.* n° 317.

Le capitaine est de droit le représentant de l'armateur, et peut légalement produire en douane, au nom de celui-ci, la déclaration de détail. (*Déc. du 9 décembre 1833.*)

Pour les règles générales à appliquer, *V.* n° 142.

A l'égard des houilles, *V.* n° 330.

En cas de retard dans la production des déclarations, *V.* n°ˢ 155 et 887.

320. — *Débarquement et embarquement.* Il est défendu, sous les peines ci-après, de décharger des navires ou de charger à bord des navires aucune marchandise ou denrée sans la permission par écrit des préposés des douanes (permis) (3) et qu'en leur présence. (*Lois des 22 août 1791, titre 2, art. 13, et 4 germinal an II, titre 6, art. 1ᵉʳ.*)

L'infraction, par l'intérieur d'un port de commerce, s'il s'agit d'objets prohibés à quelque titre que ce soit, donne lieu à l'application du n° 400 ou du n° 588.

En cas d'infraction pendant les heures fixées par la loi, quand les marchandises sont tarifées, elles sont confisquées avec amende de 100 fr., lorsque les droits s'élèvent à 3 fr. et plus (4). (*Loi du 22 août 1791, titre 2, art. 13.*) Débarquement sans permis, etc.; n° 29 du tableau des Infr. Trib. de paix. Embarquement sans permis, etc.; n° 73 du même tableau. Trib. de paix.

---

ceveur qui collationne et signe l'expédition, et demi-part à l'employé qui fait cette expédition;

Dans les bureaux principaux, où il n'existe pas de commis principal à la navigation, demi-part pour le receveur et demi-part pour l'expéditionnaire;

Dans les bureaux où il existe un commis principal qui fait à lui seul tout ce qui se rattache au travail de la navigation, la rétribution tout entière lui est dévolue;

Enfin, dans les bureaux principaux où il existe une section de navigation, composée de plusieurs employés, demi-part pour le commis principal à la navigation et demi-part à l'employé qui a fait l'expédition. (*Circ. du 27 juillet 1837, n° 1641.*)

Quand il existe plusieurs employés ayant droit à la répartition du produit, celle-ci est faite à la fin de chaque mois, et il est passé écriture comme pour le plombage. (*Déc. du 27 janvier 1841.*)

(1) Si le troisième jour est férié, il ne compte pas. *V.* n°ˢ 300 et 314.

(2) A moins : 1° que la douane ne soit pas ouverte aux marchandises régulièrement inscrites au manifeste, car alors le commerce a la faculté, soit de placer ces marchandises en dépôt, soit de les laisser à bord du navire pour être dirigées sur un autre bureau ou renvoyées à l'étranger; 2° qu'il ne soit établi que les marchandises doivent rester à bord pour être transportées dans un autre port ou à l'étranger; 3° qu'il n'ait été justifié du cas de relâche forcée.

(3) Le permis, *V.* n° 154, est remis sans attendre que toutes les marchandises composant la même cargaison aient été déclarées. (*Déc. des 16 ventôse an IV et 16 août 1823.*)

(4) L'application de cet article au cas dont il s'agit est confirmée par l'art. 35 de la loi du 21 avril 1818.

Dès qu'une marchandise est irrégulièrement débarquée, il y a présomption légale d'origine étrangère. (*Déc. du 3 mai 1845.*)

Si les droits ne s'élèvent pas à 3 fr., ou si les marchandises sont exemptes de droit, les contrevenants sont seulement condamnés à l'amende de 50 fr., pour sûreté de laquelle partie des marchandises peut être retenue préventivement jusqu'à ce que ladite amende ait été consignée ou qu'il ait été fourni caution solvable de la payer. (*Même Loi, même titre, art.* 13 *et* 30.) (1) Débarquement sans permis, etc.; n° 28 du tableau des Infr. Trib. de paix. Embarquement sans permis, etc.; n° 72 du même tableau. Trib. de paix.

Quand des marchandises débarquées irrégulièrement et saisies dans le port ne figurent pas au manifeste, le service se borne à constater le débarquement sans permis. (*Déc. du* 10 *décembre* 1855.)

Pour la loi à invoquer en cas de chargement ou de déchargement, sans permis, de denrées ou de marchandises à bord des bâtiments *à destination des colonies françaises, V.* n° 761.

321. — Afin d'accélérer les opérations relatives aux navires, surtout aux bateaux à vapeur qui desservent certaines lignes de navigation, l'administration a, d'après un usage qui remontait à la ferme générale, été amenée à permettre, avant la délivrance des permis, le débarquement des cargaisons à vue du manifeste régulier et le dépôt dans une tente ou magasin spécial, sous les conditions suivantes :

La chambre de commerce de la localité doit être consultée, et ce n'est qu'autant qu'elle y donne son assentiment que la concession est faite à l'égard de telle ou telle entreprise, le tour de rôle des opérations se trouvant modifié. *V.* n° 324.

Les capitaines des navires et les représentants des compagnies intéressées, au moyen d'une soumission générale remise au receveur principal, reconnaissent que la tente ou le magasin de dépôt est substitué à la cale des navires, et s'engagent à répondre, comme si elles étaient constatées à la sortie du bord, de toutes les infractions au manifeste reconnues dans la tente ou le magasin, et à obtempérer à toute réquisition qui leur serait faite d'assister, soit en personne, soit par l'intermédiaire des courtiers, à l'ouverture des colis, lorsque le service croira devoir user du droit qu'il tient de l'art. 8, titre 2, de la loi du 4 germinal an II.

La tente ou le magasin de dépôt et de visite doit être établi, par les soins du commerce, et sur les quais, autant que possible près d'un corps-de-garde de douane, et offrir toutes les sûretés désirables.

On doit effectuer en totalité le déchargement et le transport des marchandises au magasin de visite dans un délai de trois heures à partir du moment où les employés chargés de suivre l'opération ont été désignés.

Les marchandises sont placées, dans ce magasin, sur les points indiqués par le service.

Les intéressés ne doivent employer, tant pour le déchargement que pour l'emmagasinement et le transport des marchandises, que des ouvriers agréés par l'administration, et répondre envers elle de tous leurs actes, et renvoyer immédiatement ceux de ces ouvriers auxquels elle croirait devoir retirer sa confiance. (*Déc. du* 17 *janvier* 1842.) *V.* n° 600.

Pour assurer la régularité des opérations, on doit, par exemple, charger de la

---

(1) Cet art. 30 désignait en outre les art. 1, 2 et 3 du même titre, relatifs aux opérations par la frontière de terre; mais un arrêt de la Cour de cassation du 20 janvier 1841, confirmatif de la jurisprudence constamment suivie par l'administration, a décidé que la disposition de cet article, qui réduit, en certains cas, à 50 fr. d'amende, sans confiscation, la pénalité applicable aux contraventions dans lesquelles le droit fraudé ne s'élève pas à 3 fr., avait été abrogée, dans tous les cas d'importation et d'exportation par terre, par l'art. 4 du titre 3 de la loi du 4 germinal an II.

surveillance intérieure et de la garde des portes extérieures, pendant les heures de travail, un détachement de préposés sous les ordres d'un sous-officier; ne laisser passer d'un magasin dans un autre ou définitivement enlever qu'à vue d'un permis, et faire sortir les colis, pour la visite, par une autre porte que celle d'entrée.

322. — A moins de force majeure justifiée par un rapport fait dans les formes prescrites (*V.* n° 318), les déchargements et les chargements des navires ne peuvent s'opérer que dans l'enceinte des ports où les bureaux sont établis. (*Loi du 22 août 1791, titre 13, art. 9.*) *V.* n° 234.

Ce principe fondamental a été rappelé par un arrêt de cassation du 29 janvier 1834, transmis par la Circ. n° 1430.

Les limites du port sont déterminées par les autorités locales ou départementales. Pour motiver un débarquement hors de l'enceinte du port, la force majeure doit être établie par un rapport de mer que le service des douanes est appelé à apprécier afin de délivrer un permis. Une sommation extra-judiciaire ne peut suppléer au rapport, et les tribunaux ne peuvent autoriser l'opération dans d'autres conditions. (*Jugement du trib. civil de Béziers du 16 mars 1857. Doc. lith. de 1858, n° 207.*)

Pour les infractions, *V.* n°⁵ 404 et 408.

Si, à l'égard d'un navire qui aborde dans la rade d'un port avec destination ultérieure, le débarquement en rade, au moyen de canots, de voyageurs et de leurs bagages, était exceptionnellement permis, les déclarations nécessaires devraient être préalablement produites en douane, et les droits de tonnage seraient exigés comme si l'opération s'effectuait dans le port. (*Circ. du 24 messidor an X, et Déc. du 23 mai 1857.*) *V.* n° 643, Tarif de navig., note 4.

Lorsque, à raison des intérêts de la localité et les forces du service actif permettant d'exercer une surveillance convenable, le directeur ou l'administration autorise exceptionnellement le débarquement d'objets d'approvisionnements, tels que houille, etc., sur un point où il n'existe pas de bureau, mais où une brigade est établie, les formalités de douane doivent être remplies au bureau le plus voisin; le nombre des chargements à recevoir chaque année et l'époque des importations sont déterminés d'avance; le receveur se concerte avec le capitaine ou le lieutenant, afin de fixer le jour où les dispositions du service de brigade pourront être facilement prises en vue du débarquement; il est détaché un ou plusieurs agents sédentaires pour suivre les opérations et en constater les résultats, et l'intéressé est tenu de verser, entre les mains du receveur, une somme destinée à indemniser ces agents des frais de déplacement. (*Déc. des 11 août 1817 et 30 juin 1843.*) *V.* n° 63.

Tout versement de bord à bord, dans une rade ou en dehors de l'enceinte d'un port, sans un permis régulier, constitue une infraction aux art. 13, titre 2, et 9, titre 13, de la loi du 22 août 1791. (*Déc. du 31 août 1852.*) *V.* n°⁵ 404 et 408.

323. — Les déchargements et les chargements ne peuvent se faire qu'en plein jour, entre le lever et le coucher du soleil (1), pendant les heures fixées par la loi. Tout déchargement ou chargement *hors des heures fixées par la loi*, qu'il ait été délivré ou non un permis, donne lieu, dans tous les cas, à la confiscation des marchandises irrégulièrement déchargées ou chargées, et, en outre, à l'amende énoncée, selon le cas, au n° 320. (*Lois des 22 août 1791, titre 13, art. 9, titre 2, art. 13 et 30, et 4 germinal an II, titre 6, art. 1er.*) Déchargement avec ou sans permis, etc.

_____

(1) Le texte de l'article 9, titre 13, de la loi du 22 août 1791 est ainsi conçu : « Les chargements et déchargements ne peuvent se faire, du 1er avril au 30 septembre, que depuis cinq heures du matin jusqu'à huit heures du soir, et, du 1er octobre au 31 mars, que depuis sept heures du matin jusqu'à cinq heures du soir. »

n° 30 du tableau des Infr. Tribunal de paix. Chargement, etc.; n° 74 du même tableau, Trib. de paix.

Ces opérations s'effectuent sous la surveillance des brigades; pour celles dites de bureau, *V.* n° 121.

Les déchargements de marchandises de toute origine, comme les chargements de marchandises de cabotage régulièrement vérifiées par le service sédentaire, peuvent être permis, moyennant les réserves et garanties énoncées aux n°s 321 et 600 et sous la surveillance des brigades, pendant les heures déterminées par les lois des 22 août 1791, titre 13, art. 9, et 4 germinal an II, titre 6, art. 1er, avant l'ouverture et après la fermeture des bureaux. *V.* n° 121.

Il n'en serait de même à l'exportation qu'autant qu'il ne s'agirait que de colis désignés sous le nom d'articles de messagerie, embarqués à bord des paquebots affectés au transport des voyageurs, et que les déclarations seraient enregistrées par un service de bureau spécialement organisé. *V.* n° 52.

Mais, dans toute hypothèse, les expéditions nécessaires ne sont délivrées que par le service sédentaire, après l'embarquement définitif, régulièrement constaté par les brigades. (*Déc. des* 10 *septembre* 1858 *et* 12 *janvier* 1859.)

Pour certains cas spéciaux de navigation, *V.* n° 121; et à l'égard des voyageurs, n° 863.

324. — Hors les cas d'urgente nécessité relatifs à la sûreté des bâtiments, les navires sont mis en déchargement ou en chargement à tour de rôle, suivant la date des déclarations, et en aussi grand nombre que le local et le nombre des préposés peuvent le permettre. Les employés nommés pour assister au débarquement ou à l'embarquement sont tenus de se transporter au lieu indiqué, à la première réquisition, après la mise en chargement, à peine de répondre des événements résultant de leur refus. (*Loi du* 22 *août* 1791, *titre* 2, *art.* 13.) *V.* Exceptions, n°s 321 et 600.

325. — Les parties de marchandises qui sont transportées des navires dans le port ou du port à bord des navires, par le moyen d'allèges, doivent être accompagnées d'un permis qui énonce les quantités et les qualités dont chaque allège est chargée (1).

S'il s'agit, à la sortie, de marchandises transportées également par allèges d'un lieu où il y a un bureau, dans un autre lieu de la même rade où il y a aussi un bureau, elles doivent être déclarées et expédiées par acquit-à-caution, pour en assurer la destination.

Dans l'un et l'autre cas, les versements de bord à bord, ainsi que les déchargements et chargements dans le port, ne peuvent avoir lieu qu'en présence des employés, à peine de la confiscation des marchandises tarifées et de 100 fr. d'amende contre les conducteurs (2). (*Loi du* 22 *août* 1791, *titre* 13, *art.* 11.) Déchargement à terre hors la présence des employés, etc.; n° 31 du tableau des Infr. Tribunal de paix. Chargement de bord à bord, etc.; n° 75 du même tableau. Tribunal de paix.

Si les marchandises sont prohibées, *V.* n°s 400 ou 588.

326. — *Marchandises restant à bord.* Sont exemptes des droits d'entrée et de sortie les marchandises et denrées apportées de l'étranger dans un port de France, lorsque, étant destinées pour l'étranger ou pour un autre port français, elles sont déclarées devoir rester à bord et qu'elles ne sont pas déchargées des navires, à la charge

---

(1) La douane, si elle le juge nécessaire, peut faire escorter les allèges par ses préposés.

(2) Cette pénalité s'applique également au cas de simple transport par allège sans permis. (*Déc. du* 26 *juillet* 1841.)

de justifier de leur destination ultérieure. (*Loi du 22 août 1791, titre 1er, art. 6.*)

Cette disposition s'applique aux marchandises prohibées comme à celles qui ne le sont pas (*Déc. du 19 octobre 1838*), et aux navires de tous pavillons. (*Déc. du 1er août 1826.*)

La justification prescrite résulte des papiers de bord, tels que connaissements, chartes-parties, etc. (*Déc. du 19 octobre 1838.*)

Le service indique sur ces papiers la partie du chargement mise à terre au port de prime-abord. (*Déc. du 16 mars 1841.*)

Quand il est justifié, par production de lettres, etc., qu'il y aurait un véritable intérêt à ce qu'une cargaison, bien que parvenue à destination, pût relever pour l'étranger, l'administration ne se refuse pas à accorder cette facilité à titre d'exception, en exemption des formalités ordinaires de réexportation. (*Déc. du 18 août 1845.*)

Lorsque des circonstances de force majeure obligent un capitaine de débarquer dans le port de prime-abord des marchandises destinées pour un autre port, afin de pouvoir faire réparer son navire, la douane, après avoir reconnu la nécessité de ce débarquement, procède par application de l'art. 2 du titre 6 de la loi du 22 août 1791. V. n° 315, etc. Par conséquent, les marchandises ne sont ni déclarées en détail, ni visitées ; le débarquement s'en effectue à vue du manifeste et sous la surveillance du service ; elles sont déposées sous double clef dans un magasin agréé par la douane. On s'assure, lors du départ du navire, que l'on a embarqué toutes et les mêmes marchandises, et le capitaine reprend la mer comme si les marchandises étaient restées. à son bord. (*Déc. du 5 avril 1842.*)

327. — Les navires français venant des colonies françaises ou de l'étranger avec des marchandises destinées pour plusieurs ports de France peuvent, après avoir débarqué une partie de leur cargaison au port de prime-abord, la compléter de nouveau avec des marchandises nationales ou d'entrepôt, sous les formalités, selon le cas, du cabotage ou des mutations d'entrepôt ; mais il leur *est formellement interdit d'embarquer ainsi des produits similaires* de ceux qui, pris à l'étranger, sont restés à bord (1). (*Déc. du 1er août 1826 ; Déc. min. du 24 novembre 1831 ; Déc. des 30 mai 1835, 17 mai 1839, 3 mars 1841 et 26 juillet 1841.*) V. n°⁵ 577 et 598.

A défaut de justifications suffisantes, on peut, à l'égard de ces cargaisons, s'en rapporter à la déclaration du capitaine ou du consignataire.

Si, au lieu d'avoir délivré autant d'expéditions qu'il y a de destinations différentes, la douane coloniale a porté la totalité de la cargaison sur une seule, cette expédition est régularisée au port de prime-abord pour la partie des marchandises qu'on y a débarquée ; elle est ensuite transmise successivement, par l'intermédiaire des directeurs, dans les ports secondaires, où sa régularisation est complétée. Le directeur dans l'arrondissement duquel se trouve le premier port de retour fait connaître au

---

(1) Cette réserve a pour but d'empêcher des substitutions entre des marchandises étrangères et des marchandises françaises de même espèce, mais d'une qualité et d'une valeur inférieures.

A raison de la nature des produits et de la faible taxe dont ils sont passibles à l'entrée, il est permis aux navires français qui desservent la ligne de Livourne à Marseille de charger en Corse, sous le régime du cabotage, des peaux brutes, alors même qu'il existerait à bord des produits similaires pris à l'étranger ; mais il faut que, relativement à ces derniers produits, le manifeste du bâtiment ait été visé par le consul français sur le point de chargement, ou, à défaut, par la douane sarde, à moins qu'il ne soit représenté un certificat séparé, et que le nombre et le poids des peaux en cabotage soient constatés exactement. (*Déc. des 30 mai et 17 juin 1857.*) V. n° 723.

directeur du second port si les justifications d'origine et de transport direct produites à l'arrivée ont été admises, et si l'application du privilége colonial a été définitive ou conditionnelle. (*Déc. du* 3 *mars* 1841.) *V.* n° 771.

Le navire arrivé à plusieurs destinations ne peut relever pour un autre port qu'autant que les marchandises qu'il vient de débarquer ont été déclarées et vérifiées. Toutefois ce bâtiment pourrait relever immédiatement moyennant une soumission cautionnée, de la part des intéressés, de payer le montant des amendes encourues dans le cas où le service reconnaîtrait des contraventions susceptibles d'entraîner la saisie du navire. (*Déc. du* 14 *juin* 1838.) *V.* n° 321.

328. — *Transbordement.* Le transbordement des marchandises arrivant de l'étranger ou des colonies françaises (*Déc. du* 31 *juillet* 1848) (1), destinées à être réexportées immédiatement sous tous pavillons, ou à être expédiées pour un autre port de France, sur navire français, peut, sur la demande du consignataire ou du capitaine, tenu de remettre à cet effet une déclaration en détail, être autorisé dans tous les ports d'entrepôt. Mais cette facilité n'est accordée, pour les réexportations immédiates, que si les marchandises sont admissibles dans les entrepôts réels ou fictifs du port où le transbordement doit s'effectuer, et, relativement au transport sur un second port de France, qu'autant qu'il s'agit d'une expédition d'un port d'entrepôt sur un port d'entrepôt où le débarquement doit s'opérer, et que les marchandises sont admissibles dans l'un et dans l'autre de ces entrepôts.

Lorsque le consignataire ou le capitaine justifie soit par correspondance, soit par les papiers de bord, de l'impossibilité de satisfaire complètement à l'obligation résultant de la déclaration en détail autrement que par la reconnaissance préalable des marchandises, l'inspecteur ou le sous-inspecteur sédentaire peut admettre exceptionnellement comme suffisante une déclaration indiquant seulement, mais avec exactitude, le nombre, l'espèce, les marques et les numéros des colis, ainsi que la nature de leur contenu. (*Circ. du* 20 *avril* 1841, n° 1846.)

Dans ce cas, les indications d'*espèce,* de *qualité,* de *poids* ou de *valeur* nécessaires pour compléter les écritures de la douane, peuvent être fournies officieusement et à titre de simple renseignement, sans que le déclarant soit exposé aux conséquences d'une déclaration inexacte. (*Déc. du* 8 *mai* 1841.)

Pour être admises au bénéfice du transbordement, les marchandises doivent être ou transbordées immédiatement, ou si elles sont débarquées, rechargées dans la même journée sur un autre navire. Autrement les formalités générales sont applicables. (*Déc. du* 8 *juin* 1843.) *V.* une exception, n° 329.

Le transbordement a lieu, autant que possible, soit directement de bord à bord, soit au moyen d'alléges, et, dans l'un ou l'autre cas, les marchandises sont reconnues sur le pont du navire à bord duquel elles sont embarquées pour la réexportation ou pour un autre port de France. Cette reconnaissance s'effectue sur le quai, partout où la disposition des lieux exige la mise à terre des colis. Dans tous les cas, il convient que ces vérifications ne soient pas prolongées sans nécessité. Les employés doivent donc, à moins de motifs particuliers, se borner à reconnaître l'identité des colis et à constater la nature des marchandises en en faisant ouvrir ou sonder un petit nombre, le dixième par exemple; ils peuvent même ne pas exiger l'ouverture des boîtes en ferblanc soudées qui renferment des étoffes de prix. Ces opérations sont surveillées, suivant l'importance des marchandises, soit par un vérificateur, soit par des préposés, au nombre desquels doit, autant que possible, se trouver un chef, soit par les employés des deux services agissant simultanément. (*Circ.* n° 1846.)

---

(1) Sauf les contrefaçons en librairie. *V.* n° 959.

Le commerce est libre de constater le poids effectif des marchandises ; mais, si la douane n'a aucun intérêt à les faire peser, elle se borne à suivre l'opération pour prévenir tout détournement de colis. (*Déc. du 26 juillet* 1841.)

Les marchandises transbordées ne sont pas inscrites sur les sommiers d'entrepôt au port de prime-abord.

En cas de renvoi immédiat à l'étranger, elles demeurent soumises aux conditions générales de réexportation. *V.* n° 470.

Lorsque les marchandises sont destinées pour un autre port de France, elles sont plombées comme si elles étaient extraites d'entrepôt, et le *permis* série N, n° 10 *bis*, qui, dans ce cas, tient lieu d'acquit-à-caution, doit les accompagner jusqu'à ce port, où le consignataire est tenu de produire, dans les trois jours, sa déclaration en détail, conformément à la loi. (*Circ.* n° 1846.)

En cas de réexpédition par transbordement de marchandises venues des colonies françaises, on se conforme, pour la formalité du plombage, si elle est exigible, aux dispositions rappelées au n° 472. (*Déc. du 29 avril* 1851.)

Quand les marchandises sont transbordées pour être dirigées sur un autre port de France, le plombage est, dans les cas où il est obligatoire, apposé sans frais pour le commerce. (*Décret du 21 mars* 1852, *art.* 1er.) *V.* n° 32.

Il est nécessaire que les permis mentionnent si les justifications de provenance et de transport direct ont été produites et admises au port de prime-abord, et qu'ils contiennent à cet égard tous les renseignements consignés habituellement sur les acquits-à-caution de mutation d'entrepôt qu'ils remplacent. (*Circ.* n° 1846.)

Le consignataire des marchandises au port de destination ne peut, dans aucun cas, être autorisé à modifier par sa déclaration les quantités mentionnées dans le permis de transbordement. Cependant, s'il annonce qu'il est fondé à croire à l'inexactitude de l'expédition qu'il est tenu de prendre pour base de sa déclaration écrite, la douane pourra se borner à faire garantir par une soumission particulière les intérêts du Trésor public. (*Déc. du* 1er *mars* 1842.)

Après avoir été régularisés, suivant les résultats de la visite à destination, les permis sont renvoyés au bureau d'où ils émanent. Les contrevenants sont passibles des peines énoncées au n° 470. (*Circ.* n° 1846.)

Ce mode est suivi alors même que les marchandises sont transportées à destination par le navire français qui les a apportées de l'étranger.

329. — Dans les grands ports, il arrive parfois que des marchandises viennent de l'étranger pour la réexportation directe, sans que le consignataire reçoive de ses commettants les indications nécessaires pour produire une déclaration en détail. Dans ce cas, quand le navire réexportateur n'est pas prêt à être chargé, et si les intéressés justifient, par leur correspondance ou par des papiers de bord, qu'ils se *trouvent dans l'impossibilité de libeller une déclaration en détail*, le chef de la localité peut, sur leur demande et après déclaration comme pour transbordement, faire délivrer un permis, série M, n° 10 *bis*, et permettre que les marchandises soient momentanément placées au dépôt de la douane. Il est procédé à une reconnaissance sommaire, et les colis sont plombés. A défaut de place, soit à la douane, soit à l'entrepôt réel, les intéressés fournissent un magasin sûr, convenablement situé et approprié, d'une surveillance facile. A la sortie, on s'assure de l'intégrité du plombage des colis, de leur identité, et on en fait ouvrir une partie, le huitième ou le dixième, par exemple. (*Déc. des* 28 *janvier* 1843 *et* 28 *janvier* 1847.)

330. — *Visite.* Les règles générales à appliquer sont rappelées au n° 156.

A l'égard des houilles, on peut déterminer la quantité importée par un navire en multipliant le nombre de tonneaux qu'il jauge par 1,500 kilogr. Mais ce mode de vérification ne s'applique qu'aux *chargements entiers*, et le commerce et la douane conservent respectivement la faculté de faire procéder à la pesée effective, toutes les fois que la forme particulière des navires paraît devoir produire des résultats qui s'écarteraient trop de la moyenne de 1,500 kilogr. par tonneau. (*Loi du 1ᵉʳ août 1792, art. 6, et Circ. du 28 septembre 1838, nᵒ 1711.*) (1).

Quand un navire chargé de houille, venant de l'étranger à deux destinations, est admis à débarquer au port de prime-abord, où elle est pesée, une partie quelconque de sa cargaison, le manifeste doit être régulièrement annoté en conséquence. A moins d'avoir des motifs particuliers pour soupçonner l'existence à bord de marchandises de contrebande, on peut permettre au déclarant d'acquitter au premier port la totalité du chargement et d'en expédier une partie, en cabotage, par le navire importateur ; la douane constate le poids de la houille mise à terre et inscrit, sur le passavant délivré pour le surplus, une annotation propre à mettre le service des autres ports à même de juger dans quelle mesure la surveillance doit être exercée. (*Déc. du 30 octobre 1846.*)

En suivant les règles applicables aux houilles, le service a la faculté d'affranchir de la visite les chargements de coke déclarés à raison, au moins, de 1,000 kil. par tonneau de jauge du navire importateur. (*Circ. du 3 février 1848, nᵒ 2217.*)

Les quantités de sel dont sont revêtues les peaux salées livrées à la consommation ne peuvent excéder 2 kil. par peau. Lorsque les peaux sont placées en entrepôt réel, elles peuvent conserver toutes les quantités de sel dont elles sont couvertes, sauf au

---

(1) Cette circulaire nᵒ 1711 n'a apporté aucun changement aux règles générales établies pour les déclarations. Il doit donc être entendu : 1ᵒ que le poids des houilles doit toujours être énoncé dans les déclarations purement et simplement, sans aucune condition ni réserve ;

2ᵒ Que les importateurs peuvent prendre pour base de ces déclarations, mais à leurs risques et périls, soit le poids de 1,500 kil. par tonneau de jauge, soit telle autre base qu'ils jugent convenable ;

3ᵒ Que le service a toujours le droit de procéder, par la pesée, à la constatation du poids effectif des chargements de houilles, et que le commerce peut, de son côté, demander que ce poids soit réellement vérifié, ou qu'à défaut on s'en rapporte à sa déclaration ;

4ᵉ Enfin que ce n'est qu'autant que la vérification a été matériellement opérée qu'il y a lieu de soumettre au double droit les excédants de poids constatés. Lorsque la déclaration des importateurs a été basée sur la moyenne de 1,500 kilogrammes par tonneau de jauge, et que la vérification effective fait reconnaître un excédant au-dessus du dixième, on peut, en général, à moins de circonstances particulières, ne pas dresser procès-verbal et se borner à liquider les droits d'après les quantités reconnues. (*Circ. du 26 juin 1843, nᵒ 1973.*)

Le calcul du poids des chargements d'après la jauge des navires n'est qu'un moyen d'apprécier l'exactitude de la déclaration, et, si le service n'admet pas celle-ci pour exacte, il doit procéder à la pesée de la cargaison. Mais, en général, la pesée ne doit être exigée qu'autant que le service a des motifs de supposer soit que le tonnage, tel qu'il résulte des papiers de bord, a été inexactement indiqué, soit que la forme particulière des navires doit avoir des résultats qui s'écartent notablement de la moyenne adoptée. (*Déc. du 31 octobre 1844.*)

Afin de faciliter l'application des dispositions des circulaires nᵒˢ 1711 et 1973, le service énonce, sur un registre spécial, l'importance des chargements de houille soumis à une vérification complète. Les employés peuvent alors s'assurer de l'exactitude des déclarations en se bornant, le cas échéant et après autorisation du chef de la visite, à comparer les résultats de l'examen sommaire des navires et des cargaisons avec les indications prises lors des voyages précédents. (*Déc. du 12 janvier 1859.*)

service à faire détacher ce sel au moment de la sortie d'entrepôt. (*Circ. lith. du 19 novembre 1842.*)

Les droits du tarif général ne sauraient être exigés sur les sels impurs provenant des peaux brutes, fraîches, venues de l'Étranger, livrées à la consommation et qui ont franchi la ligne des douanes. En effet, dès qu'il est en-deçà des points extrêmes du littoral, sans avoir été poursuivi, le sel, considéré comme marchandise, doit être traité comme étant d'origine française. D'un autre côté, en autorisant la recherche des dépôts de sel formés dans certains rayons, la législation spéciale n'a trait qu'à la perception de l'impôt de consommation. *V.* livre X. Mais les droits d'entrée, aussi bien que la taxe de consommation, sont dus à l'égard des sels retirés des peaux et recueillis sur les quais de débarquement ou dans les entrepôts. Tout ce que l'on peut faire alors de plus favorable, c'est de n'appliquer aux sels dirigés sur une raffinerie que le droit de 1 fr. 75 par 100 kil. sur la quantité obtenue au raffinage. (*Déc. du 3 mai 1862.*)

CHAPITRE II

IMPORTATIONS PAR TERRE

Sur les frontières de terre, le mode d'importation est plus direct et plus simple que celui de l'importation par mer. Toutes les opérations sont en quelque sorte simultanées. *V.* Livre II.

SECTION PREMIÈRE

Transport au bureau.

331. — Toutes marchandises et denrées importées par terre doivent être conduites directement au premier bureau d'entrée de la frontière, à peine de confiscation, etc.(1): les marchands et voituriers sont tenus de combiner leur marche de manière à prendre la route directe du lieu où est situé le premier et le plus prochain bureau. (*Loi du 22 août 1791, titre 2, art. 1er.*)

Les mêmes peines sont encourues lorsque les marchandises ont dépassé les bureaux, ou, lorsque avant d'y avoir été conduites, elles sont introduites dans quelque maison ou auberge. (*Loi du 22 août 1791, titre 2, art. 2.*)

Quand il existe plusieurs chemins conduisant directement au premier bureau, un arrêté de préfecture doit désigner celui qui sera réputé le plus direct. L'intention de l'administration est du reste qu'on n'use pas trop de rigueur à cet égard, et que, lorsque les localités le rendent nécessaire, on tolère l'usage de deux chemins au lieu d'un. (*Déc. du 14 juillet 1840.*)

Les préposés de service sur les routes conduisant directement de l'étranger au premier bureau d'entrée ne sont pas autorisés à visiter les individus qui se déclarent porteurs de marchandises soumises aux droits; ils doivent se borner à s'assurer qu'ils se rendent réellement au bureau. (*Déc. du 20 septembre 1841.*) *V.* no 335.

Est valable la saisie d'un cheval faite sur un chemin qui ne conduit pas directement au premier bureau, quand bien même le conducteur serait porteur d'un

(1) Pour les peines encourues en cas d'infraction à cette règle, *V.* n° 406 ou 409.

acquit-à-caution, s'il avait négligé de le faire viser au bureau, nonobstant l'obligation indiquée à cet égard. (*A. de C. du 19 juillet* 1831; *Circ.* n° 1424.) *V.* n° 407.

332. — Outre les détails exigés par l'art. 9, titre 2, de la loi du 22 août 1791, *V.* n° 145, la déclaration doit indiquer le nom, l'état ou profession et domicile de la personne à qui les marchandises sont adressées. (*Loi du 28 avril* 1816, art. 25.)

Cette déclaration en détail devrait, en principe, être faite à l'instant même de l'arrivée des marchandises au bureau. Mais à raison des modifications apportées dans les moyens de communication, le bénéfice de l'art. 4, titre 2, de la loi du 4 germinal an II, qui accorde un délai de trois jours pour la remise dans les ports de la déclaration, est étendu aux importations par terre. (*Déc. du 26 septembre* 1864.)

Pour les autres règles générales applicables sur les frontières de terre aussi bien que dans les ports, *V.* Livre I, ch. 3.

Les quantités doivent être déclarées en kilogrammes. Cependant, si les étrangers, voituriers ou conducteurs des marchandises ne connaissent pas le système décimal, on permet qu'ils indiquent, dans leurs déclarations, écrites ou verbales, les quantités d'après le poids de leur pays, sauf au receveur à les inscrire en kilogrammes sur le registre, en mettant entre deux parenthèses les poids déclarés. (*Déc. du 5 novembre* 1835.)

Dans le cas où il ne s'agit pas de plus de dix caisses ou ballots dont le conducteur ignore le contenu, il peut en requérir l'ouverture en présence des employés, et les droits sont acquittés sur les objets reconnus. (*Loi du 22 août* 1791, *titre 2*, art. 10.)

Cette disposition ne saurait être invoquée, et a été virtuellement abrogée par la loi du 4 germinal an II, pour les importations par mer, attendu que le capitaine, conducteur de la marchandise, devant être porteur d'un manifeste indiquant la nature des marchandises, ne pourrait pas être admis à déclarer à l'arrivée qu'il ignore le contenu d'une partie des colis. Mais, en ce qui concerne les frontières de terre, l'exception établie par la loi est demeurée en pleine vigueur. Il suffirait, pour prévenir les tentatives d'abus qu'elle pourrait favoriser, de procéder avec la plus sévère exactitude à la vérification du contenu des colis pour lesquels on en réclamerait l'application. Si cette vérification faisait découvrir des marchandises prohibées d'une manière absolue ou relative, elles ne devraient pas être saisies; il faudrait les faire réexporter immédiatement, comme s'il s'agissait de marchandises non admissibles déclarées sous leur propre dénomination; et ce, en vertu de l'art. 4 du titre 5 de la loi du 22 août 1791. *V.* n° 177. (*Circ. du 17 avril* 1815, n° 11, *et Déc. du 22 juin* 1841.)

333. — S'ils ne profitent pas du bénéfice de cette disposition et quand ils ne présentent pas de déclaration en détail, les voituriers ou conducteurs doivent déclarer le nombre des ballots, leurs marques et numéros. (*Loi du 22 août* 1791, *titre 2*, *art.* 10.)

C'est la déclaration sommaire dont il est question en l'art. 9, titre 2, de la loi du 4 germinal an II, aux termes duquel si, outre la déclaration sommaire faite par les conducteurs par terre, il n'est pas présenté immédiatement de déclaration en détail, les marchandises sont retenues et déposées dans les magasins de la douane. *V.* n° 886. (*Déc. du 22 juin* 1841.)

334. — Les marchandises qui arrivent après le temps de la tenue des bureaux sont déposées dans les dépendances de ces bureaux, et sans frais, jusqu'au moment de leur ouverture, à l'effet de quoi l'administration doit avoir, autant que faire se peut, des cours et hangars tenant auxdits bureaux. (*Loi du 22 août* 1791, *titre 2*, *art.* 2.)

Cet article implique l'autorisation d'apporter les marchandises de nuit, pourvu qu'elles soient directement conduites au premier bureau d'entrée. (*Déc. du 23 septembre* 1833.) L'administration s'en rapporte à la prudence et à la sollicitude des chefs locaux pour accorder, en cas de besoin, les exceptions dont la nécessité peut être démontrée. (*Déc. du 12 septembre* 1842.)

335. — Sont seulement exceptés des dispositions ci-dessus les produits ruraux (en tant qu'ils sont exempts de droits) (1), lorsqu'ils sont importés par des routes sur lesquelles il ne se trouve pas de bureau ; dans ce cas, les préposés peuvent vérifier sur lesdites routes si ces objets ne servent point à en cacher qui seraient sujets aux droits. (*Loi du 22 août 1791, titre 2, art. 1er.*)

336. — Pour la visite et l'acquittement des droits, *V.* Livre I, ch. 4 et 5.

Dans les bureaux de seconde ligne, les visites ne doivent pas être, pour les importations, aussi approfondies qu'à la frontière. Il suffit le plus ordinairement de procéder par épreuves, sauf à opérer quelquefois, à l'improviste, avec plus d'exactitude, afin de tenir chacun dans l'incertitude et d'empêcher que des objets introduits partiellement dans le rayon ne soient rassemblés pour pénétrer à l'intérieur, soit par moyens masqués, soit dans des chargements d'encombrement. (*Déc. du 18 décembre 1844.*)

SECTION II

Rechargement des marchandises et transport à l'intérieur.

337. — Les marchandises que l'on veut retirer des bureaux, après y avoir rempli les formalités prescrites pour leur introduction par terre en France, ne peuvent être rechargées que dans l'emplacement affecté à cette opération, devant la douane ou dans les cours et dépendances du bureau, et sous la surveillance des préposés. Les acquits de payement et autres expéditions ne doivent être remis aux intéressés qu'au moment du départ des marchandises, lequel est constaté par un visa des préposés de service près du bureau. (*Loi du 28 avril 1816, art. 32.*)

Relativement anx marchandises expédiées par eau, les préposés attestent dans le visa que l'embarquement s'est effectué en leur présence. (*Circ. du 1er mai 1816, n° 149.*)

Les acquits de payement doivent indiquer l'espèce, la qualité et la quantité des marchandises, d'après le résultat de la visite, rappeler en marge les marques et numéros des colis, et présenter la liquidation des droits dont ils portent quittance. S'il a été fait crédit du droit, cette quittance ne peut nuire à l'effet des obligations à terme que les receveurs auraient acceptées.

Les acquits de payement doivent indiquer aussi le lieu où les marchandises ont été chargées hors de France, les nom et domicile de celui qui a payé les droits, le lieu de la destination, avec le nom, l'état ou profession de la personne à qui elles sont adressées. (*Loi du 28 avril 1816, art. 33.*)

Lorsque les marchandises introduites par les frontières de terre sont destinées pour le lieu même de l'établissement du bureau où elles ont payé les droits, l'acquit de payement n'accorde que la faculté de les conduire immédiatement au domicile de celui à qui elles sont adressées, et ne peut servir à aucun transport hors de la commune. (*Même loi, art. 34.*)

Si les marchandises ont une autre destination que le lieu où elles ont payé les droits d'entrée, l'acquit de payement sert à les transporter jusqu'à la destination déclarée. *V.* n° 252. Il désigne la route à suivre et indique le bureau où les conducteurs seront tenus de faire reconnaître les marchandises et contrôler l'acquit de

---

(1) Les produits ruraux étaient exempts de tous droits en 1791. L'exception faite à leur égard ne pourrait valoir qu'autant que le tarif accorderait la même immunité. (*Déc. du 1er décembre 1843.*)

payement. Le délai dans lequel le chargement devra être présenté au bureau de contrôle et celui qui sera nécessaire pour les faire arriver à leur destination sont également fixés par les acquits. (*Même loi, art.* 35.)

Les acquits de payement sont visés au bureau de contrôle ou de passage, et il en est fait mention sur un registre à ce destiné. (*Circ. du 20 juillet* 1818.) *V.* n° 253.

Ces acquits suppléent le passavant dans les cas où celui-ci est prescrit. *V.* n° 252.

· SECTION III

Transport d'un premier bureau sur un second.

338. — Sont seules exceptées de la déclaration en détail et d'une visite complète au premier bureau d'entrée les marchandises qui, d'après les ordres particuliers de l'administration des douanes et les modifications qu'elle apporte à la marche de son service pour la facilité du commerce, devront être transférées à un second bureau pour être soumises à ces formalités (1). (*Loi du 28 avril* 1816, *titre 4, art.* 27.)

Les négociants voituriers et autres qui, dans le cas prévu par l'article précédent, présentent les marchandises au premier bureau, sont tenus d'y faire au moins une déclaration du nombre des balles, caisses ou futailles destinées à être introduites, et de produire des lettres de voiture en bonne forme, délivrées dans le lieu du chargement ou de dernière expédition sur le pays étranger, lesquelles doivent indiquer l'espèce (2) des marchandises, et les marques, numéros et poids séparés de chaque colis. Les objets ainsi déclarés ne sont assujettis, au premier bureau, qu'à une vérification sommaire du nombre, de l'espèce et du poids des colis, si les préposés l'exigent ; ils peuvent ensuite être expédiés, sous plomb et sous acquit-à-caution, pour le bureau auquel est attribuée la vérification en détail (3). (*Loi du* 28 *avril* 1816, *art.* 28.)

---

(1) Il faut, pour jouir de cette facilité, que les marchandises soient en colis *quelconques*. Quant aux marchandises en *vrac*, l'administration se réserve la faculté d'en permettre l'expédition sous des conditions particulières, suivant les besoins du commerce dans chaque localité. (*Déc. du 26 novembre* 1841.)

(2) Les lettres de voiture informes, ou qui ne contiendraient pas les renseignements demandés par cet article, seraient inadmissibles, et les marchandises ne pourraient suivre leur route sans qu'on y eût suppléé par une déclaration en détail complète, qui ne serait susceptible d'aucune rectification au deuxième bureau. Il en serait de même des marchandises dépourvues de lettres de voiture. (*Circ. du 1er mai* 1816, n° 149.)

(3) La déclaration sommaire détermine l'application du tarif en cas de changement ultérieur dans la quotité des droits.

Dans la déclaration à faire au premier bureau d'entrée, on distingue ce qui constitue la déclaration verbale ou écrite du voiturier ou marchand, et les détails résultant des lettres de voiture qu'il a déposées.

Ainsi, après avoir énoncé, par exemple, les nom et domicile du voiturier ou conducteur, le lieu où il a pris son chargement, le bureau auquel sont réservées la vérification en détail et la perception, le nombre des caisses, balles ou futailles, et l'espèce des marchandises, on ajoute distinctement, par extrait et dépouillement des lettres de voiture, l'énumération des colis, avec le détail des marques et numéros, espèces et poids des marchandises. Enfin la déclaration doit constater le nombre des lettres de voiture, et, pour éviter toute substitution de ces pièces qui suivent le transport, elles sont numérotées et visées au premier bureau. (*Même Circ.*, n° 149.)

339. — Les différences reconnues au premier bureau sur le nombre, l'espèce ou le poids des colis déclarés (lorsqu'elles résultent d'une vérification par épreuves ou d'une erreur matérielle évidente), sont mentionnées dans l'acquit-à-caution, auquel on réunit les lettres de voiture par une ligature cachetée. (*Loi du 28 avril 1816, art.* 29.) (1).

Mais, si le bureau procède à une vérification complète et reconnaît une infraction, il doit la constater immédiatement. (*Déc. du 24 août* 1842; *Doc. lith.*, n° 124.)

340. — On n'exige que le plombage par capacité des voitures dont le chargement est enveloppé d'une toile qui puisse le renfermer en totalité par l'apposition de deux plombs. Il suffit également de plomber, par capacité, les bateaux où les marchandises peuvent être renfermées sous planches, ou par d'autres moyens qui permettent l'emploi de ce plombage.

Les marchandises doivent, en outre, être escortées, dans le trajet du premier au deuxième bureau, par deux préposés. (*Loi du 28 avril* 1816, art. 29.)

341. — La déclaration sommaire faite au premier bureau d'entrée ne peut être rectifiée, par la déclaration en détail et définitive à fournir au deuxième bureau, que pour la distinction des marchandises imposées à différents droits, suivant leur qualité, mais dont l'espèce a été indiquée sans fraude dans les lettres de voiture, et pour l'indication du poids et des colis, dans le cas seulement où l'on n'a pas constaté au premier bureau un excédant de poids au-dessus du vingtième pour les métaux et du dixième pour les autres marchandises.

Le poids indiqué dans les lettres de voiture est réputé être celui en usage dans les lieux où elles ont été délivrées, à moins qu'elles ne 'portent expressément que le poids est en kilogrammes.

Sont réputées introduites en fraude toutes marchandises prohibées à l'entrée en France qui n'ont pas été désignées et distinguées dans la déclaration sommaire au premier bureau d'entrée, et toutes celles qui se trouvent dans les colis non déclarés à ce bureau. (*Loi du 28 avril* 1816, art. 30.)

342. — En cas de *déficit* de colis constaté aux deuxième bureau, ou de *substitution* de marchandises, le voiturier ou le batelier est condamné à 2,000 fr. d'amende pour chaque colis manquant ou reconnu contenir une marchandise différente (2), et les voitures, chevaux et bateaux sont préventivement retenus pour sûreté de cette amende (3). Si, dans le transport même du premier au deuxième bureau, un *déchargement* ou un *échange* de colis était constaté, tout colis déchargé ou échangé (4) serait saisi et confisqué, avec amende de 500 fr. (5). (*Loi du 28 avril* 1816, art. 31, *et Loi du 8 floréal an XI, art.* 42.)

---

(1) Les marchandises qui, taxées à la valeur, sont dirigées d'un premier bureau sur un second, ne comportent pas la préemption. (*Déc. du 16 octobre* 1849.) *V.* n° 178.

(2) Outre l'amende de 2,000 fr. par colis, en cas de substitution de marchandises, le contrevenant encourt, à l'égard de celles qui sont présentées, les pénalités énoncées au n° 400 ou 405, selon l'espèce de la marchandise substituée (3ᵉ § de l'art. 30, *V.* n° 341; *Circ. man. du 22 mars* 1834, *et Circ. du 23 décembre* 1844, n° 2046, art. 43.)

(3) Il importe de retenir jusqu'après la visite les moyens de transport, à moins que le propriétaire ou le consignataire des marchandises ne consente à souscrire d'avance l'engagement de payer, le cas échéant, les condamnations qui seraient encourues. (*Circ. man. du 22 mars* 1834.)

(4) La confiscation atteint le colis qui a été vu déchargé et celui qui y a été substitué. (*Circ. du 23 décembre* 1844, n° 2046, art. 45.)

(5) Ces dispositions modifient les art. 40 et 41 de la loi du 8 floréal an XI, dans

Déchargement de colis, n° 42 du tableau des Infr. Substitution de marchandises, n° 43 du même tableau. Déficit de colis, n° 44. Echange de colis, n° 45. Trib. de paix.

Les soustractions ou substitutions reconnues au second bureau donnent toujours ouverture à un recours contre le soumissionnaire de l'acquit-à-caution qui s'est engagé au bureau de prime-abord à représenter les marchandises comprises dans l'expédition. (*Déc. du 24 août 1842; Doc. lith.*, n° 124.)

Quant aux contraventions que n'indiquent pas d'une manière spéciale les lois du 8 floréal an XI et du 28 avril 1816, et que peut révéler la vérification au deuxième bureau, elles demeurent assujetties aux règles générales rappelées aux n°s 173, etc., 527 et 537. (*Circ. man. du 22 mars 1834.*)

CHAPITRE III

TRANSIT INTERNATIONAL PAR CHEMINS DE FER

343. — Sous les conditions suivantes, les marchandises placées dans des wagons spéciaux, fermés au moyen du plomb de la douane, peuvent, par les voies ferrées qui relient la France et l'étranger, ou qui d'un port de mer ou de la frontière conduisent à un bureau de douane, ou réciproquement, être transportées, sans visite, jusqu'à certaines stations de douane, soit de l'intérieur, où sont appliqués les règlements généraux sur la mise en consommation, l'entrepôt, le transit, etc., soit du littoral ou de la frontière pour être réexportées, sans visite, à moins qu'elles ne soient alors admises en entrepôt ou à la consommation. (*Arrêté du Gouvernement du 31 décembre 1848, art.* 1er *et* 2 ; *Circ.* n° 2303 *et Déc. du 25 janvier 1853; Circ.* n° 90.)

344. — Les compagnies concessionnaires des chemins de fer ne jouissent du bénéfice de ce régime qu'après avoir fait agréer par les chefs de douanes les locaux nécessaires à ce service, comprenant un bureau, un corps-de-garde et un magasin où les wagons, recevant des marchandises étrangères, peuvent être provisoirement placés sous clef.

Pour le cas où les besoins du service des douanes exigeraient ultérieurement des changements soit à l'étendue, soit à la distribution de ces locaux, la compagnie doit s'engager à les effectuer dans un délai qui, sans l'assentiment de l'administration, ne peut excéder trois mois à partir du jour où la demande en est faite. (*Déc. du Min. des fin. du 20 janvier 1854, transmise par Circ. lith. du 10 juillet suivant.*)

La compagnie remet au service des douanes, à l'entrée, une nomenclature générale, par espèce et par numéro, des locomotives, voitures et wagons, français ou étrangers, employés sur le chemin de fer. A la suite, le fondé de pouvoir de cette compagnie souscrit l'engagement de réimporter en France les moyens de transport de la première catégorie et de réexporter ceux de la seconde, le tout dans un délai de trois ans.

Des épreuves sont faites, de temps en temps, pour s'assurer que les convois ne contiennent pas d'autres moyens de transport, et, au passage de chaque train, le

---

leur application particulière aux importations faites par Strasbourg.

Seulement, les bateliers, lorsqu'ils importent des marchandises par le bureau de la Wantzenau, continuent à être tenus, avant l'abordage, d'en prévenir les préposés des douanes.

conducteur remet un bulletin indiquant par numéro, espèce et origine, le nombre de voitures dont le convoi se compose. (*Déc. du 30 mai* 1857.)

345. — Les gares d'un chemin de fer n'étant pas un domicile privé, les préposés peuvent y opérer toute visite et toute saisie, sans le concours d'un officier public. (*Déc. du 24 mars* 1856.) V. n° 285.

346. — Toutes marchandises placées dans des wagons à coulisses ou sous bâches, dûment fermés à l'aide de plombs ou cadenas, sont dispensées de la visite par la douane aux bureaux-frontières, soit à l'entrée, soit à la sortie, tant de nuit que de jour, les dimanches et jours fériés comme tout autre jour. *Art.* 1er *du Règlement du* 14 *décembre* 1852, *ratifié et promulgué par Décret du* 25 *janvier* 1853.)

Mais tout colis de marchandises ou de bagages de voyageurs pesant moins de vingt-cinq kilogrammes, ne peut être admis que dans un wagon à coulisses.

Toutefois, ceux de ces colis qui formeront excédant de charge, ne pouvant remplir un wagon, pourront être placés dans une caisse ou panier agréé par la douane du lieu et mis sous plomb.

Il ne pourra être ajouté ainsi qu'un panier par convoi et par destination. (*Même Décret, art.* 3.)

Actuellement, la fermeture des wagons est assurée au moyen des cadenas fournis par la compagnie et apposés par les soins de ses agents et en présence du service des douanes. Les clefs restent entre les mains des chefs de gares de départ, de destination ou de sortie. (*Déc. du* 4 *mars* 1858.)

Au sujet des voitures à bâches ou à rideaux, les compagnies doivent mettre à la disposition du service des garcettes qui sont engagées alternativement dans les anneaux de la bâche et dans ceux du wagon. Si la hauteur variable du chargement ne permet pas cet arrangement, la garcette est alors croisée par-dessus pour le maintenir, et fixe la bâche qui doit l'envelopper entièrement. Dans les deux cas, les extrémités de la garcette ou des rideaux sont réunies par la ficelle de plomb. Il suffit de 20 à 30 centimètres de corde pour chaque plomb. (*Déc. du* 14 *mai* 1862.)

On se sert d'une corde renforcée d'un fil métallique. Il faut l'apposer de manière à être à l'abri des frottements et à n'être pas trop tendue pour qu'elle ne supporte aucun effort par suite du mouvement que la marche du convoi communique aux portières des wagons.

Les sous-inspecteurs doivent s'assurer personnellement que le plombage est effectué dans des conditions convenables, que la ligature du plomb est faite avec soin; ils ont à poursuivre, près des représentants des compagnies, les réformes ou les améliorations de matériel qu'ils jugeraient nécessaires et, au besoin, refuser l'expédition des wagons qui ne leur paraîtraient pas offrir les garanties désirables. (*Circ. man. des* 31 *décembre* 1861 *et* 20 *février* 1862.)

347. — Les rails peuvent être placés dans des wagons non plombés, sous les conditions suivantes : le déclarant fait déposer, tant à la douane d'arrivée qu'à celle de destination ou de sortie, un ou plusieurs modèles de rails, selon qu'il y a lieu; et chaque wagon ne doit contenir que des rails de dimensions égales, dont le nombre est énoncé à l'acquit-à-caution. (*Circ. du* 28 *février* 1862.)

348. — La compagnie a la faculté de faire diviser un wagon en deux compartiments sans communication entre eux, susceptibles d'être plombés séparément, et dont la cloison intérieure est doublée en tôle sur les deux faces. Chacun des compartiments ainsi disposés peut être considéré comme un wagon distinct et servir à placer les marchandises selon leurs destinations différentes. (*Circ. lith. du* 10 *juillet* 1854.)

349. — Une limite est admise en principe pour le nombre de convois qui pourront être expédiés journellement sous le bénéfice de ces dispositions. Cette limite pourra être dépassée dans l'intérêt du service des chemins de fer, si l'administration des douanes en reconnaît l'utilité. (*Déc. du* 25 *janvier* 1853, *art.* 16.)

L'administration du chemin de fer devra informer, au moins huit jours à l'avance, l'administration des douanes des changements qu'elle voudra apporter dans les heures de départ, de passage et d'arrivée des trains, de jour et de nuit, sous peine d'être tenue de remplir à la frontière toutes les formalités ordinaires de douane. (Art. 19.)

350. — Les convois peuvent ne pas être composés .exclusivement de wagons plombés, mais alors ceux-ci doivent être réunis et former un seul groupe à la suite les uns des autres. (*Circ. lith. du 27 juin* 1857.)

351. — Dans les ports de mer, les marchandises déclarées, au débarquement ou à la sortie d'entrepôt, pour le transit international, peuvent être conduites, sous l'escorte des préposés, jusqu'au bureau de douane établi à la station du chemin de fer, pour être placées dans les wagons. De même, les marchandises arrivées dans l'intérieur par le chemin de fer, dans les wagons plombés, peuvent être conduites sous escorte soit jusqu'au navire exportateur, soit à l'entrepôt. (*Arrêté du Gouvernement du 31 décembre* 1848, *art.* 2.)

Mais il est préférable que les colis apportés par les navires soient transportés directement sur les wagons, sans visite, et que les colis des convois venant de l'intérieur soient pareillement transbordés des wagons sur les navires.

Les compagnies sont tenues de fournir un magasin spécial pour déposer les colis à la sortie des navires ou des wagons, à moins que les colis ne soient placés immédiatement dans le navire exportateur ou dans le wagon, qui est alors plombé. Quant aux colis ayant différentes destinations, l'essentiel est que les colis qui ne doivent être visités qu'à Paris soient, au débarquement, séparés de ceux dont la vérification doit s'effectuer dans le port. (*Décret du 25 janvier* 1853, *art.* 2, *et Déc. des 3 juillet* 1854 *et 12 février* 1855.)

352. — A l'entrée en France, il est produit une déclaration série T, n° 32, portant soumission de représenter les marchandises et les bagages à la douane de destination, ou d'encourir, en cas de contraventions constatées, soit en cours de transport, soit à l'arrivée, les pénalités édictées par les lois, notamment par le titre 4 de la loi du 28 avril 1816. Cette déclaration-soumission sert d'acquit-à-caution. (*Arrêté du Gouvernement du* 31 *décembre* 1848, *art.* 1er.)

353. — Les déclarations-soumissions, série T, n° 32, relatives aux marchandises venant de l'étranger, et les relevés récapitulatifs pour les réexportations ou les exportations des douanes de l'intérieur, doivent, par application de l'art. 28 de la loi du 28 avril 1816, être remis en double expédition (1) au bureau du départ : l'une y est conservée à titre d'engagements des intéressés ; l'autre, timbrée, qui accompagne le convoi jusqu'à sa destination en France, est renvoyée conformément aux dispositions du n° 29. (*Déc. du 28 septembre* 1854, *et Circ. lith. du 5 décembre* 1859.)

Aux soumissions-acquits-à-caution se rapportant à la fois à des marchandises extraites d'entrepôt et à des marchandises d'importation immédiate, doivent être annexées des déclarations-permis série N, n° 34. (*Circ. lith. du 5 décembre* 1859.)

354. — Le transit international a lieu sous le régime créé par l'art. 27 de la loi du 28 avril 1816, *V.* n° 338, afin d'affranchir le commerce de certaines obligations qui

_____

(1) Les convois en transit direct, soit d'un port de mer, soit d'un bureau de terre, pour sortir par *Valenciennes*, devant être suivis à l'étranger des factures ou déclarations, celles-ci doivent les accompagner en double expédition dans le trajet sur le territoire français. Il est donc nécessaire que, dans ce cas, le bureau d'entrée établisse une copie du dossier, à moins que, pour plus de célérité, la compagnie ne préfère lui en remettre une troisième expédition, qui y reste déposée. (*Déc. du 11 décembre* 1854, *et Circ. lith. du 5 décembre* 1859.) *V.* n° 204 pour la statistique commerciale.

auraient pu écarter de la France le mouvement des marchandises. Aussi les marchandises peuvent-elles être admises à ce transit exceptionnel, alors même qu'elles sont exclues du transit ordinaire. V. Livre V. (*Déc. du* 18 *novembre* 1850.) Ainsi ne sont repoussées du transit international que les marchandises exclues du transit ordinaire au point de vue de l'ordre public, ou frappées, au même titre, de prohibition à l'entrée. Par exemple, ne peuvent être admises au transit international les armes et munitions de guerre, qui n'ont fait l'objet d'aucune autorisation spéciale du département de la guerre les contrefaçons en librairie et les ouvrages de librairie en feuilles, dans les conditions énoncées au n° 961. A cet effet, outre la nature des marchandises, le nombre, les marques et numéros des colis, la déclaration-soumission doit-elle offrir des indications suffisantes pour mettre le service à même de s'opposer, le cas échéant, à l'entrée de certains produits, tels que ceux dont il s'agit. Mais, pas plus que l'acquit-à-caution série T, n° 33, elle n'énonce le poids brut de chaque colis, poids toujours indiqué sur les factures, etc., de sorte que les expéditeurs ne sont pas exposés à répondre, à l'égard du service, des erreurs commises dans les factures. (*Déc. des* 2 *février* 1856 *et* 16 *octobre* 1857.)

Les intéressés peuvent d'ailleurs, s'ils le désirent, afin de compléter les indications des factures, obtenir, à titre d'exception, la faculté de s'assurer, sous la surveillance du service, du *poids* brut des colis. V. n° 146. (*Déc. du* 3 *janvier* 1856.)

355. — Chaque convoi est d'ailleurs accompagné d'une feuille de route série T, n° 31, récapitulative et distincte par lieu de destination.

Cette feuille, préparée par les soins de l'administration du chemin de fer, est soumise au visa des employés des douanes au lieu de chargement. Elle doit relater le nombre et le numéro des wagons; on y joint les documents (factures, lettres de voiture ou connaissements) énonçant toutes les indications prescrites pour la déclaration en détail, nécessaires pour établir et liquider, le cas échéant, le montant des sommes dues au Trésor, c'est-à-dire soit le poids brut, par colis, des marchandises taxées autrement qu'au litre, ou la contenance en litres pour les produits tarifés au litre, soit le poids brut, par colis, et la valeur des marchandises prohibées. (*Décret du* 25 *janvier* 1853, *art.* 5; *Circ. man. du* 28 *septembre* 1854, *et Déc. du* 16 *octobre* 1857.)

Afin de ne porter sur les relevés série T, n° 31, que des indications sommaires, les compagnies peuvent, si elles le préfèrent, produire les factures ou connaissements en double expédition pour les envois à l'étranger. (*Déc. du* 29 *janvier* 1855.)

356. — Il n'est dérogé en rien aux lois générales des douanes, et l'administration reste libre de faire procéder à la vérification des marchandises et aux autres formalités, soit aux bureaux frontières, soit à la sortie par les ports, s'il existait de graves soupçons de fraude. (*Décret du* 25 *janvier* 1853, *art.* 25.)

A moins de soupçons graves reposant sur des indications précises de fraude ou d'ordres positifs de l'administration, le service s'abstient de procéder à la visite. Seulement, quand il se trouve dans un convoi des marchandises signalées spécialement par de précédentes contrefaçons, les employés doivent profiter des transbordements demandés ou de toute autre circonstance propre à faciliter une vérification sommaire. (*Déc. du* 27 *mai* 1858.)

Si des investigations plus approfondies que celles effectuées par le service des douanes, au point de vue de l'impôt, leur paraissent nécessaires, les commissaires de police institués près des chemins de fer doivent, s'ils n'y procèdent personnellement, tout au moins les requérir de ce service, officiellement et par écrit. (*Déc. du* 28 *août* 1855.)

L'administration se réserve le soin d'ordonner, quand elle le juge convenable, des vérifications d'épreuve, à titre éventuel, l'efficacité de cette mesure devant résulter surtout du caractère de généralité qu'elles prennent en embrassant l'ensemble d'une ligne du même réseau de voies ferrées. (*Déc. du* 1er *juin* 1857.)

357. — Chaque convoi peut être placé sous l'escorte non interrompue d'employés des douanes (1), sans autres frais, pour l'administration du chemin de fer, que l'obligation de les placer, soit à l'aller, soit au retour, dans les convois, aussi près que possible des wagons de marchandises. (*Décret du 25 janvier 1853, art. 6.*)

Il ne doit y avoir ni mesure permanente d'escorte, ni absence générale d'escorte. Sauf à faire escorter de préférence les convois importants, on doit appliquer la garantie de l'escorte d'une manière ni trop fréquente, ni trop rare, à l'improviste et en dehors de toute règle systématique. (*Déc. du 1er juin 1857 ; Circ. man. du 31 décembre 1861.*)

Des brigades spéciales pour la surveillance du transit international sont installées sur certains points du parcours des chemins de fer.

Aussi les brigades des ports ou de la frontière ont-elles rarement à escorter les convois ; ce soin incombe aux agents des postes voisins retournant à leur résidence.

Lorsque le sous-inspecteur du bureau de départ a prescrit l'escorte, les agents qui en sont chargés doivent suivre de près les mouvements qui s'opèrent dans les gares de passage et profiter de tous les temps d'arrêt pour s'assurer que le plombage des wagons est intact. Si, par suite d'un accident, ce plombage est rompu, ils ont à empêcher tout détournement et à signer le procès-verbal du commissaire de surveillance administrative. *V.* n° 363. Leur action à cet égard est contrôlée, de temps en temps, d'une manière secrète, par leurs chefs, au moyen des cartes en blanc mises dans ce but à la disposition des directeurs. *V.* n° 104.

Il n'est pas indispensable que des wagons expédiés avec escorte soient, dans tous les cas, accompagnés jusqu'à destination. Si les préposés, arrivés au prochain relai, n'y trouvent pas d'agents prêts à les relever, l'administration admet que le convoi ne soit pas escorté plus loin, lorsque d'ailleurs le plombage est intact et qu'aucune circonstance particulière ne réclame une surveillance continue.

Sur la plupart des points, des indemnités spéciales, par imputation sur les crédits du matériel (état mensuel série E. n° 99) ne seront plus nécessaires. Au besoin, les directeurs soumettraient des propositions à l'administration pour déterminer celles qui deviendraient indispensables, et ils indiqueraient la durée du service. (*Circ. man. du 31 décembre 1861.*)

358. — Les heures de départ et d'arrivée des convois sont, autant que possible, combinées de telle sorte que les agents qui ont escorté les trains dirigés des points de la frontière ou du littoral sur Paris puissent accompagner au retour les convois expédiés sur ces points. (*Circ. lith. du 18 juillet 1854.*)

359. — A l'arrivée des marchandises au lieu de destination, à l'intérieur, elles seront déposées dans des bâtiments fournis par l'administration du chemin de fer, agréés par l'administration des douanes et susceptibles d'être fermés. Elles y resteront sous la surveillance non interrompue des employés de cette administration, et en seront enlevées, pour la consommation, pour l'entrepôt ou pour le transit, sur une déclaration en détail à faire dans le délai voulu et après l'accomplissement des formalités prescrites.

Les marchandises extraites de ces magasins sous le régime du présent règlement ne seront soumises à la visite ni au moment de l'enlèvement, ni à leur sortie du territoire.

Le déchargement des wagons s'effectuera immédiatement après l'arrivée des convois. (*Décret de 1853, art. 17.*)

---

(1) Les douaniers convoyeurs sont admis dans les voitures de deuxième classe des convois mixtes ou dans les compartiments des gardes des convois de marchandises. (*Décret de 1853, art. 24.*)

360. — En principe, la division des convois, lorsqu'elle est demandée, est accordée jusqu'à concurrence de dix wagons.

En cas de nécessité reconnue par l'employé supérieur des douanes dans la station, une subdivision plus grande pourra même être permise. (Art. 20.)

À la frontière, on peut permettre de détacher des trains directs les wagons dont les chargements ne sont pas complets. (*Déc. du 15 novembre 1864.*)

Lorsque les wagons plombés à l'étranger sont ouverts à la frontière, le service doit expliquer sur l'acquit-à-caution ou sur la feuille d'accompagnement pourquoi le plomb étranger a été remplacé par un plomb français. (*Circ. lith. du 3 août 1865.*)

Toutes marchandises arrivées à Paris sous le régime de ce règlement seront admises à y rompre charge pour d'autres destinations, sous les conditions suivantes :

1° Les colis compris dans une même déclaration ne pourront recevoir qu'une destination unique, soit la consommation, soit l'entrepôt, soit le transit.

2° La réexpédition à une autre destination devra se faire dans un délai de trente-six heures, sous peine de perdre le bénéfice de ce règlement et de l'envoi d'office de la marchandise à l'entrepôt, aux frais de la compagnie qui a effectué le transport jusqu'à Paris.

3° Les locaux de la gare où devront s'accomplir ces opérations seront disposés à cet effet suivant les convenances de la douane et agréés par elle. (*Décret de 1853, art. 22.*)

361. — Tout colis de marchandises ou de bagages qui, dans les ports, n'est pas transbordé immédiatement des wagons sur les navires et réciproquement, ou, dans les gares de l'intérieur, n'est pas réclamé ou déclaré séance tenante, doit être déposé, sous la double clef de la douane et de la compagnie, dans un magasin spécial. Si la réclamation ou la déclaration n'en est pas faite à l'expiration du onzième jour (délai de trois jours pour la remise des déclarations dans les ports, et sursis de huit jours, V. n° 888, pour la constitution légale du dépôt), V. n° 346, le colis est alors transporté sous escorte, aux frais de la compagnie, à l'entrepôt des douanes, pour être soumis au régime qui lui sera propre (entrepôt ou dépôt définitif). (*Circ. lith. du 10 juillet 1854.*)

Sauf le cas spécial prévu par l'art. 22 de la loi du 9 février 1832, V. n° 316, c'est le dépôt seul qui doit être constitué le douzième jour du retard dans l'expédition ou l'embarquement des marchandises étrangères, soit à l'entrée, soit à la sortie, et le droit de garde, V. n° 896, n'est ensuite perçu qu'à partir du neuvième jour de l'inscription de ce dépôt.) (*Déc. du 1er mars 1859.*)

362. — Pour obtenir l'annulation des soumissions passées à la douane de départ, il suffit de faire constater, au bureau de sortie ou de destination, l'intégrité des plombs ou cadenas, et, en cas de sortie de France, de rapporter un certificat de passage à l'étranger délivré par les préposés de douane, ou, s'il s'agit d'une expédition sur l'intérieur ou sur un port, le certificat de reconnaissance des marchandises, sauf, si des fraudes, substitutions ou contraventions quelconques étaient découvertes, l'application des amendes et des condamnations résultant des lois des 8 floréal an XI et 28 avril 1816. (*Arrêté du Gouvernement du 31 décembre 1848, art. 2, et Déc. du 16 octobre 1857.*)

Ainsi la législation du transit ordinaire, en ce qui concerne les déficits de poids reconnus à la sortie, n'est pas applicable aux marchandises transportées sous le régime du transit international. Si, à la sortie, il était constaté, sur des colis, une différence de poids, par rapport aux indications des factures, etc., annexées à la déclaration-soumission ou à l'acquit-à-caution (série T, n° 32 ou 33), alors que, d'ailleurs, le plombage du wagon ne serait pas intact, la douane serait fondée à contester l'identité des marchandises. Dans ce cas, il y aurait à requérir le payement de l'amende de 2,000 fr. par colis déterminée par les lois des 8 floréal an XI et 28 avril 1816. (*Déc. du 6 novembre 1857.*)

En matière de transit international non précédé de visite au départ, la douane de destination admet la régularité de l'opération lorsque le convoi arrive sous plombs intacts, et elle n'a pas à se préoccuper des différences peu importantes qui peuvent exister entre le poids des marchandises et les énonciations des connaissements ou factures.

Dans les mêmes conditions, la régularité du transport doit également se présumer lorsqu'il s'agit de marchandises dirigées d'un entrepôt sur un autre. Seulement, comme il y a, dans ce cas, vérification au départ et à l'arrivée, il convient de tenir compte, dans une certaine mesure, des différences qui peuvent être constatées entre les résultats de cette double opération du service. Le bureau de destination doit, à cet effet, lorsqu'il s'agit d'un déficit dépassant les proportions des manquants qui s'expliquent par les variations atmosphériques ou par l'emploi, pour la vérification, d'instruments différents, ne décharger l'acquit-à-caution que sous toutes réserves, et prendre d'ailleurs en compte les quantités reconnues. La douane de départ est ensuite appelée à proposer à l'administration soit d'allouer le déficit, soit d'exiger le paiement du simple droit. Dans ce dernier cas, le défaut d'identité du chargement sert de base à la répétition, et la somme exigée des soumissionnaires représente l'amende, également encourue, de 2,000 fr. par colis substitué ou présumé tel. (*Déc. du 30 décembre* 1857.)

A l'égard des différences dans l'espèce des marchandises, relativement aux indications des acquits-à-caution de transit international, lorsqu'elles ont été signalées par les déclarations en détail, le bureau de destination se borne à insérer des réserves dans le certificat de décharge.

Quand la déclaration en détail à l'arrivée ne fait que reproduire les énonciations de l'acquit-à-caution, la différence d'espèce fait l'objet d'un procès-verbal de saisie ou d'une soumission cautionnée, de la part des destinataires, de s'en rapporter à la décision de l'administration. (*Déc. du 8 avril* 1859.)

Quand le plombage est intact et le poids conforme, si le bureau de sortie reconnaît un excédant de marchandises, l'acquit-à-caution est régularisé sans réserves. Cet excédant doit faire l'objet d'un procès-verbal de saisie ou d'une soumission de s'en rapporter à la décision de l'administration. (*Déc. du 10 juin* 1861.)

En cas de transport par chemins de fer, on doit verbaliser exclusivement contre le voyageur qui, au second bureau, présente des bagages contenant des objets de fraude. La compagnie du chemin de fer n'est mise en cause que si les personnes auxquelles les bagages appartiennent ne les ont pas réclamés, ou lorsqu'il y a différence dans le nombre ou l'espèce des colis. (*Déc. du 4 novembre* 1853.)

363. — Dans le cas où, par suite d'accident, on serait obligé, en cours de transport, de transborder les marchandises d'un wagon dans un autre, ce transbordement, si le convoi n'est pas escorté, ne peut s'effectuer qu'en présence du commissaire de surveillance administrative, qui, averti immédiatement à cet effet par le conducteur du train, scellera de ses cachets le wagon où les colis ont été rechargés, et dressera en même temps un procès-verbal de ces opérations, revêtu de la signature d'un agent de la compagnie, et que le chef de train remettra au bureau de destination. En cas d'empêchement de la part du commissaire du Gouvernement, il y aurait lieu de requérir, pour en obtenir les mêmes constatations officielles, le concours du maire ou de son représentant, ou du juge de paix, ou d'un chef de gendarmerie.

Si le train est escorté, il suffira que le procès-verbal d'avarie et de transbordement émane du chef de la station la plus voisine et du conducteur du train. Ce procès-verbal sera ensuite remis aux préposés d'escorte, qui en certifieront l'exactitude. L'un de ces agents, d'ailleurs, ou tous les deux, si le chargement entier est hors d'état de poursuivre sa route, devront demeurer sur le lieu de l'accident et ne pas perdre de vue les marchandises confiées à leur garde tant qu'elles ne seront point parvenues à destination.

Toute rupture de plomb en cours de transport devra être constatée et réparée, dans l'une ou l'autre de ces formes, suivant le cas, aussitôt qu'elle aura été remarquée, sans préjudicier en rien aux droits de l'administration. (*Circ. lith. du 10 juillet* 1854, *et Circ. du Min. des travaux publics transmise par Circ. man. du 4 février* 1861.)

Lorsque l'accident, cause de la rupture du plombage, se produit à la résidence même des employés des douanes ou à proximité, ce service peut, sur la demande des agents du chemin de fer, pourvoir à l'apposition d'un nouveau plombage. Alors la rupture du plombage ne comporte aucune suite particulière.

Si, au contraire, l'accident a eu lieu à l'intérieur, hors d'une localité où est constitué le service des douanes, on doit se conformer aux dispositions qui viennent d'être indiquées.

Il convient donc que les employés requis, dans le rayon des douanes, de replomber des wagons, interrogent les agents du chemin de fer, et, s'il en existe, les préposés d'escorte, et, d'après le résultat de cette information, constatent, sur la formule série T, n° 32, le cas dans lequel se trouve l'accident.

Le certificat de décharge de la douane de destination est, dans la première hypothèse, pur et simple quant à la rupture du plombage; dans la seconde, sous réserve des droits de l'administration. (*Déc. du 28 septembre* 1858.)

Pour le remplacement des plombs de douane, il suffit que le commissaire de surveillance réunisse, sous l'empreinte de son cachet, les extrémités de la ficelle qui fixe les portières du wagon et reproduise cette empreinte sur son procès-verbal. (*Circ. man. du 4 février* 1861.)

En cas de rupture de plombage en cours de transport, le chef de la visite au bureau d'arrivée doit en rechercher les causes probables et, à cet effet, interroger les préposés si le convoi était escorté et examiner dans quelles conditions le plombage, quand il reste des traces, avait été apposé. Le résultat de ces investigations est porté par le directeur à la connaissance de son collègue chargé des suites à donner à l'infraction. (*Circ. man. du 31 décembre* 1861.)

Pour la constatation des ruptures de plombage, l'intervention des commissaires de surveillance n'est nécessaire qu'en l'absence du service des douanes. Les préposés d'escorte ont à requérir le concours du chef de la station la plus voisine et du conducteur du train, sauf d'ailleurs à laisser alors aux commissaires la faculté d'intervenir, s'ils le désirent, mais sous la réserve que leurs procès-verbaux administratifs seront signés aussi par les préposés. (*Déc. du 7 juillet* 1862.)

Le service n'a pas à constater l'absence ou la rupture des cadenas; la décharge des acquits-à-caution n'est subordonnée à des réserves qu'en cas d'altération du plombage ou de différences dans les marchandises. V. n° 362. (*Déc. du 28 février* 1859.)

Dans le cas où, s'il y a rupture de plombage d'un wagon, les marchandises qu'il renferme font l'objet de plusieurs acquits-à-caution, la douane de destination ou de sortie relate, dans la réserve inscrite sur chacun d'eux, que le wagon contenait aussi des produits énoncés à tels acquits-à-caution (n°s, dates, bureaux). Le directeur du bureau de destination ou de sortie, en adressant à l'administration ces acquits-à-caution, appelle son attention à ce sujet. (*Circ. lith. des 2 mars* 1863 *et 10 février et 28 décembre* 1864.)

En cas de rupture de plombage, s'il s'agit de la réexportation de produits obtenus de matières premières reçues sous le régime des admissions temporaires, le service se refuse à toute régularisation, d'où résulte l'application de l'art. 5 de la loi du 5 juillet 1836 (*V. n° 541*) contre le soumissionnaire de l'acquit-à-caution.

Quant au déclarant qui, à la sortie, a essayé de consommer, en franchise, l'exportation de produits réputés autres que ceux qui auraient été admissibles à cette faveur, on pourrait requérir contre lui, par procès-verbal spécial, en vertu de l'art. 21, titre 2, de la loi du 22 août 1791, V. n°s 587 à 590. Mais comme généralement la rupture des plombs tient à un accident de route ou au mauvais état du matériel, et qu'aucune manœuvre frauduleuse n'en est la cause, l'administration s'abstient de poursuivre pour ce dernier chef, et elle se borne à imposer au soumissionnaire de l'acquit-à-caution, pour le défaut de rapport d'un acte de décharge, une réparation réglée suivant l'importance des conséquences des infractions, graduée de manière à obtenir de la part des compagnies de chemin de fer une action plus fructueuse sur leurs agents. (*Déc. du 13 avril 1861.*) *V.* n° 541.

Quelle que soit la cause de la rupture du plombage, le bureau de destination doit, dans les certificats de décharge, faire réserve des droits à exercer à la douane de départ, sauf aux chefs à apprécier ultérieurement les circonstances pour formuler leurs conclusions. (*Déc. du 26 septembre 1860.*)

La simple rupture du plombage peut donner ouverture aux pénalités indiquées au n° 342 pour déficit de colis (n° 44 du tableau des infr.; circ. n° 2046). *V.* n° 362. En cas de substitution, deux actions sont exercées : l'une au bureau d'expédition pour défaut de décharge de l'acquit-à-caution ; l'autre à la douane de destination pour tentative d'introduction de marchandises non déclarées. N° 43 du tableau des infr. (*Déc. du 22 février 1860.*)

364. — Dans tous les cas où les acquits-à-caution ne sont déchargés que sous réserves, le directeur du bureau de destination ou de sortie adresse ces expéditions à l'administration, 3ᵉ division, 1ᵉʳ bureau. Il y joint tout le dossier et les renseignements recueillis touchant la nature, la cause et les conséquences de l'infraction qui a motivé les réserves insérées dans le certificat de décharge. A vue de ces documents, l'administration arbitre d'office la suite à donner aux affaires, et la fait connaître aux directeurs intéressés. (*Circ. lith. du 28 décembre 1864.*) *V.* n° 367.

Le directeur du bureau d'expédition fait alors décharger les soumissions de l'acquit-à-caution dont la date est donnée à l'affaire contentieuse. La douane de destination ou de sortie établit le dossier comptable comprenant : copie certifiée de la décision définitive de l'administration, état de frais visé par le directeur, l'acte de réalisation des conditions de la transaction et l'état de répartition. (*Circ. lith. du 31 mai 1865.*)

Il n'y a d'exception qu'autant que des poursuites doivent être exercées ou une contrainte décernée par la douane de départ. *V.* n° 1161. (*Déc. du 8 mars 1865.*)

Les condamnations réalisées sont réparties suivant les dispositions énoncées au n° 1162. (*Déc. du 12 février 1859.*)

365. — Le service doit toujours indiquer, avec soin, sur les soumissions-acquits-à-caution, la destination réelle donnée à chaque partie de marchandises représentées, comme aussi, en cas de déclarations incomplètes à l'entrée, les désignations rectifiées. (*Déc. des 25 mai 1858 et 7 juillet 1859; circ. lith. du 5 décembre 1859.*)

Les acquits-à-caution doivent être immédiatement régularisés et renvoyés sans aucun retard soit audit bureau d'expédition, soit à l'administration en cas d'infraction. *V.* n° 364. (*Circ. lith. du 24 décembre 1862.*)

Les pièces annexées aux soumissions-acquits-à-caution (feuilles d'origine, factures, déclarations, permis, série M, n° 34, ou autres), doivent être conservées aux bureaux de destination (sauf en cas de transit direct), toutes les fois que ces bureaux ont à prendre en compte les marchandises, à l'entrée ou à la sortie, *V.* n° 204 et 354. Les soumissions-acquits-à-caution et les relevés récapitulatifs, série T, n° 31, délivrés aussi pour certaines opérations, notamment pour les exportations avec ou sans primes, sont seuls renvoyés au bureau d'expédition. Mais lorsqu'au contraire ce sont les bureaux d'expédition qui doivent faire état des marchandises, ces pièces sont renvoyées en même temps que les acquits-à-caution et les relevés n° 31. Il en est de même lorsqu'il s'agit d'un transit direct, quoiqu'il y ait alors prise en charge à la sortie aussi bien qu'à l'entrée. (*Circ. lith. du 5 décembre 1859.*)

366. — A la sortie, les colis de marchandises de transit présentées aux douanes constituées près des gares de l'intérieur, et les colis de marchandises de primes ou de simple exportation à l'égard desquelles les formalités réglementaires ont été remplies dans une des douanes de l'intérieur, peuvent être renfermés dans les wagons après reconnaissance d'identité et être affranchis de la visite, soit au passage de la frontière, soit au transbordement dans les ports. (*Arrêté du Gouvernement du 31 décembre 1848, art. 3, 4 et 5.*)

Dans ce cas, les acquits-à-caution de transit ou les acquits de payement sont annexés aux relevés récapitulatifs série T, n° 31 ; mais à l'égard des marchandises de *prime*, présentées au service d'une des gares de l'intérieur, les passavants émanés de douanes de l'intérieur sont conservés au bureau de la gare de départ, lorsque la sortie doit s'effectuer par les frontières de terre. En effet, la sortie étant, dans ce cas, immédiate, la feuille récapitulative série T, n° 31, qui accompagne seule les marchandises, est, aussitôt après l'apposition, par les préposés d'escorte, des visa exigés, renvoyée au bureau de départ, où les passavants sont alors régularisés pour être adressés à l'administration.

Toutefois, par mer, la sortie peut, à raison de diverses circonstances, éprouver des retards. En pareil cas, le dépôt des marchandises n'est constitué qu'à l'expiration du délai légal le plus prolongé, c'est-à-dire le onzième jour, *V.* n° 361, et ce délai est lui-même quelquefois insuffisant, de sorte que les colis doivent être retirés de la gare pour passer soit dans les magasins de la douane, soit à l'entrepôt. La feuille récapitulative étant alors renvoyée à la douane d'expédition, il importe que le service du port ne reste pas dépourvu de toute espèce de titre à l'égard des colis dont l'embarquement est ajourné.

A cet effet, en cas d'expédition sur un port, la feuille récapitulative doit être accompagnée des passavants de prime et en faire mention. Cette feuille est déchargée et renvoyée, conformément aux prescriptions réglementaires. Quant aux passavants, le service du port y appose les visa au fur et à mesure de la mise à bord et du départ des navires, et forme ensuite les dossiers pour les transmettre à l'administration. (*Déc. du 30 août 1855.*)

367. — A l'exportation, les préposés chargés du soin d'escorter les marchandises jusqu'à l'extrémité des frontières de terre en certifient, sur les pièces dont ils sont munis, le passage à l'étranger. Mais la mission des préposés d'escorte est remplie dès qu'ils ont régulièrement mis le convoi sous la garde du service des postes. (*Déc. du 3 juillet 1854.*) Le service de la frontière vise les expéditions relatives aux marchandises françaises ou aux marchandises étrangères en réexportation et y certifie soit le passage à l'étranger des marchandises qui en font l'objet, soit l'embarquement de celles-ci et le départ du navire qui les a reçues. (*Circ. lith. du 17 mars 1858.*)

368. — *Dispositions provisoires.* Jusqu'à l'établissement du chemin de fer qui doit relier le dernier bureau de douane et l'étranger, les colis de marchandises et de bagages sont admis au bénéfice du règlement, sous la condition que le transport entre ce bureau et l'extrême frontière, ou réciproquement, en sera effectué dans des voitures ou bateaux plombés par capacité. Ces transports, soumis à l'escorte des préposés, doivent s'accomplir sans temps d'arrêt et sous la garantie des feuilles de route et soumissions dont la production est prescrite pour les convois des chemins de fer. (*Circ. lith. du 10 juillet 1854.*)

Sur le littoral jusqu'à l'établissement, en face de la gare, d'un quai qui permette de placer les navires en communication immédiate avec les wagons, le bénéfice de ce règlement s'appliquera seulement, savoir : au départ vers l'intérieur, aux marchandises extraites des entrepôts réels ou fictifs ; à l'arrivée de l'intérieur, aux marchandises dirigées sur l'entrepôt, aux colis de simple exportation expédiés des douanes de l'intérieur sous acquit de payement, aux colis de prime plombés séparément, colis par colis. (*Circ. lith. du 27 juin 1857.*)

369. — *Zone frontière.* Lorsque la voie ferrée communique avec l'étranger, la circulation, à travers le rayon, des marchandises entrant en France est naturellement régularisée, soit par l'acquit de payement délivré, si les droits sont acquittés dans le bureau situé à la station frontière, soit par le plomb apposé sur les wagons, si le convoi est dirigé sur une gare de l'intérieur pour l'accomplissement des formalités de douane.

À l'exportation, le transport est couvert par le plomb de capacité et les expéditions spéciales de la douane intérieure appelée à remplacer le bureau de sortie, ou bien par les expéditions de ce dernier bureau quand c'est lui qui fonctionne et que le convoi arrive à l'état libre. Il est, du reste, admis que, quelle que soit la partie du rayon où ce bureau est situé et alors même qu'il se trouverait à l'extrême frontière, le train puisse s'y rendre sans avoir été soumis à aucune formalité en entrant dans la zone des douanes.

Quant aux colis devant quitter les chemins de fer dans une station de l'intérieur du rayon, aucune formalité particulière ne doit leur être imposée.

S'ils viennent de l'étranger, la taxe a dû être perçue au bureau d'entrée, et à la descente du chemin de fer, leur circulation par terre est assurée, dans les conditions ordinaires, par l'acquit de payement. Lorsque les colis arrivent de l'intérieur, ce n'est pas à l'entrée dans le rayon, mais seulement à la station où ils sont déchargés, que les intéressés ont à demander les expéditions de douane propres à régulariser le transport ultérieur ou bien à établir l'origine des produits. Jusqu'à ce moment, et tant que les colis restent sur le railway, le service n'a pas à s'en occuper.

Pour assurer la délivrance des expéditions dans ce dernier cas, l'administration a constitué généralement des bureaux de douane près les stations du rayon, dans des locaux qui ont partout été fournis par les compagnies. Cependant, sur les points où, pour les besoins généraux de la circulation, un bureau existait déjà non loin de la gare, il a été réglé que les voyageurs ou marchands descendant du chemin de fer iraient prendre leurs passavants. Au besoin, si le bureau est éloigné, le directeur peut, au moyen des forces disponibles du service, détacher à la station, à l'heure de l'arrivée des convois, un agent chargé de la délivrance des passavants.

Enfin, par application des règlements généraux sur la circulation, les produits qui, par les routes, sont dirigés sur une station du railway, pour de là être expédiés soit sur l'étranger, soit sur l'intérieur, ne peuvent être l'objet de ce transport antérieur au chargement sur la voie ferrée qu'en vertu d'expéditions régulières ou de titres d'origine. Au moment où ils pénètrent dans la station, le service des douanes n'a donc qu'à s'assurer de la légalité des conditions dans lesquelles se trouvent ces produits. Sur les frontières inquiétées par la contrebande, il importe surtout de remplir ce soin à l'égard des colis qu'on vient présenter aux stations les plus voisines de la limite du territoire, pour les charger sur des trains allant à l'intérieur. Il faut empêcher, en effet, qu'après avoir franchi la première ligne, à dos d'homme ou autrement, les objets de fraude ne pénètrent impunément à l'intérieur par le chemin de fer.

La surveillance des brigades doit donc s'exercer dans ce but aux gares situées dans le rayon; mais, si ce n'est sur quelques points exceptionnels, elle n'a pas besoin d'être permanente. Un service imprévu et varié suffit habituellement, par son effet comminatoire, pour prévenir tout abus de quelque gravité. (*Déc. du 26 juin* 1856.)

370. — *Gares communes à la France et à l'étranger.* Pour faciliter le transport des marchandises et des voyageurs sur le chemin de Strasbourg à Neustadt, il est convenu que, dans la station commune établie à Wissembourg, le gouvernement bavarois pourra constituer, près du bureau de douanes français, un service ayant pour objet d'assurer l'accomplissement de certaines formalités de douane qui seront spécifiées ci-après. (*Art. 1er de la Convention du 3 juillet* 1857, *promulguée par Décret du 7 septembre* 1857; *Circ.* n° 514.)

Les locaux nécessaires pour l'établissement des bureaux, corps-de-garde et magasins, ainsi que pour l'habitation de ceux des employés qui devront séjourner à la station même, seront concédés dans la gare de Wissembourg à l'administration bavaroise.

Le loyer de ces locaux sera réglé entre la compagnie du chemin de fer et la compagnie française de l'Est, sauf au gouvernement de Bavière à tenir compte, comme il le jugera convenable, à la compagnie bavaroise de ses déboursés à cet égard. (*Même Conv., art.* 2.)

Les locaux affectés à l'administration bavaroise seront désignés par l'apposition des armes de Bavière. (Art. 3.)

Les agents de l'administration bavaroise appelés à exercer leurs fonctions dans la gare commune seront revêtus de leur uniforme. (Art. 4.)

Pendant toute la durée de leur séjour sur le territoire français, ils seront soumis aux lois du pays et payeront les contributions indirectes comme les autres étrangers résidant en France.

Mais ils ne seront, ni eux, ni leur famille, assujettis à la loi de recrutement, au service de la garde nationale, aux prestations communales ni aux impositions directes et personnelles.

Pour le service et la discipline dans l'intérieur de la gare, ces agents relèveront exclusivement de l'autorité bavaroise. (Art. 5.)

Le matériel nécessaire, soit au service de la Bavière dans la gare de Wissembourg, soit à l'exploitation du chemin de fer, aussi bien que les objets destinés à l'ameublement des employés bavarois obligés de résider sur le territoire français, seront, tant à l'entrée en France qu'au retour en Bavière, exemptés des taxes de douanes, sauf aux propriétaires à remplir les formalités prescrites en pareil cas par les règlements de la douane française. (Art. 6.)

Les employés qui, en exécution de la présente convention, franchiront la frontière pour le service de l'un ou de l'autre pays, devront, sur le vu de leur uniforme ou la représentation de leur commission, jouir de tous les droits et privilèges que les lois nationales accordent respectivement à des agents officiels.

Ils seront dispensés des prescriptions de police sur les passeports, et auront le droit de porter les armes appartenant à leurs qualités et fonctions.

Les mêmes facilités seront réciproquement accordées aux agents de l'exploitation des deux compagnies pour leur circulation entre les deux nations frontières. (Art. 7.)

Les deux Gouvernements s'engagent réciproquement à n'admettre dans le personnel appelé par son service à résider ou pénétrer sur le territoire de l'autre État aucun employé ou agent qui, pour crime ou délit, soit politique, soit civil, ou pour contravention de douane, aurait été condamné par les tribunaux de ce même État. (Art. 8.)

Les rapports de service entre les employés des deux pays exerçant leurs fonctions dans la station commune auront lieu sur le pied de l'égalité, et leurs relations, dans le cas de communications directes, seront les mêmes qu'entre employés d'égale position d'un même pays. (Art. 9.)

Dans l'exécution du service, ces agents se prêteront mutuellement tout le concours et toute l'assistance possible, sans s'écarter toutefois de la législation et des règlements spéciaux à chaque pays. (Art. 10.)

La voie ferrée entre Wissembourg et la première station bavaroise est déclarée route internationale, ouverte pour les deux pays à l'importation, à l'exportation et au transit. (Art. 11.)

En matière de contravention aux lois de douanes sardes commise dans la gare mixte de Culoz, les autorités françaises se chargeront, à la requête des autorités sardes:

D'entendre des témoins, de procéder à des recherches ou informations, et de notifier le résultat de ces démarches aux autorités sardes;

De faire parvenir aux prévenus et témoins les assignations et significations des jugements émanés des tribunaux sardes. (*Art. 14 de la Convention conclue le 23 novembre 1858 entre la France et la Sardaigne; Décret du 8 janvier 1859; Circ. du 1er février suivant, n° 571.*)

Pour ce qui regarde les délits et crimes commis dans la gare ou sur la voie, et qui tombent sous l'application des lois et ordonnances françaises, la compétence des tribunaux ordinaires français est expressément réservée. (*Même Convention, art.* 15.)

Il pourra être établi, sur le territoire sarde, un bureau de douanes français, dans une gare mixte internationale. En conformité de la législation française, les contraventions douanières qui seraient éventuellement constatées par ce bureau devront être déférées au tribunal de paix français le plus rapproché du lieu. (*Même Convent., art.* 18.)

371.— *Règlement en date du 27 juin 1857, concernant les formalités à remplir à la douane établie dans les gares de chemins de fer, au sujet des marchandises admises au bénéfice du transport ou transit international.*

La compagnie doit avoir, à la gare, un fondé de pouvoirs qui, seul, une fois les marchandises entrées dans cet établissement, pourra remplir les formalités et signer les engagements voulus envers le service des douanes, soit pour expédier les colis, au départ, soit pour les retirer, à l'arrivée. (Art. 1er.)

Le quai de la gare doit être disposé de manière à ce que les wagons puissent être chargés et déchargés devant le bureau.

Il ne pourra être fait simultanément des opérations de chargement et de déchargement.

Un emplacement distinct sera affecté aux marchandises destinées à être chargées, et un autre aux marchandises déchargées. Au besoin, une séparation à claire-voie mobile, ou autre, sera établie entre ces deux emplacements, afin d'empêcher que les colis de l'une et de l'autre catégorie, s'il s'en trouve en même temps sur le quai, puissent, en aucun cas, être confondus entre eux. (Art. 2.)

Le magasin de la gare présentera, dans le même but, deux grandes divisions parfaitement séparées, l'une destinée aux marchandises partant, l'autre aux colis qui arriveront.

Ce magasin sera fermé à deux clefs différentes, dont l'une restera entre les mains du fondé de pouvoirs de la compagnie, l'autre dans celles du service des douanes. Il sera placé sous la surveillance spéciale d'un factionnaire toutes les fois que les chefs des douanes le jugeront convenable. (Art. 3.)

Toute entrée dans le magasin de la gare et toute sortie s'opérera sous la surveillance des agents du service actif, et sera constatée, par une inscription sommaire des colis, en charge d'une part, en décharge de l'autre, sur un carnet dont la tenue sera confiée à un sous-officier faisant fonctions de garde-magasin.

Le même sous-officier veillera, sous l'autorité du vérificateur, au classement régulier des colis dans le magasin. (Art. 4.)

Les impressions composant le dossier des convois seront fournies par la compagnie, conformément aux modèles réglementaires en usage pour le service des transports internationaux.

Seules les formules timbrées sont imprimées aux frais de l'État.

Ces formules sont remises par le service des douanes au fondé de pouvoirs de la compagnie, par anticipation. (Art. 5.)

Le prix du timbre de 75 centimes est porté en recette. (*Déc. du 3 octobre* 1860.)

Tout travail relatif à la manipulation des colis, à la fermeture ou à l'ouverture des wagons, à leur conditionnement, à l'arrangement des bâches, sera fait par les agents de l'exploitation du chemin de fer. (Art. 6.) .

Quant au plombage des wagons, il sera opéré exclusivement par les emballeurs des douanes, et ce seront également des agents de ce service qui constateront l'état des wagons et des plombs à l'arrivée.

Le nombre de plombs à apposer varie suivant le mode de fermeture des wagons et le conditionnement de ceux qui doivent être bâchés. Ce nombre, en général, ne doit pas dépasser deux par wagon. (Art. 7.)

Le prix du plomb, fixé à 50 cent., est payé, au moment du plombage, entre les mains du commis de la gare, qui en verse le montant à la recette principale. (Art. 8.)

Toutes les opérations de douane qui s'accomplissent à la gare de..... sont placées sous la direction immédiate et le contrôle du sous-inspecteur de la rade, tout en étant soumises à l'action supérieure de l'inspecteur sédentaire. (Art. 9.)

La présentation des marchandises, leur reconnaissance, ainsi que le chargement ou le déchargement des wagons, ne peuvent, sans autorisation spéciale du chef des douanes, avoir lieu en dehors de la durée des séances légales, c'est-à-dire depuis huit heures du matin en été, neuf heures en hiver, jusqu'à quatre heures du soir en toute saison. (Art. 10.)

Le hangar de la gare affecté aux opérations de douane ne communiquera avec le dehors que par une seule porte, à laquelle sera placé un factionnaire, qui ne laissera entrer ni sortir aucun colis sans expédition régulière. (Art. 11.)

DÉPART VERS L'INTÉRIEUR.

Le nombre de trains partant sous le régime international est fixé à..... par semaine. Des jours de départ sont..... (Art. 12.)

MARCHANDISES SORTANT D'ENTREPÔT POUR ÊTRE DIRIGÉES SUR LA GARE.

Opérations à l'entrepôt. — Entrepôt réel.

Les expéditeurs déposent au bureau de l'entrepôt une déclaration série M, n° 34, entre les mains de l'employé chargé de la tenue des sommiers (1). Cette déclaration, après avoir été revêtue du permis de sortie d'entrepôt, est remise au vérificateur, qui, si les intéressés le demandent, en vue de se réserver éventuellement le bénéfice de l'allocation des déficits, procède à la visite dans la forme prescrite par les instructions générales.

Dans le cas où la visite n'est pas demandée, le service peut appliquer aux colis sortant les constatations prises en charge à l'entrée. (Art. 13.)

La vérification terminée, ou les colis étant admis pour le poids d'entrée, ils sont dirigés sur la gare, sous l'escorte de deux préposés, auxquels le sous-officier chef du poste de l'entrepôt remet la déclaration série M, n° 34, après l'avoir revêtue du certificat de sortie. (Art. 14.)

Dans le but de restreindre le nombre des escortes, il ne sera expédié chaque jour, de l'entrepôt réel, qu'un seul convoi, qui se mettra en marche à une heure de l'après-midi. (Art. 15.)

Arrivés à la gare, les préposés convoyeurs remettront la déclaration série M, n° 34, au vérificateur. Celui-ci l'inscrira sommairement sur un carnet série M, n° 14. Il s'assurera du nombre et de l'identité des colis; puis, si le convoi doit partir le jour même, et en attendant qu'ils puissent être chargés, il les laissera sur le quai de la gare, sous la surveillance d'un factionnaire.

Lorsque les colis seront présentés la veille du départ du train, on les enfermera dans le magasin de dépôt, aussitôt après la reconnaissance.

---

(1) Cette déclaration est inscrite sommairement sur un registre ad hoc, déterminant les numéros d'une série spéciale. On se sert à cet effet d'un registre série M, n° 33 C, annoté en conséquence. (Déc. du 27 octobre 1857.)

Ces diverses opérations seront rappelées, d'une manière sommaire, sur le carnet précité. (Art. 16.)

Entrepôt fictif.

Les dispositions des art. 12 et 15 sont applicables aux marchandises qu'on extrait des entrepôts fictifs, avec cette différence qu'en pareil cas la visite est obligatoire et s'accomplit à la gare.

Dans ce but, après avoir fait enregistrer la déclaration série M, n° 34, à la section de l'entrepôt, les expéditeurs font transporter les marchandises sans escorte à la gare, où elles sont présentées au vérificateur, avec ladite déclaration, par les soins du fondé de pouvoirs de la compagnie. (Art. 17.)

Pour éviter l'encombrement, le vérificateur refusera la visite et le dépôt dans le magasin de tout colis sortant de l'entrepôt fictif dont la présentation aurait lieu passé une heure après-midi. (Art. 18.)

Opérations en gare, communes aux provenances des deux entrepôts.

Indépendamment du dépôt, fait entre les mains du service des douanes, de la déclaration série M, n° 34, les expéditeurs sont tenus, pour jouir du bénéfice réservé aux transports internationaux, de remettre au fondé de pouvoirs de la compagnie un double de cette déclaration établi sur le modèle spécial de l'exploitation. Cette pièce, a produire en deux expéditions, doit énoncer, outre les résultats constatés ou admis par la visite, toutes les indications nécessaires pour que la marchandise puisse, à l'arrivée, suivre le régime qui lui est propre.

Le commerce, après avoir rédigé ces feuilles, les présentera au visa du service, soit à l'entrepôt, soit à la gare, suivant qu'il s'agira de marchandises extraites du premier de ces établissements ou sortant des magasins d'entrepôt fictif.

C'est seulement ainsi visées qu'il les remettra à l'agent de la compagnie. (Art. 19.)

Celui-ci, le jour fixé pour le départ du convoi, réunit les feuilles relatives aux marchandises destinées à être chargées, et les remet au service des douanes, accompagnées, savoir :

1° De déclarations acquits-à-caution série T, n° 32, établies distinctement par lieu de destination et en double expédition, dont l'une sur papier libre (modèle de la compagnie), l'autre sur la formule timbrée, délivrée en blanc par le service des douanes ;

2° De feuilles de route récapitulatives également dressées par lieu de destination et en double.

Ces feuilles de route doivent être signées par le chef de train ; mais, en cas d'empêchement, on peut les produire sans la signature de cet agent, sauf à les faire compléter, sous ce rapport, au moment du départ du convoi. (Art. 20.)

Le dossier ainsi formé doit embrasser l'ensemble des marchandises existant en magasin ou déposées le jour même sur le quai de la gare.

Si, par une cause exceptionnelle, il ne pouvait en être ainsi, l'excédant que le fondé de pouvoirs de la compagnie demanderait à laisser en gare devrait comprendre la totalité des colis se rapportant à une ou plusieurs déclarations série M, n° 34, entières, sans qu'il y ait lieu à scinder aucune de celles-ci.

Les marchandises qui resteraient ainsi en gare devraient, au surplus, être chargées sur le premier convoi suivant, faute de quoi les déclarations retenues seraient annulées et les colis réintégrés d'office en entrepôt, par les soins et aux frais de l'exploitation du railway, sauf son recours contre qui de droit. (Art. 21.)

Le dossier est reçu par le vérificateur, qui le rapproche d'abord des indications de son carnet série M, n° 14.

Ensuite les colis sont retirés du magasin ou pris sur le quai de la gare, et les hommes d'équipe les chargent sur les wagons.

Le vérificateur préside à ces opérations, assisté d'un préposé du service actif.

L'un et l'autre, au fur et à mesure du chargement, procèdent contradictoirement au dénombrement des colis et le constatent, le premier sur son carnet n° 14, le second sur un carnet d'écor.

Aussitôt que chaque wagon est plein, ils totalisent les résultats obtenus, les comparent, et, s'il y a concordance, l'emballeur appose les plombs sous la surveillance du vérificateur. (Art. 22.)

Chaque wagon ainsi plombé est conduit sur la voie de départ de la gare des marchandises, où il stationne sous la garde non interrompue du service actif jusqu'au moment fixé pour l'expédition du train.

L'opération continue ainsi de wagon en wagon. (Art. 23.)

Dès qu'elle est terminée, le vérificateur appose son visa sur la déclaration-soumission, série T, n° 32. Il remet ensuite le dossier au commis, qui, le rapprochant des déclarations originales de sortie d'entrepôt, série M, n° 34, s'assure de sa parfaite régularité, inscrit sommairement les formules T, 32, sur un registre spécial, série L, n° 10, et fait signer le fondé de pouvoirs de la compagnie à la 9° colonne réservée à cet effet. (Art. 24.)

Après l'enregistrement dont il vient d'être parlé, le même commis rédige et signe la formule d'acquit-à-caution disposée au bas des feuilles, série T, n° 32 ; il dédouble ensuite le dossier, et remet au fondé de pouvoirs chargé de faire partir le train les formules timbrées n° 32, en y annexant une expédition de chacun des deux autres documents composant le dossier, c'est-à-dire des feuilles de route et des copies de déclaration, établies sur le modèle n° 426.

Cette annexion est faite au moyen de deux cachets à la cire apposés l'un par le commis des douanes, l'autre par le fondé de pouvoirs de la compagnie.

Les doubles des pièces restent déposés au bureau des douanes de la gare. (Art. 25.)

Immédiatement, et au vu de ces mêmes duplicata, le commis principal remplit l'en-tête et les colonnes 3, 4, 5 et 6 de deux bulletins, série L, n° 5.

L'un de ces bulletins, en marge desquels il mentionne sommairement l'espèce des principales marchandises contenues dans les wagons, est remis au sous-inspecteur de la gare, qui décide si le convoi doit ou non être escorté. Si l'escorte est prescrite, le sous-inspecteur en informe le capitaine, qui désigne les hommes auxquels elle doit être confiée.

L'autre bulletin est déposé au corps-de-garde de la gare, pour être livré, comme il va être expliqué à l'article suivant, soit aux préposés convoyeurs, soit au chef de train. (Art. 26.)

Une demi-heure avant le départ du convoi, un sous-officier du poste de la gare, désigné à cet effet, se rend, avec le bulletin n° 5, sur le point où les wagons plombés sont restés déposés.

S'il y a escorte, le sous-officier s'applique à faire reconnaître aux préposés convoyeurs les wagons confiés à leur garde ; il s'assure, de concert avec eux, que le plombage est intact ; que les wagons plombés forment un seul groupe, ainsi qu'il est prescrit par l'art. 11 du règlement général sur le transit international ; que leur nombre et leurs numéros sont conformes aux indications du bulletin L, n° 5. Il revêt cette pièce de sa signature et la remet aux préposés d'escorte, après avoir rempli la colonne n° 1 et leur avoir fait signer la colonne n° 2. Il procède ensuite à leur placement sur le train le plus près possible des wagons soumis à leur surveillance ; enfin il vise l'acquit-à-caution, série T, n° 32, qui lui est présenté à cet effet par le chef de convoi, et ne rentre au poste que lorsque le train s'est mis en marche.

S'il n'y a pas d'escorte, le sous-officier, après avoir vérifié, comme dans le premier cas, l'intégrité du plombage, le nombre et le numéro des wagons, vise l'acquit-à-caution T, n° 32, et remet au chef de train le bulletin L, n° 5, sur lequel il a eu soin d'inscrire, dans les deux premières colonnes, la mention : *sans escorte*. (Art. 27.)

Pendant ce temps, et aussitôt après la remise du dossier au fondé de pouvoirs de la compagnie, le vérificateur et le préposé qui ont assisté au chargement des marchandises sur les wagons remplissent le certificat mis au bas des déclarations de sortie d'entrepôt, M, n° 34. Ces pièces, ainsi complétées, sont renvoyées par le service des douanes de la gare au bureau de l'entrepôt, qui, au vu des indications qu'elles contiennent, décharge définitivement les sommiers.

Jusqu'à ce moment, et sauf leur recours contre la compagnie pour les pertes ou soustractions qui pourraient être commises dans la gare, les entrepositaires restent liés envers le Trésor par leurs soumissions, comme si la marchandise n'avait pas quitté l'entrepôt. (Art. 28.)

Pendant le transport, toutes les fois que le convoi s'arrêtera, les préposés convoyeurs devront vérifier aussitôt l'état des wagons, des cordes et des plombs; durant le stationnement, ils ne quitteront pas le train.

En cas de rupture du plombage ou d'accident quelconque, ils suivront ponctuellement les instructions faisant l'objet de l'article 10 du règlement général précité. (Art. 29.)

A l'arrivée à Paris, ils s'y arrêteront et cesseront l'escorte, alors même que le convoi aurait en totalité ou en partie une destination plus éloignée ; mais ils n'abandonneront les wagons qu'après en avoir fait la remise au chef du poste des douanes de la gare spéciale, et avoir reçu de lui son accusé de réception, qu'il apposera dans la dernière colonne du bulletin série L, n° 5. Ils retiendront ce bulletin pour leur servir d'abord à obtenir leur parcours gratuit sur la voie ferrée, dans le cas où ils n'auraient pas de convoi de retour à escorter en rentrant. Puis le même bulletin sera remis par eux au chef de poste de la gare de leur résidence, quand ils y seront revenus, et ce sera leur titre de décharge. (Art. 30.)

Durant leur séjour à Paris, les préposés d'escorte sont placés, au point de vue de la police et de la discipline, sous l'autorité des chefs des douanes de cette localité.

Ils ne doivent se produire dans la gare et en ville qu'en tenue réglementaire.

Lorsque le chef de poste de la gare spéciale leur confiera l'escorte de convois de retour, ils se conformeront ponctuellement à ses instructions et conduiront ces convois jusqu'à destination. (Art. 31.)

En dernier lieu, quand les formules timbrées, série T, n° 32, sont renvoyées déchargées par le bureau de destination, le commis principal de la gare de départ les rapproche des duplicata restés entre ses mains ; il annule les engagements de la compagnie, s'il y a lieu, réunit l'ensemble du dossier et le classe pour former archives.

Pour les opérations de départ, telles qu'elles viennent d'être décrites, le bureau de la gare n'a pas à former les relevés de la statistique commerciale. Ce soin incombera à la section spéciale de la douane centrale, tant que les marchandises sortant de l'entrepôt seront seules expédiées, par la voie ferrée, en wagons plombés. (Art. 32.)

Arrivée de l'intérieur.

Les wagons arrivant en gare de l'intérieur, sous le régime du transit international, seront immédiatement conduits sur la voie de service, devant l'établissement des douanes.

Les préposés d'escorte, ou, s'il n'y en a pas, le chef de train, remettront le bulletin série L, n° 5, au sous-officier commandant le poste de la gare.

Ce dernier agent s'assurera, concurremmment avec les préposés d'escorte ou avec le chef de train, de l'existence du nombre de wagons inscrits au bulletin, ainsi que de l'état des wagons, des cordes et des plombs, et il consignera le résultat de cette vérification dans la 7ᵉ colonne dudit bulletin qu'il rendra soit aux préposés convoyeurs, soit au chef du convoi, pour leur décharge.

Il placera les wagons sous la surveillance d'un factionnaire, et les préposés d'escorte cesseront leur service. (Art. 33.)

A l'ouverture de la séance, le fondé de pouvoirs de la compagnie déposera au bureau le dossier du train, en y joignant, s'il y a lieu, les procès-verbaux de rupture du plombage ou de tous autres incidents, de nature à intéresser le service des douanes, qui auraient pu survenir en cours de transport.

Les expéditions composant le dossier seront inscrites sommairement, par le commis principal, sur un registre de gros, série T, nº 2 *bis*, qui sera ouvert à la gare à cet effet. (Art. 34.)

Le vérificateur, à son tour, mentionnera ces expéditions sur son carnet.

Ensuite, assisté d'un préposé, il se rendra auprès des wagons et commencera par s'assurer de l'état du plombage.

Dans le cas où il y aurait eu, soit en cours de transport, soit en gare, altération des plombs, cordes et wagons, il en sera référé au sous-inspecteur, qui, après avoir, au besoin, pris les instructions de l'inspecteur sédentaire, décidera s'il convient de procéder à une vérification approfondie des colis.

Si le convoi est intact, le vérificateur fera enlever les plombs, et les agents de l'exploitation déchargeront les marchandises. (Art. 35.)

Cette opération s'effectuera, comme celle du chargement, wagon par wagon, sous le double contrôle du vérificateur et d'un préposé, qui annoteront contradictoirement, chacun sur leur carnet, le nombre des colis sortant des wagons.

Après avoir rapproché les résultats obtenus, ces agents apposeront leur certificat sur le *Relevé récapitulatif série T, nº 31.*

Ce relevé restera provisoirement déposé au bureau. (Art. 36.)

Les colis de prime, scellés séparément, colis par colis, du plomb des douanes de l'intérieur, ou les colis de simple exportation, seront immédiatement mis à la disposition du fondé de pouvoirs de la compagnie, avec les passavants ou acquits de payement qu'on détachera du dossier annexé au relevé récapitulatif, et que le commis de la gare revêtira d'un permis d'embarquer.

Mention de cette remise sera faite aussitôt sur le relevé récapitulatif série T, nº 31, et aussi sur le registre de la même série, nº 2 *bis*, où le fondé de pouvoirs de la compagnie apposera sa signature à titre de décharge.

Cet agent, qui devra, sur-le-champ, faire enlever ces marchandises de la partie de la gare soumise à la surveillance des douanes, se chargera du soin de les remettre avec les expéditions aux consignataires.

Ceux-ci auront à présenter les colis, pour l'embarquement, dans la forme ordinaire, aux bureaux de visite situés sur le port. (Art. 37.)

Quant aux marchandises étrangères, elles pourront être acquittées immédiatement en gare ou dirigées sur l'entrepôt. (Art. 38.)

Pour l'acquittement, si les colis viennent d'un entrepôt de l'intérieur, les déclarations annexées au relevé récapitulatif nº 31 en seront détachées, et, après avoir reçu du fondé de pouvoirs de la compagnie, agissant au nom des consignataires, la mention nécessaire dans ce but, elles serviront de déclaration en détail.

Si les colis arrivent directement de l'étranger, les factures et connaissements joints au relevé nº 31 seront communiqués au fondé de pouvoirs, qui les rendra au service des douanes accompagnés d'une déclaration en détail rédigée dans la forme ordinaire. (Article 39.)

Muni de l'une ou de l'autre de ces déclarations, le bureau de la gare y donnera suite en se conformant aux règlements généraux, tant pour la décharge du registre série T, n° 2 *bis,* qu'en ce qui concerne les autres écritures, aussi bien que les opérations de la visite, de la perception et de la livraison des marchandises.

Le total des recettes qui pourraient ainsi être effectuées sera versé, à la fin de chaque journée, par le commis principal de la gare au receveur principal. Ce comptable conserve d'ailleurs la faculté de prendre des mesures, lorsqu'il le jugera convenable, pour que le montant des acquits de payement soit directement versé à sa caisse par les redevables.

Après l'acquittement, on aura soin d'inscrire dans la colonne d'observations du relevé série T, n° 31, sur la ligne où étaient mentionnés les colis, cette annotation : *Acquitté pour la consommation, le... n°... de recette* (Art. 40.)

Pour les expéditions sur l'entrepôt, l'une ou l'autre des déclarations indiquées ci-dessus à l'article des acquittements sera, suivant la provenance de la marchandise, remise au bureau de la gare par le fondé de pouvoirs de la compagnie.

Seulement ces déclarations seront simplement visées par le commis principal de la gare, qui rédigera un bulletin de transport sur l'entrepôt et les y annexera.

Après avoir enregistré ce bulletin sur un carnet série L (Paris), n° 31, modifié conformément au modèle ci-joint, le commis le remettra, avec les déclarations, au chef de poste. (Art. 41.)

Celui-ci s'assurera de l'identité des colis à diriger sur l'entrepôt et en surveillera le chargement. Puis il désignera les préposés d'escorte et inscrira leurs noms sur le bulletin.

Au moment du départ, ces préposés, ayant reçu de lui ledit bulletin, le présenteront au visa du commis, qui y indiquera l'heure à laquelle le convoi se met en marche. (Art. 42.)

Arrivés à l'entrepôt avec les colis, les préposés d'escorte feront apposer, sur le bulletin de transport, un accusé de réception des marchandises, par le contrôleur. Ils le rapporteront ensuite à la gare et le rendront au commis principal, qui y mentionnera l'heure de leur retour. (Art. 43.)

Le bulletin de transport sur l'entrepôt étant ainsi rentré, le commis principal annotera en conséquence le registre série T, n° 2 *bis,* en même temps que le relevé récapitulatif n° 31. (Art. 44.)

Si les déclarations en détail pour l'acquittement ou l'expédition sur l'entrepôt des marchandises étrangères ne sont pas remises au service des douanes dans la journée même de l'arrivée du convoi, les colis seront placés dans le magasin de douane établi à la gare.

Par application de l'article 1er du titre IX de la loi du 22 août 1791, on aura la faculté de prolonger cet emmagasinement provisoire pendant huit jours au-delà du terme fixé pour la remise de la déclaration en détail ; en tout onze jours, durant lesquels les marchandises pourront, sur le dépôt des déclarations précitées, être successivement retirées du magasin pour être présentées à l'acquittement ou expédiées sur l'entrepôt, dans les conditions et moyennant l'accomplissement des formalités indiquées ci-dessus.

Dès le douzième jour, la douane fera transporter d'office les colis à l'entrepôt réel, aux frais de la compagnie, qui pourra exercer son recours contre qui de droit.

Les marchandises ainsi conduites à l'entrepôt y seront placées immédiatement sous le régime des dépôts.

La constitution du dépôt suffira pour qu'il soit procédé à la régularisation et au renvoi des expéditions dans l'ordre qui va être indiqué à l'article suivant. (Art. 45.)

Aussitôt que le relevé récapitulatif série T, n° 31, sera complètement apuré, soit par la remise au fondé de pouvoirs de la compagnie des colis de prime ou d'exportation simple, soit par les acquittements en gare, soit par l'envoi des marchandises en entrepôt sur la remise de déclarations en détail, ou d'office, on y apposera le certificat de décharge qui clôt la série des opérations.

Puis le dossier sera adressé à la douane centrale pour être renvoyé au bureau de départ, dans la forme réglementaire. (Art. 46.)

Le bureau de la gare n'étant qu'un point de passage pour les marchandises dirigées sur l'entrepôt ou pour les marchandises de prime, on n'aura pas à s'y occuper, en ce qui touche ces marchandises, de la formation des relevés de statistique commerciale. Ils continueront d'être dressés à la douane centrale dans les conditions ordinaires.

Mais le bureau de la gare établira, d'après ses écritures, les relevés d'importation pour les marchandises acquittées sur ce point, et, au vu des feuilles récapitulatives série T, n° 31, les états de sortie série E, n° 50, pour les colis d'exportation simple. (Art. 47.)

CHAPITRE IV

RESTRICTIONS D'ENTRÉE

Il est des produits coloniaux qui ne peuvent être importés que sous les conditions des importations par mer et par des navires d'un certain tonnage: la loi a voulu, par là, exciter, favoriser nos relations d'outre-mer et la navigation nationale.

Les mêmes produits coloniaux, et d'autres marchandises sujettes à des droits élevés ou difficiles à appliquer, ne sont admissibles que par des bureaux dont la composition est en rapport avec l'importance des affaires commerciales. Le besoin d'assurer la régularité des perceptions exigeait qu'il en fût ainsi.

Enfin, et pour plus de garantie, quelques objets ne peuvent être présentés que dans des colis dont le poids est déterminé.

§ Ier. — *Restrictions de bureaux* (1).

372. — Les marchandises ci-après indiquées et dont la plupart font partie de ce qu'on appelle denrées exotiques de premier ordre, supportent à leur importation par terre les droits afférents aux importations effectuées par mer sous pavillon étranger. (*Loi du 16 mai 1863, art. 22; Circ. du 25, n° 901.*)

Sucres bruts et terrés, café, cacao, indigo, thé, poivre et piment, girofle, canelle et *cassia lignea*, muscade et macis, cochenille, orseille violette ou cudbéard, rocou, bois exotique de teinture et d'ébénisterie (2), cotons en laine, gomme et résines autres que d'Europe, ivoire, carret et nacre de perle, nankin des Indes. (*Loi du 28 avril 1816, art. 22.*)

L'entrée de ces marchandises doit s'effectuer par les ports ou bureaux indiqués au n° 380. (*Circ. du 25 mai 1865, n° 901.*)

On ne peut importer que par les ports d'entrepôt les marchandises des colonies françaises à l'égard desquelles une modération de droits est accordée comme privilège colonial. (*Loi du 8 floréal an XI, art. 12.*) V. Livre XI, chap. 7.

---

(1) Ces restrictions ne s'appliquent ni aux marchandises provenant de naufrages ou d'épaves, ni à celles provenant de saisies. (*Circ. des 23 mai 1816, n° 162, et 18 août 1818, n° 417.*)

(2) Le bois de buis n'est pas compris dans cette catégorie. (*Circ. du 17 février 1838.*)

Comme celles dont la désignation précède, ces marchandises sont marquées de deux astérisques (**) au *Tableau des droits*. (*Tarif* n° 30.)

373. — Les fils de coton, de laine, d'alpaga, de lama, de vigogne et de poil de chameau, ne peuvent être importés que par les ports de Dunkerque, Calais, Boulogne, Dieppe, le Havre, Rouen, Nantes, Bordeaux, Marseille, et par les douanes de Paris, Lyon, Tourcoing, Roubaix, Lille, Valenciennes, Strasbourg, Mulhouse et Chambéry. (*Art. XVI des dispositions générales du Tarif de 1864.*)

374. — L'importation des tissus. purs ou mélangés, taxés à la valeur (1) s'effectue par Dunkerque, Calais, Boulogne, Dieppe, le Havre, Rouen, Granville, Nantes, Bordeaux, Bayonne, Cette, Marseille, Toulon, Nice, Alger, Oran, Paris, Lille, Valenciennes, Strasbourg, Mulhouse, Chambéry et Lyon. Les divers ports ou bureaux de la frontière de terre ouverts au transit des marchandises *non prohibées* peuvent, d'ailleurs, recevoir ces mêmes tissus, soit pour le transit ou l'entrepôt, soit pour être dirigés, sous plomb et par acquit-à-caution, sur l'une des douanes exclusivement désignées pour l'acquittement des droits. (*Art. XVI des dispositions générales du Tarif de 1864.*)

375. — Les autres objets antérieurement frappés de prohibition, V. n° 412, suivent, sous le rapport des restrictions d'entrée, le régime des produits déjà tarifés avec lesquels ils présentent le plus d'analogie. (*Même article.*)

376. — La carrosserie (2), les cartes à jouer, la chicorée brûlée ou moulue, la coutellerie, les ouvrages en peau ou en cuir, les ouvrages en crin ou en poil de vache pur ou mélangé, les verres et cristaux, les produits chimiques et les savons doivent être importés par les bureaux ouverts à l'entrée des marchandises taxées à plus de 20 fr. par 100 kil. V. n° 380. (*Même article.*)

377. — Les marchandises taxées à plus de 20 fr. par 100 kil., non compris le décime additionnel ni la surtaxe de navigation, ne peuvent être importées que par ports d'entrepôt, réel ou fictif, et par les bureaux désignés spécialement à cet effet. (*Loi du 28 avril 1816, art. 20.*) V. n° 380.

378. — L'entrée des marchandises ci-après, en tant qu'elles sont tarifées, est restreinte aux bureaux désignés par l'art. 20 de la loi du 28 avril 1816, sauf les exceptions qu'autorise l'art. 21 de ladite loi, V. n° 389, et celles que les localités pourraient rendre nécessaires. V. n° 385.

Boissons dont l'entrée n'est pas déjà restreinte aux ports d'entrepôt, chapeaux, cornes en feuillets, cuivre de toute sorte, pur ou allié, dentelles, feutres, fontes, fer en barres et ouvré, glaces, gommes d'Europe, horloges en bois, huile d'olive, instruments de toute sorte, médicaments composés, métiers, machines et mécaniques pour l'industrie, modes (ouvrages de), objets de collection hors de commerce, parapluies et parasols, pelleteries, planches gravées, potasse, tartre brut, soudes, natrons, cendres de Sicile et tous autres sels, poterie de toute espèce, soies, vanneries, grandes peaux tannées pour semelles. (*Loi du 27 mars 1817, art. 8, et Ord. du 31 octobre 1836.*)

On a indiqué au *Tableau des droits*, par un astérisque (*), les diverses marchandises auxquelles s'applique cette restriction.

---

(1) Il s'agit ici des tissus antérieurement prohibés et de ceux à l'égard desquels un droit *ad valorem* a remplacé une taxe au poids. Mais les marchandises qui étaient taxées à la valeur conservent les facilités résultant du tarif général. Ainsi, les dentelles de lin ou de coton, le tulle de coton avec application d'ouvrages en dentelles de fil, peuvent être admis au droit conventionnel dans tous les bureaux ouverts aux marchandises taxées à plus de 20 fr. les 100 kil. (*Circ. man. du 30 octobre 1861.*)

(2) Les voitures à échelle, etc., sont admissibles par tous les bureaux. (*Cir. mar. du 30 octobre 1861.*)

379. — Par une conséquence necessaire, la même restriction d'entrée s'étend aux marchandises taxées à des droits variés en raison de leurs espèces ,ou qualités; lorsque la quotité d'un de ces droits s'élève à plus de 20 fr. par 100 kil.

Il a paru à l'administration qu'on pouvait sans inconvénient faire exception, dans certains cas, à cette dernière règle. C'est par ce motif que, dans le *Tableau des droits*, on n'a pas marqué de l'astérisque quelques articles qui, à la rigueur, auraient dû être soumis à la restriction d'entrée. (*Tarif* n° 31.)

380. — Bureaux, autres que ceux des ports d'entrepôt, réel ou fictif, ouverts à l'importation des marchandises taxées à plus de 20 fr. par 100 kilogr., sauf les denrées exotiques de premier ordre (*Loi du 28 avril 1816, art.* 20 *et* 22), ou nommément désignées par l'art. 8 de la loi du 27 mars 1817 :

Dunkerque, par Ghivelde (1), Armentières, par la Lys, Turcoing (station du chemin de fer), Lille, par Halluin ou Baisieux et par le chemin de fer, pour le commerce par terre, et par Bousbecque pour les transports par eau, Roubaix, station du chemin de fer et par le canal, Jeumont, Condé, Blancmisseron, Valenciennes, même ville, au bureau de la station du chemin de fer, Feignies, Maubeuge, Rocroy, Givet, Charleville, Sedan, par Saint-Menges ou par Givonne, Vireux, Longwy, Sierck (pour les seules opérations effectuées par la Moselle), Forbach, Sarreguemines, Wissembourg, Lauterbourg, Strasbourg, Kehl, l'Ile-de-Paille, Huningue, Saint-Louis, Delle, Le Villers, Verrières-de-Joux, Jougne, les Fourgs, les Rousses, Bellegarde, Seyssel, Saint-Blaise, Culoz, Pont-de-Beauvoisin, Entre-deux-Guiers, Chapareillan, Mont-Genèvre, Larche, Entrevaux, Saint-Laurent-du-Var, Antibes, Cannes, Saint-Raphaël, Saint-Tropez, Port-de-Bouc, Aigues-Mortes, la Nouvelle, Bourg-Madame, le Perthus, Urdos, Saint-Jean-Pied-de-Port, Ainhoa, Béhobie, Saint-Jean-de-Luz, Charente, Marans, les Sables, Saint-Nazaire, Quimper, Portrieux, Paimpol, Carentan, Lannion, Givet (station du chemin de fer), Styring, Tréguier, Mont-Saint-Martin, Pontarlier (station du chemin de fer), Frangy, Pont-de-la-Caille, Chambéry, Saint-Jean-de-Maurienne, Lanslebourg, Menton, Saint-Martin-Lantosca, Le Plat, Fontan, Bois-d'Aumont, Thionville (station du chemin de fer), Apach, Bailleul, Pontrieux, Blaye, Halluin, Baisieux, Hendaye, Trouville.

Pour les ports d'entrepôt réel ou fictif, *V.* nos 441 et 474.

381. — Les grains et farines ne peuvent être importés ou exportés que par les bureaux désignés à cet effet. (*Loi du 2 décembre* 1814.) Toutefois, les directeurs peuvent autoriser les importations ou les exportations des céréales par les bureaux où la mesure leur paraît justifiée. (*Déc. du 5 février* 1863.)

Les légumes secs ne peuvent être importés que par les bureaux ouverts à l'entrée des grains. (*Ord. du* 17 *janvier* 1830.)

382. — Les châles de cachemire fabriqués à la main dans les pays hors d'Europe et les écharpes de cachemire pur, les châles ou écharpes de cachemire brodés en or ou en argent, en soie ou en toute autre matière; les montres à boîtes d'or, d'argent ou de tout autre métal (2), les montres sans boîtes, les mouvements d'horlogerie de

---

(1) Le bureau de Dunkerque par Ghivelde est ouvert à l'entrée des marchandises de toute espèce autres que celles désignées en l'art. 22 de la loi du 28 avril 1816, tant pour l'importation et le transit que pour l'entrepôt réel et l'entrepôt spécial du prohibé. Les formalités et peines voulues par les art. 28, 29 et 30 de la même loi s'appliquent à toutes les expéditions faites par cette voie. (*Loi du 2 juillet* 1836, *art.* 9, *et Circ. du* 16 *septembre* 1856, n° 408.)

(2) Les montres à boîtes d'or et d'argent sont, après l'acquittement des droits d'entrée, dirigées, par acquit-à-caution et sous le double plomb des douanes (*Circ. du* 27 *décembre* 1850, n° 2418), sur l'un des bureaux de garantie de Paris, Lyon,

toutes sortes et les carillons à musique, ne peuvent être importés que par les bureaux ouverts au transit des marchandises prohibées. (*Loi du 2 juillet 1836, et Circ. du 26 février 1859, n° 576.*)

383. — Les machines et mécaniques complétés ou en pièces détachées et les bâtiments de mer, les coques de bâtiments de mer et les bateaux de rivière ne peuvent être importés que par les bureaux désignés à cet effet :

Dunkerque, Lille, Roubaix, Turcoing, Jeumont, Valenciennes, Vireux, Forbach, Strasbourg, Wissembourg, Saint-Louis, les Verrières, Bellegarde, Toulon, Marseille, Cette, Bordeaux, Rochefort, Nantes, Lorient, Brest, Morlaix, Saint-Malo, Cherbourg, Caen, Honfleur, Rouen, le Havre, Dieppe, Abbeville, Boulogne, Calais, Feignies, Armentières, Givet, Givet (station du chemin de fer), Longwy, Pontarlier (station du chemin de fer), Granville, Saint-Nazaire, Pont-de-la-Caille, Chambéry, Saint-Jean-de-Maurienne, Lanslebourg, Nice, Thionville (station du chemin de fer), Apach, Hendaye. Trouville.

384. — Les fils de lin ou de chanvre de toute sorte ne peuvent être importés que par les ports d'entrepôt réel ou par les bureaux de la frontière de terre ci-après :

Armentières, Halluin, Lille, Baisieux, Condé, Blancmisseron, Forbach, Strasbourg, Pont-de-Beauvoisin, Entre-deux-Guiers, Saint-Laurent-du-Var, Valenciennes, Wissembourg, Feignies, Longwy, Pont-de-la-Caille, Chambéry, Saint-Jean-de-Maurienne, Lanslebourg, Thionville (station du chemin de fer), Apach.

385. — Les fabriques voisines de la frontière, auxquelles leur éloignement de l'un des bureaux désignés ci-dessus ne permettrait de tirer de l'étranger leur approvisionnement qu'au moyen d'un circuit onéreux, peuvent être temporairement autorisées à recevoir cet approvisionnement par le bureau de la route directe, conformément à l'art. 21 de la loi du 28 avril 1816. (*Ord. du 26 juillet 1826, art. 2.*) *V.* n° 389.

386. — Les poissons de mer *frais* importés par terre, depuis Givet (Ardennes), jusqu'à Mont-Genève (Hautes-Alpes) inclusivement, ne sont soumis qu'au quart des droits fixés pour les poissons de mer importés par tous les autres points. (*Lois des 2 juillet 1836 et 11 juin 1845.*) *V.* Livre XI, chap. 21, des dispositions spéciales aux poissons pêchés par des étrangers dans la Méditerranée.

Pour les poissons provenant de pêche française, *V.* Livres X et XI.

Les tapis en laine dits moquettes veloutées, de la nature de celles dont l'entrée

---

Toulouse, Strasbourg, Besançon, Marseille, Bordeaux, Le Havre, Annecy, Chambéry, Nice ou Alger, pour y être essayées et marquées et y acquitter le droit de garantie. (*Loi du 2 juillet 1836.*) Les acquits-à-caution doivent être renvoyés par les directeurs des bureaux de garantie à leurs collègues des douanes. (*Circ. du 4 juillet 1855, n° 299.*)

Cette disposition n'est pas applicable : 1° aux montres appartenant aux ambassadeurs et envoyés des puissances étrangères; 2° aux montres à l'usage personnel des voyageurs, et même, lorsque ceux-ci n'ont sur eux, pour leurs besoins, qu'une montre, on peut s'abstenir de la soumettre au droit d'entrée, quand, par sa nature et sa valeur, elle est en rapport avec la position sociale de la personne qui en est porteur. (*Loi du 19 brumaire an VI, titre 2, art. 23, et Circ. du 5 juin 1834, n° 1442.*)

Non seulement les agents des bureaux de garantie sont autorisés à refuser de marquer les montres introduites de l'étranger *à l'état achevé* et qui seraient présentées à la garantie sans être accompagnées d'acquits-à-caution des douanes, mais, aux termes de l'art. 107 de la loi du 19 brumaire an VI, ils peuvent encore déclarer la saisie de ces mêmes montres, c'est-à-dire de celles qui seraient dans un état d'achèvement complet, avec l'empreinte du poinçon d'un maître français, ou qui, finies ou non finies, porteraient, outre l'empreinte de ce poinçon, la marque d'une fabrique étrangère. (*A. de C. du 6 mai 1842.*)

est autorisée au droit de 250 fr. par 100 kil., ne sont admissibles à ce droit que lorsqu'elles sont importées par les bureaux de Lille ou de Dunkerque. (*Loi du 5 juillet* 1836.)

Le buráil ou crépon de Zurich ne peut être importé que par le seul bureau de Saint-Louis. (*Loi du 27 mars* 1817.)

387. — Pour les livres, *V.* Livre XI, chap. 20.

Les gravures, lithographies et estampes, les cartes géographiques et la musique gravée ne peuvent entrer que par les bureaux ouverts à l'importation des livres en langue française. (*Loi du 6 mai* 1841.)

388. — Toute marchandise omise au tarif d'entrée doit aussi être importée par un bureau principal des douanes, où le droit de l'article le plus analogue lui est appliqué (*Loi du 28 avril* 1816, art. 16), ou par les bureaux ouverts à l'entrée des marchandises taxées à plus de 20 fr. par 100 kil. (*Tarif* n° 111.) *V.* n° 11.

389. — *Exceptions.* Par exception aux dispositions ci-dessus, on peut importer par tous les bureaux, savoir :

Jusqu'à concurrence de 5 kilogrammes de toute sorte de rubans ou d'ouvrages de passementerie ;

25 kilogrammes de toile de lin ou de chanvre, écrue ;

50 kilogrammes de fer, d'outils de fer, ou de fer rechargé d'acier, d'instruments aratoires, de scies et de limes et râpes. (*Loi du 28 avril* 1816, art. 21, et *Tarif* n° 33 *des Obs. prélim.*)

On peut aussi introduire par tous les bureaux, pour provision de ménage, jusqu'à concurrence de 5 kilogrammes de sel par importateur. (*Tarif* n° 33.)

390. — En général, les restrictions d'entrée ne s'appliquent qu'aux objets constituant des opérations de commerce; les petites quantités de denrées coloniales ou d'autres marchandises non prohibées, que les voyageurs apportent avec eux, soit comme provisions de route ou de ménage, soit comme échantillons, et dont il est évident qu'on ne peut faire négoce, peuvent être admises aux droits dans tous les bureaux, sur la simple autorisation des chefs locaux, sauf aux receveurs à avoir soin d'annoter, sur les registres, les motifs de ces perceptions exceptionnelles. (*Circ. du* 23 mai 1816, n° 162, et *Tarif* n° 35.)

Il est d'ailleurs pourvu, quant aux matières à fabriquer, par des mesures administratives, aux exceptions locales qu'exige la position des fabriques situées dans le rayon frontière. (*Loi du 28 avril* 1816, art. 21.)

Mais ces dernières exceptions aux restrictions d'entrée ne peuvent résulter que d'ordres spéciaux de l'administration. C'est donc à elle directement, ou par l'intermédiaire des directeurs, que les fabricants doivent s'adresser, en justifiant des motifs de leurs demandes et de la mesure de leurs besoins.

Les autorisations ainsi accordées sont toujours temporaires, et révocables en cas d'abus; elles fixent, eu égard aux besoins réels des fabriques, les quantités de matières premières dont l'importation exceptionnelle est permise. (*Tarif* n° 34.)

Toutes les fois que, sur la frontière de *terre*, il est dérogé aux restrictions d'entrée à l'égard de marchandises taxées à des droits variés en raison de la provenance ou du mode de transport, c'est le maximum de ces droits qui doit être perçu (1), si d'ailleurs il n'existe pas de taxe spéciale pour l'importation par *terre* des marchandises qui font l'objet de l'exception. (*Tarif* n° 36.)

391. — Les marchandises dont l'entrée est restreinte, que l'on tente d'introduire sans permis par les ports ou bureaux non ouverts à leur admission, donnent lieu aux pénalités indiquées au n° 400 ou 409 (*V.* n° 402), à moins qu'elles n'aient été

---

(1) C'est-à-dire le droit fixé pour les importations par navires étrangers.

présentées sous leur véritable dénomination; dans ce dernier cas, elles sont renvoyées à l'étranger. *V.* n° 177.

Quant aux infractions qui, à l'égard de marchandises sujettes à une restriction d'entrée, seraient commises dans un bureau ouvert à leur admission, les condamnations encourues seraient celles énoncées, pour les cas analogues, au Livre Ier, n°s 172 à 176.

Pour les faits de contrebande, *V.* n° 408.

Restrictions de tonnage.

392. — Les marchandises prohibées à l'entrée, celles dont la prohibition a été levée en vertu, soit de l'art. 24 de la loi des finances du 24 mai 1834, soit des lois postérieurement intervenues, ou celles qui cesseraient d'être prohibées à l'avenir, ainsi que les marchandises désignées par l'art. 22 de la loi du 28 avril 1816, *V.* n° 372, ne peuvent arriver dans les ports qui leur sont ouverts, pour l'entrepôt, le transit ou la consommation, que sur des navires de quarante tonneaux ou plus, s'il s'agit de bâtiments à voiles, ou de 24 tonneaux ou plus, si les navires sont à vapeur. (*Loi du 5 juillet 1836, art. 7, et Déc. min. du 4 août 1841, qui réduit de deux cinquièmes, en faveur des bateaux à vapeur, le tonnage de rigueur; Circ. du 16 août 1841, n° 1866.*)

Cependant, à Bayonne, les marchandises prohibées ou qui étaient prohibées, et les marchandises dénommées en l'art. 22 de la loi du 28 avril 1816, peuvent être importées par des navires de trente ou de dix-huit tonneaux, selon qu'il s'agit de navigation à voiles ou à vapeur; les marchandises désignées en l'art. 22 de la loi du 28 avril 1816 y sont même admissibles par navires de vingt tonneaux (à voiles, ou de douze tonneaux (à vapeur), lorsqu'elles parviennent du littoral compris entre ce port et le cap Finistère.

Dans les ports de la Méditerranée, les marchandises dénommées en l'art. 22 de la loi du 28 avril 1816 peuvent être importées par des navires de trente tonneaux (à voiles) ou de dix-huit tonneaux (à vapeur); et même, lorsqu'elles arrivent des côtes d'Espagne dans la Méditerranée, par navires de vingt tonneaux (à voiles) ou de douze tonneaux (à vapeur). (*Circ. des 14 avril 1838, n° 1679, 16 août 1841, n° 1866, et Tarif, Tableau n° 6.*)

Pour les autres marchandises, il n'existe pas de restriction de l'espèce.

La condition de tonnage n'est pas applicable à l'égard des objets que les passagers ou voyageurs ont avec eux comme provisions de voyage ou échantillons.

Le tonnage d'un bâtiment s'établit, pour les navires français, par l'acte de francisation, en tant qu'il n'y a pas lieu de s'inscrire contre l'exactitude du jaugeage qui a servi de base; et, pour les navires étrangers, par le jaugeage qui est effectué au port d'arrivée, si déjà le navire n'est muni d'un passeport relatant une jauge constatée par la douane et contre la certitude de laquelle il ne s'élève aucun soupçon. Le tonnage indiqué par la dernière expédition des douanes françaises produite par le capitaine sert, pour cette fois, à autoriser l'admission du bâtiment, si elle accuse, même par erreur, le tonnage requis pour le faire admettre. (*Circ. du 14 mars 1817, n° 257.*)

Les maîtres et capitaines des bâtiments de mer au-dessous du tonnage ainsi fixé, qui abordent, hors le cas de relâche forcée, avec des marchandises prohibées ou dont la prohibition a été remplacée par des droits postérieurement à la loi du 24 mai 1834, même dans les ports ouverts à leur importation, encourent l'amende prononcée par l'art. 23 de la loi du 9 février 1832. *V.* n° 316. (*Loi du 5 juillet 1836, art. 7.*) *Importation, etc.,* n° 34 du tableau des Inf. Trib. de paix.

S'il s'agit de marchandises comprises dans l'art. 22 de la loi du 28 avril 1816, n° 372, les capitaines encourent une amende de 500 fr., pour sûreté de laquelle les navires et marchandises peuvent être préventivement retenus. (*Lois des 21 avril 1818, art. 36, et 5 juillet 1836, art. 7.*) Importation, etc.; n° 35 du tableau des Infr. Trib. de paix.

Dans ce dernier cas, c'est à-dire pour les produits énoncés dans l'art. 22 de la loi du 28 avril 1816, au lieu de retenir le navire et la cargaison, on peut se borner à garder des marchandises jusqu'à concurrence du montant de l'amende, si elle n'est pas payée immédiatement ou s'il n'est pas fourni bonne et suffisante caution. (*Déc. du 19 septembre* 1839.)

A défaut d'inscription régulière au manifeste, on applique le n° 400, ou les n°° 304 ou 306, selon le cas.

Restrictions d'emballage.

393. — L'importation *par mer* des outils de toute sorte est subordonnée à la condition que le même colis ne contiendra pas des outils soumis à des droits différents. (*Loi du* 17 *décembre* 1814, *art.* 1er; *et art.* 17 *des dispositions générales du Tarif de* 1864.)

Cette disposition s'applique à tous les instruments pour arts et métiers qui ont été rangés sous la dénomination générique d'outils; elle embrasse ainsi, outre les classes d'outils *non dénommés* déterminées par la loi, les scies, les serans et les limes et râpes; elle atteint, de plus, les instruments aratoires. (*Tarif* n° 40.)

En cas de réunion, non déclarée, dans un même colis, d'outils soumis à des droits différents, on applique le n° 400. (N° 27 *du tableau des Infr.; Circ. du* 23 *décembre* 1844, n° 2046.) Trib. de paix.

Les paquets contenant des outils soumis à des taxes différentes sont seuls saisis.

Lorsque le service reconnaît, dans un même colis, des limes fines et des limes communes, il serait rigoureux, à moins de circonstances exceptionnelles, de constater la contravention par un procès-verbal et de faire rendre un jugement. Il convient, en l'absence de tout soupçon de fraude, de prendre l'attache de l'administration, qui accorde parfois des exceptions à la restriction d'emballage. (*Déc. du* 23 *janvier* 1855.)

A raison des réductions de droits déterminées par les traités de commerce, le service tolère que des outils diversement taxés soient placés dans un même colis, sauf à les séparer par catégories de manière à prévenir les lenteurs d'une vérification qui serait précédée d'un triage. Mais les déclarations ne doivent pas moins indiquer le poids distinct de chaque catégorie. (*Déc. du* 10 *janvier* 1861, *et note* 35 *du Tarif de* 1864.)

394. — Une restriction semblable existe à l'égard des toiles de toute sorte arrivant par mer : elles doivent être présentées sans mélange, dans le même colis, d'espèces soumises à des droits différents (*Loi du* 17 *décembre* 1814, *art.* 1er); mais l'interdiction ne porte pas sur la *qualité* des toiles. (*Art.* 17 *des dispositions générales du Tarif de* 1864.)

En cas de réunion, non déclarée, dans un même colis, de toiles soumises à des droits différents, on applique le n° 400. (N° 27 *du tableau des Infr.; Circ.* n° 2041.) Trib. de paix.

395. — Les fils de lin ou de chanvre d'espèces ou de classes différentes doivent être présentés en douane par ballots ou colis séparés, de manière à ce qu'il n'y ait, dans chaque ballot ou colis, que des fils d'une même espèce et d'une même classe. A défaut de cette séparation, le droit de la classe la plus élevée des fils contenus dans le colis exactement déclaré devient applicable et doit être perçu. (*Lois des* 6 *mai* 1841, *et* 9 *juin* 1845, *art.* 1er; *et art.* 17 *des dispositions générales du Tarif de* 1864.)

La perception du droit le plus élevé sur la partie de marchandise *non saisie* est indépendante des peines encourues en cas de mélange non déclaré. Ainsi, lorsque la qualité d'une partie des fils est inexactement déclarée, on applique à l'égard de cette partie les dispositions du n° 175. (N° 9 *du tableau des Infr.; Circ.* n° 2046.) Trib. de paix.

396. — Les fils et tissus de coton, les fils de laine, d'alpaga, de lama, de vigogne et de poil de chameau doivent être importés, par terre comme par mer, en colis ne renfermant que des tissus d'une même espèce ou que des fils d'une même espèce et d'une même classe. (*Art.* 17 *des dispositions générales du Tarif de* 1864.)

397. — Adoptées en partie dans le but de faciliter les vérifications par épreuves et d'épargner au commerce les frais et les lenteurs qu'entraînerait le triage des marchandises, ces restrictions comportent dans la pratique certains ménagements. Ainsi tout colis isolé, quelle que soit sa composition, doit être admis au bénéfice du traité. Le service doit user de la même tolérance lorsqu'on présente ensemble plusieurs colis qui, destinés à diverses personnes, peuvent être considérés comme importés isolément.

La règle a été posée et doit être maintenue surtout pour les parties importantes de marchandises. Si, en pareil cas, les produits n'étaient pas divisés par espèces, les intéressés seraient mis en demeure d'en opérer le triage, ou de réexporter les produits.

A moins qu'il ne s'agisse d'objets soumis à des restrictions d'emballage spéciales, le même colis peut contenir à la fois des produits admissibles au bénéfice du tarif conventionnel et des marchandises passibles des conditions du tarif général, ou pour lesquelles l'importateur demande l'application de ce régime. (*Art.* 17 *des dispositions générales du Tarif de* 1864.)

398. — La librairie est astreinte à des conditions particulières d'emballage. *V.* n° 968.

CHAPITRE V

FRAUDE ET CONTREBANDE

Les infractions (1) aux lois de douanes se classent en *faits de fraude, faits de contrebande.* et *faits de fraude ou de contrebande avec rébellion ou à main armée.*

Quand la tentative d'introduction comprend des marchandises taxées par 100 kil. au-dessous de 20 fr., et aussi lorsque la tentative, appliquée à des marchandises prohibées ou taxées à 20 fr. et au-dessus par 100 kil., s'effectue de manière à pouvoir être atteinte dans l'enceinte d'un port de commerce ou d'un bureau, il y a seulement *contravention* ou *fait de fraude.*

Mais si la tentative d'introduction, concernant des marchandises prohibées ou taxées à 20 fr. et au-dessus par 100 kil., s'opère hors de l'enceinte d'un port ou d'un bureau, il y a *délit* ou *fait de contrebande.* Il y a aussi délit quand le fait de fraude ou de contrebande est avec rébellion, c'est-à-dire s'il se produit une résistance opposée de vive force, alors que cette résistance, les violences, les voies de fait qui accompagnent la tentative d'introduction sont exercées par un ou plusieurs individus sans armes (2).

Il y a *crime* ou fait de fraude ou de contrebande à main armée ou rébellion à main

---

(1) La tentative de l'infraction devait être et a été assimilée à l'infraction même. Toutes les lois consacrent ce principe fondamental. Il suffit de rappeler que, aux termes de l'art. 35 de la loi du 21 avril 1818, « les juges continuent à connaître des fraudes tentées... »

(2) L'opposition avec injures et menaces, sans violence ni voies de fait, quel que soit le nombre des individus qui ne laissent pas aux employés toute liberté d'action, est une contravention d'une espèce particulière. *V.* Livre XII, ch. 5.

armée si la tentative d'introduction s'effectue par un ou plusieurs individus porteurs d'armes.

La *contravention* donne lieu à des condamnations pécuniaires. Le *délit* entraîne non seulement ces condamnations civiles avec une plus forte amende, mais encore des peines corporelles graduées selon le nombre des individus porteurs des marchandises, et, de plus, des poursuites en solidarité et certaines incapacités contre tout intéressé à l'introduction. Le fait qualifié *crime* est, indépendamment des condamnations civiles relatives à la tentative d'introduction, puni de peines afflictives ou infamantes.

Chargé de l'exécution de la loi, le service des douanes doit ne s'épargner ni fatigues, ni dangers, dans la guerre de ruse et d'audace qu'il a incessamment à soutenir (1). Le plus ou moins d'efficacité de la répression est généralement accusé par les variations de hausse ou de baisse de la prime d'assurance.

On entend par *prime d'assurance* le prix demandé pour importer frauduleusement des marchandises. Ce prix, réglé à tant pour cent de la valeur, est payé par l'assuré à l'assureur si les marchandises parviennent à la destination indiquée. Dans le cas contraire, l'assureur doit compter à l'assuré la valeur convenue des marchandises.

Il serait difficile de préciser les conditions et moyens de l'assurance sur les côtes.

Quant aux frontières de terre, tel assureur dirige et suit par lui-même toute l'opération de contrebande; tel autre fait des sous-traités. Quelquefois les conducteurs de bandes, les espions et même les porteurs ont part aux pertes et bénéfices; habituellement, ce ne sont que des gens à gages. Le taux de l'assurance a pour bases principales : 1° la nature des marchandises et les frais de transport; 2° les localités; 3° les risques de saisie et l'action du service; 4° les peines établies par la loi. Il dépend aussi du plus ou moins de concurrence des assureurs, du ralentissement ou de l'activité de leurs propres entreprises, des circonstances commerciales, de l'espace de temps assigné pour traverser les lignes de douane. Les chefs de service doivent toujours se mettre au courant des variations de la prime et en rechercher les motifs.

Dans presque tous les cas prévus au présent chapitre, l'absence d'une *déclaration exacte* est la condition constitutive de l'infraction. *V.* n° 177.

SECTION PREMIÈRE.

Fraude.

§ 1er. — *Fraude par mer* (2).

399. — Les tentatives d'introduction effectuées dans l'enceinte d'un port ouvert au commerce donnent lieu aux condamnations ci-après.

_____

(1) De tous les moyens opposés à la contrebande, le plus puissant est, sans contredit, la peine correctionnelle; elle contient par la crainte beaucoup d'individus. Les fraudeurs, en moindre nombre, font payer les risques et les charges de la prison; le service a moins d'ennemis à combattre; l'industrie nationale conserve plus de consommateurs.

Les préposés des douanes doivent donc se livrer à l'arrestation des porteurs de contrebande; et il faut que ceux que l'on reconnaît pour fraudeurs de profession soient non-seulement exclus de toute transaction, mais encore recommandés sur écrou, jusqu'au dernier terme, pour le payement de l'amende.

(2) Pour les contraventions constatées relativement aux marchandises déclarées dans un bureau et présentées à la visite, V. n° 172.

Confiscation des marchandises avec amende de 100 fr. si les marchandises sont tarifées et si les droits s'élèvent à 3 fr. et au-dessus (n° 50 du tableau des Infr. Trib. de paix);

Amende de 50 fr., sans confiscation, si les droits ne s'élèvent pas à 3 fr.; et, pour sûreté de ladite amende, partie des marchandises peut être retenue jusqu'à ce qu'il ait été fourni caution solvable du payement. (*Loi du 22 août* 1791, *titre* 2, *art.* 13 *et* 30; *et Loi du 21 avril* 1818, *art.* 35.) N° 49 du tableau des Infr. Trib. de paix.

400. — Quand les marchandises sont prohibées (*V.* n° 402), confiscation des marchandises, ainsi que des bâtiments, voitures, animaux et équipages servant au transport (1); et amende de 500 fr. L'amende atteint solidairement les propriétaires, capitaines de navires et bateliers, sauf leur recours contre qui de droit. (*Loi du 22 août* 1791, *titre* 5, *art.* 1er; *Loi du 4 germinal an II, titre* 2, *art.* 10; *et Loi du 21 avril* 1818, *art.* 35.) Importation flagrante, n° 1 du tableau des Infr. Trib. de paix.

La douane est fondée à invoquer les dispositions combinées des art. 1er, titre 5, de la loi du 22 août 1791, et 35 de celle du 21 avril 1818, *V.* n° 244; à l'égard des marchandises prohibées trouvées à bord des bâtiments de mer, sans justification de provenance, alors que l'entier déchargement, l'apurement du manifeste d'entrée, et même le chargement nouveau en partance soit terminés. (*Déc. du 8 mars* 1848.)

401. — Il existe des pénalités spéciales à l'égard des anciens poids et mesures : confiscation des objets et amende du double de la valeur. (*Loi du 18 germinal an III, art.* 24.) Importation, etc., n° 18 du tableau des Infr. Trib. de paix.

402. — Les marchandises prohibées *conditionnellement* sont assimilées, pour l'application des pénalités, aux marchandises frappées de prohibition *absolue*. Ainsi, les marchandises (dont l'entrée est restreinte par certains bureaux) qui ne sont pas admissibles par la douane où elles se trouvent, y sont saisissables comme étant prohibées. (*A. de C. du 14 avril* 1821; *Circ. du 15 mars* 1839, n° 1748.)

Mais les pénalités résultant de la prohibition absolue ne s'étendent pas aux marchandises qui, frappées de prohibition locale ou conditionnelle, sont déclarées *pour l'entrepôt ou le transit*, dans les bureaux ouverts à ce régime. *V.* n° 534. (*Déc. du 18 décembre* 1850.)

403. — Lorsqu'une marchandise, dont l'entrée ou la sortie était permise, est replacée sous le régime de la prohibition, la saisie qui en est faite, en cas de contravention, entraîne de droit la confiscation des moyens de transport et l'amende, conformément aux lois générales, bien que la disposition, en vertu de laquelle cette prohibition a été rétablie, ne contienne pas la mention expresse de la pénalité applicable. (*A. de C. du 4 mars* 1839; *Circ.* n° 1751.)

En décidant que le rétablissement d'une prohibition rend, de plein droit, applicables les pénalités qui s'y attachent, la législation doit être entendue en ce sens que la disposition nouvelle remet en vigueur, à l'égard des marchandises désignées, le *régime* sous lequel elles se trouvaient placées avant la levée de la prohibition. (*Déc. du 13 septembre* 1854.)

404. — Si la tentative d'introduction s'effectue hors de l'enceinte d'un port ouvert au commerce, et s'il s'agit seulement de marchandises tarifées au-dessous de 20 fr. par 100 kil., il y a lieu :

A la confiscation avec amende de 100 fr., quand les droits s'élèvent à 3 fr. et plus;

A l'amende de 50 fr., sans confiscation, quand les droits ne s'élèvent pas à 3 fr.,

---

(1) Au sujet de la latitude laissée au chef du service de faire remise pure et simple, dans certains cas, des moyens de transport, *V.* n°s 420 et 1031.

sauf le cas d'une restriction d'entrée, et, pour sûreté de ladite amende, partie des marchandises peut être retenue jusqu'à ce qu'il ait été fourni caution solvable du payement (*Loi du 22 août* 1791, *titre* 2, *art.* 13 *et* 30);

A la confiscation avec amende sans distinction du montant des droits, quand il y a restriction d'entrée. (*Même Loi, titre* 4, *art.* 8.) *V.* nᵒˢ 391 et 402.

§ 2. — *Fraude par terre* (1).

405. — La tentative d'importation constatée, lors de la visite, au bureau où la déclaration aurait pu en être faite, et les droits acquittés, de marchandises tarifées, *non déclarées*, donne lieu à la confiscation de ces marchandises et à une amende de 200 fr. (*Lois des* 4 *germinal an* II, *titre* 3, *art.* 4, *et* 27 *mars* 1817, *art.* 15.) Nᵒ 39 du tableau des Infr. Trib. de paix.

406. — Toute introduction de marchandises tarifées à moins de 20 fr. par 100 kil. donne lieu, quand elle est constatée hors de l'enceinte d'un bureau, les marchandises l'ayant dépassé, à la confiscation avec amende de 200 fr. (*Loi du* 4 *germinal an* II, *titre* 3, *art.* 4 *et* 5.) Nᵒ 40 du tableau des Infr. Trib. de paix.

Pour les autres cas, *V.* Contrebande par terre.

§ 3. — *Compétence*.

407. — Les tribunaux de paix connaissent, en première instance, de toutes les affaires de douanes relatives à des faits de fraude. (*Lois des* 14 *fructidor an* III, *art.* 10; 9 *floréal an* VII, *titre* 4, *art.* 6; 27 *mars* 1817, *art.* 15, *et* 21 *avril* 1818, *art.* 35.)

Le tribunal de paix est compétent pour connaître des saisies opérées dans un bureau de première ligne, sur un voyageur ou conducteur qui s'arrête pour soumettre sa personne et ses moyens de transport aux investigations du service, et dont la déclaration, faite verbalement, est négative ou incomplète. (*Déc. du* 7 *juillet* 1842.) (2)

---

(1) *V.* Livre I, nᵒ 172, etc., pour les contraventions constatées au sujet de marchandises déclarées dans un bureau et présentées à la visite.

(2) Aucune saisie d'objets venant de l'étranger ne doit être faite sur la route directe en avant du premier bureau d'entrée, *V.* nᵒ 331. A ce bureau, le voyageur ou conducteur doit soumettre sa personne et ses moyens de transport aux investigations des préposés. La saisie, qui est la suite de sa déclaration, est une saisie dite de bureau. S'il dépasse ce bureau ou s'il le contourne, il tente une infraction qualifiée de fraude ou de contrebande, selon la nature des marchandises. En effet, les marchandises arrivant de l'étranger ou réputées en provenir, aux termes de l'art. 38 de la loi du 28 avril 1816, ne peuvent être valablement déclarées qu'au bureau de première ligne; toute déclaration est non recevable au bureau de deuxième ligne, après que le premier a été dépassé, et il y a lieu, dès lors, de procéder comme en cas de contrebande à l'égard des marchandises prohibées ou taxées à 20 fr. ou plus par 100 kil., que l'on saisit dans les bureaux situés en deçà de cette première ligne. Toutefois, il est recommandé de n'appliquer ce principe qu'avec réserve et modération, en ce qui concerne l'arrestation des prévenus et la capture des moyens de transport. Dans ces derniers cas, il convient d'user de la latitude laissée au chef du service par la circ. ma n. du 24 mars 1838, ainsi qu'il est indiqué aux nᵒˢ 420 et 1031. (*Déc. des* 22 *mai* 1827, 23 *juillet et* 6 *septembre* 1841.) *V.* nᵒˢ 418 et 429.

Faites aux portes des villes, sur des individus voyageant par les voitures publiques, les saisies doivent être considérées comme *saisies de bureau*, et recevoir les suites dont elles seraient susceptibles dans ce dernier cas, selon les circonstances. (*Déc. des* 17 *avril* 1822 *et* 6 *septembre* 1841.)

SECTION II

Contrebande.

§ 1er. — *Contrebande par mer.*

408. — La contrebande faite sur les côtes maritimes, hors de l'enceinte des ports de commerce, est punie des mêmes peines que celle sur les frontières de terre. Ainsi tout versement opéré sur les côtes, ou dans les cales, anses, et généralement tous endroits autres que ceux destinés au commerce, de marchandises prohibées ou d'objets tarifés à 20 fr. et au-dessus par 100 kil., donne lieu, contre les maîtres, capitaines et matelots qui ont apporté la fraude par mer, ainsi que contre les porteurs, agents et entrepreneurs sur le continent, aux poursuites et condamnations ordonnées par les art. 41, 42, 43, 44, 45, 46 et 47 du titre 5 de la loi du 28 avril 1816. (*Loi du 28 avril 1818, art. 34.*) *V.* nos 409 et suiv.

L'embarcation qui, ayant été vue partir de la côte et accoster un navire ancré en rade, revient avec des marchandises de fraude, tombe sous l'application de l'art. 34 de la loi du 21 avril 1818, bien que les marchandises n'aient pas touché la terre ferme. (*Jugement du trib. corr. de Toulon, du 30 septembre* 1851; *Doc. lith.*, n° 186.)

Le fait d'avoir jeté à la mer des ballots, pour les soustraire à la main-mise des préposés qui donnent la chasse au bâtiment suspect, constitue le versement prévu par l'art. 34 de la loi du 21 avril 1818, alors même que la nature des marchandises ainsi submergées n'a pu être constatée. (*Jugement du trib. corr. de Coutances du 9 mars* 1844; *Doc. lith.*, n° 147.)

§ 2. — *Contrebande par terre.*

409. — Toute introduction frauduleuse, par terre (1), soit d'objets prohibés, *V.* nos 410 à 412, soit d'objets tarifés à 20 fr. ou plus par 100 kil., donne lieu à l'arrestation des délinquants, *V.* n° 413, et à leur traduction devant le tribunal correc-

---

Les saisies faites après que les déclarations ont été remises pour obtenir des passavants de circulation, ainsi que celles motivées sur un défaut d'identité entre les marchandises présentées à la circulation par les conducteurs aux agents des bureaux situés sur leur route, et les expéditions produites pour légitimer le transport desdites marchandises, rentrent sous l'empire des lois de 1817 et 1818, puisque, dans l'un et l'autre cas, il y a *déclaration*, et sont conséquemment de la compétence des justices de paix. (*A. de C. du 3 janvier* 1839, *et Déc. du 6 septembre* 1841.)

Quand il s'agit de saisies, dans le rayon, de marchandises imposées à moins de 20 fr. et dont l'entrée est permise par tous les bureaux indistinctement, on procède en vertu des art. 15 et 16 du titre 3 de la loi du 22 août 1791, concernant la *circulation* proprement dite (*V.* n° 279), à moins que l'importation frauduleuse de ces marchandises ne soit *flagrante*, cas auquel on poursuit l'amende de 200 fr. prononcée par l'art. 4 du titre 3 de la loi du 4 germinal an II, *V.* n° 406. (*Déc. du 18 novembre* 1846.)

(1) *V.*, n° 407, le bureau où doivent être déclarées les marchandises.

tionnel, qui, indépendamment de la confiscation des marchandises de contrebande et des moyens de transport, *V.* n° 414, prononce une amende solidaire et la peine d'emprisonnement, *V.* n° 415. (*Loi du 28 avril 1816, art. 41 et 42.*) N° 19 du tableau des Infr. Trib. correct.

Pour les anciens poids et mesures, *V.* n° 401.

410. — *Marchandises prohibées :*

1° *D'une manière absolue :* Tabacs en feuilles ou en côtes, importés pour compte particulier ; médicaments composés, non dénommés ; cigares et autres tabacs fabriqués importés pour compte particulier ; contrefaçons en librairie ; munitions de guerre : poudre à tirer, capsules de poudre fulminante et projectiles.

2° *Lorsqu'elles sont importées autrement que dans les conditions des traités de commerce passés avec l'Angleterre, etc. :* Sucres raffinés ou assimilés aux raffinés des pays étrangers et des possessions françaises autres que des Antilles, Guyane, Réunion, Sainte-Marie-de-Madagascar, Mayotte, Nossi-Bé, Taïti et Noukahiva ; cristal de roche ouvré ; fonte, autre ; cuivre allié de zinc (laiton), filé, poli, autre ; produits chimiques non dénommés ; extraits de bois de teinture ; garancine (extrait de garance) ; savons, autres que ceux de parfumerie ; chicorée moulue ; poterie de grès fin ; bouteilles vides, verrerie de toute autre sorte ; fils de coton, autres, sans distinction d'espèces ni de numéros ; fils de laine, autres ; fils de poils, autres ; tissus de coton : nankins, autres, autres de toute sorte ; tissus de laine : bonneterie, autres de toute sorte ; tissus de lin ou de chanvre, tulle ; tissus de poils : autres de toute sorte ; tissus de soie ; gaze mêlée d'or ou d'argent faux, étoffes mêlées de filet d'or ou d'argent faux et étoffes pures brochées d'or ou d'argent faux ; tissus de bourre de soie (fleuret) ; étoffes mêlées d'or ou d'argent faux ; tissus façon cachemire ; tissus d'écorce, autres ; cartes à jouer ; plaqués ; coutellerie ; ouvrages en fonte, en fer, autres que tubes, etc., en tôle et ferblanc, en acier, en cuivre, autres que simplement tourné, en zinc et autres métaux non dénommés ; tabletterie non dénommée.

411. — Les marchandises à l'égard desquelles la prohibition est remplacée par des droits, *V.* n° 412, continuent d'être soumises aux dispositions des art. 38, 39, 41, 42, 43, 44, 45, 46, 47, 48, 51, 52 et 53 de la loi du 28 avril 1816, et 34, 35, 36 et 37 de la loi du 21 avril 1818. (*Loi du 5 juillet 1836, art. 3, portant sanction des dispositions provisoires prises en exécution de l'art. 24 de la loi de fin. du 24 mai 1831.*)

En d'autres termes, les marchandises dont la prohibition d'entrée a été levée depuis la loi du 24 mai 1834, ou qui cesseraient d'être prohibées à l'avenir (*Déc. du 16 mai 1838*), restent passibles, *dans tous les cas de contrebande,* des pénalités applicables aux marchandises prohibées. Dans les autres cas, et particulièrement pour les excédants reconnus à la suite d'une déclaration en douane, les marchandises dont la prohibition a été remplacée par des droits rentrent dans le régime de non prohibé. (*Déc. du 9 mai 1842* ; *Doc. lith.* n° 123, et *Déc. du 13 février 1844.*)

412. — *Marchandises dont la prohibition a été levée depuis la loi du 24 mai 1834 :*

Acides oléique et stéarique ; applications sur tulle d'ouvrages en dentelle de fil ; baryte (carbonate et sulfate de) ; boutons de toute sorte, autres que ceux déjà taxés comme *passementerie* ou comme *mercerie* ; brôme ; câbles en fer pour la marine ; châles ou écharpes de cachemire fabriqués aux fuseaux dans les pays hors d'Europe, chromate de plomb et de potasse ; cuir de veau odorant, dit de *Russie* ; cuivre filé sur soie, doré et argenté ; débris de vieux ouvrages en fer (ferrailles) ; dentelles de coton, fabriquées à la main et aux fuseaux ; fonte brute, en masses de moins de 25 kilogrammes jusqu'à 15 ; foulards ; glaces non étamées ; horlogerie montée ; iode ; iodure de potassium ; machines et mécaniques (pièces détachées de) ; ouvrages en caoutchouc combiné avec d'autres matières ; ouvrages en cuivre ou laiton simplement tournés ; peaux tannées pour semelles ; pièces d'intérieur de métiers à tulle ; poterie d'étain ; quinquina (extrait de) ; rack ; rhum ; sels de marais et de saline ; sel médical de Kreutznach ; sel de Cobalt ; sulfate double de fer et de cuivre ; tafia ; tannins artificiels; tapis de pied en laines simples sans canevas à l'envers, et à nœuds, à chaîne autre que de fil de lin ou de chanvre.; tissus de soie de l'Inde et de tout autre pays hors d'Europe, venant des pays d'origine en droiture; tissus en fibre de palmier, dits pagnés et rabanes; tissus de phormium tenax, d'abaca et de jute; bâtiments de mer; carrosserie; cartes à jouer; chicorée brûlée ou moulue; coutellerie; ouvrages en peau ou en cuir; ouvrages en crin ou en poil de vache pur ou mélangé; verres et cristeaux; produits chimiques; savons; fils de coton, de laine, d'alpaga, de lama, de vigogne et de poil de chameau; tissus de toutes sortes.

V. n° 402, Marchandises prohibées *conditionnellement.*

413. — Les individus qui font le guet et éclairent la marche des contrebandiers (ils sont connus sous le nom d'éclaireurs) sont, comme complices du délit, passibles de même peine que les introducteurs. (*Jugement des trib. correct. de Vervins, du 13 mars 1839; d'Avesnes, du 22 avril 1840 et du 21 juin 1843; Doc. lith.,* n°s 70 et 136; *de Céret, du 28 novembre 1851; Doc. lith.,* n° 189.*)

Les procès-verbaux réguliers font foi, jusqu'à inscription de faux, contre les éclaireurs qu'ils dénomment, en ce qui concerne le fait d'avoir guidé et éclairé les contrebandiers. (*Jugement du tribunal correct. d'Avesnes du 21 juin 1843; Doc. lith.,* n° 136.)

Bien que la saisie ait été faite à domicile dans une commune de plus de deux mille âmes, la marchandise doit être confisquée, et les intéressés à la contrebande doivent être condamnés aux peines légales, lorsque la preuve de l'introduction frauduleuse est administrée devant la justice. (*Jugement du trib. correct. de Lille du 28 septembre 1852; Doc. lith.,* n° 192.)

414. — Les moyens de transport qui ont servi à l'introduction de la contrebande sont saisissables, quand même ils n'auraient pas été indispensables. Ainsi un cheval servant de monture à un individu *porteur* de contrebande doit être saisi. (*A. de C. du 25 octobre 1827; Circ. du 23 octobre 1828,* n° 1127.)

La confiscation des moyens de transport est de rigueur, nonobstant la bonne foi des prévenus. (*A. de C. du 20 juillet 1831.*)

L'art. 1er du titre 8 de l'ordonnance de 1687, statuant sur les pénalités applicables aux faits de contrebande, édictait non seulement la confiscation des marchandises et de l'équipage qui aurait servi à les conduire, mais encore celle des marchandises qui feraient partie de la même expédition. La législation moderne, et notamment les art. 1er du titre 5 de la loi du 22 août 1791, 10 du titre 2 de la loi du 4 germinal an II, et 41, titre 5, de celle du 28 avril 1816, se sont bornés à déclarer saisissables avec la marchandise de contrebande *les moyens de transport* de celle-ci. Or, par ces mots, *moyens de transport,* il faut entendre les bâtiments, embarcations, voitures, équipages quelconques, chevaux, bêtes de somme, caisses, malles, tonneaux et tous autres moyens servant de véhicule ou de récipient à la contrebande. Les marchandises accompagnées d'expéditions régulières ne sont pas saisissables, alors même qu'elles seraient placées dans le chargement de manière à *recouvrir* ou *masquer* les objets de fraude. (*Circ. du 5 septembre 1845,* n° 2086.)

V. Livre XII, chap. 1er, section 2.

415. — Si l'introduction est tentée par moins de trois individus, l'amende solidaire est égale à la valeur de l'objet de contrebande, sans pouvoir être au-dessous de 500 fr. L'emprisonnement est d'un mois au plus; il peut même être réduit à trois jours lorsque la marchandise n'excède pas 10 mètres, si ce sont des tissus, ou 5 kilogrammes, si ce sont d'autres objets. (*Lois des 28 avril 1816, art.* 43, *et 21 avril 1818, art.* 34.) Quand l'objet de fraude excède 10 mètres ou 5 kilogrammes, selon le cas, le minimum de l'emprisonnement est de six jours, conformément à l'art. 40 du Code pénal combiné avec les art. 41 à 43 de la loi du 28 avril 1816. (*A. de C. des 28 septembre et 17 octobre 1855; Circ. du 16 mai 1856,* n° 379.). N° 19 du tableau des **Infr. Trib.** correctionnel.

Dans le cas où cette introduction a été commise par une réunion d'individus à pied, au nombre de trois jusqu'à six inclusivement, l'emprisonnement est d'un an an au plus et de trois mois au moins. L'amende solidaire est la même qu'au § précédent. (*Lois des 28 avril* 1816, *art.* 44, *et* 21 *avril* 1818, *art.* 34.) N° 20 du tableau des Inf. Trib. correctionnel.

Si les individus sont au nombre de trois et plus à cheval, ou de plus de six à pied, l'emprisonnement est de six mois au moins et de trois ans au plus. L'amende solidaire est de 1,000 fr. si l'objet de contrebande n'excède pas cette somme, ou du double de la valeur de cet objet s'il vaut plus de 1,000 fr. (*Lois des 28 avril* 1816, *art.* 48 *et* 51; *et* 21 *avril* 1818, *art.* 37.) N° 21 du tableau des Infr. Trib. correctionnel.

Aucune loi n'ayant déterminé, *V.* n° 409, de quelle manière serait estimée la valeur des marchandises, servant de base à l'amende, les juges du fait ont un pouvoir souverain pour l'arbitrer d'après les éléments de l'instruction et les calculs qu'ils croient le plus propres à procurer un résultat exact. (*Arrêt de C. du* 12 *août* 1859; *Circ. du* 14 *février* 1860, n° 625.)

Au sujet de la contrebande à cheval, il est à remarquer que si les fraudeurs n'ont pas obéi à la sommation de s'arrêter, qui leur est toujours adressée par les préposés, il ne reste à ceux-ci, afin de les y obliger, d'autre moyen que de faire usage, contre les montures, des armes que la loi leur a remises pour empêcher la contrebande et pour leur propre sûreté, *V.* n° 100; autrement, les entreprises de fraude à cheval seraient à peu près assurées du succès et prendraient un développement regrettable. Des recommandations particulières sont, d'ailleurs, adressées aux préposés, pour qu'ils ne se servent de leurs armes, contre les chevaux montés, que dans des conditions déterminées et avec toutes les précautions propres à prévenir des accidents à l'égard des personnes. (*Déc. du* 22 *mai* 1861.)

416. — Pour le détenu, la peine de prison court, non de la date de l'arrêt qui donne acte du désistement d'un appel, mais du jour du jugement primitif de condamnation. (*A. de C. du* 26 *mai* 1853, *et Déc. du* 1er *mars* 1855.)

417. — Le peu d'importance matérielle de l'objet saisi ne saurait être un motif, pour les tribunaux, de ne pas appliquer la loi pénale. (*A. de C. du* 31 *juillet* 1841; *Circ.* n° 1877.) *V.* Livre XII, ch. 2, section 5, § 2, *Condamnations.*

418. — L'arrestation, *V.* n° 429, doit atteindre les fraudeurs d'habitude, sans égard au poids de leur charge. (*Déc. du* 9 *juin* 1834.) *V.* n° 407.

Afin de constater la récidive, il est tenu, dans chaque poste, un carnet où le brigadier inscrit le nom et la résidence des pacotilleurs rencontrés pour la première fois. (*Déc. du* 23 *octobre* 1834.)

L'individu qui a donné avis de la fraude peut être relâché par le brigadier ou par les officiers. *V.* n° 118. Mais il est formellement interdit de prendre tout arrangement qui aurait pour objet de ne pas faire de prisonniers. (*Déc. du* 22 *janvier* 1842.)

419. — Lorsqu'il s'agit d'individus marchant en bandes, il faut avoir soin de dire qu'ils forment une réunion, et d'indiquer le nombre de personnes composant cette réunion.

Il n'est pas nécessaire que les fraudeurs, marchant en nombre supérieur à deux, aient agi *dans un intérêt commun* pour que, sur la poursuite du ministère public, il leur soit fait application de la peine de prison fixée par l'art. 44 de la loi du 28 avril 1816. (*Arrêt de la Cour de Metz, du* 3 *septembre* 1841; *Doc. lith.*, n° 101.)

Quand un tribunal pense *en fait* que trois fraudeurs repris dans un procès-verbal ne formaient pas *réunion*, et refuse de leur appliquer l'aggravation de peine résultant des dispositions de l'art. 44 de la loi du 28 avril 1816, le receveur doit requérir la condamnation *individuelle* et non solidaire à l'amende de 500 fr. des prévenus considérés ainsi comme ayant importé chacun distinctement la partie de marchandise saisie sur eux. (*Déc. du* 15 *mai* 1843.)

420. — Si la fraude a de la gravité ou de l'importance, si le prévenu est en récidive, s'il y a eu attroupement, ou violences exercées contre les préposés, il faut tenir à l'application rigoureuse de la loi. Mais, quand il n'existe aucune de ces circonstances, on peut se relâcher de sa sévérité. Les directeurs sont autorisés à donner des instructions propres à concilier tous les intérêts, sauf à rendre compte à l'administration de tous les cas où les prévenus auraient été mis en liberté sans garantie, quoique pouvant être légalement constitués en état d'arrestation. (*Circ. man. du 24 mars 1838.*) V. n° 1031.

Mais la mise en liberté provisoire des prévenus, sans garantie, ainsi laissée à l'appréciation des chefs, ne peut être accordée aux individus qui marchent en bandes ou qui ont été arrêtés pour de graves opérations de fraude. (*Déc. du 27 juin 1843.*)

Le ministère public ne peut, en aucun cas, ordonner la mise en liberté provisoire et sans caution des contrebandiers dont l'arrestation est constatée par un procès-verbal régulier. (*Lettre du Garde-des-Sceaux du 11 novembre 1858; Doc. lith. de 1861, n° 218.*)

L'administration ne fait l'application rigoureuse de la loi répressive que dans les circonstances d'un délit intentionnel bien caractérisé ou ayant une certaine importance. Dans tout autre cas, on agit comme il est rappelé au n° 1040.

421. — Le ministère public est tenu de faire d'office toutes les poursuites nécessaires pour découvrir les entrepreneurs, assureurs et généralement tous les intéressés à un fait de contrebande (*Lois des 28 avril 1816, art. 52, et 21 avril 1818, art. 37*), où tous actes d'instruction à cet effet. (*A. de C. du 28 janvier 1854; Circ. du 29 mai suivant, n° 210.*)

Pour faciliter aux procureurs du Gouvernement la recherche et la découverte des entrepreneurs, assureurs, directeurs, intéressés et complices de la fraude, il est nécessaire que les préposés fassent d'exactes perquisitions sur la personne des conducteurs de marchandises de contrebande; qu'ils saisissent tous les papiers, factures, effets et autres objets qui peuvent favoriser la découverte des coupables, et qu'ils en fassent un ou plusieurs paquets sur lesquels ils apposent leur cachet. Ils doivent également sommer les prévenus d'y apposer les leurs ou leur paraphe, et, en cas de refus, il en est fait mention dans le rapport, auquel les papiers ainsi saisis sont annexés. (*Circ. du 22 mai 1811.*)

Autorisés à saisir les délinquants, les employés ont le droit de saisir les livres, papiers, lettres, etc., qui peuvent servir de preuves du délit. (*A. de la C. de Metz du 30 juillet 1827; A. de la C. de Besançon du 6 juin 1836, transmis par la Circ. lith. du 31 décembre suivant.*)

Quand le service, ayant pu acquérir la conviction fondée qu'un négociant se livre à des opérations de fraude, est autorisé à croire que les preuves écrites de ces opérations se trouvent dans la correspondance ou dans les livres de celui-ci, le chef de la circonscription, soit directement, soit par l'intermédiaire du directeur, s'il en a le temps, doit transmettre au chef du parquet, conformément à l'art. 29 du Code d'instruction criminelle, un avis tendant à requérir une information judiciaire, et, par suite, une descente sur les lieux, aux fins d'application des art. 52 et 53 de la loi du 28 avril 1816.

Si, lors d'une recherche à domicile, de marchandises prohibées, il était découvert des lettres, papiers (du contenu desquels ils ne pourraient prendre connaissance que du consentement explicite de leur détenteur) qu'ils auraient lieu de penser avoir trait à des opérations de l'espèce, les employés inviteraient l'officier public dont ils seraient accompagnés à user du pouvoir que lui confient, dans certaines limites, les art. 48, 49 et 50 du Code d'instruction, c'est-à-dire de mettre sous le séquestre les papiers suspectés, et de les transmettre au parquet pour servir, au besoin, de base à une information ultérieure.

Mais dans aucun cas et sous aucun prétexte les employés ne doivent s'immiscer dans cette partie de l'opération; ils s'abstiennent de signer le procès-verbal que rédige alors spécialement l'officier public, et d'apposer leur cachet sur l'enveloppe des papiers saisis ; enfin leur propre procès-verbal ne doit faire aucune mention de l'incident.

Dans le cas où l'officier public se refuserait à procéder ainsi d'office, le service en donnerait avis au ministère public, qui commettrait alors un juge d'instruction pour agir. (*Déc. du 7 juin* 1853 ; *Doc. lith.*, n° 197.) Pour les lettres cachetées, *V.* n° 1018.

En cas de saisie à domicile de papiers indicatifs d'opérations de contrebande, l'administration est dans l'usage d'accorder une indemnité au commissaire de police assistant. (*Déc. du 24 mars* 1856.)

422. — Ceux qui, par l'effet de ces poursuites, sont jugés coupables d'avoir participé, comme assureurs, comme ayant fait assurer, ou comme intéressés d'une manière quelconque à un fait de contrebande, deviennent solidaires de l'amende et passibles de l'emprisonnement prononcé.

Ils sont en outre déclarés incapables de se présenter à la bourse, d'exercer les fonctions d'agent de change ou de courtier, de voter dans les assemblées tenues pour l'élection des commerçants ou des prud'hommes, et d'être élus pour aucune de ces fonctions, tant et aussi longtemps qu'ils n'ont pas été relevés de cette incapacité par lettres de S. M. (1).

A cet effet, les procureurs du Gouvernement envoient aux procureurs généraux près les Cours, ainsi qu'à tous les directeurs des douanes, des extraits des jugements relatifs à ces individus, pour être affichés et rendus publics dans tous les auditoires, bourses et places de commerce, et pour être insérés dans les journaux, conformément à l'art. 457 du Code de commerce. (*Lois des 28 avril* 1816, *art.* 53, *et 21 avril* 1818, *art.* 37, *et Arrêt de cass. du* 22 *octobre* 1825; *Circ. du* 25 *novembre suivant,* n° 954.) N° 23 du tableau des Infr. Trib. correctionnel.

L'arrêt qui constate l'existence d'une vaste entreprise de contrebande, ayant pour objet l'introduction frauduleuse de marchandises prohibées, n'a pas besoin de rechercher si les prévenus ou quelques-uns d'entre eux y ont pris part hors du rayon frontière; il suffit que cet arrêt déclare qu'ils y ont tous participé sciemment, les uns comme entrepreneurs ou intéressés, les autres comme assureurs.

La participation aux moyens de faciliter le transport des marchandises introduites en fraude et leur arrivée à destination n'est pas exclusive de la qualité d'entrepreneur, relativement au fait de contrebande; cette qualité, au contraire, en devient la preuve, lorsqu'il est constaté que la participation a procuré des remises ou des primes d'où résulte un intérêt dans l'entreprise. (*Arrêt de C. du* 12 *août* 1859; *Circ. du* 14 *février* 1860, n° 625.)

423. — Ceux pour le compte desquels se fait la contrebande et qui sont en rapport avec les envoyeurs étrangers sont réputés entrepreneurs, assureurs ou intéressés à la contrebande, et le ministère public peut les poursuivre correctionnellement, d'office, encore bien : 1° que la saisie antérieure sur laquelle serait basée cette poursuite, ayant été indûment opérée en deçà du rayon et hors des conditions réglées par les art. 38 et 39 de la loi du 28 avril 1816, les conducteurs dussent être personnellement affranchis des condamnations portées par l'art. 41; 2° que le délit, d'ailleurs prouvé, n'ait fait l'objet d'aucune saisie antérieurement pratiquée dans les conditions de la loi spéciale des douanes. (*A. de C. du* 9 *mars* 1843; *Circ.* n° 1966.)

424. — A l'occasion de faits de contrebande consommée, constatés par suite d'une information judiciaire, le tribunal correctionnel condamne les délinquants, outre les

---

(1) Indépendamment de ces peines, ils pourraient être privés de la faculté de l'entrepôt et du transit, ainsi que de tout crédit de droits. *V.* livres I, IV et V.

autres pénalités, à la confiscation des marchandises saisies même hors du rayon sans poursuite à vue, ou, s'il n'y a pas eu de saisie, au payement de la valeur des marchandises fraudées. (*A. de la C. de Colmar du* 1er *février* 1856.) *V.* Livre XI, ch. 9.

425. — Les marchandises de la classe de celles qui sont prohibées à l'entrée (1), ou dont l'admission est taxée à 20 fr. ou plus par 100 kil., sont réputées avoir été introduites en fraude (*et passibles des pénalités relatives à l'importation en contrebande.*) *V.* n° 409 dans tous les cas de contravention ci-après indiqués :

Circulation. 1° Lorsqu'elles sont trouvées dans le rayon des frontières sans être munies d'un acquit de payement passavant, ou autre expédition valable pour la route qu'elles tiennent, et pour le temps dans lequel se fait le transport, à moins qu'elles ne viennent de l'intérieur par la route qui conduit directement au premier bureau de deuxième ligne, *V.* n° 279 ;

2° Lorsque, même étant accompagnées d'une expédition portant l'obligation expresse de la faire viser à un bureau de passage, elles ont dépassé ce bureau sans que ladite obligation ait été remplie, *V.* n° 279 ;

3° Lorsqu'ayant été chargées sur le rayon des frontières et amenées au bureau ou représentées aux préposés pour l'obtention d'un passavant et être mises en circulation, dans les circonstances où les règlements permettent ce transport préalable, elles se trouvent dépourvues des pièces justificatives de leur extraction légale de l'étranger ou de l'intérieur, ou de leur production ou fabrication dans le rayon des frontières, *V.* n° 277 ;

Dépôt. 4° Lorsqu'elles auront été reçues en magasin ou en dépôt dans le rayon des frontières, en contravention aux ordonnances du Gouvernement qui désigneront les communes où ces magasins et dépôts pourront être établis, suivant le deuxième paragraphe de l'art. 37 de la présente loi, et caractériseront ceux qui sont interdits comme frauduleux. *V.* n° 286. (*Loi du* 28 *avril* 1816, *art.* 38.)

§ 3. — *Compétence.*

426. — Les affaires relatives à un fait de contrebande sont portées à la connaissance des tribunaux correctionnels. (*Lois des* 28 *avril* 1816, *art.* 41, *et* 21 *avril* 1818, *art.* 37.)

SECTION III

Rébellion et main armée.

§ 1er. — *Rébellion.*

427. — Toute attaque, toute résistance avec violence et voies de fait envers les préposés des douanes, agissant pour l'exécution des lois, des ordres ou ordonnances de l'autorité publique, des mandats de justice ou jugement, est qualifiée, selon les circonstances, crime ou délit de rébellion. (*Code pénal, art.* 209.)

En cas de rébellion, on arrête immédiatement les coupables, *V.* 429 et 130, à moins d'impossibilité absolue. Lorsqu'ils ont à verbaliser pour cause de rébellion, les préposés doivent, pour leur propre défense, faire connaître tout ce qui les a obligés d'opposer la force à la force. Ne rien omettre alors est d'autant plus nécessaire, que les procès-verbaux ne faisant foi en justice qu'en ce qui concerne les faits de fraude, la première garantie qu'on puisse donner de leur vérité, en ce qui touche aux autres

(1) Ou dont la prohibition a été remplacée par des droits, postérieurement à la loi du 24 mai 1834. *V.* n° 411.

faits, est dans leur rédaction même, qui, si elle est parfaitement circonstanciée, commande la confiance, en même temps qu'elle rend beaucoup plus difficile la production des preuves testimoniales contraires. Ils doivent aussi recueillir avec soin les armes, bâtons, etc., qu'ils auraient pu enlever aux rébellionnaires ou que ceux-ci auraient abandonnés, ces preuves muettes devant toujours être d'un grand poids aux yeux des juges. Il faut enfin qu'à moins d'impossibilité absolue, et bien établie dans leurs rapports, ils arrêtent quelques-uns des coupables. (*Circ. du* 19 *juin* 1821, n° 659.)

Il ne faut pas confondre la rébellion, même armée, avec la contrebande. Toute contrebande se caractérise principalement par un fait d'introduction ou d'exportation de marchandises, tandis qu'une rébellion contre les préposés de douane peut être indépendante de ce fait.

Il y a *délit,* et lieu par conséquent à saisir la juridiction correctionnelle, dans les deux cas suivants, qu'il y ait ou non fait de fraude ou de contrebande :

1° Lorsque la rébellion a été commise par une ou deux personnes ; si elles étaient sans armes, les tribunaux leur appliquent la peine de six jours à six mois d'emprisonnement ; si l'une d'elles portait des armes, la peine encourue est un emprisonnement de six mois à deux ans. (*Code pén.,* art. 212.)

2° Si la rébellion a été commise à l'aide d'une réunion non armée de trois personnes au moins ou de vingt au plus, la peine alors est de six mois à deux ans. (*Même Code, art.* 211.)

La rébellion est qualifiée *crime,* et devient, comme telle, du ressort des Cours d'assises :

1° Lorsqu'elle a lieu à l'aide de trois personnes, ou plus, jusqu'à vingt inclusivement, et que plus de deux personnes portaient des armes : la peine encourue est alors celle de la réclusion :

2° Lorsque la rébellion a été commise par plus de vingt personnes : la peine est alors celle de la réclusion, s'il n'y a pas eu de port d'armes, et des travaux forcés à temps, si plus de deux personnes étaient armées. (*Même Code, art.* 211 *et* 214 ; *Circ. du* 16 *janvier* 1834, n° 1418.) V. n° 1119.

§ II. — *Main armée.*

428. — La contrebande armée peut se rapporter à toutes marchandises, soit prohibées, soit tarifées à quelque droit que ce soit. (*Loi du* 13 *floréal an XI, art.* 2.)

La contrebande armée est celle qui est faite par une réunion d'individus dans le nombre desquels il s'en trouve un ou plusieurs porteurs d'armes en évidence ou cachées, telles que fusils, pistolets et autres armes à feu, sabres, épées, poignards, et généralement de tous instruments tranchants, perçants ou contondants.

Ne sont réputées armes ni les cannes ordinaires, sans dards ni ferrements, ni les couteaux fermants, servant habituellement aux usages de la vie. (*Même loi, art.* 3.)

La contrebande est avec attroupement et port d'armes si, dans une réunion de trois fraudeurs, il s'en trouve un ou deux portant des marchandises et un armé d'un bâton à massue. (*A. de C. du* 15 *floréal an XII.*)

Les couteaux et ciseaux de poche, les cannes simples sont réputés armes quand on en fait usage pour tuer, blesser ou frapper. (*Code pénal,* art. 101.)

Les bâtons sont réputés armes quand ils sont de l'espèce des instruments contondants. (*A. de C. du* 3 *octobre* 1817.)

Les dispositions de la loi du 13 floréal an XI, qui déterminent les caractères de la contrebande avec attroupement et port d'armes, n'ont point cessé d'être en vigueur. Quant aux peines, elles résultent des art. 209 et suivants du Code pénal. (*Déc. du Min. de la justice, transmise par la Circ. du* 21 *novembre* 1814.)

Sont complices et punis comme les contrebandiers les assureurs de la contrebande, ainsi que ceux qui, sciemment, ont favorisé ou protégé les coupables. (*Loi du 13 floréal an XI, art. 4.*)

L'application des peines est requise par le ministère public.

Les faits de contrebande armée donnent, d'ailleurs, ouverture aux mêmes confiscations et aux mêmes condamnations civiles que ceux de fraude et de contrebande simple. (*Circ. du 24 février 1832, n° 1307.*) N° 22 du tableau des Infr.

La peine corporelle, devant le tribunal compétent, varie suivant les cas prévus par les art. 210 et suivants du Code pénal, et c'est l'instruction préparatoire qui, selon ces mêmes cas, attribue la compétence soit au tribunal correctionnel, soit à la Cour d'assises. (*Circ. du 23 décembre 1844, n° 2046, art. 22.*)

SECTION IV

Arrestation et emprisonnement des fraudeurs.

429. — En matière de douanes, les prévenus, même étrangers, ne doivent jamais être arrêtés et conduits en prison, que dans les cas où l'infraction commise donne lieu contre eux à la peine d'emprisonnement (1). (*Circ. du 18 novembre 1811.*) *V.* n°s 407, 415, et 418 à 420.

430. — *A moins de flagrant délit*, l'arrestation en vue de l'application de la peine d'emprisonnement ne peut être effectuée, par les préposés ou les agents de l'autorité publique, qu'en vertu d'un mandat d'amener, ou, selon le cas, d'un mandat d'arrêt. C'est au ministère public, soit d'office, soit sur la plainte ou la demande du service, qu'il appartient de délivrer ce mandat. (*Code d'instr. crim., art.* 97, etc.)

431. — Lorsqu'ils ont arrêté un délinquant, les préposés le conduisent, à l'instant même, devant le procureur du Gouvernement, dans l'arrondissement, et le lui remettent, sur récépissé, avec l'original du procès-verbal qu'ils ont rédigé. (*Arrêté du 4e jour complémentaire an XI, art. 3, et Circ. du 16 janvier 1811.*) *V.* n° 432.

Ce magistrat est tenu de régulariser l'arrestation préventive en décernant un mandat de dépôt; il fait conduire le délinquant dans la prison de la localité. Le ministère public ne peut ordonner d'office et sans caution la mise en liberté, avant jugement, du fraudeur ainsi régulièrement constitué en état d'arrestation préventive (*Déc. du 24 décembre 1841*; *Doc. lith.*, n° 107), le fait de l'existence du procès-verbal ayant amené l'instruction du délit à l'état où le prévenu emprisonné doit être maintenu provisoirement sous les verrous, à moins qu'il n'obtienne sa mise en liberté sous caution. (*Déc. du 12 octobre 1841*; *et Lettre du Ministre de la justice du 11 novembre 1858.*) *V.* n° 409.

Au sujet de la latitude laissée au chef du service de faire mettre, dans certains cas, sans garantie, le prévenu en liberté, *V.* n° 420.

432. — Si l'arrestation a lieu dans un endroit éloigné, les préposés conduisent les prévenus devant le juge de paix ou l'officier de gendarmerie le plus voisin; ils lui laissent en même temps une copie de leur rapport, en l'invitant à donner, au bas de l'original, une reconnaissance de la remise qui lui a été faite, tant des prévenus que de la copie de ce rapport. Les juges de paix et les officiers de gendarmerie ne peuvent, sans manquer à l'art. 49 du Code d'instruction criminelle, se refuser à décerner mandat d'amener contre les contrebandiers qui, arrêtés en flagrant délit, sont conduits devant eux, et à les faire traduire devant le ministère public.

---

(1) L'arrestation immédiate des prévenus, pour saisies à domicile, n'est point autorisée. *V.* n° 287.

S'ils s'y refusaient, il en serait dressé procès-verbal, que le directeur ferait transmettre à M. le procureur général de la Cour. (*Déc. du Min. de la justice du 9 juillet 1811; Circ. du 18.*)

433. — Les préposés peuvent, à la requête du ministère public, procéder à l'arrestation d'un condamné à la peine d'emprisonnement. Ils agissent sans illégalité même lorsqu'ils ne sont pas porteurs de l'expédition en forme exécutoire du jugement de condamnation, et sont alors dans l'exercice régulier de leurs fonctions. (*A. de C. du 26 décembre 1839; Doc. lith., n° 59.*)

434. — Les gendarmes, les troupes de ligne et les gardes nationales sont tenus, à première réquisition, de prêter main-forte aux préposés. (*Arrêté du 4ᵉ jour complémentaire an XI, art. 3.*)

Les fonctions habituelles et ordinaires des brigades de gendarmerie sont : .....de réprimer la contrebande; d'arrêter et de traduire devant les autorités compétentes les contrebandiers et autres délinquants de ce genre; de conduire les prisonniers, prévenus ou condamnés. (*Ord. du 29 octobre 1820, art. 179.*) V. nᵒˢ 4. 103 et 124.

435. — Dès qu'un inculpé est placé sous le coup d'un mandat de justice, les agents de la force publique, requis de pourvoir à la garde et à l'escorte de sa personne, ne peuvent décliner aucune partie de leurs obligations. (*Déc. du 17 juillet 1852.*)

436. — Dans le cas où il n'y a pas de maison d'arrêt ou de détention dans le lieu de résidence d'une brigade de gendarmerie, les prévenus ou condamnés sont déposés dans la chambre de sûreté de la caserne de gendarmerie. Ils y sont gardés par les gendarmes de la résidence jusqu'au départ du lendemain ou du jour fixé pour la correspondance; mais si les prisonniers sont de sexes différents, les femmes sont remises à la garde de l'autorité locale, qui pourvoit à leur logement. (*Ord. du 29 octobre 1820, art. 203.*) Les brigades de gendarmerie correspondent entre elles à des jours et sur des points déterminés. Ce service a essentiellement pour objet le transfèrement des prisonniers. (*Même Ord., art. 195.*)

437. — En matière civile, c'est-à-dire d'infractions ne donnant pas ouverture à la peine d'emprisonnement, les prévenus ne peuvent, sous aucun prétexte, être ni arrêtés, ni entravés dans leur voyage. Lorsque les voies de communication étaient loin d'offrir les facilités obtenues par la création des chemins de fer, en cas de fraude commise par des personnes inconnues ou dépourvues de passeport, s'il s'agissait d'un intérêt sérieux pour le service, et en admettant, du reste, que la police locale s'y prêtât volontiers, il pouvait être parfois utile que des difficultés, élevées au point de vue de la surveillance générale, permissent d'assurer la prompte exécution, par corps, des condamnations civiles résultant d'un jugement rendu dans les vingt-quatre heures (*Déc. du 29 novembre 1856*); mais, dans l'état actuel des choses, il faut se hâter de signifier le jugement, afin que la contrainte par corps puisse, au besoin, être exercée aussitôt que possible. En attendant, tout ce qu'il convient de faire, après avoir, par le procès-verbal même, déclaré la saisie de la malle où se trouvaient les objets de fraude (*Déc. du 23 août 1842*), c'est de surveiller les démarches du contrevenant. S'il se rendait dans une autre ville, le jugement, dûment signifié, serait transmis à l'administration pour être exécuté.

SECTION V

Primes d'arrestation des fraudeurs.

438. — Une gratification est, à titre d'encouragement à la répression de la contrebande, allouée aux préposés pour chaque arrestation de fraudeur, dans les conditions déterminées par la loi et les règlements. (*Déc. min. du 2 janvier 1815; Circ. du 18.*)

Cette gratification ou prime de capture est allouée :

1° Quand la marchandise reprise au procès-verbal mesure, s'il s'agit de tissus ou d'étoffes, plus de dix mètres, *soit en longueur, soit en carré*, pourvu que la valeur, en France, ne soit pas au-dessous de 7 fr. 50 cent. (c'est le chiffre du *minimum* de la prime accordée, augmentée de la plus-value de la marchandise sur le territoire français);

2° Quand cette même marchandise, toujours s'il s'agit de tissus ou d'étoffes, mesure dix mètres au moins, soit en longueur, soit en carré, pourvu que la valeur, en France, soit d'au moins 45 fr. (c'est le chiffre du *maximum* de la prime, accrue comme il vient d'être dit au paragraphe précédent);

3° Quand cette même marchandise, si elle consiste en d'autres articles que des tissus ou étoffes, pèse plus de 5 kilogr., *quelle que soit sa valeur* (1);

4° Quand cette même marchandise, calculée *au poids*, bien que ne pesant que 5 kilogr. ou moins, a pourtant, en France, une valeur qui n'est pas inférieure à 45 fr.;

5° Dans le cas de saisie d'articles d'horlogerie et de bijouterie, d'aiguilles ou d'autres produits qui, sous un poids restreint, peuvent avoir une certaine valeur, la prime peut également être allouée, lorsque la quotité *du droit d'entrée* sur les objets repris au procès-verbal atteint au moins, en principal et décime, le chiffre de 7 fr. 50 cent.

La *valeur* à arbitrer des objets repris dans les procès-verbaux, lorsqu'il y a lieu de recourir à cette appréciation, est fixée de concert avec le capitaine et le receveur de la localité, contrôlée et certifiée par l'inspecteur, et soumise, en dernière analyse, par le directeur, à l'examen et à la ratification de l'administration.

Lorsque les objets dont l'introduction, tentée par les colporteurs arrêtés, ont été détruits ou spoliés par ceux-ci dans l'attaque, la prime n'en demeure pas moins acquise aux employés capteurs, en prenant pour base d'appréciation les énonciations des procès-verbaux mêmes, appuyés d'un certificat confirmatif délivré, après enquête, par les chefs de la localité, et sur l'autorisation de l'administration, à qui il en doit être toujours spécialement référé. (*Déc. min. du 29 mai 1844; Circ. n° 2023.*)

La *quotité* des primes est :

De 5 fr. quand la fraude a été saisie sur un individu arrêté et condamné comme ayant marché *isolément;*

De 10 fr. par fraudeur arrêté quand la réunion a été de *deux* hommes;

De 15 fr. par fraudeur arrêté quand la bande a été formée de *trois* fraudeurs *à pied, jusqu'à six inclusivement;*

Et enfin de 30 fr. par fraudeur arrêté quand la bande attaquée a été formée de *trois* fraudeurs *à cheval* et plus, ou de *plus de six* à pied. (*Déc. min. du 12 juillet* 1816; *Circ. des 23 du même mois et 12 juin* 1844, n° 2023.)

439. — C'est la condamnation *judiciairement prononcée* contre le délinquant qui détermine la quotité de la prime à allouer quand celle-ci doit être imputée sur le crédit annuellement ouvert, à cet effet, au budget de l'administration. Lorsqu'il est transigé *avant jugement,* et que la prime doit, par suite, être prélevée sur le produit des affaires, ce sont les énonciations mêmes des procès-verbaux, *vérifiées et certifiées exactes par l'inspecteur,* qui servent à déterminer, quant au nombre des contre-bandiers attaqués, le taux de la *prime* à allouer. (*Circ. du 12 juin* 1844, n° 2023.)

Le payement de ces gratifications s'effectue sur un état émargé par chacun des ayants droit (*Circ. du 5 août* 1816, n° 190); il ne peut être alloué en dépense qu'après que les fraudeurs ont été condamnés par jugements passés en force de chose jugée,

---

(1) Les employés qui ont arrêté un prévenu porteur d'une quantité de liquide prohibé ou imposé à 20 fr. ou plus par 100 kil., et qui représente un poids de plus de 5 kil., ont droit à la prime de capture. (*Déc. du 3 décembre* 1842.)

ou qu'il est intervenu un arrangement définitif. (*Circ. des 23 juillet* 1816 *et* 8 *octobre* 1833, n° 1405.)

La prime de capture est due et l'allocation s'en effectue sur les fonds du Trésor, bien que le fraudeur arrêté n'ait pas été condamné à l'emprisonnement, quand cette circonstance ne tient, suivant le libellé du jugement même, qu'à un vice de forme du fait du ministère public. (*Déc. du* 13 *mai* 1851.)

En cas de réalisation volontaire des condamnations avant jugement, la prime de capture est prélevée, comme frais, sur la part du produit disponible, après retenue du décime additionnel au profit du Trésor. (*Déc. du* 10 *juin* 1854.)

Les pièces à produire à l'appui des demandes en allocation de ce genre sont : la copie du procès-verbal, la copie de l'extrait, soit du jugement de confiscation, soit de la décision approbative d'une transaction dans laquelle il aurait été positivement stipulé que la gratification serait payée, et enfin la quittance des préposés. Ces demandes doivent être formées aussitôt qu'il est possible de réunir les pièces exigées pour la justification du payement, sans qu'il soit nécessaire d'attendre la conclusion définitive de l'affaire. (*Circ. du* 8 *octobre* 1833, n° 1405.) Il est indispensable de produire l'état projeté de partage à l'appui de la demande d'allocation, pour que la liquidation que délivre l'administration soit appuyée des éléments indicatifs complets de la dépense; mais il serait irrégulier de faire donner une quittance pour une somme qui non seulement n'est pas encore payée, mais n'est pas même encore allouée. Ce n'est qu'au retour des pièces que l'état doit être émargé. (*Circ. lith. du* 18 *juin* 1846.)

On peut se dispenser de lever au greffe des extraits des jugements pour être produits à l'appui des demandes d'allocation de prime. Ces extraits peuvent être délivrés par les comptables, pourvu qu'ils soient revêtus du visa de l'inspecteur. (*Déc. du* 6 *juin* 1843.)

On ne peut jamais imputer une prime de capture sur les fonds du Trésor quand il n'a pas été pris jugement sur l'affaire. La prime est alors prélevée sur la somme payée par transaction, ou, à défaut, sur le produit même de la confiscation. (*Déc. du* 28 *octobre* 1843.)

La prime de capture est due au saisissant lorsque le prévenu de contrebande est un mineur de moins de seize ans, acquitté comme ayant agi sans discernement. (*Déc. du* 6 *octobre* 1842.)

Les saisissants *seuls* sont appelés comme parties prenantes dans la distribution des primes de capture; les *intervenants* qui n'auraient contribué en rien à la mainmise sur les fraudeurs doivent être exclus du partage. (*Déc. du* 10 *août* 1842.)

Toute personne étrangère aux douanes qui arrêtera ou qui contribuera à arrêter des contrebandiers sera admise au partage de la gratification de capture accordée aux employés des douanes par les décisions ministérielles des 12 juillet 1816 et 29 mai 1844. (*Déc. min. du* 15 *février* 1845; *Circ.* n° 2056.)

Il n'y a pas lieu d'allouer la prime d'arrestation pour le fait d'avoir arrêté, après la saisie et en dehors des conditions légales, des individus présumés avoir été les auteurs de l'importation, même lorsqu'ils sont condamnés comme tels. (*Déc. du* 28 *avril* 1857.)

Les transactions souscrites, *V.* n° 1111, déterminent la somme à payer par les délinquants, sans faire spécialement mention de la prime de capture; mais, en en référant à l'administration, les directeurs font connaître, s'il y a lieu, que le montant de cette prime sera prélevé sur les sommes stipulées dans l'arrangement. L'approbation de la transaction implique alors autorisation du payement de la prime. (*Circ. du* 24 *juin* 1824, n° 870.)

Les primes de capture ne figurent jamais au registre série E, n° 71 A; elles sont inscrites au bordereau C, n° 4, chap. 1er, des opérations de trésorerie, au moment même où les comptables en reçoivent le montant à titre définitif.

Cependant, lorsque ces primes sont imputables, non sur les sommes payées par le prévenu, mais sur le produit de la vente *effective* des marchandises ou des moyens de transport, ce produit étant constaté par un acte de vente unique, doit être *intégralement* porté en recette, article des contributions et revenus publics. Les receveurs font alors dépense des sommes à déclasser et à transporter, en recette, aux opérations de trésorerie. (*Circ. de la compt. du 29 juillet* 1858, n° 74.) *V.* n° 231.

440. — Sur les frontières du Nord et de l'Est, des chiens de forte race sont employés à la contrebande. C'est en France qu'ils sont élevés et dressés à la fraude. Conduits à l'étranger, on les y maltraite, afin de les inciter à y revenir, avec les objets de contrebande dont on les a chargés, aux lieux d'où ils sont partis. (*Circ. du 7 décembre* 1836.)

Dans les directions situées sur ces frontières, on accorde aux préposés, à titre de dédommagement des frais qu'ils font pour achat de poudre, de plomb et de lacs, e aussi à titre d'encouragement, une somme de *trois francs* par chien chargé de fraude pris et abattu. (*Déc. du 15 mai* 1820.) (1)

---

(1) Si l'un des deux préposés capteurs est accompagné d'un chien dressé à combattre les animaux chargés de contrebande, l'allocation accordée en vertu de la décision du 15 mai 1820 est répartie ainsi : deux tiers au propriétaire du chien, un tiers à son collègue. On doit alors indiquer sur l'état mensuel, série E, n° 100, le motif de cette disposition. (*Déc. du 1er décembre* 1855.)

Les taxes payées par les préposés pour les chiens affectés à la répression de la contrebande leur sont remboursées par imputations sur les fonds du matériel. A cet effet, les directeurs adressent à l'administration, chaque année, dans le courant du mois de janvier, un état en indiquant le montant. (*Déc. du 4 septembre* 1855.)

Les chiens saisis comme employés à la fraude doivent être abattus. Cependant les inspecteurs peuvent laisser aux préposés capteurs les chiens susceptibles d'être utilisés dans l'intérêt du service. Dans ce cas, leur capture ne donne lieu à aucune prime; on met de suite à l'essai, et ceux qui ne peuvent être utilement employés sont abattus.

Les préposés ne peuvent se défaire des chiens définitivement conservés qu'avec l'assentiment de leurs chefs. (*Déc. du 15 juillet* 1841.)

Les préposés sont tenus de représenter, pour obtenir la prime, la charge et la patte gauche des chiens abattus à l'entrée. (*Déc. du 1er juin* 1827.)

Toutefois, la prime de 3 fr. est accordée pour les chiens dits *de corde ou de défense*, qui ne sont point chargés, et dont les fraudeurs se servent soit pour *éclairer* leur course, soit pour leur propre défense contre les attaques des préposés. (*Déc. du 4 juin* 1836.)

La prime de capture est due aux préposés lorsqu'ils arrêtent les propriétaires ou conducteurs des chiens employés à porter la fraude. (*Déc. du 11 mars* 1842; *Doc. lith.*, n° 115.)

Pour obtenir le payement de la prime, on adresse chaque mois à l'administration un état des chiens qui ont été abattus, avec l'indication des penthières où ils ont été capturés. (*Déc. du 9 juin* 1820.)

Cette prime est allouée aux gardes-champêtres et autres agents publics étrangers aux douanes qui abattent des chiens employés à la fraude. (*Déc. du 28 octobre* 1839.)

Pour les primes d'arrestation concernant les poudres à tirer, les tabacs, *V.* Livre XI, ch. 24 et 27.

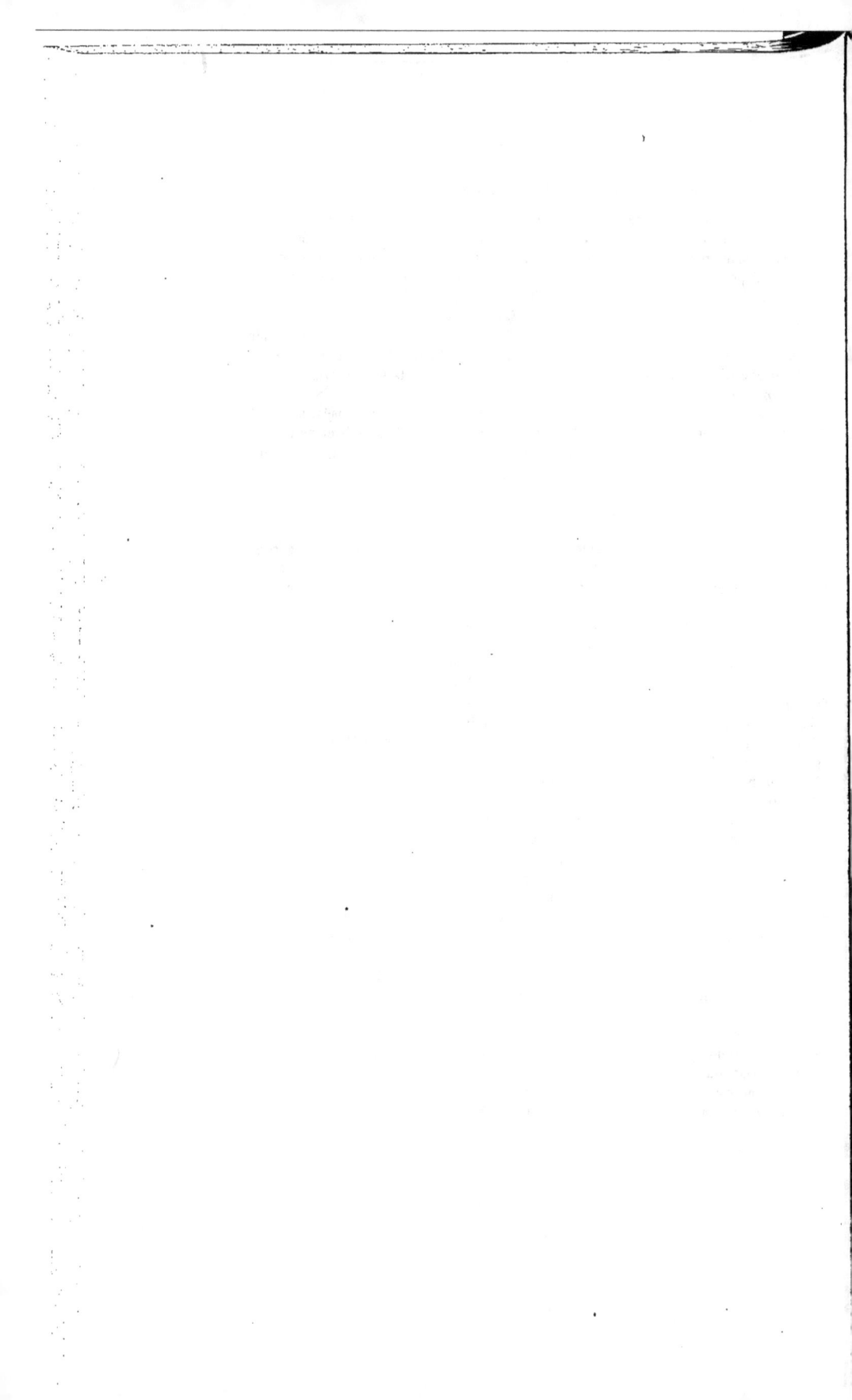

LIVRE IV

ENTREPOTS

« La première idée qui s'offre à l'esprit est celle de créer des ports
» francs où les marchandises étrangères arrivent et d'où elles peuvent
» repartir en exemption de tous droits.

» Mais, dans un pays de grande étendue et très-peuplé, où la con-
» sommation intérieure est importante, les ports francs ont de graves
» inconvénients : ils vont au-delà du but en ce qu'ils séparent toute une
» cité du mouvement commercial intérieur, lorsqu'il ne s'agirait que
» d'isoler l'emplacement nécessaire au dépôt des marchandises étran-
» gères dont l'entrée n'est pas définitive. Pour assurer à une ville le
» bénéfice du commerce de l'étranger à l'étranger, ils lui retirent des
» avantages souvent plus essentiels, ou du moins plus inhérents à leur
» nationalité. Si ensuite cette ville devient manufacturière, sa position
» est fâcheuse, car elle ne peut écouler ses produits dans l'intérieur, et
» se trouve atteinte par des prohibitions qui n'ont été dirigées que contre
» l'industrie étrangère. Aussi est-il reconnu que les ports francs sont une
» institution qui vieillit bientôt et qui devient intolérable dès que la so-
» ciété arrive à un certain degré de développement industriel.

» Puisqu'il ne s'agit que d'isoler l'emplacement nécessaire aux mar-
» chandises reçues à condition, on a dû concevoir ensuite l'idée des en-
» trepôts. » (*Rapport au Roi sur l'administration des finances,* — *mars*
1830, *imprimerie royale.*)

En France, cette idée s'est produite en même temps qu'on établissait
des douanes régulières.

Mettant en application les principes posés par Colbert dès 1664, l'ordonnance de 1687 fonda les entrepôts, ou, du moins, régularisa ce qui
existait antérieurement.

Mais le tarif des traites était devenu la propriété d'une ferme générale,
qui n'y pouvait voir qu'un instrument de fiscalité, et pour laquelle l'existence des entrepôts avait l'inconvénient d'occasionner des dépenses sans
profit. Ils furent supprimés par arrêt du conseil du 9 mars 1688.

La loi du 22 août 1791 ne fit aucune mention des entrepôts, dont on
ne pouvait, pendant les troubles de l'époque et la guerre maritime que la
Révolution fit éclater, comprendre le besoin.

Après la paix d'Amiens, et lorsqu'on espérait que le commerce et la navigation allaient reprendre leur essor, la nouvelle administration des douanes provoqua le rétablissement des entrepôts.

Dans l'intervalle de 1791 à 1803, la force des choses avait bien obligé de reconnaître des entrepôts ou dépôts pour certaines marchandises ou pour certaines circonstances spéciales.

Toutefois, l'entrepôt proprement dit, celui qui est ouvert de plein droit aux marchandises étrangères que l'on apporte volontairement, sans qu'elles soient encore destinées pour la consommation de la France, et qu'on se réserve de réexporter en franchise, s'il convient de les revendre à l'étranger, cet entrepôt n'a réellement été rétabli que par la loi du 8 floréal an XI.

Enfin, les lois des 9 et 27 février 1832 ont complété le système : la première, en ouvrant les entrepôts aux marchandises prohibées, et la seconde, en autorisant les villes de l'intérieur et des frontières à établir aussi des entrepôts.

L'entrepôt est considéré comme un territoire neutre. Il existe deux sortes d'entrepôts :

1° L'entrepôt constitué dans un magasin spécial, gardé par la douane et fermant à deux clefs, l'une laissée au commerce, qui demeure en possession de sa marchandise, la garde et en assure la conservation ; l'autre entre les mains de la douane, pour qui la marchandise forme le gage des droits, et dont toute la charge se borne à empêcher que rien ne soit, à son insu, extrait des magasins : c'est *l'entrepôt réel ;*

2° L'entrepôt établi dans des magasins particuliers, dont la douane n'a pas la clef, mais où elle a un libre accès, pour reconnaître l'existence des marchandises qui ne doivent être déplacées qu'avec sa permission ou retirées qu'après le payement des droits. La douane, qui n'a point ici le gage des droits sous sa clef et sous sa garde continuelle, reçoit, en échange de ces garanties, l'engagement cautionné de l'entrepositaire de représenter les marchandises à toute réquisition, et de les réexporter ou de payer les droits avant le terme fixé : c'est *l'entrepôt fictif.*

L'entrepôt n'est créé que sur les points où les besoins généraux sont susceptibles de justifier les dépenses qui s'y rattachent.

CHAPITRE PREMIER

ENTREPÔT RÉEL MARITIME

SECTION PREMIÈRE

Entrepôt des marchandises tarifées.

441. — Les marchandises et denrées étrangères coloniales et autres non prohibées (1) à l'entrée peuvent être reçues en entrepôt réel dans les ports et villes ci-après, à la charge de les réexporter ou d'en payer les droits à l'expiration du délai d'entrepôt. (*Loi du 8 floréal an XI, art.* 23) :

Toulon, Marseille (*V.* Livre XI, chap. 1er), Arles (*avec interdiction de réexportation par mer*), Cette, Agde, Port-Vendres, Bayonne, Bordeaux, Rochefort, la Rochelle, Saint-Martin (île de Ré) (*entrepôt de six mois où ne peuvent être reçues les marchandises dénommées en l'art. 22 de la loi du 28 avril 1816, V. n*° 372), Nantes, Lorient, Morlaix, Binic, le Légué, Saint-Servan, Saint-Malo, Granville, Cherbourg, Caen, Honfleur, Rouen, le Havre, Dieppe, Saint-Valery-sur-Somme, Abbeville, Boulogne, Calais, Gravelines, Dunkerque, Nice, Saint-Nazaire.

Les marchandises expédiées en transit des frontières de terre sur les ports où il existe un entrepôt réel peuvent être admises dans cet entrepôt comme si elles arrivaient par mer. Elles peuvent être livrées à la consommation intérieure, *V.* n° 529. (*Loi du 17 mai 1826, art.* 13), ou être réexpédiées en transit ou par mutation d'entrepôt. (*Déc. du 21 janvier 1840.*)

Pour les marchandises passant de l'entrepôt fictif dans l'entrepôt réel ou réciproquement, *V.* n° 481.

442. — Tant que l'entrepôt réel n'est pas constitué et régulièrement ouvert, ce que l'administration fait connaître par la voie des circulaires imprimées (*Circ. du* 1er *mars* 1832, n° 1308), ces marchandises ne sauraient être dirigées sur cet établissement, en mutation d'entrepôt, alors même qu'elles relèvent du régime de l'entrepôt fictif, certaines circonstances pouvant exiger qu'elles soient entreposées réellement. (*Déc. du 19 octobre 1839.*)

443. — Les marchandises pour lesquelles le commerce veut se réserver le bénéfice de la réexportation doivent être soumises au régime de l'entrepôt, alors même qu'elles sont exemptes de droits d'entrée. (*Déc. des 2 avril et 25 juin 1853.*)

Les marchandises étrangères qui, exemptes de droits d'entrée, sont similaires de marchandises d'origine nationale affranchies de taxes à la sortie, ne doivent pas être admises en entrepôt réel. Il importe qu'elles ne viennent ni encombrer les entrepôts, ni faciliter des substitutions, et les négociants n'ont aucun intérêt à ce qu'il en soit autrement. (*Déc. du 16 mars 1859 et Circ. lith. du 26 juin 1860.*)

444. — Sous aucun prétexte, l'entrepôt ne peut être converti en magasin de dépôt des marchandises françaises ou nationalisées par le payement des droits. (*Déc. min. du 12 juillet 1855, et Circ. du 31 mars 1859,* n° 581.)

Mais les magasins généraux pour le dépôt, sous récépissés et warrants transmissibles, de matières premières, marchandises ou objets fabriqués (*Loi du 28 mai 1858, art.* 1er) ou pour la vente publique, aux enchères et en gros (*autre loi du 28 mai 1858, art.* 1er), autorisés par le gouvernement, sur demandes adressées par les préfets au département du commerce, peuvent soit être placés, avec appropriation distincte, dans les locaux soumis au régime de l'entrepôt réel, soit recevoir des marchandises d'entrepôt fictif ; le Ministre des finances est préalablement consulté afin d'empêcher que les entrepôts réels ne soient détournés de leur affectation spéciale, et de mettre obstacle à ce que des magasins généraux ne puissent être constitués

---

(1) Il y a exception : 1° pour les marchandises prohibées dites de *Traite*, destinées pour le Sénégal et la côte d'Afrique. (*Loi du 8 floréal an XI, art.* 24; *Déc. min. du* 13 *fructidor an X; Circ. du 15 du même mois, et Loi du 17 mai 1826, art.* 6.) *V.* Livre XI, chap. 7;

2° Pour les tabacs exotiques en feuilles, qui sont admissibles en entrepôt réel dans certains ports. (*Loi du 29 floréal an X, et Déc. min. des 9 janvier 1815 et 26 décembre 1817.*) *V.* n° 1010.

pour des marchandises d'entrepôt fictif hors de l'enceinte des villes. (*Décret du 12 mars 1859, art.* 1er; *Circ. du* 31, n° 581.) *V.* n° 142.

Les marchandises étrangères, soit placées en entrepôt réel et constituées en dépôt sous récépissé, soit d'entrepôt fictif introduites dans les magasins généraux, restent soumises à toutes les conditions des règlements de douane. (*Même décret, art.* 7.)

Les employés de douane n'ont ni la qualité convenable, ni le temps suffisant pour être investis d'aucune mission spéciale relativement aux magasins généraux : ils n'ont qu'à certifier sur les récépissés (titres de propriété), ou sur les warrants (bulletins de gage pour une créance dont le chiffre est déterminé), quand la demande leur en est faite, l'existence en entrepôt réel des marchandises étrangères soumises à ce régime, sans recensement préalable, ni examen, ni indication de la valeur. Sous aucun prétexte, le service ne saurait délivrer de certificats à l'égard de marchandises en entrepôt fictif dans des magasins dont le commerce seul a la clef. (*Circ. du* 31 *mars* 1859, n° 581.)

Les récépissés et les warrants peuvent être transférés par voie d'endossement, ensemble ou séparément. (*Loi du* 28 *mai* 1858, *art.* 3.)

L'endossement du warrant séparé du récépissé vaut nantissement de la marchandise au profit du cessionnaire du warrant.

L'endossement du récépissé transmet au cessionnaire le droit de disposer de la marchandise, à la charge par lui, lorsque le warrant n'est pas transféré avec le récépissé, de payer la créance garantie par le warrant, ou d'en laisser payer le montant sur le prix de la vente de la marchandise. (*Même loi, art.* 4.)

Pour les produits existant en entrepôts réels ou fictifs , le service des douanes ne peut, sur la production du récépissé endossé (réuni au warrant ou séparé du warrant), se refuser, quand la demande lui en est faite, à inscrire les marchandises au nom de la personne à qui le récépissé a été transféré. Seulement, en rappelant sur les registres le numéro et la date du récépissé , on doit, pour les marchandises d'entrepôt réel, faire signer le nouveau propriétaire sur les sommiers, et pour les marchandises d'entrepôt fictif, ou entreposées sous soumissions, exiger de nouveaux engagements et de nouvelles cautions. Le transfert, pour le service, est alors réputé consommé, sans que les anciens entrepositaires, dont les comptes doivent être annulés, aient à intervenir pour faire acte de cession. Un nouveau mode de transfert se trouve ainsi ajouté, pour les marchandises déposées dans les entrepôts sous le régime des magasins généraux, aux autres modes tracés pour les transferts dans les conditions ordinaires. *V.* n° 457.

Le service ne connaît d'ailleurs comme propriétaires des marchandises et responsables de l'accomplissement des conditions règlementaires que les négociants au nom desquels l'inscription reste régulièrement faite aux sommiers, sans avoir à rechercher s'ils ont été ou non dépossédés par des récépissés ou warrants qui n'auraient pas été représentés. (*Circ.* n° 581.)

A défaut de payement à l'échéance, le porteur du warrant, séparé du récépissé, peut, huit jours après le protêt ou huit jours après l'échéance, si le souscripteur primitif du warrant l'a remboursé, faire procéder à la vente publique, aux enchères et en gros, des marchandises engagées. (*Loi du* 28 *mai* 1858, *art.* 7.)

Les agents du service doivent, dans ces deux cas, sur la réquisition écrite du chef de l'exploitation des magasins généraux, ou bien seulement, dans le premier cas, sur la justification du protêt, et, dans le second, sur la production du warrant acquitté, donner toutes facilités pour la vente des produits, en se conformant aux règles pour les ventes des marchandises en gros. Il faut remarquer d'ailleurs qu'avant la vente, celui à la requête duquel elle s'opèrera devra être substitué sur les registres d'entrepôt aux entrepositaires dépossédés, signer à leur place les déclarations, et, s'il s'agit de marchandises en entrepôt fictif, être astreint à l'obligation de souscrire une nouvelle soumission et de donner une nouvelle caution, de manière à ce que les droits du Trésor demeurent toujours garantis. (*Circ.* n° 581.)

En vue de satisfaire aux vœux unanimement exprimés à ce sujet par le commerce et les établissements de crédit, le privilége attribué au Trésor, *V.* n° 38, est réduit, pour les marchandises constituées en dépôt sous récépissés (magasins généraux), au montant des droits spécialement dus par ces marchandises. (*Loi du 28 mai 1858, art.* 8, § 1er.)

Toutes les fois que la demande leur en est faite, les agents des douanes doivent fournir aux gérants des magasins généraux les renseignements nécessaires pour établir la liquidation des droits dont les marchandises désignées se trouvent grevées au moment où ces indications sont réclamées.

Les agents des douanes s'assurent que ceux des récépissés ou warrants qui doivent leur être produits dans certains cas sont régulièrement timbrés, conformément à l'art. 3 de la loi du 28 mai 1858. *V.* n° 1015. (*Circ.* n° 581.)

Quant aux ventes publiques, aux enchères et en gros, qu'il s'agisse de ventes volontaires ou sur warrants protestés (*Circ. du 5 décembre 1859*, n° 615), il est à remarquer que le service des douanes ne s'en occupe qu'à l'égard des produits exotiques suivants : 1° denrées alimentaires et matières premières nécessaires aux fabriques, destinées à la consommation ou à la réexportation ; 2° tout autre produit quelconque qu'on ne peut mettre ainsi en adjudication que pour la réexportation. (*Loi du 28 mai 1858, art.* 1er; *tableau.*)

Lorsque le commerce fera procéder à une vente publique de marchandises d'entrepôt constituées en dépôt sous récépissé, la douane devra en être informée au préalable par la remise du catalogue. Elle annotera sur les registres ceux des produits non prohibés à l'entrée, par le tarif, et qui, par application des conditions de la vente publique, ne devront être vendus que sous réserve de renvoi à l'étranger ; et comme, par le fait même de cette *mise en vente sous la condition exclusive de réexportation*, les propriétaires de la marchandise auront ainsi renoncé à la faculté d'acquitter les droits pour la consommation, la douane refusera de recevoir toute déclaration ultérieure pour cette destination. Si l'on demandait à expédier les produits vendus sous cette réserve sur un autre entrepôt, ou à les réexporter par la voie du transit, les acquits-à-caution qui seraient alors délivrés devraient mentionner que ces produits ne peuvent être acquittés, avec ces mots écrits en grosses lettres : *prohibé à la consommation, loi du* 28 mai 1858, afin que l'obligation qui les frappe ne puisse nulle part être éludée. On continuera néanmoins, comme il ne s'agit pas ici d'une prohibition résultant des lois de douane, à délivrer des acquits-à-caution de la formule usitée pour les marchandises admissibles à la consommation.

A l'égard des marchandises vendues publiquement en gros, les anciens propriétaires et ceux qui auront fait opérer la vente dans ces conditions, ne seront libérés vis-à-vis de la douane que lorsque les acquéreurs auront signé sur les sommiers, s'il s'agit de produits placés en entrepôt réel, ou lorsqu'ils auront souscrit de nouveaux engagements et fourni de nouvelles cautions, s'il s'agit de marchandises entreposées sous soumissions.

Pour les marchandises d'entrepôt réel, l'exposition et la vente devront avoir lieu sans déplacement et dans les locaux mêmes de l'entrepôt où *lesdites marchandises resteront sous la main de la douane jusqu'à la réexportation ou l'acquittement des droits.* Toutefois la vente pourra en être effectuée dans d'autres locaux que ceux de l'entrepôt, si cette vente peut être opérée sur échantillon, en laissant les marchandises à l'entrepôt, où d'ailleurs elles pourront être préalablement examinées. En toute hypothèse, l'examen, l'exposition, la vente et le prélèvement des échantillons ne pourront avoir lieu que pendant les heures légales d'ouverture des bureaux et sous la surveillance du service. De même aussi les *marchandises d'entrepôt fictif* ne pourront être déplacées pour la vente sans une déclaration préalable de changement de magasin faite à la douane. Enfin, s'il s'agissait de marchandises étrangères qui dussent être vendues aussitôt après leur arrivée à l'étranger, sans être conduites en entrepôt, l'exposition et la vente de ses marchandises ne pourraient avoir lieu également que sous la surveillance de la douane, dans les locaux affectés à son service ou gardés par elle habituellement. (*Circ. du 31 mars 1859, n° 581.*)

Les lots ne peuvent être, d'après l'évaluation approximative et selon le cours moyen des marchandises, au-dessous de cinq cents francs; mais ce minimum peut néanmoins être élevé ou abaissé, dans chaque localité, pour certaines classes de marchandises, par arrêté du Ministre de l'agriculture, du commerce et des travaux publics, rendu après avis de la chambre de commerce ou de la chambre consultative des arts et manufactures. (*Déc. du 12 mars 1859, art. 25.*)

445. — Les villes auxquelles l'entrepôt réel est accordé n'en jouissent qu'à la charge de fournir, sur le port, des magasins convenables, sûrs, réunis en un seul corps de bâtiment, et entièrement isolés de toute autre construction, pour y établir ledit entrepôt, à l'effet de quoi le plan du local est présenté au Gouvernement, qui, après avoir fait examiner s'il est propre à sa destination, l'y affecte, s'il y a lieu, par un arrêté spécial. (*Loi du 8 floréal an XI, art. 25.*)

La législation et la jurisprudence laissent au Gouvernement la faculté d'attribuer l'administration des entrepôts à l'autorité municipale ou au commerce, représenté par la chambre de commerce de la localité (*Déc. du 2 juillet 1844*); mais l'autorité municipale doit, tout d'abord, être mise à même de s'en charger. La ville peut d'ailleurs faire, avec concurrence et publicité, concession temporaire de ses droits à cet égard, à des adjudicataires qui s'engagent à pourvoir à la construction, à l'entretien et à toutes les autres dépenses. Ce n'est que sur le refus du conseil municipal que la chambre de commerce peut se substituer à la ville en constituant une association d'actionnaires en société anonyme. (*Déc. du 27 avril 1857.*)

446. — Tous les magasins servant d'entrepôt réel sont fermés à deux clefs différentes, dont l'une reste entre les mains des préposés de l'administration des douanes, et l'autre dans les mains du commerce qui fournit et entretient lesdits magasins. (*Loi du 8 floréal an XI, art. 26.*)

Le commerce est tenu d'avoir une seconde serrure; mais si, malgré les recommandations du service, il se produisait à cet égard quelque retard, la responsabilité des entrepositaires ne resterait pas moins complète. (*Déc. du 29 septembre 1840.*)

447. — Il peut être fait dans l'enceinte du bâtiment d'entrepôt les divisions ou distributions nécessaires pour séparer des autres marchandises *les viandes et poissons salés, huile de poisson et suif brut.* (*Ord. du 9 janvier 1818, art. 1ᵉʳ.*)

Le commerce a l'option de fournir pour ces marchandises un local séparé, sûr, convenable, et fermé au moyen de deux clefs différentes, dont l'une reste déposée à la douane. (*Mêmes Ord. et article.*) V. nᵒˢ 448 à 450.

Afin d'empêcher que les marchandises qui exhalent une mauvaise odeur ou qui sont susceptibles de fermentation n'altèrent les autres, l'administration a étendu cette facilité au tabac en feuilles, aux grandes peaux brutes, aux fromages, aux résines et goudrons. (*Déc. du 29 août 1842.*)

Lorsque, dans les ports, l'insuffisance de l'emplacement de l'entrepôt réel l'exige, les laines étrangères non filées ni teintes peuvent être mises en entrepôt dans les magasins que fournit le propriétaire ou consignataire, offrant les sûretés indiquées à l'avant-dernier §. (*Ord. du 9 janvier 1818, art. 2.*)

448. — Dans tous les cas où l'entrepôt réel est ainsi établi, dans des magasins particuliers, hors de l'enceinte du bâtiment qui lui est spécialement affecté, l'entrepositaire est tenu de passer une soumission cautionnée comme pour l'entrepôt fictif(1). (*Circ. du 23 mai 1826, n° 987.*)

---

(1) La soumission cautionnée supplée, autant que possible, à la garantie de la garde

La durée de l'entrepôt est alors réduite à un an. (*Déc. du 22 juillet* 1857.) *V.* n° 454.

449. — Les magasins particuliers servant de succursales ou d'annexes à l'entrepôt réel ne peuvent être acceptés qu'avec l'autorisation de l'administration. (*Déc. du 24 novembre* 1842.)

Lorsqu'elle le juge convenable, dans l'intérêt du service et de la constitution régulière des entrepôts, l'administration exige que tout déficit sur les marchandises placées dans ces magasins particuliers soient soumis au droit d'entrée (*Déc. du 13 décembre* 1842); et, s'il s'agit de liquides ou boissons (1), les déficits sont signalés aux services des contributions indirectes et de l'octroi, qui peuvent avoir des droits à réclamer. (*Déc. du 29 août* 1857.)

450. — Les portes des entrepôts ne doivent être fermées, par le préposé à qui est confiée la surveillance des magasins, qu'en présence soit du contrôleur aux entrepôts ou d'un vérificateur, soit du garde-magasin, ou, à défaut, d'un sous-officier. Les clefs doivent être, sans exception, rapportées, à la fin de chaque vacation, au contrôleur aux entrepôts. (*Déc. du 26 décembre* 1843.)

451. — Les dispositions relatives à l'entrepôt réel reçoivent quelques modifications lorsque l'entrepôt est un *dock*.

Ce qui constitue un dock, c'est un ensemble de surfaces d'eau, de quais et de magasins réunis dans une même enceinte, séparée de toute autre partie du port, et où pénètrent les navires qui s'y trouvent comme s'ils étaient en entrepôt.

Le service des douanes surveille les issues extérieures et opère à l'intérieur.

Outre les bureaux et un corps-de-garde, il est ménagé, dans les bâtiments de l'administration du dock, des logements pour un contrôleur ou sous-inspecteur et un garde-magasin.

Les magasins sont d'ordinaire sur le bord des quais, de manière que les marchandises puissent y passer directement à la sortie des navires; mais quand il existe des hangars pour le dépôt provisoire des marchandises, ils sont clos par une grille que l'on peut facilement ouvrir, et la ligne des magasins, sous la double serrure du service et de la compagnie, est en arrière.

Peuvent être reçus dans le dock tous les navires arrivant de l'étranger, des colonies françaises ou des ports de France, avec un chargement de marchandises étrangères et coloniales.

Le débarquement au dock est obligatoire pour tous les navires dont la cargaison se compose de moitié de marchandises destinées au régime d'entrepôt réel. Il n'est permis à ces navires d'effectuer de déchargement sur d'autres points que dans les cas où il ne pourrait leur être donné de place au dock, jusqu'au moment où, d'après la date du dépôt du manifeste, ils auraient droit à une place à quai dans les autres bassins.

---

permanente faite par les préposés dans le bâtiment commun affecté à l'entrepôt réel, garantie que la double clef qui reste aux mains de la douane ne saurait remplacer.

Dans ce cas, comme dans celui d'entrepôt fictif, la solvabilité du soumissionnaire et de sa caution doit être reconnue par le receveur de la douane, qui répond envers l'administration des engagements qu'il reçoit.

Ce qui tend à rendre dangereux le régime des entrepôts particuliers, c'est leur voisinage, leur contiguïté avec des locaux non accessibles au service, de sorte que des soustractions pourraient être commises au moyen de communications habilement pratiquées.

(1) A l'égard des eaux-de-vie exceptionnellement placées en entrepôt dans des magasins particuliers, il est indispensable de constater, à l'entrée et à la sortie, non seulement la quantité de liquide, mais le degré alcoolique. (*Déc. du 22 juillet* 1857.)

Nul ne peut être admis dans le dock sans un permis de la compagnie, sauf les agents des douanes, les armateurs des navires, les consignataires ou leurs représentants, les capitaines ou les seconds. Les hommes d'équipage sont munis d'une autorisation motivée de leur capitaine ou second. Nul ne peut rester dans le dock après l'heure et la clôture des travaux (1).

452. — *Déclaration.* Les marchandises venant à destination de l'entrepôt ne pourront y être admises que sur une déclaration de détail remise dans la forme et sous les mêmes peines que s'il s'agissait de marchandises déclarées pour la consommation immédiate. (*Circ. du 23 août* 1821, n° 672.)

La déclaration est faite sur une feuille imprimée, série M, n° 29, qui sert à la fois de déclaration, de permis de débarquer et de certificat de visite, et qui est fournie gratis au commerce. Il est fait usage de cette formule dans tous les cas de mise en entrepôt réel, spécial ou fictif, et quelle que soit la provenance de la marchandise, c'est-à-dire, soit qu'elle vienne directement de l'étranger, soit qu'elle arrive par mutation d'entrepôt ou en transit. (*Circ. du 29 août* 1845, n° 2081.)

Lorsque les marchandises déclarées pour l'entrepôt sont vendues pour la consommation avant que l'entrepôt ait été régulièrement constitué, le receveur peut permettre qu'une déclaration de mise en consommation soit substituée à la déclaration d'entrée en entrepôt. Si cette seconde déclaration est faite avant que la première ait été enregistrée, le receveur se borne à constater sur cette dernière pièce qu'elle doit être annulée. Si, au contraire, la première déclaration a été enregistrée et le permis délivré, l'autorisation d'annulation doit être mise sur ce permis, ainsi que sur la déclaration *volante*, et il en est, en outre, fait mention au registre des déclarations.

Quand on veut livrer à la consommation une partie seulement des objets déclarés en premier lieu pour l'entrepôt, on se conforme aux règles ci-après.

Dans le cas où la première déclaration n'a pas été enregistrée, elle est annulée, comme il vient d'être expliqué, et remplacée par deux déclarations, l'une pour les marchandises à entreposer, et l'autre pour les marchandises destinées à la consom-

---

(1) Il est formellement défendu de fumer dans l'enceinte du dock, comme aussi d'y entrer avec du feu, de la lumière, etc.

La compagnie est seule chargée de la réception, du conditionnement, de la livraison, de l'emmagasinage, enfin de toutes les opérations relatives aux marchandises, depuis leur entrée jusqu'à leur sortie.

Elle est tenue de faire agréer ses ouvriers par le directeur des douanes. Les hommes d'équipage peuvent exécuter les travaux à bord.

Tout navire ne peut sortir que sur un permis délivré par la compagnie.

Les marchandises qui n'ont pas été régulièrement déclarées en douane, dans les trois jours francs de l'arrivée, sont mises d'office au dépôt. Ce dépôt est constitué dans une partie des bâtiments du dock spécialement désignée à cet effet par le service des douanes.

Sous l'interdiction de se livrer au commerce des marchandises admissibles en entrepôt, la compagnie ne peut produire de déclarations qu'au nom et comme mandataire des entrepositaires. Les pouvoirs spéciaux et réguliers sont déposés entre les mains de la douane.

Les grains et autres produits en *vrac*, qui exigent de fréquentes manipulations, sont placés dans une partie distincte du dock, sans communication avec les autres parties.

Le service des douanes reconnaît immédiatement, à vue du manifeste, le nombre des colis, la nature, l'espèce, la qualité et le poids des marchandises, d'où apurement du manifeste et constatation des infractions.

mation. Le receveur s'assure, avant d'annuler la déclaration primitive, que tous les objets qu'elle mentionne ont été reproduits dans les deux déclarations qu'on lui substitue.

Si la première déclaration a été transcrite au registre, des annotations, tant sur ce registre que sur la déclaration et le permis, indiquent que *telle* partie de marchandises a fait l'objet d'une déclaration de mise en consommation, en date de *tel* jour, et enregistré sous *tel* numéro. On mentionnerait ainsi successivement toutes les déclarations d'importation directe qui pourraient être substituées à la déclaration primitive avant la constitution définitive et régulière de l'entrepôt, de manière que la première déclaration ne serait plus valable que pour la partie de marchandises qui, entrant matériellement en entrepôt, figurerait sur les sommiers et les autres registres de cet établissement.

Dans toute hypothèse, les déclarations de mise en consommation, qu'elles comprennent ou non l'intégralité des marchandises primitivement déclarées pour l'entrepôt, devront être transcrites sur les registres qui leur sont affectés, et donner lieu à la délivrance d'un permis, d'un certificat de visite et d'une liquidation, comme s'il s'agissait d'une marchandise déclarée directement pour la consommation, au moment même de son arrivée de l'étranger. (*Circ. man. du 8 août* 1842.)

Des déclarations partielles de transbordement ou de réexportation peuvent être substituées à des déclarations d'entrée en entrepôt. (*Déc. du 11 décembre* 1849.) *V.* n° 153.

453. — *Visite.* Toute marchandise reçue en entrepôt est préalablement soumise à la visite des agents des douanes appelés à en constater la nature, l'espèce, la qualité, le poids ou la mesure, ainsi que la valeur, lorsqu'elle est nécessaire pour l'application du tarif. Le service peut procéder à des vérifications par épreuves. (*Circ. du 20 mai* 1848, n° 2248.) *V.* Livre I, n° 159.

L'inscription au sommier ou compte-ouvert a lieu d'après le résultat de cette visite, et ce registre mentionne, outre les indications ci-dessus, la provenance et le pavillon importateur, afin que les bases de la perception, en cas de déclaration pour la consommation intérieure ou de liquidation d'office à défaut de réexportation au terme de l'entrepôt, soient établies d'avance.

Toutefois, la valeur reconnue à *l'entrée* ne pouvant servir de base à la perception de l'impôt, on doit constater la valeur *actuelle* de la marchandise au moment où elle est déclarée pour la consommation. (*Circ. du 23 mai* 1826, n° 987.)

Si la visite, lors de la mise en entrepôt, fait découvrir un excédant de poids à la déclaration, et que cet excédant soit de plus du vingtième pour les métaux et du dixième pour les autres marchandises, il est immédiatement soumis, à titre d'amende, au payement du simple droit (1), après quoi l'excédant, ainsi que les quantités déclarées, sont reçus en entrepôt sous les mêmes conditions. (*Loi du 22 août* 1791, *titre* 2, *art.* 18; *Circ. des 15 février* 1822, n° 709; 23 *mai* 1826, n° 987.) N° 137 du tableau des Infr. Trib. de paix.

Lorsque le bâtiment de l'entrepôt n'est pas situé en face et à proximité du point de débarquement, les marchandises sont escortées par un préposé muni du permis revêtu du certificat du vérificateur et qu'il remet au garde-magasin. S'il s'agit d'une partie des marchandises faisant l'objet d'un permis, le vérificateur délivre un bulletin d'escorte énonçant le nombre et les marques des colis, la nature des marchandises

---

(1) Dans ce cas, on n'exige qu'une fois le droit à titre d'amende, le Trésor n'ayant point à percevoir le simple droit sur la marchandise tant qu'elle demeure sous le régime de l'entrepôt. (*Circ. du 23 décembre* 1844, n° 2046, *art.* 137.)

et le numéro du permis qui accompagne le dernier convoi. (*Déc. des 6 décembre* 1833 *et 22 septembre* 1843.)

Les marchandises doivent être entreposées immédiatement après la visite. Si, à raison de négligence des intéressés, elles séjournaient sur les quais, l'administration pourrait exiger à la sortie, comme mesure coërcitive, le payement du droit sur tout déficit concernant les marchandises qui n'auraient pas été entreposées le jour même de la vérification. (*Déc. du 18 novembre* 1842.)

L'entrepôt n'étant constitué que par l'inscription des marchandises sur le sommier, c'est à partir du jour où cette inscription est effectuée que doit courir la durée légale de l'entrepôt. (*Déc. du 21 novembre* 1844.) L'inscription doit être faite dès l'entrée des marchandises dans les magasins. (*Déc. du 25 novembre* 1842.)

Le garde-magasin ou préposé chargé de surveiller le mouvement des marchandises dans les bâtiments de l'entrepôt tient un registre spécial énonçant les entrées et les sorties par numéro de sommier et de permis, ainsi que le classement.

Le sommier d'entrepôt, série M, n° 30, tenu au bureau par ordre de date et de numéro, à vue des permis revêtus des certificats du vérificateur, du préposé d'escorte et du garde-magasin, est applicable à tous les modes : entrepôt des marchandises autres que les grains et farines, pour lesquels il existe une formule particulière, n° 39 *bis*. Seulement les marchandises mises en entrepôt fictif ou spécial sont préalablement transcrites sur un registre n° 37 B, servant à la fois de déclaration en détail et de soumission d'entrepôt. (*Circ. du 29 août* 1845, n° 2081.)

A l'*entrée* comme à la *sortie*, on doit indiquer au *sommier d'entrepôt* le poids *brut* de toutes les marchandises tarifées au poids ; les dixième et onzième colonnes de l'*entrée* sont destinées à indiquer, l'une l'espèce de la tare (réelle ou légale), l'autre le poids *net réel*, lorsque ce poids a été déclaré et constaté. (*Déc. du 2 avril* 1846.)

Il est recommandé aux chefs locaux, notamment aux sous-inspecteurs, de procéder chaque mois à la vérification des feuilles de dépouillement, série E, n° 6, servant d'éléments aux états de situation d'entrepôt n° 5. De leur côté, les contrôleurs établissent, à l'expiration de chaque année et au moyen du relevé des sommiers, le *stock* de chaque espèce de marchandise existant à ladite époque dans l'entrepôt. Ce relevé est comparé aux résultats des feuilles n° 6 et sert à les contrôler. (*Circ. du 13 janvier* 1849, n° 2299.)

454. — *Délai.* La durée de l'entrepôt réel est fixée ainsi qu'il suit :

Trois années pour les marchandises placées dans le bâtiment spécialement affecté à cette destination, c'est-à-dire dans l'entrepôt définitivement constitué selon l'art. 25 de la loi du 8 floréal an XI (*Loi du 17 mai* 1826, *art.* 14);

Une année pour les marchandises placées dans des magasins hors du bâtiment spécialement affecté à l'entrepôt général, c'est-à-dire dans un entrepôt provisoire et de tolérance. V. n°s 447 et 448. (*Loi du 8 floréal an XI, art.* 23 ; *Circ. du 23 mai* 1826, n° 987.)

Les demandes de prolongation de délai doivent être motivées et soumises assez à temps pour obtenir une décision avant l'expiration du terme de l'entrepôt. Ces demandes font l'objet d'un état en double expédition que les chefs locaux adressent au commencement de chaque mois au directeur. Dans tous les cas ordinaires, le directeur statue lui-même en renvoyant une des expéditions de l'état. Si sa réponse ne parvient pas avant l'expiration du délai, la durée de l'entrepôt est provisoirement maintenue. Quand la décision de l'administration est négative, le délai ne cesse que depuis qu'elle est notifiée au soumissionnaire. (*Circ. des 15 décembre* 1818, n° 449, *et 13 janvier* 1849, n° 2299.) (1).

---

(1) Lorsque, par suite de prolongations successives, l'entrepôt remonte à quatre

455. — *Recensement.* Il est procédé chaque année à un recensement général des marchandises qui se trouvent en entrepôt réel, afin de constater que tout ce qui est indiqué par les registres existe, quelles sont les différences, et d'où elles proviennent.

Ce recensement général est indépendant des recensements partiels qui peuvent avoir lieu dans le courant de l'année.

Les écritures inexactes qui auraient donné lieu à des différences entre les registres et la situation effective de l'entrepôt ne peuvent être rectifiées qu'après qu'il en a été référé à l'administration. (*Circ. des 3 vendémiaire an XII et 1ᵉʳ mars 1832, nº 1308.*)

Pour faciliter les recensements, il importe que les marchandises soient classées avec ordre dans les magasins, c'est-à-dire par espèces et par propriétaires, pour chacun desquels il existe un compte-ouvert, et que des étiquettes indiquent le numéro du sommier où elles sont inscrites. (*Circ. du 1ᵉʳ mars 1832, nº 1308.*) L'étiquette n'est qu'un moyen de régularité dans le classement.

456. — *Échantillons.* Les droits d'entrée sont perçus sur les échantillons, *V.* nº 10, prélevés sur les marchandises en entrepôt, et le compte de l'entrepositaire est déchargé d'autant (1).

457. — *Responsabilité. Transfert.* Les entrepositaires restent, en vertu de leurs déclarations, soit obligés de réexporter leurs marchandises ou de payer les droits, soit de répondre des déficits reconnus à l'époque des recensements ou à la sortie d'entrepôt.

Leur responsabilité à cet égard subsiste lors même qu'ils ont cessé de être propriétaires des objets entreposés, tant qu'ils n'ont pas déclaré et justifié la cession ou transfert de leur propriété à un tiers et fait intervenir ce tiers pour s'engager envers la douane (2). (*Circ. des 9 août 1791, 8 septembre 1815, nº 67, et 1ᵉʳ mars 1832, nº 1308.*)

---

ou cinq années, il est essentiel que les chefs s'assurent et certifient, avant toute nouvelle prorogation, que l'état de conservation de la marchandise ne peut mettre en péril l'intégralité des droits qu'elle garantit. (*Déc. du 28 décembre 1850.*)

(1) Cette décharge a lieu au moyen d'annotations qui établissent la réduction du poids de chacun des colis d'où les échantillons ont été extraits, de manière que le poids de ces échantillons ne puisse compter pour déficit. Si c'est au moment de la vérification des marchandises, et avant leur mise en entrepôt, on ne doit pas moins agir comme si la totalité de ce qui passe à la balance entrait réellement en magasin, et le contrôleur aux entrepôts se charge en recette du total de cette pesée, sauf à défalquer ensuite, par des annotations convenables, le montant des échantillons qui deviennent l'objet d'une perception, comme marchandise passant de l'entrepôt à la consommation.

Il serait à désirer que ce fût, pour chaque espèce de denrée, toujours la même quantité que l'on prélevât comme échantillons; cela donnerait une grande facilité pour apprécier comment le poids réuni de tous les échantillons que l'on pèse ensemble doit se répartir sur chacun des colis d'où on les a tirés. (*Circ. du 24 août 1818, nº 422.*)

Il est délivré un permis de prélèvement d'échantillons en entrepôt ou sur les quais, sans donner ouverture au droit de permis (*Déc. du 27 janvier 1858*); le vérificateur qui est sur les lieux constate l'opération, et les droits sont acquittés immédiatement sur le net effectif. (*Déc. des 21 mars 1826 et 2 octobre 1845.*) S'il s'agissait de marchandises extraites d'entrepôt pour le transit, et déjà énoncées dans un acquit-à-caution, le service indiquerait sur cet acquit que telle quantité soumise aux droits, à titre d'échantillons, est à déduire du poids total.

(2) Ce principe a été consacré, en matière d'entrepôt fictif, par plusieurs arrêts de

458. — Si à l'expiration des délais fixés il n'est pas satisfait à l'obligation d'acquitter les droits ou de réexporter les marchandises reçues en entrepôt réel, les droits sont liquidés d'office. *V.* Livre XI, chap. 17, section 1re. (*Loi du 17 mai 1826, art.* 14.)

459. — *Manipulations.* Dans l'intérieur des magasins, tout déballage de marchandises, tout mélange ou simple transvasement, toute division ou réunion de colis sont expressément interdits aux entrepositaires, s'ils n'ont préalablement obtenu, à cet effet, la permission de l'agent supérieur de la douane. (*Circ. du* 1er *mars* 1832, n° 1308.)

Mais on ne saurait permettre de faire subir aux marchandises des triages et des manipulations ayant pour but et pour résultat de produire des atténuations considérables sur le poids constaté par le service à l'entrée. (*Déc. du* 18 *juin* 1845.)

Dans les circonstances où il importe de prendre des précautions particulières pour préserver les marchandises de toute avarie ou pour arrêter les progrès d'un commencement de détérioration, le chef de la localité peut permettre les bénéficiements nécessaires. S'il se produit alors un déficit relativement peu considérable, on l'admet purement et simplement en réduction. (*Circ. du* 1er *mars* 1832, n° 1308, *et Déc. du*

---

la Cour de cassation. *V.* n° 486.

L'acte de transfert, transcrit sur un registre particulier, est signé du cédant et du cessionnaire. (*Circ. du* 23 *août* 1821, n° 672.)

Cet acte est très-important; non seulement il libère le vendeur et engage le nouveau propriétaire, mais il a pour objet: 1° de prévenir toute fraude ou simulation entre négociants après faillite ou avant faillite en temps suspect; 2° de décharger la douane de toute réclamation ultérieure de la part du cédant, et de l'autoriser à livrer les marchandises sur les déclarations des cessionnaires.

Lorsque des marchandises entreposées sont vendues et que l'acquéreur veut les retirer immédiatement de l'entrepôt, la douane, au lieu d'exiger l'accomplissement des formalités prescrites pour le transfert, se borne à mentionner la cession sur le registre des déclarations de sortie d'entrepôt, et à la faire signer à la fois par le cédant et le cessionnaire; elle exige en outre la signature de la caution du premier, si les marchandises ont été entreposées sous le régime des soumissions cautionnées. A cet effet, l'enregistrement de la déclaration est terminé par une formule particulière conçue en ces termes :

« Lesquelles marchandises ont été cédées au déclarant par M..., qui reconnaît la
» validité de la cession; il consent, ainsi que sa caution, M..., à maintenir les
» engagements qu'ils ont souscrits pour ces marchandises jusqu'à ce que les droits
» du Trésor aient été payés ou garantis par le déclarant; à l'effet de quoi ils ont
» signé avec lui la présente déclaration. »

Cette formule doit être modifiée selon qu'il s'agit ou non d'entrepôts réels, et, si le cédant ou sa caution refuse de la signer, le transfert a lieu dans la forme ordinaire. (*Circ. man. du* 7 *mai* 1841.)

On peut se dispenser de faire intervenir la caution du cédant s'il s'agit de marchandises destinées à être expédiées par mutation d'entrepôt et par mer; mais il faut que la soumission de l'acquit-à-caution ait été signée par la caution de l'expéditeur avant tout déplacement des marchandises, c'est-à-dire avant que la douane ait délivré le permis d'extraction d'entrepôt. (*Déc. du* 12 *juillet* 1841.)

A l'égard des marchandises d'entrepôt fictif déclarées immédiatement pour la consommation, il suffit que le cédant atteste et signe la cession sur la déclaration *volante* du cessionnaire, toutes les fois que l'autorisation de disposer des marchandises n'est délivrée à ce dernier qu'après qu'il a payé ou garanti les droits d'entrée entre les mains du receveur. (*Même Déc.*)

18 *juin* 1845.) Ainsi, par exemple, on peut permettre le rebattage des fûts d'huile, c'est-à-dire le grattage des douves et le remplacement des cercles usés par de nouveaux qui maintiennent mieux ces douves. Le déchet qui en résulte est alloué en franchise. (*Déc. du* 26 *septembre* 1846.) V. nº 201.

Le bénéficiement doit toujours être opéré à l'intérieur de l'entrepôt. (*Déc. du* 24 *avril* 1846.)

Cependant, lorsque, à l'arrivée par mer, il est démontré que des marchandises étrangères ont, dans la traversée, éprouvé des avaries, le chef de la localité peut, à défaut d'un emplacement convenable dans l'entrepôt réel, et sur la demande motivée des intéressés, permettre exceptionnellement que ces marchandises soient bénéficiées, sous la surveillance du service, dans un magasin particulier, offrant des sûretés suffisantes, et dont les clefs sont remises aux employés. Aussitôt après les opérations, les marchandises sont placées dans l'entrepôt. (*Déc. du* 28 *novembre* 1843.)

Il en est de même en cas de naufrage ; et, si des tissus exportés de France, mais dont l'origine nationale ne peut être régulièrement établie, doivent être renvoyés en fabrique ou ne peuvent être réparés sous les yeux des employés, le service peut les laisser temporairement à la disposition des intéressés, moyennant le prélèvement d'échantillons, le plombage des pièces et l'engagement cautionné de les réintégrer en entrepôt dans un délai déterminé. (*Déc. du* 23 *janvier* 1843.)

460. — Lorsque les opérations de déballage, transvasement, bénéficiement, etc., sont autorisées, il est délivré un permis spécial ; elles ne doivent avoir lieu qu'en présence des employés délégués pour les constater immédiatement sur un carnet. Le résultat en est ensuite inscrit au compte d'entrepôt.

En cas de transvasement, de division ou de réunion, les colis qu'on veut substituer aux colis primitifs doivent être pesés vides, ainsi que ces derniers, et la différence entre le poids des uns et celui des autres est annotée au registre, pour qu'on puisse se rendre compte de la différence qui en résulte sur le poids brut de la marchandise. (*Circ. du* 1er *mars* 1832. nº 1308.)

461. — L'art. 58 du décret du 20 juillet 1808 porte que la conversion des grosses balles, caisses ou futailles, en sacs et ballots de moindre volume, s'exécutera dans l'entrepôt de Bayonne ; mais, à l'égard de certaines marchandises, et particulièrement des denrées coloniales, la division ne peut avoir lieu qu'en colis de 60 kilogr. au moins. (*Déc. du* 17 *avril* 1833.)

462. — Le commerce peut, en entrepôt, mélanger les alcools étrangers, les couper, les adoucir, les colorer et les placer dans des récipients selon ses convenances, mais à la condition de ne pas appliquer aux récipients des étiquettes ou marques quelconques d'origine française. (*Circ. lith. du* 6 *janvier* 1865.)

Le service peut permettre l'addition d'alcools étrangers aux vins *français* dans le but d'approprier ceux-ci au goût du consommateur et de les mettre en état de supporter le transport par mer. (*Déc. du* 21 *avril* 1854.) Dans ce cas, les vins français ne doivent être introduits dans l'entrepôt qu'au moment même d'effectuer les mélanges, et sous aucun prétexte les vins ainsi mélangés ne sauraient rester en France ; ils doivent être exportés. (*Déc. du* 24 *mai* 1854.)

463. — *Sortie.* Lorsque les entrepositaires veulent obtenir la sortie d'entrepôt de leurs marchandises, soit pour la consommation intérieure, soit pour la réexportation par mer ou en transit, soit pour les faire passer dans un autre entrepôt par simple mutation, ils en font la déclaration au bureau de la douane. Cette déclaration doit reproduire toutes les indications constatées à l'entrée. (*Circ. du* 1er *mars* 1832, nº 1308.)

Le service a le droit de ne pas revenir sur le régime qui a été appliqué à l'entrée. (*Déc. du* 19 *novembre* 1844.) Aussi les employés doivent-ils refuser de recevoir les déclarations dont les énonciations ne sont pas conformes aux déclarations d'entrée et aux résultats de la vérification faite à l'arrivée. (*Déc. du* 19 *juillet* 1832.)

Cependant, pour les marchandises imposées à la valeur, retirées d'entrepôt, le commerce est libre de modifier sa déclaration primitive, sauf à la douane à faire usage, s'il y a lieu, du droit de préemption. (*Déc. du 19 février* 1830.)

Les *déclarations* sont écrites sur des feuilles n° 34, servant en même temps de *permis* et de *certificat de visite,* et qui sont remises gratis aux négociants. (*Circ. du* 29 août 1845, n° 2081.)

Indépendamment des indications constatées à l'entrée, la déclaration mentionne la destination ultérieure des marchandises, et s'il y a lieu, le nom et le pavillon du navire à bord duquel elles doivent être chargées, ainsi que le nom du capitaine. (*Circ. du* 1er *mars* 1832, n° 1308.)

464. — Les marchandises saisies en vertu d'un mandat du juge d'instruction ne doivent être retirées du greffe qu'après l'acquittement des droits, à moins qu'elles ne soient détruites par ordre de la justice. (*Déc. du* 16 *avril* 1845.)

465. — Les marchandises doivent être représentées identiquement les mêmes que celles reconnues à l'entrée, sans addition ni soustraction. (*Circ. des* 21 *janvier* 1819, n° 460, *et* 1er *mars* 1832, n° 1308.)

Pour la visite, *V.* Livre I, n° 156.

Le mode de pesage adopté pour l'entrée, par le commerce, doit, en cas de vérification, être suivi à la sortie. *V.* n° 164.

Sous aucun prétexte on ne saurait tolérer que des colis pesés un à un à l'entrée le soient en fardeaux à la sortie. (*Déc. du* 14 *septembre* 1858.) *V.* n° 518.

Les différences en moins, que les visites faites à la sortie d'entrepôt font découvrir entre le poids actuel et celui qui a été constaté à l'entrée, peuvent donner immédiatement lieu au payement des droits pour les quantités manquantes. En effet, l'entrepôt est aux risques de qui l'obtient. *V.* n° 457. Il n'est accordé que sous l'expresse condition qu'on payera les droits d'entrée sur ce qui est reconnu lors de la mise en magasin, ou que l'on réexportera identiquement et intégralement les mêmes choses. Mais, dans la pratique, l'administration a reconnu qu'elle pourrait devenir trop rigoureuse en beaucoup de circonstances, et elle s'est réservé d'y renoncer toutes les fois que les marchandises ont été *repesées en totalité* à la sortie et qu'il est avéré que les déficits proviennent du déchet naturel que certaines marchandises éprouvent pendant la durée de leur séjour en entrepôt réel. L'examen spécial et l'espèce de jugement d'équité nécessaires en pareil cas sont dévolus à l'administration, qui statue elle-même sur toutes les demandes relatives aux déficits.

Ces demandes sont réunies chaque mois en un tableau que les chefs locaux soumettent au directeur, en double expédition, avec leurs observations. (*Circ. des* 24 août 1818, n° 422, *et* 1er *mars* 1832, n° 1308.)

Toutes les fois que les déficits en entrepôt réel, soit dans le bâtiment général, soit dans des magasins-annexes acceptés à ce titre par le service (*Déc. du* 23 *janvier* 1849), ne dépassent pas les proportions admises d'ordinaire et qu'ils proviennent uniquement de causes naturelles, telles que la dessiccation, le coulage ou la déperdition qu'éprouvent, selon leur nature, la majeure partie des marchandises, les directeurs peuvent autoriser la remise intégrale ou partielle des droits d'entrée, en renvoyant une des expéditions de l'état. En cas de difficulté, quand il s'élève des soupçons d'abus, ou si l'entrepôt n'est pas régulièrement constitué, l'administration est appelée à statuer. (*Circ. du* 13 *janvier* 1849, n° 2299.)

Quand il existe un faible déficit sur des gueuses de fonte repesées en totalité à la sortie et qu'il ne s'élève aucun soupçon d'abus, ce déficit peut provenir du déchet qu'occasionne le frottement en enlevant les parcelles de métal et de terre.

Les droits d'entrée sont dus sur toute quantité de marchandises retirée de l'entrepôt pour la consommation. Mais les faibles excédants reconnus à la sortie ne doivent pas être soumis à ces taxes lorsqu'ils proviennent manifestement de l'humidité des locaux et si la totalité des produits a été livrée à la consommation. (*Déc. du* 22 *janvier* 1863.)

Les marchandises provenant des balayures dans les entrepôts doivent être soumises aux droits d'entrée; mais il est permis de les séparer des corps étrangers. (*Déc. du 20 septembre* 1849.)

Les droits sur les déficits d'entrepôt sont perçus d'après la tarification en vigueur à la date de la dernière déclaration de sortie. (*Déc. du 17 juillet* 1852.)

Le service ne saurait réclamer les droits d'entrée sur un déficit que le règlement du compte d'entrepôt, s'il avait été établi au point de vue du nombre et du poids des colis, lors de la dernière sortie remontant à plus d'un an, aurait fait reconnaître. *V.* nº 40. (*Déc. du 22 août* 1856.)

466. — L'entrepositaire d'une marchandise volée dans l'entrepôt réel, constitué conformément à la loi du 8 floréal an XI, ne peut pas être déclaré responsable du droit d'entrée dont elle était le gage, s'il produit la preuve authentique du vol et établit ainsi que des circonstances indépendantes de sa volonté le mettent dans l'impossibilité de la représenter. (*Arrêts de la C. de cass. des* 24 *nivôse et* 5 *ventôse an XI, et Déc. du* 10 *novembre* 1835.)

En cas de soustraction de marchandises pendant la durée de l'entrepôt, par toute autre cause qu'une force majeure reconnue indépendante de la volonté de l'entrepositaire, on pourrait requérir l'application des pénalités indiquées pour les introductions frauduleuses. On applique, suivant l'espèce de la marchandise et le mode de son importation originaire, les dispositions des nº^{os} 320 ou 405. (*Circ. du* 23 *décembre* 1844, nº 2046, *art.* 138.)

Quand il s'agit de marchandises incendiées dans un magasin séparé, mais sous la clef de la douane, il importe, pour apprécier si la remise du droit doit être accordée, d'exiger la représentation d'un certificat de payement d'indemnité de la part de la compagnie d'assurance. (*Déc. du* 10 *mai* 1841.)

Suivant que la sortie d'entrepôt a lieu pour l'une ou l'autre des destinations ci-dessous, on observe les règles spéciales ci-après.

467. — *Sortie pour la consommation.* — Les marchandises retirées d'entrepôt pour la consommation sont passibles des droits qui se trouvent en vigueur au moment où on les déclare pour la consommation, ou au moment de l'expiration du délai d'entrepôt ou de sa prolongation, sans égard au tarif qui pouvait exister lors de la mise en entrepôt, ni à aucune autre circonstance.

En effet, les marchandises n'étant placées à l'entrepôt, soit réel, soit fictif, que sous la réserve du droit de les renvoyer à l'étranger, elles sont toujours considérées comme étant hors de France.

Il ne s'établit entre elles et le tarif d'entrée de rapport qu'au moment où on les déclare pour la consommation; et dès lors le déclarant ne peut pas plus invoquer en sa faveur le tarif qui existait lors de la mise en entrepôt, si depuis il a été augmenté, que l'administration ne pourrait refuser d'appliquer un tarif réduit, sous prétexte qu'il en existait un plus fort à l'époque de l'arrivée des marchandises. (*A. de C. du* 3 *oct.* 1810; *Déc. min. du* 21 *mai* 1825, *et Circ. du* 19 *juill.* 1825, nº 929.)

Les déclarations de *sortie* pour les marchandises mises en consommation sont transcrites sur un registre nº 35 *ter.* On ne doit point confondre dans un même registre les opérations relatives à plusieurs entrepôts d'une nature différente; on aura soin d'ouvrir un de ces registres, nº 35 *ter*, pour les opérations d'entrepôt réel, un autre pour celles d'entrepôt fictif, etc. (*Circ. du* 29 *août* 1845, nº 2081.)

En ce qui concerne les marchandises extraites d'entrepôt pour la consommation, on se dispense en général de la visite, à moins que l'entrepositaire ne demande un nouveau pesage afin de faire constater le déchet que les marchandises peuvent avoir éprouvé pendant leur séjour en entrepôt, car alors la pesée doit être effectuée (*Circ. des* 24 *août* 1818, nº 422, *et* 1er *mars* 1832, nº 1308); mais cette pesée peut, sous les conditions et réserves déterminées par la Circ. nº 2248 (*V.* nº 201), être faite par épreuves. (*Déc. du* 28 *septembre* 1855.)

L'exemption de visite ainsi autorisée par les Circ. nᵒˢ 422 et 1308, en cas de mise en consommation, n'est applicable qu'autant qu'une même partie de marchandises est retirée en totalité de l'entrepôt. S'il est opéré plusieurs extractions, il faut procéder à la vérification par la pesée, qui, sous les conditions et réserves déterminées par la Circ. nᵒ 2248 (*V.* nᵒ 159), peut être faite par épreuves. (*Déc. du 28 septembre* 1855.)

Alors même qu'il n'est pas effectué de vérification au moyen de la pesée, le service doit, à vue du permis, s'assurer, dans le magasin, de l'identité des marchandises et prendre des mesures propres à prévenir toute confusion à la sortie. (*Déc. des 5 novembre 1844 et 28 septembre* 1855.)

La contre-visite est indispensable pour les marchandises imposées *ad valorem*, le droit devant porter sur la valeur *actuelle* de la marchandise en France. (*Circ. des* 23 *mai* 1826, nᵒ 987, *et* 8 *février* 1831, nᵒ 1246.)

468. — Les droits doivent être payés ou garantis avant de permettre l'enlèvement de la marchandise. Cette disposition s'applique, malgré les soumissions dont elles sont l'objet, aux marchandises d'entrepôt fictif; autrement la douane serait exposée à perdre son recours contre la caution, pour qui le permis d'*enlèvement* délivré par le receveur doit être la preuve que le principal obligé a satisfait aux obligations de l'entrepôt. (*Déc. du 30 juillet* 1834.)

Dès que les marchandises déclarées pour la consommation ont été vérifiées, et que les droits d'entrée ont été acquittés ou garantis, on doit les retirer de l'entrepôt réel. (*Déc. du 6 juillet* 1855.)

Toutefois, aucune boisson ne peut être retirée d'entrepôt pour la consommation intérieure sans que le propriétaire représente les expéditions de la régie des contributions indirectes. (*Circ. du 30 janvier* 1815.) *V.* Livre XI, ch. 26.

469. — Les futailles ayant servi à transporter des genièvres de Hollande ou des vins d'Espagne dans les entrepôts de France peuvent être réexportées vides en exemption de tous droits de sortie et sans qu'il soit exigé un acquit-à-caution. (*Déc. min. du* 13 *juillet* 1833; *Circ. du* 23 *août suivant,* nᵒ 1394.) *V.* nᵒˢ 558 et 559.

470. — Le service peut, à la réexportation, procéder à des vérifications par épreuves. (*Circ. du* 20 *mai* 1848, nᵒ 2248.) *V.* Livre I, nᵒ 159.

Un préposé, désigné par le brigadier de service à l'entrepôt réel, escorte les marchandises jusqu'au point où est le navire, et en certifie sur le permis qu'il remet au préposé d'embarquement.

Les marchandises extraites d'entrepôt fictif pour la réexportation, le transit ou la mutation d'entrepôt par mer, doivent être présentées à la douane afin d'y être vérifiées. (*Déc. du* 22 *janvier* 1835.)

La réexportation par mer des marchandises est assurée de la manière suivante :

Les propriétaires ou consignataires se soumettent, par leur déclaration de sortie d'entrepôt, à rapporter, sur le permis qui leur est délivré, le certificat des préposés des douanes qui ont été présents à l'embarquement des marchandises, et de ceux qui ont constaté le départ pour l'étranger (1), le tout sous peine d'être contraints au payement de la valeur de ces marchandises (2) et de l'amende encourue pour leur introduction frauduleuse.

---

(1) Il importe que les certificats de l'espèce, qui ont l'effet d'un acte de décharge, ne soient délivrés qu'avec une entière certitude de l'embarquement et du départ des marchandises.

(2) Cette valeur doit être celle de la marchandise en France, c'est-à-dire le prix qu'en aurait retiré, sur le marché intérieur, le négociant qui serait parvenu à l'introduire en fraude. (*Circ. du* 8 *février* 1831, nᵒ 1246.)

L'exécution de ces soumissions est garantie par un cautionnement, si les propriétaires ou consignataires n'ont pas leur domicile dans le port d'expédition ou ne sont pas reconnus solvables. (*Lois des 21 avril* 1818, *art.* 61, *et 9 février* 1832, *art.* 21.) (1). Pour la réexportation par terre, *V.* Livre V, Transit.

Le permis de réexportation par mer est apposé sur une formule de déclaration susceptible d'être successivement revêtue de certificats de visite, de liquidation, d'escorte, d'embarquement, de reconnaissance à bord et de mise en mer. (*Circ. du* 13 *janvier* 1849, n° 2299.)

Pour la réexportation par navires étrangers, avec escale en France, *V.* n°ˢ 598, § 3, et 643 (note 18).

L'embarquement des marchandises déclarées en réexportation ou en mutation d'entrepôt ne peut être commencé qu'après que tous les objets compris en un permis d'embarquement ont été réunis sur le quai et comptés par les préposés des douanes chargés de constater la mise à bord. (*Loi du 27 juillet* 1822, *art.* 13.)

Dans le cas de non-rapport du permis régularisé d'embarquement des marchandises réexportées par mer des entrepôts réels ou fictifs, si la fraude est découverte lors de l'embarquement des marchandises ou pendant que le navire est encore dans le port, il y a lieu, d'après l'art. 61 de la loi du 21 avril 1818, *V.* n° 470, de réclamer, outre la valeur des marchandises, une amende de 100 ou de 500 fr., selon qu'il s'agit d'objets tarifés ou prohibés à l'entrée. (*Art.* 13, *titre* 2, *et art.* 1ᵉʳ, *titre* 5, *de la loi du* 22 *août* 1791.) (N° 142 du tableau des Infr.; Contrainte.)

Mais quand le port est situé en rivière, si la soustraction d'un objet prohibé ou imposé à l'entrée à 20 fr. ou plus par 100 kilogr., était reconnue hors de l'enceinte du port, on devrait, aux termes de l'art. 34 de la loi du 21 avril 1818, appliquer l'art. 41 de la loi du 28 avril 1816, c'est-à-dire une amende de 500 fr., si la valeur de l'objet de contrebande n'excède pas cette somme, et, dans le cas contraire, une amende égale à la valeur de l'objet. (*Circ. du* 23 *décembre* 1844, n° 2046, *art.* 136 *et* 142.)

L'amende ne serait que de 100 fr., comme dans le cas prévu par le pénultième paragraphe, si la marchandise était imposée à moins de 20 fr. par quintal. (*Déc. du* 22 *avril* 1837.)

Quand la découverte d'une fraude à l'extraction de l'entrepôt réel a mis, par son propre fait, un négociant dans l'impossibilité de rapporter, revêtu du certificat exigé, le permis de réexportation qui lui a été délivré, ce négociant devient passible de l'application de l'art. 61 de la loi du 21 avril 1818. (*A. de C. du 14 avril* 1841; *Circ.* n° 1863.)

Il n'est pas nécessaire de rédiger un procès-verbal pour constater un déficit sur des marchandises chargées en réexportation d'entrepôt; il suffit de décerner contrainte contre le soumissionnaire à qui a été délivré le permis de réexportation. (*Déc. du* 1ᵉʳ *oct.* 1841; *Doc. lith.*, n° 1031.)

---

(1) L'art. 61 de la loi du 21 avril 1818 s'applique aux marchandises qui sortent de l'entrepôt de Dunkerque pour être réexportées par Ghivelde, soit sur des bateaux dits *bélandres,* dont on plombe les écoutilles, soit sur des voitures plombées par capacité, lorsque le commerce ne réclame pas le plombage par colis; ces marchandises sont escortées jusqu'à la frontière par deux préposés. (*Loi du 2 juillet* 1836, *art.* 9, *et Circ. du* 16 *septembre* 1856, *n°* 408.)

En cas de non-rapport du permis régularisé, on exige le payement de la valeur des marchandises, *V.* n° 470, avec amende de 500 fr. si la marchandise est prohibée, *V.* n° 400, ou de 200 fr. si la marchandise est tarifée, *V.* n° 406. (N° 150 *du tableau des Infr.; Contrainte.*)

Les sommes reçues en cas de non-rapport des permis de réexportation appartiennent au Trésor : 1° jusqu'à concurrence des droits d'entrée, lorsque les marchandises sont admissibles à la consommation ; 2° jusqu'à concurrence du chiffre représentant la simple valeur des marchandises, quand celles-ci sont prohibées. (*Circ. lith. du 7 septembre 1848, et Déc. du 16 juillet 1850.*) *V.* n° 536.

Lorsque, d'après les règlements, il est délivré un acquit-à-caution pour la réexportation par terre de marchandises tarifées, le non-rapport, en temps utile, du certificat de décharge donne lieu au payement d'une somme égale à la valeur des marchandises, avec amende de 200 fr. *V.* n° 406. (*Loi du 4 germinal an II, titre 3, art. 4.*) N° 48 du tableau des Infr. ; Contrainte.

Les permis délivrés dans les ports de Bayonne, Bordeaux, Nantes et Abbeville suivent les marchandises sur le cours des rivières affluentes à la mer, jusqu'au point que l'administration des douanes désigne, suivant les localités, pour en faire constater le départ (1). (*Lois des 21 avril 1818, art. 62; 9 février 1832, art. 21, et 9 juin 1845, art. 10.*)

Dans ces ports, la déclaration est produite en double expédition, dont l'une, qui est timbrée et reçoit le permis, accompagne la marchandise jusqu'à réexportation définitive ; l'autre reste au bureau comme élément pour établir les écritures nécessaires. (*Circ. du 13 janvier 1849, n° 2299.*)

Les marchandises chargées en réexportation, devant être représentées au service au moment de la mise en mer, ne peuvent recevoir une main-d'œuvre à bord des navires avant la constatation du départ pour l'étranger. (*Déc. du 23 août 1842.*)

On ne peut empêcher la consommation en mer de marchandises extraites d'entrepôt à titre de réexportation (*Déc. du 24 juin 1842*); mais, dans le cas où des transbordements s'effectueraient en rade, il importe de prendre des dispositions pour empêcher toute introduction frauduleuse. (*Déc. du 27 août 1844.*)

Pour les expéditions avec escale dans un port de France, *V.* Livre VIII, n° 598.

Tonnage de rigueur. Peuvent être réexportées d'entrepôt par des navires de quarante tonneaux ou plus, s'il s'agit de bâtiments à voiles, ou de vingt-quatre tonneaux ou plus, si les navires sont à vapeur: 1° les marchandises prohibées à l'entrée ; 2° les marchandises dont la prohibition a été levée par la loi du 2 juillet 1836, ou qui cesseraient d'être prohibées à l'avenir; 3° les marchandises désignées par l'art. 22 de la loi du 28 avril 1816 : 4° les marchandises dont le droit d'entrée excède 10 p. 0/0 de la valeur. (*Loi du 5 juillet 1836, art. 7, et Déc. min. du 4 août 1841 qui réduit de 2/5es en faveur des bateaux à vapeur le tonnage de rigueur ; Circ. du 16, n° 1866.*)

Pour les autres marchandises, il n'existe pas de restriction de l'espèce.

Mais, dans la *Méditerranée*, les marchandises dénommées en l'art. 22 de la loi du 28 avril 1816, et celles dont le droit d'entrée excède 10 p. 0/0 de la valeur, peuvent être réexportées par des navires de trente tonneaux, à voiles, ou de dix-huit tonneaux, à vapeur, et même, quand il s'agit de la destination des côtes d'Espagne, dans la Méditerranée, sur des navires de vingt tonneaux, à voiles, ou de douze, à vapeur;

Et, à *Marseille*, la réexportation des marchandises prohibées à l'entrée est permise

_____

(1) A raison de la situation résultant des travaux d'endiguement exécutés dans la basse Seine, et les navires partis de Rouen prenant immédiatement la mer dans une même marée, sans stationner pour attendre le flot, ce port est exceptionnellement considéré comme étant situé sur le bord de la mer. Tant que cet état de choses ne se sera pas modifié, le service constatera à Rouen la sortie définitive des marchandises directement expédiées à l'étranger sous réserve de drawback, et des marchandises étrangères en réexportation. (*Déc. min. du 24 juillet 1858, transmise le 30.*)

sur des bâtiments de trente tonneaux, à voiles, ou de dix-huit, à vapeur, à destination des côtes d'Italie et d'Espagne.

À *Bayonne*, on peut réexporter par bâtiments de trente tonneaux, à voiles, ou de dix-huit, à vapeur, les marchandises désignées en l'art. 7 de la loi du 5 juillet 1836; par bâtiments de vingt tonneaux, à voiles, ou de douze, à vapeur, soit les mêmes marchandises, lorsqu'il ne se trouve pas dans le port de navires de trente ou de dix-huit tonneaux pour la destination déclarée, soit les marchandises dénommées en l'art. 22 de la loi du 28 avril 1816 ou dont le droit d'entrée excède 10 p. 0/0 de la valeur, expédiées pour les ports d'Espagne en deçà du cap Finistère.

À *Nantes*, le directeur est autorisé à permettre, quand il le juge convenable, l'emploi de navires espagnols de trente tonneaux, à voiles, et de dix-huit, à vapeur, pour les marchandises énoncées en l'art. 7 de la loi du 5 juillet 1836, réexportées à destination de Bilbao (Espagne). (*Circ. des* 14 *avril* 1838, n° 1679, *et* 16 *août* 1841, n° 1866.)

À *Saint-Malo*, le directeur peut également permettre que les réexportations s'effectuent par des navires de vingt-six tonneaux, à voiles. (*Déc. du* 6 *novembre* 1841.)

Les marchandises expédiées en réexportation d'entrepôt ne sont pas assujetties au plombage. (*Circ. des* 11 *août* 1817, n° 310, *et* 23 *février* 1863, n° 886.)

471. — *Houille.* Les bâtiments à vapeur de la marine française militaire ou marchande qui naviguent en mer ou sur les affluents jusqu'au dernier bureau des douanes, que leur navigation soit internationale ou réservée, peuvent se servir de houilles (1) étrangères prises dans les entrepôts (2), en franchise des droits. (*Lois des* 2 *juillet* 1836, art. 23, *et* 16 *mai* 1863, art. 20; *Circ.* n° 901.)

Cette disposition s'applique également aux houilles employées par les bateaux à vapeur exclusivement affectés au remorquage des navires à voiles, ainsi qu'à celles qui sont embarquées à bord des bâtiments à voiles pour faire fonctionner des appareils servant à la distillation de l'eau de mer (3). (*Circ. man. du* 4 *avril* 1843.) (4).

472. — *Mutation d'entrepôt.* Pendant la durée du délai d'entrepôt, les marchandises peuvent être expédiées par mer, d'un entrepôt sur l'autre, par navires français

---

(1) Ou de briquettes de houille. (*Déc. du* 27 *mars* 1857.)

(2) Ou directement à bord d'autres navires par voie de transbordement. (*Déc. du* 11 *mars* 1845.)

(3) Les houilles employées à d'autres usages, par exemple pour des appareils de curage et de creusement, sont soumises aux conditions générales du tarif. (*Déc. du* 3 *décembre* 1857.)

(4) La sortie d'entrepôt et le départ du combustible sont constatés, conformément à l'article 61 de la loi du 21 avril 1818, comme s'il s'agissait d'une réexportation. Si le navire se rend dans un autre port de France, la portion de houille qu'il n'a pas consommée dans la traversée est traitée dans ce port comme si elle arrivait directement de l'étranger. Ainsi elle doit être entreposée, ou, si la localité ne possède pas d'entrepôt, déposée en douane, ou soumise aux droits du tarif. Toutefois ces restants de provision peuvent rester à bord si le bâtiment doit bientôt reprendre la mer. À l'égard des navires qui naviguent dans la partie des rivières affluentes à la mer qui reste soumise à l'action des douanes, le fait même de l'embarquement des houilles suffit pour justifier l'extraction légale de l'entrepôt et la libération de l'entrepositaire; mais le navire qui remonte vers l'intérieur en amont du dernier bureau de douanes situé sur ces rivières ne peut disposer du combustible qui lui reste à bord qu'après en avoir payé les droits d'entrée fixés par le tarif. (*Circ. du* 24 *juillet* 1836, n° 1555.)

Dans tous les cas, même pour les houilles prises dans les ports de rivière, le certificat d'embarquement suffit pour motiver la décharge des déclarants. (*Circ. man. du* 5 *juin* 1857.)

de tout tonnage, et sous la garantie de l'acquit-à-caution et du plombage prescrit pour le cabotage. (*Circ. du 21 octobre 1818.*)

Les navires espagnols sont assimilés aux navires nationaux pour ce genre de transport, comme pour le cabotage simple. (*Circ. du 10 janvier 1827, n° 1028.*)

Les marchandises de l'espèce de celles qui, sous le régime du cabotage, sont soumises au plombage, le sont aussi par mer à mutation d'entrepôt par mer. *V.* n° 605. Le plombage est gratuit. *V.* n° 31. (*Décret du 21 mars 1852, art. 1er.*)

Les marchandises sortant d'un entrepôt par mutation ayant été visitées, et les déficits constatés soumis aux droits ou affranchis de ces droits, les comptes d'entrepôt sont entièrement apurés, et l'acquit-à-caution ne rappelle plus que le poids effectif des marchandises dirigées sur le nouvel entrepôt. (*Circ. du 21 janvier 1819, n° 460.*)

Le service du port de départ peut procéder à des vérifications par épreuves. (*Circ. des 6 mai 1841, n° 1849, et 20 mai 1848, n° 2248.*) *V.* Livre 1er, n° 159.

Dans le cas de non-rapport de ces acquits-à-caution en temps utile et avec décharge valable, les soumissionnaires sont contraints à payer, pour les marchandises tarifées, le double droit d'entrée et 100 fr. d'amende. (*Loi du 17 mai 1826, art. 21.*) N° 141 du tableau des Infr. Contrainte. Pour les marchandises prohibées, *V.* n° 473.

Les marchandises admissibles au transit peuvent être expédiées d'un entrepôt sur l'autre par la voie de terre, sous les conditions et garanties du transit, en franchise de tous droits. (*Loi du 9 février 1832, art. 25.*)

Est ainsi permis, en réalité, le transit par terre, de mer à mer. (*Circ. des 2 novembre 1836, n° 1576, et 26 juin 1860, n° 651.*)

Les marchandises de transit doivent être conduites directement, *par l'intérieur,* au bureau désigné pour la sortie. L'emprunt de la mer doit leur être interdit d'une manière absolue. Si, nonobstant cette défense, des marchandises de transit étaient présentées dans un port de débarquement, accompagnées d'une expédition de cabotage et avec le plomb particulier au service de transit, la douane les retiendrait jusqu'à ce qu'on lui présentât l'acquit-à-caution de transit, dont on doit, en pareil cas, supposer l'existence; elle procéderait ensuite à la vérification, et après avoir régularisé cet acquit-à-caution suivant qu'il y aurait lieu, elle en délivrerait un nouveau, comme si la marchandise arrivait directement de l'étranger. (*Déc. des 19 mars 1834 et 3 septembre 1841.*)

Les mutations d'entrepôt ne donnent lieu à aucune prolongation du délai d'entrepôt. (*Loi du 27 février 1832, art. 3.*)

Cette disposition s'applique aux entrepôts de toute nature. (*Circ. du 19 août 1839, n° 1763.*)

Quand l'entrepôt d'une marchandise est près d'expirer et que ce qui reste du délai ne suffit plus pour effectuer une mutation d'entrepôt, elle ne doit être permise qu'après que l'entrepositaire a obtenu un sursis ou une prolongation. (*Déc. du 27 juin 1828.*)

L'acquit-à-caution doit rappeler la date de l'enregistrement de la marchandise au sommier du premier entrepôt (1). (*Circ. du 20 vendémiaire an XI.*)

---

(1) L'acquit-à-caution doit indiquer de plus le mode d'importation, le pavillon du navire qui a importé les marchandises dans le premier port d'entrepôt et le pays d'où ce navire venait en droiture.

Ces indications sont indispensables pour servir de base à la perception des droits d'entrée, qui pourra se faire au second port d'entrepôt, et pour que les états de commerce puissent rappeler exactement la provenance des marchandises et les mouvements de la navigation.

S'il s'agit de marchandises provenant d'États avec lesquels la France a passé des traités particuliers, il faut encore que l'acquit-à-caution fasse connaître si elles ont

Les marchandises sortant d'un entrepôt par mutation ayant été visitées, et les déficits constatés soumis aux droits ou affranchis de ces droits, *V.* n° 465, les comptes d'entrepôt sont entièrement apurés, et l'acquit-à-caution ne rappelle plus que le poids effectif des marchandises dirigées sur le nouvel entrepôt. (*Circ. du 21 janvier* 1819, n° 460.)

Les marchandises doivent être réunies sur le quai. *V.* n° 470.

Au port de destination, la simple remise de l'acquit-à-caution , visé pour valoir *permis de débarquer*, dispense le consignataire de formuler une déclaration de détail ; mais, lorsqu'un acquit-à-caution comprend des marchandises adressées à plusieurs consignataires et que chacun d'eux déclare, fait débarquer et présente à la visite la partie des marchandises qui lui est consignée, la douane délivre autant de permis de débarquer qu'il y a de déclarations séparées, et procède comme si la formule de l'acquit-à-caution destinée à tenir lieu de ce permis n'existait pas. (*Circ. du 6 mai* 1841, n° 1849.)

Avant de réintégrer les marchandises en entrepôt, on procède à la vérification ; elle peut être faite par épreuves. (*Circ. des 6 mai* 1841, n° 1849, *et 20 mai* 1848, n° 2248.) *V.* Livre Ier.

L'acquit-à-caution est déchargé pour la quantité reconnue, laquelle est prise en charge sur les registres de cet entrepôt, sauf à la douane du port d'expédition à poursuivre, s'il y a lieu, l'application des peines édictées à l'égard des manquants (1). (*Circ. du 21 janvier* 1819, n° 460.)

été ou non reconnues admissibles aux bénéfices qui résultent de ces traités.

Enfin l'acquit-à-caution pour mutation d'entrepôt doit transmettre tous les renseignements nécessaires pour que les conditions qui se rapportent à chaque espèce de marchandises s'accomplissent dans le second port comme elles se seraient accomplies dans le premier.

(1) Les excédants constatés à l'arrivée sur les marchandises expédiées par mutation d'entrepôt par mer sont passibles du double droit d'entrée, conformément à l'art. 9 du titre 3 de la loi du 22 août 1791, concernant les acquits-à-caution en général, *V.* n° 608, et qui n'a pas cessé d'être appliqué dans tous les cas de l'espèce non spécialement prévus par les lois postérieures. Seulement, d'après l'art. 18 du titre 2 de la même loi, *V.* n° 173, il y a lieu d'affranchir du double droit les excédants au-dessous du 20e ou du 10e, selon qu'il s'agit de métaux ou d'autres marchandises. Telle est la règle ; mais, l'expérience ayant prouvé que ces sortes d'excédants proviennent ordinairement d'erreurs, on peut se borner à faire déposer les marchandises trouvées en plus dans l'entrepôt, et à faire souscrire au destinataire une soumission de s'en rapporter à la décision de l'administration. (*Déc. du 10 janvier* 1843.)

Toutes les fois que, dans les expéditions de mutation d'entrepôt par mer, le service reconnaît sur des colis des excédants de poids, et sur d'autres des déficits dont la proportion dépasse ceux qui peuvent avoir été causés par la dessiccation naturelle en cours de transport et qui proviennent de soustraction, on doit libeller les certificats de visite de manière à mettre ces déficits en dehors des actes de décharge et sous des réserves telles que l'administration puisse, si elle le juge à propos, faire diriger utilement les poursuites contre le soumissionnaire. (*Déc. du 2 juillet* 1845.)

En cas d'excédant dans le nombre des colis, et si les colis trouvés en plus ne sont pas plombés, ou que les cordes et plombs ne soient pas intacts, il y a lieu de les traiter comme formant l'objet d'une tentative d'importation frauduleuse. Si, au contraire, il y a plombage régulier, on se borne à faire remettre provisoirement à l'en-

Quand des marchandises expédiées sous acquit-à-caution, par mutations d'entrepôt, ne sont pas reconnues, au bureau de destination ou de passage, être *identiquement* de l'espèce, de la qualité ou de la provenance de celles énoncées dans ledit acquit, il y a lieu de prononcer contre le déclarant la confiscation et l'amende, conformément aux art. 21, titre 2, et 9, titre 3, de la loi du 22 août 1791. *V.* n°s 175 et 608. (*A. de C. du 10 mai 1841 ; Circ.* n° 1863.) *V.* n° 527.

Lorsque, par suite d'événements de navigation dont il est justifié, à l'arrivée, par un rapport de mer du capitaine de navire, les marchandises en mutation d'entrepôt ont été perdues ou jetées à la mer, l'administration ne se refuse pas à faire annuler purement et simplement, sans exiger aucun droit, les engagements des soumissionnaires. (*Déc. du 25 juin 1846.*)

Quel que soit l'entrepôt dont les marchandises ont été tirées à Marseille, elles doivent être, au port de destination, rétablies dans l'entrepôt qui leur est propre, d'après la règle générale. (*Circ. du 23 septembre 1817, n° 327.*)

Si, au lieu d'être réintégrées en entrepôt, les marchandises sont déclarées pour la consommation immédiate, la vérification, ainsi que la liquidation et la perception des droits, se font comme s'il s'agissait d'une importation directe, et l'acte de décharge de l'acquit-à-caution mentionne, au lieu de la réintégration en entrepôt, l'acquittement des droits et le numéro de recette. (*Circ. du 5 octobre 1832, n° 1348.*)

On peut, dans ce cas, au bureau de départ, à l'égard des déficits constatés à l'arrivée, accorder proportionnellement le bénéfice de la tare légale, pourvu que la totalité de la partie de marchandises soit livrée immédiatement à la consommation sous le régime de la même tare. Cette dernière indication doit être insérée dans les certificats de décharge des acquits-à-caution. (*Déc. du 10 novembre 1849.*)

Quand des marchandises, arrivant par mutation d'entrepôt par mer, sont déclarées pour la réexportation immédiate, on applique les dispositions de la Circ. n° 1846, relative aux transbordements. (*V.* n° 328.) La déclaration est alors transcrite directement sur le registre série M, n° 10 *bis,* et le volant, détaché de ce registre, sert à la fois de permis de transbordement et de réexportation ; le service procède à la reconnaissance à bord même du navire réexportateur et peut se borner à des épreuves. (*V.* n° 159.) Si ce navire est celui qui vient d'apporter les marchandises, elles sont désarrimées en tout ou en partie, selon que les employés le jugent nécessaire, et la visite s'accomplit sur le pont du bâtiment ; dans le cas contraire, c'est au moment du transbordement que la visite a lieu.

Lorsque les marchandises doivent être immédiatement dirigées sur un autre entrepôt, et la déclaration étant produite, le service opère la vérification selon le cas et d'après le mode indiqué au paragraphe précédent. Au moyen d'une nouvelle soumission, dûment cautionnée, l'acquit-à-caution primitif est échangé contre une expédition de même nature, en rapport avec la destination ultérieure (entrepôt maritime, entrepôt intérieur, ou entrepôt colonial.) Le plombage, lorsqu'il est prescrit, n'est renouvelé que sur les colis ouverts pour la visite et sur ceux où il a subi quelque altération. Le nouvel acquit-à-caution mentionne que les plombs du premier bureau d'expédition ont été conservés sur tel nombre de colis. (*Circ. du 22 décembre 1848.* n° 2291.)

Les dispositions de la Circ. n° 2291 sont applicables en ce qui concerne la formalité du plombage, alors même que les marchandises arrivent d'une douane coloniale. (*Déc. du 29 avril 1851.*)

A l'égard des marchandises qui, expédiées primitivement en mutation d'entrepôt,

---

trepôt tout ce qui est excédant, et à faire souscrire au consignataire une soumission de s'en rapporter à la décision de l'administration. (*Déc. du 3 octobre 1826.*)

doivent, après débarquement, suivre immédiatement leur destination sous les conditions du transit, la douane effectue la visite par épreuves dans la limite autorisée (V. n° 159), et applique les dispositions qui viennent d'être rappelées. Un acquit-à-caution de transit est alors régulièrement substitué à l'acquit-à-caution de mutation d'entrepôt. (Circ. du 20 octobre 1849, n° 2353.)

SECTION II

Entrepôt des marchandises prohibées.

473. — L'entrepôt des marchandises prohibées, de toute espèce, est autorisé dans les ports de Marseille, Cette, Bayonne, Bordeaux, Nantes, Saint-Servan, Saint-Malo, Caen, Rouen, le Havre, Dieppe, Saint-Valery-sur-Somme, Boulogne, Calais, Dunkerque, Honfleur. Nice, Saint-Nazaire et Granville, le commerce ayant fait disposer, à la satisfaction du Gouvernement, dans le bâtiment de l'entrepôt réel placé sous la garde permanente des préposés, et non ailleurs, des magasins spéciaux, absolument isolés de ceux où se trouvent les marchandises passibles de droits, et qui sont, comme l'entrée principale de l'entrepôt, fermés à deux clefs, dont l'une reste entre les mains du délégué du commerce et l'autre entre les mains du receveur des douanes.

Le Gouvernement peut exiger successivement, dans le port où l'entrepôt des objets prohibés acquerrait assez d'importance pour rendre nécessaire un service spécial, que ledit entrepôt soit établi dans un local séparé, n'ayant d'ouverture que sur les quais, et offrant toutes les dispositions de sûreté que les ordonnances détermineront. (Lois des 9 février 1832, art. 17. et 26 juin 1835, art. 2.)

Le manifeste et la déclaration en détail des marchandises prohibées destinées pour l'entrepôt sont faits comme il est déterminé par l'art. 4 de la loi du 9 février 1832, aux mêmes conditions et sous les mêmes peines. (Loi du 9 février 1832, art. 19.) V. n° 534. Fausse déclaration; n° 127 du tableau des Infr. Déficit de colis; n° 128 du même tableau. Excédant de colis; n° 129. Déficit n'excédant pas le vingtième sur les marchandises; n° 130. Déficit au-dessus du vingtième sur les marchandises; n° 131. Excédant du vingtième et au-dessous sur les marchandises; n° 132. Excédant au-dessus du vingtième sur les marchandises; n° 133. Trib. de paix.

Les colis qui renferment des marchandises prohibées reçues en entrepôt ne peuvent être divisés. (Loi du 9 février 1832, art. 20.)

Cependant, quand toutes les marchandises contenues dans un colis n'ont pas la même destination, on peut, mais dans ce cas seulement, en permettre la division. Le chef de la visite l'autorise toutes les fois que le consignataire en justifie la nécessité. (Circ. du 28 septembre 1839, n° 1776.)

D'ailleurs, l'administration ne se refuse pas à déroger à cette règle lorsqu'il n'y a pas à craindre d'abus et que des circonstances particulières justifient l'exception. (Déc. du 4 novembre 1843.)

Lorsqu'un colis renferme à la fois des marchandises prohibées et des marchandises tarifées, déclarées les unes et les autres sous leur véritable dénomination, la douane peut en permettre la séparation et les faire entreposer sous le régime applicable à chacune d'elles. (Déc. du 4 septembre 1829.)

Les chefs de la visite peuvent permettre exceptionnellement la division des colis de tabac, en entrepôt, pour l'approvisionnement des navires, sous les conditions suivantes : le minimum de l'approvisionnement d'un même bâtiment est fixé à 10 kilogrammes pour les tabacs en feuilles et à 5 kilogrammes pour les tabacs fabriqués; ils doivent, pour chaque espèce (en feuilles ou fabriqués), être pris dans un même colis; ils doivent être placés en évidence, dans la chambre du capitaine, de manière à en rendre la reconnaissance sûre et facile au moment du départ. (*Déc. des 31 mai 1854 et 7 août 1856.*)

Pour les échantillons, *V.* nⁿˢ 10 et 456.

Pendant la durée légale de l'entrepôt (trois ans), les marchandises prohibées qu'on y a reçues peuvent être réexportées par mer ou dirigées par la même voie sur un autre entrepôt spécial maritime. (*Lois des 17 mai 1826, art. 21, et 9 février 1832, art. 21.*)

Elles peuvent aussi, lorsqu'elles sont admissibles au transit, être dirigées par terre sur d'autres entrepôts du prohibé, tant de l'intérieur que des ports de mer. Ces expéditions ont lieu sous les conditions et garanties du transit, mais en franchise de tous droits. (*Lois des 9 février 1832, art. 25, et 26 juin 1835, art. 3; Circ. n° 1490.*)

Elles peuvent enfin, sous les conditions et les formalités générales du transit, être réexportées par les bureaux de terre ouverts à ces sortes d'opérations. (*Loi du 26 juin 1835, art. 3; Circ. du 30 du même mois, n° 1490.*) *V.* Livre V.

A leur sortie d'entrepôt, les marchandises prohibées sont assujetties à une nouvelle visite, et, à cet égard, on se conforme en ce qu'elles ont d'applicable aux dispositions rappelées pour l'entrepôt des marchandises tarifées.

D'après les principes généraux qui régissent les entrepôts, les marchandises prohibées doivent, à leur sortie d'entrepôt, être en même quantité que celle qu'on a reconnue à l'entrée.

Si donc des déficits étaient constatés, la douane serait fondée, en cas d'abus, à réclamer le payement de la valeur de la marchandise soustraite, et, d'après les dispositions de la circulaire du 8 février 1831, n° 1246, cette valeur serait celle de l'objet en France.

Toute soustraction de marchandises pendant la durée de l'entrepôt pour toute autre cause que force majeure, reconnue indépendante de la volonté de l'entrepositaire, donnerait lieu à l'application du n° 601. (*Circ. du 23 décembre 1844, n° 2046, art. 134.*)

La réexportation des marchandises prohibées admises en entrepôt est assujettie aux formalités prescrites par les art. 61 et 62 de la loi du 21 avril 1818. *V.* n° 470. (*Loi du 9 février 1832, art. 21.*)

Pour les pénalités en cas de non-rapport du permis régularisé d'embarquement, *V.* n° 470. (N° 136 du tableau des Infr. Contrainte.)

Le tonnage de rigueur est indiqué au n° 470. Quel que soit le tonnage du navire qui réexporte des marchandises prohibées, il devient l'objet d'une surveillance particulière, et il est signalé aux préposés du port et de la côte, qui en suivent les mouvements et empêchent qu'il ne s'approche de la rive. (*Circ. du 22 prairial an VII.*)

Dans le cas de non-rapport en temps utile et avec décharge valable des acquits-à-caution délivrés pour assurer le transport par mer d'un entrepôt à un autre de marchandises prohibées, les soumissionnaires sont contraints à payer la valeur desdites marchandises, avec amende de 500 fr. (*Loi du 17 mai 1826, art. 21.*) N° 135 du tableau des Infr. Contrainte.

Lorsque, d'après les règlements, il est délivré un acquit-à-caution pour la réexportation de marchandises prohibées, le non-rapport, en temps utile, du certificat de décharge, donne lieu au payement des sommes énoncées au n° 731. (*Même Loi, art. 20*). N° 15 du tableau des Infr. Contrainte.

La durée et l'apurement définitif de l'entrepôt du prohibé se règlent d'après l'art. 14 de la loi du 17 mai 1826. *V.* n° 458. (*Loi du 9 février 1832, art. 20.*)

Nota. Les règles générales rapportées à la section précédente sont applicables aux marchandises prohibées en tout ce qui n'est pas contraire aux dispositions qui les concernent spécialement.

CHAPITRE II

ENTREPÔT FICTIF MARITIME.

474. — Les productions coloniales françaises importées régulièrement par navires français, et pour lesquelles le tarif d'entrée accorde une modération de droits en raison de cette origine et de ce mode de transport (1), *V.* Livre XI, chap. 7, peuvent être mises en entrepôt fictif dans les ports ouverts au commerce des colonies françaises, c'est-à-dire dans tous les ports d'entrepôt réel, sauf celui de Saint-Martin (île de Ré). *V.* n° 441. (*Loi du 7 décembre 1815, art. 2.*) *V.* n°ˢ 476 et 477.

La faculté d'entrepôt fictif est aussi accordée à Vannes, Brest, Fécamp. (*Tarif, tableau* n° 15.)

475. — L'entrepôt fictif ne peut légalement exister que dans les ports où l'entrepôt réel, autorisé par la loi, a été régulièrement constitué (*Déc. du 31 décembre 1858*); il doit être restreint au périmètre de l'octroi du port. (*Déc. du 3 septembre 1857.*)

L'entrepôt fictif ne peut être accordé dans les villes d'entrepôt situées à l'intérieur ou sur les frontières de terre. (*Déc. du 24 février 1854.*)

476. — Peuvent également être placées en entrepôt fictif, dans les ports d'entrepôt réel, à charge de les désigner par espèce, état et qualité, comme elles le sont au tarif d'entrée, les marchandises d'encombrement ci-après, assujetties en principe à l'entrepôt réel :

Marchandises importées par navires français ou étrangers.

Bois *commun pour la construction.* Indiquer la nature des bois, s'ils sont bruts, équarris ou sciés, la mesure de ceux qui payent les droits par stère, et les trois dimensions des planches ou madriers ayant l'épaisseur de 8 centimètres et au-dessous.

Mâts, mâtereaux, espars et manches de gaffes, à distinguer d'après les dimensions que le tarif a fixées pour chaque espèce.

Bois *en perches, en échalas ou en éclisses.* Indiquer la nature des bois, le nombre et les différentes longueurs des pièces.

Bois *feuillards et* bois *merrains.* Indiquer la nature des bois et le nombre des pièces pour chaque dimension distinguée au tarif.

Osier *en bottes.* Distinguer s'il est brut, pelé ou fendu, propre aux ouvrages de vannerie ou à la tonnellerie. Indiquer le nombre de bottes et le poids.

Futailles *vides.* Distinguer si elles sont neuves ou vieilles, cerclées en fer ou en bois; à quel usage étaient celles qui ont déjà servi; si ce sont des *pipes, boucauts, barriques, tierçons, quarts ou barils.* Indiquer leur nombre et leur contenance totale pour chaque espèce.

Balais *communs.* Indiquer le nombre et l'espèce.

---

(1) Les cafés importés du Sénégal et des autres établissements français de la côte occidentale d'Afrique, quoique jouissant d'une modération de droits, ne sont point admissibles en entrepôt fictif, attendu qu'ils ne proviennent point d'une colonie française, et qu'ils ne sont point récoltés sur des terres appartenant à la France. (*Déc. du 30 décembre 1841.*)

AVIRONS *et rames de bateaux.* Indiquer la nature du bois et le nombre des pièces pour chaque espèce.

ARDOISES *pour toitures.* Indiquer le nombre et les dimensions différentes.

BRIQUES, *tuiles et carreaux de terre.* Indiquer l'espèce et le nombre.

MEULES *à moudre et à aiguiser.* Indiquer le nombre pour chaque dimension désignée au tarif.

MARBRES *bruts* (1). Indiquer l'espèce, la qualité et le nombre des blocs; y faire apposer de marques qui distingueront les blocs importés par des navires français ou étrangers, et qui présenteront l'indication du poids. On fera en outre placer séparément ceux qui seront sujets à la surtaxe, et l'on ne permettra d'en enlever aucun avant qu'ils aient été reconnus.

MARBRES *ouvrés non dénommés au tarif.* Mêmes précautions que pour les marbres bruts, en ajoutant l'indication de l'espèce des ouvrages.

GUANO de toute provenance. (*Déc. min. du 25 août* 1856; *Circ. du* 30, n° 405.)

ECORCES *de tilleul.* Indiquer le poids.

Marchandises importées par navires français (2).

CHANVRE *tillé ou peigné, et étoupes de chanvre.* Indiquer l'espèce, le nombre de balles ou paquets, et le poids.

SPARTE *brut et autres joncs communs.* Indiquer l'espèce et le poids.

CORDAGES *de tilleuls, sparte, joncs et herbes.* Indiquer l'espèce, la grosseur moyenne et le poids.

GRAINES *de prairie.* Indiquer l'espèce, le nombre de sacs et le poids.

PEAUX *fraîches, grandes et petites, et* PEAUX *sèches petites.* Distinguer l'espèce par le nom de l'animal. Indiquer le nombre et le poids.

POTASSE *importée des pays hors d'Europe seulement.* Constater l'espèce, le nombre de barriques et le poids.

SOUDE. Indiquer le poids.

NATRONS. Indiquer le poids.

---

(1) Les marbres autres que blancs statuaires, en blocs simplement équarris ou en tranches de 16 centimètres ou plus, peuvent être travaillés en entrepôt fictif, sous les conditions suivantes : les comptes d'entrepôt sont régularisés dans le délai d'un an; les entrepositaires sont tenus de représenter les marbres à toute réquisition du service, avec interdiction de les changer de magasin sans une autorisation spéciale; il n'est accordé aucune allocation pour les déchets de main-d'œuvre, lesquels sont soumis, comme les produits fabriqués déclarés pour la consommation, au payement du droit de la matière brute.

Sous aucun prétexte le bénéfice de cette facilité ne peut s'étendre aux marbres qui, par leur nature, pourraient être confondus avec des marbres français et prêter à des substitutions frauduleuses. (*Déc. min. du* 1ᵉʳ *avril* 1854, *transmise le* 8.)

NOTA. Au cas présent, le régime de l'entrepôt fictif a été préféré à celui des admissions temporaires, parce que, tout en offrant plus de garanties au service, libre d'effectuer des recensements, ce mode se concilie mieux avec les exigences de certaines natures de main-d'œuvre, qui demandent un temps assez long, et avec les incertitudes de la vente.

(2) Les produits désignés comme devant arriver sous pavillon français ne sont pas admissibles en entrepôt fictif lorsqu'ils sont importés d'Angleterre par navires anglais. (*Déc. du* 10 *mai* 1859.)

Soufre *brut ou épuré*. Indiquer l'espèce, le nombre de tonneaux ou caisses, et le poids.

Poix, *galipot, goudron, brai sec*. Indiquer l'espèce, le nombre de barils ou autres colis, et le poids. (*Ord. du 9 janvier 1818, art. 3 et 4.*)

Peaux *brutes, grandes, sèches*. (*Déc. du 27 mars 1860.*)

477. — Les houilles peuvent aussi être entreposées fictivement dans les ports d'entrepôt réel ou fictif. (*Circ. du 24 juillet 1836, n° 1555.*)

Il n'y a aucun intérêt à exiger que des houilles déjà soumises à l'impôt, afin de satisfaire aux besoins du commerce de détail, soient retirées d'un entrepôt fictif où il en existe encore à assujettir aux droits. L'essentiel, c'est que le gage du Trésor soit assuré, et que, dans ses recensements, le service puisse constater la présence d'une quantité de marchandises au moins égale à celle énoncée dans la soumission. (*Déc. du 15 janvier 1849.*)

Lorsque les besoins de l'industrie ou de la navigation à vapeur exigent que, sur un point où, un bureau de douane étant déjà constitué de manière à exercer une surveillance propre à prévenir les abus, il n'existe pas d'entrepôt légal, il soit établi un dépôt de houille étrangère, sous les conditions et garanties de l'entrepôt fictif, cette facilité peut être exceptionnellement accordée; mais c'est au Ministre des finances qu'il appartient de statuer à ce sujet, sur les conclusions de l'administration. Les directeurs doivent donc la mettre en mesure de provoquer la décision nécessaire. (*Déc. des 12 mai 1845 et 31 décembre 1858.*)

478. — On ne peut accorder l'autorisation générale de mettre en entrepôt fictif des filaments ou autres marchandises encombrantes. Si cette facilité était concédée à titre temporaire et exceptionnel, ce ne serait que dans le seul cas où, les bâtiments de l'entrepôt réel étant devenus insuffisants, des dispositions auraient été prises immédiatement pour assurer l'agrandissement de cet établissement; et alors les conditions suivantes seraient exigées : 1° les intéressés renonceraient à la faculté de réexportation; 2° l'admission en entrepôt fictif ne serait permise qu'autant qu'il y aurait manque absolu de place dans l'entrepôt réel; 3° les chargements ne seraient pas, autant que possible, scindés, c'est-à-dire que la totalité de chacun d'eux serait mise dans un même local; 4° pour les mises en consommation, et à l'égard de filaments de même qualité et de même origine, les redevables devraient faire porter d'abord leurs déclarations sur ceux placés en entrepôt fictif, de manière que l'entrepôt réel ne fût jamais dégarni avant les magasins particuliers. (*Déc. du 28 janvier 1857.*)

479. — Les grains et farines venant de l'étranger peuvent être reçus en entrepôt fictif (*Loi du 15 juin 1861, art. 3*), dans tout port de France, pourvu qu'il y existe un bureau de douane.

Il s'agit ici des céréales proprement dites, c'est-à-dire du froment, de l'épeautre, du méteil, du seigle, du maïs, de l'orge, du sarrasin et de l'avoine. Les autres denrées restent assujetties au régime d'entrepôt qui leur est propre.

Toutes les fois, d'ailleurs, que le régime à l'entrée est la franchise des droits, les produits ne peuvent être constitués en entrepôt. (*Circ. du 19 juin 1861, n° 768.*)

480. — L'entrepôt fictif n'a lieu que sous la soumission cautionnée de réexporter les marchandises ou de payer le droit de consommation avant ou à l'expiration du délai d'entrepôt. *V.* n° 482. (*Loi du 8 floréal an XI, art. 14.*) *V.* n° 483 pour les liquides et les marchandises sujettes à coulage.

La douane n'est pas autorisée à rechercher la qualité, la solvabilité de l'entrepositaire, ni à exiger qu'il soit pourvu d'une patente. Il lui suffit que l'on souscrive les obligations prescrites par la loi, et qu'une caution reconnue solvable par le receveur en garantisse l'exécution. (*Déc. du 23 octobre 1839.*) Mais un étranger qui n'a pas de domicile en France ne peut être admis au bénéfice de l'entrepôt fictif. (*Déc. du 20 septembre 1862.*)

La durée de l'entrepôt fictif ne peut excéder le terme d'une année. (*Loi du 8 floréal an XI, art.* 14.)

Lorsque, pour cause légitime, une prolongation de délai a été accordée par l'administration, il n'est pas nécessaire de faire renouveler les engagements du soumissionnaire et de sa caution, attendu qu'aux termes de la soumission ils se sont engagés l'un et l'autre pour la durée *effective* de l'entrepôt. (*Déc. du 8 octobre* 1842.)

Toutefois, lorsque les prolongations de délai sont accordées d'*office* par la douane, c'est-à-dire sans que la demande en ait été faite par les intéressés, il convient d'en informer les *cautions,* afin de les prémunir contre toute surprise et de les mettre à même de prendre telle mesure qu'elles jugeront convenables. (*Déc. du 18 octobre* 1847.)

Dans tous les cas, si le receveur des douanes juge que la caution ne présente plus la même solvabilité qu'au moment où elle a été reçue pour la première fois, il doit exiger un autre répondant à sa satisfaction, et, en cas de refus, réclamer sur-le-champ le payement des droits. (*Circ. du 14 mars* 1821, n° 644.)

481. — Quand il a été admis dans l'entrepôt réel des marchandises d'entrepôt fictif, si l'entrepositaire demande l'autorisation de les retirer de l'entrepôt réel pour les placer dans ses magasins, sous le régime de l'entrepôt fictif, le délai d'un an, accordé pour cet entrepôt, ne court que du jour de la déclaration de changement de régime, sauf à réduire ce délai si la marchandise a séjourné plus de deux ans dans l'entrepôt réel, et de manière à ce que l'ensemble des deux délais n'excède jamais le maximum de trois années, fixé par la loi du 17 mai 1826. (*Déc. du 5 avril* 1841.)

Les marchandises étrangères déjà placées en entrepôt fictif peuvent être, au gré du commerce, soit déposées dans les magasins généraux (*V.* n° 444), soit transférées dans les entrepôts réels, là où les locaux de ces derniers établissements sont assez spacieux. (*Circ. du 31 mars* 1859, n° 581.)

482. — Les marchandises venant directement de l'étranger à destination de l'entrepôt fictif ne peuvent y être admises que sur une déclaration de détail, remise dans la même forme et sous les mêmes conditions que s'il s'agissait de marchandises déclarées pour la consommation immédiate.

Pour les marchandises qui arrivent par mutation d'entrepôt ou en transit, l'acquit-à-caution est remis à titre de déclaration. (*Circ. du 11 mars* 1836, n° 1534.)

Ceux qui veulent placer des marchandises en entrepôt fictif sont tenus de l'énoncer par la déclaration en détail qui est faite avant le débarquement, et de désigner les magasins où ils renfermeront lesdites marchandises ; ils souscrivent en même temps la soumission, *V.* n° 480, de représenter les marchandises mises en entrepôt fictif en mêmes qualité et quantité toutes les fois qu'ils en seront requis, avec défense à eux de les changer de magasin sans déclaration préalable et permis spécial de la douane, à peine de payer immédiatement les droits en cas de mutation non autorisée, ou le double droit, avec une amende qui peut s'élever au double de la valeur des marchandises, en cas de soustraction absolue, *V.* n° 486. (*Loi du 8 floréal an XI, art.* 15.) Mutation, etc. ; n° 139 du tableau des Infr. Contrainte. Soustraction absolue, etc. ; n° 140 du même tableau. Trib. de paix.

Toute marchandise reçue en entrepôt fictif est préalablement soumise à la visite pour constater la nature, l'espèce, la qualité (1), le poids ou la mesure, ainsi que la valeur, lorsqu'elle sert de base à la perception de l'impôt. *V.* n°ˢ 158 et 159.

(1) Si la douane le juge nécessaire à cause des distinctions de qualité, elle peut, lors de l'entrée en entrepôt fictif, prélever des échantillons qui sont conservés sous son cachet et celui de l'entrepositaire, afin de rendre plus certaine la reconnaissance d'identité qui devra avoir lieu à la sortie d'entrepôt. (*Circ. du 23 vendémiaire an XI.*)

À la sortie d'entrepôt, la contre-visite n'est de rigueur que lorsqu'il y a mutation ou réexportation, soit par mer, soit en transit, ou qu'il s'agit de marchandises imposées à la valeur. (*Circ. du 21 janvier* 1819, n° 460.)

483. — Les marchandises sujettes à coulage, peuvent, même en entrepôt fictif et indépendamment de la soumission, être conservées dans un magasin fermé à deux clefs, dont une reste à la douane. (*Loi du 7 décembre* 1815, *art.* 2.)

Cette disposition ne concerne, dans l'état actuel de la législation, que les rhums et tafias, les sirops, mélasses et miels des colonies françaises, et les liqueurs de la Martinique.

À raison des modifications apportées depuis 1815 dans le régime applicable à ces produits, on peut affranchir le commerce de l'obligation de la fermeture par les soins du service, sauf à revenir à la règle en cas d'abus. (*Déc. du 19 mars* 1840.)

484. — Les marchandises entreposées fictivement dans les magasins particuliers doivent y être arrangées de manière qu'on puisse toujours compter et reconnaître les colis. Si cette disposition n'était pas suivie, le service procéderait contre l'entrepositaire comme pour un déplacement non autorisé, et déclarerait la déchéance du bénéfice de l'entrepôt. (*Déc. du 19 novembre* 1821.)

Les recensements doivent être renouvelés au moins tous les trimestres. (*Circ. du 24 thermidor an X.*) On procède chaque mois, dans une mesure convenable, au recensement d'un certain nombre d'entrepôts fictifs. Plusieurs recensements doivent être faits simultanément. (*Déc. du 29 janvier* 1845.)

On fait aider les contrôleurs aux entrepôts par les vérificateurs, s'ils ont besoin d'être secondés pendant la durée des recensements. (*Circ. du 13 mars* 1792.)

Un employé de bureau doit présider à ces opérations. (*Déc. du 27 janvier* 1841.)

Le contrôleur, ou le vérificateur qui le supplée pour les recensements, peut être accompagné d'un emballeur, ou, à défaut, d'un sous-brigadier ou d'un préposé; mais alors le concours de ces derniers ne donne aucun droit aux officiers dans la répartition du produit des contraventions constatées.

Afin de faciliter les recensements, il importe d'ailleurs d'indiquer successivement avec soin, au répertoire du sommier, les parties de marchandises reconnues à telle époque. (*Déc. du 11 août* 1858.)

Les éléments et les résultats des recensements sont mentionnés sur les feuilles série M, n° 39, tenues par le contrôleur aux entrepôts, et signées par lui et par les employés qui l'ont accompagné. Ces feuilles doivent être classées et conservées avec soin; elles doivent être fréquemment examinées et visées par le sous-inspecteur et par l'inspecteur. (*Circ. des 29 février* 1820, n° 551, *et 13 janvier* 1849, n° 2299.)

485. — Les manipulations en entrepôt fictif sont permises toutes les fois que la conservation des marchandises les rend nécessaires; mais elles doivent toujours être précédées de la déclaration de l'entrepositaire et de l'autorisation de la douane. (*Déc. du 26 mai* 1841.)

486. — Les mutations de magasin, si les marchandises restent la propriété du soumissionnaire, ont leur effet sous la garantie du cautionnement déjà fourni, et, dans ce cas, l'on se borne à recevoir, sur un registre *ad hoc*, la déclaration de changement de magasin. Le soumissionnaire et sa caution doivent signer une reconnaissance portant qu'ils ont demandé et obtenu le permis de mutation. (*Circ. du 8 septembre* 1815, n° 67.)

Les marchandises placées en entrepôt fictif doivent être représentées par les soins du commerce dans les colis et avec les marques mêmes désignées dans la soumission. (*A. de C. du 29 janvier* 1834; *Circ.* n° 1431.) Il en est de même de toute marchandise admise dans un entrepôt non constitué régulièrement.

Si la marchandise, transportée, sans autorisation, d'un magasin, désigné dans la soumission, dans un autre appartenant au même négociant, y est représentée intégralement, il n'y a que simple déplacement, et, par conséquent, déchéance du bénéfice de l'entrepôt; mais, si la marchandise est disséminée et transportée dans plusieurs magasins, le caractère constitutif de l'identité manque, et il y a soustraction absolue dans le sens de la loi. Si la marchandise a été vendue, le service n'a point à aller reconnaître les marchandises dans les magasins du cessionnaire, et il constate la soustraction absolue. (*Déc. du 14 avril* 1837.)

Pour faire apprécier l'affaire, il faut indiquer à l'administration l'intervalle qui s'est écoulé entre la soustraction et la constatation. (*Circ. man. du 14 mai* 1841.)

La loi impose au soumissionnaire l'obligation personnelle de représenter les marchandises à toutes réquisitions, en même qualité et quantité, à peine du double droit, et d'une amende en cas de soustraction. (*A. de C. du 2 mai* 1809.)

S'il y a soustraction, il faut poursuivre simultanément le soumissionnaire et sa caution. (*Circ. du 4 janvier* 1835, n° 1474.)

Le soumissionnaire n'est libéré de son engagement que lorsqu'il s'est fait substituer un autre obligé dont la douane a agréé la soumission, bien que d'ailleurs elle ait eu connaissance de la cession, et qu'elle ait assisté au transport des marchandises dans les magasins du cessionnaire. (*A. de C. du 9 mars* 1835; *Circ.* n° 1485.) (1).

Les soustractions sont passibles de l'application de l'art. 15 de la loi du 8 floréal an XI, bien que les marchandises de la nature de celles dont il s'agit n'aient été que postérieurement admissibles en entrepôt fictif. (*Jug. du tr. civil de Nantes du 20 décembre* 1852; *Doc. lith.*, n° 194.)

Le principe qui rend le soumissionnaire responsable de la totalité des droits, d'après l'espèce, la qualité et le poids reconnus à l'entrée en entrepôt, V. n° 482, est absolu en matière d'*entrepôt fictif.* et n'admet, dans aucune circonstance et pour quelque cause que ce soit, aucune sorte de modification. Ainsi le droit est toujours exigé sur l'intégralité des déficits reconnus. Mais, quand ils portent sur des sucres des colonies françaises entreposés d'après la *tare légale,* on défalque de ces déficits la portion de la tare qui leur est applicable, à moins que ces sucres n'aient été expédiés pour la réexportation, soit directement par mer, soit par la voie du transit, cas auquel le droit doit porter sur l'intégralité du déficit. (*Déc. des 1er février et 17 septembre* 1838.)

487. — Si les marchandises reçues en entrepôt fictif ne sont pas réexportées avant l'expiration du délai, ou si l'entrepositaire n'acquitte pas les droits, il est décerné contrainte en vertu de la soumission cautionnée. (*Circ. des 14 mars* 1821, n° 644, et 13 *janvier* 1824, n° 847.)

Ces règles ne concernent nullement l'entrepôt réel proprement dit, c'est-à-dire celui qui a lieu sans soumission dans les ports où les magasins sont placés sous la

---

(1) La soustraction de marchandises opérée par le négociant entrepositaire ne constitue pas un vol proprement dit, mais une simple contravention donnant lieu, de la part de la douane, à une action civile en payement des droits, doubles droits et amendes. Par suite, un pareil fait n'a pu donner lieu à l'application des dispositions de la loi qui, en cas de vol, libèrent entièrement *la caution* du négociant entrepositaire. Il suffit que ce ne soit pas par le fait de l'administration que la soustraction frauduleuse des marchandises d'un entrepôt ait eu lieu, et spécialement que la violation de l'entrepôt ait été opérée à l'aide d'une fausse clef introduite, par les entrepositaires, dans le cadenas *placé par la douane* à la porte des magasins de l'entrepôt, et dont lesdits entrepositaires avaient la clef, pour que la caution des entrepositaires ne puisse être libérée de tout engagement, en vertu soit de l'art. 1382 du Code civil, soit de l'art. 2037 du même Code, qui exige, pour la libération de la caution, que ce soit par le fait du créancier que la subrogation soit empêchée. (*A. de C. du 9 mars* 1835; *Circ.* n° 1484.)

main de la douane; mais elles sont applicables à l'*entrepôt réel sous soumission* dans les ports où les magasins ne sont pas réunis. (*Circ. du 23 janvier 1824, n° 847.*)

L'entrepôt ne cesse qu'au moyen de l'accomplissement des formalités prescrites par les règlements pour le faire cesser. (*A. de C. du 3 octobre 1810.*)

En cas de décès d'un soumissionnaire d'entrepôt, l'action de la douane s'exerce envers le copropriétaire, s'il en existe, ou les héritiers, et envers la caution. (*A. de C. du 23 ventôse an XIII.*)

488. — Les marchandises qui ont été mises en entrepôt fictif peuvent en être retirées, comme de l'entrepôt réel, pour la consommation, la réexportation par mer ou en transit, ou par simple mutation.

En cas d'excédant reconnu au bureau de sortie ou de destination, si la cause n'en est pas suffisamment établie, on n'en tient aucun compte pour la régularisation de la soumission soit de l'acquit-à-caution, soit de l'entrepôt primitif. (*Déc. du 22 décembre 1842.*)

Les déficits constatés sur les marchandises en entrepôt fictif sont, dans tous les cas, soumis aux droits. (*Loi du 8 floréal an XI, art. 15.*)

Il en est ainsi même quand les marchandises ont été détruites par un incendie. (*Déc. du 6 janvier 1844.*)

Nota. Les règles générales du chapitre Ier sont applicables à l'entrepôt fictif en tout ce qui n'est pas contraire aux dispositions qui le concernent spécialement.

CHAPITRE III

ENTREPOT RÉEL A L'INTÉRIEUR ET AUX FRONTIÈRES DE TERRE

489. — Il peut être établi, par ordonnance du Chef de l'Etat, des entrepôts réels de douane dans toutes les villes qui le demandent et qui remplissent les conditions déterminées par la loi du 27 février 1832. (*Loi du 27 février 1832, art. 1er.*)

Pour obtenir l'établissement de l'entrepôt, les villes auxquelles la faculté en a été accordée doivent préalablement y avoir affecté un bâtiment spécial, isolé et distribué intérieurement de manière à ce qu'on puisse classer séparément, selon qu'il peut être prescrit par les ordonnances du Chef de l'Etat, les marchandises d'origines diverses.

Le même bâtiment doit offrir la distribution convenable pour l'établissement des corps-de-garde des préposés des douanes, ainsi que les logements et bureaux réservés à l'agent du commerce et à celui des douanes, dépositaires chacun d'une clef de l'entrepôt, le premier pour la conservation et la garde de la marchandise, le second pour la garantie des droits du Trésor.

Ces édifices doivent avoir été agréés par le Gouvernement. (*Loi du 27 fév. 1832, art. 9.*)

Les villes qui demandent l'établissement d'un entrepôt, V. n° 445, doivent pourvoir à la dépense spéciale nécessitée par la création et le service desdits entrepôts, tant pour les bâtiments que pour les salaires des employés chargés des écritures, de la garde, de la surveillance et de la perception (1) et généralement à tous les frais occasionnés par ces entrepôts (2).

---

(1) La dépense relative au service de perception et de surveillance des entrepôts de douanes créés en vertu de la loi du 27 février 1832 est mise à la charge de l'Etat à partir du 1er janvier 1840. (*Loi du 10 août 1839, art. 11.*)

Cette loi de 1839 n'a statué qu'en ce qui concerne les entrepôts alors régulièrement constitués; elle ne saurait être appliquée aux entrepôts créés depuis cette époque. (*Déc. du 28 février 1851.*)

(2) Une délibération du conseil municipal doit préalablement pourvoir aux moyens

Les villes jouiront des droits de magasinage dans l'entrepôt, conformément aux tarifs qui seront concertés avec les chambres de commerce et approuvés par le Gouvernement.

Elles peuvent faire concession temporaire de ces droits, avec concurrence et publicité, à des adjudicataires qui se chargeraient de la dépense du local, de la construction et de l'entretien des bâtiments, ainsi que de toutes les autres charges de l'entrepôt.

Le commerce, représenté par la chambre de commerce du lieu, peut, sur le refus du conseil municipal, se charger de remplir les mêmes obligations au moyen d'une association d'actionnaires qui serait constituée en société anonyme. (*Loi du 27 février 1832, art. 10.*)

490. — Il existe des entrepôts, savoir :

Pour les marchandises tarifées et pour les marchandises prohibées, à Paris, Lyon, Metz, Strasbourg, Mulhouse, Sainte-Marie (Basses-Pyrénées) ;

Pour les marchandises tarifées, à Orléans, à Toulouse, à Chambéry, à Douai.

491. — Des entrepôts établis à l'intérieur peuvent recevoir toutes les marchandises, prohibées ou non, admissibles au transit, *V.* n° 500, qui y sont expédiées sous les conditions de ce régime, soit des villes d'entrepôt réel où elles ont été débarquées, soit des bureaux frontières ouverts au transit. (*Lois des 27 février 1832, art. 2, et 26 juin 1835, art. 1er.*) (1).

Toute expédition ne peut s'effectuer qu'après déclaration en détail et vérification. (*Déc. du 26 janvier 1836.*)

Afin de savoir si les marchandises doivent être dirigées sur la *douane* de Paris ou sur l'*entrepôt, V.* Livre VII, n° 592.

492. — Tout transport à destination d'un entrepôt ou d'une douane de l'intérieur avec emprunt de la mer est formellement interdit.

Ainsi, par exemple, des marchandises ne peuvent pas être expédiées de Nantes pour Paris par la voie de mer. Une semblable expédition constitue deux opérations distinctes régies par des lois différentes : l'une, celle de Nantes au Havre, est une mutation d'entrepôt qui s'effectue sous les garanties de l'art. 21 de la loi du 17 mai 1826, et dont le plombage est gratuit ; l'autre, du Hâvre à Paris, est une opération de transit qui a lieu sous les formalités et conditions déterminées par les règlements sur cette matière, et particulièrement par les lois des 17 décembre 1814 et 9 février 1832 ; le plombage est alors passible de taxe. Les pénalités applicables aux transports par mer sont moins fortes que celles relatives aux transports par terre. Enfin, tandis que les déficits ou avaries provenant d'événements de mer peuvent, au port de débarquement, donner lieu à des allocations en franchise ou à des réfactions de droits, les manquants sur les produits expédiés sur l'entrepôt ou sur la douane de Paris sont, au moins, assujettis au payement des droits d'entrée ou de la valeur, et toute avarie entraîne la suppression de la faculté de transit. Ces deux opérations ne doivent donc pas être confondues : la première se termine au Havre ; c'est là que l'expédition est régularisée et que, de fait comme de droit, le soumissionnaire de l'acquit-à-caution levé au départ se trouve définitivement libéré ;

---

d'assurer le payement des frais.

Le montant des frais de régie annuels est versé par douzième, un mois d'avance, à la caisse du receveur des douanes, qui délivre une quittance série M, n° 44 *bis*.

(1) Peuvent être expédiées en vrac, en transit, sur l'entrepôt de Paris, les cornes brutes (*Déc. du 7 mai 1834*); les dents d'éléphant, mais, pour celles-ci, sous obligation de renoncer à la faculté de la réexportation. (*Déc. du 13 août 1835.*)

Pour les fontes et les fers en barres, *V.* Livre V, n° 538.

la seconde opération commence au Havre ; de nouveaux engagements y sont exigés en vertu d'autres lois, et assurent l'arrivée de la marchandise à l'entrepôt de Paris. (*Déc. du 19 mars 1834.*) *V.* n° 493.

493. — Les marchandises qu'on dirige sur les entrepôts créés en vertu de la loi du 27 février 1832, sont expédiées de la même manière, sous les mêmes conditions et sous les mêmes peines, en cas d'infraction, que celles qui sont déterminées par les lois relatives aux entrepôts réels et par celle du 17 décembre 1814 et autres relatives au transit et aux mutations d'entrepôt.

Toutes les lois relatives aux entrepôts maritimes, à l'entrée des marchandises entreposées, à leur sortie, à la police intérieure des magasins, sont applicables aux entrepôts créés en vertu de la loi du 27 février 1832. (*Loi du 27 février 1832, art. 4.*)

La décharge des acquits-à-caution s'opère immédiatement par l'entrée en entrepôt des marchandises qui en sont l'objet et qui sont reprises au compte de l'entrepôt, après que l'identité en quantités, poids, mesures, espèces et qualités, a été reconnue. (*Loi du 27 février 1832, art. 5.*)

La plupart des marchandises dirigées sur les entrepôts de l'intérieur étant transportées par eau, il a paru juste d'affranchir du payement des droits les *excédants* qui proviennent de l'humidité. A cet effet, les droits d'entrée, si la marchandise est déclarée pour la consommation immédiate, ou les comptes d'entrepôt, si elle doit être entreposée, sont établis d'après le poids mentionné dans les acquits-à-caution. Dans ce cas, le sous-inspecteur sédentaire n'accorde l'immunité qu'après s'être assuré personnellement de l'état des marchandises. Le vérificateur en tient note sur son portatif, afin de justifier le défaut de concordance qui existe entre le poids résultant de son opération et celui qui est porté sur les registres de la douane. Les négociants ont toujours la faculté de renoncer au bénéfice de cette concession, qu'on n'applique pas toutes les fois qu'ils préfèrent s'en rapporter au poids *actuel*, et font leur déclaration en conséquence. (*Circ. man. du 3 mai 1839.*)

En cas d'excédant reconnu provenir d'une erreur au bureau de départ, le compte d'entrepôt tenu dans ce bureau est déchargé d'autant, à moins que ce compte ne soit déjà réglé, aucune modification ne pouvant alors être faite. Dans les mêmes circonstances, le montant d'un déficit serait repris au compte d'entrepôt réel ou fictif du bureau de départ.

494. — Le séjour des marchandises en entrepôt ne peut excéder les trois années fixées par l'art. 14 de la loi du 17 mai 1826, lesquelles sont comptées du jour de l'importation des marchandises par terre ou par mer. Les mutations qui peuvent être faites d'un entrepôt sur un autre ne donnent lieu à aucune prolongation de délai. (*Loi du 27 février 1832, art. 3.*)

Lorsque les marchandises reçoivent immédiatement à l'arrivée en France la destination d'un entrepôt intérieur, le jour d'où part le délai est celui de la délivrance de l'acquit-à-caution levé pour les y conduire, et dans le cas contraire, celui de leur entrée dans l'entrepôt du port ou de la frontière. (*Circ. du 1er mars 1832, n° 1308.*)

495. — Les marchandises reçues dans lesdits entrepôts peuvent en être retirées : 1° pour la consommation, après avoir acquitté les droits en vigueur; 2° pour être réexportées en transit, soit par mer, soit par les frontières de terre, ou réexpédiées sur les autres entrepôts réels ou spéciaux, désignés par les règlements. (*Lois des 27 février 1832, art. 6, et 26 juin 1835, art. 1er.*)

Les marchandises peuvent donc être réexpédiées sur un entrepôt maritime, aussi bien que sur un autre entrepôt de l'intérieur.

Les réexportations ou mutations d'entrepôts se font sous les formalités générales du transit. (*Circ. du 1er mars 1832, n° 1308.*)

496. — Si les marchandises reçues en entrepôt ne sont pas acquittées ou réexportées avant l'expiration du délai déterminé par l'art. 3 de la loi du 27 février 1832, il en est disposé ainsi qu'il est voulu par l'art. 14 de la loi du 17 mai 1826. *V.* n° 458. (*Lois des 27 février 1832, art.* 7, *et 26 juin 1835, art.* 1er.)

497. — Ceux qui auront été condamnés pour des soustractions ou autres délits qui seraient commis dans les entrepôts réels, créés en vertu de la loi du 27 février 1832, ou dans les expéditions qui s'y rapportent, seront passibles des interdictions déterminées par l'art. 83 de la loi du 8 floréal an XI, ainsi que ceux qui prêteraient leur nom pour soustraire les condamnés aux effets de la présente disposition. (*Loi du 27 février 1832, art.* 8.)

CHAPITRE IV

ENTREPÔTS SPÉCIAUX

SECTION PREMIÈRE. — ENTREPÔT DE STRASBOURG.

498. — Un entrepôt réel est accordé à la ville de Strasbourg. (*Loi du 8 floréal an XI, art.* 40.)

Cet entrepôt est ouvert : 1° aux marchandises non prohibées, admissibles au transit (1); 2° de plus (lorsqu'elles arrivent par le Rhin et la rivière d'Ill) aux marchandises désignées au tableau n° 3, annexé à la loi du 9 février 1832, que ne comprend pas le § ci-dessus (*Loi du 2 juillet 1836, art.* 14); 3° aux marchandises prohibées admissibles au transit. (*Ord. du 18 mai 1843.*)

La faculté de l'entrepôt fictif, pour les fontes brutes d'origine étrangère, est accordée à la ville de Strasbourg. (*Déc. min. du 19 décembre 1862.*)

La mise en entrepôt est constatée par l'inscription en un registre tenu à la douane et que chaque propriétaire ou consignataire signe pour les objets qui le concernent. (*Loi du 8 floréal an XI, art.* 40.)

L'expédition sur l'entrepôt de Strasbourg des marchandises venant d'Allemagne a lieu aux conditions ci-après :

Les bateliers qui conduisent les marchandises arrivant à Strasbourg par le Rhin et la rivière d'Ill sont tenus, avant l'abordage, d'en prévenir les préposés de l'administration des douanes et de représenter, ainsi que les voituriers qui les importent par le pont du Rhin, les premiers, des connaissements ou manifestes, les seconds, des lettres de voiture en bonne forme, délivrés dans le lieu de chargement ou de dernière expédition sur le pays étranger, lesquels indiquent l'espèce des marchandises et les marques, numéros et poids séparés de chaque colis. Ces connaissements ou lettres de voiture sont visés par les préposés de la Wantzenau et du pont du Rhin, et la vérification n'a lieu qu'à Strasbourg. (*Loi du 8 floréal an XI, art.* 41.)

Les dispositions des art. 27, 28, 29 et 30 de la loi du 28 avril 1816 sont appliquées aux importations faites par Strasbourg. *V.* n° 338. (*Loi du 28 avril 1816, art.* 31.)

---

(1) Toutefois, les marchandises non prohibées exclues du transit peuvent, d'après l'art. 40 de la loi du 8 floréal an XI, être également reçues à l'entrepôt de Strasbourg, lorsqu'elles sont importées par le *pont du Rhin;* mais celles de ces marchandises qui ne sont pas retenues pour la consommation intérieure doivent, aux termes de l'art. 43 de la même loi, être réexportées par les bureaux du pont du Rhin ou de la Wantzenau. (*Déc. du 1er juin 1835.*)

V., pour les pénalités, le n° 342. Déchargement de colis, n° 145 du tableau des Infr. Substitution de marchandises, n° 146 du même tableau. Déficit de colis, n° 147. Echange de colis, n° 148, Trib. de paix.

Les embarcations françaises peuvent transporter directement de la Wantzenau à Huningue les marchandises admissibles à l'entrepôt de Strasbourg, pourvu, si elles proviennent des pays d'outre-mer ou des contrées riveraines du Rhin, au-dessous de Mayence, qu'elles aient été chargées dans ce dernier port ou en aval. (*Loi du 2 juillet* 1836, *art.* 16.) (1).

Lesdites embarcations peuvent, si elles ont des magasins à parois solides, et entièrement séparés des chambres et autres endroits accessibles aux gens de l'équipage, n'être assujetties qu'au plombage des écoutilles, dont la douane, d'ailleurs, assure la fermeture par tous les moyens qu'elle juge nécessaires, y compris l'escorte des préposés qu'elle peut mettre à bord (2).

Cette disposition est commune à tous les bâtiments chargés qui entrent dans l'Ill par la Wantzenau, pour arriver à l'entrepôt de Strasbourg, ou qui chargent en réexportation à cet entrepôt. (*Même Loi, art.* 17.)

Les marchandises admises à l'entrepôt de Strasbourg peuvent en être retirées :

Soit pour être expédiées en transit, conformément aux lois générales, sauf le sucre raffiné et le tabac fabriqué, qui doivent toujours ressortir par le Rhin ou le canal aboutissant à Huningue ;

Soit pour la consommation intérieure, si elles sont admissibles par les frontières de terre, ou si, étant comprises à l'art. 22 de la loi du 28 avril 1816, elles sont arrivées d'un port français où elles auraient pu acquitter les droits d'entrée. (*Loi du 2 juillet* 1836, *art.* 15.)

L'art. 61 de la loi du 21 avril 1818 est appliqué à l'entrepôt de Strasbourg. (*Loi du 9 février* 1832, *art.* 29.)

D'après cet art. 61, *V.* n° 470, les propriétaires ou consignataires s'engagent à rapporter, sur le permis qui leur est délivré pour la réexportation des marchandises, les certificats tant des préposés des douanes à Strasbourg qui sont présents soit à l'embarquement des marchandises sur la rivière d'Ill, soit à leur départ pour le pont du Rhin, que de ceux des bureaux et brigades de la Wantzenau et du pont du Rhin qui ont reconnu le nombre des colis, ainsi que le bon état des cordes et plombs, et constaté le départ de ces marchandises pour l'étranger. (*Circ. du* 13 *février* 1832, n° 1304.)

En cas de non rapport du permis régularisé, on exige le payement de la valeur des marchandises et une amende de 200 fr. V. n°ˢ 470 et 406. (N° 149 *du tableau des Infr. Contrainte*.)

SECTION II

Entrepôt spécial à certains ports de la Manche, pour les marchandises de smoglage.

499. — Il y a entrepôt spécial dans les ports de Dunkerque, Gravelines, Calais, Boulogne, Dieppe, Fécamp, Cherbourg, Saint-Malo, Morlaix et Roscoff, pour les mar-

---

(1) D'après cet article, le transport direct de la Wantzenau à Huningue n'est permis qu'aux seules embarcations françaises. (*Déc. du 3 octobre* 1835.)

(2) L'art. 8 du protocole annexé à la convention du 31 mars 1831, relative à la navigation du Rhin, porte que les bâtiments néerlandais sont assimilés aux français

ehandises ci-après destinées à alimenter le smoglage (*Lois des 19 octobre 1791 et 21 avril 1816, art. 29*) :

<table>
<tr><td>Eau-de-vie de grains, dite genièvre.</td><td></td></tr>
<tr><td>Tafias des colonies françaises......</td><td>(*Loi du 19 octobre 1791, art. 1, 2 et 4.*)</td></tr>
<tr><td>Raisins de Corinthe..............</td><td></td></tr>
<tr><td>Thé ....</td><td>(*Loi du 21 avril 1818, art. 29.*)</td></tr>
</table>

Dans les ports de Dunkerque, Gravelines, Boulogne, Calais et Cherbourg seulement, pour les tissus de soie des Indes ci-après :

<table>
<tr><td>Mouchoirs dits foulards..........</td><td></td></tr>
<tr><td>Croisés des Indes...............</td><td>(*Déc. des 16 avril, 13 octobre, 2 décembre 1818 et 6 juin 1821.*)</td></tr>
<tr><td>Crêpes de la Chine..............</td><td></td></tr>
</table>

Et dans les ports de Lorient, Morlaix et Dieppe, pour les tabacs. (*Tarif, tableau n° 15.*)

Ces marchandises sont reçues dans cet entrepôt en franchise de tous droits, à la charge d'en être réexportées à l'étranger dans le délai d'un an, et sous les formalités prescrites pour l'entrepôt réel en général. (*Loi du 19 octobre 1791, art. 1er.*)

Il peut être établi dans lesdits ports, aux frais du commerce, dans les lieux convenus avec l'administration des douanes, des dépôts où les tafias des colonies françaises déjà reçus en entrepôt peuvent être convertis en rhum, à la charge d'être également réexportés dans l'année à l'étranger.

Les cours et bâtiments destinés auxdites fabriques ne doivent avoir de communication extérieure que par une seule porte placée du côté du port, laquelle ferme à deux clefs différentes, dont l'une est remise à un préposé de l'administration des douanes et l'autre aux propriétaires. Lesdits tafias et rhum ne peuvent être extraits desdits bâtiments que pour être transportés dans les magasins de l'entrepôt ou pour être embarqués à destination de l'étranger. (*Loi du 19 octobre 1791, art. 2 et 3.*)

Les colis peuvent être divisés en entrepôt pour la réexportation, savoir : ceux renfermant des raisins de Corinthe, en caissettes ou ballotins de 10 kilogr. au moins (*Déc. du 6 décembre 1817*);

Ceux renfermant des thés, en caissettes de 3 kilogr. au moins (*Déc. du 9 janvier 1818*);

Ceux renfermant des soieries, en caissettes ou ballotins de 6 kilogr. au moins (*Déc. du 16 avril 1818*);

Ceux renfermant du tafia des colonies françaises ou des eaux-de-vie de grains (genièvre) étrangères, en barils de 18 litres au moins (*Déc. du 9 octobre 1818.*)

Ces transvasements et divisions de colis ne peuvent se faire qu'en présence des préposés et dans l'enceinte même des magasins gardés par ceux-ci. (*Circ. du 1er brumaire an XI et Déc. du 16 avril 1818.*)

Les colis ainsi divisés ne peuvent être réexportés que par des bâtiments spécialement employés au smoglage proprement dit. (*Déc. du 22 juillet 1826.*)

Toutefois les caissettes de thé peuvent être réexportées par les paquebots, à charge de les embarquer en présence du capitaine ou de son second, et de les placer à bord de manière à pouvoir les représenter aux préposés au moment du départ. (*Déc. du 15 novembre 1826.*)

Toute soustraction et tout versement auxquels les entrepôts, transvasements et

---

pour le transit des marchandises admises à l'entrepôt *depuis Strasbourg* jusqu'à Huningue, par le canal du Rhône au Rhin.

Ainsi, à l'exception des néerlandais, la navigation de ce canal doit, comme toute navigation intérieure, être exclusivement réservée aux nationaux. (*Déc. du 3 octobre 1835.*)

conversions permis par les règlements pourraient donner lieu, sont punis par la confiscation de la marchandise ou de sa valeur et d'une amende de 300 fr. pour la première fois. En cas de récidive, l'amende est double, et celui qui a fait la fraude ou a contribué à la faire est déchu de la faculté d'entrepôt ou de fabrication. Les propriétaires des marchandises sont garants des faits de leurs agents. (*Loi du 19 octobre* 1791, *art.* 5.) Nᵒ 143 du tableau des Infr. Trib. de paix.

Les marchandises désignées ci-dessus peuvent être expédiées par mer, des ports d'entrepôt réel ou d'entrepôt spécial, pour l'un des ports d'entrepôt spécial, aux conditions et en remplissant toutes les formalités relatives aux mutations d'un entrepôt réel sur l'autre. (*Déc. du* 13 *octobre* 1818.)

Toutes les marchandises reçues en entrepôt spécial, qu'elles soient ou non prohibées, peuvent, lorsque les directeurs reconnaissent que les moyens de transport par mer manquent, être expédiées par terre d'un entrepôt spécial sur un autre, sous les formalités et conditions prescrites pour le transit. (*Déc. du* 21 *octobre* 1818.)

Mais les produits ou liquides exclus du transit ne peuvent être expédiés que par la voie de mer. (*Déc. du* 10 *juin* 1841.)

La réexportation des marchandises reçues en entrepôt spécial s'effectue par navire de tout tonnage (1), avec un permis de la douane indicatif de leur chargement, et sous la condition de s'éloigner des côtes de France au moment de leur sortie du port. (*Arrêté du* 10 *frimaire an XI, et Circ. des* 18 *du même mois et* 8 *août* 1814.)

La perception du droit de réexportation n'a lieu que par trimestre et par récapitulation relativement à chaque entrepositaire. (*Déc. du* 26 *février* 1821.)

Pour l'entrepôt des grains et celui des tabacs, *V.* nᵒ 479; et Livre XI, chap. 27.

---

(1) Cette latitude, spéciale aux navires smogleurs, résulte d'ailleurs de l'arrêté du 21 frimaire an X et de la décision ministérielle du 9 juin 1825, qui leur accordent une remise du droit de tonnage, lorsqu'ils viennent dans les ports de la Manche sur lest ou avec des marchandises imposées à moins de 20 fr. par 100 kilogr., pour charger des productions françaises ou des marchandises dans l'entrepôt spécial. (*Circ. du* 30 *juin* 1825, nᵒ 922.) *V.* nᵒ 643, note 34.

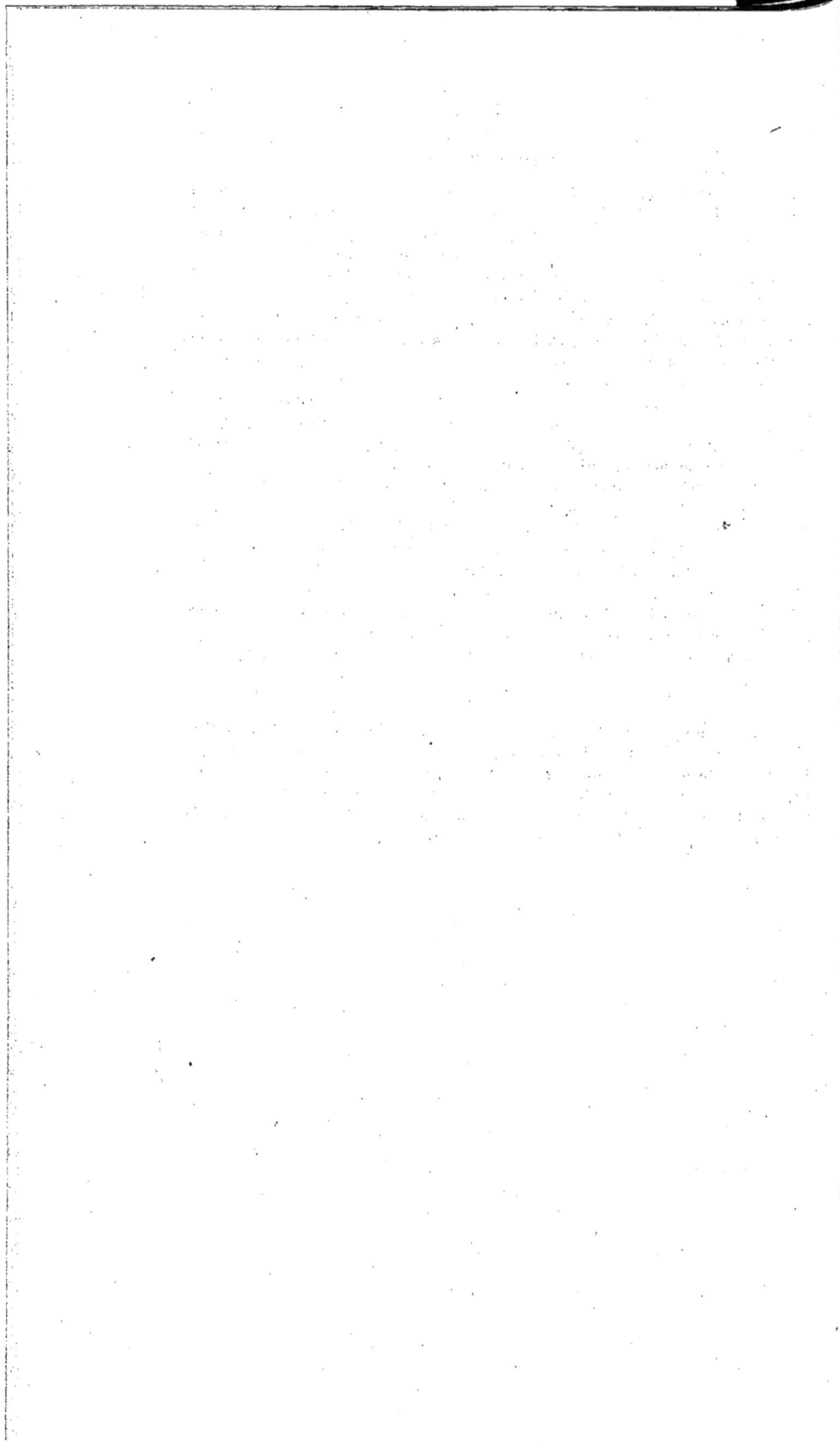

LIVRE V

TRANSIT

Le transit est la faculté de transporter les marchandises de l'étranger à l'étranger, en empruntant le territoire français.

Les avantages résultant de l'entrepôt s'appliquent en général au transit. Ces deux institutions se lient nécessairement, et il est fort rare que l'une existe sans l'autre; aussi furent-elles fondées ensemble dès 1664, organisées par l'ordonnance de 1687 et supprimées ensuite par l'arrêt de 1688.

Depuis, plusieurs lois, rendues à des époques différentes, ont rétabli le transit; mais il ne l'a été que successivement, partiellement. On ne l'a d'abord permis que pour les denrées coloniales et par un petit nombre de bureaux; il a été étendu ensuite à certaines matières premières, puis aux objets fabriqués non prohibés; et enfin l'extension qu'il a reçue par la loi du 9 février 1832 est telle qu'on peut considérer comme établi en principe que le transit est aujourd'hui accordé pour toutes les marchandises, sans exception de celles qui sont prohibées.

Pour le transit international par chemins de fer, V. n° 343.

CHAPITRE PREMIER

TRANSIT DES MARCHANDISES TARIFÉES OU EXEMPTES DE DROITS

500. — Sauf : 1° les conditions relatives aux armes de guerre et aux munitions de guerre, V. n° 538, et Livre XI, chap. 23 et 24; 2° l'interdiction absolue concernant les contrefaçons en librairie, V. n° 538, et Livre XI, chap. 20, les marchandises étrangères (1) peuvent, aux conditions prescrites par la loi du 9 février 1832 et par celles des 17 décembre 1814, 21 avril 1818, 27 juillet 1822 et 17 mai 1826, être expédiées en transit de tous les ports et bureaux énoncés au tableau n° 3, V. n° 540, pour ressortir par les points indiqués au même tableau. (*Lois des 9 février* 1832, *art.* 1er, *et* 16 *mai* 1863, *art.* 10; *Circ.* n° 902.)

501. — Les *objets de fantaisie et les provisions de route*, faisant partie du bagage *des voyageurs qui se proposent de traverser la France pour se rendre dans d'autres pays*, peuvent, sur la demande des intéressés et par exception, être admis tempo-

---

(1) V. au n° 538, le tableau : 1° des marchandises exclues du transit; 2° des conditions auxquelles certaines d'entre elles peuvent être admises sous ce régime.

rairement, moyennant la consignation des droits d'entrée, sous les conditions suivantes :

1° Ce régime exceptionnel ne peut être appliqué qu'aux provisions de route, effets neufs, petites parties de cristaux et de tabacs d'habitude, tissus de fantaisie, menus articles de tabletterie, de mercerie ou d'ouvrages en bois.

2° L'entrée, comme la sortie, qu'il s'agisse d'objets tarifés ou d'objets prohibés, peut s'effectuer par tout bureau ouvert au transit.

3° Les objets prohibés ne peuvent être admis au bénéfice de ce régime exceptionnel qu'autant que leur valeur ne dépasse pas 200 fr. par importateur; ils sont assujettis à la formalité du plombage, et donnent lieu à la consignation du droit de 30 p. 0/0 de la valeur, plus le décime.

4° Quant aux produits non prohibés, ils ne sont plombés que si le montant des droits d'entrée excède 20 fr., non compris le décime.

5° On emploie la formule de reconnaissance de consignation série M, n° 23 C; et la restitution s'effectue conformément aux prescriptions relatives à l'argenterie appartenant aux voyageurs. V. Livre XI, chap. 25.

Ces dispositions ne doivent recevoir aucune extension. Toute importation ayant un caractère commercial, quelque faible qu'elle soit, doit être soumise aux règles générales du transit ou aux conditions du tarif.

Dans le cas où les reconnaissances de consignation seraient présentées à la sortie après l'expiration des délais qui ne sauraient excéder deux mois et seront habituellement beaucoup plus courts, ou s'il s'élevait des doutes sur l'identité des objets, la constatation de sortie et la restitution des sommes consignées seraient suspendues, et il en serait référé immédiatement à l'administration. (*Circ. du 18 juillet* 1856, n° 393.) *V*. Livre XI, chap. 15. Effets et voitures à l'usage des voyageurs.

502. — A partir du 15 juillet, les tireurs venant de l'étranger pour concourir aux exercices du tir national de Vincennes, généralement ouvert en août, peuvent introduire en France leurs armes et trois kilogrammes chacun de poudre, sous la seule formalité d'un acquit-à-caution garantissant la réexportation des armes dans un délai de deux mois à dater de la fermeture du tir, et la production, afin de justifier de l'emploi régulier de la poudre, d'un certificat du comité-directeur constatant que l'importateur a figuré au tir. (*Déc. min. du* 17 *septembre* 1860, *transmise le* 18 ; *et Circ. man. du* 17 *juillet* 1861.)

Dans le cas d'impossibilité de trouver une caution, remise serait faite des armes et des munitions sous la consignation des droits ou de la valeur, selon qu'elles seraient admissibles ou prohibées, pour restitution, après accomplissement des formalités ainsi déterminées.

Si les armes offraient des traces évidentes de service, on pourrait d'ailleurs les admettre en franchise de droits et sans aucun engagement. (*Déc. du* 11 *octobre* 1860.)

503. — *Bagages des émigrants*. En vue de faciliter aux émigrants l'accomplissement des obligations résultant des règlements, il est recommandé au service, à l'égard des objets autres que le linge de corps et les vêtements dont le tarif autorise la remise pure et simple (*V.* Livre XI, chap. 15, Effets à l'usage des voyageurs) : 1° de ne pas se montrer exigeant en ce qui concerne le libellé des déclarations ; 2° de ne procéder, à moins de soupçon de fraude, à la vérification que d'un nombre restreint de colis désignés par les chefs locaux ; 3° de permettre l'expédition sur tous les ports indiqués pour l'embarquement ; 4° de dispenser les objets de la formalité du double emballage et du double plombage dans les cas où elle est prescrite par les règlements généraux. (*Déc. du 7 septembre* 1853, *et Circ. du* 1er *février* 1855, n° 266.)

Pour l'expédition par chemins de fer sous le régime du transit international, *V*. Livre III, n° 343.

504. — Les fils de lin et de chanvre, qui ne sont admissibles pour la consommation que par certains bureaux, peuvent être expédiés en transit par tous les bureaux ouverts à ce régime. (*Déc. du 21 juillet* 1849.)

505. — Les marchandises auxquelles la loi refuse la faculté de transiter doivent, qu'elles soient ou non prohibées à la consommation, être renvoyées immédiatement à l'étranger, lorsque, présentées de bonne foi et sous leur véritable dénomination, elles sont déclarées pour le transit. (*Déc. du 3 août* 1832.) *V.* Livre I, nº 177.

506. — Les marchandises exemptes de droits à l'entrée et similaires des marchandises affranchies de taxes à la sortie ne sont pas soumises aux restrictions et formalités prescrites pour le transit, autres que les déclarations et vérifications imposées à l'égard de tout produit, à l'entrée ou à la sortie. (*Loi du 16 mai* 1863, *art.* 12; *Circ. du* 26, *nº* 902.)

507. — Des décrets déterminent pour les marchandises admises en transit, et sous les peines fixées par la loi, les conditions et formalités à remplir en ce qui concerne les déclarations, la nature et la forme des récipients et emballages, le plombage, l'estampillage et le prélèvement d'échantillons. (*Loi du 16 mai* 1863, *art.* 18; *Circ. du* 26, *nº* 902.)

508. — *Déclaration.* Dans les ports, les marchandises peuvent être mises en transit, soit immédiatement à l'arrivée, soit après leur séjour en entrepôt (réel ou fictif);

Dans les bureaux de terre, la mise en transit doit être immédiate (1).

Dans tous les cas, les conducteurs ou consignataires des marchandises destinées au transit sont tenus d'en déclarer à la douane les quantités, espèces et qualités, pour qu'elles y soient vérifiées, plombées et expédiées par acquit-à-caution. (*Loi du 17 décembre* 1814, *art.* 5.) *V.* nº 142.

509. — *Visite.* La vérification des marchandises déclarées pour le transit doit être faite de la même manière que celle des marchandises déclarées pour la consommation. (*Même Loi, art.* 7.) *V.* nº 156.

Les règles du transit ne permettent pas d'accorder une exemption complète de visite (*Déc. du 17 septembre* 1846); mais, à l'égard des marchandises présentées dans des boîtes en fer-blanc, soudées et renfermées dans des caisses en bois, les chefs locaux peuvent, sous leur responsabilité, user de beaucoup de réserve dans l'usage du droit de visite, sous la condition, en ce qui concerne les marchandises sujettes à la formalité de l'échantillon, *V.* nº 512, de remplacer l'échantillon qui ne pourrait être prélevé par l'application d'un double emballage et d'un double plombage. La dispense de l'échantillon serait alors relatée sur l'acquit-à-caution. (*Déc. du 16 février* 1857.)

Pour les colis déclarés contenir des objets d'art, et accompagnés de certificats émanés des consuls français à l'étranger, le service peut se borner à une reconnaissance sommaire, et ne procéder à une vérification approfondie qu'autant que des soupçons de fraude rendraient cette mesure nécessaire. (*Déc. du 27 novembre* 1845.) *V.* nº 164.

Relativement aux montres, il suffit, pour être régulières, que les déclarations indiquent le nombre, la qualité (en or, en argent) et l'espèce des mouvements. Quant au poids net de chaque montre, les employés demandent officieusement ce renseignement, et, si l'expéditeur n'est pas en mesure de le donner, ils pèsent une montre de chaque espèce et multiplient le poids reconnu par le nombre. (*Déc. du 23 mai* 1837.)

Pour les liquides, le service procède lui-même au jaugeage des fûts au moyen de

---

(1) Cependant les déclarations relatives au transit étant régies par la loi générale, il s'ensuit que les marchandises qui seraient retenues, dans certains cas, conserveraient la faculté d'être expédiées en transit pendant la durée du dépôt en douane. *V.* nº 890.

29

la jauge dite diagonale. Il indique dans les acquits-à-caution la contenance des fûts, la quantité réelle de liquide sur laquelle doivent porter les droits, le degré s'il y a lieu, l'importance en centimètres et en litres de la vidange (vide des fûts). (*Déc. des 9 mars 1835 et 26 mai 1846.*) *V.* Livre I, n° 165.

Pénalités. Les fausses déclarations faites au bureau d'entrée pour obtenir irrégu-lièrement un transit entraînent, suivant leur espèce, l'application des peines portées par les art. 18, 20, 21 et 22, titre 2, de la loi du 22 août 1791, *V.* n° 172, comme si les marchandises faussement déclarées étaient destinées pour la consommation intérieure. (*Loi du 17 décembre 1814, art.* 6.)

Si, au lieu de marchandises tarifées déclarées, le service trouve des marchandises prohibées, on applique les art. 1er, titre 5, de la loi du 22 août 1791, et 10, titre 2, de la loi du 4 germinal an II. *V.* Livre III, *V.* n° 400. (*Déc. du 3 mars 1856.*) (1).

510. — *Colis pressés.* Toutes les dispositions relatives au transit des marchandises prohibées, présentées et expédiées en colis *pressés, V.* n° 535, peuvent, à la demande des expéditeurs, être appliquées aux fils et tissus non prohibés. (*Loi du 2 juillet 1836, art.* 11.)

L'expéditeur qui veut jouir de cette faculté doit l'énoncer dans sa déclaration et y mentionner la valeur des marchandises; alors la vérification, le plombage et l'expé-dition ont lieu sous les formalités et conditions que déterminent les art. 5, 6, 7 et 8 de la loi du 9 février 1832. Ainsi, bien qu'il s'agisse ici de marchandises non prohi-bées, ce ne sont pas les peines édictées par la loi du 17 décembre 1814 qui doivent être stipulées et poursuivies en cas d'abus, car elles supposent une vérification approfondie qui n'a pas lieu pour ces sortes d'expéditions. En cas de contravention, on applique les pénalités édictées pour le transit du prohibé. La valeur des mar-

---

(1) En matière de transit, une fausse déclaration, alors même qu'elle mentionne des marchandises plus fortement imposées que celles que l'on présente réellement, *V.* n° 176, peut avoir pour objet de consommer ultérieurement une introduction frauduleuse. Un exemple suffira pour le démontrer. On suppose qu'on déclare comme contenant des étoffes de soies façonnées, imposées à 19 fr. le kil., une caisse qui renferme en réalité des foulards imprimés, qui payent 12 fr., et que la déclaration soit admise pour conforme; si ensuite on parvient, en cours de transit, à laisser les foulards dans l'intérieur et à y substituer des étoffes de soie façonnées de fabri-cation nationale, le Trésor est frustré des taxes afférentes aux foulards, et c'est la fausse déclaration faite à l'arrivée qui a rendu cette fraude possible.

C'est donc faire une juste application de l'art. 21 du titre 2 de la loi du 22 août 1791, *V.* n° 175, que de réclamer la confiscation, avec amende de 100 fr., toutes les fois que la marchandise faussement déclarée pour le transit est passible d'un droit de 12 fr. et au-dessus, et l'amende de 100 fr. seulement lorsque le droit applicable n'o s'élève pas à 12 fr.

Mais, si telle est la règle, l'administration désire que dans l'application on agisse de manière à ne pas entraver les opérations régulières et loyales du commerce. Aussi la règle ne doit-elle être invoquée que lorsque l'espèce des marchandises ou les cir-constances de l'expédition sont de nature à faire craindre des tentatives d'abus; et encore, dans ce cas, peut-on s'abstenir de verbaliser, et se borner à garantir éven-tuellement les intérêts du Trésor par une soumission cautionnée, dont il doit être rendu compte sous le timbre de la 1re division. (*Circ. man. du 13 février 1844.*)

En cas d'excédant de poids, et si cet excédant est de plus du vingtième pour les métaux ou du dixième pour les autres marchandises, il est immédiatement soumis, à titre d'amende, au payement du simple droit d'entrée (*V.* n° 173), et l'excédant et les quantités déclarées sont expédiés en transit. (*Déc. du 28 octobre 1836.*)

chandises est prise pour base des amendes ; cette valeur peut toujours être appréciée par les employés, soit au vu de la marchandise, soit au moyen des factures dont la loi du 4 germinal an II, titre 6, art. 5, les autorise à réclamer l'exhibition ; et, dans tous les cas, s'ils la jugent insuffisante, ils peuvent, d'après l'art. 4 de la loi du 9 février 1832, en assigner d'office une plus exacte. (*Circ. du 24 juillet* 1836, n° 1555.)

Pour les fils et tissus de lin expédiés en *colis pressés*, comme l'indication, ou du moins la constatation du nombre des fils pour les tissus, et, pour les fils, du nombre de mètres de développement au kilogramme, exigerait la rupture des liens qui contiennent et compriment la marchandise, il suffit que les déclarations expriment, indépendamment de la valeur et du poids, le nombre et la mesure des pièces de tissus, s'ils sont unis, croisés, ouvragés ou damassés, si les fils sont simples ou retors, si les uns et les autres sont écrus, blanchis ou teints. (*Déc. du 9 juillet* 1841.)

511. — *Colis.* Des ordonnances du Gouvernement peuvent arrêter et modifier successivement la liste des marchandises fabriquées qui ne doivent être admises au transit que lorsqu'elles sont présentées dans des colis en bon état, dont elles désigneront l'espèce et le volume, selon la nature des objets et les habitudes du commerce. (*Loi du 9 février* 1832, *art.* 11.)

En conséquence, les produits doivent être mis dans les colis de l'espèce indiquée dans le tableau n° 2, inséré sous le n° 539. Quant aux dimensions des colis, elles seront ultérieurement réglées, s'il y a lieu (1). (*Ord. du 11 février* 1832, *art.* 1er.)

Les préposés du bureau d'entrée exigeront, avant l'expédition, la réparation des futailles, caisses et emballages défectueux ou qui seraient propres à favoriser des soustractions, malgré le plombage. (*Loi du 17 décembre* 1814, *art.* 7.)

512. — *Échantillons.* Des ordonnances du Gouvernement désignent les marchandises de toute sorte dont l'identité doit être plus spécialement garantie par le prélèvement d'échantillons qui sont mis en des boîtes séparées que l'on scelle des plombs de la douane, et que le conducteur de la marchandise est tenu de produire au bureau de sortie. (*Loi du 9 février* 1832, *art.* 11.)

Les marchandises qui, en conséquence, doivent être accompagnées d'échantillons, sont indiquées dans le tableau n° 2, inséré sous le n° 539. (*Ord. du 11 février* 1832, *art.* 2.) (2).

---

(1) Elles ne l'ont pas encore été.

(2) Les échantillons peuvent, avant l'emballage, être prélevés sur chaque pièce au domicile même des envoyeurs étrangers. Ceux-ci doivent les fixer, avec indication du numéro de la pièce à laquelle ils se rapportent, sur des cartons ou livrets, de manière qu'il ne reste aux employés qu'à s'assurer de la conformité de la pièce avec l'échantillon.

Ce prélèvement d'un échantillon pour chaque pièce est, pour le commerce comme pour la douane, préférable à tout autre mode ; car plusieurs pièces d'un même tissu offrent rarement ensemble une similitude parfaite, et ce n'est qu'autant que l'échantillon a été détaché de la pièce même avec laquelle on le confronte qu'on peut prévenir, aux bureaux de sortie, les difficultés résultant de quelque dissemblance.

Cependant la douane n'exige, pour toutes les pièces qu'elle ne juge différer entre elles ni quant à la qualité du tissu ni quant au dessein, qu'un seul échantillon, en regard duquel sont inscrits, sur les cartes, les numéros à lui comparer.

Mais lorsque, semblables en qualité, les pièces diffèrent quant aux desseins, ou qu'ayant le même dessein, elles sont au contraire de qualités différentes, un échantillon doit toujours être prélevé sur chacune d'elles.

Afin de ne pas endommager la marchandise, les échantillons peuvent être restreints à la largeur de 6 à 7 centimètres, même quand il s'agit d'étoffes brodées, et quelle

Lorsque, au bureau de destination ou de sortie, le service reconnaît que les colis et leur plombage sont en bon état, et que les marchandises présentent une parfaite identité avec l'énoncé de l'expédition, la perte de l'échantillon ne doit pas être un obstacle à la consommation du transit. On se borne à prélever de nouveaux échantillons et à garantir, par des soumissions valablement cautionnées, les condamnations exigibles en cas de substitution frauduleuse ultérieurement reconnue par les voies légales. Les nouveaux échantillons doivent être soumis, suivant le cas, à l'examen, soit des commissaires-experts du Gouvernement, soit des employés du bureau de

_____

que soit l'étendue du dessin. Si les broderies sont tellement espacées que l'échantilllon de cette dimension n'en puisse atteindre aucune partie, on le prélève sur le fond de l'étoffe, en annotant l'existence des broderies, avec indication de leurs caractères les plus distinctifs. (*Circ. du* 13 *février* 1832, n° 1304.)

Il suffit de prélever un ou deux échantillons, au plus, représentant le plus approximativement possible l'ensemble des tissus de même nature faisant l'objet d'une même déclaration, quelle que soit la diversité des broderies et des dessins. (*Déc. du* 27 *septembre* 1850.)

Quand les échantillons ont moins de 6 à 7 centimètres, on peut les admettre, pourvu qu'ils suffisent à faire reconnaître l'identité des pièces auxquelles ils se rapportent. Dans tous les cas, le rapprochement n'a lieu qu'à l'égard des colis soumis à la visite. (*Circ. du* 28 *septembre* 1839, n° 1776.)

Dans le cas où des échantillons partiels peuvent faire apprécier la nature et l'origine des tissus, le service peut se borner, après une autorisation supérieure, à prélever exceptionnellement des échantillons partiels. (*Déc. du* 21 *février* 1844.)

Les tissus ne sont d'ailleurs assujettis à l'échantillon que s'ils sont en pièce, ce qui ne doit s'entendre que de ceux sans division qui se vendent au mètre, et non des mouchoirs, cravates, etc.; à l'égard de ces derniers, on supplée autant que possible à l'échantillon par une description plus détaillée, et, quand il s'agit d'étoffes précieuses dont l'introduction frauduleuse est le plus à craindre, de cachemires de l'Inde, par exemple, il ne faut négliger aucune des indications propres à les faire reconnaître.

Ainsi, en pareil cas, l'acquit-à-caution doit exprimer, indépendamment des dimensions en tous sens des châles ou écharpes, la couleur du fond, la disposition et la nature des ornements, tels que bordures seules, fleurs, bouquets, rosaces, palmes, ramages, etc., avec ou sans bordures. (*Circ. du* 13 *février* 1832, n° 1304.)

Les boîtes destinées à contenir les échantillons doivent toujours être de forme carrée, et chaque face en doit être d'un seul morceau. On y place les échantillons formant un paquet, qu'on ferme avec soin et qu'on scelle, à la cire, du cachet de la douane. On plombe ensuite la boîte, qui est percée de manière que la corde en traverse les angles, c'est-à-dire les deux plans dont la rencontre forme les arrêtes de la boîte. (*Circ. du* 22 *mars* 1832, n° 1312.) Les frais d'apposition de cachet sont compris dans le prix du plombage. (*Déc. du* 8 *décembre* 1836.)

Les vérificateurs président à cette opération. (*Circ.* n° 1304.)

Les échantillons doivent être remis séparément au conducteur; il n'est pas permis de les placer dans le même colis que la marchandise. (*Déc. du* 28 *novembre* 1837.)

Les boîtes d'échantillons, quelle que soit la nature de la marchandise, ne doivent être revêtues que d'un seul plomb. (*Déc. du* 21 *mars* 1834.)

Les expéditeurs doivent fournir une boîte distincte d'échantillons pour *chaque acquit-à-caution*, et indiquer avec le plus grand soin sur cette boîte le numéro et la date de l'acquit, ainsi que le nom du bureau où il a été délivré. Le prélèvement d'échantillons doit être mentionné sur l'acquit-à-caution. (*Circ. du* 3 *juillet* 1820, n° 583.)

départ; et, à cet effet, ils sont adressés *franc de port* à l'administration (bureau du transit) ou au directeur de la douane d'expédition. (*Circ. du 26 juin* 1860, n° 651.) *De simples échantillons* mis sur cartes suffisent, s'il s'agit de tissus *façonnés;* mais, à l'égard des *tissus unis, une pièce entière,* choisie par la douane, doit toujours être prélevée à titre d'échantillon. Après l'expertise, cette pièce est renvoyée au bureau de sortie où l'acquit-à-caution a été provisoirement retenu, et les frais de ce transport, comme ceux de l'envoi à Paris, sont payés par le propriétaire ou consignataire de la marchandise. (*Circ. man. du 18 janvier* 1837.)

Les intéressés doivent *immédiatement* prendre à leur charge les frais de transport des échantillons levés pour l'expertise. Le service n'a pas à en faire l'avance. (*Déc. du 13 janvier* 1857.)

Si les marchandises ont des similaires en France, les échantillons sont soumis à l'examen des commissaires-experts du Gouvernement, et, quand ceux-ci décident qu'il s'agit de marchandises étrangères, l'administration donne, au bureau de sortie, des ordres pour la régularisation de l'acquit-à-caution et l'annulation pure et simple de la soumission spéciale qui y a été souscrite. Lorsque, au contraire, des marchandises de même nature ne sont pas produites en France, le directeur fait consulter les employés du bureau de départ sur le point de savoir si la marchandise est bien la même que celle qu'ils ont vérifiée, et, dans le cas de l'affirmative, le directeur du bureau de sortie, d'après les renseignements transmis par son collègue, autorise l'annulation de la soumission spéciale. (*Circ. du 26 juin* 1860, n° 651.)

513. — Un colis peut contenir des marchandises d'espèces ou de qualités différentes. (*Loi du 16 mai* 1863, *art.* 16.)

514. — *Plombage.* Les colis renfermant des fabrications prohibées ou autres, doivent être vérifiés et plombés, ainsi qu'il est voulu par l'art. 31 de la loi du 21 avril 1818, sauf le cas prévu par l'art. 5 de la présente loi. *V.* n° 535. (*Loi du 9 février* 1832, *art.* 14.)

Cette obligation du double emballage et du double plombage ne concerne que les fabrications dénommées à cet effet au tableau n° 2, inséré sous le n° 539 (*Déc. du 29 novembre* 1838), et n'est d'ailleurs exigée qu'autant que la disposition rappelée au n° 515 n'est pas appliquée.

Après la vérification, les marchandises sont réemballées avec soin.

Le premier plombage est apposé sur le colis à nu, lequel doit être percé de manière à ce que la corde en traverse les angles; le second par-dessus l'emballage, à la manière accoutumée. *V.* Livre I, n° 31. (*Loi du 21 avril* 1818, *art.* 31.)

D'ailleurs, pour compléter les garanties du premier plombage, on appose des scellés en papier, revêtus du cachet de la douane, à tous les endroits où il y a possibilité d'un dérangement quelconque. On doit de plus envelopper le premier plomb d'un papier tenant au colis par un cachet. Ces précautions deviennent possibles au moyen de l'emballage qui doit recouvrir le tout. (*Circ. du 5 mai* 1818, n° 390.)

Emballer signifie *envelopper, couvrir de tous côtés.* Il faut donc que le premier comme le second emballage enveloppe, couvre entièrement la marchandise; de simples *bandes* de toile en croix ne sauraient être considérées comme *un emballage.* (*Déc. du 3 mars* 1839.)

A l'égard du phosphore renfermé dans des boîtes en ferblanc, placées elles-mêmes dans des caisses, on peut substituer à la formalité du double emballage le simple emballage assuré par un premier plomb, qui est alors couvert de bandes croisées sur lesquelles est appliqué le second plomb. (*Déc. du 1er mai* 1855.)

Il est expressément recommandé de pratiquer des trous aux angles des colis et d'y faire passer la corde du plomb. L'importance du plombage est telle que toutes les opérations doivent être exécutées avec le plus grand soin et surveillées avec l'attention la plus rigoureuse. (*Circ. du 22 mars* 1832, n° 1312.)

Sont affranchies de la formalité du plombage les marchandises exemptes de droits à l'entrée et similaires des marchandises passibles ou affranchies de taxes à la sortie. (*Loi du 16 mai 1863, art.* 13 ; *Circ. du* 26, n° 902.)

515. — Un échantillon plombé peut être substitué au second emballage et au second plomb, toutes les fois que le prélèvement d'un échantillon est possible, et à moins que le commerce ne réclame le double plombage. (*Loi du 16 mai 1863, art.* 14 ; *Circ. du* 26, n° 902.)

Cette dernière disposition s'étend indistinctement à tous les produits fabriqués, autrement qu'en colis pressés, de sorte qu'aucun des produits énoncés au tableau A, n° 849, ne doit être assujetti à la formalité du double emballage et du second plomb. (*Circ. du* 17 *juillet* 1851, n° 2444.)

Pour la manière de prélever cet échantillon, *V.* n° 512.

Pour les fers-blancs et tôles en caisses, la douane d'expédition se borne à plomber, à titre d'échantillon, l'une des caisses qui renferment des produits de même qualité et de mêmes forme et grandeur, en indiquant sur l'acquit-à-caution les marques et numéros des autres caisses de chaque catégorie, ainsi que leurs poids et leurs dimensions en tous sens.

A l'égard des tôles de fortes dimensions, la formalité du plombage est remplacée par l'estampillage, non de toutes les feuilles, mais simplement d'une feuille prélevée, comme échantillon, sur toutes celles d'égale dimension. L'acquit-à-caution doit énoncer distinctement : 1° le poids et les dimensions de chaque échantillon estampillé ; 2° le nombre et le poids total des feuilles de chaque dimension. (*Déc. min. du* 14 *avril* 1852 ; *Circ. du* 23, n° 32.)

516. — Les marchandises qui ne sont énoncées ni au n° 517, ni au n° 514, si elles sont soumises à la formalité du plombage (*V.* tableau n° 2, inséré sous le n° 539), ne reçoivent qu'un seul plomb (*Loi du 17 décembre* 1814, *art.* 5), c'est-à-dire un seul emballage et un seul plomb. *V.* Livre I, n° 31.

Les barils ou futailles, quel qu'en soit le poids, doivent, dans le régime du transit, recevoir un plomb à chaque bout, l'expérience ayant prouvé que le plombage des futailles n'offre les garanties nécessaires qu'à cette condition. (*Arrêté du 4e jour compl. an VIII, art.* 5, *et Déc. du* 20 *mai* 1846.)

Mais le service peut n'apposer qu'un seul plomb sur chaque colis (baril ou cuveau) de fromages. (*Déc. du* 8 *juin* 1853.)

Le soufre brut est admissible au transit en *vrac*, à la condition que chaque expédition sera accompagnée d'un échantillon plombé. (*Déc. min. du* 10 *juillet* 1832 ; *Circ. man. du* 16.)

Il en est de même à l'égard des pierres lithographiques brutes. (*Déc. min. du* 17 *janvier* 1853 ; *Circ. du* 25, n° 87.)

Les fils de fer sont admis au transit en *vrac*, sous la condition que les rouleaux en bottes seront classés par diamètre de fils et qu'un rouleau par catégorie de fils sera emballé et plombé à titre d'échantillon pour être représenté, à la sortie, avec l'acquit-à-caution énonçant, outre les autres indications nécessaires, le poids de chaque échantillon et le diamètre du fil de fer. (*Déc. du* 14 *septembre* 1859.)

517. — Sont affranchis du plombage les cuirs et peaux, le plomb en saumons, les bois d'acajou et ceux de teinture en bûches. (*Loi du 17 décembre* 1814, *art.* 7.)

518. — *Fardeaux.* Le commerce a la faculté de réunir en fardeaux (1) deux sacs

---

(1) Il faut se garder de confondre le *fardeau,* c'est-à-dire la réunion sous un même lien, mais sans enveloppe collective, de plusieurs colis, avec le *colis multiple,* formé de la réunion, en plus ou moins grand nombre, de colis placés soit dans une caisse, soit sous une toile unique.

S'il existe des motifs d'interdire la réunion en *fardeaux* d'un trop grand nombre ou ballots de marchandises expédiées en transit. Réunis solidement par une corde, les deux sacs ou ballots peuvent alors ne faire l'objet que d'une seule pesée, et, au lieu d'être plombés séparément, ils ne sont revêtus que d'un seul plomb; le fardeau qu'ils forment est considéré comme unité. Composé de marchandises que la loi soumet au double plombage, un fardeau ne reçoit que deux plombs. (*Circ. du 24 juillet* 1836, n° 1555.)

Il importe que les colis pesés et expédiés en fardeaux soient, à destination, représentés dans les mêmes conditions. En effet, la pesée par fardeau ne donne qu'un trait ou tombée de balance (*V*. n° 164), qui profite au commerce et n'entre pas dans les écritures de la douane, tandis que chacun des deux sacs composant un fardeau offrirait une tombée s'ils étaient pesés séparément. Or cette double tombée pourrait, parfois, s'élever à un kilogramme, dont il aurait été tenu compte, au départ, dans le poids du fardeau.

519. — *Expédition à délivrer*. Ne sont assujetties qu'au passavant les marchandises exemptes de droits à l'entrée et passibles de taxes à la sortie. Dans tous les cas, les boissons fermentées ou distillées sont soumises à l'acquit-à-caution. (*Loi du* 16 *mai* 1863, *art*. 13.) Pour les autres marchandises, il faut un acquit-à-caution (1). Ceux qui, dans ce dernier cas, veulent jouir du transit fournissent au bureau d'entrée leur soumission cautionnée de faire sortir les marchandises de France et d'en justifier en rapportant l'acquit-à-caution dûment revêtu du certificat de décharge et de sortie, sous les peines prononcées par l'art. 54 de la loi du 8 floréal an XI, c'est-à-dire le payement du quadruple des droits de consommation (2) avec amende de 500 fr.

Les acquits-à-caution et soumissions indiquent le bureau de sortie; limitent, suivant la distance, le délai dans lequel les marchandises devront y être conduites

de colis, dont le poids et le maniement en cet état peuvent amener la rupture des cordes du plombage, et qui d'ailleurs peuvent être facilement divisés en vue de manœuvres frauduleuses, les mêmes sujets de crainte n'apparaissent pas en ce qui concerne l'emballage dans une caisse ou sous une toile de plusieurs caissettes ou ballotins, pourvu que le récipient principal soit établi dans des conditions convenables de solidité, et de manière à ce que le plombage puisse être appliqué avec toutes les sécurités voulues. Cette interprétation découle des termes mêmes de l'art. 13 de la loi du 9 février 1832, dont l'effet n'a été suspendu, par décision ministérielle du 3 août 1839, qu'en ce qui a rapport à celle de ses dispositions dont l'application pouvait être onéreuse pour le commerce.

Ainsi, et sauf les exceptions spéciales ou locales qui ont pu être autorisées, il y a lieu d'interdire, par application de la circulaire n° 1555, la réunion en *fardeaux* de plus de deux colis. Quant aux *colis multiples*, et sous les réserves indiquées en ce qui touche la solidité des emballages, on doit s'abstenir de soumettre au plombage les diverses parties qui les composent, caissettes, boîtes ou ballotins, en appliquant, suivant le cas, le simple ou le double plomb sur l'emballage ou les emballages extérieurs, à moins que, dans l'hypothèse d'un double plombage, l'enveloppe qui forme la caissette, la boîte ou le ballotin, ne constitue elle-même un des deux emballages. Ces dispositions ne modifient en rien celles qui sont applicables au plombage des fils et tissus en colis pressés. (*Circ. lith. du* 12 *février* 1855.)

(1) V. n° 539, tableau n° 2 des conditions imposées pour les expéditions en transit ou sur les entrepôts de l'intérieur.

(2) Le droit dû au Trésor est compris dans cette pénalité. (*Déc. du* 11 *septembre* 1857.)

et exportées à l'étranger. On ajoute à ce délai celui de vingt jours pour le rapport des acquits-à-caution déchargés. (*Loi du* 17 *décembre* 1814, *art.* 5.) *V.* n° 522.

Pour les marchandises assujetties au simple passavant, on applique le mode adopté relativement au cabotage : la déclaration est produite en double expédition (série M, n° 53 *ter*), dont l'une, non timbrée, reste à la douane, et l'autre, portant le timbre de 5 cent., sert comme passavant. *V.* n° 601. (*Circ. du* 26 *juin* 1860, n° 651.)

Au sujet des consignations faites à titre de cautionnement, *V.* Livre XI, chap. 11, chevaux et bêtes de somme.

Les soumissions et les acquits-à-caution doivent contenir toutes les indications nécessaires pour la liquidation éventuelle des droits d'entrée. (*Déc. du* 7 *juillet* 1851.)

Ainsi les acquits-à-caution énoncent, outre la nature des marchandises, et, s'il y a lieu, l'espèce, la qualité, et le poids au brut ou au net, ou les deux à la fois (*Circ. du* 16 *mai* 1818, n° 396) : 1° l'origine ou la provenance des marchandises ; 2° le pavillon importateur ; 3° si elles sont extraites d'un entrepôt, le premier bureau d'entrée, ainsi que la date de leur enregistrement au sommier ; 4° si, en raison du mode d'importation ou de la provenance, elles ont été admises ou non à une modération de droits ; 5° si, d'après les traités avec les puissances étrangères, elles sont prohibées pour la consommation (*Circ. du* 6 *mars* 1824, n° 856) ; 6° la nature du planchage et les colis plombés ; 7° le prélèvement des échantillons à présenter au bureau de sortie.

Indépendamment des dénominations du tarif que la déclaration reproduit, on doit insérer *d'office* dans les acquits-à-caution tous les détails descriptifs propres à faciliter la reconnaissance de la marchandise. (*Déc. du* 27 *mars* 1832.)

On indique, dans l'acquit, le poids des marchandises, colis par colis, avec désignation des marques et numéros. (*Circ. du* 20 *décembre* 1814 *et du* 10 *mars* 1818, n° 373) ; mais, s'il s'agit de fardeaux, on énonce, outre le nombre et le poids des fardeaux, le nombre des sacs, caisses ou ballotins dont chacun d'eux est composé. (*Déc. du* 4 *janvier* 1823.)

Les marchandises non susceptibles d'être plombées, *V.* n°^s 517 et 539, sont déclarées conformément à l'art. 5 de la présente loi, et, de plus, par pièces, poids et valeur, pour ces indications, reconnues exactes, être énoncées dans les acquits-à-caution ; on constate, en outre, la dimension des pièces de bois d'acajou. (*Loi du* 17 *décembre* 1814, *art.* 7.)

Le délai pour le transport est fixé, suivant les distances, à raison d'un jour par deux myriamètres et demi, en l'augmentant de ce qui est reconnu nécessaire pour les stations forcées de la navigation intérieure ou du roulage (*Circ. du* 20 *décembre* 1814), et en le limitant, d'ailleurs, selon les saisons et le mode de transport. (*Circ. du* 13 *février* 1832, n° 1304.)

L'acquit-à-caution doit toujours accompagner la marchandise. (*Circ. du* 26 *prairial an X.*)

Si les conditions du transport à l'intérieur exigent la division en plusieurs convois d'une partie de colis faisant l'objet d'un acquit-à-caution, on peut, au bureau de départ, substituer à cette expédition un nombre suffisant d'acquits-à-caution. (*Déc. du* 3 *juin* 1835.)

520. — Dans le cas où, après que les colis ont été pesés et plombés, et l'acquit-à-caution délivré, le commerce soustrairait des échantillons sur les marchandises, à l'insu du service, on devrait, autant que possible, en informer immédiatement l'administration, pour qu'elle mît le bureau de destination à même de procéder à une visite approfondie et détaillée. Quelle que fût leur quotité, les déficits seraient alors soumis aux conditions répressives des règlements. (*Déc. du* 8 *janvier* 1841.)

521. — Il n'est dû aucun droit pour le transit. (*Loi du* 9 *juin* 1845, *art.* 6.)

522. — *Risques et responsabilité.* Le transit est entièrement aux risques des soumissionnaires, sans qu'ils puissent être exempts du payement des amendes encourues,

V. n° 519, en alléguant la perte totale ou partielle des marchandises. Cependant, si la perte est justifiée par un procès-verbal d'un juge ou d'un officier public, rédigé sur les lieux et rapporté en temps utile avec l'acquit-à-caution, la douane ne pourra exiger que le payement du simple droit d'entrée pour les marchandises tarifées ou de la simple valeur s'il s'agit d'objets prohibés. (*Loi du 17 décembre 1814, art. 8, et 1er § de l'art. 4 de la loi du 9 février 1832.*) Non rapport, dans les délais, du certificat de décharge; n° 114 du tableau des Infr. Contrainte.

Le principe de la responsabilité des soumissionnaires est absolu, et c'est toujours par la douane de départ que les poursuites doivent être dirigées. (*A. de C. du 17 mars 1835; Circ. du 25 mai suivant, n° 1487.*)

Les tribunaux ne peuvent, même en cas de *perte* dûment justifiée, affranchir les soumissionnaires du payement du simple droit d'entrée. (*A. de C. du 21 janvier 1839; Circ. n° 1744.*)

Ce droit est dû même en cas d'incendie des marchandises en cours de transport, et alors que le fait de force majeure est établi au moyen de procès-verbaux dressés par le maire ou le juge de paix. (*Déc. du 29 septembre 1845.*)

Lorsque la perte résultant de force majeure, de marchandises expédiées en transit, est dûment constatée, l'administration peut dispenser les soumissionnaires du payement des droits d'entrée, ou de la simple valeur en cas de prohibition. (*Loi du 16 mai 1863, art. 17; Circ. du 26, n° 902.*)

L'administration demeure seule juge des cas où il peut être fait application de cette disposition. Autant que possible, les justifications doivent résulter de constatations faites sur place, soit par les agents des douanes ou des contributions indirectes, soit par les juges de paix. Dans toute hypothèse, lorsque le bénéfice de l'article 17 est réclamé, les directeurs doivent examiner avec soin les circonstances de chaque fait et transmettre le dossier à l'administration, avec leurs observations et leur avis. (*Circ. du 26 mai 1863, n° 902.*)

523. — *Marchandises avariées.* Les marchandises expédiées en transit sont réputées d'une qualité saine si le propriétaire n'a pas fait constater qu'elles étaient avariées et indiquer, dans l'acquit-à-caution, le degré de l'avarie. A défaut de cette formalité, les marchandises qui seront présentées au bureau de sortie avariées perdront la faculté du transit, et l'acquit-à-caution ne pourra être revêtu d'un certificat de décharge que moyennant le payement immédiat du simple droit d'entrée sur lesdites marchandises; ce qui laissera aux propriétaires la faculté d'en disposer dans l'intérieur. (N° 113 du tableau des Infr. Contrainte.)

Sont exceptées de ces dispositions les avaries qui n'excèderont pas 2 pour 100 de la valeur (1). (*Loi du 17 décembre 1814, art. 9.*)

Les marchandises ne sont, au départ, réputées avariées que lorsque l'avarie a été réellement reconnue par les employés, et évaluée par une expertise dans les formes ordinaires. Ainsi, 1° l'expertise doit être expressément demandée par l'expéditeur qui a intérêt à l'obtenir, et il doit d'abord déclarer que l'avarie existe, et à tel degré; 2° elle doit être faite par deux experts, nommés l'un par la douane, l'autre par le déclarant, et départagés au besoin par un troisième expert que nommerait le tribunal de commerce déjà désigné par l'article 3 du titre 8 de la loi du 22 août 1791, pour un cas analogue; 3° le sous-inspecteur sédentaire et le vérificateur désignés doivent assister aux opérations des experts, sans avoir d'avis à donner,

---

(1) L'art. 9 de la loi du 17 décembre 1814 est applicable aux marchandises prohibées, en vertu de l'art. 4 de la loi du 9 février 1832; mais cette application n'a lieu, dans aucun cas, que d'après des instructions particulières de l'administration. (*Déc. du 16 septembre 1839.*)

mais comme surveillants, et pour être en mesure de témoigner à l'administration de la régularité de ce qui se fait; 4° si l'avis des experts réduit notablement, c'est-à-dire de plus du dixième, le degré d'avarie annoncé par le déclarant, il en résulte qu'il y a eu tentative de fraude, et que l'on doit la constater à telle fin que de droit; 5° enfin le résultat de l'expertise doit être mentionné dans l'acquit-à-caution. (*Circ. du 18 juillet 1828, n° 1111.*)

Lorsqu'une marchandise avariée est présentée au bureau de sortie sans que l'acquit-à-caution fasse mention de l'avarie, ou si l'avarie est plus forte que celle décrite, les employés doivent d'abord s'attacher à connaître les causes de cette avarie, et examiner ensuite avec le plus grand soin si elle a pu avoir lieu dans le trajet. Si, après cet examen, ils ont l'intime conviction que la marchandise est bien la même que celle qui a été expédiée du bureau de départ, alors ils se bornent à exiger le payement du simple droit d'entrée. Mais, si les circonstances de l'expédition et les caractères de l'avarie les portent à croire qu'il y a eu substitution de marchandise, la fraude doit être constatée et poursuivie. (*Déc. du 12 octobre 1832.*)

Il n'est jamais fait exception à la règle qui prescrit de soumettre au droit d'entrée tout produit qui a éprouvé en cours de transport une avarie au-dessus de 2 0/0; le surplus de l'expédition peut accomplir sa destination. Quand il s'agit d'objets prohibés avariés de plus de 2 0/0, il convient de prendre les instructions de l'administration, en la mettant à même d'apprécier. (*Déc. du 31 juillet 1840.*)

Toutefois, à l'égard des miroirs, quand le service a reconnu que les colis étaient en bon état et qu'il n'a pu être pratiqué de substitution, si, des glaces étant brisées, les débris ne laissent aucun soupçon d'abus, l'administration ne se refuse pas, à raison de la nature de la marchandise, à permettre purement et simplement l'accomplissement du transit. (*Déc. du 18 novembre 1845.*)

On peut accorder aux négociants qui reçoivent des oranges et des citrons frais, à Paris, en transit, par la voie des chemins de fer, et par conséquent lorsque le transport s'effectue dans un très-court délai, la faculté d'opérer le triage, à l'arrivée, des fruits altérés et gâtés, en exemptant des taxes ceux qui seraient détruits en présence du service. (*Déc. min. du 17 juin 1857, transmise le 22.*)

524. — *Destination.* La douane de sortie ou de destination n'accorde les certificats de décharge des acquits-à-caution de transit qu'après une vérification exacte de l'état des plombs, de l'espèce, de la qualité, du nombre et du poids des marchandises, et, si elles sont prohibées, elle en reconnaît de plus la mesure et le poids net. Elle exige, en outre, avant de délivrer ces certificats, que les marchandises destinées à sortir par terre soient conduites à l'étranger sous l'escorte des préposés.

Dans les ports de mer, l'embarquement et la réexportation définitive des marchandises ont également lieu en vertu des engagements souscrits à la douane de départ. Seulement le consignataire est tenu de désigner le navire exportateur et sa destination ultérieure. (*Loi du 17 décembre 1814, art. 12, et Circ. du 11 mars 1836, n° 1534.*)

Le bureau de sortie est celui que désigne l'acquit-à-caution. Lorsque des marchandises sont présentées à un autre bureau, et que ce bureau sera ouvert aux opérations de la nature de celle faisant l'objet de l'expédition, l'inspecteur sédentaire, dans les douanes où il existe un agent de ce grade, le sous-inspecteur sédentaire; dans les autres localités, et, à défaut de ces chefs, le receveur, peut permettre le changement de destination, en tant que la demande lui paraît justifiée par des motifs valables, et sous la condition expresse que les colis et le plombage seront reconnus en bon état. (*Circ. du 4 août 1847, n° 2184.*)

Lorsque des marchandises expédiées sur un entrepôt de l'intérieur sont présentées à un bureau de transit de la frontière, le changement de destination peut être permis, mais moyennant le payement préalable du montant de la différence entre la taxe de plombage de transit et celle relative aux entrepôts de l'intérieur. Il doit être rendu compte à l'administration des autorisations accordées dans les cas exceptionnels de l'espèce. Le complément de taxe de plombage est porté définitivement en recette par le comptable qui en reçoit le montant. (*Circ. lith. du 2 juin* 1853, *et Déc. du 20 septembre* 1862.)

Mais si les marchandises dirigées sur un entrepôt intérieur et présentées au service de cet entrepôt étaient réexportées sous le régime du transit international, le bureau frontière n'aurait aucun supplément à exiger. (*Déc. du 30 mai* 1857.)

525. — En principe, tout acquit-à-caution qui n'a pas eu son effet dans le délai déterminé cesse d'être valable. Toutefois, lorsque les causes du retard sont convenablement expliquées, le chef du bureau de sortie peut, nonobstant la péremption du délai de l'acquit-à-caution, permettre la consommation immédiate du transit, sauf à rendre compte à son directeur des motifs de sa détermination. (*Circ. du 24 juillet* 1836, n° 1555.)

526. — Toutes les marchandises faisant l'objet d'un même acquit-à-caution doivent être présentées *à la fois* au bureau de sortie. (*Déc. du 1er septembre* 1841.)

Il n'appartient pas au service de permettre que la réexportation d'une partie de marchandise soit scindée. Le service ne doit pas recevoir d'avance des acquits-à-caution relatifs à des marchandises non représentées, de sorte que les intéressés sont tenus, au moment de réexporter, de produire les acquits-à-caution nécessaires. (*Déc. du* 15 *juillet* 1857.)

En cas de non-représentation de l'échantillon prélevé au départ, *V.* n° 512.

Les employés examinent avec soin l'état du plombage. Un accident peut rompre la corde du plomb extérieur; mais, lorsque le plombage *intérieur* est également altéré, on doit craindre une substitution de marchandises. Si, dans ce cas, les employés conservent des doutes sur l'origine des objets présentés, le transit est suspendu, et un double échantillon est adressé à l'administration, pour être soumis aux experts du Gouvernement ou aux agents du bureau de départ. (*Déc. du 12 juin* 1826.)

Toutefois, on peut permettre la consommation du transit sous les conditions qui concernent particulièrement les échantillons perdus. *V.* n° 512.

En effet, si le fait isolé de rupture de plombage ne peut donner lieu à une réparation pécuniaire spéciale, sauf le cas cependant où il s'agit de colis pressés, et s'il n'y a ouverture à aucune action contre les déclarants à la sortie, le service n'est pas moins fondé à contester l'identité des produits, et, au besoin, en cas de soupçon d'abus ou lorsque les moyens de s'éclairer ne lui sont pas fournis, à se refuser de les reconnaître et de décharger l'acquit-à-caution. Les soumissionnaires restent alors sous le coup de leurs engagements. (*Déc. du* 13 *janvier* 1857.)

La vérification a lieu à vue de l'acquit-à-caution, et la réexportation se consomme en vertu des engagements souscrits à la douane de départ. Seulement, dans les ports, le consignataire est tenu de désigner le navire réexportateur et la destination ultérieure des marchandises. (*Circ. du* 11 *mars* 1836, n° 1534.) Elles peuvent d'ailleurs être déclarées pour la consommation immédiate ou pour l'entrepôt.

Si, dans un port d'entrepôt, elles sont déclarées immédiatement pour une autre destination par la voie de mer, le service procède à une vérification par épreuves. (*V.* n° 159.) Au moyen d'une nouvelle soumission, dûment cautionnée, l'acquit-à-caution primitif est échangé contre une expédition de même nature en rapport avec la destination (entrepôt maritime ou entrepôt colonial). Le plombage, lorsqu'il est prescrit, n'est renouvelé que sur les colis ouverts pour la visite et sur ceux où il a subi quelque altération. Le nouvel acquit mentionne que les plombs du premier bureau d'expédition ont été conservés sur tel nombre de colis.

À l'égard des marchandises primitivement introduites en transit par terre, l'emprunt momentané de la mer, sous ces conditions, ne les prive pas de la faculté de sortir par les bureaux qui leur auraient été ouverts si le transit avait été direct. (*Circ. du 20 octobre* 1849, n° 2353.)

Le commerce a la faculté de déclarer pour plusieurs destinations les marchandises comprises en un même acquit-à-caution. Seulement la vérification de ces marchandises n'est scindée dans aucun cas, et chaque partie reçoit, sans retard, la destination qui lui est propre. On observe les régles suivantes.

Il est produit simultanément autant de déclarations distinctes qu'il y a de régimes différents à appliquer; libellées dans les termes mêmes de l'expédition de transit, elles donnent lieu à la délivrance de permis partiels que l'on remet à la fois au vérificateur avec l'acquit-à-caution. Les soumissions exigibles à raison de la destination qui comporte cette garantie sont souscrites avant la délivrance des permis.

Les marchandises allant à la consommation sont livrées au commerce après vérification et acquittement ou garantie des droits; celles qui ont été désignées pour l'entrepôt ou pour la réexportation suivent leur destination, accompagnées du permis spécial à chacune d'elles et sous l'escorte de préposés, lorsqu'il y a lieu.

L'acquit-à-caution, revêtu du certificat collectif du vérificateur et rapporté au bureau des déclarations, n'est régularisé qu'au moment où il est justifié, par la rentrée des divers permis, qu'ils ont eu leur effet. Le certificat de décharge doit rappeler, selon le cas, les numéros de recette, du sommier d'entrepôt ou du certificat de réexportation effective. (*Circ. lith. du 9 septembre* 1848.)

527. — *Pénalités.* Si, lors de la vérification, il est reconnu qu'il y a eu soustraction, les pénalités énoncées dans la soumission de l'acquit-à-caution, *V.* n° 519, sont appliquées par les soins du bureau de départ. (N° 108 du tableau des Infr. Contrainte.) Au sujet des marchandises ayant fait l'objet d'un passavant, il n'est exercé aucune poursuite.

Quand il y a eu soustraction et substitution, les objets substitués sont saisis pour la confiscation en être prononcée sur les poursuites du bureau de sortie, avec l'amende énoncée aux n°s 320 ou 590 (marchandises tarifées), ou 588 et 590 (marchandises prohibées), selon qu'il s'agit des côtes ou des frontières de terre. Le bureau de départ assure, en outre, l'application du § précédent. (*Circ. des 24 janvier* 1828, n° 1082, *et 23 décembre* 1844, n° 2046.) N° 109 du tableau des Infr.

En cas de soustraction totale ou partielle, avec ou sans substitution, la fraude, si minime qu'elle soit, doit être constatée par un procès-verbal destiné à motiver les poursuites au bureau de sortie pour la substitution, ou à appuyer celle exercée au bureau de départ en vue de la soustraction; et, suivant le cas, la décharge de l'acquit-à-caution est refusée ou ne s'opère que pour la partie des marchandises reconnues identiques avec celles qu'énonce l'expédition.

Si l'on reconnaît un déficit ne résultant évidemment d'aucune manœuvre frauduleuse, la douane de sortie se borne à le constater sur l'acquit-à-caution et dans l'acte de décharge. (*Circ. des 16 mai* 1818, n° 396, *et 10 octobre* 1832, n° 1351.)

Une copie du procès-verbal et l'acquit-à-caution sont adressés à l'administration, bureau du transit. Cependant, si l'expédition avait été falsifiée, elle devrait, d'après l'art. 4, titre 4, de la loi du 9 floréal an VII, demeurer annexée au rapport original. (*Circ. du 10 octobre* 1832, n° 1351.) *V.* n° 29.

Les marchandises présentées au bureau de sortie sont saisissables si elles ne sont pas identiquement les mêmes que celles décrites dans l'acquit-à-caution. Ainsi, dans le cas où, l'acquit-à-caution énonçant du sucre blanc, il est présenté du sucre blond, le service doit en déclarer la saisie, attendu que la soumission de l'expéditeur et l'acquit-à-caution qui lui est délivré en conséquence sont des actes corrélatifs qui forment envers l'administration un engagement légal auquel il n'est pas permis de se soustraire. (*A. de C. du 18 novembre* 1834; *Circ. du 21 décembre suivant*, n° 1467.)

Le remplacement de la marchandise soustraite par une autre de même nature, passible du même droit, constituerait une contravention, comme toute autre substitution. (*Déc. du 17 juin* 1829.)

En effet, en matière d'acquit-à-caution, le défaut d'identité absolue, en espèce, nombre ou poids, fait tomber la présomption d'identité des marchandises et perdre aux intéressés le bénéfice de l'expédition dont ils sont munis. (*Déc. du 16 août* 1856.)

Les déficits reconnus à la sortie sur le poids des caisses, ballots et futailles, lorsqu'ils ne sont pas au-dessus du dixième du poids énoncé dans l'acquit-à-caution, ne donnent ouverture qu'au payement du simple droit d'entrée (1). (N° 110 du tableau des Infr. Contrainte.)

Quand ils dépassent le dixième, le quadruple des droits d'entrée (2) et l'amende de 500 fr. sont exigibles, comme en cas de non réexportation de la partie de marchandises. *V.* n° 522. (*Loi du* 17 *décembre* 1814, *art.* 5 *et* 8.) N° 114 du tableau des Infr. Contrainte.

Le payement du droit ou de la valeur a lieu au bureau de départ; mais la remise en est accordée lorsqu'il ne s'agit que de très-faibles déficits évidemment causés par la dessiccation naturelle qui se produit durant le transport et dans certaines saisons en particulier. La proportion de ces déficits se calcule à cet effet sur le poids de chaque colis pris isolément. (*Circ. du* 10 *mars* 1818, n° 373.)

Toutefois, les manquants sur les huiles d'olive reconnus ne provenir d'aucune manœuvre frauduleuse donnent toujours lieu au payement des droits d'entrée. (*Loi du* 17 *mai* 1826, *art.* 12.) N° 111 du tableau des Infr. Contrainte.

De même, à l'égard des liquides ou fluides admissibles au transit, les manquants reconnus, à la sortie, ne provenir que du bris des vases intérieurs, donnent toujours lieu au payement des droits d'entrée, ou, si le liquide ou fluide est prohibé, au payement de la valeur. (*Loi du* 2 *juillet* 1836, *art.* 10.) Manquant sur liquide tarifé, n° 112 du tableau des Infr.; Contrainte. Manquant sur liquide prohibé, n° 126 du même tableau ; Contrainte.

Mais, si les déficits reconnus sur les huiles et sur les autres liquides provenaient de soustractions illicites effectuées en cours de transport, les peines édictées par les lois générales deviendraient applicables. (*Circ. du* 24 *juillet* 1836, n° 1555.)

C'est d'après le tarif en vigueur à la date des acquits-à-caution que les déficits sont soumis aux droits. (*Déc. du* 9 *septembre* 1851.)

Sous aucun prétexte on ne peut déduire du déficit une tare quelconque, à moins que toute la partie de marchandises n'ait été immédiatement mise à la consommation.

Les déficits qui ne proviennent évidemment d'aucune manœuvre frauduleuse sont simplement mentionnés sur l'acquit-à-caution et dans l'acte de décharge. (*Circ. des* 16 *mai* 1818, n° 396, *et* 10 *octobre* 1832, n° 1351.)

Toutes les fois que, relativement à une même expédition de transit, le service reconnaît sur des colis des excédants de poids et sur d'autres des déficits dont la proportion dépasse ceux qui peuvent avoir été causés par la dessiccation naturelle en cours de transport, on doit libeller les certificats de visite de manière à mettre ces déficits en dehors des actes de décharge, et sous des réserves telles que l'administration puisse, si elle le juge convenable, faire diriger utilement des poursuites contre le soumissionnaire. (*Déc. du* 2 *juillet* 1845.)

Lorsque tout porte à penser qu'un déficit reconnu à la sortie provient d'une erreur commise au départ, on exige, au besoin, pour en acquérir la certitude et comme complément de preuve, soit la facture originale énonçant le poids réel (*Déc. du* 11 *octobre* 1842), soit la correspondance de l'expéditeur. (*Déc. du* 28 *février* 1845.)

En cas de vol en cours de transport, les intéressés doivent en justifier par un

---

(1) Ou de la simple valeur, s'il s'agit de marchandises prohibées. (*Déc. du* 11 *mars* 1839.)

(2) Le droit dû au Trésor est compris dans cette pénalité. (*Déc. du* 11 *septembre* 1857.)

procès-verbal dressé par les autorités locales, afin de n'être astreints qu'au payement du simple droit (*Déc. du 7 août* 1844), et au remboursement des frais, s'il a été rédigé un procès-verbal ou un acte conservatoire au bureau de sortie. *V.* n° 522.

Si les marchandises sont avariées, *V.* n° 523.

528. — Afin de fournir aux expéditeurs ou destinataires le moyen d'exercer leur recours contre les voituriers, les employés des bureaux de sortie doivent inscrire et certifieront sur les lettres de voiture, dont ils peuvent exiger la représentation, *V.* Livre XI, chap. 29, les résultats de leur vérification toutes les fois qu'ils seront de nature à motiver des poursuites au bureau de départ. (*Circ. du* 25 *septembre* 1829, n° 1181.)

529. — Lorsque des marchandises ont, par suite de malentendu, été livrées à la consommation en cours de transport, et s'il n'existe aucun doute sur la bonne foi des intéressés, l'administration ne se refuse pas à faire annuler la soumission de l'acquit-à-caution, moyennant le payement du simple droit, mais sans crédit ni escompte. (*Déc. du* 23 *juin* 1845.)

Mise en consommation. Les marchandises expédiées en transit peuvent rester en France en payant les droits d'entrée lorsque, après vérification au bureau désigné par l'acquit-à-caution, elles y sont déclarées pour la consommation, et qu'elles sont par leur nature admissibles *aux droits* par ce même bureau. (*Déc. du* 22 *septembre* 1818.)

Dans ce cas, la déclaration de mise en consommation peut être reçue par les employés du bureau qui, d'après l'acquit-à-caution, auraient été appelés à constater la réexportation de la marchandise. Si, à raison de la provenance, du mode de transport ou du point d'importation, cette marchandise était passible d'un droit autre que celui qui lui serait applicable dans l'hypothèse où elle arriverait directement de l'étranger à ce même bureau, ce serait le droit qui eût été exigible au point d'entrée effectif, et qui se trouve rappelé dans l'acquit-à-caution, qui devrait être perçu. Ainsi des marchandises entrées en transit par les bureaux de terre et déclarées dans un port pour la consommation supportent le droit du bureau de terre. (*Déc. du* 10 *octobre* 1843.)

Le droit applicable aux marchandises de transit qu'on veut laisser dans l'intérieur est celui qui est en vigueur au moment où la déclaration de mise en consommation est reçue et enregistrée. (*Tarif,* n° 14 *des Obs. prélim.*)

530. — *Sortie.* Les actes de décharge des acquits-à-caution ne sont valables qu'autant que les opérations successives de la visite, de l'embarquement ou du transport sous escorte à l'extrême frontière, ainsi que du passage définitif en haute mer ou à l'étranger, ont été certifiées sur les acquits-à-caution par les vérificateurs et les préposés du service actif qui ont concouru aux opérations, et que lesdits actes sont, en outre, signés du receveur et d'un autre employé. (*Loi du* 17 *décembre* 1814, art. 12 ; *et Circ. du* 11 *mars* 1836, n° 1534.)

Sur les frontières de terre, le passage à l'étranger doit avoir lieu par la route directe et en plein jour, et il est organisé un service de surveillance quant au mouvement des convois. (*Circ. du* 20 *décembre* 1814.) Le sous-inspecteur, ou à défaut le receveur, signale au chef local des brigades les expéditions qui lui paraissent pouvoir se prêter à la fraude. (*Circ. man. du* 29 *novembre* 1832.)

Toutes facilités relatives au commerce interlope sont absolument interdites pour les expéditions de transit. (*Circ. man. du* 19 *janvier* 1838.)

L'acquit-à-caution tient lieu de permis de réexporter ou d'embarquer ; c'est sur cette expédition que les préposés constatent l'escorte et le passage à l'étranger, ou l'embarquement, ainsi que le départ du navire, et, dans les ports en rivière, le passage en haute mer. (*Circ. du* 11 *mars* 1836, n° 1534.)

Pour le renvoi des acquits-à-caution ou des passavants, *V.* n° 29.

Les receveurs des bureaux de départ fournissent, à l'expiration de chaque trimestre, des relevés des acquits-à-caution de transit non rentrés trois mois après l'expiration des délais accordés. On ne comprend dans un même relevé que les acquits-à-caution relatifs à des marchandises dont la réexportation a dû s'effectuer par des bureaux faisant partie d'une même direction. Ces états doivent parvenir au directeur dans la quinzaine qui suit la période pour laquelle ils sont fournis (*Circ. du 29 octobre* 1847, n° 2200), et le directeur les transmet à ses collègues. (*Circ. du 31 mars* 1849, n° 2318.)

531. — *Transits locaux.* Les dispositions des lois générales sont applicables aux divers transits locaux ou spéciaux déjà autorisés par les règlements des douanes et à ceux qui pourront être permis à l'avenir (*Loi du* 17 *décembre* 1814, *art.* 14) :

1° Pour le transit des ardoises d'origine belge, *V.* n° 539 (matériaux, etc.);

2° Le bureau de Cordon est ouvert au transit des marchandises ci-après :

Soies en cocons. — Soies écrues, grèges et moulinées, y compris les douppions. — Bourre de soie en masse, écrue, teinte et cardée. — Minerai de cuivre. — Cuivre pur de première fusion, laminé et battu. — Cuivre allié de zinc, de première fusion, laminé et battu. — Plomb. — Zinc, à l'exception du zinc ouvré. — Etain brut, battu ou laminé. — Minerai de fer. — Fontes de fer en masses (gueuses), sans exception de celles qui sont prohibées. — Fer étiré en barres. — Fer platiné ou laminé. — Fer de tréfilerie. — Fer carburé (acier) naturel et cémenté ou fondu. — Sucres bruts et terrés. — Café. — Cacao. — Indigo. — Poivre et piment. — Girofle. — Cannelle. — Bois de teinture et d'ébénisterie. — Cotons en laine. — Gommes. — Résines. — Peaux brutes. — Laines en masse. — Cornes de bétail. — Fruits de table et fruits oléagineux. — Huile d'olive. — Chanvre et lin. (*Déc. min. du* 21 *août* 1839.)

Les huiles grasses de colza, de navette, d'œillette, de pavot et de lin, peuvent aussi être expédiées en transit par le bureau de Cordon. (*Déc. min. du* 4 *novembre* 1842; *Circ. man. du* 10.)

Le transit de ces diverses marchandises a lieu sous les conditions et formalités générales; seulement les marchandises *entrant* ou *sortant* par Cordon ne peuvent emprunter que la voie du Rhône, et leur transport sur la partie du fleuve qui se trouve comprise dans le rayon des douanes doit s'effectuer par bateaux à vapeur. (*Circ. man. du* 10 *octobre* 1839.)

CHAPITRE II

TRANSIT DES MARCHANDISES PROHIBÉES

532. — Les marchandises prohibées à l'entrée, sauf celles énoncées au n° 500, comme étant exclues (1), peuvent transiter en entrant par l'un des ports d'entrepôt du prohibé ou par l'un des bureaux marqués d'un astérique au tableau n° 3, *V.* n° 540, pour ressortir par l'un desdits ports ou bureaux. (*Loi du* 9 *février* 1832, *art.* 3.)

Les marchandises prohibées ne peuvent être réexportées par les bureaux situés sur les frontières d'Espagne, et désignées à cet effet (Béhobie, le Perthus et Bourg-Madame) qu'autant qu'elles sont arrivées en France par terre. (Tableau n° 7, annexé au tarif.)

(1) *V.* au n° 538 le tableau : 1° des marchandises exclues du transit; 2° des conditions auxquelles certaines d'entre elles peuvent être admises sous ce régime.

Les marchandises prohibées qui, après avoir été introduites par terre, séjournent temporairement dans un entrepôt, conservent la faculté dont elles auraient joui si leur transit se fût directement effectué, c'est-à-dire qu'elles peuvent ressortir, soit par les ports d'entrepôt du *prohibé,* soit par les bureaux marqués d'un astérique au tableau ci-dessus cité ; seulement les acquits-à-caution dont elles sont accompagnées mentionnent le bureau des frontières de terre par où elles ont été primitivement importées. (*Circ. du 11 avril* 1840, n° 1806.)

Les expéditions de marchandises prohibées ne peuvent avoir lieu des frontières sur les ports désignés qu'après que le commerce, dans lesdits ports, a satisfait aux conditions imposées par l'art. 17 de la présente loi, sans que provisoirement l'entrepôt spécial puisse être remplacé, soit par l'entrepôt ordinaire, soit par des magasins particuliers sous la clef des douanes. (*Loi du 9 février* 1832, *art.* 9.)

Les marchandises prohibées admissibles au transit peuvent, aux conditions déterminées par la loi du 27 février 1832 sur le transit, être dirigées sur les entrepôts de l'intérieur. (*Loi du 26 juin* 1835, *art.* 1er.)

Ce transit est soumis tant aux dispositions générales déterminées par la loi du 17 décembre 1814, *V.* n°s 519 et 522, qu'aux conditions suivantes :

Les marchandises doivent être portées sous leur véritable dénomination, par *nature, espèce* et *qualité,* soit au manifeste, si elles arrivent par mer, soit en la déclaration sommaire prescrite par la loi du 4 germinal an II (titre 2, art. 9), si elles arrivent par terre, lorsque cette déclaration sommaire doit être exigée, *V.* n° 333 ; et, de plus, elles doivent être déclarées en détail, et à la fois par espèce, qualité, nombre, mesure, poids brut et net et valeur, aux termes de l'art. 4, titre 2, de la loi du 4 germinal an II. (*Loi du 9 février* 1832, *art.* 4.)

533. — La vérification peut porter sur ces différentes indications.

La mesure comporte, pour les tissus, les dimensions de largeur et de longueur. Mais, à moins de circonstances particulières qui feraient concevoir des soupçons, les vérificateurs doivent se dispenser de mesurer les tissus que le moindre froissement altère, et s'en rapporter sur ce point aux énonciations des déclarations. Celles qui n'indiqueraient pas les dimensions des tissus pourraient même être reçues s'il s'agissait de pièces entières, et que le commissionnaire ou consignataire justifiât au chef de la visite qu'il s'est trouvé dans l'impossibilité d'y suppléer. (*Circ. du 28 septembre* 1839, n° 1776.) (1).

---

(1) Il est recommandé aux vérificateurs d'user de tous les expédients propres à s'assurer en ce point de l'exactitude des déclarations, sans porter atteinte à la fraîcheur des étoffes.

En apportant à leurs fonctions, comme ils ne peuvent manquer de le faire dans des opérations de cette importance, une attention scrupuleuse et suivie, ils acquerront, sur les rapports de poids avec les dimensions des tissus de chaque qualité, une expérience qui bien souvent pourra les dispenser de procéder par mesurage de longueur.

Lorsqu'ils jugeront ce mesurage indispensable, ils devront, autant que possible, l'effectuer sans déploiement des étoffes. Ainsi, par exemple, quand elles seront pliées à plis égaux, on pourra, en multipliant la largeur d'un de ces plis par leur nombre, reconnaître la longueur de la pièce entière.

L'expéditeur lui-même devra concourir à simplifier la vérification en fournissant, pour chaque pièce, un relevé des dimensions. L'employé qui aura reconnu l'exactitude de ce relevé à l'égard d'une ou de plusieurs pièces, prises à son choix, pourra juger par là que l'ensemble de la déclaration est exact, si d'ailleurs aucune autre circonstance de l'expédition ne donne lieu de concevoir des soupçons.

Lorsque le nombre de pièces est trop considérable pour que le détail en soit inséré

On doit énoncer dans les acquits-à-caution la valeur et le poids net de chaque espèce de marchandises. (*Déc. du 31 juillet* 1850.) Mais cette disposition ne concerne que les marchandises tout-à-fait différentes, par exemple, velours de coton, mousselines de tulle et autres tissus n'ayant les uns avec les autres aucune analogie. Les employés peuvent consulter les nomenclatures de la statistique commerciale pour être fixés sur les distinctions nécessaires. (*Déc. du 21 août* 1850.)

534. — *Pénalités.* Tous les colis portés aux manifestes ou déclarations doivent être présentés à la visite, et, en cas de déficit, le signataire du manifeste ou de la déclaration sera condamné à une amende de 1,000 fr. par colis manquant (1), pour sûreté de laquelle le bâtiment ou la voiture et l'attelage servant au transport seront

---

dans l'acquit-à-caution, l'indication des dimensions pièce par pièce peut être faite en regard de leur numéro sur la carte d'échantillons ou sur une feuille que l'on joint à l'acquit-à-caution, sous le cachet de la douane.

Dans l'un ou l'autre cas, ces pièces sont revêtues du visa de la douane, et rappelées par elle dans le libellé de l'expédition, où l'on se borne à indiquer avec la largeur la longueur totale des tissus.

L'adjonction de ces documents met le bureau de sortie à portée d'user du même mode de vérification. (*Circ. du* 13 *février* 1832, n° 1304.)

On procède de même lorsqu'il s'agit de mentionner la valeur particulière des diverses espèces de tissus comprises dans une seule expédition. (*Déc. du* 7 *août* 1832.)

Quant aux poids nets, on les constate toujours par la soustraction matérielle des emballages, aucune approximation n'étant admissible. (*Circ. du* 13 *février* 1832, n° 1304.)

Toutefois on peut comprendre dans le poids net les papiers, cartons, planchettes et autres objets qui sont indispensables au pliage, à l'arrangement ou à la conservation de certaines étoffes, telles que mousselines, robes, collerettes, etc., qui n'ont en quelque sorte de prix qu'autant qu'elles conservent toute leur fraîcheur. (*Circ. du* 9 *avril* 1833, n° 1378.)

Lorsque les consignataires n'ont pas reçu les documents nécessaires pour produire avec sécurité toutes les indications que la déclaration comporte, la douane est autorisée à permettre qu'ils fassent peser les colis et qu'ils en reconnaissent le contenu sous la surveillance du service, qui s'abstient toutefois de prendre part à cette opération, d'après le principe qui interdit aux employés de procéder à la visite des marchandises avant la remise des déclarations complètes. V. n° 146.

Cette facilité doit être accompagnée de précautions telles qu'il n'en puisse résulter aucun abus.

Du reste, quoique aucune tolérance ne soit admise par la loi, on peut ne pas tenir à rigueur, en ce qui touche au poids, toutes les fois que les différences n'excèdent pas ce que l'on peut raisonnablement attribuer aux variations en quelque sorte inévitables entre des résultats obtenus avec différents instruments. (*Circ. du* 13 *février* 1832, n° 1304, *et Déc. du* 8 *janvier* 1833.)

(1) Cette amende, applicable dans les ports ouverts au transit ou à l'entrepôt du prohibé, le serait, à plus forte raison, dans les autres ports.

Pour les autres contraventions, il y a lieu de recourir aux lois générales. Si, par exemple, des marchandises prohibées ne sont pas comprises au manifeste, ou s'il y a différence entre le manifeste et les marchandises, les marchandises omises ou différentes doivent être saisies, ainsi que le navire servant au transport, et le capitaine est passible d'une amende de 500 fr., conformément à l'art. 1er du titre 5 de la loi du 22 août 1791 et à l'art. 10 du titre 2 de la loi du 4 germinal an II. (*Déc. des* 2 *septembre* 1831 *et* 4 *novembre* 1833.)

retenus, à moins que le montant de l'amende ne soit immédiatement consigné ou qu'il ne soit fourni bonne et suffisante caution. (N° 116 du tableau des Infr.; Circ. n° 2046. Trib. de paix.)

Si la vérification fait découvrir un ou plusieurs colis en excédant du nombre déclaré (n° 117 du tableau des Infr.; Circ. n° 2046), ou si les marchandises ont été faussement déclarées quant à l'espèce ou à la qualité, lesdits colis et marchandises seront confisqués avec amende du triple de la valeur. (Fausse déclaration, etc.; n° 115 du tableau des Infr. Trib. de paix.)

Si la différence porte sur le nombre, la mesure ou le poids des marchandises, le signataire de la déclaration sera condamné à une amende du triple de la valeur réelle des quantités qui formeront excédant ou de la valeur des quantités manquantes, établie sur celle des marchandises reconnues à la vérification. Toutefois l'amende sera réduite à la simple valeur si l'excédant ou le déficit n'excède pas le vingtième du nombre de la mesure ou du poids déclaré. (Déficit n'excédant par le vingtième; n° 118 du tableau des Infr. Déficit au-dessus; n° 119. Excédant du vingtième et au-dessous; n° 120. Excédant au-dessus; n° 121 du même tableau. Trib. de paix.)

Si la douane juge que la valeur des marchandises n'a pas été déclarée à son véritable taux (1), elle pourra d'office en assigner une plus exacte, sauf, si l'expéditeur conteste, à recourir aux commissaires experts institués par l'art. 19 de la loi du 27 juillet 1822. (Loi du 9 février 1832, art. 4.)

Les pénalités prononcées par cet art. 4 ne sont applicables qu'aux marchandises prohibées d'une manière absolue; elles ne s'étendent pas aux marchandises qui, frappées de prohibition locale ou conditionnelle, sont déclarées pour l'entrepôt ou le ransit, dans les bureaux ouverts à ce régime. V. n° 402. (Déc. du 18 décembre 1850.)

En cas de fausse déclaration ou d'excédant de colis relativement aux marchandises prohibées destinées au transit ou à l'entrepôt, on peut, le procès-verbal étant rédigé, laisser les marchandises suivre leur destination moyennant une soumission cautionnée, de la part des intéressés, de payer, si l'administration l'exige, les condamnation encourues. (Circ. man. du 14 septembre 1837.)

535. — Colis pressés. Lorsque lesdites marchandises (et notamment les fils et tissus) sont présentées en colis pressés et fortement comprimés, la vérification s'en opère de la manière suivante: les objets sont retirés de leurs emballages et mis à nu, sans être dégagés du lien servant à les réunir et qui doit les laisser assez à découvert pour qu'on en puisse reconnaître l'espèce, la qualité et le nombre, sans déploiement ou aunage des fils et tissus (2).

---

(1) La valeur doit être celle de la marchandise en France. (Circ. du 15 juillet 1834, n° 1450.) V. n° 149.

(2) Les colis dans cet état, et reconnus avoir subi l'action de la presse de telle sorte que la compression des marchandises rende impossible, sans rupture des liens qui les retiennent, toute soustraction ou substitution, sont, après vérification exacte, soumis à nu, au plombage, avec apposition de cachets à la cire destinés à le garantir de toute altération ou à rendre ostensibles celles qui pourraient avoir lieu; ils sont immédiatement replacés dans les emballages, puis ficelés, plombés et pesés au brut. (Circ. du 13 février 1832, n° 1304.)

On procède à ce plombage en entourant trois fois le colis avec la corde à plomb. Cette corde passe sur toutes les coutures des toiles, s'il en existe, en embrassant ces coutures au moyen de demi-nœuds et de doubles demi-nœuds. A leur sortie du plomb, les deux extrémités de la corde sont émêchées et réunies sous le cachet de la douane, après toutefois qu'on a pris la précaution de les nouer plusieurs fois sur la corde elle-même pour que le plomb ne puisse pas vaciller, et par suite détacher le cachet.

Ce colis intérieur, dont les dimensions en tout sens et le poids net, comprenant les planchettes, cartons, toiles ou papiers retenus sous la première ligature et la ligature elle-même, doivent être énoncés dans la déclaration en même temps que les indications exigées par l'article précédent, est, après vérification, décrit avec tous ses signes de reconnaissance dans l'acquit-à-caution.

Ledit colis, ainsi mis à nu, est assujetti au plombage par la douane, qui peut de plus y apposer son cachet. Il sera ensuite replacé dans les emballages, qui seront également ficelés et plombés.

Le mode de vérification à l'entrée ci-dessus déterminé sera suivi, pour la contre-visite, à la douane de sortie.

Toutefois, en cas d'indice de fraude, la douane pourra, tant à l'entrée qu'à la sortie, exiger la rupture des liens et se livrer à une vérification approfondie. (*Loi du 9 février 1832, art. 5.*) (1).

536. — *Destination.* Si l'acquit-à-caution n'est pas dûment déchargé en temps

---

Lorsque le colis est présenté à nu, sans enveloppes en toiles sous les ligatures, les demi-nœuds et doubles demi-nœuds ne pouvant plus être pratiqués, la corde à plomb fait trois fois au moins le tour du colis, et l'on a soin de la fixer par un nœud toutes les fois qu'elle rencontre un tour déjà fait. Le colis intérieur, ainsi plombé, est ensuite replacé dans l'emballage, qui doit être en bon état, et l'on veille à ce que les coutures de cet emballage soient placées en sens contraire de celles de l'enveloppe intérieure, s'il en existe une. (*Circ. man. du 13 février 1832.*)

Les frais d'apposition des cachets se trouvent compris dans le prix du plombage. (*Déc. du 8 décembre 1836.*)

(1) On voit, par la réserve de cette faculté, que la loi réclame des agents de l'administration une attention entière et soutenue sur tout ce qui pourrait déceler des manœuvres frauduleuses qu'on tenterait d'opérer à la faveur de ce mode exceptionnel de vérification.

Dans les douanes d'entrée, on peut, par exemple, à l'égard des fils et tissus, chercher à découvrir, par des calculs fondés sur l'expérience du poids ordinaire de chaque qualité de marchandise, dans ses rapports avec les dimensions indiquées, si celles que l'on présente est réellement, à l'intérieur comme à l'extérieur des colis, telle qu'on la déclare.

Dans les douanes de sortie, on doit en outre procéder à une vérification très-exacte des signes de reconnaissance décrits en l'acquit-à-caution, et surtout s'assurer par un examen très-attentif de l'intégrité des cordes et des plombs, ainsi que des cachets. Le plombage, en effet, devient dans ce système la principale garantie du service contre les abus.

Les plombeurs et emballeurs chargés d'apposer les plombs et les cachets procéderont toujours sous la direction et la double surveillance du vérificateur et du sous-inspecteur. Aucun colis à nu ne sera replacé dans son emballage que ce chef ne se soit assuré, sous sa responsabilité, que l'opération a été faite avec tout le soin qu'elle réclame. Le même concours de surveillance aura lieu pour la reconnaissance de l'intégrité du plombage à la sortie.

Ainsi, à l'entrée comme à la sortie, ce sera toujours assisté du sous-inspecteur que le vérificateur procédera à l'examen très-attentif de l'état des plombs et cachets, de celui des cordes dans toute leur longueur et de l'emballage. Au départ, le sous-inspecteur certifie sur l'acquit-à-caution que les plombs et cachets ont été apposés sur les colis en sa présence ; à la sortie, le vérificateur et le sous-inspecteur attestent l'un et l'autre sur l'acquit-à-caution le résultat de leur examen. (*Circ. du 13 février 1832, n° 1804.*)

utile par le bureau désigné, le soumissionnaire sera contraint, par les soins du bureau de départ, au payement :

1° De la valeur des marchandises telle qu'elle aura été indiquée dans l'acquit-à-caution ;

2° Et, en outre, d'une amende égale au triple de la valeur. (*Loi du 9 février 1832, art.* 6.) Non-rapport, etc.; n° 125 du tableau des Infr.; Circ. n° 2046. Contrainte.

Cet article sert de règle dans tous les cas de non-rapport de l'acquit, même lorsque le bureau de sortie a eu à poursuivre pour substitution, etc. *V.* n° 537. Si la décharge n'est que partielle, on ne poursuit contre le soumissionnaire que l'application des condamnations proportionnellement afférentes aux quantités de marchandises non réexportées. En cas de perte judiciairement constatée de la marchandise, on ne poursuit que le payement de la simple valeur. *V.* n° 522. (*Circ. du* 23 *décembre* 1844, n° 2046, *art.* 125.)

Les sommes versées à titre de payement de la valeur sont acquises au Trésor; l'amende, c'est-à-dire ce qui est recouvré en sus de la simple valeur, est seule mise en répartition. (*Circ. lith. du* 7 *septembre* 1848.)

537. — Si le bureau de sortie reconnaît qu'il y a eu soustraction d'une partie des marchandises décrites en l'acquit-à-caution, il ne donnera décharge que pour ce qui aura été réellement réexporté, et le conducteur sera personnellement condamné à une amende égale à la valeur des moyens de transport, chevaux et voitures, lesquels seront retenus pour sûreté de ladite amende, si elle n'est immédiatement consignée ou s'il n'est fourni bonne et suffisante caution (1). (N° 122 du tableau des Infr. Trib. de paix.)

Si aux marchandises décrites il en est substitué d'autres, celles-ci seront confisquées, et le conducteur sera également passible de l'amende déterminée par le présent article. (N° 123 du tableau des Infr. Trib. de paix.)

L'amende à prononcer dans les deux cas ci-dessus sera indépendante des poursuites à exercer au bureau de départ contre le soumissionnaire de l'acquit-à-caution, en vertu de l'article précédent, pour ce qui n'aura pas été réellement réexporté. (*Loi du* 9 *février* 1832, *art.* 7.)

Les peines déterminées par les art. 6 et 7 ci-dessus seront appliquées quelles que soient les marchandises présentées au bureau de sortie, et dans le cas même où elles ne différeraient pas de celles désignées dans l'acquit-à-caution, si, lorsque les marchandises auront été vérifiées, scellées et plombées d'après le mode autorisé par l'art. 5 de la présente loi, *V.* n° 535, les plombs et cachets apposés sur le colis intérieur sont reconnus avoir été levés ou altérés. (*Loi du* 9 *février* 1832, *art.* 8.) Enlèvement, etc.; n° 124 du tableau des Infr. Trib. de paix.

Dans ce cas, les marchandises sont confisquées, et les poursuites de droit sont exercées contre le conducteur et le soumissionnaire. (*Circ. du* 13 *février* 1832, n° 1304.)

L'altération ou le dérangement des plombs ou des cachets apposés sur le colis intérieur doit être constaté par un procès-verbal. (*Déc. du* 15 *mai* 1832.)

Nota. Les règles générales du chapitre précédent sont applicables aux marchandises prohibées, en tout ce qui n'est pas contraire aux dispositions qui leur sont spéciales.

_____

(1) Il est des circonstances où l'on n'a ni conducteur à punir, ni moyen de transport à retenir, et où il est dès lors inutile de dresser un procès-verbal. (*Déc. du* 8 *mars* 1832.) Toutefois, en cas de soustraction ou de substitution, on se conforme aux prescriptions rappelées à ce sujet au n° 527. (*Déc. du* 18 *septembre* 1839.)

CHAPITRE III

TRANSIT. — TABLEAUX SPÉCIAUX

538. — Tableau n° 1er *des marchandises exclues du transit en tous sens et des conditions auxquelles certaines d'entre elles peuvent être admises sous ce régime.* V. n°s 500 et 532. (*Loi du 9 février 1832, art.* 1er *et* 3.)

Viandes en saumure; — mais on peut les admettre au transit sous les conditions générales de la déclaration de la visite et d'une expédition régulière, et l'accomplissement des formalités suivantes : — Emballage dans des caisses ou futailles, plombage, et engagement de payer les droits sur tout déficit reconnu à la sortie, quelle qu'en soit la cause, sans préjudice des pénalités qui pourraient être encourues.

Poissons en saumure, — comme pour les viandes en saumure. (*Déc. min. du 23 avril* 1853; *Circ. du 30 mai suivant*, n° 113.)

Tabacs fabriqués ou autrement préparés. — Peuvent être admis au transit, sans autorisation préalable, par les bureaux ouverts au transit des marchandises prohibées à l'entrée, sous les conditions relatives au prohibé. (*Déc. min. du 28 janvier* 1852; *Circ. du 3 février suivant*, n° 7.)

La valeur à énoncer dans les acquits-à-caution ne doit jamais descendre au-dessous, savoir :

De 24 fr. par kilogr. en ce qui concerne les cigares on cigarettes ;

De 10 fr. par kilogr. relativement aux tabacs en poudre, en carottes ou ayant subi toute autre préparation :

De 4 fr. 30 c. par kilogr. (1) quant aux tabacs en feuilles ou en côtes.

Si les expéditeurs ne consentaient pas à rectifier leurs déclarations d'après les bases ainsi déterminées, cette rectification serait opérée d'office par le service. (*Circ. lith. du 23 août* 1853.)

Quand il s'agit de petites quantités de cigares ou d'autres tabacs fabriqués, apportées par des voyageurs, les chefs locaux peuvent permettre qu'elles soient admises et réexportées, sous les conditions du prohibé, par *tous les bureaux* de transit sans exception. (*Circ. du 16 mars* 1847, n° 2165.)

Matériaux non emballés, notamment les engrais, marne et charrée, plâtres, ardoises (sauf les exceptions rappelées au n° 539), briques, tuiles, minerais de toutes sortes, limaille.

Mais les houilles et les matériaux de toutes sortes non susceptibles d'être emballés, peuvent être admis au transit, en vrac, sous la garantie d'un acquit-à-caution et du plombage par capacité. Les voitures, wagons ou bateaux qui sont affectés à ces transports doivent, au préalable, avoir été agréés par le service des douanes; les uns et les autres doivent être installés de manière à pouvoir être fermés ou bâchés et plombés avec les sûretés convenables. En outre, les bateaux seront pourvus d'une cale à parois solides, doublée de tôle au besoin, et séparée complétement du reste de l'embarcation. La douane conserve dans son entier le droit d'exercer, lorsqu'elle le juge convenable, des vérifications, soit par épreuves, soit complètes, consistant dans le sondage ou dans le déchargement total ou partiel des wagons ou bateaux et la pesée effective de tout ou partie de leur chargement. Enfin, pour ce qui concerne les convois par chemins de fer, les compagnies doivent fournir, à l'entrée comme à

---

(1) Prix moyen de l'impôt produit par le monopole.

la sortie, pour les wagons, des instruments de pesage appropriés aux opérations. (*Déc. min. du 15 octobre 1856; Circ. du 21, n° 424.*) On peut les livrer à la consommation à l'intérieur comme les autres produits, en se conformant aux règles du transit. (*Circ. du 26 mai 1863, n° 902.*)

Fluides et liquides de toute sorte (notamment boissons distillées ou fermentées (alcools, eaux-de-vie, etc.), mélasses, sirops, sorbets, confitures et miel à l'état non concret, beurre, médicaments, produits chimiques, couleurs, teintures, vernis, bitumes, autres, de toute sorte), — en bouteilles, cruchons, ou autres vases analogues, sont admis au transit sous les conditions générales du non-prohibé, et sous l'obligation de l'emballage et du plombage (*Loi du 2 juillet 1836, art.* 10); — en barils ou futailles, — les acquits-à-caution indiquent, indépendamment de l'espèce et de la quantité des fluides ou liquides, les marques et numéros des futailles, ainsi que le nombre de centimètres de vidange que présente chaque futaille au départ (1).

La reconnaissance d'identité est garantie par un double échantillon prélevé au bureau d'entrée : l'un, emballé sous cachet et renfermé dans une boîte revêtue du plombage, doit accompagner les futailles et être représenté au bureau de réexportation; l'autre, scellé des cachets de la douane et de l'expéditeur, et portant l'indication du numéro et de la date de l'acquit-à-caution, est conservé en dépôt au bureau d'expédition jusqu'à la consommation du transit.

La soumission, rappelée dans l'acquit-à-caution, contient l'engagement d'acquitter au bureau de sortie les droits d'entrée, ou, s'il s'agit de produits d'espèce prohibée, une somme égale à la simple valeur, à l'égard de tous les manquants reconnus, quelle qu'en puisse être la cause, et sans exception de ceux attribués au coulage ou à l'évaporation, sans préjudice des pénalités qui pourraient être encourues. (*Déc. min. des 13 janvier 1853, transmise par la Circ. du 24, n° 86, et 23 avril suivant, transmise par la Circ. du 30 mai, n° 113.*)

Dans tous les cas, les acquits-à-caution doivent, en outre, contenir la stipulation suivante : « Les soussignés (soumissionnaire et caution) s'engagent, en cas de non » rapport du présent acquit-à-caution dûment déchargé, à supporter les pénalités » applicables en vertu de l'art. 22 du décret du 17 mars 1852 (2). » (*Circ. lith. du 29 décembre 1854.*)

Nota. Le rocou n'est point une matière fluide. (*Déc. du 18 août 1845.*)

Graisses de toute sorte :
    Concrètes,—régime des marchandises non prohibées.
    Autres,   }mêmes formalités et conditions que pour les fluides ou li-
Huiles de toute sorte.}   quides. (*Déc. min. du 23 avril 1853; Circ. n° 113.*)

Il n'est pas exigé que les futailles soient plombées ni plâtrées aux bouts. Le service peut en permettre l'expédition en transit avec ou sans plâtre, selon les convenances du commerce. (*Circ. du 13 février 1832, n° 1304, et Déc. du 3 novembre 1843.*)

Fontes. Peuvent être admises au transit, sous les conditions suivantes : les fortes pièces de fonte (gueuses ou autres objets) doivent être percées d'un trou dans lequel passe la corde destinée à recevoir le plomb, et avoir au-dessus de ce trou une rai-

_____

(1) Pour les eaux-de-vie de toute sorte, l'acquit-à-caution énonce, en outre, pour chaque futaille, le degré de force de ces boissons et la quantité d'alcool pur qu'elles contiennent. (*Circ. du 24 janvier 1853, n° 86.*)

(2) Les soumissionnaires s'obligent, à défaut de justification de la décharge des acquits-à-caution, à payer le double du droit de consommation pour les eaux-de-vie, esprits, liqueurs et fruits à l'eau-de-vie, et pour les vins, cidres, poirés et hydromels, le sextuple du droit de circulation. (*Décret du 17 mars 1852, art. 22.*)

nure assez profonde ⁄pour cacher la corde et la mettre à l'abri du frottement des autres pièces. (*Déc. min. du 22 avril* 1834.)

Les menues pièces et les ouvrages susceptibles d'être mis en colis sont, comme toutes les autres fabrications, assujettis aux formalités générales du transit et particulièrement à l'emballage et au plombage.

Il peut être suppléé au trou à rainure au moyen d'un anneau en fil de fer *noyé* dans la fonte au moment du coulage, et dans laquelle il se trouve fixé par des bouts terminés en crochets. La corde du plomb qui passe dans cet anneau est protégée contre les accidents de route par un creux ménagé à cet effet sur une des surfaces de la gueuse et par un tampon de paille dont il est bouché.

En ce qui concerne les fontes en gueuses *admissibles à l'importation*, l'estampillage des pièces peut être substitué au *trou à rainure* ou à l'*anneau en fil de fer ;* mais, outre ce poinçonnage, on prélève sur chaque espèce de gueuses un échantillon qui est poinçonné et renfermé dans une caisse plombée. Les poinçons étant fournis par l'administration, l'estampillage des fontes a lieu gratuitement pour le commerce.

Les fontes qui ne sont pas assez douces pour recevoir l'empreinte du poinçon, et celles qui sont prohibées à l'entrée, continuent d'être soumises aux conditions et formalités prescrites par la décision ministérielle du 22 avril 1834. (*Circ. du 19 février* 1840, n° 1796.)

Le service peut, sur la demande du commerce, permettre la substitution d'un échantillon renfermé dans une boîte scellée du plomb de la douane au plombage ou à l'estampillage de toute une partie de fontes en transit soit directement sur les frontières, soit à destination d'un entrepôt de l'intérieur, mais alors seulement qu'elles sont de la même espèce ou qualité et de la même origine. On doit d'ailleurs indiquer exactement, sur l'acquit-à-caution, le nombre et le poids total des gueuses et gueusets. (*Déc. min. du 28 janvier* 1850; *Circ.* n° 2365, *et Déc. du 1ᵉʳ février* 1855.)

La faculté de diriger des fontes brutes, non prohibées à l'entrée, sur les entrepôts de l'intérieur, sans estampillage ni plombage, peut être accordée aux conditions suivantes :

1° Elles ne pourront pas être réexportées; les déclarations de l'importateur et de l'entrepositaire au lieu de destination porteront l'engagement d'en payer les droits au plus tard dans le délai de trois ans, accordé par la loi du 27 février 1832.

2° Ces fontes seront expédiées sous les conditions générales du transit, en les affranchissant de la formalité de l'estampillage ou du plombage. (*Déc. du 19 décembre* 1840.)

Fer étiré, sauf celui qui sera soumis à un estampillage et aux précautions que l'administration peut déterminer.

Est exclu du transit le fer étiré, sauf celui qui est accompagné d'un échantillon composé d'une barre prélevée sur chaque espèce de fer et placée dans une caisse scellée d'un plomb. (*Déc. min. du 28 janvier* 1850; *Circ. du 5 février suivant,* n° 2365). On énonce, dans l'acquit-à-caution, si les fers ont été étirés au laminoir ou au marteau, le nombre des barres, leurs dimensions suivant les classifications du tarif, le poids distinct par espèce (*Circ. du* 13 *février* 1832, n° 1304), l'origine des fers, et s'ils ont été traités au charbon de bois ou à la houille. (*Circ. du 5 février* 1850, n° 2365.)

Les dispositions relatives aux fontes brutes dirigées sans plombage sur les entrepôts de l'intérieur sont applicables aux fers en barres ayant la même destination. (*Déc. du* 31 *mai* 1844.)

Pour le fer-blanc et les tôles, *V.* n° 515.

Voitures, autres que celles destinées à servir à l'usage des voyageurs (V. Livre XI, ch. 15);

Démontées et emballées, plombage de colis;

Dans tout autre cas, énonciation du signalement dans l'acquit-à-caution, et plombage à l'une des portières et au train. (*Déc. min. du* 23 *avri*[l] 1853 ; *Circ. du* 30 *mai suivant*, n° 113.)

Armes de guerre, balles de calibre et poudre à tirer, sauf les autorisations spéciales que le Gouvernement peut accorder.

Le service du bureau d'entrée doit exiger la représentation de l'autorisation originale que l'expéditeur a dû recevoir directement du Ministre de la guerre. (*Déc. du* 23 *mai* 1838). *V.* Livre XI, chap. 23 et 24.

Peuvent être admises au transit sous le régime du prohibé, sans permis du Département de la guerre, les capsules pour armes de chasse (*Circ. lith. du* 1er *mars* 1852 et *Circ. du* 26 *juin* 1860, n° 651), les cartouches de poudre ordinaire, les charges exclusivement composées de poudre fulminante avec balle, assimilées ici aux capsules de chasse, et les culots de toute dimension. (*Circ. du* 13 *février* 1861, n° 733.)

Les pistolets de poche, prohibés par l'ordonnance du 23 février 1837, peuvent transiter sans autorisation préalable ; mais, comme mesure d'ordre et de police, les directeurs donnent immédiatement avis de ces sortes d'expéditions à M. le Ministre de l'intérieur. Cet avis indique le nombre de pistolets, la date et le numéro de l'acquit-à-caution, le bureau qui l'a délivré, ainsi que le point de sortie ou l'entrepôt sur lequel les armes sont dirigées. (*Circ. du* 7 *août* 1838, n° 1704.)

Contrefaçons en librairie. Sont exclues du transit d'une manière absolue. (*Loi du* 6 *mai* 1841, art. 8.) *V.* Livre XI, chap. 20.

539. — *Tableau* n° 2 *des conditions imposées pour les expéditions en transit ou sur les entrepôts de l'intérieur. V.* n°s 511, 512, 514, 516, 519 et 532.

DISPOSITIONS GÉNÉRALES.

Toutes les marchandises, *même celles mentionnées au présent Tableau*, alors qu'elles sont exemptes de droits *à l'entrée* et similaires de marchandises d'origine nationale affranchies de taxes *à la sortie*, soit à titre absolu, soit en raison de leur provenance ou du mode d'importation, sont affranchies, en tous points, des formalités afférentes au transit (sauf la déclaration et la vérification). *V.* n° 506.

Celles, quelles qu'elles soient, qui sont exemptes de droits *à l'entrée* (1) et soumises seulement à des droits de sortie, doivent être expédiées avec simple passavant (2) et sans plombage. L'expédition peut d'ailleurs en avoir lieu indifféremment en caisses, balles ou futailles. (*Déc. min. du* 31 *mai* 1860 ; *Circ. du* 26 *juin* 1860, n° 651.)

Quant aux *autres marchandises* passibles de droits à l'entrée et à la sortie, *et qui ne sont pas désignées ci-dessous*, elles sont assujetties aux conditions générales déterminées par les lois des 17 décembre 1814, 9 février 1832, et autres relatives au transit. Elles doivent notamment être mises dans des colis susceptibles d'être plombés (3), à moins qu'il ne s'agisse des objets indiqués au n° 517.

---

(1) Toutefois, pour les boissons de toute sorte, même celles exemptes de droits de douane à l'entrée, c'est l'acquit-à-caution qui doit être employé en vue de garantir les intérêts confiés au service des contributions indirectes. (*Circ.* n° 651.) *V.* n° 538.

(2) Le commerce a la faculté de faire comprendre cumulativement, dans un même acquit-à-caution, avec des marchandises soumises au régime de l'acquit-à-caution, d'autres marchandises qui ne comporteraient qu'un passavant ; mais, dans aucun cas, on ne procédera en sens inverse. (*Circ.* n° 651.)

(3) Il en est ainsi, par exemple, à l'égard des bateaux à vapeur. Lorsqu'ils sont démontés, on peut d'ailleurs, à titre exceptionnel, garantir l'identité des fortes pièces

Toutes les fois que le commerce en fait la demande, le second emballage et le second plombage peuvent être remplacés par le prélèvement d'un échantillon. *V.* n° 515.

Le mot *exclu* indique les marchandises dont le transit est interdit. Les lettres D P E désignent les marchandises qui sont soumises au double plombage et au prélèvement d'un échantillon; les lettres D P, celles qui sont seulement soumises au double plombage; la lettre P, les produits qui ne sont passibles que du simple plombage; les lettres E P, les marchandises soumises au simple plombage qui doivent être accompagnées d'un échantillon; la lettre E, celles pour lesquelles il y a seulement lieu au prélèvement d'un échantillon, sans plombage des colis.

Un astérisque *, placé avant le nom des marchandises, indique qu'elles ne peuvent être expédiées qu'en caisses; deux astérisques **, qu'elles ne peuvent être mises qu'en caisses ou balles; le signe ┼, qu'elles doivent être reçues en caisses ou futailles; le signe °, qu'elles peuvent être expédiées en caisses, balles ou futailles. (*Circ. du 26 juin* 1860, n° 651.)

ACIDES . . . . { stéarique ouvré. . . . . P
{ autres. *V. Produits chimiques*. . . . .

┼ ACIER en tôle, filé *ou* ouvré. . . . . P

┼ AGATES ouvrées. . . . . P

° AGRÈS *et* apparaux de navires. . . . . P

° AIGUILLES à coudre. . . . . D P
. . . . P

┼ ALBATRE sculpté, moulé *ou* poli . . . .

ANIMAUX vivants.
{ Chevaux de toute sorte . . . . . . } *Sans autre formalité que* l'inscription exacte de leur signalement dans les acquits-à-caution.
{ Mules et mulets . . . . }

{ Bœufs, vaches, taureaux, taurillons, génisses et veaux. } *Sans autre formalité que* l'indication du nombre de têtes *de chaque espèce* dans l'acquit-à-caution.
{ Béliers, brebis, moutons et agneaux . . . . }
{ Porcs et cochons de lait . . . . }

{ Chiens de forte race . . . . } Énonciation du nombre dans le *passavant.*

ˇ ARGENT battu, tiré, laminé ou filé . . . . P

┼ ARGENTAN laminé, étiré *ou* ouvré. . . . . P

ARMES . . . . { de guerre, *à moins d'autorisations spéciales* . . . . Exclues.
{ * autres (1) . . . . D P

BAUMES *concrets*, à l'exception du storax . . . . E P

BEURRE. *V. Fluides et liquides.*

ˇ BIJOUTERIE. . . . . D P

° BIMBELOTERIE. . . . . P

BISMUTH. *V. Etain.*

BITUMES . . . . } *V. Fluides et liquides.*
BOISSONS . . . . }

---

au moyen de l'estampille prescrite pour les fontes brutes, et, dans le cas où ces pièces ne pourraient pas recevoir l'empreinte du poinçon, on y suppléerait par un plombage spécial; chaque objet doit être décrit de manière à faciliter la reconnaissance au bureau de sortie. Quant aux menues pièces susceptibles d'être mises en colis, elles sont soumises aux conditions générales. (*Déc. du* 21 *septembre* 1840.)

(1) *V.*, pour les pistolets de poche, n° 538.

* Bougies de blanc de baleine ou de cachalot............................   P

o Boutons..   D P

   Cacao..   P

   Café...   P

   Cannelle...   P

   Capsules de poudre fulminante *propres aux armes de guerre.* V. n° 538, et *Munitions de guerre.*

✛ Caractères d'imprimerie.......................................   P

** Cartes......... { à jouer...   D P
                { géographiques...................................   P

** Carton...   P

o Chapeaux de paille, d'écorce, etc., *et* de fibres de palmier...............   P

o Cheveux ouvrés..   P

o Chicorée moulue...   P

* Chocolat ....   P

Cire .... { * blanche, ouvrée........................   P
             { o à cacheter...........................   P

Cochenille...   E P

Confitures *et* Confiseries { liquides. V. *Fluides et liquides.*
                        { * sèches...................................   P

* Corail taillé, non monté.......................................   P

o Cordages...   P

Couleurs liquides. V. *Fluides et liquides.*

✛ Coutellerie...   P

Cuivre .... { ✛ pur *ou* allié, battu, laminé, filé ou ouvré.........   P
               { * doré ou argenté, battu, laminé, filé *ou* ouvré......   P

o Drilles..   P

Écorces médicinales..   E P

o Effets à usage..   P

Engrais non emballés..................................... *Exclus* (V. n° 538.)

✛ Étain *et* Bismuth battu, laminé *ou* ouvré.......................   P

** Étiquettes gravées, imprimées ou coloriées........................   P

Fer (V. n° 538)....	Fontes....		Menues pièces et ouvrages mis en colis.		P
		non susceptibles d'être emballées.	Pièces de même espèce, qualité et origine..............		E
			Autres (1)............		P
	étiré. (V., pour le prélèvement d'échantillons, n° 538.)..				E
Fer (V. n° 538)...	✛ de tréfilerie.....................................				P
	* Fer-blanc...........				
	Tôles... { ✛ légères...	✛ légères...	(V. n° 515.).............		E
	{ fortes......				
Feutres	✛ ouvré, de toute sorte........................				P
	* Chapeaux *et* schakos........................				P
	** à doublage *et* autres ouvrages................				P
Fils............	** de coton, de laine *et* autres prohibés............				E P
	o autres, de toute sorte........................				D P

---

(1) Le poinçonnage peut, dans certains cas, être substitué au plombage, mais alors on prélève un échantillon qui est renfermé dans une caisse plombée. V. n° 538.

FLUIDES et liquides	en fûts.	Boissons.... { distillées............ / fermentées.......... Mélasse, sirops, sorbets, confitures et miel non concret............ Beurre........................... Médicaments et produits chimiques.. Couleurs, teintures et vernis....... Bitumes...................... Autres de toute sorte............	*V.* n° 538. E
	en bouteilles, cruchons ou estagnons, sans distinction d'espèce......................................		E P

GIROFLE..................................... P
GRAINS *et* FARINES.................................. E P

GRAISSES.......	concrètes. — *Régime général des marchandises non prohibées.* Autres. — Comme *Fluides et liquides.* — *V.* ces mots.	

^{**} GRAVURES *et* LITHOGRAPHIES................................. D P
° HAMEÇONS... P
✝ HORLOGERIE... P
HOUILLES non emballées........................... *Exclues* (*V.* n° 538.)

HUILES..........	d'olive, de colza, de coco, de navette, d'œillette, de pavot *et de* lin	en futailles.........	E
		en bouteilles, cruchons ou estagnons......	E P
	autres, *sauf l'huile de palme concrète*..................	en bouteilles, cruchons ou estagnons......	E P
		en tous autres récipients. — *Régime des liquides et fluides. V.* ces mots.	

INDIGO.. E P
✝ INSTRUMENTS aratoires, d'optique, de calcul, d'observation, de chirurgie, de chimie *et* de musique .... P
        .... E P
IPÉCACUANHA.. P
° IRIS DE FLORENCE ouvré............................. E P
JALAP... P
LAINES.. P

LIBRAIRIE......	Contrefaçons.......................... *Exclues.*
	^{**} autre .... D P

^{**} LIÈGE ouvré.....	Bouchons .... E P
	autre .... P

LIMAILLES non emballées........................... *Exclues.* (*V.* n° 538.)
° MACHINES *et* MÉCANIQUES .... P
MACIS... P
✝ MARBRES *et* ÉCOSSINES sculptés, moulés, polis *et* autrement ouvrés, y compris les chiques................................ P
MARCHANDISES atteintes d'avaries .... E P
MARNE non emballée........................... *Exclue.* (*V.* n° 538.)
MATÉRIAUX non emballés, *sauf les ardoises* (1), *lesquelles peuvent d'ailleurs*

---

(1) Les ardoises peuvent être expédiées *en vrac;* mais les acquits-à-caution doivent en indiquer le nombre et l'espèce d'après les distinctions du *Tarif.* (*Circ.* n° 651.)

entrer par Saint-Menges, Givet et les Rivières, pour être réexportées par l'un de ces bureaux............................... *Exclues.* (*V.* n° 538.)

MÉDICAMENTS .... { liquides. V. *Fluides et liquides.*
{ * composés, à l'état concret .... D P

MÉLASSE. V. *Fluides et liquides.*

o MERCERIE .... P

** MEUBLES... P

MIEL, *autre qu'à l'état concret.* V. *Fluides et liquides.*

MINERAIS non emballés................................ *Exclus.* (*V.* n° 538.)

* MODES *et* FLEURS artificielles.. P

+ MONNAIES.. P

MUNITIONS DE { *sans autorisations* .... *Exclues.*
GUERRE { *avec autorisations spéciales* .... D P

MUSCADES... P

** MUSIQUE gravée.. P

o NATTES *et* TRESSES de bois blanc, de paille, d'écorce, etc................ P

* On battu, tiré, laminé *ou* filé sur soie.... .... P

* ORFÉVRERIE... P

ORSEILLE... E P

+ OUTILS.. P

OUVRAGES....... { + en bois .... P
{ o en caoutchouc..................................... P
{ en peau ... { + Sellerie........................... P
{ { ** Autres......................... P

OXYDES. V. *Produits chimiques.*

** PAPIER... P

* PARAPLUIES... P

** PEAUX préparées .... P

o PELLETERIES ouvrées... P

PIERRES lithogra- { emballées.............................. P
phiques, brutes { non emballées (*V.* n° 516)....................... E

+ PIERRES ouvrées en chiques... P

Piment.. P

+ PLAQUÉS.. P

+ PLOMB battu, laminé *et* ouvré, *autres qu'en balles de calibre*............ P

o PLUMES métalliques... P

POISSONS........ { o secs, salés ou fumés.............................. P
{ + en saumure (*V.* n° 538.)........................ P

POIVRE... P

+ PORCELAINE... P

+ POTERIE de grès fin *ou* de terre de pipe............................... P

PRODUITS CHIMIQUES

liquides. V. *Fluides et liquides.*

o Acides { citrique cristallisé *et* stéarique en masse D P
{ benzoïque, oxalique, phospho-
{ rique *et* tartrique.............. E P

o Oxydes de plomb, *sauf la litharge*.......... E P

o Acétates de potasse, de soude *et* de plomb ; Alun brûlé *ou* calciné ; Sels ammoniacaux ; Arséniate de potasse ; Blancs de plomb *et* d'argent ; Borax mi-raffiné *et* raffiné ; Carbonate de magnésie ; Oxalate acide de potasse ; Sulfate de magnésie ; Tartrates de po-

à l'état concret. {	Sels. {	tasse *et* de soude et de potasse	E P
		Alun autre que brûlé *ou* calciné; Borax brut; Céruse *et* Sulfates de soude et de potasse.....................	E P
		o Acétate de cuivre cristallisé ; Crème de tartre; Hydrochlorate de potasse *et* Sulfates de cuivre et de zinc.......	D P
		* Chromates de plomb et de potasse....	E P
		Sel de marais, de saline *et* Sel gemme.	P
	Sulfure de mercure {	naturel, en pierres.............	E P
		o artificiel *et* pulvérisé.........	E P
		* non dénommés au *Tableau des droits* et Iode.	D P

RÉSINEUX exotiques...................................... E P
RHUBARBE... E P
SAFRAN.. E P
SALSEPAREILLE...... E P
* SAVONS de parfumerie et autres................................. P
SELS. V. *Produits chimiques.*
SÉNÉ *(feuilles et follicules)*............................... E P
SIROPS *et* SORBETS. V. *Fluides et liquides.*
SUCRE brut *ou* raffiné. .... P
SUCS VÉGÉTAUX d'espèces particulières, *sauf le jus de réglisse, la glu et la manne*..................................... E P

TABAC......... {	en feuilles.......................	P
	fabriqué ou autrement préparé (*V.* n° 538)...........	E P

o TABLETTERIE.. P
TEINTURES liquides. V. *Fluides et liquides.*
THÉ... P

TISSUS .... {	de coton, pur ou mélangé. {	** en pièces (1) *et* Tulle............	E P
		o Bonneterie et Passementerie.....	D P
	** de crin et d'écorce.............................		D P
	de laine pure ou mélangée. ... {	** en pièces (1)...................	E P
		o Bonneterie, Passementerie *et* Rubannerie...................	D P
	de lin *ou* de chanvre,... {	** Tulle........................	E P
		o Bonneterie, Passementerie *et* Rubannerie..................	D P
		** tous autres.................	D P
	de poil....... {	o Bonneterie...................	D P
		** tous autres.................	D P
	** de soie *et* de bourre de soie {	en pièces (1) *et* Tulle............	E P
		autres........................	D P

+ TOILES métalliques..................................... D P
VANILLE.. P
o VANNERIE.. P
VERNIS. V. *Fluides et liquides.*

(1) Les rubans et les dentelles de toute sorte sont affranchis du prélèvement d'échantillons. Il en est de même des châles, cravates, mouchoirs, etc. *V.* n° 512. (*Circ.* n°ˢ 1304, 1538 *et* 1630, *et Circ.* n° 651.)

Verres *et* **Cristaux.**	* Grands miroirs *et* Verres à lunettes ou à cadran, taillés *et* polis............................ p
	+ Petits miroirs; Verres à lunette ou à cadran bruts; Verrerie de toute autre sorte *et* Vitrifications.......................... p
Viandes	fraîches, sèches. salées ou fumées.................. p
	+ en saumure (*V.* n° 538)..................... p
Voitures, *autres que celles à* *l'usage des voyageurs*	démontées et emballées................. p
	dans tout autre cas (*V.* n° 538.).......... p
Zinc	+ laminé.......................... p
	* ouvré........................... p

540. — Tableau n° 3. *Ports de mer et bureaux des frontières de terre par lesquels peut s'effectuer le transit, tant à l'entrée qu'à la sortie. sauf celui des marchandises prohibées, qui est réservé aux ports d'entrepôts du prohibé et aux seuls bureaux marqués d'un astérisque. selon les cas prévus en l'art. 3 de la loi du 9 février 1832.* V. n°s 500 et 532.

Armentières; Lille, par le chemin de fer *, ou par Halluin et Baisieux(1); Roubaix*; Turcoing *; Jeumont*; Blancmisseron*; Feignies *; Valenciennes, même ville par le chemin de fer *; Givet; Sedan; Vireux*; Longwy*; Forbach*; Sarreguemines*; Wissembourg*; Lauterbourg*; Strasbourg*; Kehl*; Huningue*; Saint-Louis*; Delle; le Villers; les Fourgs*; Verrière-de-Joux*; Jougne*; les Rousses*; Bellegarde*; Culoz*; Saint-Blaise*; Seyssel*; Pont-de-Beauvoisin*; Entre-deux-Guiers; Chapareillan; Saint-Laurent-du-Var*; Arles, pour l'entrée seulement; le Perthus *(2); Bourg-Madame* par Prades, pour la sortie seulement (2); Saint-Jean-Pied-de-Port, par Arnéguy; Ainhoa; Béhobie* (2); Givet (station du chemin de fer)*; Urdos; Lescun, pour la sortie seulement; Pontarlier (station du chemin de fer)*; Frangy; Pont-de-la-Caille*; Chambéry*; Saint-Jean-de-Maurienne*; Menton, par Garavano; Lanslebourg*, Le Plat; Fontan*; Sierck*, pour les seules opérations effectuées par la Moselle; Bois-d'Aumont*; Thionville (station du chemin de fer*); Apach*; Halluin; Baisieux; Trouville; Hendaye*; Fécamp*; Ile-de-Paille*; Brest *.

V. Livre IV, n° 649, les ports ouverts au transit, entrée et sortie, des marchandises tarifées; n° 724, les ports ouverts au transit, entrée et sortie, des marchandises prohibées.

---

(1) Les marchandises dirigées sur Lille peuvent être réexportées par les bureaux frontières d'Halluin ou Baisieux. Quand l'expéditeur ne précise pas le point de sortie dans sa déclaration, il suffit que le bureau de départ désigne Lille dans l'acquit-à-caution; la douane de cette ville indique le bureau secondaire de réexportation. (*Déc. du 23 juillet* 1841.)

(2) Ce bureau ne peut constater la réexportation des marchandises prohibées qu'autant qu'elles sont arrivées en France par terre. (*Tarif,* tableau n° 7.)

LIVRE VI

ADMISSIONS TEMPORAIRES

CHAPITRE PREMIER

DISPOSITIONS GÉNÉRALES

541. — Des ordonnances du Gouvernement peuvent autoriser, sauf révocation en cas d'abus, l'importation temporaire de produits étrangers destinés à être fabriqués ou à recevoir en France un complément de main-d'œuvre, et que l'on s'engagera (1) à réexporter ou à rétablir en entrepôt dans un délai qui ne pourra excéder six mois, et en remplissant les formalités et les conditions qui seront déterminées.

Dans le cas où la réexportation ou la mise en entrepôt ne sera pas effectuée dans le délai et sous les conditions déterminées, le soumissionnaire sera tenu au payement d'une amende égale au quadruple des droits des objets importés, ou au quadruple de la valeur, selon qu'ils seront tarifés ou prohibés ; et il ne sera plus admis à jouir du bénéfice du présent article. (*Loi du 5 juillet 1836, art.* 5.) Non-réexportation de produits tarifés, n° 11 du tableau des Infr. Contrainte. Non-réexportation de produits prohibés, n° 10 du même tableau. Contrainte (2).

En principe, il n'est pas statué, pour l'exécution de cette disposition, par voie d'ordonnance individuelle. Les mesures adoptées à ce sujet sont d'application générale, et, dès lors, communes à tous ceux qui veulent en profiter. (*Tarif* n° 5 *des Obs. prélim.*) *V.* Exceptions, n° 566.

Les marchandises destinées à l'importation temporaire doivent être immédiatement

---

(1) Au moyen d'une soumission dûment cautionnée, motivant la délivrance d'un acquit-à-caution série M, n° 46 D. (*Circ. du 9 avril* 1847, n° 2168).

Comme pour le transit, on n'exige qu'une seule caution sur place, la responsabilité du principal obligé, s'il réside dans une autre localité, étant engagée par la signature de la personne munie de sa procuration qui reste déposée en douane. *V.* n° 33. (*Circ. du 31 janvier* 1861, n° 728.)

Quand, à défaut de caution, le service reçoit exceptionnellement la consignation du montant des droits au sujet de marchandises dont l'entrée doit d'ordinaire faire l'objet d'un acquit-à-caution, on délivre une reconnaissance série M, n° 23 C bis, s'il n'existe pas de registre spécial. (*Déc. de la Compt. du* 29 *décembre* 1862.)

(2) Dans toute transaction sur les affaires de l'espèce, l'administration exige le payement de l'intérêt du droit compromis depuis la date de la soumission d'importation. Cet intérêt est calculé à raison de 5 p. 0/0 (*Déc. du 27 octobre* 1862) jusqu'au jour, soit de la soumission de s'en rapporter à la décision de l'administration pour la non-régularisation de l'acquit-à-caution, soit du paiement des droits, s'il n'y a pas d'action contentieuse. (*Déc. du 15 novembre* 1862.)

déclarées en conséquence. Toutefois, à raison de circonstances particulières, des matières premières placées tout d'abord en entrepôt fictif peuvent, sur autorisation spéciale et après avoir été représentées au service, être admises au bénéfice de l'introduction temporaire. (*Déc. du 19 mai* 1863.)

Les règlements généraux sont appliqués à l'entrée en ce qui concerne la tare, *V.* n° 194, des marchandises admises temporairement; mais le poids net réel des produits fabriqués doit être constaté, effectivement ou par épreuves, lors de la réintégration en entrepôt ou de la réexportation immédiate. (*Déc. du 13 janvier* 1855.)

Les contraventions au sujet des marchandises qui, dès l'arrivée, sont déclarées pour l'admission temporaire, entraînent les pénalités énoncées aux n°s 172 à 175.

Si une fausse déclaration concerne des marchandises expédiées, à l'arrivée, sous le régime du transit international, et déclarées, à destination, pour l'admission temporaire, on applique, au premier bureau, les pénalités indiquées au n° 342 pour substitution, et, au second bureau, les n°s 172 à 175. Les deux directions se concertent d'ailleurs conformément au n° 1132.

Les pénalités rappelées au n° 541 sont relatives aux faits ultérieurs. (*Déc. des* 16 *mai* 1857 *et* 4 *juillet* 1859.)

Lorsqu'en vertu de traités de commerce les importations directes sous le pavillon d'un pays étranger sont assimilées aux importations sous pavillon français, on peut, en ce qui concerne le régime de l'admission temporaire, exempter de la formalité du certificat d'origine, si cette formalité doit être remplie en principe, les marchandises arrivées de ce pays par navires du même pays ou par bâtiments français. (*Déc. du* 14 *janvier* 1854.)

Les marchandises dont l'importation, pour l'admission temporaire, doit s'effectuer sous pavillon français ou sous le pavillon du pays de production peuvent, quelle qu'en soit l'origine, être importées de tout pays par navires français, de sorte que si le pavillon du pays étranger où s'est opéré le dernier chargement est assimilé au pavillon français, l'importation peut aussi être faite par navires de ce pays. Ainsi, des potasses de Russie, directement apportées de Hollande par navire néerlandais, sont reçues au bénéfice de l'admission temporaire. (*Même Déc. du* 14 *janvier* 1854.)

Les produits doivent recevoir la destination en vue de laquelle ils ont été admis temporairement et énoncée dans la soumission. Les intéressés doivent donc présenter au service, pour la régularisation de l'acquit-à-caution et l'application des règlements généraux, les produits fabriqués; ils n'ont pas le droit de les déclarer pour la consommation tant qu'il n'a pas été satisfait aux engagements souscrits. A l'expiration du délai rappelé dans les acquits-à-caution, l'administration doit être mise à même de statuer sur les suites à donner aux soumissions qui n'ont pas eu leur effet. (*Ordonnance du* 10 *mars* 1846, *art.* 7; *Déc. du* 27 *septembre* 1853, *et Circ. du* 7 *février* 1863, n° 883.)

Lorsqu'ils sont extraits de l'entrepôt réel pour la consommation, les produits ainsi fabriqués ne sont soumis qu'à la taxe applicable, au moment de l'introduction temporaire, à la matière première véritablement importée de l'étranger. (*Même Circ.* n° 883.)

Il existe une exception au sujet des produits fabriqués avec des matières premières étrangères et exportés de France à destination, soit des colonies des Antilles, de la Réunion et de l'Algérie, soit du Sénégal, de Gorée, de la Guyane et des autres possessions françaises hors d'Europe. *V.* n° 774.

Sauf les foulards imprimés, les châles en crêpe de Chine, le riz décortiqué ou nettoyé, les huiles épurées, le prussiate de potasse, l'iode raffiné, l'iodure de potassium, les gommes du Sénégal, les produits obtenus par la mise en œuvre des marchandises admises temporairement peuvent être réexportés par tous les bureaux ouverts à l'importation du produit brut. (*Circ. du* 27 *décembre* 1850, n° 2418.)

Pour la réexportation, les acquits-à-caution d'admission temporaire tiennent lieu d'acquits-à-caution de transit. Ces acquits doivent être soumis, à l'entrée dans le rayon-frontière, aux bureaux de seconde ligne, au visa prescrit par l'art. 12 de la loi du 9 février 1832, et les contrevenants sont passibles de l'amende édictée par ce même article. (*Circ. du 21 octobre* 1857, n° 504.)

La totalité des marchandises énoncées en un même acquit-à-caution doit être réexportée par un seul bureau de sortie ; mais cette réexportation peut s'y effectuer partiellement. Dans ce dernier cas, l'acquit-à-caution reste déposé au bureau dès la première sortie, et y est successivement annoté pour être ultérieurement revêtu, s'il y a lieu, d'un certificat de décharge. Pour les quantités composant le second envoi, le troisième, etc., les conducteurs des marchandises doivent, à l'entrée dans le rayon des frontières de terre, se pourvoir des passavants de circulation nécessaires. Si, après réexportation d'une ou de plusieurs parties, la quantité complémentaire n'est pas représentée dans le délai légal, l'acquit-à-caution est, à l'expiration de ce délai, revêtu des certificats qu'il comporte, et renvoyé au bureau d'entrée, qui exerce les poursuites de droit. (*Circ. du 1er mars* 1850, n° 2372.)

Toutes les fois que le commerce en fait la demande, les acquits-à-caution, dont il a été fait usage pour la réexportation partielle de marchandises, sont mis à sa disposition, sans qu'on ait besoin de recourir à l'autorisation de l'administration pour s'en servir dans tels autres bureaux qui seraient plus en rapport avec les besoins ou les convenances des intéressés. Les acquits-à-caution doivent alors être préalablement revêtus par les vérificateurs de certificats indiquant les quantités de produits dont la réexportation partielle a été constatée par eux dans le bureau où ces expéditions étaient déposées : et ces certificats de réexportation partielle doivent être suivis du visa du sous-inspecteur ou (à défaut de sous-inspecteur) du chef local chargé de surveiller et de contrôler les opérations de la visite. Le dernier bureau de sortie, où les opérations finales de réexportation ont été ainsi constatées, fait le renvoi de l'acquit-à-caution au bureau où il a été délivré.

Il est entendu qu'il n'est ici dérogé en rien aux conditions et restrictions spéciales et exceptionnelles auxquelles est particulièrement subordonnée la réexportation de certaines marchandises admises au régime de l'importation temporaire. (*Circ. du* 13 mars 1861, n° 741.)

Ces dispositions sont applicables lors de la réintégration en entrepôt de quantités partielles de marchandises. Il y a là, d'ailleurs, place dans une certaine mesure à l'appréciation des chefs du service, qui, tout en tenant compte des nécessités locales, ont à veiller à ce que l'entrepôt ne soit pas converti en magasin de détail. (*Circ. du* 20 mars 1846, n° 2103, *et Déc. du 4 mai* 1855.)

En ce qui concerne les objets fabriqués ou construits avec une quantité de fonte brute énoncée en un seul et même acquit-à-caution d'importation temporaire, le commerce peut obtenir la faculté d'effectuer la réexportation partiellement, par plusieurs des bureaux ouverts à ces sortes d'opérations. Le bénéfice de cette exception est subordonné aux conditions suivantes : après avoir déposé l'acquit-à-caution *dans une douane d'entrepôt réel*, que cet acquit en soit ou non émané, l'intéressé y produit, à mesure des besoins, une déclaration descriptive des objets (machines, etc.) à envoyer à l'étranger, et dont la reconnaissance doit s'accomplir au bureau de sortie dans le délai légal. Il est délivré successivement, à titre d'extraits de l'acquit-à-caution, des passavants rappelant la date de la soumission primitive, et qui, destinés à accompagner chaque partie d'objets, sont régulièrement revêtus de certificats de visite et de réexportation effective. Renvoyés dans la forme ordinaire, ces passavants deviennent alors, au prorata du poids constaté, les éléments du compte ouvert pour la libération des engagements primitivement souscrits. (*Déc. du 9 juillet* 1852.)

Les produits provenant des matières admises temporairement sont affranchis du droit de sortie. (*Déc. du 12 juin* 1852.) Les droits de sortie sur les parties autres que celles-là sont perçus au bureau de sortie, qui en certifie sur les acquits-à-caution ou les passavants. (*Déc. du* 13 *novembre* 1852.)

Les acquits-à-caution relatifs à des marchandises admises au bénéfice de l'importation temporaire doivent être renvoyés aussitôt après leur régularisation ou à l'expiration des délais fixés, si les acquits-à-caution ont été laissés en dépôt au bureau qui a constaté une réexportation partielle. (*Circ. lith. du* 6 *février* 1854 *et Circ. man. du* 19 *février* 1858.)

La remise de la déclaration pour la réexportation implique demande de règlement total ou partiel, mais immédiat, d'un compte d'admission temporaire. Il suit de là que toute infraction résultant de cette déclaration tombe sous les pénalités déterminées par l'art. 5 de la loi du 5 juillet 1836. Quand donc le service reconnaît une fausse déclaration ou un déficit, etc., l'acquit-à-caution doit être annoté en conséquence, et le bureau où il a été délivré mis à même de poursuivre sans retard, par voie de contrainte, l'application de ces pénalités. En même temps le bureau qui a déjoué cette tentative de fraude quant à la nature, à l'espèce ou à la qualité des marchandises doit rédiger un procès-verbal pour fausse déclaration à la sortie de produits que l'on tentait de soustraire aux droits en les présentant abusivement comme provenant de fabrication au moyen d'importation temporaire. Cette action appartient à ce dernier bureau, sauf à recevoir ultérieurement les suites des affaires complexes. *V.* n° 1132. (*Déc. des* 21 *avril*, 20 *octobre* 1857, *et* 12 *septembre* 1859; *Doc. lith. de* 1861, n° 221.)

Lorsque des marchandises sont présentées à la décharge de plusieurs acquits-à-caution, le service doit exiger que le déclarant indique dans quelle proportion il entend faire opérer l'imputation relativement à chacun d'eux. Les employés procèdent alors à l'apurement successif de ces expéditions; dans l'ordre où l'intéressé les produit, de sorte que le déficit final porte sur la dernière. (*Déc. du* 12 *septembre* 1859, *et Doc. lith. de* 1861, n° 221.)

Lorsque la fausse déclaration concerne la totalité des produits admis temporairement, l'acquit-à-caution, dûment annoté, est retenu par le bureau de sortie pour être immédiatement renvoyé au bureau d'importation; si elle tendait à un règlement partiel, l'acquit-à-caution serait annoté et rendu à l'intéressé. La contrainte pour l'application de la loi du 5 juillet 1836 serait délivrée au bureau d'entrée à vue, dans le premier cas, de l'acquit-à-caution dans le second, d'une copie du procès-verbal rédigé au bureau de sortie chargé d'exercer les poursuites en vertu de la loi du 22 août 1791. (*Déc. du* 10 *février* 1860.)

CHAPITRE II

PRODUITS AUXQUELS PEUT S'APPLIQUER LE BÉNÉFICE DE L'ADMISSION TEMPORAIRE.

Les produits désignés ci-après sont admissibles en franchise, à charge par les déclarants de s'engager, au moyen d'une soumission valablement cautionnée, à remplir les conditions prescrites, sous les pénalités résultant de l'art. 5 de la loi du 5 juillet 1836. (*V.* n° 541.)

542. — *Objets envoyés isolément en France pour être réparés ou achevés.* Lorsque l'on demande à disposer temporairement en franchise d'ustensiles, machines, instruments ou meubles *à réparer*, glaces à étamer, ouvrages en bronze à redorer, coupons de tissus à reteindre ou à réapprêter, livres à relier, ou autres objets analogues, *importés isolément ou en petit nombre*, pour recevoir soit des réparations, soit un complément de main-d'œuvre, les directeurs peuvent en autoriser la remise, moyennant la délivrance d'un acquit-à-caution descriptif et l'accomplissement des autres formalités qui seraient jugées nécessaires pour assurer la reconnaissance de l'identité et la réexportation des objets dans un délai dont la durée ne doit jamais dépasser six mois. En cas de non-accomplissement des conditions ou engagements souscrits par les soumissionnaires, les pénalités déterminées par l'art. 5 de la loi du 5 juillet 1836 seraient applicables.

Mais quand il s'agit d'obtenir, soit à titre permanent, soit pour des quantités considérables ou indéterminées, soit en vue d'opérations susceptibles de s'étendre ou de se renouveler, l'importation temporaire de produits étrangers destinés à recevoir une main-d'œuvre de quelque importance (tels seraient, par exemple, des tissus en pièces pour être teints ou imprimés, des fils pour être tissés, ou toute autre matière première pour être mise en fabrication), on doit en référer à l'administration, afin qu'elle puisse examiner, prendre, au besoin, l'attache du département du commerce, et provoquer, selon qu'il y a lieu, ou des décisions ministérielles, ou des décrets, conformément aux prescriptions de la loi du 5 juillet 1836. (*Circ. du 24 avril 1855, n° 283.*)

543. — *Tissus de soie dits foulards écrus, destinés à l'impression.* (*Ord. du 13 mai 1837, art. 1er*) *et tissus de bourre de soie, en pièces.* (*Déc. min. du 4 janvier 1862; Circ. du 11, n° 820.*)

L'importation doit avoir lieu par les bureaux de Marseille, Bordeaux, Nantes, le Havre, Rouen, Boulogne, Calais, Dunkerque, Lille, Forbach, Strasbourg, Saint-Louis et Pont-de-Beauvoisin. Les foulards peuvent aussi être extraits des entrepôts de Paris et de Lyon, où ils seraient arrivés par la voie de transit. (*Même Ord., art. 4; Déc. min. du 13 juin 1837; Circ. du 20, n° 1631.*)

Les foulards imprimés doivent être réexportés par les douanes précitées ou réintégrés dans les entrepôts des mêmes villes, dans un délai de trois mois. (*Même Ord., art. 1er.*)

Les pièces de foulards sont, sous les peines de droit, déclarées à la douane par nombre, mesure et poids net (1). Chaque déclaration comprend le nombre des pièces qui doivent faire l'objet d'une seule expédition et d'une même réexportation. (*Même Ord., art. 2.*)

La douane appose une estampille à chaque bout de pièce (2), et délivre un acquit-à-caution (3), pour assurer la réexportation des tissus, au même poids et à la même mesure. (*Même Ord., art. 3.*)

Le commerce a la faculté de déclarer pour la consommation, sans être tenu de les

---

(1) Le poids *net* doit toujours être constaté par la soustraction matérielle des emballages. La douane de sortie s'assure aussi de l'exactitude de ce poids; c'est un moyen de reconnaissance d'autant plus certain qu'il paraît que ce que l'addition des couleurs peut ajouter au poids des étoffes est compensé par le décreusage qu'on leur fait subir avant l'impression. (*Circ. du 27 mai 1837, n° 1624.*)

(2) Les douanes désignées sont pourvues à cet effet de cachets portant ces mots : *Loi du 5 juillet 1836, art. 5, Douane d*................. et de l'encre nécessaire. La fourniture de ces objets demeure à la charge de la douane, qui reçoit de l'expéditeur une indemnité de 10 c. par estampille. (*Même Circ.*)

(3) Cette expédition indique le nombre et le poids des pièces, le bureau désigné pour en effectuer la réexportation ou l'entrepôt destiné à les recevoir; elle rappelle les engagements souscrits solidairement par l'expéditeur et sa caution, ainsi que les amendes éventuellement exigibles. (*Même Circ.*)

représenter, les foulards ainsi admis temporairement ; mais alors, dans aucun cas, les perceptions, quelle qu'en soit la quotité, ne peuvent donner ouverture au crédit ni à l'escompte ; elles doivent toujours s'effectuer dans les trois mois accordés par cette ordonnance. toute prolongation de délai pour l'impression des foulards devant avoir pour effet de faire rentrer le soumissionnaire sous l'empire du droit commun, c'est-à-dire qu'il doit les représenter à la douane avant d'en payer les droits. (*Déc. du 23 juin* 1841.) (1)

544. — *Châles en crêpe de Chine, unis, destinés à être brodés* (*Décret du 14 décembre 1853*), *teints ou imprimés.* (*Déc. min. du 29 octobre 1855, transmise le 10 novembre suivant, et Déc. du 10 mars 1857.*)

L'importation doit avoir lieu par les douanes désignées au n° 543. (*Décrets des 14 décembre 1853, art. 1 et 4, et 22 mars 1854 ; Circ. n°s 167 et 196.*)

La réexportation par les douanes précitées ou la réintégration en entrepôt des châles brodés, teints ou imprimés, doit s'effectuer dans un délai de six mois. (*Décret du 14 décembre 1853, art. 1 et 4.*)

Ils doivent être déclarés par nombre, dimensions et poids net (2).

Chaque déclaration comprend le nombre des châles qui doivent faire l'objet d'une seule expédition et d'une même réexportation. (*Même Décret, art. 2.*)

Le service appose à chaque châle un cachet de cire volant (3) dont les frais sont remboursés par les intéressés à raison de 10 cent. par cachet. (*Même Décret, art. 3.*)

Lorsqu'il s'agit de teinture ou d'impression, la reconnaissance ultérieure peut d'ailleurs

---

(1) Dans le but de faciliter la variété des assortiments et par suite les débouchés, on peut permettre au commerce de retirer temporairement en franchise des entrepôts réels les *foulards imprimés,* sous l'engagement de les y réintégrer dans un délai déterminé ou d'acquitter les droits d'entrée si, avant la péremption de ce délai, les tissus étaient vendus à l'intérieur. Le bénéfice de cette exception n'est accordé que sous les conditions suivantes :

1° Chaque pièce sera estampillée aux deux extrémités pour la reconnaissance ultérieure d'identité.

2° Le poids net sera constaté sur l'ensemble des foulards faisant l'objet d'une même soumission.

3° Il est interdit de comprendre dans une même soumission des pièces de foulards qui ne seraient pas toutes composées d'un nombre égal de mouchoirs.

4° Les droits seront perçus sur tout déficit reconnu à la vérification, au moment de la représentation des foulards en douane.

5° Aucun excédant ne sera non plus admis en compensation de déficits qui auraient été constatés sur d'autres parties de foulards.

6° Le délai de sortie temporaire est fixé à quatre mois, sous réserve expresse qu'il ne sera, pour aucune cause, accordé de prolongation, et qu'à l'expiration de ce délai les droits seront immédiatement exigés sur les quantités non représentées, en bonifiant aux redevables l'escompte déterminé par les règlements.

7° Les soumissionnaires seront tenus de consigner, au moment de la remise des foulards, une somme égale aux droits afférents à ceux-ci selon leur provenance et le mode d'importation.

8° Aucune déclaration à fin d'extraction temporaire d'entrepôt de foulards imprimés ne sera reçue pour moins de trente pièces de tissus. (*Déc. min. du 19 novembre 1852.*)

(2) Pour la vérification du poids net, on doit défalquer tout ce qui n'est pas le tissu même. (*Circ. n° 167.*)

(3) Ce cachet est fixé au châle par un fil de soie qui doit tenir non pas à la frange, mais au tissu même. (*Même Circ.*)

être assurée, au lieu d'un cachet de cire, par l'apposition d'un plomb aux extrémités de chaque pièce et par tout autre moyen que le service juge nécessaire, notamment par le prélèvement d'un échantillon. Dans le cas où les tissus devraient, après la teinture, subir un apprêt qui s'opposerait à la conservation du plombage, les intéressés pourraient prélever, par découpures inégales, sur chaque pièce, une fraction de tissu qu'ils représenteraient revêtue encore du plomb. (*Déc. min. du 29 octobre 1855, transmise le 10 novembre suivant.*)

Toute substitution, toute soustraction, tout manquant donne ouverture aux pénalités énoncées au n° 541. (*Déc. du 14 décembre 1853, art. 5.*)

545. — *Riz en grains et riz en paille, de toutes provenances, destinés à la décortication ou au nettoyage. (Ord. du 21 mai 1845, art. 1er; Décret du 1er juin 1864, art. 1er; Circ. du 7, n° 957.)*

L'admission temporaire en est effectuée par tous les bureaux d'entrepôt réel. (*Même Ord., art. 1er; Ord. du 2 février 1848; Déc. min. du 14 avril 1863; Circ. man. du 20.*)

L'opération de décortication ou de nettoyage s'effectue dans la localité où est situé le bureau d'admission temporaire. (*Ord. du 21 mai 1845, art. 1er.*)

La réexportation par les bureaux précités ou la réintégration en entrepôt du riz décortiqué ou nettoyé a lieu dans un délai de deux mois. (*Même Ord., art. 3.*)

On ne peut déclarer pour l'admission temporaire moins de 1,000 kilogr. à la fois. (*Même Ord., art. 2.*)

La soumission contient l'obligation de représenter les riz à toute réquisition du service des douanes pendant toute la durée du nettoyage. (*Même Ord., art. 3.*)

Il est prélevé, à l'extraction d'entrepôt, un double échantillon qui doit être revêtu du cachet de la douane et de celui des déclarants.

Ces deux échantillons restent déposés au bureau des douanes, l'un pour être comparé au riz lors de la réintégration en entrepôt, l'autre pour être soumis, en cas de doute sur l'identité, à l'examen des experts du Gouvernement près du ministère du commerce, auxquels il sera transmis avec un nouvel échantillon prélevé sur les riz représentés (1) (*Même Ord., art. 4.*) et selon la décision des experts, le déchet serait augmenté ou diminué. (*Décret du 1er juin 1864, art. 2.*)

Toute substitution de grains, toute soustraction, tout manquant, constatés par le service, donneront lieu à l'application des pénalités énoncées au n° 541. (*Même Ord., art. 5.*)

Un déchet de nettoyage est alloué pour les riz destinés à la réexportation; il est fixé à 3 0/0 pour les riz en grains et à 20 0/0 pour les riz en paille, du poids mentionné dans chaque permis d'extraction d'entrepôt.

Le riz décortiqué et nettoyé contiendra ses brisures; et si le déclarant veut les séparer, il ne lui sera pas tenu compte d'un nouveau déchet. (*Décret du 1er juin 1864, art. 2; Circ. du 7, n° 957.*)

Le riz ainsi décortiqué et nettoyé peut être livré à la consommation sous le paiement du droit afférent au riz brut, selon le pavillon et avec les intérêts des droits (2), à dater du jour de l'importation. (*Même Décret, art. 2.*)

546. — Sous les conditions de l'ordonnance de 1845 et du décret de 1864 (*V. n° 545*);

---

(1) Lorsque la douane est fondée à contester l'identité de la marchandise, les vérificateurs auxquels l'opération a été confiée en consignent les résultats et indiquent en quoi consiste ce défaut d'identité dans un procès-verbal de vérification que le directeur transmet à l'administration, sous le timbre de la 1re division, 3e bureau, avec les échantillons dont il s'agit. (*Circ. du 30 mai 1845, n° 2067.*)

(2) 5 p. 0/0. *V.* n° 541, deuxième paragraphe.

peut importer temporairement des *brisures de riz*, isolées, destinées à être nettoyées. Un déchet de manutention de 3 0/0 est alloué lors de la réexportation.

Au cas de mise en consommation, on exige le droit sur le riz en grains ou le riz en paille, et l'intérêt à compter du jour de l'exportation. (*Déc. min. du 16 juillet 1864; Circ. lith. du 22.*)

547. — *Gommes du Sénégal* (1) *destinées à être triées et assorties.* (*Décret du 11 août 1856, art. 1er.*)

L'admission n'a lieu que dans les ports d'entrepôt réel (2) ou dans les villes de l'intérieur pourvues d'un entrepôt réel. La représentation, dans un délai de quatre mois (3), des gommes triées, pour la réintégration en entrepôt ou la réexportation, doit s'effectuer au bureau qui a constaté la remise temporaire. (*Même Décret, art. 2 et 3; Circ. n° 400.*)

On ne peut représenter, après triage, que des gommes du Sénégal pures, à l'exclusion de tous grabeaux, poussières de gomme ou basses matières (4). (*Même Décret, art. 3.*)

Les déchets qui ne dépassent pas la limite de 25 0/0 ne sont soumis qu'au payement du simple droit d'entrée, sans crédit ni escompte. (*Même Décret, art. 4.*) Pour les autres, *V.* n° 541. (*Même Décret, art. 5.*)

548. — *Huiles brutes, soit de graines grasses de toute espèce* (*Ord. du 10 mars 1846); soit d'arachides* (*Déc. min. du 8 mai 1860; Circ. du 21, n° 640); soit d'olive* (*Ord. du 18 juillet 1846), destinées à être épurées.*

Elles doivent être importées par les ports d'entrepôt réel, ou, sur les frontières de terre, par un bureau de transit ou par un bureau principal. (*Ord. du 10 mars 1846, art. 2.*)

Les déclarants s'engagent à représenter les huiles à toute réquisition du service des douanes, pendant toute la durée de l'épuration (5), et à les réintégrer en entrepôt ou à les réexporter épurées (6), dans un délai qui ne pourra excéder trois mois pour les huiles de graines grasses (*Ord. du 10 mars 1846, art. 3*), ou six mois pour les huiles d'olive. (*Ord. du 18 juillet 1846.*) (7).

---

(1) La même faculté ne peut être étendue aux gommes d'autres provenances. (*Circ. n° 400.*)

(2) Les gommes du Sénégal placées en entrepôt fictif dans les localités où il est autorisé, sont aussi admissibles au bénéfice de ces dispositions. (*Même Circ.*)

(3) Sous aucun prétexte ce délai ne peut être prorogé. (*Même Circ.*)

(4) En cas de doute ou de contestation sur l'état comme sur l'origine des gommes, des échantillons seraient soumis à l'expertise légale. (*Même Circ.*)

(5) Les chefs locaux devront faire procéder à des recensements dans les ateliers d'épuration, particulièrement vers la fin de juin, époque à laquelle on pourrait craindre le remplacement, par des huiles récoltées en France, des huiles étrangères dont on aurait illicitement disposé à l'intérieur. Toute fraude de ce genre, toute soustraction, tout manquant constatés par le service, dans ces ateliers, devront faire l'objet d'un procès-verbal en due forme, et donneront lieu à l'application des pénalités et interdictions énoncées au n° 541. (*Circ. n° 2103.*)

(6) Les huiles épurées doivent être représentées au bureau qui a constaté l'importation. (*Circ. n° 2103 et 2121.*)

(7) Lorsque l'épuration devra se faire dans un lieu autre que celui d'importation ou d'extraction d'entrepôt, les huiles seront dirigées sur ce lieu sous les conditions générales du transit, et les formalités prescrites par l'art. 3 y seront remplies. Les acquits-à-caution ne devront être régularisés et renvoyés au bureau d'expédition qu'après que les nouveaux engagements auront été souscrits. (*Circ. n° 2103.*)

Il sera prélevé, au moment de l'importation ou de l'extraction d'entrepôt, un double échantillon qui sera revêtu du cachet de la douane et de celui des déclarants.

Ces deux échantillons resteront déposés aux bureaux des douanes, l'un pour être comparé à l'huile lors de la représentation qui en sera faite à la douane après l'épuration, l'autre pour être soumis, en cas de doute sur l'identité, à l'examen des experts du Gouvernement près du ministère du commerce, auxquels il serait transmis, avec un nouvel échantillon prélevé sur les huiles représentées. (*Ord. du* 10 *mars* 1846, *art.* 4.)

C'est à la douane du lieu où se fera l'épuration que les échantillons devront être prélevés et déposés. (*Circ.* n° 2103.)

Ce prélèvement d'échantillons n'a pas précisément pour objet de mettre les employés en mesure de reconnaître l'origine des huiles, ni de constater que l'huile *épurée* présentée pour la réexportation est identiquement la même que l'huile *brute* importée de l'étranger. Ce qu'on a voulu, c'est fournir au service le moyen de réprimer les altérations, les mélanges, les substitutions d'espèces dont les huiles pourraient être l'objet. Au moyen des échantillons, on pourra toujours déjouer les tentatives d'abus qui tendraient, par exemple, à substituer des huiles de pavot ou de lin à des huiles d'œillette ou de navette. (*Déc. du* 14 *mai* 1846.)

Toute substitution, toute soustraction, tout manquant, constatés par le service, donneront lieu à l'application des pénalités énoncées au n° 541. (*Ord. du* 10 *mars* 1846, *art.* 5.)

Le déchet de l'épuration est fixé à 2 0/0 du poids mentionné dans chaque permis d'épuration. Ainsi il doit être réexporté une quantité d'huile épurée équivalant à 98 0/0 au moins du poids de l'huile brute (1). Mais aucun déchet ne sera accordé pour les huiles qui seraient déclarées pour la consommation; dans ce cas, le droit sera perçu sur le poids indiqué au permis d'épuration. (*Même Ord., art.* 6, *et Circ. du* 21 *mai* 1860, n° 640.)

On n'admet à la décharge des acquits-à-caution relatifs aux huiles brutes que les huiles réellement épurées, c'est-à-dire qui ont été traitées par l'acide sulfurique ou par d'autres agents chimiques équivalents. (*Déc. du* 26 *août* 1858.)

Les huiles réexportées après épuration doivent être de même espèce et qualité que celles admises à l'état brut. (*Déc. du* 8 *février* 1860.)

Quand l'administration autorise la réexportation des huiles, après épuration, par un autre point que la douane d'importation, les échantillons prélevés à l'entrée doivent être transmis au bureau de sortie. (*Déc. du* 27 *décembre* 1862.)

549. — *Graines de colza, de lin, de sésame, d'œillette, de moutarde, de navette, d'arachide, de navette de Russie dite graine de ravison, destinées à être converties en huile.*

Elles doivent être importées soit sur les frontières de terre, par un bureau de transit où par un bureau principal, soit par les ports d'entrepôt réel, sous pavillon

---

(1) Si, après leur épuration, les huiles devaient être réexportées dans les mêmes futailles qui ont servi à leur importation, il suffirait de constater le poids *brut* des fûts tant à l'arrivée qu'au départ, et de calculer le déchet sur le premier de ces poids. Mais, comme le plus souvent la réexportation s'effectue soit dans d'autres barils ou barriques, soit en bouteilles, c'est sur le poids *net réel* qu'il convient d'établir les opérations et le décompte des épurateurs. (*Déc. du* 12 *juin* 1846.) *V.* n° 165.

En cas de mise en consommation, les huiles provenant de graines admises temporairement sont soumises au droit d'entrée d'après le poids net. (*Déc. du* 17 *décembre* 1855.)

français ou sous le pavillon du pays de production (1). (*Ord. du 28 novembre 1846, art. 1er et 2, et Décret du 2 février 1848.*)

Les déclarants s'engagent à représenter les graines ou les huiles à toute réquisition du service; et à opérer la réexportation ou la réintégration en entrepôt, dans un délai de six mois, des huiles provenant de la mouture. (*Même Ord., art. 3.*)

Toute substitution, toute soustraction, tout manquant, constatés par le service, donnent lieu à l'application des pénalités énoncées au n° 581. (*Même Ord., art. 4.*)

La trituration des graines grasses peut s'effectuer partout. (*Déc. du 9 juin 1858.*)

Quant à la réexportation des huiles qui en proviennent, elle peut s'opérer par un autre point que le bureau d'importation, V. n° 541. (*Déc. du 4 juin 1858.*)

Ces dispositions s'étendent à toutes les graines désignées.

Le rendement en huile est fixé, savoir :

Pour les graines de colza, à 36 0/0 du poid indiqué dans chaque acquit-à-caution.
(*Décret du 28 novembre 1846, art. 5; Circ. n°s 2103 et 2137.*)

— lin, à 30 0/0. (*Décret du 2 février 1848, art. 5; Circ. n° 2218.*)

— sésame, à 50 0/0. (*Même Décret.*)

— œillette, à 36 0/0. (*Déc. du 29 août 1855, art. 5; Circ. n° 315.*)

— moutarde {blanche à 33 0/0. {(*Déc. du 25 sept. 1856, noire, à 34 0/0.* {*art. 5; Circ. n° 421.*}

— navette, à 30 0/0. (*Même Décret.*)

arachide {importée en cosse, à 32 0/0. (*Décret du 4 avril 1857, art. 5; Circ. n° 461.*) {décortiquée, à 40 0/0. (*Circ. man. du 22 juin 1863.*)

navette de Russie, dite graine de ravison, à 19 0/0.
(*Déc. du 25 juillet 1860; Circ. n° 669.*)

La quantité d'huile ainsi fixée pour le rendement est la seule dont la douane puisse permettre la sortie en exemption de tous droits. Quant aux tourteaux, ils constituent un résidu de fabrication qui se confond à l'intérieur avec les autres produits de même nature et dont l'exportation ne peut dès lors être autorisée que sous le payement des taxes établies par le tarif général. (*Déc. du 25 février 1847.*)

L'huile provenant de la trituration des graines peut être épurée; mais le rendement légal n'est pas modifié. (*Déc. du 19 mars 1859.*)

550. — *Garance en racine destinée à être moulue.* (*Ord. du 28 novembre 1846.*)

L'importation doit s'effectuer soit sur les frontières de terre, par un bureau de transit ou par un bureau principal, soit par les ports d'entrepôt réel, sous pavillon français ou sous le pavillon du pays de production. (*Même Ord., art. 1 et 2; Décret du 2 février 1848.*)

Les déclarants s'engagent à représenter les racines ou leur produit à toute réquisition du service; et à opérer la réexportation, ou la réintégration en entrepôt, des garances moulues, dans un délai de six mois. (*Même Ord., art. 3.*)

Il doit être représenté, pour 100 kilogr. de racines sèches (au brut), 80 kilogr. de garance

---

(1) En matière d'admission temporaire, le pavillon britannique est considéré comme étant celui du pays de production à l'égard des marchandises provenant des possessions anglaises dans l'Inde. (*Déc. des 24 septembre 1857 et 2 juin 1864.*)

Les navires anglais peuvent d'ailleurs importer temporairement d'Angleterre les graines d'arachide ou autres que les navires français sont autorisés, dans les mêmes conditions, à prendre dans les entrepôts anglais. (*Déc. du 2 juin 1864.*)

moulue, et, pour 100 kilogr. de racines vertes (1), 14 kilogr. de garance moulue. (*Même Ord., art.* 3.)

Toute substitution, toute soustraction, tout manquant dépassant le déchet légal donnent lieu à l'application des pénalités énoncées au n° 541. (*Même Ord., art.* 4.)

551. — *Iode brut, de toute espèce, destiné à être raffiné ou à être converti en iodure de potassium.* (*Arrêté du Gouvernement du* 5 *mars* 1849, *et Déc. du* 1er *juillet* 1854, *art.* 1er; *Circ.* n° 222.)

L'importation doit s'effectuer par les ports d'entrepôt. (*Arrêté du Gouvernement du* 5 *mars* 1849, *art.* 1er; *Circ. du* 15, n° 2313.)

Il doit être réexporté ou réintégré en entrepôt, pour 100 kilogr. d'iode brut, 100 kilogr. d'iode cristallisé ou 127 kilogr. 440 gr. d'iodure de potassium. (*Déc. du* 1er *juillet* 1854, *art.* 2.)

La vérification de l'iode raffiné et de l'iodure de potassium ne peut avoir lieu qu'à la douane de Paris. Le délai pour la réexportation ou la mise en entrepôt est de trois mois. (*Arrêté du Gouvernement du* 5 *mars* 1849, *art.* 3.)

Toute substitution, tout manquant constaté donne lieu à l'application des pénalités rappelées au n° 541. (*Même Arrêté, art.* 4.)

552. — *Chapeaux de paille de toutes espèces et qualités destinés à être apprêtés et garnis.* (*Arrêté du Gouvernement du* 5 *décembre* 1848, *art.* 1er; *Circ. du* 9, n° 2287, *et Décret du* 7 *novembre* 1861; *Circ. du* 15, n° 806.)

L'importation en a lieu par les bureaux ouverts aux marchandises taxées à plus de 20 fr. par 100 kilogr. (*Note de la Circ.* n° 2418.)

Il est apposé sur chaque chapeau, par les soins de la douane, une marque ou estampille dont les frais sont à la charge du commerce (2). (*Même Arrêté, art.* 2.)

Le délai de réexportation ou de réintégration en entrepôt est de six mois. (*Même Arrêté, art.* 3.)

Pour les pénalités, *V.* n° 541. (*Même Arrêté, art.* 4.)

553. — *Le tartre brut* (Ord. du 28 novembre 1846) *et les cristaux de tartre colorés* (*Décret du* 4 *mars* 1854) *destinés à être convertis en crème de tartre ou en acide tartrique.*

L'importation doit s'effectuer soit, sur les frontières de terre, par un bureau de transit ou par un bureau principal, soit par les ports d'entrepôt réel, sous pavillon français ou sous le pavillon du pays de production (*Ord. du* 28 *novembre* 1846, *art.* 1 *et* 2; *Déc. du* 2 *février* 1848.)

Les déclarants s'engagent à représenter les produits à toute réquisition du service, et à opérer la réexportation ou la réintégration en entrepôt de la crème de tartre ou de l'acide tartrique dans un délai de six mois. (*Même Ord., art.* 3.)

Il doit être représenté, savoir : 55 kilogr. de crème de tartre ou 36 kilogr. d'acide tartrique pour 100 kilogr. de tartre brut (*Même Ord., art.* 3; *Circ.* n° 2138); 83 kilog. de crème de tartre ou 59 kilogr. d'acide tartrique cristallisé pour 100 kilogr. de cristaux de tartre coloré. (*Déc. du* 4 *mars* 1854, *art.* 2; *Circ.* n° 194.)

Toute substitution, toute soustraction, tout manquant constaté donnent lieu aux pénalités énoncées au n° 541. (*Ord. du* 28 *novembre* 1846, *art.* 4.)

554. — *Potasse et carbonate de potasse destinés à être convertis en prussiate de potasse cristallisé.*

L'importation doit s'effectuer par les bureaux ouverts à l'entrée des marchandises taxées à plus de 20 fr. les 100 kilogr., soit par terre, soit par mer, sous pavillon

---

(1) Au brut. (*Déc. du* 28 *juin* 1851.)

(2) Cette marque est imprimée à l'encre grasse dans le fond intérieur des chapeaux; le prix en est fixé à un demi-centime. (*Circ.* n° 2287.)

français ou sous le pavillon du pays de production. (*Déc. du 30 décembre 1852, art. 1er; Circ. du 12 janvier 1853, n° 84.*)

Il doit être réexporté ou réintégré en entrepôt (1), dans un délai de six mois, soit 50 kilogr. de prussiate de potasse rouge pour 100 kilogr. de potasse ou carbonate de potasse, soit 100 kilogr. de prussiate jaune pour 140 kilogr. du produit temporairement admis. (*Même Déc., art. 2; Circ. du 6 avril 1853, n° 104.*)

La vérification (2) et la réexportation des prussiates de potasse ne peuvent s'opérer que par les bureaux ouverts au transit des marchandises prohibées. (*Même Décret, art. 3.*)

Toute substitution, tout mélange, tout manquant constatés par le service entraîneront l'application des pénalités énoncées au n° 541. (*Même Décret, art. 4.*)

555. — *Suif brut (graisse de bœuf et de mouton) destiné à être converti en chandelles, en acide stéarique (Décret du 29 avril 1854) ou en bougies stéariques. (Décret du 20 octobre 1853.)*

L'importation doit être faite soit par les bureaux ouverts aux marchandises taxées à plus de 20 fr. par 100 kilogr., soit par les ports d'entrepôt réel sous pavillon français ou sous pavillon du pays de production. V. n° 541. (*Décret du 20 octobre 1853, art. 1 et 3; Circ. n° 158.*)

Il doit être réexporté ou réintégré en entrepôt, dans un délai de quatre mois, soit 100 kilogr. nets de chandelles ou d'acide stéarique en masse (*Décret du 29 avril 1854, art. 2; Circ. n° 204*), soit 100 kilogr. de bougies stéariques ou 50 kilogr. de ces bougies et 50 kilogr. d'acide oléique, pour 100 kilogr. de suif brut. (*Décret du 20 octobre 1853, art. 2; Circ. n° 158.*)

Les pénalités résultant de l'art. 5 de la loi du 5 juillet 1836 sont applicables en cas de substitution, de mélange ou de manquant constatés par le service des douanes, et, au besoin, par les commissaires-experts (3). (*Décret du 20 octobre 1853, art. 4.*)

556. — *Liége brut destiné à être façonné* (4). L'importation doit s'effectuer, soit,

---

(1) Il s'agit de l'entrepôt des marchandises prohibées.

(2) Il est essentiel que les employés vérifient toujours avec une rigoureuse attention les prussiates de potasse qui leur seront présentés. En cas de doute sur la pureté ou la bonne qualité de ces produits, on a recours à l'expertise légale.

Le prussiate de potasse, jaune et rouge, cristallise en prismes quadrangulaires irréguliers; il est presque transparent, inodore, et d'une saveur amère et piquante. A une température de 60° il perd son eau de cristallisation et devient presque blanc; il se dissout en très-petite quantité dans l'alcool. Mis en dissolution et en y versant quelques gouttes de sulfate de peroxyde de fer, s'il s'agit de prussiate *jaune*, ou quelques gouttes de sulfate de protoxyde de fer, s'il s'agit de prussiate *rouge*, il se forme immédiatement un précipité très-abondant de bleu de Prusse.

On fabrique du prussiate de potasse simple (*cyanure de potassium*), lequel, lorsqu'il est cristallisé, a l'aspect du sel marin; mais ce produit n'est pas admissible à la décharge des soumissions souscrites par les importateurs de potasse ou de carbonate de potasse. Le prussiate de potasse simple est, du reste, un poison très-violent, et il faut, par conséquent, se garder avec le plus grand soin de le soumettre à la dégustation. (*Circ. du 12 janvier 1853, n° 84.*)

(3) Toutes les fois qu'ils croient reconnaître que les bougies ou l'acide oléique représentés contiennent d'autres matières que le suif, les employés doivent opérer provisoirement la retenue de ces produits et provoquer l'expertise légale. (*Circ. n° 158.*)

(4) Cette facilité a été principalement réclamée pour les liéges en planches, qui doivent être ébarbés, râpés ou préparés pour le parquetage des appartements. Cependant elle peut être appliquée à la confection des bouchons et à tous autres emplois;

sur les frontières de terre, par un bureau de transit ou par un bureau principal, soit, par les ports d'entrepôt réel, sous pavillon français ou sous le pavillon du pays de production. (*Ord. du 18 janvier 1847, art. 1 et 2, et Décret du 2 février 1848.*)

Les déclarants s'engagent à représenter les produits à toute réquisition du service, et à opérer la réexportation ou la réintégration en entrepôt, du liége façonné, dans un délai de six mois. (*Même Ord., art 3.*)

Il doit être représenté 80 kilogr. de liége façonné pour 100 kilogr. de liége brut. (*Même Ord., art. 3.*)

Toute substitution, toute soustraction, tout manquant constaté donnent lieu à l'application du n° 541. (*Même Ord., art. 4.*)

557. — *Planches de pin et de sapin destinées à la confection des caisses propres à l'emballage des œufs, fruits, légumes et autres produits naturels.* (*Ord. du 11 novembre 1847, art. 1er.*)

L'importation peut être effectuée par tous les bureaux.

La réexportation ou la réintégration en entrepôt des caisses confectionnées s'accomplit dans un délai de deux mois. (*Même Ord., art. 2.*)

Toute soustraction, tout manquant constatés par le service des douanes donnent lieu à l'application des pénalités énoncées au n° 541. (*Même Ord., art. 3.*)

558. — *Futailles vides étrangères,* devant servir à l'exportation des vins, des vinaigres et autres liquides dérivés du vin (*Circ. lith. du 30 novembre* 1861), ou eaux-de-vie de France, ou du cidre, ou de l'essence de térébenthine d'origine française (*Circ. n° 2418; Note et Circ. du 28 août* 1861, n° 7854), sont admises au bénéfice de l'importation temporaire sous les conditions suivantes :

1° L'importateur est tenu de remettre à la douane, à l'appui de sa déclaration, un inventaire détaillé des futailles qu'il va introduire, indiquant l'espèce et la contenance, et faisant connaître si elles sont cerclées en bois ou en fer, et, pour ces dernières, le nombre de cercles qui les entourent.

2° Il souscrit en même temps l'engagement cautionné de réexporter ces futailles *pleines* par le bureau qui les aura admises, dans un délai qui ne devra pas excéder six mois, ou, à défaut, de payer, à l'expiration de ce délai, pour les futailles non réexportées, le double du droit dont elles auraient été passibles à l'entrée. Un compte séparé devra être ouvert à cet effet pour chaque importation de l'espèce.

3° Lors de l'importation, il est apposé sur chaque futaille, par les soins du service, au moyen d'une empreinte au feu ou de la rouanne, une marque propre à en faire reconnaître l'identité à la sortie (1). (*Déc. min. du 11 septembre* 1841 ; *Circ. du 29, n° 1879, et Déc. des 12 octobre 1847 et 1er mars 1859.*) *V.* n° 469.

559. — Les *caisses* neuves étrangères importées vides pour servir à l'exportation des œufs peuvent être admises en franchise sous condition de les réexporter pleines dans le délai de trois mois ou d'acquitter le double du droit d'entrée. Un compte ouvert est tenu au bureau d'importation, qui revêt les caisses d'une empreinte au feu apposée sans frais, et doit seul constater la réexportation. (*Déc. du 30 juillet* 1864.)

560. — *Cylindres en cuivre, bruts, destinés à être gravés.*

---

mais, si les déchets de main-d'œuvre dépassaient le taux de 20 0/0 fixé par l'art. 3 de l'ordonnance, les droits d'entrée devraient être exigés sur les différences entre le montant de cette allocation et les quantités représentées. (*Circ. du 25 janvier* 1847, n° 2153.)

(1) L'administration fera confectionner les instruments nécessaires pour cette opération, au fur et à mesure des demandes qui lui en seront faites ; provisoirement on y suppléera par tout autre moyen. Dans tous les cas, l'apposition des marques doit avoir lieu sans frais. (*Circ. du 29 septembre* 1841, n° 1879.)

L'importation doit s'effectuer soit par les bureaux des frontières de terre ouverts au transit, soit par les ports d'entrepôt réel, sous pavillon français ou par navires du pays de production. (*Arrété du Gouvernement du 18 décembre 1848, art. 1er et 5, et Circ. du 29, n° 2293.*)

Pour assurer la reconnaissance de l'identité des cylindres, le service y applique, au poinçon, une marque particulière dont le prix est de 5 centimes (1). (*Même Arrété, art. 2.*)

En ce qui concerne les cylindres en cuivre, le graveur doit, entre le bord de la gravure et la circonférence de l'une des bases du cylindre à réexporter, indiquer, au poinçon, son nom, son domicile et un numéro d'ordre.

Le service appose son estampille à côté de cette inscription, et conserve en dépôt une épreuve, sur papier, de chaque gravure.

Le délai de réexportation ou de réintégration en entrepôt peut être de trois mois. (*Déc. min. du 27 février 1858, transmise le 10 mars suivant.*)

Les dispositions relatives aux cylindres à l'état brut sont étendues aux cylindres déjà gravés en France et ayant besoin de réparations ou de corrections, sauf à établir l'origine de la gravure par la représentation des molettes dont elle était la contre-épreuve. (*Même Déc.*)

Quand les déficits au-delà de l'allocation légale proviennent évidemment du grattage opéré pour retoucher les anciennes gravures, les directeurs peuvent autoriser l'annulation des engagements souscrits, moyennant le payement du simple droit d'entrée sur le cuivre brut que représentent les différences entre le déchet reconnu et le taux du déchet légal. (*Déc. du 13 avril 1858.*)

Le délai de réexportation ou de réintégration en entrepôt est de quarante jours. (*Même Arrété, art. 3.*)

Il est alloué un déchet de fabrication de 1 kilogr. 1/2 par cylindre (2). (*Même Arrété, art. 4.*)

Toute substitution, toute soustraction, tout manquant constatés par le service donnent lieu aux pénalités énoncées au n° 541. (*Même Arrété, art. 6.*)

561. — *Plomb brut* (3) *destiné à être converti en litharge ou en minium* (*Arrété du Gouvernement du 5 mars 1849*), *ou à être soit affiné, soit converti, par la fusion, en lingots de 1 à 2 kilogr.* (*Décret du 25 février 1851*), *soit laminé ou converti en tuyaux, grenailles et balles.* (*Décret du 5 août 1861 ; Circ. du 16, n° 783.*)

L'importation doit être faite par les bureaux des frontières de terre ouverts au transit ou par les ports d'entrepôt réel, sous pavillon français ou par navires du pays de production. (*Mêmes Arrété et Décret.*)

---

(1) Le service constate exactement, à l'entrée et à la sortie, le poids et le nombre des cylindres, en indiquant si ceux-ci sont en cuivre rouge ou en cuivre jaune. (*Circ. n° 2293.*)

(2) Si la vérification faisait reconnaître un déchet plus considérable, la réexportation devrait être provisoirement suspendue, et il en serait rendu compte à l'administration qui statuerait. (*Circ. n° 2293.*)

(3) Ne contenant pas plus de 10 p. 0/0 d'antimoine. (*Déc. min. du 15 janvier 1855; Circ. n° 262.*)

Les importateurs sont tenus de faire opérer, à leurs frais, par un chimiste désigné par la douane, et toutes les fois qu'elle l'exige, une analyse ayant pour but d'établir qu'à l'entrée les plombs se trouvent dans la condition prescrite, et qu'à la sortie les produits représentés ne renferment aucun corps étranger; le tout sans préjudice de l'expertise légale, lorsqu'il est jugé utile d'y recourir. (*Décret du 25 février 1851, art. 2 ; Circ. n° 2429.*)

On doit réexporter ou réintégrer en entrepôt, dans un délai de six mois (*Arrêté du 5 mars 1849, art. 2, et Décret du 7 mars 1853*), 105 kilogr. de litharge ou de minium pour 100 kilogr. de plomb brut (1) (*Même Arr., art. 2*), ou le plomb affiné ou en saumons de 1 à 2 kilogr., sans allocation pour déchet de main-d'œuvre ; mais, dans ce dernier cas, les déficits reconnus à la sortie sur les quantités soumissionnées, et qui proviennent de ce déchet, ne sont assujettis qu'au payement du simple droit d'entrée afférent à la matière brute. (*Décret du 25 février 1851, art. 3.*)

Les pénalités énoncées au n° 541 sont applicables en cas de substitution, de mélange ou de déficit autre que celui qui, résultant du déchet de main-d'œuvre, est soumis au droit d'entrée. (*Même Décret, art. 5.*)

562. — *Étain brut, en saumons, destiné à être converti par la fusion en lingots de 1 à 2 kilogr.*

Sont soumis aux conditions rappelées à la section précédente pour le plomb brut ayant la même destination, sauf que la réexportation ou la réintégration en entrepôt de l'étain en lingots doit s'effectuer dans un délai de trois mois. (*Décret du 25 février 1851; Circ. n° 2429.*)

563. — *Zinc brut ou en saumons, destiné à être laminé.* L'importation doit en être faite soit par les bureaux des frontières de terre ouverts au transit, soit par les ports d'entrepôt réel, sous pavillon français ou par navires du pays de production. (*Ord. du 2 février 1848, art. 1er et 4; Circ. n° 2218.*)

Il est alloué un déchet de fabrication de 5 p. %.

La réexportation ou la réintégration en entrepôt des zincs laminés doit avoir lieu dans un délai de trois mois. (*Même Ord., art. 2.*)

Toute soustraction, tout manquant constatés par le service donnent lieu aux pénalités énoncées au n° 541. (*Même Ord., art. 3.*)

564. — *Fers laminés et ouvrages en fer ou en tôle destinés à être galvanisés*, et dont le service des douanes pourra garantir l'identité, soit par le poinçonnage, soit par le plombage, l'estampillage ou le prélèvement d'échantillons. (*Ord. du 23 août 1841.*)

Sont exclues de cette faculté les armes dites de guerre et toutes celles dont le port ou la circulation sont interdits en France.

Les objets doivent être déclarés en douane dans la forme et sous les conditions déterminées par les lois relatives au transit des marchandises prohibées. Les produits compris dans chaque déclaration sont réexportés en une seule et même fois.

L'importation et la réexportation de ces produits s'effectuent, dans un délai de deux mois, par tous les ports et bureaux ouverts au transit des marchandises prohibées. A défaut de réexportation directe, sont admis dans les entrepôts maritimes ou de l'intérieur autorisés à recevoir lesdites marchandises. (*Même Ordon., art. 1 et 2.*)

En cas de litige entre la douane et les importateurs sur l'identité des objets repré-

---

(1) Pour reconnaître la pureté des litharges, il suffit de les traiter par de l'acide nitrique à 15° en chauffant la liqueur jusqu'à ébullition et en y ajoutant de l'eau distillée. Si la litharge est pure, elle se dissout complétement. Dans le cas contraire, on juge du plus ou moins de pureté du produit d'après le poids et la nature des résidus. Le même procédé s'applique aux miniums, quand ils ont été préalablement chauffés au rouge et transformés ainsi en protoxyde de plomb. (*Avis du Comité consult. des arts et manuf. du 20 janvier 1849.*)

En cas de doute sur la pureté des produits présentés à la vérification, des échantillons sont prélevés et adressés dans la forme ordinaire à l'administration, pour être soumis à l'expertise légale. (*Circ. n° 2313.*)

sentés à la sortie, il sera prononcé par les commissaires-experts institués par l'article 19 de la loi du 27 juillet 1822.

Les infractions seront punies conformément au n° 541. (*Même Ord., art.* 3.)

Aucune disposition générale ne saurait être prescrite à l'avance pour l'application de cette ordonnance, attendu que les formalités à observer, les mesures de service à prendre, dépendent nécessairement de la nature des produits et de la situation des lieux où la *galvanisation* doit s'effectuer. Les directeurs doivent donc se borner à transmettre à l'administration, au fur et à mesure qu'elles se produisent, les demandes auxquelles elle peut donner lieu, en fournissant à l'appui leurs observations et leur avis. L'administration statue, par décision spéciale, à l'égard de chacune d'elles. (*Circ. du* 16 *septembre* 1841, n° 1876.)

Les fers et tôles admis temporairement peuvent être retenus à l'intérieur moyennant le payement du droit d'entrée applicable au moment où ils sont représentés au service des douanes et déclarés pour la consommation. (*Déc. du* 18 *mars* 1845.) *V.* n° 541.

565. — *Débris de vieux ouvrages en fonte, fer, tôle ou cuivre, provenant de machines de navires à vapeur étrangers qui viendraient se faire réparer en France, destinés à être convertis en navires et bateaux en fer, ou en machines et appareils soit pour l'établissement ou le service des chemins de fer, soit pour les constructions ou fabrications industrielles ou civiles, en métaux.* (*Décrets des* 17 *octobre* 1857, *art.* 9, *et* 15 *février* 1862, *art.* 9 ; *Circ. du* 26, n° 830.)

Sont admis au bénéfice des dispositions rappelées à ce numéro, les débris de vieux ouvrages en fonte, fer ou tôle, de toutes provenances. (*Déc. du* 22 *avril* 1861.)

Ces ferrailles ne peuvent être importées que par les ports d'entrepôt réel. (*Déc. du* 6 *janvier* 1855, *art.* 3 ; *Circ.* n° 257 ; *Décret du* 17 *octobre* 1857, *art.* 9, *et Déc. du* 15 *février* 1862, *art.* 9.)

Conformément à la loi du 9 juin 1845, le service doit faire briser et dénaturer les ferrailles qui lui paraissent pouvoir être utilisées autrement que pour la refonte. (*Même Décret de* 1855, *art.* 3.)

Il doit être réexporté par les ports d'entrepôt réel ou réintégré en entrepôt, dans un délai de six mois, des objets fabriqués (1) en poids égal au poids des ferrailles soumissionnées. (*Même Décret de* 1855, *art.* 2.)

Les déficits provenant uniquement de déchet de main-d'œuvre ne sont soumis qu'au payement du simple droit d'entrée applicable à la matière brute. (*Même Déc., art.* 4.)

566. — *Fontes brutes, fontes épurées dites mazées ; ferrailles* (2) ; *massiaux ; fers en barres ; feuillards, cornières, fers à T et à* (double) *T et autres de formes irrégulières ; fers en tôle) ; aciers en barres, en feuillards et en tôles brunes laminées* A CHAUD ; *cuivres laminés purs ou alliés d'autres métaux, destinés à être réexportés après avoir été convertis en navires et bateaux en fer, en machines, appareils, ouvrages quelconques en métaux, ou en produits d'un degré de fabrication plus avancé que les matières importées.* (*Décret du* 15 *février* 1862, *art.* 1er ; *Circ. du* 26, n° 830.)

---

(1) S'il s'agit de machines ou mécaniques, on ne fait aucune distinction entre celles qui sont complètes et les pièces détachées. Il n'est pas nécessaire que les pièces de mécaniques soient entièrement achevées ; il suffit qu'elles soient confectionnées et qu'aucun doute n'existe sur leur véritable destination. Les parties de tôle, de fer ou d'acier sont prises en compte, aussi bien que celles qui, transformées en machines, sont restées à l'état de fonte. (*Déc. du* 11 *octobre* 1851.)

On ne peut admettre à décharge des machines à vapeur ayant joui de la prime établie par la loi du 6 mai 1841. *V.* Livre XI, ch. 10. (*Déc. du* 23 *juin* 1857.)

(2) Et vieux rails hors de service. (*Déc. du* 16 *juillet* 1862.)

A l'égard de ces fontes, etc., le bénéfice de l'admission temporaire n'est accordé qu'aux seuls maîtres de forges, constructeurs ou fabricants qui justifient de commandes reçues de l'étranger ou qui justifient qu'ils se livrent à une fabrication courante d'ouvrages destinés à l'exportation, et qui remplissent les conditions ci-après déterminées. (*Décrets des 17 octobre 1857, art. 1er, et 15 février 1862, art. 1er.*)

Tout maître de forge, constructeur ou fabricant qui veut profiter du bénéfice de cette disposition, doit adresser au Ministre du commerce une demande faisant connaître, d'une part, la nature et l'importance des commandes à exécuter, et l'espèce et la quantité des métaux qui doivent y être employés; d'autre part, la nature et l'espèce des produits fabriqués qu'il devra réexporter en compensation des matières à admettre en franchise temporaire.

Il doit s'engager, en outre, à remplir les formalités et à fournir les justifications qui seront jugées nécessaires par les départements des finances ou du commerce pour assurer la régularité des opérations. Chaque demande, avec les pièces justificatives, est soumise à l'examen du Comité consultatif des arts et manufactures, et le Ministre du commerce statue, après avoir pris l'avis de son collègue des finances (1). (*Même Décret, art. 2, et Déc. du 15 février 1862, art. 2.*)

Les maîtres de forges, constructeurs ou fabricants qui ont obtenu l'autorisation ministérielle d'importer temporairement des métaux, peuvent, au moyen d'une procuration spéciale en due forme, déposée en douane, autoriser un tiers à faire en leur nom et pour leur compte les déclarations d'importation et à signer les soumissions nécessaires. (*Circ. du 14 janvier 1858, n° 527, et Déc. du 13 août 1861.*)

A l'égard des procurations pour importations temporaires, il suffit que la signature de l'intéressé soit légalisée par le maire. (*Déc. du 4 janvier 1862.*)

Mais il n'y a pas de motif pour exiger que les personnes chargées de représenter les métaux au bureau de sortie, pour la régularisation des acquits-à-caution d'admission temporaire, produisent une procuration des intéressés. (*Déc. du 13 août 1861.*)

A aucun titre, il ne peut y avoir substitution d'intéressés, pour l'accomplissement des obligations souscrites à l'entrée. (*Déc. du 17 mai 1858.*)

Le mandataire d'un constructeur ou fabricant ne peut transférer à un tiers le pouvoir dont il est investi qu'autant que cet acte lui confère la faculté de se faire remplacer. (*Déc. du 5 août 1863.*)

L'importation doit s'effectuer, sur les frontières de terre, par un bureau ouvert soit au transit, soit à l'entrée des marchandises taxées à plus de 20 fr. par 100 kil. ou par les ports d'entrepôt réel, sous pavillon français ou sous le pavillon du pays de production (2). (*Même Décret, art. 3 et 6, et Décret du 25 février 1862, art. 3 et 6.*)

Les déclarants s'engageront à réexporter par les douanes précitées ou à réintégrer en entrepôt, dans un délai de six mois, les produits fabriqués avec les métaux admis en franchise, *poids pour poids*, sans qu'il soit tenu compte d'aucun déchet de fabrication (3). (*Décret du 15 février 1862, art. 5.*)

Les acquits-à-caution d'importation temporaire doivent mentionner très-exactement la date de l'autorisation ministérielle en vertu de laquelle l'admission s'est effectuée;

---

(1) Les décisions ainsi rendues spécialement sont transmises au service par les soins de l'administration. (*Circ. du 21 octobre 1857, n° 504.*)

(2) Il suffit que le service constate que le navire importateur, s'il est étranger, appartient au pays d'où les métaux ont été expédiés directement sur France. (*Circ. n° 504.*)

(3) Les soumissions ne peuvent être déchargées que pour des objets pouvant provenir des matières admises en franchise. (*Circ. n°s 503 et 504.*)

l'emploi qui, suivant les termes de cette autorisation, doit être fait des métaux; la destination des produits fabriqués; et lorsqu'il y a lieu, les dispositions restrictives et distinctions suivantes. (*Circ. du 5 juillet 1862, n° 847, et Circ. auth. du 6 juillet 1865.*)

Ne sont reçus à la réexportation, en compensation de l'importation, savoir :

1° Des *fontes* mazées et de la ferraille, que des fers marchands en barres de tout échantillon ou en rails, ou que des produits d'un degré de fabrication encore plus avancé (1);

2° Des *massiaux*, que des fers en verges ou en fils dont la section transversale ne dépasse pas un centimètre carré, des feuillards d'un millimètre d'épaisseur ou moins, des tôles ou des produits d'un degré de fabrication encore plus avancé;

3° Des *fers* en barres ayant une section transversale de quatre centimètres carrés ou moins, ou une épaisseur de cinq millimètres ou moins (2), quelle que soit la largeur, que des pièces en fer de dimensions égales ou inférieures;

4° Des *cornières*, fers à T et à (double) T, et autres de formes irrégulières, que des produits fabriqués avec des fers de formes similaires et présentant au moins les mêmes difficultés de fabrication (3);

5° Des *tôles* de fer ou d'acier (4) et des cuivres laminés d'épaisseur déterminées (*V.* note 4), que des objets fabriqués avec des tôles ou cuivre laminés du même ordre d'épaisseurs, ou d'épaisseurs moindres, dont les limites seront au besoin fixées par la décision ministérielle autorisant l'entrée en franchise temporaire;

---

(1) Tout produit fabriqué avec la fonte ne peut être imputé que sur des acquits-à-caution délivrés pour de la fonte. On peut, néanmoins, imputer des ouvrages en fer sur des soumissions d'importation relative à de la fonte ou du fer, et des ouvrages en tôle, à la décharge de soumissions souscrites à l'entrée pour de la tôle, du fer ou de la fonte; mais les imputations en sens inverse demeurent interdites, car la fonte exigeant moins de préparation que le fer, le fer moins de main-d'œuvre que la tôle, ce serait aller contre l'esprit et le but du décret que d'admettre, par exemple, de la fonte ou des ouvrages en fonte en compensation de tôles ou de fers qui auraient été soumissionnés à l'entrée. (*Circ. du 21 octobre 1857, n°⁵ 503 et 504.*)

La fonte pour lest, lorsqu'elle est moulée en châssis, est admise en compensation de fonte brute. (*Déc. du 5 février 1864.*)

Les clous et rivets sont imputables sur des soumissions relatives à des fers en barres ou à des fontes brutes; mais ils ne peuvent venir à la décharge de la tôle. (*Déc. des 20 mars 1857 et 19 juillet 1858.*)

(2) On n'exige donc, à la sortie, aucune condition spéciale de dimension lorsque, à l'entrée, les barres ne présentaient ni l'un ni l'autre de ces deux caractères, c'est-à-dire, si elles avaient une section transversale de plus de quatre centimètres carrés, combinée, quand il s'agit de barres plates, avec une épaisseur de plus de cinq millimètres. (*Circ. du 5 juillet 1862, n° 847.*)

Des ouvrages (ancres, courbes, etc.) fabriqués avec des fers ronds, carrés ou plats, peuvent être admis en décharge de fers de l'une ou l'autre de ces espèces. (*Déc. du 5 mars 1858.*)

(3) En compensation de cornières ou de fers à T et à double T, on peut, à la réexportation, admettre indistinctement les produits fabriqués avec l'une ou l'autre de ces catégories. (*Déc. du 2 juin 1863.*)

(4) Pour l'admission temporaire, il est établi trois catégories distinctes :

1° Les tôles de fer ou d'acier et les cuivres laminés dont l'épaisseur dépasse deux millimètres;

2° Les tôles et les cuivres laminés d'un millimètre exclusivement à deux milli-

6° Des *aciers* en barres ou en feuillards de dimensions déterminées (1), que des objets fabriqués avec des aciers en barres ou feuillards du même ordre de dimensions, ou de dimensions moindres, dont les limites seront au besoin fixées par la décision ministérielle autorisant au besoin l'entrée en franchise temporaire. (*Décret du 15 février 1862, art. 4; Circ. du 26, n° 830.*)

7° Des *cuivres* laminés, que des objets fabriqués avec des cuivres de même espèce, de sorte que des objets en cuivre allié de zinc ou d'étain ne peuvent être admis en compensation de cuivres purs. (*Circ. lith. du 31 janvier 1863.*)

Mais les métaux introduits en vertu d'autorisations antérieures à ce décret, suivent le régime sous l'empire duquel ces décisions ont été rendues. (*Déc. du 15 décembre 1862.*)

Lorsque la réexportation s'effectue en *ouvrages montés*, les expéditeurs ou déclarants sont tenus de déposer au bureau de sortie, pour y faciliter la vérification, soit des échantillons des différentes pièces composées des métaux soumissionnés pour l'importation temporaire, soit, à défaut d'échantillons, des plans d'ensemble et de détail, sur échelle, indiquant exactement le poids particulier de chacune de ces pièces et le métal qui a servi à sa fabrication.

Après sa vérification à l'arrivée, le service n'a pas à intervenir pour suivre et contrôler la mise en œuvre des métaux admis temporairement. Les intéressés restent libres, dès lors, de substituer, dans la fabrication, aux métaux étrangers, des fontes et des fers français. (*Déc. du 21 septembre 1859.*)

Toute soustraction, tout manquant constaté par le service des douanes, de même que tout abus qui aurait été fait des dispositions du présent décret, donnera lieu à l'application des pénalités et interdictions énoncées au n° 541. Toutefois, les déficits qui seront reconnus provenir exclusivement de déchets de main-d'œuvre ne seront soumis qu'au simple payement du droit d'entrée afférent aux matières admises en franchise temporaire. (*Décret du 15 février 1862, art. 8; Circ. n° 830.*)

567. — *Cuivres laminés, purs ou alliés*, sans limite de dimensions (*Déc. du 28 avril* 1863), *destinés au doublage des navires étrangers*, sous les conditions générales rappelées au n° 565.

On exige, en outre, le dépôt préalable d'échantillons qui permettent de constater, soit en cours de main-d'œuvre, soit lors de la réexportation, l'identité ou du moins la parité complète du métal quant à sa nature et à l'épaisseur des feuilles. Le cas échéant, ces échantillons sont transmis, par le service, à la douane d'application, avec l'indication des numéros et des dates des acquits-à-caution auxquels ils se rapportent, afin de faciliter la vérification du métal employé. (*Déc. min. du 24 juillet 1861; Circ. lith. du 30.*)

---

mètres inclusivement;

3° Les tôles et les cuivres laminés d'un millimètre et au-dessous.

Ainsi, on reçoit sans difficulté, en compensation des soumissions relatives à des tôles ou à des cuivres laminés de plus de deux millimètres, des ouvrages en tôle ou en cuivre laminé de toutes dimensions; les importations de tôles ou de cuivres laminés de deux millimètres inclusivement à un millimètre exclusivement ne doivent se compenser que par des ouvrages en tôle ou en cuivre laminé de un à deux millimètres, et les importations de tôles et cuivres laminés d'un millimètre d'épaisseur ou moins ne sont régularisées qu'au moyen de l'exportation d'ouvrages en tôle ou en cuivre d'une épaisseur inférieure ou égale à celle des matières introduites. (*Circ. du 5 juillet 1862, n° 847.*)

(1) On applique la règle posée pour les fers en barres. *V.* note 2 ci-dessus. (*Même Circ.*)

La faculté d'admission temporaire est étendue aux clous et chevilles en cuivre destinés à fixer les plaques de doublages, (*Déc. min. du 3 juillet 1863, transmise le 18.*)

568. — *Chanvres bruts, teillés ou en étoupes, destinés à être convertis en cordages et cordes de toute espèce.*

L'importation doit avoir lieu par les bureaux ouverts au transit ou à l'entrée des marchandises taxées à plus de 20 fr. les 100 kil., ou par les ports l'entrepôt réel, sous le pavillon français ou sous pavillon du pays de production (1). (*Décret du 27 octobre 1858, art. 1er et 3; Circ. du 4 novembre suivant, n° 559.*)

La réexportation par les douanes précitées ou la réintégration en entrepôt des cordages et cordes en poids égal au poids des chanvres admis temporairement, doit s'effectuer dans un délai qui ne peut excéder six mois.

Les produits fabriqués, représentés à la sortie, doivent être exclusivement en chanvre (2). Toutefois les cordages ou cordes qui auront été enduits de goudron ou de suif seront également reçus à la décharge des soumissions, sans qu'il y ait à établir aucune déduction pour le poids de ces dernières matières. (*Même Décret, art. 2.*)

Toute soustraction, toute substitution, tout manquant, constatés, donneront ouverture à l'application des pénalités énoncées au n° 541. Cependant les déficits reconnus par le service provenir exclusivement de déchets de main-d'œuvre ne seront soumis qu'au payement du simple droit sur la matière brute (3). (*Même Décret, art. 4.*)

569. — *Tissus en pièces, soit de coton, écrus* (*Décret du 13 janvier 1861; Circ. du 20, n° 737), soit de laine pure ou mélangée de coton, de soie ou de poil. (Décret du 25 août 1861; Circ. du 5 septembre suivant, n° 792), soit de fil de lin ou de chanvre, soit de fil de lin ou de chanvre et coton mélangés, écrus (Décret du 29 octobre 1862 (Circ. n° 862), destinés à être imprimés ou teints. (Décret du 29 octobre 1862; Circ. n° 862.)*

L'importation doit avoir lieu par les ports d'entrepôt réel ou par les bureaux ouverts au transit (4). (*Décret du 13 février 1861, art. 1er et 3.*)

La réexportation par les douanes précitées ou la réintégration en entrepôt doit s'effectuer dans un délai qui ne peut excéder six mois. (*Même Décret, art. 3 et 4.*)

Le service appose une estampille à chaque bout de pièce (5) et délivre un acquit-à-caution énonçant le nombre de pièces, ainsi que le poids net et la mesure de chacune d'elles et portant engagement, sous les peines légales, de réexporter ou réin-

---

(1) Le service doit seulement s'assurer que le bâtiment importateur appartient au pays sur le territoire duquel les produits ont été chargés à destination de la France et que le transport a eu lieu directement. (*Circ. n° 559.*)

(2) Ainsi, dans le cas où le service reconnaîtrait la présence dans les cordages ou cordes d'autres filaments que le chanvre ou des matières étrangères quelconques, il devrait constater la contravention par procès-verbal; mais, si le mélange était seulement douteux, on se bornerait à dresser un acte conservatoire réservant les droits de l'administration, et à prélever des échantillons pour être soumis à l'examen des commissaires-experts du Gouvernement. (*Circ. n° 569.*)

(3) L'administration se réserve de statuer sur ces déficits, à vue des renseignements et des propositions qui lui seront adressés par les directeurs. (*Même Circ.*)

(4) Le bénéfice de cette admission n'est pas exclusivement réservé aux imprimeurs sur étoffes; il profite au commerce en général. (*Circ. du 5 avril 1861, n° 746.*)

(5) Les frais d'estampille, à la charge des déclarants, sont fixés à un centime par marque. (*Circ. n° 737.*)

tégrer en entrepôt les *mêmes* tissus, après impression. (*Même Décret, art.* 2 *et* 3.)

Toutes les fois, d'ailleurs, que le commerce en exprime le vœu, le service peut augmenter le nombre des estampilles sur les pièces de tissus, de manière à ce que, en laissant subsister ce signe de reconnaissance, le fabricant puisse, si cela lui convient, subdiviser ces pièces après l'impression.

Pour faciliter les assortiments, on permet exceptionnellement, dans la mesure du possible, le fractionnement, soit par douzaines, soit même par échantillons isolés, des pièces de tissus formant des cravates, des châles ou des mouchoirs, après, bien entendu, que l'estampillage en a été reconnu intact; mais les opérations de cette nature ne peuvent être pratiquées que dans un entrepôt réel, et jamais dans les magasins particuliers du commerce.

En cas de réexportations partielles et dans les localités pourvues d'un entrepôt réel, l'acquit-à-caution levé à l'entrée peut être déposé à la douane dudit entrepôt, laquelle délivre, pour chaque envoi particulier, un passavant descriptif et détaillé qui, après avoir été revêtu des certificats voulus de sortie, doit être rapporté à la même douane pour y servir à la décharge dudit acquit-à-caution dans la proportion des quantités de tissus dont la réexportation a été aussi constatée. (*Circ. du* 5 *avril* 1861, n° 746.)

Dès que les tissus ont été représentés au service après impression et que l'identité en a été reconnue, rien ne s'oppose à ce que les estampilles soient détruites par l'intéressé.

Si la réexportation s'effectuait d'ailleurs en *colis pressés*, on appliquerait les dispositions de l'art. 5 de la loi du 9 février 1832. *V.* n° 535. (*Déc. du* 2 *août* 1861.)

Toute soustraction, toute substitution, tout manquant constatés, donneront ouverture à l'application des pénalités énoncées au n° 541. (*Décret du* 13 *février* 1861, *art.* 5.)

570. — *Blés.* Les blés-froments étrangers, sans distinction d'espèce ni d'origine, peuvent être importés temporairement en franchise de droits pour la mouture, sous les conditions déterminées au n° 541 et par les règlements suivants (*Décret du* 14 *janvier* 1850, *art* 1er; *Circ. du* 19, n° 2363, *et Décret du* 25 *août* 1861, *art.* 1er; *Circ. du* 2 *septembre suivant,* n° 790) :

Par 100 kil. de froment (1) importés, on est tenu de représenter en farines de froment bien conditionnées, de bonne qualité et sans mélange quelconque, savoir :

90 kil. de farine blutée à 10 0/0,

80................... à 20 *id.,*

ou 70................... à 30 id.,

suivant le taux du blutage qui a été déclaré d'avance à la douane, d'après chacune de ces catégories (2). (*Décret du* 25 *août* 1861, *art.* 2.)

Les froments destinés pour la mouture peuvent être importés par tous les bureaux ouverts à l'importation des céréales. *V.* n° 381.

La réexportation des farines ne s'effectuera que par les ports d'entrepôt réel ou par les bureaux ouverts, soit au transit, soit à l'entrée des marchandises taxées à plus

---

(1) On doit constater, au moment de l'importation, mais par épreuves seulement, le poids moyen de l'hectolitre de froment, indépendamment de la quantité d'hectolitres. Mention est faite de ces deux résultats, tant dans la soumission qu'en l'acquit-à-caution. (*Circ.* n° 2363.)

(2) Pourvu qu'on représente à la sortie des farines blutées à l'un des degrés indiqués au second paragraphe de ce numéro, le service ne doit pas en refuser décharge, par la raison que le degré énoncé à l'acquit-à-caution n'aurait pas été suivi. (*Circ. lith. du* 30 *juin* 1864.)

de 20 fr. les 100 kil., quel qu'ait été le lieu d'importation du blé. (*Même Décret, art.* 3.)

Les déclarants s'engagent, par une soumission valablement cautionnée, à réexporter ou à réintégrer en entrepôt, dans le délai de trois mois, des farines en quantité et qualité, et selon le degré de blutage, conformes aux prescriptions de l'art. 2 ci-dessus.

Les déclarations pour la mouture ne sont point reçues et aucun permis n'est délivré pour moins de 150 quintaux de froment à la fois. (*Même Décret, art.* 4.)

Des échantillons de farine de pur froment, blutées à 10, 20 et 30 0/0, seront déposés dans les bureaux de douane désignés pour la sortie, afin d'y servir de types pour la vérification des farines. En cas de doute ou de contestation, des échantillons spéciaux, prélevés contradictoirement par le service des douanes et le soumissionnaire ou son représentant, seront soumis à l'examen des commissaires experts institués par l'art. 19 de la loi du 27 juillet 1822. (*Même Décret, art.* 5.)

Les droits d'entrée sur les sons provenant de la mouture seront acquittés, s'il y a lieu, à raison de 8, 18 ou 28 kil. de son par 100 kil. de blé importé, suivant que les farines représentées seront blutées à 10, 20 ou 30 0/0. La différence de 2 0/0 est allouée comme déchet à la mouture (1). (*Même Décret, art.* 6.)

Les minotiers ont la faculté ou de réexporter identiquement les farines provenant de la mouture des blés étrangers ou d'échanger ces blés contre des quantités proportionnelles de farines indigènes. (*Circ. du 19 janvier* 1850, n° 2363.)

Une partie de farines peut être réexportée en plusieurs convois, mais par un même bureau. (*Déc. du 11 novembre* 1856.) V. n° 541.

Les farines doivent demeurer en entrepôt et en être extraites identiquement en mêmes quantité, espèce, qualité, poids et colis, que lors de l'entrée. Quand l'entrepôt est fictif et s'il s'élève des soupçons d'abus, le service approfondit les actes de sa surveillance, opère des recensements et vérifie avec soin, à la sortie, la qualité et le degré de blutage des farines déclarées pour la réexportation. (*Déc. du 30 mars* 1850.)

Après réintégration effective en entrepôt réel ou fictif, les farines provenant de blés étrangers peuvent être réexportées par tout bureau ouvert au transit. (*Déc. du 10 février* 1855.)

La réexportation des farines peut s'effectuer par voie indirecte, c'est-à-dire par un autre port que celui où la mouture a eu lieu, sous la condition que ce port d'escale ou de destination provisoire sera un port d'*entrepôt réel*, que les farines seront placées dans cet entrepôt, et non réintégrées en entrepôt fictif. A cet effet, les acquits-à-caution de mutation d'entrepôt énonceront l'obligation de placer les farines en entrepôt réel, et détermineront en même temps le délai dans lequel la réexportation définitive devra se consommer. (*Déc. min. du 25 juillet* 1845; *Circ. lith. du 2 août suivant.*)

571. — *Sucres bruts*, de toute origine, destinés à être réexportés après raffinage. (*Loi du 7 mai* 1864; *Circ. du 31*, n° 954.)

_____

(1) C'est au bureau d'où émane l'acquit-à-caution, et avant la libération des soumissionnaires, que les droits d'entrée doivent être perçus sur le son afférent à la quantité de blé pour laquelle l'expédition a été régularisée. Il est recommandé d'inscrire le numéro de recette en marge de l'acte de décharge. (*Circ. du 1er mars* 1850, n° 2372.)

La taxe exigible sur le son se règle d'après le mode d'importation des grains dont il provient. (*Déc. du 13 avril* 1857.)

En ce qui concerne les blés remis à l'administration de la guerre, il n'est pas exigé de droits sur le son, si la quantité de farine représentée est égale à celle des blés admis temporairement. (*Circ. du 31 juillet* 1835, n° 1498.)

L'admission temporaire est obligatoire pour les sucres bruts, indigènes ou exotiques, qu'on veut se réserver la faculté de réexporter après raffinage. Elle est facultative pour les autres, y compris ceux de nuance supérieure au n° 18 et ceux importés des pays d'Europe, exclus de toute compensation à la sortie (sauf les sucres de betterave de l'Angleterre, de la Belgique et des Pays-Bas, jusqu'au n° 16 *inclusivement*). Elle n'est pas permise à l'égard des sucres raffinés.

Les sucres déclarés pour l'admission temporaire donnent lieu à des obligations cautionnées. Ces obligations doivent être apurées dans un délai de deux mois (*Loi du 8 juillet* 1865, *art.* 27), soit par l'exportation après raffinage ou par la mise en entrepôt d'une quantité de sucres raffinés correspondant aux rendements déterminés, soit par le payement des taxes et surtaxes applicables aux sucres bruts soumissionnés.

Lorsque les raffinés exportés proviendront de sucres importés par navire étranger, les soumissionnaires devront payer, au moment de l'exportation ou de la mise en entrepôt, la moitié de la surtaxe de pavillon.

Relativement aux obligations cautionnées, l'action du Trésor et la responsabilité des comptables restent de tous points soumises aux règles tracées par les ordonnances et arrêtés rendus sur les crédits accordés pour le payement des droits de douane. (*Même Loi, art.* 5.)

Pour libérer une obligation de 100 kilos de sucre brut au-dessous du n° 7, on représentera 69 kilos de candis ou bien 76 kilos de melis, lumps ou tapé. Ces rendements seront de 74 et 81 kilos pour des sucres des n°s 7 à 9; de 78 et 85 kilos pour ceux des n°s 10 à 14; de 80 et 87 kilos pour ceux des n°s 15 à 18. 100 kilos de sucre seront balancés par la sortie de 100 kilos de vergeoises de nuance égale ou supérieure au n° 10; les vergeoises au-dessous du n° 13 ne pourront être appliquées qu'à des sucres également au-dessous du n° 13. Les vergeoises ne sont pas d'ailleurs admissibles en entrepôt à la décharge des obligations.

Les sucres coloniaux et étrangers ne sont admissibles au raffinage pour l'exportation que lorsqu'ils ont été importés directement par mer des pays hors d'Europe. (*Même Loi, art.* 6; *Circ.* n°s 954 et 1002.)

Les sucres raffinés qui, après avoir été placés en entrepôt dans les conditions prévues par l'art. 5, seront retirés pour la consommation, acquitteront les droits afférents à la matière brute dont ils proviennent et sur les quantités soumissionnées au moment de l'admission temporaire. (*Même Loi, art.* 7.)

Si les obligations ne sont pas apurées dans le délai fixé par l'art. 5 de la présente loi, le Trésor poursuivra immédiatement, outre le recouvrement du droit d'entrée, le payement des intérêts de ce droit, à raison de 5 0/0 l'an, et ce à partir de l'expiration dudit délai.

Toute tentative ayant pour but de faire admettre à l'exportation ou à la réintégration en entrepôt, comme il est dit à l'art. 5, des sucres n'ayant pas le poids déclaré ou le degré de pureté ou de blancheur exigé par les règlements sur la matière, sera punie, dans le premier cas, d'une amende égale au double droit sur le déficit, et dans le second cas, d'une amende de dix francs par 100 kilogrammes. La marchandise pourra être retenue pour sûreté de l'amende et des frais. (*Même Loi, art.* 8.)

La restitution des droits à l'exportation des sucres raffinés, lorsque le payement de ces droits sera justifié au moyen de quittances antérieures à la promulgation de la présente loi et n'ayant pas plus de quatre mois de date, se fera sur les bases du tarif et d'après les rendements déterminés par les lois antérieures. (*Même Loi, art.* 9.)

La somme stipulée sur les obligations doit être *acquittée* dans le délai de deux mois au plus tard (*Loi du 8 juillet* 1865, *art.* 27), sans nouveau crédit ni escompte (1),

(1) L'admission temporaire constitue par elle-même un véritable crédit. Les anti-

soit en *numéraire*, soit en *certificats* du service des douanes et des contributions indirectes constatant l'exportation (1) ou la mise en entrepôt d'une quantité de sucre raffiné correspondante à la quantité de sucre brut soumissionnée. Ces obligations, formule n° 1, sont passibles du timbre fixe de 75 centimes. Si elles sont relatives à des sucres importés par navires étrangers, elles comprennent la surtaxe de pavillon. S'il s'agit de sucres de nos colonies ayant droit à la détaxe de 5 fr., le droit est exprimé, déduction faite de cette détaxe. (*Circ. du 31 mai* 1864, n° 954.)

Les obligations peuvent être souscrites dans les bureaux principaux ou particuliers, et dans ce dernier cas avec l'autorisation du receveur principal qui reste chargé de leur apurement.

Quand elles sont souscrites dans un bureau particulier, le receveur les détache de la souche et les envoie sans retard au receveur principal. Celui-ci les inscrit le jour même sur son registre n° 2, en donne avis à l'administration, formule 3, et enfin adresse au receveur particulier la formule 4 pour être réunie au registre 1. Si l'obligation a été souscrite au bureau principal, elle est portée pareillement au registre 2, et avis en est donné à l'administration, formule 3. Une série unique de numéros est ouverte au registre 2, par principalité et par année.

Les obligations ont tous les caractères de traites souscrites pour le paiement des droits. Mêmes formes de procéder en cas de faillite ou de suspension de paiement, même responsabilité pèse sur les comptables, mais ils sont dispensés de soumettre à l'égard des sucres les listes de propositions de crédit. Ils jouissent, comme pour les crédits ordinaires et dans les mêmes limites, de la remise de 1/3 p. 0/0 qu'ils doivent exiger au moment de la souscription des obligations.

Pour l'apurement des obligations, qu'il s'agisse d'une exportation ou d'une mise en entrepôt, l'opération doit être précédée d'une déclaration (formule 6) qui ne peut être reçue que dans l'un des bureaux précédemment ouverts aux premières déclarations de sortie de sucres en prime. Si elle se rapporte à une exportation et si elle a été faite à la douane de sortie définitive, elle rentre au bureau aussitôt après que l'embarquement est effectué ou que la sortie par terre est constatée, et elle y reste déposée après visa de l'Inspecteur sédentaire ou du Sous-Inspecteur et transcription sur le registre 7 dont le volant est remis à l'expéditeur, sur reçu, et sert ultérieurement à la décharge de la soumission. Les cessions sont constatées au verso sous forme d'endossement. S'il s'agit d'une entrée en entrepôt, la formule 6 rentre aussitôt que les sucres sont emmagasinés, et l'opération se termine comme il vient d'être dit.

Le jour même de la délivrance du certificat n° 7, il faut, aux termes d'une C. man. du 21 déc. 1864, adresser à l'administration le résumé n° 9.

S'il arrivait qu'après l'embarquement des sucres et la délivrance du certificat n° 7, on voulût les remettre à terre, cette faculté serait autorisée, à charge par le déclarant de représenter le certificat et de placer les sucres en entrepôt réel. La douane annulerait ce certificat et remettrait en échange celui d'entrée en entrepôt. Dans l'hypothèse où l'exportation aurait déjà été signalée à l'administration par l'envoi du résumé n° 9, on en enverrait un autre constatant l'entrée en entrepôt.

Si la déclaration a été faite dans un bureau autre que celui de sortie, on la transcrit,

---

cipations de payement ne donneraient pas ouverture à l'escompte. (*Circ.* n° 954.)

Quand l'obligation est souscrite à une date postérieure à celle de l'enlèvement des sucres, il faut indiquer cette circonstance au bulletin n° 3; c'est la date du premier enlèvement qui détermine le point de départ du délai. (*Circ. lith. du 14 juillet* 1864.)

(1) V. pour les bureaux de sortie, la deuxième nomenclature du n° 830. (Livre XI, chap. X.)

après régularisation, sur le registre n° 8, d'où se détache le passavant d'exportation. Ce passavant accompagne la marchandise pour être présenté au bureau de sortie. L'expéditeur la complète, au préalable, dans le cas d'embarquement, par la déclaration dont le cadre figure au verso. Dès que la mise à bord ou la sortie par terre est constatée, le passavant est renvoyé (sans délai, *Déc. du* 3 *déc.* 1864) au bureau d'où il émane et où on l'inscrit au registre n° 7, duquel on détache le certificat. Si le transport a eu lieu sous le régime du transit international, ce certificat n'est détaché qu'après le retour du passavant ou de la feuille d'accompagnement.

Dès que les certificats n° 7 sont parvenus au bureau d'admission temporaire, on opère la décharge partielle ou complète de la soumission, puis on adresse à l'administration le bulletin n° 5, après avoir exigé, s'il y a lieu, pour les sucres importés sous pavillon étranger, soit la moitié de la surtaxe, soit la surtaxe entière, selon qu'ils auront été exportés ou mis en entrepôt ou qu'ils auront été mis à la consommation. Mention de cet acquittement doit être faite sur le bulletin n° 5. Si les sucres ont été placés dans l'entrepôt, le receveur adresse le jour même à son collègue l'avis n° 11, qui deviendra nécessaire pour le cas d'extraction de l'entrepôt pour la consommation.

Dans le cas où un certificat de sortie ou de mise en entrepôt partiellement appliqué dans un bureau devrait servir le complément dans un autre bureau, il serait retenu au bureau de première application, où il en serait délivré un extrait, formule 10, au moyen duquel s'opérerait la régularisation ultérieure.

Si un soumissionnaire demande un titre constatant sa libération définitive, la douane le lui délivre au moyen d'un certificat ou de la quittance des droits. En aucun cas, le receveur ne doit se dessaisir de la soumission. (*Déc. du* 11 *oct.* 1864.)

Les sucres raffinés provenant d'admissions temporaires peuvent, comme les autres marchandises, séjourner pendant trois années dans les entrepôts réels des douanes ou dans ceux des sucres indigènes. Mention de leur origine doit être donnée au sommier.

Lorsque des sucres sont extraits de l'entrepôt, il n'y a pas lieu d'adresser de nouveaux certificats n° 7. (*Circ. man. du* 21 *décembre* 1864.)

Les raffinés qui, après avoir été placés en entrepôt, en sont retirés pour la consommation, acquittent, sans crédit ni escompte, les droits afférents à la matière brute, d'après les énonciations du bulletin n° 11 qu'a dû transmettre le receveur détenteur de l'obligation. Si ce bulletin n'était pas encore parvenu, les sucres seraient livrés moyennant soumission d'acquitter les droits et surtaxes exigibles. De même, si on voulait diriger les sucres d'un entrepôt sur un autre, l'acquit-à-caution reproduirait les indications portées sur les avis d'exportation, et dans l'hypothèse où ces avis ne seraient point encore parvenus, il en annoncerait l'envoi ultérieur pour qu'il fût procédé dans le nouvel entrepôt, lors de la mise en consommation, comme on aurait opéré dans le premier à l'arrivée des avis d'imputation, la transmission serait effectuée sans délai. (*Circ.* n° 954.)

Lorsque des sucres importés des colonies ou de l'étranger auront été placés, après raffinage, dans un entrepôt de sucres indigènes, le droit d'importation recouvré dans le cas d'extraction pour la consommation et celui du timbre de la quittance seront transférés par virement de fonds dans la caisse du receveur des douanes, détenteur de l'obligation. Le receveur des douanes opérera de la même manière s'il s'agit de sucres indigènes extraits d'un entrepôt de douane pour la consommation, avec cette différence que le transfert du droit recouvré s'opérera sur la caisse du receveur principal des contributions indirectes le plus voisin. Dans les deux cas, le bordereau de virement sera accompagné des renseignements nécessaires pour la formation de l'état 93 (douanes) ou 101 (contributions indirectes).

L'apurement des obligations doit avoir lieu dans le délai de quatre mois, sans qu'il soit possible d'obtenir une prolongation, même pour le cas de force majeure.

C'est la date des certificats qui sert de base au calcul des délais; c'est-à-dire la date de la mise en entrepôt de la sortie par terre ou de l'embarquement, et non celle de la sortie du navire. Cinq jours après l'expiration du quatrième mois, le receveur envoie un avertissement au soumissionnaire et à sa caution, et si les engagements ne sont pas remplis dans les cinq jours qui suivent ce premier sursis, le receveur fait signifier contrainte aux deux obligés, et il informe l'administration de l'incident. Une fois la contrainte décernée, les certificats d'exportation ou de mise en entrepôt doivent être refusés, et l'obligation ne peut plus être apurée que par le paiement du droit et des intérêts à 5 0/0 par an. Ces intérêts seraient dus même alors que la contrainte n'aurait pas été décernée. On les porte aux recettes accidentelles, et on en fait l'objet de relevés mensuels qui sont joints en fin d'année ou de gestion au bordereau C, n° 94. (*Circ. de la compt. du 23 novembre* 1864, n° 86.)

LIVRE VII

EXPORTATIONS

Le tarif de sortie facilite l'exportation de presque toutes les marchandises. En effet, la plupart sont exemptes de droits.

Par ce motif, et parce que le fait de l'exportation, ne commençant en réalité que lorsque l'on vient en douane, est plus simple et plus libre que celui de l'importation, le livre des *Exportations* n'est pas la répétition, en sens inverse, des règles que renferme celui des *Importations*.

On verra, au contraire, qu'il en écarte plusieurs, et que, par exemple, la sortie des marchandises de toute espèce, sauf ce qui reçoit une prime, peut s'effectuer par tous les ports et bureaux, que les navires de tout tonnage peuvent être employés, et qu'il n'y a qu'une seule déclaration à fournir, etc.

CHAPITRE PREMIER

EXPORTATIONS PAR MER

572. — Les marchands, négociants ou leurs facteurs, courtiers, capitaines et maîtres de navires, qui veulent faire sortir par mer des marchandises ou denrées, sont tenus d'en donner la déclaration dans la forme prescrite, et de les faire conduire au bureau ou à tel autre endroit dont il est convenu entre la régie et le commerce pour y être vérifiées.

S'il est reconnu qu'il y a impossibilité de les faire conduire dans un local ainsi déterminé, la vérification en est faite au lieu de l'embarquement. (*Loi du 22 août* 1791, *titre 2, art. 6.*)

Les marchandises dont la sortie est prohibée sont indiquées au n° 588.

Sont exemptes de droits de sortie toutes les marchandises autres que celles ci-après désignées :

Le droit de sortie est, par 100 kil. bruts, de 4 fr. (décimes compris) sur les vieux cordages, goudronnés ou non ; de 12 fr. (décimes compris), sur les chiffons autres que ceux de laine sans mélange et sur les drilles de toute espèce (1), comme à l'égard du carton de simple moulage ou pâte à papier. (*Loi du 16 mai 1863, art 2.*)

---

(1) Les déchets grossiers de filature de coton, qui paraîtraient ne pouvoir servir qu'à la fabrication du papier, sont passibles de la taxe de sortie. Au besoin, recourir à l'expertise légale. (*Circ. lith. du 16 août 1865.*)

En ce qui touche les marchandises non prohibées, il n'y a de restrictions de sortie que pour les grains, légumes secs et leurs farines (V. n° 381); pour les tabacs fabriqués, les boissons, les ouvrages d'or et d'argent, les marchandises de primes, V. *Régimes spéciaux*, Livre XI.

573. — Pour la déclaration, V. n° 142. Il n'est reçu de déclaration d'embarquement qu'autant que le certificat de contre-visite à bord du navire a été remis à la section, V. n° 303. Il ne doit être fait d'exception à cette règle que sur l'autorisation spéciale du chef de la visite.

Il est coté un préposé pour suivre l'embarquement des marchandises françaises susceptibles d'être admises au drawback, des boissons et des marchandises étrangères en réexportation.

574. — Les marchandises sont conduites sur le quai d'embarquement, V. n° 157.

La visite doit être effectuée avec discernement, et il suffit, en général, de faire ouvrir ou sonder le quinzième des colis, ou moins, suivant l'importance ou la nature des expéditions.

Sauf le cas où une différence notable entre le poids réel et le poids déclaré est très-sensible à la vue, on peut s'abstenir de peser les colis désignés pour la visite et se borner à en reconnaître le contenu. (*Déc. du 6 mars* 1843.)

Pour les règles générales, V. n° 156.

575. — Dès qu'elles ont été visitées, les marchandises sont consignées au préposé factionnaire par le sous-brigadier de penthières, qui retient les permis pour les déposer au poste du point d'opération, où ils sont enregistrés, par navire, sur un registre *ad hoc* dont il est fait extrait pour les consignes. V. Livre III, n° 303. (*Déc. du 12 juin* 1839.)

L'embarquement des marchandises françaises, en simple exportation, est constaté par le préposé factionnaire, qui reconnaît l'identité des marques et numéros des colis.

Quant aux marchandises françaises avec prime, aux boissons de même origine, et aux marchandises étrangères en réexportation, le factionnaire ou le préposé d'embarquement (coté à bord du navire), ou le préposé de penthières (opérant sur le quai) et le sous-brigadier de penthières en assurent l'embarquement après avoir reconnu l'identité des marques et numéros des colis, et ils en certifient tous deux sur le permis, qui retourne au poste et de là à la section. (*Déc. du 22 janvier* 1857.)

Dès que s'est terminé l'embarquement soit des marchandises d'exportation ordinaire visitées sur le quai, soit des marchandises de primes ou de réexportation qui, vérifiées au bureau, sont soumises à quai à un contrôle et provisoirement consignées aux préposés factionnaires, les permis sont régularisés par le préposé d'embarquement et par le sous-brigadier de penthières chargé de les déposer au poste où on les enregistre sur un registre *ad hoc*. Il en est fait un extrait formant le carnet de consignes. Dans les *grands ports*, un autre extrait constitue une *feuille* dite *de chargement* (1) qui est remise, le matin et dans la journée, au service maritime pour s'assurer que les marchandises désignées sont restées à bord et en certifier en marge de chaque article (2). Cette feuille rentre successivement au poste jusqu'à ce que, le départ du navire étant signalé par le service maritime, on la fasse parvenir au

---

(1) Cette feuille est indispensable *dans les grands ports* à raison de la multitude et de l'importance des opérations; dès que le chargement est terminé, elle met le service à même d'agir comme s'il avait le manifeste qui, nonobstant les prescriptions rappelées au n° 585, ne saurait, à défaut de temps, être formé dans ces ports où il est remplacé par une déclaration ne donnant aucun détail.

(2) Lorsque les marchandises, étant encombrées à bord, ne peuvent être reconnues, le service examine le livre dit *sous-bord* tenu par le capitaine ou par le sous-patron

corps-de-garde central où les permis de primes ou de réexportation ont été réunis et peuvent alors recevoir le certificat de sortie. (*Déc. du 30 avril* 1859.)

576. — Les receveurs des bureaux d'exportation sont autorisés à délivrer, après examen des documents mis à leur disposition par les intéressés et sur la demande de ceux-ci, des certificats constatant l'origine française des produits dont l'exportation s'effectue. Ces certificats doivent être signés, d'une manière lisible, par deux employés (*art. 21 des dispositions générales du tarif de* 1864), et revêtus du visa du chef local et du cachet du bureau. (*Circ. lith. du 8 août* 1861.)

Dans le cas où, au sujet des marchandises exemptes de droits de sortie, il peut être ultérieurement utile aux intéressés de produire un titre justificatif d'exportation, le service peut délivrer un passavant dont le numéro, s'il s'agit de boissons, est relaté sur l'acquit-à-caution de la régie. (*Déc. du 6 mai* 1858.)

577. — Les *navires français* armés à destination des colonies françaises (1) peuvent, indépendamment des marchandises qu'ils chargent à destination de ces colonies sous les formalités prescrites par la loi du 17 juillet 1891, exporter, en payant les droits, pour les pays étrangers qui se trouvent sur leur route ou au-delà de la colonie où ils doivent se rendre, toutes les marchandises dont la sortie n'est pas prohibée. (*Loi du 21 avril* 1818, *art.* 60, *et Déc. des 20 mars* 1829 *et 22 mai* 1847.)

Ces navires peuvent aussi réexporter des entrepôts de France, à destination de l'étranger, des marchandises de toute nature, prohibées ou non. (*Déc. des 15 avril* 1817, 19 *avril* 1833 *et* 17 *septembre* 1835.)

Si, au lieu d'aller d'abord à l'étranger, le navire se rend directement à une colonie française, il ne doit plus charger que des marchandises étrangères admissibles à la consommation ou dans les entrepôts de cette colonie. Ces marchandises sont alors expédiées par acquit-à-caution de mutation d'entrepôt ou par acquit-à-caution de réexportation, suivant que la colonie a ou n'a pas des entrepôts constitués conformément à la loi du 12 juillet 1837. *V.* Livre XI, chap. 7. (*Déc. du 10 août* 1841.)

Lorsque les armateurs le demandent, la totalité de la cargaison est comprise sur les acquits-à-caution, comme si elle avait la colonie pour destination unique; on réserve ainsi au capitaine le choix des marchandises à débarquer à l'étranger et dans les colonies. Les douanes coloniales régularisent les acquits-à-caution pour les quantités qui leur ont été représentées, et, au retour de ces expéditions au port de départ, les droits de sortie se perçoivent sur les marchandises vendues à l'étranger. (*Déc. du 28 juillet* 1825.)

Pour l'exportation par navires étrangers, avec escale en France, *V.* nᵒˢ 598 et 643 (note 18). Au sujet des navires français qui, armés à destination des colonies françaises ou de l'étranger, doivent se rendre d'abord dans un autre port de France. *V.* Livre VIII, nᵒ 598.

578. — A toute époque, et avant sa mise à la voile, un bâtiment peut recevoir des marchandises à son bord, avec l'expédition prescrite par la loi, quoique le capitaine ait déclaré sa destination nouvelle et qu'il ait déjà reçu ses papiers de navigation pour le sortie. (*Circ. man. du 9 décembre* 1816.)

579. — Les papiers de bord des navires français et le manifeste de sortie sont remis directement aux capitaines ou à leur courtier, par la section de navigation. (*Déc. du 28 novembre* 1843.) Les capitaines de navires étrangers reçoivent un passeport. *V.* nᵒ 642.

---

qui, si elles n'y figurent pas, signe sur la feuille de chargement une annotation indiquant que telles marchandises n'ont pas été embarquées.

(1) Excepté l'Algérie, qui reste soumise aux règlements sur le cabotage. *V.* Livre XI, chap. 4.

580. — S'il a été satisfait aux prescriptions des règlements, la section de la navigation revêt le manifeste de sortie (*V.* n° 585) du vu, bon pour sortir du port, et le remet au capitaine ou à son courtier, ainsi que les acquits dont il doit être muni, afin que le navire puisse partir au moment convenable. A la sortie, l'équipage de l'embarcation en station à la passe monte à bord des navires, exige la représentation des papiers de bord des bâtiments français ou du passeport des navires étrangers; il vise, outre le manifeste, les acquits-à-caution, passavants ou acquits de payement relatifs aux sels destinés à la salaison en mer des produits de pêche française. Les permis concernant les marchandises en réexportation ou les marchandises de drawback (1) sont régularisés par le certificat de sortie, et renvoyés, par l'entremise du chef de la visite, à la section de la statistique, et de là au bureau où ils doivent être classés. Les pièces ayant trait aux marchandises de prime, exportées directement, sont remises au receveur pour être envoyées à l'administration.

581. — *Mise en mer.* Il est défendu, sous peine de confiscation des marchandises et de 100 fr. d'amende (2), aux capitaines et maîtres de bâtiments, de se mettre en mer ou sur les rivières y affluentes sans être porteurs de l'acquit de payement des droits ou d'autres expéditions, suivant les circonstances. (*Loi du 22 août* 1791, *titre* 2, *art* 13.) Mise en mouvement, etc., sans port d'acquit, etc.; n° 76 du tableau des Infr. Trib. de paix.

Les dispositions pénales de cet article peuvent être appliquées par une douane autre que celle du port d'où le navire est parti. Elles ne concernent point le défaut de passeport; en pareil cas, il faut exiger la représentation des quittances des droits de navigation. (*Déc. du* 1er *février* 1850.)

582. — Le service ne doit déférer aux oppositions formées à la remise des papiers de bord des navires en partance qu'autant qu'elles résultent d'un jugement exécutoire. Dans d'autres conditions, le receveur doit refuser de viser tout acte de l'espèce. *V.* n° 1124. (*Déc. du* 19 *août* 1845.)

Quand un receveur a, sans aucune protestation, reçu une opposition à la remise des papiers de bord, il doit déclarer au capitaine ou à l'armateur que ces papiers ne leur seront délivrés que lorsqu'ils auront rapporté mainlevée (*Déc. du* 3 *frimaire an XIII*); il ne saurait, par une signification subséquente de son refus d'obtempérer à l'opposition, faire valablement cesser les effets de cet acte. C'est aux tribunaux seuls qu'il appartient de statuer. (*Déc. du* 24 *octobre* 1855.)

L'opposition ne peut avoir pour objet que la non-délivrance des papiers de bord des navires français ou du passeport des bâtiments étrangers. Le service ne saurait être tenu d'en assurer l'effet comme force publique qu'autant qu'il aurait été requis régulièrement à ce titre. *V.* n° 80. Toutefois, dès qu'il a reçu la notification d'une opposition, le receveur doit en informer l'inspecteur sédentaire, ou, à défaut, le chef

---

(1) Afin de prévenir tout retard dans la régularisation des pièces relatives aux marchandises de prime, les dossiers sont, à l'issue de l'embarquement, remis, savoir: ceux concernant les marchandises expédiées aux colonies françaises, à l'employé chargé de délivrer les passavants, série M, n° 53 *bis,* et qui transmet les pièces à la section des primes; les autres directement à cette section. Tous les dossiers pour un même navire sont réunis à cette section, comme plus tard au corps-de-garde central, de façon à être retrouvés à chaque instant à vue du carnet de la brigade indiquant le dépôt aux sections compétentes. Le jour du départ, le chef du poste les fait prendre pour les revêtir du certificat de sortie.

(2) Si le chargement ne donnait pas lieu à une perception au-dessus de 3 fr., l'amende ne serait que de 50 fr., et les marchandises ne seraient pas saisissables. (*Loi du* 21 *août* 1791, *titre* 2, *art.* 30.) V. n° 320.

de la brigade, afin qu'il soit pris immédiatement des dispositions pour prévenir le départ furtif du navire. *V.* n° 240. (*Déc. du 25 janvier* 1858.)

583. — Si, d'après les lois du pays de destination, les capitaines sont tenus de produire des duplicata de leurs expéditions ou des acquits généraux de sortie, comprenant toutes les marchandises chargées au port de départ, la douane les délivre immédiatement; dans ce cas, l'autorisation préalable de l'administration n'est pas nécessaire. (*Circ. du 21 décembre* 1820, n° 625, *et Circ. man. du 30 octobre* 1837.)

584. — La douane n'est pas tenue de déférer aux sommations ou oppositions qui lui seraient signifiées, au nom d'un consul, pour contraindre les capitaines étrangers à se conformer aux lois consulaires de leur pays. (*Déc. du 15 avril* 1842.)

585. — Aucun navire français ou étranger, chargé ou sur lest, ne peut sortir d'un port de France sans être muni d'un manifeste de chargement visé par la douane. *V.* n° 575.

Ce manifeste doit présenter séparément les marchandises de réexportation, suivant leur provenance étrangère ou des colonies françaises.

Le capitaine est tenu de le représenter à toutes réquisitions des préposés, sous peine d'une amende de 500 fr., pour sûreté de laquelle le navire peut être préventivement retenu. (*Loi du 5 juillet* 1836, *art.* 2.) (1). Non-représentation, etc.; n° 71 du tableau des Infr. Trib. de paix.

Le capitaine n'est pas tenu de remettre un double de son manifeste; il suffit qu'il le fasse viser par la douane. (*Déc. du 30 décembre* 1840.)

Tout navire faisant le cabotage, même au lest, doit, au départ, être accompagné d'un manifeste série M, n° 1 *bis*, destiné à être représenté au port de destination. *V.* n° 296. Les colonnes 2 à 8 de cette formule, qui est délivrée gratuitement, sont remplies, par les capitaines ou par leurs courtiers, d'après les indications des expéditions.

Ce manifeste doit toujours être collationné avec soin, par le service du port de départ, à vue des souches annotées des expéditions. *V.* n° 604. (*Circ. du 30 novembre* 1858, n° 561.)

En cas de chargement ou de déchargement dans plusieurs ports, le manifeste est renouvelé dans chaque port intermédiaire, en tenant compte des modifications qu'a subies l'état de la cargaison. (*Même Circ.*) Toutefois, s'il s'agissait d'opérations sans importance par rapport à l'ensemble de la cargaison, on appliquerait, pour les déchargements, *V.* n° 608, les dispositions énoncées au n° 295, et on enregistrerait les déclarations sur l'extrait certifié du manifeste. Quant aux embarquements, le capitaine aurait la faculté de compléter le manifeste visé au port de départ primitif. *V.* n° 601.

Les manifestes de sortie doivent présenter séparément les marchandises suivant leur origine et leur destination. Ainsi, à l'égard des navires français qui partent de France, les marchandises y sont transcrites dans l'ordre suivant :

Marchandises françaises expédiées par cabotage;
   —   exportées à l'étranger ;
   —   dirigées sur les colonies françaises.
Marchandises étrangères expédiées par mutation d'entrepôt ;
   —   réexportées à l'étranger ;
   —   dirigées sur les colonies françaises.

Et pour les navires français de retour de l'étranger ou des colonies françaises, *V.* Livre III, n° 295, le manifeste de sortie du port de prime-abord présente, ainsi qu'il suit, les marchandises composant le chargement :

---

(1) Cette disposition a pour but de fournir au service, dans les deux myriamètres des côtes, un moyen facile de connaître la nature et l'importance des cargaisons sortant des ports. (*Déc. du 4 avril* 1846.)

Marchandises de cabotage;

— de mutation d'entrepôt;

— apportées de l'étranger ou des colonies, et restées à bord. (*Déc. adm. des 19 avril et 10 septembre 1833, 21 décembre 1836, 17 mai 1839 et 3 mars 1841.*)

Le manifeste doit être unique pour chaque navire, sauf inscription distincte et successive des marchandises suivant leur régime et les différents points de départ. (*Déc. du 9 juillet 1857.*) *V.* n° 295.

Il y a dispense de manifeste en faveur des patrons de petites barques qui transportent entre les lieux les plus rapprochés de la côte, ou entre le continent et les îles du littoral appartenant à la France, des denrées indigènes de consommation journalière. (*Circ. du 6 juin 1817, n° 182, et Déc. du 9 août 1836.*) *V.* n° 245.

Le manifeste de sortie n'est pas exigible à l'égard d'une embarcation qui passe de la partie maritime dans les eaux intérieures. (*Déc. du 4 avril 1846.*)

CHAPITRE II

EXPORTATIONS PAR TERRE

586. — Les droits de sortie, *V.* n° 572, doivent être acquittés dans les bureaux de seconde ligne sur les marchandises venant de l'intérieur pour être exportées. (*Loi du 22 août 1791, titre 1er, art. 2; et Loi du 4 germinal an II, titre 3, art. 1er.*)

Quant aux marchandises chargées sur le rayon frontière pour être exportées, l'acquittement des droits de sortie doit s'effectuer au bureau le plus prochain du lieu d'enlèvement. (*Loi du 22 août 1791, titre 1er, art. 2.*)

Les marchandises doivent être conduites au bureau par la route la plus directe et la plus fréquentée. Il est défendu de prendre aucun chemin oblique tendant à contourner ou à éviter les bureaux, et de les dépasser ou de se trouver entre les lignes sans les expéditions voulues. (*Loi du 22 août 1791, titre 2, art. 3.*) En cas d'infraction, *V.* n° 279.

Pour les tentatives de sortie frauduleuse constatées à un point au-delà des premiers bureaux ou ne permettant plus de se diriger vers ces bureaux, *V.* n° 590. (*Jug. du tribunal civil d'Hazebrouck du 29 mars 1862.*)

Pour la déclaration, *V.* n° 142; la visite, n° 156; l'enlèvement des marchandises, n°s 22 et 24.

Les marchandises dont la sortie est prohibée sont indiquées au n° 588.

Marchandises passibles de taxes, *V.* n° 572.

Pour les certificats d'origine, *V.* n° 576.

CHAPITRE III

FRAUDE ET CONTREBANDE.

SECTION PREMIÈRE. — FRAUDE.

§ 1er. — *Fraude par mer* (1).

587. — Les tentatives d'exportation en fraude, par mer, de marchandises tarifées

---

(1) *V.* le Livre I, n° 172, pour les contraventions constatées sur les marchandises déclarées dans un bureau et présentées à la visite.

sans restriction de bureau, *V.* n° 402, donnent ouverture aux pénalités indiquées au n° 320.

588. — L'exportation, sans déclaration exacte, de marchandises prohibées *à quelque titre que ce soit, V.* n° 402, donne lieu à la confiscation des marchandises et des moyens de transport, avec amende de 500 fr. (*Loi des 22 août 1791, titre 5, art.* 3; 4 *germinal an II, titre 2, art.* 10, *et* 14 *fructidor an III, art.* 4.) N° 57 du tableau des Inf. Trib. de paix.

Les prohibitions de sortie sont supprimées, à l'exception de celles concernant : 1° les contrefaçons en librairie, 2° et les munitions de guerre : poudre à tirer et projectiles. (*Loi du 16 mai 1863, art.* 2.)

589. — L'exportation frauduleuse des écorces à tan donne ouverture aux peines suivantes : confiscation de la marchandise et des moyens de transport ; amende de 300 fr. (*Loi du 16 nivôse an II.*) N° 65 du tableau des Infr. Trib. de paix.

§ 2. — *Fraude par terre* (2).

590. — Les tentatives d'exportation en fraude, par terre, hors des conditions réglées par la loi, donnent lieu aux condamnations ci-après :

Confiscation des marchandises et amende de 200 fr., s'il s'agit d'objets tarifés. (*Lois des 22 août 1791, titre 2, art.* 3, *et* 4 *germinal an II, titre 3, art.* 4 *et* 5.) N° 77 du tableau des Infr. Trib. de paix ;

Confiscation des marchandises et des moyens de transport, avec amende de 500 fr., s'il s'agit d'objets prohibés à quelque titre que ce soit. *V.* n° 588. (*Loi des 22 août 1791, titre 5, art.* 3 ; 4 *germinal an II, titre 2, art.* 10, *et* 14 *fructidor an III, art* 4.) n° 57 du tableau des Infr. Trib. de paix.

Pour l'exportation frauduleuse des écorces à tan, *V.* n° 589.

§ 3. — *Compétence.*

591. — Les tribunaux de paix connaissent, en première instance, de toutes les affaires de douanes relatives à des faits de fraude. (*Loi des* 14 *fructidor an III, art.* 10, *et* 9 *floréal an VII, titre* 4, *art.* 6.)

Il y a *fait de contrebande,* et compétence du tribunal de police correctionnelle, s'il s'agit d'exportation d'armes. *V.* Livre XI, chap. 23.

Si une exportation quelconque était accompagnée de port d'armes, il y aurait *contrebande armée,* et l'affaire serait poursuivie comme il est dit au n° 428. La peine corporelle serait la même que celle indiquée à ce numéro.

Les condamnations à requérir dans l'intérêt de l'administration des douanes, devant le tribunal compétent, sont celles énoncées au n° 588, s'il s'agit de marchandises prohibées, et aux n° 408 et 590 si les marchandises sont tarifées. (N° 68 du *Tableau des Infr.*)

CHAPITRE IV

DOUANES DE L'INTÉRIEUR

Les marchandises françaises destinées à l'exportation doivent, arrivant de l'inté-

------

(2) *V.* le Livre I, n° 172, pour les contraventions constatées sur les marchandises déclarées dans un bureau et présentées à la visite.

rieur vers la frontière, être présentées au premier bureau de douane de la route, c'est-à-dire au bureau de seconde ligne, où elles sont visitées et soumises aux droits de sortie.

Mais il importe que, dans certaines villes de commerce situées en deçà des lignes de douane, et qui expédient les marchandises les plus précieuses et les plus délicates, les négociants puissent eux-mêmes faire la déclaration, assister à la visite, acquitter les droits et veiller à l'emballage des marchandises de manière à être sûrs qu'elles arriveront intactes à l'étranger, et conserveront toute la fraîcheur qui fait le mérite de plusieurs d'entre elles, comme les articles de modes, les soieries, les dorures, etc.

Il a été établi, à cet effet, dans plusieurs villes manufacturières de l'intérieur, des douanes spécialement chargées des opérations de sortie, et le Gouvernement s'est réservé le droit d'en créer de nouvelles.

592. — Dans les villes de commerce qui en sont jugées susceptibles, il peut être établi par l'administration des douanes, sous l'approbation du Ministre des finances, des bureaux de douanes où les négociants ont la faculté de faire visiter et plomber les marchandises qu'ils expédient pour l'étranger. (*Arrêté du 25 ventôse an VIII, art. 1er.*)

Des bureaux de cette nature sont établis :

1° A Paris (*art. 6 de l'Arrêté du 25 ventôse an VIII*); 2° à Lyon (*Arrêté du 21 pluviôse an XI*); 3° à Rouen, pour les expéditions de sortie par tout autre bureau que celui de Rouen, en ce qui concerne les produits de l'industrie locale (*Déc. des 6 août 1810 et 9 avril 1845*); 4° à Valenciennes, pour les expéditions de sortie des batistes, linons et gazes, par tous les bureaux frontières (les négociants et fabricants sont tenus de remettre à la douane leurs déclarations, énonçant le nombre de pièces à expédier, l'espèce, les numéros, l'aunage, le poids et les autres détails nécessaires pour la délivrance des expéditions) (*Déc. du 11 août 1814*); 5° à Metz (*Déc. min. du 6 juin 1833; Circ. n° 1390*); 6° à Toulouse (*Déc. min. du 17 juin 1834; Circ. n° 1448*); 7° à Orléans (*Déc. du 15 novembre 1839*); 8° à Bordeaux, pour les vins en bouteilles expédiés par terre en Espagne (*Tarif n° 28*); 9° à Avignon (*Déc. min. du 27 août 1851; Circ. n° 2459*); 10° à Besançon (*Déc. min. du 25 octobre 1856; Circ. n° 428*); 11° à Nîmes (*Déc. min. du 3 février 1857; Circ. n° 451*); 12° à Armentières, pour les toiles de lin ou de chanvre expédiées à l'étranger (*Circ. n° 2418.*)

La visite est toujours précédée de la déclaration, que le négociant doit remettre à la douane dans la même forme, sous les mêmes conditions et les mêmes peines que pour les autres cas de perception.

Les droits ordinaires de sortie fixés par le tarif général sont acquittés en ces bureaux (1). (*Arrêté du 25 ventôse an VIII, art. 4.*)

Il ne peut être exigé, en sus, que le prix du plombage. (*Même Arrêté, art. 5.*)

Le prix de chaque plomb est fixé à 50 centimes (2).

Ce prix comprend la fourniture de la matière première, celle des cordes et ficelles, les frais de main-d'œuvre et d'application des plombs.

Toutefois, à la douane de Paris, les frais de cordage et d'emballage continuent

---

(1) A la douane de Paris, les articles divers de l'industrie parisienne, assortis et réunis en une même caisse, payaient en bloc, à la sortie, 2 c. par kil., lorsque les employés ne jugeaient pas nécessaire de liquider séparément chaque article, et sauf à en faire déclarer la valeur. Cette disposition, qui dérogeait aux règles générales du tarif, a cessé devant la franchise presque générale. V. n° 572. (*Loi du 17 mai 1826, et Tarif n° 131 des Obs. prélim.*)

(2) Le prix des plombs des colis destinés à la réexportation est de 25 centimes. V. n° 31. (*Déc. du 2 mai 1864.*)

d'être à la charge des expéditeurs, conformément aux dispositions de l'ordonnance du 28 mars 1830. (*Loi du 2 juillet 1836, art.* 21.)

Les marchandises déclarées, vérifiées et acquittées reçoivent un permis ou acquit de payement (1) qui fait mention du plombage appliqué à ces marchandises, et désigne le port ou le bureau par lequel la sortie doit s'accomplir. (*Arrêté du 25 ventôse an VIII, art.* 2.)

Ce mode d'expédition est étendu, sauf l'acquittement des droits de sortie, qui ne sont pas exigibles, aux marchandises nationales destinées aux colonies françaises. (*Déc. du 6 mars 1843.*)

Les bureaux de l'intérieur sont autorisés à procéder à la vérification des marchandises de prime destinées pour l'exportation et à délivrer les passavants qui doivent les accompagner. (*Tarif n*° 28.)

L'expédition doit toujours indiquer le délai accordé pour consommer l'exportation. (*Déc. du 15 novembre 1839.*)

Les colis accompagnés de la quittance des droits ou du passavant délivré par un bureau de l'intérieur ne sont point ouverts de nouveau à la frontière, avant le passage à l'étranger, s'ils sortent par le bureau désigné en ladite expédition, si l'acquit de payement ou le passavant fait mention du plombage appliqué dans l'intérieur, et si les cordes et les plombs qui scellent chaque colis sont reconnus sains et entiers. (*Arrêté du 25 ventôse an VIII, art.* 2.)

Les employés des bureaux frontières doivent apporter le plus grand soin à l'examen du plombage dans toutes ses parties, et s'assurer que le plomb et les cordes n'ont été en rien altérés, et, s'il y a indice de fraude, procéder à une nouvelle visite. (*Circ. des* 19 *septembre* 1825, n° 942, *et* 17 *septembre* 1851, n° 2459.)

Les fraudes sont poursuivies et punies conformément à la loi du 22 août 1791. (*Arrêté du 25 ventôse an VIII, art.* 2.)

L'*entrepôt* existant dans les villes de l'intérieur n'est ouvert qu'aux marchandises étrangères qui doivent être déclarées, dans les ports ou à la frontière, conformément aux règlements généraux. L'expédition soit de marchandises nationales invendues à l'étranger (*V.* Livre XI, chap. 16), soit d'objets mobiliers appartenant à des personnes qui viennent s'établir en France (*V.* Livre XI, chap. 15), doit s'effectuer sur la *douane* proprement dite. (*Circ. du* 3 *février* 1836, n° 1526.)

Les expéditions sur les *douanes* de l'intérieur n'ont lieu d'ordinaire que d'après l'autorisation expresse de l'administration. Dans les cas nécessairement très-rares où un chef de service ne croirait pas pouvoir se dispenser d'autoriser, sous sa propre responsabilité, une expédition de cette nature, il en donnerait avis à l'instant même à l'administration, afin de la mettre en état d'adresser les instructions convenables à la douane de Paris. (*Circ. du* 10 *septembre* 1817.)

Dans les douanes où il existe un sous-inspecteur sédentaire, le receveur principal se concerte avec lui avant de faire droit aux demandes d'expéditions sur la *douane* de Paris. S'ils n'étaient pas d'accord, l'avis du receveur principal devrait prévaloir. (*Déc. du* 8 *décembre* 1840.)

Les marchandises que l'on expédie ordinairement sur la douane de Paris, soit d'office, soit en vertu des autorisations de l'administration, sont :

1° Les livres et gravures ; 2° les armes ; 3° les marchandises invendues à l'étranger,

---

(1) L'arrêté du 25 ventôse an VIII porte qu'il sera délivré un acquit-à-caution ; mais, dans l'application, on s'en tient à un permis ou à l'acquit de payement des droits de sortie, les faits n'ayant pas indiqué la nécessité d'imposer au commerce la formalité de l'acquit-à-caution pour les expéditions de l'espèce. (*Circ. du* 17 *septembre* 1851, n° 2459.)

dont la réimportation est autorisée; 4° l'argenterie et autres objets mobiliers des voyageurs ou des familles étrangères qui viennent habiter la France; 5° les objets adressés au chef du Gouvernement, aux membres de sa famille ou aux ministres; 6° ceux envoyés aux ambassadeurs ou autres membres du corps diplomatique accrédités près le Gouvernement, sauf les paquets admissibles dans certains cas en exemption de toute visite, V. n° 858; 7° ceux destinés aux établissements publics de la capitale (*Circ. du 3 février* 1836, n° 1526); les échantillons de produits coloniaux destinés à l'exposition permanente, au ministère de la marine, des produits des colonies françaises. Ils sont dirigés sans visite; à l'arrivée, l'administration statue sur les conditions d'admission. (*Circ. man. du 7 décembre* 1855.)

Pour l'orfévrerie et la bijouterie, *V.* Livre XI, ch. 25.

Les colis dirigés sur Paris sont expédiés par acquit-à-caution spécial; les peines encourues en cas de non rapport de certificat de décharge sont :

1° A l'égard de marchandises expédiées *sans visite*, l'expédition est assimilée au transport d'un premier bureau sur un second, et on applique le n° 342 en ce qui concerne les déficits de colis;

2° S'il s'agit de marchandises expédiées après visite, on assure l'application des n°s 527 ou 536, selon que les marchandises sont tarifées ou prohibées. (N° 13 du tableau des Infr.; *Circ. du 23 décembre* 1844, n° 2046.)

Les colis doivent toujours être revêtus d'un double plomb (1), l'un posé en dessus du premier emballage, l'autre en dessus du deuxième emballage. Les employés ont soin d'attacher à côté du premier plomb une carte, série E, portant ces mots, imprimés en gros caractères : *Ce plomb ne peut être ôté qu'à la douane de Paris. Son enlèvement avant la visite entraînerait le payement de l'amende prononcée par la loi.* L'acquit-à-caution doit décrire en détail l'espèce, la forme, la dimension, le poids, le genre d'enveloppe, et tous les caractères extérieurs des colis. (*Circ. du 10 septembre* 1817.)

Bien que les marchandises de retour des colonies françaises doivent, en principe, être vérifiées au port de débarquement, l'administration ne se refuse pas, lorsque la demande en est faite par les intéressés, à autoriser l'expédition sur la douane de Paris, où les justifications doivent alors être produites. (*Déc. du 31 juillet* 1846.)

Par suite des dispositions relatives au transit international, *V.* n° 343, les bureaux d'entrepôt ou de douanes de l'intérieur sont devenus, pour les importations directement effectuées par chemins de fer, en wagons plombés, deuxième bureau d'entrée. *V.* n° 338. (*Circ. du 27 avril*, 1854, n° 201.)

593. — A raison des intérêts de toute nature qui se produisent à Paris, les dispositions suivantes ont été adoptées pour assurer les relations directes de la capitale avec l'étranger par la basse Seine et la mer.

Ne seront admis à cette navigation que les navires qui, d'après l'examen auquel procédera le service des douanes, seront reconnus présenter des cales à parois solides et sans communication avec les chambres ou autres endroits accessibles aux gens de l'équipage. (*Règlement du 10 janvier* 1856, *art.* 1er.)

Les panneaux des écoutilles situées sur le pont, et formant la seule ouverture donnant accès dans ces cales, seront soigneusement doublés en tôle. (Art. 2.)

Les navires..... appartenant à la compagnie seront seuls, aux conditions qui précèdent, autorisés à effectuer la navigation dont il s'agit. Ce nombre de bâtiments pourra ultérieurement être augmenté, sur la demande du commerce et avec l'autorisation préalable de l'administration des douanes. (Art. 3.)

Lorsque les navires arriveront de la mer, le capitaine, au passage à Rouen, devra

---

(1) Le prix du second plomb est de 25 c. (*Déc. du 31 décembre* 1841.) *V.* n° 31.

remettre l'état ou *manifeste* complet de son chargement au service des douanes. (Art. 4.)

Les employés viseront ce *manifeste ne varietur* et opéreront la visite sommaire du bâtiment. Cette visite aura principalement pour objet, d'une part, de s'assurer de l'existence des conditions prescrites par les art. 1 et 2 du présent règlement, quant à la disposition matérielle du navire ; d'autre part, de rechercher si des objets de fraude ou des colis non mentionnés au manifeste ne se trouveraient pas, soit dans des caches, soit en dehors des cales ou parties du navire fermées par les écoutilles destinées à être plombées. (Art. 5.)

Aucun colis ne pourra être laissé hors de ces cales qu'avec l'autorisation expresse du chef de la douane de Rouen. (Art. 6.)

Lorsque cette autorisation sera donnée, il devra en être fait mention, par le service, sur le manifeste, avec désignation des objets laissés sur le pont ou dans les chambres. (Art. 7.)

En cas de refus de l'autorisation dont il s'agit, le capitaine devra faire immédiatement débarquer à Rouen les objets qui ne pourraient pas être renfermés dans les cales. (Art. 8.)

Toutefois, on pourra laisser à la libre disposition de l'équipage les quantités de provisions qui seront jugées nécessaires pour la consommation du bord jusqu'à Paris. (Art. 9.)

La visite sommaire du bâtiment étant opérée, le service procédera au plombage des écoutilles et on installera à bord les préposés d'escorte. (Art. 10.)

Un abri convenable et approprié à la saison sera mis, par les soins du capitaine, à la disposition de ces agents sur le pont du navire ; mais il est expressément défendu, sous peine du retrait de ces facilités, de leur offrir aucune rémunération ou cadeau, soit en argent, soit en nature. (Art. 11.)

A l'arrivée à Paris, l'escorte ne quittera le bâtiment qu'après que le service local, ayant procédé à la reconnaissance du plombage apposé sur les écoutilles, ainsi que des parois et cloisons pouvant donner accès dans les cales aux marchandises, en aura constaté l'intégrité et aura pris la garde du navire. (Art. 12.)

Dès ce moment, et pour toutes les opérations de débarquement, le bâtiment sera placé sous l'empire des mêmes lois et règlements de douane que s'il était mouillé dans un port de mer. (Art. 13.)

Conformément aux dispositions de la circulaire de l'administration du 22 octobre 1829, n° 1185, une fois le déchargement terminé, toute la quantité de vivres et de provisions provenant de l'étranger devra être soumise aux droits, ou bien déposée en douane pour être réembarquée au moment du départ. Toutefois, et à l'exclusion des tabacs, auxquels cette alternative est rigoureusement applicable, les restants de vivres et provisions, lorsque le service n'y apercevra pas d'inconvénient, pourront être laissés à bord, soit sous plomb, soit sous la double clef du capitaine et de la douane. (Art. 14.)

Les marchandises de prime, de transit ou de réexportation, destinées à être embarquées sur les navires en question, continueront d'être vérifiées soit à la douane de Paris, soit dans les divers bureaux de la frontière ou de l'intérieur ouverts à ces sortes d'opérations. (Art. 15.)

Elles seront ensuite présentées au bureau spécial, qui sera établi au port Saint-Nicolas, accompagnées des expéditions délivrées dans les douanes dont il vient d'être parlé. Ces expéditions tiendront lieu de déclaration. (Art. 16.)

Quant aux marchandises de simple exportation, elles seront également admises à l'embarquement en vertu d'acquits de payement de la douane de Paris ; mais le commerce aura, en outre, la faculté de les déclarer directement au bureau du port Saint-Nicolas, de les y soumettre à la vérification et d'y acquitter les droits. (Art. 17.)

Après vérification de ces dernières marchandises et reconnaissance des colis venant de la douane de Paris ou d'autres bureaux, on procédera à l'embarquement en présence du service, qui apposera le *vu embarquer* sur les expéditions ou acquits de payement, et les conservera provisoirement. Un vérificateur assistera toujours à cet embarquement. (Art. 18.)

Les marchandises de prime, de transit ou de réexportation, devront être renfermées dans les cales dont il est question aux articles 1 et 2. (Art. 19.)

La même obligation existe pour les marchandises d'exportation simple, à moins que le service n'autorise spécialement le dépôt sur le pont de certains colis de cette nature. (Art. 20.)

Le chargement terminé, le capitaine remettra son manifeste de sortie en deux expéditions. Après les avoir collationnées et rapprochées des acquits-à-caution, passavants et acquits de payement, les employés en conserveront une au bureau avec les pièces des deux premières catégories. Ils viseront l'autre et la mettront entre les mains des préposés d'escorte. Dès ce moment, les acquits de payement pourront être remis au commerce. (Art. 21.)

Aussitôt après le visa du manifeste on procédera au plombage des écoutilles et l'escorte montera à bord. (Art. 22.)

Les provisions étrangères qui seront restées ou auront été replacées sur le navire ne seront pas assujetties au permis de réexportation. Seulement, et à l'exception des quantités qu'on pourra juger nécessaire de livrer à l'équipage pour sa consommation jusqu'à Quillebeuf, on laissera ou on mettra ces provisions dans une pièce ou armoire fermée et plombée. (Art. 23.)

A l'arrivée à Quillebeuf, le service local se rendra sur le bâtiment, et, conjointement avec les préposés d'escorte, il s'assurera de l'intégrité des plombs apposés sur les écoutilles, ainsi que des parois et cloisons de la cale; puis, s'il y a lieu, il inscrira le *vu passer en mer* sur le manifeste. (Art. 24.)

Les préposés d'escorte quitteront le navire, et le manifeste, expédié par le service de Quillebeuf au directeur de Rouen, sera renvoyé par lui à son collègue de Paris. (Art. 25.)

Au vu de ce manifeste, revêtu du *vu passer en mer*, les différentes expéditions restées en dépôt à la douane de cette dernière résidence seront régularisées et recevront ensuite telles fins que de droit. (Art. 26.)

Après dénombrement des colis, reconnaissance de leurs marques et n[os], et vérification, par épreuves, de l'espèce des marchandises, à vue d'une déclaration de détail et d'une note indiquant le poids de chaque colis, les produits peuvent être dirigés par la Seine sur Paris (bureau de la Villette), sous le régime du transit ordinaire, mais avec exemption du plombage par colis, à bord de bateaux français offrant les garanties nécessaires et dont les écoutilles sont scellées du plomb du service. (*Déc. des 8 août 1860 et 27 novembre 1863.*)

Les navires étrangers dont le pavillon est assimilé au pavillon français, arrivant de l'étranger chargés de houille, peuvent remonter la Seine jusqu'à Paris sous les conditions qui précèdent et celles qui suivent: au premier voyage de chaque embarcation, le poids effectif de la houille est constaté par le service de Paris où l'on procède ensuite au jaugeage; lors des voyages ultérieurs, les droits peuvent être perçus à Rouen soit à raison de 1,500 kil. par tonneau de jauge, si cette proportion se rapproche de la réalité, soit d'après le poids effectivement établi au premier voyage quand le bâtiment, d'une forme particulière, est susceptible de porter beaucoup plus de 1,500 kil. par tonne officielle. Tout transbordement en cours de trajet, par suite de difficultés de la navigation, ne peut s'opérer que sous la surveillance des préposés d'escorte fournis par la brigade de Rouen. (*Déc. du 20 mai 1863.*)

Pour le transport des houilles par navires français, *V.* n° 538.

LIVRE VIII

CABOTAGE ET EMPRUNT DU TERRITOIRE ÉTRANGER

CHAPITRE PREMIER

CABOTAGE

Ce mot désigne, en général, une navigation faite le long des côtes par des bâtiments d'un faible tonnage; mais, en douane, il signifie: transport des marchandises et denrées d'un port de France dans un autre port français, par des navires de toute contenance (1).

La distinction faite par les règlements de la marine entre le grand et le petit cabotage n'est pas non plus celle suivie par les douanes; celles-ci entendent par grand cabotage la navigation d'un port de l'Océan à un port de la Méditerranée, *et vice versâ*, et, par petit cabotage, la navigation d'un port à l'autre dans la même mer.

Le cabotage, ne faisant qu'opérer des déplacements de marchandises d'un lieu de France à un lieu de France, ne donne pas ouverture à l'application des tarifs de douane, dont le but unique est d'atteindre les échanges faits avec l'étranger.

Ce transport s'effectue, au départ, sur la foi d'un engagement souscrit par le conducteur des marchandises, afin de les réimporter par le lieu et dans le temps prescrits; et, au retour, au moyen du rapprochement qui est fait de la marchandise avec l'expédition délivrée par la douane.

L'engagement dont il vient d'être parlé est, suivant les cas déterminés par la loi, simple ou cautionné.

Il est simple lorsqu'il n'y a pas pour l'expéditionnaire un intérêt présumé à tromper la douane par une fausse déclaration.

Il doit être cautionné quand il s'agit de marchandises qui, à la sortie, sont défendues ou passibles de droits de quelque importance.

Dans le premier cas, il est délivré une expédition de douane simplement déclarative de la promesse faite de conduire les marchandises

---

(1) Les dispositions rappelées au livre *Cabotage* et qui concernent nécessairement toutes les marchandises françaises ou nationalisées par le payement des droits d'entrée, s'appliquent aussi aux marchandises étrangères expédiées par mer d'un entrepôt sur un autre. *V.* nos 472 et 604.

qu'elle énonce dans tel autre port de France. C'est un permis, appelé *passavant*, dont l'objet principal est d'assurer au conducteur de la marchandise la faculté de la faire circuler et de la réimporter par le port et dans le délai convenus, en franchise de tous droits.

Dans le second cas, la condition du retour est de rigueur, et l'on ne permet l'embarquement que lorsqu'elle est suffisamment garantie. A cet effet, l'expéditionnaire souscrit à la douane de départ un acquit-à-caution, espèce de contrat par lequel la douane accorde une permission, tandis que le soumissionnaire et sa caution s'obligent solidairement, et à peine de certaines amendes, à conduire les marchandises devant être transportées par mer dans tel port et dans tel délai, à les soumettre aux vérifications nécessaires pour constater que ce sont identiquement les mêmes que l'on réimporte, et à justifier du tout par un certificat de décharge obtenu au port de destination. Cette expédition est toute à charge du soumissionnaire, parce que la douane a commencé par lui accorder, en exemption de droits, ou malgré la prohibition, la sortie conditionnelle de ses marchandises, et que, s'il ne remplit pas ses engagements, il est constitué en état de fraude.

Cette opération de douane est importante.

En effet, les transports par cabotage, si utiles au commerce et à notre marine marchande, qui en profite exclusivement, favoriseraient bien des abus si on n'usait pas des précautions et des moyens indiqués par l'expérience pour reconnaître et constater, *au départ*, l'espèce, la qualité, le nombre et la valeur des objets expédiés, et, à l'*arrivée*, pour s'assurer que la marchandise présentée est réellement celle qui est sortie d'un port de France. Autrement on pourrait ne pas charger les marchandises déclarées ou les laisser à l'étranger, et tenter de faire entrer en France des marchandises étrangères passibles de droit ou même prohibées.

594. — *Franchise.* Les marchandises nationales ou nationalisées par le payement des droits d'entrée, expédiées par mer d'un port de France pour un autre port français, ne sont sujettes à aucun droit d'entrée ni de sortie. (*Loi du 22 août 1791, titre 3, art.* 1er.) (1).

595. — Tout transport de cabotage doit être direct, sans aucune escale volontaire à l'étranger. (*Même Loi, même titre, même article et art.* 8.)

Le capitaine qui, faisant le cabotage, se rendrait dans un port étranger, usurperait une faculté qui lui a été refusée au départ. Il se priverait par là des avantages d'une législation dont il aurait violé les dispositions, et s'exposerait, à son arrivée en France, à voir traitées comme étrangères, c'est-à-dire repoussées du privilège national, et, au besoin, soumises aux droits, les marchandises de cabotage qu'il présenterait avec des expéditions de douane.

Comme les autres marchandises, celles qui auraient été chargées en mutation d'entrepôt ne seraient admises au port de destination, sans égard à la provenance primitive, que sous l'acquittement des droits afférents aux importations du pays

---

(1) Pour les armes de guerre, *V.* Livre XI, chap. 23.

étranger où le navire aurait en dernier lieu relâché. *V.* n°s 12 et 14. (*Circ. du 25 juin 1859, n° 598.*)

Mais dans le cas où, par suite de force majeure, le navire a dû relâcher à l'étranger, il suffit, pour le faire traiter comme n'ayant pas interrompu sa navigation directe, que le capitaine déclare la relâche, et justifie, par un certificat du consul de France dans le port de relâche, ou, à défaut, des autorités ou des douanes locales, que durant la relâche le navire n'y a opéré aucun embarquement ni débarquement de marchandises. (*Déc. du 14 novembre 1835 ; Tarif n° 49.*) Si la relâche forcée avait eu lieu en Angleterre, le navire serait exempté des taxes de navigation exigibles dans les circonstances ordinaires. (*Déc. du 17 mai 1845.*) *V.* Livre IX.

Dans le cas où la relâche, forcée ou non, ne serait pas déclarée en France, le service saisirait toute la cargaison, en vertu des art. 9 et 21 de la loi du 22 août 1791 (*V.* Livre 1, n° 175); et, si la relâche s'était effectuée dans un des ports de l'Angleterre ou de ses possessions en Europe, on exigerait les taxes de navigation. (*Déc. du 2 décembre 1857.*)

Lorsqu'un navire, en cabotage, est arrêté, dans le cours de sa navigation, par un événement de force majeure, tel que naufrage, échouement, voie d'eau, etc., qu'il se trouve à l'étranger et qu'on établit authentiquement qu'il était hors d'état de reprendre la mer et d'achever son voyage, les marchandises composant sa cargaison, et accompagnées d'expéditions régulières de douane, peuvent être admises au bénéfice du privilège national, s'il est dûment constaté par un certificat du consul de France que c'est à défaut de navire français qu'on s'est servi d'un navire étranger pour en effectuer le transport en France, et si, d'ailleurs, l'éloignement des lieux est tel qu'on n'ait pu y faire arriver promptement un navire français. Il faut, en pareil cas, une autorisation du directeur, sauf à lui, quand l'affaire lui paraît présenter des circonstances particulières, à prendre préalablement l'attache de l'administration. Le navire étranger serait, du reste, affranchi des taxes de navigation s'il ne se livrait en France à aucune autre opération que le déchargement de cette cargaison. (*Tarif n° 52, et Déc. du 20 mars 1851.*) *V.* n° 15.

Dans ce cas, pour les taxes de navigation, il ne peut être établi de principe absolu; les circonstances exceptionnelles doivent être signalées à l'administration, qui statue. (*Déc. du 12 avril 1851.*)

596. — Le cabotage est réservé aux navires français.

Les bâtiments étrangers ne peuvent transporter d'un port français à un autre port français aucune denrée, production ou marchandise du cru, produit ou manufacture de France, colonies ou possessions de France, à peine de confiscation des bâtiments et cargaisons et de 3,000 fr. d'amende solidairement et par corps contre les propriétaires, consignataires et agents des bâtiments et cargaisons, capitaines et lieutenants. (*Loi du 21 septembre 1793, art. 3 et 4.*) Transport, etc.; n° 101 du tableau des Infr. Trib. de paix.

Mais un bâtiment étranger qui charge dans un port de France des barriques *vides* pour aller les remplir dans un autre port français, ne fait point une opération de cabotage; ce transport est considéré comme un commencement de chargement qui doit être terminé dans un autre port. (*Déc. du 11 ventôse an V.*)

La prohibition ne s'étend pas aux bâtiments frétés pour le compte du Gouvernement. (*Loi du 27 vendémiaire an II, art. 3 ; et Déc. des 5 messidor an II et 2e jour complémentaire an IV.*) *V.* n° 614.

Elle ne s'étend pas non plus aux navires espagnols, lorsqu'il ne s'élève aucun doute sur leur nationalité et la composition de leurs équipages. (*Art. 24 de la Convention du 15 août 1761, et Circ. des 20 septembre 1817, et 10 janvier 1827, n° 1028.*) *V.* Livre XI, chap. 8.)

597. — Les pénalités édictées par l'art. 4 de la loi du 21 septembre 1793 sont applicables à un navire étranger qui, après avoir pris des marchandises en France et fait escale à l'étranger sans y mettre à terre sa cargaison, la rapporte dans un port français. (*Jug. du trib. de paix de Paimbœuf du 13 juin* 1843; *Rec. lith.* n° 135.) *V.* n° 14.

Il en est de même à l'égard d'une embarcation étrangère qui, venue avec chargement par les eaux intérieures, franchit le point où commence la navigation maritime. (*Déc. du 12 juillet* 1844.)

598. — Les navires *français* qui, armés pour les colonies françaises ou pour l'étranger (1), doivent se rendre *d'abord et directement dans un autre port de France*, peuvent charger, au port d'armement, des marchandises françaises et des marchandises d'entrepôt pour cette double destination. Ces marchandises sont expédiées sous les conditions générales soit du cabotage, soit, selon le cas, des mutations d'entrepôt, soit de l'exportation s'il s'agit de l'étranger. Le service du port d'escale est tenu de s'assurer qu'on y débarque les objets désignés soit par les acquits-à-caution ou passavants de cabotage, soit par les acquits-à-caution de mutation d'entrepôt en France; mais il n'exige pas le transport, dans les magasins de l'entrepôt, des marchandises qui, après avoir été débarquées et reconnues, doivent être réexpédiées immédiatement sous les conditions des art. 61 et 62 de la loi du 21 avril 1818. (*Déc. des 30 décembre* 1830, *17 février* 1834, *30 mai* 1835, *21 décembre* 1836, *1er mars* 1837, *17 mai* 1839, *28 décembre* 1839 *et 24 août* 1841.)

Au port d'escale, les navires peuvent charger des marchandises nationales et des marchandises en réexportation. (*Déc. du 17 février* 1834.)

Les permis de réexportation ou de transbordement des marchandises étrangères, et les passavants de prime ayant pour objet des marchandises chargées pour l'étranger, sur des bâtiments français ou étrangers qui doivent faire escale dans un port ou plusieurs ports de France, sont définitivement régularisés au port même de chargement, sauf visa, si le port est situé en rivière, par le service de la dernière station (2). (*Circ. du 26 décembre* 1856, n° 438.)

On agit de même à l'égard des marchandises étrangères en réexportation, chargées sur des navires français qui doivent transporter et débarquer dans des ports d'escale des marchandises nationales en cabotage, alors qu'il n'existe aucun point de ressemblance entre ces dernières marchandises et les premières. Le service a soin, d'ailleurs, de veiller à ce que les marchandises en réexportation soient inscrites, à part et d'une manière apparente, au manifeste de sortie. (*Circ. man. du 6 décembre* 1862.)

Cependant, lorsqu'il s'agit de navires français qui, au lieu de se borner, dans les ports d'escale, à embarquer des produits pour l'étranger, doivent y transporter et débarquer en cabotage des marchandises nationales, les marchandises de prime sont accompagnées des permis ou des passavants jusqu'au port d'escale, et l'expéditeur s'engage à les faire revêtir, non-seulement d'un certificat d'embarquement au port d'armement, mais encore d'un certificat des préposés du port de relâche attestant l'existence des marchandises à bord du navire au moment où il a quitté ce dernier port pour prendre la haute mer; en d'autres termes, la sortie effective. (*Circ. du 26 décembre* 1856, n° 438.)

Il en est de même à l'égard des marchandises de prime qui, dans le port d'escale,

---

(1) Alors même que ces navires sont armés pour la pêche de la morue à Saint-Pierre et Miquelon. (*Déc. du 30 décembre* 1830.)

(2) Ces dispositions sont applicables aux marchandises de simple exportation faisant l'objet d'acquits de payement d'une autre douane. (*Déc. du 29 août* 1845.) La déclaration d'embarquement est alors inscrite sommairement sur un registre *ad hoc.*

doivent être transbordées d'un navire français sur un autre bâtiment, français ou étranger, pour être définitivement exportées; les expéditions sont régularisées au port d'escale.

Les marchandises de prime débarquées dans ce port ne pourraient être dirigées sur un bureau de sortie de la frontière de terre qu'autant que les intéressés renouvelleraient complétement les opérations de prime et lèveraient un nouveau passavant. (*Circ. des 7 juillet 1849, n° 2333, et 26 décembre 1856, n° 438.*)

599. — Les marchandises nationales ou nationalisées par le payement des droits, dont l'expédition s'effectue par mer, d'un port à un autre de France, pour le compte *des services de la guerre et de la marine ou de tout autre département ministériel,* sont, lorsque leur transport a lieu sur un *navire de l'État,* affranchies de la formalité de l'acquit-à-caution ou du passavant et du plombage. Pour remplacer, dans ce cas, l'expédition de douane, l'administrateur ou agent local, chargé de l'expédition au port d'embarquement, est tenu de remettre à la douane un état en double expédition contenant toutes les indications nécessaires pour que le service puisse procéder à la reconnaissance de l'identité des objets.

Pour les expéditions faites par le Département de la guerre, cet état doit être revêtu du visa de l'intendant ou du sous-intendant militaire; et, pour celles qui concernent le Département de la marine, il est visé par le commissaire ou sous-commissaire de marine.

Une expédition de cet état, revêtue du certificat de visite, du permis d'embarquer et du certificat d'embarquement, est remise au capitaine pour valoir expédition. Au port d'arrivée, cette pièce doit être présentée à la douane, qui la revêt pareillement du permis de débarquer et du certificat de visite. Elle est ensuite renvoyée au bureau de départ. *V.* n° 43.

Les mêmes règles seront appliquées aux transports qui s'effectuent pour le compte des départements ministériels sur des navires de commerce. Seulement, dans ce cas, les marchandises demeureront soumises à la formalité du plombage, conformément aux règlements généraux. Toutefois, lorsqu'il s'agira de tabacs revêtus du plomb de la régie, la douane se bornera à reconnaître l'intégrité de ce plomb. Elle n'apposera le sien que sur les colis de tabac que la régie n'aurait pas plombés.

On aura soin de tenir compte des envois faits par des services publics, dans la constatation des mouvements du cabotage, et, en outre, de faire figurer, le cas échéant, sur les relevés périodiques des acquits-à-caution ou passavants non rentrés, les états admis en remplacement de ces expéditions. (*Déc. min. du 7 juillet 1843; Circ.* n° 1979.)

Le bénéfice de ces dispositions peut être étendu aux colis renfermant des objets mobiliers appartenant à des agents des administrations publiques et chargés sur des navires de l'État. (*Déc. du 26 juillet 1849.*)

A l'égard des opérations pour le compte de l'administration de la marine, lorsque l'embarquement s'effectue dans les arsenaux de l'État, et la déclaration étant faite, les employés de douanes se rendent, par exception, dans ces établissements avant l'apposition des plombs de la marine; à l'issue de la vérification, ils font plomber les colis qui, à raison de la nature du contenu ou du mode de transport, sont susceptibles de cette formalité.

Dans les ports de commerce, les agents de la marine ont à opter entre deux modes : ou ils présentent, avant tout, les colis à la visite de la douane, et ne procèdent au plombage spécial qu'après la vérification, dans le lieu même d'embarquement; ou ils apposent le plomb préalablement, et alors il est rompu, en leur présence, sur ceux des colis, toujours en petit nombre, que la douane juge convenable de faire ouvrir pour en reconnaître le contenu. (*Circ. lith. du 27 janvier 1851.*)

600. — La *navigation à la vapeur* offrant, par la célérité, la périodicité et la régularité de ses opérations, au commerce, des avantages essentiels, et, au service, des garanties particulières, a paru, à ce double titre, susceptible de justifier certaines facilités qui ne sont d'ailleurs accordées, à telle et telle entreprise, qu'autant que la chambre de commerce locale y donne son assentiment, le tour de rôle des opérations se trouvant modifié. *V.* nº 324.

Au départ, les marchandises peuvent être déclarées en détail et visitées même avant l'arrivée du bateau qui doit les recevoir. En attendant leur embarquement, elles sont déposées, aux frais du commerce, soit dans un magasin particulier dont la douane a la clef, soit sous une tente, soit enfin sur une embarcation pontée et dont on puisse au besoin fermer les écoutilles.

Il existe une tente, une embarcation ou un magasin spécial pour les marchandises à embarquer; une autre tente, embarcation ou magasin, pour les marchandises débarquées. *V.* Livre III, nº 321.

L'embarcation doit être amarrée sur un point du port où s'exerce habituellement la surveillance du service. Le magasin et la tente doivent être situés sur le quai, et placés également de manière à pouvoir être facilement surveillés. Dans tous les cas, les expéditions de cabotage ne doivent être délivrées qu'après l'embarquement définitif des marchandises, régulièrement constaté.

A l'arrivée, par dérogation aux dispositions de l'art. 13 du titre 2 de la loi du 22 août 1791, les bateaux à vapeur de telle ou telle compagnie peuvent être mis en déchargement avant leur tour de rôle, mais alors seulement que la chambre de commerce de la localité a demandé cette exemption en vue d'un intérêt général. *V.* nº 321.

Avant la remise des déclarations en détail et la délivrance des permis, les marchandises sont débarquées en présence des préposés, à vue du manifeste ou de l'expédition qui en tient lieu, et, au besoin, en dehors des heures de bureau.

Elles sont directement transportées dans le magasin, sous la tente ou sur l'embarcation spéciale. Ce lieu temporaire de dépôt est, d'après les termes d'une soumission passée par les intéressés et cautionnée, considéré comme le navire même; les marchandises n'en peuvent sortir, pour être présentées à la visite, qu'en vertu d'une déclaration en détail et d'un permis régulièrement délivré. (*Déc. des 26 mars, 10 mai et 5 octobre 1839, 10 janvier et 15 mai 1840, et 21 janvier 1841.*)

Pour la *navigation à la vapeur,* on peut, lorsqu'il ne saurait en résulter des inconvénients particuliers, tolérer, pendant la nuit, sur un point convenablement éclairé aux frais des intéressés et sous les conditions imposées à l'égard des opérations hors des heures de bureau, *V.* nº 323, le débarquement des marchandises de toute nature apportées par les steamers et l'embarquement des marchandises de cabotage vérifiées de jour. Mais, dans toute hypothèse, les expéditions nécessaires ne sont délivrées que par le service sédentaire, après l'embarquement définitif, régulièrement constaté par les brigades et durant les heures légales de travail de bureau. (*Déc. du 10 septembre 1858.*)

Les lettres de voiture ne présentant que des indications sommaires, les intéressés se verraient forcés, pour fournir des déclarations complètes au départ, de faire ouvrir les colis afin de reconnaître l'espèce, la qualité et le poids de chaque partie de marchandise que renferme chaque colis. De là des frais et des retards. En vue de les prévenir, on peut, à titre d'exception, permettre, comme à la douane de Paris pour l'exportation simple, que les marchandises soient désignées, dans les déclarations, sous les dénominations générales de mercerie, parfumerie, quincaillerie, modes, industrie parisienne, etc. La marque et le poids *brut* de chaque colis sont seuls énoncés; si un même colis contient des marchandises d'espèces différentes, chacune d'elles est mentionnée sans indication de qualité ni de poids. Le service peut user de la faculté de visite; mais il suffit d'ordinaire que le commerce fasse entr'ouvrir les enveloppes des colis désignés pour mettre les employés à même de reconnaître la nature des marchandises. (*Déc. du 22 mars 1845.*)

Dans les états de statistique, les marchandises de même espèce sont alors présentées sous un poids brut total.

Si, après avoir touché à Gibraltar (possession anglaise en Europe) autrement que par force majeure, les navires français faisant un service régulier de navigation à la vapeur entre les ports français de la Manche ou de l'Océan et de l'Algérie entraient dans un des ports d'Espagne ou de Portugal, les taxes de navigation ne pourraient être exigées en France. (*Déc. du 30 mai 1857.*) *V.* Livre I, n° 12.

Les navires français, à voiles ou à vapeur, affectés à la navigation entre les divers ports de France, ou entre ces ports et l'Algérie, ou réciproquement, peuvent relâcher à l'étranger et y effectuer des opérations de commerce, sous les conditions suivantes :

1° Pourront faire escale à l'étranger, y pratiquer des débarquements et y embarquer des produits étrangers de toute sorte, même similaires de ceux embarqués sur le territoire français ou colonial, les bâtiments caboteurs dont la cale sera divisée en compartiments séparés, solidement établis, ayant chacun leur affectation spéciale, et dans lesquels seront placés distinctement d'abord les marchandises expédiées de France en cabotage ou en mutation d'entrepôt pour un autre port de France; dans un autre compartiment, les produits chargés dans la métropole pour l'Algérie, et, au retour, les marchandises chargées en Algérie à destination de la métropole; troisièmement, les marchandises embarquées en France ou en Algérie à destination des ports étrangers d'escale, et les marchandises étrangères qui sont prises dans ces mêmes ports à destination de la France ou de l'Algérie. Les panneaux des deux compartiments destinés à contenir les produits chargés sous le régime du cabotage à destination des ports français ou coloniaux seront disposés de manière à pouvoir être fermés au moyen du plombage. L'apposition du plomb des douanes sur ces compartiments dispensera du plombage par colis, dans les cas où elles y sont soumises, d'après les règlements, les marchandises de cabotage; mais les colis contenant des marchandises chargées en mutation d'entrepôt continueront à être plombés isolément, s'il y a obligation de plombage. *V.* n° 605.

2° Les navires dont la cale n'aura pas été ainsi divisée par compartiments sont pareillement autorisés à relâcher à l'étranger et à y effectuer des débarquements et embarquements; mais ils ne pourront ni embarquer à l'étranger des produits similaires de ceux pris en France ou en Algérie (1), ni charger en France ou en Algérie, sous le régime du cabotage ou des mutations d'entrepôt, des produits similaires de ceux embarqués d'abord dans les ports d'escale (2), sans encourir pour le reste de la cargaison l'application des règles énoncées au n° 595.

---

(1) La défense d'embarquer à l'étranger des similaires ne s'applique pas aux bagages, provisions et objets de fantaisie des passagers ou des hommes de l'équipage. (*Déc. du 24 juin 1859.*)

(2) La réserve relative aux similaires a pour but de prévenir les substitutions entre des marchandises passibles de taxes différentielles.

Les laines, les peaux, les dattes et les légumes secs étant identiques en Algérie et en Tunisie, on en a, par exception, permis l'embarquement dans ce dernier pays, alors même qu'il y en aurait à bord des navires français sans compartiments, mais sous les conditions suivantes : 1° les poids, la nature et la qualité de celles de ces marchandises prises en Algérie devront être exactement déclarés; 2° au départ, comme à l'arrivée, elles seront soumises à des vérifications d'épreuve assez multipliées et assez approfondies; 3° les colis contenant ceux de ces produits qui ne sont pas assujettis au plombage, seront, au départ, marqués d'une estampille humide, rouge, propre à les distinguer des similaires étrangers. (*Déc. du 11 juin 1859.*)

3° Lorsqu'un navire, quelle que soit son installation, devra effectuer une opération mixte de cabotage et de navigation internationale, la déclaration en sera faite au port de départ au moment de la mise en charge de ce navire, et il en sera fait mention sur le manifeste de sortie (1).

4° Au départ des ports de France ou de l'Algérie, comme à l'arrivée, il sera procédé à des vérifications d'épreuve suffisantes pour garantir l'exactitude des déclarations quant au poids ou à la quantité, à la nature et à la qualité des marchandises; les expéditions contiendront aussi tous les détails particuliers propres à en faire reconnaître sûrement l'identité au port de destination.

5° Les capitaines, en cas de relâche à l'étranger, devront se pourvoir de certificats soit des agents consulaires de France, soit, à leur défaut, des douanes locales étrangères, attestant que les marchandises chargées en France pour l'Algérie ou en Algérie à destination de la métropole sont restées à bord, et indiquant le nombre des colis et la nature des produits embarqués dans les ports étrangers d'escale.

Il demeure, au surplus, entendu que tout navire qui aurait fait usage de la faculté d'escale ainsi accordée pour relâcher volontairement dans un port des possessions britanniques en Europe, serait assujetti, à l'arrivée, au payement des droits de tonnage dans les cas où ils sont dus par les bâtiments français venant directement de ces mêmes ports. (*Déc. min. du 4 juin* 1859; *Circ. du* 25, n° 598.)

601. — *Départ. Déclaration.* Les marchands, négociants ou leurs facteurs, courtiers, capitaines et maîtres de navires qui veulent transporter par mer, d'un port de France à un autre, des marchandises ou denrées, sont tenus d'en donner la déclaration dans la forme prescrite pour les importations et exportations. *V.* Livres III et VII.

Cette déclaration doit, indépendamment des autres indications, énoncer la valeur des marchandises. (*Loi du 22 août* 1791, *titre* 2, *art.* 6, *et Loi du 8 floréal an* XI, *art.* 74.)

La déclaration doit indiquer, en outre, s'il s'agit d'eaux-de-vie, l'espèce et le degré. (*Circ. du 26 juillet* 1814.)

S'il s'agit de bois de teinture et d'ébénisterie, la forme, le nombre des pièces et la dimension. (*Circ. du 30 août* 1816, n° 202.)

Pour les pièces de toile, la déclaration désigne l'espèce des toiles (fines ou communes, blanches, écrues ou herbées), le nombre et le poids des pièces, ainsi que la valeur des colis, sans qu'il soit indispensable de spécifier le nombre des fils contenus en 5 millimètres. (*Circ. du 23 août* 1818, n° 421.)

Pour toutes les marchandises de cabotage, la déclaration est produite en double par le commerce, qui emploie à cet effet la formule série M, n° 28, qu'on lui remet gratuitement. L'une des deux feuilles est destinée à être convertie en acquit-à-caution ou en passavant, selon le cas. *V.* n° 607.

L'expéditeur inscrit, sur la déclaration, toutes les indications exigées par les règlements (2), sans ratures ni surcharges ou additions par renvois ou en interlignes; du moins les modifications de l'espèce que le service jugerait sans incon-

_____

(1) A l'égard des exportations de salaisons à destination des pays hors d'Europe, le service doit s'abstenir de mentionner, sur les permis, l'escale en Angleterre, etc. (*Déc. du 11 octobre* 1859.)

(2) Ainsi, outre les marques et numéros, le nombre et l'espèce des colis, la nature, la qualité et la quantité totale des marchandises (poids, mesure ou nombre), et la valeur, il faut indiquer, pour les boissons, le numéro et la date des expéditions des contributions indirectes, et, s'il s'agit d'alcools, l'espèce et le degré. *V.* n°s 604 et 1007. (*Circ. du 30 novembre* 1858, n° 561.)

vénient d'admettre doivent-elles être approuvées tant par lui que par le déclarant.

Le nombre des colis et les quantités de marchandises doivent être écrits en toutes lettres.

Immédiatement au-dessous du dernier article ainsi porté dans la déclaration, le receveur des douanes ou l'agent chargé de le suppléer inscrit ces mots : *Arrêté au numéro.....* (le numéro en toutes lettres), et il appose sa signature. Il s'assure : 1° que l'on a biffé, selon qu'il y a lieu, les mots *acquit-à-caution* ou *passavant, grains* ou *marchandises*, imprimés en tête de la formule série M, n° 28; 2° que le libellé de la déclaration, pour le cas où un acquit-à-caution est nécessaire, contient une soumission régulièrement cautionnée.

Quand la déclaration-expédition concerne des céréales, cet employé biffe le prix du timbre. Dans tous les autres cas, il remplit le coût du timbre, qui est de 75 centimes pour les marchandises sujettes à l'acquit-à-caution et de 5 centimes seulement pour celles qui peuvent être expédiées par passavant. Le prix du timbre n'est d'ailleurs perçu qu'autant que les déclarations sont admises comme régulières.

Après avoir rapproché les deux feuilles de la déclaration pour reconnaître qu'elles sont conformes entre elles, le service l'inscrit sommairement sur un registre série M, n° 24. Afin de mettre à même de suivre avec sûreté la rentrée des acquits-à-caution et de faciliter la formation des états périodiques, il est ouvert un registre distinct de transcription : 1° pour les déclarations relatives aux grains et farines; 2° pour les autres marchandises assujetties à l'acquit-à-caution ; 3° pour les produits qui s'expédient par simples passavants. Cet enregistrement relate la date de la déclaration, le nom du déclarant, le nom du navire, la destination des produits, le timbre perçu et le nombre de plombs apposés.

Dès que la double déclaration a reçu le numéro d'ordre du registre série M, n° 24, le service délivre, sur celle qui est destinée à servir d'expédition, le permis d'embarquer; l'autre reste déposée au bureau, comme souche, pour la suite des écritures et la formation des états statistiques.

Les souches sont enliassées par ordre de numéros et conservées avec soin pour être rapprochées de l'expédition, après renvoi par la douane de destination, et permettre, au besoin, de délivrer des duplicata. (*Circ. du 30 novembre* 1858, n° 561.)

Afin de s'assurer qu'il ne peut s'élever d'appréhensions de fraude, les inspecteurs doivent fréquemment contrôler les opérations concernant les marchandises similaires de celles qui sont passibles, à la sortie ou à l'entrée, de droits relativement élevés. (*Circ. du 23 février* 1863, n° 886.)

Dans les petits ports et les villages, les employés des bureaux peuvent écrire soit sur les formules imprimées, soit sur un registre préparé *ad hoc*, sous la dictée des capitaines ou patrons illettrés. les déclarations que ceux-ci sont tenus de faire en douane. Dans ce cas, il suffit que le déclarant signe ou qu'on mentionne qu'il ne sait point signer. Il est formellement interdit aux employés de recevoir, en pareil cas, aucune rétribution ou indemnité quelconque. (*Déc. du* 19 *nov.* 1847.) *V.* Liv. I, n° 152.

602. — La déclaration écrite par l'expéditeur sur une formule imprimée, qui lui est remise *gratis* par le service, tient lieu de *permis d'embarquer*, après qu'elle a été ainsi enregistrée au bureau de la douane.

La formule série M, n° 28, revêtue du permis d'embarquer, est provisoirement remise au déclarant pour être par lui présentée à la visite avec les marchandises et être visée par le vérificateur et par les préposés chargés de suivre l'embarquement.

Le certificat d'embarquement ou de mise à bord ne doit être apposé sur les expéditions, par les préposés, qu'autant que la marchandise a été embarquée réellement et en totalité en leur présence. (*Circ. du 30 novembre* 1858, n° 561.)

Le *permis d'embarquer*, qui est inscrit sur la déclaration écrite de la main de l'expéditeur, pourrait être altéré ou falsifié par lui-même. Ces falsifications auraient principalement pour objet la fraude à l'entrée. Il serait à craindre qu'après avoir obtenu le certificat d'embarquement on n'ajoutât sur le permis des marchandises qui n'auraient point été embarquées, ou bien que, dans l'espoir que l'expédition serait libellée au seul vu de la déclaration déjà enregistrée, on ne retranchât du permis, avant de le remettre au vérificateur, les objets qu'on voudrait se dispenser de présenter en douane. Dans l'un et l'autre cas, on irait prendre à l'étranger, pour les débarquer comme nationales au port de destination, les marchandises dont on aurait ainsi éludé l'embarquement.

Les additions sur le permis, après la délivrance du *vu embarquer*, seront impraticables si, comme cela doit être, le permis remis par le vérificateur aux préposés du service actif est par eux directement rapporté au bureau.

On rendra d'ailleurs sans objet celles qui auraient été faites en reproduisant exactement sur l'expédition, sauf, bien entendu, les modifications résultant de la visite, les marchandises enregistrées au *dormant*. On doit même en agir toujours ainsi, après toutefois qu'on se sera assuré avec le plus grand soin que le permis rapporté n'a été ni surchargé ni biffé, car autrement on s'exposerait à favoriser l'une des manœuvres frauduleuses dont il vient d'être parlé.

Il est également recommandé aux receveurs aux déclarations de rayer l'espace qui restera en blanc dans les déclarations, et de ne point admettre celles qui présenteront, dans l'espèce ou la quantité des marchandises, des surcharges ou des ratures dont il pourrait être abusé. Les vérificateurs, prévenus ainsi qu'on n'enregistre point de déclarations surchargées ou biffées, refuseront ou feront légaliser du moins par le receveur aux déclarations celles où l'on remarquerait ces sortes d'altérations. (*Circ. des 20 octobre 1834.* nº 1460, *et 30 novembre 1858*, nº 561.)

603. — Afin d'obtenir toute la célérité et la régularité désirables, il a été établi, *dans un grand port*, sur les points de stationnement des navires à vapeur affectés à la navigation entre les divers ports de France ou entre ces ports et ceux de l'Algérie, des sections spéciales de cabotage pour recevoir les déclarations, en assurer les effets et viser les manifestes de sortie.

Les dispositions adoptées en conséquence sont les suivantes :

Dans chacune de ces sections spéciales, le commis qui reçoit les doubles déclarations doit examiner si elles sont régulières, leur donner le numéro d'ordre du registre série M, nº 24, y apposer le permis d'embarquer, remettre immédiatement une des expéditions aux intéressés, et terminer ensuite l'enregistrement. Les déclarants qui n'attendraient pas perdraient leur tour.

Sauf une autorisation du sous-inspecteur, on refuse les déclarations qui ne sont pas produites une heure au moins avant soit le départ du navire, soit la fermeture du bureau.

L'intéressé présente la déclaration-permis au sous-officier, adjoint, sous le nom de sous-coteur, au vérificateur de la section ; ce sous-officier, après enregistrement de la déclaration sur l'un des deux carnets de visite, désigne, sur le carnet et sur le permis, le préposé qui, parmi les agents d'écor dits de penthières, sera appelé à suivre et à constater l'embarquement.

Avant de se rendre sur le quai, le vérificateur réunit cinq, dix ou quinze permis, selon l'importance des opérations, et se munit du carnet où ils figurent.

Aussitôt qu'il a reconnu les marchandises dans les conditions réglementaires (1), cet employé constate, sur le terrain même, le résultat de la visite, tant au carnet qu'aux permis, et il remet ceux-ci au préposé de penthières qui a été coté.

---

(1) Il importe surtout de s'assurer, soit par l'ouverture des colis, soit par le sondage, de la nature des marchandises ; le vérificateur ne doit jamais se dispenser de reconnaître les colis par marques et numéros et d'en faire le dénombrement.

Cet agent reconnaît l'espèce et le nombre des colis et veille à ce qu'on ne les enlève que pour les embarquer sous sa surveillance. A l'issue de l'embarquement, il en certifie sur le permis. Il tient séparément les permis qu'il a ainsi régularisés.

Un sous-brigadier dit de penthières suit le travail des préposés de penthières; il surveille avec eux le mouvement des colis, certifie aussi sur les permis l'embarquement dès qu'il est terminé, et retient les permis régularisés qu'il rapporte d'heure en heure au commis du bureau. C'est à ce sous-officier que doit être réclamé tout permis en retard.

Au fur et à mesure qu'ils lui parviennent, le commis rapproche les permis des déclarations-souches et reporte sur celles-ci le résultat de la visite et de l'embarquement; il communique aux expéditionnaires ou aux courtiers des paquebots soit les permis, soit, en cas d'urgence, sans déplacement alors et dans le bureau même, les déclarations-souches, pour la formation du manifeste qu'il remet au capitaine ou à son courtier après contrôle et visa : bon pour sortir du port.

Le manifeste doit être régularisé avec beaucoup de soin. S'il était aidé à ce sujet par le capitaine ou le courtier, le commis tiendrait les permis-expéditions et se ferait appeler les articles du manifeste. (*Déc. du* 30 *avril* 1859.)

604. — Pour la *visite, V.* Livre I, n° 156.

En général, les marchandises de cabotage ne sont pas soumises à des visites complètes et approfondies; cependant des vérifications partielles ou par épreuves sont nécessaires (*Circ. du* 20 *octobre* 1834, n° 1460), surtout lorsqu'il s'agit d'opérations anormales telles que celles du cabotage de denrées coloniales, lorsque les mutations d'entrepôt permettraient de ne pas faire l'avance des taxes. Pour les colis visités par épreuves, c'est beaucoup plus à la reconnaissance du contenu qu'à la pesée effective qu'il importe de s'attacher, à moins qu'une différence entre le poids réel et le poids déclaré ne soit très-sensible à la vue. (*Déc. des* 7 *août* 1840 *et* 10 *janvier* 1843.)

On accorde de grandes facilités soit pour la visite, soit pour l'embarquement et le débarquement des marchandises de cabotage. La reconnaissance en est faite sur les points mêmes de chargement ou de déchargement, sans apport préalable au bureau. (*Circ. du* 23 *février* 1863, n° 886.)

Si, lors de la vérification au départ, les préposés reconnaissent que la quantité est inférieure à celle portée en la déclaration, et que le déficit excède le vingtième des marchandises ou denrées déclarées, la valeur des quantités manquantes est réglée suivant le prix courant du commerce au moment de l'expédition, et le déclarant obligé de payer, à titre de confiscation, la somme ainsi réglée, et, de plus, l'amende de 500 fr. (*Loi du* 8 *floréal an XI, art.* 74.) Déficit au-dessus du vingtième, etc.; n° 103 du tableau des Infr. Trib. de paix.

Aux termes de cet article, le déficit peut être constaté après la déclaration et avant l'embarquement des marchandises. Mais, d'après un arrêt de la Cour de cassation du 31 mai 1827, il y a également déficit au départ, dans le sens de cet article, et lieu à l'application des peines qu'il prononce, quand la vérification est faite et la contravention constatée avant le départ du navire, mais après que le permis d'embarquement a été obtenu, que la soumission de l'acquit-à-caution a été faite et le volant de cet acquit préparé.

Les agents de la douane tiennent d'ailleurs de l'art. 8, titre 2 de la loi du 4 germinal an II, le droit de s'assurer si les marchandises embarquées sont restées à bord, et de constater les déficits aussi longtemps qu'un navire est dans le port.

Si les marchandises se trouvent être d'espèces différentes de celles déclarées, elles sont saisies et confisquées, et le déclarant condamné à payer, à titre de confiscation, une somme égale à la valeur des objets portés dans la déclaration, suivant le prix courant du commerce, et une amende de 500 fr. (*Même Loi, art.* 75.) Fausse déclaration, etc.; n° 102 du tableau des Infr. Trib. de paix.

Ainsi, il n'y a lieu de saisir que la partie de marchandises faussement déclarée ou non déclarée, et le procès-verbal dressé à cet effet conclut à la confiscation de ces marchandises et au payement : 1° d'une somme égale à la valeur de pareille quantité de marchandises de la nature et de l'espèce de celles énoncées dans la déclaration; 2° d'une amende de 500 fr. (*Déc. du 19 mai* 1845.)

Dans les cas non prévus par la loi spéciale au cabotage, notamment pour les excédants de poids, les fausses déclarations sont d'ailleurs soumises aux règles générales rappelées au Livre I, n° 172. (*Circ. du 30 août* 1816, n° 202.)

On peut expédier, sur un même navire, des marchandises françaises ou nationalisées par le payement des droits d'entrée, et des marchandises en mutation d'entrepôt, que celles-ci soient ou non similaires des premières. (*Déc. du 30 novembre* 1850.)

Dans les ports, il est tenu au poste un registre destiné à l'inscription, par navires, des permis délivrés pour le débarquement ou l'embarquement des marchandises de *cabotage.* Les préposés cotés aux opérations en suivent alors l'accomplissement à vue des permis qu'ils annotent selon qu'il y a lieu, de sorte qu'au moment où elles sont terminées on peut les résumer au registre. (*Déc. du 3 février* 1847.)

Il est recommandé aux chefs de service de veiller à ce que les déclarations formant permis et revêtues du certificat de visite, soient retenues par les préposés chargés de constater l'embarquement et rapportées par eux directement au bureau de la douane. (*Circ. des 20 octobre* 1834, n° 1460, *et 30 novembre* 1858, n° 561.)

Aussitôt que la déclaration-expédition a été rapportée au bureau par les soins du service, les résultats de la visite sont immédiatement reportés sur le double de la déclaration conservé comme souche. *V.* n° 601. (*Circ. du 30 novembre* 1858, n° 561.)

On doit indiquer dans les expéditions si la houille a été mesurée à l'hectolitre comble ou ras. (*Circ. man. du 5 mai* 1832.)

Quand les marchandises sont avariées, la qualité en est énoncée avec soin. (*Circ. man. du 18 octobre* 1839.)

Il faut indiquer, dans l'expédition de douane relative à des boissons, le numéro et la date des expéditions de la régie des contributions indirectes dont elles sont accompagnées et qui doivent être annexées à la première jusqu'au bureau de destination, et s'il s'agit d'alcools, l'espèce et le degré. (*Circ. des 23 avril* 1851, n° 2433, *et 30 novembre* 1858, n° 561.) *V.* n° 601.

605. — Les marchandises expédiées sous le régime du cabotage, de port français à port français, sont affranchies du plombage. (*Circ. du 23 février* 1863, n° 886.)

Cette exemption s'étend aux mutations d'entrepôt par mer, aux transbordements et aux réexportations directes par mer, alors même qu'il s'agit des ports de rivière désignés au n° 470. (*Circ. des 15 janvier* 1855, n° 258, 30 *novembre* 1858, n° 561, *et* 23 *février* 1863, n° 886.)

Les marchandises peuvent être expédiées, soit en grenier ou en *vrac,* soit dans n'importe quel emballage. (*Circ. du* 20 *vendémiaire an II.*)

606. — Pour la surveillance et l'intervention des brigades en ce qui concerne les opérations d'embarquement ou de débarquement, *V.* n°s 303 et 575.

L'embarquement ne peut être commencé qu'après que tous les objets compris en un même permis d'embarquement ont été réunis sur le quai et comptés par les préposés des douanes chargés de constater la mise à bord. (*Circ. du 28 juillet* 1822, n° 740.)

Cette disposition, fondée sur les art. 74, 75 de la loi du 8 floréal an XI, et 13 de la loi du 27 juillet 1822, *V.* Livre IV, n° 470, n'est pas absolue, car on ne saurait, sans inconvénient, rassembler sur les quais ou à la douane certaines marchandises, telles que les boissons, les bois, les céréales, les pommes de terre, les houilles, et généralement tous les objets qui s'expédient en grenier ou en *vrac.* Ces marchandises sont embarquées ordinairement au fur et à mesure de leur arrivée de l'intérieur ou des magasins de l'expéditeur. En pareil cas, la vérification a lieu d'une manière successive, et un même permis peut avoir son effet pendant plusieurs jours. (*Circ. man. du 23 juin* 1840 ; *Déc. des 7 janvier et 11 novembre* 1840.)

Lorsqu'un permis comprend plusieurs sortes de marchandises, il n'y a lieu, dans tous les cas, d'exiger la présentation, à la fois, que de la partie entière de chacune d'elles. (*Déc. du 30 mars* 1839.)

C'est principalement en éludant l'embarquement des marchandises *déclarées* qu'on est parvenu à consommer des importations frauduleuses au port de destination. Les chefs de la visite doivent donc s'assurer que ces marchandises sont *exactement* embarquées en *même espèce* et *qualité*. (*Circ. du 24 fructidor an X, et Circ. du 30 août* 1816, n° 202.)

L'expédition ne doit être délivrée que sur le certificat d'embarquement des préposés qui ont été désignés, et, autant que possible, ce certificat doit être revêtu du visa d'un employé supérieur.

Les receveurs des bureaux où il n'y a pas de vérificateurs ou de commis ne doivent délivrer les expéditions qu'après avoir eux-mêmes vérifié les marchandises, conjointement avec le chef du poste ou les préposés qui s'y trouvent. (*Circ. du 1er jour complémentaire an X.*)

607. — Les armes et munitions de guerre, les drilles, la pâte à papier et l'acide arsénieux sont soumis à la garantie de l'acquit-à-caution. Dans tout autre cas, il n'est délivré qu'un passavant (1), (*Circ. du 23 février* 1863, n° 886.) V. n° 601 pour la délivrance des expéditions.

Lorsque l'expéditeur confond dans sa déclaration des marchandises dont la destination doit être assurée par un acquit-à-caution, avec des marchandises qui, présentées séparément, auraient pu être expédiées par simple passavant, on peut, sur sa demande, les comprendre toutes dans l'acquit-à-caution ; mais, dans ce cas, la soumission n'a d'effet qu'à l'égard de celles que la loi soumet à ce dernier mode d'expédition. (*Circ. du 22 juillet* 1836, n° 1553.)

Les acquits-à-caution contiennent la soumission de rapporter, dans un délai qui est fixé suivant la distance des lieux (2), un certificat de l'arrivée des marchandises au bureau désigné, sous peine de payer la valeur desdites marchandises, avec amende de 500 fr. si elles sont prohibées à la sortie, ou le double droit de sortie si elles sont passibles de droits. (*Loi du 22 août* 1791, *titre* 3, *art* 2 et 4.)

L'accomplissement de cette soumission doit être garanti par une caution solvable, qui s'oblige, solidairement avec les expéditionnaires, au rapport du certificat de décharge. (*Mêmes Loi, titre et art.*)

Pour les marchandises non prohibées, la caution n'est pas exigée lorsque l'expéditionnaire consigne le montant des droits de sortie.

Dans ce cas, les registres des déclarations portant lesdites soumissions, énoncent, ainsi que les acquits-à-caution, la reconnaissance des sommes consignées. (*Même Loi, titre 3, art.* 2.)

Les receveurs répondent de la régularité des expéditions (acquits-à-caution ou passavants (3) ; ils les signent eux-mêmes, on les font signer en leur absence par

---

(1) Les grains et farines expédiés en cabotage d'un port à un autre de la France et de l'Algérie sont accompagnés d'une déclaration-passavant, avec franchise du timbre, conformément à l'art. 14 de la loi du 22 ventôse an XII. (*Circ. du 19 juin* 1861, n° 768.)

(2) L'acquit-à-caution fixe le délai pour arriver au lieu de destination ; ce délai ne doit pas excéder le temps présumé nécessaire pour la navigation. (*Circ. du 27 messidor an V, et Déc. du 11 mars* 1841.)

(3) Ils s'assurent que les marques et numéros des colis y sont exactement indiqués,

34

l'employé qu'ils ont choisi, après s'être assurés que toutes les formalités de la visite, de l'embarquement et de la soumission, lorsqu'il y a lieu, ont été exactement remplies. (*Circ. du 28 brumaire an XI, et du 10 juillet* 1833, n° 1392.) *V.* n° 26.

Pour le manifeste de sortie, *V.* Livre VII, n° 585.

Pour le cas de relâche en France, *V.* Livre III, n° 313.

608. — *Destination.* L'acquit-à-caution ou le passavant doit avoir son effet dans un seul et même port de destination et pour toutes les marchandises qui y sont désignées. (*Loi du 22 août* 1791, *titre* 3 ; *Circ. des 9 floréal an X, et 7 octobre* 1819, n° 524.)

Il y a exception à l'égard : 1° des résines (*Déc. du 20 septembre* 1816) ; 2° des vins ordinaires en futailles (*Déc. du 13 octobre* 1831). Dans ces cas, l'expédition de douane est régularisée pour les quantités successivement débarquées dans différents ports.

Les marchandises doivent être présentées au port désigné par l'expédition. (*Circ. des 9 floréal an X, et 7 octobre* 1819, n° 524.) *V.* n° 295.

Lorsqu'un capitaine, arrivé dans un port autre que celui de sa destination, demande à y débarquer tout ou partie de sa cargaison, l'inspecteur, le sous-inspecteur, ou, à défaut, le receveur, peut acquiescer à cette demande si elle lui paraît bien motivée et quand il a, d'ailleurs, les moyens de faire suivre et surveiller l'opération de manière à prévenir les abus. L'autorisation de ces chefs est également suffisante pour que les marchandises soient transbordées, en présence du service, sur des navires en charge pour le port de destination. Dans l'un et dans l'autre cas, le visa dont les expéditions doivent être revêtues mentionne soit le changement de destination, soit le transbordement et le nom du bâtiment qui termine le transport.

Les mêmes chefs ont la latitude de permettre qu'un navire parvenu au port désigné par les expéditions relève pour un autre port ; mais, comme les engagements souscrits primitivement se trouvent accomplis, ils doivent être renouvelés. A cet effet, après une vérification sommaire des marchandises à bord des bâtiments, et sans exiger le débarquement, la douane reçoit des intéressés ou du principal consignataire une soumission, soit individuelle, soit collective, pour celles de ces marchandises expédiées sous acquits-à-caution. Cette soumission, dûment cautionnée, donne lieu à la délivrance de nouvelles expéditions rappelant textuellement les premières. On peut même réunir en un seul acquit-à-caution les marchandises qui avaient été reprises sur plusieurs expéditions. Pour les autres marchandises, le service se borne à revêtir les passavants d'un visa relatant le changement de destination. Munis ainsi tant des passavants annotés que de nouveaux acquits-à-caution, les capitaines ont la faculté de reprendre la mer sans retard. (*Circ. des 20 octobre* 1834, *n°* 1460, *et 12 septembre* 1848, n° 2275.)

Un registre série M, n° 2, est affecté spécialement aux opérations de cabotage. (*Circ. du 24 août* 1849, n° 2344.) C'est sur ce registre que sont inscrits les manifestes comprenant les marchandises étrangères accompagnées d'acquits-à-caution, de mutation d'entrepôt, de permis de transbordement, etc. (*Déc. du 16 avril* 1850.)

A l'égard des marchandises étrangères, on indique, sur le registre, les numéros des acquits-à-caution ou des permis.

Le manifeste de sortie, *V.* n° 585, doit être représenté à l'arrivée comme manifeste d'entrée, *V.* n° 296 ; il est inscrit sommairement au registre série M, n° 2, et y prend

---

et qu'on y porte les marchandises d'après les désignations consacrées par le tarif. (*Circ. du 10 juillet* 1833, n° 1392.)

Pour qu'il ne soit délivré aucune expédition à leur insu, les receveurs doivent, chaque soir, à la clôture du bureau, arrêter les registres d'acquits-à-caution et passavants.

un numéro d'ordre ou de gros (colonne 1). En cas de déchargement ou de chargement dans plusieurs ports, *V.* n° 585.

Après avoir été apurés, *V.* n° 301, les manifestes sont classés avec soin par ordre d'enregistrement, afin que l'on puisse y recourir au besoin. (*Circ. du 30 novembre 1858, n° 561.*)

La réimportation en franchise des objets n'a lieu qu'au vu des acquits-à-caution ou passavants représentés par le capitaine ou le consignataire qui en certifie la véracité en les remettant à titre de déclaration d'entrée par cabotage. (*Circ. des 26 décembre 1817, n° 355, et 20 octobre 1834, n° 1460.*) *V.* n° 300.

Pour faciliter et accélérer les opérations dans l'intérêt du commerce, l'acquit-à-caution ou le passavant est ainsi admis pour déclaration en détail et tient lieu de permis de débarquer après enregistrement et visa.

L'emploi de l'expédition comme *permis de débarquer* pourrait faciliter la soustraction des expéditions fausses ou falsifiées dont on aurait fait usage. Il importe de prévenir cet abus. On y parvient, en empêchant qu'après le débarquement l'expédition ne passe de nouveau entre les mains du consignataire. Il convient d'ailleurs de pouvoir s'assurer de l'authenticité des expéditions qui, égarées ou soustraites, n'ont pas été rapportées au bureau. A cet effet, les receveurs principaux adressent, du 15 au 20 de chaque mois, à leur directeur, un état, série E, n° 26 A, par direction, des acquits-à-caution ou passavants qui, enregistrés dans le mois précédent sur le registre de déclarations et remis pour tenir lieu de permis de débarquer, ont été soustraits ou perdus. Cet état, dans lequel il est essentiel de porter exactement les indications que réclame le texte des colonnes, est transmis directement et sans retard par le directeur à son collègue de la direction compétente, qui, de son côté, le communique immédiatement aux receveurs des bureaux où les expéditions ont été délivrées. Ceux-ci le rapprochent de la *souche*; ils en comparent attentivement les détails; et, après qu'il a été revêtu de leurs observations, on le renvoie de la même manière aux ports de débarquement.

S'il était reconnu que des altérations abusives ont eu lieu, le directeur du bureau d'arrivée, après toutefois avoir demandé des explications au consignataire des marchandises, adresserait, à cet égard, un rapport circonstancié à l'administration. Elle examinerait si ces altérations constituent le *crime de faux,* tel qu'il est défini par la loi, et, dans le cas de l'affirmative, non-seulement elle poursuivrait le payement des condamnations civiles encourues, mais encore elle déférerait les coupables à la justice, afin d'assurer l'application des peines afflictives et infamantes prononcées par la troisième section du chap. 3 du Code pénal. (*Circ.* n° 1460, *et Circ. du 30 novembre* 1858, n° 561.) *V.* n° 608.

Sur le simple dépôt du manifeste, les permis de débarquement sont immédiatement délivrés au verso des déclarations ayant servi d'expédition, *V.* n° 601. Les employés s'assurent que ces expéditions sont dans leur intégrité primitive.

Au fur et à mesure que se présentent les déclarants, le service inscrit sur le manifeste (colonne n° 9) le numéro et la date de chaque déclaration en détail. Ce numéro est formé du numéro de gros donné au manifeste et du numéro d'ordre de l'expédition, en séparant les deux chiffres par une barre. Ce même groupe de chiffres est reporté, comme numéro du permis de débarquer, au verso de chaque acquit-à-caution ou passavant, et sert, en outre, du numéro de décharge des acquits-à-caution.

Les colonnes n°s 10 et 12 reçoivent la signature des déclarants et l'indication de la valeur des marchandises. La colonne n° 11 est destinée à suppléer, s'il en était besoin, à l'insuffisance des désignations du manifeste, colonne 8. Puis sont inscrits les résultats de la visite, le nom du vérificateur et le folio de son portatif, la date de la décharge des acquits-à-caution et du renvoi des expéditions. *V.* n° 610. Dans la colonne d'observations, on relate les différences de poids et d'espèces constatées et les suites qu'elles ont reçues. (*Circ. du 30 novembre* 1858, n° 561.)

Il pourra arriver qu'après avoir été enregistrée à titre de déclaration l'expédition s'égare avant le débarquement des marchandises. Dans ce cas, et après la certitude acquise qu'en effet il n'y a pas eu débarquement, on délivrera un permis de débarquer, sur lequel on reproduira toutes les indications de la déclaration enregistrée, et qui, revêtu des annotations nécessaires, sera renvoyé au bureau de départ pour tenir lieu de l'expédition perdue. (*Circ. du 20 octobre* 1834, n° 1460.)

Les acquits-à-caution dont la perte a été signalée au moyen de l'état mensuel série E, n° 26 A, ne doivent pas figurer plus tard sur l'état série E, n° 27 A, relatif aux acquits-à-caution non rentrés deux mois après l'expiration des délais; mais comme il importe que, dans tous les cas, les receveurs ne radient les soumissions qu'en vertu d'un titre authentique, les directeurs, en renvoyant au bureau de destination l'état n° 26 A, revêtu des annotations de la douane de départ, doivent y faire joindre des duplicata des acquits-à-caution qui y sont compris. Ces expéditions remplacent les acquits originaux; elles sont régularisées et renvoyées dans la forme ordinaire au bureau qui les a délivrées; alors seulement on annule, s'il y a lieu, les soumissions y relatives. (*Circ. man. du 26 février* 1836.)

Si toutes les marchandises ne sont pas débarquées simultanément, l'expédition, visée successivement par la douane, est laissée au déclarant jusqu'à l'entier débarquement des marchandises qu'elle comprend; le vérificateur qui appose le dernier visa la rapporte à la douane, où elle est définitivement régularisée. (*Déc. du 2 août* 1836.)

Quand des marchandises faisant l'objet d'un même article à un acquit-à-caution ou passavant sont réclamées par plusieurs destinataires, au lieu d'employer l'entremise du capitaine ou du courtier, il est délivré un permis partiel et séparé. Dans ce cas, le déclarant appose sa signature en regard de la désignation, sur le manifeste ou l'extrait du manifeste, *V.* n° 585. des produits qui lui sont envoyés; le numéro du permis est rappelé; et il faut d'ailleurs laisser, sur ce registre, après la première inscription, un espace suffisant pour recevoir toutes les déclarations partielles qu'on suppose pouvoir être successivement remises, sauf à bâtonner l'espace qui resterait inutile. (*Circ. man. du 20 mai* 1835.) Le permis partiel appartient à la série L (*Déc. du 12 janvier* 1850.) Lorsqu'il en est ainsi, on fait suivre des signes *bis, ter, quater,* etc., etc., le groupe de chiffres formant le numéro ordinaire de la déclaration. (*Circ. du 30 novembre* 1858, n° 561.)

Les formalités du manifeste et de la déclaration en détail étant remplies et un permis de débarquer étant délivré, les marchandises sont déchargées des navires et présentées en douane pour être vérifiées. Cette visite a pour objet de s'assurer que les marchandises sont représentées en mêmes qualité et quantité qu'il est dit en l'expédition qui les accompagne. (*Loi du 22 août* 1791, *titre* 2, *art.* 13, *et titre* 3, *art.* 6 *et* 9.)

Le manifeste est transmis au poste après que le sous-inspecteur, ou, dans les grands ports, le capitaine de brigades, a indiqué, en regard, les marchandises, soit étrangères, en mutation d'entrepôt, soit françaises, non emballées, dont le débarquement doit être suivi par un préposé d'écor, muni d'un carnet.

Les permis relatifs aux autres marchandises sont portés par le commerce au poste central, où ils sont transcrits, par navire, sur un registre *ad hoc.* On les envoie au vérificateur qui, s'il veut exercer une reconnaissance quelconque, désigne, par les mots : *à consigner,* les marchandises à retenir, et qui, à cet effet, doivent être consignées au service actif. Pour les autres, il met : bon à enlever. Cet agent fait passer ces permis au préposé chargé de suivre le débarquement. Celui-ci les revêt du certificat de débarquement, et les remet, à l'issue de la vacation, aux sous-officiers de penthière. Si les marchandises sont consignées, ces sous-officiers donnent des ordres pour que l'enlèvement n'ait lieu qu'après vérification; dès que le vérificateur a délivré le bon à enlever, les permis sont régularisés. Tout factionnaire s'oppose à l'enlèvement des marchandises, à moins que les permis ne lui aient été remis par les sous-officiers de penthièrc ou que les préposés d'écor ne soient présents. Les permis, par l'intermédiaire de ces sous-officiers, vont au poste, où l'on s'assure que le manifeste est apuré. La brigade procède alors à la contre-visite à bord du navire ; puis le manifeste et les permis retournent à la section de cabotage.

En cas de déficit sur le nombre des colis énoncés au manifeste, on observe les règles suivantes :

1° Si les colis manquants sont mentionnés dans un acquit-à-caution ou passavant de cabotage, on se borne à constater le déficit sur cette expédition et à la régulariser d'après le résultat de la visite à l'arrivée ;

2° Si le nombre des colis est le même que celui indiqué dans les acquits-à-caution ou passavants, et que le déficit ne porte que sur le manifeste, on peut également, à moins de motifs fondés de tentative de fraude, se dispenser de verbaliser ; mais on exige des intéressés l'engagement cautionné de s'en rapporter à la décision de l'administration, à laquelle il en est référé sous le timbre du cabotage. (*Déc. du 11 mars 1845.*)

Pour les excédants ou omissions au manifeste, *V.* Livre III, n° 306, à moins que le service ne juge qu'il n'y a pas lieu de saisir les colis en excédant, car alors il s'abstient de verbaliser contre le capitaine et agit comme il est indiqué au § précédent. (*Déc. du* 1er *décembre* 1843.) *V.* plus loin pour déficit ou excédant par rapport aux acquits-à-caution ou passavants.

Au sujet des grains et farines, le service ne tient aucun compte des déficits reconnus à destination. Quant aux excédants qui pourraient être passibles de droits, on suit les règles générales du cabotage. (*Circ. du 19 juin 1861, n° 768.*)

Dans le cas où le capitaine qui ne peut représenter d'expéditions de douane a néanmoins régulièrement énoncé une certaine partie de marchandises sur son manifeste, ces marchandises sont traitées comme provenant de l'étranger, sauf à l'administration à exonérer les intéressés du payement des droits quand l'origine nationale est démontrée. Aucune pénalité spéciale ne saurait être imposée. (*Déc. du 10 novembre 1858.*)

Mais si le capitaine, ayant effectué une relâche à l'étranger, ne l'a pas déclarée, *V.* n° 595.

Les règles générales relatives aux visites sont applicables dans tous les cas non prévus par les lois sur le cabotage. (*Circ. des 30 août 1816, n° 202, et 10 juillet 1833, n° 1392.*)

Si les marchandises tarifées mentionnées dans l'expédition se trouvent différentes dans l'espèce, elles sont saisies, et la confiscation en est prononcée contre les conducteurs, avec amende de 100 fr., sauf leur recours contre les expéditionnaires. (N° 100 du tableau des Infr. Trib. de paix.)

Si les marchandises différentes sont prohibées à l'entrée, elles sont confisquées, avec amende de 500 fr., le tout indépendamment des condamnations qui sont poursuivies au bureau de départ contre les soumissionnaires et leurs cautions, et d'après leurs soumissions. (Même numéro. Trib. de paix.)

Si la quantité est inférieure à celle portée dans l'acquit-à-caution, il n'est déchargé que pour la quantité représentée. (*Loi du 22 août 1791, titre 3, art. 9.*) (1).

La présentation d'une marchandise de même *espèce*, mais de *qualité* différente, constituerait une substitution dans le sens de la loi, car elle a voulu que la mar-

---

(1) Les dispositions de l'art. 9, titre 3, de la loi du 22 août 1791 s'appliquent à toutes les expéditions qui ne sont pas régies par des règles particulières. (*Déc. du 8 juillet 1841.*)

chandise présentée au bureau de destination fût *la même* que celle qui a été vérifiée au bureau de départ et qui est désignée par l'acquit-à-caution. (*Déc. du* 8 *juillet* 1841.) *V.* Livre IV, entrepôts, mutation ; et Livre V, transit.

Si, lors de la visite au bureau du port de destination, les préposés reconnaissent une quantité plus considérable que celle énoncée par l'expédition du lieu de départ, cet excédant est saisi, et la confiscation en est prononcée, avec amende de 500 fr. (Excédant au-dessus du vingtième, etc. ; n° 104 du tableau des Infr. Trib. de paix.)

Cependant, si l'excédant n'est que du vingtième de la quantité portée sur l'expédition, il n'y a lieu qu'à la perception des droits imposés sur les marchandises ou denrées de même nature venant de l'étranger (*Loi du* 8 *floréal an XI, art.* 76), sous pavillon français, sauf à exiger les taxes de provenance les plus élevées s'il en existe de différentielles. (*Déc. du* 19 *mars* 1852.)

Le procès-verbal à dresser en cas d'excédant saisissable entraîne les mêmes suites et procédures que les autres saisies. Si les excédants portent sur des marchandises prohibées à l'entrée, elles ne peuvent non plus être vendues qu'à charge de réexportation (*Circ. du* 14 *nivôse an XI*), et, s'il s'agit de marchandises tarifées, la vente n'a lieu que sous le payement des droits.

Mais ces dispositions ne doivent pas toujours être appliquées aux excédants (*Circ. du* 10 *juillet* 1833, n° 1392), ou aux différences de nature, d'espèce ou de qualité.

En effet, l'expérience ayant démontré que les différences de nature, d'espèce, de qualité ou de poids, reconnues sur les marchandises de cabotage, sont d'ordinaire le résultat d'erreurs ou d'omissions au départ, il convient, à moins de motifs *fondés* de fraude, de se borner à exiger des intéressés l'engagement cautionné de s'en rapporter à la décision de l'administration. Il en est de même à l'égard des marchandises qui ne sont pas accompagnées des expéditions voulues. En attendant, la marchandise est laissée à la disposition des consignataires qui se sont ainsi engagés, et les différences sont signalées au bureau de départ au moyen des états série E, n° 28; elles ne prennent un caractère *contentieux* qu'autant que l'administration prescrit d'exercer des poursuites. (*Circ. du* 27 *janvier* 1820, n° 539 ; *Déc. des* 24 *décembre* 1840, 13 *et* 27 *juin* 1846.)

Chaque mois, il est formé un état, série E, n° 20, des déficits, excédants et autres différences reconnues à l'arrivée. Cet état est transmis, avec les expéditions qui en font l'objet, par le directeur à son collègue de la direction de départ. Celui-ci statue sur les suites à donner aux différences, ou, en cas de difficulté, prend les instructions de l'administration, division du cabotage. (*Circ. du* 20 *octobre* 1834 *et du* 31 *mars* 1849, n° 2318.)

Mais les déficits sur les marchandises accompagnées de passavants ne pouvant donner lieu à aucune répétition de la part de l'administration ne sont pas portés sur cet état. (*Circ. du* 10 *juillet* 1833.) Les contraventions relatives à ces marchandises sont traitées et terminées au bureau de destination. (*Déc. du* 23 *mai* 1842.)

Si les expéditions remises par le capitaine ou le consignataire sont reconnues fausses ou falsifiées, il en est rédigé procès-verbal ; le genre de faux y est énoncé et les expéditions signées et paraphées, *ne varietur*, y sont annexées. Les marchandises auxquelles s'applique le faux sont en même temps saisies et confisquées, conformément aux lois sur les importations frauduleuses. (*Loi du* 9 *floréal an VII, titre* 4, *art.* 4.) *V.* n° 1030.

609. — Les capitaines et maîtres de bâtiments sont admis à justifier qu'ils ont été retardés par des cas fortuits, comme fortunes de mer, poursuites d'ennemis et autres accidents, et ce, par des procès-verbaux rédigés à bord et signés par les principaux de l'équipage, affirmés devant les juges du tribunal de commerce, ou, à défaut de tribunal de commerce, devant le maire. Dans ce cas, les expéditions ont leur effet et sont régularisées par les préposés de l'administration. Il ne peut être suppléé par la preuve testimoniale au défaut desdits procès-verbaux, qui ne sont admis qu'autant qu'ils sont déposés au bureau de destination en même temps que les marchandises y sont représentées. (*Lois des 22 août 1791, titre 3, art. 8, et 4 germinal an II, titre 7, art. 2.*)

S'il n'est pas justifié du retard dans la forme indiquée ci-dessus, l'acquit-à-caution ou le passavant présenté après le délai ne peut être admis et les marchandises sont traitées comme venant de l'étranger, sans préjudice des poursuites à exercer au bureau de départ contre le soumissionnaire de l'acquit-à-caution qui, dans ce cas, n'a pu être déchargé. (*Loi du 22 août 1791, titre 3, art. 7.*)

610. — Après la vérification des marchandises, les acquits-à-caution sont revêtus d'un certificat de décharge. (*Loi du 22 août 1791, titre 3, art. 6.*)

Les certificats de décharge du bureau de destination désigné en l'acquit-à-caution ne peuvent être remplacés par aucune pièce, ni même par un jugement. (*Arrêt de la Cour de cassation du 30 thermidor an X.*)

Il est défendu aux employés des douanes, à peine de tous dépens, dommages et intérêts, de différer la remise des certificats de décharge, lorsque les formalités prescrites par les acquits-à-caution ont été remplies ou qu'il a été rapporté des procès-verbaux dans la forme indiquée par la loi.

Pour justifier du refus, le conducteur des marchandises est tenu d'en faire rédiger acte qui est signifié au receveur du bureau. Aucune preuve par témoin n'est admise à cet égard.

Il n'est rien payé pour les certificats de décharge, qui doivent être inscrits au dos des acquits-à-caution, et signés au moins de deux employés. (*Loi du 22 août 1791, titre 3, art. 6.*)

Le receveur qui est seul dans son bureau doit s'adjoindre, pour la décharge des acquits, le chef de la brigade. *V.* n° 26.

Pour le renvoi au bureau de départ des acquits-à-caution et des passavants, *V.* n° 29).

611. — Des états pour les acquits-à-caution non rentrés *deux mois* après l'expiration des délais accordés sont soumis tous les mois par le directeur à son collègue, afin que celui-ci s'assure si les marchandises ont ou non consommé leur destination. (*Circ. des 7 octobre 1825, n° 946, 20 octobre 1834, n° 1460, et 31 mars 1849, n° 2318.*)

Il en est de même à l'égard des passavants; seulement l'état des passavants non rentrés *trois mois* après l'expiration des délais accordés n'est fourni que par trimestre. On se dispense d'ailleurs d'y faire figurer les passavants dont l'emploi a été révélé par l'état des expéditions perdues, dressé au bureau d'arrivée. (*V.* n° 608.) Pour cela, les receveurs font mention, sur la *souche* des expéditions, de la communication qui leur a été faite de ce dernier état. (*Circ. des 10 juillet 1833, n° 1392, et 20 octobre 1834, n° 1460.*)

Les passavants dont on a déjà signalé le rapport ne doivent pas être compris sur de nouveaux états. (*Déc. du 15 juin 1839.*)

Les soumissionnaires qui rapportent dans les délais les acquits-à-caution déchargés certifient, au dos desdites expéditions, la remise qu'ils en font; ils sont tenus de déclarer le nom, la demeure et la profession de celui qui leur a remis le certificat de décharge, pour être procédé, s'il y a lieu, comme à l'égard des falsifications ou altérations de tous genres d'expéditions, soit contre les soumissionnaires, soit contre les porteurs des expéditions. Dans ce dernier cas, lesdits soumissionnaires et leurs cautions ne sont tenus que des condamnations purement civiles, conformément à leurs soumissions (1). (*Loi du 22 août 1791, titre 3, art. 10.*)

_____

(1) Tant que l'administration se chargera du renvoi des certificats de décharge, *V.* n° 29, la formalité prescrite par cet article restera sans objet.

Dès que les expéditions renvoyées au bureau d'où elles sont émanées, *V.* n° 29, y sont parvenues, l'employé chargé d'en suivre la rentrée les rapproche du double conservé comme souche, s'assure qu'elles n'ont subi aucune altération, *V.* n° 608, et certifie de son contrôle au verso de chaque expédition. (*Circ. du 30 novembre* 1858, n° 561.)

Si les droits ont été consignés, *V.* n° 607, le montant en est rendu aux marchands, et les soumissions sont annulées sans frais sur le registre quand les acquits-à-caution ont été rapportés revêtus des certificats de décharge en bonne forme. (*Mêmes Loi et titre, art.* 11.)

Les soumissionnaires et cautions ne cessent d'être garants de la fidélité du certificat de décharge qu'après quatre mois, pour le commerce en France. (*Loi du 4 germinal an II, titre* 7, *art.* 3.)

Après ce délai, l'administration est non recevable à former aucune demande. (*Loi du 22 août* 1791, *titre* 3, *art.* 10.)

Lorsque les certificats de décharge qui doivent être délivrés dans les bureaux de la destination ne sont pas rapportés dans les délais fixés par les acquits-à-caution, et qu'il n'y a pas eu consignation (1) du simple droit à l'égard des marchandises tarifées à la sortie, les préposés à la perception dans les bureaux de départ décernent contrainte contre les soumissionnaires et leurs cautions pour le payement du double droit de sortie (2). (*Loi du 22 août* 1791, *titre* 3, *art.* 12, *et Loi du 7 juin* 1820, *art.* 14.) Non rapport, etc.; n° 98 du tableau des Infr. Contrainte.

Si les marchandises expédiées par acquit-à-caution sont prohibées à la sortie, la douane de départ décerne contrainte pour le payement de la valeur desdites marchandises et de l'amende de 500 fr., conformément aux soumissions. (*Loi du 22 août* 1791, *titre* 3, *art.* 18, *et Loi du 7 juin* 1820, *art.* 14.) Non rapport, etc.; n° 99 du tableau des Infr. Contrainte.

Le délai pour rapporter les acquits-à-caution déchargés n'est pas fatal si les capitaines justifient des causes forcées du retard ou fortune de mer, par des rapports faits en mer, affirmés et déposés au bureau des douanes. (*Loi du 4 germinal an II, titre* 7, *art.* 2.)

D'un autre côté, si les soumissionnaires rapportent, dans le terme de six mois après l'expiration du délai fixé par les acquits-à-caution, les certificats de décharge en bonne forme et délivrés en temps utile, ou les procès-verbaux du refus des préposés, les droits, amendes ou autres sommes qu'ils ont payés, leur sont remis; ils sont toutefois tenus des frais faits par l'administration jusqu'au jour du rapport desdites pièces. Après ledit délai de six mois, aucune réclamation relative auxdites sommes consignées ou payées n'est admise. (*Loi du 22 août* 1791, *titre* 3, *art.* 14.)

Nota. Les cas non spécialement prévus au Livre VIII demeurent régis par les lois générales communes aux importations et aux exportations. (*Circ. du 23 décembre* 1844, n° 2046.)

---

(1) Si le simple droit a été consigné, *V.* n° 607, il est porté définitivement en recette, au cas de non-rapport de l'acquit-à-caution, et la soumission est annulée.

(2) *V.* n° 607, au sujet des acquits-à-caution. Les passavants ne peuvent donner ouverture à aucune action au bureau de départ. *V.* n° 608.

CHAPITRE II

EMPRUNT DU TERRITOIRE ÉTRANGER

612. — Le transport par terre des marchandises d'un lieu de la France à un autre ne peut se faire en empruntant le territoire étranger que lorsqu'il est impossible de suivre les chemins de l'intérieur (1). (*Loi du 22 août 1791, titre 3, art.* 1er, *et Arrêté du 5 prairial an V.*)

Les marchandises qui ne peuvent être transportées directement par terre d'un lieu à un autre de France qu'en empruntant le territoire étranger ne sont sujettes à aucun droit d'entrée et de sortie ; mais, dans ce cas, elles sont soumises aux formalités ci-après indiquées. (*Loi du 22 août 1791, titre 3, art.* 1er.)

Elles sont déclarées et vérifiées au bureau de sortie (2). (*Loi du 22 août 1791, titre 3, art.* 2.)

Celles qui sont prohibées à la sortie ne peuvent être expédiées que par acquit-à-caution. (*Même Loi, titre 3, art.* 4.)

Celles qui sont sujettes à des droits de sortie sont également expédiées par acquit-à-caution. (*Même Loi, titre 3, art.* 2.)

Celles qui sont exemptes des droits à la sortie sont expédiées par simple passavant visé par les préposés du lieu de sortie. (*Même Loi, titre 3, art.* 3.) (3).

La formalité du plombage n'est pas exigée.

Les acquits-à-caution contiennent la soumission de les rapporter dans un délai qui est fixé suivant la distance des lieux, avec le visa des bureaux de passage et le certificat de décharge du bureau par lequel les marchandises doivent être réintroduites. Les expéditionnaires donnent caution solvable, qui s'oblige solidairement avec eux au rapport du certificat de décharge ; s'ils préfèrent consigner le montant des droits de sortie, les registres des déclarations énoncent, ainsi que les acquits-à-caution, la reconnaissance des sommes consignées (4). (*Même Loi, titre 3, art.* 2, *et Arrêté du 5 prairial an V, art.* 2.)

---

(1) Cet arrêté défend de délivrer les expéditions nécessaires au passage par l'étranger, lorsque le transport direct peut avoir lieu.

La nécessité du transport par la Belgique a été reconnue pour les ardoises tirées des carrières françaises. Il s'effectue sous acquits-à-caution présentés au bureau par lequel les ardoises rentrent sur le territoire français. (*Circ. des* 10 *décembre* 1816, 28 *mai et* 6 *juin* 1817.)

Il a été permis d'expédier d'un port de France, à bord d'un navire français, par emprunt de la mer et du Rhin, à destination d'un bureau de la direction de Strasbourg, 2,000 barriques de bitume ou goudron minéral. (*Déc. du* 7 *août* 1843.)

(2) Les déclarations et visites ont lieu comme pour le cabotage.

Les peines encourues pour fausse déclaration au bureau de départ, ou pour non-rapport de l'acquit-à-caution, sont les mêmes que lorsqu'il s'agit de cabotage.

(3) Ces transports, soumis aux règles générales du cabotage par le titre 3 de la loi du 22 août 1791, s'effectuent par acquit-à-caution ou par simple passavant. V. n° 607. (*Déc. du* 2 *juillet* 1841.) L'expédition à délivrer est la formule série M, n° 28. V. n° 601. (*Circ. du* 30 *novembre* 1858, n° 561.)

(4) Par la soumission de l'acquit-à-caution, l'expéditeur et sa caution s'obligent à faire rentrer les marchandises par le bureau, dans les délais déterminés, à peine de

Les conducteurs sont tenus de présenter aux bureaux de passage et de destination les marchandises dont ils sont chargés, en mêmes qualité et quantité que celles énoncées dans l'acquit-à-caution dont ils sont porteurs (1). (*Même Loi, titre 3, art. 6.*)

Les préposés des douanes ne peuvent délivrer de certificats de décharge pour les marchandises qui sont représentées au bureau de destination après le temps fixé par l'acquit-à-caution (2); ces marchandises acquittent, au bureau où elles sont présentées après le délai, les droits d'entrée comme si elles venaient de l'étranger (3), sans préjudice du double droit de sortie dans le cas où il est dû (4) et dont le payement est poursuivi au lieu du départ contre les soumissionnaires. (*Loi du 22 août 1791, titre 3, art. 7.*)

Le certificat de décharge délivré pour tout autre bureau que celui désigné en l'acquit-à-caution pour la rentrée des marchandises ne libère pas les soumissionnaires et leurs cautions. (*Arrêté du 5 prairial an V, art. 2.*)

Les conducteurs sont admis à justifier des retards qu'ils ont éprouvés pendant la route en rapportant à la douane des procès-verbaux en bonne forme, faits par les juges des lieux où ils ont été retenus, ou, à défaut, par les maires, lesquels procès-verbaux font mention des circonstances et des causes du retard (5); dans ce cas, les acquits-à-caution ont leur effet, et les certificats de décharge sont délivrés par les receveurs. Il ne peut être suppléé par la preuve testimoniale au défaut desdits rapports ou procès-verbaux, qui ne sont admis qu'autant qu'ils ont été déposés au bureau de destination en même temps que les marchandises y ont été représentées. (*Loi du 22 août 1791, titre 3, art. 8.*)

Dans le cas où, lors de la visite au bureau de destination ou de passage, il est constaté une différence dans l'espèce des marchandises, on applique le n° 608.

S'il y est constaté un excédent sur la quantité, autre que le poids ou la mesure

---

payer le double des droits de sortie, s'il s'agit de marchandises dont l'exportation est permise, et la valeur avec amende de 500 fr., si les objets expédiés sont prohibés à la sortie. (*Loi du 22 août 1791, titre 3, art. 2 et 4.*)

Il ne peut y avoir ouverture qu'au payement du simple droit de sortie, lorsque le montant de ce droit a été consigné par l'expéditeur. (*Même Loi, art. 12.*)

Les sommes versées à titre de paiement de la valeur d'objets prohibés à la sortie et non rentrés sont acquises au Trésor : l'amende seule est mise en répartition. (*Déc. du 7 décembre 1859.*)

(1) Le visa des préposés dans les bureaux de passage ne prouve pas qu'un colis expédié par emprunt du territoire étranger, sous acquit-à-caution, soit rentré intact sur le territoire français, et ne peut établir une preuve de non-contravention. (*A. de C. du 8 novembre 1810.*)

(2) La circulaire du 27 messidor an V rappelle que le délai accordé pour ces sortes de transports ne doit pas être excédé. Il est fixé à raison d'un jour pour 24 kilom. en été et 20 kilom. en hiver. Lorsqu'il s'agit de petites distances, on donne seulement deux heures pour 4 kilom.

(3) Si la marchandise est prohibée à l'entrée, elle est renvoyée à l'étranger, comme ayant été déclarée de bonne foi. *V.* n° 177.

(4) Ou de la valeur avec amende de 500 fr., si la marchandise est prohibée à la sortie.

(5) Les conducteurs ne peuvent justifier *que des causes de retard*. L'emprunt du territoire étranger est entièrement aux risques des soumissionnaires, sans qu'ils puissent être exemptés de l'exécution de leur soumission en alléguant la perte totale ou partielle des marchandises.

des marchandises sujettes à coulage (*V.* n° 145) des marchandises expédiées, on soumet cet excédant au payement du double droit.

Quand les marchandises représentées sont prohibées à l'entrée, elles sont confisquées avec amende de 500 fr., le tout indépendamment même des condamnations qui sont poursuivies au bureau de départ contre les soumissionnaires et leurs cautions et d'après leurs soumissions (1). (*Loi du 22 août 1791, titre 3, art. 9.*)

En cas de non-rapport, dans le délai fixé, du certificat de décharge des acquits-à-caution, *V.* n° 611.

---

(1) Ces dispositions étant spéciales aux transports par emprunt du territoire étranger, n'ont point été modifiées par la loi du 8 floréal an XI. Voir, pour les autres dispositions qui sont communes au cabotage et à l'emprunt du territoire étranger, le chap. 1er du présent Livre.

LIVRE IX

NAVIGATION

La France a eu recours à un règlement de navigation pour ménager à ses navires la plus grande part possible dans le commerce de transport ou, tout au moins, pour leur réserver quelques avantages de nature à faciliter le recrutement des marins nécessaires à sa défense.

Les privilèges réservés à la navigation française consistent :

1° Dans le droit de faire exclusivement le cabotage entre les ports de France, V. n° 596 ;

2° Dans le droit d'importer en franchise les produits de la pêche des navires français régulièrement expédiés à cet effet, V. n°s 696 et 920 ;

3° Pour certains cas, dans la franchise ou la réduction des droits qui affectent le corps des navires, V. n° 643 ;

4° Dans une réduction proportionnelle des droits d'entrée sur la plupart des marchandises, et particulièrement sur celles des pays hors d'Europe. (Taxes différentielles ou surtaxes de provenance, V. n° 12, et surtaxes de pavillon ou de navigation, V. n° 15.)

Mais les relations internationales que créent, dans des proportions inusitées de rapidité, des voies nouvelles de communication, en rendant indispensables certaines facilités, ont amené la suppression de la plupart de ces surtaxes.

Les difficultés qu'éprouve la France dans sa lutte contre la concurrence de la navigation étrangère s'expliquent et par l'intérêt trop élevé des capitaux nécessaires pour les armements et par le faible volume des produits à transporter, qui, étant peu encombrant, ne fournissent pas un fret suffisant.

CHAPITRE PREMIER

DE LA CONDITION DES NAVIRES

613. — Les navires et autres bâtiments de mer sont meubles ; néanmoins ils sont affectés aux dettes du vendeur et spécialement à celles que la loi déclare privilégiées. (*Code de comm., art.*190.) *V.* Cod. civ., art. 2100.

614. — Les bâtiments étrangers ne peuvent transporter d'un port français à un autre port de France aucune denrée ou marchandise, c'est-à-dire faire le cabotage, sous peine de confiscation des bâtiments et cargaisons, et de 3,000 fr. d'amende, solidairement et par corps, contre les propriétaires consignataires et agents des bâtiments et cargaisons, capitaines et lieutenants (1). (*Loi du 21 septembre* 1793, *dite Acte de navigation, art.* 4.)

Sous les mêmes peines, sauf les dispositions énoncées au n° 758, ils ne peuvent également faire aucun transport de la métropole aux colonies françaises, et *vice versâ* (2). (*Même Loi, art.* 3.)

Les bâtiments étrangers frétés pour le compte du Gouvernement ne sont pas assujettis aux règles précédentes. (*Loi du 27 vendémiaire an II, art.* 3.)

On entend par bâtiments frétés pour le compte de l'Etat ceux dont l'équipage est nourri et soldé par le Gouvernement. (*Déc. du 17 brumaire an V.*)

Ceux frétés par le Gouvernement à tant par tonneau, et dont les équipages ne sont point à sa solde, sont seulement exempts de la partie de l'acte de navigation relative aux francisations et congés; ils sont assujettis aux droits de navigation. (*Déc. du 17 germinal an III.*)

En temps de guerre, les bâtiments neutres peuvent importer d'un port neutre ou ennemi les denrées ou marchandises de pays ennemi, s'il n'y a pas une prohibition générale ou partielle des denrées ou marchandises du pays ennemi (3). (*Loi du 27 vendémiaire an II, art.* 2.)

615. — Aucun bâtiment n'est réputé français, n'a droit au privilége des bâtiments

---

(1) D'après les stipulations de 1761, 1768, 1769 et 1787, les navires espagnols sont autorisés à faire le cabotage sur les côtes de France, comme les Français peuvent le faire en Espagne, lorsque ces navires sont pourvus de titres qui ne laissent aucun doute sur leur nationalité. (*Circ. des 20 septembre* 1817 *et 10 janvier* 1827, n° 1028.)

(2) Il n'y a pas d'exception pour les bâtiments espagnols.

(3) Cette règle s'applique aux bâtiments français. (*Loi du 27 ven. an II, art.* 2.) Quant aux détails d'application, il faut se rappeler que tout ce qui se rapporte soit à la neutralisation des navires français, soit à l'admission temporaire des neutres, est toujours considéré comme transitoire; chaque guerre a son caractère propre et amène des circonstances fort diverses, en vue desquelles il est pris des mesures qui cessent avec leurs causes.

L'administration des douanes ne peut être appelée à connaître des prises et de la qualité de ceux qui les font que lorsque les marchandises qui en proviennent sont amenées dans les ports de France et qu'il s'agit de régler le régime applicable à ces marchandises, suivant les diverses destinations qu'on peut leur donner. Le service des douanes concourt alors au maintien de l'ordre et à la répression des abus.

La qualité d'un navire capteur est reconnue et établie par l'administration de la marine et jugée par le conseil des prises, dont la douane n'a plus qu'à suivre les décisions.

A l'occasion de la guerre entre la France et la Russie en 1855, les dispositions suivantes ont été adoptées :

Comme les marchandises qui ont été saisies, les marchandises de prises non prohibées ne sont passibles que du minimum des droits d'entrée, quelle qu'en soit l'origine ou la provenance. (*Déc. min. du 17 mars* 1855 ; *Circ. du* 24, n° 279.)

Les marchandises prohibées faisant partie du chargement des navires capturés sur l'ennemi *durant la guerre actuelle* peuvent être admises en France moyennant une taxe de 20 0/0 de la valeur. (*Décret du 19 novembre* 1855, *art.* 1er.)

Cette valeur n'est autre que celle résultant du procès-verbal de l'adjudication publique effectuée par les soins de l'administration de la marine. (*Circ. du* 24 *novembre* 1855, n° 330.)

Les objets régulièrement inscrits sur l'inventaire de gréement et d'armement font partie intégrante du navire. (*Déc. du 21 mai* 1855.)

français, s'il n'a pas été construit en France ou dans les colonies et autres possessions de France, s'il n'appartient pas pour la moitié au moins à des Français, et si les officiers et les trois quarts de l'équipage ne sont pas Français. (*Lois des 24 avril 1791, art. 7, 21 septembre 1793, art. 2, et 9 juin 1845, art. 11.*)

Un étranger non naturalisé ne peut, quoique jouissant des droits civils, être propriétaire d'un navire assujetti à la francisation. (*Déc. du 26 février 1853.*)

Aucun Français résidant en pays étranger ne peut être propriétaire, en totalité ou pour plus de la moitié, d'un bâtiment, s'il n'est pas associé d'une maison de commerce française, faisant le commerce en France, et s'il n'est pas prouvé, par le certificat du consul de France dans le pays étranger où il réside, qu'il n'a point prêté serment de fidélité à cet Etat, et qu'il s'y est soumis à la juridiction consulaire de France. (*Lois des 27 vendémiaire an II, art. 12, et 9 juin 1845, art. 11.*)

Tout navire vendu à un étranger, ou dont l'équipage n'est pas composé réguliérement (*Déc. du 25 septembre* 1858), cessant par le fait même d'être propriété française, doit être considéré et traité comme étranger, et ne peut plus être réadmis au privilége national que dans les cas exceptionnels prévus par les lois des 21 septembre 1793 et 27 vendémiaire an II ; ou par les lois sur l'importation des navires étrangers. (*Déc. des 1ᵉʳ décembre 1841 et 26 mars 1857.*)

Les navires des pays avec lesquels il a été passé des traités de commerce peuvent être francisés moyennant le paiement des droits conventionnels. *V.* Livre XI, ch. 8.

Les formalités relatives à la francisation de ces navires peuvent être remplies à la Guadeloupe, à la Martinique et à la Réunion (1). Après production des pièces justificatives et acquittement des droits, le service colonial délivre, soit les papiers de bord conférant les priviléges du pavillon national, soit un titre provisoire si les bâtiments doivent être immatriculés dans un port métropolitain. (*Déc. minist. du 6 mars 1862.*)

L'embarcation construite en France, avec des bois tirés de l'étranger et tellement préparés que l'opération du constructeur se réduirait à un simple assemblage, ne serait pas admissible à la francisation (2). (*Déc. du 17 nivôse an XI.*)

A l'égard des navires venant des colonies pour être francisés, le propriétaire doit produire en douane un certificat authentique du gouvernement de la colonie attestant que le navire y a été construit en telle année par des ouvriers français. (*Déc. des 22 novembre 1822 et 3 février 1825.*) Quand le navire a été francisé dans la colonie, il peut être attaché en France sur la production des pièces nécessaires, sauf à remplacer l'acte de francisation coloniale par un brevet régulier (*Déc. du 30 décembre 1851*), à moins que le navire n'ait été déjà pourvu d'un brevet signé par le Ministre des

---

(1) Un navire anglais, acheté par des Français et venant en France avec chargement peut être traité comme français et recevoir un congé provisoire valable seulement pour permettre au bâtiment de se rendre sous pavillon français à destination des comptoirs de la côte d'or d'Afrique, sans paiement des droits d'entrée si les intéressés obtiennent du Département de la marine l'autorisation d'expédier ce navire dans les possessions françaises des côtes occidentales d'Afrique pour y être admis à une francisation locale ; mais il faut exiger une soumission cautionnée de payer en France les droits d'entrée si dans le délai d'un an il n'est pas justifié de l'accomplissement des formalités de francisation locale. (*Déc. du 25 février 1864.*)

(2) Les navires construits pour l'étranger avec des métaux admis temporairement peuvent, pour effectuer la traversée sous pavillon français, recevoir un congé de navigation motivé. Les capitaines prennent l'engagement de rapporter ce congé dans un délai déterminé, revêtu d'un certificat du consul de France au port de destination, attestant l'arrivée des bâtiments. (*Déc. du 21 juin 1864.*)

finances. Le dossier est d'ailleurs réclamé par l'administration, par l'intermédiaire du Département de la marine. (*Déc. du 28 avril* 1842.) L'acte de francisation provisoire délivré par les autorités coloniales relativement aux navires étrangers qui ont subi dans les possessions françaises les réparations prévues par la loi, suffit pour motiver l'attache de ces bâtiments à leur arrivée en France et la délivrance d'un brevet définitif; mais l'administration doit être mise à même d'apprécier. (*Déc. du* 15 *novembre* 1838.)

En France, le navire pourvu seulement d'un acte de francisation locale pour le cabotage dans les colonies, est traité comme étranger. (*Déc. du* 14 *avril* 1864.)

616. — Dans le système des sociétés par actions au porteur (*sociétés anonymes ou en commandite*), rien ne s'oppose à ce que, contrairement aux prescriptions des lois, des étrangers soient ou deviennent propriétaires de plus de la moitié des navires. Les avantages de la francisation pourraient donc leur être refusés. Toutefois l'administration permet que les bâtiments appartenant à ces associations soient pourvus, à *titre provisoire*, d'un acte au moyen duquel ils jouissent de tous les privilèges réservés à la marine nationale. La délivrance de cet acte est subordonnée aux conditions suivantes :

1° Le directeur de la compagnie est tenu de justifier de sa qualité de français; 2° il doit prouver que les bâtiments ont été construits en France et qu'ils appartiennent à la société qu'il dirige; 3° il souscrit, en sa qualité de directeur, les soumissions prescrites par la loi du 27 vendémiaire an II; mais il est dispensé du serment exigé par l'article 13 de cette loi. Son nom figure sur l'acte provisoire de francisation. (*Déc. des* 15 *juin*, 14 *et* 27 *juillet* 1840, *et* 19 *juin* 1841.)

On joint à chaque dossier un extrait de l'acte de société, certifié par le receveur; il n'est point tenu compte des ventes ou cessions d'actions. (*Déc. du* 18 *octobre* 1848.)

617. — Le service des douanes a le droit de se faire représenter les rôles d'équipage des navires, dans tous les cas où la condition de cette partie de l'armement est un des éléments indispensables d'examen et d'appréciation des demandes relatives aux importations et aux exportations privilégiées. (*Circ. du* 30 *avril* 1852, n° 36.)

Par *équipage* il faut entendre les individus qui, à quelque titre que ce soit, participent à la conduite du navire (capitaines, officiers, matelots, novices, mousses, mécaniciens et chauffeurs). Les chirurgiens, subrécargues, cuisiniers et maîtres d'hôtel n'en font point partie.

Parfois l'expression équipage est entendue dans un sens plus large, mais c'est seulement dans l'intérêt de la discipline. (*Déc. de M. le Ministre de la marine du* 16 *janvier* 1857, *transmise le* 22.)

Sont exemptés du rôle d'équipage les bateaux et chalands uniquement employés à l'exploitation de propriétés rurales, fabriques, usines et biens de toute nature situés dans les îles et sur les rives de fleuves ou de rivières dans leur partie maritime.

Sous la condition de se pourvoir d'un permis de navigation, les yachts et bateaux uniquement affectés à une navigation de plaisance sont affranchis de l'obligation d'un rôle d'équipage. Toute opération de commerce leur est interdite. (*Déc. du* 25 *octobre* 1863.)

618. — Il y a exception quant à la condition d'avoir été construit en France :

1° Pour les bâtiments déclarés de bonne prise faite sur l'ennemi par bâtiments français (1). (*Loi du* 21 *septembre* 1793, *art.* 2, *et Déc. du* 31 *mai* 1813.) V. n° 614.

2° Pour les bâtiments confisqués pour contravention aux lois de France (2). (*Même Loi, même article.*)

─────────────────

(1) On doit produire le jugement qui a déclaré la prise valable et l'acte d'adjudication faite à un Français.

(2) Cette disposition s'applique nécessairement aux navires confisqués pour contra-

3° Pour un bâtiment étranger qui, étant jeté sur les côtes de France ou possessions françaises, a été tellement endommagé que le propriétaire ou assureur ait préféré de le vendre ; ce bâtiment, en devenant entièrement propriété française, et après radoub ou réparation dont le montant est quadruple du prix de vente du bâtiment, et étant monté par des Français, est réputé bâtiment français. (*Loi du 27 vendémiaire an II, art.* 7.)

La valeur des réparations, dans le cas prévu par cet article, doit être constatée par trois experts nommés, l'un par la douane, l'autre par la marine, et le troisième d'office par le tribunal de commerce. L'estimation qui se fait en commun (*Déc. du 5 avril* 1854), devant les officiers du port, ne peut comprendre la valeur des objets accessoires de mobilier et de gréement, comme ancres, voiles, cordages, canots, chaloupes, et en général ce qui, n'étant pas inhérent *au corps du navire*, a une valeur distincte et indépendante. (*Déc. des Min. des fin. et de la marine du 29 thermidor an X, et Circ. du 3 janvier* 1818, n° 358.)

Le bénéfice de la francisation, dans le cas prévu par l'art. 7 de la loi du 27 vendémiaire an II, ne peut être accordé qu'aux navires *qui ont été jetés sur nos côtes* par suite de naufrage ou d'échouement. (*Circ. du 19 janvier* 1842, n° 1899.) Dans tout autre cas, la circonstance que des réparations auraient excédé du quadruple le prix de la vente ne donnerait pas droit à francisation. (*Déc. min. des 22 prairial an VI et 30 septembre* 1825 ; *Déc. adm. du 15 novembre* 1841.)

Les pièces à produire sont : une expédition du procès-verbal constatant le naufrage et la vente, et les comptes justificatifs des réparations. Ces pièces sont transmises à l'administration qui autorise, s'il y a lieu, la francisation du navire. (*Déc. du 7 décembre* 1841.) (1).

---

vention aux lois de douanes. (*Déc. du 11 février* 1835.)

On exige dans tous les cas une expédition en forme du jugement de confiscation.

(1) Les pièces présentées pour prouver que les réparations ont atteint le quadruple de la valeur doivent toujours être visées par les agents de l'administration de la marine. (*Circ. du 23 fructidor an X.*)

Dans tous les cas où les lois des 21 septembre 1793 et 27 vendémiaire an II accordent les avantages de la francisation à des navires étrangers, ces navires sont affranchis de tous droits d'*entrée*, et ne doivent être soumis qu'aux conditions déterminées par ces mêmes lois. (*Déc. du 30 mai* 1832.)

On doit entendre par l'expression *le corps d'un navire* la coque avec ses bas mâts, ses porte-haubans, ses chaînes ou lattes de porte-haubans. (*Avis du Min. de la marine du 8 juillet* 1839 ; *Circ. du* 18, n° 1759.) Les bas mâts ou les mâts majeurs d'un bâtiment sont : le grand mât, le mât de misaine, le mât d'artimon et le mât de beaupré, isolés de ceux guindés dessus. — On appelle porte-hauban des plates-formes ou galeries extérieures solidement établies sur la muraille du bâtiment, à la hauteur de la lisse du plat-bord, par le travers et en filant vers l'arrière des bas mâts verticaux. — Les chaînes de porte-haubans sont des pièces de fer travaillées en forme d'anneaux très-allongés ; elles sont boulonnées sur la muraille du bâtiment, dont elles s'écartent ensuite pour venir affleurer les porte-haubans, et elles y reçoivent les caps de mouton de ridage de haubans. (*Circ. du 18 juillet* 1839, n° 1759.)

Lorsque le navire naufragé se trouve pourvu de tout ou partie des objets de gréement ou de mobilier, on ne doit point en comprendre la valeur dans la partie du prix de vente qui sert de base à l'appréciation du montant des réparations effectuées. Il faudrait donc que le corps du navire fût toujours vendu séparément ; mais il arrive souvent, au contraire, que le bâtiment forme avec le mobilier l'objet d'un seul lot : dans ce cas, on doit faire déterminer, par les experts désignés, la

4° Les navires et embarcations de construction étrangère, trouvés en pleine mer, dont le sauvetage donne aux sauveteurs droit à la délivrance du tiers en nature ou en argent, conformément à l'art. 27 du titre 9 du Livre IV de l'ordonnance du mois d'août 1681 (*V.* Livre XI, ch. 9), et que l'administration de la marine vend publiquement à défaut de réclamation immédiate, sont, en devenant entièrement propriétés françaises, et étant montés par des Français, réputés bâtiments français. (*Déc. min. du* 1er *juin* 1832.)

Il en est de même quand la vente, au lieu d'être directement faite par la marine, s'opère sous sa surveillance. (*Déc. du* 30 *mars* 1851.)

Les navires, embarcations, etc., sont alors laissés à la disposition de la marine, en exemption de tout droit (*Déc. du* 22 *mars* 1853), et sont francisés sans aucune justification de réparations, comme s'ils avaient été confisqués. (*Déc. du* 30 *mars* 1851.)

L'exemption des droits d'entrée concerne le bâtiment et ses agrès et apparaux, ancres, câbles, chaînes et tous autres engins faisant nécessairement partie d'un navire prêt à prendre la mer. Les règles générales du tarif ne sont appliquées qu'au linge, à l'argenterie, verreries, poteries et autres objets dont il n'est fait aucun usage pour la navigation proprement dite. (*Déc. min. du* 16 *juin* 1862; *Circ. du* 26, n° 843.)

5° Un navire qui, après avoir été capturé, revient, en France, au même propriétaire, sans que la possession ait été autrement interrompue, continue à jouir du privilège attaché à sa qualité de français; s'il avait changé de propriétaire, il cesserait d'être considéré comme français et d'être traité comme tel. (*Déc. min. du* 24 *vendémiaire an XIII, transmise le* 28.) *V.* n° 624.

619. — *Radoubs à l'étranger.* Les bâtiments français ne peuvent, sous peine d'être réputés bâtiments étrangers, être radoubés ou réparés en pays étrangers, si les frais de radoub ou de réparation excèdent 6 fr. par tonneau, à moins que la nécessité de frais plus considérables ne soit constatée par le rapport signé et affirmé par le capitaine et autres officiers du bâtiment, vérifié et approuvé par le consul ou autre officier de France, ou deux négociants français résidant en pays étranger, et déposé au bureau du port français où le bâtiment revient. (*Loi du* 27 *vendémiaire an II, art.* 8.)

---

valeur afférente au corps du navire dans le prix total de vente (*Circ. du* 18 *juillet* 1839, n° 1759), ou, en d'autres termes, dans quelle proportion doit être réparti, entre le corps du navire et les machines, agrès ou apparaux, le montant du prix de la vente. (*Déc. du* 5 *avril* 1854.)

L'art. 7 de la loi du 27 vendémiaire an II n'exige pas que les navires échoués admissibles à la francisation soient vendus *publiquement;* ils peuvent l'être de gré à gré. Mais la douane a le pouvoir et il est de son devoir de rechercher si la vente est sérieuse, sincère, si elle n'est pas entachée de dissimulation ou de fraude; à cet effet, elle peut se faire représenter les actes de vente ou recourir à tel autre moyen de contrôle qu'elle juge nécessaire. (*Déc. du* 13 *mai* 1844.)

Lorsqu'il s'agit de navires provenant d'épaves, auxquels cet article est aussi applicable, c'est l'administration de la marine qui représente les propriétaires et fait procéder à la vente.

Les embarcations *de deux tonneaux ou au-dessous*, provenant d'épaves ou de naufrages, et qui sont vendus par les agents du Département de la marine, peuvent être admises, qu'elles aient ou non besoin de réparations, sous la seule condition de payer le droit de 10 p. %, du prix de vente dont sont passibles les agrès et apparaux. L'administration se réserve de statuer particulièrement à l'égard des canots ou autres petites embarcations d'un tonnage supérieur. (*Circ. man. du* 14 *mars* 1839.)

Pour les débris d'embarcations, *V.* n° 822.

Les pièces justificatives doivent indiquer la nature et le montant des réparations, de sorte qu'il soit possible de connaître le prix des réparations relatives au corps du navire, fournitures et main-d'œuvre. (*Déc. du 27 mars* 1843.)

Le capitaine d'un navire étant tenu, par l'art. 224 du Code de commerce, d'inscrire sur un registre coté et paraphé par l'un des juges du tribunal de commerce toutes les dépenses concernant le navire, on peut consulter ce livre, afin de s'assurer si des réparations faites à l'étranger n'ont pas excédé la limite déterminée par la loi.

Les directeurs peuvent statuer définitivement sur l'application de cet art. 8, toutes les fois qu'ils n'ont aucun motif de supposer qu'on a cherché à éluder les prescriptions de la loi. (*Circ. du 10 septembre* 1841, n° 1872.)

Les réparations à l'étranger des machines à vapeur des steamers français, alors même que les frais sont au-dessous de 6 fr. par tonneau, n'entraînent pas l'affranchissement des taxes d'entrée sur ces machines; toutefois, lorsque des circonstances de force majeure le comportent, l'administration ne se refuse pas à autoriser une exception. (*Déc. du 22 novembre* 1845.) *V.* n° 621.

Un navire français qui, en dehors de tout événement de force majeure, recevrait à l'étranger des réparations d'une valeur excédant la limite de 6 fr. par tonneau, ne pourrait continuer de jouir du bénéfice réservé au pavillon national qu'autant qu'il supporterait le droit d'entrée applicable aux bâtiments étrangers admis à la francisation. *V.* n° 615. (*Déc. du 4 septembre* 1857.)

620. — *Nom des navires et port d'attache*. Le nom et le port d'attache, *V.* n° 624, de tout bâtiment ou embarcation exerçant une navigation maritime (1) doivent être marqués à la poupe, en lettres blanches de 8 centimètres au moins de hauteur, sur fond noir, sous peine d'une amende :

De 100 à 300 fr., si le navire est armé au long cours;

De 50 à 100 fr., s'il est armé au cabotage;

De 10 à 50 fr., s'il est armé à la petite pêche.

Défense est faite, sous les mêmes peines, d'effacer, altérer, couvrir ou masquer lesdites marques (2). (*Décret du 19 mars* 1852, art. 6; *Circ. du 30 avril suivant,* n° 36.) Absence, etc., n° 154 du tableau des Infr. Trib. de paix.

---

(1) La navigation est dite maritime sur la mer, dans les ports, sur les étangs et canaux où les eaux sont salées, et, jusqu'aux limites de l'inscription maritime, sur les fleuves et rivières affluant directement ou indirectement à la mer. (*Décret du 19 mars* 1852, art. 1er.)

(2) Sont appelés à concourir à la constatation des infractions les commissaires de l'inscription maritime, consuls et vice-consuls de France, officiers et officiers mariniers commandant les bâtiments ou embarcations de l'Etat, les syndics des gens de mer, gardes maritimes, gendarmes de la marine, et les agents de l'administration des douanes. (*Décret du 19 mars* 1852, art. 7.)

Les procès-verbaux dressés par les agents des douanes font foi jusqu'à inscription de faux; ils doivent être signés; ils doivent, en outre, et à peine de nullité, être affirmés dans les trois jours de la clôture desdits actes, par devant le juge de paix du canton ou l'un de ses suppléants, ou par devant le maire ou l'adjoint, soit de la résidence de l'agent instrumentaire, soit de celle où le délit a été constaté. (*Même Décret, art.* 9.) Ils sont remis au ministère public. (*Circ.* n° 36.)

Les infractions ainsi constatées sont poursuivies devant le tribunal correctionnel (*Même Décret, art.* 8), à la diligence du ministère public et aussi des commissaires de l'inscription maritime.

Il y a prescription, quant à l'action publique, à défaut de poursuites intentées

Tout navire susceptible d'être pourvu d'un acte de francisation doit, sans *aucune* exception, être soumis à la marque ainsi prescrite. (*Déc. du 30 octobre* 1849, *et Circ. du 24 août* 1853, nº 136.) *V.* nº 623.

On doit être tenu à l'exacte application de la loi, non-seulement pour la dimension et la couleur des lettres, mais encore pour le fond noir sur lequel elles doivent être tracées. Des avertissements réitérés seront donnés à ce sujet aux capitaines et aux armateurs. Dans aucun cas, on ne suspendra ou arrêtera le départ d'un navire pour lui faire changer la couleur ou le fond de l'inscription, si d'ailleurs elle est parfaitement lisible. (*Déc. du 26 août* 1841.)

Les noms sous lesquels les navires du commerce sont inscrits ne peuvent être changés. (*Loi du 5 juillet* 1836, *art.* 8.)

621. — *Mobilier.* La douane est tenue de reconnaître, au départ de chaque navire, l'état de son mobilier. (*Circ. du 18 mars* 1825, nº 909.)

L'inventaire des objets de gréement et de mobilier dépendant de chaque navire français fait l'objet d'un compte-ouvert spécial, qui est tenu en double sur une formule, modèle série N, nº 5 *bis*. Une expédition est annexée à l'acte de francisation; l'autre est classée au *dossier* du navire. (*Circ. du 25 mai* 1844, nº 2022.)

Si le navire, soit de nouvelle construction, soit armé antérieurement, se trouve à son port d'attache, la douane de ce port dresse immédiatement, au vu des permis d'embarquement dûment régularisés, le compte-ouvert du gréement et du mobilier, et en forme une expédition qu'elle annexe à l'acte de francisation du bâtiment.

Si le navire est dans un port autre que celui auquel il est attaché, la douane locale est tenue de dresser, sur la formule série N, nº 5 *bis,* l'inventaire destiné à être annexé à l'acte de francisation, et, en même temps qu'elle remettra ces deux pièces au capitaine, elle fera parvenir un double de l'inventaire au bureau du port d'attache du navire, par l'entremise du directeur de l'arrondissement.

Ce compte devant toujours être tenu au courant, les modifications qui seront apportées à l'état du gréement et du mobilier du navire devront y être mentionnées exactement. Lorsqu'il s'agira de modifications nécessitées par des embarquements ou des débarquements effectués aux époques où le navire se trouvera à son port d'attache, la douane de ce port, au vu des permis, régularisera immédiatement l'inventaire, tant sur le compte-ouvert que sur l'expédition appartenant au capitaine.

Si au contraire il s'agit d'embarquements ou débarquements effectués autre part que dans le port d'attache du navire, la douane locale, après avoir modifié l'expédition de l'inventaire dont le capitaine sera porteur, dressera, au vu des permis, pour chaque bâtiment, un *bulletin modificatif,* série N, nº 5 *ter,* que le receveur fera parvenir au directeur de l'arrondissement, pour être transmis par celui-ci, chaque mois, au directeur ayant dans sa circonscription le bureau du port d'attache du navire.

Les principaux objets qui doivent figurer dans l'inventaire de chaque navire sont les canots, chaloupes et autres embarcations dépendant du navire (on ne les men-

---

dans les trois mois qui suivent le jour où la contravention a été constatée, ou celui de la réception d'un procès-verbal dressé en pays étranger. (*Même Décret. art.* 10.)

Les amendes appliquées en vertu du présent décret sont prononcées solidairement tant contre les capitaines, maîtres ou patrons, que contre les armateurs des bâtiments ou embarcations.

Le montant de ces amendes est attribué à la caisse des invalides de la marine, sauf le cinquième dévolu aux syndics des gens de mer, gardes maritimes, gendarmes de la marine et agents des douanes qui ont constaté la contravention. V. Livre XII, chap. 8.

L'allocation du cinquième ne peut, toutefois, excéder 25 fr. pour chaque infraction. (*Même Décret, art.* 11.)

tionne pas sur les actes de francisation); les machines à vapeur placées à bord des bâtiments qui naviguent d'après ce système; les ancres, les chaînes, câbles et cordages en fer; les câbles et cordages de chanvre, en pièces, et les voiles de rechange; les machines et mécaniques en fer, pour la manœuvre, avec leurs accessoires; les armes, les instruments de calcul et d'observation; les chaudières, les cuisines en fer ou en fonte; les cheminées à l'anglaise; les autres articles de mobilier de nature prohibée ou frappés de forts droits; le lest en fonte, en ferraille ou en toute autre matière pouvant être considérée comme marchandise.

L'administration s'en rapporte, du reste, à l'intelligence et à l'expérience des chefs de service dans les ports pour juger, le cas échéant, si tel ou tel objet doit être inscrit sur l'inventaire ou ne peut pas y figurer. Il suffit, à cet égard, d'éviter à la fois soit d'omettre les objets similaires de ceux sur lesquels la fraude a réellement intérêt à s'exercer, soit d'entrer dans des détails trop minutieux, qui grossiraient les inventaires sans utilité ni pour le capitaine ni pour le service.

Il est essentiel que chaque objet inventorié soit décrit de façon qu'il soit toujours facile d'en constater l'identité. Ainsi, par exemple, pour les machines à vapeur, on doit indiquer quel en est le système et la force, ainsi que les dimensions des principales pièces et le nom du fabricant. Pour les chaloupes et les canots, on doit décrire sommairement la forme de l'embarcation, ses dimensions, son tonnage et les principaux signes de reconnaissance qu'elle porte avec elle. Pour les chaînes-câbles en fer, on doit mentionner non-seulement leur poids et leur longueur, mais encore le diamètre des anneaux; et ainsi de suite pour chaque objet, selon sa nature et les moyens qui existent de le décrire exactement.

Tout inventaire doit être signé par l'employé qui l'a dressé ou qui y a ajouté un objet quelconque. Cette signature sera apposée dans la colonne ouverte à cet effet, et au centre de l'accolade qui embrasse tous les objets compris dans un même permis. On ne portera jamais sur l'inventaire deux articles dans la même ligne; on ne laissera dans les interlignes que l'espace rigoureusement nécessaire. On passera un trait de plume sur les articles qui cesseraient de faire partie de l'inventaire. Enfin on aura soin d'approuver les surcharges qui pourraient exister.

Afin de faciliter les vérifications des chefs locaux, on affectera des cahiers à talons spéciaux, série M, nos 15 et 27, à la délivrance des permis d'embarquement et de débarquement des objets de gréement et de mobilier des navires français. Ces permis resteront, dans tous les cas, déposés au bureau d'où ils émaneront. Si le navire se trouve à son port d'attache, on les classera au dossier série N, n° 5, ouvert pour chaque bâtiment. Dans le cas contraire, après qu'ils auront servi à la formation des bulletins modificatifs, on les classera par ordre de dates, et on les enliassera de manière à pouvoir les consulter au besoin. (*Circ. du 25 mai 1844, n° 2022.*)

Les chefs du service peuvent dispenser de l'inventaire les petites embarcations dont le mobilier n'a pas d'importance, et que leur navigation ne met dans le cas ni de s'éloigner en mer ni de communiquer avec les navires venant de la haute mer. Tel est le cas où se trouvent les bateaux non pontés, sans qu'il y ait à déterminer un maximum de tonnage, employés à la pêche du poisson frais sur les côtes de France, et qui rentrent habituellement tous les jours au port, à moins, toutefois, qu'ils n'aient un mobilier important ou des objets confectionnés avec des matières étrangères admises temporairement. (*Déc. du 28 décembre 1857.*)

Les capitaines doivent faire reconnaître par la douane les objets de gréement ou d'ameublement qu'ils ont à bord, comme câbles, chaînes, ancres, poteries de grès, vases en fonte, cheminées à l'anglaise, etc. Si leur *lest* se compose de fonte, de ferraille ou de toute autre matière qui puisse être considérée comme marchandise, ils doivent également en faire la déclaration, faute de quoi lesdits objets sont traités au retour comme étrangers. (*Circ. du 18 mars 1825, n° 909.*)

Les chaînes-câbles en fer existant à bord des navires venant de l'étranger doivent acquitter les droits du tarif à l'entrée en France, quelle que soit leur destination, si d'ailleurs elles ne sont inscrites ni sur le manifeste ni sur l'inventaire, et elles sont saisissables quand elles n'ont pas été déclarées, alors même que le capitaine offrirait de prouver qu'il les a acquises dans sa traversée pour le gréement nécessaire de son navire, à la suite d'avaries. (*A. de C. du 30 mai* 1842; *Circ.* n° 1926.)

Les agrès et apparaux et les objets mobiliers des navires sont soumis aux droits généraux du tarif, quand les capitaines n'ont pas, à leur départ, fait les diligences nécessaires pour faire comprendre sur leurs inventaires ou autres papiers de bord les effets de cette nature qui existaient alors sur les bâtiments. (*A. de C. du 30 mai* 1842; *Circ.* n° 1926.)

On doit saisir ou du moins faire entreposer les objets trouvés en excédant de l'inventaire, surtout quand il s'agit de câbles, ancres, cuisines, etc. (*Déc. du 6 fév.* 1838.)

Si ces objets paraissent d'origine française, ou s'ils sont vieux, on peut les laisser à bord, sauf à faire souscrire par le capitaine, au verso du congé, l'engagement de justifier de leur nationalité au port d'attache. (*Déc. du 16 mai* 1838.)

Quand le capitaine d'un navire français essaie de se soustraire à l'obligation de n'employer à bord que des objets d'origine nationale ou soumis aux taxes d'entrée, le service doit exiger que les objets provenant de l'étranger, et régulièrement déclarés, soient, à moins d'acquittement immédiat des droits, débarqués, vérifiés et placés dans l'entrepôt réel, pour en être retirés sous les conditions générales. (*Déc. du* 7 juin 1854.)

L'article 8 de la loi du 27 vendémiaire an II, *V.* n° 619, permettant la réparation des navires français à l'étranger, en cas de force majeure, la douane peut, par analogie, affranchir des droits d'entrée les objets de gréement, tels que câbles, ancres, etc., que les capitaines se trouvent dans la *nécessité* d'acheter à l'étranger, en remplacement d'objets similaires perdus par suite d'événements de mer, et *sans lesquels il leur serait impossible de ramener leur navire en France.* (*Déc. du 26 mai* 1825.) Mais cette immunité ne doit s'appliquer qu'aux objets parfaitement semblables à ceux qui ont été perdus. Si l'objet acheté à l'étranger excédait en poids celui qui était sorti de France, le droit serait perçu sur l'excédant de poids. Dans tous les cas, la perte des objets remplacés à l'étranger doit être justifiée par le livre de bord et par un rapport de mer confirmé et signé par les gens de l'équipage. (*Déc. du* 11 novembre 1839.) Une chaîne-câble ne peut être admise comme remplaçant un câble en chanvre. (*Déc. du 3 décembre* 1838, *et Circ. du* 24 août 1859, n° 604.)

Cette disposition s'applique aux canots ou chaloupes que les capitaines sont dans la nécessité d'acheter à l'étranger en remplacement de ceux qu'ils ont perdus. Si leur tonnage est supérieur à celui des embarcations remplacées, cet excédant est passible du droit de 20 fr. par tonneau établi par la loi du 28 avril 1816. (*Déc. du 2 avril* 1846.)

Quant aux chaînes d'itague, frappées de prohibition à raison de leur dimension, on peut les admettre, par exception, au droit de 30 p. 0/0 de la valeur. (*Déc. du* 29 janvier 1847.)

En cas de doublage à l'étranger, lorsqu'il est authentiquement justifié de la nécessité de cette réparation, le cuivre du nouveau doublage est exempté de toute taxe d'entrée. Le vieux cuivre est, dans toute hypothèse, réadmis en franchise. (*Déc. du* 19 mars 1841.)

L'immunité ne s'étend pas aux machines complètes qu'un navire à vapeur prendrait à l'étranger; mais le remplacement d'une partie peu importante des machines ne donne lieu à aucune taxe, lorsque la nécessité de la réparation est authentiquement justifiée. (*Déc. du* 22 novembre 1845.)

Les directeurs statuent sur les cas d'application de ces immunités. (*Circ. du* 24 août 1859, n° 604.)

622. — *Armes et munitions de guerre pour l'usage des navires de commerce.* Les armes et munitions de guerre destinées aux navires de commerce, ne peuvent sortir des ateliers de fabrication, ni être expédiées aux ports de destination qu'en vertu d'une autorisation du préfet du département.

L'autorisation du préfet énoncera le nombre ou la quantité et la nature des objets expédiés, l'itinéraire à suivre et le délai dans lequel ils devront être transmis à leur destination ; les conducteurs du chargement seront tenus de produire l'autorisation à toute réquisition. (*Ord. du 12 juillet* 1847, *art.* 3.)

À leur arrivée au port de destination, les armes de guerre seront placées dans un magasin ou dépôt de la marine, ou de l'un des autres services publics de l'État; elles y resteront sous la surveillance du chef de service. (*Même Ord.*, *art.* 4.)

Aucune arme de guerre ne pourra être extraite du dépôt qui lui sera affecté qu'en vertu d'une autorisation du chef du service de la marine, à qui le fabricant ou son représentant devra préalablement déclarer les noms des armateurs des navires pour lesquels ladite arme sera destinée.

Une expédition de l'autorisation sera immédiatement transmise par le chef du service de la marine au receveur des douanes du port d'armement. (*Même Ord.*, *art.* 8.)

Les cartouches et autres munitions de guerre seront placées dans le dépôt mentionné à l'art. 4, et ne pourront en être retirées qu'au départ du navire, et en se conformant aux dispositions indiquées ci-après. (*Même Ord.*, *art.* 9.)

Aucune arme de guerre ne pourra être embarquée sur les navires du commerce qu'en vertu d'une autorisation du chef du service de la marine du port d'armement, laquelle déterminera aussi, en raison de la nature et de la durée présumée du voyage, les quantités de munitions qui pourraient être embarquées. (*Même Ord.*, *art.* 10.)

Les armateurs souscriront, entre les mains du receveur des douanes du port d'embarquement, l'engagement cautionné de rapporter et de représenter les armes et munitions de guerre qu'ils auront été autorisés à embarquer, sauf par eux à justifier, au moyen de procès-verbaux signés par tous les officiers et au moins trois des principaux marins du bord, de la perte de tout ou partie des armes ou de l'emploi de tout ou partie des munitions embarquées. L'accomplissement de cette obligation sera constaté au moyen d'une vérification qui sera faite par les soins des agents de la marine, concurremment avec ceux des douanes, au retour du navire.

À cet effet, le rôle d'équipage devra toujours mentionner exactement le nombre, l'espèce, le calibre et la valeur des armes, ainsi que la quantité, l'espèce et la valeur des munitions qui auront été embarquées à l'armement. (*Même Ord.*, *art.* 12.)

Au désarmement du navire, les armes et munitions de guerre existant à bord entreront au dépôt dont il est fait mention à l'article 4; néanmoins le chef du service de la marine pourra autoriser l'armateur ou son représentant à conserver l'artillerie à bord. (*Même Ord.*, *art.* 13.)

Toute infraction aux dispositions de l'art. 12 sera poursuivie conformément aux lois sur l'exportation des armes et munitions de guerre.

Dans ce cas, les poursuites auront lieu à la diligence des agents de l'administration des douanes. (*Même Ord.*, *art.* 14.)

Toute infraction aux autres dispositions contenues dans la présente Ordonnance, notamment aux articles 1, 3, 4, 8, 9, 10 et 13, sera poursuivie conformément à la loi du 24 mai 1834. *V.* Livre XI, chap. 23. (*Même Ord.*, *art.* 15.)

En conséquence, au vu de l'autorisation délivrée par le chef de marine en vertu des art. 8, 9 et 10 de cette ordonnance, le receveur de la douane fait souscrire par l'armateur, conformément à l'art. 12 et sous les peines édictées par l'art. 14 en cas d'infraction, l'engagement dûment cautionné de rapporter et de représenter les armes et munitions de guerre qui auront été embarquées, à moins qu'il ne produise les justifications dont il sera parlé plus loin.

Cet engagement est reçu sur le registre série M, n° 23 D. Il doit contenir les mêmes énonciations que celles qui, suivant l'article 12, seront mentionnées par la marine sur le rôle d'équipage. Il sera contracté pour une année, et, si le voyage du navire se prolonge au delà de ce terme, il sera valable jusqu'à son retour dans un port de France. Cette clause doit être formellement exprimée.

Le receveur aura soin d'indiquer, pour ordre, la date et le numéro de la soumission en marge de l'article du rôle d'équipage où les armes et munitions seront inscrites.

La douane délivre alors à l'armateur, sur sa déclaration, le permis d'embarquement prescrit par l'art. 13, titre 2, de la loi du 22 août 1791.

La soumission souscrite n'est annulée à l'égard des armes et munitions qui seront débarquées que sur un certificat du chef de la marine attestant leur entrée en magasin, et, pour l'artillerie qui restera à bord, qu'après qu'elle aura fait l'objet de nouvelles soumissions.

Lorsque le navire effectuera son retour dans un port autre que celui d'armement, une expédition des justifications dont il vient d'être question sera transmise, par l'intermédiaire des directeurs, au receveur du bureau où l'engagement aura été souscrit, afin qu'il libère les soumissionnaires ou qu'il puisse exercer contre eux, s'il y a lieu, des poursuites aux fins de l'application des pénalités encourues.

Toutes ces dispositions concernent exclusivement les armes et munitions à l'usage des navires de commerce *français*. Quant aux armes et munitions à l'usage des navires de commerce *étrangers*, la douane doit exiger des capitaines de ces navires la déclaration de celles qu'ils ont à bord; elle en permet le débarquement et le dépôt dans les magasins de la marine, si la demande en est faite par l'autorité compétente ou dans un intérêt de police intérieure, et elle s'assure, à la sortie des bâtiments, qu'ils réexportent exactement les quantités d'armes et de munitions déclarées à l'arrivée. *V.* Livre XI, chap. 23, Armes et munitions. (*Circ. des 8 septembre 1847, n° 2193, et 29 mai 1861, n° 763.*)

Pour les poudres à tirer, *V.* Livre XI, chap. 24.

623. — *Francisation.* Aucun bâtiment français ne peut sortir d'un port sans acte de francisation et congé. (*Loi du 27 vendémiaire an II, art. 22.*)

Le capitaine est tenu d'avoir à bord l'acte de francisation. (*Code de commerce, art. 226.*)

Ainsi tout bâtiment ou embarcation qui va en mer est assujetti, quel que soit son tonnage, à l'acte de francisation, sans exception des navires servant au transport des voyageurs (*Déc. des 27 pluviôse an II et 31 décembre* 1819), des bateaux et chaloupes de pilotes lamaneurs (*Circ. min. du 26 août* 1837), des embarcations de plaisance ou yachts. (*Déc. du 28 juin* 1849.)

Toutefois, en sont exemptés :

1° Les bâtiments de tout tonnage appartenant à l'État ou frétés pour son compte (embarcations des administrations publiques, telles que la marine, les douanes, les ponts-et-chaussées);

2° Les canots et chaloupes dépendants de navires francisés et figurant à l'inventaire du mobilier (*Circ. des 31 octobre* 1828, n° 1132, *et 25 mai* 1844, n° 2022);

3° Les canots de deux tonneaux ou au-dessous appartenant à des habitants voisins de la côte, et qui ne s'en servent que pour leur usage personnel et celui de leur famille, et à la condition de s'abstenir de tout transport de marchandises (*Circ. du 31 octobre* 1828, n° 1132);

4° Les embarcations dont le tonnage n'excède pas non plus deux tonneaux, employées à la pêche du poisson, huîtres, etc., en vue des côtes, ou à la récolte du varech (*Déc. des 2 juin* 1832, *7 mars* 1842, *et 20 septembre* 1851);

5° Les embarcations de tout tonnage qui naviguent en rivière, en deçà du dernier port situé à l'embouchure dans la mer (1) (*Déc. du 27 frimaire an III*);

_____

(1) Sont considérées comme se livrant à la navigation fluviale et affranchies de la

6° Les bateaux dragueurs et les bateaux vasiers qui en sont les accessoires (*Déc. du 12 mars* 1851);

7° Les bateaux de plaisance de 10 tonneaux et au-dessous ne se livrant à aucune opération commerciale. (*Déc. min. du 18 octobre* 1862; *Circ. lith. du* 31.) V. n° 643 (note 14). Les mots : *bateau de plaisance* devront être inscrits, en gros caractères, en tête des congés spéciaux délivrés par le service des douanes. (*Circ. lith. du 2 février* 1863.)

Mais dans ces différents cas, sauf les n°s 1° et 2°, il est délivré, comme moyen de police pour la douane, un congé qui est renouvelé tous les ans, moyennant le prix du timbre seulement. (*Circ. du 10 juin* 1829, n° 1168.)

Lorsque l'on voudra conduire un navire neuf, pour lequel les formalités de la francisation n'ont pas encore été remplies, du port où il a été construit dans un autre port de France, afin de l'y attacher, la douane en permettra le départ par application des dispositions transitoires de l'art. 23 de la loi du 27 vendémiaire an II, ainsi conçu :

« Le préposé du bureau laissera partir, avec un ancien congé, les bâtiments qui » ne seront pas dans le port ou district auquel ils appartiennent, en exigeant une » soumission et caution du quart de la valeur du bâtiment, que ces actes (l'acte de » francisation et le congé) seront pris au bureau où ils doivent l'être, dans un délai » qui sera fixé suivant la distance du lieu ou la longueur du voyage proposé. »

La destination du navire sera assurée par un ~~acquit~~-à-caution ou un simple passavant selon que, au besoin, il y aurait ou non des droits de sortie à exiger. L'acquit-à-caution garantirait les peines édictées par l'art. 2 du titre 3 de la loi du 22 août 1791, concernant les marchandises expédiées par cabotage, c'est-à-dire le double droit de sortie.

La douane peut permettre également que ce navire transporte, sous les formalités ordinaires, des marchandises nationales ou d'entrepôt. (*Déc. du 14 août* 1841.)

Le *serment* à prêter par le propriétaire avant la délivrance des actes de francisation sera en cette forme :

(*Nom, état et domicile*) jure et affirme que (*le nom du bâtiment et le port auquel il appartient*) est un (*espèce, tonnage et description, suivant le certificat du mesureur-vérificateur*), a été construit à (*lieu de construction*) en (*année de construction*) (*s'il a été pris, ou confisqué, ou perdu sur la côte, ou sauvé en mer, exprimer le lieu et le temps des jugement et vente*); que je suis seul propriétaire dudit bâtiment, ou conjointement avec (*noms, état, domicile des intéressés*), et qu'aucune autre personne quelconque n'y a droit, titre, intérêt, portion ou propriété; que je suis sujet de France, soumis et fidèle aux lois de ce pays, ainsi que les associés ci-dessus (*s'il y en a*); qu'aucun étranger n'est directement ni indirectement intéressé dans plus de la moitié du susdit bâtiment. (*Loi du 27 vendémiaire an II, art.* 13.)

Les actes présentés au receveur comme preuve de propriété doivent être enregistrés. Ils restent déposés à la douane du lieu où l'acte de francisation est délivré. Le receveur n'en donne copie ou ne s'en dessaisit qu'en vertu soit d'un jugement, soit d'un ordre spécial de l'administration. (*Déc. des 18 mai* 1812 *et* 31 *déc.* 1819.)

Le serment est prêté devant le juge de paix (*Loi du 21 septembre* 1793, *art.* 2); il peut être également reçu par les tribunaux de première instance ou de commerce. (*Déc. du 31 décembre* 1819.)

Le tribunal qui le reçoit en délivre acte, et cet acte est remis par le propriétaire

---

francisation les embarcations qui naviguent dans la Seine, soit en amont du Havre ou d'Honfleur, soit entre ces ports et les points situés en rivière, soit entre l'un et l'autre de ces ports. (*Déc. des 25 septembre* 1829 *et 26 novembre* 1858.)

au receveur de la douane, qui le joint aux autres pièces nécessaires pour obtenir l'acte de francisation. (*Circ. du 20 brumaire an II.*)

Le serment est renouvelé toutes les fois qu'un nouvel acte de francisation est délivré par application de l'art. 20 de la loi du 27 vendémiaire an II. Il est également exigé de celui qui devient propriétaire d'un bâtiment par acte sous signature privée. (*Déc. min. du 10 juin 1813 ; Circ. du 12.*) Mais il n'est pas exigible si la vente a lieu par acte public, ou si le brevet est renouvelé pour toute autre cause que la perte de celui qui avait été précédemment délivré. (*Circ. du 30 juin 1828, n° 1108, et Déc. du 5 novembre 1834.*)

Si le propriétaire d'un bâtiment ne réside pas dans le port où se trouve ce bâtiment et où l'on demande qu'il soit francisé, il prête serment devant le juge de paix, le tribunal civil ou de commerce de son arrondissement, et en fait dresser acte pour le représenter au receveur du lieu de francisation. (*Déc. des 7 floréal an X et 31 décembre 1819.*)

Le serment est une action personnelle qui ne saurait être déléguée ; il doit être prêté par celui-là même qui jure et affirme en conscience l'existence de la chose, la réalité du fait pour lequel le serment est exigé. Le serment judiciaire ne peut être prêté par procureur. (*Recueil général des Lois et Arrêts*, par Sirey ; note du même auteur sur l'art. 121 du Code de procédure civile, et *Déc. du 27 août 1833.*)

Le propriétaire ou les propriétaires donnent, en outre, une soumission et caution de 20 fr. par tonneau (1) si le bâtiment est au-dessous de 200 tonneaux, et de 30 fr. par tonneau s'il est au-dessus de 200 tonneaux ; de 40 fr. par tonneau s'il est au-dessus de 400 tonneaux. (*Loi du 27 vendémiaire an II, art. 11.*)

Ils se soumettront, par le cautionnement qu'ils sont tenus de donner, sous peine de confiscation du montant des sommes énoncées audit cautionnement, outre les autres condamnations prononcées par la présente loi, à ne point vendre, donner, prêter ni autrement disposer des congés et acte de francisation ; à n'en faire usage que pour le service du bâtiment pour lequel ils sont accordés ; à rapporter l'acte de francisation au même bureau, si le bâtiment est pris par l'ennemi, brûlé ou perdu de quelque autre manière, vendu en totalité ou en partie à un étranger, et ce, dans un mois, si la perte ou vente de la totalité ou partie du bâtiment a lieu en France ou sur les côtes de France, et dans trois, six ou neuf mois, suivant la distance des autres lieux de perte ou vente. (*Même Loi, art. 16.*) Vente, don, etc. ; n° 155 du tableau des Infr. Trib. de paix.

La douane doit reproduire sur ses registres les noms des personnes désignées dans les titres de propriété qu'on lui présente. Si une ou plusieurs de ces personnes ne se présentent pas ou refusent de signer, la douane fait mention de leur refus, puis la soumission est signée par les propriétaires présents et leur caution. (*Déc. du 17 mai 1837.*)

Avant de procéder à aucun acte relatif à la francisation, le propriétaire doit avoir demandé le jaugeage. D'après cette demande, le vérificateur du bureau où la francisation doit avoir lieu se transporte à bord du bâtiment, pour en vérifier la description et le tonnage, et il en est responsable. (*Loi du 27 vendémiaire an II, art. 14.*)

Cependant, si le bâtiment n'est pas dans le port où il doit être attaché, le receveur du port où il se trouve envoie au receveur du bureau où la francisation doit s'opérer le certificat de description et de tonnage délivré par le vérificateur et visé par le directeur, lequel certificat reste ensuite déposé au bureau du port auquel appartient le bâtiment. (*Loi du 27 vendémiaire an II, art. 24 et 25, et Déc. du 21 vendémiaire an XIII.*)

_____

(1) Le jaugeage des navires est effectué par le service avant la passation des actes relatifs à la francisation.

624. — L'acte ou brevet de francisation est remis par le bureau du port auquel on a déclaré vouloir attacher le bâtiment. (*Même Loi, art.* 10.) C'est l'acte même de francisation qui détermine qu'un bâtiment de commerce appartient à tel port, dit *port d'attache, V.* n° 620.

On entend par *port d'attache* le port où le navire est inscrit sur les matricules de la marine. C'est dès lors l'indication du nom du quartier ou sous-quartier maritime où l'immatriculation a été opérée, que doivent recevoir soit les embarcations, soit les brevets d'acte de francisation. (*Circ. lith. du 15 février* 1853.) *V.* n° 626, changement de port d'attache.

L'acte de francisation est extrait du registre où est inscrite la soumission et la description du navire, et répète lui-même toutes les indications voulues, savoir les nom, état et domicile du propriétaire, et son affirmation qu'il est seul propriétaire (ou conjointement avec des Français ou étrangers dont il indique les nom, état et domicile); le nom du bâtiment et son genre de construction, c'est-à-dire si c'est un brick, un bateau, etc.; le port auquel il appartient, le temps et le lieu où il a été construit, condamné ou adjugé; le nom du vérificateur, qui certifie que le bâtiment est de telle construction, qu'il a tant de mâts et de ponts; il indique sa longueur de l'éperon à l'étambord, la plus grande largeur, la hauteur entre les ponts, ou, s'il n'y a qu'un pont, la profondeur de la cale; enfin, que le navire jauge tant de tonneaux, et qu'il a ou n'a pas de galerie en tête (*Loi du 27 vendémiaire an II, art.* 9 *et* 39); qu'il a ou n'a pas de faux-tillac, serrage, vaigrage, ou de double pont. (*Circ. du 29 décembre* 1832, n° 1365.)

Les énonciations relatives aux noms et au nombre des propriétaires ne peuvent être modifiées. Toutefois, si des justifications authentiques, telles que des décisions judiciaires, constataient une erreur ou une fausse indication sur un acte de francisation, il y aurait lieu d'en faire mention, tant à la soumission qu'au verso du brevet, de la même manière que l'on y annote les transferts, mais à la condition que les justifications produites resteraient déposées à la douane. (*Déc. du 12 avril* 1849.)

Les actes de francisation ne peuvent être revêtus de notes que par les employés de l'administration des douanes; ceux-ci doivent effacer toutes celles qui sont écrites par des étrangers, soit courtiers ou autres. (*Circ. du 6 novembre* 1824, n° 887.)

C'est au verso que sont faites les annotations. (*Déc. du 26 décembre* 1856.)

Les actes de francisation sont délivrés au nom du chef du Gouvernement et signés de la main du Ministre des finances. (*Arrêté min. du 30 juin* 1829, *art.* 1er; *Circ. du 15 juillet suivant,* n° 1175.)

À cet effet, lorsque les engagements auront été souscrits et que toutes les formalités auront été remplies, aux termes des lois des 21 septembre 1793 et 27 vendémiaire an II, le bureau des douanes qui aura reçu lesdits engagements, et vérifié tous les faits relatifs à la francisation, adressera au chef de l'administration un projet d'acte de francisation, qui sera transcrit sur un parchemin et soumis à la signature du Ministre, pour être ensuite renvoyé au même bureau. (*Même Arrêté, art.* 2, *et même Circ.*)

Ces projets d'actes doivent présenter, indépendamment des noms, prénoms et domicile des divers intéressés, la quotité de leur part dans la propriété du navire. (*Déc. du 28 septembre* 1839.)

Ils doivent être revêtus d'un numéro d'ordre dont la série est suivie sans interruption dans chaque bureau. (*Circ. man. du 16 avril* 1842.)

Les receveurs sont tenus d'adresser ponctuellement et directement les projets d'acte de francisation à l'administration. Leur exactitude est d'autant plus essentielle qu'il serait fâcheux qu'on pût attribuer à la douane le retard que les capitaines auraient éprouvé dans la réception de l'acte original. De son côté, l'administration tiendra la main à ce que cet acte soit promptement soumis à la signature du ministre et renvoyé immédiatement au receveur du port d'attache. Celui-ci, aussitôt qu'il l'aura reçu, devra le transmettre à l'armateur ou l'informer qu'il le tient à sa disposition. (*Circ. du 21 mars* 1834, n° 1432.)

On doit, en tête des projets d'actes de francisation pour les yachts (*V.* n° 643, note 14), inscrire, en gros caractère, les mots : yacht de plaisance. Un brevet spécial est alors délivré. (*Circ. du 2 juin* 1859, n° 592.)

En attendant le retour de cet acte, la douane délivrera, si le navire doit mettre à la voile, un acte provisoire sous la foi des engagements déjà souscrits. (*Arrêté min. du 30 juin* 1829, *art.* 3, *et Circ. du 15 juillet suivant*, n° 1175.)

Cet acte provisoire, délivré sur *papier mort*, sera absolument semblable, pour la forme, à l'acte de francisation définitif, et sera annulé si, quatre mois après sa délivrance, il est présenté dans un port de France (*Déc. min. du 5 mars* 1834, *et Circ. du 21*, n° 1432.)

A l'expiration des quatre mois, les douanes de la métropole auxquelles on présente un brevet provisoire doivent le retenir et mettre par là le capitaine dans la nécessité de se pourvoir de l'acte original pour ressortir du port. Toutefois, si le bâtiment entrait par relâche forcée dans un autre port que celui de sa destination, et qu'au lieu d'y débarquer son chargement le capitaine reprît la mer avant d'avoir pu recevoir le brevet définitif, on lui permettrait de continuer de faire usage de l'acte provisoire, dont l'effet se prolongerait, dans ce cas, malgré l'expiration des quatre mois. (*Circ. du 21 mars* 1834, n° 1432.)

Les actes de francisation sont soumis au timbre de 75 centimes; l'administration fait elle-même appliquer ce timbre et compte de son produit. (*Loi du 28 avril* 1816, *art.* 19.)

Le prix du parchemin de chaque brevet est de 68 centimes; il est recouvré et porté au compte du Trésor. (*Circ. de la Compt. générale du 10 janvier* 1833, n° 23.)

Si un capitaine déclarait avoir laissé, par mégarde, le brevet dans les bureaux d'un consul à l'étranger, on pourrait lui délivrer un acte provisoire, sous les conditions suivantes : l'intéressé s'engagerait, par une soumission cautionnée, à s'en rapporter à la décision de l'administration, si le brevet et l'acte provisoire n'étaient pas représentés dans un délai déterminé. Ce dernier acte est revêtu d'une annotation qui en limite l'usage au voyage entrepris. (*Déc. du 13 mai* 1851.)

Si l'acte de francisation est perdu, le propriétaire, en affirmant la sincérité de cette perte, en obtiendra un nouveau, en observant les mêmes formalités et la charge des mêmes cautionnement, soumission, déclaration et droits que pour l'obtention du premier. (*Loi du 27 vendémiaire an II, art.* 20.)

Un navire français qui, après avoir été capturé, revient en France au même propriétaire, *V.* n° 618, peut, son acte étant perdu, en recevoir un nouveau, mais à charge de remplir les formalités voulues pour la francisation. (*Déc. des 28 vendémiaire et 12 pluviôse an XIII, et Circ. du 25 octobre* 1826, n° 1016.)

Si l'acte est renouvelé pour cause de vétusté, on perçoit seulement le prix du parchemin et du timbre. (*Circ. du 25 octobre* 1826, n° 1016.)

Il en est de même s'il est renouvelé comme n'offrant plus de place pour y inscrire les mutations de propriétés. On ne doit point y ajouter une feuille. (*Déc. du 31 décembre* 1819, *et Circ. lith. du 24 novembre* 1854.)

Lorsqu'il y a lieu de renouveler l'acte de francisation, l'ancien titre de nationalité est retenu et classé au *dossier* du navire par la douane du port d'attache, qui se borne à fournir à l'administration un *projet d'acte* indiquant le motif pour lequel on demande un nouveau brevet. (*Circ. man. du 28 avril* 1834.)

625. — Un *compte-ouvert* de l'effectif de la marine marchande sera tenu pour chaque port, tant au bureau de la douane de ce port, qu'à l'administration centrale. (*Circ. du 30 janvier* 1827, n° 1030.)

Le compte-ouvert est tenu au courant dans les bureaux des douanes par l'inscription journalière de toutes les nouvelles francisations accordées, des transferts, changements de noms ou de formes et des extinctions successives qui résulteront, soit du payement des droits de sortie, soit des pertes ou démolitions régulièrement constatées. — A l'administration les mêmes comptes seront tenus, au moyen des bulletins, série E, que chaque receveur lui adresse directement sous une série unique de numéros, sans distinction de formule ni d'exercice, pour faire connaître les francisations, extinctions, ou changements de tonnage et changements de port d'attache qu'ils auront inscrits le jour même dans leur propre registre. (*Circ. du 30 janvier 1827, n° 1030, et 24 août 1853, n° 136.*)

Les bulletins, série E, n° 2, de francisation, doivent énoncer à quelle catégorie appartient le navire, d'après les indications suivantes : navires construits en France, y compris ceux qui ont été réadmis exceptionnellement au bénéfice de la francisation ; achetés à l'étranger ; étrangers sauvés, ayant subi des réparations dont le montant est quadruple du prix de vente ; navires pris sur l'ennemi ou confisqués. (*Circ. lith. du 30 mai 1864.*)

Lorsqu'un navire n'a pas reparu au port d'*attache* ou n'a pas obtenu de congé depuis longtemps, depuis deux ans, par exemple, les receveurs doivent prendre des renseignements auprès de l'armateur, et, si le bâtiment est réellement perdu, ils en informent immédiatement l'administration. (*Circ. du 15 février 1837, n° 1602.*)

Indépendamment du compte-ouvert, on tient, dans tous les ports et pour chaque navire, un *dossier* qui indique les changements survenus au navire et les noms des propriétaires auxquels il a successivement appartenu, rappelle aussi les principaux événements qui lui sont survenus, et contient d'ailleurs toutes les pièces qui le concernent. S'il est tenu exactement, le *dossier* fournit tous les renseignements nécessaires, et reproduit en quelque sorte l'historique du navire. Il le suit dans les divers ports auxquels il est successivement attaché, et c'est par l'intermédiaire des directeurs que sont adressés au port de nouvelle attache les *dossiers* des bâtiments qui ont cessé d'appartenir à leur direction. (*Circ. du 19 février 1833, n° 1374, et Circ. man. du 2 avril 1852.*)

On indique sur chaque *dossier* le port où le navire a été attaché en dernier lieu. (*Circ. man. du 5 décembre 1837.*)

Pour rendre ces *dossiers* plus complets et faciliter la tenue du compte-ouvert dont il a été parlé ci-dessus, on a prescrit les mesures suivantes :

1° A l'expiration de chaque trimestre, les receveurs principaux réunissent tous les congés de navigation déposés depuis plus de trois mois dans les bureaux de leurs principalités. Ceux de ces congés qui se rapportent à des navires attachés à des ports de leur arrondissement sont transmis directement par eux aux receveurs de ces ports ; ils adressent les autres à leur directeur ;

2° Les directeurs envoient immédiatement aux bureaux situés dans leurs directions les congés qui les concernent. A l'égard des navires appartenant à d'autres directions, les directeurs s'expédient respectivement, *sous bande*, les congés relatifs à ces navires ;

3° Parvenus au port d'attache, les congés sont réunis au *dossier* du navire, sauf à dégager ce *dossier* des actes les plus anciens, s'il devenait trop volumineux, pour en rendre le maniement plus facile. (*Circ. du 27 janvier 1835, n° 1477.*)

626. — *Changement de port d'attache.* L'acquéreur ou le propriétaire d'un navire qui veut le faire dépendre du port où il réside, en fait la déclaration au bureau de ce port ; il y dépose son contrat d'achat et y passe la soumission cautionnée voulue par la loi. La douane du nouveau port d'attache en fait mention au verso du brevet, et, sur un certificat de la même douane énonçant que ces formalités ont été remplies, les soumissions souscrites à l'ancien port d'attache sont annulées. (*Déc. du 10 vendémiaire an XI.*)

Le changement de port d'attache n'entraîne pas le renouvellement du brevet de francisation (*Déc. du 9 avril* 1840); on inscrit le changement au verso de cet acte. (*Déc. du 26 décembre* 1856.)

Lorsque le navire dépendant d'un nouveau port d'attache y paraît, le service procède à la vérification de la jauge.

627. — *Modification dans la forme ou le tonnage.* Si, après la délivrance de l'acte de francisation, le bâtiment est changé dans sa forme, son tonnage, ou de toute autre manière, on en obtient un nouveau; autrement le bâtiment serait réputé bâtiment étranger. (*Loi du 27 vendémiaire an II, art.* 21.)

Mais il n'y a lieu d'agir ainsi que lorsque le changement de forme, de tonnage ou un doublage différent a été opéré régulièrement, c'est-à-dire après déclaration à la douane qui procède à la reconnaissance de l'identité du navire, autorise les changements qui s'exécutent sous sa surveillance, constate ensuite qu'ils ont été effectués, et ce, au moyen d'un certificat de jauge descriptif. Si le navire est dans le port auquel il appartient, la douane réclame immédiatement un nouveau brevet, et fournit à cet effet un projet d'acte de francisation. Quand le bâtiment se trouve dans un autre port, elle annote sur le brevet qui doit être annulé, ainsi que sur le congé, le tonnage qu'elle a reconnu ; et le certificat de jauge descriptif, transmis au port d'attache par l'intermédiaire des directeurs, sert à faire renouveler l'acte de francisation. A défaut de ces formalités, le bâtiment qui a subi des changements doit être réputé étranger et en subir les conséquences. (*Circ. des 29 décembre* 1832, n° 1365, *et 22 juin* 1833, n° 1387.)

Les capitaines, représentant de droit, d'après le Code de commerce, les propriétaires des navires, sont admis à faire en douane les déclarations relatives aux changements de forme, de construction ou de tonnage. (*Déc. du 12 juillet* 1833.)

Le changement de mâture, lorsqu'il ne s'agit que de remplacer un ou plusieurs mâts hors de service, ne donne pas lieu au renouvellement de l'acte de francisation; mais si, par suite des changements faits dans la mâture, l'espèce du navire n'était plus la même, ces changements, qui détruiraient la concordance du bâtiment avec l'acte de francisation, rentreraient évidemment dans le cas prévu par l'art. 21 de la loi de vendémiaire et entraîneraient conséquemment le renouvellement de l'acte. (*Circ. du 23 septembre* 1832, n° 1345.)

Dans tous ces cas, et la loi interdisant les surcharges, le brevet est renouvelé sans autre frais que le prix du nouveau parchemin et du timbre; il n'y a pas lieu à la perception du droit de francisation. (*Circ. du 30 juin* 1828, n° 1108, *et Circ.* n° 1345.)

Tout changement dans la contenance légale du navire, notamment l'enlèvement d'un faux-tillac qui devait être à demeure, alors même qu'il en serait fait mention au livre de bord, mais sans déclaration préalable à la douane, doit être constaté par un procès-verbal régulier, pour l'application des art. 15 et 21 de la loi du 27 vendémiaire an II. (*V.* n° 628.) Le navire serait traité comme étranger, et, s'il avait fait le cabotage, les pénalités spéciales seraient requises. (*Circ. man. des 18 janvier* 1834 *et* 13 *août* 1846.) N° 157 du tableau des Infr.; Circ. du 23 décembre 1844, n° 2046. **Trib.** de paix.

628. — *Fraudes.* Tous ceux qui prêtent leur nom à la francisation des bâtiments étrangers, qui concourent comme officiers publics ou témoins aux ventes simulées; tout préposé dans les bureaux, consignataire, agent des bâtiments et cargaisons, capitaine et lieutenant du bâtiment qui, connaissant la francisation frauduleuse, n'empêchent pas la sortie du bâtiment, disposent de la cargaison d'entrée, en fournissent une de sortie, ou ont commandé ou commandent le bâtiment, sont condamnés solidairement et par corps en 6,000 fr. d'amende, déclarés incapables d'aucun emploi et de commander aucun bâtiment français. Le jugement de condamnation est publié et affiché. (*Loi du 27 vendémiaire an II, art.* 15.) Coopération, etc.; n° 156 du tableau des Infr. **Trib.** de paix.

Les contraventions à l'acte de navigation sont du ressort des tribunaux civils. (*A. de C. du 26 février* 1806.)

629. — *Transfert.* Lorsque celui qui a fait franciser un navire le vend à un autre Français, il lui transfère en même temps le privilège de la nationalité. A cet effet, toute vente de bâtiment ou de partie de bâtiment doit contenir la copie de l'acte de francisation. (*Loi du 27 vendémiaire an II, art.* 18.)

La vente volontaire d'un navire doit être faite par écrit, et peut avoir lieu par acte public ou par acte sous signature privée.

Elle peut être faite pour le navire entier ou pour une portion du navire, le navire étant dans le port ou en voyage. (*Code de comm., art.* 195.)

D'un autre côté, il faut que le nouveau propriétaire se fasse reconnaître par la douane qui a délivré l'acte de francisation. A cet effet, il présente ses titres d'achat et en requiert la mention au dos de l'acte de francisation, qui doit, en tout ou en partie, lui appartenir désormais.

Toutefois la douane ne procède à cette inscription qu'après avoir fait souscrire au nouveau propriétaire les soumissions cautionnées voulues par la loi; elle libère ensuite le précédent propriétaire et ses cautions. (*Circ. du 6 octobre* 1832, n° 1349.)

Les transferts et endossements sont faits par le préposé du bureau qui en tient registre. (*Loi du 27 vendémiaire an II, art.* 17.)

Le changement de propriété de navire par fait d'hérédité, même directe, donne lieu à l'inscription. (*Déc. min. du 2 germinal an VII; Circ. du* 4.)

Lorsque la vente du navire a lieu sous signature privée, le receveur des douanes doit exiger la confirmation de cette vente par le serment de propriété que prescrit l'art. 13 de la loi du 27 vendémiaire an II.

Dans le même cas, le receveur exige également que cet acte soit enregistré (1). (*Déc. min. du* 10 *juin* 1813; *Circ. du* 12.)

Il est immédiatement satisfait à ces obligations lorsque, habitant le port même où le navire a été vendu, l'acquéreur veut l'y faire attacher. Dans le cas contraire, c'est-à-dire quand le bâtiment appartiendra ou doit appartenir à un autre port que celui où se trouve le nouveau propriétaire, les employés auxquels on présentera les titres d'acquisition n'inscriront le transfert sur l'acte de francisation qu'au vu d'un certificat de la douane du port d'attache, attestant que les cautionnements exigibles y ont été fournis par le nouvel acquéreur.

Cependant, si, nonobstant le refus de la douane et afin d'être libéré de ses engagements, le vendeur persistait à réclamer la mention immédiate de la vente sur l'acte de francisation, la douane ne serait point fondée à rejeter cette demande. Mais alors, comme les soumissions primitives de francisation auraient perdu leur valeur par le fait de l'endossement, l'acquéreur ne serait admis à profiter des avantages de la nationalité qu'après en avoir souscrit de nouvelles. (*Circ. du 6 octobre* 1832, n° 1349.)

Pour le transfert de propriété, la douane ne peut refuser, soit au propriétaire unique, soit au capitaine, qui agit au nom de tous les propriétaires, la remise, sur sa demande motivée et moyennant un reçu, du brevet de francisation nécessaire pour rédiger l'acte de vente. (*Déc. du* 20 *novembre* 1843.)

En cas de vente, par acte authentique, de la totalité ou d'une partie d'un navire, on peut se borner à recevoir les soumissions cautionnées prescrites par la loi.

---

(1) Les actes ou procès-verbaux constatant les ventes de navires, soit totales ou partielles, ne sont passibles à l'enregistrement que du droit fixe de 1 fr. (*Loi du* 21 *avril* 1818, *art.* 64), quels que soient la dénomination et le tonnage de ces navires. (*Déc. min. du* 22 *août* 1823; *Circ.* n° 816.)

Lorsqu'au contraire la vente a eu lieu sous signature privée, on doit exiger la confirmation du fait par le serment de propriété. (*Déc. du* 24 *août* 1850.)

Si la vente ne comprend qu'une partie de la propriété d'un navire, on peut se borner à la relater sur la soumission primitive, sauf à faire souscrire au nouveau propriétaire les engagements voulus par la loi; il faut, en outre, que la première caution accède à cette mutation de propriété, ou que la caution présentée par le nouvel acquéreur étende son cautionnement aux autres propriétaires. (*Déc. du* 30 *août* 1837.)

Les droits de chacun des propriétaires d'un navire doivent être inscrits au verso de l'acte de francisation, conformément à l'art. 17 de la loi du 27 vendémiaire an II. (*Cours de Droit commercial* par Pardessus, p. 45, t. III, 3e édition.)

Quelle que soit la division établie dans l'acte de propriété, chacun des copropriétaires peut vendre une partie quelconque de la portion qui lui appartient.

Quand plusieurs individus ont acquis, en nom collectif, tout ou partie d'un navire, il faut que tous participent à la cession, soit complète, soit partielle, de leurs droits. (*Déc. du* 10 *décembre* 1851.)

En cas de cession de navire, si l'ancien propriétaire refuse de livrer l'acte de francisation, le service ne peut passer outre. Pour obtenir un nouvel acte, l'acquéreur doit produire un jugement portant défense au vendeur de faire usage du premier titre. (*Déc. du* 13 *février* 1863.)

L'acte de vente sous signature privée d'un navire doit contenir copie de l'acte de francisation, comme si la vente avait eu lieu par-devant un officier public. (*Déc. du* 28 *juillet* 1842.)

L'art. 195 du Code de commerce permet de vendre un navire qui est en *voyage*. D'un autre côté, l'art. 226 du même Code impose au capitaine l'obligation d'avoir l'acte de francisation à bord. Dès lors, cet acte ne pouvant être copié en tête de l'acte de vente du navire qui *voyage*, la douane doit rester étrangère aux mutations de propriété de cette nature, et ne les régulariser, en ce qui la concerne, que lorsque le retour du navire dans un port de France permet de remplir les formalités prescrites par les art. 17 et 18 de la loi spéciale du 27 vendémiaire an II. (*Déc. du* 21 *octobre* 1841.)

Lorsque l'acte de vente d'un navire ne contient pas la copie du brevet de francisation, la douane peut, dans les circonstances ordinaires, constater le transfert de propriété en exigeant une expédition, en due forme, de l'acte de vente, revêtue par un courtier maritime : 1º d'un certificat constatant que le navire vendu est bien le même que celui qui est décrit au brevet de francisation; 2º de la transcription de ce brevet (*Déc. du* 2 *mai* 1851); mais il ne peut en être ainsi qu'autant que le navire est dans le port et que l'identité en peut être reconnue par le service avec toute sûreté. (*Déc. du* 7 *juillet* 1855.)

En cas de vente forcée, le service doit se conformer aux dispositions du jugement en ce qui concerne le transfert de tout ou partie du navire, sauf aux anciens propriétaires à se pourvoir, au besoin, contre qui de droit.

L'art. 18 de la loi du 27 vendémiaire an II reposant d'ailleurs sur un intérêt de haute police commerciale, on doit exiger, en cas de vente par autorité de justice, comme en cas de vente volontaire, que le cahier des charges pour la vente, l'acte de vente ou le jugement d'adjudication contienne la copie du brevet de francisation. Tant que les nouveaux propriétaires n'ont pas satisfait à cette obligation, les engagements des anciens, demeurés propriétaires légaux quant à la douane, conservent toute leur force; mais dès que l'acte de francisation est déposé en douane, que le navire est dans le port, qu'un courtier con tate que le navire vendu est bien le même que celui décrit en ce brevet, et s'il ne s'élève aucun doute, il convient de procéder au transfert. (*Déc. du* 14 *avril* 1857.)

A l'égard des ventes entre Français, tant qu'il y reste la place suffisante, la feuille où est inscrite la soumission primitive peut recevoir, à la suite des uns des autres, les engagements qu'ont à souscrire, conjointement avec leurs cautions, les acquéreurs de la totalité ou d'une partie quelconque du navire. (*Circ. lith. du 24 novembre 1854.*)

La mention, au verso de l'acte de francisation, des mutations survenues dans la propriété n'étant faite qu'en vue des droits du Trésor, le service doit se refuser à toute inscription relative à des intérêts privés, par exemple, à un nantissement du navire à titre de garantie. (*Déc. du 27 septembre 1859.*)

630. — *Exportation.* Les navires peuvent être exportés, à toute destination, en franchise. (*Décrets des 20 juin 1853 et 5 décembre 1857.*)

Les agrès et apparaux faisant partie nécessaire du mobilier du navire participent à l'immunité du droit de sortie; ils ne sont passibles des taxes qui les affectent que lorsqu'on les exporte séparément. (*Circ. des 23 avril 1818, n° 383, et 1er août 1853, n° 130.*)

Il en est de même à l'égard des machines servant de moteurs aux bateaux à vapeur exportés. (*Circ. du 1er août 1853, n° 130.*)

Les capitaines, soit propriétaires ou délégués, qui vendent leur bâtiment à l'étranger, sont tenus d'en faire la déclaration aux consuls français, chargés d'en prévenir l'administration de la marine et celle des douanes. Par suite de cet avis, les receveurs des ports auxquels ces navires appartiennent reçoivent l'ordre de requérir le rapport des congés et actes de francisation, sous les peines portées par l'art. 16 de la loi du 27 vendémiaire an II. (*Déc. du 23 décembre 1818; Circ. n° 451.*) V. n° 623.

Lorsqu'un navire français est vendu à l'étranger, l'annulation des engagements souscrits pour la francisation ne peut être obtenue qu'en rapportant à la douane les actes délivrés par elle, tels que brevets, congés et autres. (*Circ. du 23 avril 1818, n° 383.*)

À l'égard des navires français vendus à l'étranger à des Français, le consul de France annote le transfert au verso de l'acte de francisation laissé au capitaine; et les anciens propriétaires restent sous le coup de leurs soumissions jusqu'à ce qu'elles aient été régulièrement remplacées. (*Circ. lith. du 20 février 1863.*)

Lorsqu'il y a dans le port français où la vente d'un navire a eu lieu un consul de la nation de l'acquéreur, ce dernier doit obtenir du consul l'autorisation de naviguer sous le pavillon de cette nation. Dans le cas contraire, la douane délivre un congé provisoire, qui n'est valable que pour aller du port français à celui de destination et elle impose l'obligation de remettre cet acte, aussitôt l'arrivée du navire, à l'agent consulaire français, qui le renvoie à l'administration des douanes. (*Déc. des 23 décembre 1818, Circ. n° 451, et 13 avril 1819, Circ. du 26, n° 448.*)

Si le consul du pays de l'acquéreur refuse de lui donner l'autorisation d'arborer le pavillon de sa nation, la douane doit laisser à celui-ci le soin de faire lever cet obstacle à l'expédition du navire. (*Déc. du Min. de la marine du 8 avril 1853, transmise le 19.*)

631. — *Perte des navires.* L'impossibilité de ramener les navires français dans un port de France par suite de force majeure, telle que capture, confiscation, naufrage, échouement avec perte du bâtiment et condamnation à la suite d'avarie, doit être légalement justifiée pour obtenir la radiation pure et simple des soumissions souscrites lors de la francisation. (*Arrêté du 13 prairial an XI, art. 7.*)

Pour obtenir la radiation des soumissions de francisation, il suffit que les intéressés déposent en douane l'acte de francisation et le dernier congé, et justifient soit de l'exportation ou de la vente pour l'étranger, soit du naufrage, de la capture ou de la confiscation du navire. (*Circ. du 1er août 1853, n° 130.*)

À moins de difficultés dont il serait référé à l'administration, et lorsque les conditions rappelées au § précédent ont été remplies, le directeur du port auquel appartient le navire autorise, soit d'office, soit sur la demande des intéressés, l'annulation des soumissions de francisation. (*Arrêt. du 13 prairial an XI, art. 8, et Circ. du 24 août 1853, n° 136.*)

Les directeurs doivent se transmettre directement, dans les cas de vente pour l'étranger, de naufrage ou de dépècement, *V.* n° 632, les pièces relatives aux navires attachés à d'autres ports que ceux de leurs directions respectives. (*Même Circ.*)

Les pièces à produire à titre de justification sont :

Si le navire a fait naufrage, le rapport circonstancié que le capitaine, ou, à son défaut, les gens de son équipage échappés au naufrage, ont dû faire. Ce rapport doit être fait, en France, au bureau de la douane; en pays étranger, devant le consul français, et, à défaut de consul, devant le magistrat des lieux. (*Déc. des 23 messidor an XI et 18 vendémiaire an XII*);

Quand il s'agit d'un navire perdu corps et biens, l'acte de notoriété publique attestant la perte, et, si ce bâtiment était assuré, la police d'assurance biffée et les autres pièces qui sont de nature à attester l'événement. La notoriété publique s'établit après l'an et jour, par un acte authentique du tribunal de commerce. (*Déc. des 23 messidor an XI et 29 vendémiaire an XII*);

Si le navire a été pris par l'ennemi et condamné, une expédition authentique du jugement de condamnation.

La perte d'un bâtiment étant certaine et l'acte de francisation égaré, il n'y a lieu à aucune poursuite; le propriétaire est seulement tenu d'affirmer la perte de son acte de francisation. d'après l'art. 20 de la loi du 27 vendémiaire an II. (*Déc. du 20 prairial an X.*)

Les pièces justificatives peuvent être communiquées à la marine ou au tribunal de commerce pour avoir leur avis. (*Arrêté du 13 prairial an XI. art. 8.*)

Ces pièces sont d'abord présentées à la douane, sauf à celle-ci à requérir elle-même, si elle trouve les pièces insuffisantes ou suspectes, le concours de la marine. Elle doit le réclamer quand les preuves sont récusables, et surtout quand l'équipage a péri loin de nos côtes. Si, au contraire, la douane admet immédiatement les preuves d'extinction, elle annule les soumissions, et, le jour même de la radiation, elle la fait connaître à l'autorité maritime du port. (*Circ. du 18 juin 1828, n° 1105.*)

Afin d'assurer le rapport en douane des titres de navigation et de prévenir l'abus qui pourrait en être fait, le service doit, après avoir recouru aux moyens d'information dont il s'agit, appliquer l'art. 16 de la loi du 27 vendémiaire an II. (*Déc. du 30 décembre 1856.*) *V.* n° 623.

Mais l'intervention de la marine n'est pas nécessaire toutes les fois que le service des douanes croit pouvoir admettre comme suffisantes les preuves fournies du naufrage, de la prise ou du dépècement à l'étranger d'un navire français, et surtout quand la perte a lieu en vue de la côte et au su de toute la population. Dans ces différentes circonstances, la libération immédiate des soumissions est de droit. (*Déc. min. du 9 juin 1828, et Circ. du 18 du même mois*, n° 1105.)

632. — Lorsqu'un bâtiment français, par suite de son état de vétusté, doit être dépecé, le propriétaire déclare à la douane son intention de faire procéder au dépècement.

Cette déclaration est faite sur un registre *ad hoc.*

Le vérificateur (1) procède alors à la jauge, et s'assure si les dimensions qu'il constate sont celles énoncées en l'acte de francisation et dans le congé, qui sont produits et qu'il retient; l'identité reconnue, le même vérificateur s'assure de la

_____

(1) Lorsque le navire se trouvera dans un lieu où il n'y aura point de bureau, et qu'il ne sera pas possible de le conduire au port le plus prochain, le vérificateur pourra être suppléé par un chef du service actif, capitaine de brigades ou lieutenant.

démolition effective, et dresse procès-verbal du tout, dont il est remis copie au propriétaire (1), afin qu'il puisse poursuivre la radiation sur la matricule près l'administration de la marine, et faire annuler en douane les soumissions relatives au bâtiment dépecé. (*Déc. min. du 16 février 1809; Circ. du 24.*)

Lorsque le navire à dépecer appartient à l'un des ports de la direction où le dépècement a lieu, le directeur fait lui-même, après examen des pièces, annuler les soumissions. Si le navire appartient à une autre direction, le procès-verbal de dépècement, l'acte de francisation et le dernier congé sont adressés par le directeur à son collègue. (*Circ. du 24 février 1809, et Circ. du 24 août 1853, n° 136.*)

On peut provoquer auprès de l'administration l'annulation des engagements relatifs à la francisation d'un navire qui, devenu impropre à la navigation, ne doit plus y être employé; mais il faut préalablement que l'identité de ce navire ait été constatée sur la déclaration des désarmement et d'affectation à une autre destination, conformément aux prescriptions de la Circ. du 24 février 1809. (*Déc. du 23 mai 1851.*)

CHAPITRE II

POLICE DES MOUVEMENTS

Les capitaines de navires qui entrent dans les ports de France ont des pièces à remettre à la douane dans les vingt-quatre heures de leur arrivée ; les principales sont : le rapport de mer, le manifeste ou déclaration en gros. (Voir le Livre *Importations.*)

S'ils sont Français, ils doivent aussi déposer en douane, pour y rester jusqu'au départ, leur acte de francisation et le dernier congé reçu. (*Loi du 27 vendémiaire an II, art. 28.*)

Pour reprendre la mer, tout navire qui a séjourné dans un port de France doit être nanti, s'il est français, d'un *congé*, et, s'il est étranger, d'un *passeport* indiquant sa destination.

A cet effet le capitaine, soit personnellement, soit par l'intermédiaire de son courtier, doit faire connaître à la section de navigation la destination du navire.

Suivent les règles qui se rapportent à ces deux sortes d'expéditions.

Le *congé* donné à un navire français a pour objet de reconnaître que ce navire a satisfait aux lois du pays et n'entreprend rien de défendu. Il fournit l'occasion, pour ainsi dire périodique, de constater qu'à l'époque de sa délivrance ce navire réunit encore les conditions qui lui ont valu d'être francisé (2). Il établit l'identité de ce navire avec celui qui a fait l'objet de l'acte de francisation. Il donne à l'administration les moyens de suivre les mouvements de la navigation et de fournir l'état de l'effectif des navires qui sont réellement employés par la marine marchande.

633. — Aucun navire français, quel que soit son tonnage, ne peut prendre la mer sans être nanti d'un congé. (*Loi du 27 vendémiaire an II, art. 22.*) V. n° 640.

---

(1) C'est le receveur qui délivre cette expédition, comme celle des rapports de mer.

(2) L'une de ces conditions est la composition de l'équipage. V. n° 615. Ainsi, avant de délivrer un congé, on doit se faire représenter le rôle de la marine constatant que le navire est monté par le nombre de Français requis.

En vertu des art. 4 et 5 de la loi du 27 vendémiaire an II, il est également délivré un congé, mais seulement comme moyen de police pour la douane, aux bâtiments et embarcations affranchis de l'acte de francisation, quoique soumis à la surveillance des douanes. Dans ce cas, le congé valable pour un an, ne donne pas ouverture à la perception du droit; on n'exige que le payement du timbre. (*Circ. du 10 juin 1829, n° 1168, et Déc. des 2 juin 1832, 7 mars 1842 et 28 avril 1851.*)

Cette disposition s'étend aux embarcations de tout tonnage naviguant dans l'intérieur d'une même rade (*Circ. man. du 9 juillet 1829*), et aux bateaux ou chaloupes des pilotes lamaneurs. (*Circ. du 6 janvier 1837, n° 1598.*)

Le navire ne pouvant prendre la mer qu'en vertu d'un congé, cet acte doit nécessairement être délivré par la douane du port où se trouve le navire, soit que le navire appartienne ou non à ce port. (*Circ. des 13 pluviôse et 14 ventôse an XI.*)

Pour obtenir un congé, celui qui le requiert est tenu de produire l'acte de francisation. (*Circ. du 11 brumaire an II.*)

Il peut être délivré sur la déclaration de l'armateur, du capitaine du navire ou du courtier. (*Circ. man. du 10 juin 1844.*)

Sans qu'il soit exigé de soumission (*Circ. du 9 mars 1849, n° 2312*), ceux qui obtiennent un congé n'en doivent faire usage que pour le service du bâtiment. (*Loi du 27 vendémiaire an II, art. 16.*)

Le congé rappelle, outre la date et le numéro de l'acte de francisation, les indications insérées dans cet acte. (*Même Loi, art. 5 et 9.*)

La date des *sorties* successives du navire est inscrite sur le congé par l'employé du bureau chargé du service de la navigation. (*Déc. du 12 mai 1841.*)

On doit s'assurer, à la sortie d'un navire français, si le capitaine est porteur de son congé. (*Circ. du 14 novembre 1812.*)

La durée de tout congé est d'une année. (*Lois des 27 vendémiaire an II, art. 5; et 6 mai 1841, art. 20.*)

Le renouvellement de l'acte de francisation n'entraîne pas nécessairement le renouvellement du congé; celui-ci est toujours valable pour un an. (*Déc. du 14 septembre 1835.*)

Le congé qui, au moment du départ du navire, a plus d'une année de date, doit être renouvelé. Le nouveau congé, daté du jour de la délivrance, est à son tour valable pour une année, ou jusqu'au retour du navire dans un port de France, et le droit, quel que soit le laps de temps qui s'est écoulé depuis la date du précédent congé, n'est exigible que pour le congé que l'on délivre, sans qu'il y ait à effectuer aucune perception pour l'arriéré. Il est visé dans les ports. (*Circ. du 14 mai 1841, n° 1851.*)

Afin de fournir aux chefs un moyen de s'assurer si les congés sont renouvelés avec exactitude et si l'on porte en recette les droits exigibles, l'administration a fait ajouter au registre du *mouvement des navires*, série N, n° 8, une colonne où doit être mentionnée la date du congé dont le navire se trouvera pourvu à son entrée dans le port. (*Circ. man. du 15 juin 1844.*)

Les congés ne sont renouvelés que dans les ports de la métropole. (*Déc. du 16 mai 1857.*)

Le défaut de levée annuelle d'un congé de navigation donne lieu à la confiscation du bâtiment et à une amende de 100 fr. (*Lois des 27 vendémiaire an II, art. 5, et 6 mai 1841, art. 20.*) N° 158 du tableau des Infr. Trib. de paix.

Cette pénalité est appliquée également au défaut de représentation d'un congé qui a été délivré. (*Déc. du 18 décembre 1851.*)

Les congés sont délivrés au nom du chef de l'État et doivent porter le timbre du ministère des finances; mais ils sont signés seulement par le receveur des douanes du port et contresignés par le commis principal à la navigation, là où il existe. (*Arrêté du Min. des fin. du 30 juin 1829, art. 4.*)

Les consuls français peuvent délivrer des congés pour les bâtiments pris par des corsaires français et conduits dans des ports étrangers, ou pour remplacer ceux que les bâtiments français auraient perdus. Ils devront spécifier sur ces congés leur objet, l'origine et la destination des navires, y inscrire leur signalement fait avec exactitude, et percevoir les droits imposés selon leur contenance. De nouveaux congés ne pourront être donnés à des navires français qu'après que leur nationalité aura été bien constatée. La perte du premier congé devra être prouvée. Dans tous les cas, ces congés ne seront que provisoires et valables seulement jusqu'à l'arrivée dans le premier port de France, où ils seront remplacés par de nouveaux congés délivrés par l'administration des douanes ; cette clause sera insérée sur les congés des consuls. (*Déc. min. des* 18 *pluviôse et* 13 *messidor an X.*)

634. — Aucun navire étranger ne peut sortir d'un port de France sans être muni d'un *passeport*, qui n'est délivré qu'après que le capitaine a satisfait à toutes les obligations que la loi lui impose tant à l'égard du navire qu'à l'égard de sa cargaison (1). (*Circ. des* 17 *vendémiaire an III et* 9 *brumaire an IV.*) V. n° 642.

L'obligation de prendre un passeport de sortie est absolue ; elle ne comporte aucune exception, pas même lorsque le navire est entré dans le port par relâche forcée. (*Circ. du* 9 *brumaire an IV, et Déc. du* 4 *février* 1839.)

Ce passeport est sur papier timbré ; il se délivre par le receveur des douanes. (*Circ. des* 29 *avril* 1793, 14 *ventôse an IV et* 19 *ventôse an VII, faisant l'application de l'art.* 3 *de la loi du* 18 *février* 1791.)

CHAPITRE III

JAUGEAGE DES BATIMENTS

635. — Le préposé du bureau se transporte à bord du bâtiment pour en vérifier la description et le tonnage ; il en est responsable. (*Loi du* 27 *vendémiaire an II, art.* 14.)

En cas d'inexactitude de la part de cet agent, l'administration conserve son recours contre lui, aux termes de l'art. 19, titre 13, de la loi du 22 août 1791. (*Circ. du* 15 *mars* 1823, n° 790.) V. n° 116, et note 2 du tarif de navigation.

Le certificat de jauge délivré par l'employé de douane n'est pas sujet au timbre (*Déc. min. du* 17 *octobre* 1829 ; *Circ.* n° 1188) ; il doit toujours être visé par un chef. (*Déc. du* 4 *avril* 1838.)

Le tonnage des bâtiments à voiles est calculé de la manière suivante :

Ajouter la longueur du pont, prise de tête en tête, et en mètres et fractions décimales, à celle de l'étrave à l'étambot ; déduire la moitié du produit ; multiplier le reste par la plus grande largeur du navire ou maître-bau ; multiplier encore le produit par la hauteur de la cale et de l'entre-pont, et diviser par 3,80. Si le bâtiment n'a qu'un pont, prendre la plus grande longueur du bâtiment ; multiplier par sa plus grande largeur ou maître-bau ; et le produit par la plus grande hauteur, puis diviser par 3,80. (*Loi du* 12 *nivôse an II, et Ord. du* 18 *novembre* 1837, *art.* 1er.)

---

(1) On ne doit pas exiger le dépôt à la douane des passeports des navires étrangers. *Déc. du* 11 *thermidor an XII.*)

En prenant les dimensions du navire, on néglige les millimètres; les autres fractions du mètre sont exprimées en centimètres; ainsi, au lieu de 2 décimètres, on écrit 20 centimètres. On néglige également les millimètres dans le quotient de la division, et la fraction du tonneau est toujours exprimée en centièmes. L'exemple ci-après ne laisse aucune incertitude à ce sujet:

Jaugeage d'un navire à deux ponts.

	m. c.
Longueur du pont prise de tête en tête......................	30,20
Longueur de l'étrave à l'étambot...........................	25,98
	56,18
La moitié est de...	28,09
A multiplier par la plus grande largeur.....................	8,12
	5618
	2809
	22472
	228,0908
A multiplier par la hauteur de la cale et de l'entrée du pont.....	5,20
	45618160
	11404540
TOTAL................	1186,072160

qui, divisé par 3,80, donne 312 tonneaux 12 centièmes, tonnage légal du navire. (*Circ. du* 5 *décembre* 1837, n° 1665.)

Les bateaux à vapeur [1] sont jaugés d'après le mode ainsi déterminé, sauf les modifications suivantes : 1° la plus grande largeur est mesurée au-dessous du pont, dans la chambre des machines, sur le vaigrage, auprès de l'arbre des roues [2]; 2° le produit des trois dimensions est divisé par 3,80, et les soixante centièmes du quotient expriment le tonnage légal du bâtiment. (*Ord. du* 18 *août* 1839, *art.* 1er.)

La hauteur des bâtiments à vapeur est prise à la pompe de secours du navire. (*Ord. du* 8 *août* 1821, *art.* 1er.)

Si les navires à vapeur destinés à recevoir des marchandises, qu'ils aient ou non des chambres de voyageurs, sont construits dans des conditions autres que celles qui ont été prévues par l'ordonnance du 8 août 1821, la hauteur est constatée comme s'il s'agissait de navires à voiles.

Quant aux bateaux à vapeur installés pour être exclusivement affectés au transport des voyageurs, la hauteur en est prise à partir de la plaque ou faux-tillac qui sert de support aux machines. (*Déc. du* 2 *octobre* 1851.)

Par les mots de *tête en tête* et *plus grande longueur*, le législateur a voulu désigner une seule et même chose. Ainsi la première longueur des bâtiments à deux ponts et la longueur unique des navires à un pont doivent toujours être prises, sur le pont,

---

(1) A aubes ou à hélices. (*Déc. du* 10 *juin* 1850.)

(2) Une opération de jauge ayant démontré qu'on pouvait trouver dans la chambre des machines une *largeur plus grande* que celle qu'on obtient aux points désignés, le Ministre du commerce a fait connaître, le 3 octobre 1839, que l'ordonnance, en désignant avec précision les points où l'opération devait être faite, a voulu que la mesure fût prise sur le *vaigrage, auprès de l'arbre des roues,* et non ailleurs.

de dedans en dedans de l'étrave à l'étambot, et c'est sur ces deux pièces que le vérificateur-jaugeur doit faire fixer les clous de jaugeage. (*Circ. du 12 mars 1838, n° 1678.*)

La deuxième longueur d'un navire à deux ponts, celle de l'*étrave* à l'*étambot,* doit être prise sur la quille. (*Déc. du 19 floréal an II.*)

L'étrave ou établure d'un bâtiment est le nom de la pièce de bois courbe qui forme sa proue (partie d'avant).

L'étambot est le nom de la pièce qui sert à soutenir le château de poupe (la partie de derrière) et surtout le gouvernail.

La quille est la pièce de bois qui sert de fondement au bâtiment et va de la poupe à la proue.

Le bau, ou barrot, est le nom des solives qui se mettent d'un flanc à l'autre du bâtiment pour affermir les bordages et soutenir le tillac.

La largeur comme la longueur se prend de dedans en dedans; la hauteur ne doit point comprendre la sentine (*partie de la cale où les eaux se réunissent*); elle se prend des planches sous planches, sans avoir égard à la carlingue ni au barrot. (*Circ. du 8 thermidor an X, et Déc. du 6 novembre 1841.*)

La carlingue est la pièce de bois sur laquelle porte le mât.

On nomme *coupée* ou retranchement d'un navire une partie du pont, soit sur l'arrière, soit sur l'avant, plus basse de 15 à 20 centimètres, et quelquefois davantage, que le reste du pont, ce qui donne plus de profondeur au navire dans son milieu.

Le *rouffe* est une sorte de cage qui domine le pont du navire et dans laquelle sont ordinairement pratiquées des couchettes; c'est un lieu de dépôt pour les voiles de rechange, les câbles, etc. Parfois aussi on y abrite les marchandises qu'on n'a pu placer dans l'intérieur de la cale.

La *dunette,* comme le rouffe, est un espace plus ou moins grand pris sur le pont du navire; seulement, au lieu d'être entièrement construite sur le pont, la *dunette* pénètre en partie dans l'intérieur du bâtiment, et à son égard il y a solution de continuité dans le pont; elle est exclusivement consacrée au logement des officiers ou des passagers.

On comprend dans les calculs l'espace occupé par les constructions ou parties de constructions établies *au-dessous du niveau du pont,* notamment les coupées. Au contraire, il n'est pas tenu compte des parties de dunettes, rouffes, etc., construites *au-dessus du pont.* (*Circ. du 13 octobre 1851, n° 2463.*)

La hauteur des navires pourvus de vastes écoutilles formant saillies est prise sous la planche du pont fixe. (*Déc. du 25 juillet 1855.*)

La hauteur des embarcations non pontées se mesure de la cale au bord supérieur. (*Déc. du 29 janvier 1848.*)

Pour les navires qui sont pourvus d'un faux-tillac, serrage ou vaigrage fixé et cloué à demeure, on ne doit pas, pour atteindre toute la hauteur de la cale, exiger l'enlèvement de cette construction, attendu qu'alors elle est considérée comme faisant partie intégrante du navire; il faut, au contraire, n'y avoir aucun égard, si, au lieu d'être clouée ou chevillée, elle n'est que posée sur les membrures ou placée sur du lest, de manière à pouvoir être déplacée à volonté. Cependant, comme des faux-tillacs, serrages ou vaigrages, ou même des doubles ponts, qui paraissaient placés à demeure, ont été enlevés après la délivrance de l'acte de francisation, il faut que cet acte indique si le navire a ou n'a pas de ces sortes de constructions. (*Circ. du 29 décembre 1832, n° 1365.*)

Les mots *faux-tillacs, serrage, vaigrage* et *payol* n'ont pas une signification invariable; la dernière expression surtout est presque uniquement en usage dans la Méditerranée. Cependant les documents fournis à ce sujet au Département de la marine conduisent à reconnaître :

1° Que par *faux-tillac* il faut entendre un plancher ou pont établi à une distance plus ou moins grande de la carlingue, dans le but, soit d'isoler la marchandise et de la préserver de l'humidité, soit d'adoucir les mouvements lorsque le chargement se compose de matières fort pesantes, soit enfin de diminuer la jauge imposable;

2° Que par *serrage* on doit entendre une cloison verticale le long du bord, de manière à mettre la marchandise à l'abri des infiltrations. Cette cloison, formée au moyen de cabrions de six centimètres carrés, vient araser les serre-bouquières, ce qui lui a fait donner le nom de *serrage;*

3° Que le *faux-tillac* et le *payol* sont une seule et même chose. La première expression est généralement employée dans les ports de commerce de l'Océan, et la seconde dans ceux de la Méditerranée.

Ainsi la capacité de navire destinée au chargement se trouve déterminée par l'espace compris entre le *faux-tillac* ou *payol,* le pont et les deux cloisons qui constituent le serrage. Cette capacité se trouve donc réellement réduite, et c'est d'après cette réduction que, dans certaines circonstances, et surtout en cas d'affrètement, s'établit la jauge du bâtiment. (*Dépêche du Départ. de la marine du 11 juillet 1838.*)

Mais ces constructions ne contribuent à réduire la contenance légale qu'autant qu'elles s'étendent sur toute la surface du fond de cale ou des flancs du navire; et s'il s'agit d'un plafond ou de toute autre construction pratiquée sous le pont, il faut également qu'elle embrasse toute son étendue. (*Déc. du 15 juillet 1840.*)

D'après la loi du 12 nivôse an II, on ne doit avoir aucun égard; dans la jauge des navires, aux ponts mobiles, et encore moins à des fractions de pont. Ainsi les navires ayant un pont fixe et un pont mobile doivent être jaugés comme n'ayant qu'un pont. (*Déc. min. du 25 octobre 1822, et Circ. du 13 octobre 1851, n° 2463.*)

Les dimensions du navire doivent être prises sans avoir égard aux constructions incomplètes, comme faux-tillacs non fixés à demeure, plafonds mobiles, etc., n'ayant évidemment pour but que d'éluder une partie des taxes ou l'application des lois de police et de sûreté.

Mais il y a là une appréciation de fait pour laquelle l'administration ne peut que s'en rapporter au discernement et à l'expérience des chefs du service. (*Déc. du 17 septembre 1853.*)

Le mode déterminé pour le jaugeage des bâtiments français de toute espèce s'applique également, pour percevoir les droits de navigation, aux navires des pays étrangers où le mode d'établir la jauge ne fait pas ressortir, pour les navires français, un plus fort tonnage que le mode ainsi prescrit. (*Ord. du 18 août 1839, art. 2.*)

S'il y avait lieu d'agir autrement à l'égard de quelque pavillon, des instructions seraient adressées au service. (*Circ. du 12 septembre 1839, n° 1769.*)

En ce qui concerne les navires français à voiles ou à vapeur (*Ord. du 18 août 1839, art. 3*), le nombre de tonneaux ainsi obtenu doit être gravé au ciseau sur les faces, avant et arrière du maître-bau. Cette opération est faite, soit lors de la mise à l'eau du bâtiment, soit lorsqu'après avoir subi des réparations importantes, ou pour toute autre cause, le jaugeage est effectué de nouveau.

Afin de faciliter les vérifications de la douane, des marques fixes seront appliquées ou gravées, par les soins de l'administration, sur les points du bâtiment où auront été prises les dimensions principales sur lesquelles le tonnage aura été calculé. (*Ord. du 18 novembre 1837, art. 2.*)

Avant de remettre l'acte de francisation à l'armateur ou à son fondé de pouvoir, le service doit s'assurer qu'il a été satisfait à cette disposition. (*Circ. du 5 décembre 1837, n° 1665.*)

La marque dont il est question consiste en un clou en laiton dont la tige est armée de quatre séries de dents qui s'opposent à ce qu'il puisse être arraché, et dont la tête, de deux centimètres de diamètre, poinçonnée à l'avance de la lettre de la douane, doit être entièrement noyée dans le bois. Le trou destiné à le recevoir est percé au moyen d'une tarière dont le diamètre est proportionné à celui du clou. (*Circ. du* 17 *février* 1838, n° 1673.)

Le vérificateur-jaugeur doit appliquer ces marques ou les faire appliquer en sa présence par un préposé. Les points d'où les mesures ont été prises devant ainsi être marqués d'une manière fixe, il devient très-important de les déterminer avec la plus grande précision et de procéder à la première opération de jaugeage avec une attention toute particulière ; car, à moins de changement dans la forme ou la construction du navire, les vérifications ultérieures n'auront généralement pour objet que d'en reconnaître l'identité. (*Circ. du* 5 *décembre* 1837, n° 1665.)

L'art. 2 de l'ordonnance du 18 novembre 1837 ne concerne que les bâtiments français. (*Circ. man. du* 5 *juin* 1839.)

Les instruments nécessaires pour le jaugeage des navires se composent :

1° D'un ruban-mesure (1) ;

---

(1) Pour que le ruban-mesure puisse servir à déterminer la longueur, la hauteur et la largeur des navires, c'est-à-dire pour qu'il soit susceptible d'être employé, soit qu'il ait des points d'appui, soit qu'il n'en ait pas, il a dû être construit de telle sorte que, sur un espace de 10 mètres (que la plus grande hauteur et la plus grande largeur des navires n'excèdent pas), il présente, lorsqu'il n'est pas tendu, une différence en moins de 10 à 20 millimètres. Ainsi, lorsque le ruban est fixé à plat, non tendu, mais sans *flottement* ni *ondulation,* sur un parcours de 10 mètres, il doit indiquer 10 mètres moins 10 à 20 millimètres ; donc, si on le tend de cette même quantité de 10 à 20 millimètres (1 ou 2 centimètres) pour 10 mètres, il doit tomber juste sur l'étalon.

Pour prendre la longueur d'un navire, on étend donc le ruban de 10 mètres, et on le tend de 10 à 20 millimètres. La tension de 10 à 20 millimètres suffit aussi pour l'amener à la ligne horizontale, sans point d'appui, jusqu'à la longueur de 10 mètres ; et c'est ce qui le rend propre à déterminer avec assez de précision la largeur des navires, par cela seul qu'il est amené à l'horizontalité. On a observé, d'un autre côté, que cette tension de 10 à 20 millimètres, pour un espace de 10 mètres, équivalait à celle qui serait produite, dans la direction verticale, par la suspension d'un poids d'un kilogramme ; il suffit donc d'appendre au ruban un poids d'un kilogramme pour avoir l'indication de la hauteur.

On détermine la largeur des navires en tendant le ruban jusqu'à ce que la courbe qu'il décrit devienne à peu près insensible, et, sur cet espace, il est facile de l'amener à l'horizontalité.

Pour connaître la hauteur du navire, il suffit d'adapter à l'anneau fixé à l'extrémité de la mesure un poids équivalent à un kilogramme et d'ajouter à la longueur indiquée par le ruban celle de ce poids, à partir de sa base jusqu'au zéro du ruban.

Pour apprécier la longueur des navires, on étend le ruban à plat, sans flots ni ondulations, sur un espace de 10 mètres, et on le tend alors de 10 à 20 millimètres. Il est fourni, pour déterminer cette tension, un double-décimètre en bois, qui, rapproché de l'extrémité du ruban, rend cette opération très-facile, ou bien on tend le ruban, à l'horizontalité, sur une étendue de 10 mètres environ. On suit cette marche de 10 mètres en 10 mètres, en marquant avec soin le point où tombe chaque longueur. On peut également se servir de la mesure pour apprécier une plus grande longueur, en l'ayant toutefois vérifiée sur une longueur à peu près équivalente ; mais il faut alors avoir soin de lui ménager, de distance en distance, des points d'appui, pour éviter la courbe que, dans ce cas, le poids du ruban lui fait décrire. Le ruban, ainsi soutenu, doit alors être amené à la tension indiquée de 10 à 20 millimètres par 10 mètres. (*Circ. du* 17 *février* 1838, n° 1673.)

2° D'un double-mètre et d'un double-décimètre en bois ;

3° De clous de jaugeage à tête poinçonnée de la lettre D ;

4° De tarières destinées à préparer la cavité dans laquelle le clou de jaugeage sera fixé ;

5° D'un poinçon à tête et d'une masse en fer, qui doivent servir à enfoncer les clous.

CHAPITRE IV

DROITS DE NAVIGATION

636. — Les droits de navigation proprement dits sont : le droit de *francisation,* le droit de *tonnage* et le droit d'*expédition ;* mais on range aussi dans cette classe les droits d'*acquit* et de *congé,* ainsi que les droits de *passeport,* de *permis* et de *certificat,* bien que ces derniers se rapportent plutôt à la cargaison du navire qu'au navire lui-même, et que le droit de passeport ne soit, en fait, qu'un droit de police.

Le recouvrement de ces droits est attribué à l'administration des douanes. (*Décret du 30 décembre* 1792.)

Lorsque, aux termes d'un décret, des taxes de péage sont temporairement exigibles au profit du Trésor ou d'une ville, afin de pourvoir à la construction de bassins, etc., le service des douanes est chargé de la perception. Les taxes revenant au Trésor sont encaissées comme tout revenu public, sauf modification des indications des registres série N, n°ˢ 15 et 16. Quant aux sommes destinées aux villes, le receveur des douanes les fait figurer sur des registres spéciaux de liquidation et de recette, ainsi qu'au livre-journal, opérations de trésorerie, recouvrements pour des tiers, et en verse le montant *brut,* par quinzaine, ou par mois, à la caisse du receveur municipal, qui en donne quittance. Les restitutions par suite d'erreurs, etc., sont autorisées par le directeur, au moyen d'un ordre de remboursement remis au caissier municipal pour opérer la dépense. Le conseil municipal alloue au receveur des douanes une remise qui, d'ordinaire, est de 25 cent. par 100 fr. de recette. Les registres spéciaux, dont le prix est acquitté par la ville, peuvent être fournis par l'imprimerie de l'État. Les fonds versés à la caisse municipale sont placés au Trésor, avec intérêt, jusqu'au moment où les dépenses doivent être effectuées. (*Déc. du 10 décembre* 1857.)

637. — *Droit de francisation.* Il est payé, pour l'acte de francisation des bâtiments au-dessous de 100 tonneaux, 9 cent. par tonneau de jauge (*Loi du 2 juillet* 1836, art. 6); de 100 tonneaux et au-dessous de 200, 18 fr. ; de 200 tonneaux inclusivement à 300 exclusivement, 24 fr. ; et, en sus, 6 fr. pour chaque classe de 1 à 100 tonneaux à compter de 300 tonneaux inclusivement. (*Loi du 27 vendémiaire an II,* art. 26.) V. n° 643.

638. — *Droit de tonnage.* Le droit et le demi-droit de tonnage, désormais confondus en une seule énonciation : « Droit de tonnage, » affectent uniquement l'entrée du navire dans un port où il trouve abri. C'est un droit d'*abord* ; il est, à l'égard de la souveraineté, un droit de reconnaissance ; à l'égard des travaux faits pour abriter les navires, un droit d'*usance* ; il est, dans la différence de sa quotité relative aux pavillons, un droit protecteur de la navigation du pays. Il se perçoit par le seul fait de l'entrée du navire, lors même qu'il y a relâche forcée. (*Loi du 4 germinal an II, titre* 2, *art.* 6.) Les cas d'exception sont indiqués ci-après, n° 643, tarif des droits de navigation.

Les bâtiments étrangers venant dans un port de France payent 2 fr. 50 cent. par tonneau. (*Loi du 27 vendémiaire an II, art.* 33.)

Il est perçu, de la même manière, dans tous les ports de France, une contribution égale à la moitié du droit de tonnage, et dont le produit est exclusivement affecté aux dépenses d'entretien et réparation des ports. (*Loi du 14 floréal an X, art.* 6 et 7.)

Le droit de tonnage sur les bâtiments français venant du royaume-uni de la Grande-Bretagne, ou de ses possessions en Europe, est fixé à 1 fr., non compris le décime.(1). (*Loi du 2 juillet* 1836, *art.* 5.)

Les bâtiments français venant de la pêche, de la course ou d'un port étranger, autres que ceux des possessions anglaises en Europe, ne payent aucun droit de tonnage et d'expédition. (*Loi du 27 vendémiaire an II, art.* 32.)

Cette exemption est étendue : 1° aux navires qui font le cabotage d'un port à l'autre de la France ; 2° à ceux qui arrivent des possessions françaises d'outre-mer. (*Loi du 6 mai* 1841, *art.* 20.)

Le droit de tonnage est payé dans les vingt jours de l'arrivée, et avant le départ du bâtiment. (*Loi du 4 germinal an II, titre* 3, *art.* 12.)

Il affecte proportionnellement la fraction du tonneau incomplet. (*Circ. du 9 juillet* 1832, n° 1333.)

639. — *Droit d'expédition*. Sont exemptes de ce droit, les embarcations de 5 tonneaux et au-dessous. (*Déc. du 19 brumaire an X.*)

Les bâtiments étrangers payent pour droit d'expédition, d'entrée et de sortie, 18 fr., s'ils sont de 5 tonneaux exclusivement à 200 tonneaux inclusivement ; 36 fr. s'ils sont au-dessus. (*Loi du 27 vendémiaire an II, art.* 35.)

Les bâtiments français de 5 tonneaux exclusivement à 150 tonneaux inclusivement payent 2 fr. ; de 150 exclusivement à 300 inclusivement, 6 fr. ; au-dessus de 300, 15 fr. (*Même Loi, art.* 36.)

L'immunité complète du droit de tonnage entraîne l'immunité du droit d'expédition. (*Déc. du 23 pluviôse an II.*) V. n° 643.

640. — *Droit de congé*. V. n° 633. Les bâtiments de 30 tonneaux et au-dessus payent 6 fr. pour chaque congé ; ceux de moins de 30 tonneaux, 3 fr. s'ils sont pontés, et 1 fr. s'ils n'ont point de pont. (*Même Loi, art.* 6 *et* 26.)

On ne doit considérer comme pontées que les embarcations dont la cale est entièrement couverte au moyen d'un pont, sans autre ouverture que les écoutilles, sur lequel se font toutes les manœuvres ; et, par suite, complétement à l'abri des atteintes de la mer. (*Déc. du Min. de la marine du 22 mars* 1853, *transmise le 5 avril suivant.*) V. n° 643.

641. — *Droit d'acquit, de permis et de certificat*. Tous acquits, permis et certificats relatifs aux cargaisons des navires étrangers, sont payés 1 fr. ; ceux pour cargaisons des navires français, 50 cent. (*Loi du 27 vendémiaire an II, art.* 37) ; mais le droit de permis à l'égard des cargaisons des navires français, n'est dû qu'autant qu'elles sont destinées pour l'étranger ou qu'elles en arrivent. (*Loi du 6 mai* 1841, *art.* 20.) V. n° 643.

Les registres de déclaration devant servir au contrôle de la perception des droits de permis rappellent à cet effet le nom du navire, son pavillon et le lieu de provenance ou de destination. (*Circ. du 11 août* 1849, n° 2341.) A la fin de chaque journée, le receveur inscrit au livre-journal le produit du droit de permis. (*Circ. du 9 mai* 1834, n° 1438.)

---

(1) La contribution additionnelle établie par l'art. 7 de la loi du 14 floréal an X (demi-droit de tonnage) n'est pas applicable dans ce cas.

La disposition de l'art. 37 de la loi du 27 vendémiaire an II, au sujet des acquits et certificats, n'est applicable ni aux acquits relatifs aux droits de douanes qui se perçoivent à l'entrée et à la sortie des marchandises, ni aux passavants et certificats de décharge des acquits-à-caution. Il ne concerne que l'acte de navigation (1). (*Déc. min. du 17 floréal an V; Circ. du 21.*)

642. — *Droit de passeport. V.* n° 634. Le passeport dont tout navire étranger est tenu de se munir à sa sortie d'un port de France, se paye 1 fr. comme les certificats (2). (*Loi du 27 vendém. an II, art. 37, et Déc. du 5 pluviôse an V.*) *V.* n° 643.

V. pour les règles relatives à chacun de ces différents droits, ainsi que pour les exceptions, le tarif suivant et les notes qui s'y rattachent.

643. — TARIF GÉNÉRAL DES DROITS DE NAVIGATION.

Droit de francisation. *V.* n° 637.

Navires de construction française et navires étrangers admis exceptionnellement à la francisation. (*V. la note* 1, *à la suite du tarif.*)

---

(1) Cependant une conséquence nécessaire de la distinction réellement établie par l'art. 37 de la loi du 27 vendémiaire an II, pour tous acquits, permis et certificats *relatifs aux cargaisons*, serait d'appliquer la taxe spéciale qu'il impose aux quittances des droits de douane d'entrée et de sortie, aux passavants par eau, aux acquits-à-caution de cabotage et de mutation d'entrepôt par mer, ainsi qu'aux certificats de décharge, parce que ce sont autant d'actes qui se rapportent à la cargaison des navires.

Mais, comme dès l'origine on s'est abstenu d'appliquer l'art. 37 à plusieurs actes qui se rapportaient aux cargaisons, on ne doit pas changer cet usage sans une nouvelle disposition législative; car la perception qui serait de droit se trouve pour ainsi dire prescrite par une si longue suspension. Par la même raison, l'application du droit d'acquit aux quittances des droits de tonnage et d'expédition, qui se rapportent uniquement au corps du navire, et non pas à sa cargaison, doit être maintenue, puisque l'administration peut, de son côté, invoquer aussi l'usage incontesté pendant le même laps de temps.

(2) Même dans le cas où ce seul droit est exigible, on délivre une quittance de navigation (timbre de 05 cent.)

DROIT DE TONNAGE, D'EXPÉDITION ET D'ACQUITS

DÉSIGNATION DES NAVIRES.	DROIT DE TONNAGE (2). V. n° 638.		DROIT D'EXPÉDITION (55). V. n° 639.	DROIT D'ACQUIT (57). V. n° 641.
	TITRES de perception.	QUOTITÉ du droit.		
Navires français.		par tonneau.	* par navire.	par navire.
...ent d'ailleurs que des possessions britanniques en Eu-rope.........	L. 27 vend. an II. L. 6 mai 1841.	Exempts	Exempts.	Exempts
Venant des possessions britanniques en Europe : ...tous autres cas que ceux indiqués ci-dessous (3).........	L. 2 juillet 1836.	fr. c. 1 00 par tonneau.	De 5 tonneaux et au-dessous. Exempts / De 5 tonn. excl. à 150 tonn. incl. 2ᶠ 00ᶜ / De 150 tonn. excl. à 300 tonn. incl. 6 00 / De plus de 300 tonneaux. 15 00	fr. c 0 50
...bateaux affectés exclusivement au transport des voyageurs (4).	L. 2 juillet 1836. D. M. 13 mars 1832.	1 00 à raison de 1 t. par voyageur.	De 150 tonneaux et au-dessous. 2 00 / De plus de 150 t. à 300 tonn. incl. 6 00 / De plus de 300 tonneaux. 15 00 (56)	
...ments de guerre..........				
— frétés pour le compte de l'État ou requis pour le service militaire (5)......	L. 27 vend. an II.			
— employés comme parlementaires (6)...........	D. 3 nivôse an V.			
— arrivant de la course...........	L. 27 vend. an II.			
— entrant à Marseille...........	O. 10 sept. 1817.	Exempts	Exempts.	
— en relâche forcée (7)...........	A. 26 ventôse an IV.			Exempts
— échoués et abandonnés (8)...........	D. 7 frimaire an III.			
— provenant d'épaves (9)...........	O. 31 juill. et 4 déc. 1846.			
— arrivant sur lest pour charger du sel à destination de l'étranger ou de la pêche de Terre-Neuve (10)......	D. M. 7 juin 1819.			
— venus avec chargement et ayant embarqué du sel en exportation (10 bis)...........	Décret du 16 mai 1855.	Exemption proportionnelle à la quantité de sel exportée.	Comme dans les cas soumis au droit de tonnage, à moins qu'il n'y ait immunité complète.	
— revenant directement sur lest, après avoir transporté un chargement de sel en Angleterre (11).....	D.M. 19 janv. 1829.			
— expédiés de France sur lest pour aller chercher les cargaisons d'autres navires français qui, partis d'un port étranger à la Grande-Bretagne, ont fait naufrage sur les côtes de ce pays (12).....	D. 30 juin 1841.	Exempts	Exempts.	Exempts
Navires étrangers de tous pavillons :				
...pays qui n'ont pas de traité de navigation avec la France, ...les cas indiqués ci-dessous...........	L. 27 vend. an II. L. 14 floréal an X.	fr. c. 3 75 par tonneau.	De 5 tonneaux et au-dessous. Exempts / De 5 tonn. excl. à 200 tonn. incl. 18ᶜ 00ᶜ / de plus de 200 t. 36 00	1 00
...affectés exclusivement au transport des voyageurs (13)........	D. M. 13 mars 1832.	A raison de 1 t. par voyageur.	De 200 tonneaux et au-dessous. 18 00 / De plus de 200 t. 36 00 (56)	1 00

DÉSIGNATION DES NAVIRES.	DROIT DE TONNAGE (2). V. n° 638.		DROIT D'EXPÉDITION (55). V. n° 639.
	TITRES de perception.	QUOTITÉ du droit.	
De plaisance (*yachts*) appartenant à des sociétés dites *yacht-clubs* (14)...............	D. 18 nov. 1821.	Exempts	Exempts.
De guerre...............	L. 27 vend. an 11.		
Frétés pour le compte de l'État ou requis pour le service militaire (5)...............			
Employés comme parlementaires (6)...............	D. 3 nivôse an V.		
Employés comme allèges (15)...............	D. M. 25 mars 1806.		
Entrant à Marseille...............	O. 17 sept. 1817.		
Échoués et abandonnés (8)...............	D. 7 frim. an III.		
Provenant d'épaves (9)...............			
Arrivant *sur lest* pour charger du sel à destination de l'étranger ou de la pêche de Terre-Neuve (10)...............	O. 31 juillet et 4 décemb. 1816.		
Venus avec chargement et ayant embarqué du sel en exportation (10 *bis*)...............	D. du 16 mai 1855.	Exemption proportionnelle à la quantité de sel exportée	Comme dans les cas soumis au droit de tonnage, moins qu'il n'y ait immunité complète.
Venus pour charger des vins, des eaux-de-vie, du cidre, ou de l'essence de térébenthine d'origine française (10 *ter*)...............	D. M. 17 août 1861.		
Provenant de prises ou saisies (16)...............	D. 9 vend. an VI. D. 9 pluviôse an VIII.		
Entrés dans un port pour y débarquer soit des marins composant l'équipage d'un navire français qui a fait naufrage, soit la cargaison de ce navire, dans les conditions énoncées au n° 15 (Livre I), s'ils repartent sans avoir fait aucune opération de commerce...............	D. 20 janv. 1851 et 19 sept. 1859.	Exempts	Exempts.
Admis exceptionnellement à faire le cabotage (17)...............	A. 17 therm. an III. L. 6 mai 1841		
Venant d'un autre port de France pour opérer, continuer ou compléter leur chargement (18)...............	D. M. 29 nov. 1831.		
Entrant dans un port situé en rivière ou dans une rade, après avoir déjà acquitté les droits dans un autre port de la même rivière ou de la même rade (19)...............	D. M. 7 prair. an IV.		
De 80 tonneaux et au-dessous, venant *sur lest*, ou avec des marchandises taxées à moins de 20 fr. par 100 kilog., charger des huîtres dans un port de la Manche (20)...............	D. M. 8 avril et 6 mai 1830.	fr. c. 1 25	Exempts.
En relâche forcée (21). venant d'un port de France (22)...............	D. M. 7 avril 1817.		
expédiés de l'étranger à destination d'un autre port de France (23)...............	A. 26 vent. an IV.		
allant de l'étranger à l'étranger. jugés innavigables, mais non abandonnés (24)...............	D. M. 7 frim. an VI.		
contraints, après une première relâche forcée dans un port de la Méditerranée, d'effectuer d'autres relâches dans des ports de la même mer (25)...............	D. 24 février.	Exempts	Exempts.
poursuivis par l'ennemi (26)...............	D. 1er vent. an XII.		
faisant la pêche (27)...............	D. M. 8 avril 1816.		
Espagnols (29). Des pays qui ont un traité de navigation avec la France (28): venant des possessions britanniques en Europe, autrement qu'en relâche forcée (30)...............	T. 15 août 1761. L. 2 juillet 1836.	1 00	De 5 tonneaux et au-dessous. Exempts De 5 tonn. *excl.* à 150 t. *incl.* 2 00 De 150 t. *excl.* à 300 t. *incl.* 6 00 De plus de 300 tonneaux. 15 00
dans tout autre cas...............	T. 15 août 1761.	Exempts	Exempts.

DÉSIGNATION DES NAVIRES.	DROIT DE TONNAGE (2). V. n° 638.		DROIT D'EXPÉDITION (55). V. n° 633.	DROIT D'ACQUT (57). V. n° 641.
	TITRES de perception.	QUOTITÉ du droit.		
Des pays qui ont un traité de navigation avec la France (28) :				
Américains (États-Unis). venant de tous pays quelconques, autrement qu'en relâche forcée (31)...............	D. M. 29 av. 1840.	5 00	Comme les navires français passibles du droit.	0 50
En relâche forcée (32)...............	D. M. 29 avril 1840.	Exempts	Exempts.	Exempts
venant des possessions britanniques en Europe, autrement qu'en relâche forcée (33)...............	T. 26 janvier 1826. L. 2 juillet 1836.	1 00	Comme les navires français passibles du droit.	0 50
venant sur lest d'ailleurs que desdites possessions (33 bis)..	T. 26 janvier 1826. O. 8 février 1826.	Exempts	Exempts.	Exempts
contrebandiers, de 30 tonneaux et au-dessous (34)...............	A. 21 frim. an x. D. M. 9 juin 1825.	1 25	Exempts.	1 00
en relâche forcée (35). bateaux pêcheurs............... expédiés d'un port de la Grande-Bretagne à destination de France ou de l'étranger.......	T. 26 janvier 1826. O. 8 février 1826.	Exempts	Exempts.	Exempts
autres allant de l'étranger à l'étranger, avec chargement, sans faire aucune opération de commerce (35 bis)...............	L. 27 vend. an ii. D. M. 20 déc. 1834 et 18 avril 1863.	1 » 3 75	Comme les navires français passibles du droit. De 5 tonneaux et au-dessous..... Exempts De 5 tonn. excl. à 200 t. incl... 18 00 De plus de 200 tonneaux...... 36 00	0 50
dans tout autre cas...............	L. 27 vend. an ii. L. 14 floréal an x.			
venant d'ailleurs que des possessions britanniques en Europe (36). bateaux à vapeur exclusivement affectés au transport des voyageurs et des dépêches (4)............... en relâche forcée, repartant avec le même chargement. échoués, reprenant la mer avec ou sans chargement. entrant dans un port, soit pour cause d'avaries, soit pour y prendre des avis, mais sans y faire aucune opération de commerce...............	T. 9 février 1842. O. 2 sept. 1844.	0 06	Exempts.	0·50
arrivant de tous ports quelconques, dans les cas autres que ceux donnant ouverture au droit de 06 cent...............	D. 25 juin 1864. Circ. n° 961.	1 » décimes compris	Comme les navires français passibles du droit.	
arrivés des possessions britanniques en Europe. arrivés de Russie ou du grand-duché de Finlande, chargés ou sur lest............... yachts de plaisance, de quelque lieu qu'ils viennent........	T. 14 juin 1857.	Exempts	Exempts.	Exempts
sur lest ayant déjà acquitté les droits dans un port français............... dans tout autre cas...............	L. 2 juil. 1836. T. 14 juin 1857.	1 00	Comme les navires français passibles du droit.......	0 50
chargés repartant sans avoir fait aucune opération de commerce............... ayant déjà acquitté les droits dans un autre port français...............	T. 14 juin 1857.	Exempts	Exempts.	
dans tout autre cas...............	L. 27 vend. an ii. L. 14 floréal an x.	3 75	De 5 tonneaux et au-dessous..... Exempts De 5 tonn. excl. à 200 tonneaux inclusiv....... 18 00 De plus de 200 t. 36 00	1 00

DÉSIGNATION DES NAVIRES.	DROIT DE TONNAGE (2). F. n° 638.		DROIT D'EXPÉDITION (55). F. n° 639.
	TITRES de perception.	QUALITÉ du droit.	

Des pays qui ont un traité de navigation avec la France (Suite) :

Hollandais (36 bis)

arrivés d'ailleurs que de Russie ou des possessions britanniques en Europe.
- *chargés*
  - sur lest...........................
  - repartant sans avoir fait aucune opération de commerce ....
  - ayant déjà acquitté les droits dans un autre port français....................... — T. 14 juin 1857. — Exempts — Exempts.
  - dans tout autre cas......................... — L. 27 vend. an II. — L. 14 floréal an x. — 3 75 — De 5 tonneaux et au-dessous..... Exempts / De 5 tonn. *excl.* à 200 tonneaux *inclusiv*....... 18 00 / De plus de 200 t. 36 00

en relâche forcée, de quelque lieu qu'ils viennent (21)....... — T. 14 juin 1857. — Exempts — Exempts.

des ports des Pays-Bas ou des Indes orientales néerlandaises chargés ou sur lest........ — T. 7 juillet 1865. — Exempts — Exempts.

du Royaume-Uni de la Grande-Bretagne et d'Irlande et des possessions britanniques en Europe.

- De Malte, Gibraltar et Héligoland,
  - *chargés ou sur lest*
    - ayant déjà acquitté les droits dans un autre port français......... — T. 7 juillet 1865. — Exempts — Exempts.
    - dans tout autre cas........... — L. 2 juillet 1836. — T. 7 juillet 1865. — 1 00 décimes non compris — De 150 t. et au-dessous. 2f / De 150 t. exclusiv. à 300 t. inclusiv.... 6 par navire. / De plus de 300t 15
- De tout autre point,
  - *sur lest,*
    - ayant déjà acquitté les droits dans un autre port français........ — T. 7 juillet 1865. — Exempts — Exempts.
    - dans tout autre cas............. — L. 2 juillet 1862. — T. 7 juillet 1865. — 1 00 décimes non compris — De 150 t. et au-dessous. 2f / De 150 t. exclusiv. à 300 t. inclusiv.... 6 par navire. / De plus de 300t 15
  - *chargés,*
    - ayant déjà acquitté les droits dans un autre port français......... — T. 7 juillet 1865. — Exempts — Exempts.
    - repartant après relâche volontaire, sans avoir fait aucune opération de commerce............. — T. 7 juillet 1865. — 1 00 décimes non compris — De 150 t. et au-dessous. 2f / De 150 t. exclusiv. à 300 t. inclusiv.... 6 par navire. / De plus de 300t 15
    - dans tout autre cas............. — 27 vendém. an II et 14 flor. an x. — 3 75 déc. non compris — De 200 t. et au-dessous. 18 par navire. / De plus de 200t 36

d'ailleurs que des pays ci-dessus indiqués,
- sur lest................... — T. 7 juillet 1865. — Exempts — Exempts.
- *chargés*
  - ayant déjà acquitté les droits dans un autre port français........ — T. 7 juillet 1865. — Exempts — Exempts.
  - repartant sans avoir fait aucune opération de commerce........ — T. 7 juillet 1865. — Exempts — Exempts.
  - dans tout autre cas............. — 27 vendém. an II et 14 flor. an x. 26 vent. an iv — 3 75 déc. non compris — De 200 t. et au-dessous. 18f par navire. / De plus de 200t 36

navires en relâche forcée (21)..................... — T. 7 juillet 1865. — Exempts

d'ailleurs que les possessions anglaises en Europe
- sur lest....................... — 27 mai 1861. 6 août 1863. — Exempts
- affectés exclusivement au transport des voyageurs................. — T. 13 déc. 1845. — Exempts — Exempts.
- ayant déjà acquitté les droits dans un autre port français — 27 mai 1861. — Exempts
- *chargés* repartant après relâche volontaire, sans avoir effectué aucune opération de commerce............. — 27 mai 1861. — Exempts

DÉSIGNATION DES NAVIRES.	DROIT DE TONNAGE (2). V. n° 638.		DROIT D'EXPÉDITION (55). V. n° 699.	DROIT D'ACQUIT (57). V. n° 641.
	TITRES de perception.	QUOTITÉ du droit.		
Des navires qui ont un traité de navigation avec la France. (Suite.)				
Navires arrivés autrement qu'en relâche forcée — des possessions anglaises en Europe — chargés — venant des autres possessions (Angleterre, etc.) — dans tout autre cas — Navires venus de Belgique......	27 mai 1861. 6 août 1863.	Exempts		
Navires venus d'ailleurs que de Belgique......	27 vendém. an II et 14 floréal an X.	3 75	De 200 tonneaux et au-dessous............ 18 fr. De plus de 200 tonneaux............ 36	1 00
venant de Malte, Gibraltar et Héligoland.................	Circ. lith. du 19 févr. 1865.	1 00	Comme les navires français passibles du droit.	0 50
faisant des opérations de commerce......	27 vend. an II et 14 flor. an X	3 75	Comme les navires étrangers.	1 00
repartant, après relâche volontaire, ou sans avoir fait aucune opération de commerce........	8 juillet 1836 et 27 mai 1861.	1 00	De 150 tonneaux et au-dessous............ 2 fr.	0 50
affectés exclusivement au transport des voyageurs (4)...............	Décº 18 mars 1832 et traité 13 déc. 1845.	1 00 par voyageur.	De 150 tonneaux exclusivement à 300 tonn. inclusivem.. 6 De plus de 300 tonneaux............ 15	0 50
sur lest...........................	2 juill. 1836, 27 mai 1861 et 6 août 1863.	1 00		
Navires en relâche forcée (21)............	26 vent. an IV et 27 mai 1861	Exempts	Exempts.	Exempts
Navires arrivés des ports du royaume d'Italie, chargés ou sur lest.	T. 13 juin 1862.	Exempts	Exempts.	Exempts
Navires arrivés des possessions britanniques en Europe. — ayant déjà acquitté les droits dans un autre port français....	T. 13 juin 1862.	Exempts	Exempts.	Exempts
dans tout autre cas — chargés — venant de Malte, Gibraltar et Héligoland.................	Circ. lith. du 19 févr. 1865.	1 00	de 5 tonneaux et au-dessous...... Exempts / de 5 tonn. exclus. incl. 2 00 / de 150 tonn. excl. à 300 tonn. incl. 6 00 / de plus de 300 ton. 15 00	0 50
venant des autres possessions (Angleterre, etc.)...........	T. 13 juin 1862.	3 75	Comme les navires étrangers	1 00
sur lest........................	Idem.	1 00	Comme les navires français.	0 50
Navires arrivés d'ailleurs que du royaume d'Italie des possessions britanniques en Europe. — sur lest.......................				
chargés — repartant sans avoir fait aucune opération de commerce...........	T. 13 juin 1862.	Exempts	Exempts.	Exempts
ayant déjà acquitté les droits dans un autre port français.........				
dans tout autre cas.............	L. 27 vend. an II. L. 14 floréal an X.	3 75	de 5 tonneaux et au-dessous..... Exempts / de 5 tonn. exclus. à 200 tonn. incl. 18 00 / de plus de 200 ton. 36 00	1 00
Paquebots-poste appartenant à l'Etat ou frétés ou subventionnés par l'Etat (38)..........	Conv. du 4 sept. 1860.	Exempts	Exempts.	Exempts
Navires à vapeur effectuant le cabotage entre les ports français de la Méditerranée, y compris ceux de l'Algérie (38 bis)...	T. 13 juin 1862.	Exempts	Exempts.	1 00
Navires en relâche forcée (21), de quelque lieu qu'ils viennent.				

37

DÉSIGNATION DES NAVIRES.	DROIT DE TONNAGE (2). F. n° 638. — TITRES de perception.	QUOTITÉ du droit.	DROIT D'EXPÉDITION (55). F. n° 639.
Suédois et Norwégiens. — Navires arrivés autrement qu'en relâche forcée — d'ailleurs que des possessions anglaises en Europe. — Sur lest. — Repartant sur lest............	T. 14 février 1865.	Exempts	Exempts.
Dans tout autre cas............	T. 14 février 1865.	0 fr. 75 Décimes compris	Exempts.
Chargés. — Ayant déjà acquitté les droits dans un autre port français............	T. 14 février 1865.	Exempts	Exempts.
Repartant après relâche volontaire sans avoir fait aucune opération de commerce............	T. 14 février 1865.	Exempts	Exempts.
Dans tout autre cas. — Navires venus des royaumes-unis............	T. 14 février 1865.	0 fr. 75 Décimes compris	Exempts.
Navires venus d'ailleurs que des royaumes-unis............	27 vendém. an II et 14 floréal an X.	3 fr. 75 Décimes non compris	De 200 tonneaux et au-dessous. 18f » / De plus de 200 tonneaux. 36 »
des possessions anglaises en Europe. — Ayant déjà acquitté les droits dans un autre port............	T. 14 février 1865.	Exempts	Exempts.
Chargés. — Faisant des opérations de commerce..	27 vendém. an II et 14 floréal an X.	3 fr. 75 Décimes non compris	De 200 tonneaux et au-dessous. 18f » / De plus de 200 tonneaux. 36 »
Repartant après relâche volontaire sans avoir fait aucune opération de commerce............	2 juillet 1836. T. 14 février 1865.	1 fr. Décimes non compris	De 150 tonneaux et au-dessous. 2 » / De 150 tonneaux excl. à 300 tonn. inclusivement. 6 »
sur lest............	2 juillet 1836. T. 14 février 1865.	1 fr. Décimes non compris	De plus de 300 tonneaux. 15 »
Navires en relâche forcée (21)............	26 ventôse an IV. T. 14 février 1865.	Exempts	Exempts.
Portugais. — des possessions britanniques en Europe............	T. 9 mars 1853.	Comme pour les navires français, selon le cas.	Comme pour les navires français............
du Portugal, chargés............	T. 9 mars 1853. D. 6 avril 1854.	1f 00	Comme les navires français passibles du droit......
de tout pays quelconque. — sur lest et repartant chargés............			
sur lest ou chargés et repartant sans avoir fait aucune opération de commerce............			
en relâche forcée............			
d'un port de France et ayant déjà acquitté les droits dans un autre port français............	T. 9 mars 1853.	Exempts	Exempts.
dans tout autre cas............	Lois des 27 vendém. an II et 14 flor. an X.	3f 75	Comme les navires étrangers.
Dominicains. — en relâche forcée, de quelque lieu qu'ils viennent (21).......	T. 8 mai 1852.	Exempts	Exempts.
arrivés directement d'un port de la république dominicaine, avec ou sans chargement (43).	T. 8 mai 1852. D. 17 mai 1853.	2 70	Comme les navires français passibles du droit......
arrivés d'ailleurs que d'un port de la république dominicaine. — sur lest (43)............	L. 27 vend. an II.	3 75	De 5 tonneaux et au-dessous..... Exempts
chargés (43)............	L. 13 floréal an X.		De 5 tonn. excl. à 200 tonn. inclusivement... 18 00 / Au-dessus de 200 tonneaux...... 36 00
ayant déjà acquitté les droits dans un autre port français....	T. 8 mai 1852.	Exempts	Exempts.

DÉSIGNATION DES NAVIRES.	DROIT DE TONNAGE (2). V. n° 638.		DROIT D'EXPÉDITION (55). V. n° 639.	DROIT D'ACQUIT (57). V. n° 641.
	TITRES de perception.	QUOTITÉ du droit.		
Des pays qui ont un traité de navigation avec la France. (Suite.)				
Brésiliens (44). venant des possessions britanniques en Europe, *autrement qu'en relâche forcée* (45) et (46)...............	T. 8 janvier 1826. L. 2 juillet 1836.	1 00	De 5 tonneaux et au-dessous..... Exempts. De 5 tonn. *excl.* à 150 tonn. *incl.* 2 00. De 150 tonn. *excl.* à 300 tonn. *incl.* 6 00. De plus de 300 tonneaux...... 15 00.	0 50
dans tout autre cas.......................	T. 8 janvier 1826. D. M. 20 mai 1840.	Exempts	Exempts.	Exempts
Boliviens (47) et (51).....................	T. 9 décemb. 1834.			
de l'Urugay (48) et (51)....................	T. 8 avril 1836.			
Mexicains (49) et (51).....................	T. 9 mars 1839.			
Vénézuéliens (50) et (51)...................	T. 25 mars 1843.			
Équatoriens (51)......................	T. 6 juin 1843.			
Grenadins (*Nouvelle-Grenade*) (51)............	T. 15 mai 1856. D. 14 sept. 1857.			
Guatémaliens (51).....................	T. 8 mars 1848.			
de Costa-Rica (51).....................	T. 12 mars 1848.			
Chiliens (51).....................	T. 15 sept. 1846. D. 8 août 1853.		Même régime que les navires brésiliens, *selon la provenance.*	
Paraguayens (51).....................	T. 4 mars 1853. D. 2 février 1854.			
Honduriens (51).....................	T. 22 février 1856. D. 17 octobre 1857.			
Nicaraguayens (51).....................	T. 11 avril 1859. D. 21 janv. 1860.			
Salvadoriens (51).....................	T. 2 janvier 1858. D. 3 mars 1860.			
Péruviens (51).....................	T. 9 mars 1861. D. 26 février 1862.			
Pour le cas de relâche forcée seulement (52). Autrichiens de quelque lieu qu'ils viennent (53)...............	T. 21 et 31 mai 1841.	Exempts	Exempts.	Exempts
Hawaïens (des îles Sandwich) (54).	D. 21 janv. 1860 ; circ. n° 632.			

DROIT DE CONGÉ (*V.* n° 633) DES NAVIRES FRANÇAIS (58).

DÉSIGNATION DES NAVIRES.	TITRES DE PERCEPTION.	QUOT du DR
		Par ac fr.
Dans tous autres cas que ceux indiqués ci-dessous............ { de 30 tonneaux et au-dessus................	L. 27 vendémiaire an II.	6
au-dessous de 30 tonneaux.. { pontés............	*Idem.*	3
non pontés........	*Idem.*	1
Faisant la pêche sur les côtes de France........... { de 50 tonneaux et au-dessus................	*Idem.*	6
de 50 tonn. *exclusiv.* à 30 tonn. *inclusiv.*......	L. 27 vendémiaire an II, D. m. 16 octobre 1827.	3
au-dessous de 30 tonneaux.. { pontés............	L. 27 vendémiaire an II.	9
non pontés........	*Idem.*	1
Naviguant dans l'intérieur d'une même rade, quel que soit leur tonnage...........	*Circ. man. du 9 juillet* 1829.	
Bateaux ou chaloupes des pilotes lamaneurs, même lorsque, avec l'assentiment de l'administration de la marine, ils se livrent parfois à la pêche. (*Decision du 27 juillet* 1849.)	D. m. 24 décembre 1836. (*Circ.* n° 1598.)	Exem (59
Embarcations affranchies de l'acte de francisation, quoique soumises à la surveillance des douanes...........	*Circulaire du* 10 *juin* 1829, n° 1168, *et Decision des 2 juin* 1832, 7 *mars* 1842 *et* 28 *avril* 1851.	

DROIT DE PASSEPORT (*V.* n° 634) DES NAVIRES ÉTRANGERS (60).

De tout tonnage et de tous pavillons...........	L. 27 vendémiaire an II.	1

DROITS DE PERMIS ET DE CERTIFICAT.

DÉSIGNATION DES NAVIRES.	DROIT DE PERMIS (61)		DRO de certifi (73)
	TITRES de perception.	QUOTITÉ du droit.	
		Par acte.	Par ac
Navires français :			
Venant d'un port de France ou des possessions françaises d'outre-mer, ou allant à l'une ou à l'autre de ces destinations (62)...........	L. 6 mai 1841.	Exempts.	
Venant de l'étranger ou y allant, *sauf les exceptions indiquées ci-dessous.*.	L. 27 vendém. an II.	0 fr. 50	0 fr.
Provisions de bord (63)...........	D. 14 thermidor an V.		
Effets des marins et ustensiles de pêche (64)...........	D. 16 novembre 1831.		
Effets de voyageurs (64 *bis*)...........	D. 20 avril 1838.		
Produits de la pêche faite sur les côtes (65)......	Décret 10 mars 1809.	Exempts.	
Marchandises transbordées (66)...........	D. 18 prairial an VII.		
Marchandises débarquées d'un navire qui ne peut sortir du port (67)........			
Marchandises qui, après avoir été chargées en France, ont été mises à terre par suite de relâche forcée du navire exportateur, alors même que le rembarquement s'opère sur un autre bâtiment...........	Déc. du 27 nov. 1851.	Exemptes.	
Marchandises provenant de prises (68)...........	A. 2 prairial an XI.		0
Cargaisons provenant de naufrages ou d'épaves (69)...........	D. 13 sept. 1845.	Exemptes.	
Marchandises débarquées ou embarquées à Marseille...........	O. 10 sept. 1817.	Exemptes.	Exemp
Navires étrangers :			
Des pays qui n'ont pas de traité de navigation avec la France, *sauf les exceptions indiquées ci-dessous*...........	L. 27 vendém. an II.	1 fr. »	
De tous pavillons :			1 fr.
Cargaisons des navires admis à faire le cabotage (70)...........	A. 17 thermid. an III.		
Effets de voyageurs (64 *bis*)...........	D. 20 avril 1838.		
Effets de marins français morts en mer...........	D. 21 juillet 1826.		
Marchandises transbordées (66)...........	D. 18 prairial an VII.		
Marchandises débarquées d'un navire qui ne peut sortir du port (67)........	....	Exempts.	

DÉSIGNATION DES NAVIRES.	DROIT DE PERMIS (61).		DROIT de CERTIFICAT (73).
	TITRES de perception.	QUOTITÉ. du droit.	

De tous pavillons. (Suite.)

Marchandises qui, après avoir été chargées en France, ont été mises à terre par suite de relâche forcée du navire exportateur, alors même que le rembarquement s'opère sur un autre bâtiment....... — Déc. 27 nov. 1851. | Exemptes. | Exemptes.

Cargaisons provenant de naufrages ou d'épaves (69)....... — D. 13 sept. 1845.

Marchandises débarquées ou embarquées à Marseille....... — O. 10 sept. 1817.

Provisions de bord des navires dont le pavillon est assimilé, par les traités de commerce, au pavillon français....... — Déc. du 27 déc. 1837 et 11 fév. 1851. | Exemptes. | Exemptes

Navires des pays qui ont un traité de navigation avec la France.

Espagnols (71).......	T. 15 août 1761.	0 fr. 50	0 fr. 50
Américains (Etats-Unis).......	T. 24 juin 1822.	0 50	0 50
Anglais { smogleurs (72).......	L. 27 vendém. an II.	1 »	1 »
autres { venant des possessions britanniques en Europe ou y allant.......	T. 26 janvier 1826.	0 50	0 50
venant d'ailleurs.......	L. 27 vendém. an II.	1 »	1 »
Danois.......	T. 9 février 1842.	0 50	0 50
Russes { venant de Russie ou y allant.......	T. 14 juin 1847.	0 50	0 50
dans tout autre cas.......	L. 27 vendém. an II.	1 »	1 »
Hollandais { venant des ports des Pays-Bas ou des Indes orientales néerlandaises et navires y allant	T. 7 juillet 1865.	0 50	0 50
dans tout autre cas.......	L. 27 vendém. an II.	1 »	1 »
Belges { venant de Belgique ou y allant.......	T. 27 mai 1861.	0 50	0 50
dans tout autre cas.......	L. 27 vendém. an II.	1 »	1 »
Italiens { venant de l'Italie ou y allant.......	T. 13 juin 1862.	0 50	0 50
dans tout autre cas.......	L. 27 vendém. an II.	1 »	1 »
Suédois et Norwégiens, { venant des Royaumes-Unis ou y allant.......	T. 14 février 1865.	0 50	0 50
dans tout autre cas.......	L. 27 vendém. an II.	1 »	1 »
Dominicains { venant d'un port de la république dominicaine ou y allant..	T. 8 mai 1852 et D. 17 mai 1853.	0 50	0 50
dans tout autre cas.......	L. 27 vendém. an II.	1 »	1 »
Portugais { venant des possessions britanniques en Europe, et dans les cas d'application du traité.......	T. 9 mars 1852.	0 50	0 50
dans tout autre cas.......	L. 27 vendém. an II.	1 »	1 »
Brésiliens.......	L. 27 vendém. an II. T. 8 janvier 1826.	0 50	0 50

Comme les Brésiliens, les navires :

Boliviens. *(Traité du 9 décembre 1834.)*
de l'Uruguay. *(Traité du 8 avril 1836.)*
Mexicains. *(Traité du 9 mars 1839.)*
Vénézuéliens. *(Traité du 25 mars 1843.)*
Équatoriens. *(Traité du 6 juin 1843.)*
Grenadins. (Nouvelle-Grenade.) *(Traité du 28 octobre 1844.)*
Guatémaliens. *(Traité du 8 mars 1848.)*
de Costa-Rica. *(Traité du 12 mars 1848.)*
Chiliens. *(Loi du 13 février 1851.)*
Paraguayens. *(Décret du 2 février 1854.)*
Honduriens. *(Décret du 17 octobre 1857.)*
Nicaraguayens. *(Décret du 21 janvier 1860.)*
Salvadoriens. *(Décret du 3 mars 1860.)*
Péruviens. *(Décret du 26 février 1862.)*

NOTES DU TARIF DES DROITS DE NAVIGATION.

(1) La contenance du navire constatée par le certificat de jauge de la douane sert de base pour la liquidation du droit de francisation. *V.* n° 637.

Quel que soit le nombre des propriétaires du navire, il n'est perçu qu'un seul droit. (*Circ. du 24 mai* 1817, n° 278.)

Ce droit doit être acquitté au moment de la délivrance de l'acte de francisation, ou de l'acte provisoire qui en tient lieu dans le cas prévu par l'arrêté ministériel du 30 juin 1829. (*Circ. du 3 août* 1836, n° 1559.)

Les changements que le navire peut éprouver par la suite dans sa contenance légale ne donnent pas ouverture à une nouvelle liquidation ou perception des droits. (*Déc. du 31 juillet* 1834.)

(2) Le droit de tonnage, *V.* n° 638, est un droit d'abord ; il est dû par le seul fait de l'entrée du navire dans un port, la station ne fût-elle que de quelques heures. (*Loi du 27 vendémiaire an II, décision du 23 prairial de la même année, et circulaire du 9 juillet* 1832, n° 1333.)

L'espace gardé par un bureau de douane et affecté aux opérations commerciales constitue un *port.* Ainsi les relâches dans les golfes, rades, anses et baies où il n'y a pas de bureau, et qui, par conséquent, ne font point partie *d'un port gardé*, ne donnent pas ouverture au droit de tonnage. La même immunité est acquise aux navires qui n'entrent et ne stationnent dans les ports que pour l'accomplissement des prescriptions relatives à la police sanitaire, et qui, immédiatement après leur admission à la libre pratique, reprennent la mer sans s'être livrés à aucune opération de commerce. (*Circ. du 9 juillet* 1832, n° 1333, *et Circ. lith. du 26 août* 1844.)

Le droit de tonnage se paye dans les vingt jours de l'arrivée et avant le départ du bâtiment. (*Loi du 4 germinal an II, titre 3, art.* 12.)

En cas de changement de tarification de droits de tonnage, le receveur doit, dans les vingt jours de l'arrivée des navires, et avant le départ, liquider les taxes applicables au moment où le bâtiment est entré dans le port. (*Déc. du 2 février* 1847.)

Il est perceptible proportionnellement sur la fraction du tonneau incomplet. (*Circ.* n° 1333.)

C'est le tarif en vigueur au moment de l'entrée du navire qui est applicable. (*Déc. du 2 décembre* 1840.)

Dans le cas où il y a lieu à la perception du droit de tonnage sur des navires français, la liquidation s'établit d'après la contenance indiquée dans l'acte de francisation, à moins qu'une opération de jauge à laquelle on aurait jugé utile de procéder au port d'arrivée n'ait fait reconnaître un tonnage sensiblement supérieur à celui mentionné sur cet acte. Dans ce dernier cas, il y aurait lieu de percevoir les droits d'après le tonnage effectivement reconnu. L'erreur serait d'ailleurs rectifiée. (*Circ. des 15 mars* 1823, n° 790, *et 19 août* 1828, n° 1117.)

Les différences que des vérifications ultérieures à la francisation font découvrir dans le tonnage des bâtiments peuvent provenir d'une erreur commise par les premiers jaugeurs, ou des changements de forme et de tonnage qu'on a fait subir au navire.

Dans le premier cas, la douane se borne à faire rectifier l'erreur, et exige, dans le second, le renouvellement de l'acte de francisation.

Lorsque la différence provient d'une erreur, la rectification a lieu immédiatement, tant sur l'acte de francisation que sur les registres, si le navire se trouve au port d'attache ; dans le cas contraire, le bureau qui constate la différence substitue sur le congé le tonnage reconnu à celui indiqué par le brevet, en ayant soin d'expliquer par une note la cause de la différence qui existe entre ces deux actes.

L'acte de francisation ne pouvant être rectifié qu'au port d'attache, la douane qui reconnaît la différence délivre à cet effet un certificat de jauge motivé. Au moyen de ce certificat, qui est transmis au port d'attache par les directeurs, l'armateur et sa caution sont appelés à souscrire la rectification de la souche, et à s'obliger en outre à représenter, dans le délai qui sera jugé nécessaire, l'acte de francisation, pour être également rectifié.

S'ils contestaient l'exactitude de la dernière opération de jaugeage, quelque valide qu'elle soit en elle-même, comme ayant été faite contradictoirement avec l'agent de l'armateur, soit le capitaine, soit son courtier, le receveur accorderait un délai déterminé pour représenter le navire et le soumettre, en leur présence, à une nouvelle vérification.

Lorsque, au lieu de provenir d'une erreur, la différence du tonnage est le résultat d'un changement que le navire a subi, on procède ainsi qu'il est expliqué au n° 1049. (*Circ. du* 22 *juin* 1833, n° 1387.)

A l'égard des navires étrangers, les capitaines ne sont pas tenus de faire des déclarations de tonnage. La liquidation et la perception des droits s'établissent d'après la jauge constatée par les employés du port d'arrivée (*). Lorsque le navire vient directement d'un autre port de France avec une expédition énonçant le tonnage d'après lequel il a déjà payé des droits de navigation, on peut en général se dispenser de l'assujettir à une nouvelle vérification, et percevoir la taxe d'après la contenance mentionnée sur cette même expédition (**). (*Circ. des* 15 *mars* 1823, n° 790, *et* 19 *août* 1828, n° 1117.)

Cependant, lorsque le chef du service local juge à propos de faire procéder à un nouveau jaugeage, et que cette opération donne pour résultat une contenance *sensiblement* plus forte que celle constatée dans le port de prime-abord, on doit, au port de seconde arrivée, établir la perception sur la contenance reconnue en dernier lieu; les excédants de tonnage ainsi constatés doivent en outre être portés immédiatement à la connaissance de l'administration. (*Circ. des* 19 *août* 1828, n° 1117, *et* 19 *octobre* 1841, n° 1883.)

En cas de rectification du tonnage des navires, soit français, soit étrangers, il n'y a point de répétition de droit à exercer par rapport aux perceptions faites antérieurement. (*Même Circ.,* n° 1883.)

Mais il y a lieu à répétition de droits si la perception antérieure est irrégulière par suite d'une erreur commise, non sur la jauge du navire, mais dans la quotité de la taxe ou dans la liquidation. (*Déc. du* 16 *mai* 1850.)

Quand un navire, passible d'une taxe annuelle de tonnage, arrive après l'avoir acquittée, il n'y a point à effectuer de perception supplémentaire pour la portion de droits afférente à l'excédant de tonnage que révèle une nouvelle opération de jauge. A la rigueur, en déclarant au capitaine qu'elle ne reconnaît pas le navire pour être le même que celui qui a déjà supporté la taxe dans le cours de l'année, la douane pourrait exiger le payement des droits de tonnage; mais ce moyen ne devrait être

---

(*) Voir une exception en ce qui concerne les navires des Etats-Unis d'Amérique.

(**) A l'égard des navires anglais faisant escale et admis à conserver tout ou partie de leur cargaison, *V.* n° 326, s'il y a impossibilité matérielle et absolue de déterminer, avec une exactitude suffisante, sans dommage pour les intéressés, les dimensions de plus grande hauteur et de largeur des bâtiments, le service peut, par exception, à moins de doute sérieux, et tant qu'une circonstance particulière permette de procéder au jaugeage effectif, s'en tenir au tonnage anglais, indiqué par les papiers de bord, sans déduction pour la capacité des rouffes, etc. (*Déc. du* 25 *mars* 1858.)

employé qu'autant que l'identité du navire serait, en effet, douteuse et pourrait être sérieusement contestée. (*Déc. du 28 juillet* 1849.)

Le droit de tonnage est exigible pour un navire qui est saisi par la douane après son entrée dans un port. (*Déc. du 9 mai* 1844.)

Dans tous les cas où il y a dispense des droits de tonnage, les réparations que subissent les navires (*français* ou *étrangers*) ne les privent pas du bénéfice de cette immunité. (*Déc. du Min. des finances du* 12 *septembre* 1825, *Circ.* n° 943.)

Un navire qui arrive de l'étranger, où il s'est rendu pour être réparé, sous le prétexte que les moyens de radoubs étaient insuffisants, doit supporter les conditions générales du tarif de navigation. (*Déc. du* 2 *juin* 1855.)

Le service n'a pas à exiger ou à recevoir la consignation des droits de navigation.

(3) Le droit de 1 fr. par tonneau (1 fr. 10 cent. avec le décime) n'est exigible qu'au port de *prime-abord*; si le navire se rend ensuite, avec tout ou partie de sa cargaison, dans un autre port de France, il y est affranchi des droits comme effectuant une opération de cabotage. La quittance délivrée au premier port doit être déposée à la douane du port de deuxième escale. Si le capitaine en fait la demande, on lui délivre en échange de ce dépôt, sans frais et en exemption du prix du timbre, un duplicata certifié de cette quittance, en ayant soin d'indiquer, à la souche du registre de recette des droits de navigation d'où ce duplicata est détaché, le motif du retrait du *volant*. Ce duplicata tient lieu de l'expédition primitive, et met le capitaine à même de produire les justifications ultérieures dont il peut avoir besoin. (*Déc. des* 18 *juillet* 1840 *et* 30 *octobre* 1841.)

Le droit n'est pas dû pour un navire pêcheur français qui fait la pêche au large des côtes d'Angleterre. (*Déc. du* 7 *septembre* 1839.)

Un navire français affrété dans le but unique d'aller chercher la cargaison d'un autre navire français qui, parti d'un port étranger à la Grande-Bretagne, a fait naufrage sur les côtes des possessions anglaises en Europe, est affranchi du droit, pourvu qu'expédié sur lest d'un port de France, il se soit rendu directement au lieu du naufrage, et qu'il n'en ait rapporté que les marchandises provenant de la cargaison du bâtiment naufragé. (*Déc. du* 30 *juin* 1841.)

Le navire français qui, après avoir fait des opérations de commerce dans un port de la Grande-Bretagne, se rend dans un autre port étranger, ou dans une colonie française, et de là en France, doit être affranchi du droit de tonnage, la navigation qu'il a effectuée en dernier lieu ne donnant point ouverture à l'application de ce droit. (*Déc. du* 1er *septembre* 1843.)

Voir la note 5 pour les paquebots de l'administration des postes et les bâtiments employés au transport des correspondances.

(4) Aux termes d'une décision du Ministre des finances, en date du 13 mars 1832, les paquebots servant *exclusivement* au transport des voyageurs et de leurs effets ne payent les droits de tonnage qu'à raison d'*un tonneau par chaque passager* qu'ils ont à bord; mais ces droits sont exigibles *pour le tonnage entier* : 1° si le nombre des passagers égale ou dépasse celui des tonneaux constatés par la jauge: 2° si ce nombre est reconnu excéder celui qui a été déclaré en douane, ou si l'on acquiert la preuve du débarquement d'un ou plusieurs voyageurs non compris dans la déclaration; 3° si le paquebot, après n'avoir amené que des passagers, repart avec des marchandises en quantité quelconque. (*Circ.* n° 1311.)

Le nombre des passagers *à l'arrivée* sert seul de base pour la perception des droits. Ceux pris au départ ne sont pas comptés. (*Déc. du Min. des fin. du* 27 *juin* 1832. Par suite, le paquebot qui vient *sur lest* chercher des voyageurs ne paye aucun droit de tonnage. (*Déc. du* 30 *juin* 1832.)

Chaque enfant, quelque soit son âge, compte pour un passager. (*Déc. du* 5 *juill.* 1832.)

Ne font pas obstacle à l'application de la décision ministérielle du 13 *mars* 1832 *les transports par les paquebots* :

1° Des voitures et des chevaux ; seulement on perçoit le droit de tonnage à raison de 2 tonneaux pour chaque cheval, de 3 tonneaux pour une voiture à deux roues, et de 4 tonneaux pour chaque voiture à plus de deux roues (*Circ.* n° 1604) ;

On ne tient pas compte des chevaux embarqués au départ de France (*Déc. du 17 septembre* 1855) ;

2° Des chiens de chasse ou autres. Ceux qui accompagnent isolément les voyageurs ne donnent lieu à aucune perception supplémentaire ; mais, s'il s'agissait d'une meute, chaque chien entraînerait la perception d'un droit de tonnage calculé à raison d'un quart de tonneau (*Déc. du 21 juin* 1841) ;

3° Des dépêches diplomatiques (*Déc. du 30 juin* 1832) et même des dépêches du commerce ; mais, à l'égard de celles-ci, le service doit toujours s'assurer qu'elles ne sont point embarquées en contravention aux règlements de l'administration des postes (*Déc. du 23 juin* 1847) ;

4° Des espèces monnayées et des matières d'or ou d'argent en lingots (*Circ.* n° 1513) ;

5° De la houille nécessaire au paquebot pour sa navigation (*Circ. man. du* 16 *mai* 1836) ;

6° Des petites quantités de thé chargées à titre de provision de bord, à la condition expresse que ce thé ait été nationalisé par le payement des droits ; autrement il y aurait lieu d'exiger le payement du droit de tonnage sur la contenance intégrale du paquebot (*Déc. du Min. des fin. du 27 juin* 1832) ;

7° Des simples provisions, effets à usage, meubles et articles de mode ou de fantaisie que les voyageurs ont avec eux, quand il s'agit d'objets exclusivement à leur usage personnel et appartenant à des personnes arrivées par le même paquebot (*Déc. du 31 juillet* 1832 ; *et Circ. du 8 août* 1846, n° 2124) ;

8° Des marchandises qui se trouvent confondues avec les bagages des voyageurs, pourvu qu'elles soient réexpédiées immédiatement et directement pour l'étranger, et que rien, dans le fait de leur importation, ne soit de nature à faire croire à une tentative de fraude. Si c'est après le départ du paquebot que ces marchandises sont découvertes parmi les bagages, il y a lieu également d'exiger qu'elles soient réexportées dans un court délai, et, au plus tard, lors du prochain voyage du navire importateur, sous peine du payement des droits sur l'intégralité du tonnage. (*Déc. des 30 août et 5 décembre* 1837) ;

Lorsque les bagages comprennent des marchandises faisant l'objet d'une tentative de fraude, le service poursuit l'omission de ces marchandises au manifeste et exige le payement des droits de tonnage sur la contenance intégrale (*Déc. du 9 mars* 1846) ;

9° Des échantillons et petits paquets de marchandises dont le poids n'excède pas 6 kilogr. 25 décagr. (*Déc. du Min. des fin. du 9 février* 1850 ; *Circ.* n° 2367.)

Mais les paquets d'échantillons qui accompagnent les agents du commerce doivent être considérés comme faisant partie de leurs bagages. (*Déc. du 11 janvier* 1851.)

La décision ministérielle du 9 février 1850 a été rendue en vue des paquets pesant 6 kilogr. 25 ou moins, importés isolément, exceptionnellement ; elle n'est pas applicable lorsqu'il s'agit de plusieurs petits colis, quel qu'en soit le poids, renfermant des marchandises semblables, dont le transport prend le caractère d'une opération commerciale. (*Déc. du 16 septembre* 1854.)

Les petits paquets faisant l'objet de la décision ministérielle de 1850 et désignés sous le nom d'articles de messageries, doivent être soumis à toutes les prescriptions relatives au manifeste, à la déclaration, etc. (*Déc. du 2 mars* 1852). On ne doit, à ce sujet, user de tolérance qu'à l'égard d'objets de fantaisie et de menus échantillons accompagnant les voyageurs et qui n'ont pas le caractère de marchandises proprement dites ; mais l'application de cette facilité est laissée à l'appréciation du service et des chefs locaux, qui, dès lors, peuvent exiger la stricte exécution des règlements généraux quand il s'agit de personnes connues comme se livrant à des manœuvres illicites. (*Déc. du 14 novembre* 1857.)

Les navires français venant de l'étranger ne *repartent* pas quand ils reprennent la mer : c'est un nouveau voyage qu'ils entreprennent. Ils se trouvent, à cet égard, dans une situation différente de celle des bâtiments étrangers. Aussi, quels que soient les faits antérieurs à son entrée dans un port de France, un paquebot français ne doit être assujetti aux droits de tonnage qu'à raison du nombre de passagers existant à bord *à l'arrivée*. (*Déc. du* 13 *mai* 1848.)

La décision ministérielle du 13 mars 1832 concerne les paquebots à voiles ou à vapeur spécialement disposés pour le transport des passagers et faisant notoirement, d'ordinaire, l'office de diligence de mer ; elle n'est pas applicable aux navires qui transportent accidentellement des passagers. (*Déc. du* 22 *août* 1849.)

Si les navires satisfont aux conditions réglementaires, il n'y a pas à s'occuper de la navigation qu'ils ont pu effectuer avant de partir en dernier lieu de l'étranger pour France. Dans le cas où, étant à destination de l'étranger, ils débarqueraient des passagers *en rade* d'un port français (*V.* Livre III, n° 322), le débarquement ne fût-il que momentané, le droit de tonnage serait, à cause de la difficulté d'agir autrement, perçu à raison du nombre des personnes ainsi débarquées, sans se préoccuper de celles restées à bord. Dans le cas où le navire entre dans le port, il est, au contraire, tenu compte de tous les passagers qui se trouvent à bord. (*Déc. du* 23 *mai* 1857.)

Les paquebots affectés au transport des voyageurs et les paquebots-poste peuvent transporter des poissons soit d'eau douce, soit d'eau de mer, frais, sous la condition de payer le droit de tonnage calculé à raison d'un tonneau par 500 kilogr. de poisson. (*Déc. min. du* 10 *janvier* 1857; *Circ. du* 16, n° 441, *et Déc. min. du* 15 *juillet* 1865, *transmise le* 24.)

Les paquebots jouissent d'ailleurs, sous le rapport des droits de navigation, des immunités accordées aux autres bâtiments de mer, lorsqu'ils se trouvent dans les conditions auxquelles l'application de ces immunités est subordonnée.

(5) Les seuls bâtiments frétés pour le compte de l'Etat qui soient, à ce titre, exempts du droit de tonnage, sont ceux dont l'équipage est *nourri et soldé par le Gouvernement*. (*Déc. min. des* 17 *brumaire an V et* 6 *pluviôse an VII*.) Pour l'obtention de la franchise, il est nécessaire, en pareil cas, que les capitaines représentent : 1° l'ordre spécial du service indiquant le lieu d'où ils partent et où ils prennent leur chargement ; 2° une facture signée des administrateurs des ports, sur laquelle sont désignées la nature et la destination de ce chargement. (*Circ.* n° 520.)

Ne jouissent pas de l'exemption des droits les navires simplement frétés pour le compte du Gouvernement à tant par tonneau, et dont l'équipage est entretenu par des armateurs particuliers. Seulement, si le capitaine n'est point en mesure de payer les droits de tonnage, le chef civil ou militaire qui a affrété le bâtiment peut être admis à fournir, pour ce capitaine, à la responsabilité duquel il se substitue alors, une soumission en due forme de les acquitter à la fin du mois au bureau des douanes. (*Circ. du* 21 *prairial an IV*.)

Tout navire frété pour le compte de l'Etat, à bord duquel seraient chargées, par supplément, *des marchandises de commerce* (*sauf l'exception mentionnée au* § 2 *de la présente note*), perdrait, par ce fait, tous droits à la franchise des taxes de tonnage. (*Circ.* n° 520.)

L'immunité des lois est applicable aux paquebots de l'administration des postes faisant le service des dépêches de Calais à Douvres, lors même qu'ils transportent en même temps des voyageurs avec leurs voitures, chevaux et bagages, ou bien des échantillons ou paquets de marchandises dont le poids n'excède pas 6 kil. 25 décag. *V.* la note 4. (*Déc. du Min. des fin. des* 27 *juin et* 29 *juillet* 1826 *et* 9 *février* 1850, *Circ.* n° 2367.)

La taxe de tonnage n'est pas due (même à raison d'un tonneau par passager) sur un navire-poste qui, entré avec des passagers, repart avec les dépêches. Elle ne serait exigible qu'à l'égard d'un navire venu sans malle, avec des voyageurs, et repartant également sans malle. (*Déc. du 1ᵉʳ mai* 1855.)

L'immunité s'étend également aux bâtiments de l'Etat ou frétés pour le compte de l'Etat, que les Gouvernements de la France et de la Grande-Bretagne emploient au transport des correspondances entre les deux pays. (*Convention postale du* 24 *septembre* 1856 ; *Circ. du* 18 *décembre suivant,* n° 437.

Les paquebots anglais employés au transport des dépêches entre l'Angleterre et la France, bien qu'ils appartiennent à des particuliers, sont affranchis du droit de tonnage, lorsqu'ils ne se livrent à aucune opération de commerce. (*Déc. min. du* 13 *septembre* 1854, *transmise le* 16.)

Les paquebots-poste peuvent transporter des poissons d'eau douce, frais, sous la condition de payer le droit de tonnage calculé à raison d'un tonneau par 500 kilogr. de poisson. (*Déc. min. du* 10 *janvier* 1857 ; *Circ. du* 16, n° 441.)

(6) Un parlementaire perd son titre à l'immunité lorsqu'il a à bord des marchandises ou s'il amène des passagers, à moins que ce ne soient des prisonniers (*Déc. du Min. des fin. du* 8 *vendémiaire an X*), ou des individus dont les frais de passage sont à la charge du Gouvernement (*Déc. du* 14 *pluviôse an XII*); mais le navire parlementaire peut, sans cesser d'avoir droit à la franchise, prendre au retour des marchandises ou des passagers. (*Déc. du* 3 *nivôse an V.*)

(7) Aux termes de l'art. 1ᵉʳ du titre 6 de la loi du 22 août 1791, le capitaine de tout navire qui entre dans un port de France *en relâche forcée* est tenu de justifier par un rapport, dans les vingt-quatre heures de son arrivée, des causes de cette relâche. Les employés des douanes ont, de leur côté, le droit de procéder à l'interrogatoire des gens de l'équipage, afin de constater, contradictoirement avec le rapport du capitaine, la réalité des causes de la relâche (*Loi du* 4 *germinal an II, titre* 2. *art.* 11) ; mais il leur est recommandé de n'user de cette faculté qu'en cas de suspicion de fraude. (*Circ. du* 4 *juillet* 1838, n° 1694.) V. n° 318.

Si le navire se rend dans un autre port de France, on doit mentionner, sur le congé dont le capitaine est porteur, que la relâche n'ayant été suivie d'aucune opération de commerce, les droits de navigation n'ont pas été perçus. (*Circ. man. du* 14 *avril* 1835.)

L'immunité doit être refusée si la relâche donne lieu à une opération commerciale quelconque. (*Circ.* n° 1333.) Toutefois, ne sont pas considérés, en cas de relâche forcée, comme *opération de commerce*, le débarquement et le rechargement des marchandises pour la réparation du navire; le transbordement sur un autre navire, en cas d'innavigabilité du premier; les dépenses nécessaires au ravitaillement des équipages; l'embarquement des objets reconnus indispensables pour la navigation du navire (*Déc. du* 21 *janvier* 1863), et la vente des marchandises avariées, lorsque l'administration en a donné l'autorisation. (*Circ.* n° 1694, *et Circ. du* 13 *mars* 1850, n° 2378.) Mais, sauf ces derniers cas, il en serait autrement si le navire embarquait d'autres marchandises que celles qui ont été mises à terre, ou s'il ne remportait pas toutes celles-ci.

Les bateaux à vapeur forcés de relâcher à défaut de combustible à bord, pour continuer leur navigation, peuvent charger du combustible sans perdre le bénéfice de l'immunité des taxes de tonnage. (*Déc. du* 10 *juin* 1842.)

Le navire qui est dépecé au port de relâche jouit de l'immunité quand la cargaison entière est transportée au port de destination. (*Déc. du* 25 *septembre* 1835.) V. navires abandonnés, note 8.

La déclaration de relâche forcée ne peut être reçue lorsque le navire est entré dans le port de sa destination, indiquée par les papiers de bord. (*Déc. du* 5 *juillet* 1850.)

Mais il y a lieu de considérer comme étant en relâche forcée un navire français qui, venu d'Angleterre et ayant été abandonné par suite de naufrage, est conduit au port de sa destination pour y être réparé. (*Déc. du* 9 *juin* 1849.)

Tout navire en relâche forcée peut, sans être privé de l'immunité des taxes de navigation, charger des produits tirés de l'intérieur et destinés à l'approvisionnement de bord, lorsque ces produits n'excèdent pas le nécessaire. Relativement aux produits qui, placés en entrepôt, seraient pris en réexportation, il n'existe d'exception qu'en ce qui concerne les denrées et le tabac pour l'avitaillement des navires français expédiés à la grande pêche, et la houille pour leur approvisionnement de bord. *V.* Livre XI, chap. 12. Avitaillement des navires, n° 1906. (*Déc. du 25 juillet* 1851.)

(8) Le sauvetage de la cargaison ne prive pas de l'immunité. (*Déc. du 7 frimaire an III.*)

Le navire qui, après avoir échoué sur la côte, reprend la mer sans entrer dans un port, ne doit pas le droit de tonnage, lors même qu'il ne remporte pas la totalité de sa cargaison. (*Déc. du 22 avril* 1839.)

L'exemption du droit de tonnage est acquise à tout navire *abandonné* de fait par suite d'échouement, alors même qu'il est ultérieurement conduit dans un port pour être réparé et que tout ou partie de sa cargaison a été sauvée et vendue pour la consommation intérieure. (*Déc. des 11 juin* 1842 *et 23 mars* 1853.)

On doit aussi considérer comme *abandonné*, dans le sens de la loi, et par conséquent affranchir du droit de tonnage: 1° le navire échoué qui, sans être abandonné de fait tout d'abord, et après avoir été remis à flot, est vendu pour être dépecé (*Déc. du 23 août* 1842); 2° le navire qui, après avoir effectué son débarquement dans un port de relâche ou de destination, y est délaissé et vendu pour être dépecé. (*Déc. du 10 octobre* 1844.)

Le navire détruit par un incendie, après le débarquement de sa cargaison au port de destination, est affranchi du droit de tonnage. (*Déc. du Min. des fin. du 2 décembre* 1842.)

(9) L'immunité est acquise, soit que le sauvetage ait lieu sur les côtes, soit qu'il s'effectue en pleine mer. (*Déc. du 1er février* 1841.)

Le sauvetage de la cargaison ne prive pas le navire de l'exemption du droit de tonnage. (*Circ. n° 1333.*)

Un navire français ou étranger, abandonné en mer par son équipage et sauvé par des pêcheurs ou des marins français, doit être affranchi du droit de tonnage, bien qu'il soit conduit dans un port de France et rendu à son propriétaire, après avoir débarqué tout ou partie de sa cargaison. (*Déc. du 11 juin* 1844.)

(10) L'existence, à bord de ces navires, de marchandises qui ne forment pas le 20e de leur tonnage, ne les prive pas de l'immunité accordée aux bâtiments sur *lest*, et n'entraîne le payement de droit que pour un nombre de tonneaux égal à la place qu'elles occupent; mais, si les marchandises dépassent cette proportion, le droit intégral est dû. Les cargaisons de sel doivent être réputées complètes lorsqu'elles équivalent aux 14/15es de la capacité du navire. Toutefois, si l'autre 15e est. en totalité ou en partie, rempli par d'autres marchandises, le droit se perçoit au prorata de la place qu'occupent celles-ci. Lorsque le sel chargé à bord d'un navire ne représente pas les 14/15es de sa capacité, le droit est exigible, sans défalcation du 15e de tolérance, pour toute la partie du tonnage qui ne contient pas de sel, soit qu'elle reste vacante, soit qu'on y place d'autres objets. (*Déc. min. des 17 juillet* 1828 *et 12 janvier* 1832 ; *Circ. nos 1113 et 1299.*)

Pour les navires dont le chargement consiste en sel, le tonneau de mer est représenté par 1,000 kilogrammes de cette denrée. (*Déc. du 31 octobre* 1840.)

(10 *bis*) Quand le sel doit être pris ailleurs qu'au port même où le navire arrivant de l'étranger a débarqué sa cargaison, l'exemption des droits de tonnage est néanmoins accordée au port de prime-abord, sur déclaration faite par le capitaine de son intention d'aller charger du sel dans un autre port à destination de l'étranger, ou, s'il s'agit de navires français, de la pêche de la morue; mais la franchise n'est alors concédée qu'à titre provisoire, et sous la garantie d'une soumission cautionnée

portant engagement d'acquitter les taxes dans le cas où il ne serait pas justifié, *dans un délai convenablement limité*, au moyen d'un certificat de la douane du port où le capitaine aurait déclaré se rendre, qu'il y a effectivement embarqué un chargement de sel pour l'exportation. Cette douane doit avoir soin de faire connaître, par ce certificat, si le chargement a été *complet* ou *partiel*, afin de mettre la douane de prime-abord en mesure de réclamer, au besoin, la portion du droit de tonnage qui, dans cette dernière hypothèse, resterait due. (*Circ: du 1er juin 1855, n° 293.*)

Dans le cas où un navire est chargé de sels et d'autres produits représentant, à raison de 1,000 kil. le tonneau, une contenance supérieure à sa jauge légale, on procède comme il a été prescrit, par la circ. man. du 29 avril 1856, à l'égard des parties de céréales, lorsque celles-ci donnent ouverture à l'exemption du droit de tonnage. Ainsi, une proportion est établie entre la contenance réelle du navire, la jauge légale et le tonnage partiel accusé par la quantité de sel, d'où résulte la portion de tonnage à affranchir du droit de navigation. (*Déc. du 21 août 1856.*)

Le navire qui, effectuant dans plusieurs ports le déchargement de sa cargaison, est, dans chacun d'eux, passible des droits de tonnage (note 18), n'obtient que dans le dernier l'immunité relative à l'exportation des sels. (*Déc. du 6 juin 1859.*)

L'immunité peut être accordée lorsque le capitaine étranger, qui avait tout d'abord déclaré aller à l'étranger, a, au moment de partir, changé sa destination et s'est rendu directement dans un port français pour y charger du sel d'origine nationale, si, toutefois, certaines circonstances, telles qu'un court trajet, etc., démontrent que le navire n'a pas touché à l'étranger. (*Déc. du 18 octobre 1861.*)

(10 *ter*) Les navires étrangers venus en France pour y charger des vins, des vinaigres ou autres liquides dérivés du vin, des eaux-de-vie, du cidre ou de l'essence de térébenthine d'origine française, qu'ils emploient à cet usage, soit des futailles vides apportées par eux, *V.* n° 558, soit des récipients de même nature, de fabrication française, achetés sur place, sont affranchis du payement des droits de tonnage toutes les fois qu'ils ne pratiquent aucune opération de commerce autre que l'embarquement de ces liquides, et que, d'ailleurs, le service des douanes a la garantie que toutes les futailles étrangères mises à terre ont été intégralement réexportées, sans qu'il y ait eu de substitution. (*Déc. min. du 17 août 1861; Circ. du 28, n° 785.*)

Il n'y a pas de distinction à faire entre les liquides contenus dans des bouteilles ou autres récipients et ceux qui sont exportés au moyen de futailles.

Lorsqu'un navire étranger, n'ayant pratiqué aucune opération de commerce à l'entrée, n'embarque d'autres produits que les liquides indiqués dans la décision min. du 17 août 1861, l'exemption complète des droits de tonnage lui est acquise, quelle que soit l'importance de son chargement.

Quand, au contraire, le bâtiment prend une cargaison mixte, c'est-à-dire composée en partie de boissons, et, en partie, d'autres marchandises, le droit de tonnage, s'il est exigible d'après la condition dans laquelle se trouvait le navire à son arrivée, est perçu proportionnellement à l'espace occupé par ces dernières marchandises. (*Circ. lith. du 30 novembre 1861.*)

(11) L'immunité n'est acquise qu'autant qu'il est justifié que le sel exporté provenait de France et qu'il en a été expédié à destination *directe* de la Grande-Bretagne. Cette justification s'établit par la représentation des connaissements et de la quittance du droit de sortie des sels. (*Circ. n° 1144; Déc. du 16 janvier 1837, et Circ. du 1er juin 1855, n° 293.*)

(11 *bis*) Le bénéfice des dispositions énoncées en la note 10 *ter* est applicable au navire français qui, parti de France avec un chargement de vins, eaux-de-vie, etc., revient sur lest d'Angleterre. (*Déc. min. du 19 août 1862, transmise le 21.*)

(12) L'exemption du droit de tonnage n'est accordée, en pareil cas, qu'à la condition que le navire se soit rendu directement au lieu du naufrage, et qu'il n'ait rapporté que les seules marchandises provenant du bâtiment naufragé.

(13) Le droit à percevoir est celui qui affecte le pavillon du paquebot, selon que le pays auquel il appartient a ou non un traité de navigation avec la France. Il existe, pour les paquebots *danois* et *belges*, un régime particulier, que l'on trouvera indiqué au *Tableau des droits.*

Voir, d'ailleurs, la *note* (4), dont les dispositions sont, en tous points, applicables aux paquebots étrangers comme aux paquebots français.

(14) Les navires frétés pour des voyages d'agrément, et qui ne font dans les ports français aucune opération de commerce, peuvent être affranchis des droits de navigation. (*Circ. du 9 novembre* 1820, n° 616.)

Les yachts ou embarcations de plaisance appartenant à des sujets des pays avec lesquels il a été conclu des traités, *V.* Livre XI, ch. 8, jouissent en France de l'exemption des droits de navigation, sous les conditions suivantes : ils doivent être munis d'un titre authentique établissant leur qualité de bâtiment d'agrément; ils s'abstiendront de toute opération de commerce et remmèneront toutes les personnes qu'ils auront amenées et qui se trouvaient à bord au moment de leur arrivée. A défaut d'accomplissement de l'une de ces dispositions, le droit commun est appliqué. (*Circ. du 2 juin* 1859, n° 592.)

Pour les sociétés dites yacht-clubs, les dispositions suivantes ont été adoptées :

1° Chaque société adresse, tous les ans, à l'administration un état complet de tous les navires de l'espèce, avec l'indication de leurs noms, de celui du propriétaire, de leur tonnage, de leur forme particulière; une copie de cet état est transmise par l'administration dans tous les ports où l'on pourrait réclamer la franchise.

2° Chaque bâtiment doit être muni d'un certificat que le commandant présente à la douane d'arrivée, et qui est délivré par le secrétaire de la société. (*Circ. du 18 novembre* 1821, n° 688.)

Une embarcation venue dans un port pour y prendre part à des régates peut, à titre d'exception, être admise au bénéfice du régime des yachts. (*Déc. du 14 septembre* 1857.)

Un étranger résidant en France depuis longtemps, et qui y aurait fait construire un yacht, pourrait obtenir un passeport annuel. (*Déc. du 9 juin* 1842.)

Les dispositions de la circulaire n° 616 sont également applicables aux yachts français qui arrivent du royaume-uni de la Grande-Bretagne ou de ses possessions en Europe. (*Déc. du 17 octobre* 1842; *Circ. du 2 juin* 1859, n° 592.)

Lorsqu'un yacht français ne doit être employé qu'à des voyages d'agrément, et si les intéressés le demandent, le service des douanes constate, par un certificat qu'il annexe, sous cachet, au congé de navigation, à quelle destination est réservé le navire. *V.* n° 624.

Pour obtenir dans les ports étrangers la concession de l'immunité des droits de navigation, les intéressés ont à se pourvoir, en temps utile, auprès du Département des affaires étrangères. (*Déc. des 28 juin* 1849 *et 16 avril* 1852.)

Sur les points du littoral fréquentés par de nombreux voyageurs, les bateaux à vapeur étrangers peuvent servir à des promenades de quelques heures en mer pour rentrer dans le même port, sans toucher à aucun autre port français ou étranger. Sous aucun prétexte, ces bâtiments ne sauraient transporter des passagers entre les divers ports de France. (*Déc. du 14 août* 1850.)

(15) L'exemption de droit dont jouissent les *allèges* ne s'applique qu'aux embarcations qui servent à transporter dans un même port ou dans une même rivière des marchandises prises à bord d'un navire qui a lui-même acquitté le droit de tonnage dans les cas où il est dû. (*Déc. min. du 25 mars* 1806 *et Circ. du 28.*)

Les navires étrangers ne doivent être employés comme allèges qu'en cas d'urgence. (*Circ.* n° 1333.)

Les navires français employés comme allèges sont, dans tous les cas, exempts des droits de tonnage. (*Déc. du 24 juillet* 1849.)

(16) L'immunité demeure acquise lors même que le navire ne serait pas déclaré de bonne prise, pourvu qu'il n'y ait eu ni achat ni vente de marchandises. (*Circ.* n° 1333.)

Elle s'étend aux navires saisis en mer ou sur le littoral et conduits dans un port par les saisissants. (*Déc. du 27 septembre* 1851.)

(17) Le navire étranger qui, en vertu d'une autorisation spéciale, vient *sur lest* prendre un chargement pour un autre port de France, est, à son arrivée, traité comme français, quel que soit son point de départ; mais si, au lieu d'être *sur lest*, le navire arrive de l'étranger avec une cargaison quelconque, il est passible du droit afférent à son pavillon. (*Déc. min. du 22 pluviôse an VII; Circ. du 25.*) Ce dernier droit est également dû, tant par les navires sur lest que par les navires chargés, si l'autorisation de cabotage n'est donnée qu'après leur entrée dans le port.

(18) Navires venant d'un autre port de France pour opérer, continuer ou compléter leur chargement. Pour être affranchi, en pareil cas, des droits de navigation, il faut justifier du payement de ces droits au port de prime-abord (*Circ.* n° 1371), ou, si ce port est celui de Marseille, prouver qu'on y a débarqué ou embarqué des marchandises d'un encombrement supérieur au dixième du tonnage du navire. Ce dixième peut être formé *cumulativement* de marchandises débarquées et de marchandises embarquées. Le droit serait dû, nonobstant ces justifications, si l'on effectuait un déchargement quelconque dans les ports secondaires. (*Circ.* n° 1289; *Déc. du 15 mars* 1841.)

La quittance délivrée au port de prime-abord doit être déposée à la douane du port de seconde escale; mais, lorsque le capitaine le demande, on lui en remet un duplicata sans frais et en exemption du prix du timbre, sur un imprimé détaché du registre de recette des droits de navigation, en ayant soin d'indiquer à la souche le motif du retrait du *volant*. Ce duplicata peut servir de justification au troisième port. (*Déc. du 11 février* 1835.)

Le navire qui débarque des futailles vides et qui rembarque intégralement *les mêmes futailles*, après qu'elles ont été remplies, ne fait pas un déchargement proprement dit et conserve ses titres à l'immunité. (*Déc. du 15 juillet* 1836.) Le bénéfice de cette décision est, sous les conditions qu'elle détermine, étendu aux sacs vides destinés à être remplis. (*Déc. du 13 juin* 1851.) Dans le cas où le navire ne rembarquerait qu'une partie des futailles mises à terre, le droit de tonnage serait exigible. (*Déc. du 23 novembre* 1863.)

Le navire venant *sur lest* d'un autre port de France, avec un passeport indiquant *l'étranger* pour destination, jouit de l'immunité s'il résulte de ses autres papiers de bord et des circonstances de la navigation qu'il a fait voile directement pour le port français où il se présente, et qu'il n'a pas touché à l'étranger. (*Déc. du 8 juin* 1841.)

Dans les cas prévus ci-dessus, l'exemption du droit est acquise aux navires, même lorsqu'ils ne trouvent rien à charger. (*Déc. du Min. des fin. du 4 mai* 1829; *Circ.* n° 1161.)

Ces dispositions impliquent ou que le navire étranger a terminé son déchargement au port de prime-abord, ou, tout au moins, qu'il ne peut opérer aucun déchargement dans les autres ports, sans y supporter les droits de tonnage. Cependant, aux termes de plusieurs traités de commerce, les navires de certains pays peuvent se rendre au port de prime-abord, où ils ont été soumis aux taxes de navigation, à un ou plusieurs autres ports, pour y décharger tout ou partie de la cargaison par eux apportée de l'étranger et pour former successivement leur cargaison de retour; mais le cabotage leur est formellement interdit. *V.* Livre XI, ch. 8, *Traités de commerce.*

(19) Le trajet d'un port en rivière à un autre port situé dans une autre rivière, en empruntant la mer, donne ouverture au droit. (*Déc. min. du 11 fructidor an V.*)

(20) Le droit de 1 fr. 25 c. ne s'applique qu'aux navires qui se trouveraient placés dans une condition moins avantageuse par les règles générales ou particulières qui les concernent. (*Déc. du 28 novembre* 1835.)

(21) Les droits de navigation seraient dus, si la nécessité de la relâche n'était pas régulièrement constatée, ou si cette relâche était suivie d'une opération de commerce quelconque.

Ne seront pas considérés, en cas de relâche forcée, comme opérations de commerce, le débarquement et le rechargement des marchandises pour la réparation du navire ; le transbordement sur un autre navire, en cas d'innavigabilité du premier ; les dépenses nécessaires au ravitaillement des équipages, et la vente des marchandises avariées ; lorsque l'administration des douanes en aura donné l'autorisation.

Voir la *note* (7), dont les dispositions sont applicables aux navires étrangers aussi bien qu'aux navires français.

Voir aussi, pour les immunités particulières dont jouissent, *en cas de relâche forcée*, les navires de certaines puissances, le *Tableau des droits.*

L'exemption du droit de tonnage, pour les navires étrangers *en relâche forcée,* n'entraîne pas celle du droit de passeport, qui doit toujours être acquitté. (*Déc. du* 1er *juillet* 1841.)

(22) Les droits de navigation seraient dus, dans ce cas, si l'on ne fournissait pas la preuve qu'ils ont été acquittés dans le port d'où arrive le navire, ou si l'on faisait, au port de relâche, un débarquement de marchandises, lors même que celles-ci seraient atteintes d'avaries. (*Circ.* n° 272, *et Déc. du* 7 *janvier* 1842.)

Pour les navires venant de Marseille, il faut que l'on justifie qu'on y a embarqué ou débarqué des marchandises d'un encombrement supérieur au dixième du tonnage du bâtiment. (*Circ.* n° 1289.) Voir, à cet égard, la *note* (18).

(23) L'arrivée ultérieure au port de destination d'un navire étranger en relâche forcée doit être assurée par un acquit-à-caution. Si le capitaine ne pouvait fournir la caution requise, les droits de navigation seraient perçus ; mais on aurait soin de certifier au dos de l'acquit de payement que la relâche n'a eu lieu que par cas de force majeure, et que, pendant sa durée, le bâtiment n'a opéré ni chargement ni déchargement. Au moyen de la production de cette quittance, les droits ne seraient pas exigés de nouveau au port de destination. En cas d'autres relâches forcées avant la fin du voyage, les employés des ports où elles auraient lieu se borneraient à les constater en visant l'acquit-à-caution ou l'acquit de payement délivré au port de première relâche. (*Circ. des* 3 *floréal an IV,* 1er *frimaire an VI et* 10 *messidor an X.*)

(24) Il faut, pour qu'ils jouissent de l'immunité, que leur cargaison soit réexportée intégralement. (*Circ. du* 11 *frimaire an VI.*) Si tout ou partie de cette cargaison était mis en entrepôt, les droits de navigation devraient être perçus.

(25) L'exemption de droits n'est acquise qu'autant que l'on justifie du payement de ces droits au premier port de relâche, et qu'on n'effectue, dans les ports secondaires, ni chargement ni déchargement de marchandises. (*Ord. du* 24 *février* 1815.)

(26) Le capitaine doit, en pareil cas, s'abstenir de toute opération commerciale et reprendre la mer aussitôt que le danger est passé. (*Déc. du* 1er *ventôse an XII.*)

(27) Les bateaux pêcheurs étrangers que le mauvais temps oblige à chercher un refuge dans nos ports en doivent repartir dès qu'il est possible de remettre à la voile, et sans faire aucun déchargement ni chargement quelconque ; autrement les droits seraient dus. (*Circ.* n° 142.)

(28) Indépendamment des immunités particulières stipulées dans les traités qui les concernent, ces navires doivent aussi jouir de toutes celles qui sont accordées, par les règlements généraux, aux navires étrangers de tous pavillons.

(29) Pour la nationalité des navires espagnols, *V.* Livre XI, chap. 8.

(30) C'est par assimilation aux navires français que les navires espagnols sont, dans ce cas, assujettis au droit de 1 fr. par tonneau ; aucun pavillon ne peut être traité plus favorablement que le pavillon français. (*Déc. du* 26 *mars* 1847.)

(31) Le droit de 5 fr. par tonneau, dont sont passibles les navires des États-Unis, est affranchi du décime additionnel. (*Circ.* n° 753.) Il est dû même quand le navire

vient d'ailleurs que des États-Unis (*Déc. du* 16 *octobre* 1837); mais le capitaine qui justifie avoir payé ce droit au premier port d'arrivée en est affranchi dans les autres ports où il aborde dans le cours d'un même voyage. (*Circ.* n° 1623.)

Un navire américain qui, après avoir pris des marchandises à l'étranger, vient en France compléter son chargement en sels et en vins français (*V.* notes 10 bis, 10 ter) est exempt des droits de tonnage s'il ne se livre à aucune autre opération de commerce. (*Déc. du* 13 *janvier* 1863.)

Ce droit doit être calculé d'après le nombre de tonneaux porté sur le registre du bord. (*Traité du* 24 *juin* 1822, *art.* 5.) En général, les capitaines américains déposent à la douane, avec le manifeste et les autres pièces de bord, un *extrait* de leur *registre*, signé d'eux ou de leur courtier, et dans lequel se trouvent rappelés le nom du navire, celui du capitaine et la contenance du bâtiment. Cet extrait, ainsi que le registre lui-même, est remis au commis chargé de recevoir les déclarations d'entrée, lequel, après s'être assuré de leur parfaite concordance et en avoir fait mention expresse sur le registre de transcription des manifestes, les transmet au contrôleur à la navigation, qui s'assure, à son tour, de l'exactitude de l'*extrait* et le garde à l'appui de ses écritures. La production d'un *extrait* du livre de bord n'étant point rigoureusement obligatoire, on se bornerait, si l'on ne pouvait amener les capitaines à le remettre volontairement, à exiger que le *registre* fût représenté, en même temps que le manifeste, à l'employé chargé de la transcription de ce dernier acte, afin que celui-ci pût prendre note du tonnage du navire sur le registre des manifestes ; puis le livre de bord serait exhibé au bureau de la navigation, où le nombre des tonneaux serait pareillement constaté, et il serait ensuite rendu au capitaine. (*Circ. man. du* 31 *mars* 1841.)

(32) L'immunité accordée, à titre de réciprocité, aux navires américains qui entrent en relâche dans nos ports, devrait être refusée si la nécessité de la relâche n'était pas constatée ou si elle était suivie d'une opération de commerce quelconque. (*Circ.* n° 1909.) *V.* aussi la *note* (7) ci-dessus.

(33) Le droit de 1 fr. par tonneau est passible du décime additionnel et doit être perçu dans chacun des ports où le navire anglais se rend pour décharger une partie de sa cargaison. (*Circ. man. du* 31 *mars* 1835.) Ce droit n'est d'ailleurs applicable qu'aux navires arrivant *directement* d'Angleterre ou de ses possessions en Europe. Tout navire anglais qui, parti de l'un de ces points, aurait relâché *volontairement*, pendant sa traversée, dans un port étranger n'appartenant pas au Royaume-Uni, devrait être considéré comme venant de ce dernier port et assujetti, à ce titre, au droit de 3 fr. 75 c. par tonneau, lors même que sa cargaison serait exceptionnellement admise au bénéfice du traité. (*Circ. lith. du* 14 *août* 1845.)

Les bâtiments de l'Etat ou frétés pour le compte de l'Etat, qui sont employés au transport des correspondances, sont affranchis des taxes de navigation. *V.* à cet égard la *note* (5).

Un navire anglais expédié avec chargement d'ailleurs que des possessions britanniques en Europe, à destination de l'étranger, est passible du droit de 3 fr. 75 c. par tonneau s'il relâche forcément en France. (*Déc. min. du* 20 *décembre* 1834; *Circ.* n° 1471.)

Le navire anglais qui, expédié du Royaume-Uni à destination de l'étranger, ramène en France un navire français trouvé en mer après avoir été abandonné, ne saurait être affranchi des taxes de navigation, lorsque le capitaine réclame l'indemnité de sauvetage déterminée à l'égard des épaves. *V.* Liv. XI. (*Déc. du* 12 *mai* 1855.)

Il y a exemption des droits de tonnage à l'égard d'un navire anglais expédié du Royaume-Uni pour effectuer le sauvetage ou le remorquage d'un navire étranger naufragé sur les côtes de France et qu'il conduit dans un port ; mais il faut alors que le navire sauveteur n'y opère ni débarquement, ni embarquement de marchandises. (*Déc. des* 4 *décembre* 1826, 26 *mai* 1827, 22 *octobre* 1828, 19 *décembre* 1843 *et* 30 *mars* 1859.)

(33 *bis*) Un navire anglais qui, après être entré dans un port et y avoir déchargé sa cargaison, en sort sur *lest* pour remorquer un navire, est exempt du droit de tonnage pour sa seconde entrée sur lest : il est considéré comme venant sur lest d'ailleurs que d'un port de la domination britannique en Europe. (*Déc. du 5 octobre* 1849.)

(34) Les navires anglais de 30 tonneaux et au-dessous qui viennent dans les ports de la Manche sur *lest* ou avec des marchandises taxées à moins de 20 fr. par 100 kil., sont de droit réputés *smogleurs*, lors même qu'on ne les déclarerait pas tels, s'ils prennent des marchandises étrangères dans les entrepôts spéciaux du smoglage. (*Circ.* n° 922, *et Déc. des 9 septembre* 1834 *et* 27 *février* 1836.)

Placés en dehors de la convention du 26 janvier 1826, ces smogleurs ne jouissent d'aucune des immunités résultant dudit traité. (*Déc. du 31 juillet* 1834.)

Les navires anglais de plus de 30 tonneaux, ainsi que tous les autres navires étrangers qui viennent prendre des marchandises dans les entrepôts du smoglage, doivent être soumis aux règles générales des réexportations et de la navigation. (*Déc. du 28 novembre* 1835.)

(35) Le droit de tonnage est dû si la relâche forcée n'est pas régulièrement constatée ou si elle donne lieu à une opération de commerce quelconque. (*Traité du 26 janvier* 1826, *art.* 5, *et Circ.* n° 1471.) *V.* aussi la *note* (7) ci-dessus.

(35 *bis*) Le bénéfice de la taxe de 1 fr. est applicable nonobstant la vente et la mise en consommation de marchandises avariées, si le navire remporte la totalité des autres produits composant sa cargaison. (*Déc. du 14 janvier* 1864.)

(36) Les droits de tonnage exigibles des navires danois sont affranchis du décime additionnel. (*Ord. du 2 septembre* 1844 *et Circ.* n° 2036.)

(36 *bis*) Le droit se perçoit sur le tonnage constaté d'après le mode de jaugeage usité en France. (*Circ. du 26 août* 1865, n° 1009.)

(37) Les différents droits, tous passibles du décime additionnel, se perçoivent sur le tonnage constaté d'après le mode de jaugeage usité en France. (*Circ. du 10 août* 1863, n° 922.)

(38) Les paquebots du royaume d'Italie, ou frétés et subventionnés par cet Etat, affectés au transport des dépêches, sont exempts de tous droits de tonnage et de navigation, à moins qu'ils ne prennent ou ne débarquent des marchandises, cas auxquels ils sont traités comme les bâtiments nationaux.

Ils peuvent, dans les ports où ils abordent d'ordinaire ou accidentellement, embarquer ou débarquer des espèces ou matières d'or ou d'argent, ainsi que des passagers de toute nation, avec leurs hardes ou effets personnels.

Ils peuvent aussi, sans mouiller, s'ils le jugent convenable, envoyer ou faire prendre en rade ou à portée des ports, la correspondance et les passagers. (*Convention du 4 septembre* 1860; *Décret du 24 novembre* 1860; *Circ. du 15 décembre* 1860, n° 713.)

(38 *bis*) *V.* n° 788 pour les conditions de ce cabotage.

(39) Il faut que le voyage ait été direct. (*Conv. additionn. du 12 mai* 1847, *art.* 2; *Décret du 21 février* 1852, *et Circ. du 3 mars suivant,* n° 10.) Un navire des Deux-Siciles, exempté des droits de navigation au port de prime-abord, peut, sous le bénéfice de la même immunité, se rendre à un ou plusieurs autres ports, pour y décharger tout ou partie de sa cargaison.

(40) Il n'y a pas de distinction à faire, pour l'application du bénéfice du traité du 12 mai 1847, entre les navires à vapeur qui transportent exclusivement des voyageurs et ceux qui sont employés au transport des marchandises. Dans l'un comme dans l'autre cas, l'assimilation au pavillon français est de droit, si les conditions résultant du traité se trouvent remplies, c'est-à-dire si les navires, alors même qu'il y a eu escale intermédiaire, ont été primitivement expédiés des Deux-Siciles, ou s'ils sont destinés pour un port de ce royaume. Quant aux navires à vapeur napolitains qui

seraient exclusivement affectés aux voyages entre la France et les pays autres que les Deux-Siciles, ils deviendraient passibles des taxes afférentes aux pavillons étrangers. (*Circ. du 3 mars* 1852, n° 10.)

(41) Il faut que le voyage ait été direct. (*Traité du 15 février* 1853, *art.* 7 ; *Décret du 15 mars suivant; Circ.* n° 99.) Un navire toscan, affranchi des droits de navigation au port de prime-abord, peut, sous le bénéfice de la même immunité, se rendre à un ou plusieurs autres ports, pour y décharger tout ou partie de sa cargaison.

(42) La perception des droits de navigation, des taxes sanitaires, etc., s'effectue d'après la jauge portée à la patente ou titre officiel qui établit la nationalité du navire. (*Traité du 15 février* 1853, *art.* 7; *Circ. du 21 mars suivant,* n° 99.)

(43) Ces droits doivent être perçus sur le tonnage constaté d'après le congé ou le passeport du navire. (*Décret du 17 mai* 1853, *art.* 2.)

(44) *V.* Livre XI, chap. 8, Traités de commerce, Brésil.

(45) En pareil cas, ces navires sont, comme les navires français auxquels ils sont assimilés, passibles du droit de 1 fr. par tonneau établi par l'art. 5 de la loi du 2 juillet 1836, ainsi que du droit d'expédition établi par l'art. 36 de la loi du 27 vendémiaire an II. (*Décision du 26 mars* 1847.)

(46) Les droits de tonnage et autres, qui se prélèvent à raison de la capacité des navires, doivent être perçus d'après le tonnage mentionné sur le registre dont les navires doivent être pourvus. (*Traité du 6 juin* 1843, *art.* 11 ; *Circ. du 9 juin* 1845, n° 2068.)

(47) *V.* Livre XI, ch. 8. (48) *V.* Livre XI, ch. 8. (49) *V.* Livre XI, ch. 8. (50) *V.* Livre XI, ch. 8.

(51) Sont considérés comme boliviens, etc., les navires qui naviguent sous le pavillon du pays et qui sont porteurs de papiers de bord et des documents exigés par les lois de cet Etat pour la justification de la nationalité des bâtiments de commerce. (*Traité du 15 mai* 1856, *art.* 16; *Décret du 14 septembre* 1857 ; *Traité du 15 septembre* 1846, *art.* 12 ; *Décret du 8 août* 1853 ; *Traité du 4 mars* 1853, *art.* 7; *Décret du 2 février* 1854.)

(52) Dans tout autre cas que celui de *relâche forcée,* les navires dont il est ici question doivent acquitter les taxes générales du tarif de navigation afférentes aux navires des pays étrangers qui n'ont pas de traité avec la France, mais sous réserve, bien entendu, des immunités accordées aux navires de *tous pavillons* et qui sont spécifiées au tableau des droits.

Voir, d'ailleurs, la *note* (7) pour les formalités à remplir en cas de relâche forcée, et pour les conditions auxquelles est subordonnée l'immunité qui y est attachée.

(53) *V.* Livre XI, ch. 8.

(54) *V.* Livre XI, ch. 8.

(55) Le droit d'expédition, *V.* n° 639, est, en quelque sorte, un second droit de tonnage, mais établi sur d'autres bases ; il affecte exclusivement le corps du navire.

Le droit d'expédition n'est exigible qu'autant qu'il y a ouverture à la perception du droit de tonnage. Ainsi, toutes les fois qu'un navire est, à un titre quelconque, affranchi *complétement* du droit de tonnage, il doit l'être pareillement du droit d'expédition. (*Décision du 23 pluviôse an II.*)

Mais, si l'immunité n'existe que pour *une portion* du droit de tonnage, le droit d'expédition, qui est indivisible de sa nature, doit être perçu intégralement d'après la contenance du navire, sauf dans le cas énoncé dans la *note* (56) ci-dessous. (*Déc. du 6 septembre* 1837.)

Ce droit, de même que le droit de tonnage, est dû par le seul fait d'entrée dans un port de France. (*Déc. min. du 8 ventôse an II.*) Il doit être perçu dans les vingt jours de l'arrivée et avant le départ du navire.

(56) PAQUEBOTS AFFECTÉS AU TRANSPORT DES VOYAGEURS. — Les paquebots doivent,

comme tous les autres navires, acquitter le droit d'expédition afférent à leur tonnage et à leur pavillon, sans qu'il puisse être question de scinder ce droit ; mais, en pareil cas, et par application de la décision ministérielle du 13 mars 1832, rappelée en la *note* (4), le tonnage se calcule d'après le nombre des passagers à l'arrivée, au lieu d'être établi sur la contenance *effective* du navire.

Ainsi, lorsqu'un paquebot français ou d'une puissance jouissant, sous le rapport de la navigation et en vertu des traités, du bénéfice du pavillon national, arrive dans un de nos ports avec un nombre de passagers ne dépassant pas le chiffre de 150, et que, bien entendu, il y a lieu à l'application d'un droit de tonnage quelconque, ce paquebot, quel que soit d'ailleurs le taux de son tonnage effectif, ne doit acquitter la taxe d'expédition que sur le pied de 2 fr. ; de 6 fr. pour les transports de 150 à 300 passagers inclusivement ; et le droit de 15 fr. ne serait appliqué que dans le cas où le nombre des passagers débarqué excéderait 300. La même règle de proportion doit pareillement être suivie en ce qui concerne les paquebots étrangers auxquels les avantages de la nationalité ne sont pas réservés ; par suite, le droit d'expédition de 36 fr. ne deviendrait exigible, à leur égard, qu'autant qu'ils auraient à bord plus de 200 passagers.

L'exemption de droit d'expédition accordée par la décision du 19 brumaire an X aux embarcations *de 5 tonneaux et au-dessous* ne s'applique pas aux paquebots qui n'amèneraient que cinq passagers ou moins. Ces paquebots, dont la contenance *réelle* est toujours de plus de cinq tonneaux, doivent, dans le cas dont il s'agit, acquitter le *minimum* des droits d'expédition, c'est-à-dire 2 fr. ou 18 fr., selon le pavillon du navire, à moins que celui-ci ne soit affranchi du droit de tonnage. (*Circ. du 5 mai 1849, n° 2326.*)

(57) Le droit d'acquit, *V.* n° 641, n'est dû que lorsque le navire est passible de l'un des droits *principaux* de navigation, c'est-à-dire du droit de tonnage ou du droit d'expédition. (*Déc. des 21 germinal an XI et 23 octobre 1833.*)

Il n'est ainsi dû qu'un droit d'acquit par navire. (*Déc. du 9 ventôse an IX.*)

D'après les dispositions de l'art. 2 de l'ordonnance du 10 septembre 1817, ce droit ne doit être perçu, en aucun cas, dans le port de Marseille.

(58) Le droit de congé, *V.* n°ˢ 633 et 640, est exigible toutes les fois que la douane délivre un congé à un navire, soit pour un premier voyage, soit à titre de renouvellement ; mais, dans ce dernier cas, si le congé qu'il s'agit de renouveler a plus d'une année de date, il n'y a aucune perception à effectuer pour l'arriéré, c'est-à-dire pour le temps qui s'est écoulé depuis l'expiration du délai d'un an. (*Circ. n° 1851.*)

(59) Comme moyen de police pour la douane, on remet aux navires et autres embarcations *exempts du droit de congé* des congés annuels dont on ne fait payer que le timbre. (*Déc. des 18 germinal an VIII et 2 juin 1832.*)

Il n'y a pas lieu, en pareil cas, de délivrer une quittance, ni, par suite, d'exiger le payement du prix du timbre auquel celle-ci est assujettie. (*Déc. du 5 mai 1841.*)

(60) Le passeport, *V.* n°ˢ 634 et 644, a pour objet de constater que le navire qui sort du port a produit les pièces justificatives de son origine et qu'il a satisfait à toutes les obligations imposées par la loi. C'est, en d'autres termes, un permis de sortie pour le navire. La taxe spéciale perçue pour le passeport est donc un droit de police ou de certificat plutôt qu'un droit de navigation. (*Circ. des 17 vendémiaire an III et 9 brumaire an IV.*)

Le droit de passeport, n'étant pas un droit de navigation proprement dit, est exigible *dans tous les cas* et pour *tous les navires étrangers*, sans en excepter ceux appartenant à des pays avec lesquels la France est liée par des traités. (*Déc. du 6 mars 1847.*)

Les smogleurs n'en sont pas exempts, non plus que les navires étrangers qui sortent du port de Marseille. (*Déc. des 9 pluviôse an X et 24 avril 1839.*)

· Quand, à défaut d'imprimés, on vise un ancien passeport, le droit doit être perçu comme si un nouveau passeport était délivré. (*Déc. du 31 décembre* 1819.)

Le passeport délivré au port de prime-abord est valable pour toute la durée du voyage dans les autres ports d'une même rivière ou d'une même rade. (*Circ. lith. du* 10 *juin* 1852.)

Pour les yachts de plaisir, le passeport est valable pendant une année. (*Circ. lith. du* 12 *septembre* 1853.)

(61) Le permis, *V.* n° 641, est l'acte que la douane délivre pour autoriser l'embarquement ou le débarquement des marchandises. L'obligation de se pourvoir d'un permis pour tout embarquement ou débarquement résulte de l'art. 13, titre 2, de la loi du 22 août 1791.

Un seul permis suffit, quelle que soit la durée de l'embarquement ou du débarquement, lorsqu'il n'y a qu'un seul envoyeur ou destinataire, et que les marchandises sont comprises dans une seule et même déclaration. (*Déc. du* 16 *ventôse an IV.*) Toutefois, le permis d'embarquement doit être restreint à la quantité de marchandises qu'il est possible de réunir dans le lieu désigné pour la visite. (*Loi du* 27 *juillet* 1822, *art.* 13.) Cependant, lorsqu'un permis comprend plusieurs sortes de marchandises, il n'y a lieu d'exiger la présentation à la fois que de la partie entière de chacune d'elles.

Le droit de permis se paye pour chaque embarquement ou débarquement de marchandises. (*Circ. du* 21 *floréal an V.*)

Il est perceptible lors même que, pour quelque cause que ce soit, le bâtiment est affranchi du droit de tonnage. (*Circ. du* 12 *ventôse an VII.*)

Si un consignataire présentait à la fois, pour être embarquées sur un même navire, des marchandises faisant l'objet de plusieurs expéditions de même nature (*transit, exportations avec primes* ou *exportations simples*) émanant, soit des bureaux de la frontière, soit des douanes de l'intérieur, il pourrait, bien qu'une déclaration et un permis fussent apposés sur chacune de ces expéditions, les réunir dans un bulletin en forme de déclaration collective, énonçant le numéro et la date de chaque expédition, ainsi que le bureau d'où elle émane. Cette réunion, considérée comme ne constituant qu'une seule opération d'embarquement, ne donnerait, par cela même, ouverture qu'à un droit unique de permis. (*Circ.* n° 2191.)

Lorsqu'il y a exemption du droit, le permis ne s'en délivre pas moins s'il y a embarquement ou débarquement; mais cette formalité s'accomplit gratuitement et n'entraîne aucuns frais quelconques pour la personne à laquelle le permis est remis.

(62) Par *possessions françaises d'outre-mer*, on doit entendre ici non seulement les colonies proprement dites et l'Algérie, mais encore tous les comptoirs et établissements situés hors d'Europe qui appartiennent à la France ou sont placés sous sa domination. (*Déc. des* 13 *janvier* 1844 *et* 12 *février* 1848.)

L'exemption de droit de permis concerne les cargaisons françaises autres que celles destinées pour l'étranger, qui en arrivent. Toute cargaison est réputée française par cela seul qu'elle est couverte du pavillon national. Il en est ainsi des provisions de bord. (*Déc. du* 13 *février* 1864.) L'immunité s'applique aux cargaisons transportées d'un entrepôt de France à un autre, ainsi qu'à celles venant des possessions françaises d'outre-mer ou y allant, lors même qu'elles auraient été prises dans un des entrepôts des colonies ou de la métropole. (*Déc. du* 16 *octobre* 1840.)

L'immunité du droit de permis est également acquise aux cargaisons de morue rapportées, soit de la pêche de Terre-Neuve, soit de la pêche dans les mers d'Islande, ainsi qu'au sel et autres objets embarqués à destination de ces pêches. (*Déc. des* 5 *février* 1841 *et* 14 *juin* 1843.)

Les transports qui ont lieu entre les îles du littoral et le continent français doivent, en ce qui concerne le permis, être considérés comme des opérations de cabotage, et entraîner, à ce titre, l'exemption du droit. (*Déc. du* 3 *février* 1841.)

En ce qui concerne les navires expédiés à destination de la grande pêche, le droit de permis n'est pas dû à l'égard des sels français ou étrangers; des briques, planches, clous, etc., d'origine nationale, pour la construction ou la réparation des établissements nécessaires aux équipages à Terre-Neuve; des provisions de bord d'origine nationale; des effets de marins et des ustensiles de pêche; des provisions de bord provenant des entrepôts, des dépôts ou de saisies, et particulièrement des tabacs retirés des dépôts, quelle qu'en soit la valeur; des marchandises de toute espèce, même extraites d'entrepôt, dirigées sur Saint-Pierre et Miquelon.

Au retour des navires expédiés à la grande pêche, le droit de permis n'est pas dû pour les cargaisons de morue de pêche française; les huiles qui en ont été extraites; les sels et salaisons de retour; les restes de provisions de bord dont l'origine nationale est justifiée au moyen d'un permis d'embarquement régularisé; les restes de provisions de bord provenant des entrepôts de France: les quantités de maquereaux et autres poissons laissées aux équipages; les marchandises arrivées de Saint-Pierre et Miquelon et accompagnées de certificats d'origine délivrés par la marine.

Quant aux marchandises dont l'origine n'est pas justifiée par un permis d'embarquement régularisé conformément aux règlements, le droit de permis doit être exigé. (*Déc. du* 19 *octobre* 1858.)

(63) L'immunité du droit de permis est applicable aux navires étrangers dont le pavillon est assimilé au pavillon français, que les provisions soient ou non soumises aux droits de sortie. (*Déc. du* 11 *février* 1851.)

La houille embarquée à bord des navires français à vapeur, dans le cas prévu par l'art. 23 de la loi du 2 juillet 1836, doit être considérée comme un objet d'approvisionnement nécessaire pour la navigation du navire, et, par suite, il y a lieu de l'affranchir du droit de permis. (*Déc. du* 31 *août* 1843.)

Hors le cas prévu par le paragraphe précédent, les permis relatifs aux provisions de bord restent entre les mains des capitaines; c'est le titre de nationalité pour les objets qui n'ont pas été consommés dans la traversée, et sans lequel ils seraient traités comme étrangers au port d'arrivée. (*Déc. du* 14 *thermidor an V et Circ.* n° 1185.)

Les marchandises étrangères extraites d'entrepôt doivent être soumises au droit de permis, lors même qu'elles seraient destinées à être consommées en mer par l'équipage d'un navire français. (*Déc. du* 11 *septembre* 1847.)

(64) L'exemption de droit s'étend aux permis délivrés pour les effets des marins morts en mer, et que l'administration de la marine renvoie à leurs familles. (*Circ. man. du* 24 *juillet* 1826.)

(64 *bis*) L'exemption du droit s'applique soit aux petites parties de provisions et autres objets qui, trouvés parmi les bagages des voyageurs, sont admis aux droits, soit aux outils qu'apportent avec eux les ouvriers pour l'exercice de leur profession. (*Déc. du* 30 *décembre* 1845.)

(65) Le bénéfice du décret du 10 mars 1809 est acquis aux produits de la *petite pêche*, soit qu'elle ait lieu en vue de nos côtes, soit qu'elle s'effectue sur les côtes étrangères voisines de la France. (*Déc. du* 26 *février* 1839.)

(66) Pour jouir de l'immunité, il faut, selon qu'il s'agit d'exportation ou d'importation, que les marchandises que l'on transborde aient déjà payé le droit de permis, ou qu'elles y soient ultérieurement assujetties. (*Déc. des* 18 *prairial an VII et* 31 *décembre* 1819.)

Le transbordement des marchandises destinées à être réexpédiées immédiatement suppose la double opération de débarquement et d'embarquement; on ne perçoit néanmoins qu'un seul droit pour le permis unique qui est délivré en pareille circonstance. (*Circ.* n° 1846.)

Le pavillon du navire importateur détermine la quotité du droit de permis. (*Déc. du* 22 *février* 1855.)

(67) Il s'agit ici uniquement des marchandises qui, après avoir été embarquées

sous le payement du droit de permis, sont remises à terre parce que le navire se trouve dans l'impossibilité de sortir du port.

(68) Le déchargement des marchandises provenant de prises étant réglé par l'arrêté du Gouvernement du 2 prairial an XI, il n'y a pas lieu de délivrer de permis·de débarquer.

(69) L'immunité ne s'applique qu'à l'importation. Si les marchandises recueillies étaient ensuite réexportées, l'embarquement ne pourrait en être effectué qu'en vertu d'un permis pour lequel le droit serait dû selon le pavillon du navire exportateur (*Déc. du* 13 *juin* 1849), alors même que ce navire serait celui qui avait apporté les marchandises. (*Déc. du* 18 *avril* 1851.)

(70) D'après les dispositions rappelées en la *note* (17), le droit de permis de 50 cent. ou de 1 fr., selon le pavillon du navire, serait exigible pour les marchandises apportées de l'étranger et qui seraient débarquées avant de commencer l'opération de cabotage.

(71) Les navires espagnols qui font le cabotage d'un port de France à un autre sont affranchis du droit de permis. (*Déc. du* 16 *octobre* 1840.)

(72) Ces navires, étant placés en dehors du traité du 26 janvier 1826, doivent les droits *de permis et de certificat* applicables aux pavillons étrangers en général. (*Déc. du* 31 *juillet* 1834.)

(73) Le droit *de certificat*, V. n° 641, n'est exigible que pour les certificats qui sont destinés à être produits en justice. (*Déc. du* 22 *novembre* 1850.) Dans tout autre cas, si les capitaines demandent un certificat pour justifier du débarquement de marchandises, le service se borne à faire rembourser le prix du papier timbré. (*Déc. du* 14 *mars* 1850.)

Ce droit n'est pas dû à Marseille. (*Ord. du* 10 *septembre* 1817, *art.* 2.)

Le droit de certificat n'affectant que les *cargaisons*, les certificats de jauge, qui se rapportent aux navires, n'en sont point passibles.

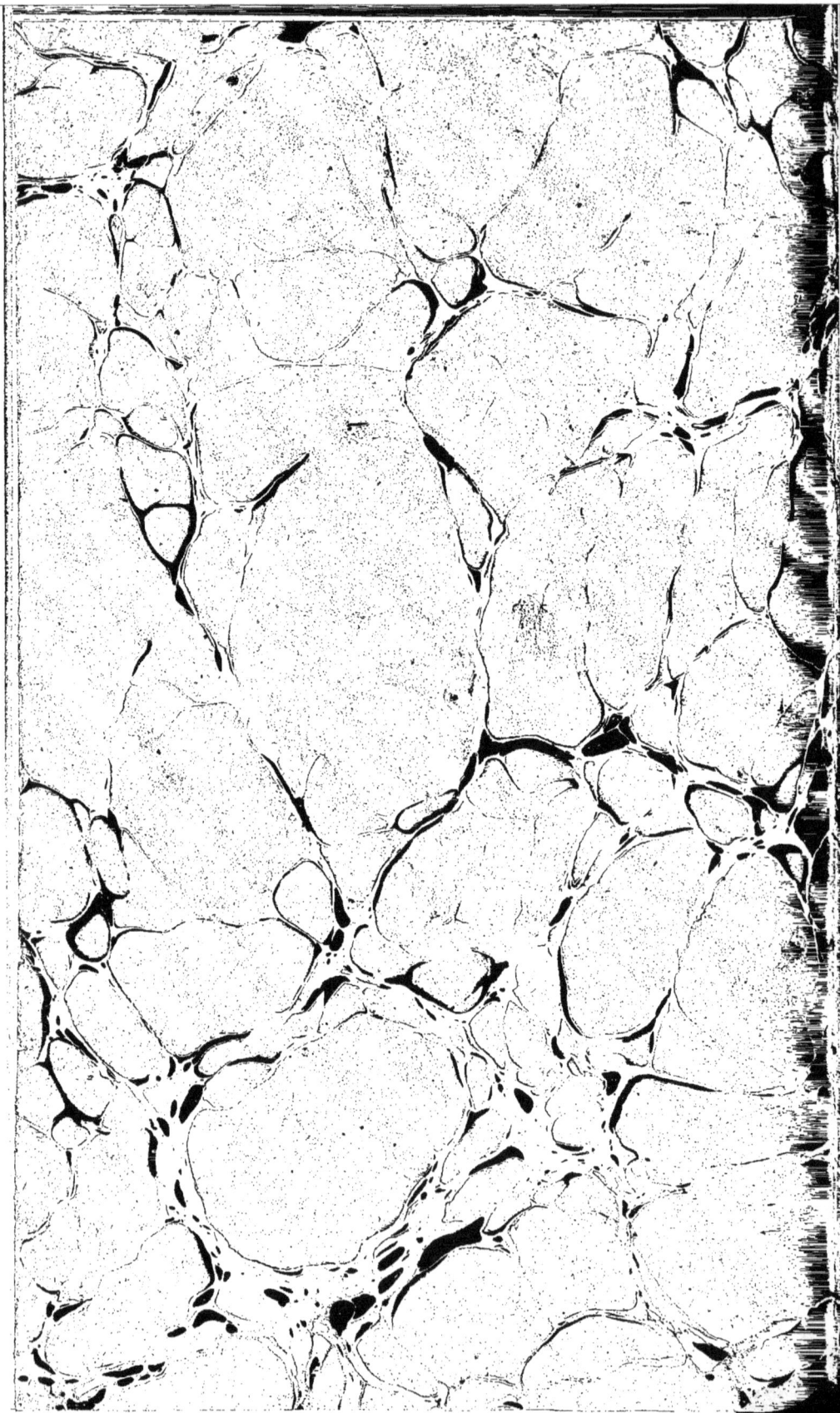

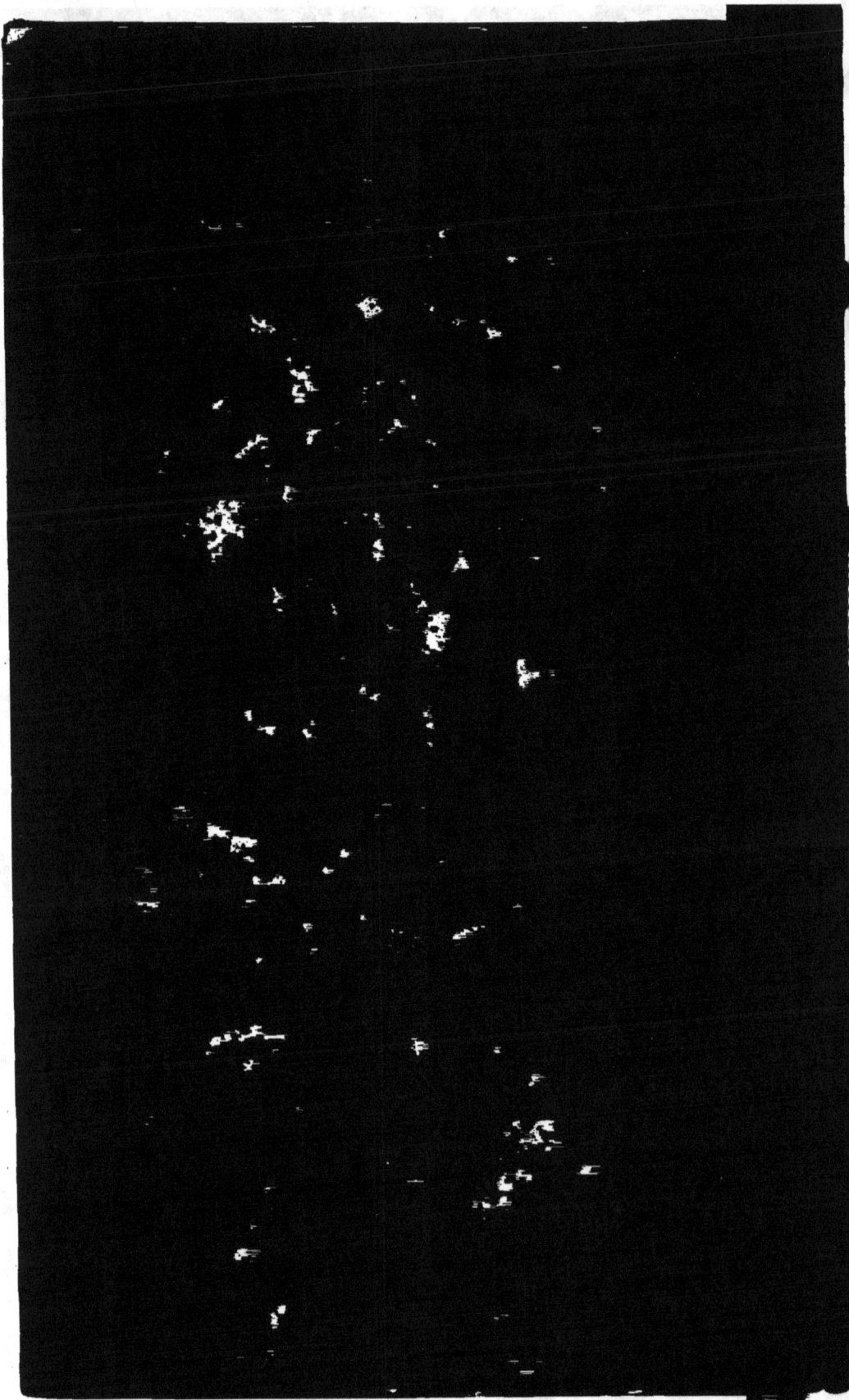